サイレント映画の黄金時代

ケヴィン・ブラウンロウ
宮本高晴訳
国書刊行会

The Parade's Gone By...
Kevin Brownlow

アベル・ガンスに捧ぐ

ケヴィン・ブラウンロウと『サイレント映画の黄金時代』

岡島尚志

ケヴィン・ブラウンロウの代表的な著書であり、無声映画史の古典でもある *The Parade's Gone By…*（初版・一九六八年刊）が、本書『サイレント映画の黄金時代』としてここに完訳された。

史上最も偉大な無声映画史家はケヴィン・ブラウンロウであると思う。ほかにも優れた無声映画研究者はいるし、映画のアーキビストやキュレイターの中にも名のある人はいるが、ブラウンロウは特別である。八十一歳となった現在も、無声映画の生き字引あるいはもはや権化のような存在として、尊敬を集め続けている。今年二〇一九年、第二十四回を迎えたサンフランシスコ無声映画祭では、会期がブラウンロウの誕生日に重なる時など、千四百席のカストロ・シアターにある巨大なスクリーンに、上映前、「ケヴィン・ブラウンロウさん、誕生日おめでとう」という文字が映し出される。

そんな彼の重要な著作・映画作品歴と受賞歴を年を追って並べるとすれば、次のようなものだろうか（『　』は日本での題名、「　」は翻訳した仮題）。

一九六六年　映画「それはここで起きた」を発表。
一九六八年　本書「サイレント映画の黄金時代」[*1]を出版。
一九七五年　映画「ウィンスタンリー」を発表。
一九八〇年　テレビ用記録映画シリーズ『ハリウッド――アメリカ無声映画讃歌』を発表。
一九八三年　テレビ用記録映画『生誕１００年～知られざるチャップリン』[*2]を発表。

＊1　アンドルー・モローとの共同監督。東京国立近代美術館フィルムセンターの上映特集〈現代イギリス映画の展望〉（一九八二年）で上映された。

＊2　淀川長治・萩本欽一が出演するＮＨＫ制作の同作日本版の題名で、一九八九年四月二十九日に放映された（再放送は十二月三十一日）。二〇〇七年のＤＶＤ日本版発売時の題名は『チャップリン　その素顔と未公開映像』。

著書「ナポレオン——アベル・ガンスの古典映画」を出版。
一九八六年　ジャン・ミトリ賞を受賞（第一回）。
一九九〇年　著書「無垢な仮面の裏側で——セックス、バイオレンス、偏見、犯罪：サイレント期における社会的良心の映画」を出版。
一九九六年　著書「デイヴィッド・リーン」を出版。
二〇一〇年　米・アカデミー賞名誉賞を受賞。

もちろん、ほかにもたくさんの素晴らしい仕事があるが、まずは、こうした業績について述べながら、少しだけ、ケヴィン・ファンとしての筆者の思いも語ってみよう。

ケヴィン・ブラウンロウは、一九三八年、英国南部クロウバラに生まれた。幼少にして映画の魅力に取りつかれた彼は、無声映画の蒐集にも劇映画の製作にも十代の内に着手、三十歳で本書『サイレント映画の黄金時代』を出版している。本稿では、劇映画の監督としてのブラウンロウには触れないが、それにしても最初の映画を作り始めた時の彼が十八歳（共同監督アンドルー・モロ—は十六歳！）、多くの無声期の映画人にインタビューを行なった時期の彼が二十代半ばであるというのは驚きである。

ブラウンロウの名が世界に知られるようになった最大のトピックは、アベル・ガンス監督の『ナポレオン』（二七）を長年にわたって復元し、カール・デイヴィスによるフルスコアのオーケストラ演奏とともに上映したことであろう。初演は一九八〇年、ロンドンのエンパイア・シアターで、この時の長さはまだ五時間に達していない。日本では、一九八三年にブラウンロウ＝デイヴィス版ではなく、カーマイン・コッポラ作曲による〝アメリカ版〟が東京を皮切りに国内主要都市で上映された。筆者は、二〇〇〇年にブラウンロウ自身による当時の最長版（五時間半）をロンドンのロイヤル・フェスティバル・ホールで見ている。上映に際して挨拶に立った彼が、「みなさん、ナポレオンが再びワーテルローにやってきました」と切り出して、万雷の拍手を受けたのを思い出す（ロイヤル・フェスティバル・ホールの最寄駅は〝ウォータールー〟）。映像も音楽もまさに圧巻であった。

ブラウンロウは『ナポレオン』の復元と上映によって、世界中の人々にガンス芸術の真価と無声映画の頂点を知らしめたが、それに劣らぬ彼の業績はアメリカ無声映画史のドキュメンタリー製作とそのテレビ放映であった。盟友たる映画史家デイヴィッド・ギルとともに十三話からなる長大なテレビ用記録映画『ハリウッド——アメリカ無声映画讃歌』を完成したブラウンロウは、これをITVネットワークで一九八〇年一月から三か月にわたって放映することができた。これもまた大いに人々を驚かせ、無声映画がきわめて高度な技術によって作られた内容豊かな娯楽であり、他に類をみない二十世紀芸術であったことを再認識させる。筆者は、一九八九年、本作のVHSビデオをロサンゼルスのビデオショップで見つけ、全十三巻を手に入れた。無論、インターネットによる購入など思いもよらぬ時代である。本書でも話題になる『ベン・ハー』（二五）の撮影秘話を含む第十一話「光のトリック」は、全集の内の白眉であった。

　こうした大仕事を改めて思い返しながら、ふと、ブラウンロウが日本ではあまり知られてこなかったことに気づく。今回の*The Parade's Gone By…*日本版刊行の快挙まで、彼のどの名著も翻訳されてこなかったし、テレビ用ドキュメンタリーの放映やDVD等の発売もかなり限られたものとなっている。無声映画のファンや研究者の数が多くはないのだから当然とはいえ、例えば、チャップリンの撮影風景を膨大なアウトテークから検証する『知られざるチャップリン』も、NHK放映時には、番組名に〝生誕100年〟という言葉を冠する一方、〝視聴者に分かりやすい〟版に改編されていた。この一事からも、ブラウンロウの日本における評価の不備不足は明らかである。

　ブラウンロウが海外でどのくらい敬愛されているかについては、サンフランシスコ無声映画祭以外でもエピソードに事欠かない。例えば、原著出版から十四年後の一九八二年以来、毎年開催されてきた無声映画上映最大のイベント、ポルデノーネ無声映画祭に足を運べば、彼が町の処々で、有名無名にかかわらずあらゆる人々の挨拶を受けている情景に出くわすだろう。新たな作品の修復においても、発見においても、また演奏付き上映においても――それが自身の関わったものであるか否かにかかわらず――彼は無声映画という芸術ジャンルの英雄であり、先導する開拓者であり、伝説の師匠である。当映画祭には無声映画の研究や発掘、保存や復元に貢献した個人・団体を顕彰するジャン・ミトリ賞が設けられているが、その最初の受賞者が彼であったのはむしろ当然であった。[*3]

　考えてみれば、今日の世界で活躍している無声映画の研究者、アーキビスト、キュレイターで、ブラウンロウから学んでいない人など皆無であろう。影響を受けた後続世代研究者の代表ともいうべきパオロ・ケルキ・ウザイも、今年、第三版が出たばかりの労作「サイレント・シネマ」[*4]の中で、ブラウンロウを「無声映画史について最も重要なエキスパートの一人」と呼んでいる。そんなブラウンロウが、二〇一〇年の米・アカデミー賞で、史上にも稀なケースとして「映画保存の専門家《プレザヴェーショニスト》」として名誉賞[*5]を贈られたのは十分に故あることであった。[*6]マーティン・スコセッシはその時の推薦文で、「映画の歴史と保存の専門家たちにとっての巨人」であると

＊3　一九八六年、デイヴィッド・ギルとの連名で受賞。映画史家ギルは一九九七年に逝去。

＊4　Paolo Cherchi Usai, *Silent Cinema: A Guide to Study, Research and Curatorship*, British Film Institute, 1988（First Edition), 2019（Third Edition).

＊5　受賞したのは米アカデミーが映画の生涯にわたる業績を讃えるガヴァナーズ賞式典における三賞の一つの「アカデミー名誉賞」で、第二回のこの年は、ジャン＝リュック・ゴダールも受賞したが、本人は出席しなかった。

讃え、さらに「広い意味で、ブラウンロウ氏は映画史そのもの[7]」であると述べている。

なお、無声映画研究の第一人者たるブラウンロウには、デイヴィッド・リーンに関する素晴らしい著作もある。そして、リーンへのインタビューの中でリーンが師と呼んだ〝謎の映画人〟バーナード・フォーハウスに、三十数年ぶりの光を当てたのもブラウンロウであった。無声からトーキーへの端境期に米英二国の映画界に生き、若きロナルド・レーガンの友人でありながら、赤狩りに追われ、なぜかイタリアではファシストの映画にもかかわり、さらにはソビエトにも赴きながら、ある時期から世捨て人のようにロンドンで暮らしたという、まるで二十世紀の矛盾と無節操を一人で背負い込んだようなこの映画人については、拙論「何がバーナード・フォーハウスに起こったか?[8]」に詳しい。

「黄金期は一九一六年に始まり二八年までつづいた」無声映画[9]——とりわけ「一九一九年には世界の映画の八割が南カリフォルニアで製作されていた[10]」とされるハリウッド製無声映画——についての、こうした他に類をみない画期的な彼の業績の始まりこそが、『サイレント映画の黄金時代』としてここにある *The Parade's Gone By...* である。初版発行の一九六八年といえば、すなわち『2001年宇宙の旅』の公開に象徴される映画史の節目の一つにあたる頃合いであり、また、トーキー革命の端緒たる『ジャズ・シンガー』(二七)の公開から四十一年目を迎えた時であり、また、無声映画が忘れられて久しく、往時の映画人が老いてなおインタビューを受けられる瀬戸際の時期でもあった。本書は、無声映画の終焉から十年後に生まれたブラウンロウが、自身の二十代を費やす形で徹底的な調査やインタビューを行なった結果なのである。

著述を成り立たせているのは、主に三つ——インタビュー、映画雑誌などの引用、そして彼自身の論考である。

数々の重要なインタビューの始まりは、職を得たロンドンの映画プロダクションで十代の編集助手《カッター》として働きながら、〝自主映画〟の製作にも忙しいという日々の中で、根気よく行なわれた、引退して久しい無声期の映画人への聞き取りであった。最初の相手は、手に入れたフィルム『ドーグラスの飛行』(一六)に出演し、後にはダグラス・フェアバンクスの『海賊』(二六)を監督したロンドン在住のアルバート・パーカーだったという[11]。そんな彼が初めて渡米したのは、一九六四年、二十六歳のころで、ハリウッドにも足をのばして多くのインタビューを行なっている。各地で各様に続けられたインタビューは、誰もが知るチャップリン、キートン、ロイド、ピックフォード、ルイズ・ブルックスといった大スターやクラレンス・ブラウン、ジョゼフ・フォン・スタンバーグ、ウィリアム・ウェルマンといった大監督をカバーする一方、誰も知らない、あるいは忘れられたスタッフ、さまざまな技術者、さらにはスタントマンなどにも及んでいる。そこには、十九世紀末からおよそ三十年にわたって確かに存在し、そして、バビロンの都のように忽然と消えてしまった〝もう一つのハリウッド〟という無声映画の歴史を丸ごと記録しようとする、彼の強烈な意思を感じる。

　雑誌等の引用は、自身が書いているように「フォトプレイ」誌にきわめて多くを負っている。読み進むうちに誰もが、この映画雑誌の時代を再現する新鮮な面白さと今日から見た高度な資料的価値のともどもに魅了されることであろう。ちなみにブラウンロウの個人会社がフォトプレイ・プロダクションズと称しているのは、もちろん偶然ではない。

　そして、インタビューと文献からの引用を挟み込むように、彼の明晰な解説が読者の前に現れ、細部で数限りなく首肯させ、また全体として「無声映画とはなんだったのか」という遠大なテーマにも答えてくれるのである。ブラウンロウは、当時、消滅から四十年を経て、誰にも振り向かれなくなり、代わって生まれた数々の誤解によって、ただ喜劇役者のアクションが面白可笑しいだけの、不完全で傷だらけで、「平均寿命は五年」[*12]と言われた、とても芸術とは呼べない陳腐で古めかしい映像群と考えられていた無声映画が、決してそうではなく、完全に保存され、修復され、正しく映写されれば、往々にして今眼前にある新作映画よりもはるかに面白く、否、むしろ別物の、すでに消え去った時代のかけがえのない、もしかしたら芸術以上の何ものかであったのかもしれないことを、諄々《じゅんじゅん》と説き続ける。その雄弁さと情熱に説得されない映画ファンはいないだろう。映画の芸術性が監督＝作家のものであり、作品の個性が監督＝作家に属していることを主張する世代が活躍していた六〇年代後半に、かつてそんなことを毫《ごう》も考えなかった、若くて無邪気《ヤング・アンド・イノセント》で、美しくも聖なる映画の神話時代があったことを、検証し、啓蒙し、擁護し、顕揚しようとしたのである。その難事が可能になるのは、ブラウンロウのいくつもの才能が文章の中に凝縮して現れているからだが、その一つは明らかに彼が同時代の映画の技術を深く理解し――実際に手と目で感得し――そこから無声映画の技術を正確に推し測っていることではないかと思う。撮影のこと、編集のこと、照明のこと、セットのこと、フィルムの特性のことなどを、十代のころから、すべて体で覚えている彼だからこそ、そして、過去の技術を〝映画の発達史観〟という陥穽に陥ることなく客観的に分析している彼だからこそ、無声映画についてのあらゆる小さな疑問から、無声映画という巨

＊6　映画保存を理由にした授賞は、これがはじめてとの記事もあるが、正確には、ケンプ・R・ナイヴァー（五四年）とアンリ・ラングロワ（七三年）が同様の趣旨でオスカーを受けている。

＊7　Philip Horne, "Kevin Brownlow: A Life in the Movies," The Guardian, 22 July, 2011.

＊8　「シネティック」（第二号、九五年、洋々社）所収、八八頁～一〇三頁。

＊9　本書一五頁。

＊10　本書四六頁。

＊11　註7に同じ。

＊12　本書一五頁。

大な謎にまで応答し得ているのであろう。

無声映画に固有な技術についてのブラウンロウによる重要な〝発見〟の一つ、あるいは謎の解読は、撮影速度と映写速度に関する論考として世に問われた。もちろん本書にも言及はあるが、その後の調査をまとめ深化させたものが、サイト・アンド・サウンド誌の一九八〇年夏季号（一六四頁〜一六七頁）に発表された無声映画の適正な映写速度についての論文"Silent Films: What Was the Right Speed?"である。精緻な映画技術史研究や無声映画人への聞き取りをもとに、当時、世界中の人々が何となく共有していた無声映画についての誤謬、とりわけそれがちょこまかした動きの映像であるという思い込みを、そうではないと糺《ただ》し、適正に上映することによってのみ無声映画の本来の姿が蘇ることを宣したのである。一読して、文字通り、目から鱗が落ちるような感動を覚えた筆者は、海外でさまざまな関連情報の収集に努め、一九九五年に東京国立近代美術館フィルムセンター（現・国立映画アーカイブ）の新しい建物が開館するのに合わせて、映写速度可変式のプロジェクターを導入することができた。また、同じ頃、ブラウンロウとサイト・アンド・サウンド誌の許可を得て、この論文を「無声映画の「適正な映写速度」とは何か？」として翻訳し、ＮＦＣニューズレター（第十七号、九八年）に掲載したのであった。

本書『サイレント映画の黄金時代』の原書には特別な思い出がある。今年は初版の一九六八年から数えて五十一年目に当たるが、初めてその豪華な——本文五七七頁、重量にして一・九二キログラムもある——銀色の大著に出会ったのも、やはり一九八〇年頃ではなかったかと思う。本を下さったのは故・御園京平氏である。日本最大の映画に関する紙資料コレクターの一人で、優れた無声映画研究者でもあった氏が、その生涯をかけて蒐集したポスター、写真、チラシ等々は、生前、旧フィルムセンターに寄贈され、〈みそのコレクション〉として国立映画アーカイブに継承されている。その御園さんが、ある日、「人にもらったんだけど……」と、この本を持ってきてくださったのだ。内容はもちろん、写真の美しさも圧倒的であった。

そういえば、かつて無声映画ファンにとっては、ジョー・フランクリンの「サイレント・スクリーンの古典」*Classics of the Silent Screen*（初版・五九年刊）もまた、数少ない必携の一冊であった。そしてその書物の真の著者が、大書されているニューヨークのトークショー司会者ジョー・フランクリンではなく、本書にも登場するウィリアム・K・エヴァーソンであることを知ったのも、ブラウンロウによる英・インディペンデント紙の追悼記事によってであった。[*13] 戯れにニューヨーク近代美術館映画部の創始者にしてＦＩＡＦ（国際フィルムアーカイブ連盟）の終身名誉会長でもあったアイリス・バリー、エヴァーソン、ブラウンロウと並べてみると、アメリカの無声映画を逸早く正当に評価したのはみな英国人ではないかと思われてくる。これを話題にすることを喜ばないアメリカのアーキビスト／キュレイターもいるが——かつて日本映画の真の芸術的な理解者が、日本人でなく欧米人であるかに感じられたことがあったように——一面の真実ではあろうか。

　ブラウンロウは、映画という複製芸術にも、個体としてのフィルム・プリントがあり、種々の版《バージョン》があり、それらを比較し統合することによってはじめて完全な作品に近づくことができるという事実を先んじて知り、数々の傑作でそのように実践した。今日、世界中の映画アーカイブに共有されている復元という仕事とその倫理をめぐる先駆である。しかもそうしたフィルムをまるでオペラを観劇するが如き巨大なプレゼンテーションとして再現し、さらには集積された映像や知識を、書籍のみならず、テレビやビデオといったメディアを活用して普及させることに成功したのである。

　生地クロウバラの名を聞いてアーサー・コナン・ドイルが後半生を過ごした場所であることを思い出す人がいるかもしれない。そうなると、彼のことが無声映画という巨大なミステリーに挑んだシャーロック・ホームズのようにも思われてくる（ワトソンはデイヴィッド・ギルだろうか）。確実なのは、ホームズの推理小説が古典であるように、ブラウンロウの多くの著作やテレビ番組も無声映画に関する古典になろうとしていることである。その始まりこそが本書である。

　英国の一青年によって書かれたこの本によって、すでに通り過ぎて久しかった無音の大進軍《ビッグ・パレード》は、彼方から呼び戻され、隊列を整えられた後、世界に向かって、類なく美しいキアロスクーロの行進を、さも楽しげに再開することになったのである。

（おかじま　ひさし・国立映画アーカイブ館長）

＊13　岡島尚志「追悼：ウィリアム・K・エヴァーソン　古い映画は古くないことを教えた紳士」（NFCニュースレター、第八号、九六年）

サイレント映画の黄金時代　目次

サイレント映画の黄金時代

凡例

＊本書はKevin Brownlow, *The Parade's Gone By...*（Alfred A. Knopf, 1968）の翻訳である。底本としてUniversity of California Press刊の改訂版（1976）を用いた。

＊映画題名は『』で表し、戯曲・書籍・雑誌・詩などの題名は「」で表した。

＊映画題名について、日本で封切られているものはその邦題、未公開のものは原題（索引頁に記載）の直訳を記し、なるべく一般的にその名で知られる訳題に従った。数字は本国公開年度を表す。

＊本文において、＊印は原注、★印は訳注を示す。

＊写真図版のキャプション（説明書き）での人物名は基本的に左からの順番で記している。

＊索引（人名・映画題名）は本文を対象とし、附録の人名事典記載のものは採らない。

装幀使用図版

カバー（表）『イントレランス』バビロンのセット

見返し（前）『キートンの栃面棒（セブン・チャンス）』バスター・キートン

見返し（後）『ナポレオン』中央にウラディミール・ルーデンコ

本扉（右上から時計回りに）『パンドラの箱』『人生の乞食』『カナリヤ殺人事件』『人生の乞食』ルイズ・ブルックス

第一章　はじめに

本書のタイトル〈*The Parade's Gone By...*〈パレードは過ぎ去った〉〉は、モンテ・ブライスにインタビューをしているさいに出てきたことばである。サイレント・コメディの脚本家兼監督だったブライスは『バスター・キートン物語』の撮影に立ち会った（『バスター・キートン物語』はキートンの生涯をもとにしながらそれに自由な脚色を施した一九五七年公開のパラマウント映画である）。

「時代の再現がなっちゃいなかった」とブライスは語った。「一九二〇年代はそんなんじゃなかったんだとスタッフにわからせようとするんだが、誰ひとり聞こうともしない。助監督が若造だった。そいつがこうぬかすんだ。〝うるさいな。もういいから出てってくれ。時代は変わったんだよ、爺さん。パレードは過ぎ去ったのさ〟……」

サイレント映画の時代は、映画業界で働く人間にとってさえ、先史時代と見なされている。粗野で、ぎこちなく、洗練とはほど遠い映画群であり、忍び笑いの対象として存在しているにすぎないと――つまり、ヴィクトリア時代の刺繍のように、素朴な時代をいまに伝える風変わりな過去の遺物であると。

本書はそのような誤謬を正そうとする試みである。というのも、サイレント映画は映画史のなかで最も豊潤な時代を作りだした映画群だからである。私は、その時代を作りあげた人々の語ることばをとおして、サイレント期の精神をつかみとろうとした。章の配列が各インタビューに意味をあたえている。それはちょうど、場を提示するフル・ショットがクロースアップに先んじるような具合に、それぞれ章立てされている。しかし、インタビューを素材の主眼にしたために、しばしば流れに溝が生じる結果になった。また私はこの書物がサイレント映画を論じて唯一無二の決定版的一冊だと主張するつもりはない。例えば、残念ながらここにはエリッヒ・フォン・シュトロハイムの章は存在していない。それというのも、私はシュトロハイムに出会う機会に恵まれなかったし、それ故多くの筆者の手になる既存の研究書や批評文以上に、彼の作品に何か新たな光を当てることができないからである。もっと悔やまれるのは、じっさいに面談がかなない、貴重な素材をふんだんに提供いただいた何人もの人たちを本書から外さざるを得なかったことである。サイレント映画期は一冊の本におさめるにはあまりにも豊饒で、あまりにも複雑な時代であった。省かざるを得なかったインタビューはいずれ何かのかたちで活字にできればと願っている。

私は本書で論じる映画に関しては、書かれたものに頼るのではなく、この目で見届けようとできる限りつとめた。むろん多くの映画がこの世から姿を消している。それでも私は個人のコレクションや映画会社の保管庫や公的アーカイヴにつてを求めて、サイレント期の代表的作品のかなりのところを見ることができた。また私自身長年にわたってサイレント映画を蒐集しており、そのコレクションも役立った。映画史家のウィリアム・K・エヴァーソンは、サイレント作品の保存と記録に関しては最大の貢献者であるが、その該博な知識と私的なコレクションを惜しみなく私の利用に供してくれたという点において、また同時に私にとっての最大の恩人でもあった。

本書のいたるところで当時の映画雑誌「フォトプレイ」からの引用があらわれる。ファン雑誌というものは、ふつう正確さや機知が呼び物とはならないのだが、フォトプレイ誌にはファン雑誌に関する現代の通念はあてはまらない。それは直截で辛辣、バランス感覚にすぐれ、知的興味を大いに満足させる雑誌であり、映画作りに関する情報の宝庫であった。フォトプレイ誌の成功はポピュラー・メカニックス誌の編集長から転身したジェイムズ・クワークによってもたらされた。フォトプレイ誌の誇る、他に類のない一種の科学的厳密さは、クワークなくしては考えられなかった。彼は映画ビジネスに通暁しており、撮影所広報部の発表文を鵜呑みにしたりはしなかった。それでもごくたまにセンセーショナルな呼び物で同誌を飾ることはあり、例えば唇に入れ墨を入れたドロシー・マッケイルの写真を載せると、それに〝大嘘〟とキャプションを入れた。フォトプレイ誌は映画ジャーナリズムの規範を定めたといえよう。そこにはロバート・E・シャーウッド、H・L・メンケン、ジョージ・ジーン・ネイサン、ドナルド・オグデン・ステュアートらの文章が掲載されていた。

現代のフィルムメーカーのひとりとして私は、四十年前の先輩たちに対して深い賛嘆の念を抱かずにはいられない。サイレント期のハリウッドにおいて映画作りにあたった人々は、決まり事もルールもまだ定まらぬこの新たなメディアの新奇さに、そして映画作りの華麗と興奮と危うさに心を奪われる一方で、芸術と呼ぶに値するある貴重なものを作りあげたのである。

この史上最も新しい芸術の誕生はつい近年のことであったので、それに関わった多くの人はまだ存命である。しかし、利潤第一主義が彼らの作品の多くをこの世から抹殺した。興行の役目を終えた映画のプリントは焼却処分されるのが習わしだったのだ。映画の平均寿命は五年であった。公的アーカイヴのおかげで、あるいは一部の映画人の幸運なる不注意によって、多くのサイレント映画が現在まで生き延びてきた。しかし、公開当時にサイレント映画を見、多くの偉大な作品を心に焼きつけた人々を満足させるにじゅうぶんなほどは残っていない。偉大な作品で跡形もなく失われたものは相当数にのぼる。

　サイレント映画の秘密は観客と抜き差しならぬ状況を作りあげるそのユニークな能力にあった。というのも、そこでは観客の想像力に多くがかかっていたからである。観客はサイレント映画が暗示したものに反応し、聞こえてこない音や声を自分たちで補足する。そうすることによって、投影された映像に対して創造的に参加をする。想像力に対するそのような要求を効果あらしめるためには、高度な映像技術が必要とされた。観客は自ら目にしたものを確信しなければならなかったのだ。

　トーキーが到来したとき、それはサイレント期の終了を意味しただけではなかった。多くのスター俳優、多くの監督がそれまでの地位を危うくするに至った。サイレント映画において生彩を放った彼らは、声に出してのセリフのやりとりを迫られたとき、為す術《すべ》を失った。これからは絵筆で仕事をしろと宣告された彫刻家のように、彼らはそれまでと同じ撮影所のなかにいながら、また同様の職種にありながら、まったく異なるメディアをこととせねばならなかった。

　サイレント映画の黄金期は一九一六年に始まり二八年までつづいた。それは見捨てられた期間、しばしばその黄金期を作りあげた当事者たちからも忘れられてしまった期間となっている。サイレント映画はテレビでも放映されてきた。そこでは状態の悪いプリントが誤った速度で映し出され、当時を知るはずの人々の記憶をねじ曲げるのだった。あの頃の大評判は何の根拠もなかったのかもしれない。傑作と称された数々の映画も、じつはいまテレビ画面で見るのと同じような、ぶれた画像の幼稚な作りものだったのかもしれないと。

　そうではなかった。最低の映画ですらも、アメリカのサイレント映画は技術的に瑕疵はなく、最高水準のものは、撮影にはつやつやとした光沢がきらめき、光とそれにかけられた紗は魔法の効果を現前させ、照明技術をその頂点にまで導いていた。サイレント映画のスクリーンに魅惑をもたらしたのはストーリーやスター俳優だけではない。それはサイレント映画に携わった技術者の辛抱強さ、刻苦勉励、忍耐力、そして技術力そのものであり、彼らは十年に満たないあいだにそれぞれの技術をひとつの芸術にまで高めたのだった。

第二章　草創期

リュミエールの列車到着のフィルムを初めて見た観客が、驚きの声を発し、気を失い、あるいはわれ先に出口に向かって逃げ出したという話は映画史家の十八番になっているけれども、作り話ではないのかと疑いをもたれる向きがあるかもしれない。というのも、当時の民衆は映画にまったく無縁だったわけではないからである。動きを描写しようという試みは原始時代の壁画にまでさかのぼる。白い背景に黒いシルエットを投影する影絵芝居は演劇よりもさらに古い歴史をもっている。十八世紀と十九世紀にはさまざまな光学的玩具《オプティカル・トイ》がまるで現実そのままに見える動きを再現していた。そこでは鳥が羽ばたいて飛び、人が飛び跳ね、馬が疾駆した。魔法幻燈《マジック・ランタン》はふつう静止画像を映し出すものだったが、工夫を凝らしたスライドと動きのメカニズムとが合体すると、小さなハンドルを回すにつれて車輪が回転したり、木々が揺れたり、煙突から煙が吹き出したりした。

　しかしこれらの動きはみな平面的に作られていた。単一の面の上での動きだったのである。ゾーイトロープ★の鳥は勢いよく羽ばたきはするが、動きは右から左への飛翔であり、幻燈ショーの煙はただ上方へと昇っていくのみである。一八九五年、スクリーン上でリュミエールの列車がラ・シオタ駅に到着したとき、それは歴史を画す出来事となった。というのも、その列車は手前に向かってくるように、そしてキャメラの脇を通り過ぎるように撮影されていたからである。物体が観客に近づくという動きを、映画は初めて成しとげたのだった。

　リュミエールは列車の全貌を見せようとしてこの正面からの視点を選択した。真横から写したのでは列車の姿はいまひとつよくわからなかっただろう。しかし、正面から写すことによってリュミエールは、意図せずに、それまでの動きの再現法には欠けていたひとつの要素をそこに付加するに至った。迫真性、ダイナミズムである。

　列車は、観客がよく見慣れていたように、蒸気を噴き出しながら何事もなく駅に停車しようとしていたのだが、観客の眼からすれば、勢い余ってスクリーンから外に飛び出すかに思われた。落ち着いて考える時間があれば、常識がはたらいて観客もあわてることはなかっただろう。ところが、じっさいは考える暇も、体をかわす余裕もなかった。当時の記事によると、奇声を発した女性が何人かおり、気絶した客もいたという。それにまた、観客を大あわてさせた映画はリュミエールの列車だけではなかった。

一八九六年四月、アメリカはコスター・アンド・バイアル・ミュージックホールでエジソンのヴァイタスコープが上映された。この歴史的催しにおいて映写を担当したのは映画開発者のひとりトマス・アーマットであった。この催しの五十周年記念日にニューヨーク・タイムズ紙のインタビューをうけたアーマットは、上映作品の一本『海の波』において、波が手前に打ち寄せるさい「スクリーン間近にすわっている観客のあいだにパニックが起きた」と回想している。また著名なダンサーのアナベルが等身大でスクリーンに登場すると観客は熱狂して拍手喝采したとも述べている。

当時の記事には報道する側の筆の誇張と見られるものがまじっているのもたしかだが、それでも基本的な事実は厳然として存在した。常識をわきまえた、分別ある大人たちが子どものように反応したのである。これが一八九六年の出来事であったというのは事の本質とは何の関係もない。もっと時を経た一九三一年になっても、ルーマニアのゲオロヴェスティで初めて映画が上映されたさい、十二人の農民が出口に殺到してけがをしている。一九五〇年代半ば、巨大なシネラマの画面に、激しく横揺れし急降下するローラーコースターが映し出されたとき、劇場内は観客の叫び声やあえぎやうめきに満たされた。それが長年映画を見慣れてきた観客たちの反応であった。彼らは不意を突かれたのである。驚くべき迫真性が防御の壁を崩したのだ。そこに映し出されているのがローラーコースターであるか列車であるかは重要ではない。というのは、魔法の鍵を握るのは動きそのものではなく、その動きがどのように用いられているかであるからだ。

映画の草創期、主眼は動きのためにおかれていた。映画製造者たちは映画のもっとも基本的な性格のみをさかんに活用した。新味が薄れると観客は興味をしめさなくなっていった。リュミエールの『崩れる壁』や『船出』（共に一八九六）のようなワンショットのみの小品は、遊園地において、あるいは巡回興行師らによって何年も上映されつづけたが、劇場での需要は世紀の変わり目頃にはほとんどなくなっていた。アメリカにおいては、大きなヴォードヴィル劇場は動く映像の流行が終了したと判断し、関係機器を処分した。弱小劇場は映画を用いつづけた――ただし、客の交替を促す〝チ

★一八三四年、イギリス人ウィリアム・ジョージ・ホーナーが発明。形状はスリットを設けた円筒形のドラムで、その内側に動きの各段階を描いた紙をセットする。ドラムを回転させるとスリットを通して、絵が動いて見えるという仕掛け。

ェイサー〟として、つまり現代のＣＭ休憩のようなものとしての利用であった。

　しかし、ヴォードヴィルはおもに中産階級のための娯楽であった。移民が大多数をしめるアメリカの労働階級は、たとえそれが自分でハンドルを回す一人のぞき用の機械によるものであれ、それまで同様動く映像に興奮をかくさなかった。キネトスコープやミュートスコープ★の所有者は、自分たちのペニーアーケードでどれだけの売り上げがあるかがわかっていたので、規模を大きくすればどれだけ利潤が増すかをすばやく計算した。彼らは映写機を購入し、アーケードを映画館に建て替えた。ほどなく、アーケードはどこもかしこもニッケルオデオン（映画興行専用の小屋。当初入場料がワン・ニッケル〔五セント〕だった）に姿を改めた。興行主たちは空いた店舗を買い上げて映画館に改装した。観客の映画熱が醒めないうちにと彼らは先を争って劇場作りに邁進した。

　中産階級はそのようなところで上映される代物を〝安物細工〟と呼んだ。一九一六年の「モーション・ピクチャー・マガジン」のなかで、ホーマー・ダンは一八九〇年代後半のフィラデルフィアで〝動く写真〟ショーを見たときの幻滅を生き生きと回想している。ダンはとある見世物小屋の、二個のアークランプの明かりに照り輝くウィンドーに目が引きつけられる。その中では若い男が〝三脚に乗った箱形装置〟のハンドルを手で回している。興味深げに立ち止まった数名の通行人に向けて客引きが声をからしてがなりたてている。ダンは五セントを払って小屋の中に入っていく。

「正面奥に汚らしい布がワイアーからだらしなく垂れ下がっていた。それは不快な黄色をしており、中央下の部分には縫い目が見えた。その布の手前一メートルほどのところに一本のロープが左右にはられている。座ろうにも椅子はどこにもなく、六人ほどの観客がせわしなく煙草を吹かしながら額の汗をぬぐっていた。ほどなくして後方のウィンドーからガタピシとやかましい音が聞こえてきたかと思うと、布のうえに衣類絞りのようなハンドルを操作する若者の発汗する頭部がシルエットであらわれた。その頭の影は、まるで群衆の怒声から身を避けるかのように、ここかしことせわしなく動いた。これがもし〝動く写真〟の正体であるならば、子どものときに習いおぼえた両の手指でこしらえる影絵のほうがどれだけましなことだろう。

　出口のほうに足を向けようとしたとき、客寄せの口上がにわかに熱を帯び始めた。ウィンドーのガタピシの音がさらにやかましく鋭くなった。若者の頭部のシルエットが消え、布は突然燐光を放ち始めた。ガタン、ガタン、パタ、パタ、プ

★キネトスコープは動く写真（五十フィート〔十五メートル〕のループ状フィルム）を見るためのひとり用「のぞき箱」。一八八九年、W・K・L・ディクスンが設計。ミュートスコープはW・K・L・ディクスンがエジソン社を離れた後、アメリカン・ミュートスコープ・アンド・バイオグラフ・カンパニーで製造した「のぞき見式」の装置・機械。キネトスコープよりすぐれていた。

［上］エジソン社の撮影所、1908年。ヘンリー・クロンジャガーが撮影する『神学校における田舎娘の生活と経験』。監督エドウィン・S・ポーター。［下］G・W・ビッツァーが合衆国砲兵隊の大演習を撮影している。

チ、プチとコーヒー挽きを回すような音が耳に届く。すると布一面に発疹のようなものが噴き出した。真珠色の大きな光の斑点がそこかしこに跳梁する。その合間にジグザグ状の雷のような光がほとばしり、また夏の夕日のような柔和な明かりが燃え立った。これが〝光のファンタジー〟の見世物であったなら文句なく拍手喝采するところだが、〝ピクチャー〟と称しうるものは、動いているものも静止しているものも、まだ何ひとつあらわれてはいないのだった。

　しかし、この光の狂宴が数分間つづいたあと、二つの明かりの斑点に挟まれるようにして男の顔がポッとあらわれた。そしてすぐにまた、あらぬ方角に別の男の顔があらわれた。さらには人の胴体が、腕が、脚部が、あとからあとからと姿をあらわし、そこに一個の完全な男性が出来上がった。引き続いて第二の男性も完成すると、およそ一分間ほどだろうか、二人は身振り手振りで何やら話し出した。すると第一の男が癇癪玉を破裂させ、第二の男をいきなり殴りつけた。

　それが相手をのしてしまうKOパンチとなったか否かはわからない。パンチの帰結が明らかになる前に、布は一面の闇に沈み、ショーは終わりを告げたからだ。

　私はよく想像する。あの珍妙なショーを私とともに目撃した人たちに、この〝動く写真〟というものが将来進歩を重ねて見事に完成すると予言したとしたら、いったいどんな反応をしめしただろうかと……というのも、誰ひとりあのショーをまじめに考えてはいなかったからだ。まじめに考える理由があっただろうか？　自分たちが目にしたものがいったい何なのか、それすら誰にもわかっていなかったのに」

　ヨーロッパにおいては、幾多の力がはたらいて、映画鑑賞は光学的刺激から魔法の経験へと変貌を遂げつつあった。その力のひとつとなったのは自身本物の魔術師であったジョルジュ・メリエスである。映画のストーリーテリング機能に最初に着目したひとりであるメリエスは、舞台監督には達成不可能な〝省略《トリミング》〟を備えたひとつの首尾一貫した黙劇をつねに観客に提供した。彼が自らのスタッフとともに考案したトリック効果は、今日においても人を驚嘆させるに足るものではあるが、当時にあっては観客の度肝をぬいた。しかし、メリエスは真の意味での映画人《シネアスト》ではなかった。彼は使命感に燃えた見世物師であった。キャメラは彼にとって貴重この上ない小道具であり、それによって彼の見世物はその舞台効果を最大限に高めることができた。そしてまた、それが映画であるために、彼ははるかに広範な観客を手にすることができた。メリエスはある種のディゾルブ★のような新たな映像手法を用いてもいるが、その画面は、当時慣用とされた舞台面をフルにとらえたロング・ショットであり、それは劇場のストール席（舞台に近い一階特別席）から眺めた視点をあらわすものであった。

　しかし、彼の用いた手法がどんなものであれ、彼はストーリーを語ったのであり、その点において、映画のパイオニアのなかでも最も大きな影響力を及ぼすことになった。メリエ

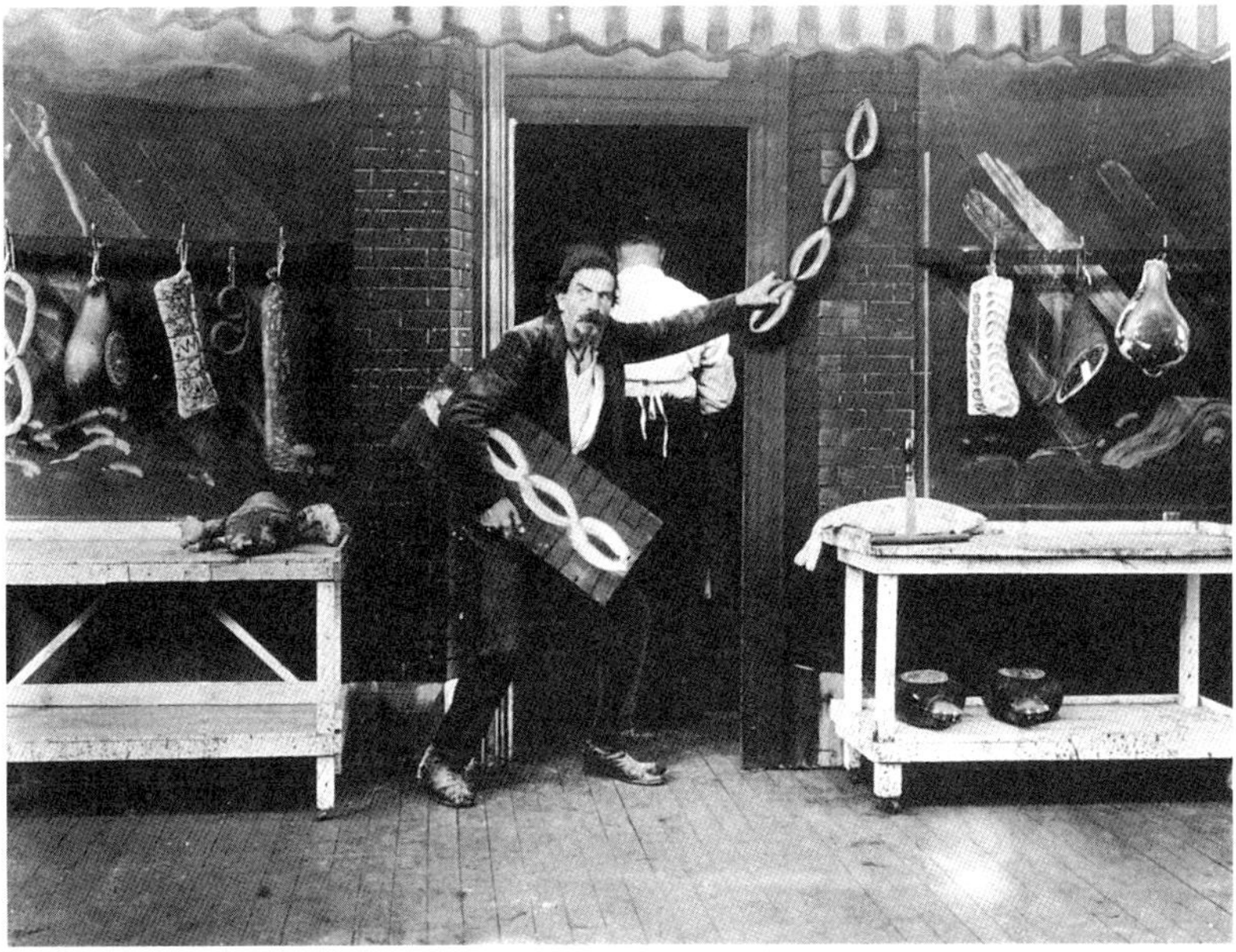

初期映画の一本、『飢ゆる絵描き』(07)。

スの仕事に深く感銘をうけたのがエジソン社のキャメラマン兼監督であったエドウィン・S・ポーターである。ポーターはメリエスの映画を見て次のように決意をかためたと述べている。すなわち、ワンショットで出来上がった映画が客に飽きられはじめているいま、映画は物語を語ることによって観客を呼びもどせるかもしれない、いや呼びもどせるに違いないと。

ポーターはエジソン社がもつ約五十フィート（十五メートル）の長さのワンショット・フィルムのうち火事を扱ったものばかりを選りだし、それをつなぎ合わせて計四百二十五フィート（百三十メートル）に及ぶ作品にまとめ上げると、それに『アメリカ消防夫の生活』（〇三）という題名をつけた。それを構成するのは、消防署、待機する消防士、出動する消防車というようにいずれも説明的ショットであり、そこに劇的要素を加えるために、ポーターはひとりの消防士が家で待つ妻と赤ん坊を思い描くところ、燃える建物からの救助活動といったシーンを新たに撮り足した。エジソン社は、この映画の宣伝文において、複数の消防署のフィルムを寄せ集めた事実を次のような言い方で糊塗している。「われわれは四つの異なる都市の消防署のご協力を仰ぐ必要にせまられた。本作の撮影にどれだけの労力が費やされたか、いくたびリハー

★先行場面をフェイド・アウト（溶暗）し、同時に後続場面をフェイド・イン（溶明）していく場面転換法。

サルが繰り返されたか、興行主の方々には想像もつかぬであろう」（ジョージ・プラット「闇の中の呪縛」一九六六年、二七頁。同書はサイレント期アメリカ映画に関して最重要の参考文献である）。

この映画と、さらに巧妙な『大列車強盗』（〇三）とで見せたポーターの画期的編集は、これまでもたびたび分析され、また推論の対象となってきた。事実、他にも多く見られる映画史を代表する事象と同様、それはその場の思いつきと直観が多くをしめるものであった。

だが、この二作の抗しがたいスタイルにはほとんど追随者は生まれなかった。ポーターですら、その後の作品は型どおりの演劇的な撮り方に終始している。というのも、この時期の映画の素材はほぼ判で押したように舞台物の再現だったからである。演者は舞台の上にいるかのように演技をし（演者の多くが舞台人であった）、背後には描かれた背景幕がさがり、キャメラはひとところに据えられたまま動かなかった。シーンの内容は字幕が説明してくれており、想像をはたらかせる余地はほとんどなかった。

そうはいっても、ニッケルオデオンの饐《す》えたにおいの暗闇にうずくまっていた観客の多くは舞台劇など見たことはなく、そのような舞台物の焼き直しでも目の覚める思いを経験した。その日暮らしの低賃金労働者は読み書きができなかった。極貧にあえぐ移民たちは英語を話せなかった。しかし、スクリーンに映し出された字幕は声に出して読み上げられ、すぐにいくつもの言語に訳し直された。それはまるでバベルの塔であり、そこで何も得る物もないまま小屋を出て行く者はいなかった。騒然たる環境は孤独な外来者を勇気づけた。ここでだけは彼も仲間のひとりであり、疎外感を感じる必要はなかった。しかも、少しずつ映画を見ていくうちに、当初当惑の種だったアメリカの生活習慣や社会のあり方といったものが徐々に理解できるようになっていった。映画を見ていくなかで、見聞を広め、好奇心をかき立てられていった。アメリカの移民層は演劇には不可能なやり方で映画から多くを学習していくことになった。

気晴らしを演劇に求めていた別種の観客も、映画のなかに新たな利点を見つけ出していた。演劇鑑賞のさい安価な座席に甘んじていた彼らは、キャメラによって最上の席から舞台面を見ることが許された。長たらしいシーンも映画では要領よくまとめられていた。シーンのつなぎに挟まる字幕タイトルは、幕の上げ下げに比べればはるかに時間短縮の効果があった。二つの異なるシーンが字幕タイトル無しでつなげられると、舞台の悠長な場面転換に慣れていた観客は文字どおり覚醒の思いをしたのである。

そういった数々の利点があったものの、ヴォードヴィルや伝統的劇場の経営者たちはまだ映画に興味をおぼえるには至らなかった。彼らを思いとどまらせたのは映画小屋そのものであった。それらの小屋の館主たちは小屋の中は清潔にしてあり、ネズミなどが走り回ってはいない、この手で消毒剤を撒布しているのだから、と抗弁した。それでも中産階級の疑惑の目は晴れなかった。一部の興行主は贅をつくした映画館を開場したが、富裕層を呼びこむには豪奢な外見以上のものを必要とした。映画はまだまだ貧しい人々にとっての共通の言語にとどまっていたのである。

この時期大量の映画が生産されていった。その大部分はすぐに買い手がついた。これらの映画のかなりの数がいまも残っている——サイレント期であっても、もう少しあとになると事情が違ってくる。後のサイレント作品は配給会社に送り返され廃棄処分されたからである。これら草創期の映画をいま見ると、歴史的、学術的、社会学的観点からはきわめて興味深い。しかし美的にはほとんど見るべきものをもっていない。メリエスやポーターの実験作のような少数の画期的作品を除けば、草創期の映画はとうてい映画とはいえない物ばかりである。ショットが並んでいても、それは〝編集〟されてはいないし、場面に光が当たっていても、それは〝照明〟とはいえなかった。

それでも新たな産業の基盤はかたまりつつあった。そして産業の土台がかたまっていくのにともない、これら先駆者たちは映画芸術の礎を徐々に築いていくのであった。

第三章　初期のヴァイタグラフ社

アメリカの映画産業はすべて、西海岸にあるハリウッドと結びつけて考えられてはいるものの、誕生の地は東部であった。最もはやく一般に名を知られた映画人のひとりジェイムズ・モリスンはブルックリンのフラットブッシュにあったヴァイタグラフ社所属の俳優である。いまはニューヨーク在住のモリスンは二十世紀初頭の映画界についてのなつかしい思い出を保持している。

ヴァイタグラフは初期の代表的映画会社のひとつ。多くの有名な映画人を育て上げており、〝ヴァイタグラフ・ハイスクール〟の名で知られるようになった。ワーナー・ブラザースに吸収される直前の、会社の末期、ヴァイタグラフの栄光は過去のものとなり、〝映画の霊安室〟呼ばわりすらされていたが、『黒馬物語』（二一）、「偉大なるアンバーソン家の人々」のサイレント版『わがまま小僧』（二五）、『キャプテン・ブラッド』（二四）、そしてヴィクター・マクラグレンの初のアメリカ映画『愛しき乱暴者』（二四）などを世に送り出している。

ジェイムズ・モリスンはヴァイタグラフ社と歩みをともにしてきた俳優であり、初期の作品の粗雑さには天を仰ぎながらも、その後の秀作の数々には感嘆の気持ちを隠そうとはしない。一九六四年、私が面会したとき、彼は七十代になっていたが、いまだに若者のようなハンサムな容貌を保っていた。ただ、最近腰の手術をしたようで松葉杖を使っていた。彼は『至上命令』（二三）のときの自分の不器用さを話題にした。「あの頃は俳優がスタントマンも兼ねていたからね。スケートのシーンがあったのだが、助監督によると私は三十八回も転んだそうだ！」

モリスンは一九二六年に映画を退き、舞台にもどった。舞台の仕事はいまだにつづけている。彼には過去に対する感傷はないものの、仕事をともにした同僚たちにはなつかしさを隠せないでいる。当時のことを語っていくなかで、過去への再訪は彼の心に強い感銘をあたえていった。「ああ！」と彼は感きわまって声を上げた。「この四十年間忘れていた名前を、君は次から次へと出してくるね」

ジェイムズ・モリスンは語る

私の俳優修業はアメリカ演劇アカデミーに始まる。そこではパントマイムを専攻した。アルベルティ夫人という名教師がいてね、パントマイムこそあらゆる演技の基本であるとの信念をもっていた。マイムが正しくないとセリフも正しく発声できない。その考え方には私も同感だ。内面の開拓ということも教えられた。スタニスラフスキー・システム★と根っこのところで同じなんだね。

その頃、映画が作られるようになっていて、夏のある日フラットブッシュのヴァイタグラフ社に出向いていった。演劇アカデミーで学んだことを実地に移してみようと考えたのだ。マイムを勉強したからうってつけだと思うと切り出すと、その点はいいとして、経験はあるのかといわれてしまった。

率直にいって途方にくれた。仕事を手に入れるには、すでにその仕事の経験を持っていないといけないのだ。そこで、実家がイリノイ州だったから、シカゴのラヴィニア・パークという夏期演劇に目をつけた。といっても舞台に上がったわけじゃない。上演される劇をいくつも見て勉強した。

ニューヨークにもどり、もう一度ヴァイタグラフ社の門をたたいた。ラヴィニア・パークで経験を積みましたというと、「そうか、プロの経験を積んだのなら、お手並みを拝見しようか」といって受け入れてくれた。

その頃、というのは一九一一年前後なのだが、若者役の主演級俳優カーライル・ブラックウェルが退社間近となり、その後釜に私を使ってみようということになった。彼と私は全然似てないのだが、ともかくそんな具合にして私の役者人生はスタートした。

最初の出演作は『二都物語』(一一)。これはノーマ・タルマッジの初期の出演作の一本でもある。私が演じたのは農家の青年で、リリアン・ウォーカーが妹に扮していた。そのなかで、大舞踏会のさなか、私がバルコニーの欄干を飛び越えて侯爵に襲いかかるというところがあった。私は勢いをつけるためにできるだけ後ろに下がった――後ろの壁いっぱい、七、八メートルほどだったろうか。そうしておいてから、全力疾走して欄干を飛び越えると大きな叫び声を上げた。

あとでジュリア・スウェイン・ゴードンにいわれた。「あなたのあの叫び声を聞いたとき、あまりに真に迫っているので驚いたわ。化粧室にいたのだけれど、誰なのいまのはって、思わず出てきたくらいだもの」と。だから演劇アカデミーでの演技勉強もまるで無駄ではなかったんだ!

★ここでは「スタニスラフスキー・システム」のアメリカにおける継承者、リー・ストラスバーグがアクターズ・スタジオで提唱・実践したメソッド演技法《アクティング》のことをいっていると思われる。メソッドとは型やテクニックに頼るのではなく、俳優自身の深奥部の感情を活用することでより自然でリアルな演技をめざす演技法のこと。

一週間もしないうちにメイベル・ノーマンドも入ってきた。映画作りに無知な者同士みんなで仲良くなった。みんなまったくの初心者だったからね。メイベル・ノーマンドよりは、私のほうが演技の訓練を経ていただけ少し先輩だった。

誰も契約は取り交わしていなかった。私もヴァイタグラフ社と交わした自分の契約書なんて見ていない。みな週給二十五ドルほどから始まった。昇給の仕組みがまた変わっていた。イギリス支社やフランス支社が発端になるんだ。というのは、そういうところがアメリカ本社に「誰それはこれこれの映画で絶品だった」と手紙を書いてくる。すると五ドル昇給と評価される。

しかしそれがまた混乱のもとにもなる。給与は小切手じゃなくつねに現金払いだった。しかも通知もないままなので昇給直後に給料を受けとると、自分が数え間違いしたと思ってしまう。「おかしいな? 二度数えてしまったのかな」なんて首をひねるんだ。だから、みんな昇給のさいは必ず仲間の誰かを呼んで金を数えてもらったものだ。

先輩格の俳優ですら戸惑ったようだ。ジュリア・スウェイン・ゴードンに「ジム、申しわけないけれど私のお金数えていただけるかしら?」って声をかけられたからね。何かで十五ドル給料がアップしたときだったね。会社は昇給については何も告げない。給料袋が厚いんだからわかるだろう、という態度だった。

ヴァイタグラフ社はスタッフ間も労使間も関係円満な、家族的雰囲気の会社だった。イギリス出身の二人の若者アルバート・E・スミスとJ・ステュアート・ブラックトンがポップ・ロックという男と組んで創設した会社だ。資金はポップから出ていた。金の工面がポップの役割だった。

ブラックトンとスミスは別々に製作班をもっていた。私が入ったのはブラックトンのほうで、当初しばらくスミス側は何の関わりももたなかった。この二つの班はまるで別物だった。スミスのほうだったと思うけど、短期間目を覆うような演出法を用いていた。監督が「第五番!」と声を張り上げると、主演女優が〝第五番〟の表情をつくる。監督があたえる指示はそれだけ。第一番から第五番まで表現の型が決まっていて、すべてそのどれかで片づけてしまうんだ。幸いにもこのやり方はすぐに廃れたけれど。

当時は仕事を次から次へとこなしていた感覚しかない。何か新しいことを始めているという実感はなかった。それは日々の仕事であり、こなしていくのが当然だと。それでも、実験的な試みもなくはなかった。一九一一年ラリー・トリンブルは画面上に手と足だけを見せてひとつの映画を作った。最後の最後に二人の人物が明らかにされるのだが、それまでは人物の手と足しか見せないんだ。

でも同じ年、こんどはいかに原始的だったかの例なんだが、私は三時間のあいだ身動きもせず床に横たわっていた。ひとつのセットのなかでいくつかのシーンが展開するのだが、キャメラが据えっぱなしのため、そのうえ時間を省略するとい

ジーン・ペイジ（アルバート・E・スミス夫人）とジェイムズ・モリスン。デイヴィッド・スミス監督『黒馬物語』（21）の一場面。

う考えがないものだから、物語の時間の流れのまま撮影をしていたわけだ。だから私は一カ所に釘付けになり、昼飯を食べることもできなかった。

それは『二都物語』のときだったね。その後まもなくショットを割ることが発見された。字幕や別の場面のショットを挿入してからもとのショットにもどる。そうすればその間の時間経過は観客に気づかれないとね。でも、はじめはそういうように三時間も床に寝かせられた。若くて好奇心にあふれていたから、別にどうとも感じはしなかったが。

〝九フィート（二・七メートル）線〟を破ったのは私たちが最初だった。私が映画に入った頃、映画の芝居は舞台劇のように枠取りされていた。キャメラを後方に引き、舞台面を正面から捉え、人物をすべてフル・ショットでおさめていた。私たちはその〝九フィート線〟を越えて人物をキャメラに近づけた。じっさいキャメラから九フィートのところにテープで線が引かれていた。それより近づくと焦点が合わなくなるという印だった。その次の新発見はグリフィスのクロースアップだった。〝九フィート線〟を越えた私たちだったが、クロースアップは思いつかなかった。

スタントもみな俳優の自前だった。私がキャメラの前で馬を全速力で走らせたのは、馬に乗るのが生まれてから三度目というときだ。それは『インド人兵の叛乱』（一二）のときで、そのなかであのウォーレス・リードはエキストラをやっていた。『デイヴ・ダーシーの贖罪』（一六）のときは、家の外壁をよじ登れといわれた。監督のポール・スカードンは樋を指さし、「あれを摑んで屋根の上に上がるんだ。どうだ、やれるか？」と訊いてきた。

「さあな。やれなくもないが」と私は答えた。真下はセメント舗装の歩道で、マットレスひとつ用意してあるわけじゃない。それでも、私は馬鹿みたいに登り始めた。当時は何か指示されたら、ともかく指示には従おうとしたものだ。

はじめはいたって順調で、すぐに自分の背丈を超えたくらいの高さに達した。そこから先は足が滑りはじめた。煉瓦の上にセメントが塗られていたからだ。その頃には手の爪も痛み始めてきた。懸命に少しずつよじ登っていると、キャメラマンがキャメラ位置を変えるぞといいだした。

「ようし、つづけてくれ！」と、かなり間をおいてからもう一度声がかかった。私は歯を食いしばって樋に飛びついた。樋に手が届いたのはよかったが、樋は錆び付いていて私の重みでいまにも外れそうになった。自分がどうやって屋根によじ登ったのか、そこのところはいまだに記憶から抜けている。でも、とにかく屋根の上にたどり着くことはできた。

この映画をヴァイタグラフ劇場に見に行くと、後ろで観客がこんなことをいっている。「こりゃトリックなんだぜ。家の外壁はセット床なんだ。俳優は床をはっているだけなんだ」と。

もうひとつあまり愉快でない、でもいま振り返れば笑えてくるこんなエピソードがあった。ジュリア・スウェイン・ゴードンが妖婦を演じ、私がその若い恋人役だった。映画のなかでこの妖婦は虎をペットに飼っている。撮影に使うのは捕まって六カ月という虎で、コニー・アイランドから借り受けたものだった。この虎とひとつセットのなかで共演することになった。二重写しのようなトリックは使わなかった。大道具方が私たちのまわりに大きなフェンスをめぐらし、何人かが銃を構えてフェンスの外に立った。それが予防策でもなかっただろう。虎が私とジュリアを襲う気になったら銃では間に合わないし、彼らにしても私とジュリアの方向に向けてとても引き金は引けなかっただろうから。

ジュリアも私もライオンのエサに供されたローマ時代のキリスト教徒の気分だった。私は虎を怖がる演技をしなければならなくて、それが心配の種でもあった。虎は、ただでさえ私の内心の不安を嗅ぎつけるのに、そのうえ私が怖そうにあとずさりしたりすれば、いやでも襲ってみたくなるのではないかと……

ショットとショットの合間にジュリアが虎の頭をなでた。なだめすかそうとしたのだろう。そのとき彼女の手が虎の耳に触れた。虎は首をもたげるとジュリアの腕を口にくわえた。私たちの息は止まり、全員凍りついたように静まりかえった。その目は「二度とするんじゃないぞ」といっているかに見えた。

虎はジュリアの腕をくわえながら、彼女に目を向けた。そして口を大きく開けると、彼女の腕を自由にしたんだ。

ニック・ドゥナエフという男がいた――みんなから〝銅貨

［上］J・ステュアート・ブラックトンが監督する『ナポレオン・ボナパルトと王妃ジョゼフィーヌの生涯のドラマ』（09）。［下］『キャプテン・ブラッド』（24）演出中のデイヴィッド・スミス（右手前）。J・ウォーレン・ケリガン（中央）、スミス監督の後方にジェイムズ・モリスン。

曲げのニック〟と呼ばれたロシア人だ。おそらく農村の出身だったのだろうが、ロシアのこと、ロシア貴族のことに詳しくて、ロシアものを作るときは貴重なアドバイザーだった。アール・ウィリアムズとクララ・キンボール・ヤングで『私の表向きの妻』（一四）を撮ったとき、彼はレオン・トロッキーというロシア人を連れてきた。そのときはむろん誰もなんとも思わなかった。しかしあとになって、あの男だったのかと誰もが思いだしたのだった。*

ジョン・バニー、メアリー・チャールスンと私とでヴァイタグラフ劇場を開場した。映画に一ドルの入場料金をとったのはそのときが最初だった。J・ステュアート・ブラックトン作の「新婚もの」というパントマイムで幕開けをし、私たち自身が顔見せをした。そして劇映画が上映された。そこはクライテリオン劇場だったところで、いまはまたクライテリオンという名にもどっている。

まわりからは失敗間違いなしといわれていて、私たちもビクビクものだった――なにしろブロードウェイに進出しようというのだったから。でも、初日は満員、それも超満員の大盛況だった。ダイアモンド・ジム・ブレイディも前の席に座っていて、私たちは十三回もカーテンコールに呼び出された。四カ月近くもその形式で上演がつづき、そのあとそこはヴァイタグラフ映画の一番館として使われた。ショーと二本立てにしたのはもう一度だけある――フローラ・フィンチ主演のコメディだったが、こちらのほうはさほど受けなかった。

ヴァイタグラフ社でタキシードをもっていたのは私あたりが最初だった。モーリス・コステロがもっていて、私がもっていた。その後入社したアール・ウィリアムズは驚くほどの衣装持ちで、みんなをあきれさせたものだ。

はじめのうちは私たち主演級の俳優もよくエキストラにかり出された。大宴会のシーンなどが撮られると、「夜会服に着替えてこっちに来てくれ」と声がかかる。オレたち主演級はエキストラに使わないでくれと、会社に認めさせるまでには相当やり合ったものだ。

ヴァイタグラフでは常時人工照明が使われた。水銀蒸気灯は緑がかっていたので、白いシャツを着ているように見せたいときは青いシャツを着たものだ。白いシャツだとギラギラしすぎるんだ。衣装はすべて染め直す必要があった――日焼**けの肌ですら白く映ってしまうのだからね。クリーグライトがしだいに映画撮影にも使われていたけれど、防護ガラスが施されてなかったので、このアーク灯はまわりじゅうに炭塵をまき散らした。これが目に入ると、目が腫れてピンクになる――これを〝クリーグ眼〟とみんなはいっていた。治るまでには二、三日かかり、その間の痛さといったらなかった。西海岸に映画作りが移ると、あちらは陽光に恵まれているので、人工照明はしばらくのあいだは使われなかった。

J・ステュアート・ブラックトン監督の『リパブリック賛歌』（一一）では、ひとつすばらしい特殊効果が記憶に残っている。いくつもの巨大な柱に支えられた大階段がヴァイタグラフ社のタンクの上に建てられた。この階段は崩壊して水中に没することになっていた。その場面の撮影となり、みな息をひそめて見つめていた。柱が次々にくずれた——ところが、なんたることか！　階段も柱もプカプカと浮き上がってきた。どれも木材だったからだ。製作陣の落胆ぶりといったらなかった。

私は一九一八年にヴァイタグラフを一度離れている。会社が生産効率向上のプロを呼び入れたときだ。それを契機にヴァイタグラフ社の作品の香気は失われていった。それまで三人の経営者が年収二百万ドルを三等分していた。なのにそのうえに経営合理化のプロの手を借りようとした。このプロたちは一本ごとの映画のフィルムの尺数にまで制限を加えてきた……そして製作のあらゆる部門において倹約を徹底させた。

私は会社を辞め、初めての休暇をバミューダで過ごした。製作者のアイヴァン・エイブラムスンとしばらく時間をともにしたあと、ニューヨークにもどってきた。するとフォート・リーにある撮影所のひとつが週給八十五ドルで私に声をかけてきた。そこで私はアルバート・スミスに手紙を書いた。「親愛なるスミス氏へ、いま当地にもどっている。エクレール社からオファーを受けたよ。週給八十五ドルでね」と。

スミスの返信には私の手紙が同封してあり、その末尾のところにこう書き入れてあった。「もしエクレール社が君に八十五ドルというのなら、ヴァイタグラフ社も同額を保証する。こっちに来てキャメラの前に立て」そんなこんながあって、私は再びヴァイタグラフ社の人間となった。

＊トロツキーは一九〇五年にロシアで革命が起きたときの首謀者のひとりだったが、アメリカまでその名は届いていなかった（追加原注＝これが実際にトロツキー本人であったのどうかは疑問の余地がある。トロツキーがアメリカに滞在したのは一九一七年の一度きりと歴史家はいっているからだ）。
＊＊クリーグライトはもともと舞台照明のための器具である。

第四章　実験者たち

ジュール・ヴェルヌの空想小説のごとく、二十世紀は猛スピードで突き進んでいった。情報伝達、輸送、映像はいずれも奇跡の翼を得たように天翔《あまかけ》った。あらゆるものが進歩した。アメリカでは自動車産業が勃興し、映画産業がそれにつづいた。改良や変革は日常茶飯事で、以前の型は瞬く間に時代遅れとなった。これら登場したばかりの活気あふれる産業にあってはめまぐるしい勢いで生産過程の改良が進み、一週間分の生産高が過去何年分を軽々と凌駕するという事態が生じていった。

映画産業のなかで起きた大変革は、デイヴィッド・ワーク・グリフィスというひとりの男の手腕と影響がもたらした。グリフィスは芽の出ない劇作家であった。ペンネームにローレンス・グリフィスを用いたのも、本名は将来何かで名をなしたときのためにとっておこうとしたからである。彼の書いた劇のひとつが早々に興行を打ちきられたとき、舞台に絶望した彼は〝動く写真〟にストーリーを持っていった。

エジソン社で彼はエドウィン・S・ポーターと出会う。ポーターは彼のストーリーには興味をしめさなかったが、そのかわり俳優として雇ってくれた。グリフィスは内心忸怩たる思いだった。映画に出る人間は人生の落伍者ときまっていたからである。しかし、懐からっけつの彼には選り好みはできなかった。次いで彼は監督をやってみないかと声をかけられた。グリフィスは監督で失敗をしたら役者もお払い箱になるのではと心配した。心配は打ち消された。やってみると監督は実入りもよく、人前に姿をさらす必要もなかった。監督としての初仕事は『ドリーの冒険』(〇八)であった。

グリフィスの父親は〝大佐〟の称号を得たケンタッキー人であり、グリフィスは自らを貴族階級の一員と見なしていた。そんな彼にとって、映画は不名誉な仕事だった。映画なぞは見下しているとばかりに、彼は映画作りのルールをことごとく踏みにじっていった。しかし、そこには彼のコンプレックス以外のものもはたらいていた。グリフィスは自らを天与の才に恵まれた芸術家だとも見なしていたのだ。ロイド・モリスがいみじくもいっている。「グリフィスは自らの仕事とするメディアに敬意を抱いていなかったが、彼の気質はそれをあたかも芸術であるかのように扱わせた。その結果、彼は映画を本物の芸術へと高めたのである」（ロイド・モリス「それほど昔のことでなく」一九四九年、五九頁）

一九〇八年に作られた『ドリーの冒険』には、映画史家が注目するような重要な新技法は含まれていない。しかし、ウィリアム・K・エヴァーソンがいうように、「全体の構成、あるいはサスペンスや追っかけに重きがおかれているところなど、後に登場するグリフィスの傑作群の青写真と見ることができる」のである。（「セオドア・ハフ記念映画ソサエティのためのノート」一九六〇年九月二〇日）

このあとに作られるグリフィス作品の多くは疑いもなく偉大であった。驚くべきペースで撮り上げられていったそれら小品は――『国民の創生』（一五）以前に一巻物★、二巻物合わせて四百本以上が監督された――衒学的なものから才能のほとばしったものまでさまざまである。しかし、事実上ほぼすべての映画のなかに、例えば窓に映し出されたシルエットのショットといった何らかの目新しい工夫や、大なり小なりの実験が行なわれていないものはなかった。『見えざる敵』『ピッグ・アリの銃士たち』『大殺戮』（いずれも一二）など、もっと意欲的な作品になると、新機軸は実験の域を超えていく。これらはみな辣腕の作り手による自信に満ちた作品であり、筋の運びや編集に隙はなく、効果満点のクロースアップ、数百メートル離れたロング・ショット、無数の微妙なタッチなど、時代離れした演出ぶりがきわだっていた。

グリフィス作品のキャメラを担当したビリー・ビッツァーは、撮影の基本ルールを無視したグリフィスの指示に憤り、その後の多くのキャメラマン同様、そんなやり方は不可能だと真っ向反対した。

「だからこそやってもらいたいんだよ」とグリフィスは楽しそうに答えたという。その結果、ビッツァーは〝不承不承〟数々の奇跡を達成していった。そしてしだいにグリフィスのアイデアに理解をしめすようになっていく。それでもときには不審そうな表情を浮かべたのだが、そんなときはグリフィスの熱意が疑いの雲を吹き払ってしまうのだった――「さあ、さあ、やってみようじゃないか。まわりの思惑など気にするんじゃない」。

一九一三年、バイオグラフ社はニューヨーク・ドラマティック・ミラー紙に自社の監督であるグリフィスの業績を次のような広告文として宣伝した。

「D・W・グリフィス――バイオグラフ社の数々の傑作の製作者であり、映画劇の革新者にして、映画芸術における現代

★一巻には三十五ミリフィルムおよそ千フィートが巻かれている。上映時間は、厳密には毎秒何コマ（フレーム）で映写するかによるけれども（サイレント映画は標準十六コマ、サウンド映画は二十四コマ）、サイレント映画の場合平均十二、三分程度。

技法の確立者。彼の手になる革新手法で現在多数の進歩的製作者が追随しているものは、人物のクロースアップ、『ラモナ』（一〇）ではじめて用いられたロング・ショット、サスペンスを盛り上げるカットバック、フェイドアウト、表情の抑制などであり、最後の〝表情の抑制〟は映画演技を純粋なる芸術の域にまで引き上げた」

もちろんグリフィスは他の監督や他国の作品から多くのアイデアを採り入れている（創作を事とする者は、まったく孤立したなかで仕事をするのは不可能だ。このサイレント草創期は互いの思いつきが縦横に交換使用された時期なのである）。そしてグリフィスのそのような行為を〝盗み〟と呼ぶものもいた。何人かの黎明期の映画人は、大言壮語するグリフィスに意地の悪いコメントで報いたのである。J・ステュアート・ブラックトンは、グリフィスが監督を始める十年前の一八八九年という早い時期に、自らのニューズフィルムのなかでクロース・ショットを使ったと主張した。またエジソン工場では、まだほとんど誰も映画に参入していなかった一八八九年、W・K・L・ディクスンと彼の同僚たちがクロース・ショットを用いた映像作品を制作していた――有名な例のひとつが『フレッド・オットのくしゃみ』である。しかし、そういった技法の実際上の発明あるいは発見はたいして重要な問題ではない。大事なことは誰が最初にそれらを創造的に用いたか、なのである。

グリフィスの作品はアメリカ映画の行く手そのものを大きく変えた。彼を模倣した監督のなかにも自分たちが新たな地平を切り開いていると自覚したものもいた。フィリップス・スモーリーは『見えざる敵』に類似したストーリーの『サスペンス』（一三）という映画を作っているが、そのなかで彼はグリフィス的効果のほとんどすべて――クロースアップ、移動ショット、俯瞰ショットなど――を採用するだけでなく〝三分割画面《トリプティック》〟を新たに導入している。『シェリダンの乗馬（義勇兵）』（一三）を撮ったオーティス・ターナーは〝監督の元締め《ザ・ディーン》〟の呼称で知られていたが、終盤近くまで舞台面重視の型どおりの演出に終始していたこの作品も、いったん救出シーンが始まるや、シェリダンの騎兵隊を捉える猛然たる移動ショットと南軍の猛攻撃に耐える北軍の一隊のシーンとのカットバックとなり、俄然映画的興奮を盛り上げる。ただしそれぞれのショットは一九一三年の未熟な観客の目にすらやや必要以上に長く思われたのではないだろうか。それでもこの戦闘シーンは前例のない五百人ものエキストラを用いた迫力のあるもので、各ショットの冗漫さをじゅうぶん補っている。

全般的に見て、この時期の映画製作者たちは、技巧を凝らさずに端的にストーリーが語れるのであればそれにこしたことはないと考えていた。何はどうあれ、移動ショットは準備に多くの時間を費やした。移動中はフォーカス合わせもひと苦労であり、やり直しなどで遅れが生じればそれはすべて予算に響いてきた。しかしまた一方では、映像の新機軸に魅せられる技術者もなかにはいた。例えば、『司令官』（監督ウィリアム・バウマン、製作フレッド・バルショーファー、一五）のキャメラマン、ウィリアム・F・オールダーは、驚くほど複雑な移動ショットを幾たびも達成することで、演劇に縛られたこの凡作にすばらしい生気を注入した。二つのドリー（移動車）に乗ったキャメラはときに後ろに、あるいは左右に滑ったりするのだが、動きそのものはすばらしくなめらかである。＊『司令官』は、移動ショットを縦横に活用した最初の映画として称揚されるムルナウの『最後の人』（二四）よりはゆうに十年早い、しかし移動ショットにその名を冠した（〝カビリア移動〟）イタリアの叙事大作『カビリア』には一年遅れての登場であった。

「もし私がフェイドアウト（溶暗）の特許をとっていたとしたら」と、グリフィスは一九二六年に嘆息している。「特許権使用料だけで年に少なくとも百万ドルは手にしていただろう。フェイドアウトはストーリーをなめらかに語るうえで必要不可欠だ。一本の映画のなかで何回使われているか数えてみればいい。フェイドアウトがなかったならば、シーンの始まりと終わりの区別がつかなくなってしまい、一篇の映画劇の鑑賞を乱してしまう。その気にさえなれば特許はとれていただろうに。技術的工夫であれば特許をとることが許されている。ただ、最初はフェイドアウトがそれほど重要だとは思ってもいなかった。われわれはみな初心者だったし、それに少しでも映画に貢献できればと願っていたからね」（「フォトプレイ」一九二六年十二月号、三〇頁）

初期映画は相互作用に多くを負っている。グリフィスは、クローズアップの発明者でないごとく、フェイドアウトの発明者でもなかった。たしかに彼とビッツァーはそういった映像上の効果のいくつかに、独自に、そしてしばしば偶然の結果、たどり着いた。が、それ以外の効果に関しては、他のアメリカ映画やヨーロッパ映画から意図的にあるいは無意識のうちに借用していた。しかし彼の用い方には根拠があったし、ときに天才的なひらめきに裏打ちされていた。そのため、他の映画製作者たちは、もともとは自分たちから発したそれらの改良されたさまざまな効果を、またすすんで採用したのである。そういうようにしてこの時期、映画芸術と映画技法は驚くべき速さで進歩を遂げていった。

映像によるストーリーテリングの基本技法が一九一二年までにすべて確立されていたというのは疑いようのない、そして多くの点において衝撃的な事実である。クローズアップ、移動ショット、俯瞰ショット、回想形式《フラッシュ・バック》、挿入ショット、効果的照明、マスク、フェイドアウト／フェイドイン、ディゾルブ等々、すべてがすでにそろっていた。しかし、それは譬えていえば蒸気機関車に必要な部品がすべて出そろったというに似ていて、ただまだ誰もボイラーに点火する方法を知ら

＊この情報はオールダーからじかに話をきいたアーサー・ミラーから得たものだが、ミラー自身がF・バルショーファーとの共著「一週間に一巻」（一九六七年）の中で語っていることとは食い違う。

［上］鍵穴から覗く侵入者の視点——『サスペンス』(13)。［下］三分割画面の始まり。まずは中央部分のみ。

［上］三分割画面の完成。妻が夫と電話をしている隙に侵入者が近づいてくる。［下］パテ・キャメラをいじるメエ・マーシュとG・W・ビッツァー（1915年）。

なかった。つまり、物語映画を組み立てるための部品はすべて考案されていたけれど、それらをフルに活用できる人間はまだ出ていなかった。

　最初の点火者となったのはグリフィスであり、それは轟音をともなう大爆発を引き起こした。映画産業はいまだその後の余韻に震えているといってもいいだろう。『国民の創生』は映画の革命であった――それはおよそ映画の影響が及ぶあらゆる範囲に革命を伝播した。暴動やデモがあちこちで起きたのはこの映画が持っていた力の証であった。博識を誇る人間でこの映画を見ずにすませた者はいなかった。当時映画を今日のジュークボックスのようなものと見なしていたインテリたちは、映画には映画の価値があることを認めざるを得なかった。批評家や文筆家を巻き込む論争騒ぎに驚いて、中産階級の人々もこの目で確かめんと映画館に赴いた。さらに重要なことには、映画業界を牛耳っていた男たちが再び野心をとりもどしたのだった。

『国民の創生』は現代の映画のように淀みなくストーリーが流れる最初の映画であった。それはまた最も多くの観客を集めた作品であり、まわりに及ぼした影響も最大級のものがあった。これはいまだにスクリーンにかかっている――ただし、半世紀も舞台に立ちつづけた俳優のように、その姿は青ざめて疲れ切った影法師のようであり、過去の栄光は現実味を失い、はかない記憶としてのみ姿をとどめている。再焼き付けと編集が繰り返された結果、プリントは見るに堪えないものとなり、上映にさいしては、より適切な一秒十六コマではなく音声映画の一秒二十四コマで映し出されてしまう。しかし、やはり俳優の場合と同じく、長い時を生き抜いてきた姿には感慨深いものがある。

『国民の創生』の成功を契機に、グリフィス、トマス・インス、マック・セネットの三大製作者がひとつに集い、トライアングル社を設立した。有名舞台劇の映画化をめざして作られたフェイマス・プレイヤーズの強力なライバルとして、トライアングル社はブロードウェイのスター俳優の一団をとりこんだ。デ・ウルフ・ホッパー、ウィリアム・コリア、ビアボーム・トリー、コンスタンス・コリアらが映画に出演するに及び、演劇界ももはや映画を無視することはできなくなった。

　グリフィスはトライアングル社では監修役を務めたにすぎない。*彼の精力は次の大作『イントレランス』(一六)に注ぎこまれていた。この驚嘆すべき映画は興行的には失敗した。グリフィスはこれによって莫大な損失を被るが、この映画は何十年もかかったかもしれない映画技術の進化を一瞬のうちに成し遂げるとともに、芸術史にも稀な、創造性に満ちあふれた映画の真の黄金時代を招来するのである。

＊彼は後に、トライアングル社では自分の名声を利用されただけであり、映画はいっさい撮っていないと述べている。しかし、トライアングル社の多くの映画に彼の影響は明瞭に現れており、彼の原案になる作品もいくつか存在している。

［上］『シェリダンの乗馬（義勇兵）』(13)。シェリダン将軍役のウィリアム・クリフォード。
［下］その双眼鏡が捉えた敗走する南軍兵士。

第五章　ハリウッドのあけぼの

眠気を催すほどに陽光が降り注ぎ、果樹園や椰子の木、ポインセチアが視界に広がるかつてのハリウッドは理想的な隠棲の地であった。一八九四年、カンザス州出身の禁酒主義者ハーヴェイ・ヘンダスン・ウィルコックスは、自らの別荘用にロサンゼルス近郊に百二十エーカーの土地を買い取り、ウィルコックスの妻がその土地をハリウッドと名付けた。*

世紀の変わり目になる頃でも、そのあたりに住まいを持つものは数百人にすぎなかった。というのも、土地自体は肥沃であったものの、ハリウッドはもともとサボテンの散在する荒れ地であり、干魃《かんばつ》が来ようものなら、まわりを取り囲む砂漠にひとのみされるのは目に見えていたからである。一九一〇年、水不足に陥ったハリウッドはロサンゼルスに支援をもとめ、それを機に、ハリウッドはロサンゼルス市の、その中心部からボロ道で十三キロ離れた郊外地区ということになった。

映画会社の到来は大挙しての大侵攻というよりは、少しずつ徐々に浸潤するというかたちをとった。一九〇六年、アメリカン・ミュートスコープ・アンド・バイオグラフ・カンパニーはロサンゼルスに撮影所を設置し、翌〇七年には監督のフランシス・ボッグズがシカゴのシーリグ社の俳優たちをつれて当地にやってきた。カーネル・シーリグはロサンゼルス商工会議所がうたいあげた宣伝文句〝年間三百五十日の晴天〟に引かれたのだった。

ボッグズと俳優たちは、あちらこちらで一巻物のドラマを撮りながら、ロサンゼルスにやってきた。当地に到着してから俳優がひとりグループを離れた。ボッグズはステージ・ディレクターのホバート・ボズワースを急遽穴埋めに起用した。ボズワースはもともと俳優だったのだが、急性肺炎を病んだときに声を失い転職に追いこまれたのだ。映画では俳優の声は聞こえないのだから、声の出ないボズワースがもとの職に復帰しても何の問題もなかった。

ボッグズの監督、ボズワースの主演で撮られた『サルタンの手中に』（〇九）は作品一本分すべてカリフォルニアで製作された最初の劇映画と見られている。撮影場所はオリーヴ通りと八番通りの交わるあたり、中国人洗濯屋の隣に広がる空き地であった。屋外で仕事をしていたからであろうか、ボズワースの声もしだいに回復に向かいはじめた。そんなとき、シカゴのカーネル・シーリグから撮影隊の撤収を命じる手紙が届いた。ボズワースは監督のボッグズに訴えた。「オレは絶対もどらないからね。シカゴにいたら一年で死んでしまうよ」と（俳優は他にステラ・アダムズ、トム・サンチ、フランク・モンゴメリー、そして後に監督となるロバート・レナードがいた）。（「モーション・ピクチャー・クラシック」一九二七年八月号、四九頁）

ボッグズはボズワースに、君がシーリグに手紙を書いたらどうだ、カリフォルニアは映画作りに最高の土地だって教えてやるんだよ、と提案した。ボズワースはつねに快晴の土地カリフォルニアがいかに映画作りに理想的であるかをことば巧みに説明した手紙を送った。その甲斐あって、至急シカゴにもどれと命令していたシーリグが、自ら列車に乗って西部にやってきた。

ロサンゼルス商工会議所の宣伝文はボズワースの手紙の内容を窺わせるに足るものである。

創造的な仕事にとって環境はとても大切です。映画製作のように繊細微妙な業務にあっては、ひとりひとりが暖かい朝日のなかに目覚め、晴れ晴れとした気持ちで仕事にとりかかるのでなければ、よいものは作り出せません。そうではないと異を唱える人などいるでしょうか。

冷たい雨や雪のぬかるみからは仕事に必要な心意気は生まれないのです。

（ウィド・ガニング編「ウィド年報」一九一九年、一二七頁）

シーリグはアレッサンドロ通り一八四五に小さな撮影所を建てた。一九〇九年、東部からやってきたアダム・ケッセルとチャールズ・バウマンはアレッサンドロ通り一七一二にオープンステージをつくった。ここは後にマック・セネット・キーストン・カンパニーの本部となるところである。同年D・W・グリフィスも、西部劇に適した背景をもとめて西海岸に渡ってきた。

しかし、ハリウッドそのものに最初の撮影所がオープンするのは、一九一一年十月、二人のイギリス人ウィリアムとデイヴィッドのホースリー兄弟が経営するセンタウア社がその西海岸支社ネスターを設立したときである。センタウアの主任監督アル・クリスティは東部ニュージャージー州ベイヨンで西部劇を製作していたが、まわりの地形がまるで西部劇に

＊ハリウッドの誕生に関しては、ロバート・フローリーの「ハリウッド零年」（一九七二年）が、信頼すべき資料にのっとってもっと詳しく述べている。

似つかわしくなくてうんざりしていた。彼はカリフォルニアに撮影地を移したかった。だが、デイヴィッド・ホースリーはフロリダのほうが気候も地形も西部劇により合致していると考えた。クリスティがコインをトスして決めることになり、カリフォルニアに軍配が上がった。

西部に向かう列車のなかでホースリーとクリスティはとある演劇プロデューサーと出会い、そのプロデューサーからハリウッド大通りとガワー通りの交わるところで写真業を営んでいるフランク・フーヴァーに会ってみるようにと助言をうけた。フーヴァーに会ってみると、二人はカリフォルニアで事業を立ち上げるようにと説き伏せられた。

二人の映画人ホースリーとクリスティを連れまわした不動産屋はイーデンデールとサンタモニカを推薦し、ハリウッドは一番最後まで紹介しなかった。しかし、埃っぽいサンセット大通りの一角でクリスティの眼はとまった。それはもとは酒場か何かだった古びた建物で、二人は月四十ドルでそこを借りうけた（その建物の所有者ルイ・ブロンドーはしばらくのあいだハリウッドでただひとりの床屋だった人物で、ハリウッド周辺の土地をいくつも買収し、それによって短期間で財を成したのだった）。

「その建物の裏は庭になっていて」とネスターのキャメラマンだったチャールズ・ロシャーは回想する。「納屋がひとつあった。その納屋が私たちの現像所になった。撮っていたのは一巻物ばかりで、トム・リケッツ監督の『インディアン攻撃隊』（一二）ではニューメキシコから本物の先住民を連れてきて映画に出した。その手配をしたジャック・パーソンズは後にウェスタン・コスチューム・カンパニーを立ち上げた。だから現像所はあったけれど、焼き付けの機械はなかった。だからネガから直接編集した。オリジナル・ネガを平気でプロジェクターにかけたものだね。ひっかき傷やこすれが出ても気にもとめなかった。ネガ編集を終えると、完成フィルムをニューヨーク、あるいはシカゴに送って、焼き付けにまわしたんだ。

私たちの本部があったその場所にはいま、CBSの巨大なビルが建っているよ」（著者によるチャールズ・ロシャーへのインタビュー。一九六六年七月、ロンドンにて）

ほどなくネスター社は、悪天候知らずという好条件のもとで、次から次へと作品を作りだしていく。東部の不安定な気象に悩まされていた他の製作会社は、ネスター社のコンスタントな製作量と上質な画像に一驚を喫し、その秘密を探るべくハリウッドまでやってきた。数カ月もすると、十五社がハリウッド、あるいはその周辺で映画の製作に入っていた。

多くの会社が組織ごと西海岸に移ってきた主要な要因は、たしかに当地の恵まれた気候ではあったけれど、ハリウッドにはもうひとつの利点があった。当時映画業界は特許戦争の名で知られるいざこざの真っ只中にあり、それは〝戦争〟の名にふさわしく、武器を使った暴力沙汰へと発展していた。このため、多くの製作者がニューヨークからシカゴへ、とき

［上］東海岸での映画製作。ジョージ・D・ベイカーがマリオン・デイヴィスを演出している。『明けゆく愛』(19)。［下］西海岸での映画製作。連続活劇の撮影、1915年頃（多くの映画史家を欺いてきたこの写真は、じつは往事を再現した『ポーリンの冒険』［47］のスティル写真）。

にはキューバへと活動場所を移して難を逃れようとした。彼らはエジソンが特許権を持っていた撮影機と同じデザインのものを自分たち用に制作することによって権利侵害を犯していた。争いの直接の火種となったのはキャメラの中に組みこまれたレーサム・ループ★というものだった。ハリウッドは特許戦争の映画人難民にとっての理想的な避難場所となった。というのは、仮にそこで何か問題が持ちあがったとしても、車で数百マイル走れば国境を越えてメキシコに逃げこめたからである。

「ホースリーはエジソン・トラストとの闘いにおけるリーダーだった」とロシャーは語る。「われわれも敵のスパイには重々気をつけた。だから、外ではけっしてキャメラを開けなかった。どこにスパイがいて、レーサム・ループを見とがめられるかわからなかったからだ。フィルムの入れ替えはもちろん、キャメラの掃除ですら、建物のなかにキャメラを持ちこんでから行なったものだ」

開拓期西部の荒々しい雰囲気は映画内の物語にとどまらなかった。血の気の多い初期の映画人のあいだで敵対関係が生じると、武器を用いての衝突騒ぎに発展することもまれではなかった。チャールズ・ロシャーも次のような一件を回想する。

「一九一二年の五月、ネスター社はユニヴァーサルに統合された。ユニヴァーサルはケイ・ビー（ケッセル・アンド・バウマン）も傘下におさめるはずだったのだが、両者のあいだがこじれた。ユニヴァーサルの総支配人だったウィリアム・スワンソンが、ケイ・ビーに出向いて支配権を取り上げてこいと私に命じた。私には正当な代理人の資格があたえられ、また銃を持ったカウボーイの一団が護衛として私についた。われわれが押しこむと、いまでもおぼえているが、コメディアンのフレッド・メイスが何人かの仲間とポーカーをやっていた。そんななかで会社の実権を奪い取ったのだが、思い切ったことをやったものだと思う……命じられていたとおり家捜しすると、金で何でもカタをつける連中とのやりとりをしめす秘密の書類などが出てきた。当時の映画関係者には相当荒っぽいのがいたということだ」

グリフィス、セネット、インス、ズーカー、ラスキー、デミルらが顔をそろえていた一九一四年のハリウッドは、すでに映画産業の中心地であった。しかし、ハリウッドの利点は誰の目にも明瞭だったわけではない。新たに設立されたメトロ社が一カ月に一本のペースで映画を製作させるためにフランシス・X・ブッシュマンをカリフォルニアに派遣したとき、彼はその任務達成に著しい困難をおぼえた。現代のロサンゼルスの汚点はスモッグだが、当時は霧だった。霧に包まれた朝がつづくと撮影スケジュールが大幅に乱された。霧がなかなか晴れなくて、午後の二時になってようやく撮影が始まる

★スプロケットの連続輪動とアパチュア部分のかき落しによる間欠輪動との間のショックを和らげるためのフィルムのゆるみのこと。

［上］イーデンデールにあったマック・セネット撮影所（1915年)。［下］トマス・H・インス。初期ハリウッドで最も重きをなし、また最も活躍めざましかった人物のひとり。

こともしばしばだった。
「それに問題は霧だけじゃなかった」とブッシュマンはいう。「あのあたりは亜熱帯の土地柄だから、現地で調達した人間は勤勉に働く習慣が身についていなかった。私たちの姿が見えなくなると、仕事を置いてどこかに行ってしまう。玉突きを始めたり、のらくらしたりね。映画を四本作ったところでニューヨークにもどってきた。照明装置の完備した撮影所があるからね、こちらには」（著者によるフランシス・X・ブッシュマンへのインタビュー、一九六四年十二月、ハリウッドにて）

　しかし、第一次大戦が長引き始めると東部の電力不足、石炭不足の影響をうけて、さらに多くの映画会社が陽光降り注ぐカリフォルニアの地になだれこんできた。一九一九年には世界の映画の八割が南カリフォルニアで製作されていた。

　ハリウッドの住人には映画人の行動を見て愕然とし、自分たちの穏やかな町が得体の知れない連中にかきまわされていると感じるものもいれば、いたって無関心、映画人の大騒ぎも近所の子どもたちのいたずら同様気にもかけない、といったものもいた。住人たちは映画関係者たちを〝ムーヴィー〟と呼んでいたのだが、そのことばが人ではなく生産品を指していることには気づいていなかった。しかし、そのことばはピッタリのイメージを浮かび上がらせた。〝蠢くもの《ムーヴィー》〟なる語はどこかうるさい虫けらを連想させたからである。

　市の有力者たちは〝蠢くもの〟に対してもっと毅然たる態度を表明した。そのひとつの表れが、何年にもわたり映画人はユダヤ人や黒人同様地元のカントリークラブへの入会を拒否されたことである。そこは西部であり、表向き上品を装ってはいたが、その上品さなどいまにも割れそうな薄いベニヤ板のごときものであり、そこから顔を覗かせるのは残虐無法なカリフォルニアの過去の歴史であった。が、ともかく常軌を少しでも逸したものは忌避された。一九一八年になっても、厳格で鳴るガーデンコート・アパートメントは映画人に対して門戸を閉ざしていた。ただひとり入居を許されたのは、保守的で威厳あるイギリス人のJ・ステュアート・ブラックトンであった。

　ロサンゼルス社交界からはじかれた映画コロニーの人々は、健全な民主平等社会を楽しんでいた。そのようなざっくばらんな雰囲気は、ダグラス・フェアバンクスとメリー・ピックフォードが結婚し、外からやってくる高位高官のもてなしを始めるまで存続した。ダグとメリーの社交好きから、ハリウッド内部にも身分制が形成されていくのである。

　下層階級はエキストラやカウボーイ、小道具係、そしてユニヴァーサル社の社員たちであった。貴族階層はふつう金の力がものをいったが、後になると外国の貴族と結婚していることが必須条件となった――その結果、素寒貧《すかんぴん》でアメリカにたどり着いた外国人移民が名前に称号を加えてハリウッドに渡り大歓迎されるという現象が生じた。また外国の王族がハリウッドを訪問すると、ハリウッド内貴族階層は先を争って招待状を送りつけた。スペインのベアトリス皇女が来訪したときは下にも置かぬ最上級のもてなしが繰り返されたものの、それもサンフランシスコのしがないタイピストという正体がバレるまでのことであった。

ハーバート・ハウはこういっている。「ダグとメリーがアルバ公爵とマウントバッテン卿夫妻のためにピックフェア城（〝ピックフェア〟はピックフォードとフェアバンクスの住まいの呼称）の吊り橋を降ろしてこのかた、ハリウッドの王族狂いはやむときがなかった。新聞の社交欄はビアトリス・リリー（レディ・ピール）やペギー・ホプキンス・ジョイス（モーナー伯爵夫人）といった賓客をもてなす催しの案内であふれていた。ハリウッドで重要なのは誰であるかではなく、どういう称号の持ち主かであった」（「フォトプレイ」一九二六年八月号、四二頁）

称号つきの人物がハリウッドを訪れるのは社交上の歓待を期待してというよりもむしろ、映画作りとはどういうものかを知るため、気に入りの俳優をこの目で見るため、そしてもし可能ならば、自ら映画に出演するためであった。ビアトリス・リリーもペギー・ホプキンス・ジョイスも映画に主演している。リリー嬢は押しも押されもせぬコメディエンヌであったが、ペギー・ホプキンス・ジョイスはいくつかのスキャンダルで名を知られているにすぎなかった。

ロシアから逃れてきた貴族のなかには真から仕事を必要としているものもいた。ロディジェンスキー将軍はいくつかの映画で端役を演じ、ロシア・レストランを経営し、その経歴はスタンバーグの『最後の命令』（二八）のヒントとなったのだが、彼もそういう貴族の著名な例だった。その一方で、ほんの気晴らしに映画に出演する貴族もいた。グリローリー子爵は大の称号好きセシル・B・デミルによって『十誡』（二三）のなかで役をあたえられ、ジェラルド・マックスウェル＝ウィルシャー卿はコンスタンス・ビニーとの共演でデビューを飾り、アンリ・アルヌ・ド・リヴィエール男爵は名犬ストロングハートの映画に出演し、スペイン国王のいとこドゥーカル侯爵はフェアバンクスの『バグダッドの盗賊』（二四）にちょい役で顔を出した。この他、元大使館付き陸軍武官だったマリオ・カラッシオロ伯爵、またの名をマリオ・カリヨはノーマ・タルマッジ主演の『愛の歌』（二三）に、オーストリアのレオポルド大公はジョン・フォードの『四人の息子』（二八）を含む数本の映画にそれぞれ出演した。

このような神々しい前例に力を得て、アメリカ社交界のお歴々も映画出演を承諾した。ニューヨーク特権階級の代表的人物モーガン・ベルモント夫人はグリフィスの『東への道』（二〇）でボストン上流界の貴婦人を演じた。ニューヨーク上流界の若い世代の牽引者リディグ・ホイト夫人は浮わついた生活には飽き飽きした、これからは何ほどか社会に貢献したいとしていくつかの映画に顔を出した。

エリノア・グリンは疑いもなくハリウッドの〝公爵未亡人〟だったが、ロンドン訪問中にハリウッド映画村のお里を暴露しておもしろがった。「世界のどこにそんな場所があるでしょう？」と彼女は笑うのだった。「黒人の料理人が居間に飛びこんできて〝みなさま方、冷めないうちに早いとこメシをかっ喰らってくださいまし〟なんていうところがね」（「フォトプレイ」一九二四年五月号、五八頁）

儀礼的決まり事が広まり、私的な晩餐会における席順からレストランでの座席の配分、序列が暗黙の内に定められた。レストランのボーイ長は客それぞれの社交的地位に通じていて、それに見合ったテーブルを用意した。客の誰かが一般席に追いやられると、またたくまにゴシップの炎が燃え広がるのだった。

ひとかどの人物と認められたいという欲望や、こういった儀礼的しきたりへの愛着を見ていると、当時のハリウッド人種の単純素朴な性格がほの見え、どこかうら悲しい気分に陥ってしまう。ハリウッドの真の貴族階層――真に立派な中身を備えた人たち――は誰なのか、を決めるのは後世にゆだねられてきた。社交界にあくまで執着したメリー・ピックフォードとダグラス・フェアバンクスがここでも筆頭に立つ必要があるのだろうか？

あまたのスキャンダルや放恣な夜の生活が現代のバビロンとしてのハリウッドの姿を強く印象づけ、日常の映画製作活動はそのたんなる背景となっているかに見えた。ハリウッドはそこが映画製作の世界の中心地であるからではなく、過剰の巷として、また一部の住人の奇抜な振る舞いの故に世界的な名声を得ていた。

目立ちたがり屋の男女がこれまで以上にハリウッドに吸い寄せられ、彼らのあれやこれやの振る舞いが、新聞の紙面に載せても大過ない範囲で、公衆の分析や解剖に供された。というのも、ハリウッドは占領地域であったからだ。新聞記者はいたるところに潜んでいた。誰を信用すればいいのか、誰にもわからなかった。隣人といえども何をマスコミに告げ口するか知れたものではなかったし、友人が有益な宣伝のつもりで話したことも中傷記事に一変するかもしれなかった。

ジャーナリズムの塗り立てる空想世界の背後にある真実は、書き立てられた記事のごとくけばけばしいものではなかった。映画村のジャングルに野生の王国を探し求めて踏みこんでいった記者たちは、ほとんどの場合大きく予想を裏切られた。「そこはニューヨークのナイトクラブと変わらぬ退屈な場所だった」とウィルソン・ミズナーは愚痴っぽく書いている。「ガラス底の小舟に乗って薄汚い下水溝を探る楽しい旅になるかと思っていたのに」と。（「フォトプレイ」一九二七年十月号、七八頁）

国民がこの不良たちの遊技場に非難のしかめっ面を向けているなかで、その名誉回復に努める高名な書き手もいた。「アメリカン・マーキュリー」の編集者H・L・メンケンは一九二七年、自分が出会った最も破天荒なナイトスポットは巡回伝道師エイミー・センプル・マクファースンの礼拝所であったと述べた。「映画人の集まりのなかで羽目を外した乱行など見たこともない。彼らはおおむねきわめてまじめな、

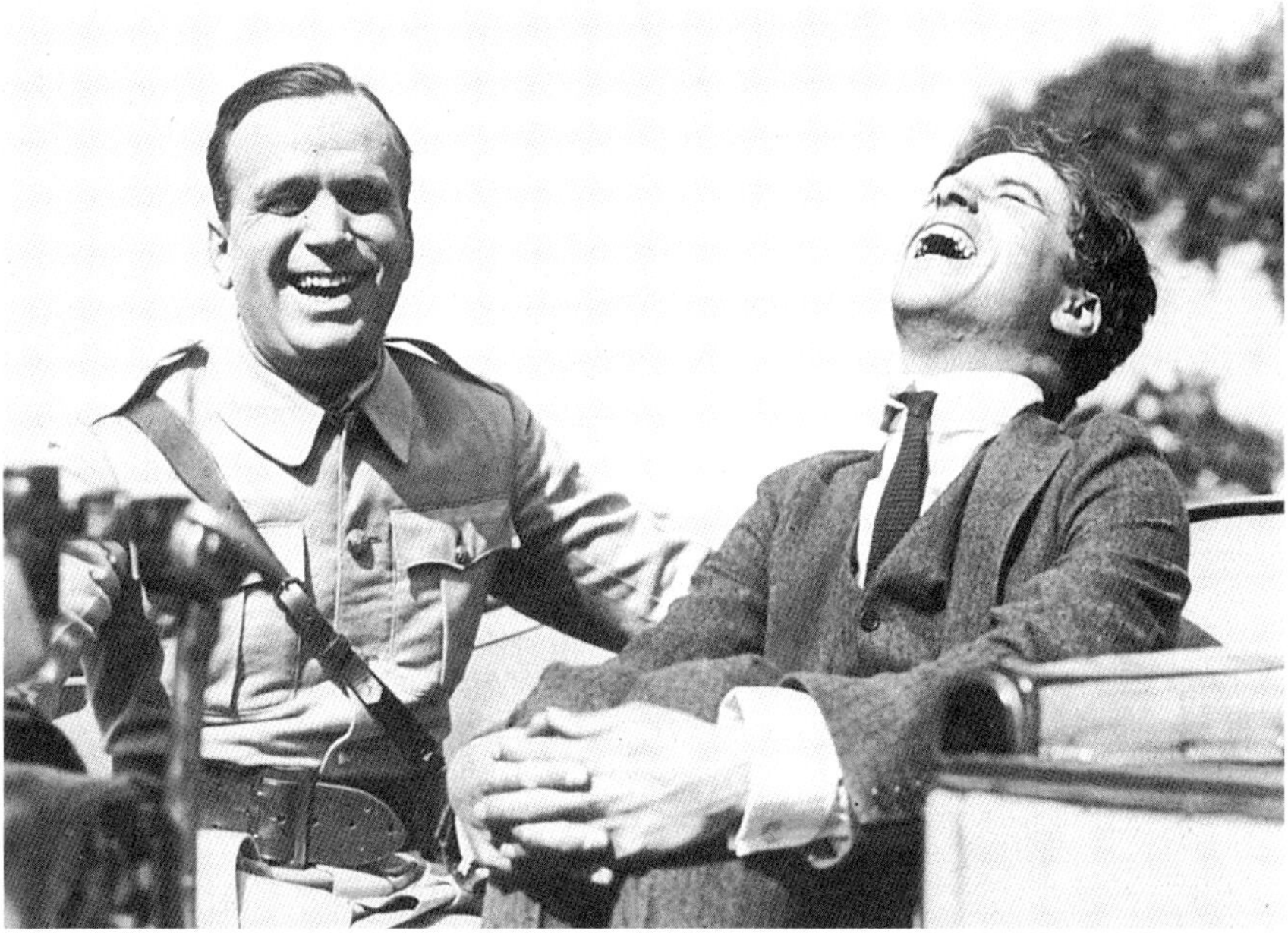

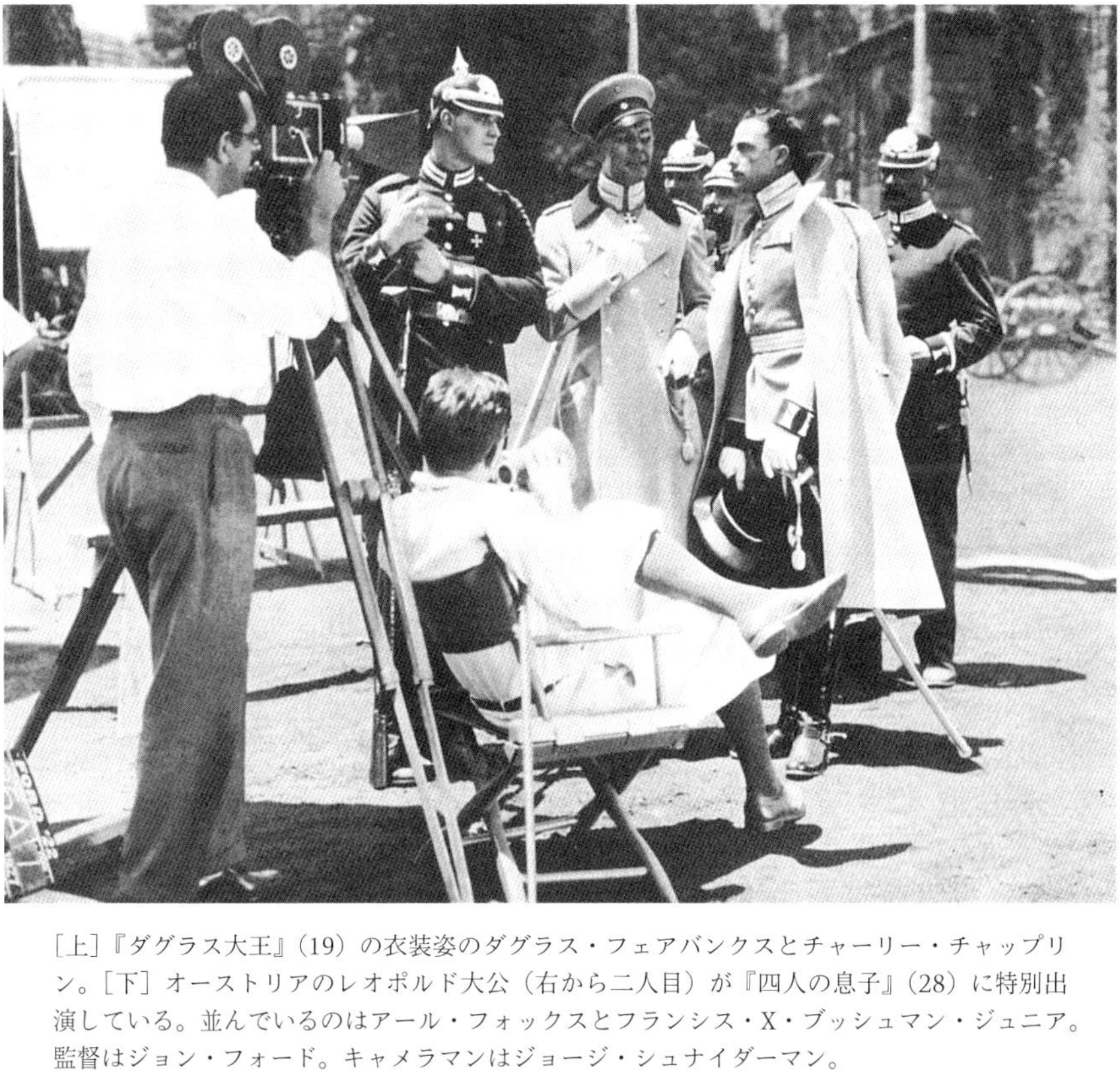

［上］『ダグラス大王』（19）の衣装姿のダグラス・フェアバンクスとチャーリー・チャップリン。［下］オーストリアのレオポルド大公（右から二人目）が『四人の息子』（28）に特別出演している。並んでいるのはアール・フォックスとフランシス・X・ブッシュマン・ジュニア。監督はジョン・フォード。キャメラマンはジョージ・シュナイダーマン。

憂鬱げにすら見える人々だった。それも無理はないんだ。寝台列車の車掌や雑誌の編集者同様、仕事に追いまくられているのだから。一日の仕事が終わるとくたびれ果ててしまい、もうひと頑張りパッと気晴らしを、などという元気はとてもでてこない。不道徳？　とんでもない！　ハリウッドはアメリカで最もまっとうな町のひとつに思われる。ボルティモアだってあそこには負けるよ」（「フォトプレイ」一九二七年四月号、三七頁）

ハリウッドを概括することはロサンゼルス、グレンデール、バーバンク、カルヴァシティ、マリブ、そしてサンタモニカを概括することでもある。ハリウッドは特定の場所の名前ではあるけれど、と同時に一般的名称でもある。ハリウッドそれ自体に到達してみて気づくのは、いわゆるハリウッドの主要撮影所の多くはまだ数マイル以上離れているということであり、スターたちのお屋敷が集まるベヴァリーヒルズはそこから十キロも距離があるということだ。それ故に、だだっぴろく広がるロサンゼルス市は〝中心部を探す六つの郊外〟と呼ばれてきた。

ハリウッドは隠居したアイオワ農民にとってのパラダイスから、若者たちの第七天国へと変容を遂げた。その極端な変貌ぶりからわかるように、ハリウッドはそれがあってはじめて現在が確たるものとなる過去とのさまざまな繋がりは何ひとつ提供しない土地となった。そこには美術館もなければ、書店もほとんどなく、まともな劇場も、博物館もない。ハリウッド・ボウルが建てられるまでコンサートホールもなかった。ヨーロッパ人はこの土地を判断する視座を見いだすことができず、またあらゆるものが一時的であるという全体の雰囲気に取り巻かれ、不安にさいなまれる。ここは文化の真空地帯であった。そういう意味では、アメリカの他の地方都市と大差はなかった。しかし、ひとつの産業の首都として、外部の人間はそこに生活の快適さと一大国産産業の首都たる伝統を期待した。

娯楽こそハリウッドとその周辺地域が提供できるものであり、それはこのうえなくヴァラエティに富んでいた。映画関係者は平日はいたって模範的な生活に終始していたが――なにしろ毎朝五時に起きるために夜は十時に就寝していたのだから――週末となると話は別だった。

禁酒法の施行もハリウッドの夜の魅惑に何ほどの影響も及ぼさなかった。映画村は海岸線にすぐ近く、必要なものはいくらでも海から陸揚げされたからである。酒を飲むとなれば、カーテンを引いて人目につかないようにするだけでよかった。

映画コロニーの誕生初期から闇の勢力ははびこっていた。ケチなギャングや麻薬密売人や恐喝屋や贋エージェントにとってハリウッドは天国だった。最も危険な人物のひとりは、セネット撮影所で働くチャーミングで一見無害な男優だった。「映画業界でクスリをやっていたものは、例外なくこの男にきっかけを与えられていた」とエディ・サザランドは語る。「奴ほど物静かで人当たりのいい役者は見たことがない。彼

ロスコー・アーバックルと彼の新車ピアス・アロー。スキャンダル勃発当日の写真といわれている。

はメイベル・ノーマンドをヤク漬けにした。ウォーレス・リード、アルマ・ルーベンスもそいつの手にかかった。この三人はみなクスリが直接の死因になっている。二日酔いで気分が悪いなどといっていると、この男が〝いいことを教えてやろう〟と近づいてくる。そうなったらもう一巻の終わりだ」

離婚や不倫は新聞にとって購買者の目を引きつける絶好のネタだった。売れ行きが落ち始めると、新聞社は目新しいスキャンダルをでっち上げにかかった。ロスコー・アーバックルはその最初の犠牲者のひとりとなった。アーバックルは世界的に有名なコメディアンで、人気はチャップリンに次いだ。ある週末サンフランシスコのセント・フランシス・ホテルでパーティが開かれ、いささか騒々しいものとなった。パーティ客のひとり、若い女優のヴァージニア・ラペイが病気になり、しばらくして死んでしまった。アーバックルは強姦罪で告発された。新聞各紙は三度の裁判のあいだじゅうこの事件を一面で煽情的に報道した。二度の裁判で陪審員は全員一致にいたらず、三度目の裁判でようやく無罪が宣告された。しかし、アーバックルの俳優生命は回復不能になっていた。

アーバックルの先の夫人、ミンタ・ダーフィーはこの事件のあいだ一貫して夫をささえつづけた。「ラペイは」と彼女はいう。「ヘンリー・〝パテ〟・レーマンのガールフレンドでした。彼女はセネット撮影所で働いていたので、私はよく知っていました。とてもいい子でしたが、いっぱい病気をもっていて、そのうちのひとつの病名を聞いたセネットは真っ青になり、撮影所を閉鎖すると、燻蒸消毒までしました」（著者によるミンタ・ダーフィー・アーバックルへのインタビュー。一九六四年十二月、ハリウッドにて）エディ・サザランドはこういっている。「ロスコーは名を上げたい弁護士連中とハリウッドの変節漢たちの手によって破滅させられた。後者は、精一杯引き立ててくれたロスコーに卑劣な悪意で報いたんだ」ハリウッドはこのスキャンダルによって深い傷を負い、事件を記憶にとどめる多くの人にいまだに苦渋の思いを味あわせている。

ハリウッドの黄金期は多くの人々にとっては人生の絶望期と重なっている。何千人もの若い娘たちがどうにかして映画に出たいとの思いからハリウッドに集まってきた。映画に出られる可能性は百にひとつもなかった。幸運をつかみ損ねたものには貧窮と飢餓、ときには自殺しか残されていなかった。金もなく、コネもないままにハリウッドに来ていたからである。ハリウッドにやってきた彼女たちがまず驚くのは、仕事を探しに日参しなければいけない撮影所が半径八十キロ四方に散らばっていたことである。

めったに来なくて、来たと思えば超満員の市電やバスで行ける撮影所もあれば、そのような便のないところもあった。そういう場合、彼女たちは車を拾うしかなかった。これはつねに危険含みであったうえに、ときには取り返しのつかない奈落が待ちかまえていた。というのも、いったん車の中に入ってしまえば、運転手である男性が最後まで紳士的に振る舞う保証はどこにもなかったからである。職探しに懸命な女性に、すでに職に就いた他の女性たちが救いの手をさしのべることも期待できなかった。彼女たちの地位ですら明日をも知れなかったからである。

一九二二年、数々のスキャンダルで興行成績に影が差し始めたハリウッドのために、その流れを押しとどめる役割を担って登場したのがウィル・ヘイズであった。彼はエキストラはすべてセントラル・キャスティングを通して採用されるという決まりにした。しかし、事態は改善しなかった。むしろ状況はなおいっそう悲惨の度を増した。各撮影所の配役部では日々阿鼻叫喚の光景が展開した。

フォトプレイ誌の記者ルース・ウォーターベリーは、コネなしで、新たなキャスティング・システムのもとで役がつかめるかどうか試してみようとした。この試みは失敗に終わるのだが、それを回想する彼女の記事は、エキストラ志望の若い女性たちにとってハリウッドがいかなるところだったのか、そのありのままを描いて血を凍らせるものがある。あるとき、それはもう幾度も体力の限界のような経験を味わったあとのことだったのだが、ウォーターベリーはある撮影所の配役部のオフィスにすわって、声のかかるのを待っていた。そこにひとりの男性俳優が現れ、最近仕事にありついたかと、そこに居並ぶ職待ちの女性たちに質問した。そんな女性はひとりもいなかった。俳優はひと握りのキャンディを取り出した。「ぼくは気前がいいんだ。三ドル五十セント稼いだのでね、さあ、君たちにおごってあげよう。ひとりに一個ずつね」

ルース・ウォーターベリーの記事はつづく。「私の隣にやせ細った女性がいた。そのとき、その女性は猛然とダッシュをすると、俳優の手にしがみつき、彼がもっていた小さなキャンディの箱をもぎとった。

〝ダメだよ！〟男は声を上げた。〝返すんだ。ひとり一個ずつなんだから〟

女性には男の声は聞こえていなかった。キャンディはすべてその口の中に入っていた。その女性にとって、明らかにキャンディは食糧だった。その場をあとにするとき、私の体は少し震えていた……」（「フォトプレイ」一九二七年一月号、一〇七頁）

時が経てば記憶も鮮明さを失い、過去は郷愁というバラ色の輝きのなかに溶けこんでいく。そうではあっても、映画黄金期のこのようなおぞましい背景を無視してしまっては、不誠実と偏頗《へんぱ》のそしりは免れまい。それはちょうど偉大な勝利の陰に存在する犠牲者たちを軽視するのと同様の行ないになる。彼女たちは、直接間接いずれの意味にせよ、ひとつの偉大な時代の犠牲者に他ならなかった。

第六章　『国民の創生』から『イントレランス』へ

D・W・グリフィス撮影所でみっちり訓練を積んだものたちが、のちにアメリカ映画産業のバックボーンを形成した。多くの偉大なアーティストがそうであるように、グリフィスのまわりには彼のもとで仕事をし、彼の教えを請いたいと希望する人材が大勢集まった。しばらくのあいだハリウッドにおいては、グリフィス撮影所にいたというだけでいい仕事にありつけた。しかし、徐々にその手を使うものが増え、しまいには〝一日エキストラをしました〟では通用しなくなったけれども。

グリフィス一家の一員として手厚く養育された監督、キャメラマン、俳優たちは、師の教えをしっかり身につけて他の映画会社に入っていった。この時期の映画にはしばしばグリフィスの影響をはっきり見てとることができる。エリッヒ・フォン・シュトロハイム、シドニー・フランクリン、エルマー・クリフトン、ドナルド・クリスプ、ラオール・ウォルシュ、ロイド・イングラム、ポール・パウエル、アラン・ドワン、トッド・ブラウニング、エドワード・ディロン、ジョゼフ・ヘナベリー……これらはグリフィスが育てた監督のうちのひと握りにすぎない。

ジョゼフ・ヘナベリーの経歴を見ると、この特異な巨人のもとで研鑽を積んだ経験があきらかにものをいっているのがよくわかる。ヘナベリーが指摘するように、グリフィスは映画作りの技術を系統立てて教えたわけではない。彼の教えは、弟子たちの頭の中に無意識のうちに浸透していったのである。グリフィスはつねに多くを要求したし、その身近で働くものは自分の仕事をすばやくおぼえる必要があった――ぼやぼやしていると職を失ったのだ。そのようにまず心構えから学んでいった彼ら若者たちは、自立したときに、自分は経験だけは誰にも負けないという自負心を持っていた。

ジョゼフ・ヘナベリーはすぐに一線級の監督となった。ダグラス・フェアバンクスとコンビを組み、彼の初期の傑作の一本『ダグラス大王』（一九）を撮った。さらにはメアリー・

マイルズ・ミンター、ロスコー・アーバックル、ルドルフ・ヴァレンティノ（『情熱の悪鬼』［二四］）らを監督し、またダグラス・フェアバンクス・ジュニアの初出演作『スティーヴン道を誤る』（二三）も手がけている。

トップ監督の座をあけわたしてからも、彼の芸術性とすぐれた映像センスに揺るぎはなかった。一九二八年の『リバー・ウーマン』は“貧乏通り《ポバティ・ロウ》”の弱小会社のひとつゴッサム社の作品で、キャメラマンはレイ・ジューンであったが、ヘナベリーはどこにも贅をこらさないありきたりのストーリーを扱って、これを鋭い観察、繊細な演技、微妙なキャメラ移動が光る第一級の作品に仕立て上げた。

ヘナベリーは『国民の創生』でエイブラハム・リンカーンを演じ、『イントレランス』の製作には助監督兼俳優として加わった。映画界初期についての彼の語りは忘却の彼方の時代に新たな光を当ててくれる。

ジョゼフ・ヘナベリーは語る（以下のインタビューは一九六四年十二月、ハリウッドにて）

十七歳のときに家族と一緒に南カリフォルニアに越してきた。勤め始めは鉄道会社——大陸横断鉄道の一部を担う会社だった。一九〇五年のことだ。そこで八年間働いた。最初は文書保管部にまわされた。そこでは極秘情報もずいぶんと扱った。

あるときそこの責任者が神経衰弱で倒れ、ある重要情報を至急探し出すようにと命じられた。通信文には興味があったのでたいていのものはおぼえていた。だからそれもすぐに見つけ出せた。数週間後、若いに似合わず覚えがいいと認められ、文書保管部の仕事をまかされ、月給も八十五ドルにはねあがった！　一九〇七年当時の八十五ドルはかなりの高額で、会社内でも少々問題となった。給料はその後もいざこざの種になる。昇進をつづけたにもかかわらず、それに見合った昇給がいつも見送られたからだ。しまいに職場に嫌気がさし、転職を考え始めるようになった。

その頃、映画は壁の穴のような薄汚い場所でかかっていた。昼休みを利用して三十分くらいよくのぞきに入ったものだが、ひどいものが多かった。劇場で見ていた舞台劇とくらべると、あまりにお寒い内容で、映画は娯楽とすらいえないと感じたものだ。

二十五歳になる頃には、年代でいえば一九一三年あたりになるけれど、すでに四百回ほど舞台に足を運んでいて、それ以外にオペラやミュージカル・ショーなども見、大いに胸を高鳴らせていた。舞台裏でのあれこれや、特有の雰囲気、演劇関係者とのつきあいなども楽しんでいた。

余暇の活動として、若者中心のクラブやグループの会員になっていた。演劇以外にまだまともな娯楽がなかった頃、そういったグループの多くはアマチュア劇団のまねごとをしていた。私もそんな活動のいくつかに関わっていたのだが、プロの演劇にくらべてひどく見劣りするのは仕方がなかった。

演出は旧派に属する年寄りの俳優が行ない、グループのみんなは古くさい朗吟調のセリフまわしを何とも思わずうけいれていた。私はそれがどうにも我慢ならず、ついにひと波瀾を起こし、その結果、老俳優は怒って出て行った。開演日は迫るのに演出家がいなくなり、私がその役を引きうけざるを得なくなった。それがきっかけとなって、しばらくのあいだアマチュア劇団のプロデュースや演出に没頭した。

鉄道会社を辞めるしばらく前から映画業界誌を読みふけっていた。そこには映画製作についての記事があり、また宣伝広告にもしっかり目をとおしていたので、さまざまな映画会社の規模や実力を自分なりに値踏みできるまでになっていた。その頃はまだ映画会社はすべて東部にあった。

そんなとき、ある映画会社がカリフォルニアに移ってくるという記事を見た。ほどなく他社もそれにつづいた。私は映画を自分の職業として真剣に考え始めた。しかし、安定した職場にも未練はあった。

根っからのハリウッド住人同様、私も映画人種の侵入には心穏やかならぬものを感じていた。休暇でハリウッドの実家に帰ったときのこと。通りを歩いていると、すこし先で人だかりがしている。男が通せんぼをした。「止まれ！　撮影中だ」といってね。

コメディの撮影隊だった。俳優たちはコミカルな扮装をしていた。メイクも舞台のよりもはるかに誇張された厚化粧で、毒々しいピンクがとくに目についた。

撮影の様子に目を凝らしてみた。尻餅をついたりして、演技はやたら大げさだ。場面はどれも短く、内容がバラバラで、何を撮ろうとしているのか見当もつかない。何の感銘もうけなかった。

これら騒々しく開けっぴろげな映画人たちのあとにつづくようにして、別の映画会社もやってきた。全体として、後続の映画人はもう少し穏やかで、懐も豊かだった。家賃を払って立派な住まいに住み、自家用車をもち、りゅうとした身なりをして、金離れがよかった。また見るからに自分たちの仕事を楽しんでいた。

映画の質は着実に向上していて、やがては社会のなかで一目置かれるものになるように思われた。私も真剣に考えざるを得なかった。安定した職場をとるか、映画の天衣無縫な生活をとるかと。

映画はこれから急成長する産業だ、と自分にいいきかせた。「しかも場所は目の前のハリウッドじゃないか。もし自分が昔のままに東部にいたとして、冒険心のかけらなりとももっていたなら、きっと自転車に飛び乗って、ハリウッドめざしてペダルを踏んでいただろう。でも、そんな必要はない。南カリフォルニアのその地に自分はいるからだ――これを見逃す手があるものか」

映画の世界に飛びこもうと私は決心した。

辞意を伝えると、鉄道会社の社長は驚いた。

「辞めてどうする？」社長は訊ねた。

正直にいうのは恥ずかしくて、まだ決めていませんと答えた。

社長は不審気な表情だ。「もう二、三日考えてからにしてはどうだ？」

「その必要はありません」私はあわててこたえた。「もう決めてしまったのです」この瞬間を逃せば、決心は鈍るとわかっていた。

さあ、こうやって二十六歳で人生の大転換を行なった。まずガワー・アンド・サンセットにあるユニヴァーサル社の空き地に行ってエキストラとまじわった。そういった空き地は〝ブルペン（牛の囲い場）〟と呼ばれていた。ユニヴァーサル社のブルペンは昼には無人になってしまう。その日必要なエキストラは朝のうちに仕事が決まって出払ってしまうからだ。でも、午後にもエキストラは必要になるだろうと勘がはたらいた。

ジョゼフ・ヘナベリー

それがピタリと当たった。その日の昼頃、ブルペンにいるのは私だけだった。キャスティング部長が事務所のドアを開けて顔を突き出した。焦った様子でこちらに眼をやった。私ひとりなのを見てドアを閉めかけて、思い直したようにまた姿を現した。

「おい！——お前、夜会服を持っているか？」

「持ってます！」

「何分で取ってこれる？」

「十五分もあれば」

「よし、じゃあひとっ走り取ってこい」

私は走りに走った。家は丘をずっとのぼったところにあった。坂道を駆け上がり、夜会服を手にすると同じ坂道を転げるように駆け下りた。チャンスがめぐってきたのだ。

数日後、キャスティング部長が歩み寄ってきてこういった、「もう一度お前を使ってみよう」。セットに出向くと、大御所監督として知られたオーティス・ターナーがいた。その頃、小柄な彼は関節炎を患っていて、背中が少し折れ曲がっていた。彼が監督していたのはイタリア農民の話だった。

当時、というのは一九一三年頃のことだが、どういう話を撮っているかなんて誰も教えてくれない。衣装を押しつけられて「これを着ろ」といわれるだけ。エキストラは背景の小道具のひとつ。才能なんて必要なし。言いつけどおり動けばそれでよかった。

あたえられたのはイタリアの農民の衣装だった。メイク道具は自分のをもっていたので、舞台や絵画でよく見たイタリア農民の大きな口ひげをつけた。どうやらそれがうまくいったようで、後ろのほうにいた私はキャメラ近くに引っ張り出された。エキストラの私にセリフなどなかったが、まわりは主だった俳優ばかり。ここで私は自分の基本ルールのひとつにしたがった。しゃべる人間に注意を払いつつ、会話の流れに乗っていくというものだ。これが効を奏したのだろう、監督のオーティス・ターナーが助手に「あいつは誰だ?」と訊いた。

それ以後、オーティス・ターナーの映画には必ず呼ばれるようになった。当時は毎週一本ずつ、あるいはそれ以上のペースで映画が作られていた。誰もが「やったな、撮影所いちの働き蜂だ」といってくれた。

仕事のなかったある午後、町に出て映画を見た――D・W・グリフィスの『復讐する良心』(一四)という作品だった。グリフィスについては何も知らなかったが、これは私をたたきのめした。かくもすばらしい映画にそれまで出会ったことがなかった。一巻物、二巻物は山ほど見ていたが、これは長篇で、まさに抜きんでていた。私はこれだと思った。

ユニヴァーサル社に出社した私は、この映画について、この映画の監督について夢中になってしゃべっていた。すると仲間のひとりがいった。「この監督ならハリウッドに来ているぞ。こっちで仕事を始めるそうだ」

翌日、確かめてみようと外に出た。そしたら、そのとおり〝グリフィス撮影所〟が建っているじゃないか。ユニヴァーサル社がエキストラを使うのなら他の撮影所だってエキストラを使っておかしくない。私は社にもどって荷物をまとめた。エキストラ仲間のひとりがいった。「馬鹿はやめろ。これからじゃないか。お前はやっとここの一員になれたのに」と。「かまやしない」私はこたえてやった。「あっちで働いてみたいんだ」

その頃グリフィスは後に『国民の創生』となる『クランズマン』の製作を間近に控え、常連俳優の多くを待機させていた。そのために、同撮影所で一巻物、二巻物を作る他の監督たちは俳優集めに苦労していた。

そのおかげもあって、グリフィス撮影所に移って二、三日したところでひとりの監督が〝ブルペン〟にやって来て私に声をかけた。「おい、お前! キャメラの前に立ったことあるか?」

「もちろん、あります」と私は体を乗り出して答えた。

「どこでだ?」

「ユニヴァーサルです」

「こっちにこい。お前は使えそうだ」

彼は私を製作主任のオフィスに連れて行き、製作主任に

「こいつ、役に向いているように見えるんだが」といった。

二人は私にはアイルランド人特有の笑顔があると思ったようだった――彼らが求めていたのは若いアイルランド系警官を演じる俳優で、なんとそれは映画の主役だった！

最初に私を使ってくれたその監督はフレッド・ケルジーだった。次いでエディ・ディロン、クリスティ・キャバンヌ、フランク・パウエル、そして通称〝シェリフ・マクレイ〟と呼ばれていた監督の映画に出ていった。〝シェリフ・マクレイ〟はブロンコ・ビリーもので保安官を演じたことがあり、監督していたのもいつも西部劇だった。

映画の世界は、二、三年もいればベテランになる。鍛えは入っていた。数年いれば、自然と百本以上の映画にかかわってくる――一巻物は一日で撮り終えることもあったからね。

ある日リンカーンの扮装をしている男を所内で見た。「あきれたな、ひどいメイクもあったもんだ」と私は思った。「グリフィスが『クランズマン』のなかでエイブラハム・リンカーンを演じる俳優を探している」と誰かがいった。私は、グリフィスの眼になんとかとまりたいと考えた。

まず『クランズマン』の製作主任フランク・ウッズに顔をおぼえてもらう必要がある。私は彼のもとに行った。「ウッズさん、リンカーンの扮装をよく見かけますが、ミスター・グリフィスはリンカーン役の俳優を探しているんですか？もしそうなら、私が抜群の扮装をしてご覧に入れますがね……」

ウッズは伝えておこうといってくれた。そのあいだに私は町の図書館に行き、リンカーンに関する本を何冊も借りて、彼の写真をじっくり観察した。そして家にもどると、いろいろなメイクを試してみた。

フランク・ウッズから音沙汰がないので、こちらから出向いてみた。彼は忘れていた――でも、すぐにグリフィスのところに行き、「こっちに来い。会わせよう」と私を呼んでくれた。

グリフィスはリハーサルの途中だったが、時間を割いてくれた。彼は私がずぶの素人ではないと一目で見抜いたようだった。頭のてっぺんから足のつま先まで私をしげしげと眺めまわした。私はかなりの長身で、その頃はいまよりやせていて、顔も長かった。リンカーンの顔は長いと誰もが思っているようだが、じつはそうじゃない。頬骨はとてもひろいんだ。

グリフィスは私の目を見ると「リンカーンの扮装をしたことはあるのか？」と訊ねた。*「ええ、あります」と私は答えた。それが自分の家の中だったとまではいわなかったが。グリフィスは助監督を呼ぶと、「彼にリンカーンの衣装を渡してメイクをさせろ」と指示した。

私はほとんど午後中かかってメイクをほどこした。メイクを終えて出て行くと、みんな驚きの目で私を見た。リンカーンの生き写しに見えたのだ。私はグリフィスが仕事をしてい

＊グリフィス自身、舞台でリンカーンの役を演じたことがあった。

るオープンステージに行き、彼の前でポーズをとった。

その頃、撮影ステージは屋外に作られた広い板張りの空間で、頭上には直射日光をやわらげるために、散光幕としてモスリンが張り渡してあった。

私はそのステージにじっと立っていた。グリフィスは、ときどき思い出したように顔をこちらに向けると、じっくりと私を観察し、そしてまた仕事にもどっていく。それが四、五回も繰り返されただろうか。その間——あちこちに詰め物が入った重い衣装を身につけ、頭にはかつらをかぶり、顔には付けひげや付け鼻をゴム糊でくっつけて——私は陽の光にあぶられてその場に立ちつくしていた。人間のローストができあがりそうだった。

しかし、グリフィスはひと言もことばをかけてこなかった。私はお気に召さなかったんだとあきらめ、ステージを降りて、メイクを落とした。翌日撮影所に出て行くと、助監督がやって来て「昨日はどこにいたんだ?」と訊いてきた。

「ステージに行きましたよ」

「ミスター・グリフィスが君に用がある」

「あの人、六回は私を見てますよ」

「いいから、昨日と同じメイクをして出て行くんだ」

メイク自体準備するのはかまわなかった。役の扮装をするたびに五ドル貰えるからだ。リンカーンのメイクを仕上げると仕事をしているグリフィスのところに出ていった。そしたらどうだ、また昨日の繰り返しだった! 私は内心じりじりした。「なんだこの監督は。こっちを見るけれど、ひと言も声をかけない。今日もこれで一日が終わろうとしているぞ」と。いったいどうしろというのか? 人を立たせたままにして。とうとう我慢できなくなって私はステージを離れ、もう一度メイクを落とした。

怒鳴りつけられてもかまわなかった。どうとでもなれと思っていた。ともかく、もうグリフィスから声はかからなかった。その件については何も私の耳に入ってこなかった。私は役を取り損ねたんだと観念した。

二週間ほどしてフォード劇場のセットが建てられているという話が聞こえてきた。やはり残念な気持ちはあった。ぜひやってみたい役だったのだから。リンカーンがこの映画でどのくらい登場するのかも知らなかった——けっして出番は多くはないだろう、でも重要な役ではあるはずだ。セットができあがると、助監督が私のところにやってきてこういった。

「明日の朝リンカーンの扮装をして待っていろ。いいか、八時からだぞ」と。

よかった! でも、同時に途方にくれた。それには理由があった。当時、楽屋は粗末な小屋の寄せ集めで、防寒設備などなかった。朝は冷え込みが厳しく、冷え切った手ではメイク用のパテが溶けてくれないのだ。私は時間に余裕を持たせようと、早朝の五時に出社した。

遊園地にあるお化け鏡を知ってるだろう。楽屋の鏡はまさにあんな風だった。ある方角から見ると鼻はまっすぐに見えるが、別の角度から見るとひん曲がって見える。どれが本当なんだかわかりゃしない。

しかし、最悪の敵は底冷えの寒さだった。ロウソクの火とスプーンを使ってパテを温めるんだが、それでもメイクははかどらない。八時になってもまったく準備はできていなかった。

助監督がやって来てがなりたてた。私はいってやった。「どうしようもないんだ。もう何時間もかかりっきりなんだ」と。八時半となり、グリフィスが戸口にあらわれた。「八時には準備ができてるはずじゃなかったのかね」と彼はいった。

「私もそうしたかったんです」

「八時に集合と聞いていただろう」彼は同じことを繰り返した。

「監督。私は五時から来てるんです。この手を触ってみてください。この手でパテが溶けると思いますか？」

私は憤っていた。自分ひとり小突きまわされている感じだった。ここから出て行けといわれても構うものかと思っていた。グリフィスはびっくりしたようだった。理解のある眼で私を見るとこういった。「まあ、できるだけ早く仕上げてくれ」

できるだけ早く仕上げて私はセットに出ていった。最初のセットはフォード劇場ではなくホワイトハウスの執務室で、ストーンマン上院議員役のラルフ・ルイスと私とのシーンだった。

自分が何をすればいいかを教えてくれるシナリオもなければ指示もヒントもなかったけれど、この頃にはリンカーンについて多くのことを書物から仕込んでいたので、その身体的特徴や習慣、癖などをいっぱい知っていた。そこで私は尾骨が触れるようにして、やや猫背ぎみに、椅子に腰を下ろした。グリフィスは顔をしかめた。

「別の座り方を」と彼はいった。

グリフィスはこの頃にはすでに映画界の巨人だったから、多くのイエスマンに取り巻かれていた。彼が何かいったりしたりするたびに、〝そのとおりです、監督、ごもっとも〟とまわりから異口同音に声があがる。異議が出ることなどあり得なかった。だが、私は生まれながらに少々喧嘩腰のところがある。アイルランドの血のなせるわざだ。自分が正しいと思ったら、黙ってはいられなかった。

で、口を開いてこういった。「監督、私はリンカーンの座り方はこうだったというその座り方にしたがっていま腰を下ろしました。多くの書物がいっています。彼は尾骨が座面に触れるようにして、両方の膝頭を高くして、そう、こういうようにして座ったと……」

グリフィスといえども、私がリンカーンで見せたように、すべての役柄について事細かに人物像を掘り下げるのは不可能だった。彼は私が深く調べているのを見てとった。

「板をもってこい」彼は命令した。「板をもってきて彼の足の下に敷いてやれ。いや、板を二枚だ——膝が高くなるように……」

真実らしく見せるには時には誇張も必要であることをグリフィスは知っていた。

彼の態度に変化があらわれた。はじめよりリラックスしているようだった。いくらか満足そうでもあった。私が大外れではなかったと感じ始めていたのだろう。彼は、大統領がデスクの上の書類にサインをするシーンだと説明した。

「監督、提案してもよろしいですか」私は訊ねた。「書物によると、読み書きするときリンカーンはメガネをかける習慣があったそうです」

「で、いま手元にメガネはあるのかね?」

「ええ、用意してあります」私はフレームが鉄製の古いメガネを見つけて手に入れていた。それを取り出して監督に見せた。

「それでいこう」グリフィスはいった。

書類が目の前に置かれたとき、私はメガネを取り出し、ゆっくりとそれをかけ、そうしてから書類に署名した。

グリフィスはほくほく顔だった。私が自分の演じる役柄をあらかじめ研究し、背景となる時代についても勉強していたからだ。フォード劇場のシーンでは、ロング・ショットでどう撮るかを彼が説明し、リンカーンはどうしていたか、本に書いてあったことを私が伝えた。

グリフィスの態度ははっきりしていた。それは〝役柄を理解すべく努力したのであれば、努力の結果はよろこんで利用しよう〟というものだった。

リンカーン役がお役御免になったあと、私は十三もの小さな役を演じた。寝返った黒人の一団が白人に追われるシーンでは、両方の一員に扮し、自分で自分を追いかけるという離れ業を演じた。

撮影が終わると、私はグリフィス門下生のひとりに数えられるようになった。立派な昇進だった。しかし会社自体経済的には豊かでなかった——ほとんどその日暮らしというに近く、あの大当たりがあるまではそれが実体だった。大当たりのことは有名な歴史上の事実だよね。

あの最初の上映会は忘れられない。場所はこのロサンゼルスで、題名はまだ『クランズマン』。観客の大半は映画関係者で、あの映画の初めての大規模な上映会だった。

舞台劇、コンサート、あるいは他の何にしろ、『クランズマン』の終幕で見せた観客の興奮に匹敵するものは、私はまだ見たことも聞いたこともない。文字どおり劇場を揺るがす大興奮だった。何が観客をそこまで熱狂させたのか? 映画がよくぞここまでの高みに到達したという思いに、誰もが突き動かされたからだと思う——それは偉業と呼んで差し支えのないものだった。そのときからあの映画は特別料金での大ロングランとなっていく。

あの映画が毎秒二十四コマで、人間などがチョコマカした動きで映されるのを見るたびに私はゾッとしてしまう。それ

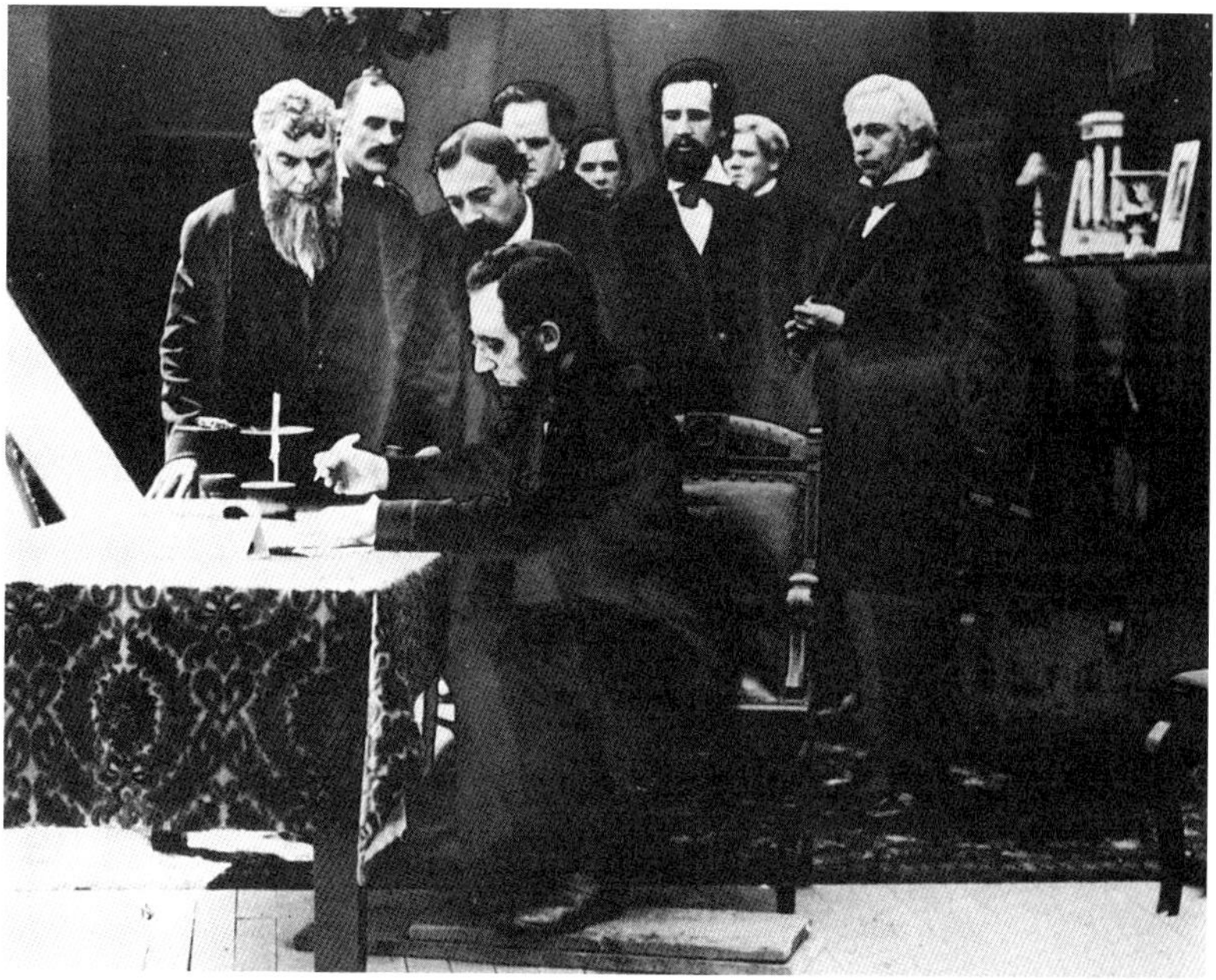

［上］ジョゼフ・ヘナベリーがリンカーン大統領に扮したこの貴重なスティル写真（彼の両膝が板二枚分高くせり上がっている点に注目）は、画像に問題があって『国民の創生』の宣伝用には使われなかった。［下］美術監督なしの映画美術の偉業。『イントレランス』のバビロンの城門はハック・ワートマンによって建造された（追加原注＝カール・ブラウン著「D・W・グリフィスをめぐる冒険」［1973年］は、『イントレランス』には美術監督――ウォルター・L・ホール――が存在したことを明らかにしている）。

は本来よりも一・五倍も速いスピードになっているからだ(『国民の創生』は毎秒十二から十八コマのスピードで撮影された)。嘆かわしいことだ。人によっては頭の中で正しい動きに調整できるものもいるだろう。とくに映画関係者であればね。でも、若い観客は上映スピードの違いなんて何も知らない。見たままに、おかしいものだと信じてしまう。こんなものどこに取り柄があるんだと感じてしまうんだ。

ニューヨークでの華々しいオープニングからもどってきたグリフィスの頭の中は、トライアングル社をとおして作る映画の計画でいっぱいになっていた。そしてただちに、それらの映画を作る製作班の立ち上げに着手していった。

私がファイン・アーツでダグラス・フェアバンクスとリハーサルをしていると――ファイン・アーツはトライアングル社のグリフィス管轄だった――グリフィスが私を呼んでいると連絡が入った。行ってみると、グリフィスは以前一種のきわものとして製作した映画に直しを入れるつもりだと切り出した。それは『母親と法律』(一九)という作品で、少々安手の速成映画だった。

改善策のひとつは〝ニューヨーク上流社交界〟がかつて開いていたような華麗なレセプションの場を一場もうけるというものだった。当時ニューヨーク社交界は鉄道王をはじめとするさまざまな大富豪から成り立っていて、レセプションには大金が投じられたといわれていた。グリフィスはレセプションのシーンを『母親と法律』のプロローグにしたいと考えたのだ。

私が調査の虫だと知っているグリフィスは、この種の行事がどのように執り行なわれたかを調べるようにと指示した。粉をふった鬘《かつら》をかぶり七分丈ズボンをはいた従僕たちが大勢控えたレセプションの情景が彼の頭にはあった。私はリハーサルを離れ、資料集めにとりかかった――そしてこれは容易ならぬ難問であると思い始めた。

レセプションには金に糸目をつけなかったこと、道化も呼ばれたことなどがわかったものの、どのようなしきたりや手順で行なわれたかについてはほとんど情報がなかった。そのとき名案がひらめいた。ニューヨークの富裕層の多くが冬になると寒さを逃れてパサデナにやってくる。一部は〈グリーン〉や〈メリーランド〉といった大きなホテルに滞在する。私は〈メリーランド〉の女主人とコンタクトをとった。この女性はそういう富裕層の秘書を務めていたことがあり、彼らの生活習慣について詳細な情報を私に提供してくれた。

「まずあなたは」とこの女性はいった。「出だしから間違ってます。召使いたちは粉をふった鬘などかぶってはいません。制服はたしかに着ています。七分丈ズボンに燕尾服で銀のレースもね。しかしフリルはついていません。そして髪は鬘ではなく、短く刈り込んでいるのです」

私はグリフィスのために何十頁にも及ぶノートをまとめ、女性が説明してくれた召使いの制服のデザインを図にして書きとめた。衣装にするとひとり分四十ドルになると試算された――いまのお金に直すと百五十ドルくらいだ。グリフィスは注文するようにと命じ、それらの衣装の似合うエキストラをそろえさせた。かくなるかたちでリサーチを始めたこの映画は、次第に巨大化していって『イントレランス』へと変貌していく。

フェアバンクスのもとに戻るとほどなく、人がやってきて「こっちの映画は出なくていい。グリフィスから離れるな」といわれた。リサーチの仕事がまだあったのだ。

さる日曜日、『母親と法律』の試写があり、内輪の何人かが映写室に集まった。その日のことはいまだにおぼえている。そこにはシナリオ部の部長フランク・ウッズ、助監督のジョージ・シーグマン、ジョージ（のちにアンドレ）・ベランジャーら七、八人ほどがいた。映写室は平屋根の小さな建物で、その日は猛烈な雨が屋根をたたきつけていた。当時はそんな大雨も心配の種にならないのは幸いだった。もし映画がサイレントでなければ、雨のせいで音声はまったく聞き取れなかっただろうから。

私はその映画を見るのは初めてだったが、何人かはすでに見ていた。映画が終わると例によって〝監督、すばらしいですよ〟〝見事なものです、監督〟と右からも左からも賞賛ばかり。そしてみな三々五々雨の中を映写室から外へと出て行った。私は居残っていた。他人のいる前では口にしにくい感想が胸の内に渦巻いていたからだ。他に人がいてはグリフィスも私のことばにすなおに耳を傾けてくれないかもしれない。それに彼に何か進言するというのもはばかられた。そもそも彼の知識の量たるや厖大なもので、私などとうてい比較にならなかったのだから。

まわりに誰もいなくなると、グリフィスは私に声をかけた。

「さあ、君の感想は？」

『母親と法律』はお涙ちょうだいのメロドラマだった。中心人物には魅力はあったが、装置や小道具に雑なところがあった。私は彼に四つ、五つ気になるところがあります、と答えた。

「まず、ボビー（ロバート）・ハーロンが刑場に向かうところで司祭が付き添いますが、あの格好はアメリカの司祭にはあり得ないものです。あのタブはフランスの主任司祭が付けるものであって、アメリカのカトリック教徒が見たら大笑いするでしょう」

グリフィスは目を丸くした。彼には違いがわかっていなかったのだ。「正しい格好に直せるだろうか？」と彼は訊ねた。

私たちは運がよかった。サンクエンティン刑務所で施設付き牧師だったというカトリックの司祭をロサンゼルスで見つけることができたからだ。私はその司祭に事情を説明した。「よろこんでお手伝いいたしましょう」と彼はいった。「撮影に立ち会って、司祭が何をどうするか段取りをご説明しましょう。やはり正しく描いてもらいたいですからね。よろしければ、私の祭服もお貸ししましょう」と。

私の報告をきいたグリフィスは大喜びした。そしてその司祭の立ち会いのもと、例のシーンをいちから撮り直した。この他に私が指摘した数カ所に関しても、彼は手直しをしてくれた。そんなわけで、自分はこの映画にひと役かったという自信を私はもつことができた。撮影所の人間で、なぜこれらの直しが入ったのかそのいきさつを知っているものはほとんどいなかった。私もむろん余計なお喋りはしなかった——何十年後のいまのこの時点にいたるまではね。

その頃からグリフィスの構想は拡大に向かっていった。もっともっと雄大な作品にと発想が転換していったのだ。バビロンや聖バーソロミューの虐殺やキリストの受難といった物語が彼の頭の中に芽生えていった。これら三つの異なる時代は、それぞれにおける裕福な権力者の行動を対比させるだけではなく、貧しく無力なものたちがいかに虐げられていくかを明らかにする絶好のエピソードを提供するものでもあった。グリフィスはこれらの時代の資料を集めるようにと私に命じた。

バビロンとアッシリアに関して私がどれだけの書物を蒐集したか、誰にも想像つかないだろう。本棚に並べて五メートルにも及んだものだ。「〝ベルシャザルの酒宴〟の頃はどんな二輪戦車が使われていたか？」といった問いをグリフィスは投げかけてくる。

それをうけて私はとっかえひっかえ本の頁を繰っては参考箇所に付箋を付けていく。印を付けた図版や挿絵や説明文がいっぱいになり整理がつかなくなった。そこで私はどの本もさらに二冊ずつ買い求めた。そうして必要な頁を切り取っては糊付けし、スクラップブックを作っていったのだ。二冊買ったというのは、必要な写真や図版が頁の表裏両方に載っている場合もあるからだ。スクラップブックは武具、戦車、食器といった具合に細かに項目別に分けた。

参考書籍を三部ずつも購入していると知った経理部長はカンカンになった。「いいかい」と私はいった。「これがいちばん安価なやり方なんだ。図版や挿絵をいちいち写真に撮っていたらもっと金がかかるんだ」

向こうは納得せず、グリフィスに直訴した。私もグリフィスに同じことばを繰り返した——これが資料を蒐集し整理する最も有効なやり方なんだと。

「そのままつづけるんだ」と彼はいった。「経理部長なんか気にするな」

スクラップブック作りは大仕事だった。最初のうちはグリフィスも疑わしげな目で見ていたが、何か訊ねるたびに私がそれを取り出しては「このなかからひとつ選んではどうですか」などと答える。そのうち彼も手にとって自分でぱらぱらめくり「いや、それよりもこっちのこれなどはどうだ……」といったりするようになり、しまいにはスクラップブックは彼が持ち歩きするものとなった。あれは結局どこにいったのか。いま手元にあったならね……

私は手がかりをあたえてくれそうな人には誰彼構わず連絡をとった。キリスト篇で協力してくれたラビはカーメル・マイアーズの父親だった。このことがきっかけとなってカーメル・マイアーズはのちにトライアングル社に加わった。

キリスト篇の背景や衣装に関して最大の権威はティソというフランスの画家だった。彼は四冊の美しい画集を出版している。いずれも彼が聖地において描いた絵画やデッサンで、例えば彼の「キリストの生涯」に見られるさまざまな衣類などを私たちは注意深く再現したものだった。その時代に関する書物もたくさん集めたけれど、ティソの画集に匹敵するものはなかった。彼は聖句箱なども克明に〝クロースアップ〟で描いているし、その他信仰と関係するさまざまなものを描いている。おもしろいことに、彼はフランスでは裸婦を描いて有名な画家だったのだが、人生上のある出来事を境に宗教に目覚め、キリストの生涯の一大権威となったのだ。

撮影期間中、私は調査にだけ専念していたわけではない――助監督でもあったし、中世フランス篇ではコリニー提督を、キリスト篇では老パリサイ人のひとりを演じていた。リサーチの方はずっと私ひとりでやってきたのだが、昼夜働きづめとなった撮影終盤には、もうひとり、R・エリス・ウェイルズという男が加わった。その頃はセットを離れることすらできなくなっていたからだ。でも、基本的資料はあらましもう確保してはあったけれどもね。

グリフィスの撮影が進むにつれ、私は自問せずにはいられなかった。これはいったいどうなっていくのか？　時代の異なるものをいくつも撮って、これがどうやって一本の映画にまとまるのか？　これらスケールの大きなセットがどうやってあのささやかな『母親と法律』のなかに組みこまれるのか？　と。

私には答えは見いだせなかった。何もかもをひとつの映画のなかに詰めこもうとするのは徒労であり、予算の無駄遣いであり、才能の浪費であると思われた。私はバビロンを舞台にしたいくつかの物語をグリフィスに手渡すとき、自分のこのような疑念をそれとなくほのめかした。

グリフィスは腹のすわった男だった。月曜の朝、リハーサル用の特別室でみんなリハーサルの開始を待っていると、グリフィスが入ってきた。「じつは」と彼は切り出した。「昨日まではハヽナヽベヽリーのいうとおりかもしれないと思うこともあった」彼は私のことをいつもハナベリーと呼んでいた。「でも、いまははっきりといえる。いやそうじゃないと」

ああ、よけいな口出しはやめろって遠回しにいっているんだな、と私は悟った。事実、それが彼の真意だった。ただ、その場にいた他の連中にはグリフィスが何をいっているのかはわからなかった。彼には物事を間接的にいう癖があった。このときもそうやって、自分は自分のやり方で突き進むぞと私に伝えていたのだ。

しかし、ひとつおまけがある。撮影が終わってグリフィスが編集作業に悪戦苦闘していたある夜、試写室から出てきた彼は、目深にかぶった帽子の奥から私を見つめてこういった。「バビロンの話だけで一本の映画にしていればよかったよ」

と。

フランク・〝ハック〟・ワートマンは大道具主任兼装置制作兼装置整備士だった。いまならさしずめ四百万ドルかかるようなものを四十セントで作ってしまう腕利きだった。アーチで覆われたエルサレムの街路が思い出される。ハックは薄板を用意するとロープと小角材を用いて湾曲させ、あとは左官に漆喰を塗らせて美しいアーチを作りあげてしまった。『イントレランス』の装置や背景はおそらく映画史上最高の出来栄えだと思われる。しかし、じつはひとつ問題があった。常駐スタッフは作りあげたセットに色を塗ることはできたけれども、そこに時代や風格を漂わすすべは知らなかった。

ある日、グリフィスが私のところにやって来ていった。

「サンフランシスコ万博はおぼえているかね?」

「ええ、見に行きましたから」

「イタリア館にあった総督邸の内装は記憶にあるかな?」

「よくおぼえています」

「サンフランシスコに行って、あの建物の制作に関わった職人を見つけてきてほしいんだ。そして見つけただけの職人を連れ帰ってほしい」

万博はもうずっと以前に終わっていて、関係者は散り散りになっていた。私はサンフランシスコにある石膏職人の工房に目をつけた——そういうところでは焼き石膏を用いて美術工芸品が作られている。そこで得た情報が役にたった。そういう工房の経営者はイタリア人で、彼らの話からイタリア館で働いた三人の職人にたどり着くことができた。私は三人に約束した。「ハリウッドに来てほしい。もし来てくれるなら、これこれの週給を払おう。交通費はこちらがもつし、何カ月間かの仕事は保証する」と。

そうして、二人の彫刻家とひとりの絵師を連れ帰った。サンフランシスコを発つときから、この絵師はたいへんな飲んべえだときかされていた——でも、本職の技倆はすばらしいものだった! グリフィスの目にとまった建物に施された時代色、それはこの男の成し遂げたものだ。この職人はじつはイタリア人ではなくフランス人で、そのため〝フレンチー〟と呼ばれていた。

じっさい彼はすばらしい画家だったのだが、その本領はキャンバスではなく漆喰壁の上でこそ発揮された。バビロンの宮殿のまわりに大きな足場が組まれ、彼はその足場高く登って、宮殿の壁に古びた外見をあたえるようにと絵筆をふるった。彼の腕前のあまりの見事さに、ベテランの絵師たちがこっそりやってきてはその仕事ぶりを遠くから眺めていた。〝フレンチー〟の熟達した技倆は彼らの初めて目にするものだった。

しかし、この人物にはほとほと手を焼いた。しばしばぐでんぐでんになるまで酒を飲むために、欠勤が多かったのだ。ひさしぶりに現れたところをつかまえて、私はよくお説教をした。「フレンチー」と私は切り出す。「お前のおかげでオレ

［上］『イントレランス』バビロンのセット。スタッフが撮影に備えて掃除をしている。［下］キリストの受難のエピソード。キリスト役のハワード・ゲイ、カナの花嫁役のベッシー・ラヴ、その右に花婿役のジョージ・ウォルシュ。

がさんざんな目に遭ってるんだぞ。お前をサンフランシスコから連れてくるまでには、会社は相当の金を使ったんだ。お前はそれに見合った仕事をしているか？　飲んだくれて、オレの顔をつぶしてばかりじゃないか。責められるのはオレなんだからな……」と。むろん会社は私を責めちゃいなかったが、奴にはこのくらいいっておく必要はあった。

すみません、もう二度としませんと平謝りに謝り、仕事にもどって、見事な腕をふるう。しかし、またしばらくすると酔いつぶれるの繰り返し。かくも懲りずに大酒を飲んだというのも、ここでの給金が彼にとっては初めての〝高給〟だったからだ。

サンフランシスコから連れてきた彫刻家のひとりが撮影所の漆喰工房の主任となった。漆喰工房なるものは本来なかったのだが、この男が作りあげたかたちとなり、大勢の職人が育っていった。彼自身すぐれた彫刻家で、思い描いたものを粘土の模型で作り、それをグリフィスに見せては意見を聞くのだった。バビロンのシーンに出てくるさまざまな彫像――獅子だの象だの――はすべて彼の工房で生み出されたものだ。

グリフィスは象に執着を見せた。ベルシャザルの宮殿にある八つの柱廊すべての上に巨大な象の彫刻を置こうとしたのだ。私は参考資料をくまなく調べた結果こう報告した。「残念ですが、象を使う根拠が見つかりません。ドレたち聖書を描いた画家が何を描いていようと、それを信じるわけにはいきません。まず第一に、象はバビロンの動物じゃありません。そこでは象の存在は知られていたかもしれない。でも、どこにもはっきりそうとは記されていません」

しかしついにはリサーチ助手のウェイルズが、バビロンの壁画に象が描かれているという文章をどこかから見つけ出してきた。そのときグリフィスは鬼の首でも取ったように大喜びした。何があろうと柱廊の上に象を並べたかったのだ。

合理的推論はリサーチの重要な一部だった。バビロン篇で木製の大廊下を用いても大丈夫か？　答えはノーだ。なぜノーなのか。なぜならば、木材の取れる場所がバビロンにはなかったから。

ほんとうに進退窮まったのはただ一度、グリフィスがバビロンのビアホールについて調べるようにと指示したときだ。私は答えた。「その種の図には見おぼえはありません。エジプトのものは見たことがありますが、バビロンのはないです」私は影響関係を確認するために、つまりある国から他の国へ物事が伝播したかどうかを確認するために、エジプトの歴史を細かく調べ上げた。そうしてようやく、考えられなくはなさそうなものをひとつ作ってみることができる、とグリフィスに伝えた。「大きなヤシの木を裁断して、それをテーブルの台座にしてみます……」と。

「それでいいだろう」とグリフィスはいってくれた。それは資料的裏付けには欠けるけれど、じゅうぶん適切と見なしうるものだったからだ。

グリフィスの数多ある偉大な美点のひとつはリアリズムを

尊重する姿勢だった。「明日は」とよくグリフィスはいったものだ。「これこれのセットで撮影をする。準備万端整えておくように」と。そこで私はセットにじっくり目を通し、できるだけ自然さを保つように、例えばそれが古い建物という設定であるならば、それらしい場所に草木を植えたり雑草を置いたりして年代を感じさせるようにしたものだ。

　そういうのを見てグリフィスが首をたてに振るのが私には大きな喜びだった。彼は口に出しては何もいわない――でも、満足しているかどうかはすぐに読みとれる。部下が進んでことを行なうのを、グリフィスは何よりも評価していた。

　バビロン篇のなかの挿話で私が一兵士を演じたときのこと。その兵士は妻を虐待した罪でバビロンの法廷に立たされていた。私は身振り手振りで身の潔白を訴えている。外を歩いていたら口笛が聞こえ、見たら窓辺に若い女性がいてこちらにウィンクを送っている……これを私は即興をまじえた身振りで表現していた。すると目の端にグリフィスの姿が見えた。彼は身をよじっている。大受けしているのだ。勢いを得た私は、さらにいろいろとやってみた。ここでは〝パントマイム〟なる語は使いたくない。古典的なパントマイムは私の好みではないからだ。私はもっと微妙な演技の方が好きだ――大げさに手や腕をよじらせるのより視線やまばたきのほうがはるかに効果があると思っている。グリフィスもまたそういう微妙な演技を愛する監督だった。

　グリフィスが私を啓発してくれたのはそうしたところだった。私が触発されたのは彼の革新的新機軸よりも、よきストーリーとはじゅうぶんに練り上げられた興味深い人物像あってのことだということであり、彼がそれを知らしめた最初の人物だった。誕生からしばらくの映画は粗雑で幼稚だった。二人の人物が出会っても、われわれは人間としてこの二人のことを知らされない――どこの出身なのか、何をしているのか、リンブルガーチーズは好きなのか、あるいはジギタリスは好きなのかといったことは何も教えられない。二人とも人格をもたないただの人形なのだ。

　しかしグリフィスは人物を観客に知らしめようとする。彼はよくこういう問いかけから始めた。「さて、家庭を守る主婦は何をしているだろうか?」そしてこの主婦をポーチにすわらせ、そこでトウモロコシの皮をむかせる。そういった小さないくつかのディテールを積み重ねて、彼は当の人物に血をかよわせていく――「私の母親がそこにいる」と観客は思うようになるのだ。

　グリフィスは鋭い洞察力と、対照的に物事を捉える生来の感覚をそなえていた。思い出すのは『エルダーブッシュ峡谷の戦い』（一三）のワンシーンで、先住民の襲撃をうけてメエ・マーシュが大型の木製収納箱《ウドゥン・チェスト》の中に身を隠している。コミカルな役柄のこの若い娘が樽からぴょこんと頭を出して外の様子をうかがう滑稽な場は、手に汗握る緊迫した状況とあざやかな対比を成して興趣をいっそう盛り上げていた。

『国民の創生』で丸太小屋に逃れた白人の一団を黒人兵が襲撃するところにも次のような箇所があった。ひとりの忠実な女性召使いが窓辺で防戦している。敵はこの窓からも入りこもうとする。それをこの女性はライフルの銃床で敵の頭を殴りつけ、ひとりずつ撃退する。ここは最後の救出にあたる長いシーンのクライマックスであり、緊張が頂点に達している観客は召使いが敵の頭に一撃食らわすたびに大きな笑い声をあげた。いや、笑い声というよりは大歓声、緊張を解き放つ感情の激発だった。この戦闘シーンに巻き込まれてしまっているために、なおのこと観客の反応は大きくなっていたのだ。観客はもはや傍観者ではない。気持ちの上で完全に物語の中に入りこんでいる。主人公側と一緒になって闘っていたのだ！

グリフィスは現在映画製作のうえで必要と見なされるさまざまな協力者なしで仕事を進めていた。いまの映画、あるいはテレビ番組を考えてほしい。クレジット・タイトルに続々と現れる職名を思い返してほしい。グリフィスにはキャメラマンはいた。小道具も、大道具も、助監督も、リサーチ担当もいた。そしてそれぞれにはたいてい助手たちがついていた。でも、グリフィスの映画には美術監督はいない、メイク係も、結髪も、特殊効果部も、脚本家も――そう脚本がそもそもなかったのだ！

彼は部下の働きは忘れなかった。彼は、誰かに歩み寄ってポンと肩をたたき「でかした、よくやった！」といったりはしなかった。しかし、こちらにとって事態の好転がかならずあった。グリフィスはそういうかたちで部下への感謝の気持ちをしめしていた。

しばしば夜間に撮影が行なわれた。カリフォルニアでは電気照明は完全には行きわたっていなかったので、私たちは閃光装置を照明に使った。当時は拡声器もなく、ときにツーブロック先にまで広がる群衆シーンではメガホンを使った。たいていの人間はメガホンで数時間も指示を出しつづけると声がへたばってしまう。でも、私はオペラ歌手が身につけているものに似ている特別な呼吸法を学んでいた。横隔膜を利用するんだ。そしてゆっくり発声した――はやくいおうとするとことばが聞きづらくなるからね――私はいつも台の上、グリフィス監督のすぐ脇に立っていた。

『イントレランス』では映画史上最も雄大なショットのひとつを撮った。バビロンの宮殿のセットの正面に昇降機を備えたタワーを建てた。撮影所特製のこの昇降機の天辺にはキャメラを据える台が設置されている。そのキャメラ台が昇降機ごと垂直に下降するとともに、タワー自体が前進移動する。というのも、タワーは車輪付きの台車に載っていたからで、車輪は列車のように線路の上を滑るのだ。車輪は直径四十六センチ、鋳鉄でできていた。台車は鉄道会社の整備用台車のように平たい台でできていた。

キャメラ台には四人が乗っていた。グリフィス、キャメラ

［左］『イントレランス』で移動撮影の準備をするＤ・Ｗ・グリフィスとＧ・Ｗ・ビッツァー。［右］『イントレランス』舞踏会シーンを演出中のグリフィス。

マンのビッツァー、キャメラマン助手のカール・ブラウン、それにこの私。シーンは数千の人間を一望におさめた宮殿の正面からの俯瞰ショットで始まる。それがカット割りなしで、そのまま徐々に下降するとともに前進し、最後には主要人物だけを捉えたミディアム・ショットになる。このショットの撮影は何回か繰り返された。リハーサルのさいグリフィスは背景のアクションの修正点を指摘する。キャメラ移動を含めたリハーサルがいったん最後まですむと、私はセットの奥まで走って行って、群衆班のそれぞれの主任に変更点を伝える。グリフィスはその間、前面の主要人物たちのアクションにさらに手を加えるのだ。そうしてから、再び私たちはキャメラ台にもどり、最初のキャメラ位置までもう一度昇っていく。リハーサルは一時間半ほどつづいた。太陽があつらえ向きの角度にさしかかったところで本番撮影となる。本番は三、四度撮影した。私の記憶ではどのショットも問題なかった。そうはいっても、テイクを重ねるたびに多額の金が費消されるので、いずれも露光をほんの少し変更しただけの念のための撮り直しに限られた。

　キャメラ台に巻き尺を当てたことはなかったが、ひとつの寸法だけは頭の中に焼き付いて残っている。それはこのセットの他のほとんどの寸法の基準となるもので、バビロン宮殿の壁の高さであり、それは九十フィート（二十七メートル）あった。象が乗る柱廊がほぼこれと同じ高さとなっていて、象まで含めると百四十フィート（四十三メートル）と見積もっておくのが無難だった。キャメラ台は百フィートから百十五フィート（三十から三十五メートル）のあいだであり、私がおぼえているかぎりでは、象の乗る柱廊の台座と私たちの視線はほぼ水平、キャメラはそれよりもやや低く位置していた。最も幅のあるところで、タワーは四十フィート（十二メートル）あった。

すべてひっくるめてこのシーンの撮影には二時間ほどしかかけていない。撮影には太陽光を用いるしかなかった。セットの威容を最大限活かすには、最も適切な光の状態のときにキャメラをまわす必要があった。例えば、逆光のなかで撮るわけにはいかない。理想は、クロスライト（斜光。斜め横上からの光）、あるいはやや逆光気味のときだった。そうなると自然、撮影時間は午前十時から十一時のあいだとなった。

私はユーフラテス川とティグリス川沿いで戦われる戦闘シーンの場所を見つけ出した。それはボールドウィン・ヒルズと呼ばれた場所の少し下方、歴史上の場所がそういわれていたように、何エーカーにも及ぶ湿原地帯だった。私はドミンゲス・エステイトの地権者から土地の使用許可を取ると、パシフィック電気鉄道会社と取り決めをし、撮影の及ぶ範囲内にかぎり、エキストラを自由に移動させる特別列車を仕立ててもらった。

グリフィスの助手であることはすなわち、大群衆の管理、監督役を務めることを意味する。例えばエキストラを二千人用いるとして、どうやったらこの二千人を、早朝までに、衣装を身につけた状態で、スタンバイさせればいいのか？　そうしたれにはまずこの二千人を幾組かに分けるしかない。そうしたうえで、私は各人にカードを手渡した。このカードを見ると、どのブースで衣装を受けとるかが書いてある――と同時に、自分はそのブースから衣装を受けとる百五十人のうちの一人であることも。ブースはバビロンのセットの裏手に作られ、それぞれに番号が付され、ブースごとに異なる衣装が用意された。このような準備をすることで、朝の八時に二千人のエキストラをスタンバイさせることを可能にした。

スタッフの序列からいえば、ジョージ・シーグマンが主任助監督だった。彼はすぐれた能力の持ち主だったが、管理したりリサーチしたりは苦手にしていて、しばしば私のところにやってきては「群衆はどっちに動かすんだ？　左か右か？」などと訊いてきた。でも、私の仕事がやりやすくなるよう誰よりも奮闘してくれたのは彼だ。おかげでどんなに助かったか。すばらしい男だった。

＊

昼の弁当は前の晩に注文しておく。翌日がどんな天気になるかは賭けだった。霧がいっかな晴れないときなど、そういうときはよくあったのだが、エキストラを立たせたままにしておかねばならず、ジリジリしてきたものだ。

弁当は市内のカフェテリアが徹夜で用意したものが運ばれる。残り物が出ないよう、その点に関しては私はとくに目を光らせた。数は注文した数量にぴったり合わせること、また食材は新鮮なものを使うよう、くどいほど念を押した。というのも、昼の弁当はエキストラの奮起のもとだからだ。彼らに支給されるのは交通費と、昼の弁当と、一ドル二十五セントの日給。『国民の創生』のときは日給一ドル十セントだったから、たいした賃上げ幅ではないけれど、他の映画会社がエキストラに払う給料よりはずっと高かった。

二千人分の弁当が二台のトラックで運ばれてくる。安物の弁当じゃない。一人分三十五セントの弁当で、当時としては最上級のものだ。弁当も、衣装を支給したブースから渡されるようにした。弁当はあっという間に彼らの腹の中におさまってしまう。トラックがやってくると、エキストラの連中は「メシだ！　メシだ！」と叫んで駆けだしていく。もの凄い勢いで。そして弁当と牛乳をひったくるように受けとる。そのときの嬉しそうな様子といったらなかった。

弁当を受けとるとひとりだけどこかに消えてしまう年嵩のエキストラがいた。撮影地を囲うようにして、一般人が入りこまないようキャンバスの布が張り渡してあるのだが、彼はその境の方に歩いて行って、地面に腰を下ろすのだった。そこで何をしているかは知らなかったが、ある日ぶらついていると、ちょうどキャンバスの両側が見渡せる位置にさしかかった。するとキャンバスの反対側に男の年老いた妻がいるのが見えた。老人はキャンバスの下から弁当の半分を老妻に渡していたのだ。

大勢の人間を扱って仕事をしていると、遠くから眺めていただけでは得られないじつに多くのことを学ぶ。『イントレランス』撮影中のさまざまな経験は私の人生観を一変させた。この世には想像もつかない人間がいるものだということを、私はたびたび思い知らされた。

エキストラはロサンゼルスの貧民街スキッド・ロウから多数調達した。スキッド・ロウ（〝破滅通り〟〝貧困通り〟の意）は文字どおり大酒飲みや落魄者《らくはく》の掃き溜めのような場所だった。あわれなことに、私にもすぐにわかったのだが、そこには仕事をこなすこと自体身体的に不可能なものや、そもそも定職に就ける状態にないものたちがあまりにも大勢いた。

〝群衆〟役のエキストラは電車で撮影所に運ばれ、そこからそれぞれのロケ現場に導かれて衣装があたえられる。彼らが服を脱ぐと、痛ましい状態がいやでも眼に入ってくる。ひどい栄養失調なのだ……なかには静脈瘤のものもいる……金がなければ手の施しようがない病気だ。生活の糧を失って社会からつまはじきされると、浮かび上がりようもなくなり、スキッド・ロウ暮らしに落ちこむ。根っからの大酒飲みだったわけではない。貧乏で気力をなくし、一般人から見ると何の役にもたたない穀潰しになってしまうのだ。〝浮浪者〟呼ばわりされ、死ぬまで悪運から抜け出せなくなる。

もうひとつの驚きは人がいかに嗜虐的になり得るかということだった。私たちはエキストラの一部をバビロンの城壁の上に配置した。城の中にはペルシャの軍勢がなだれ込み、弓

＊シーグマンとジョージ・ベランジャーは俳優にもなった。

を射るなどさかんに攻撃を加えている。城壁の兵士はそれらペルシャの軍勢を迎え撃つのだが、彼らには弓矢、槍、それに私たちがマグネシウム爆弾と呼んでいたものを渡してあった――これは歴史的事実にも合致している。それはひと巻のチキンワイヤーをキャンバスでくるみ、それにマグネシウムで上塗りしたもので、火をつけて敵に投げつけるという火器だった。この小爆弾をあたえられたエキストラは、それが死体となった兵士に命中すると大喜びで歓声を上げるのだ！　倒れている兵士がびっくりしたように立ち上がって駆けだしていくと、それはマグネシウム爆弾をぶつけられたか矢を射られたかのどちらかに間違いなかった。

一度などエキストラの一人が救護テントに運ばれてきた。矢が頭の横から入り先端が頭頂から突き出ている……撮影中のけがはほとんどが軽傷だったが、一日で六十七人が救護テントに運ばれてきたときがあった。そのときの大半は弁解の余地のない、加害者の悪意がむき出しになった外傷だった――それらは明らかに人の苦しみを見て快哉を叫ぶ人間のしわざだった。戦闘シーンはこの手の輩にとって千載一遇のチャンスとなったわけだ。

その頃、世界産業労働者組合（ＩＷＷ）という組合があり、私たちはそれを〝働くのは御免会〟（the I Won't Works）、〝役立たずの会〟（the Wobblies）と呼んでいた。ここの組合員は映画人を搾りがいのあるレモンと考えていた。

ちょうどキリストの磔のシーンを撮ろうとして、夕暮れ時に撮影する予定になっていたときのこと。夕暮れ時は陽の光が弱まり、自然光と人工照明とでいい画調が得られる時間帯だった。ＩＷＷの連中が、超過勤務になるのならもう一日分給料を上乗せしろとゴネはじめた。

「今朝もいっただろう」と私はいった。「二時間の超過勤務で七十五セントを払うとな――七時半までに仕事はあがるんだ」

「やなこった」

相当長いあいだ言い合いがつづいた。私は最後通牒を突きつけた。七十五セントはかわらない。いやならやめろ、と。

「やめてやる」

連中は丘の上の門に向かって歩き始めた。セットのあいだを抜けて六十メートルほどの距離だ。私は先回りした。別の道を駆けて上り、途中すれ違った道具方の作業衣から金槌を抜き取ると、それをつかんで〝役立たず〟たちよりひと足早く門に到達した。

私は箱の上に飛び乗って大声で連中にいった。「門を最初に出ようとする奴は、この金槌を頭にお見舞いしてやる」

集団には必ずボスがいて、そのボスが誰かを見きわめることが肝要になる。暴徒化した集団を打ち負かすにはそのボスを倒すのだ。

「そこのお前――門を通ってみろ！　できるものならやってみろ！」

その男が本当に出て行こうとしたら、金槌をふるったかどうかわからない。正直、そうなったらどうしたか、いまの自分にはわからない。

　幸いなことに、ボス格の男は弱気になった。彼がそうなると、二番手のボスもひるむ。それを見てすぐに全員をもとの場所に引ったてていった。

　オープンセットには裏手に床が作られているのがあった。ＩＷＷの連中のなかに、その床下に潜りこんでドロンを決めこむのがいた。仕事をさぼり、暗くひんやりした空間で惰眠をむさぼるのだ。そういう不埒な奴がいることにしばらくして気がついた。

　馬に乗って周辺をパトロールしているカウボーイのひとりに声をかけた。ジム・キッド、ワイルドウェスト・ショーやサーカスで名を馳せた有名人だ。

「ジム、あのセットの床下に何人か隠れているんだ。あぶり出してくれないか。馬で床を踏みならし、痛めつけてやってくれ」

　彼は馬ごとくだんの床に飛び乗ると、ひづめの音も高くそこらじゅう馬を走りまわらせた。そして銃を抜くと空砲をぶっ放し、「出てこい！　怠け者！　撃ち殺してやる！」と大声で叫んだ。

　床下にいたものはたまらなかっただろう。這々《ほうほう》の体で次から次にはい出してきた――十人から十五人の男たちがすっかり青ざめた顔で。

「よし、こっちにきてカードを渡すんだ」そういって、私はカードを取り上げた。「とっとと衣装を脱いでここから出て行け！」

　連中はぐだぐだいいだした。ほんの冗談だの、どうなのこうなのと……

「ガタガタいうな！　さっさと消えろ！」

　翌朝の五時半頃、エキストラが入ってくるところを見ていると、案の定昨日追い出された連中がまじっている。見えないように人の陰に隠れて。

「おい、お前たち！　貴様らは首を切られたんだ。出てけ、出てけ！」

　年取った一人が私にすがりついて懇願する。「許してください、許してください」とね。私もついに折れて、その男とあと数人にもう一度チャンスをあたえることにした。それからあと、その男たちの働くことといったらなかった！　どんな仕事もいとわず、大車輪で働いたものだ。

　バビロンの城壁での戦闘シーンでは何人もの兵士が投げ落とされる。近くから撮影するさいにはスタントマンが使われ、下には安全ネットが張られた。スタントマンにひとりサーカスやカーニバルでの経験からネットに落ちるのが巧みなのがいて、名前をレオ・ヌーミスといった――のちにハリウッドの代表的スタントマンとなった男だ。他にはダイビングの経験者を何人か集めることができた。

　ヌーミスは他の急造スタントマンを前にしていった。「いいか、ネットには背中から落ちるんだ。これを忘れるな。絶対に足から落ちるんじゃないぞ」

そのシーンの撮影はいまでもよくおぼえている。私たちはネットに跳ね返ったスタントマンの姿が入らないように、ネットの上方の空間を捉えるようキャメラのアングルを据えた。ヌーミスは申し分なくやってのけた。しかし、彼につづいたスタントマンたちは足から落ちていった。そして足をネットに絡め取られ、反動で跳ね上がった膝に顔をぶつけた。あっという間に三人が鼻の骨を折った。男たちはヌーミスを甘く見て、真剣にきいていなかったのだ。すでに大ベテランであった彼の貴重なアドバイスを。

ロング・ショットでは人形を用いた。しかしこれは見るに堪えなかった。ドタンバタンと生気なく地面にぶつかっていく。ごまかしようはなかった。詰め物に服を着せた人形であるのが一目瞭然だった。

「もっとましなものを作りましょうよ」私はグリフィスに進言した。

「じゃあ、何か作ってみてくれ」と彼にいわれた。

一日の仕事が終わると、ただちに小道具部に向かい、小道具方と一緒になって夜中の一時まであれやこれやと試行錯誤を繰り返した。私が考えていたのは関節部が逆方向に曲がったりしない人形だった。私は関節部を縛るひもが地面にぶつかると同時に切れて、腕や脚が自然な方向にだけ動くという仕掛けを考案した。

夜の九時頃、思わぬ人物が作業所に入ってきた。なんとグリフィスその人だった。彼はひと言も発しない。ニヤリとすると、そのまま出て行った。

私たちの人形は人間のように落ちてくれた。ただひとつの難点は、撮影のたびに新たにひもを縛り直さねばならず、それに時間をとられることだった。とはいえ、それまでのでくの坊のような人形にくらべれば格段の進歩には違いなかった。

『イントレランス』の最初の一般試写がポモナで行なわれた。私はラッシュフィルムも見ておらず、ましてや一本の映画にまとまったどのバージョンも見ていなかった。それはグリフィスにのみ許された特権だった。私はいつも映写室の外に立って、グリフィスが出てくるのを待っていたものだ。『国民の創生』の製作が終盤にさしかかっていたころ、彼が私にきいてきた。「さあて、君自身の感想は?」

「いったい何のことですか?」

「リンカーンを演じただろう」

「どうやったら私がスクリーンのリンカーンにお目にかかれるんですか?」

彼は笑っていたが……

グリフィスのフィアットに乗せてもらいポモナに向かった。ボビー・ハーロン、メエ・マーシュ、リリアン・ギッシュ、それとグリフィスと一緒に。ハンドルを握ったのは彼の専属運転手だ。当時は舗装されたハイウェイなどはなく、ポモナまでは悪路の四十八キロ。苦闘の末にたどり着くと人里離れたへんぴな土地だった。が、それだけに観客からは偏見のない反応が期待できた。

試写は無事行なわれたが、映画そのものに私は当惑し、落胆が激しく放心の態だった。帰りの道中では全員が口をきわめて褒めちぎる――「ああ、なんてすばらしいんだ」という具合に。

たしかに、すばらしいシーンはいくつもあった。装置や背景は圧巻だったし、非凡な構想が随所に見られた。しかし、私にはストーリーがあまりにも分裂気味に見えた。そもそもこの素材（時代を大きく異にする四つの物語）を無理なくひとつにまとめるのにグリフィスが散々苦労していたことを私は知っている。一篇一篇が相当の量をもっているため、ひとつの物語から別の物語へと頻繁に転換しなければならなくなった。グリフィスは少々もてあましたのだ。

現代の観客ならついていけたかもしれない。いまじゃこういう技法は珍しくはないだろうから。でも、当時の観客は一本の筋に沿って流れるストーリーを期待していた。

なかでも問題は字幕だった。私は車から最後に降りる人間だったので、車中にいる長いあいだ、この映画についてずっと考えこんでいた。

翌朝の十時、監督室とシナリオ部とのあいだの広場でグリフィスに出会った。彼は立ち止まって声をかけてきた。「昨日の試写の感想をまだきいてなかったな？」

感想を述べるのはひどく躊躇されたが、思い切っていってみた。「じつは落胆しましたね。私の見るところ、この映画のいちばんの問題は、観客にとって無意味な字幕が多すぎることです。あなたや私、あとスタッフの何人かは物語の内容を深く理解しています。ですから、人物の関係や出来事の関係がのみこめますが、初めて映画に接する観客はどうでしょう。観客は能力を超えた過大な要求をされているんじゃないでしょうか。なかには字の読めないものもいるんですよ。無理ですよ……」

グリフィスは憤慨した。めったにないことだ。「きいたふうなことをいうな！」ピシャリと私の口を封じると、シナリオ部の方へ歩き去った。

発言を後悔してはいなかった。少なくとも胸のつかえは下りた。正直な思いを吐き出さずにいたとしたら、その後の仕事にさしつかえただろう。

何時間かあと、私はシナリオ部近くのステージにいて、グリフィスが出てくるのを心待ちにしていた。翌日の指示が何かあるかもしれないと思い、待機していたのだ。ようやく彼は姿を現し、監督室に行きかけて私の姿を認めた。

「おい、ハナベリー！」といいながら、彼は歩み寄ってきた。「今朝、字幕のことで何かいっていたな。あれはどういう意味なんだ？」

私は要点をもう一度説明した。そのときフランク・ウッズがシナリオ部から出てきた。グリフィスは彼を呼んだ。

「フランク、ハナベリーのいうとおりだ。キルス王と誰それの関係なんて観客にわかるかね？　わかりっこないんじゃないか？」彼は私に向き直っていった。「昼食のあとオフィスに来てくれ」

私は三時間ほどすわりづめで字幕の見直しにあたった。とくに異を唱えたい字幕を選りだしては、自分の意見をいってみた。そしてそれを参考に字幕が改められていった。私はうれしい気持ちを隠せなかった。私も人間だ。進言を取り上げてもらって平静でいられるはずはなかった。

この映画のために私は身を粉にして働いた。しばしば夜中までかかって翌日の準備を整えた。そんなとき、よく衣装部のベンチをベッド代わりにして仮眠をとり、みんなが出社してくる朝の五時には受け入れ態勢ができているようにしたものだ。

いまでもおぼえているが、すべての撮影が終了したあと、ジョージ・シーグマンと連れだってその頃作られたばかりの大作、トマス・インスの『シヴィリゼーション』（一六）を見に行った。午後見に行ったのだが、映画が始まるとまもなく私は寝入ってしまい、目が醒めたら映画が終わっていた。ボロ布のように疲れ切っていたのだ。映画一本見る集中力すらなくしているのかとガックリしたものだ。

完成プリントをもってグリフィスは東部に赴いた。そうしたらそれを見た一部の金主がこういったようなのだ。「セックスが足りないな」と。いつものことながら、興行側の人間は売らんかなで考えるわけだ。

それをうけてグリフィスはウッズに電報を送ってきた。「ベルシャザルの酒宴のシーンをハナベリーに撮り直しさせるべし」と。そして裸の女性その他を必ず入れるようにと撮り直しの中身を説明してきた。

「裸の女は撮れないよ」私は反対した。「クレームがつくに決まっている」

「グリフィスの命令だ」とウッズはいった。「そしてオレもお前に同じように命令する」

これは厄介なことになった。苦慮した私はキャメラマンのビッツァーに相談した。

「いったいどうすりゃいいんだろ。指示どおり撮ったらヒドイものになってしまう」

「君が正しいと思うようにやってみるんだな」とビッツァーはいった。「君のやるとおり、私は撮ろう」

私は撮影用に人を集め、〝ベルシャザルの酒宴〟で知られた古い絵画をヒントに基本ショットを組み立てた。それはまさしく乱交パーティ、性の饗宴だった。私は大勢の男女を裸であるかのようにして——しかし完全には裸でないのだが——床に寝ころばせた。それでも、私が命令に従わなかったといってフランク・ウッズはお冠だった。が、さらに撮り直しをする時間はもうなかった。

そのとき私は知らなかったが、グリフィスは東部にいて裸の女性のショットをいくつか撮っていた。赤線地帯で選り出した、見るも恐ろしい女性たちを使って。この女たちの五つ

［上］ジョゼフ・ヘナベリーによる『イントレランス』の乱交シーン。［下］サイラス王の軍勢。

六つのクロース・ショットがあとで組みこまれた。

この一件のことがもう一度浮上したのはグリフィスがもどってきてからだった。このときもグリフィスは間接的なものいいをした。「奇妙なものだな」と彼はいった。「助手の方がいい場面を撮り上げるとはね」私はぼんやりしていたが、しばらくしてこれは私のことをいっていると気がついた。

グリフィスがまた東部に出かけていったあと、リハーサルをしていた私のところにフランク・ウッズから声がかかった。「おい、ヘナベリー、映画を一本撮る気はあるか？　出立前のミスター・グリフィスのお達しでね、次の監督の機会はヘナベリーにまわすようにということなんだ」

私は十五秒は沈黙していたに違いない。その間私は、これまでその機会が得たくても得られなかった、グリフィスのもとで長年働いてきた大勢のスタッフのことを考えていた。夢から覚めたようになって、私は答えた。「ええ、やらせてもらいます」

そうやって私は映画監督になっていった。

第七章　監督

映画監督の仕事は夢物語のようにロマンティックであり、神の領域に最も近づいたものが監督である、と私たちはつい幻想する。大勢の人間がいいなりに動く、さまざまな出来事が指示どおり生じていく。時は止まり、歴史は作り直される——紙の上のみならず現実においてすら。創造物をフィルムに託したのちは、監督はもう一度神さながらの役割を演じる。編集によって登場人物や出来事を思うがままに配列し直すのだ。

しかし、監督は人間である。映画内の出来事を創造しながら、現実の出来事に振りまわされる。紅海を二つに分断できる力を持ちながら、日が没してしまえば撮影は中断せざるを得ない。

フィルムにストーリーを定着させるためには、監督は将軍並みの統率力と、精神分析医並みの眼力と根気をあわせ持たねばならない。彼は芸術家としてまた職人としての才能をフルに発揮させるだけの活力とスタミナを備えていなければならず、財政面、芸術面、管理面、あらゆる側面における自己の仕事に対して責任ある対応ができなければならない。つまり、その双肩にはとてつもない責任がかかってくるのである。しかし、得られるものも計り知れないほど大きい。自らの想像裡のものを現実へと転換し、その現実をフィルムの上に保存できたとき、監督は他のどの芸術家も知り得ない比類なき経験を自らのものとするのだ。

映画が誕生したとき、スタッフは二人しかいなかった——フィルムをまわす者と、演出する者とである。キャメラマンはキャメラとフィルムが扱えなければ話にならなかったが、監督はそういう意味では何の能力も証明する必要はなかった。唯一大声は必要であった。そのとき以来、肺活量を除いて、監督の資格要件などどこにも規定されないままで今日にいたっている。

「監督には何が必要かと訊ねられたとき」とジョゼフ・フォ

ン・スタンバーグは語っている。「空恐ろしい条件を並べてみた。監督はあらゆる言語に通じていて、演劇を起源からマスターしており、精神分析の専門家であるとともに精神医学の勉強も積んでいて、人間のあらゆる感情のひだに通じている必要があると。そしたらむこうは〝あなたはそれらすべてを備えていたのですか？〟と訊いてきた。私は答えたね。〝いいや――でも、監督になるには何が入り用かとは、私の方から質問を向けなかったから〟と」（著者によるジョゼフ・フォン・スタンバーグへのインタビュー。一九六四年十二月、ハリウッドにて）

映画は新しく生まれた産業であり、働くものも新人ばかりであった。昇進を待ち焦がれる古参組などひとりもいなかった。もし二十歳の青年がいて、自分には監督ができるという自信をもっていたら、どこかの会社がおそらくチャンスをあたえてくれた。それまで働いていたのが鉄道会社で、他に目を引く経歴がなかったとしても、何の問題もなかった。雇い主はおそらくヨーロッパからの移民であっただろうし、彼の前歴もニューヨークはロウアー・イースト・サイドの洋裁店店主だっただろうから。そういう雇い主だったから学歴や社会的地位に無用な価値をおいていなかった。いい映画を作る腕があれば、いい給料をあたえた。

ハリウッドの古い小話にこんなのがある。路面電車を降りた俳優が車掌と握手をしたいといってきかなかった。「この男こそ」と俳優は説明した。「明日は私の監督になるかもしれないのだから」外部の人間は、監督というかくも重要な職種がいとも簡単に振りあてられることにとまどわずにはいられなかった。ある文人が憤りをこめて書いている。「高等教育を受け、演劇の世界を知った、常識にも何ら不満のないライターたちが惨めに失敗する姿を私は見てきた。私はまたキャメラマン、大根役者、エンジニア、とくに手に職を持たない連中たちが大監督となるのもこの目で見てきた……」（「フォトプレイ」一九二三年六月号、二七頁）

それこそがサイレント期の隠された事実だった。文学的教育にしばられていない人間の方が、読み書き中心に生きてきた人間より、映像で物語る腕前が一枚上手だったのである。彼らは口下手だったかもしれないが、こと映像においてはすばらしく闊達であった。それに人生経験をもっていた。サイレント映画の監督は大半が若者である。が、その頃は熱気に満ちあふれた時代であり、若さは未経験を意味しなかった。映画産業内のあらゆる職種から監督へと転じていった彼らは、じつに多種多様な背景をもっていた。サム・ウッドは油田で働いていた。エドウィン・ケリュウは無宿者だったし、ジェイムズ・クルーズは薬の行商人、ジョージ・メルフォードは鍛冶屋から身を起こした。クラレンス・ブラウンは自動車のセールスマン、W・S・ヴァン・ダイクは木樵《きこり》、金鉱堀り、鉄道員、傭兵であった。*彼らは人生経験より他には何も身につけていなかった。だが、それはしばしば監督にとっての理想的要件であった。荒っぽい仕事、人間同士のぶつかり合い、

『北緯三十六度』(24) におけるキャメラマン、アル・ギルクスと監督のアーヴィン・ウィラット。

過酷なロケ地といったものに耐えていけるだけのものをそれらは準備してくれたのである。

「すばらしい男たちだった。サイレント映画の監督たちは」とデイヴィッド・O・セルズニックはいった。「変な気どりはなく、冒険心いっぱいで、行動第一だった。決断は早く、せっかちで、またたくまに映画を作りあげた。あふれんばかりの想像力をもっていて、あらゆることに精通していた。天晴れな連中だった」(著者によるデイヴィッド・O・セルズニックへのインタビュー。一九六四年十二月、ニューヨークにて)

サイレント期は監督の時代であり、製作者が製作の実権を握る以前の幸福な時代だった。一九二〇年代の一時期、監督の名前の方がスター俳優の名前よりしばしば大きな文字で宣伝された。スター・システムが一般大衆の嗜好と合致したため、映画会社は同じシステムを監督にまで広げようとしたのである。しかし、それに抵抗を感じるものもいた。

「監督の名前を世に広めようというのが一般的な傾向になっているようだ」と、一九二三年フォトプレイ誌に一ファンが投稿している。「スター俳優の吸引力を過小評価しようとしてであろうか。映画で大事なものはただひとつ、スターしかない。私は監督の名前で映画を見には行かない。スター俳優

＊これはW・S・ヴァン・ダイクの広報担当によるでっち上げ。詳しくはロバート・キャノン「ヴァン・ダイクと神話都市ハリウッド」(一九四八年)。木樵だったのはジョージ・マーシャルである。

が魅力的か否かで決める。スターの価値はどれだけ評価しても評価しきれるものではない、と私は考えている」（一九二三年四月号、一四頁）

「目下のところ平均的〝スター監督〟とは誰なのか？」一九二一年、ジェイムズ・クワークは問いかけた。「彼はどのような人物なのか？　どのような訓練を積んできたのか――その特殊な才能とは何なのか？　通常彼は意気込みと自信は誰にも負けない若者である。彼の名を成さしめたのは一、二本の特大の成功作であり、それが大当たりしたのは題材のおもしろさの故であったかもしれないのだが、その題材の選択者はすでに曖昧模糊となっている。その後の成り行きは彼の責任ではない。というのも、成功の香りにはことのほか敏感なプロデューサーたちから、われがちにと提示される新たな仕事の話に彼の頭は風船のように膨らんでしまうからである。

忘れずに付け足しておくが、この若き監督はもし失敗すれば犯した罪以上に非難される。もし彼に才能の片鱗が垣間見られれば、天涯孤独の美女以上に危険な状況に陥っていく。無思慮な独裁者はまだ知識もない未成熟な彼をブケパロス（アレクサンダー大王の軍馬）のごとき〝映画〟にまたがらせ、手綱のみならず鞭と拍車をあたえるからだ」（『フォトプレイ』一九二一年二月号、四九頁）

一九二五年、パラマウントは会社の方針として監督に統轄権をあたえると発表した。これにより、監督はラッシュ試写のさいに試写室から製作者を追い出す権利すらあたえられた。しかしこののどかな時期は短命に終わる。同じ一九二五年、タルバーグによって製作者指導システムがよみがえりをみせるからである。とはいえ、パラマウントの発表をみても、当時の監督は現在よりもはるかに重きをおかれていたことがわかる――仮にそれが映画産業発達史におけるほんのいっときの現象だとしても。

一九二一年フォトプレイ誌は、同誌いうところの、観客、製作者、俳優、エキストラ、そして助監督すらをも煙に巻いてきた問いかけ――〝監督とは何者か〟――にようやく答えをあたえることにしたと宣言した（一九二一年八月号、五四頁）。同誌のなかでキング・ヴィダーは監督とは映画をスクリーンに導く通路にすぎないといいきっている。レックス・イングラムは監督こそ〝損な役回り〟の標本であるという。「映画が失敗するとおよそ考えられるかぎりの非難を浴びる。だが映画が成功しても、感謝されるとはかぎらない」そして暗い将来を予見するかのように、イングラムはいい足している。「私が心から共感を抱くのは、成功するにせよ失敗するにせよ、自らことを行なう監督だ。すぐれた映画を作り、先を嘱望された監督が、いわゆる〝上層部の横槍《スーパーヴィジョン》〟によってつぶされていく姿を、私はあまりにしばしば目にしてきた」と。トマス・インスは、芸術的創造物を解釈する者として、監督の役割は指揮者の役割と同じだと説明する。「しかし、マエストロたちがしばしば作曲の領域に活動の場を広げるように、監督も映画の価値を高める独創的アイデアを補完することで自らを創造者となすことができる」

ジェシー・ラスキーはなめらかに返答している。「監督は、一流になるためには、効率性と芸術性とをあわせ持つ必要がある。その二つを判断力と技倆を駆使することで渾然一体とし、それと同時に、いまは効率性と芸術性のどちらの資質を発揮すべきときか、場合によって直感的に察知しなければならない。さらに監督は、劇作家や俳優と同等の能力を持ち、すぐれた管理者であり、人間性に対する洞察力も保持していなければならない」

『シーバの女王』（二一）のスター女優ベティ・ブライスは監督を「私に向かってどこまで服を脱いでいいかをいえる、夫以外の唯一の男性」と定義している。

セシル・B・デミルは監督の仕事の経営的側面を強調し、監督とは眠る暇のない人間であると表現する。「なぜならば、彼が自らの管理下に置くのが、尊大なシナリオライター、気まぐれ屋のスター俳優、気弱な脇役俳優、途方にくれるエキストラ、変わり者のキャメラマン、芸術家ぶる美術担当、理屈ばかりの技術監督、いつも興奮状態のデザイナー、十人十色の照明係・大道具方・小道具方、奇矯な字幕ライター、それに財務担当、小切手書き等々。加えて、興行主や批評家や検閲官や一般大衆のご機嫌取りに努めねばならないとしたら、監督に睡眠時間がなくなるのは当然のことだ」

フランク・ロイドは最も啓発的な定義をあたえている。「監督とは本質的に解釈者である。彼は、原作者やシナリオライターが文字にしたものを、筋のとおったわかりやすい映像になおす。監督は観客を理解に導く手法に通じていなければならず、作家がペンを用いてそうするように、キャメラを用いて自在に表現できなければならない。映画の機械的側面だけでなく、ショットの構図、繋がり、シーンの組み立てに関しても確たる、しかし柔軟な感覚をもっている必要がある。監督は一般大衆の意見の指標《バロメーター》でなければならない」

解釈者としての監督という考え方は、多くの批評家や映画史家の受け入れるところとはなっていない――彼らは監督とは映画にとって最も重要な、真の意味での作り手だと感じており、あらゆることを――撮影ですら――監督の貢献に帰している。このあまりに単純な思考法は危険をはらんでいる。そのように称揚されて当然の監督がいる一方で、それは事実を無視した誇大評価で、他のスタッフの重要な貢献がまったく省みられていないという場合もあるからである。その結果、記憶にとどめられるべき名前が相当数、映画史から抹殺されている。しかもこれらの技術スタッフは、ルネサンス期の画家たちとは異なり、いまや学術上の関心のみの世界に追いやられているわけではない。彼らの多くはまだ存命であり、いわれなく無視された人生に現在も耐えているのである。

問題のもとは、いうまでもなく、映画製作には大勢の人間が関わっているところにある。幾人もの名前の連なった各職種の内容をひとつひとつ確認するのは不可能であり、映画にあらわれたある一点を捉えて誰がそれを作りだしたのかを明らかにしようとしてもまず答えは得られない――それが本当に監督の貢献であったのか、あるいはまたキャメラマンであったのか、シナリオライターか、編集技師か、美術監督か、助手か、第二班の人間か、特定のしようはないのである。

　真の功績者を探求するさいに生じる混乱にはとめどがない。映画にじっさい関わった人物と接触がとれたとしても、その人物は自分の都合のよいように事実をねじ曲げるかもしれない。そしてそれが人間としての自然の反応なのだ。私がハリウッドで最も頻繁に耳にしたのは、〝それはじつは自分がやったのだ《デイレクテイッド》〟ということばであった。俳優も、製作者も、キャメラマンも、助手も、私にそういった。それが真実の場合もあったかもしれない。しかし、実証する証拠がなければ、それは個人の希望的観測にとどまってしまう。そうはいっても、そのようないい方（〝自分がやったのだ《デイレクテイッド》〟）から、監督《デイレクター》こそ映画を作りあげる一団の当然の代表者、最高権威者、責任ある現場指揮官であると誰もが見なしているという事実が浮かび上がってくる。そして勲章を受けるのは中尉かもしれないが、その名前が人の記憶にとどめられるのは指揮官なのである。

　監督を作家とみなすのはヨーロッパの考え方である。アメリカの監督に当てはめようとしても、多くの例は見いだせない。D・W・グリフィスは作品の構想も現実の演出も自らの責任で行なった。エリッヒ・フォン・シュトロハイム、チャールズ・チャップリンもそうであり、エドマンド・グールディングのような脚本家出身の監督もそこに含まれるかもしれない。しかし、そこらあたりで名前はつきてしまう。キング・ヴィダー、レックス・イングラム、エルンスト・ルビッチ、F・W・ムルナウら偉大な監督たちですら、他人の書いたシナリオで映画を撮っている。多くの場合彼らはシナリオにも貢献はしているものの、作家という名に値するほどではない。

　こういった監督たちの多くは撮影や編集、はたまた製作の立ち上げに忙しくて、シナリオ執筆にまで精力を注げないでいる。シナリオを書けば演出もし、映画製作のすべての局面に目を光らせる監督は、ずっと遅い製作ペースに甘んじなければならない。その半面、そういった監督は内容の充実を何よりも心がけたのであり、それによって名声をさらに確固たるものにしていった。それに劣らず賞賛に値するのは、あたえられたものは拒まず、限られた予算と切り詰められたスケジュールをものともせずに、すぐれた作品を生み出していった職人監督たちである。

　同じクルーで映画を何本か撮るうち、ときに創造者同士のコンビが誕生する。監督とキャメラマンのコンビなどもそうであり、ハーバート・ブレノンと若き中国人キャメラマン、ジェイムズ・ウォン・ハウ、レックス・イングラムとジョン・サイツ、ジェイムズ・クルーズとカール・ブラウン、グリフィスとビッツァーが著名である。シナリオライターと監督とでは、レックス・イングラムとジューン・メイシス、ジ

『愚なる妻』（22）を演出中のエリッヒ・フォン・シュトロハイム。キャメラの前に立っているのがキャメラマンのベン・レイノルズ。その右に女優のモード・ジョージ。

ヨージ・フィッツモーリスとウィーダ・バージャー――フィッツモーリスとバージャーの二人は夫妻であり、同様の夫婦コンビは、ジョン・S・ロバートソンとジョゼフィーン・ラヴィット、時代は少し下るが、ウィリアム・デミルとクララ・ベランジャーもそうである。おそらく最も長期にわたる監督・脚本家コンビはセシル・B・デミルとジーニー・マクファーソンであろう。

初期の監督たちはなんでも話してくれるけれども、どのように監督したかについては語らない。それはまわりには洩らせぬ秘密だからではなく、うまく説明できないからだ。例えば、俳優にどのようにして演技をつけたかと訊ねられると、次のような逸話でお茶を濁すのだ。「この女優にいったんだ。〝この役立たずが、お前には大金をどぶに捨てたようなもんだ。できるまで夜明かしだからな〟と。女優は泣き出したね。〝キャメラをまわして、それを撮ったんだ。申し分なし。〝オーケー〟といったね。〝それで上等。悪く思わんでくれよ。アンタにゃできるとわかってた。さあ、これで今日はおしまいだ〟」

サイレント映画の監督というと、ブリーチに巻きゲートルあるいは乗馬靴を履き、プロシアの騎兵将校ばりにふんぞり返ってそこらを歩きまわり、サーカスの調教師よろしく逆らえばムチでも振るいそうな人物として思い起こされる。人目を引くそのような格好は軍隊的規律を好む監督、スタッフに創造的貢献よりも従順さを要求してくる監督にとっては重要なアイテムであった。それにまた、多くの俳優は強権を振りかざす監督のもとで仕事をするほうを好んだと語っている。こちらにアイデアや意見を求めてくる監督よりも、明確に指示してくる監督を好んだのだ。

監督といえばほぼ全員が手にするシンボル的持ち物があった。メガホンである。サイズは撮影所内で用いる小ぶりなものから、群衆シーンで用いる巨大なラウドスピーカーめいたものまでいろいろとあり、ふつう側面に監督の名前がステンシルで刷られていた。サイレント映画では監督は音に多くを頼っていた――撮影中に演奏される雰囲気醸成の伴奏音楽、忘我の状態に誘いこむようなキャメラのクランク音、そしてなかんずく監督の声。その声はメガホンによってさらなる音量と切迫感を付与されるのだった。

メガホンを通した監督のささやき声は、撮影中のシーンに彩りをあたえた。ミュージシャンが〝月光とバラ〟をやさしく奏で、キャメラがカタカタとクランク音をたてはじめるなか、監督は自らの声で女優を愛撫する。「さあ、思い出すんだよ。お母さんはもうこの世にいないんだ……思い出すんだ。何よりも大切だったお母さんを……このさみしさ、このつらさ……窓の外を見てみよう……花の香りが漂ってくる。お母さんの思い出がよみがえる……涙があふれそうだ……喉がつまる……さあ、体を前に倒して……ゆっくりと……そこで止めて！　……はい、カット！」一瞬を境にして夢の状態は破

［上］『黙示録の四騎士』（21）を監督するレックス・イングラム。キャメラを回しているのはジョン・サイツ。［下］28歳のマーヴィン・ルロイが『ハロルド・ティーン』（28）を監督している。

れ、まわりは雑音に包まれて女優はわれに返る。「すばらしい、メアリー、極上だ。さあ、プリントにまわしてくれ。じゃあ、次のショット。キャメラはこっち……」

知的でもったいぶった用語を嫌うひと昔前の監督たちは、俳優と監督とのあいだに流れるこの一風変わった、電流のような交感に意識をとどめようとはしない。私が演出手法について訊ねたとき、アラン・ドワンは答えた。「手法なんてものは何もないね。朝メシに何を食べたかがすべてだよ」

キング・ヴィダーはもっと率直に述べてくれた。「サイレントの時代、俳優は自分の演じる役柄を理解していることが前提だった。俳優は台本すら読んでいないときがあったけれど、監督と俳優とのあいだには、一種のテレパシーが走ったものだ。キャメラがまわりはじめてから、シーンは生き物のようにふくらみをもっていく。それにセットでは音楽も流れ、それがムード作りにひと役かった。『ビッグ・パレード』(二五)でジョン・ギルバートが破裂孔のなかでドイツ兵に遭遇するが、あそこは全部アドリブだった。私が小声で〝もっと〟とか〝いまだ〟とか〝いいぞ〟〝すばらしい〟とささやくんだ。でもことばはなるべく控えめに、何かいってもすぐに口をつぐむようにしていた。催眠術のようなものだったね。

ギルバートは『ビッグ・パレード』のシナリオには目をとおしていない。当時はそういう俳優は他にもいた。そういう俳優は監督に全幅の信頼をおいていた。監督は自分に感情を授けてくれるんだと確信していたね。それじゃあどうやって感情を俳優に伝えるのか? それは理屈で説明できることじゃない。恋愛感情のようなもので、ことばにすることはできない。でも、じっさいこういうことが幾度かあったのは事実だ。私の頭の中をよぎった思いに対して、私が何をいったわけでもないのにギルバートが演技として反応したというときがね」(著者によるキング・ヴィダーへのインタビュー。一九六二年八月、ロンドンにて)

トーキーの時代に入ると、監督は撮影中には演出できなくなった。ミュージシャンはいなくなり、メガホンもなくなり、即興風の演出や演技もあとを絶った。冷え切った沈黙が撮影時のセットを支配する——皮肉にも、沈黙が多くのトーキー映画の生命を奪っていった。

隣接するセットから聞こえる大道具方がふるう金槌の音、同じセットのなかで楽士が奏でる音楽やキャメラがまわる音、とりわけメガホンを通して聞こえる監督の声に慣れきっていた俳優たちは、突如異なる世界に迷いこんだかのように感じた。

〝キャメラ!〟といったん声を張り上げたあとは、監督といえども口を閉じて見つめているよりなくなった。それによって監督が手放したのは呪力、催眠術的効果という演出の根幹であった。それは他の何よりも監督のために効果を発揮したものであり、そのことに監督はいまさらながら気づくのだった。しかし、そのことを意識すればするほど、監督たちはその事実を認めようとはしなくなった。

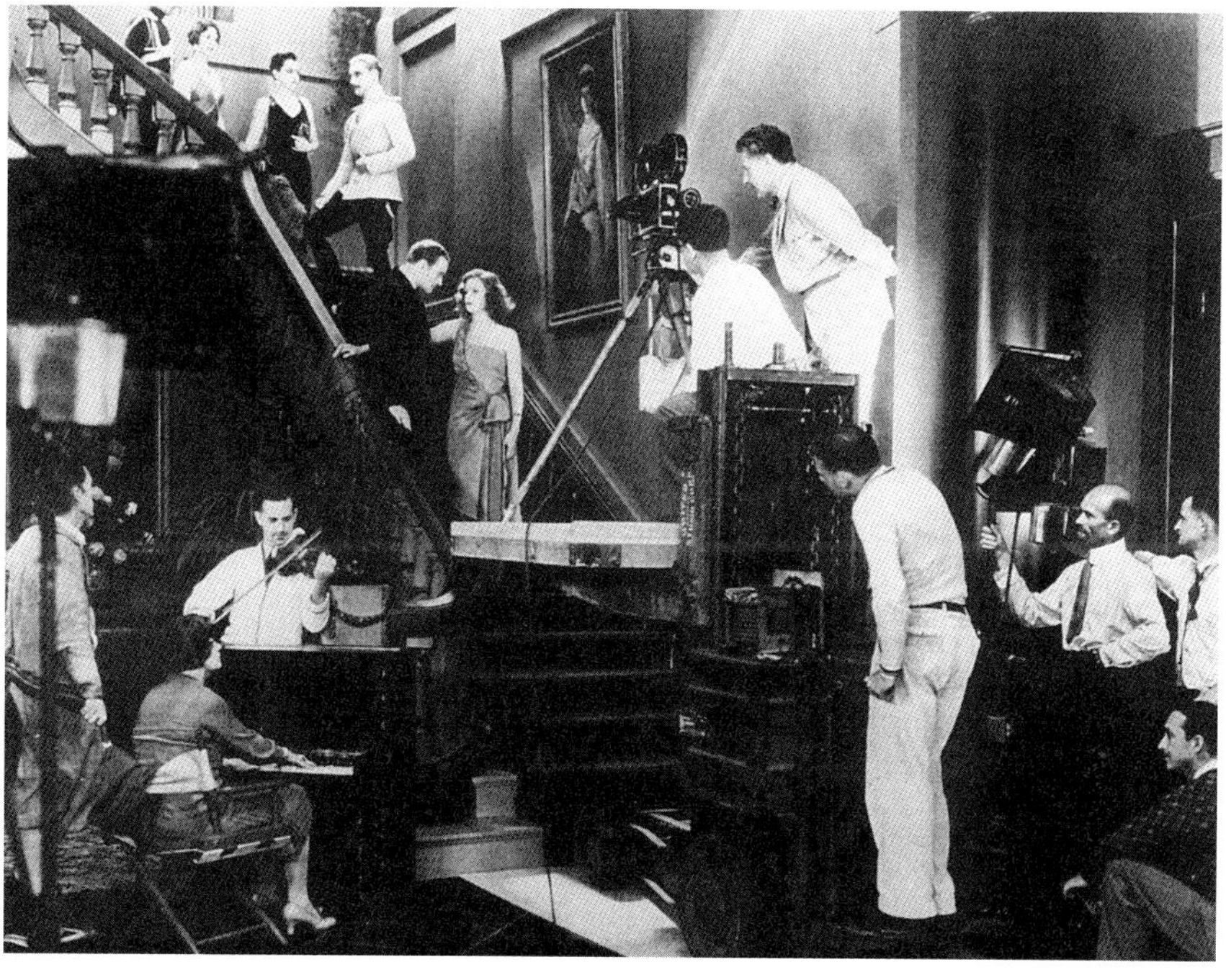

［上］マリオン・デイヴィス主演『武士道華かなりし頃』（22）を演出中のロバート・ヴィニョーラ。キャメラにはアイラ・H・モーガンがついている。［下］フレッド・ニブロが監督しているのはコンラッド・ネイゲル、グレタ・ガルボの『女の秘密』（28）。キャメラのところにウィリアム・ダニエルズ。

サイレント映画の監督は、映画関係の書物のなかで、科学の標本でもあるかのように扱われてきた。蝶に学術上のラテン名を付すように、彼らの名前は映画題名のあとにカッコの中に入れられて登場する。巨匠と見なされた監督は扱いが大きくなり、その作品は詳細に論じられ、分析される。これらの標本から生命の鼓動が聞こえてくることはない。彼らは間違いを犯したり偶然に助けられたりする人間くさい存在とは無縁に思えてくる。彼らの作品のあらゆる要素が、一瞬の緩みもない、すべてに作り手の意識が浸透した芸術的表現として捉えられる。

映画の個々の効果が〝いかに〟して成し遂げられたか、それを調べるのは批評家の仕事ではない。批評家は完成した作品から何を受けとったか、その判定に自らの仕事を限定すべきである。それが愚作であれば監督の想像力の欠如を責めればよく、そのとき監督は体の具合が悪かったとか、仕事に気持ちが入っていなかったとか、半分以上撮影に立ち会っていなかったとかということは、彼には知り得ないし、また関係のないことである。日を瞠る効果満点のシーン転換があれば〝創造的演出〟と評されるだろう。たとえそれがネガの紛失をごまかすために編集技師がとった窮余の策だったとしても。

批評家はそんな些細な事情までは知り得ない。そういった事実を明らかにしようとすれば私立探偵でも雇わねばならないだろう。批評家の評価は芸術的真価を明らかにするものだからだ。しかしその一方、映画がどのようにして作られたかを語る各スタッフの証言は別種の真実に目を開かせてくれる――作品の出来栄えに影響を及ぼす人格の強靭さや脆さについて、凡庸なものを新鮮で非凡なものへと一変させた偶発的事故や災難についてなどである。

お気に入り監督の意外な失策を聞かされれば誰だって当惑したりがっかりしたりするだろう。しかしまた、監督が克服すべき困難を山ほど抱えていることに、人は気づいていない。観客としては、注意は映画そのものに向けられて当然であるからで、作り手の気持ちが――焦慮、イライラ、喉の渇き、あるいはたんに疲労困憊していたために――よそにあったかもしれないなどとはなかなか思い至らない。モーリス・トゥールヌールが書いているように、「監督はつねに望みどおり事を運んでいるわけではない。それどころか、たいていの場合、可能なことをこなしているだけなのだ」と（エドワード・ワーゲネクト「無垢の時代の映画」［一九六二年］で引用されているモーリス・トゥールヌールからワーゲネクトへの手紙より）。

サイレント期のアメリカ映画の名監督を列挙しようとしても、それは困難なだけでなく、たいして意味の見いだせない試みとなるだろう。そういったリストは個人の見解を反映するだけであり、それも見られる映画が限られているために、とうてい決定的なものにはなり得ない。グリフィスとシュトロハイムはよほど偏った選択をしないかぎりどのリストにも顔を出すだろう。レックス・イングラムとラオール・ウォルシュは鮮明な記憶の持ち主には選ばれるかもしれない。しかしその他の名前は忘れられていることだろう。というのも、映画自体が残っていないからである。

例えば、ヒューゴ・バリンは誰の脳裏にも浮かぶまい。彼の映画はすべて失われているからだ。モーリス・トゥールヌール、フランク・ボゼーギ、ジョン・フォード、あるいはローランド・V・リーといった名前は、フィルム・アーカイヴに通ったり個人所蔵のフィルムを借りたりする人以外、思いつきはしないだろう。したがって、グリフィス、チャップリン、シュトロハイム、フラハティといったおなじみの顔ぶれが並ぶのだが、それは彼らが偉大であるためばかりでなく、映画鑑賞会や同好会の保守性にも原因は存するのだ。

現在上映系列に出まわっているサイレント映画はきわめて少数ではあるものの、少しずつかつての映画が発掘され、あるいは発見されており、これまで注目もされなかった監督が新たな名声を勝ち得る事態も生じている。当時すでに名手と見なされていた監督で、今日の目で見て、他の巨匠にけっして引けをとらない大監督であることが明らかになったものもいれば、完全に忘れられていた名前のなかに、大監督とまではいえないかもしれないが過去数十年の忘却がまったく不当に思われる第一級監督を見出すこともある。

〝巨匠の名に値するのは誰か？〟よりももっと興味深い問いかけは〝どのような人間だったのか？〟である。映画史上最も輝かしい時代を作りあげた男たちはどのような人間だったのか？　何が彼らを映画監督ならしめたのか？　彼らはどのような態度で仕事に臨んだのか？

第八章　D・W・グリフィス

映画を学ぶ学生にとってグリフィスは映画史とは切っても切れない名前である。彼こそは、と学生たちは教えこまれる、偉大な監督、偉大な革新者であり、およそあらゆる技法を最初に用いた偉人——おそらくその創造性が天才の名に値する唯一のアメリカ人監督であると。

グリフィスの名は映画史の本であれば必ず現れ、それはほとんどうんざりさせる域に達していて、英文学を学ぶ学生の何割かがシェイクスピアに感じるある種の嫌悪感すら映画を学ぶものに抱かせている。だいいち、これほど多くの驚異的新技法がたったひとりの人間によって考案され得るのだろうか？　ほんとうに彼はそれをひとりでやってのけたのか？　誰からの助けも借りず、誰の影響も受けずに？　彼に匹敵する同時代人はいなかったのか？

『国民の創生』（一五）は、名画鑑賞会の常連プログラムといっていいけれど、この種の疑念を強める働きしかしていない。どんな大傑作に遭遇できるかと思いきや、学生が目にするのは何が映っているのか定かでない博物館資料のようなフィルムである。ひからびた渋皮状のものがかつてはエキゾチックな蝶であったといわれたときのごとく、荒んだ画面からオリジナルの姿を想像せよといわれても無理な話である。上映にともなう技術上の問題を別にしても、『国民の創生』の意義を確認するには歴史的な眼を持つことが必要となる。封切り当時驚異の一作であった『国民の創生』は、映画製作上の数々の技法を飛躍的に躍進させたのだが、それらは数年のうちにすっかりあたりまえのものになってしまった。

「ほんの十年前のこと」と、一九二六年のフォトプレイ誌に一読者が投稿している。「私は『国民の創生』の画面の前で金縛りにあったようになった。そして昨晩、同じ映画に再会した。驚きの作はいたって平凡な映画になりかわっていた。現代の撮影技術に慣れた目には、その撮影はしろうとの手になるものかと思われた。芝居臭さの残る、大袈裟でちょこまかした俳優の動きはどこかキーストン・コップスのドタバタ喜劇を思わせた。モーパッサンはいっている——古い手紙を安らかな眠りにつかせるものは賢明なるかなと。映画も同様なのかもしれない」（一九二六年四月号、一〇頁）

グリフィスの天才はいくつかの点において説明の要もなく明らかである。またいくつかの点においては、他との比較によってのみ理解することができる。もし『国民の創生』を同時代の他の著名作品——『かつて愚か者ありき』（一五）や『スポイラース』（一四）——と比べることができるとしたら、それがいかに突出した作品であったかはひと目で明らかになるだろう。一九一一年から一二年にかけてのグリフィス作品には、当時の他社作品を凌駕するという意味で、『国民の創生』をはるかにしのぐものが何本もあるように思われる。というのも、それらは映画のまったく新しい可能性を切り開いていたからである。彼が開発したさまざまな技法は映画言語のなかに完全に吸収されてしまったために、最も劇的な革新的手法ですら、いまでは映画の常套手法以上のものとは私たちの目に映らなくなっている。その常套化してしまったものが、誤った上映スピードで、しかも霧のかかったようなぼやけたプリントで映されてしまっては、グリフィスの名声が急降下するのもやむなしである。グリフィスはもっぱらその華々しい技法によって声望を得ているが、それがグリフィス作品につきものの特質であったわけではないし、それが彼の最も重要な特質であったわけでもない。彼はもっと穏やかな映画をたくさん作っている——サイレント映画が得意とした、人間性を描いて心暖まる、素朴な物語をたくさん作っているのだ。

D・W・グリフィスの生涯は啓発的であるとともに悲劇的でもある。彼の伝記作者はしばしばその後のハリウッドの冷淡な態度を糾弾している。たしかにアメリカの映画産業はこの大恩人に対して何らやましいところはなかったとは主張できないけれども、映画人個々においてはみながみな無感覚であったわけではない。グリフィスに救いの手をさしのべようとした映画人は少なくない。ほとんどの場合、グリフィスが援助を拒絶したのである。

天才は予測不可能であり、産業のようなシステムにとってはその存在はつねに脅威となる。したがって、天才が正当な処遇と評価を得るのは回顧される存在となったのち、でき得れば亡くなったのちのこととなる。チャップリンがもし『街の灯』（三一）のあとで幸便にも亡くなっていたとしたならば、いまのハリウッドはチャップリンの名を聞いただけで毛を逆立てる悪意と敵意の巷ではなく、いたるところに彼の黄金像を建てて祀り上げていたに違いない。*

グリフィスは十六年間にわたる事実上の休止活動ののち、

＊チャップリンは一九七一年の第四十四回アカデミー賞において名誉賞を授与された。現在はアメリカ映画界とチャップリンとの間の確執は解けている。

一九四八年七月二十三日に他界した。死の四カ月前、ジャーナリストのエズラ・グッドマンが彼のもとを訪れている。「アメリカ映画の父はハリウッド中心部にあるホテルの一室で安楽椅子に深々と腰掛けて、大ぶりのグラスでジンをがぶ飲みしながら、思い出したように、向かいのソファーにすわる金髪女性に挑みかかっていった……それはグリフィスに間違いなかった。傲慢なまでに威厳にみちた、立派な顔の造作、頭頂にいただくまばらな白髪、パジャマの上に模様の入ったえび茶色の部屋着をはおり、ひとりで椅子に沈む七十二歳の老人。ホテルの部屋で人から見捨てられて酔っ払っている。この町は彼の力を借りていまの繁栄を手にしたというのに」（エズラ・グッドマン「ハリウッド五十年の衰亡」一九六一年、一頁）

これは汚物色した奇観がならぶ、グッドマンのハリウッド探訪記の強烈な開巻シーンである。しかし、このような煽情主義にいかほどの真理が認められるだろうか？

事実に関してはこれは真実といえる。とはいえ、真実はいかなる視点に立つかによって、また前後関係によって決定する。真の悲劇は——私たちにとって——無為に費消された十六年の歳月である。グッドマンは語っている。「巨大化し繁栄する映画ビジネスのなかに、誰もグリフィスの居場所を見出し得なかった」じっさいのところ、彼のもとで働いた仲間の多くが援助にのりだしてきた。だが、様変わりした映画界のなかでグリフィスに適した場所を見つけるのは、救世軍のなかにモーゼの居場所を確保しようとするに近いものがあった。

加えて、グリフィスはさる方面から反ユダヤ主義のユダヤ人とみられていた。この呼び名は誤解を招くおそれがある。グリフィスのユダヤ系の血統は彼の南部の家系のなかに吸収されているからである。グリフィス自身は自らを南部紳士と見なしていた。そのために、彼は映画業界の特定の移民グループに対して侮蔑的態度をかくさなかった。彼のそういう態度に接したものは民族差別の的にされたと自覚した。自らの勢力が衰えはじめるにつれ、グリフィスの再起はますますむつかしくなっていった。それでも、彼に救いの手をさしのべたひとりにコメディ・プロデューサーのハル・ローチがいる。「D・W・グリフィスは映画界の大天才のひとりだった」とローチは語っている。「その彼がロサンゼルスで何もせずにブラブラしている。私が『紀元前百万年』（四〇）を作っているとき、彼が助太刀に来てくれた。何でもいいから映画に関わろうとしてだ。彼の名前は映画のどこにも出ていない。彼が製作に加わったことを宣伝すらしなかった。でも、グリフィスは製作現場にちゃんといた。キャスティングに手を貸し、ストーリーにも、その他いくつかの製作段階においても助言してくれたものだ。ロケーションには加わらなかったけれど、撮影所のセットには顔を出してくれた。私と彼とはウマがあった。グリフィスは好人物だったし、それだけに彼を見舞った運命は残念としかいいようがない。いったい何が原因だったのか——私の知るかぎり、彼の頭脳は冴えていたし、すぐれた映画が作れて不思議はなかった。彼のことばは理路整然としていた。その彼がなぜ路傍に窮死するようなかたちになったのか、私にはさっぱりわからない」（著者によるハル・ローチへのインタビュー。ロンドンにて、一九六四年七月）

グリフィスの苦難は一九一六年『イントレランス』の財政的失敗とともに始まった。資金元の銀行は彼のむこうみずな出費に狼狽した。一瞬の怒りにまかせてグリフィスは銀行と手を切り、その結果巨額の借金を背負う。ハリウッドで『散り行く花』（一九）を撮ったあと、グリフィスは自らの製作会社をニューヨークにもどすが、これがまた周囲との関係をいっそう冷ややかなものとした。ニューヨーク州ママロネックがグリフィスの恒久的な撮影所に選ばれたとき、ハリウッドがしめした態度は苛立ちと憤慨だった。多くの映画人が心の中で失敗を念じていた。

『東への道』（20）のロケーション撮影時のグリフィス。

しかし、『東への道』（二〇）は大当たりとなり、グリフィスは『嵐の孤児』（二一）で成功の再現をねらった。が、『嵐の孤児』は『東への道』の成功には及ばず、彼の運勢は再び傾きはじめた。ジェイムズ・クワークは一九二三年『ホワイト・ローズ』の封切りにさいして次のように問いかけた。「もうそろそろグリフィス氏も巨匠のタイトルに相応しい映画を作ってもいいのではないだろうか？　彼の名声も以前ほど確たるものではなくなった現在、それからますます遠ざからぬためにも、再びリングに上がり、チャンピオンベルトを高々と差し上げる必要があるのではないか？」クワークは四人の監督の名をあげて、グリフィスもいまや王座に安穏としてはいられないと警告を発し、過去の偉業に寄りかかった名声はいずれ後進の前に影が薄くなると断じた。グリフィスの映画が当然のごとくに二ドルの入場料で劇場にかかることに言及したクワークは、次のような厳しい皮肉で記事を締めくくっている。「他の花屋に行けば五十セントで手に入る白い花を、一本につき二ドルで店に並べるのはあまりにふっかけすぎではないだろうか」（「フォトプレイ」一九二三年九月号、二七頁）

ママロネックではさまざまな問題が生じていた。映画業界はママロネックが抱える経営上の問題は無視し、すべてはグリフィスとキャロル・デンプスターとの、もっぱら噂となっている恋愛沙汰のせいだとはやし立てた。

一九二三年、グリフィスはキャロル・デンプスターとニール・ハミルトンを主演に据えて『アメリカ』の製作を開始した。この映画製作は大いなる熱狂を呼び起こした。独立戦争に材をとったこの映画のロケーション撮影では、地元住民が当時の思い出の品々や〝家宝〟を提供し、歴史上の建造物もグリフィスの使用に供され、軍隊も全面的に協力を申し出た。映画業界も前宣伝の好評に、満足の笑みすらもらしていた。グリフィスも若い頃の熱気をとりもどしたかに思われた。ヴァリーフォージのシーンの撮影では吹雪が得られるまで辛抱強く待ちつづけ、やっと思い通りのシーンを得たのは一九二四年二月二十一日のプレミア上映のわずか数日前だった。

『アメリカ』は成功作とはならなかった。作品自体は丹精こめて作られていた。戦闘シーンの演出は見事であった。欠陥は登場人物の恋愛を描く、気持ちのこもらぬ副筋と、見る側の反応を無視した編集であった。ひとつのショットにひとつずつ字幕タイトルが付くかにみえた。しかもそれが長たらしい歴史の説明なのである。撮影に注がれたほどの注意と慎重さが編集のどこにもうかがえなかった。その結果、映画にまったく無知な学者が寄り集まって作った歴史大作、といえなくもないものができあがった。

意外なことに、多くの批評家が好意的な反応をしめした。「私は情にほだされぬ頑固な批評家だが、包み隠さずいおう、この映画の山場の何カ所かで涙が頬をつたわったと。自らの愛国心を計りたければ、『アメリカ』を見に行きたまえ！」とさる批評家は書いた（チャールズ・バーン、「シラキューズ・テレグラム」一九二四年十一月）。上映館の館主も傑作と絶賛した――「興行価値百パーセント」（コネティカット州リアルト劇場）。しかし、興行収入はこの予想に見合ったものとはならなかった。コストの回収だけに何年も要したのである。

グリフィスは自らが創立に手を貸した映画製作会社ユナイテッド・アーティスツといくつかの点で意見対立をみていた。ママロネック撮影所はいまにも破綻寸前であった。グリフィスはパラマウント社のアドルフ・ズーカーと秘密裏に契約を取り交わし、それにのっとってズーカーは、ドイツで作られる予定のグリフィスの次作『素晴らしい哉人生』（二四）に出資した。この美しい映画は敗戦国の国民にあわれみ深い視線を注いだもので、絶望的な状況下にあっても生きてさえいれば幸福は訪れることを観客に語っていた。

帰国したグリフィスは『曲馬団のサリー』（二五）を撮り、独立を捨ててズーカーの軍門に降《くだ》った。ママロネック撮影所は閉鎖となり、グリフィスは五十万ドルの負債を背負う。

「私はビジネスマンの素質をもっている。いや真実そうなんだ」グリフィスはフレデリック・ジェイムズ・スミスに語っている。「自分のビジネスを他人に任せるまでは私は順調だった。カリフォルニアにいた頃、監督と経営の両方を自分でさばいていた頃は何の問題もなかった。それが狂ったのはマ

［上］左端にグリフィス。パテ・キャメラを操作しているのがウィリアム・フィルデュー。右に腰かけているのがＧ・Ｗ・ビッツァー。その隣にメエ・マーシュがいる。［下］『素晴らしい哉人生』（24）のドイツ・ロケーション。キャロル・デンプスターとフランク・パグリア。

マロネックにやってきて、ビジネス全般を新たな協力者たちにゆだねてからだ。いうまでもなく、ママロネックの破綻は私を打ちのめした。もう少しで成功するところだっただけにショックは大きかった。経営のまずさ、上映館との契約の不備が破滅を呼びこんだんだ」（「フォトプレイ」一九二六年十二月号、三〇頁）

D・W・グリフィスはパラマウントとの三本契約をうけいれた――もう一度自らが借財に責任をもち、投資してくれた株主たちに最後の一銭まで借金を完済するために。

「実際のところ」と彼はスミスに語っている。「私はただ働きしているんだ。去年（一九二五年）は一万五千ドルの負債が残った。だが、あと十二カ月で奴隷状態からもおさらばだ」

パラマウントはグリフィスを全面頁の宣伝で迎えた――そこには過去の著名作品の代表場面に囲まれて、彼のロマンティックな肖像画が描かれている。「偉大な芸術家の人生には、世の煩《わずら》いから解放されて、傑作をたてつづけに発表する時期がある」と宣伝文は語る。「以前の作は、どれだけすぐれていようとすべて準備段階にすぎなくなる。シェイクスピアにもそのような絶頂期があったと批評家は見ている。パラマウント映画社が招聘した巨匠デイヴィッド・ワーク・グリフィスも、世界一の映画会社を後ろ盾に得て、何の憂いもなく、これから黄金時代を築いていくのである」（「フォトプレイ」一九二五年十一月号、四頁）

黄金時代かどうかは、グリフィス自身の関知するところではなかった。自らの製作経費を非難され、興行収益の歩合を下げられそうになってセシル・B・デミルがパラマウントを去ったとき、『サタンの嘆き』（二六）という映画企画があとに残された。

「グリフィスやデミルのように監督が力をもつ、あるいは著名になると」とルイズ・ブルックスは語る。「製作者はすぐにそういう監督を追い出そうと策をめぐらすの。首尾よくセシル・B・デミルを追っ払ったあとに、この映画の企画が残っていた。古臭くてどうしようもない、くだらない企画がね。そこで連中は考えた。〝これを誰に押し付けようか？　誰をうまく厄介払いしようか？『サタンの嘆き』か？〟と。当然頭に浮かんだのはD・W・グリフィスよ。『サタンの嘆き』はグリフィスの棺桶になったってわけ」（著者によるルイズ・ブルックスへのインタビュー。ニューヨーク州ロチェスターにて、一九六六年一月）

このマリー・コレリの原作小説はなるほど古めかしい内容ではあったけれども、グリフィスは『国民の創生』を作る以前からこれを映画化してみたいと考えていた。キャメラマン、ハリー・フィッシュベックの天才的な技術に助けられ、グリフィスは自らの演出テクニックを時代に即した新鮮なものに一新すると、ここに辛辣かつ洗練されたコメディを作りあげた。随所に冴えた演出がうかがえるだけでなく、フィッシュベックのパン・フォーカス撮影（画面の視野全体、とくに手前から奥まで焦点が合っている撮影法）とグリフィスによる天井を低くしつらえたセットの使用は、オーソン・ウェルズとグレッグ・トーランドの『市民ケーン』（四一）が登場するまで誰にも真似のされようのないものであった。惜しむらくは、メロドラマ的なエンディングがこの想像性豊かな、はかなくも繊細な一篇を損なっていて、クワークにフォトプレイ誌上で〝時代遅れ〟と評されたのはやむないところもあった。製作の過程でグリフィスと彼の新たな雇用者とのあいだに感情のもつれが生じ、彼の手から取り上げられたこの映画は、ジュリアン・ジョンソンによって再編集された。

ジェイムズ・クワークは最終判決を下した。「D・W・グリフィスとフェイマス・プレイヤーズ＝ラスキー（パラマウント）との関係は決裂してしまった。今後グリフィスは、おそらくユニヴァーサルで映画を作るのだろう。今回の決裂騒ぎにはさまざまな憶測が流れているが、要するにこういうことだと思われる。つまり、フェイマス・プレイヤーズ＝ラスキーは『サタンの嘆き』に不満をもち、グリフィスはグリフィスで撮影所の縛りが気にくわなかったのだ。古強者《ふるつわもの》に新しいやり方を教えこもうとしてもむつかしい。グリフィスはこれまで一貫してお山の大将でやってきた監督だ。慣れない環境に順応できるはずはなかった」（「フォトプレイ」一九二七年一月号、四五頁）

グリフィスがユニヴァーサルで映画を撮るというニュースが流れ、業界人の目から見て、グリフィスの失墜はこれで決定的となった。当時パラマウントとユニヴァーサルとの関係は、ウォルドーフ・アストリア・ホテル（大都会の一流ホテル）とYMCA（ユースホステル）との関係に近かった。グリフィスはユニヴァーサルから「ショウボート」と「アンクル・トムの小屋」――いずれも彼のお気に入りの題材である――を提案されるのだが、どちらもハリー・ポラードの手に渡っていく。

めぐりめぐってグリフィスはユナイテッド・アーティスツにもどっていった。一九一九年に彼も創立メンバーのひとりとなった製作会社である。ユナイト、すなわちジョゼフ・スケンクのもとで、彼は二本のサイレント映画と『世界の英雄』（三〇）のトーキー版とを作る。『世界の英雄』は大ヒット作とはいえなかったが、フォトプレイ誌は巨匠の第一線復帰を歓迎し、その出来栄えを大いに賞賛した。一九三一年、グリフィスは『苦闘』を発表する。このときのフォトプレイ誌は、後方頁の通常の批評欄に『苦闘』を押しやった。

「禁酒法時代の悪酒が一家の担い手を浮浪者に変えてしまう。目を真っ赤に充血させたパパがアル中の幻覚におそわれ、荒れ果てた屋根裏部屋のなかで、いたいけな娘を追いかけまわす。が、轟く雷鳴の安っぽさに、もれるのは観客の失笑ばかり。〝お父さん、お父さんたら、私と一緒におうちに帰ろう〟や酒場で泥酔する一場が初期バイオグラフ映画の作法で演出される。なんとも哀れをもよおす映画である。監督はD・W・グリフィス、十六年前の『国民の創生』の作者である」（一九三二年二月号、九八頁）

ダグラス・フェアバンクスに肩たたきをされ、グリフィスはユナイテッド・アーティスツから身を引き、ここに彼の休止期間が始まった。

アドルフ・ズーカーにインタビューをしていたとき、私がグリフィスを話題に取り上げると、判で押したような反応が返ってきた。

「偉大な男だったな」

「では、失墜の原因は何だったとお考えでしょうか？」

九十二歳で体も弱っていたズーカーは葉巻に火をつけると、首を横に振った。

「彼は失墜しちゃいない。そうじゃない。パレードが彼の脇を通り過ぎていったんだ。ペースを合わせることができなかった。年のせいだよ。人が頑張れるのはある年齢までなんだ」

「あなたがそれをいわれますか？」

「そうさ。私だって五十年前、四十年前、あるいは三十年前にできたことがいまじゃどう頑張ったってできない。不可能だ。でもグリフィスは賢かった。彼は稼いでいたときに年金受給権を買っていた。だから彼には毎年三万ドルの年金が入っていた。このことは誰も知っちゃいない。噂では――真偽のほどは知らないよ――彼は晩年酒癖がついていたというな。昔は酒とは無縁だった男がだ。もしそれが本当なら、それは彼が貧乏だったからではなく、また彼を酒に向かわせるような生活をしていたからでもない。彼には毎年入ってくる年金があった。年金受給権を手に入れたとき、彼はその金でめいっぱい暮らす以外のことを考えなかった。だから彼は入ってくる以上には絶対使っていない。でも、貧乏じゃなかった。みじめに落ちぶれてもいなかった。しわくちゃのズボンをはいていただの、ボロ靴だっただのというものもいるが――もしそうだったとしても、それは格好に気をつかわなかっただけのことで、金がなかったわけじゃあないんだ」（著者によるアドルフ・ズーカーへのインタビュー。ニューヨークにて、一九六四年十二月）

この話題についてズーカー氏が語りたいことはそれがすべてだった。私がさらに質問しようとすると、彼は顔をそむけていった。「これで君の質問には答えたと思うがな」そのことばでインタビューは終わりとなった。

彼のような人間が年金受給権なぞを持ちだして――グリフィスの同時代人なら皆内心感じていたに違いない――良心の呵責をあっさり消し去ってしまえるとは驚くほかはない。体の中から蝕まれるような無為の苦しみは、年金ぐらいで和らぐようなものではない。

「『サタンの嘆き』を投げ与えられて、グリフィスは自分が敗残者であるとわかったのよ」とルイズ・ブルックスはいう。「アストリア撮影所の中をぶらつく彼の姿をあなたに見せたかったわ……妙なものね……仕事が入らなくなると俳優は見るも哀れになるわ。女優はみな酔っ払いの淫売になる。男は

［上］『嵐の孤児』（21）。ギロチン台の上から演出しているＤ・Ｗ・グリフィス。［下］『ホワイト・ローズ』（23）のリハーサル。Ｄ・Ｗ・グリフィスがアイヴァー・ノヴェロとメエ・マーシュに語りかけている。

ボロボロのアル中になり、発狂して自ら命を絶ってしまう。でも、監督はまるで別物ね。あっさり引退して余生を楽しむわ」

D・W・グリフィスの生涯は映画史家シーモア・スターンのライフワークとなっている。スターンは最晩年のグリフィスと親しくなり、彼の伝記の他、その映画作品について新鮮な視点の文章を数多く書いた。グリフィスの最期は世間が吹聴するようなうす汚い悲劇ではなかったと、スターンははっきり言い切っている。

「記録のためにも書いておくのだが、D・W・グリフィスを映画界に呼びもどそうとする試みは幾度もなされていた。だが、グリフィスのほうがそういった呼びかけをはねつけた。ハリウッドのニッカーボッカー・ホテルに住処を定めた最晩年、彼は若い頃から求めてやまなかったものがようやく手にできた。くだけた言い方をすれば〝めちゃ楽しい生活〟が自分のものとなったのだ。じっさいのところ、どこから見ても一新された生活に乗り出していったのは、彼の生涯の最後の八カ月間だった」(『フル・カルチャー』一九六五年春季号、八八頁)

スターンによれば、グリフィスは新作の企画を発表しており、裁判所の決定を待って再婚もするつもりであったという。

「あの男が楽しい生活をしていたって?」ルイズ・ブルックスは問いかけた。「四六時中酔っ払っていたあの男が? ……自分の部屋に閉じこもり、たまに外に出れば安酒場を覗いて淫売をさがしていた男が? ……そんな男が幸せだったと思う? ハリウッドの全員が彼の姿を見ているのよ。もちろん、みんな関わり合いになるのは避けてたわ。葬儀のときも人が集まらなくて困ったものよ」

D・W・グリフィスは一九四八年七月二十三日に死去した。葬儀では映画芸術科学アカデミーの会長チャールズ・ブラケットが弔辞を読み、そのなかで映画芸術科学アカデミーが一九三六年、映画産業への計り知れぬ貢献に対してグリフィスにあたえたアカデミー賞特別賞は彼の心痛を癒やしはしなかったと述べた。「彼ほどの業績を残したものにとって何よりも手に入れたかったのは、これまで以上に映画を作る機会であり、天井知らずの予算であり、すべてを任せたといってくれる無言の支えであった。活力に満ちあふれた男にとって過去の栄誉がいったいどんな意味をもつのか? 彼が渇望するのは現在であり、未来である。グリフィスには、いわば来る日も来る日も閂《かんぬき》のかかった扉を叩きつづけるより現状の打開策はなかった。幸いなことに、そんな悲惨な日々は永久にはつづかない。自ら手にできる栄誉が過去の栄誉のみとなったとき、過去の栄誉は均整のとれた姿を現しはじめるのだ」(エズラ・グッドマン前掲書、一四頁の引用より)

D・W・グリフィスは〝映画におけるシェイクスピア〟と呼ばれているが、より多く共通点を見いだせるのはチャールズ・ディケンズである。現実感の横溢する舞台背景に展開するメロドラマ、誇張されてはいながらも真実味あふれる登場人物、細部へのこだわり、衣類や立ち居振る舞いの正確さ、感傷性、宗教観、社会の不正に対する憤り、こういったことはすべて両者の作品に通底する。ひょっとしたらグリフィスがディケンズから学んだ最も重要なことは、アクションから別のアクションへの転換の妙かもしれない――並行編集《パラレル・カッティング》のように映画に究極的なダイナミズムを付与した技法などがそれにあたる。

ディケンズ的メロドラマの性格が濃厚とはいえ、グリフィス作品の最も印象的な瞬間は繊細微妙な演出によって生み出されたものが多い。グリフィスは女優の間近にキャメラを据え、その演技から痛切きわまりない情感を絞り出す並外れた能力をもっていた。彼はそれを催眠術めいた、腹話術めいた手法と、演出の魔力そのものとの組み合わせにより生み出していた。そのとき彼に力を貸すのは――というのも彼は音楽を用いなかったからだが――当の女優であった。

「私は初心者を好む傾向にある」と、女優に何を求めるかを質問されてグリフィスは答えている。「初心者はいわゆる演技術や、演技理論など先入観にとらわれていない。できれば自力で生活している若い女性、欲をいえば母親の面倒を見ているというようなのがいい。そういう女性は生活の必要上、必死に働かざるをえない。それと神経質なタイプがいい。面接をしていてどこかに神経質なところが見える女性でなければ私は雇わない。平然と落ち着き払っている女性は想像力に欠けるものだ。

私にとってスター女優の理想のタイプは肉体や肉感性とは何の関係ももたない。私の映画を見ればおのずからタイプがわかるだろう。気高く高雅な女性と評者は呼んでいるね。しかし私の偏愛にもそれなりの理屈がある。官能的な女優、大きく花開いたバラのような女性は長続きしないのだ。そういう実例はいやというほど見てきた。もうひとつのタイプ――ああ、それはもうまったく別物だよ！」（「フォトプレイ」一九二三年八月号、三五頁）

リリアン・ギッシュ、メエ・マーシュ、ブランチ・スウィートらはグリフィスの理想とする女優たちであり、各人に備わる女優としての天性がグリフィスの魔法と融合して電撃的な瞬間を生み出していった。

グリフィスの手法は三段階に分けられる。第一段階で彼はまず舞台劇であるかのようにリハーサルを繰り返す。「このリハーサルはいつ果てるとも知れなかった」と書いているのは補佐役を務めたハリー・カーである。「俳優によっては、これは疲れるだけでなく、当惑させられるものでもあった。例えば、グリフィスは椅子を二つ置いて、これは西部戦線の塹壕だ、そこから敵軍に向かって突撃し、弾を受けて倒れるんだと俳優たちに説明する。俳優たちはその演技を何度も何度も繰り返す。満足な演技ができなくても、グリフィスは怒鳴り散らしたりはしない。俳優を入れ替えるだけである。『愛の花』（二〇）のさい、彼はひとつの役で俳優を八回交代

させた」（「モーション・ピクチャー・マガジン」一九二三年五月号、一一六頁）

カーが指摘しているように、このリハーサルは無意味な反復ではなかった。グリフィスは絶えず変更を加え、修正をほどこし、少しずつ磨きをかけていった。それに彼の映画にはシナリオがなかったから、こういうやり方のなかで、俳優はストーリーに徐々になじんでいった。

グリフィスはどの役も自分で演じてみせた。以前俳優だった彼はこの一瞬を大いに楽しんだ。どうみても大根役者だったが、その大仰な演技は俳優たちを触発した。グリフィスが演じたあとでは、ノミの心臓の俳優ですら満々たる自信が沸き起こったのだ。

『大疑問』（一九）に出演したキャサリン・アルバートがグリフィスの演技指導を回想している。

「あるとき母親役をやってみせてくれたわ。あの馬のように長い顔を上方に向けると、彼は大声をあげた。〝私の息子、ああ、天にいる私の息子よ！　私の声がきこえるかい？　きこえたら答えておくれ——語りかけておくれ〟

私たちはみな魔法にかかったようにうっとりとした。でも、いま考えてみると田舎芝居だったわね。お涙頂戴式のクサい演技だった。グリフィスは大満足で演じ終えると、たまたま私の母親と目が合った。私の母は包容力のあるユーモアの持ち主で、グリフィスの演技がおかしくてしようがなかった。そしてその気持ちを自分の目の中に表した。

繊細なグリフィスは、母親の目の中のものをすぐに読みとり、自分のお粗末な演技を見抜かれたと察した。恥ずかしそうに肩をすくめると——

〝まあ、いまのは一例だがね〟といって、腰を下ろした」（「フォトプレイ」一九三一年十月号、三七頁）

グリフィスのもとで仕事をした映画人は、彼の声のもつ魔法のような力を例外なく認めている。それは感情を喚起するうえで楽器の奏でる音楽のような効力をもっていた。そのトーン、響き、瞬時の荒々しさ、柔和さ——あらゆる側面が俳優の演技に深い効果をあたえた。★

ミス・アルバートはあるリハーサル光景を思い出す。場所はがらんとした映写室の中、小道具も衣装もない状態に彼女は惨めな思いを味わっていた。

「一瞬、もうその場で死んでしまうかとすら思ったものだった。でも以前、座員たる者どうあるべきかについて誰かの語ったものを読んでいたので、気をとり直した。と、そのとき、奇妙なことが自分の身に起こってきた。グリフィスの朗々とした豊かで深い声が、私たちに演技の説明を始めていた。

〝いいかい、君たちは木の下で歩みを止める。それはリンゴの木だ。ボビー、君はリンゴをひとつ摘み取って、それを彼女にあたえる。彼女を深く愛しているってことを忘れちゃいけないよ〟……グリフィスの説明はつづいていく。映写室もまわりの人たちもみんなかすんでいって見えなくなり、私はじっさいケンタッキーの野良道に立っていた。リンゴの木も目の前に現れた。演じているのではなく、偉大なグリフィスの説明を受けているのでもなく、役柄の少女となって、そこに現に生きていた。ボビー・ハーロンは足を止め、想像上のリンゴを私に渡した。彼は目に見えないナイフをポケットから取り出すと、私の手からリンゴをとって皮をむき始めた。私は皮をもらうと肩越しに後ろへ放り投げた。グリフィスは突然割ってはいった。〝いま何をしたんだ？〟

〝ああ、だって、いうでしょう〟と私は説明した。〝左の肩越しにリンゴの皮を投げると、落ちたリンゴの皮は文字のかたちとなって、それは自分が結婚する男の人のイニシャルになっているんですって〟

　グリフィスはにっこり微笑んだ。そして右手にすわっていたリリアン・ギッシュにこういった。〝この娘《こ》はわかってきたね〟」

　こういう細かな表現をグリフィスはよろこんだ。『世界の心』（一八）の製作でイギリスにいたとき――と、ドロシー・ギッシュは回想する――彼女とグリフィスがストランド街を歩いていると、目の前を街娼がぶらついていた。

「〝あれをよく見るんだ！〟とグリフィスは不意に声を上げた。目の前をその街娼は悠然と歩いていた。『世界の心』で見せた私の歩き方は、ストランド街で目に焼き付けた街娼の歩きぶりをそのまま模したものだったの」（著者によるドロシー・ギッシュへのインタビュー。一九六四年三月、ニューヨークにて）

　グリフィスはいついかなるときでも助言をもとめた。俳優にも、助監督にも、編集技師にも、小道具方や使い走りにさえ、〝どうだろうね？〟と意見を訊ねてきたものだ。彼の俳優やスタッフはひとりの例外もなく、自分は映画の出来栄えに幾何《いくばく》かの貢献をしていると感じていたし、仕事が夜中までつづこうと、昼食休憩の時間がつぶれようと気にもかけなかった。

　撮影が始まると、グリフィスは第二段階に入っていく。彼はロング・ショットやミディアム・ショットでは、画家が輪郭をスケッチするようにして、俳優の動きをつけていく。リハーサルをじゅうぶんこなした俳優たちは、だいたいにおいて監督から注文をつけられることはない。リラックスした雰囲気のなかで、軽口が飛び交ったりし、誰も余計な緊張はしていない様子がうかがえる。もし場面がうまく進まないときは、グリフィスが雰囲気に風穴を開ける。あるときなど、撮影の真っ最中に、ロイド・ジョージを話題に俳優たちにおしゃべりをおっぱじめた。あとで彼の語るところによれば、俳優たちが〝演技〟を始めたので、彼らを混乱させたかった、尊大な構えになっている俳優たちに揺さぶりをかけて頭を冷やしてやりたかった、というのだった。

★ブランチ・スウィートは語る。「グリフィスは舞台では大根役者だった。出演した数少ない映画でもいい俳優とはいえなかった。でも、監督としては飛び切りの名優だった」（アンソニー・スライド「サイレント・プレイヤーズ」二〇〇二年、三六一頁）

「グリフィスは俳優が心の中で命綱をもとめる瞬間を察知する」とハリー・カーは書いている。「その瞬間を過《あやま》たず、彼はセリフを大声で口にし、俳優の後押しをする。くたばれ！主人公が敵役に挑むようなときであれば、そう大声をあげるのだ。そしてそれがまたすばらしい効果をあげる。それはちょうど経験豊かなジョッキーが手綱を通して自分の意志を馬に伝えるのに似ていた」（「モーション・ピクチャー・マガジン」一九二三年五月号、一一六頁）

第三段階は映写室において始まる。ラッシュフィルムを見ながら、グリフィスは自己の直感とシーンの感触を頼りに、どこにクロースアップを入れるか――どこに感情のクライマックスを置くか――を決める。もう俳優の動きはすべて決まってしまった。巨匠に残された作業は、緻密で豊かな細部描写を加えることだった。

感情のクライマックスは、グリフィス作品においては、大群衆シーンよりもはるかに〝重要《ビッグ》なシーン〟として知られていた。

「グリフィスは重要なシーンの演出には慎重が上にも慎重にのぞんだ」とフレデリック・ジェイムズ・スミスは語る。「負担の少ない前置き場面――あるいは〝助走〟場面――はそこまでの何日間かで撮影が済んでいる。そしてついにその日がやってくる。誰が名付けたのか〝荘厳な沈黙〟がセットの上をおおいつくす。グリフィスは自室に入って一時間休憩をとる。俳優も自分の楽屋でじゅうぶんに体を休める。そして撮影の時間をむかえる。大道具の金槌の音もピタリとやむ。グリフィスが俳優に指示をあたえる。彼は俳優の反応に合わせて情感を注入していく。リリアン・ギッシュは感情の沸騰点に容易に到達することができた。『散り行く花』の戸棚のシーンがロサンゼルスで撮影されたとき――これは激烈な感情を描いていまだに映画史上最高のシーンであるのだが――ミス・ギッシュの叫び声は、グリフィスの大声と入り交じって、外の通りからもはっきりと耳にすることができた。いったい何事かと、大勢の通行人が撮影所に入ってこようとするので、スタッフが対応に大わらわとなった」（「フォトプレイ」一九二三年五月号、三四頁）

キャロル・デンプスターはミス・ギッシュのような柔軟性には欠けていた。すばらしい女優ではあったものの、グリフィスの魔術的な演出には無意識のうちに抵抗した。ミス・デンプスターの涙のシーンを撮るのにまるまる六時間を要したことがある。グリセリンに頼るのを拒んだグリフィスは、彼女が本物の涙を流すまでとことん粘ったのだ。

このような緊迫したシーンの撮影に立ち会いを許されるのはごく少数のスタッフに限られていた。涙を流したりヒステリックにのたうちまわるところを、唖然とした見物人の前で平然と演じられる女優はいなかったからだ。グリフィスはそういう場面では通常セットを立ち入り禁止とした。しかし、ハリー・カーは『東への道』におけるリリアン・ギッシュが危篤の赤ん坊をかかえるシーンの撮影に立ち会っている。

［上］『東への道』のロケーション撮影。［下］『世界の心』（18）。前線でのＤ・Ｗ・グリフィス、1917 年。

「グリフィスの撮影を見ていると、俳優の肉体の中に彼の心がひそんでいて、それが俳優を動かしていると感じてしまう。そのときフェンスで囲まれた狭いセットの中に入るのを許されたのは、キャメラマンを除けば私ひとりだった。私は奇妙な圧力が自分にのしかかってくるのを感じた。それはかつて経験したことのない感覚だった。とても耐えられなくなって、私は外に出た。文字どおり音もたてずこっそりと」（「モーション・ピクチャー・マガジン」一九二三年五月号、一一六頁）

ママロネック撮影所でトラブルつづきだった頃は、やむないことながらグリフィスの熱意にも陰りが見え、放心したかのような彼の様子に俳優たちは狼狽した。『曲馬団のサリー』に出演したアルフレッド・ラントは、グリフィスと意見を交わしたことはほとんどなく、演出は無きに等しかったと述懐している。

「彼はシーンのセッティングをすますと、もうそれ以上は何もしなかった。あとはすべてアドリブであり、私は最後まで台本を見ていない。事実、啞然とさせられるばかりだった。私が育ってきた演劇の世界と、そこはまるで異なる環境だった。グリフィスはとても愛想はよかったが、とにかくほったらかしだった。八百屋のシーンのとき〝八百屋になんていえばいいでしょう?〟と訊ねると、彼はこう答えた。〝何だっていいさ――ゴミの缶、トマトの缶詰、ケチャップ。口を動かしてさえいれば〟」（著者によるアルフレッド・ラントへのインタビュー。一九六五年四月、ロンドンにて）

しかし『サタンの嘆き』では、グリフィスは以前の姿を取りもどし、キャロル・デンプスターから圧倒的なシーンを引き出している。この映画をとおして再三再四現れる、デンプスターをじっくり捉えたクロースアップ・ショットは、観客の感情を大きく揺さぶる効果をあげている。この映画を、文字どおり背景音も音楽もないサイレントの状態で見てみるとよい。とくにクロースアップで画面に現れたデンプスターの美しい顔を。監督と女優とのあいだに走った電気のようなもの、この並外れた演技を生み出した異様な感応を、私たちはいまでも察知することができるから。

「『サタンの嘆き』の撮影はいまでも鮮明におぼえている」とリカルド・コルテスは語っている。「グリフィスは延々と時間をかけていた。私は八週間カリフォルニアにいて、『海の荒鷲』（二六）に出ていたのだが、その間彼はリア・デ・プティやアドルフ・マンジュー、キャロル・デンプスターを使ってこの映画を撮りつづけていた。

グリフィスは少々変わった人物だった――たいへん物静かでね。彼のまわりには目に見えない垣が張りめぐらされているようなのだ。あるところまでしか彼には近づけないといった感じがしてね。とても孤独な男、というのが私のうけた印象だった――とはいっても、彼とはかなり親しくなった。何か彼がひどく可哀想な気がして、泊まっているホテル、アスターだったが、そこにしばしば出かけていったんだ。

彼はよく散歩に出ていった。行き着く先はペンシルヴェニア鉄道駅で、そこのベンチに腰を下ろすと、行き交う人をただじっと見つめているんだね。

『サタンの嘆き』の撮影中のこと。屋根裏部屋のシーンに入っていて、すでに六週間かかりきりとなっていながら、いっこうに先に進む気配がなかった。ほんの数十秒のことだったが、私はつい癇癪を起こした。グリフィスがこういったからだ。〝演技のことがわかっていれば、君もいまのようにはしなかっただろうが〟と。

〝演技のことなんか何ひとつ知りませんよ〟と私は腹立ち紛れに言い返した。〝だからあなたに指導してほしいんですよ！〟」（著者によるリカルド・コルテスへのインタビュー。一九六五年十月、ロンドンにて）

「私にとってはあの方はつねに〝ミスター・グリフィス〟なんですよ」とドロシー・ギッシュは語った。「誰かが彼をファーストネームで呼ぼうものなら、私はびっくりしたものです。私はそんな真似一度もしてませんし、しようと思ってもとてもできません。それ以後、いろんな監督と仕事をしましたが、いつも訊かれましたね。〝嫌っているのかね？〟と。〝君は一度もファーストネームで呼んでくれないじゃないか――いつもミスター付きでよそよそしい〟って。

ともかくミスター・グリフィスは私には〝ミスター・グリフィス〟以外あり得ない。私たちはみなあの方を大尊敬してました。あの方はよくカンカンになって怒るんです。そんなとき、みんなこっそりその場を離れ、嵐が過ぎ去るまでじっとしてました。でも、すばらしい方でしたよ」

カーメル・マイアーズはトライアングル社のグリフィス組で俳優としてスタートした。彼女は企画のひとつひとつが細心の配慮で準備されることに大いに感銘をうけるとともに、リハーサルこそがグリフィス演出の要《かなめ》と感じたと語っている。

「ユニヴァーサルに移ってからは、D・W・グリフィスの精神を懐かしく回想したものです。彼は私たち全員を庇護してくれる大きな傘のような人でした。すばらしい人物でしたね」（著者によるカーメル・マイアーズへのインタビュー。一九六四年三月、ニューヨークにて）

アニタ・ルースはグリフィスを映画の詩人、映画で即興能力を発揮できる数少ない監督のひとりと見なしている。しかし、彼女の見るところ、トライアングル社のなかで映画に全身全霊傾倒している人間はただひとりであり、それはD・W・グリフィスではなかった。

「グリフィスは映画を離れて戯曲を書くことをいつも夢見ていたわ」と彼女はいう。「当時、全身を映画に捧げていると形容できた人間はひとりしかいなくて、それはリリアン・ギッシュでしたね」（著者によるアニタ・ルースへのインタビュー。一九六四年三月、ニューヨークにて）

リリアン・ギッシュはグリフィスの真の野心が戯曲執筆にあったことに同意する。「映画の業績は、あれほどのものなのに、彼には満足をあたえませんでした。たしかに私はひたむきだったと思います――私はグリフィスがどれほど財政上の負担を担っているのか知っていました。他に知っている人はひとりもいませんでした。グリフィスは私を信頼してました。おそらく他の誰よりも。仕事に関しては、彼はあまり人に心を許しませんでしたから。

　でも当時は映画にすべてを捧げるのが人生でした。社交生活なんてありません。昼食や夕食を誰かととるということはありますが、そういうときでも話は仕事のことばかりです。ストーリーや、編集や、字幕や、その他映画のあらゆることが話題でした。

　彼のように仕事に打ちこめる人を見たことがありません。一日十八時間以上、週七日間仕事漬けなんですから。彼が他の映画を見て、ヨーロッパの監督などからアイデアを盗んだなんていう人たちがいますね。でも彼は他の映画は見ていません。そんな時間はなかったのです。無理矢理そういった例を探せば、例えば『最後の人』のような特別な映画のプリントを借りてきて自分の撮影所で映写してみるということはなくもなかったでしょうが、でもきわめてまれでした。映画を見ているような時間はなかったのです。作る方に忙しすぎたのです」（著者によるリリアン・ギッシュへのインタビュー。一九六四年三月、ニューヨークにて）

　とはいいながら、グリフィスを大作に走らせた最大の影響のひとつはイタリア映画『クオ・ヴァヂス』（一三）であった。「ミスター・グリフィスと私はニューヨークの劇場に行ってそれを見ました」とブランチ・スウィートは回想する――一方、グリフィスは終始一貫その事実を否定している。「彼はその出来栄えと規模の大きさに深く感銘をうけました。彼の態度は〝向こうにできるのならこちらにだって〟というものでした。影響があったのは間違いないと思います。というのも、さほど間を置かずに彼は『アッシリアの遠征』（一四）の企画を打ち出したからです。あれほどの長尺で、あれほどの大作はそれまでアメリカでは作られたことがなく、会社の上層部ははじめ相手にもしませんでした。でも結局グリフィスが勝ちをしめました」

　そしてオーウェン・ムーアも、一九一九年のインタビューのなかで、グリフィスがフランス映画に心酔した例を披露している。「あるときグリフィスはパテ社の二巻物の映画をもってくると――「トスカ」を翻案したちょっとすてきな作品だったが――演技の模範にするようにといって映写室で上映してみせた。次の映画で私たちがさっそくフランス風演技の真似をしたところ、結果は惨憺たるものとなった。グリフィスが私たちに他の映画を見せることは二度となくなった」（「フォトプレイ」一九一九年十二月号、五八頁）

　グリフィスは自分の作品が後続の映画に及ぼした影響についても熟知していた。彼はオーソン・ウェルズの『市民ケーン』を気に入っていて、「とくに私の映画からアイデアを借用している部分がいいね」と語っている。（エズラ・グッドマン前掲書、一〇頁）

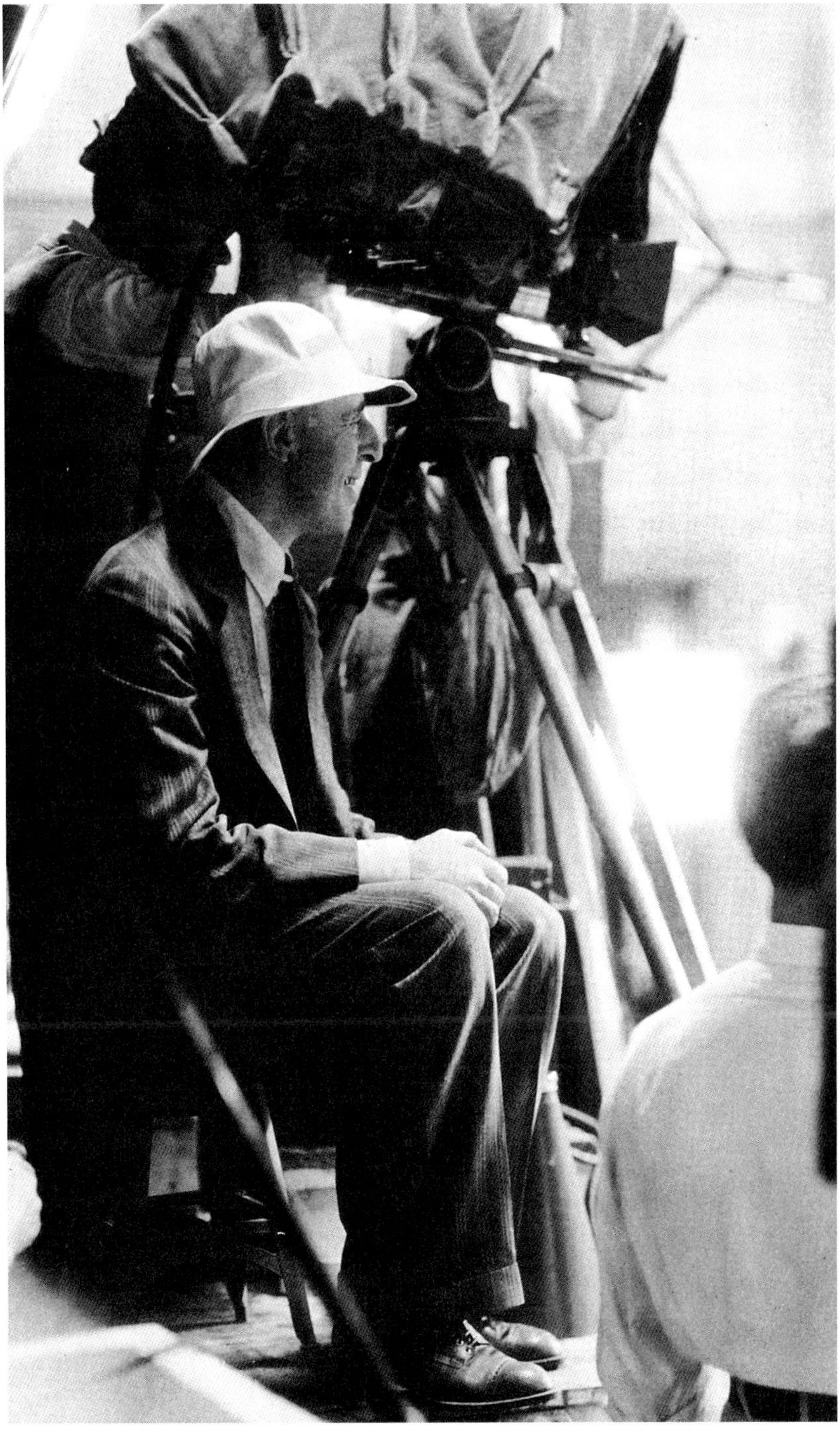

最後の作品『苦闘』（31）を演出中のＤ・Ｗ・グリフィス。キャメラマンはジョゼフ・ルッテンバーグ。

グリフィスが一九一六年までに自らのために切り開いた映画技術のレベルにとどまっているあいだに、他の監督たちはそれを乗り越え、自分たちの手に映画作りの主導権をにぎるまでになっていた。一九二〇年代は挫折と苦悶の十年間であった。次々と企画が発表されては、延期あるいは中止の通知がそれにつづいた。グリフィスはもはや映画産業のリーダーではなかった。一九二二年、『嵐の孤児』のロンドン・プレミアに出席する目的でイギリスに渡ったさい、H・G・ウェルズに会って、彼の「世界史概観」を映画化する企画について話し合っている。それとは別に、イギリス政府はインドを舞台に大作を作れないかと彼に打診している(イギリス政府はそれをガンディーとの交渉材料に使うつもりだった)。グリフィスはリリアン・ギッシュ主演で「ファウスト」を、リチャード・バーセルメス主演で「白人奴隷」を撮ると発表している……パラマウントでは『アメリカの悲劇』の企画を渡されている。これはのちにエイゼンシュテインに託され、さらに何人かの監督を経て、最終的にジョゼフ・フォン・スタンバーグによって映画化された企画である。他に俎上に載った作品に「ショウボート」「アンクル・トムの小屋」「古きスペインのロマンス」それにコンスタンス・タルマッジ主演での「サニー」などがある。この他、現代篇を新しいものにしたトーキー版『イントレランス』、またイギリスで『散り行く花』のリメイクを作る話などを検討していた。

数多くの挫折を経験しながらも、グリフィスは映画を作りつづけた。しかし、二〇年代の彼の作品のほとんどはテーマにおいても、規模においても野心に欠けており、映画史家は芸術性の後退を指摘した。『イントレランス』のあとに何を作ろうと――それはいまだに史上最大の映画なのだ――作られたものは期待はずれに終わる運命をまぬかれなかった。借金を背負ったグリフィスは小規模の商業作品を作るよう強いられた。しかし、彼はスケール、質ともに兼ね備えた『世界の心』や『嵐の孤児』といった映画をまだまだ作ることができた。『アメリカ』が失敗作だったとしても、同じ年にスタッフ、キャストをドイツに連れていって作りあげた、繊細で感動的な『素晴らしい哉人生』がそれを補ってあまりあるし、『曲馬団のサリー』がどこかとりとめのない物語だとしても、豊潤で力強い『サタンの嘆き』が十二分にその穴を埋めている。

グリフィスの下降ぶりは製作の機会が大きく減少したという意味でのみ該当する。一九二六年、『サタンの嘆き』が不入りに終わったあとで、彼は自伝執筆に入っていく(完成にはいたらなかったが)。

「自我を表現できるのは文筆家だけである」と彼は語っている。「映画監督にはできない。というのも、監督は大衆に楽しんでもらわなければならないからだ。監督には意見を扱うことができない。私たちにできるのは小さな物語《ロマンス》をできる限り心地よい模様に織り上げることだけだ」(「フォトプレイ」一九二六年十二月号、三〇頁)

この控えめな物言いのアイロニーは、先に挙げたグリフィスを讃える大仰な宣伝文と苦い対比をなしている。そしてそれはルイ・ガーディの次のことばを思い出させる。「歴史上の大文豪といえどもグリフィスがスクリーン上に刻みこんだ感情を文字にして描くのは不可能だろう」（ウィド・ガニング編「ウィド年報」一九一九年、一五一頁）

D・W・グリフィスに対する私たちの感謝の念はつねに羞恥の思いをともなうものとなるだろう。というのも、彼の天才は彼とともに消滅したが、彼を破滅させた精神は映画産業の中にこれまでになく強固に存在しているからである。

第九章　アラン・ドワン

アラン・ドワン――元エンジニア、元発明家――はメカに秀でた能力で映画の世界に引き入れられるとともに、それによりトップの地位を長く保持した男であった。彼はまた、確たる劇的センス、明晰で論理的な頭脳、豊かなユーモアによってその映画に高度の娯楽性と職人性を保証した監督でもあった。

　できぬことなしのドワン――袋小路にはまりこんだとき真っ先に頼りになるのが彼だった。恐ろしいまでに臨機応変の才に富むドワンは、エンジニアとしての訓練を経て、実際的技術と工夫の宝庫のような人物となっていた。「アーサー王宮廷のコネティカット・ヤンキー」のように、応用能力に無縁なものたちの目には〝奇跡の男〟と映るのだ。

　一九二〇年代の〝六大監督〟のひとりであり、そのなかの唯一の生き残り――この世界では誰よりも長いキャリアを誇る監督である。

「以前、自分の映画のリストを拵《こしら》えようとした」一九六四年、ハリウッドに彼を訪れたとき、ドワンは私に語った。「八百本までそろえてくれた人物がいて、私に残りを付け加えてほしいといってきた。千四百本まではできたのだがね、そこで白旗を揚げたよ。あとはどうしても思い出せなかったな*」

　残念なことに、彼の映画はほとんど残っておらず、そのためその偉大な足跡も人の目には留まらぬままになってきた。しかし、近年カイエ・デュ・シネマ誌の若い批評家たちによって彼のトーキー以降の映画が見直され、その再評価に応えるようにフィルム・カルチャー誌は次のように宣言した。

「ドワンの作品はいまだに採掘の最中にある。そこにはいろいろな混じりもののなかに純金が隠れている可能性が否定できない。近年の発見――『逮捕命令』（五四）『落ち着きのない奴ら』『断崖の河』（共に五七）――は人の知らない名作の鉱脈がまだまだ存在することを世間に知らしめた。ドワンが映画初期の最後の巨匠の地位を獲得しても何の不思議もない」（一九六三年春季号、二三頁）

アラン・ドワンは疑いもなくサイレント期の巨匠のひとりである。巨匠以外のものではあり得ない。彼の仕事はあまりに手早くて、映画に通暁した凄腕でなければ早々に表舞台から消えていたに違いないからである。

ドワンのようなすぐれたベテラン監督と対面するとなれば、さまざまな先入観が頭をよぎり、ひじょうな緊張を強いられる。事実よりもむしろ噂や憶測に多くを負ったその人物像は、インタビューの相手としては容易ではない。私が予期したのは、高齢のために体はよぼつき、根性曲がりでせっかちな、怒りっぽい老人というものだった。というのも、サイレント期に監督としてのピークを築きながら、その後は表舞台から一歩下がったところで活動をつづけてきたからである。「烏合の衆にあってひとり首を突き出せば」と彼は語ったとされている。「その首を切って落とされる。低く潜行していればいつまでも生き延びられる」（ラルフ・ハンコック、レティシア・フェアバンクス「ダグラス・フェアバンクス――四人目の銃士」一九五三年、一八六頁）

さわやかな笑顔を浮かべた体格のがっしりした男がドアを開けてくれたのを見て、私は仕事をともにする友人か、さもなければドワンの助手かと推測した。その若々しさはこちらの予想にまるで反していたからだ。しかし、書斎に案内され、そこに飾られた『ロビン・フッド』（二二）の数々のスティル写真を目にしたとき、私の予見は鮮やかに打ち砕かれた。年齢を考えることすら馬鹿げているように思われた。衰えぬ熱意、活力、すばらしいユーモアのセンス。ドワンは昔のままの人物だった。この最初の出会いだけで、私には納得できた。ダグラス・フェアバンクスやグロリア・スワンソンがなぜ彼をご贔屓監督と呼んだのかを。

過去がたやすくよみがえり、逸話がとどまることなく語られる。それはあたかもサイレント映画の撮影現場にいて、現役監督から話をきいているかのようだった。照明用ライトから目を守るための、レンズの部厚いメガネがいまは常用になっている――それを除けば、現在の姿は当時の彼とほとんどどこも違わない。現在検討中のシナリオがデスクの上にうずたかく積まれている。壁には『硫黄島の砂』（四九）で授与された米国海軍海兵隊からの感謝状や、ジョゼフ・アロイシャス・ドワン名の卒業証書がかかっている。

「おぼえてもらうにはいい名前だろう」ドワンはにやりと笑った。「学校じゃよく〝女名前のアロイシャス〟とからかわれたものだ。そこでアランに変えたんだ。

私はピーター・クーパー＝ヒューイット社に入社し、水銀蒸気灯を開発した。ほら、長い管状になったやつだ。一九〇九年、私はシカゴの郵便局にその水銀蒸気灯を取り付けた。

＊アラン・ドワンのフィルモグラフィはピーター・ボグダノヴィッチ「アラン・ドワン　最後のパイオニア」（一九七一年）によると千四百までは達していない。（訳注＝〈インターネット・ムービー・データベース〉によればアラン・ドワンの監督作はテレビ作品の二本を含めて四百七本である）

郵便物の仕分け係が夜遅くまで仕事ができるようにとね。水銀蒸気灯はおぞましい明かりで、その下では人はまるで壊疽にかかったように見えてしまうのだが、目を疲れさせないという大きな利点があった」

彼が水銀蒸気灯を設置していると、郵便局の地階から奇妙な灯りがもれているのを認めたひとりの通行人が、窓から内部をうかがったあと、下に降りてきて責任者に面会をもとめた。男はドワンに〝ジョージ・K・スプア〟と自己紹介すると、この灯りは撮影にも使えるだろうかと質問した。

「使えますよ」とドワンは答えた。「撮影にも絶好でしょう」

シカゴのエッサネイ社*の〝S〟の字にあたる人物だったスプアは撮影用に水銀蒸気灯を注文した。ドワンは最初の撮影用水銀蒸気灯を設計し、それにしたがって工場で作られた四基を自ら撮影所に搬入した。

「この試験期間のあいだ、撮影所の仕事ぶりをじっくり観察した。それはどこか目を離せないおもしろさがあった――人工照明の下で作られる馬鹿げた映画の数々がね。ある日、こういうストーリーをどこから手に入れるのかと訊ねてみた。

〝金を払って買い取るんだよ。いろんなところからね〟

〝いくら払うんだ？〟

〝そうだな――いいのであれば上限二十五ドルってとこだ〟

私は大学時代、学校の雑誌（ノートルダムの「スコラスティック」）によく短篇を投稿していた。そこである日、十五篇ほどを撮影所に持っていったところ、向こうはまとめて買ってくれた」

買っただけではなく、中身に感心し、ドワンにシナリオ・エディターにならないかといってきた――提示された給与は若造技術者の稼ぎをはるかに上まわっていた。「とりあえず兼務でどうだろう」とドワンは答えた。「照明灯の管理とシナリオ・エディターと」

二週間後、エッサネイの重役の大半が退職し、アメリカ映画製作会社（アメリカン・フィルム・マニュファクチャリング・カンパニー）を新たに設立した――そして給与を倍にするからこちらに加わらないかとドワンに声をかけた。

新会社は問題をひとつかかえていた。カリフォルニア州のどこかに――正確な場所は誰も知らなかった――傘下の撮影班を派遣していたのだが、何度電報を送っても、フィルムは送られてこず、近況すら報告がなかった。

ドワンは様子を見てきてくれと頼まれた。探してみると、その撮影班はサン・ファン・カピストラーノに滞留していた。

「そこでは監督が消えていた。アル中のその監督はロサンゼルスに酒を飲みに行ったきり行方がわからず、残りのスタッフは一文無しで残されていた。そこで私は親会社に電報を打った。〝監督消失。撮影班を解散すべし〟すると返電が来た。〝お前が監督しろ〟」

新たな役目を押しつけられたドワンは俳優たちを呼び集めて（そのなかのひとりにJ・ウォーレン・ケリガンがいた）、こういった。「私が監督になるか、君たちが失職するかどちらかを選んでくれ」と。

　俳優たちは声をそろえて返答した。「あんたは世界最高の監督だ！」

　監督とは何をするのか、とドワンは訊ねた。俳優たちは彼を現場に連れ出し、こんな風にやるのだと教えてくれた。

「そこには演出の秘訣があったね。以来、それが私の方針になっている。監督はどうすればいいのかをまず俳優にいわせるんだ。そうするととてもうまくすすむ。私はそれで五十五年間やってきた――それで一度もヘマはない！」

　ドワンはアメリカン・フィルムのために週三本、映画を撮っていった――しかも土日を休みながらである。むろん当時の映画は一巻物ではあった。のちにそれらは二巻物となり、一九一三年頃には長篇がふつうになっていく。

「当時は撮影班は完全に自立していた。製作者、製作補佐、監修者、のちになってからの製作本部、そういった方面からの干渉はいっさいなかった。好きなように映画を作り、自分たちが気に入った人材を雇い入れた。マーシャル・ニーラン、ヴィクター・フレミングらはそうやってこの世界に入ってきた。いまじゃ想像もつかないだろう。外を歩いていてどこか目を引く男がいると〝どうだい、私のところで働いてみないか〟と声をかけ、それで翌日から仕事に加わるなんてことはね。いまなら、修行期間があるし、ユニオンに入らなきゃならんし、さまざまな関門を通過するためにその他無数の仕事をこなす必要がある――その挙げ句ダメだといわれることさえある」

　アラン・ドワンの映画経歴の始まりはD・W・グリフィスと一致している。その第一歩からドワンは、グリフィスが繊細な感覚をもって映画技術の原始的真空状態の中をまさぐり歩くのを注視してきた。グリフィスの試みが思惑的段階を経て大胆な革新となり、彼の手腕にも自信がみなぎるにつれ、ドワンはそこに神と崇める人物を見出すことになる。

「彼の手になるものに目を凝らし、自分でも同じことをやってみようとした。少しかたちを変えて。そう、別のやり方で――できればさらに上をいくやり方でやってみようと努めたものだ。彼が注目するような何か斬新なものを考案しようと頑張ってもみた。ついにはグリフィスから声がかかり、君と競い合うのには疲れた、トライアングルに入って私と一緒にやらないか、と勧誘されるまでになった。

　グリフィスのどこに魅了されたかだって？　そう、俳優演技の抑制されたところ、簡素なところかな。それと表情の使い方だね。彼はちょっと変わった新しい演技《パントマイム》を開拓した。いずれにしろ、私はサイレントの演技《パントマイム》は好きなのだが、あまり大仰なのは好まない。

　サイレントの俳優はことばを補おうとして誇張に走るんだ

＊エッサネイ（Essanay）はもともと〝S and A〟（エス・アン・エイ）を意味しており、Aにあたるのは G・M・〝ブロンコ・ビリー〟・アンダーソンであった。

が、彼の俳優たちはツボを押さえた最小限の身振り手振りですませてしまう——そのためにずっとリアルに見える。ともかくグリフィスは多くのことを生き生きと、しかもじつに軽々と表現している、と私の目には見えたものだ。

それと、彼のキャメラマンが用いるバックライティングには惚れ惚れした。それは誰もやっていなかった——他の監督はみな太陽が直射するままにまかせていたんだ。私はいつも不思議に思っていた。太陽が人物の背後なのに人物の顔が美しく光をうけているのはなぜだろうとね。で、あるとき彼の撮影現場に行ってみたら、レフ板を使っていた。それを見てレフ板の使い方を習得した。

もちろんそれは新発見じゃない。プロの写真家は肖像写真を撮るスタジオでしばしばレフ板を使っていたからね。でも、私たちには新発見だった。私たちはどうしていたかというと、外に出て、撮りたいものにキャメラを向けそのまま撮っていただけだ。人物の顔に影が射していたら、影はそのまま写しとられた。レフ板を使って影を緩和しようという考えは浮かびもしなかった。

そしてもちろん、グリフィスはクロースアップを教えてくれた。彼もこれではひと苦労した。映画館主たちが彼の映画をボイコットしそうになったんだ。スクリーン上を脚の映ってない人物が歩きまわるってのが彼らには理解できなかった。舞台では、観客は俳優の全身を目に入れる。胴体の下には脚があってそれが体を支えているのが見えている。だから、体から上の部分だけ、あるいは首から上の部分だけが見えていてそれが動きまわるなんて受け入れがたかったんだ。しかし、私はそれもすぐ自分のものにした」

誰がクロースアップを発明したかの問題は長いあいだ映画史家を悩ませてきた。クロース・ショット自体は一八九六年の時点ですでに見出すことができる。しかし、グリフィスが映画を作る以前はクロースアップは一般的ではなかった。グリフィスより早く先陣を切った監督がいるかどうか、私はアラン・ドワンに訊いてみた。

「いや、いなかったね。どこを探しても。グリフィスはスクリーン上で長尺物以外のあらゆる冒険をおこなった最初の監督だ」

「そうはいっても」と私は固執した。「あなたがた映画草創期の監督は、それぞれ何らかのかたちで自らの発明をなさってますよね?」

「しているよ。グリフィスが企てなくて私たちがやったってことはたくさんある。でも、彼が成し遂げたのは本当に意味のある、映画に生気を吹きこむ技法ばかりだった」

ドワンは一拍おいたあと、再び語り出した。「どれかひとつ自分の発明になるものをといわれても、思い出すのはむつかしいけれど、私は移動撮影を活用したね」

ランニング・ショット——キャメラが車や列車などに併走して撮影するもの——は慣用的な映画技法のひとつになっていたが、長回しの移動ショットは新奇な手法であった。ドワンがフェイマス・プレイヤーズのために一九一五年に監督した『デイヴィッド・ハーラム』では、フォードに積まれたキャメラが、目抜き通りを歩いていく主人公のウィリアム・H・クレインを追っていく。クレインは別の人物と話をしながら歩いているのだが、時折道行く人から挨拶され、それに答えて立ち話をし、また歩いて行く。そういう一連の流れがカットなしで撮られていく。『デイヴィッド・ハーラム』の大部分は、当時一般的だった素朴な静止ショットで撮られていて、それだけになお、時折混じるキャメラ移動が一段成熟したサイレント映画の様相をこの映画にあたえていた。この映画の巻頭部分にもすぐれた感覚の閃きがみえる。受け皿にのったコーヒーカップがアイリス（丸型の囲み）されたクローズアップで映し出される……コーヒーがカップに注がれ、アイリスのマスクが広がってフルの画面が現れる。受け皿ごとカップが持ち上げられるのをキャメラが追うと、デイヴィッド・ハーラムを演じるウィリアム・H・クレインのクロースアップが画面に現れてくる。次いでキャメラがパンをすると、ポリー伯母役のケイト・ミークスの顔を捉えるのだ。合間に人物紹介の字幕が挿入されるとはいえ、作品冒頭におけるこのキャメラの一筆書き効果には目覚ましいものがある。

とはいえ、ドワンが凝った技法にとらわれているとか、彼の初期の技法の試みが奔放なキャメラ移動やめまぐるしいモンタージュに凝縮していったとか想像するとしたら、それは誤りである。ドワンはそういうタイプの監督ではなかった。心暖かくユーモラスな彼は、映画においても人間性を忘れなかった——彼にとって映画技法は、いついかなるときも俳優の演技やストーリーに従属するものであった。彼はあらゆる技法に触れ、試み、習熟するのだが、飾り気のない単刀直入なスタイルの中にそういった技法は消化吸収されていった。

しかしながら、この重要な監督の作品像を思い描くうえで、彼にはめずらしい技巧的な面を考察してみるのもおもしろい。グリフィスのクロースアップが映画館主を当惑させたように、ドワンの移動ショットも彼らの反撥を招いた。「観客が船酔いをおぼえた」と上映館から報告が届いたのだ。

もうひとつのお気に入りの新発明は現在クレーン・ショットと呼ばれているものであった——エレベーターのようにキャメラが上下するのである。当時それに見合う装置がなかったため、ドワンは建設現場で使われていた起重機を手に入れ、そのゴンドラにキャメラを載せ、キャメラを上げ下げさせた。「それも観客には驚異だった」とドワンは語る。「まるでキャメラマンがキャメラを背中にかつぎ梯子を登っていったかに見えたんだな。キャメラがあんな動きをするなんていったいどうやったんだとみんな首をかしげたものだ。このショットには私たちも興奮し、もっといろいろと試してみた。キャメラ位置をずっと低いところからはじめ、それを空中高くまでもっていき、人物が小さく見下ろせるまでにしたりとかね。これも見るものを驚かせたね」

ドワンのエンジニアとしての経験がものをいったのは、

D・W・グリフィスの映画史上空前のショット――『イントレランス』のバビロン篇でのクレーン・ショットを実地に可能にしたときだった。

「私はそのときトライアングルでフェアバンクスやギッシュ姉妹の監督をしていた。『イントレランス』にはこれから話す一件以外何の貢献もしていない。グリフィスは通りひとつ隔てた反対側で、巨大なセットを建てて映画を撮っていた。彼が何を作っているのかは公開寸前になるまで、誰ひとりまったく知らされなかった。大作だというのはわかっていたけどね。私は自分の作っている映画の一本で詩を用いていた。詩はいろんなことを表現するのに便利なので、よく使っていたんだが、そのときの詩の中に、〝意見やスピーチの寛容《トレランス》……〟という一節があった。グリフィスはすべてのシナリオに目をとおしていたから、その詩も彼の目の触れるところとなった。彼は私を呼び出すと、件の詩を外してくれないかと頼むのだった。

〝構いませんが、でもどうしてですか？〟

〝君には話すけど、誰にもいわないでくれ。あの詩にこめられた考え方をちょうどいま作っている映画のなかのテーマとしているんだ。じつはタイトルも『イントレランス』というんだ。偶然君も私と同じ狙いをもったみたいだね〟

私はグリフィスにいわれたとおりにした。それからしばらくすると、彼のキャメラマンのビリー・ビッツァーがやってきてこういった。〝ボスが君の力を借りたいといっている。ひとつ問題を抱えていてね、よければ君と私とで考えてみたいんだが――君がエンジニアだってことをボスは知っているんだよ〟」

ビッツァーはドワンに、グリフィスが思い描いているショットについて語った。そのショットを実現するには、キャメラがバビロンの巨大なセットの最も高いところから地上までのあいだを上下できることが必要だった。

「グリフィスもビッツァーもどういう手を使えばそれが可能か考えあぐねていた。彼らが初めに思いついた案は、私が即座に却下した――それはスロープを作って、キャメラをそのスロープに沿って滑らせようというものだった。その案ではキャメラの安定性が保証できなかった。それに、キャメラを水平に保たせようとするとスロープに段差をつける必要があった。そうするとまたいろいろな難問が付随する。費用も相当にかかるし、アングルの点でも高さの点でも厳密なコントロールができない。順応性にも欠ける。

いろいろと考えた末、鉄道の線路のようなものをひかせ、その上に台車を置き、その台車にエレベーター付きの装置を載せるという案をグリフィスにうけいれさせた。その装置はパイプを組み立てた簡単な作りになっていて、組み立ても解体も容易にできる。どの部分も狙いのショットが可能になるようデザインされていて、レールの上を台車で進むので振動もなく、動きもきわめてなめらかになるのだった。

いまこのショットを撮ろうとしたらブーム★を使おうとする

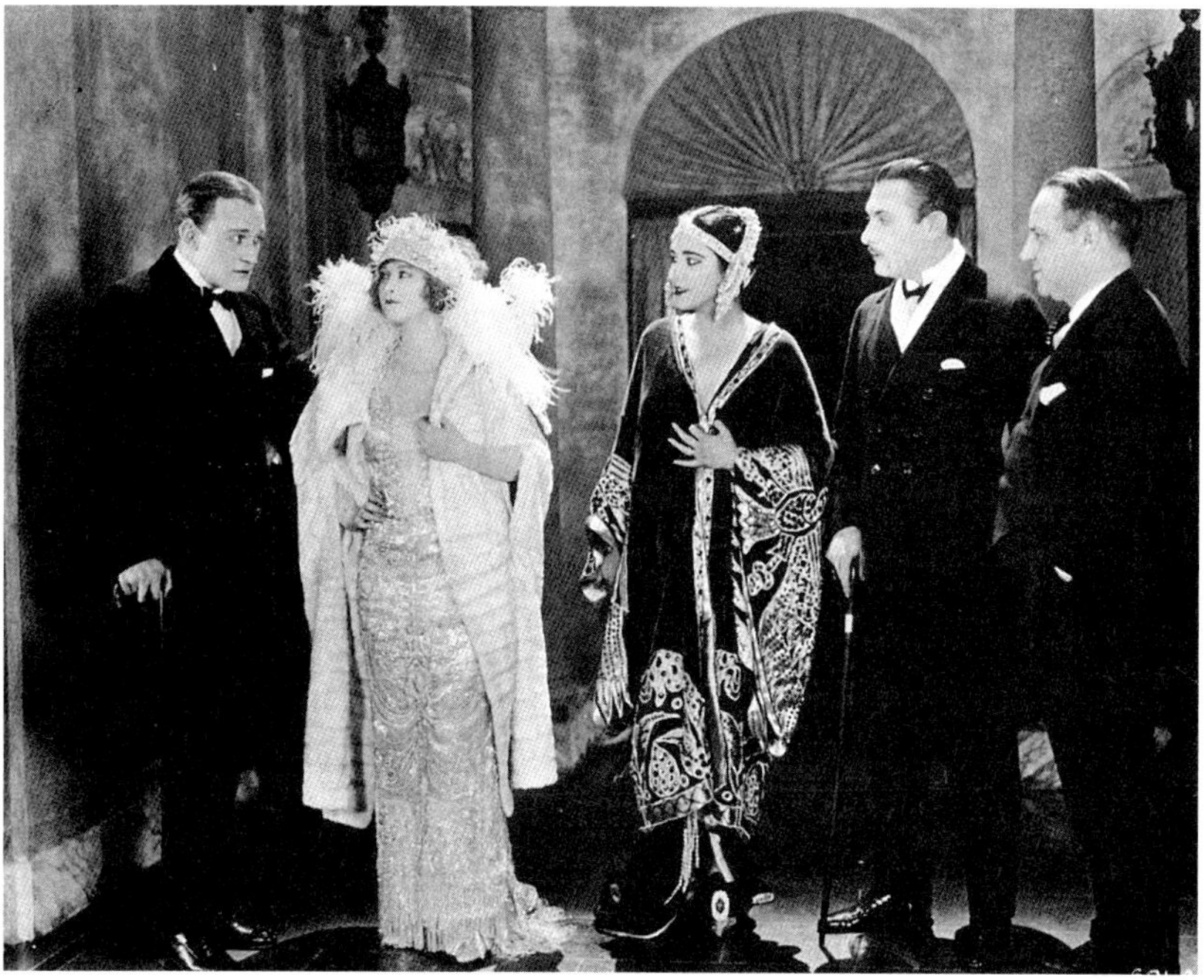

［上］『陥穽の宮殿』（23）のセットにて。コンラッド・ネイゲル、ホープ・ハンプトン、ニタ・ナルディ、ルウ・コディ、アラン・ドワン。［下］『大自然の掟』（20）を演出中のアラン・ドワン。右のキャメラのところにトニー・ガウディオ。

だろうな。でも、あの高さに及ぶブームはいまだって存在しない。もしあったとしたら、アームはとてつもない長さとなり、振動は許容範囲を超えるはずだ。このショットは岩のように安定していなければいけないのだから。しかも制御可能――止めたいところで止め、動かしたいところで動かせるというものでなければね。この装置は補助エンジンで動き、一連の信号システムもついていた」

機械方面のエキスパートだったアラン・ドワンは、映画界内部では、別方面の新機軸でもっと名を残している。それは製作を効率化するうまさであり、装置さばきの巧みさであり、手がかからないようでじつは稀にしか見られぬキャストやクルーを喜ばす卓抜した能力であった。

例えばグロリア・スワンソン主演の『舞姫ザザ』（二三）のとき、夏のニューヨークの炎暑のなか、アストリア撮影所では焼けるようなクリーグライトのもとで撮影が行なわれていた。少しでも快適な撮影環境を確保するため、ドワンは大きな氷柱をどこかから運ばせると、セットの両端に並べ、その後ろから電動扇風機を回して俳優たちに冷風を送りこんだ。

すばやさもドワンのトレードマークだった。ジェイムズ・クワークはそんな彼を監督のなかのパーヴォ・ヌルミ★★と呼んだ。『夜の紐育』（二五）などは瞬く間に撮り終えてしまい、主演のロッド・ラ・ロックは、撮影が始まったと思ったらもう終わっていたとあきれていた。

「アラン・ドワンは〝自分の芸術〟をしゃべりたてはしない」フォトプレイ誌に載った彼の頁大写真のキャプションは述べている。「映画作りに忙しくて、そんな余裕はないのだ。彼は映画は芸術でもあり産業でもあると信じているが、それを丁々と語る愚はおかさない。ドワンは一本筋の通った監督である。彼のたくましい想像力は現実重視の感覚とバランスを保っている。初期のダグラス・フェアバンクス作品、とくに『ドーグラスの好奇』（一六）、あるいは生き生きとした冒険もの『運命の兵士』（一九）、奇抜な『唸る鉄拳』（二〇）、圧倒的に劇的な『雷火落つる時』（二〇）、乾坤一擲《けんこんいってき》の『埋れ行く黄金＊』（二〇）を思い出してもらえば、ドワンの変幻自在の才能、活力、細部に注がれた繊細な眼を理解できるだろう」（一九二一年六月号、四七頁）

喝采を浴びたドワン映画の一本『兄貴』（二三）は驚異の子役スター、ミッキー・ベネットを起用している。「ニューヨークでもとりわけ治安の悪い地域で夜間に撮った映画だ」とドワンは述懐する。「チンピラ連中が屋根から煉瓦を投げつけてくる。それをよけながら撮影したのを昨日のように思い出すね」

封切り時、クワークは前例のない賛辞をこの映画に捧げた。「気温氷点下のパイクス山の頂上にあったとしても、私は脱帽して、この作品の監督アラン・ドワンに恭しく頭を下げるだろう。彼は真に偉大な映画を作りあげた。これは歴史に残る古典であり、芸術作品である。さらに百万ドルを費やそうとも、これ以上に人間味にあふれ、魅力的で、価値ある作品が生まれるとは思えない。アラン、お見事だ。君の今後の健康を祈ろう」

私は『兄貴』は見ていないが、その直後に作られた『嬲られ者』（二一四）の強烈な人物描写は目におさめていて、それを思い返しても、フォトプレイ誌のこの文章に異議を差し挟もうとは考えない。私が目にした作品においては、ドワンはつねに、現実からそのまま切り取ってきたかのようなすばらしい演技を俳優から引き出している——それらはありのままのすなおさで、誇張が顔をのぞかせる瞬間はいっときたりともない。ただし『ロビン・フッド』のいくつかの場面は例外であり、とくにポール・ディッキー演じるガイ・オブ・ギズボーン卿の、眼をぎらつかせ歯を食いしばっての猛烈な悪役ぶりは誇張の極みといっていい。しかし、そこではそういう役作りがもとめられていたのだ。現実らしさが要求される場面では、ドワンの手綱さばきはけっして乱れない。俳優たちは完璧に役柄になりきっていて、私は彼の演出技法について考えてみずにはいられなかった。彼は何やら〝メソッド〟の前身のような複雑な演出法を駆使しているのだろうかと。実際は正反対だった。〝監督《ディレクター》〟という語が彼ほど適切に当てはまる例はなかった。彼の手法はそのものずばり直接的なものだった。

マッジ・ベラミーは天賦の才に恵まれていたものの、監督が彼女のもつ純真さの霊気《オーラ》に足を取られるとしばしば凡演に終始してしまう俳優であった。その彼女が『サマー・バチェラー』（二一六）でドワンと組んだ。「すばらしい監督ですね」フォトプレイ誌のなかで彼女はアグネス・スミスに語っている。「彼はいつも真実をついてくるんです。今朝もセットで彼とつい話しこみました。悲しいシーンの撮影があって、私はその場を演じたばかりでした。ドワンは私に、演じているとき何を考えていたのかねと訊ねました。で、私は悲しいことを思い描いていたと答えました。〝君はね〟とドワンはいいました。〝顔の筋肉のことを考えるべきだったな〟と。

私は間違っていたのです。私は悲しい感情を実感しよう、そしてそれを表に出そうと努めていました。演技の技術面には考えが及んでいませんでした。いまここで顔の筋肉を使ってみましょうか。ほら！」ミス・ベラミーが眉を引き上げると、ほどなくして彼女の両目にじわっと涙がたまってきた。「ねえ、泣いているでしょう。心の中は全然悲しくないのに。すべては筋肉の反応なのよ」（一九二六年十月号、一二八頁）

★（一二四頁）「ブーム」は普通マイクを吊り下げるアームを指すが、ドワンのいっている「ブーム」はキャメラを吊り下げるアームのこと。クレーンと違って人が乗らないのでパンとティルトはリモートコントロールとなる（アームの長さは二十一メートルくらいまで伸長可能）。

★★一九二〇年代を代表するフィンランドの中距離走者（一八九七－一九七三）。千五百メートルから二十キロまでの世界記録を作り、一九二〇年（アントワープ）から二八年（アムステルダム）までのオリンピックで計九個の金メダルを獲得した。

＊『埋れ行く黄金』の監督はアーサー・ロッソン。ドワンは製作のみ担当。

「芸術的なまでの無駄のなさ、それこそドワンの真骨頂！」とアデラ・ロジャーズ・シンジョンズは高らかに宣言した――彼女は一九二〇年、次なるドワンのことばを紹介している。「映画の監督――かくも陶酔的な稼業は他にはない。権力と創造性とがひとつになっている。映画は一か八かのギャンブルだ。映画作りに少々通じていたところで、そんなものは当てにはならない。私の愛する映画、私が偉大と考える映画は、十に九までは即製の安物映画だ。私が鼻も引っかけない映画はきまって見事にコケる。

私はビジネスマンであり、商売第一と考えている。芸術性百パーセントの映画を人が作ったとしよう。でも客が入らなければ、芸術のためにも社会のためにも何の役にもたたない。映画にとっての難問は芸術とビジネスとをいかに融合させるかだ。浪費は芸術的ではない。無駄が多いのも芸術的ではない。

映画はすばやく作ってしまわなければだめだ。もたもたしていると視野が曇ってくる。むろん芸術はせかせかないが、商業作品ではそれができる。製作に着手する前に自己の技術を手の内におさめておくことだ。そうすれば多くの時間と手間が省ける」（『フォトプレイ』一九二〇年八月号、五六頁）

芸術的なまでの無駄のなさはドワンを成功に導いた重要な要因ではあったが、成功の真の秘訣は仕事に対する余裕の姿勢だった。ドワンは夢の国で働く実際派のリアリストであり、映画作りに心から愛情を捧げてはいても、危機的状況や周囲の人間の癇癖にはびくともしなかった。じっさい、そんなものに彼の心はほとんど煩わされなかったので、今日にいたっても彼は目をそらさずに真顔でいってのけるのである――自分の映画でトラブル絡みのものは一本もなかったと！

「監督の仕事をあまり深刻に考えると、はじめに勝負がつきかねない。先のことを心配すると落ち着きを失い、自らトラブルを招き寄せるんだ。しかし見通しがはっきりしていれば、映画作りはさほどむつかしくはない。いざというときに頼れるものをもっているといい。不測の事態が起ころうとも、映画作りを停滞させなくてすむもの、事を前に運べるものをね。映画が手の内にある限りはトラブルを恐れることはない。他人の手に映画を奪われたときトラブルは本物になる」

直截的な簡素さを主眼とするドワンではあるが、彼の映画は明瞭なスタイルをもっている。俯瞰ショットを好む傾向があり、たしかな計算のうえでそれが用いられる一方で、画面を領するようなクロースアップには反感をかくさない。

「極端なクロースアップは見ていていたたまれなくなる」とドワンは説明する。「いまでもそれはかわらない――そういうクロースアップはたいていの場合無用の代物だ。喉の奥の扁桃腺まで見せてどうしようというのか。もちろん現在の横長の大画面でバランスを図るのは至難のわざではある。あのぞろっぺいな表面に〝美〟を達成するのは不可能に近い。あのような画面に見合うのはスペクタクルしかないだろう。でも、観客はスペクタクルばかりを見たがるわけじゃない。

［上］『兄貴』（23）のミッキー・ベネットとトム・ムーア。［下］『嬲られ者』（24）のグロリア・スワンソン。

ストーリーは親密なものであってはじめて意味をもつ。観客の共感を誘うもの、心を動かすものでなくちゃいけない。大写しにしたからといって心を動かされるわけじゃない。息はのむかもしれないが、それだけのことで、あとに何も残らない。ニューヨークに行って摩天楼を見上げる。でも一度見てしまえば満足する。ピラミッドだって同じこと。一度見て記憶にとどめれば、毎日出かけて見直す必要はない。通常の娯楽映画に必要なのは観客の気持ちに寄り添うストーリーだ――そういうストーリーには二人の人間を描く巧みなシーンが欠かせない。二人とは限らないかもしれないが、基本となるのは二人だね。

私は技法のことであれこれ異を唱える監督ではない。とはいえ、見た目の効果だけねらって、何の根拠もなく、凝ったアングルを使うのを見ると腹が立ってくるがね……でも、技法というのはそれがどのように用いられているか、にかかってくるものだ」

「五十五年間監督をやってこられて」と私は彼に訊ねた。「いまだに監督業に変わらぬよろこびを見出していらっしゃいますか?」

「ああ、それは変わらない。もう仕事じゃないね。病気のようなものだ。たんなる仕事以上だ。監督することが楽しいし、出来上がったものを見るのが楽しい。そして観客がそれを見てさまざまな反応をしめす。それを見るのがさらに楽しいんだ。次はワーナー・ブラザースで、海兵隊を扱った大作が予定されている。★ 映画の監督は――ギャラ無しでも引きうけるよ。それほど大好きなんだ」

★ドワンの最後の監督作は一九六一年の『この世で最も危険な男』。本文にある「海兵隊を扱った大作」は実現しなかった模様。

第十章　ヘンリー・キング

映画史家のなかには、ハリウッドは――グリフィスを除いて――才能ある人物をひとりも生みだしていないと信じているものがいる。ときにある監督が傑出して見えたとしても、それは偉大な師匠の功績に帰せられる。「ヘンリー・キングは」とポール・ローサは書いている。「良いことはすべてグリフィスから学び、その学習成果を自らの映画知識と合体させた」

ヘンリー・キングはグリフィスのもとで働いてはいない。とはいえ、他のすべての映画人と同じように、グリフィスの革新的技法の数々から恩恵を得てはいる。彼の映画においては、あらゆる要素は物語に従属している。技巧を駆使した華麗な離れ技はどこにも見られない。映画としてみると、彼の『ステラ・ダラス』(二五)は平凡のきわみである。全篇がほとんどミディアム・ロングショットとクロース・ショットのみで出来上がっている。移動撮影も劇的なアングルもまず見られない。にもかかわらず、ぬくもりと人間性がショットの隅々にみなぎっている。『乗合馬車』(二一)は映画的により際立っている。見事に編集された格闘シーンなどがその一例だが、そうはいっても全体として見るとやはり抑制がまさっている。『乗合馬車』はソ連の映画人に深い感銘をあたえた作品であり、過去三十年間名画上映サークルの定番にもなってきた。キングの名声を打ち立てたのは、他の何よりもこの映画であった。

ヘンリー・キングには、一九六七年四月ベヴァリーヒルズにおいてインタビューを行なった。彼はまだ現役第一線のハリウッド監督であり、七十代の現在でも、自家用飛行機を自ら操縦して飛びまわっている。ロケーション撮影の現場では、サイレント期から抜け出てきたような服装――乗馬ズボンにブーツ――で闊歩する。その長身、彫りの深い容貌、上方に向けられた青い眼は、ローマ皇帝もかくやと思わせるが、口を開くとヴァージニア訛り丸出しである。話し上手で、ユーモアのセンスにあふれ、そのなかから、彼の映画同様、人間的ぬくもりが思わず知らず伝わってくる。

ヴァージニア州クリスチャンズバーグに生まれたキングは学生演劇の舞台に立ち、その後両親の反対を押し切って地元のレパートリー劇団に加わった。瞬く間に経験を積み上げた彼に、シカゴのある劇団が演出を依頼した。月並みなメロドラマに慣れきったその劇団の俳優たちはキングの斬新な演出に面食らった。あっさり解雇されたキングはカリフォルニアに渡り、俳優として映画の世界に入る。一九一六年パテ社で監督をはじめると、トマス・インスに引き抜かれ、一九一九年ダグラス・マクリーン主演の『二十三時間半』を撮る。ところが、製作予算を大幅に超過したために、キングはインスの留守中に撮影所主任によってクビを切られてしまう。『二十三時間半』は大当たりとなり、もどってきたインスはキングと正式の契約を結ぼうとした。

「申しわけありません」と主任はあやまった。「彼はクビにしました」インスは主任をクビにした。

のちに倒産するロバートソン＝コールにしばらく在籍したあと、キングはチャールズ・デュエル、リチャード・バーセルメスとともにインスピレーション社を設立する。三人はファースト・ナショナルのもとで『乗合馬車』を作る。

ヘンリー・キングは語る

『乗合馬車』はヴァージニアを舞台にしたジョゼフ・ハーゲスハイマーの短篇小説だった。あの映画を撮影しているときには、子どもの頃の日々がよみがえってきたものだ。私が生まれたのは山の向こうで、ロケ地から百二十キロ離れたところにあった。デュエルはロケには反対をした。「ペンシルヴェニアで作ってしまえる方法があるよ」と彼はいったものだ。「ペンシルヴェニアとヴァージニアとでは」と私は言い張った。「大違いだよ。ヴァージニアだったらピッタリの場所が楽々と見つけられる。ペンシルヴェニアじゃ私には手も足も出ない」と。

私は助手をヴァージニア州ストーントンに派遣して、ロケハンをさせた。いちばん大事なのはレールフェンスだと指示した。レールフェンスってわかるかな？　エイブラハム・リンカーンが子どものときに作っていたのがスプリットレール（背板で作った柵の横木）で、そういう木材をかみ合わせて作ったのがレールフェンスだ。助手には他にもいくつか見つけるべきものを命じておいた。彼はヴァージニアから電話をかけてきた。「山のてっぺんに立って眺めまわしたら、あなたにいわれていたものがみんな視界に入ってきました」

「よしもどってこい」と私は応えた。「ロケに出かける準備をするぞ」

私と助手は他の一隊より二日早く出発し、一日のうちに必要なロケ地をすべて選定した――すべてが半径十キロ以内におさまっていた。

シナリオライターはのちに監督となったエドマンド・グールディングで、イギリス人の彼はヴァージニアについての知識が乏しかった。ストーリーのなかにはいくつか私の納得しかねるところがあった。私はエディに相談した。それはおもに主人公の青年のことで、どういうタイプの人物か、どういう家庭に育っているのかといったことだった。私は、毎晩椅子の脇にひざまずいて神に祈りを捧げる家族について話をした。それはかつての私の家のことでもあった。ところがエディにはそういう生活ぶりはわかってもらえなかった。私は秘書をヴァージニアまで連れて行き、ストーリーの真ん中の部分とエンディングに関わるところとを書き直した。青年と娘との関係も配列を改め、娘が脱出するところと青年が格闘するところをカットバックにした。ニューヨークにもどると、エディ・グールディングはストーリーがだいなしになったんじゃないかと心配していた。原作者のハーゲスハイマーはぐっと力強くなったと評価してくれた。

「君はね」と彼はいった。「私が省いたものを全部入れ直してくれたよ」そして、もしあの原作を長篇として書いていたとすれば、私が新たに付け加えたシーンはみな書きこんでいただろう、短篇だったから、そうはできなかっただけだと説明した。エディは映画が封切られるまでは憂鬱な顔をしていた。しかし封切られると、その年の最高の映画のシナリオライターとなっていた。

リチャード・バーセルメスと撮った他の五本の映画はどれも『乗合馬車』の域には達していない。それでも『ボンド・ボーイ』(二二)は情感のこもったストーリーだった。若者と義母がいて、義母が若者にモーションをかけたことから二人のあいだに緊張が走るという話だ。バーセルメスとのもう一本『激怒』(二三)は、これもエドマンド・グールディングのシナリオなのだが、当初ストーリーを気に入っていたのは私ひとりだった。私はエディにいった。「エディ、もし君がこのシナリオを最後まで書き上げ、最後までこのおもしろさを維持できたら、五千ドル払おう」当時物語ひとつに五千ドルは大金だった。このシナリオはグールディングのオリジナルだった。『ボンド・ボーイ』をヴァージニアで撮っているとき、エディがシナリオの相談にやってきた。彼の原案について私が熱をこめて語るので、エディにも私の熱気が伝染した。

「私に火をつけたのは君のほうだぞ」と彼は語った。「こんどはこれを小説にしてみたくなった!」そうしてじっさい、彼はそれを小説にしてしまった。パットナム社が出版し、私はシナリオを映画にした。めったに味わえない事の顚末だった。

撮影では四本マストの大型帆船を借り受けた。クルーはドイツ人、船主はギリシャの会社、掲げる国旗はスイスのものという船だった。それはチリのサンティアゴからフィラデルフィアに〝死骸〟を運んでいたという代物で、乗りこむ前に三度燻蒸消毒をおこなう必要があった。中には無線の設備もなく、錨を上げるのにも七時間かかった。水夫たちがはやし歌を歌いながらウィンチをまわすのだ。海に乗り出してから、バミューダ島の一千キロ余り北方で嵐に遭遇した。嵐のあいだも、波がデッキに砕けるなかで撮影をつづけた。次いで食糧が切れた。十六日間海上にいて食糧切れとなったのだ。グロスターで補給をして、再び海上ロケに出て行った。

タイロン・パワー(・シニア)がバーセルメスの父親を演じていた。ご老体はわれわれの帆船がお気に召さなかった。マイホームのような快適な住み心地ではなかったからだ。このパワー氏が、重要なシーンのさなかでセリフを忘れた。セリフだけではなく、舞台俳優だったから、映画の撮影中は正確なセリフは必要ないことまで忘れてしまった。彼は首を後ろにねじ曲げると押さえたしゃがれ声で「セリフをよこせ!セリフをよこせ!」とささやいた。私はキャメラの脇で椅子にすわっていたのだが、これは滑稽な見物だった。撮影が終わったあと、彼に話しかけた。「すごくよかったよ。すばらしかった。最高の演技だったね」

パワー氏はむっとしていった。「大きなお世話だ。お前さんがセリフをよこしてくれていたら、もっとましな場面になっていただろうがね」

「そうじゃないんだ。パワーさん」私はいってやった。「あなたは誤解してますよ。あの場面自体はひどいものだった。でも、死ぬまで忘れませんね。あなたがこちらに首をひねって〝セリフをよこせ!〟とささやいたときの真にせまった迫力は。あそこには途方にくれた男がいて、必死になっていた。あの場面のなかで唯一真実といえるのはそれだけでしたよ」

パワー氏はそれまで私に向かって、映画なんか大嫌いだ、金のためにやっているだけだと広言していたのだが、このときはこういう答えが返ってきた。「ヘンリー、どうやら私も映画が好きになりそうだよ」と。

私も役者の端くれだったので、リハーサルは他の監督とは違うやり方をとっていた。シーンがうまく流れるかどうか気になると、私は自分ひとりで立ち稽古をしてみる。そしてどこで問題が生じるか確かめようとする。別に俳優たちに私のしたことをなぞってもらおうというんじゃない。でも、自分でざっとやってみて特段問題がなければ、俳優たちにもできるだろうと確信をもてるんだ。私は俳優に向かって好きにやれなんていわない。映画はストーリーを語っているのであり、すべてはその枠組みのなかにおさまる必要がある。登場人物はそれぞれ性格があって、俳優にはそれとかけ離れた演技はしてほしくはない。すべては全体の一部なのだ。キャメラにしてもアングルを変えて別々のものを撮る。クロースアップも撮るかもしれない。しかし、それらがひと連なりになったとき、そこにはひとつのまとまりあるものが現れる。それがひとつの全体を構成すれば、観客にもショットがいちいち変わったと意識させないですむ。

私はたいていの監督とは逆の順序で撮影を進める。いまこのシーンを撮っているとすると、君の大きなクロースアップから撮り始めるんだ。そして君をきっかけにしてこの部屋を見せていこうとする。そうやって徐々にその場の全貌を明か

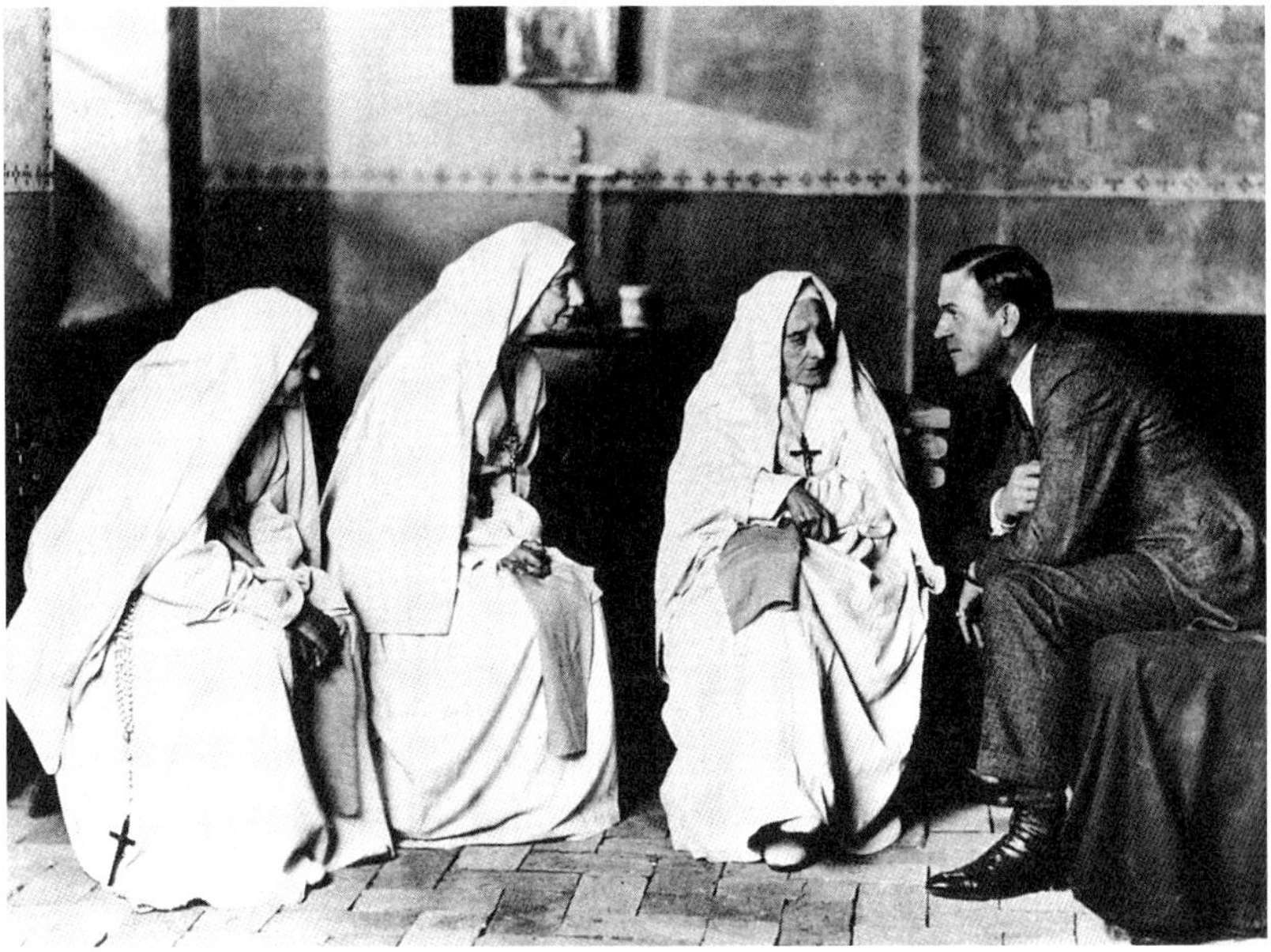

三人のイタリア尼僧とヘンリー・キング。『ホワイト・シスター』（23）製作中のひとこま。

していくんだ。

美術監督はよく豪奢なセットを作ろうとする。私の映画では、そういう美術監督は気が気でないといった様子でセットの脇でたたずんでいるよ。いったい監督は自分の労作をどう思っているのか、いつになったらキャメラにおさめてくれるのかとね。でもね、セットは所詮セットなんだ。豪奢だからキャメラにおさめなくちゃいけないというのは間違っていると思う。われわれはストーリーを語っている。必要がなければ、そこに意味がなければ、セットの全貌を写し撮るべきではないんだ。

イタリアで映画を撮っていたときの美術監督がロバート・ハースという腕のいいアメリカ人だった。

『ホワイト・シスター』（二三）にフランス人女性家庭教師が出てくるのだが、その部屋の窓を彼は当然とばかり〝フランス窓〟にデザインした。セットが出来上がった朝、そのフランス窓は〝ローマ窓〟になっていた。ボブ（ロバート）はローマ窓を取り外すと、フランス窓に作り替えさせた。そして私のところにやってきて、プリプリしながら、イタリア人スタッフにはお手上げだと嘆息した。

「いったいどうなってるんだ！　彼らは窓といえばローマ窓しか知らないのかね？」

「いや、ちょっと待てよ」と私はボブを制した。「この話は現代のローマが舞台だ。すぐに車を用意させよう……住宅地をまわってどのくらいフランス窓が使われているか見てみよう。イタリア人スタッフを馬鹿呼ばわりするのは早計かもな。連中のほうが正しいのかもしれないよ。フランス窓はないのかもしれない」

「何をいうんだ」とボブ。「フランス窓なんてどこにだってあるぜ」

私たちは二つの異なる住宅地を車で見てまわった。フランス窓はどこにも見当たらなかった。ローマは町独自の窓をもっていた――それはローマ窓だった。

「ひとつ賢くなったよ」とボブはいった。「スタッフの悪口はもういわない」

イタリア人スタッフは彼の非を面と向かって責めはしなかった。彼の顔を潰すようなことはしなかったのだ。これ以上思いやりに富んだ行為が考えられるだろうか。イタリア人は私の知る限り世にも勤勉な働き手だ。彼らは正しい結果を求める。監督をよろこばせようとするし、仕事場の雰囲気を乱さないようにする。『ベン・ハー』(二五)の撮影がイタリアで難航したというが、スタッフへの理解が欠けていたのだと思う。私はちょうど同じ時期にイタリアにいたけれど、トラブルとは無縁だった。

『ホワイト・シスター』の準備にかかっていたとき、ローマ教会の使節としてワシントンに来ていた大司教と面談した。大司教は映画の内容をたいへん憂慮していた。

「映画は何をどう描くかわからないのでね」と彼は切り出した。「そこが心配でなりません。『ホワイト・シスター』に主人公が尼僧になるシーンがあります。カトリック教会にとってそれは神聖な儀式です。映画から外していただけるとありがたいのですが」

じつをいうと私は改宗して、いまはカトリック信者になっている。が、そのときはまだカトリックではなかった。「あなたと取引をしましょう」と私はこたえた。「私の想像でそのシーンを撮るのと、あなたに助けてもらってそのシーンを撮るのと、どちらをお望みですか?」

「いうまでもなく、私の協力のもとに撮っていただくほうです。あのシーンをどうしても外せないというのであれば、信頼の置ける人間を差し向けましょう。映画のなかで正しく描かれるように」

話はローマに移る。儀式のシーンを撮影する日、背の低い太った聖職者がやってきた。彼は自分用の台本を携えていた。それはたいそう部厚いもので、儀式について必要なことがすべて書きこまれていた。私はイタリア語が話せず、この聖職者は英語が話せなかったので、私は通訳を通して、儀式の進行をお任せすると伝えた。彼の指導による儀式は朝の八時に始まり、夜の七時に終わった。私はメモはとらなかった。じっと眺めながら、印象的な部分を頭に刻みこみつつ全体像の把握に努めていた。

儀式が終わったところで聖職者に夕食をとってもらい、私はすぐにリリアン・ギッシュ、J・バーニー・シェリー、その他の俳優と翌朝までかけて儀式のシーンの撮影を行なった。

自分の記憶が新鮮なうちにすべてを撮っておきたかったのだ。だからこのシーンに関しては紙に書かれたシナリオというものはなかった。

これまでにニューヨークの舞台監督と仕事をした経験は数多くあるけれど、この聖職者ほど物静かな威厳に満ちた人物は見たことがない。彼は人を動かすにあたって巧みな技術をもっていて、指示のひとつひとつに揺るぎない自信がうかがえた。しばらくあとで大司教に会ったとき、じつにいい人を送っていただいて感謝する、とお礼を述べた。

「あの方は」と私はいった。「私の知るなかで最高の舞台監督ですよ。人にものを伝える能力において天才的なものをお持ちだ」

「さよう」と大司教はこたえた。「あの御仁は経験豊かでしてね。いちばん最近手がけたのは、一万六千人が関係する儀式でしたよ」

その聖職者はヴァチカンの筆頭儀礼監督だったのだ！

『ホワイト・シスター』の火山のシーンに使おうと、ヴェスヴィオ山に登ってみた。あの山の頂上に行き着くには馬で上るしかない。キャメラマンのロイ・オーヴァーボー、キャメラマン助手、そして二人のガイドが同行者だった。頂上まで登ったところで、火口のなかへと降りていった。

深さは三百メートルほどだったろうが、あまりに距離があったためか、それほど深くは見えなかった。ロープを使うなどして、どうにか底のところにたどり着いた。小さな火口がいくつもあり、数分ごとにガスを噴き出している。風向きが変わるたびに、私たちは顔にハンカチを当てて腹ばいになった。そうしないと窒息してしまうからだ。幸い私たちはみな若く熱気にあふれていた。ガスが晴れると歩き出し、溶岩層の裂け目に到達した。その裂け目はこの部屋の半分ほどの幅があった。溶岩がクツクツ煮えたぎっているのが見える。私たちは機材を抱えたまま反対側に飛び移らなければならなかった。キャメラマン助手は失神しそうになり、引き返した。火口は小噴火を繰り返していて、小石ほどに見える岩を噴き出していた。そのうちのひとつが私とロイの近くに落ちた。それを見ると直径は少なくとも三十センチはあった。

いちばん大きな火口の近くまでやってきた。私は中を覗いてみたかった。口の広さは十八メートルほどあり、縁は火山灰が積み重なって土手になっていた。私は手にしていたライカをロイに手渡し、火口の縁にたつ私を撮ってくれと頼んだ。火口近くに立つと、熱はものすごく、眉毛と髪の毛がジリジリと焦げる音がした。もどったとき私の顔は血のように赤くなっていたが、ガイドのひとりがうずくまって祈っている。どうしたのかと訊ねるとこう答えた。「火口の縁にたつなんて真似をしたのはあなたの他にひとりしかいません。そのときは足元の灰が崩れ、その人は火口に真っ逆さまでしたよ」と。そんな危険があるとは想像もしなかった。危うく命を落とすところだったのだ。このときの小旅行は丸々半日を費やしたが、欲しいショットは手に入れた。偶然にもこのときのヴェスヴィオは一種の小噴火状態だったのだ。このとき撮ったフィルムを、撮影所で撮ったものやヴェスヴィオを外側から撮ったものと組み合わせたところ、迫力十分なシーンができあがった。

『ホワイト・シスター』ではイタリア中で撮影をした。ソレント、カプリ島、ローマ、モンターニャ湖周辺、ティヴォリなど。私たちは室内劇を撮るためにイタリアまで出向いたわけではなかったからだ。狩猟のシーンは地元の猟犬管理者に再現してもらった。わざわざ大勢のエキストラを雇うのではなく、主要人物以外はローマ社交界の紳士淑女にお出ましを願いエキストラとなっていただいた。

『ロモラ』（二四）もイタリアで製作されたが、こちらはもっと規模が大きく、また仕上げるのにはるかに苦労が多かった。十五世紀を舞台にするいわゆるコスチュームもので、港湾長ティト・ネーリによってリヴォルノにおいて撮影用の船が造られ、船には出演俳優の名前がつけられた――〈リリアノ〉号〈ドロテア〉号はご想像のようにこの映画に主演したギッシュ姉妹から取られている。セット撮影にはフィレンツェの撮影所を借り切った。十七エーカーの土地に巨大なセットが作られ、いちばん背の高い建物となったドゥオーモ（大聖堂）とカンパニーレ（鐘楼）は、いずれも高さが八十四メートルあった。このときもロバート・ハースが美術監督を務め、イタリア人スタッフが賞賛のことばもない働きぶりをみせてくれた。どんな労もいとわず、コツコツと辛抱強く十五世紀の建造物を細部もそのままに再現してくれたのだ。実際のドゥオーモやカンパニーレの前でも撮影をし、セット撮影のものと編集したのだが、いずれが本物と見分けがつかなかった。

『ロモラ』を撮り終えると、イタリアに別れを告げてカリフォルニアにもどり、サミュエル・ゴールドウィンのもとで『ステラ・ダラス』の製作に入った。『ステラ・ダラス』は雄大かつ情緒満点の物語だ。このときは主人公ステラ・ダラスの娘役を決めるのに少々時間を費やした。サム・ゴールドウィンはこの役にロイス・モランを推薦してきた。彼はモランとパリで会っていて、彼女のクロースアップのテストフィルムも撮っていた。ゴールドウィンの総支配人エイブ・レアが私にそのフィルムを見せてくれた。

「かわいいじゃないか」と私は感想を述べた。「でも、サムはじっさいに会ってるんだろ。彼はどう思ってるんだ？」

「君さえよければ、彼は異存なしだ」

ニューヨークにもどったサム・ゴールドウィンが電話をかけてきた。「テストフィルムが気に入ってくれたのなら、モランとすぐに連絡をとるぞ。彼女にはマーク・コネリーの舞台（「親知らず」）が予定に入っているからな」

「サム、首から上の彼女は申し分ないけれど、子ども時代も演じるんだろ。脚はどんなんだい？」

「ヘンリー、私としたことが、今回に限って女性の脚を見逃していたよ」

『ロモラ』(24) におけるサヴォナローラ火刑のシーン。フィレンツェのヴィーゼ撮影所に建てられたこの驚嘆すべきセットは17エーカーの広さに達した。石造建築物の質感を出すために、美術監督のロバート・ハースはダヴァンツァーティ宮の壁の石膏模型を作った。「歴史によると」とヘンリー・キングは語っている。「炎がサヴォナローラの体を包んだとき、空に浮かんでいたほんの小さな雲がみるみる雷雲に発達し、大嵐になったのだという。梯子の先端にいるスタッフは雨を降らせる係なんだ」(訳注=サヴォナローラ (1459-98) はイタリアのドミニコ会修道士で宗教改革者。火刑で殉教)

「モランはダンサーだって話じゃないか。筋肉質の太い脚をしていたら厄介だな」

「舞台の初演はボルティモアだそうだ。とにかくすぐにニューヨークに出てこないか?」

ニューヨークに到着したばかりの私に向かってゴールドウィンは、昼間の電車でボルティモアに行き、舞台を見て、その日の夜にもどってくるようにといった。

そこで私はボルティモアに行き、母親と一緒にホテルに滞在しているロイスに会った。ダイニングルームでお喋りに花が咲き、愉快な雰囲気となった。

「ねえ、ロイス」と私は切り出した。「私がボルティモアに来たわけを正直に話そう。ゴールドウィンがパリで撮った君のテストフィルムはとてもよかった。君にここでこうして会って話をしてみて、人物も気に入った。でもこの役は十一歳からやってもらうことになっている。君がどんな脚をしているか見ておかなくちゃいけないんだ」

ロイスはスカートをたくし上げた。「こんなのよ——どうかしら?」といってね。ダイニングルームの真ん中でだよ!

「うん、とてもきれいだ。じゃあ、もうひとつのほうはどうかな?」そういいながら、私も笑っていた。「ロイス、これで私も役目を果たした。君は合格だよ」

食事のあとみんなで劇場に行き、私は舞台を見た。幕が下りると楽屋に行ってロイスとマーク・コネリーに祝意を述べ、すぐにタクシーに乗って駅に向かい、直行でニューヨークに帰ってきた。カリフォルニアからニューヨークへ、そして休む間もなくボルティモアに行き、またニューヨークにもどる——女性の脚を見るためだけの大行程だった!

『ステラ・ダラス』のシナリオはフランセス・マリオンの手になるものだった。このフランセスには人選の才もあった。ニューヨークからもどった私に彼女はいった。「母親(ステラ・ダラス)役の女優をあなたがどこまで考えているのか知らないけれど、もしまだ何も考えてなければ、他に目移りする前に、ベル・ベネットを考慮しておいてちょうだい」ベル・ベネットはタイロン・パワーと共演した「放浪のユダヤ人」の舞台で見ていた。ひと幕だけの出演だったが、その演技は他を圧していた。映画にもいくつか顔を出していて、どんなときでも目いっぱい頑張る姿が印象に残っていた。

「この女性は役に必要なものをすべて備えているわ」とフランセス・マリオンはいう。「母親であり、子どもが二人あり、この世のありとあらゆる辛酸をなめてきた。舞台の上でも外でもね、この人こそステラ・ダラスなのよ」そこでベル・ベネットに一度来てもらったところ、すばらしい女優だった。

娘役の問題がまだ尾をひいていた。先にもいったように、娘役の女優は十一歳から大人の役まで演じなければならない。サム・ゴールドウィンは十一歳の少女を別に見つけ、ロイスにはもう少し年上から大人までを演じさせようと考えた。私はその意見に賛成した。そこで容貌の似た子を見つけるべく、その年頃の女の子を十五人から二十人面接した。そのとき衣装のソフィー・ウォクナーの頭にアイデアがひらめいた。彼女はロイスに十一歳の服装をさせるとともに、リブのあるストッキングをはかせて脚が細くまっすぐに見えるようにした。そうして同じ背格好の、候補の五人の女の子に混じらせた。私はまず六人を別々に、そしてそのあとで全員を一緒にして撮影した。

　サム・ゴールドウィンはテストフィルムに目を通した。彼はもう一度映写させると、こちらを振り向いていった。「ヘンリー、人をかつぐ気か？　目の迷いでなけりゃ最後から二番目はロイス・モランだろうが！　代役は無用だな。ロイスが断然図抜けているからな」

　というわけで、娘が十一歳のときから大人になり、ダグラス・フェアバンクス・ジュニアと結婚するまでを、ロイスがすべてひとりで演じることになった。私はそのダグ・ジュニアに口ひげを生やさせた。そして口ひげが気になるので時折口ひげをなぜる癖をつけるようにと伝えた。実家にもどったダグ・ジュニアに父親は「何をしてるんだ？」と訊ねた。

　息子は答えた。「癖がつくようにしているのさ。次の映画では口ひげのある役なのでね」

　父親は私に電話をかけてきた。「ヘンリー、忘れるなよ、私はまだ現役の俳優だ。息子をあまり老けさせないでくれ――」

「老けさせはしないさ」と私は応えた。「その逆で、さらに若々しくさせるのさ」と。*

口ひげがあると、若者同士のまだ幼い恋のシーンがもっと印象強くなるんだ。若い二人がボートを降りたところでダグ・ジュニアがロイスの頬にキスをするというシーンがある。ここはいろいろと外野から声がかかった。どうして唇にキスをしないのかというわけだ。私は答えたね。あのくらいの年頃の男女は唇にキスはしない。もししたらだいなしだと。まあ、ともかく、あの映画にも、関わったすべての人間の熱意がしっかりこもっていた。それと、公開すると映画は大当たり。それも驚きだった。

『夢想の楽園』（二六）でもすばらしい経験ができた。ロケ地はネヴァダ州のブラックロック砂漠に見つけた。ネヴァダとアイダホの州境にあたる地域だ。海抜は千八百三十メートル、草一本生えていない不毛の地だが、この映画にはぴったりの地相だった。そこにひとつの町を作りあげた。鉄道が山の脇を通っていたので、駅も建てた。飲料水は三百二十キロ離れたところから運びこまなくてはならなかったが、井戸を掘り、シャワーなどにはこの井戸の水を使った。撮影隊のキャンプには千二百人を収容できた。のちには鉄道を用いてさらに千二百人を運びこんだ。

　映画の撮影はふつう屋外を先に済ませてから、撮影所にもどって室内シーンを撮る。しかし、このときはそれを逆にし

＊この映画でダグラス・フェアバンクス・ジュニアが口ひげをたくわえるのは最後の最後になってからのこと。

てみた。カール・オスカー・ボーグが美術監督だった。物語はインペリアル谷の開墾と、コロラド川の治水及びその水を灌漑《かんがい》に利用しようという内容で、東部から来た技術者ウィラード・ホームズを『ホワイト・シスター』で発掘したロナルド・コールマンが演じ、ヴィルマ・バンキーが砂嵐の犠牲になる開拓民の女性と、その遺児バーバラ・ワースの二役に扮した。エイブ・リー役にキャスティングした俳優はワーナー・ブラザースでルビッチの映画にかかっていた。エイブ・リーの出番が迫ってきたが、ルビッチのほうの撮影はまだつづいていた。

ある朝撮影所に出て行くと、キャスティング担当ボブ・マッキンタイアのオフィスの外で見知らぬ青年が地面に腰を下ろしていた。両腕で膝を抱えた格好のまま、前を通る私に視線を向けた。私はボブに外の男は誰かと訊ねた。

「ああ、俳優志願のカウボーイですよ。テストは受けたといってますがね」

「そのテストフィルムを映写室に持ってきてくれ」と私は告げた。「裏口から抜けて映写室で見てみるよ。その前に、あの青年を中に入れて紹介してくれないか」

青年は入ってくるとしばらく黙っていたが、重い口をようやく開いた。「エイブ・リーの役がやりたいんですが」

「お生憎だが、あの役はもう決まっているんだ」といったあと、私は裏口から出て、映写室に入り、テストフィルムを見てみた。青年は自分の懐から金をはたいて、〝貧乏通り《ポバティ・ロウ》〟の撮影所でテストフィルムをわざわざ撮らせたのだった。写っているのは、馬でやってきて、ひらりと飛び降り、キャメラに一瞥をくれてから、酒場に入っていくだけのアクションだった。

私はもどってきてボブ・マッキンタイアにいった。「ともかく、馬には乗れるようだ」と。青年とは契約を交わした。「ロケ地にはカウボーイを十人連れて行く」と青年に言い渡した。「九人はもう決まっているが、もうひとりは君にしよう。給料は週に五十ドル。キャンプで生活してもらうぞ」

「了解しました。ただし、何か役があればぜひまわしてください」

クランクインとなったが、エイブ・リー役の俳優はまだ現れない。そこでこの青年を呼び、エイブ・リーの衣装を着せてみた。

彼にひとつ指示をあたえた。「いいか、ヴィルマ・バンキーから絶対に目を離すんじゃない。それがおまえの仕事だ」なんとこの青年は朝の八時から夕方仕事が終わるまで、突っ立ったまま、ヴィルマ・バンキーの行くところ、彼女が撮影中であれ休憩中であれ、視線を据えて絶対にそらせなかった。彼はそれまでエキストラは一、二度つとめたことがあっただろうが、映画の経験はその程度だった。モンタナから出てきた、映画にはずぶの素人の青年だった。そのときも数シーンで背景の中に加えてみたが、もちろん役といえるようなものではないながら、しっかりこなしてくれた。そういうの

『夢想の楽園』(26)の撮影現場、何やら語り合うヴィルマ・バンキーとヘンリー・キング。
体だけ見えているのはキャメラマンのジョージ・バーンズとグレッグ・トーランド。

を見て私は、もし彼がホテルのシーンをうまく演じられたら――砂漠の中を丸一日馬で駆けてきたエイブ・リーがワース氏にニュースをもたらすシーンだ――ルビッチの映画にかかりきりになっている俳優氏をこれ以上待つ必要はないと考えた。私のこの気持ちは誰にももらさなかった。この青年に技倆があるかどうか、ただのでくの坊じゃないか等々、議論となるのは避けられなかったからだ。

　このシーンの共演者はロナルド・コールマン、チャールズ・レイン、ポール・マカリスターで、エイブ・リーは疲労のため人事不省の一歩手前の状態で彼らの前に現れるのだった。その日撮影所に出てきた私は真っ先に青年のところに行き、シーンの説明をした。そして彼の顔を水で濡らし、その上に漂布土《フラーズアース》を塗りたくった。私は彼のまわりを歩きながら幾度も幾度も彼の頭にたたきこんだ。たんなる疲れじゃない。疲労困憊、消耗の極、体の感覚を失い、気が遠くならんばかりの疲れようだ……と。私自身がへたばってしまいかねないほど説明に説明を重ねた。そして彼に歩きまわっているようにと命じ、セットに向かった。他の俳優たちのリハーサルを済ますと、また青年のところにとって返し、セットに入る前に最後の指示をあたえた。

「ドアのところで棒のように顔の正面から倒れる、たとえ顔がつぶれようとまっすぐに、と命じたらそのとおりにできるかな?」

「できます」

「手でかばうんじゃない。まっすぐに。死体が倒れるようにだ」

「大丈夫です」

「ドアをノックするとき、お前は死にそうなほど疲れている。二十四時間馬で駆けてきた人間だ。どのくらい疲れている？」

「ことばにならないくらい」

「そうだ。お前はそうなっているんだ。体だけでなく頭の中も。ドアが開いたら、部屋の中を見渡すんだ。ワース氏の姿が見える。でもお前の足は動かない。〝ワ、ワースさん……〟とことばを絞り出す。そして倒れるんだ。まっすぐに。頭の先から突っこむように。絶命したかのように」

「わかりました」彼は小声でつぶやいた。「そのとおりやります」

間違いなくやってくれる、とこちらも確信を持った。私はロニーとポールにいってあった。「奴は映画は初めてだ。床に向かって顔から倒れていくぞ。倒れる途中で両方から腕を抱えて支えるんだ。そしてそのままベッドに運んでいく」と。

私たちは青年なしでこの場のリハーサルを行なった。すると小道具係のアーヴィング・シンドラーがやってきて、ゴールドウィン氏が呼んでいるという。ところで、セットには黒の遮断幕がしてあって外部の人間に覗かれないようにしてあった。私は幕の外に出て行った。

「ヘンリー！」ゴールドウィンが先に声をかけた。「いいか、このことだけは忘れるな。私の金を一ドルでも使ったら、それはお前にはね返るということをな」

「いったい、どういうことなんだ、サム？」

「お前はあのトウシロウのカウボーイに大役をくれてやろうとしているじゃないか」

「どうしてそれを？」

「昨日のラッシュフィルムを見たんだ」

「感想は？」

「申し分ない――それだけ見ればだ。だが、あのクライマックス・シーンはどうする？　あれは劇の山場だ。カウボーイにつとまるもんじゃないぞ」

「安心してくれ、サム。もう撮れるだけのものは撮ってある。ワーナーから借りる予定の俳優はルビッチの映画から抜けられないでいて、クリスマスまでにこちらに来れるかどうかもあやしい。あの青年にキャメラをまわしたところで特別な金はかかっちゃいないんだ。いずれにしろ毎日金は流れていく。少々フィルムを使ったところで大差はないんだ」

「もう一度だけいっておくぞ。私の金を一ドルでも使ったら、それはお前にはね返る」そういうとゴールドウィンはきびすを返して、歩き去っていった。

私はセットにもどり、もう一度本番に向けてみんなの気分を高めた。それから青年のもとに行き、さらに顔をぬらし、漂布土を塗りたくった。顔は粘土に完全に覆われ目のところだけ二つぽっかり穴が空いている。おそらく誰も見たことのないメイクだったろう。四時間もかけて念入りに作られたメイクだ。顔をぬらしては粘土のうえに粘土を重ねていって、いまや頭も顔も衣服も真っ白の人物ができあがった。撮影準備が整ったところでシンドラーに合図を送り、青年にドアをノックさせた。

彼のノックは扉にかすかに触れるかぼそいものだ。ロニー・コールマンが立ち上がってドアを開けると、世にも哀れな生き物が立っている。私の記憶には、青年がドアにふさがるように立っていたその姿がいまだに刻みこまれている。彼は部屋を見まわし、口を開いた。「ワ、ワースさん……」そしてドッと顔から倒れていった。その瞬間、ロニー・コールマンとポール・マカリスターが彼を両脇からつかまえた。彼の顔が床にぶつかるという寸前にだ。二人は彼をベッドに運ぶ。私はキャメラマンのジョージ・バーンズとキャメラマン助手のグレッグ・トーランドに「よし、次はこっちだ」と急いで指示をあたえた。粘土のメイクがくずれてしまったら取り返しがつかない。クロースアップを撮る準備をしているとアーヴィング・シンドラーが耳打ちした。

「ゴールドウィン氏が呼んでます」

「このさなかにか！」私は外に出た。

「サム、こんどは何だ？」

「ヘンリー！　お前はいつも私を笑いものにしようとするな。なぜ教えてくれなかった？　奴はすごい俳優じゃないか」

「すごい俳優なんかじゃないからさ。モンタナから出てきたカウボーイだ――」

「ヘンリー、彼は私がこれまでに見た中で最高の俳優だ」

「なぜわかる？」

「幕の穴から見ていたんだ。すぐ彼と契約をかわそうじゃないか」

「サム、撮影の途中なんだ。この件はあとで話し合おう」

「撮影はエイブにやらせておけ。まずは契約だ」

「あとでだ！」

「おい、お前とはパートナーじゃなかったか」

「もちろんパートナーだが、このシーンを撮ってしまわないと、映画はできあがらないんだ」

私はセットにもどり、青年、すなわちゲーリー・クーパーのクロースアップを撮り上げてから、彼にいった。「ゲーリー、この役は君のものだ」彼はドアに立ったときのように途方にくれた表情をした。いったいどうしたらこういうことが起きるのか？　ゲーリーはエイブ・リーを演じるんだという揺るぎない信念をもっていた。役柄の裏も表も知りつくしていた。カリフォルニアにやってきたカウボーイに、私はその他大勢の馬上のひとりをやらせ、彼は最後にはエイブ・リーの役をつかんだ。この顚末の説明ができるなら説明してみてくれ。私には説明できない。

第十一章　メリー・ピックフォード

その姿を一度も目にしていない観客にとっては——すでに彼女がスクリーンを離れてから二世代が経過しているのだ——メリー・ピックフォードはサイレント映画の呼び物のひとつであったお涙頂戴物の象徴的女優である。彼女が演じるのは身寄りのない幼い少女であり、待ち受けるのは冷酷な運命と悪意に満ちた世間。彼女の名前はチャップリンと同じほど世界に広まっている。後者がサイレント喜劇の代名詞とすれば、前者はサイレント悲劇の代表として。

しかし、かくも愚劣で事実とかけ離れた説明はあり得ない。メリー・ピックフォードは本質的にコメディエンヌであり、またコメディエンヌと決めつけてしまっては不当なほど、本格的な女優としてのすぐれた資質を持っていた。

彼女の主演作は大半がコメディであり、純粋なペーソスと冒険物の要素を特徴とする軽やかなストーリーを基本とした。ほろっとさせる面もなるほどあったけれども、めったに感傷には陥らなかった。メリー・ピックフォードが演じたのはかわいらしい、しかし気の強い少女であり、明るい生命感にあふれていた。観客は彼女を見て胸があたたかくなるのをおぼえたが、彼女の内にはアイルランド人の熱い血が燃えさかっていた。窮境に陥っても彼女はめそめそしたりはしない。断固行動に訴え、しばしば突拍子もない大騒ぎを巻き起こす。

彼女の演技は徹底して自然であった。その演技も彼女の後期サイレント映画も、いま見てもまったく古びていない。

〝アメリカの恋人〟と呼ばれていた当時と変わらず、いまだに生き生きと新鮮である。彼女には大勢の模倣者がいたが、ライバルはいなかった。アメリカ娘の理想像はいまでも変わらずメリー・ピックフォードが演じた女性たちである——魅力に富み、心やさしく、寛大で滑稽だが、一旦緩急あれば火のように激して、ひとりで危機に立ち向かっていく。

観客はメリー・ピックフォード演じる〝少女〟を深く愛し、彼女は観客の期待にこたえるまま、三十代に入っても少女役を演じつづけた。そうはいっても、一九一八年という早い時期にすでに彼女は、『闇に住む女』（一八）において、〝甘い〟作風に抵抗の姿勢をみせている。ウィリアム・J・ロックの小説をフランセス・マリオンが脚色しマーシャル・ニーランが監督した『闇に住む女』は真摯なテーマをもった名作である。メリー・ピックフォードは、ロンドンの下層にうごめく下働き女中ユニティ・ブレイクと、裕福な環境で養父母に過保護に育てられた虚弱な娘ステラ・マリスの二役を演じている。ステラ・マリスは病床を出て現実と向き合ったとき大きなショックをうける。彼女は養父母に涙ながらに訴える。「世の中の厳しい現実から私を守ろうとして、お父さんとお母さんは私の幸福と、人の心に対する信頼を粉々にしてしまったんです」メッセージは明確で力強いものだったが、観客はそれまで慣れ親しんだメリーのイメージのほうに軍配を上げた。幸いなことには、彼女はこの役を深い理解をもって演じていて、そこに子どもというよりは、ストーリーの進行とともに成長するひとりの若い女性を表現することに成功している。同じくニーラン監督の、痛快な『孤児の生涯』（一九）はゴミ箱の中に赤ん坊が見つかるところから始まり、孤児院での少女時代が描かれて、この少女が恋心に目覚めるところで終わる。彼女が大人の女性を演じたものには、『愛の燈明』（二一、フランセス・マリオン）『ロジタ』（二三、エルンスト・ルビッチ）『ドロシー・バーノン』（二四、ニーラン）『デパート娘大学』（二七、サム・テイラー）がある。

メリー・ピックフォードの演じる役柄に誤解がある一方で、映画史上に占める彼女の意義はあまりにも過小に評価されてきた。

メリー・ピックフォードと彼女の夫ダグラス・フェアバンクスの二人は、D・W・グリフィスを別にして、他の誰よりもアメリカの映画製作に大きな影響をあたえたといっても誇張にはならない。しかも一九二〇年頃にはグリフィスの影響力にも陰りが見えてきた。グリフィスの映画は映画製作の方式と技法において衝撃をあたえつづけてきたが、他の監督たちがそれぞれの洗練された作風で彼に追いつくようになってきたのである。メリー・ピックフォードとダグラス・フェアバンクスは、彼らの映画の商業的大成功によって、新たなリーダーに躍り出た。映画界は彼らの撮影所から生み出される新作を、かつてグリフィス作品を待ち望んだのと同じ関心と興味をもって待ち焦がれるようになった。

ピックフォードとフェアバンクスは才能を見抜く目をもっていて、またそういう目を活用できる商才にも長けていた。二人の選択基準は芸術上、興行上、いずれの側面にも適うものであり、彼らの映画はあらゆる部門において最高の水準を達成していた。メリー・ピックフォードは最高のキャメラマンであるチャールズ・ロシャーを雇っていた。ダグラス・フェアバンクスはアーサー・エディスン、ヘンリー・シャープといった名手を用いていた。二人が雇用する監督もシドニー・フランクリン、マーシャル・ニーラン、ラオール・ウォルシュ、エルンスト・ルビッチ、モーリス・トゥールヌールら、一流ぞろいであり、さほど著名でない監督を用いた場合は、それらの監督に生涯の最高作を生み出させている。

メリー・ピックフォード自身、監督の領域に踏みこんだことはめったにないと語っているが、専属のキャメラマン、チャールズ・ロシャーによると、ピックフォードはしばしば自分で演出を行なった。「そういうとき、監督は群衆シーンだけを任されるんだ。彼女は映画のことは一から十まで知っていたからね」

一九一九年、ピックフォードはフェアバンクス、チャップリン、グリフィスらとともに実体をそのまま名称にしたユナイテッド・アーティスツ（〝連合した芸術家たち〟である）を設立し、念願の独立を手にする。

彼女の最後の出演作は一九三三年に封切られたフランク・ボゼーギ監督のトーキー作品『秘密』となった。そこでの役柄は開拓自営農民（レスリー・ハワード）の妻で、そこにおいて彼女は、サイレントとトーキーを含め、自らが映画史上最高の女優のひとりであることを証明している。このきわめて劇的な役柄には印象に残るシーンが数多いけれども、とくにそのなかのひとつに触れておきたい――彼女の演技によって常套的なシーンに強い情感が付与されている。

無法者の一団が主人公夫婦の住む丸太小屋を包囲している。レスリー・ハワードは窓から銃で応戦し、敵の侵入を必死で食い止めている。メリーは赤ん坊の無事を確かめに奥の部屋に行く。ところが、こともあろうに赤ん坊は死んでいる。赤ん坊の死骸を抱きしめて、彼女は部屋の中央に座りこむ。部屋の中にも銃弾が飛び交うが、放心したように動かない。ここには芝居がかったものがあるわけではない。彼女が麻痺したように座っているのを、じわじわと前進するキャメラが捉えるだけである。しかし、その顔、その眼の中には、ことばにならぬ絶望が刻まれている。メリー・ピックフォードはこのとき役の中の人物を生きていた。一九六五年九月にロンドンで面会したとき、彼女自身が語っている。「あの役には本当に興奮させられたわ」

七十代の前半にあっても、ピックフォードはユーモアと活力と生命力を保持している。いずれもかつて彼女を映画界の第一人者となさしめた資質である。彼女はいまだに世界有数の富豪のひとりであり、『デパート娘大学』で共演したチャールズ・〝バディ〟・ロジャーズとは結婚してほぼ三十年になろうとしている。住まいは、ハリウッド社交界の中心地となっていたピックフェアのままである。その生活態度は自らの全盛期をそのままに反映するものであり、それはこの先も変わりはしないだろう。当時は先鋭的であると思われ、現在は保守的であると思われている。彼女は凜《りん》としており、自らの見解に誇りをもっていて、リベラルな道徳観には強い反感を抱いている。政治を憎悪しており、ハリウッド博物館の企画が一転政治問題化すると、すぐに支援を打ち切った。「政治家には私の家の敷居はまたがせないわ」と彼女はいっている。

いつの時代にあっても彼女にとって無縁なのは、皮肉な、

［上］『奔流千里』（24）のセットを訪れ、姉のメリーと語り合うジャック・ピックフォード。中央は監督のジョージ・ヒル。『奔流千里』は同じくメリー・ピックフォード主演の『想出の丘へ』（19）と同様ジョン・フォックスの小説を原作としていた。［下］『プア・リトル・リッチ・ガール』（17）でメリーを演出するモーリス・トゥールヌール。キャメラマンはルシエン・アンドリオット。

斜にかまえた態度である。それは彼女をとまどわせ、腹立たしい思いにさせる。同様に彼女の気性と相容れないのは洒落たほのめかしや諷刺である。したがって、彼女自身がアメリカに呼び寄せたあの偉大なエルンスト・ルビッチとは、そもそもからしてうまくいくはずがなかった。ルビッチの皮肉なウィット、洒落たほのめかしや卑猥な駄洒落に対する偏愛は、彼女の直情的でまっすぐな気質と真っ正面から衝突した。ルビッチとの小競り合いを語る彼女の語調には、この監督に対する彼女の当惑と無理解が読みとれる。ピックフォードはルビッチには女性が演出できないと断じた――それは実情とはおよそかけ離れている。じっさいのところ、ルビッチもピックフォードと同程度に〝独裁者〟だったのであり、女性にあごで使われる屈辱にはとうてい耐えられるものではなかった。

スタンバーグの偏執的こだわりも、グリフィスのからかい口調も、ピックフォードをいらつかせた。彼女はどこまでも単刀直入、率直な人物であり、他人にも同じであってほしかった。幸いなことに、彼女を補佐するスタッフや部下たちのほとんどは一般観客同様彼女を崇拝していた。というのも、彼女は稀に見る偉大なスター女優であっただけでなく、偉大なプロデューサーであり、なによりも人物として偉大だったからである。

メリー・ピックフォードは語る

メリー・ピックフォードという名は私が勝手につけた名前だと皆さん思っているようですね。私の祖父の名はジョン・ピックフォード・ヘネシー。ロンドンで市電にはねられて七歳で死んだ大叔母はメリー・ピックフォードといいました。でも、私の名はその大叔母からとったのではありません。私はフランス人司祭からグラディス・マリーという洗礼名を授かりました――グラディス・マリー・スミスです。

デイヴィッド・ベラスコがピックフォードがいいと決めたのです。私が自分の家系の名前、キー、カービー、ボルトン、デ・ボーモント等々と列挙したあとにね……そしてマリーよりメリーがいいと。

それは母の名前でもあるんです。母はシャーロット・メリー・キャサリン・ピックフォード・ヘネシーでしたから。伯母にひとりエリザベスという名の人がいます。私のファンでボストンに住む人が、私の家系をずっとたどったところ、メリー・ピックフォード、エリザベス・ピックフォードは、十一世紀以降幾度も出てくる名前だと教えてくれました。私の家系はデンマーク出身のヨーマン（自作農）に行き着くそうです。

映画の世界に入ったのは一九〇九年です。私は大仰な演技は要求されても拒みました。弟のジャックもです。私を意のままに動かした監督なんてひとりもいません。グリフィス氏ですらもそんなことはできませんでした。あの方のことはもちろん尊敬していましたよ。愛情すら感じていましたもの。でも、私自身納得できなければ、彼のことばであっても断然従いませんでした。首を切り落とされたガチョウみたいに〝ウヮァーッ、かわいいトリちゃんだ！〟〝ウヮァーッ、見て！　ウサちゃんだよ！〟なんて大声上げて走りまわれるでしょうか。そんな真似は絶対にしませんでした。彼は若い女優にはきまってその種の演技をさせました。女優たちもみなそういう演技に右に倣えでした。

「私は大人です。十六歳です。そんなことはしません！」といいました。

「文句をいわずにやりなさい」とあの方はいいます。「やらないならクビだ」と。

「クビでけっこうです。やめさせてもらいます。誰がするもんですか」私は応えました。

でも、グリフィスは多くのことを教えてくれました。例えば、ある映画で私は貧しい少女を演じていて、襟の毛皮の部分は虫食いだらけになったよれよれのコートを着、小鳥がとまったように見える小っちゃなかわいい帽子をかぶっていました。私は部屋に入るとベッドの上に帽子を放り投げ、その上にコートをぽいと載せました。グリフィス氏は撮影を止めました。

フィルムが一フィートにつき二セントもしていたような当時、キャメラを途中で止めるなんて前代未聞でした。彼はセットの中に入ってきてこういいました。「ピックフォード、二度とするんじゃないぞ。帽子は放り投げるものではないし、コートはよくホコリをはらってからきちんとベッドの上に載せる。身につけるものは大事に扱いなさい。ヒロインがだらしがなくってどうする」

「よくわかりました」と私は答えました。

「よし、じゃあもう一度初めからやりなおそう。ビッツァー、キャメラの準備！」

〝グリフィスさんのいうとおりだ〟と私は彼のことばをかみしめました。私は扉の外に出、もう一度部屋に入ってくると、コートを脱ぎ、毛皮の部分にブラシを当て、帽子は小鳥のゆがみを直してから椅子の上に置き、そしてコートを丁寧に戸棚にしまいました。

「よくできた」とグリフィス氏から声がかかりました。

それがあの方の演出法でした。いつだったかグリフィス氏は、キャメラの後ろにすわって考えていると以心伝心、ピックフォードはそのとおりのことをやってくれる、といいました。彼はまたこうもいいました。自分より仕事熱心なのはどう見ても二人しかいない。リリアン・ギッシュとメリー・ピックフォードだと。彼は彼なりのやり方で私を愛していたと思います。私も彼を愛していました。でも、ベラスコのもとにもどろうと決意したときは、映画はもうこれっきりのつもりでした。そのことでは激しい言い合いをしたものです。

グリフィス氏はまだ何も知らないずぶの素人を見つけてきては映画に使っていて、私はそれがいやでした。『ディー川の砂』（一二）の主演を誰が演じるかでは大揉めに揉めました。ブランチ・スウィートが強く希望しました。私もぜひにと思っていました。ドロシー・バーナード、メイベル・ノーマンドもやりたくてうずずしていました。グリフィス氏は私に『人類の起源』（一二）に出るようにといってきました。私は断りました。脚をむき出しにするところがあったからです。まあ、むき出しとはいっても、足首あたりまでくる一種の腰みのを身につけるというのです。他の全員がいいました。「メリーがやらないのなら、私たちもやらない」と。

「よかろう」とグリフィス氏は決心しました。「『人類の起源』をやりたくない者は『ディー川の砂』もやらせない」そういうと、役をメエ・マーシュにあたえたのです。

私は思いましたよ。〝まあ見ててご覧なさい。メエは目もあてられなくってよ〟と。映画ができあがって、みんなでそろって試写を見に行きました。するとどうでしょう、メエは光り輝いていました。映画が終わるとすぐ、私は彼女に駆け寄りました。

「あなたすばらしかったわ。私じゃとてもあそこまでいかない」と。

メエはそれまで映画の経験はありませんでした。デパートで働いていたのです。私は思いました。〝これで決まり。私は十年間演技の道を歩んできた。彼女が初めて挑んであそこまでできるのなら、私は所詮映画には縁がない。やめてしまおう〟と。*

ニューヨークにもどる列車のなかでグリフィス氏と私たちは一緒に食事をとり、私はビリー・バークを話題にしました。私は若くてビリー・バークの真価に気づいておらず、思い違いをして、彼女には誠実さが足りないと口走ったのです。

「何だって！」グリフィス氏は声を張り上げました。「お前が、ビリー・バークを批判するのか！ 彼女と比べりゃ月とすっぽんのお前が？」

「私にだって好き嫌いがあっていいでしょう――」

「いかん。お前はまだそれだけのものじゃない」

「それにあなたにだって私を批判できますの？ ここでいわせていただきます、グリフィスさん。あなたはこういう素人連中を使っていればいいのよ。私は自分の育った所、自分の技術を学んだ場所に帰ります。一年後にはブロードウェイの舞台に立っていますからね」

「バカも休み休みいいたまえ。お前ごときは、裏口からだって入れてはもらえないぞ」

「どうしてですか？」

「いったん映画に身を落とした人間だからさ」

「でも、いっておきますよ。私はベラスコの舞台にきっと出て見せます！」

「笑わせるんじゃない」

大口をたたいた手前、そのとおりやってみせなくてはいけなくなりました。ニューヨークに着いたあと、ベラスコ劇団に電話をし、支配人のウィリアム・ディーンさんを呼んでもらいました。

「ディーンさん」私はいうべきセリフを用意していました。

「あなたに電話したのは、あなたとベラスコさんに私が台本を書いて主演した映画『リーナと鵞鳥』（一二）を見ていただきたいからです――」

「君はいったい誰だね？」

「ベティ・ウォーレンです＊＊」

「えっ！　あのリトル・ベティか――髪を巻き毛にした？」

「そうですよ、ディーンさん」

「どこにいってたんだ？　みんなでずっと探してたんだぞ」

「映画で働いていました」

「恥を知りなさい」とディーンさんに叱られました。「で、いまでも長い巻き毛にしているのかな？」

「ええ、してますよ」

「どのくらいでここに来れる？」

　ベラスコ劇場は四十丁目。私は七十二丁目にいました。

「すぐに行けます」

　到着するとディーンさんはとても興奮していました。「大将を驚かせてやろう。書き割りの後ろに隠れてなさい。ヘアピンを取って、ハイヒールを脱いで、黙ってるんだ」

　まもなくベラスコさんの声が聞こえてきました。

「ディーン、ビックリすることがあるっていったい何なんだ？」

「大将、それはご自分で見つけていただきたいです。向こうの、書き割りの後ろあたりにあるものです」

　ベラスコさんは書き割りの後ろを覗きこみました。

「出てきなさい。誰なんだ、君は？」

　私は靴を脱いでいて、髪も垂れ下がっていました。

「ひょっとしたら、私のリトル・ベティかい？」

「そうです」ベラスコさんは大喜び。私も嬉しくて飛び上がりました。

「ディーン、この子はどこに行っていたんだ？」

「いけない子でしてね。活動写真屋のところだそうです」

　ベラスコさんは私に向き直った。「本当かい、ベティ？」

「間違いありません……」

「ベティったら、なんて子だ！」ベラスコさんは大げさに驚きあきれた顔をしました。

「ごめんなさい。ベラスコさん」

「あやまって当然だぞ！　ところで、舞台にもどりたいのか？」

「ええ――できたら、あなたのところで」

「どこかと契約を結んでいるのか？」

「いいえ……」

「じつは、君にもってこいの役があるんだ。「善良なる小悪魔」の盲目の娘ジュリエットだ。来週の月曜からのリハーサルには入れるかな？」

＊ミス・ピックフォードが〝ベビー・グラディス・スミス〟の芸名で初舞台を踏んだのは五歳のとき。
＊＊ミス・ピックフォードは以前ベラスコのもとで「ヴァージニアのウォーレン家」というヒット舞台に出ていた。

「まだ何ともいえません。グリフィスさんにきいてみるまでは」

　私は四十丁目の劇場を出て、地下鉄で十四丁目まで行きました。当時の私にはタクシーに乗るなんて贅沢はできなかったのです。バイオグラフ撮影所に入っていくと、グリフィス氏はリハーサルの最中でした。彼は〝皇帝〟ですからね。ステージの中央にどっかと腰を下ろしており、一座の者がそのまわりを取り囲んでいました。

「グリフィス先生」私は声をかけました。

「うるさい！」彼はピシャリと叱りつけました。

「申しわけありません。でも、どうしても聞いていただきたいんです」

「撮影所の全員にいってあるじゃないか。リハーサルの最中に私の邪魔をしてはいけないと」

「お手間はとらせません。大事なことなんです。私、ここを出なくちゃいけないんです」

「ここを出る？」

「そうです」

「どこに行くんだ？」

「ベラスコさんのところにもどります」

「えっ！　いまからか？」

「来週月曜、朝十時のリハーサルからです」

「バイオグラフ撮影所をやめるのか？」

「申しわけありません。バイオグラフを離れるのはとてもさみしいです。でも、先生の指導を受けられなくなるのはもっとさみしいです」

「全員解散！」とグリフィス氏は一座の者に言い渡しました。彼の目には涙が浮かんでいます。私の手を取っていいました。

「ピックフォード、神のご加護があるように」

「ありがとうございます」私はこたえました。

「で、何の舞台に出るんだ？」

「「善良なる小悪魔」の主役をやるんです。これが台本です」

「頑張るんだ。頑張っていい女優になるんだよ」

「一生懸命努力します」と私はこたえました。

　グリフィス氏とはもう一本映画を作っています――『ニューヨークの帽子』（一二）です。*「善良なる小悪魔」の初演がフィラデルフィアで行なわれたとき、グリフィス氏は一座の全員を引き連れて見に来てくれました。舞台の前に彼は私にいいました。「いまは何もお腹に入れちゃいけないよ。緊張して吐き気がするといけないから。食べるなら、紅茶に薄いトーストを一枚くらいだ」

　でも、緊張で吐き気に悩まされたのは彼のほうでした！グリフィス氏はボルティモアまで同行してくれました。「私が君にいってきたことはみんな忘れてくれ」彼はいうのでした。「私が間違っていたようだ。私のやり方はベラスコ氏のとは方向を異にしていたかもしれない。彼の教えに従うんだ」

　グリフィス氏とは、彼が亡くなる日まで私と彼はずっとよい友だちでした。

「善良なる小悪魔」は私を映画に引きもどしました。アドルフ・ズーカーが彼のフェイマス・プレイヤーズのために映画化権を買い取ったのです。そのときは向こうにとって私はたんに舞台から引き抜いた女優のひとりにすぎなかったのですが、私が『嵐の国のテス』**（一四）に主演したことから、私の映画女優としての本当の道が開けました。この映画の主人公テスはそれまで私が演じてきたどんな役柄とも違っています。『テス』はズーカーの会社を救いました。ズーカーがあとで語ってくれたのですが、その頃は社員の給料を払うのに夫人のネックレスや自身の保険を質に入れて金に換えていたそうです。でも、そんなそぶりは見せず、苦情もいわず、土曜日ごとに私たちに給料を払っていました。『テス』の監督のエドウィン・S・ポーターは演出に関してまったく無能でした。何も知らなかったのです。ですから、映画の成功にはなおのこと驚きました。撮影中にラッシュフィルムは見ていません。ネガはすぐに現像のためにニューヨークに送られたからですが、でもそれはとても危険なことでした。いずれにしろ、私たちはどんな映画ができるのかまるで想像もつかなかったのです。

　エドウィン・S・ポーターはクロースアップその他、グリフィスが開発した技法を何ひとつ知りませんでした。私には創案した技法がひとつありますよ。モーリス・トゥールヌールの監督で『プア・リトル・リッチ・ガール』（一七）を撮っていたときのこと、朝の六時半頃自宅で出社の準備をしていると、床に落ちていた鏡に朝日が反射して私の顔に当たりました。

　鏡台に写ったその顔を見て〝あら、若く見えるじゃない〟と思いました。このときの映画では私は十歳の少女を演じることになっていました。撮影所に行くとモーリス・トゥールヌールに下から照明を当ててもらえないかと頼みました。トゥールヌールはダメだといいます。

「それじゃ、いつものやり方で私のクロースアップを撮ったあとで、小さなスポットライトを当てて私を撮ってみてくださらないかしら。何かの台の上にライトを置いて、それを直接私の顔に当てるようにして。そうして両方を現像すれば、あなたの眼で見比べられるでしょう」

　ラッシュを見てトゥールヌール氏も納得し、それ以後それは〝ベビー・スポット〟と呼ばれて一般化しました。発端はそういうことだったんです。

　グリフィス氏は私のことをよくこういっていました。「キャメラの前でならあの娘はなんだってするよ。燃えさかる建物にのぼっていって飛び降りろといえば――黙ってそうする

*アニタ・ルースの原案に基づくもの。

**同題名のリメイクが一九二二年に作られている。メリー・ピックフォード主演は同じだが、監督はジョン・S・ロバートソン。

だろう」と。私にはなぜか映画キャメラは神聖なものだったんです。

セシル・B・デミルの監督で〈ルシタニア〉号の沈没を描いた『小米国人』（一七）を撮ったときは、サンペドロ沖の海に身を沈めました。当時の私はカナヅチ同然――それでも海に浸かったのです。あのときのことはいまだに忘れません。カリフォルニアは夜にはぐっと気温が下がります。なのに私が着ていたのはイヴニングドレスのみ。凍えるようでした。船から滑り落ちるところでは、何人もが引っかき傷をこしらえました。幸い私は大丈夫でしたが、とにかく寒くて震え上がりました！

デミルは偉大なプロデューサーでしたが、冷たい人だったと思います。頭ごなしに命令する人で、監督としては腕はどうだったでしょうか。そうはいっても、私は大好きでしたがね。

私はいつも役柄になりきりました。演じるにはそうするしかないのです。その役柄の人生を生きるんです。『シャボンの泡』（二〇）を撮っていたとき、朝、母が私の寝室に入ってきて驚きの声を上げました。「まあ、メリー、お前はなんと醜い顔になって！」私は映画の主人公サッズになりきっていたんですね。『闇に住む女』のときも私はもうユニティ・ブレイクそのものでした。

当時は〝九時から五時まで〟なんて呑気なことは誰もいいません。私は朝の六時から夜の九時まで働きました。セットでの撮影を終えると、翌日のために小切手を書いたり注文書を作ったりしました。休憩もありません。コーヒーブレイクどころか水いっぱい飲む余裕すらなかったんです。それに私にはこの手で管理しなくてはならない建物が三つありました。ピックフェア、撮影所内の私のバンガロー、そしてビーチハウスです。横になって二十分休む暇があれば、クーリッジ大統領夫妻のような客人のお相手をしていました。そうですよ、撮影所を訪れた著名人なら何人でも挙げられますよ。

昼食時間となっても撮影の途中であれば、そのまま一時間でも二時間でも撮影をつづけました。夜だってキリがつくまで仕事をつづけました。こんな夜がありました――キャメラの向こう側に九十二人の人間がいて、キャメラの前に立っているのは私ひとりというときが。本降りの雨が降っていて、私はびしょ濡れになっていました。

私のメイクがどのくらい時間がかかったかご存じ？　三時間ですよ。まず髪を洗い、セットします。それからメイクにかかるんです。撮影場所《セット》まで移動するのにも十五分かかります。それでも九時にはキャメラの前に立っています。遅刻は厳禁。それは全員が守るべきルールでした。

そういったことすべてに加えて、母が亡くなってからは母の仕事も私が受けもつようになりました。毎日八時間から十時間に及ぶ務めでした。

いまの勤務態勢は馬鹿げていますね。本当に馬鹿げています。私なら頼まれてもあんな環境では働けません。休憩時間

［上］『プア・リトル・リッチ・ガール』の一場面。［下］憤るメリー・ピックフォード。『嵐の国のテス』（リメイク版、22）の一場面。ジョン・S・ロバートソン監督。原作はグレイス・ミラー・ホワイト。

がどうの、時間外勤務がどうの、あれがいい、これが気に入らない、とかなんとか……そんなのでどうやって映画が作れるんでしょうね？

私は自分の映画が特別なものだと思ったことはありません。将来に残るようにと何か手を打ったりもしませんでした。倉庫に放りこんで、あとは忘れていました。いずれは処分するつもりでした。正直にいって、いまの時代と比較されたくなかったのです。例えば、四十年前の雑誌などを見てみればわかります。いまの目で見ると、とても読めたものじゃないですよ。あまりに感傷的で。自分の映画もそれと同じだろうと思っていました。ハリウッド博物館が創設されたとき、何かお手伝いできればと考えていました。でも、昔のフィルムは缶の中で分解して粉になっていました。さらには二度火事がありました。私たちの事務所で一度、倉庫で一度。その結果保管してあったフィルムが失われました。それでも個人のコレクターの人たちが私の映画を見捨てませんでした――違法なことと知りながら秘かに手に入れ、それを所蔵してたんですね。ま、そうしてもらえてよかったと思います。でなければ、みんな消えてなくなっていましたから。

私は一本だけは金輪際上映を許しません。それは『ロジタ』*です。あの映画は大っ嫌いです！　監督のエルンスト・ルビッチも大っ嫌い！　向こうも同じほど私を嫌っていましたがね。もちろんお互いそんな気持ちはおくびにも出しませんよ。でも、あの映画は楽しくなかったし、無駄なお金をずいぶん使いました。

ルビッチがドイツを発ってアメリカに向かっているとき、アメリカ在郷軍人会が大きな会合をもちました。私も壇上のひとりでした。軍人会の会長が立ち上がり次のように述べました。「いまドイツ皇帝の息子がわが国に向かっておるという。アメリカ在郷軍人会はひと足先に待ち受け、奴を海に放りこまねばなるまい。ドイツ皇帝の息子がわれらの国に何の用があるというのか。いまだにわれわれの敵国ではないか。それにまた、ドイツ人歌手をわが国土に呼び寄せているものがいるが、それはいったいどういう了簡なのか。ドイツに頼らずとも、アメリカ合衆国にはすぐれた歌手が大勢いるだろうに」

「まあどうしましょう」私は内心不安になりました。「次に指弾されるのは私だわ。〝ルビッチをアメリカに呼んでどうするのだ。アメリカにはすぐれた監督が大勢いるではないか〟」と。壇上でさらしものなんかになるものですか。立ち上がって先に機先を制してやりましょう。そう思うと額から汗が噴き出しました。演説の内容も次のように頭の中でまとめました。

「将軍、そして会場の皆様、いつから芸術に国境ができたのでしょうか？　芸術は世界共通のものであり、自分の映画のためであれば、私はどこの国の人間であれ最高の人材を手に入れる覚悟でおります。戦争は終わりました。将軍がこのような場であのような話をされるのは不作法であり大人げないと思います。ドイツ人の美しい声は天与のものなのです。

　そうです。私もまたルビッチ氏を招聘しております。そうして、招聘できたことを誇りに思っております。将軍、あなたは成熟した人間になるべきです。良識ある大人となり、先ほどのような発言を私になさってはいけません。なぜなら、私は白人であり、二十一歳であり、アメリカ市民であり、あなた同様戦争にも貢献しているからです。しかし先ほどのような見解をもたれるあいだは、あなたは何ものにも貢献できないでしょう」

　私はこの夢の演説を今日に至るもおぼえています。さあ、いまからいうぞと心の準備もできていました――ところが、将軍は私に話をもとめませんでした。がっかりしましたね。

　ルビッチは海上にあってアメリカに向かっていました。私は思いました。「困ったことになるわ。ルビッチが在郷軍人会と鉢合わせをしたら」そこで私たちは水先船を用意して、ルビッチをそちらに移し、彼にはようく言い含めました。メリー・ピックフォードの名前を出してはいけない、目的地はどこで、これから何をするのか話してはいけない。とりわけドイツのドの字もいってはいけないと。

　彼がハリウッドに到着すると、私はルビッチ夫人に大きな花束を贈りました。新聞記者は花束のことまで嗅ぎつけ、いろいろと質問をぶつけました。

「こちらで何をなさるんですか、ルビッチさん？」

　花束に添えられていたカードをポケットにしまいながらルビッチはこたえました。「いえないね」

「監督のお仕事ですか？」

「違う《ナイン》」

　撮影所の中で彼と初めて会ったとき、エドワード・ノブロックとダグラス・フェアバンクスがその場にいました。ノブロックはドイツ語がぺらぺらで、彼がこのときみんなの紹介役を務めました。ルビッチは私の手に触れると、思わずその手を引っこめました。

「何たることだ《オーマインゴット》！」彼は大声を上げました。「氷のように冷たい！」

「まあ、緊張しているのだわ」と私は内心思いました。

「そう《ヤー》、冷たい」彼は繰り返しました。「女優の手じゃないぞ！」

「アメリカの女優はギャラをもらってこその女優です」とノブロックは説明しました。「ステージに立っていないとき、キャメラの前にいないときは女優じゃないのです。ルビッチさん、だからドイツの女優とは違うのです」

　ルビッチは私から片時も目を離しませんでした。いつ私が癇癪を爆発させるかと観察していたんです。私はじっと辛抱していました。

＊『ロジタ』は一九六七年七月、ベルリン映画祭のルビッチ回顧展のさいに上映され、〝傑作〟として喝采を浴びた。上映されたプリントはモスクワのフィルム・アーカイヴ所蔵のものであった。

ルビッチと私の最初の作品は『ドロシー・バーノン』に決まっていて、ルビッチはすでにシナリオも読んでいました。私は製作準備だけで二十五万ドルを使っていました。撮影所裏の小麦畑の中をノブロックとルビッチが歩いていたのをおぼえています――小麦は人の胸の高さまで伸びていて、二人は泳ぐように小麦の穂をかき分けながら進んでいました。

「さあ、これでひと安心よ」私は母にいいました。

ノブロックがやってきていいました。「困りました。ルビッチは『ドロシー・バーノン』をやらないといってます」

「エドワード！　いったいどうして？　彼はドイツ語でシナリオも読んでるわ。ここまでやってきたし、これまでずっと給料も手にしている。私は彼と夫人と二人分の船賃を払っているのよ……」

「彼とお会いになりますか？」

「むろん会いますとも」

私は紫灰色《ダヴグレイ》に塗り替えたばかりのバンガローに出向きました。自分のバンガローをルビッチの宿舎に提供していたのです。余談ですが、ルビッチは一日三食飽きもせずジャーマン・フライドポテトを食べていました。その油っぽい手であちこち触るので、部屋のなかがシミだらけになっているのをあとで見て、私は目を覆ったものでした。

「さてルビッチさん」私は口火を切りました。「何か問題でも？」

彼は私の高価なテーブルを拳でドンとたたいて叫びました。

「『ドロシー・バーノン』は作らないぞ！」

「だって、あなたはシナリオを読んだでしょ……」

「ヤー、読んだが気に入らないね」

「なぜドイツを発つ前にそうおっしゃらなかったのですか？」

「だからいまいっているだろ」

「『ドロシー・バーノン』のどこがお気に召さないのですか？」

「女王がイッパイで、女王がタリナイ」

エリザベスとメアリーのことでした。彼はこの二人の女王の話のほうがドロシー・バーノンより興味深くなっているというのです。エリザベス女王とスコットランドのメアリー女王、この二人の話をそれぞれふくらませようとすればできなくはなかったのでしょうが、シナリオにもうそんな余裕はありませんでした。

「わかりました」私はこたえました。「気の進まないことを無理強いはできません」

「私はドイツにカエル」

どうしてもそうしたいとおっしゃるなら私はとめません、と彼にいいました。彼の興奮がおさまったところで、私は「別の話を探しましょう」とエドワードにいいました。そして『ロジタ』に落ち着いたのです。あの映画はたいへんな試練でしたわ。ストーリーを整えるのにどんなに格闘したことか。ルビッチは男優の監督です。女優に対する感性は皆無でした。あらゆるシーンに自分を置いて考えるんです――自分

［上］『ロジタ』（23）製作時のメリー・ピックフォードとエルンスト・ルビッチ。キャメラマンはチャールズ・ロシャー。［下］『雀』（26）の撮影でワニの口の中にキャメラを向けるチャールズ・ロシャー。

を男性主人公に置いて。

それでもお笑いの瞬間はけっこうありました。ルビッチの口からヒドイ英語が吐き出されるからです。みんなを前にしてどんな卑猥なことばを自分がしゃべっているか、彼ひとりが気づいていないのです。みんな腹を抱えて大笑いしたものです。

ある朝、私は早めにセットに出ました。

「みんないいこと、自分がドイツに行って監督をしたと思いなさい。どんなおかしなドイツ語を使うかもわからないでしょう。なのにまわりから笑いものにされたらおもしろくないでしょう。いいですか、このステージのうえで最初に笑った者は辞めてもらいますからね」

ルビッチが入ってきました。彼が口を開いて何かいった瞬間、全員の姿が消えました。キャメラマンのチャールズ・ロシャーは写真機の黒布に頭を突っこみ、他のスタッフは吊り二重によじ登り、セットのうえで大笑いしていたのは私ひとりでした。ルビッチがこのとき何といったのかまではおぼえていません。でも、別のときに次のようなことがありました。

それは大聖堂でのシーンでした。エキストラも二、三百人出ていたと思います。私は楽屋の中で、アルザス出身のメイドと一緒にいました。このメイドはドイツ語がぺらぺらでした。

ルビッチは外にいました。彼は尊大に構え、まわりを睥睨《へいげい》しています。小男がみなそうであるように。「コチラにきなさい」彼は手をたたいてエキストラを呼び寄せています。

「このシーンではミス・ピックフォードが祭壇に尻をからげる！」

大笑いが沸き起こりました。「ボーダーマイヤー」私はメイドにいいつけました。「外に出てルビッチさんにいってちょうだい。はしたない言葉は慎むようにと」ルビッチが中に入ってきて、詫びを入れました。

「いいんですよ、ルビッチさん。わかっています。あなたはいま英語を習っていらっしゃる最中ですから」

「それではですな」彼はいいました。「ピックフォードさん、いいなおしますので、間違いがあったら直していただけますか。〝祭壇にオイツメられる？〟」

「申し分ありませんわ」

「よしっ！」というと、彼は外に出て行き、また手をたたいて群衆に指示をあたえました。「このシーンではミス・ピックフォードが……祭壇に……オイツメられる」

ルビッチは悪気のある人じゃなかったですが、頑固でしたね。エドワード・ノブロックにシーンの細部の誤りを指摘されたときは、怒ってセットを出て行きました。そのときドイツ語でさかんにまくし立てたあと、全員を眺めまわし、そして〝失敬《グッドナイト》！〟といおうとしたんでしょう、でも、口から出たことばは〝はじめまして《ハウ・ドゥ・ユー・ドゥ》〟でした。そうして大股で出て行ったのですが、彼がドアの向こうに消えるのを待って、天井が落ちるほどの大笑いが起きました。

映画のなかでドン・ディエゴが銃殺刑に、といってもじつは空砲という仕掛けなのですが、処せられるところがあります。ドン・ディエゴ役のジョージ・ウォルシュが地面に横たわり、私は彼が死んだものと思って悲嘆にくれるのです。ルビッチは役者になり損ねた監督ですから、どんなシーンでも自分でやってみせなくては気がすまないのです。「いいかね、ここで君はことばを振り絞る。〝ドン・ディエゴ、ドン・ディエゴ、ナヌカいって！　ナヌカ答えて！〟」

私は彼の指示どおり演じようとして叫びました。「ドン・ディエゴ、何かいって！」でもルビッチはそれを直そうとしてキャメラの背後から声をかけます。「ミス・ピックフォード！　もう一度——〝ナヌカいって！〟」

彼を満足させようと、私は彼の真似をしました。するとジョージ・ウォルシュのお腹が笑いの発作を抑えようとして上下にピクピク動くのです。

「ジョージ」私はいいました。「やめなさい！」

「声には出してないさ」彼はクックと笑いながらいいました。

「お腹が波打っててよ！　私が演じられないじゃない！」

ルビッチが叫びました。「どうしたんだ、ミス・ピックフォード。何を笑ってる？」

「何でもありません、ルビッチさん。すみませんでした」

「笑いといっしょじゃダメ！」

私はもう一度やってみました。「ドン・ディエゴ！　ナヌカいって！」

いいわけがありません。ジョージのお腹は前にも増して波打ちました。私も彼の上に突っ伏して、二人で涙が出るほど笑いました。

かわいそうなルビッチ。

クライマックスは撮影の終盤に来ました。

「ルビッチさん」私は切り出しました。「この映画は愛の物語です。エンディングに意味をもたせるためにシーンをひとつ入れる必要があります」

「必要ナイ！　そんなシーン私は撮らないぞ！」

私はようく考えをめぐらせてから、彼のオフィスを再び訪れました。

「ルビッチさん。今日の私はこれまでとは違います。今日は映画の資金提供者として、プロデューサーとしてここに来ました」

「ナニ？」

「私は最高裁判所だということです。この映画の資金を集めたのも、この映画のスター俳優も、つまり一大看板も、すべて私なのです。あなたに恥はかかせません。スタッフの前では余計なことはしゃべりません。でも大事なことはいまここでいっておきます。私はあなたを呼びつけたことはありません。いつも私のほうがあなたのオフィスに顔を出すようにしました。でも、最終決定権を持つのは私なのです。あなたではありません」

「百万ドル積まれようとそんなこと、受け入れられない！」

「百万ドルだろうが一千万ドルだろうが、あなたには手も足も出ないのです。そんな特権をあなたはもってはいないのです」

そのことばを聞いて、彼は着ている衣服のボタンをみな引きちぎりました。でも、私は平然としていましたよ。

「それが最終判決ですからね、ルビッチさん」

ルビッチはエドワード・ノブロックのデスクに行くと、貴重な書類を次から次に破り始めました――手書きの貴重な書類をです。何という人でしょうね。そして私に向かってこぶしを突きつけましたよ。完全に度を失っていたんですね。

『ロジタ』のあとルビッチの監修で「ファウスト」を撮ることになりました。〝ファウスト〟の話を知らない私の母にルビッチが説明しました。「ヤー、彼女には赤ん坊がいる。彼女は結婚していない。そこで彼女は赤ん坊の首をシマッてしまう」

母は驚きました。「何ですって！　いったい何ですかそれは！」

「そう、マルガレーテは結婚していない。彼女には赤ん坊がいる。だから赤ん坊の首をシマッてしまうんだ」

「私の娘にそんな真似はさせませんよ！」母は怒り狂いました。「断じて許しません！」そんなわけで「ファウスト」の話はポシャりました……

ルビッチとはさっさと手を切りました。彼は凡庸な監督でしたね。〝ドア〟の監督でした。誰も彼もドアから出たり入ったり……男優の監督としてはよかったのでしょう。エミール・ヤニングスのような男優を扱わせればね。でも私にとっては最悪でした。ここだけの話ですが、彼のその後の映画は一本も見ていません。『ロジタ』でもう懲り懲りしましたから。とても傲慢な人間でしたよ。小男がみなそうであるように……

私はつねに映画に笑いを入れるよう努めました。観客を笑わせ、泣かせ、そして再度笑わせる。人が劇場に来るのは何のためでしょう？　さまざまな感情を体験したいからであり、お説教を聞くためではありません。映画を見に来てくれた観客に、ついでにお説教を聞かせようという態度は褒められたものではありません。説教を聞きたければ人は教会に行きます。新聞を読みます。映画を見に行くのは、楽しみたいと思うからです。観客に教えを垂れるというのは女優としての私の権限ではありません。観客のほうが私に教えてくれるのです。観客が私をしつけてくれるのです。そしてそれはそうあるべきなのです。なんといっても私は観客の僕《しもべ》なのですから。そのことはいつも心に刻んできました。

私の主演作の一本『雀』（二六）は、他の私の作品ほどには大当たりしませんでした。判断に誤りがあったのです。ドラマの要素を多く入れすぎました。沼のシーンでは、何人かの子どもを引き連れて――幅十五センチほどの――狭い板の上を渡っていくところがあります。その沼にはワニがいるの

［上］サム・テイラー監督の『デパート娘大学』（27）。［下］『孤児の生涯』（19）撮影中のおふざけ写真。メリー・ピックフォードが監督のマーシャル・ニーランを演出している（キャメラを操作しているのはチャールズ・ロシャーとヘンリー・クロンジャガー）。

です。

ワニは本物で、なかには動きの緩慢な年寄りワニもいましたが、元気盛りの若いワニがいっぱいいました。私はかなり体重のある女児を背負って板の上を歩くのですが、その子が背中で右に左に動き、あぶないことこの上ないのです。いちばんに背中の子どもが心配でした——もちろん私もワニのエサにはなりたくないと必死でしたがね。

監督のウィリアム・ボーダインにいいました。「子どもの代わりに人形を背中に背負ってリハーサルさせてくださらないかしら。人形を子どもと同じ重さにして」と。そうして二通りのやり方で三度ずつ板の上を渡りました。そのときこの撮影の一件がダグラス・フェアバンクスの耳に届きました。彼は息せき切ってやってきました。頭から湯気を出していました。

監督のボーダインは——彼はバイオグラフ社時代には小道具見習いだったのです——ダグにこれは不可欠なシーンなのだといいました。「冗談じゃないぞ」とダグは一蹴しました。「合成でいけるじゃないか」

それまでに私はもう六回も沼を渡っていました……正直いって、あのときからボーダインは嫌いになりました。私に恨みがあって危ない撮影を強行したのであればまだわかりますが、幼い子どもたちまで危険にさらすことはないでしょう。そこには悪意が感じられました。いま彼が目の前にいたらそういってやるのですがね。監督にはそこまでの権利はないと。

私は演出に対しても決定権を持っていました。その権利を使おうと思えばいくらでも使えましたが、じっさいはそうしませんでした。いまだったら演出に大いに口出しするところでしょう。年を重ねましたからね——人は年を重ねれば重ねるほど、もっと姿勢が前向きになるものです。

ともかく、幼い子どもたちが沼を渡るところは多くの観客を震え上がらせました。『雀』の客足がいまひとつ伸びなかったのはそのためでした。

私は〝撮り直しのメリー・ピックフォード〟と呼ばれていました。簡単には満足しなかったのです。いまだってそうですよ。昔の自分の映画を見ると、心の中で自分にこう語りかけます。「あら、メリー。さっきのシーンはとてもよかったのに、ここは何たるざまなの！」

長い間、私は自分の映画はいっさい見ないで過ごしてきました。ところが最近妙なことが起こりました。『シャボンの泡』を偶然目にしたのです。私の演じるヒロインは滑稽でした。またごく自然に哀れをもよおさせました。何といいますか、個性がこのヒロインには吹きこまれていたのです。私の演技はタイプにはまってはいなかった。感謝の気持ちとでもいうのでしょうか、わかりませんが、私は自分の映画をテレビ放映させていません。私をスターにしてくれたあの〝メリー〟に対して、いまさら余計な手を講じたくはないのです。変に利用するなど絶対にしたくないのです。

私が映画を引退したのは、チャップリンの二の舞にはなりたくなかったからです。彼が放浪者役《リトル・トランプ》を捨てたとき、彼は放浪者役に復讐されました。〝リトル・メリー〟は私をスターにしてくれました。私は〝リトル・メリー〟に復讐される愚は犯さないようにしました。その頃にはもう私の役柄は固定されていたのです。私は自分が才能ある俳優《アーティスト》であることを知っていました。こういう物言いは傲慢に思われるかもしれませんが、そうじゃありません。才能は神が付与するものですから。私は『コケット』（二九、サム・テイラー）や『秘密』で見せたようなもっと劇的な演技のほうに進むこともできたでしょう。でもすでに私の役柄はひとつの枠に固められていたのです。

　映画俳優として私は計画された青写真にそって進みました。偶然はそこには介在していません。計画された道、険しい道、目的の明確な道でした。いま私は必ずしも満足はしていませんが、感謝の気持ちにあふれています。この二つはまるで別物です。私にはもっと大を成すことができたのかもしれません。が、それは何ともいえません。予期せぬ事態に行く手を阻まれることもあり、そんなときは耐えるしかありません。困難に遭遇してもベストをつくすしかやりようはないのです。

　オスカー・ワイルドが白薔薇に恋をしたコマドリのことを詩に書いています。★コマドリの恋は激しくて、彼は自分の心臓を突き刺して、あふれる血潮で白薔薇を真っ赤に染めてしまいます。感傷的な話と思われるでしょうかね。でも、私みたいに自分の仕事を一途に愛するものにとって、近道というのはあり得ないのです。

★ここで言及されているワイルドの作品は童話「ナイチンゲールと薔薇」であり、「コマドリ」ではなく「ナイチンゲール」、「詩」ではなく「童話」が正しい。しかし細部はどうあれ、この話を譬えにして映画に対する深い愛情を語るピックフォードに、ブラウンロウは感銘をうけたようだ。一九九九年に出版された彼の著書、数々の写真図版が美しい「メリー・ピックフォード再発見」でも、序の扉には「コマドリと白薔薇」について語るピックフォードのこのときのことばがそのまま巻頭言として掲げられている。

第十二章　クラレンス・ブラウン

クラレンス・ブラウンはアメリカの傑出した映画人のひとりであり、トーキーの到来にもその卓抜な手腕が微動だにしなかった数少ない監督のひとりであった。『アンナ・クリスティ』（三〇）『アンナ・カレニナ』（三五）『征服』（三七）といったガルボ主演作の根強い人気のおかげで、ブラウンの名はこの先も人の記憶に残っていくと思われる。彼の戦後の作品、南部の人種問題を描く『亡骸《なきがら》を掘り返す者』（四九）は同種の社会派作品のなかでは最良の映画であり、その三年前に撮った『子鹿物語』（四六）は古典的名作となっている。

しかし、彼のサイレント期の映画はほとんど忘れ去られている。それらの作品は興行的にはいずれも好成績をあげたものの、大作や特作にばかり世の注目が集まっていた当時にあって、慎ましい秀作として評価を受けたのちは、容易に見過ごされがちであった。ポーリン・フレデリック主演『燻ゆる情炎』（二五）やルイーズ・ドレッサー主演『鵞鳥飼ふ女』（二五）のような傑作は、公開当時批評家にも観客にも等しく歓迎されたものの、その後は長らく忘れられてしまい、四十年の空白を経て新たな世代によってようやく再発見されるにいたった。ロンドンのナショナル・フィルム・シアター、ニューヨークのセオドア・ハフ記念映画ソサエティ、パリのシネマテーク・フランセーズにおける特集上映によって、クラレンス・ブラウンの初期の映画はいまようやく新たな評価をうけはじめている。観客はそれらの映画に新鮮な感銘をうけ、多くの評者が〝すばらしくも現代的な技法〟に注目している。

ガルボとのコンビで名を高めたブラウンは、〝女優の監督〟として今日名声を残しているが、『荒鷲』（二五）ではヴァレンティノからおそらく彼の最高の演技と見られるものを引き出している。ブラウンはアクション・シーンにも巧みで、『黄金の世界へ』（二八）ではスペクタクル演出にも達者な腕をふるった。

彼のスタイルは一見きわめて素朴に見える。しかし、何の

クラレンス・ブラウンとグレタ・ガルボ。傍にあるのはセットからオーケストラを消滅させた蓄音機（1928年）。

手もほどこしていないように見えて、そのじつ隅々にまで細かな配慮が及んでいる。ブラウンの演出は俳優の演技に関わるだけではない。照明、構図、編集、物語の組み立て等々、映画製作のあらゆる側面にその眼は行きとどいている。

ブラウンは技術面の能力にひときわすぐれていたが、人間に対する暖かな共感を忘れたことはなかった。俳優を扱っても、状況を扱っても、彼の手を経ると、それらはごく自然な姿を現すのであり、仮にそれが様式化されることがあっても、つねに見るものを納得させずにはおかなかった。例えば、『荒鷲』は作り物風な舞台背景のなかで展開するきわめてロマンティックな物語なのだが、ブラウンの雰囲気醸成と穏やかなユーモアによって、浮薄に見えるストーリーに堅固な実在感が備わっている。

精度の高い技術を別にすると、クラレンス・ブラウン作品の特徴は想像性豊かな映像にあった。これは、本人のことばによれば、彼に初めて映画の仕事をあたえた偉大な監督、モーリス・トゥールヌールに負うところが大きい。

「モーリス・トゥールヌールは私には神だった。私が身につけたものは、すべて彼から学んだものだ。私にとって、トゥールヌールはこの世で最も偉大な人物だった。彼と出会っていなかったら、私はいまだに自動車の修理工をしていただろう」一九六五年九月と六六年十月、私はパリでクラレンス・ブラウンにインタビューをした。

一八九〇年、マサチューセッツ州クリントンにおいて、クラレンス・ブラウンは綿織物工場の経営者ラーキン・H・ブラウンの息子として生まれた。十一歳のとき、家族は南部に引っ越した。ブラウンは高校を卒業するとテネシー大学に入学、工学士の学位を二つ取って十九歳で卒業した。父親は息子に繊維業界での活躍を期待していたが、ブラウンの興味は車に奪われていて、家を出るとイリノイ州のモーライン自動車会社、次いでマサチューセッツ州のスティーヴンズ・デュリエ社で仕事を見つけた。

クラレンス・ブラウンは語る

私はスティーヴンズ・デュリエ社の巡回技師となった。立ち寄り場所のひとつアラバマ州バーミンガムのディーラーが私を気に入ってくれた。この人物はいくつかの自動車メーカーの代理業をしていたのだが、私のためにブラウン自動車会社という子会社を作ってくれ、そこはアルコ・トラック、スティーヴンズ・デュリエ、ハドソンといったメーカーの代理店となった。

ちょうどその頃――一九一三年から一四年にかけての頃だが――私は映画に興味を持ちはじめた。映画はまだ活動小屋にかかっていた時代だったけれど、私はピアレス撮影所の作品を待ち焦がれていた。そこには四人の監督がいた――フランク・クレイン、アルベール・カペラニ、エミール・ショータール、そしてモーリス・トゥールヌールだ。画面に〝制作ピアレス撮影所、ニュージャージー州フォート・リー〟と出てくると、これが見たかったんだと胸がワクワクしたものだ。そのうちに映画作りに加わりたいという気持ちが強くなり、ニューヨークに出るのも、映画界にとっかかりを見つけるのが目的となっていた。

フェリーに乗ってフォート・リーに渡ってみた。エキストラをしている男が二人、モーリス・トゥールヌールの話をしている。聞こえてくる話の内容では、助監督を探しているらしい。ピアレス撮影所に出向いて訊ねると、「トゥールヌールはロケーションに出ている」とのことで、それがどこなのかまでは教えてくれない。ランチタイムで俳優が出たり入ったりしている。それに付いてセットに忍びこむと、トゥールヌールは『新米』（一五）という密造業者の話を一キロ半ほど離れた場所で撮っているとわかった。私はロケ先まで行き、面会をもとめたところ、待っているようにと指示された。

六時まで待たされた。撮影が終わるまでだった。スタッフを解散させたトゥールヌールがやってきた。「用というのは何だ？」

「話を聞いたんです。新しい助監督を求めていると」

「ああ、そうだ！　助監督を探していたんだ！」何はともあれ、助監督志望の人間が現れて彼は満足そうだった。私は助監督になりたいといった。

「これまで誰についていた？」

「経験はありません。自動車の仕事をしてました」

彼は驚いた。「それで私の助監督が務まるかね？」

［上］『鶩鳥飼ふ女』（25）で、ジャック・ピックフォードとコンスタンス・ベネットに指示をあたえるクラレンス・ブラウン。［下］恋敵ドロシー・セバスチャンの写真を見詰めるグレタ・ガルボ――『恋多き女』（28）。

「やめていく今の助監督はどうでしたか？　経験がありましたか？」

「あったさ――」

「でも、あなたは気に入らなかった。今度は映画のことを何も知らない、頭の真っ白な男を雇い、あなた流に鍛えたらどうですか？」

彼はこの言い分には一理あると思ったようだった。

「来週の月曜九時から来てもらおう。給与は週三十ドルだ」

こうやって私は映画入りを果たした。

トゥールヌールはアーティストだった。じっさいもとは画家だったし、映画に携わっているあいだは絵筆こそ持たなかったが、スクリーンに彼ならではの画像を描きあげた。いまも使われている技法のなかにはトゥールヌールと彼のキャメラマン、ジョン・ヴァン・デン・ブロックが創始したものがいっぱいある。彼は画面の前景は暗くするものだと考えていた。だからキャメラをどこに据えようと、つねに前景というものをこしらえた。屋外撮影ではわれわれスタッフは大小さまざまな木の枝を持ち運ばされたものだ。シーンが屋内であれば、家具などをハーフトーン（中間調）で画面の端に挟みこみ、そうすることで奥行きを作り出すのだった。おもしろい照明効果を使った絵画を目にするたびに、私たちはそれを模倣してみた。そうやって照明のさまざまなバリエーションの在庫《ストック》を増やしていった。〝レンブラントは万能だ〟なんてみんなで言い合い、レンブラント風の照明で準備したりしたものだ。模倣といっても、少なくとも最高レベルのものしか模倣しなかった！

トゥールヌールは彩色の腕も名人級だった。私たちの映画はシーンの色づけを終えたところで完成となるのだった。夜のシーンはブルー、日中はアンバー（琥珀色）、日没頃のはブルーがかったピンク、あるいはブルーがかったグリーンという具合に。私がこれまで見たなかで最高に美しいショットはすべてトゥールヌールの手になるものだ。彼は他のどの監督よりも画面の造形力にすぐれていた。

彼のキャメラマンだったジョン・ヴァン・デン・ブロックはオランダ人で、私の大の親友だった。いまも生きていれば、大監督かどうかはわからないが、大撮影監督にはなっていただろう――でも『ウーマン』（一八）の撮影中に彼は溺死してしまった。彼との最後の別れはいまだに忘れられない。一九一七年、私は陸軍航空隊に入隊することになった。彼はヨーロッパ風の仕種で私の肩に腕をまわし「クラレンス、今生の別れになるじゃないか。いかないでくれ」といった。その二カ月後、そういった彼のほうが死んでしまった。

私はトゥールヌールの主任編集者だったと思っている。当時――一九一五年頃だが――映画についてともかく何か知っているといえるのは監督とキャメラマンしかいなかった。だから編集も二人がやっていた。私は編集作業をいつも興味津々で眺めていた。トゥールヌールが口に二十本のフィルムをくわえて編集していた様子など目に焼きついている。私は編集の要点をおぼえ、自分にもできると自信をつけた。一カ月のうちに私は彼の映画の編集と字幕書きを始めていて、そちらの方面の彼の労力を一挙に省いてみせた。私は編集にのめりこんだ。タイミングはもともと私にとって重要な意味をもっていた。エンジニアだったから、インチやフィート、ロッドやエーカーなど物の単位を厳密に扱う習性が身についていたのだ。私の映画のどれを見てもらっても、テンポに細心の注意が払われているのがわかってもらえると思う。テンポほど捉えどころのないものはないけれど、ピタリと決まればこれほど効果絶大なものはない。

編集は一本の映画につき二週間程度ですませた。一本の映画を撮り上げるのに約四週間かかる。トゥールヌールは屋外撮影が嫌いだったので、私は編集をやっていない期間、自分のキャメラマンを使って屋外シーンを撮るようになった。彼は屋内、私は屋外のままでキャストを交換したりして二班体制で撮影を進めていった。おかげで一年に何本も映画を仕上げることができた。

トゥールヌールとは一度冷戦状態に入った。私たちはフロリダに行って、オルガ・ペトロヴァを主演に映画を二本――『情熱の審』と『漲る影《みなぎ》』（共に一七）――を撮ろうとした。私は衣装の準備に夜昼なく働いた。トゥールヌールは衣装合わせをしてみたいといってきた。ところが、まだ俳優がそろっておらず、そのことを正直に打ち明けるよりなかった。衣装にかまけていた私のミスだった。以後フロリダには二カ月いたけれど、そのあいだ彼はひとことも話しかけてこなかった。何かいいたいときは、他の助手を通して話したい内容を伝えてきた。

その間のこと、私たちの映画に出たこともある舞台女優のジューン・エルヴィッジが、トゥールヌールの映画の上映元ワールド・フィルム・コーポレーションの社長ウィリアム・A・ブレイディに、トゥールヌールの助監督で有能な若いのがいると話をした。そうしてそのことをエルヴィッジは私に手紙で知らせてきた。私はニューヨークにもどるまでなんとか持ちこたえれば、それからあとはブレイディのところで働き口が見つかるだろうと考えた。

ニューヨークにもどってからもトゥールヌールは口をきいてくれない。私はどうにもつらくなり、ブレイディのオフィスに出向いていった。彼は週百五十ドルの三年契約で私を雇ってくれた――トゥールヌールのところではそのとき週三十五ドルの給与だった。トゥールヌールに何といっていいかわからなかった私はそのまま黙っていた。

私は仕事をつづけ、フロリダで撮ってきたフィルムの編集にかかっていた。ある日、トゥールヌールが私を映写室に呼び出した。

「私にいいたいことがあるんじゃないのかね？」と彼は切り出した。

「そのとおりです、トゥールヌールさん。ここを辞めさせてもらいます」

トゥールヌールは雷にでも打たれたかのような表情をした。

「どうして?」あえぐように彼はいった。

「あなたには二カ月以上も話をしてもらえませんでした。これはクビだと覚悟をし、よそで仕事を見つけました。ウィリアム・A・ブレイディのところです」

「行くんじゃない」と彼はいった。「行っちゃだめだ」

「でも、もう契約書にサインしました、トゥールヌールさん」

「行っちゃだめだ」彼は繰り返した。そして泣き出した。泣き出したんだ!

トゥールヌールはブレイディのところに行き、私を手放せないと説明し、ブレイディがあきらめてくれた。トゥールヌールは私の給与を上げ、私は彼のもとで七年間働いた。

一九一九年、私はとてもいいストーリーを見つけ、それを購入したが、トゥールヌールは首をひねった*。私たちはお互いに譲歩し、サンバーナーディーノの新聞記事の中に別のストーリーを見つけだした。そこには、絵描きでもあるカウボーイが刑務所に入れられ、自分の独房の壁に美しい絵を描く話が書かれていた。それがストーリーのヒントとなり、H・H・ヴァン・ローンが次のような原案を書いた――ひとりの囚人が独房の壁にキリストの磔の絵を描く。夜になり、月が雲間から現れその光が壁に射しこむと、光をうけた絵に生命が宿る。向かいの独房に入れられていた殺人犯がこの神秘的な現象を目にする。彼は司祭を呼ぶと、夜が明けるまで告白をつづけ、翌日満足な笑顔を浮かべて刑場に向かっていく。

当時ジョン・ギルバートがトゥールヌールのもとで俳優と助手とを兼ねて働いていた。ギルバートと私はハリウッドのガーデンコート・アパートにこもってシナリオを書いた。この映画の監督には私が当たったが、クルーは新米ぞろいだった。キャメラマンはそれまで撮影助手だったチャールズ・ヴァン・エンジャー、助監督はエキストラだったチャールズ・ドリアン、美術監督は建築家で映画は素人のフロイド・ミュラー**、ジャック（ジョン）・ギルバートもシナリオを書くのは初めてだった。ベテランのクルーは、ニューヨークから呼び寄せた照明技師のフレディ・カーペンターただひとりだった。

映画ができあがったところで、ユニヴァーサル社の映写室で試写を行なった。ジャックもトゥールヌールもその場にいた。映画が終わると、ジャックが癇癪玉を破裂させた。

「なんてことだ!」彼は叫んだ。「奴はオレのストーリーをブチこわしやがった!」そして映画をけちょんけちょんにけなし始めた。「こんな箸にも棒にもかからぬ映画は見たことない!」と。罵詈雑言は果てしなくつづいた。私は耐えられなくなって外に出、木にもたれかかって嘔吐した。涙があふれてきた。もう生きてられないと思った。

＊クラレンス・ブラウンはのちにこれをMGMに売却する。そして作られたのがロン・チャニー主演の『三人』（二五）である。
＊＊フロイド・ミュラー自身によれば、これ以前にトゥールヌールの作品を一、二手がけているとのこと。

［上］『偉大な贖い主』（20）のハウス・ピーターズとクラレンス・ブラウン（並んで立つ三人の、中央の人物）。［下］『鶩鳥飼ふ女』のルイーズ・ドレッサー、グスタフ・フォン・セイファーティッツ、ジョージ・ニコルズ。

トゥールヌールが映写室から出てきた。彼は歩み寄ると、私の肩に手を置いてこういった。「ブラウン監督、あれはすばらしい映画だよ」

『偉大な贖い主』（二〇）という題名がつけられたその映画は大ヒットを記録し、ブロードウェイで上映された最初のメトロ作品となった。シンシン刑務所はこれをその年のベストワンだとして私に賞を授与してくれた！

それが私の最初の映画だった。その後、トゥールヌールはアラン・ドワン、トマス・インス、J・パーカー・リード、マック・セネット、マーシャル・ニーランらとともにアソシエイテッド・プロデューサーズを組織した。そこでの私たちの最初の映画は『モヒカン族の最後』（二〇）になった。撮影に入って二週間もたたない頃、トゥールヌールがキャメラ用の櫓《やぐら》から落ち、三カ月入院する重症を負った。

それ以後は私が全面的に監督を担当した。ロケ地はビッグベア湖とヨセミテ峡谷だった。そのときまでに私は、屋外では午前十時から午後三時までは撮影すべからずと学んでいた。見るに堪えない画面を作りたかったら、太陽が真上から照らす正午前後の数時間に撮影することだと。白黒の屋外撮影で奥行きを出すにはバックライト（逆光）かスリー・クォーター・ライト（半逆光）を用いるしかないし、人の顔を効果的に撮るにはフィルライト（陰を幾分明るくする正面からの光）が必要だということも学んでいた。

私たちは早朝四時に起き午前十時にいったん撮影をやめ、午後三時までは屋内に待機し、三時から六時まで再び撮影を行なった。だからじゅうぶん一日分の撮影はまかなえた。私はこれまでにフラットライト（正面からの平板な光）で屋外撮影をしたことはない――カラーが出てくるまでは、だが。カラー撮影の場合、光はあまり影響がない。色彩が深みを作り出すからだ。色彩は無限遠に近づくにつれどんどん弱くなり、ついには深みを得ることができる。正面からの光でもね。

一度、体調を崩したキャメラマンに代わってピンチヒッターのキャメラマンがやってきた。その男の首の後ろはまるで古びたなめし革のように、日に焼けて赤黒く、堅いしわが寄っていた。「君はフロントライト（順光）派だね」と声をかけると、ビックリしたような顔で見返したものだ。

でも、照明は大事なんだ。いま私は不動産の仕事をしている。家を一軒建てるとして、そこからどういう景色が望めるかは重要なセールスポイントとなる。だから山並みが見渡せるとした場合、眺めのよい窓をどの位置に据えるかは慎重に考慮する必要がある。〝北向き窓〟のなかにせっかくの景色を入れてしまっては元も子もない。そんなことをすれば、山並みは背景幕にグレーの絵の具で描いた絵のように見えてしまうだろう。でも、逆光か半逆光の中にくるようにするといい奥行き感をもって見えてくる。

『モヒカン族の最後』では照明効果や気象環境を最大限活用した。森林のもやの中に陽光が射しこむところでは発煙筒を使った。森の中で嵐に遭遇するところは単純に消防車とホースの手を借りた。雲は望みのものが出るまで待ちつづけたうえで、フィルターも用いた。★雲はふつう昔のオーソクロマティック・フィルム（整色性フィルム）では写し取れなかったからだ。＊

娘たちが先住民の襲撃から逃れるところでは、キャメラを台車にのせた。その台車はフォードの車軸と車輪、台枠、そして走行をコントロールするハンドルからできていた。私たちは台車に乗って、逃げる娘たちをフォローする。突如先住民が現れて行く手を遮るところでは、キャメラも——つまり台車も——急に立ち止まり、娘たちの驚きを強調するのだった。

トゥールヌールはすべてのラッシュフィルムに目を通した。彼にはずいぶん横柄なところもあった。私がじっさい耳にした最初の〝ブー〟はモーリス・トゥールヌールの唇から発せられたものだ。その音が聞こえると、撮り直しだと観念した。

撮影の終わり近くになって予算がなくなった。アソシエイテッド・プロデューサーズの監督たちは一団となってユニヴァーサルに出向き、この私が立って、映画を撮りきるにはさらに二万五千ドル必要であると訴えた。私はそれまでに撮ったラフカットをスクリーンに映し出した。そこまでしてようやく、完成に必要な資金の供出を認めてもらえたのだった。のちに公開されるとこの映画はアソシエイテッド・プロデューサーズでは唯一のヒット作となった。

トゥールヌールに次いで、私はジュールズ・ブルラトゥアのもとで働くことになった。ブルラトゥアはトゥールヌールの多くの映画の資金元だった人物で、イーストマン・コダック社の大株主だった。彼にはホープ・ハンプトンというお抱えスターがいたのだが、トゥールヌールとブルラトゥアのあいだがこじれ、トゥールヌールは二度とミス・ハンプトンを使わないと言い放った。これにより両者の仲は決裂、ブルラトゥアは一時トゥールヌールを映画界から締め出したため、トゥールヌールは独力でやっていくしかなくなった。ブルラトゥアはジャック・ギルバートをニューヨークに呼び、監督をさせた——そのとき私もニューヨークに出ていった。私はホープ・ハンプトン、ロン・チャニー、E・K・リンカーンの主演で『暗中の光』（二一）を撮った。この映画の原案には私を引きつけるものがあったのだが、できあがってみると見るも無残な失敗作となった。この映画の話はやめておこう。

ブルラトゥアのもとにいるときに、コダックのカラー・システムのテストを行なった。一九二二年頃のことだ。適当な名前もなかったので〝カメラ・オブスキュラ〟と私が名付けた暗室めいたものをこしらえた。それは壁一面、光を反射するよう光滑剤を塗った厚紙を張りめぐらしたもので、片方の

★黄あるいはオレンジのフィルターを付けないと、空の青も白く写ってしまうので。

＊『モヒカン族の最後』のキャメラマン、チャールズ・ヴァン・エンジャーは屋外ではパンクロマティック・フィルム（汎色性フィルム）を用いたと語っている。

側には白熱光が一列に並べられた。光源は一方からのみで、それが反射するとハーフトーンを作りだすのだ。ホープ・ハンプトンがカラー撮影の美しいモデルになってくれた。

次の作品はハウス・ピーターズ、ルービー・デ・リーマー主演の『見えざる力』（二三）で、プリファード・ピクチャーズの製作だった。そこからユニヴァーサル社との契約が実現し、たてつづけに五本のヒット作を監督する――『誰が罪ぞ』（二三）『信号塔』『バタフライ』（共に二四）『燻ゆる情炎』『鵞鳥飼ふ女』（共に二五）の五本だ。

『信号塔』ではカリフォルニア州北部を走る鉄道の使用許可を取り、周辺の森林地帯で六週間ロケーション撮影をした。ベン・レイノルズがキャメラマンだった。私たちは朝五時に起き、蒸気機関車が勾配を登るところを撮影した。朝日を背景にして、機関車が吐き出す煙が木々と混じり合う様を絡めたりなどして……じつに美しい情景だった。すべてがロケーション撮影で、信号塔の内部も切り換え線路の横に建てた建物のなかで撮ったものだ。外の明かりが強すぎるときはアンバーのガラスを窓にはめて露光を調整した。

鉄道はほとんど丸々私たちのものだった。そこを通る列車は一日に一本。したがって、それを通してしまえば、あとは映画のセットと化すのだった。機関車が大破する事故のシーンは、山の天辺から、ブレーキを外した状態で機関車を全速力で真っ逆さまに走らせた。

『燻ゆる情炎』で主人公を演じたポーリン・フレデリックは、ちょっと見たことのないひどい〝舞台恐怖症〟に襲われた。彼女はブロードウェイのスター女優から映画界に入ったのだが、大ヒット作『マダムエックス』（二〇）のあとは作品に恵まれていなかった。最初の二日間、私は彼女がいつ役を投げるかと心配した。しかし、彼女は偉大な女優であり、勇をふるってこの危機を乗り切った。トーキーの時代になって『この現代』（三一）を作ったとき、彼女にはジョーン・クロフォードの母親役で出てもらった（ただし、本作の監督クレジットはニコラス・グリンド）。

ノーマ・タルマッジ映画の監督にと声がかかったのは『燻ゆる情炎』のおかげだった。ジョン・コンシダインは当時ジョー・スケンクのパートナーだったのだが、ある夜、何気なくロサンゼルスの映画館フォーラム・シアターに足を踏み入れた。何がかかっているかを確認せず、入ったときにはすでに始まっていたのでタイトルも見ていなかった。映画を見ながら、彼はそれをルビッチが監督したものだと思いこんだ。あとでクレジットを見て驚いた。〝クラレンス・ブラウン・プロダクション、監督クラレンス・ブラウン〟とあったからだ。

翌日彼は私に電話をくれ、契約の話を切り出した。私は『鵞鳥飼ふ女』の製作まっただ中だった。そのときのユニヴァーサルとの五本契約では、一本につき一万二千五百ドルもらっていたと思う。スケンクは週三千ドル払うときき、私は話に飛びついた。

ルイーズ・ドレッサー、ジャック・ピックフォード、コンスタンス・ベネット主演の『鵞鳥飼ふ女』はレックス・ビーチの原作で、かつては有名なオペラ歌手でいまは鵞鳥を飼って暮らす女性の物語だ。この女性は近くで殺人事件が起きたのに目をつけ、いま一度新聞に名前を書き立てられようとするのだが、自分の息子を事件に巻き込むことになってしまう。レックス・ビーチはニュージャージー州で起きた有名な裁判事件〝ホール＝ミルズ殺人〟に想を得てこの原作を書いた――じっさいの事件の女性は豚を飼っていたのだが。

私たちはカリフォルニア州とニューメキシコ州にまたがって鵞鳥を探し求めた。ラジオまで使った。主人公の女性が住む小屋はどこやらの田舎にあったものを購入した。じっさいに使われていたもので、こちらがもとめていたものにピッタリだった。それをまるごとユニヴァーサルのオープンセットに移したのだ。

ルイーズ・ドレッサーは〝鵞鳥飼ふ女〟を演じて絶品だった。彼女には週給三百五十ドルを払っていた。スケンクのもとで『荒鷲』を撮ったとき、彼女をカテリーナ女王役で再起用したのだが、このときには給与は週三千ドルに跳ね上がっていた！

『鵞鳥飼ふ女』が劇場公開されて一年後、映画のなかで描かれたのとそっくり同じ殺人事件が起きた。映画ではマーク・マクダーモットが自宅の門前で撃たれるのだが、現実の事件では被害者はガレージの前で撃たれるというところが違っていた。

ノーマ・タルマッジの映画というのは『お転婆キキー』（二六）で、ノーマとロナルド・コールマンの共演するとても楽しい作品となった。ことマイムにかけてはノーマ以上の役者は見たことがない。彼女は天性のコメディエンヌだ。いったんカチンコがなると、五分以上ものあいだ彼女の芝居はとまらない。その間、勢いは途切れず、繰り返しに陥ることもない。そんな彼女もトーキーでは悲惨だった。『マダム・デュバリー、情熱の女』（三〇）ではブルックリン訛りが抜けず、その後は二度と映画に出ようとはしなかった。

スケンクとは『荒鷲』も撮っている。ヴァレンティノ、ルイーズ・ドレッサー、ヴィルマ・バンキー主演のロシアものだ。この映画のなかには凝ったショットがひとつあった。宴会の長テーブルの上をキャメラが延々と移動していくのだ。キャメラははじめテーブルの端の人物（ジェイムズ・マーカス）を捉えているが、テーブルに沿って後退移動を開始し、テーブルがつきるまで、そこに居並ぶ全員を視界に収めていく――ほぼ十八メートルもの途切れのない移動撮影だった。ここではまずキャメラの位置取りが難問だった。それを可能にする出来合いの機材はなかったからだ。そこでまず二つの台車を拵えた。テーブルの両側にその台車を一台ずつ置き、大きなブリッジを渡してその二台を連結した。添え木を当ててブリッジを強固にし、そこに横木をかけて上からキャメラを吊した。だからキャメラはテーブルに触れることなく、その上を滑るように移動できるのだった。もちろんキャメラの行く手に障碍物があってはいけない。そこで小道具係には燭台を持たせて待機させ、キャメラが通り過ぎた直後にそれをテーブルの上に載せ、何ごともなかったかのようにキャメラの視界に入るようにさせた。このショットはとても気に入ったので、『アンナ・カレニナ』でもう一度使ってみた。

映画史上最高峰の二人のスター俳優――ルドルフ・ヴァレンティノとグレタ・ガルボ――を監督できたことは、私の喜びであり幸運でもあった。四十年前に他界したヴァレンティノも、二十年以上前に引退したガルボも、これから先いつまでも、現役時代同様世間の話題となっていくことだろう。大スターといわれたうちのいったい何人が、十年後も人の記憶に残っているだろうか。ガルボとヴァレンティノは歴史からけっして消え去ることのない二人だと思う。

『肉体と悪魔』(二六)は私がMGMで撮った最初の作品であり、ガルボの人気を決定づけた一作でもある。また、ガルボとジョン・ギルバートのロマンスを生み出すきっかけともなった映画だ。

グレタ・ガルボは他のどの映画俳優にもないものをもっていた。彼女ひとりだけがもっていたものだ。本人は意識すらしていなかったと思うが、それをもっていたのはたしかだった。簡単に説明してみよう。

ガルボのショットを撮ったとする――いいショットだ。三度、四度と撮ってみる。いずれもよいショットだ。でも、私にはどこかまだ満足できないものが残っている。しかし、その同じショットをスクリーンに映し出すと、撮影現場では見えてなかったものが写し撮られていたとわかるのだ。

ガルボの眼の奥には特別な何かがあり、それは彼女をクローズアップで撮らないかぎり見えてこない何かなのだ。それは思考とでもいうようなものだ。もし彼女が誰かを嫉妬の心で見つめている、あるいは愛情をもって見つめているとする。そのとき彼女は表情を変える必要はない。それがスクリーンに映し出されれば、観客にはそれぞれの感情がその眼の中に見えてくるのだ。スクリーン上でそれができるのはガルボだけ、それは他の誰にも真似のできないものだ。ガルボはそれを言語を操る能力とは無関係にやってのけられた。

私から見れば、他の俳優の終着点がガルボのスタート地点になっているように思われる。彼女は恥ずかしがり屋だった。英語が拙いことでほんのわずかだが劣等感をもっていた。私は彼女に大きな声で指示を出したことはない。ひそひそとささやくような声で指示をあたえた。現場のどのスタッフにも私が何をいっているのかは聞こえていなかった。ガルボはそれをよろこんでいた。彼女はまたリハーサルを嫌っていた。他の俳優たちがリハーサルするあいだ、できればどこか別の場所で待機したいと思っていた。でもそれは実際上不可能だ――トーキーの場合はなおさらね。

ガルボにラッシュフィルムを見せようとしても無理だった。ラッシュフィルムは見なかった。だいたい自分の映画は一本も見ていないと思う――何年も経ったあとで見ているかもしれないがね。トーキーが到来したとき、プロジェクターがセットに持ちこまれた。ショットのマッチングや繋がり具合などを確認するために、このプロジェクターを使ってフィルムを早送りしたり巻き戻ししたりした。

トーキーフィルムを巻き戻しすると音声はこの世のものとは思えぬ妙ちきりんな奇声を発する。ガルボはそれを大いに楽しんだ。フィルムが巻き戻され頓狂な声が入り乱れて聞こえてくると、椅子の中で身をよじらせて笑いこけたものだ。でも、普通に映写するとなると彼女の姿は消えているのだ。

そうはいっても、仕事ぶりはどこまでもまじめだった。ガルボは九時にセットに現れる。メイクもすませ、いつでもキャメラの前に立つ用意ができている。撮影には全力でこたえてくれる。五時半あるいは六時となり自分がお役御免になると、仕事はそこまで。一日の勤めはそれでおしまいとなる。そして終了をしめす儀式がある。彼女付きのメイドが入ってきて、ガルボに水の入ったグラスを差し出すのだ。彼女はお休みなさいといって、家路につく。そしていったん撮影所の外に出てしまうと、それからあとはプライベートな時間となる。プライベートな時間は観衆とはまったく無縁な、自分だけのものと考えている。ガルボはよくこういっていた――「自分がもっているものはすべてスクリーンの上に差し出している。そのうえ、なぜプライバシーまで奪われなくちゃいけないの?」

グレタ・ガルボは他の誰も為し得ないような恩恵を撮影所にほどこしている。このことも少し話しておこう。

アメリカ国内には彼女の熱狂的ファン層があった。ただその層は限られていて、彼女の主演映画が封切られると、はじめしばらくはどの映画よりも多くの観客が詰めかけるのだが、それが長続きはしない。公開直後の熱狂が醒めると興行成績はしだいに落ちこんでいく。

その一方、ヨーロッパでは女王の座をほしいままにした。海の向こうでは、一にガルボ、二にガルボ、三四がなくて五にガルボだった。一九四二年、MGMはガルボの主演で『奥様は顔が二つ』を作ったが、あまり評判はよくなかった。この結果がガルボを怖じ気づかせた。また第二次大戦が始まっていたために、ヨーロッパの映画市場は事実上消滅していた。アメリカ国内でも当たらなかった。

契約の内容にしたがえば、MGMは映画を作ろうが作るまいがガルボに給与を支払わねばならなかった。ヨーロッパ市場がなくなってしまったいま、撮影所は採算のとれる見込みのないガルボ作品を作ることはできない。ガルボは状況を理解した。彼女はルイ・B・メイヤーのもとにいくと、契約で定められた二十五万ドルを払ってもらわなくてもいいと告げた。契約上彼女の権利と明記された金を彼女は一銭も受け取らなかったのだ。世界中探してもこんな映画スターが他にいるだろうか? 私だったら真似はできない。でも、それがガルボという人間だった。

『肉体と悪魔』は長年私の気に入りの映画だった――でも、それはパリのシネマテークで最近見直すまでの話だ。シネマテークでは毎秒十六コマのサイレント・スピードで上映したのか、あるいはプリントを引き延ばしてしまったのか――すべてのコマを二度ずつ焼き付けしたのか、ともかく見るも無惨にスローだった。テンポも何もあったものじゃない。私は見ていて冷や汗をかきどおしだった。本来のテンポは申し分のないものなんだ。

ジョン・ギルバートが南アフリカを発ってドイツにもどるところでモンタージュを使ってみた。それは馬上のギルバートから始まる。そこでは蹄の響きをガルボが演じる女性の名前フェリシタスとシンクロナイズさせた。蹄のショットの上に、蹄の響きに合うように〝フェリシタス……フェリシタス……〟と文字をスーパインポーズさせたのだ。ちょうど外国映画に字幕をつけるように。土を蹴る蹄のショットの次は蒸気船で、ここではエンジンのピストンが〝フェリシタス……フェリシタス……〟とリズムを刻む。二重露出も用い、ガルボの顔がそこに重なるようにした。次は列車となり、ギルバートはフェリシタスとの再会の期待にますます胸をふくらませる――機関車の車輪が〝フェリシタス……フェリシタス……〟と轟然と回転する。交通手段がより速度を増すにつれて、カットもより短いものとなっていくのだ。

『肉体と悪魔』ではヒーローとヒロインが横たわってラブシーンを演じる――これはそういう試みのもっともはやいもののひとつだった。そのシーンの後半でギルバートが煙草の吸い殻を窓の外に放り投げる。その吸い殻が、ちょうど車から出てきたガルボの夫マーク・マクダーモットの足元に落ちる。夫は窓を見上げる。観客はそのとき彼が何を決意したかをさとる。夫が部屋に踏み込むと、二人はソファーにもたれている。私はキャメラをマクダーモットの手にもっていき、彼の指の間からガルボとギルバートの姿を捉えた。そしてマクダーモットの指は徐々に閉じられ、二人を握りつぶすように堅いこぶしと化すのだ。

マクダーモットはギルバートに決闘を挑む。この決闘はシルエットのみによるロング・ショットのシーンとした。二人が背中を合わせた姿勢から歩みを開始し、それぞれ左と右、スクリーンの外に消える。スクリーンの左右両端から砲煙が吹き出し、同時に両者の付添人がそれぞれ左右に向かって駆け出す。ディゾルブするとガルボの肩から上のショットが現れ、黒い帽子を試着しているところだとわかる。彼女の手には黒縁のハンカチが握られ、顔にはかすかな微笑みが浮かんでいる。これによって――字幕もその他のいかなる説明手法も用いずに――決闘で命を落としたのはどちらであったかが観客に伝わるのだ。

『肉体と悪魔』はハッピーエンドに作り直された――そのエンディングもこちらで撮るよりなかったのだが、あれほどつらかったことはない。パリのシネマテークで上映したときはエンディングをカットしてくれと頼んだものだった。

［上］『黄金の世界へ』（28）で再現されたチルクート・パス。［下］『肉体と悪魔』（26）のグレタ・ガルボとジョン・ギルバート。

MGMでの第二作『黄金の世界へ』については、さまざまな感情がわき起こってくる。上出来の映画とはいえなかった。物語からいっても、演出からいっても、俳優の演技からいっても、私自身満足はしていない。とにかくごちゃごちゃといろんなことが混じり合った映画となった。

製作には丸一年がかかり、終わったときには体重が十キロも減っていた。過酷という点ではいちばんの映画だった。十九世紀末のクロンダイク・ゴールドラッシュの話で、チルクート・パスを再現するために、デンヴァーから百キロ離れた、標高約三千五百メートルの北米大陸分水界《ザ・グレート・ディヴァイド》をロケ地とした。気温は零下六十度まで下がる極寒の地で、そこに二千人のエキストラを集めなければならなかった——しかも最寄りの都市がデンヴァーときている！　でも、それは何とかやり遂げた。チルクート・パスも再現した。この映画を見たかつての探鉱者は現地ロケをしたと思ったようだった。

ジョン・サイツがキャメラマンだった——彼は最高の名手のひとりだ。ハリー・ケリーが敵役を演じてすばらしかったが、主役の男優はひどかった。私たちはアラスカに行き、急流のシーンを撮った。そこで三人の犠牲者を出した。デンヴァーを撤収したとき、一部はあとに残った。大量の雪が崩れ落ちる事故があり、さらに二人だったか三人だったかが命を落とした。たいへんな映画だった。いやはや、本当にね。

山の頂が雪をかぶっている。翌朝起きて見てみると、その山の頂は裸になっていて、隣の山の頂が雪をかぶっている。時速八十キロから百キロの猛烈な嵐が、ひと晩の間に雪を移動させたのだ。そういう気象条件の中で私たちはキャメラをまわしていた。

私たちは列車に寝泊まりした。撮影隊は全部で百二三十人ほどで、六台のプルマン車輛と二台の食堂車が撮影隊の宿舎となった。チルクート・パスに見立てた場所は、そのあたりでは鉄道の通る最も標高の高い地点となっていて、トンネル状の雪崩《なだれ》よけが作られていた。

雪崩よけの中で初めて夜を明かしたとき、私はパニック状態のあまり危うく悶死するところだった。真夜中、通過する機関車の蒸気や煙がこちらの車内に充満し、息が詰まって私は目を覚ました。なんとか空気を入れ換えようとするのだが、窓のありかも列車の出口もどこにあるのかわからない。あのときは本当にどうなるかと思った。

二千人の男がチルクート・パスを登るシーンでは、エキストラの登る道に並行してキャメラ用の道を別にこしらえた。それぞれ異なるレンズを装塡した三台のキャメラをひとつの橇《そり》の上にしっかり縛り付け、山の上に設置した巻揚げ機で橇を上げ下げできるようにした。キャメラから合図を送ることで橇を止めたり動かしたりができるのだ。そうやって山を登る人々や、登るさいの出来事を、フォローしたり、クロースアップで捉えたりした。

鉄道がスロープの低い地点から、ぐるっとまわって道の行き着く頂上付近を通っていたのは運がよかった。おかげで物資や人員の輸送に大いに役だった。

　私たちはデンヴァーの町のあちこちをまわって、浮浪者や失業者や腹を空かせた者たちをかり集め、駅に集合させて深夜二時に出発する列車に乗せた。ロケ地に着くまでの四時間のあいだに助手たちが彼らに衣類を支給した——これら二千人のエキストラが身に着けたのは、厚手の靴下にゴム長靴、厚手の下着に厚ラシャ製のダブルのコートで、ゴールドラッシュ時の探鉱者の身なりそのものだった。彼らには列車の中で朝食も支給された。

　列車は朝の八時にロケ地に到着する。列車を降りたエキストラに背嚢が渡され、チルクート・パスへと導かれる。キャメラの配置を確認した上でリハーサルが行なわれ、撮影が開始となる。三、四カ所に分かれたそれぞれのキャメラと私とは電話で連絡がとれるようになっていた。エキストラが全員頂上にたどり着き、必要なものを撮り終えた頃には午後二時となっている。私たちはエキストラをもう一度列車に乗せ、車中で食事をあたえ、そのままデンヴァーに送り返した。

　ひとつ問題が起きた。次の日の撮影にも彼らが必要となったのだ。翌日また連れてくるのは不可能だった——彼らがデンヴァーにたどり着くのは夜の八時だったからだ。そこで一日飛ばし、翌々日の午前二時に集合をかけた。二割ほどはもうもどってこなかった。それでも大きな問題はなかった。ロング・ショットの撮影はすべて終わっていたからだ。

　私たちは三千五百メートルの高地で五週間撮影をつづけた。途中で何人ものスタッフを下界に送り返した。まるで使い物にならなくなっていたのだ。そのくらいの標高になると、走ることはもちろん、早足で歩くこともできなくなる——その他どんなことも普通のようにはできなくなる。キャメラの上には小さな石油ランプを置いた。そして内部に通じるパイプをくっつけて、中の機構が凍らないように、また静電気が起きないようにした（その頃、静電気は悩みの種だった。寒さが厳しいと静電気の閃光が生じ、それがフィルムに痕を残すのだ。フィルムが金属製のゲートを通過すると、フィルム自身が電気を作り出すためだ）。シーンによっては静電気の筋だらけになっていた。

　『黄金の世界へ』は私の経験したなかで最も過酷な映画だった。その次に過酷だったのは『子鹿物語』だ。このときは厳寒との闘いではなく、灼熱地獄との闘い——真夏のフロリダ州での撮影だったのだ。

　グレタ・ガルボ、ジョン・ギルバート、ドロシー・セバスチャンらが出演した『恋多き女』（二八）は私の最後のサイレント映画となった。*

　この頃トーキーへの移行はすでに始まっていた。ジョン・ギルバートは撮影の合間などにトーキーではこうやって演じ

＊クラレンス・ブラウンはその後ジョン・ギルバート、ルネ・アドレー主演のリメイクもの『コサック』（二八）の大半を監督しているが、この作品のクレジットはジョージ・ヒルに渡った。ヒルはオリジナル版の監督でもある。

てみせると実演してくれたのだが、それはひどい大根役者ぶりだった。セリフまわしも含め大仰きわまる演技だったからだ。

でも、それは彼に限ったことではない。他にも多くの俳優が――舞台経験をもった俳優がとりわけ――悲運慷慨《メロドラマ》調の、手や腕を大きく振りまわす演技に逆戻りしているのだった。私には舞台の経験はないし、演技については何も知らなかったが、何が人間らしいのか、現実で人はどのように振る舞うかといったことは、理解している自信をもっていた。

私たち映画人はブロードウェイの舞台に演じ方を教えていたといってもいい。舞台俳優たちは映画のセットに立っても、大向こうに向けて声を張り上げる。ニューヨークの舞台経験者を演出するときは、私はいつも彼らの模倣をやってみせた。「これが君の演じ方だよ」と私はいってやる。「これが普通の人間の振る舞いといえるかな？　映画の演技は、いまここで君が私に語りかけるようなものなんだ。ごく内輪のコミュニケーションだ。キャメラはそこにある。そして私はここ、キャメラのすぐそばにいる。なのに君は遠くにいる観衆に向かって自分を押し出しているのさ」

そうはいっても、私は俳優に演技を押しつけるような真似はしなかった。ルビッチの映画に伴う問題のひとつはそこにある。彼は紛う方なき巨匠だが、彼の映画の中の俳優は、みなエルンスト・ルビッチを演じてしまう。彼が何から何までやってみせるからだ。ごくささいなことまでもね。彼は外套を手にとって、それをどう羽織るかわざわざスター俳優の前でやってみせる。小さな身ぶり手ぶりまですべて彼が俳優にあたえてしまう。彼はたしかに偉大ではあった。自分の芸術を他の誰よりも知悉していたから。でも、彼の映画の俳優たちは彼を真似ているにすぎなかった。自分の演技を披露する余地は閉ざされていたのだ。

週給三千ドルをとるスター俳優であれば、こちらがとやかくいう必要はないはずだ。トーキー映画の場合には、そういう俳優は監督以上にセリフを読みこんでおり、自分のシーンはちゃんと理解できている。いわばすでに拳銃に弾は込められているわけで、すぐにでも撮影は始められるのだ。

サイレント映画の場合、十中八九俳優は真っ白の状態でセットにやってくる。すべてが監督からいちいち俳優に伝えられる。だからサイレントではすぐれた役者を必要とする。

私は俳優が理解していることをすべて知っておきたい。もしそれがある女性の役であるとすれば、それを演じる女優は私以上にその役柄がわかっているはずだ。私はその女優がどういう視点から作品全体を理解しているかを知りたいと思う。そこで、私は余計な口をいっさい差し挟まずにまずリハーサルを行なってみる。彼女（と他の俳優たち）の動きを目で追い、どう演じるかをじっと見つめ、セリフのひとつひとつに耳をすませる。そうやって、俳優の解釈をまず最初につかもうとする。

彼らの解釈がもし私の考えと合わなければ、そのときはじ

台に乗っているのがクラレンス・ブラウンとキャメラマンのウィリアム・ダニエルズ。車の中にグレタ・ガルボとジョン・ギルバート。『恋多き女』の撮影のひとこま。

めて意見を交換し合う。そして、ここことあそこを少々変えてみようという具合に、声高でなく若干の演出をほどこす――「どうだろうな……そこはちょっとやり過ぎかな……そう少しよくなった……すばらしい」――そうやって最終的に申し分のないシーンができあがる。ときにはセットにいるみんなの意見が合わさってひとつのシーンが完成することもある。ひとりのエキストラがやってきて「監督、ここはどうも不自然に感じるんですが」といえば、みんなで考え、理由がわかればそれを正してシーンを改める。

問題点が解決しなければ、解決するまで頑張る。だからいつもスケジュールとの闘いとなる。私はこれでいいと納得するまで撮影をつづける。自分のベストの力が出し切れていないまま撮影を終わらせたくはない。自分にやれるところまではやったと確信したときに撮影は終わる。だからよく製作本部からはにらまれたものだ。でも、向こうも、私が最後にはいい映画に仕上げるとわかっているので、じっと我慢してくれた。

私は完全主義者だ。私にはひとつのやり方しかできない。それは結果としてまずいやり方なのかもしれないが、そのときの私はそれが最善だと信じているのだ。結果が吉と出なかったときも多いが、でもよい結果に恵まれたときも数多い。

仮に死活問題だとしても、私には早撮りはどうしてもできない。ウディ・ヴァン・ダイクなど二十日で一本撮り上げてしまうが、あんな真似は私には想像もつかない。賛嘆するのみだ。

時折、自分の作品がかかっている町の映画館に入ることもあったけれど、始まる前にこっそり抜けだしたものだ。ＭＧＭでは、新作ができあがると、覆面試写会を三回から五回くらい繰り返す。試写会の反応を口実にして、プロデューサーはおおっぴらに映画に手を入れてくる。試写会では観客は特製のアンケート用紙に感想を書き入れるのだが、観客の反応を知るのにアンケート用紙を見る必要はなかった。私は映画が流れているときの観客の反応に注意を凝らす。ひとりの観客が咳払いをすると私の耳はそばだち、心臓の鼓動がはやくなる。〝さあ、おいでなすった〟と身構えるのだ。それはたったひとつの咳払いで終わるかもしれない。だったら問題はない。しかし、伝染することもあり、そうすると五、六人が同じように咳をしだす。そういうとき私は、頭の中で、そのシーンに要注意の印を付けておく。どこかまずいところがあり、観客の注意が逸れたのだ。ときには試写会慣れした観客とぶつかることもある。そういう観客はまるで批評家のような反応をしめすので、試写会自体あまり意味のないものとなる。

いまはテレビでしばしば自分の映画にお目にかかる。七十分のものが四十五分に縮められていたりする。それに、これからというところで消臭剤のコマーシャルが入ってくる。そうして映画にもどるのだが、人はいざ知らず私はもうスイッチを切っている。二時間半の時間帯のなかにほとんど五分おきといってもいいくらいにコマーシャルが入り、映画の見所をことごとくつぶしていく。映画ははじめから最後まで通しで見なければ、見る意味なぞまったくない。

自分のサイレント映画のなかで私の好きなものは何か、だって？　これまでだったら『肉体と悪魔』と答えただろう。でも、パリのプリントを見たあとでは二度とあの映画の題名は口にできないな。トーキー以降の作品では『町の人気者』（四三）『緑園の天使』（四四）『子鹿物語』（四六）『亡骸を掘り返す者』（四九）といったところ。それに『愛の調べ』（四七）。私にとって音楽を扱った唯一の映画ということで。

敬愛する監督は数多い。映画を見て気に入れば、私は大声で賞賛する。気に入らなければ、やはり大声で落胆を口にする。私の敬愛するのはグリフィス、ルビッチ、ムルナウ……ムルナウこそは偉大な才能だった。『サンライズ』（二七）のために彼がアローヘッド湖にオープンセットを建てたとき、私は丸一日半かけて見てまわった。それはすばらしいものだった。われわれみんな彼の偉大さを肌身に感じたものだ。フォン・シュトロハイムは天才であり、また私の親友でもあった。彼にはたったひとつ欠点があった。彼の映画のシーンはどれひとつをとっても重みがありすぎて、それぞれがまるでひとつの五巻物映画のように中身が濃いことだ。彼は物語に間合いを持たせることや、クライマックスにもっていくまでの物語の進め方を知らなかった。彼には、最初から最後まであらゆるものが精緻精密でなければならなかった。会社の手で彼の二十一巻の映画が八、九巻にカットされたとき、それはもう映画ではなくなっていた。二十一巻だったときのそれは、史上最高の傑作だった。

ヴィクトル・シェーストレームを私はたいへん尊敬していた。彼は立派な人間だった。亡くなる少し前にストックホルムの彼のもとを訪れた。じつはリリアン・ギッシュ主演の『風』（二八）は私が撮ることになっていた。台本にも関わっていたのだが、いざとなってひるみ、映画から降りてしまった。風の好きな人間なんていないんだよ！

シドニー・フランクリンはすぐれた監督であり、すぐれたプロデューサーでもあった。あまりにすぐれていたというべきか。少々人の美点を強調しすぎるきらいはあったけれどね。仕事においては徹底した完璧主義者だった。すばらしい才能の持ち主であり、映画界での私のいちばんの親友だった。

当然のことながら、話はモーリス・トゥールヌールに最後は帰ってくる。彼が行なったことはなんであれ、私も行なった。私に生まれつき備わっていたものなど何もない。私のものはすべて彼から譲り受けたものだ。

映画において彼にはたったひとつ欠けるところがあった――暖かな人間味を出せなかった。まごころに縁がなかったのだ。彼はときに、自分が撮ったシーンを私に撮り直しさせた。

「どうしてですか？」と私は訊ねたものだ。「何の問題もあるように見えませんが？」

「私の撮り方ではああなってしまうんだが、あれじゃよくない。君がやってみるんだ」

そこで私は俳優たちをセットの隅に集め、意見を交わしながらあれこれやってみる。そうやってからシーンを撮影する。トゥールヌールが撮ったやり方そのままに。ところが、今度はほんのわずかだが前にはなかったものが付け加わっている――それが暖かみだった。

私は一九四八年頃フランスに行き、ジョワンヴィル撮影所で仕事をしている彼を訪問した。一九五二年、私は再訪した。そのあいだに彼は自動車事故に遭っていた。車を運転していたとき、車の屋根に積んでいた鞄が路上に落ちた。彼は車を道路脇に停め、鞄をひろおうと道路の真ん中に走り出たのだ。

再訪したとき、彼は片足が義足になっていて、その義足がまた歩くにはたいへん具合が悪かった。そのうちに彼はベッドに寝たきりの状態になった。

一九六一年八月、サンモリッツにいる私のところに彼の訃報が届いた。私はパリにとって返し、彼を埋葬した。それが彼との最後となった。

私は何から何まですべてをモーリス・トゥールヌールに負っている。でも、いまはもう映画界から退き、まったく別の人生を送っている。この十年に映画は二本も見てないだろう。なぜかって？　私は年老いた競走馬のようなものだ、発走の鐘の音を聞くといまでも脚がうずいてくる。もし映画を見て、それがひどい映画だったなら別に心配はないが、もしそれがいい映画だったなら、私の本能が刺激され、また芝の上に立ちたくなる、つまり仕事にもどりたくなるんだよ。

第十三章　エドワード・スローマンの失われた仕事

フィルム・アーカイヴには空間の余裕は少なく、資金は絶望的なまでに不足している。そんななかで、各アーカイヴは歴史上の重要作品や著名な監督の作品の保存に全力をあげている。しかし、ギャンブルはできない。無名の監督の知られざる作品に貴重な空間や資金を当てるわけにはいかないのだ。

そのために、エドワード・スローマンのような監督の作品は大部分が失われてしまった。英国ナショナル・フィルム・アーカイヴは、団体や個人のまとまった蒐集品の多くを引き継ぎ、それによって意外な作品を多数保存してきているが、スローマンの『洩るゝ窓唄』（一八）のプリントを収蔵している。ニューヨーク近代美術館は『粉砕された偶像』（二二）*を数巻保存している。それらを例外として、スローマンの名前はこれまで忘却のなかに埋もれてきた。彼の名はどの映画史の書物にも出てこないし、スローマン自身も引退後二度と表舞台に姿を現していない。

私がエドワード・スローマン作品に興味をもちはじめたのは、『降伏』の貴重なプリントを目にして以来である。これは一九二七年のユニヴァーサル作品で、イヴァン・モジューヒンが出演した唯一のアメリカ映画として知られている。アレグザンダー・ブローディの戯曲「リー・ライオン」を原作とする『降伏』は、ストーリーは荒唐無稽なメロドラマだが、演出には目を瞠るものがある。それはヨーロッパ伝来の――ポール・フェヨスあるいはディミトリ・ブコウェツキらの――華麗な作風を髣髴させる一方で、アメリカ流のなめらかな話法をしっかりと保持している。

革命以前は生国ロシアで、革命後はフランスでスター俳優として名声を得ていたモジューヒンは、この映画においてはロシア貴族の将校を演じている。この将校が初めて登場する

＊『粉砕された偶像』はその後フィルムが分解してしまったが、その一方で、喜ぶべきことに『我れ世に誇る』（二五）を含む数本のスローマン作品が発見された。

のは、森のなかの狩りの場面である。彼は獲物を見つけ、銃で狙いを付ける。そこからディゾルブして、銃身の向こうに狙いを定めた、彼の細めた眼のクロースアップ……さらにディゾルブして、いまにも飛びださんと身構える猟犬のクロース・ショット……またもディゾルブすると、モジューヒンの見た眼のショットとなり、キャメラは銃身ののびる方向に向かってゆっくり前進移動して、木の上のリスのクロースアップに行き着く。モジューヒンにカットが切り換わり、彼は破顔一笑、銃を降ろす。リスは逃げ去り、猟犬は飛び出していく。が、リスではなく、女物の靴の片方をくわえてもどってくる。興味をかきたてられたモジューヒンは、川縁で水に脚を浸しているメアリー・フィルビンを見出すのだ。

このような独創的なキャメラワーク（キャメラマンはギルバート・ウォレントン）は手間も費用もかかるものだが、おそらくそのためだろう、『降伏』にはこの箇所を凌駕するようなシーンは二度と現れない。しかし、すぐれたシーンは他にもいくつか見られる。主要舞台のひとつとなる、ロシアと国境を接するオーストリア＝ハンガリーの村は雰囲気豊かに描かれており、長焦点レンズの巧みな使用によって現実感が強められている。ロシア軍の侵入を描く箇所はとくに見事である――村はずれの畑で二人の農民が鋤《すき》を振るって土地を耕している。ひとりが手を止めて額の汗をぬぐう。そのとき、地平線の彼方に歩兵の隊列を認める。二人は急いで馬から馬具を外し、その背中に飛び乗る。二人が村に駆けもどり、ロシア軍の侵入を大声で触れまわると、進行する軍隊のショットと、差し迫る危機がいまだのみこめぬ村人たちのショットとが交互に映し出される。ここにおいてもスローマンはウォレントンのキャメラを効果的に用いる。次いで画面はディゾルブし、美麗な軍服に身を包んだコサック騎兵の軍勢が埃まみれの歩兵の隊列に混じり合って進むショットに繋がっていくのだ。

それより九年前に製作された『洩る丶窓唄』を見ると、『降伏』の興味深い特徴の多くはスローマンの常套手法であったことが見てとれる。ここにおいてもヨーロッパの商業都市が雰囲気豊かに美しく描かれており、そこには潑剌としたユーモアがさらに魅力をそえている。ここでは主演のメアリー・マイルズ・ミンターが『降伏』の冒頭におけるメアリー・フィルビンのような役柄を演じていて、ジョージ・ペリオラット演じる父親との関係がやはり同様の微笑ましいエピソードのなかで描かれる。しかしここにはメロドラマ的要素は何もなく、一九一八年という製作年度を口実にする必要もない。ストーリーはわかりやすく、テンポは速く、演出は微動だにしない。

この映画は、現代のテレビの手法にも似て、冒頭早々から見るものを引きつける。社交界の奥方たちが数名集っていて、ひとりが別のひとりに〝稀にみる奉公人〟ロージー・テイラーを推薦してくれた礼を述べる。「あらっ」と礼をいわれた婦人が驚く。「ロージー・テイラ

『情熱の沙漠』（28）の撮影風景。白いヘルメットが監督のエドワード・スローマン。キャメラマンはジャクスン・ローズ。

ーは死んでいましてよ！」

「そんなこと絶対にありません。ロージー・テイラーは、あるいは彼女の幽霊かしら？　私のために家の掃除をずっとしてくれているのですから」

　婦人たちは事実を調べてみることに衆議一決する。その家はなるほど幽霊屋敷のように見えてくる。窓辺を白いふわふわしたものが漂っていたり、鎖の響きが聞こえたり（骸骨の手が鎖をガラガラ鳴らせている映像でしめされる）……そしてロージー・テイラーがいつも口ずさんでいた唄がどこからともなく聞こえてくる。幽霊だ！　女性たちは恐怖に駆られてその家から飛び出していく。

　物語が過去にもどって舞台はフランスとなり、メアリー・マイルズ・ミンターが紹介される。年老いた父親の看病、町の青年たちとの交渉、混雑する市場でのやりとりなどが寸描されたのち、父親の死、アメリカ行きの船、アメリカでの窮乏生活、紹介状の発見と物語は進んでいく。その紹介状が〝ロージー・テイラー〟という名のアメリカ女性のものであり、フランス移民である主人公にはそこから新たな生活が開けていく。

　ここで最も効果をあげている手法はテンポよい並行編集かもしれない。メアリー・マイルズ・ミンターの前を歩く屑屋のかごから手紙（紹介状）が落ち、彼女がそれを拾い上げる。と、彼女の下宿にショットは移り、女主人が家賃の催促に現れミンターの部屋のドアをノックする。再びシーンはミンターにもどり、紹介状が開けられ、中から金が出てくる。カットが換わると下宿の場面で、留守の部屋に入りこんだ女主人はミンターの鞄の中を探っている。

ショットの転換はリズミカルですばやく、また必要な情報が簡潔に観客に伝えられる。アーカイヴに残された現存プリントは損傷が激しく、アイラ・H・モーガン撮影による映像もときに被写体の判別すらつきかねるものの、屋外シーンは美しく撮れている。

メアリー・マイルズ・ミンターは、一時はメリー・ピックフォードに迫るかとまで思われた女優だが、演技者としてはとうていピックフォードの敵ではなかった。その演技はひとえに監督の腕にかかっていたようである。この映画における俳優の演技が総じてすぐれており、しばしば新鮮な息吹すら感じられるのは、スローマンの演出力によるものと思われる。

私はハリウッドの映画監督協会気付でスローマンに手紙を出してみた。カリフォルニアのどこかでいまだ存命と聞いていたからだ。しかし居所に関しては、私同様映画監督協会も情報をもっていなかった。〝不明〟の印が押されて手紙がもどってきたからである。それでも印の脇に〝映画俳優協会に当たられよ〟と手書きで書かれていた。

スローマンは俳優でもあったのだ。しかしそれももう五十年以上前のことである。私は彼の仕事仲間の何人かに連絡をとってみたが、みな彼とは音信不通となっていた。そんなとき、伝手をあたえてくれたのはアルフレッド・ラントであった。自身の映画デビュー作『大北の怪異』(二三)でスローマンと仕事をともにしたラントは、最近噂を耳にしたといった。「彼は腕のいい監督だった」とラントは述懐する。「それに話のわかるいい男だった。デイリー・ニューズ紙が切り抜きを送ってくれたんだが、それは彼と私がテレビ番組を一緒にやったあと、スローマンが私について書いたもので、心のこもった内容だった。彼は本当にいい監督だったね」

アルフレッド・ラントから得た情報が役立って、私はスローマンとようやく連絡をとることができた。

「よくぞ私を見つけだしたね!」と彼の返信は始まっていた。「しかし、残念ながら語ることはあまりない。一九三九年を最後に映画界を離れたからだ。私はラジオの世界に入った。台本作者、プロデューサー、監督、そして資金提供者!としてね。

アルフレッド・ラント、ジェイムズ・モリスン、パッツィ・ルース・ミラー、ギルバート・ウォレントン。君が触れてくれた名前をみて、その他、私をおぼえていたというかつての同僚たちの名前をみて、懐かしさに胸が熱くなったものだ。みな私の楽しい思い出の一部になっている友人たちだ。私のような年齢になった俳優や監督は思い出が生きがいになっているからね。映画芸術の黎明期(それとも映画産業の、というべきか。おそらく両方だね)、私たちがいかに精力をこめ、いかに夢を抱いて映画作りにあたったか、そのことを正当に評価した上で、記憶に残そうと努めてくれている人が

［上］『降伏』（27）のメアリー・フィルビン。［下］中央にイヴァン・モジューヒンとエドワード・スローマン。まわりはロシア人エキストラ。『降伏』製作中のひとこま。

いると知って感謝に堪えない」

エドワード・スローマンは一八八五年、ロンドンはベイズウォーターのハロー・ロードに生まれた。一家はユダヤ系で、彼は子ども時代をイーストエンドで過ごしている。十九歳でイギリスを離れ、一九〇九年から演劇の世界に身をおいた。「何年ものあいだ俳優として、のちには演出家として不安定ながらもなんとか生計を立ててきた。「グランゴワール」（フランソワ・ヴィヨンの愛称）という寸劇では、狡猾で滑稽な役柄、老齢の国王ルイ十一世を演じたのだが、そのときの主演女優ヒルダ・ホリスはあとになって私の妻となった。

自分たちで考案したコメディを演じてヴォードヴィルのひとシーズンを終えたとき、ユナイテッド・ブッキング・オフィスから引導を渡された。それを期に、ハリウッドで働いていた知り合いの女優のすすめにのって、私たちはカリフォルニアに向かった。カリフォルニアではユニヴァーサルのトップ監督ウィルフレッド・ルーカスに紹介された。友人の女優はよほど私をよくいってくれていたようで、私はスター女優クレオ・マディスンの相手役としてすぐさま雇われた。日給も七ドル五十セント。監督の指示で、日曜以外何やかや毎日仕事があり、一九一五年当時としてはかなりいい収入を確保できた。とはいえ、ヴォードヴィルではその十倍の実入りがあったがね。

初期の頃の映画の一本に『切断された手』（一六）というのがあった。不気味な題名とともに思い出すのは、六十キロある相手役の女優を抱えて、特別に作られた二十段の階段を上らされたことだ。しかも上りながら女優の耳に甘いことばをささやきつづけるのだ！」

映画俳優の仕事をこなしながら、スローマンはシナリオを書き始めるようになる。シナリオは一巻につき二十五ドルで売れた。彼の妻はアラン・ドワン、ジョゼフ・デ・グラッスらの一巻物や二巻物に出演していたので、二人の収入を合わせれば相当の額になった。しかしスローマンは満足しなかった。彼は週給六十ドルを要求し、それを拒絶されると、会社を辞めた。

幸いにも、ハリウッドで名が売れていた彼はすぐにいろいろな役で声がかかるようになる。それと並行して戦争を題材にした長篇物の原案を書き、以前からの知り合いの監督バートン・キングに提出した。キングには突き返されたが、製作者トマス・インスが四百五十ドルでそれを買い上げた。それはオリジナル原案に支払われた最高額だった。抜け目のないインスは、その原案から四つの出来事を取り上げ、それぞれを別々にして四本の映画を完成させた。

スローマンはコロナドにあるルービンの西海岸撮影所にそのただひとりの監督として、週給百ドルで雇われた。

「私の最初の監督作は『ハーレムから救われて』（一五）という題名だった。本物の軍艦を動かし、白い戦闘服の水兵全員を陸揚げし、ライフルを手に突撃させた。合衆国海軍による大々的な救出劇を実演させたのだ！」

ルービンで一九一五年に監督した二巻物のひとつに現代版『ファウスト』があった。スローマンはここで、監督だけでなく、夜会服姿のメフィストフェレスを演じている。

「ファウストがみすぼらしい老人から眉目秀麗な若者に変貌し、住み処もあばら屋から豪邸に変わるシーンで私は行き詰まった。それでも、しばらくしていいアイデアが浮かんだ。大道具方を呼び、四方に自転車の車輪を付けた台を拵えさせた。その台にキャメラを載せて移動車にした。その移動車からまずファウストを全身ショットで撮る。そこから、フォーカスを合わせながら徐々にキャメラを近づけ、顔の大きなクロースアップとなったところで車を止める。そこでディゾルブが始まる。キャメラのファインダーにクロースアップの輪郭をつけておいてから、ファウストのメイクと衣装を替えさせ、あばら屋のセットは豪邸へと模様替えする。若返ったファウストが元の場所にもどると、残りのディゾルブをすませてから、今度はキャメラを後退させ、ファウストの全身ショットにまでもっていった。すると、あら不思議、巨大な暖炉の前に立つりゅうとした着こなしの、若きファウストが現れるのだった！

一、二巻物をさらに何本か撮ったところで、撮影所長から、主演俳優も兼ねるようにと命令があった。三、四カ月それでやってみたがくたくたに疲れる。体重が十キロ以上も減ったくらいだ。所長は次に昼休みの時間を半分にするといいだした。私はすぱっとそこを辞めた。

次の職場はサンタバーバラにあるフライングA撮影所だった。フランクリン・リチー、ウィリアム・ラッセル、メアリー・マイルズ・ミンターらの出る五巻物の監督についた。メアリー・マイルズ・ミンター（MMM）の『洩るゝ窓唄』は私の代表作ではない。ストーリーも気にくわないし、主演女優も私の好みじゃない。MMMはその頃まだほんの子どもで——十六歳だ——とてもきれいだった。間違いなく、私が見た若い女優のなかで最高の美貌だったが、女優としては最低だった。

午前中かけてひとつのシーンのリハーサルをしたのだが、彼女がどうもうまくのみこんでくれない。自分でもどうしていいかわからなくなったのだろう、とうとう彼女がこういった。〝あなたがやってみて——私にやらせたいとおりに〟

身長百八十センチの不格好な三十男が若い娘役を演じるところを想像してくれたまえ——でも、私はやってみせたよ。それを見て向こうが何といったと思う？

〝ふざけないでよ！　そんなのできないわよ！〟

私は彼女でも演じられるようにシーンを書き直したね。

ミンターとは何本も映画を撮ったが、気に入っているものなんて一本もない。メリー・ピックフォードがパラマウントを離れたとき、パラマウントはすぐにMMMを異例の高給で迎え入れた。そしてその監督として私に声をかけてきた——夢のような契約金でね。でも、渡されたシナリオがひどかった。いまだかつて見たことがないくらいひどかった。私とM

MMとの関わりはそこで終わった。後日談になるが、パラマウントはどうしようもないそのシナリオを映画にした。映画は公開されず、監督はクビになったがね。

最近の監督はスタッフに大声で命令するそうだ。〝あれが必要だ――これが欲しい〟と。昔の監督は、何か特別なものが入り用になったら、それをいちから作りだした。

当時は夜のシーンはすべて昼間に撮って、ポジフィルムをブルーに着色した。いくら画面がブルーで夜のように見えたといっても、昼間撮られたものだというのはみんな知っていて、私などにはごまかしに思えたものだ。そこで私はちょっと別の手を試してみた。一台のトラック、水をいっぱい入れた六個の樽、二つのポンプ、いくつも穴を開けた何本ものパイプ、それに特別な閃光装置を使って、暴風雨の夜、サンタバーバラの市街を車で走る主人公というシーンを、じっさい夜間に撮ったのだ」

スローマンは一九一九年、雑誌出版者から映画に進出したベンジャミン・ハンプトンのために、初期の長篇西部劇の一本『開拓の勇者』を監督した。次いで彼はJ・L・フロジンガムのためにヒット作を連発する。頂点となったのは『粉砕された偶像』(二二)だった。

「この映画は高い評価を受けたが、一方ではある大物製作者と衝突するきっかけともなった。私は『粉砕された偶像』の原作となった「神々の花嫁」の映画化権をもっていた。この製作者がフロジンガムの地位を引き継いだとき、私は原作料を要求した。彼は払う意志はないといい、もし訴訟に持ちこむなら映画界で働けなくしてやると脅した。私は訴訟に持ちこみ、彼は脅しを実行に移した。丸二年間、私は誰からも雇われなくなった。やむを得ず、自ら資金を作り、ミルトン・シルズ、カーメル・マイアーズ主演で『最後の一瞬』(二三)を作った。マストドン・フィルムズのC・C・バーがこの映画の配給者となっていた。彼とは間違いのない契約を交わしてあり、それには外国での売り上げの七十五パーセントは私が受けとることになっていた。彼の犯した多くの恥ずべき行為のなかでも最悪のものは、イギリスのとある会社から一万ドルの貸し付けをうけるために、私の映画を抵当に入れたことだった。結局、海外の興行で得た売り上げから私は一セントも受けとれずに終わった。

そんなこんながあったあと、またユニヴァーサルにもどり、そこで作った『我れ世に誇る』(二五)を認められて、五年契約を締結した。『我れ世に誇る』は私の気に入りの映画だ。ベストの映画という意味ではなく、成功すること請け合いの映画だったからだ。製作に入ったときから大当たりすると確信がもてた。あの年のベストテンの一本に選ばれ、九万三千ドルの製作費で三百万ドルの純益を上げた」

この特筆すべき映画が『降伏』の製作へとつながっていく。二匹目のドジョウをねらったユニヴァーサルは、民族性こそが前作の成功の鍵だと見なした。

「舞台劇「リー・ライオン」はドイツ系劇場お決まりの出し

物で、当時都会においてかなりの人口比を占めていたユダヤ人のあいだでとりわけ大きな人気を誇っていた。ユニヴァーサルの大ボス、カール・レムリは故国のドイツを片時も忘れぬ老人で、毎年数カ月は故郷に帰るのを恒例としていた。彼はこの古めかしい劇を心の中に大切にとどめていた。というのも、この劇は憎むべき迫害者に対するユダヤ人の勝利を描いていたからだ。

　当初私は話を断った。が、レムリから何が何でもスローマンにやらせろと命令が下った。主人公にイヴァン・モジューヒンを起用するのも、所内のほとんど誰もが反対するなか、レムリが強硬に主張したからだった。台本は、クレジットにどうあれ、また出来の善し悪しはどうあれ、私ひとりの手になるものだった――一語一句私以外の誰も関与してはいない。クレジットで私とともに名前がのっているエドワード・J・モンタグネは、じつは脚本部主任で、私に自由に台本を書かせるための、いわば〝政治的配慮〟からそこに名を連ねていた。映画を作るうえで障碍となったのは、口ばかり偉そうな撮影所主任の存在だった。この男は前身は帳簿係で、ほんの数カ月前までは映画界とはまるで無縁な人物だった。

　モジューヒンは少々よそよそしくはあったけれど楽しく仕事のできる俳優だった。むろんすぐれた俳優だったのだが、いろいろ演技上の指示をあたえる段となったとき、彼と彼の通訳には大いに当惑させられた。モジューヒンは英語はひと言もしゃべれない（あるいはそのような振りをしている）。そこで私はまず通訳に、事を分けて詳しく指示を伝える。モジューヒンにこうしてほしいのだということを五分から八分かけて説明する。すると通訳は私の指示を、ほんの数語のロシア語でさらっとモジューヒンに伝える。時間にして一分もかからずに。

　何度も私は通訳に確認した。〝私が君にいったことを全部伝えてくれたのかね？〟と。すると必ずこう答えが返ってくる。〝もちろんですよ、監督。すべて伝えました〟と。結果としてみると、そのことばに嘘はなかった。モジューヒンは私の思い描いていたとおりにリハーサルしてみせてくれたからだ。

　私はユダヤものの映画にとくに思い入れがあるというわけではない。そういう映画は三本しか作っていないし、そのうちの二本は『我れ世に誇る』の成功の再現をもくろんだ上層部が押し付けてきたものだ。

『われらアメリカ人』（二八）は私がサイレント期に作ったもうひとつのユダヤものだ。ブロードウェイで上演されていた舞台劇が原作で、舞台ではイディッシュ・シアター出身のまだ無名の新人ポール・ムニが主役を演じていた。* ムニは映画版にも出たがっていたが、私たちは中年男の舞台用メイクをした彼しか知らず、映画の観客を説得するに足る俳優かど

＊ポール・ムニは舞台ではムニ・ワイセンフレンドの芸名を使っていた。本名はムニ・ヴァイセンフロイントである。

うか一抹の不安を感じずにはいられなかった。そこで主演にはジョージ・シドニーを起用した。それからしばらくして、ムニはワーナー・ブラザースの大スターに躍り出、得意のメイクを駆使してさまざまな人物を演じてみせた」

フォトプレイ誌は一九二八年五月、『われらアメリカ人』を月刊最優秀映画の一本に選び、ジョージ・シドニーとアルバート・グランの卓越した人物造形を賞賛した。

「大部分は」とフォトプレイ誌は述べている。「監督のエドワード・スローマンの功績である。彼はコンスタントに水準以上の作品を発表している。この映画は（『我れ世に誇る』や『老番人』と同じ意味で）永続的な価値をもっており、観客を大いに楽しませながら、見る者すべての社会意識を高める役割を果たしている」（一九二八年五月号、五三頁）

スローマンの演出法は演劇時代に培われたものである。

「その頃、舞台の演出家は教師を兼ねていた。俳優を志す者が演技の初歩を学びたいと思っても俳優養成所のようなものはまわりになかったからだ。俳優志願者に歩き方、立つときの姿勢、膝のつき方、ドアを開けての出入り――その他、自然かつ優雅にやりおおせるはずのさまざまな事ども――を指導するのは演出家にかかっていた。また、とりわけ重要なのは戯曲の読み取り方だった。私はこのような仕事をそのまま映画に持ちこんだ。私はつねに徹底したリハーサル主義者であり、俳優への指導はキャメラがまわっている撮影中にもつづけたものだ。

ひとつ例を挙げてみよう。あるドイツ人男優を使ったときのこと。イギリスの地方地主を演じるにうってつけの体格と風貌をもっていたのだが、演技力はゼロだった。私はキャメラをまわしている最中も、ささいなしぐさにいたるまで事細かに指示を飛ばした。次の映画『浮かれ胡蝶』（二六）でも似たようなタイプの役が出てきた。上層部の面々はそのドイツ人俳優の名前を出した。〝奴は前の映画で見事に演じたじゃないか〟というので、私はこう応えてやった。〝あの役を演じたのは奴じゃない。私が演じたんだ！〟と。

逆の例を挙げるならば、『我れ世に誇る』のルドルフ・シルドクラウトだ。彼のときもよくキャメラの背後から声をかけた。演技がやや大仰になると、〝締めるんだ、ポッパ。もうちょっと締めて〟とこちらがことばをかける。すると鮮やかな演技テクニックはそのままに、そこに目に見えぬ制御が働き、場面に没入したまま演技が穏やかになって、完璧なバランスが達成されていく。シルドクラウトとはどのような狙いをたてようとも、必ず満足できる結果が得られた――ときには思いもかけぬよい結果が得られたこともね。彼は当代きっての名優だった。

映画の創世記はいまの人には想像もつかぬほど華やかで、現実離れしていて、胸のわくわくする、学ぶことの多い時代だった。私たちはまったく新しい何かを創造しようと努め、そしてじっさい新しいものを作りだしていった。そういうなかで、私たちは映画芸術とともに育っていったのだ」

［上］『われらアメリカ人』（28）のジョージ・シドニー（左）。［下］エドワード・スローマン監督作品『情熱の沙漠』。

第十四章　ウィリアム・ウェルマン

フィルム・アーカイヴなどの映画保存機関の不手際がきわだつのはウィリアム・ウェルマンの場合である。ウェルマンの初期の仕事は、事実上消滅するがままに放置されてきた。『つばさ』(二七)が消滅から救われたのはシネマテーク・フランセーズのおかげであり、『人生の乞食』(二八)が現在残っているのはジョージ・イーストマン・ハウス写真博物館のおかげである。しかし、それらを別にすれば、ウェルマンのサイレント作品で現存しているものはない。

ウィリアム・ウェルマンの監督としての業績は、ほとんどトーキー以降の時代と、『民衆の敵』(三一)『スタア誕生』(三七)『オックスボウ事件(牛泥棒)』(四二)といった良質の映画とに限定された観があるものの、一九一八年という早い時期にすでに、彼は映画界に身をおいていた。映画入りする前はラファイエット飛行部隊のパイロットであったが、映画に入ってからも最初はダグラス・フェアバンクスと共演する俳優であった。

しかし、俳優は彼の男性的な荒々しい気性にはそぐわなかった。二本の出演作を残して製作サイドに移り、助監督となってT・ヘイズ・ハンター、クラレンス・バジャー、E・メイスン・ホッパー、バーナード・ダーニングらについた。「バーニー・ダーニングは私に監督の機会を最初にあたえてくれた恩人だ」とウェルマンは私(筆者)に語った。「彼は身長百九十五センチの大男で、監督以外に俳優もやっていたが、俳優のほうはお世辞にも上手とはいえなかった。でも、これまで私が出会ったなかでいちばんハンサムな男ではあった。彼は私のことを気に入り、いろいろとしこんでくれた。彼には絶対に守れといわれたことが二つあった。ひとつは忠誠を尽くすこと、この点では私を信頼していたはずだ。もうひとつは女性とは――映画で仕事をともにする女性とは関係をもつなということだった。こちらのほうで私は一度間違いを犯してしまった。さあ、彼は大男だ。が、私も体には自信があり、黙って仕置きをうけるつもりはない。バーニーはバ

『つばさ』(27) 製作中のウィリアム・ウェルマンとハリー・ペリー(撮影)。

ック・ジョーンズの楽屋に私を連れこんだ。私は椅子を振り上げ、パンチを浴びせ、好き放題突っかかっていったが、彼は涼しい顔だ。反対に、私の手が止まったところで、強烈な一発で私をのしてしまった。彼は軽々と私をつまみ上げると椅子の上に落とし、こういった。〝いいか、このボンクラ野郎。生肉を目の上に当てておけ。明日の朝はいつも通りセットに出てくるんだぞ。必ずだ……オレにはお前が必要なんだからな!〟と。そしてそのわけをいってくれた——彼には持病があったのだ。バーニーは男気のあるいい兄貴分だった。彼のためなら人殺しだってしただろうと思う。彼は私に人生最高の二年間をあたえてくれ、他の誰よりも映画について多くを教えてくれた。彼は『最大急行』(二二)『震天動地』(二三)といったスリルあふれるアクションものを作っていて、そういった映画からアクション、テンポ、スタントなどあらゆるものを学びとった。監督になろうとする者にとって理想的な環境だった。

サンディエゴ沖のノースアイランドで空中シーンを撮ろうとしていたとき、バーニーが発作に襲われた。彼は私に電話をかけてきて、〝いま病院にいる。あとはまかせたぞ、ウィリー〟といった。私は彼に代わって必要なショットを撮り上げ、スケジュールに穴は開けなかった。製作が終了し、フォックス撮影所でウィニー・シーハン、ソル・ワーツェルの御前で試写が行なわれた。俳優もクルーもバーニーが途中から撮影を抜けたことについてはひとことも外に漏らしてはいなかった。みんな彼を心から愛していたからだ。しかしバーニーもその場にいて、試写が終わるとおもむろに体を伸ばして立ち上がった。彼はそびえ立つほど大きかった。〝どうだった？〟彼は二人の大物に訊ねた。

〝バーニー〟二人は答えた。〝いやー、申し分ないね。いつもどおりの、いやそれ以上のすばらしい出来栄えだ。おめでとう〟

〝おめでとうはお門違いさ〟彼はいった。〝じつは「一服しろよ」のお告げが今回もあってね、オレはずっとベッドの中だった。ウェルマンが仕上げたのさ。彼を監督にしてやってくれ。ついでにいっておくと、ダスティン（西部劇スターのダスティン・ファーナム）はウェルマンにぞっこん惚れこんでいる。このオレもだがね〟そう言い残して彼は映写室から出て行った。会社はその場で私を監督に昇格させた」

その後まもなくダーニングは他界する――死因は腸チフスだった。ウェルマンはダスティン・ファーナムの西部劇を何本か監督したのち、同じく西部劇スター、バック・ジョーンズ映画の監督へと格上げになるが、給料の値上げを要求してフォックスをクビになる。一年半仕事にあぶれたあと、ハリー・コーンのために三日半で一本映画を撮り上げる。その頃コーンは〝貧乏通り《ポバティ・ロウ》〟のプロデューサーで、ウェルマンに週二百ドルで監督仕事を提供したのだった。もうひとりの独立プロデューサー、プリファード・ピクチャーズのB・P・シュルバーグがこの速成映画を見て膝をたたき、ウェルマンに週給二百十ドルを提示してきた。シュルバーグがパラマウント西海岸撮影所の製作主任となったとき、ウェルマンは彼に同行する。彼にあてがわれた最初の作品は『猫の寝間着』（二六）――「目も当てられない最悪の映画」とウェルマン自身回想するもの――で、『ピーターパン』（二四、ハーバート・ブレノン）のスター、ベティ・ブロンソンを子ども役から大人役に脱皮させることを目的としたソフィスティケイティッド・コメディだった。

「会社はこの映画を見て私には監督の腕はないと判断し、クビにしようとした。しかしシュルバーグが私を放さなかった。次は『女心を誰か知る』（二六）を撮った。これが汚名返上となり、次の『つばさ』へと繋がっていった」

『つばさ』は映画史上最も胸を高鳴らせる戦争映画の一本である。これまで同種の題材が巨費を投じて幾度も試みられてきたものの、『つばさ』は、その壮大なるスケールにおいて、いまだにそのなかの最高位を占めている。人物の性格描写やストーリーにはアクションに注がれたほどの配慮や苦心の跡は見受けられず、主役の二人チャールズ・〝バディ〟・ロジャーズとリチャード・アーレンとの関係にはとくに受け入れがたいものがある。しかし、この映画は何よりもアクション主体の作品であり、死や破壊がかくも抒情的に、また広大な規模で描かれたことはない。空からのキャメラによって捉えられた多くのシーンが観客の脳裏に強烈に刻みこまれる――撃墜され火を噴きながら落ちていく大気球、大空のなかで展開

『つばさ』より。

する〝死の舞踏〟のごとき空中戦、空爆にさらされる村落、歩兵の隊列をなぎ倒す機銃掃射、敵機に追尾され大破する将官の車などが、まるでその場に居合わせているかのような臨場感とスリルで経験される。普通であれば、そういったシーンは立ち入り禁止のロケ地のなかで万全の計画と準備ののちに撮影される。キャメラマンは最前線にはあるまじき建物や道路が写らないように注意しながらアングルを決める。しかしこの映画の場合、ウェルマンはテキサス州の半分と陸軍の一個師団丸々をその手中にしていた。半径八キロの大空間のどこにキャメラを向けようとも、戦闘の痕も生々しい郊外や、進撃する兵士や、等間隔に配置された銃座以外のものは眼に入ってこないのだ。

『つばさ』と『女心を誰か知る』においては華麗なキャメラ移動が用いられていた。それは二〇年代中期、ヨーロッパ映画の流行を採り入れたウェルマンのスタイルであった。

「キャメラ移動には夢中になった。でも、しばらくすると飽き飽きしてきた。大がかりなブーム・ショットを最初に使ったのは『つばさ』のときで、フランスのカフェーの大きなセットで、いくつものテーブル越しにキャメラを移動していった。それからあとは、猫も杓子もめったやたらにブーム・ショットだ。私とジャック(ジョン)・フォードはすぐに見向きもしなくなった。二人して誓いを立てたね。あんなものは二度と使わないと。キャメラが動きまわると、目がくらくらする観客も出てくる――じっさいそうなんだ。そしてキャメラの動きばかりを気にして、何が映っているのか、そちらのほうは見てくれない。そもそも何がきっかけでキャメラを振りまわすようになったのか。喧嘩がおっぱじまると、もっと近くで見たくなり、思わず走り寄ってしまうが、そういうのをキャメラでやってみようとしたのだろう。でも、ほんとうに好きなのは構図だった。人目をひく特異なアングルばかり使ったものだが、これもすぐに広まって――人のへそから覗くようなショットまであった――瞬く間に陳腐になった。そこでようやく気づいたのは、何ごとも単純に撮るに如くはないということだった。移動撮影なり何なりが使いたくなったら、本当に意味のあるときだけ、確実に効果が望めるときにだけそれを使う。自分でも監督の最後の頃になってやっとこの考え方を徹底できたと思っている」

ウェルマンの最後の映画は、一九五八年に公開された『ラファイエット飛行中隊』である。それ以降彼の名前は神秘のヴェールに覆われ、彼の代表作というと、とりわけイギリスでは、ごく稀にしかリバイバルされない二本の映画『民衆の敵』と『オックスボウ事件』に限られてしまうこととなった。しかし、一九六五年、『人生の乞食』がロンドンのナショナル・フィルム・シアターで上映されて、この忘れ去られていた監督に新たな光が当てられた。『人生の乞食』のオリジナル版には音響効果とウォーレス・ビアリーの歌う歌が入っているのだが、デンマーク映画博物館から借り受けたこのときの十六ミリ版(もともとはイーストマン・ハウスの所蔵物)

『つばさ』フォリー・ベルジェールのシーンの撮影風景。ウィリアム・ウェルマンがブームの台で横になっている。その下にキャメラが吊るされていて、ハリー・ペリーが脇に立っている。このキャメラがテーブルの上を滑るように移動するのだ。テーブルに並んで座っているのがリチャード・アーレンとエル・ブレンデル。

には全篇通して音は入っておらず、プリントも鮮明さに欠けていた。それにもかかわらず、洗練された豊かな技巧は画面にきらめきをあたえており、エレガントなスタイルとでも呼ぶべきものがそこには姿を現していた——ただしこの映画の内容とエレガンスとは多少水と油ではあったのだが。

ルイズ・ブルックスとリチャード・アーレンが主演した『人生の乞食』は、自身ホーボー経験のある作家、ジム・タリーの原作による浮浪者の一団の物語である。アメリカのサイレント映画を特徴づける生き生きとした天衣無縫さが、ここではヨーロッパ映画を連想させるような意図的で明確なスタイルに置き換えられており、そこには芸術性への志向を見てとることができる。

アメリカの映画作家は、スケジュールと予算の枠内で工夫を凝らし、自らの実力を最大限に発揮することですぐれた結果を生み出してきた。ヨーロッパ映画の秀作があらわれて、ハリウッドに衝撃をあたえると、芸術性への嗜好が多くの監督のあいだに浸透していった。彼らの荒々しいまでの熱意や勢いのよさは、芸術性への敬意の前に足踏みをはじめた。装置や照明はもっと入念に、もっと複雑になり、映画の運び《テンポ》はもっとゆるやかなものとなっていった——自由奔放さが慎重さや周到さに座を譲りはじめたのである。

ウェルマンの場合、芸術性への傾向は彼の天性となっていた映画的なストーリーテリングにいささかも支障はあたえなかった。『人生の乞食』は卓抜な構想のもとに、完璧無比に仕上げられた作品である。しかし、それは芸術作品に仕立てるには適さない題材であった。それはあたかも「荒野の呼び声」を書くにあたって、ジャック・ロンドンがゴールズワージーの巧緻な文体を借りようとしたかのごとくである。

一九六四年、カリフォルニア州ブレントウッドに私が訪ねたウェルマンその人は、まさにジャック・ロンドン的人物であった。派手な押し出しと生気あふれる魅力的な個性をもった彼は、伝説的な西部の男の再来を思わせる——長身の痩せ型、鍛え抜かれたいかつい容貌、そしてジョン・ウェインそっくりの声音。家の中を、檻の中のライオンよろしくせわしなく歩きまわりながら、彼は監督としての生涯を語ってくれたのだが、合間合間には〝クソ稼業〟に対して思いっきり悪態をつくのだった。しかし、映画について、製作の苦労話について、監督の醍醐味や成功作を作り出したときの達成感について語るその口ぶりからは、映画に対する深い愛情がにじみ出ていた——そしてその愛情は〝クソ稼業〟への苦々しい思いを瞬く間に消し去ってしまうのだった。

ウィリアム・ウェルマンは語る

たいていの人間は私がラファイエット飛行中隊にいたと思っている。そうじゃない。私が入っていたのはラファイエット飛行部隊のほうで、この二つはちょっと違う。飛行中隊の隊員は、アメリカが参戦する前に救急部隊あるいはフランス連隊に入っていた恐れ知らずのアメリカ人たちだ。それが知

［上］『人生の乞食』（28）のリチャード・アーレンとルイズ・ブルックス。［下］『人生の乞食』でウォーレス・ビアリーとエドガー・ブルー・ワシントンを演出中のウィリアム・ウェルマン。キャメラマンはヘンリー・ジェラード。

られるようになり、こちらにいる多くの若者がそこに入隊を希望するようになった。そこで、飛行中隊の派生物のようなかたちでラファイエット飛行部隊が作られた。ここに入るのも容易ではなかった。前科者は入れない。若いだけでなく、いちおう人物がちゃんとしてないといけない。それに、海を渡る旅費の払いだってある。私はまずものの順序でノートンハージェス救急部隊に入った。そうやってまずパリに行った。パリに行くと、そのまま救急車の運転業務をつづけるかフランス飛行部隊付属の外人部隊に加わるかを選択できる。後者はラファイエット飛行部隊と繋がっていて、私はそちらを選んだというわけだ。

そういうようにしてみんなこの部隊に入ってきた。ひと頃は二百二十二人の隊員がいた。訓練中か、前線にいるか、おシャカになっているか状況はさまざまだったが。訓練期間が終わるとパリ郊外のル・プレシ＝ベルヴィルに送られ、そこでフランスの複葉戦闘機スパッドに慣れながら、前線の六十いくつかある中隊で誰かがくたばるのを待つのだ。自分の名前が挙がっているときに、どこかで空きができると、そこに入りこめる。それはもう純然たる運の問題だった。

私が加わったのは第八十七飛行中隊、通称黒猫隊で、場所はルネヴィルだった。私は十九歳、そこの隊員たちがじかに見る初めてのアメリカ人だったと思う。マギーという男も入ってきたが、これは最初の週にやられてしまい、次いでトム・ヒッチコックというポロの名選手が交代要員でやってきた。トムと私には幸運の女神がついてまわった。アメリカにもどってからは、★生活費稼ぎで、アメリカ航空隊に入隊した。将校となり、そこで戦争の最後の六カ月間を過ごした。勤務地はサンディエゴのロックウェル・フィールドだったから、ハリウッド関係の人間とも顔なじみになった。

ダグラス・フェアバンクスとは彼がボストンのコロニアル劇場の舞台に立っていたときからの知り合いだった。彼は私がアイスホッケーの試合に出ているのをよく見に来てくれたものだ。ダグは、戦争が終わって職にあぶれていたら助けになろうという親切な電報を送ってくれていた（それはいまでも私の手元にある）。そこで私は太平洋岸沿いに飛行機を飛ばし、ベヴァリーヒルズの彼の家の裏庭にスパッドを着陸させ、しばしば週末のあいだやっかいになった。メリー・ピックフォード、マリオン・デイヴィスら、多くの映画人と顔合わせをした。私はまだほんの若造だったが、勲章を付けた戦闘機乗りで、ハリウッドの環境にはうまくなじんでいった。美人を前にすると私は少し脚を引きずって歩いた。どれだけ脚を引きずるかは美人の度合いに比例した。

ダグに俳優に仕立てられ、私は二本の映画に出演した。最初のはアルバート・パーカー監督の『ニッカーボッカー』（一九）で、ダグとマージョリー・ドーとの共演、私は若者役を演じた。もう一本はラオール・ウォルシュの監督で、主演女優ミリアム・クーパーが呼び物の『エヴァンジェリン』（一九）。私はイギリスの海軍中尉を演じた。〝サブリューテナント〟は海軍中尉でよかったかな？　まあとにかく、粉をふった鬘をつけ、まるで仮装行列に出るかのようないでたちとなった。

　俳優はやってられなかった。俳優とはどうも性が合わない。監督として大勢と付き合いはしたがね。息子もひとり役者になって、親をがっかりさせたが、まあそれについては私にとやかくいえる権利はない。数えられないほどの俳優と仕事をし、四六時中頭を痛めた――うんざりするのも無理ないだろう。

『ニッカーボッカー』の中の自分を見て……自分の馬ヅラが、遊園地のマジックミラーに映したかのようにいびつに見えた。ダグのもとに行き、他に仕事はないか尋ねてみた。「何がやりたい？」と訊かれたので、アル・パーカーを指さし、「彼の稼ぎはどのくらいだ？」と質問した。ダグの答えを聞いて私はいった。「監督になろう。それほどの金になるのなら」と。ダグは監督になるには下積みからはじめる必要があると諭し、ゴールドウィン撮影所に使い走りの職を見つけてくれた。そうやって監督修行が始まった。

　自分についてはひとつだけはいえる。私はおそらく最高に仕事熱心な監督だった。理由は眠れなかったからだ。これはいまでもそうだが、私はそもそも寝付きがよくない。映画にかかっているときは睡眠時間は三時間で、それ以外の時間はすべて仕事にあてていた。セットにいなければ、シナリオに手を入れるか、何か目の前の課題を解決すべく頭をしぼっていた。

　私の仕事の全貌を見てもらえばわかることだが、率直にいってさほど人に誇れるものじゃない。ましなのが一本あれば、五、六本は駄作がついてくる。でも、いつも心がけたのは、どこか他にはないものを持った映画を作ることだった。結果のほどはわからないが、そう心がけたのだけは事実だった。

　嫌いな俳優は多かったし、嫌いな製作者も多かったが、デイヴィッド――デイヴィッド・セルズニックには大いに入れこんだ。彼には先見性と胆力、それにあの絶品といっていい趣味の良さがあった。彼とは彼が製作者になる前からのなじみで、兄貴のマイロンとも知り合いだった。デイヴィッド、マイロン、私の三人はそろって一文無しの頃親友として仲良くやっていた。父親のルイスもいい人物だった。じつはルイスがまだ存命のときに私はアイリッシュ・ピノクルの世界クラスの名手になったんだ。そんな具合で、私は文字どおり家族の一員といってよかった。

　デイヴィッドのところに行けば、話はそこで決着する。デイヴィッドが誰かに意見を求める、判断をあおぐということはない。イエスかノーか、彼がすべてをはっきりさせる。

★ウィリアム・ウェルマン・ジュニア「ワイルド・ビル・ウェルマン」（二〇一五年）によると、一九一八年三月二十一日、ウェルマン操縦の偵察機はパトロール中にドイツ軍の攻撃を受け森に墜落。ウェルマンは背骨骨折他の重症を負い、同月名誉除隊となる。同年五月、アメリカに帰国した。

「ちょっと待て」といってニューヨークのお偉方に電話をするなんてのはあり得ない。デイヴィッドとは太いパイプで仕事ができ、こちらの熱意や意欲に水を差されたりもしない。いまは最悪だ。撮影所の責任者と自称する人物はいるが、そういう輩にはニューヨークにボスが二人ついている。二人もだ！ そしてそのボスには口を挟んでくる女房や愛人がいる。あるいはブローカーや弁護士がいる。いずれにしても映画界とは無縁の者が圧力をかけてくる。映画に口を出したいのなら、正々堂々映画の仕事をすればいいのさ。

私にとって成功作とはいつまでも古びない映画を意味する。〝すげえ、あんたが『つばさ』を作ったの！〟といわれるのだが、残念ながら、そういってくれる連中はいまの時代の若者なので実物を見ていない。どえらい映画だったそうですね、というばかりだ。たしかにいい映画だったが、彼らが思い描いているほどとてつもなくすばらしかったかどうかはわからない。いまじゃ見る手立てがないからな。でも、かつてこれを見た者たちの偽りのない正直な思い、いまだ醒めやらぬ興奮は伝えられている。運がよければ、この先も人の記憶に残っていくかもしれない。『キャット・バルー』(六五)が将来人の話題に上ると想像できるかね？

会社が私に『つばさ』を任せたのは、飛行機乗りでしかも戦闘の経験がある監督は私しかいなかったからだ。映画の中身が理解できるのは他にはいなかった。文字どおりそれが唯一の理由だった——それともうひとつ、運良くその直前に成功作を作っていた。クライヴ・ブルック、ローウェル・シャーマン、フローレンス・ヴィダーの『女心を誰か知る』で〝こうもり〟の物語だ。なかなかおもしろい映画で、その年の優秀賞を獲っている。だから、その一件と前線での私の経験とが『つばさ』を私に呼びこんだんだ。で、あの映画ではこっちはしっかり会社の裏をかいてやった。またとない機会だったから、これを利用しない手はなかった。

壮大な規模の大作で、手の内におさめるのがたいへんだった。サン＝ミエルの戦闘シーンでは本物の軍隊を配置した。兵士たちは何の問題もなかったが、厄介だったのは将校連だ。とくにいちばん上の将軍がガンだった。この将軍が蛇蝎のごとく嫌うものが二つあった。ひとつは映画そのものあるいは映画に関わる人間すべてであり、もうひとつは飛行機乗りだった。何の因果か私はその両方だ。出会った瞬間から将軍は私を目の敵にした。

軍の大物ばかりが夫人同伴で集う晩餐会があった。さあ、二百人ばかりも集まっただろうか。『つばさ』の製作者のルシアン・ハバードや脚本家のジョン・モンク・ソーンダースは彼らと顔見知りだった。だが、私は初顔合わせだ。将軍たちはデミルか、それに類する監督が入ってくるものと思っていた。例の筆頭格の将軍が立ち上がった。ところが入ってきたのはどこの馬の骨ともしれぬこの私だ（私はそのとき二十八歳で、頭髪はふさふさしていた）。将軍は憤然として腰を下ろした。他の一同全員、その将軍にならって腰を下ろした。

［上］『つばさ』のなかで再現されたサン＝ミエルの戦い。［下］『つばさ』のキャメラ・クルー。現在のトップ・キャメラマン三名が含まれている――ラッセル・ハーラン（後列左端）、アーネスト・ラズロ（後列右端）、ウィリアム・クロージア（前列右から二人目）。中央に製作者のルシアン・ハバードとウィリアム・ウェルマン（パイプをくわえている）。

その顚末はいま話すけれど、私の運命は風前の灯火だった。自分のスピーチの番となり、私はまずはユーモラスに口火を切った。皆さんはきっともう少し年配の監督を予想されていたでしょう。だが私の誕生日は一八九六年、閏《うるう》年の二月二十九日です。ですから誕生日の数を数えれば私はまだたったの七歳なんです、と。そしてさらにこういった。「もしパラマウント撮影所がこの大作映画の製作を七歳のガキに任せるほど愚かであるならば、任された私は大先輩の皆様方のお力と援助にすがらざるを得ないのです！」

自分の窮境を笑いにくるんだのは功を奏した。私は例の将軍の夫人とことばを交わし（この夫人はすばらしい女性だった）、うまく愛顧を得た。その夜、私は軍の力は借りられると確信をもった――そしてそのとおり、その日を境にあらゆる立場の人が私に協力を申し出てくれるようになった。しかしただひとり例の将軍を除いては。将軍は私が軍隊に足場を得たのがおもしろくなく、なおいっそう私を憎むようになっていた。

いずれにしろ映画作りはたいへんだった。あれだけの責任を背負い込むにはまだ年期が足りないあの頃の私の年齢だと、斜に構えてしまって、幾分投げやりになってもおかしくなかったかもしれない。それでも頑張れたのは自分本位の感情が強かったからだと思う。週給二百五十ドルの仕事ではあるし、映画は製作費数百万ドルの超大作で、何といってもこの自分がそれを作っているんだというね！

スタント撮影が山ほどあった。私も自分でひとつこなしている。ドジなスタントマンに腹が立ち、自分で操縦席に乗りこんで飛行機を飛ばし、それを大破させたのだ――自分で率先してやってみせれば、人に命令もできようというものだ。退却シーンでは地面に転がる兵士の死体にもなった。踏みつけられるのが恐ろしくて何人もが尻込みするからだ。そこで私がドイツ軍のヘルメットをかぶって退却路に横たわった。そこを米軍兵士が大勢とおっていく。みんなどれが私かはわかっていたが、ただのひとりも私を踏みつけていかなかった。もし私が嫌われ者だったら踏み殺されていてもおかしくない。でも幸いエキストラには憎まれていなかった。彼らが嫌っていたのは、私同様将軍だけだった。

『つばさ』で負傷したスタントマンはたったひとり、その道の名人として知られたディック・グレースだった。彼はごく簡単なスタントで怪我をした。飛行機を大きくひねるところで、飛行機ではなく自分の首を、危うく折れるくらいに、ひねってしまった。それは私のせいではなく彼のミスだった。スパッド戦闘機のやられ方をもう少し研究しておけば、あのような怪我はしなくてすんだのだ。彼は首をしっかり固定された格好で病院に運ばれ、私は毎日見舞いに出かけて行った。彼は少なくとも一年間は首にギプスを嵌めている必要があった。ところがギプスをつけていたのは六週間。ある時サンアントニオのセント・アンソニー・ホテルでダンスをしていると、なんとグレースも女性と踊っているじゃあないか！　彼

［上］『つばさ』のゲーリー・クーパーとチャールズ・“バディ”・ロジャーズ。［下］『空行かば』(28)。本来は『つばさ』のために撮られたショット。

は金槌でギプスをたたき割って病院を脱出してきたのだ。それきり病院にはもどらず、平気な顔で仕事にやってきた。

　米軍*の将校連の力を借りて大戦闘シーンの布陣や動きを決定した。中尉、大尉、少佐といったところはみな心から力になってくれた。中佐あたりも問題はなかった。しかし、そこから上位の連中となると事は面倒になった。したがって、必要なのはどういう場面を撮影するのかをじっさい動いてくれる連中に説明することだった。私たちは黒板を使って詳しく解説し、そうしておいてリハーサルを繰り返した。

　キャメラは何十と用意した。クライマックスではキャメラ用の大櫓を扇形に配置し、それとは別に三十五ミリ手持ちキャメラのアイモを二十八台待機させた。私はキーボードの形状をした起爆装置を扱って爆発を演出し、そばには誰も近寄らないようにさせた。そうやって、進行する軍勢の前方に弾幕をつくっていると、男がひとりやってきて何か話しかけてきた。私は叩くキーを間違えた。私はその大馬鹿ものの尻を思いっきり蹴り上げ、男は這々の体でその場から消えていった。私はキーボードの操作に忙しく、男の顔をろくすっぽ見ていなかったが、それは大銀行家のオットー・カーンだったとあとで知った。私はクビを覚悟した。問題が他にもあったからで、それは太陽に関わることだった。

　私たちは長い間まんじりともせず待っていた。空中戦のシーンを撮るためには雲と太陽の両方が出ていることが必須だったからだ。B・P・シュルバーグは撮影が遅々として進まないのに憤り、私に一喝をあたえるべく義弟のサム・ジャフィーをロケ現場に送りこんできた。雲がなければ空中戦を撮っても意味がないと説明したところで、相手は飛行機のことなど何も知らないのだから話が通じるはずもなかった。「撮ればいいじゃないか」と答えるに決まっているからだ。

　私はサムにいってやった。第一に、それじゃ絵にならない。第二に、スピード感が出ない。対比できるものがないからで、雲があってこそ飛行機が生きてくる。雲ひとつない真っ青な空を背景にすれば、ハエが何匹も飛び回っているのと変わらなくなるんだ！　それに写真としても見るに堪えなくなる、と。

　そんなわけで、クライマックスの戦闘シーンに話はもどるのだが、私は雲が出るのを待っていた。三十日以上も待っていた。そんなとき会社はオットー・カーン、サー・ウィリアム・ワイズマン、そしてキャメル煙草のウィリアム・ストラーレムの大資本家三人を現場視察に派遣してきた。そして三人の到着したときが、ちょうど撮影が始まったばかりのところだった。

　私は戦闘機乗りだったとき太陽をずっと見てきた。だからそのときもいまならいけると勘が働いた。一面雲に閉ざされて光なんか漏れていない。でも私は全員を位置につかせた。空に上がった百六十五機の飛行機**、数千人の兵士、キャメラマンたち、すべてだ。みんな監督は頭がイカレたと思っただろう。しかし、空には光が漏れだした。そして不意に曇り空が崩れて光があふれてきた。いいかい、いま私は事実を述べている。これっぽちも誇張なんかしていない。私はキャメラ・クルーに撮影の開始を伝えた。内心大丈夫うまくいくとの確信があったからだ。撮影が始まり、三分半後に終わった。再び雲が空を覆いつくした。それから三週間、太陽は拝めなかった。撮影は一瞬の隙をついて敢行されたのだ。その夜、三人の大金持ちが私のホテルのスイートルームを訪れた。私はひとりで酔っ払っていた。シャワーから出た私はドアを開けた。三人の男が立っている。解雇を知らせに来たのだと私は思った。

「一杯どうかね?」三人にことばをかけた。こちらは腰にタオルを巻いただけの丸裸だ。

オットー・カーンがこたえた。「いや、けっこう」

「そりゃ残念。こっちはもう酔ってるんでね……で、何の用です?」

「用じゃない」三人はこたえた。「伝えに来たんだ。何か必要なものがあればいってくれたまえ。君には何だって望みのものを差し上げよう。君はとてつもない男だ」そういうと彼らは私と握手をして去っていった。私はドアを閉めると、その場に泣き崩れた。

＊『つばさ』において米軍から前例のない援助と協力を引き出したのは、製作主任のフランク・ブラウントである。

＊＊ウェルマンならではの誇張だろう。撮影監督のハリー・ペリーはどんなときでも多くて十八機しか飛行機は飛ばさなかったと証言している。

第十五章　セシル・B・デミル

こと映画に話を限れば、セシル・B・デミルは地上最大の見世物作りの名手であった。スタッフには絶対の忠誠を要求し、現場においてはあたかも神に選ばれた者でもあるかのように振る舞った。そういう自らの役柄に見合うように、乗馬用ズボンにハイブーツという出で立ちで、拳銃も携行した。本人の説明によると、ブーツは両の脚を堅固にささえるだけでなく、自身所有の大牧場に出没するヘビから身を守るためでもあった。その意味では拳銃もヘビ対策として有用だった。撮影所内でも同様の格好で闊歩したのは、映画業界に巣くうヘビのごとき策謀家たちに対抗するためなのか、と半可通は噂し合った。そういう忍び笑いも聞こえるなか、デミルは自身洒落者であるという事実はおおっぴらに認めていた。

デミルは、ほぼ一貫して映画業界における重鎮のひとりであった。それに加えて、初期の頃は格別に腕のよい監督でもあった。

『チート』（一五）は傑作としていまでも輝きを失っていない。そのストーリーはデミル好みのセックスとサディズムとマゾヒズムを毒々しいメロドラマのなかに流し込んだものなのだが、デミルの繊細な演出によって、噴飯ものとはならず、奇想天外で衝撃的、いたって深刻な寓話にできあがっている。

上流婦人（ファニー・ウォード）が、預かっていた赤十字への寄付金をギャンブルで失い、その穴埋めに富豪の日本人（早川雪洲）から金を借りる。借りた金を返そうとすると、別の思惑を持っていた日本人は怒り、自らの蒐集物にそうするように上流婦人の肌に焼き印を押す。婦人の夫が日本人を拳銃で撃ち負傷させる。夫を救うために、婦人は法廷の場で自分の肌に押された焼き印を聴衆の目の前にさらすのだった。

簡潔な物語構成と俳優の演技が光るこの映画は、美術監督のウィルフレッド・バックランドとキャメラマンのアルヴィン・ワイコフの手腕に多くを負っている（ワイコフはラスキー・ライティングの名で知られる照明スタイルの創始者である）。焼き印のシーンとそれにつづくシーンでは、暗示に富んだ、想像性豊かな照明がなされていて、今日見てもその力強さに圧倒される。『チート』は観客にショックをあたえることを目的としながら、その一方で芸術性を保持できた稀有な傑作の一本であった。

『チート』と、例えば『屠殺者』（二二）のような凡作とを隔てているのは、偉大な才能の足を絡めとる商業主義の深い溝なのである。分岐点となったのは一九一八年に製作された『囁きの合唱』で、この作品のなかにデミルは巨額の製作費とともに、自らの芸術的野心を注ぎこんだ。

この映画は興行者にとっての〝災いの種〟、すなわちメッセージをもった作品であった。『囁きの合唱』は人間の中にある、善と悪その双方への衝動を描いている。この二つの衝動が若き主人公の心を引き裂く。彼は自分の収入には不相応な贈り物を妻にプレゼントしようと、会社の金を持って出奔する。その途上、川辺に打ち上げられた死体を発見した主人公は、自らの精神の腐敗を自覚、世間に対しても死者となろうと決意する。彼は死体に自分の衣服を着せ、死体の顔を殴って損壊し、行方をくらます。しかし皮肉にも、自分を殺した犯人として逮捕される。妻はその間に再婚し身重となっている。妻に汚名を着せぬために、主人公は黙したまま死刑に処せられていく。

この映画の「病的な異常性」に対しては抗議の声が上がったが、「詩情あふれる、興味のつきない作品でした」と姪のアグネス・デミルは回想する。「でも、興行的には大失敗でした。セシルは儲かる映画を作らねばならなくなりました。さもなければ破産だったからです」（著者によるアグネス・デミルへのインタビュー。一九六四年三月、ニューヨークにて）

デミルは観客に対する態度を変えた。俗受けすべく製作の基準線を下げるにしたがい、彼の映画の質は急降下していった。それでも凋落はすぐに目につくものではなかった。『男性と女性』（一九）はJ・M・バリーの戯曲「あっぱれクライトン」の痛快な翻案であり、有名な浴室シーンは諧謔調の説明字幕で幕が開く――〈人間はたしかに昔より清潔になってはいるが、はたしてより芸術的になっているのだろうか。女性はいまでも頻繁に入浴する。だが古代の女性ほどには優雅に入浴しない。浴室は客間なみの美を誇示してもいいのではないだろうか〉。グロリア・スワンソンがメイド（ライラ・リー）を叱りつけている。風呂の温度を三十五度以上にしてしまい、朝食のさいはトーストを半焼きにしたからだ。「こんなんじゃトーストがだいなし《スポイルト》じゃない！」「どうでしょうお嬢様。甘やか《スポイルト》されてるのは誰かさんでは？」とメイドが訊ねる。こういう浮き浮きした感覚が、作を追うにしたがいしだいに姿を消していく。デミルは映画そのものを把握できなくなっているように思われた。編集はなめらかさを失い、『男性と女性』ではまだ健在だった見世物精神（バビロンのシーンにフラッシュバックすると、マーサ・グレアムの煽情的な踊りが挿入されたりするのだ）も、安手でけばけばしいものとなっていく。また、屋外シーンですら撮影所のなかで撮るようになり、サイレント映画の魅力のひとつを自ら放棄していった。しかし融資家の目からすれば、彼の映画の興行成績がすべてを正当化した。デミルは『十誡』（二三）において、自らリスクを背負い、巨額の予算を割いてプロローグにあたる古代篇を作り上げ、映画的な独創性はともかく、規模の点では観客を唸らせるシーンを現出させている。

「デミルは自分のため、あるいは批評家のために映画を作りはしなかった」とアドルフ・ズーカーは語った。「一般大衆のために映画をこしらえた。選んだストーリーは大衆が好むと彼が信じたものだった。彼には体の隅々まで興行師魂が詰まっていた。シナリオが完全にできあがって細部が決定するまで撮影を始めなかったし、撮影が始まれば青写真どおりにすべてをかたちにしていった。他の監督の場合、スター俳優との契約やその他諸々の決断は製作本部が行なう。しかし、セシルはすべてを自分でやった」

変貌したデミルの底の浅い金ピカ趣味は、観客の一部の層をしらけさせた。一九二二年、オハイオ州の一観客は書いている。「私はもうかなりのあいだセシル・B・デミル作品の恐るべき薄っぺらさにいつか異を唱えたいと思ってきた。彼の映画は映画芸術の進歩を妨げる真の脅威となっているように思われる。『ヂャン・ダーク』（一六）や『囁きの合唱』を見て私はデミルに興味をもった。しかし、それも『土曜日の夜』（二二）までだった。いまはデミル作品には近寄らず、もっぱらチャップリン、グリフィス、レックス・イングラムのものを見るようにしている」（「フォトプレイ」一九二二年十二月号、八頁）

『屠殺者』はデミルが一般観客の知性をどの程度に踏んでいたかを知るには好個の素材となっている。「もしこの映画の監督がポール・スローンとかクリスティ・キャバンヌであったならば、たいして驚きはしなかっただろう」とウィリアム・K・エヴァーソンは書いている。エヴァーソンはこの作品を一九六三年、セオドア・ハフ協会で上映した。当初は、デミルを悪くいう者たちにひと泡吹かせようとの目論見だったのだが、彼自身この映画を見て落胆した。「このように粗雑で大雑把な映画がデミルのようなベテラン監督の手になるとは信じがたい。しかもこれが『嵐の孤児』（D・W・グリフィス）『船に打ち乗り海原指して』（エルマー・クリフトン）『愚なる妻』（エリッヒ・フォン・シュトロハイム）と同じ年の作品とはなおさら信じがたい。冒頭のカーチェイスは子どもだましのような肌理《きめ》の荒いスクリーン・プロセスで、それより十年前に作られたセネット作品と比べても技術的に劣っている。『屠殺者』は映画を見ない一般人がサイレント映画をイメージするそのとおりの作品――装飾過多のセットのなかで、俳優が大仰に演技する大時代な物語、つまりは映画そのものの馬鹿らしさが観客の失笑を誘うという作品なのである」（「セオドア・ハフ記念協会報告」）

デミルお得意の乱痴気パーティがぞんざいにストーリーに放り込まれている。トマス・ミーアンの見ている前でフラッ

［上］撮影現場でのセシル・B・デミル（中央）。［下］双眼鏡を覗いているのがセシル・B・デミル。その横にキャメラマンのアルヴィン・ワイコフ、チャールズ・シェーンバウム。『神に見離された女』（17）撮影中のスナップ。

パーたちによる〝ホッピング棒競走〟が始まる。ミーアンは声に出していう。「こんな羽目を外した馬鹿騒ぎも、酒が勢いをあたえているところは、バッカスの饗宴と変わりはないんだ！」

次いでシーンはローマ時代の狂宴に切り換わり、安手の衣装と半裸のエキストラの異様なごちゃ混ぜとなる。剣闘士の闘いとなったところで場面が現代にもどると、急造のリングの上では女性ボクシングが展開している。

「ほらね」ミーアンの語りはつづく。「まったく同じじゃないか——剣闘士とボクサー、酒宴とパーティ——古代ローマもアメリカのナイトクラブも」

〝女主人公〟リディア・ソーン（リアトリス・ジョイ）は両親こそいないが大金持ちの令嬢で、贅沢三昧の生活をしている。その彼女があやまって交通警官を死に至らしめてしまう。その警官（ジャック・モウアー）は子どもを救助した功績で巡査部長の肩章を授与されたところだった。病院に運ばれた警官は妻に看取られて息を引き取る。警官の妻（ジュリア・フェイ）は肩章にキスし、それを夫の袖の上に置いて、涙ながらに敬礼を捧げる。衝い立てを隔てた外側で、リディアはそのときばかりは悲嘆にくれるのだ。

刑務所のなかでリアトリス・ジョイとロイス・ウィルソン（両人ともこの映画にはもったいない味わい深い演技をみせている）が顔を合わせるところでも『屠殺者』の意図せぬユーモアが顔を覗かせる。「このドーナッツを見ると浮き袋を思い出さない？　私たちにとっちゃ刑務所もこれとおんなじ——最後の命綱なのよ」

私はリアトリス・ジョイと一緒に『屠殺者』を鑑賞した。ウィリアム・K・エヴァーソンが彼女の娘の誕生日にこれを上映してくれたのだ。ミス・ジョイは、これを見るのは四十数年ぶりなのだが、大いに笑える映画と思ったようだ。

「デミルさんはとても気配りのある方で、私はどんなことでもやり遂げなくては、と気を引き締めたものです」と彼女は語った。「でも、話はずいぶんと古臭いと感じましたね。最初のほうのシーンで私が列車を追いかけるところがありますが、あのとき、私の車の片側に台をくっつけ、そこに二台のキャメラとデミルさんが乗りました。体が震えましたよ。監督とキャメラマンの命が私の運転にかかってくるのですから。それからあとは、監督の注文に不平はいえないと肝に命じました」（著者によるリアトリス・ジョイへのインタビュー。一九六四年十二月、コネティカット州リヴァーサイドにて）

映画を見ているあいだ、ミス・ジョイは友人たちにポップコーンの袋を配りながら、撮影のときデミルが握りのところに真珠を入れた二丁の拳銃を見せびらかしていたと楽しそうに回想した。

「〝監督が握りに真珠の入った拳銃を、それも二丁も持ってどうするのかしら？〟って思いましたよ。そのとき、デミルさんは玉座のところに行ってそこに座るようにと私に命じました。すると、何の予告もなく、鎖につながれていないベン

［上］『十誡』（23）。［下］『屠殺者』（22）における剣闘のシーン。

ガル虎が二頭セットのなかに入ってきました。監督は虎がそこら中を歩きまわるのを何ショットか撮りました。私は怖くて心臓が止まりそうでした。テイクの合間、メイドが私の衣装の肩のところに縫い合わせてある六メートルの長い裳裾を引きちぎると、安全ピンでもう一度つなぎ合わせました。どうしてそんなことをするの、と私はメイドに訊ねました。

〝お願いですからこうさせてください〟とメイドはいいました。〝もし虎が暴れだしたら監督は銃をぶっ放します。みんな逃げ出します。こうしておけば私も裳裾のことを心配せずに逃げられますから！〟」

刑務所のシーンを撮っているとき、助監督のカルン・〝ビージ〟・テイトがスープの大鍋が熱くなっていることをミス・ジョイにいい忘れ、彼女は手にやけどを負ってしまう。デミルはこの機会を逃さず、ミス・ジョイが床磨きするところを撮り足した。「せっかくの水ぶくれだからな。観客にみせておこう」と彼は得意満面でいった。

ヒージ・テイトは撮影所で開かれた投資家集会の場で一躍その名を有名にした。そのときデミルは目立ちたがり屋の本性違わず、スピーカーを通してこう大声で呼びかけた――「私の千人の助手どもはどこにいる？」

ヒージ・テイトはセットの中央に進み出ると声を張り上げた。「九百九十九名ここに参上しました。我々に何のご用でしょうか？」

「デミルは現実家だった」とアデラ・ロジャーズ・シンジョンズは語っている。「彼はいつだって大衆をたぶらかすことができ、自分でそれをちゃんと意識していた。骨の髄までの皮肉屋だったのね。C・Bといるときはいつも楽しかったわ。彼は映画界が生んだ最高の騙り屋で、演技をしていないときはなかった。でも、その騙りがとても真に迫っているので、相手はいつも彼のすることなすこと鵜呑みにしてしまうのよ。思い出してほしいのは、当時は第一次大戦が終わったあとの金ピカ時代の絶頂期。デミルは時代の申し子であったと同様、時代の作り手でもあったのね」（著者によるアデラ・ロジャーズ・シンジョンズへのインタビュー。一九六四年十二月、ニューヨークにて）

デイヴィッド・O・セルズニックはデミル作品の多くは馬鹿馬鹿しいかぎりと認めながらも、その人物は弁護してやまない。「どこまでが人を食った冗談で、どこまでがベラスコとバーナムを足して二で割ったような見世物精神なのかはわからない。でも、『醒めよ人妻』（一八）のような初期の映画は結婚生活に絡めて男女関係を描き、コールドクリームを顔に塗りたくった女性を平然と映し出している。そういうのはシンデレラ・ストーリーとは正反対の行き方であり、相当に革新的だった。

通常の物差しではデミルは計れない。史上最大のヒットメーカーのひとりを、日本やスウェーデンの監督と比べてどうのこうのと論じても始まらないだろう。商業的な映画監督として、彼はわれわれの産業に偉大な貢献を果たしてくれたのだ」

「演出技法から見れば」とウィリアム・ウェルマンは語る。「彼の作品は私が生まれてこのかた見た映画のなかで最悪のものだと思う。しかし、彼の映画はものすごい収益を上げる。その一点において、彼は私たちの誰よりも上をいくのだ」

デミルとことばを交わした大半の人は、彼を思いやりのある親切な人物と見てとった。ベッシー・ラヴは、ピシャリと否定されても相手が彼ならば全然不快には感じないと語っている。デミルは俳優を志して挫折した人物である。そのためか、俳優の演技演出は得意ではなかった。俳優がこの場面はどう演じればいいのかと訊ねてくると、デミルはここは俳優学校じゃないと答えた。「君は俳優だから雇われたのだ。キャメラの前に立ってさっさと演じてくれ。おかしいところがあれば、私がそういう」しかし、彼の要求を理解する者たちに対しては、彼は気遣いや配慮を忘れなかった。

「デミルは私が心から尊敬する人よ」とグロリア・スワンソンは語る。「彼は規律を尊び、それを全員に徹底させた。彼のもとで働いた三年間、いやなことひとつついわれた覚えはない。彼は紳士で、全力をつくす人間には正当な評価をしてくれる。

『男性と女性』のバビロンのシーンを撮っているとき、ライオンの一頭が私の三メートルそばまでやってきた。翌日セットに足を踏み入れた私は、そのことを思い出して体がブルブルと震えたの。ほら、私にはスウェーデン人の血が流れてるでしょう。反応が少し遅れて出てくるのね。それを見たデミルはその日撮る予定だった、私の背中にライオンが足をのせるシーンは中止するといった。

〝監督〟私は彼にいいました。〝それはあんまりです。私はやりたいんですから。お願いします──監督も約束なさったじゃないですか〟

〝お若い《ヤング・フェロー》の、どうしてそれほど撮りたいんだ?〟

〝子どものとき、祖母のピアノに腰掛けると、左手にあの有名な絵「ライオンの花嫁」がフレームに入って飾ってあったんです。あなたもあの絵の再現をねらっているとおっしゃいましたよね。あの絵を演じてみたいんです〟

〝そこまでいうならやってみよう。じつは、君にはもうできないだろうと思ったものでね〟

セットに作りだされたアリーナにはデミルとキャメラマンとキャメラマン助手がいて──アリーナの端の高いところには将校の軍服を着た私の父が立ち、最愛のひとり娘に目を凝らしていた──他には、鞭を手に持った飼育係も控えていた。背中をむき出しにして横たわった私の、その背中の上にキャンバスが広げられた。そこにライオンが連れてこられ、ライオンは前脚をキャンバスの上にのせた。そうしておいてから、スタッフが少しずつキャンバスを引いて、ライオンの足が私の背中にじかに触れるようにしていった。飼育係が鞭を鳴らし、ライオンは唸り声をあげた。背中に巨大な振動を感じ、恐怖で体中の産毛が逆立った。目はとても開けてはいられない。私が最後に目にしたものは銃を手にした監督でした。

　この話には後日談があるの。バビロンのシーンの撮影の前に、私たちはカタリナ島に行って、海のシーンを撮っていたのだけど、その撮影もカナヅチの私にはビクビクものだった。その直後に今度はライオンでしょう。バビロンのシーンが終わり、また新たなシーンの撮影となって、新しい衣装に着替えなきゃいけないのだけど、私はもうどうにもできなくなって、デミルのオフィスに飛びこんでいって泣きだした。

　彼は私を膝の上にのせ、まるで子どもをあやすようになだめてくれた。そのときの私の年？　十八歳か十九歳くらいね。〝どうやら君も〟と彼はいった。〝女だったようだね。ようやくわかったよ〟監督はいつも私のことを少年と見なしていたのね。「お若いの《ヤング・フェロー》」なんて呼んでいたのもそのせいだったのでしょう。

　〝これは映画が終わったあとで君にあげようと思っていたものなんだ。君にはたいへんな試練だったからね。でも君は一度として弱音を吐かなかった。体中から血の気が失せる思いをしたときもね〟

　彼はそういいながら、宝石がいくつも載ったトレイを出してきた。〝今回の映画の記念に、好きなものをひとつ取りなさい〟

　光り輝く宝石の数々を見て、私は息がとまった。なかでも目が釘付けになったのは、せいぜい十センチ四方の、金のメッシュが施された小さな小銭入れで、中央に美しいサファイアが光っている。デミルはいった。〝本当にこれでいいのかね？　ようく見て考えてごらん〟私はもう一度じっくりと眺めまわした。

　〝ええ、監督。これをいただきます〟

　〝じゃあ、それが君へのご褒美だ。勇敢だった《ブレーヴ・ボーイ》ことに対しての〟」（著者によるグロリア・スワンソンへのインタビュー。一九六四年七月、ロンドンにて）

　仮に大衆の好みが芸術性を計る物差しであるとすれば、セシル・B・デミルこそ史上最高の芸術家ということになるだろう。しかし、彼の成功を懸念視した監督もおり、彼らの目から見ればデミルの趣味の悪いゴテゴテした歴史大作は、彼以外の手になる同種の作品の信用すらおとしめるものと思われた。

「彼の映画の一本を見たとき」とキング・ヴィダーは語る。「私は映画界から身を引きたくなった」

「彼のことは大いに尊敬していたよ」と語るのは、デミルの小道具係として映画の仕事を始めたハワード・ホークスである。「でも、私が見た彼の映画で感心したものはひとつもないね。彼のやり方を真似ろとは、まじめな顔で人にはいえないな。それでもデミルがやればそれは成功するんだ。私は彼の正反対をすることで多くを学んでいった。彼の自己主義には神秘的なところがあり、人はその魅力に縛られて、彼の為すがままになってしまう。私は以前ゲーリー・クーパーに、

セシル・B・デミルの『キング・オブ・キングス』（27）。キリスト役はH・B・ワーナー。

あんなひどいセリフをどうやったら口にできるのかと訊ねてみた。〝それはだね〟と彼は答えてくれた。〝デミルの話をきき終わると、そんなにひどくは思えなくなるんだ。あとでスクリーンで見ると、死にたくなるのだが〟

撮影現場では彼は皇帝ネロになる。現場を離れると魅力的な気遣いの人となる。あるとき手を貸してほしいと彼から声がかかった。ひどい映画を作ってしまったと思ったんだな。私は字幕を書き直して物語のトーンを改めた。深刻さをけずりとってコミカルな調子のものにしたんだ。彼はそれを試写し、観客が笑うのを見て喜んだ。『昨日への道』（二五）がその映画だ。以来たびたび声がかかるようになったね」（著者によるハワード・ホークスへのインタビュー。一九六七年六月、ロンドンにて）

セシルの威容の背後にすっかり隠れてしまっているのが兄のウィリアムであり、同じデミルではあっても彼の〝デ〟は小文字のdeと表記される。このウィリアム・C・デミルの映画は、不運なことに大半が失われており、ニューヨークの近代美術館には『悩める花』（二一）が所蔵されているにすぎない――噂では、モスクワのアーカイヴに数作品が存在するといわれている。『悩める花』を見ると、ウィリアム・C・デミルは感受性と情感の豊かな監督であったことがわかる。彼の関心は輪郭の明快なアクションではなく人物の微細な心理にあり、そのスタイルは弟のセシルと比べると、叙事的画家と細密画家ほどの相違がある。この見事に演出された作品は、姉一家に体《てい》のいい女中としてこき使われている、未婚で不器量な、とまわりから思われている若い女性（ロイス・ウィルソン）の物語である。冒頭の説明字幕からして月並みでない。〈世にも惨たる悲劇は、というのもそれは世間にありふれているからなのだが、日常の労苦に囚われの身となった人間の魂である〉観察眼の鋭さはきわめて高度な域に達しており、人物に寄せるデミルの同情と人物や情景のリアルな描写は、シーンのひとつひとつに、現在に至るも多くの映画に見ることのできぬ、稀有な真実の重みをあたえている。この作品の持つ魔法はいまだに衰えておらず、このはかなくて繊細な小品はいまだに観客を涙ぐませる力をもっている。

　アグネス・デミルは父親（ウィリアム・C）と叔父（セシル・B）との違いを説明している。「セシルは芝居がかった派手好み。それに対してウィリアムはもっと人間的な価値に興味をもっていましたね。ウィリアム、つまり父はユーモアや薄明かり、人がある精神状態にあって、さまざまな感情が混ざり合いそれが変転していくところなどに関心をもっていました。彼は普通の人物を描くことに熱中していました。一方セシルはそんなことよりもビロードのマントを肩にはおり、ハイブーツでセットをのし歩くことに夢中でした。とはいえ、絵画的効果に関しては彼の方がすぐれた目をもっていたとは思いますがね。

　父の撮影現場はいつもひっそりとしていました。まわりの者からは〝ポップ（オヤジさん）〟と呼ばれていました。セシルの方は〝ボス（親分）〟でした。ポップはよれよれになった古い帽子をいつもかぶっていました。三十年間肌身離さぬ帽子です。父自身外見はしわくちゃで、のっそりと動き、声をひそめて話をしました。父が怒ると、それは内にこもった静かな怒りとなりました。セシルは皮肉な物言いで相手を痛めつけましたがね。父はだいたいがひじょうに辛抱強く、相手のことを親身になって考えるたちでした。思い出すのは、演技は初めてという青年を使ったときのことです。一日中撮影をつづけるのですが、青年は技倆もなければ覚えも悪い。その日の夜、父は青年にクビと伝えるべきか否かひと晩中思い悩んだのでした。たいていの監督なら躊躇することなく〝出て行け！〟でおしまいでしょうにね。セシルは伝説を作りあげることに一生を費やしました。父は真実を追究すること以外関心はなかったのです」

第十六章　ジョゼフ・フォン・スタンバーグ

かつては偉大な芸術家であった〝生ける伝説〟は、攻撃にさらされやすい人物である。彼の仕事は完結し、評価され、格付けも終了した。だが、その人物自体はいまだに判然とせず、先の動きを読ませない。再発見も再生の道に至るものではなく、いまや彼が提供できるのはせいぜい失望だけである。

最盛期には〝恐るべき子ども〟であった芸術家は、しばしば富と賞賛によって角《かど》がとれ、物分かりのいい温厚な老人に姿を改める。しかし、ジョゼフ・フォン・スタンバーグの崇拝者はそのような〝衰退〟に怯える必要はない。一九六五年に刊行された自伝「ドタバタ中国人洗濯屋★」によって、忘却のなかに埋没しかけていたスタンバーグはその全盛期をしのぐほどの悪名を獲得した。スタンバーグの友人と自認していた多くの者が、この自伝の中身に怒りをおぼえ、一夜にして敵と変じた。この自伝は他人よりもスタンバーグについてより多くを語っていると見てとった別の友人たちは、偉大な芸術家なのだからと、彼を許した。

映画界に入った当初からスタンバーグは、不安感を拭い去るために、侮蔑という防弾チョッキを身につけた。エリッヒ・フォン・シュトロハイムを真似て、白手袋からステッキに至るまで、一分の隙もない格好に身を包んだ。そして、さらにもう一歩を進め、シュトロハイムの得意役である〝憎々しげなる男〟を自らの日常の模範とした。

「ジョーと初めて会ったのはイギリスで映画を撮っていたときで、彼は助監督だった」とクライヴ・ブルックは回想する。「その頃はまだジョー・スタンバーグといっていた。ウェールズでのロケのさい、私たちは相部屋になった。ある朝、鏡を見つめながら彼がこう訊ねてきた。

〝どっちの方がおぞましいかな？　口髭のあるのとないのとでは？〟

★このタイトルは一八九六年エジソン社製作の映画題名 *Fun in a Chinese Laundry* からとられている。

〝どうしてまたおぞましくみせたいんだ?〟

〝成功をつかむ唯一の方法は〟と彼はいった。〝人に憎まれることだ。憎々しい人間は誰も忘れないからな〟」（著者によるクライヴ・ブルックへのインタビュー。一九六五年三月、ロンドンにて）

この考え方の当否はともかく、スタンバーグはいまだ忘れられてはいない。彼の名前は映画の歴史に興味をもつものにとって、いまだに魔法のような魅惑をたたえている。彼の映画の回顧上映は世界中で繰り返し開催されてきた。

ロンドンで行なわれた回顧展ではBBC制作の『未完に終わった大作』（六五）の上映が呼び物となった。これはスタンバーグの〝未完に終わった〟作品『我、クローディウス』（三七）の秘められた運命を探求したドキュメンタリーであると同時に、残存するフィルムから改めて作品を再構成してみようとする試みでもあった。この興味深い意欲作のプロデューサー、ビル・ダンカーフの語るところによると、デナム撮影所の倉庫のなかで『我、クローディウス』のフィルム四十七巻を発見した彼は、ロンドン・フィルムに協力を要請した。次いで、スタンバーグを説得して再構成の試みに加わらせようとした。最終的に、参加を承諾する用心深げな手紙がスタンバーグから届き、企画はスタートした。

「カリフォルニアに着いた私は」とダンカーフは語る。「スタンバーグのオフィスに出向いた。ドアをノックすると〝入れ!〟と中から声が響いた。

それは自分にとっては偉大な瞬間で、私は興奮を隠そうとはしなかった。歩み寄り、手を差し出して、昂る気持ちをことばで表現した。小柄で白髪のスタンバーグはすわったまま動こうとはしない。差し出された私の手を無視して、冷ややかにいった。〝何の用だ?〟

私は彼に三度手紙を出したこと、そのうちのひとつに彼が返事をくれたことを説明した。そのとき、彼は私が腕に抱えていた包みに目をとめた。彼はそれを私から取りあげると中を開けた。中に入っていたのは『我、クローディウス』の山ほどのスティル写真だった。彼は〝これは自分のもの……これは違う……これは自分のもの……〟とつぶやきながらスティルを分けはじめ、それが終わったときにはスティル写真の二つの山ができていた。

〝こっちはもらっておくぞ〟彼は当然のように言い放った。

〝だめです。どれもこの世に一枚しかない貴重なものですから。あなた用には複写を作らせましょう〟と私は答えた。

そしてそれが、彼が企画に参加する条件となった——彼のものだというスティル写真のコピーと、完成した映画のプリントを渡すという」（著者によるビル・ダンカーフへのインタビュー。一九六五年十二月、ロンドンにて）

スタンバーグが大学のステージにインタビューのために現れたとき、照明の準備はすでに整っていた。彼は椅子にすわったまま体を低くずらして天井を見上げた。

「あれがキーライト（主光線）なのか?」彼はアメリカ人キ

ャメラマンのロバート・コウフマンに訊ねた。コウフマンはそうだと答えた。

「もっと上げるんだ」彼は命令した。

インタビューの撮影中、彼は著しく緊張していた。息が切れてくると、「ちょっと止めてくれ」と注文を出した。撮影が終わると緊張がゆるみ、スタンバーグもリラックスした表情になった。

「彼は一転意外なほど魅力的な人物に変貌した」とダンカー

『紐育の波止場』(28)を演出中のスタンバーグ。

フは回想する。「クルーひとりひとりをまわり、握手をし、礼を述べるのだった。そしてひとりで篠突く雨の中へと出て行った。大きな傘をさした小柄なその後ろ姿を見ていると、いやでもチャップリンの姿が重なってきた」

皮肉なことに、スタンバーグに世に出るきっかけをあたえたのはチャップリンである。スタンバーグの処女作で、アマチュア作品並みの規模で製作された『救ひを求むる人々』(二五)はチャップリンに激賞されて広く世の注目するところとなった。チャップリンはさらに、それをユナイテッド・アーティスツの配給に託すとともに、エドナ・パーヴィアンス主演『かもめ』の監督に彼を起用した(しかしチャップリンは完成した『かもめ』をお蔵入りにし、『救ひを求むる人々』を褒めたのも、世間がどれだけ先入観に惑わされるかを見るための一種のジョークだったとほのめかした)。

メリー・ピックフォードもこの新鋭監督と契約を結んだが、それは自分の勇み足だったと見なしている。

「そりゃもう唾棄すべき男だったわ。恥知らずもいいところ。〝フォン〟なんて付けちゃって、ステッキは振りまわすわ、嫌らしい口髭はたくわえるわ！　製作までいかなくてほんとによかった。『未開地』というタイトルで、ピッツバーグを舞台にした悲しい話だったわ。何もかも砂埃にまみれたよう

＊スタンバーグが意味していたのは、写真の所有権ではなく撮影者のことである。

な。『救ひを求むる人々』を見て気に入ったから、あの男を呼んだのだけど、でも、あの映画にしたって本当のところ誰が作ったのやら、わかりはしないわね……」

スタンバーグの才能をいちはやく見抜いたのは、当時パラマウント西海岸撮影所の製作主任B・P・シュルバーグの妻であり、現在はトップ・エージェントのアド・シュルバーグ夫人だった。

「どういう事情があったのか、メリー・ピックフォード撮影所でたまたま『救ひを求むる人々』を目にしたのです」と彼女は語る。「ひどく感激して、家に帰るとさっそく夫のベンに話をしました。私は生まれながらのエージェントだったのでしょうかね！　でも、ベンは話に乗ってこず、MGMのハリー・ラフがスタンバーグと契約をかわしました。ところがMGMでも何かがあったようで、結局ベンが彼をパラマウントに呼び入れることになったのです」（著者によるアド・シュルバーグ夫人へのインタビュー。一九六四年十二月ニューヨークにて）

フランク・ロイドの『赤ちゃん母さん』の撮り直しにたずさわったあと、スタンバーグに大きなチャンスが訪れた。『暗黒街』（共に二七）である。これはイヴリン・ブレント、ジョージ・バンクロフト、クライヴ・ブルック主演のギャング映画であった。

「彼はまるでプロイセンの軍人だった」とブルックは回想する。「独裁者を絵に描いたような監督ぶりなんだ。それでも私は何とかうまくやっていけた。ただ一度激しく衝突したのを除いてね。彼は二十四時間休みなしに私を働かせた。私がセットから出て行こうとすると呼びとめた。

〝どこに行く気だ？〟

〝楽屋にもどるんだ〟

〝何をしに？〟

〝人間の欲求のひとつを満足させるためにだ。それが何かは説明するつもりはない〟

〝私の許可なくセットを離れるな！〟

〝いいか〟私は怒りが抑えられなくなった。〝この××野郎が！〟

スタンバーグは仕事の終了を宣言し、エキストラを解散させて（撮っていたのは大きな火災のシーンだった）、みんなを家に帰らせた。私は何がどうなろうとかまうものかの気持ちだった。しかし、製作者であるヘクター・ターンブルのオフィスに呼び出されたときは少々動揺していた。

〝監督から聞いたのだが、君は彼に卑猥なことばを投げつけて、無断でセットを出て行ったというが〟

〝そのとおりです。この××野郎が！　といいました〟

〝よくぞいった〟ターンブルは顔を輝かした。〝奴はそういわれるのが遅すぎたくらいだ〟」

まわりから嫌われるのがスタンバーグの意図であったとしたならば、彼の目論見は鮮やかに成功したといえよう。彼が傑作を次々と発表するようになってからも、周囲の怒気はいっこう鎮静する気配はなかった。スタンバーグのとげとげしい性格は、まわりを配慮してやわらぐどころか、さらに苛烈の度を加えていった。

「私は役をひとりの人間として把握するように努めていました」と語るのは『紐育の波止場』（二八）の主演のひとりオルガ・バクラノヴァである。「そしてそのように演じようと努めました。ところが彼は彼流のやり方で私に演じさせようとするんです――それは間違っていると思った私は〝どうしてそんな指示を出すのですか？〟と訊ねました。

〝いいから、いわれたとおりにやるんだ〟と彼は突っ慳貪にいいます。〝モスクワ芸術座がなんだ。鼻にかけるんじゃないぞ〟

私は彼のいうとおりに演じようとしました。

〝やめろ、やめろ！　見ちゃおれん！〟彼は大声を上げました。私たちは言い合いになり、彼に激しいことばで怒鳴られた私は怯えて赤ん坊のように泣きじゃくりました。それは向こうの思うつぼでした。撮影が済むとすばらしいシーンができあがっていたのです。

『紐育の波止場』が公開されると〝私が君に命を吹きこんだのがわかったかね？〟と彼はいいました。

いまはヨーロッパで彼と出会います。カンヌの映画祭で――ヴェネチアの映画祭で。とても元気そうです。私にキスをしてこんなことをいうんです。〝私のことなんぞ忘れたろう〟

〝あなたのことを忘れる？　映画の世界に入ったばかりの私に罵声を浴びせた人間を？〟」（著者によるオルガ・バクラノヴァへのインタビュー。一九六四年三月、ニューヨークにて）

「彼は俳優の扱い方に絶対の自信をもっていた」とクライヴ・ブルックはいう。「といってもメソッド流の演出法を使うわけじゃない。いつ果てるともなく撮り直しを繰り返すんだ。俳優をへたばらせる名人だったね。『上海特急』（三二）ではローレンス・グラントが被害にあった。朝の九時から夕方の六時までとことん絞られてグラントはついに泣き出した。〝監督、もう限界です！〟と。

〝もう終わってるから安心しろ〟スタンバーグは答えた。〝最後のテイクがＯＫだ〟

同じ映画のとき、ラッシュフィルムを見たあとで彼が感想を訊いてきた。〝でも、ジョー〟私は異を唱えた。〝誰も彼も同じように単調な物言いをしてるじゃないか〟

〝そのとおり。それでいいんだ。これは『上海特急』だ。誰もが長距離列車のように単調に話すのさ〟

私は彼の書いた小説を持っているがね。彼は著者で満足しちゃいない。本の装幀も、作りも、表紙デザインも、何もかも自分でやっている。いかにもスタンバーグだよ」

スタンバーグは、自分の映画は撮影も含めて、事実上何から何まで自らの手になるものだと主張している。故ジョルジュ・ペリナール（『我、クローディウス』のキャメラマン）はビル・ダンカーフに、他の誰よりもスタンバーグから多くを学んだと語った。デイヴィッド・O・セルズニックはパラマウントで製作者だったとき、スタンバーグにはいっさいを任せるようにと通達があったと語っている。セルズニック自身はスタンバーグの流儀なるものの多くは〝馬鹿げている〟と見てとったのであるが。

一部からは世界最高のキャメラマンと見なされたスタンバーグは、ストーリーの扱いに関してはお座なりもいいところだった。*トーキー以降の彼の映画の大半は映像的価値のみによって存在しているといってよい。スタンバーグはモーリス・トゥールヌール以降、最も映像センスにすぐれた監督だった。彼は照明の微妙な芸術性を理解していただけではない。美術や装置が、実際的な要請を満たすと同時に、見る者の情感に訴える効果をも持ち得ることを知っていた。スタンバーグは電話帳を素材にしても神秘的で官能的な、胸を高鳴らせる作品を作り上げただろう。

スタンバーグのサイレント作品はトーキー作品よりもすぐれている。芸術性も感性もサイレントというメディアに適合していた彼は、サイレント作品においてはドラマの把握にも揺るぎないところがあった。

『救ひを求むる人々』がスタンバーグの第一作である。『救ひを求むる人々』はしかし、気どりの目立つ、技法的にも想像性に欠けた平板な作品で、将来性の片鱗は見てとれない。作品冒頭に次のような説明字幕が現れるが、芸術性を標榜したその尊大ぶりも、残念ながら作品本体からは遊離したままで終わっている。〈思考は肉体ほどには重要でないという理由から、映画においては無視されつづけている人間生活の断片が存在する。私たちの目的はこれまで無視されてきたその〝思考〟をキャメラに写し撮ることである〉

『救ひを求むる人々』には自分自身に対して、また環境に対して打ち勝とうとする、ある男の闘いが描かれている。〈私たちの生活を支配するものは〉と幕切れの字幕は語る。〈周囲の状況や環境ではない。信念である！〉

『救ひを求むる人々』は繊細さには欠けるが、ある種の質素な気高さを漂わせている。ここで選ばれた環境は泥田のような干潟であり、そこでは浚渫《しゅんせつ》作業員が休むことなく働いている。〈いっぱいの泥が汲み上げられるたびに、新たな泥がまた入りこむ〉

若者（ジョージ・K・アーサー）が娘（ジョージア・ヘイル）と出会う。〈娘の魂は人生に対する苦い幻滅でこわばっている〉幼い少年がぶたれているのを見て、娘は若者に助けてやれという。若者は逡巡し、娘に臆病者呼ばわりされる。彼は自分の臆病を自覚していた。若者、娘、幼い少年、この三人の宿無しは仲間となり（〝漂流者組合〟を名乗るのだ）、泥地を脱出し、一攫千金を夢見て都会に出る。彼ら〝救ひを求むる人々〟は街の顔役と悶着を起こす。若者の人生の奮闘は、『乗合馬車』のごとき大喧嘩のシーンとなって描かれる。この喧嘩のシーンはリアルというよりは絵画のようである。不動産会社の看板〝あなたの夢が実現する土地はここ〟の背後

『救ひを求むる人々』(25)のオラフ・ハイテンとジョージア・ヘイル。

で喧嘩は展開するのだ。

スタンバーグ初の商業作品は、『救ひを求むる人々』に比べると、映像スタイルが格段にすぐれていて、同一監督の作とは思われない。パラマウントは当初『暗黒街』の監督にフランク・ロイドをあてるつもりをしていた。だが、最終的に指名されたのはアーサー・ロッソンであった。

「こんなことがあった」と回想するのは、当時コメディの台本作家だったモンテ・ブライスである。「まだ撮影に入る前で、シナリオが検討されていた。スタンバーグもスタッフの一員として待機していた。彼はこんなに部厚い本を読んで時間をつぶしていた。映画には何の関係もないすごく大部な本だ。シナリオ会議の部屋から誰かが出てきては、いまこれこれのことで行き詰まっていると話をする。するとスタンバーグが本から目を上げて、こうすればいいだろうと解決策を教える。スタンバーグのいうその解決策が、また名案ばかりだった。そのうちに突然スタッフの入れ替えが発表された。アーサー・ロッソンの名前が消え、スタンバーグが監督となった。彼は秘密主義の監督で、関係者以外はセットへの立ち入りを禁止した。またスタンバーグは一台のキャメラで撮影する最初の監督だったと思う。その頃は外国向けネガも必要だったのでキャメラ二台で撮影する慣わしだったんだが、その

＊ロンドンでの記者会見の席上、あなたにとってストーリーはどの程度意味がありますかと訊ねられた彼は、「ゼロだね」と答えている。

慣行を強引にくつがえした。撮影の領域にまで口出ししたわけだ。所内で噂が流れはじめた。『暗黒街』はどえらい映画になりそうだ、という噂だった」（著者によるモンテ・ブライスへのインタビュー。一九六二年九月、ロンドンにて。スタンバーグを監督にと進言したのは当時パラマウントの製作者だったハワード・ホークスである。スタンバーグの最初の役割は撮影効果担当だった）

『暗黒街』はそのとおり画期的作品となった。これはギャング映画という新ジャンルの第一作であるとともに、同ジャンルの代表的傑作として後世まで君臨する。この映画にはのちの映画によって模倣されて常套化される話法上、技法上のさまざまな要素が含まれていた。登場人物もそれぞれ造型が豊かである。ジョージ・バンクロフトは豪快な高笑いが特徴的なギャングの大物で、理知的で風格のある彼の親友クライヴ・ブルックと、妖しい魅力に満ちた彼の情婦イヴリン・ブレントと絶妙のバランスを成している。

スタンバーグは、シュトロハイム流に字幕を断片化して雰囲気をスケッチする。〈深夜の大都会〉〈深閑とした街路〉〈月は雲に隠れ〉〈立ち並ぶビルは太古の洞窟のごとく空虚である〉

フェイドインすると時計台が現れる。キャメラは後退しながら高層ビルをパンダウンして街路を映し出す。ディゾルブののち銀行の正面となり、その内部で大爆発が起こる。無精ヒゲの落魄したロールスロイス（クライヴ・ブルック）が歩道にたたずむなか、ブル・ウィード（ジョージ・バンクロフト）が銀行から現れる。

「ブル・ウィード様の銀行破りだ！」ブルは不敵な笑みを浮かべると、ロールスロイスの腕をつかみ、警官隊が銃撃するなか、二人で逃走する。

スタンバーグはてきぱきとストーリーを進めながら、想像力の冴えを随所に見せて場面に活気を添えていく。それはすでに成熟した大監督《アーティスト》の手腕である。

バーの場面、ブル・ウィードに敵対するギャングがロールスロイスをいじめにかかる。「十ドル欲しくはないか？」ギャングは十ドル札を出すとそれを小さくよじって足下の痰壺に投げこむ。キャメラがロールスロイスの怒りを抑えた顔から痰壺へとパンをし、また彼の顔へともどる。一触即発の瞬間である。その緊迫を破るようにギャングはロールスロイスの腹に一発お見舞いする。そのときキャメラは上に大きくぶれ、観客は自分が一発食らったかのような錯覚に陥る。

ギャングが勢揃いする舞踏会も見せ場のひとつである——〈休戦に入った暗黒街。夜が明けるまでのあいだナイフもマシンガンも戸棚の中〉。〝韋駄天《スリッピー》〟ルイスを演じるラリー・シモンがゆがんだ鏡に映る自分の姿を眺めている。スタンバーグはそこから別のギャングの顔にすばやくカットする。こちらも同じようにゆがんでいるが、鏡のせいではない……

脱獄したブル・ウィードがロールスロイスのアパートに身を潜めている。廊下の奥から警官の足音が響いてくる——ここでは、警戒するバンクロフトのショットから廊下を歩く靴のショットへの切り返しによって足音が表現される。そして再びバンクロフトのショット。彼は耳をそばだてている。思いきってドアを開けると、そこには子猫と一本の牛乳瓶。足音は牛乳配達だったのだ。自伝のなかでスタンバーグはギャングに飼われるこの子猫について触れている。彼にとっては、数多い商業主義への妥協の産物のひとつであった。

クライマックス・シーンはこれ以後のどんなギャング映画にも劣らず大がかりで、エキサイティングである。ブル・ウィードがアパートの一室に追い詰められる。外には武装した警官隊が取り囲んでいて、銃撃がはじまる。警察はマシンガンを装備した装甲車まで繰り出している。この戦闘のさなか物語は急展開する。ブル・ウィードはロールスロイスと情婦のフェザースが自分を裏切ってはいなかったこと、彼らは変わらず信頼すべき友人であったことを知る。二人を抜け道から逃がしてブルが投降すると、刑務所長が声をかける。「シャバにいられたのは一時間だったな」

「確かめたいことがあったのさ」とブルは答える。「オレには一生分の価値ある一時間だったよ」と。

『最後の命令』（二八）では、様式性は『暗黒街』ほどには目立たない。『暗黒街』はスタンバーグの特徴となる豊かな映像表現にあふれていたが、それはドイツ映画を連想させた。スタンバーグとともに『暗黒街』の撮影を担当したバート・グレノンは、『帝国ホテル』（二七、マウリッツ・スティルレル）での経験と知識をこの映画に持ちこんでいた。グレノンは『最後の命令』でもキャメラを担当しているが、このときは仕事の質が異なっていた。『最後の命令』は転換期の作品、様式化されたリアリズムと、スタンバーグの後の作品がそうであるそれ自体充足した一個の世界とが混在する作品であった。

『最後の命令』はきわめて巧妙に作られてはいるが、エンディングに難がある。ストーリー上の明らかな欠陥のためだ。この映画のストーリーはエルンスト・ルビッチが何気なく語ったことばがもとになったといわれている。だがハリウッド内部では、貧窮のあまり映画のエキストラにまで身を落とした帝政ロシア陸軍のロディジェンスキー将軍をモデルにして、それをふくらませたものと信じられている。*

原案はクレジット上はラヨス・ビロとなっているが、じっさいはスタンバーグであり、ハーマン・マンキウィッツが字幕を担当した。

エミール・ヤニングスがハリウッドの年老いたエキストラ俳優を演じている。あるとき彼の写真が監督の目にとまる。

*ロバート・フローリーによると、ロディジェンスキーは〝帝政ロシア陸軍〟ではなく〝帝政ロシア憲兵隊〟の将軍であったとのこと。したがって前線での経験はなかった。また、映画には時折顔を出したのは事実ではあっても、繁盛しているレストランのオーナーであったので貧窮はしていなかった。『最後の命令』の主人公との類似は偶然の産物であったとみるのが正しい。

この監督はロシア人で、写真の男がロシア陸軍を指揮していた将軍であったことをおぼえている。「この男を明日の撮影に使おう」彼は助手に伝える。「将軍の制服を着せておけ」

フラッシュバックとなり将軍の過去が語られる。将軍はロシア皇帝のいとこ、セルゲイ・アレクサンドル大公であった。ロシアには革命の火種がくすぶっている。俳優が二名彼の前に連行される。二人は軍隊を慰問中だったが、革命家の嫌疑をかけられたのだ。ひとりはキエフ帝国劇場の監督でもあるレオ・アンドレイエフ（ウィリアム・パウエル）、もうひとりは女優のナターシャ（イヴリン・ブレント）である。大公はアンドレイエフを始末するよう命令し、ナターシャは自分のもとにとどめる。ナターシャは服従を装うが、心の中では大公の命を奪おうと考えている。だが、その機会が訪れたとき、実行をためらう。「なぜ撃たない？」大公が訊ねる。「かくもロシアを愛する人間に向けて引き金は引けないわ」とナターシャは答える。

ボルシェヴィキの一団が大公の乗った列車を急襲し、大公は新生ロシアの勢力と対峙する。彼は説得に努める。「ロシアの人民よ、君たちは裏切り者に騙されている！」暴徒は大公を八つ裂きにせんとする。ナターシャまでが敵側に加わって叫ぶ。「奴隷のように働かせろ。機関車の釜焚きをさせるんだ！」

大公はナターシャの寝返りにショックをうける。が、機関車に追いやられた彼にナターシャはいう。「あなたの命を助けるにはこうするよりないの。あなたを愛してるわ」彼女は路用の足しにと真珠を渡す。走る機関車から大公が逃れ出た直後、列車は橋を突き破り、ナターシャとボルシェヴィキの一団を乗せたまま、厚く氷の張った河に落下する。

愛する女性も祖国も失った大公の体には後遺症が残る――この世が信じられぬとでもいうように首が左右に小刻みに揺れ動くのだ。

物語は映画の冒頭にもどり、いまや撮影所のエキストラとして露命をつなぐ大公は、ロシア出身の監督、彼によって命を消されかけたレオ・アンドレイエフの前に引き出される。「この瞬間を十年待ちましたよ、閣下」アンドレイエフは大公をしげしげと眺める。「同じコート、同じ制服。中身も同じ。時代だけが変わりましたな」

監督は大公に中隊の指揮官の役をあたえる。キャメラが回り始めると兵士役のひとりのエキストラが叫ぶ。「どちらが勝とうが知ったことか。あんたが下す命令はそれが最後！新しい時代の到来さ！」将軍を演じる大公はキャメラの存在には気づいていない。これが芝居であるのも忘れている。彼の目に映るのは駅に群がる群衆のみである――彼はその群衆に向けて魂のこもった演説をぶつ。そして体がくずおれる。「味方は勝利したか？」彼はかぼそい声でアンドレイエフに訊ねる。「ええ、閣下、あなたは勝たれました」

セルゲイ・アレクサンドル大公は絶命する。「惜しかったな」と助監督はいう。「奴さんいい俳優だった」

［上］『最後の命令』（28）。ロシア帝国の将軍もいまではハリウッドのエキストラにすぎない。助監督が衣装を検分している。その横に、勲章の入った箱を小脇に抱えた小道具方が立っている。［下］『暗黒街』（27）のジョージ・バンクロフトとイヴリン・ブレント。

「それ以上だ」アンドレイエフはこたえる。「偉人だったよ」

ストーリー展開は巧みで効果も満点だが、基本的な欠陥は解消されていない。アンドレイエフが大公と出会うのは一度だけ、彼が逮捕され大公に顔をぶたれるときである。それ以降は大公にもナターシャにも会っていないのだから、彼には将軍の人間性は知りようがないのである。

この失策を除けば、『最後の命令』はきわめて特異で、また見るものを引きつける作品である。物語のどの部分においても、ロシア革命の正確な描写などは試みられてはいない――スタンバーグはリアリズムには関心がなかった。だが、人物の性格は深く掘り下げられていて、この作品は見るものに強い印象を残す。

ハリウッドの映画製作のシーンでは、ちょっとした描写のなかに、真実をついた箇所が数多く見られる。エキストラの写真に目を通すところでは、監督がタバコを取り出すと、間髪いれず助手たちがいっせいにライターを差し出す。〈ハリウッドの食糧行列《ブレッドライン》〉の字幕につづいて皮肉なシーンが展開する。暗鬱な顔が撮影所の正面ゲートに群れをなして集まっている。ゲートが開くと彼らは我先にとなだれこみ、窓口めがけて殺到する。衣装部はいくつかのセクションに分かれており、それぞれに小さな窓口がひとつずつ開いている。「伍長一丁!」と窓口の男が声を張り上げると、伍長の制服一式が後方から飛んでくる。「将軍一丁!」制服の隣の窓口では靴が、次の窓口では帽子が、次は帯剣が、と移動キャメラが捉えていく。

そうやって身なりが完成した老将軍はメイク室に進む。よぼよぼしてて動きも鈍く、体も始終震えるので、隣のエキストラはいらついてくる。「首を振るのはやめろ。メイクができねえよ」

「もうしわけない」ご老体がわびしげにいう。「とまらないんだよ。昔うけたショックの後遺症でな」

彼は財布の中からアレクサンドル・ネフスキー星形勲章を取りだして制服の胸に付ける。「そのおもちゃはどこで手に入れたんだ? 質屋でちょろまかしたのか?」隣の男がそれを奪い取る。「オレとお前の仲じゃねえか。他のみんなにも見せてやろうぜ!」男は勲章を銃剣の先に引っかけてふりまわす。老将軍はテーブルの上にのり、取り返そうと必死になって手をのばす。

助監督はスタンバーグによって辛辣に描かれる。エキストラは全員この助監督に服従しており、彼が現れるたびに起立して迎える。助監督は口髭を生やした尊大な小男で、いつも葉巻をくわえている。助監督が将軍に話しかける。「監督がお前にいい役を下さったんだよ、おやじさん。粗相のないようにするんだぞ」そして助監督は勲章を妙な場所にくっつける。

将軍はそれを正しい位置にもどす。「ロシアでは左側にきます」と彼はいう。「私は将軍だったから知っているんです」

「オレ様はロシアものを二十本作っているんだ」と助監督は

いい返す。「知らないことはないんだよ」彼は勲章を前の場所にもどす。

フラッシュバックは大公が兵士を視察するところから始まっていた。それと呼応するように、映画監督がエキストラの中隊を整列させ、メイクと衣装を点検する。銃剣の背後に位置したキャメラが監督を横移動で追う。監督は大公の前で立ち止まり、葉巻の煙を顔に吹きつける。そして大公の周囲を巡りながら満足げにその扮装に見惚れる。アンドレイエフはアレクサンドル・ネフスキー星形勲章が妙なところに来ているのに気づき、顔をゆがめる。彼はそれを正しい位置に付け直す。

フォン・シュトロハイムの影響は、フラッシュバックのなかの次のようなシーンにも見てとれる。大公は彼の毛皮のコートを着用に及んだ当番兵が連行されてきたとき命令を下す。「この兵士が次に同じ過ちを犯したら、コートを取りあげ、中身に銃をぶち込め」

エミール・ヤニングスの演技も秀逸である。おそらく最高の見せ場は列車が暴徒に襲われ、ナターシャにも叛かれたときのものだろう。ナターシャはこの映画の核となる重要な役である。スタンバーグはスクリーン上のエロティシズムに関しての大家である——『暗黒街』で見せたいくつかの繊細なタッチは、衝撃の強さにおいて、それ以前のヴァンプものを顔色なからしめるものだった。『最後の命令』の次のようなシーンにおいて、彼のように知的に描ける監督はどのくらいいるだろうか。列車がボルシェヴィキに乗っ取られたあとの機関車内のシーン、ナターシャが大公を脱出させようとして歩哨を誘惑する。大公がシャベルで運転士を殴り殺すとき、ナターシャは歯を食いしばり、あえぎながら、歩哨を抱きしめているのだ。

女優の肉体的魅力をスクリーンに描き出すスタンバーグの才能は、トーキーに入り、マレーネ・ディートリッヒを主演に得て開花するが、サイレント末期に撮られた『紐育の波止場』(二八)もまたすばらしくも肉感的な作品である。二人の対照的な女優、ベティ・コンプスンとオルガ・バクラノヴァが、ほぼ照明のみで作り上げられた緊迫感漲る雰囲気のなかで鮮烈な演技を披露する。

『紐育の波止場』はスタンバーグの最高傑作である。* ここにはほのぼのとした心のぬくもりが実感できる——言い換えれば、スタンバーグが、トーキー以降しばしばそうであったように、登場人物を光と影を生み出す素材としてのみ捉えているのではなく、彼らの憂いや悩み、刻々の感情に共感と同情を寄せているのが見てとれるのだ。『紐育の波止場』はヨーロッパとアメリカの一流の映画人による、緊密な共同作品となっている——撮影はスタンバーグとハル・ロッソンの共同、美術監督はハンス・ドライヤーである。

舞台は再び波止場であり、スタンバーグは『救ひを求むる

＊『嘆きの天使』(三〇)を除いての話。

人々』において彼の興味を引いたさまざまな要素をここでもう一度扱っている。それでも、前作で見せたドキュメンタリー風の荒涼感には見向きもしておらず、仮にそのような箇所があったにしてもそれは偶然にすぎない。これは紛う方なき芸術作品であり、処女作らしい気負いの目立つ、早撮り低予算映画とは比較にならない高みに達している。

　ジョージ・バンクロフトが演じるのは、船の動力に石油が用いられるようになり〝釜焚き仕事がヤワになる〟以前の、タフで男っぽい釜焚きのビルである。ひと晩きりの上陸許可を得て、彼は意気揚々と陸《おか》に上がってくる。しかし上陸早々、験《げん》の悪いことに、溺れかけた娘を救ってしまう。娘（ベティ・コンプスン）は感謝もしない。自殺の邪魔をされたからだ。「このありがたいシャバにおさらばしようなんて奴は」とビルは娘にいう。「どうとでもなれだ」二人は酒場でひと晩飲み明かし、酔いにまかせて結婚する。

　翌朝ビルが船にもどろうとすると、警察が娘を逮捕しにやってくる。前の晩、娘は彼女に襲いかかった三等機関士を撃ったのだ。そこに三等機関士の女房（オルガ・バクラノヴァ）が乗りこんでくる。「アタイがあのボンクラを撃ったんだからね。手柄を横取りされてたまるもんか」警察は女房をしょっぴいていく。

　娘はビルを引き止めようとするが、男の意志は固い。「じゃあな、ベイビー。あと一時間で船が出る。オレは一度だって出港をミスったことはないんだ」娘は結婚の契りを思い出させようとするが、男の気持ちは変わらない。「悪く思わんでくれ。オレはまっとうな人生とは縁がないのさ。海に出ずにゃいられない男なんだよ」

　娘は精一杯気丈に振る舞おうとする。「アンタと私と、仮にふた月も生活できたとしたら、そっちのほうがよっぽどおかしいわね」

「もしオレが陸にふた月もいたら、こんな生活が好きになるかもしれないがね」といって、ビルはにやりと笑う。このことばに娘がかすかな希望を見出したとき、ビルの相棒（クライド・クック）が現れる。「おい、時間だぜ」

　娘の目に涙がたまる。「じゃあ、さよなら、ビル」ビルはためらう。相棒がビルの上着のポケットを引っぱると、ポケットが裂けて中のものが床に散らばる。愁嘆場を避けたかったビルは、この機をとらえて相棒と激しく言い争う。涙を浮かべたままの娘の顔にも笑みがこぼれる。

「ビル、私が繕ってあげる。そんな格好じゃ船に乗れないもんね」娘はビルをベッドにすわらせ、針箱を取り出す。しかし、涙で針に糸を通すことができない。スタンバーグはここで娘の見た眼のショットで、ぼやけた針を映し出す——胸に迫る主観ショットである。

　ビルは辛抱しきれず彼女の手から針を取りあげ、自分で糸を通す。そのとき娘は男との離別を覚悟する。ビルが出ようとするのを見て、娘は部屋の隅に行き、顔をそむけて涙にくれる。ビルが慰めようと近づく。娘は男に突っかかり、家の

『紐育の波止場』。ベティ・コンプスンがジョージ・バンクロフトのポケットを繕っている。その右にクライド・クック。

外に突き出してドアを思いっきり閉める。「なんてオンナだ」ビルは相棒にいう。「あんなにしてやったオレにとる態度か」

船が出航し、ビルはもとのように釜の前にいる。「オレが顔を出してやってよかったぜ」と相棒。「オレが無理矢理お前を引き離さなきゃ、オンナはスッポンのようにお前に食らいついていてたぜ」

新しい三等機関士が現れて怒鳴りつける。「無駄口たたかず釜を焚け！」

ビルは不意に何もかもがいやになる。彼はシャベルを相棒に渡すと、梯子を駆け上り、海に飛びこんで、陸に向かって泳ぎ出す。陸にもどると妻は留置所に入っている。盗品の衣類を所持していた廉《かど》で捕まったのだ。夜間法廷の場で、ビルは自分が盗んだのだと白状する。判事は判決をいいわたす。「六十日の禁固に処す。女は釈放！」

娘はビルに再会できて大喜びする。「六十日の航海は長くはないぜ、ベイビー」ビルは娘にいう。「それにこれが最後の航海だ。もしお前がオレを待っていてくれるのならな」

「いつまでも待ってるわ、ビル」

『紐育の波止場』は秀作がめずらしくない時代に作られた特筆すべき秀作の一本だった。この映画の衝撃は時の経過とともにますます強まるようである。これはアメリカ映画の不朽の傑作の一本であり、その態度振る舞いが多くのものにエセ芸術家と見なされた人物の、痛快なしっぺ返しの一本でもあった。

この尋常ならざる人物との出会いは、私が耳にしていた予備知識がすべて誤りではなかったことを明らかにした。彼はインタビューの許可をあたえるさい、約束した時間をけっして超過してくれるな、と難題をふっかけてきた。

「私は礼儀を重んじる男であり、悪い印象をもってインタビューを終えたくはない。インタビューの時間は三十分と決めておこう。三十分すぎたら帰ってくれ。了解してもらえるかな？」

彼はハリウッドの私邸に私を迎え入れた。彼の書斎は家の奥まったところにあり、それはいっぱいの本や東洋の彫刻類や賞状で埋め尽くされた魅力的な一室となっていた――賞状類はおおかたが近年ヨーロッパの国々で彼に授与されたものである。書斎の内部の混み具合はまるでスタンバーグ作品のセットを見るかのようであり、そこにあるのはどれもみな、目を引きつけてやまぬものばかりだった。

私は緊張気味にインタビューを開始した。巨大なデスクの向こうに腰掛けたスタンバーグは私の動揺をすぐに見抜いたようだ。

「まず最初にお訊ねしたいのは――」と私は切り出した。

「三十分は長いもんだよ、ブラウンリー君。落ち着きなさい。リラックスするんだ。時間が来たら私のほうから教えるから」

「お気遣いありがとうございます……あなたがご自分の作品を撮影されるときの技術的側面は……」

「君の企画の大テーマは何なのかね？」

「えー、その、サイレント映画期の秘密に迫りたいと思っています。サイレント映画の時代、私はそれが映画史上もっとも実り豊かな時代であったと思っています。そしてこの時代はあなたが――」

「しかし、ブラウンリー君、どうして君は自分の質問をカッコに入れるのかね？　もっとストレートに質問したらどうかな。映画史上もっとも実り豊かな時代と君が見なすものなどなしに」

「あなたは私の企画のテーマが何かと質問されました――」

「そうだよ。そのとおり」

「それで私はお答えしようとしてるんですが」

「君はこれこれのものがどんなふうだったのかと私に質問した。私はそのこれこれのものについて、君の意見に同意できない。だから君が知りたいことは何なのかストレートにいってくれたまえ。君の問うところは何なのか。私のいっていることがわかるかね？」

「ええ、わかります」

「君はカッコに入れて意見を述べている」

「その私の意見にあなたは同意できないと？」

「議論の余地が大ありだと思う。それは君の問いかけの本質は何かということについて私の頭を混乱させる。君が何を調べようとしているのか、私はそれを知りたい」

「私が調べているのはサイレント映画で――」

「君はその秘密といった」

「そういいましたか？」私はあきらめ口調でいった。

「そこには秘密なんてない。だから私にはわからないのだが――」

「私はそのルーツを突きとめようとしているのです。そういう用語を使うと、ひょっとしたら完全には理解していただけないかもしれませんが、それは英語の用語で、意味するところは――」

「ブラウンリー君、私にはわからないとでもいうのかね？　君のまわりに並ぶ本を見てくれたまえ。私が英語という言語について何も知らないと君は決めてかかっているようだが、〝ルーツ〟の意味は私も知っているよ」

「すみません、すぐに質問にもどります！　いま有刺鉄線の鉄条網を越えようと悪戦苦闘していますが」

「いや、そんなことはしてもらわなくてもいい……映画の問題についての幼稚な質問には、私は無用な人間だ」

「その、幼稚な質問をしようとしてるのではありません。でも、そういう質問に追いこまれてしまってはいますが。じつはこういうことです。私はいま本を書いています。サイレント映画にかんする本です。サイレント映画の監督、キャメラマン……私から見てこの時代をもっとも実り豊かなものとした人々についての本です。私がいま明らかにしたいのは、ハリウッドという条件下であなたがどうやってあなたの撮影術を保持することができたかということです。そしてまた、あなたの撮影術の技術的細部、どんな生フィルムを用いられたかというところまでの細部を、知りたいと思っています……」

「君は話すことのすべてを、私がこれまで耳にしたこともないほどの途方もないカッコ付きの物言いにしてしまうんだね」

このとき私はいっこうにインタビューが前に進まないことにイライラが頂点に達していたのだが、いま思い返してみると、スタンバーグのいっていたことは正しかったと認めざるを得ない。いまになってみると彼が何に異を唱えていたか、はっきりと理解できる。私は一連の先入観に基づいて彼に質問を発していた。彼の答えがそれら先入観に適合するものとならざるを得ないように。自分のことばを誤り伝えられることに慣れていた彼は、自分は自分の見地からものをいうのだと私にわからせたかったのだ。

徐々に彼の返答は、用心深さはそのままに、より内容のあるものへ、より啓発的なものへと変わってきた。私は彼に、リー・ガームスのような名キャメラマンが、撮影の実権はスタンバーグにあることを承知の上でよく映画に加わってくれたものですねと訊ねてみた。

「リー・ガームスは私のいうとおり、そのとおりに動いてくれた。逐一ね。私はつねにキャメラのそばにへばりついていたからね。私の映画で撮影監督がひとりで撮ったというものはひとつもない。私はいつも最高の名手とのみ組もうとした——リー・ガームスは申し分なかった。もうひとりとびきりの名手にバート・グレノンがいる。キャメラマンは誰であれ、私のところに来るたびに何かを学んでいった。私の教えをうけてみなよろこんでいたものだ」

「あなたはどこで撮影を学ばれたのですか？」と私は訊ねてみた。

「撮影は独立した技術《アート》ではないんだ」

「照明というべきだったでしょうか？」

「それも独立した技術ではない。知識の獲得で興味深いのは、その道の師から直接教えをうけたからといってそれだけではじゅうぶんではないということだ。直伝だけですませてしまうと新しいものが生まれない。技術にはつねに新たな視点が必要だ——それに私はずっと前からスティル写真で撮影の世界に入っていたからね。

　やはり名キャメラマンのひとりジェイムズ・ウォン・ハウが先日私のところに来て〝あなたの教えはけっして忘れません〟といった。何を教えたのかなときくと、彼はこう答えた。〝あなたは「太陽から生じる影はひとつだ」といわれた。そして私の撮るものには影が六つも七つもあるけれどどうしてなのかと訊ねられた。そのとき以来、私は二つ以上の影をこしらえたことがない〟と。これなどきわめて単純な観察に基づいている。しっかりとものを見る目をもたないと、影が幾重にもできあがる照明をしてしまう。いまだによく見かけはするがね……」

　スタンバーグには事物の細部にこだわるようなところはない——本物らしさをもとめて軍服のボタンのひとつひとつにまで目を光らせたシュトロハイムとは違うのだ。

『暗黒街』を作ったとき、私はギャングではなかったし、ギャングについて詳しかったわけでもない。『上海特急』を作ったときも中国について何か知っていたわけではない。これらはけっして本物に忠実な映画ではない。私は本物らしさに執着することに意味があるとは思わない。そういう姿勢を重んじるつもりもない。私がめざしているのは、それとは反対で、現実そのものではなくて現実の幻影なのだ。私の映画に本物らしさというものは存在しない。そんなものは片鱗すらもない。ベルリンで『嘆きの天使』を撮ったとき、ドイツの土を踏むのはそのときが初めてだった。撮影の前にドイツのなかを数日まわった。向こうの人間は私にドイツの学校を訪れ、その厳格さを知っておいてほしいと思っていた。私にすればお笑い草だった。私はそんなものを知りたいとは思いもしなかった。そんなものを見ていたら頭が混乱するだけだったろう。

　私にはめざすべき別のものがある。例えばこういう映画があるね。力量のある監督によって作られた映画で、何らかの理由で、作られた当時は明らかでなかった力をあとで持つようになるというのが。その力は永続的なもので——映像として色褪せないもので――人に何度も見たいと思わせ、最初は気づきもしなかった新たな感動をあたえてくれるというものがね。

私の映画に『恋のページェント』（三四）というのがある。公開当時袋だたきにあった作品だ。批評はどれも散々だった。でも、三十年後のいま見てみると、あの映画からは別種ののが見えてくる。当時は誰も目にとめなかったもっと価値あるものが。

ドイツ政府が私に金綬章をくれた――『嘆きの天使』に対する特別褒賞の金綬章だ。でも、それは一九六三年、映画が作られて三十四年後のことだった！　映画を作ったときはそしらぬ顔をしていたのに。

後々まで残る性質というのがあって、そういう古びない性質が後々の観客の目に訴えかけてくる。それは作られたときには見過ごされやすかった何かでね。例えば、ブニュエルが『忘れられた人々』（五〇）という映画を作っている。公開当時もいい映画だと思わせたものだ。しかしどういうわけか、あとになっても何度も繰り返し見てみたいと人に思わせる力を持っている……映画を学ぶ学生などこの映画に引きつけられてやまない。おそらく『ビリディアナ』（六一）も三十年後には同じようになっているだろう。

映画には目に明らかな技術的効果によって達成された価値以外のものが存在する。例えば、エイゼンシュテインはモンタージュ理論の本を書いているが、彼は自分の作品のなかでその理論を用いてはいない。あれはそういうものを頭に入れる必要のある者たちのために書かれたにすぎないのだ」

どんな出来合いのことばをもってしても、彼のような度外れな個性を説明するのは不可能だ。ひとつ間違えればプイとつむじを曲げかねない気むずかし屋ではあるが、いったん障碍物が取り除かれれば、思いやりのある、良識に富んだ、魅力的な人物がそこには現れる。自伝の出版にともなってイギリスを訪れたさいのスタンバーグは、まさにそのような人物だった。一、二度、うるさく質問する記者をピシャリと叱りつけたものの、それ以外は彼らしくない穏やかさで終始した。いっぱいの人で埋まった記者会見場で、スタンバーグは質問のひとつひとつに礼儀正しく答えていったが、その声はあまりにソフトでおだやかだったために、喧噪の中ではときによほど耳をすませないと聞き取れないほどであった。彼は千鳥格子のジャケットをはおり、カラフルな柄のネクタイを締めていた。

「まあ！」と、ある女性批評家が思わず声に出した。「いかにもあなたらしいすてきなネクタイですこと」

それに対して彼は真顔で答えた。「私にはいい仕立屋がついているのでね」

イヴニング・スタンダード紙の批評家アレグザンダー・ウォーカーの質問は内容の濃いもので、スタンバーグも通常のインタビュー以上にことばをつくして答えを返していた。

「俳優は操り人形、私のキャンバスを彩る絵の具だと見なしている。監督をしている私は氷のように冷たい。そこには感情は関わってこない。私は外科医が手術に視線を注ぐように映画を見る。患者が亡くなっても手術の意味は無になるわけではない。朝の六時に仕事を始め夜の八時に仕事を終える人間が感情をもっていられるだろうか？　そんなことをすれば一日で命がなくなっている。現れて当然のものができあがってもそこに愛情は生まれてこない。予期したよりもよいシーン、予期したよりもよい映画が現れたときにのみ私の心は愛情に満たされる」

ウォーカーは『西班牙《スペイン》狂想曲』（三五）の登場人物、ライオネル・アトウィルはなぜスタンバーグに瓜二つとなるようなメイクなのかと質問した。

「私の映画のなかの人物はすべて私に似ている」とスタンバーグは謎めいた答えを投げ返した。

「外見や体つきがですか？　行動基準がですか？」

「精神面が」スタンバーグは微かに笑みを浮かべて答えた。

サインをもとめる人たちが段を降りてきた。スタンバーグは差し出された本のひとつひとつに、自分の名前、相手の名前、そして〝愛情こめて〟のひとことを書き入れていった。ひとりの女性が彼に近づき「どうかお元気で」と声をかけた。スタンバーグはその女性に向き直ると、全神経をその女性に集中した。そして女性の右手をとると、両手で包み、何やらやさしい声で語りかけた。女性の体から力が抜け、その場に溶けてしまうかとみえた。「ごきげんよう」と彼女は後ずさりしながら、大きく目を見開いていった。「お目にかかれて光栄でしたわ。あなたって……すばらしいかたですね！」

後刻、スタンバーグは自らの撮影理論について語った。

「風景は人間の顔と同じやり方で撮影しないといけない。山があり、木々があり、望むらくは湖があるとするね。私はいつも空の部分に紗をかける――煙草の火で紗にいくつか穴を開け、不規則なエッジができるようにする。風景はだから、その主な造作が目であり、鼻であり、口や髪の毛である人の顔と同じなんだ。私はつねに光源をフレームの中に入れ、それをしっかりと明るいものにする。フレームの中であれば、光源はどこにあってもかまわない。私はよく顔の真上に光源をおく。鼻の影がなるべく短くなるように。フィルライトは使わない。キャメラマンはフィルライトが好きだね。なぜなのか？　私のライティングはとてもシンプルだ。キャメラマンは私の真似ができないというが、それはこのシンプルさを真似できないからだ。才能の違いもあるがね」

スタンバーグは『最後の命令』のストーリー上の失策と見えるところのものについて説明してくれた。

「監督役のウィリアム・パウエルは偉大な俳優と偉大な人間との違いについて触れている。その違いをはっきりさせる必要があるね。じっさいのことばは〝彼は偉大な俳優以上のものだった。偉大な人間だったのだ〟であり、監督は撮影所の中に拵えられた塹壕でのヤニングスの演技を見てそういう確信をもつにいたるのだ」

私は次に、俳優には役の解釈を許すのかと訊ねてみた。

「どういうふうに彼らなりの解釈ができるのかな？」

「そうですね、例えば、セリフの語り方とか――」

「どうやってセリフをおぼえるのだろう？」

「台本があります」

「台本？　そんなものはないよ。もし俳優に台本など渡したら、ひと晩中鏡の前でリハーサルするだろう。それを解きほぐすのに、あとでたいへんな苦労をする。私の映画では、俳優は真っ白な頭でセットに入ってくる。知っておいてくれたまえ。私はまずキャメラをセットする。次いで照明を。それから俳優、というのが私の手順だ」

「即興は行ないましたか？」

「『アナタハン』（五三）の場合、あれはあらかじめ細かいところまでプランをたてた映画だったから、即興は二、三のシーンにとどめてある。他の映画では俳優はシーンの内容を何も知らずにやってくる。私の映画ではシーンが短いからそれでやりおおせる。セリフも短くて、長く続くやりとりがない。歌や踊りがあればまた別だろうが、そうでなければシーンは短い。したがって即興ができるのだ」

『赤ちゃん母さん』『あれ』（二七）『白昼の決闘』（四六）にはそれぞれどのくらいの貢献をしているのかの質問には、貢献といえるものはないとスタンバーグは答えた。

「私はどんな監督のスタイルでも真似られる。『赤ちゃん母さん』のときはフランク・ロイドのスタイルでやってみた。『あれ』にはまったく関わっていない。あの映画はクラレンス・バジャーの監督だ。いや、待ってくれ――誤解の原因がわかったぞ。バジャーは『あれ』で銀賞を獲り、私は『暗黒街』で金賞を獲っているからだ」

私は彼が語った感情の欠如についてもう少しくわしい説明をもとめた。

「私は氷のごとく冷たい。私にはキャメラに対する侮蔑、照明に対する侮蔑、俳優に対する侮蔑なしに監督することはできない」

「侮蔑は適切なことばでしょうか？」

「侮蔑でなければ――無関心かな」

「あなたはその冷徹さを強調されますが、あなたご自身は冷たい人間ではないですね」

「氷のように冷たいよ」

「あなたと話していて、あなたが冷たい人間とは誰も感じないと思います」

「〝冷たい人間〟がどういう意味かによるね。私は人間を愛している。私は友人にはやさしいし、妻を愛する夫であり、子どもを愛する父親だ」彼ははたと口をつぐんだ。「私の口から〝子どもを愛する父親〟なんて文句が出るとはね！　君がこういう話に誘導するからだ。私はこれでもうヨーロッパにはひと月も滞在している。家に帰れば家族を抱きしめるだろうね。しかしこと映画にかんするかぎり、感情的な関わりはなくす必要がある。さもないと、シーンが手からすり抜けてしまう。意図しなかったものが観客の目にさらされてしまい、意図したものが表現できたかどうかに自信がもてなくなる。そのつど何らかの感情を抱いていてはね」

　撮影技術にかんする私の質問に答えるため、スタンバーグはじっさいにやってみせようといってくれた。「キャメラと照明を用意してくれ。私のやり方を見せてあげよう」と彼はいったのだ。スタンバーグの番組を計画していたBBCのプロデューサー、バリー・ギャヴィンとともに、私は次の日曜日に使えるスタジオを探し出した。

　ロンドン郊外にあるアイズルワース・スタジオはふつう日曜日は閉まっている。しかしこの日は、とくにスタンバーグのために、スタジオの所有者ラルフ・ソロモンズが使用を許可してくれた。

　スタンバーグがタクシーを降りてスタジオに入ってきた。「五分ですむよ。もし準備ができていれば」と開口一番彼はいった。

　準備はまだできていなかった。スタッフが全員そろっておらず、何人かはかけ持ちで仕事をこなしていた。そのうえ二人からなるテレビ用のキャメラ・クルーがスタンバーグの一挙一動を追っていた。

「床置き《フロアー》のライト（この場合は五キロワットのタングステンライト）はどこにある？」普段はソフトなスタンバーグの声に命令調の響きが加わった。

　照明助手が5Kといわれる重量のあるライトを運んできた。コートもスカーフもそのままにスタンバーグは作業に入っていく。彼はライトを前方に押し進め、モデルを演じる女性の数フィート手前でそれを止めた。彼は照明助手にライトを限界まで上に上げるよう指示した。そして椅子をもってくると、それをモデルの女性の支えとした。その椅子は女性の立ち位置を示す目印ともなった。

　彼はキャメラに二インチのレンズを装着するよう命じた。撮影助手は命じられたとおりにしたあと、ファインダーに目を当てた。「私にも覗かせてくれるかな？」スタンバーグが訊ねた。撮影助手はどぎまぎしてファインダーから体を離した。

　スタンバーグはメガネを外してファインダーを覗く。キャメラから体を起こすと、今度は裸眼で前方を確認した。

「そのベンチをどかしてライトをもう少し近づけてくれないか？　それから上に昇ってバックライトを点灯してくれ」照明助手は移動クレーンのあるところまで梯子をよじのぼっていった。

「ゆっくり昇ってくれ。危ないからな」スタンバーグは気遣って声をかけた。

　スイッチを入れたがライトはつかない。セカンド照明助手が配電箱のなかをいじるが、ライトはつかないままだ。

「私はキャメラの上にライト取付けアームをつける。そのつどライティングの調整をしなくてすむようにね」とスタンバ

ジョゼフ・フォン・スタンバーグが自らの照明法を実演する。ロンドンのアイズルワース・スタジオにて（1966年11月）。

ーグは、遅れが生じていることも気にせずに語る。

「それは移動ショットを撮るときにも応用できますか？」と私は訊ねた。

　スタンバーグはしばらく黙していたが、ややあって口を開いた。「君はじつに途方もない質問をしてくるね。いったいどうやったら移動ショットに応用できるというのかね？」

「ライト取付けアームも一緒に動きますから、ライトはキャメラと同じ関係のままにあるのでは」

「移動時の照明のコツはね、動きに応じてライティングを変化させるということなんだ」

　ようやくバックライトが点灯した。「今度はその小さなスポットライトをひとつ点けてくれ」二つめのバックライトが点灯した。「消してくれ。ひとつだけにしよう。それを女性の髪に上方から当ててくれ。強くね――できるだけ強く」

　彼は女性の頭の位置を動かし、スポットライトを女性の背後の壁に当たるようにして、しばらくその結果を凝視していた。

「黒の紗を使おう」と彼は声を放った。

「黒の紗を何に使うんだ？」ライトの向こうから照明助手の問いかけがきこえてきた。

「いまいったのは誰だ？」スタンバーグの声が強く響いた。

一瞬一座が静まりかえった。

「えー、その、私です」

「紗を使う訳を知りたいのか？」

「どのライトに――」

「えっ？」

「どのライトにですか？」

「紗をこっちにもってきてくれ。なぜここで紗を使うのか君は知りたくないんだな」

　スタンバーグはキャメラにもどり、ファインダーを覗いた。

「動いたね」彼は女性に歩み寄ると、位置を直し、ジャケットを脱ぐように指示した。脱いでみると、下に着ていた黒のセーターも彼の気にいらないものだった。

　紗が5Kの上にかけられ、フラッグと呼ばれる木製の板がライトの前におかれた。

「そうだ。少し上にあげて。女性の額を横切るところまで。暖炉の上の時計を少しずらせてくれるかな？　もうちょっと。はいそこまで。このライトを振って。ゆっくり、ゆっくり、よし！」

　彼は視線をあげてフラッグを見た。「これがよくないんだ。あれがあるかな？　私たちは〝クッキー〟と呼んでいたが」

　それはイギリス人技術者のあいだでは〝ただれ《アルサー》〟の名で知られていたものであり、スタッフがすぐにその場で作り上げた。

「そう、そういうやつだ。フラッグと取り替えてくれ。そのライトは女性の頭に当てるんじゃないよ。両肩に当てるんだ。じゃあ今度は女性の頭に。頭に当てるんだ！」

　一瞬にして様相が一変した。バックライトの位置が変わる

照明の完成——“クッキー”がさまざまな形状の影を作り出している。

と、紛う方なきスタンバーグのクロースアップが現れはじめた。

「なんてことだ」照明助手の口からことばがもれた。「そら、モデルがディートリッヒに一変した。じつに美しい！」

スタンバーグはファインダーを覗き、そしてキャメラから身を上げた。「これがうるさくってしようがないな」彼はつぶやいた。彼の表情を追いつづけているテレビキャメラが彼をいらつかせはじめたのだ。「いい加減やめてくれないか。もうじゅうぶん撮っただろう?」テレビのキャメラマンはあわててキャメラのスイッチを切り、後ろに下がった。スタンバーグはモデルに歩み寄り、モデルのあごにやさしく片手をあてた。そしてほんのわずか顔を下に向けさせた。

「さあ、よかったら撮影してくれ。でも、これはちょっと違うがね」彼はクッキーを指し示した。「こういう線のはっきりしたものじゃないもの、セルロースでできたものがいいんだが。規則正しくない線のね。でも、それはないんだよね」彼はモデルの女性に向き直った。「さあ、右から左へと歩いてみて。まずまずの写り具合だと思うよ、まずまずのね。肩の力を抜いて歩いてみなさい。そう。完璧ではないけれど、撮ってくれたまえ」

撮影助手がキャメラのスイッチを入れた。モデルの頭上にある5Kのライトがごく短い鼻影を出すとともに、頬骨に柔らかな肉付けをほどこしていた。クッキーが額を保護し、バックライトが髪を輝かせている。

「見てもらえばわかるように」スタンバーグは説明する。「額にはごくわずかに影がかかるようにし、顎には強い光があたるようにするんだ。背景は整えないほうがいい。スポットライトで背景をどう処理しているかはわかるね。女性は黒のドレスじゃないほうがよかったね。私ならスプレーガンを使ってアルミ（ニウム）を吹き付けるところだ。黒は撮影には合わない。明るい色のドレスを着るべきだった。でも、まあ全体としてはよしとすべきだろう。じゃあ、終わりにしようか?」

スタンバーグは彼の自伝にあと数冊署名をし、スタッフ全員に別れを述べ、車でホテルに帰っていった。スタジオのスタッフは緊張から解放されてホッとしている。彼らは二個のヘビーライトと一個の小さなスポットライトを使っただけの彼の照明は〝天才的な簡素さ〟だと結論づけた。照明助手はとくに感じ入った様子だった。書きとめておこうと彼に名前をきいてみた。

「ラルフ・ソロモンズ」と答えが返ってきた——このスタジオの所有者だった……

第十七章　キャメラマン

映画におけるキャメラマンの重要性はいくら強調しても強調しすぎることはない。批評家はいまだに、監督の〝情趣あふれるライティング〟だの、監督の〝あざやかなキャメラ操作〟だのといった物言いをしている。批評のなかで、キャメラマンはめったに触れられもしないのだ。

その結果、ライティングや構図は監督の決定事項であり、キャメラマンはただその決定を実行に移すだけの人物だと思いこまれてきた。

監督のなかのごくひと握り──モーリス・トゥールヌール、ジョゼフ・フォン・スタンバーグ、クラレンス・ブラウン、レックス・イングラム──が、これまで撮影の領域に大きく踏みこんできた。そして彼らはそれぞれ天才的な名キャメラマンと仕事をともにしてきた。それらのキャメラマン──ジョン・ヴァン・デン・ブロック、リー・ガームス、バート・グレノン、ハル・ロッソン、ジャクスン・ローズ、アーサー・ミラー、ミルトン・ムーア、ウィリアム・ダニエルズ、ジョン・サイツ──らは監督の意向を尊重し、その意図するところを理解し、そしてそれを最善最高の映像に仕上げてフィルムに残してきた。

通常の商業映画の場合、監督には基礎的な準備（セットアップ）とキャメラポジションの選択を行なう以上の時間的余裕はなく、ライティングに関してはすべてキャメラマンにまかせるのが普通である。構図を解する監督はめずらしくなくとも、ライティングの知識を有する監督はまれにしかいない。どのようなライティングがどのような効果をもたらすか、ラッシュを目にするまでたいていの監督は知りようがない。ラッシュを見る段においても、まずまずの照明がなされていれば大半の監督はそれで満足する。

キャメラマンの仕事は目の前のものを映像として捉えることにある。監督はそれを準備し、統御し、判断する……しかし、それをフィルムに記録するのはキャメラマンである。したがって、彼の責任は重大となる。あらゆること──雰囲気の創出、監督の意図の具現化、作品全体のルックなどが彼の技術にかかってくる。そして何十人もの仕事、大勢の努力の結晶が、たったひとつのミスでだいなしになってしまうことになる。

今日、この責任はキャメラ・クルーを構成する何人かの技術者によって分担されている。全体を統轄する撮影監督、キャメラの実際の操作にあたるキャメラ・オペレーター、フォーカス係兼オペレーター助手を務めるファースト・アシスタント、フィルムの交換係兼よろず請負人のセカンド・アシスタントらがそれである。

サイレント映画の時代には、撮影はひとりの人間が全責任を負っていて、その人物が事実上すべての仕事をこなしていた。その人物はときにネガフィルムの現像にも目を光らせた。

キャメラマンと現像所との緊密な連携は最重要事項のひとつだった。現像段階あるいは焼きつけ段階でのちょっとしたミスが貴重な努力の成果を一瞬にしてフイにしてしまいかねないからだ。キャメラマンは自らの仕事が終わったあとも、現像所に足繁く通っては、赤色安全光のもと、現像ドラムの中のネガフィルムのチェックに余念がなかった。

「サイレント期の映画撮影は」と『黙示録の四騎士』(二一)『スカラムーシュ』(二三)の名キャメラマン、ジョン・サイツは語っている。「光学や化学と関わりのある仕事だった。映画に音が加わったとき、それはもっと電気系統の仕事に変わった。トーキーはフィルムの現像を標準化し、それによって撮影にともなった個人的特色の多くを奪い去った」(著者宛のジョン・サイツの手紙より。一九六三年一月付)

一九二〇年代初頭から漸次使用が始まるパンクロマティック・フィルムが導入されるまで、サイレント映画はオーソクロマティック・フィルムで撮影されていた。オーソクロマティックは現代の生フィルムよりもコントラストがはっきりとしていたが、感光度がはるかに低かった。ASA感度にあてはめると、現在の平均が二〇〇なのに比べて、二四程度であった。その結果、フォーカスや露光の正確さは絶対確実を期す必要があった。

驚くべきことに、ハリウッドのキャメラマンは露出計を使用しなかった。もちろん光電池はまだ発明されてはいなかったが、いくつかの計算尺式露出計や感光紙式露出計、あるいは光学式露出計は入手可能だった——それらのなかには、とくに映画用に設計されたワトキンス(感光紙式露出計のひとつ)も含まれている。この計器は小さな懐中時計くらいの大きさで、〇・五秒ごとに刻む振り子が付いていてクランクの回転も数えられるようになっていた。それでもこれを試そうとしたキャメラマンはほとんどいない。あるベテランのキャメラマンは、計器なしでどうやって撮影したのかと訊かれて「それまでの経験をもとに露光を決めた」と答えた。また彼は次のようにいい足した。雪景色のような思わぬ事態に見舞われたときは、ちょっとテスト撮りしてみる。そして常時携行している携帯現像機でその場で現像してみたんだ、と。

もっと時代をさかのぼってのユニヴァーサル社での話。撮影部の外壁には、〝疑問が生じたら、F五・六で撮影すべし〟と書かれた貼り紙がしてあったという。

サイレント期のキャメラはクランクを手回ししたのだが、それはモーターがなかったからではなく、キャメラマンがそのほうを好んだからだった。バイオグラフ撮影所ではしばらくの間モーターの付いたキャメラが使われたものの、ベル・ハウエル社が一九一二年に金属製キャメラを開発し、そのさい金属製キャメラ用のモーターが製造されたにもかかわらず、モーターは金属製キャメラの必需品とは見なされず、それを用いるキャメラマンはほとんど出てこなかった。ベル・ハウエルはまたキャメラにボールベアリングを導入し、容易なクランキングを可能にした。クランクを何度かしっかりまわしたあと手を離すと、クランクがしばらくの間自動でまわる仕組みである。同じベル・ハウエルのものが、現在でも、高度の正確さが要求されるオプティカル（光学）部では用いられている。

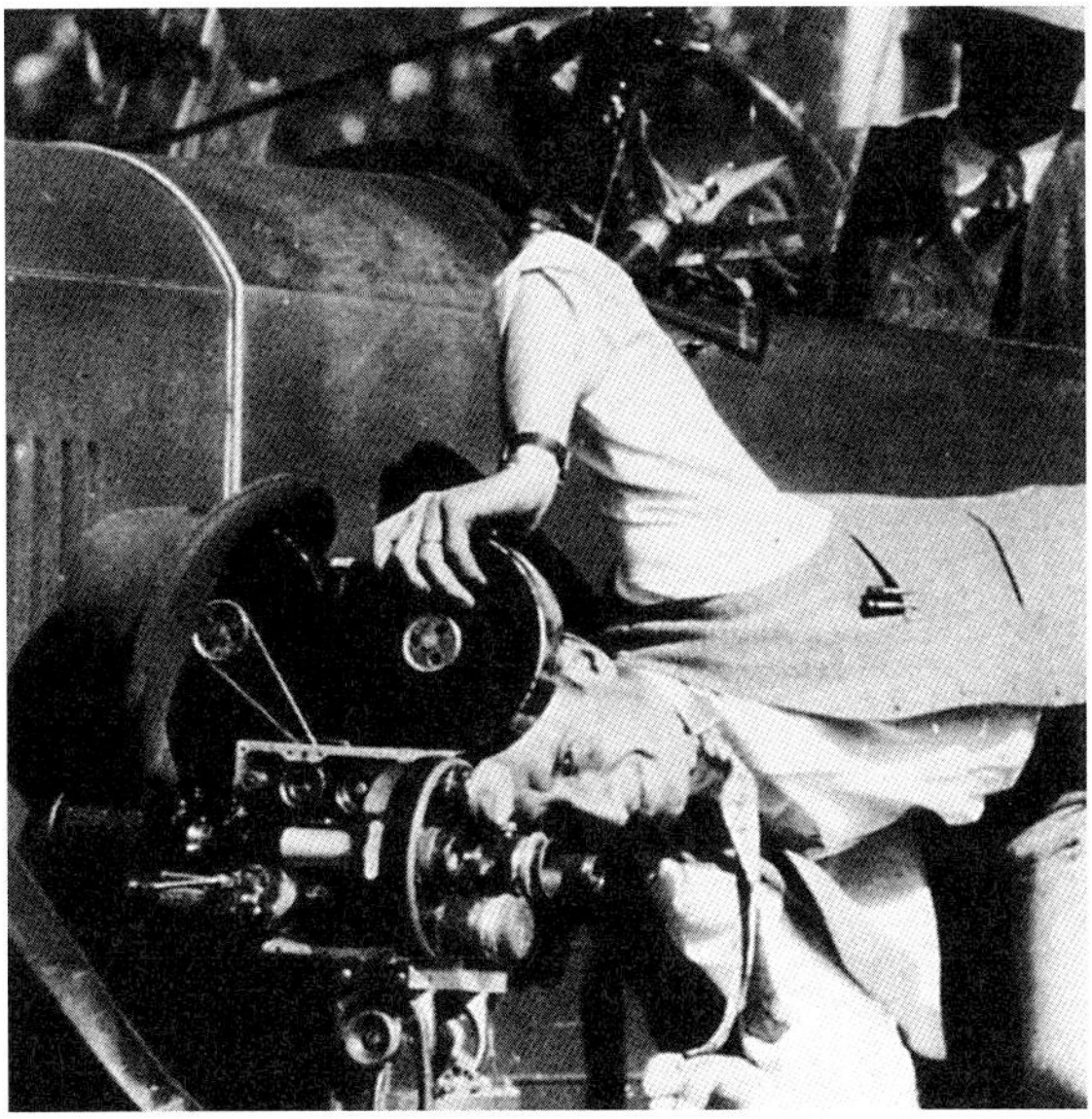

キャメラマンのジョン・ボイル。ランバート・ヒリヤー監督の『彼女の二度目のチャンス』(26)。

最も重要な技術開発のひとつは、一九一二年に登場したベル・ハウエルのパーフォレーター（フィルム両端の穴［パーフォレーション］を開ける機械）である。パーフォレーターはスプロケット穴の形状と数を標準化する精密な機器であり、同じくベル・ハウエルのプリンターとともに、それまでより格段にすぐれたネガプリントとリリースプリントを保証するものであった。

古参キャメラマンの多くが、もしトーキーによって撮影速度の規格化といった事態が起こらず、キャメラのクランクも一掃されなかったならば、フィルムはいまでも手回しで撮影されていただろうと断言している。手回しには、すべてを委ねられているというキャメラマンの安心以外に、さらなる利点があった——撮影中に、キャメラマンの手で、アクションを遅くも速くもできたのである。

もし俳優が馬に乗るのに手間どったような場合、キャメラマンはクランクをまわす速度をゆるめる。そうすると、スクリーン上では俳優は難なく鞍におさまったように見える。そしてその馬で駆け去っていくところでは、キャメラマンはクランクのスピードを通常にもどし、ショットのネガ濃度（明るさ）が同じに保たれるよう露光を調整するのだった。コメディアンのラリー・シモンは、追跡を逃れているようなシーンで、片足を上げた格好でもう片足のかかとを滑らせてブレーキをかけ、そのまま向きを変えて角を曲がっていくというアクションを得意とした。スクリーンにこれを見た観客は大笑いして彼の芸をよろこんだ。このショットを効果満点のものにするために、キャメラマンのハンス・コーネカンプは、ちょうどシモンが片足を上げてブレーキをかけ、コーナーを曲がって姿を消すところでクランクの手回しを微妙にゆるめたのだった。

クランクをまわすのをゆるめるとアクションのスピードが速まるのとは逆に、クランクを速くまわすとスローモーションの効果が生み出せた。ミニチュアを用いたときはアクションのスピードを相当に抑えなければならず、そのようなときはモーターを用いてクランクの早まわしをするという手法がとられた。

クランキングの標準的なスピードは毎秒十六コマであった。あらゆるものがこの数字に基づいて計算された。必要な生フィルムの量、マガジンの中のフィルムの残量、映写用のフィルムの長さなどである。キャメラモーターが用いられるときは、正確にこの速度を刻むのが基準とされた。

しかし、ウェスタン・エレクトリックのサウンドエンジニアが上映の平均スピードを調査してみると、毎秒十六コマは神話にすぎないことが明らかとなった。封切館のワーナー劇場で、彼らは「一分間に八十フィートから百フィート（の上映スピード）」との報告をうけた。すなわち、毎秒二十コマから二十六コマのスピードである。ウェスタン・エレクトリックでは自社のサウンド・フィルムは毎秒平均二十四コマ、すなわち一分間九十フィートに決定した。

基準スピードからのこの大きな逸脱は、映写用モーターが加減抵抗器によって操作されているという事情によって説明される。じつは映写スピードの特定の基準値というものは存在しなかった。スピードの調整は映写技師にまかされていたのである。金儲けしか考えない悪辣な館主は、上映回数を増やして入場料金を少しでも多くせしめようと、アクションが不自然に速くなるほど上映スピードをアップさせて恬《てん》として恥じなかった。キャメラマンのほうでもこういう慣行に対する対抗策としてクランキングのスピードを上げるようになっていた。一九二〇年代の中頃には、映画は毎秒十八コマから二十コマのあいだで撮影され、二十コマから二十六コマのあいだで上映されていたと思われる。上映スピードのほうがやや上まわっていたが、これはスクリーン上ではとくに目につくほどのことはなく、ただアクションに幾分潑剌の気をそえる程度であった。

［上］撮影所内での風景（1928年）。モンタ・ベルがリアトリス・ジョイを演出している。作品は『ベラミー裁判』。キャメラのところにアーサー・ミラー。手前にベティ・ブロンソン、右端にチャールズ・ミドルトンの姿が。［下］ローラー・スケートをはき、手持ちキャメラを構えるシドニー・フランクリン監督――『クオリティ街』（27）。キャメラは新製品のベル・ハウエルのアイモ。女優はマリオン・デイヴィス。

たいていの長篇映画の製作では、キャメラを二台並べて撮影が行なわれた。撮影の責任者であるファースト・キャメラマンが一台を、セカンド・キャメラマンがもう一台のキャメラをまわしたのだ。最初の一台は国内向けのネガ用で、そこからアメリカ国内で上映されるプリントが作られた。もう一台は国外向けのネガ用である。

機械としてのキャメラそれ自体は、いまから見ると原始的とも幼稚とも思われるけれども、性能はきわめてすぐれたものであった。

「キャメラはすべて、当時もいまも原理はまったく同じなんだ」とアーサー・ミラーは語る。「映像がレンズを通ってアパチュアに至り、シャッターが開いているあいだに、その背後にあるフィルムに露光される。シャッターが閉じたすきにフィルムが送られ次の露光に備えるのだ。かくなるように原理はきわめて簡単。キャメラ自体の外見がどれだけ凝っていようとね」（著者によるアーサー・ミラーへのインタビュー。一九六四年十二月、ハリウッドにて）

映画撮影史の研究者で批評家でもあるジョージ・J・ミッチェルは次のように語っている。「現在生産されているフィルムをこれらのキャメラに装塡して、新しいミッチェルやアリフレックスと並べて撮影してみればいい。スクリーンに映されたとき、どれがどのキャメラで撮られたものか見分けはつかないと思う」（著者によるジョージ・J・ミッチェルへのインタビュー。一九六四年十二月、ハリウッドにて）

サイレント期のキャメラマン助手で現在撮影監督となっているドン・マルカメスは映像機器のコレクターでもあるのだが、ビリー・ビッツァーが『国民の創生』で用いたパテを使って、最新のキャメラで撮ったのと変わらぬいい映像が撮れると主張している。

「もちろん」と彼はいう。「最新のキャメラは余計な労力を省く仕掛けがたくさん装備されていて扱いやすさでは上まわるけれど、撮り上げた映像のルックには何の違いもない」（著者によるドン・マルカメスへのインタビュー。一九六四年三月、ニューヨークにて）

映画製作の最初期から、屋内シーンは屋外のオープンステージで、太陽光を照明にして撮影された。ステージは太陽がセットの後方に来るように建てられた。しかし、ときに望ましくない影が生じてしまうのは避けようがなかった。その難問を克服するために、撮影所によっては回転盤の上にステージを据え、太陽の移動に合わせて回転盤をまわすという措置をとった。

東部の映画会社の大半は、天候に災いされることが多かったため、天井をガラス張りにした建物の中で撮影を行なった。なかには演劇と同様のスタイルで人工照明を用いるところもあった。年間三百日の好天が保証された西海岸では、オープンステージがずっと後々まで存続した。これらのオープンステージではキャンバスやモスリンがディフューザー（光を散光にするためライトの前にかけるもの。シルクなど）として用い

キャメラマンのウィリアム・ダニエルズが上方からのショットを準備しており、ジャック・フェデール監督はグレタ・ガルボとコンラッド・ネイゲルに指示をあたえている。『接吻』（29）のセットにて。

られた。
何事も荒っぽく実際的なユニヴァーサル社では、怪しい天気にいかに備えるかの問題は撮影部の部長リー・バーソロミューのアイデアによって解決された。撮影所本部の建物に雲がかかったり太陽の光が黄色くなると、バーソロミューは、撮影所の敷地内であればどこからでも見えるように、〝撮影やめ!〟の旗を高々と掲げるのだった。

屋内シーンを太陽光で照明するのはコメディには適していた。コメディでは正面からの平面的な光で撮影するのが慣わしだったからである。しかしドラマや雰囲気を重視する作品の場合には太陽光照明は無味乾燥に過ぎた。画面に生気をあたえるには何らかの照明効果が必須であった。グリフィスのキャメラマン、ビリー・ビッツァーは偶然が働いてバックライティングの発見に繋がったと語っている。ある昼休み、彼はくつろいでいるメリー・ピックフォードとオーウェン・ムーアに向けてキャメラのクランクをまわした。後方から射しこんでいた陽光がピックフォードのカールの髪にえもいわれぬ輝きをあたえていたことに、このフィルムを映写したグリフィスがすぐに目をとめた。グリフィスはこの効果をよろこび、それをうけてビッツァーは二個の鏡を用いてバックライティングをさらに効果的にする方法を案出した。ひとつの鏡に陽光を反射させ、もうひとつの鏡がその反射光を俳優の後頭部に当てるのである。鏡をかざすスタッフは太陽の動きに合わせて位置を変え、そうすることで陽光が射すあいだはいつまでも撮影をつづけることができるのだった。(「アメリカン・シネマトグラファー」一九六四年十二月号、七一〇頁、ジョージ・J・ミッチェルの引用より)

特殊効果は今日では現像所技術者の領域となっている。フエイド、ディゾルブ、スーパーインポーズなどはオプティカル・プリンターが作りだしている。しかしオプティカル・プリンターが用いられるようになるのは一九二〇年代の後半からであり、それ故サイレント映画の特殊効果はキャメラマンの腕に委ねられていた。キャメラマンはキャメラの中でそれらの効果を作り上げたのである。

フェイドは比較的単純である。ショットをフェイドアウトで終えるには、クランクをまわしながら絞りを閉じる、あるいは場合によっては開角度の調整によってシャッターを閉じるのである。光が徐々にフィルムから遮られることになり、なめらかなフェイドが作りだされる。大半のキャメラマンはキャメラの前部にアイリス(虹彩絞り)をはめ、それを用いてサイレント初期にはたいへん人気のあった丸型のフェイド(すなわちアイリス・イン/アイリス・アウト)を作りだしていた。映画が編集を経た後でさらにフェイドが必要となったときには、現像所において化学的に作りだされた。しかしこれは失敗に終わる可能性があった。化学物質がしみ出すことがあるからであり、出来上がりもキャメラで行なったフェイドに比べれば見劣りがした。

ディゾルブはもっと複雑だった。それはひとつのショット

［上］ニューヨークのロングアイランドにあったパラマウント・アストリア撮影所。スペイン風の村が作られている。ジョゼフ・ヘナベリー監督の『情熱の悪鬼』（24）。［下］上の映画の拡大フィルム。グラス・ショットの典型例。キャメラマンはハリー・フィッシュベック。

をフェイドアウトしたあと、フィルムを巻きもどし、その上に次のショットをフェイドインするのである。もしあとからのショットが使用に耐えなければ、前のショットも撮り直す必要があった。

アラン・ドワンの初期の作品にイギリスの詩人トマス・グレイの「エレジー」に基づく『不安な心』（一三）という短篇がある。この詩のある一節を表現するのに二十七のシーンを必要とした。それらはいずれも大がかりなシーンで――そのうちのひとつは歴史上の著名人が凱旋門のようなところを通ってパレードするというもの――ドワンはそれら著名人をひとりひとりディゾルブでつなごうと考えた。それは二十五のディゾルブに及んだ。

「キャメラマンが最初のショットを撮っている」とドワンは説明してくれた。「ここで終わりというところで私が〝フェイド！〟という。キャメラマンは〝一、二、三、四、五、六、七、八〟と数えてフェイドを完了させる。そして彼は数えた数を記録しておく。さあ、次のショットが準備できたら、キャメラマンはキャメラに光が入らないようにして、八つ数えながらフィルムを巻きもどす。そしてこんどはフェイドインしながら次のショットの撮影に入っていく。そのショットも終わりに来ると私がまた〝フェイド！〟と掛け声をかける。そうやって同じことを繰り返していくのだ。

キャメラマンはそれを一本のフィルムで二十五回繰り返さねばならなかった。一度でもミスをすればすべてがパアになる。でも見事にやり遂げてすばらしいシーンができあがった。劇場でそのシーンがスクリーンに現れると、観客は総立ちで熱狂した。いったいどうやったのかと誰もが不思議がった。グリフィスまで私に手紙をくれたものだ。しかし、それを撮影中、十五回までいってあとは翌日となったとき、キャメラマンは心配と緊張のあまり、フィルムを抱えて寝床に入った。それでも夜中に目を覚まし、自分の数えた数が正しいかどうかノートを見直したりしたそうだ。翌日フィルムをキャメラにもどそうとしても手が震えて止まらない。見るに見かねたキャメラマン助手が、彼の手からフィルムを取り上げ自分の手で正確な位置に装塡し直したのだった。二十五回のディゾルブ、ちょっとやり過ぎだったかもしれないね。キャメラマンにはかわいそうだった――私の側に配慮の足りないところがあったと反省したものだ」

二重露出、画面分割、グラス・ショット★といったもっと複雑な特殊効果も、同じようにキャメラの中で処理された。手練れのキャメラマンたちが二〇年代に成し遂げたことは、いまではオプティカル・プリンターや移動マット処理なしでは不可能と見られている。

現在存在する撮影技法でサイレント期に起源をもたないも

★キャメラの前にガラスを置いて撮られた合成ショット。風景など動かない部分がガラス面に描かれており、俳優などの被写体をガラスの透明部分を通して撮影する。

［上］二重露出の一例——レックス・イングラムの『征服の力』(21)。俳優はラルフ・ルイス。この映画のキャメラマンはジョン・サイツ。［下］外国版用ネガが必要なため、キャメラはこのように二台横並びでまわされた。

のはひとつもないといってもいい。ワイドスクリーン、三次元映像、テクニカラー、手持ちキャメラ、移動ショット、クレーン・ショット、リアプロジェクション（スクリーン・プロセスの一種）、移動マット、シネラマ——これらはすべて二〇年代末までには姿を現していた。ズームレンズですら一九二九年にはすでに開発されていた。

映画照明もこの時期に頂点に達した。一九二二年からトーキーの到来までのあいだ、そしてその後も断続的に一九三五年頃まで、キャメラマンはライティングによる奇跡を生み出していた。

フォトプレイ誌は一九二三年に次のように指摘した。「ほんのしばらく前のぎらぎらした太陽光や単調な投光照明と、昨今の美しくも効果的なライティングとは何たる相違だろうか。窓の日除けめいたかつてのディフューザーも、望みの向きに光を反射させるチーズクロスで覆った鏡も、粗雑な銀キャンバスのリフレクターもすべて過去のものとなってしまった。ここ数年のうちに映画照明技術はすばらしい進歩をとげた。一週に一度は必ず何らかの新発見があり、監督や照明の専門家たちによって休むことなく実験が積み重ねられている。照明の専門家がすぐれた画家のようになり、画家が顔料で行なうことを光線を用いて行なうようになるのは、もうほんのまもなくなのである」（一九二三年十一月号、四四頁）

映画が新しく作られるたびに、新作はそれまでの作品を上まわった。紗をかけたソフトフォーカスの効果において、ほとんど三次元映像かと思わせるくっきりとした鮮明度において、液体を思わせる深い濃度に冴え返るハイライトにおいて、微妙な雰囲気を醸成する色合いやトーンにおいて、ロウソクや提灯、月の明かりに見紛うその得も言われぬ効果においては、……サイレント期の最良のキャメラマンによるライティングは、映画スクリーンに魔法の光沢をあたえたのだった。

彼らがそれをいかにして成し遂げたかは、創意工夫と熱意、活力と技術、勇気、そして深い傾倒と愛情の、すべてが綾なす物語なのである。

第十八章　チャールズ・ロシャー

「パンチョ・ビリャは監督の真似がしたかったのだろう。ある将軍の葬儀を撮影するよう私に命じたのだ。ビリャの仇敵である連邦軍がその将軍を処刑にした。線路に縛りつけ、列車でひき殺すという方法だった。葬儀は三日間に及んだ。私の手元には半日分のフィルムもなく、撮りきったあとは空のキャメラをまわしていた。そうするよりなかった。フィルムがないなどといったら撃ち殺されただろうからね」

　一九一四年のメキシコ。盗賊の首領で反乱軍を率いる愛国者でもあったパンチョ・ビリャはミューチュアル映画社と契約を結び、それによって映画史上最も奇想天外な逸話のひとつを残すことになった。*

「仕事をあたえられ、ビリャが作戦本部を置いているチワワに赴いた。同行したのはハリウッド初期のキャメラマン、ミスター・ディーンで、この人物の息子がやはり後にキャメラマンとなるファクソン・ディーンだ」とチャールズ・ロシャーは回想する。「時には貨車で寝泊まりをし、野戦がつづいたときなどは地面の上にじかに寝るしかなかった。食糧はおもに山羊の乾し肉とトルティーヤ（トウモロコシ粉の薄焼き）。持っていったキャメラはウィリアムソンとギロン（ともに木製手回しクランクキャメラ）だったが、ロバの背中に乗せて運んだ。チワワにもどったときは生き返った思いがしたものだ。熱い湯につかり、服を着替え、まともな料理を口にできたのだから。

　目の前のものを手当たり次第に撮影した。自分の墓穴を掘

＊青年弁護士ガンサー・レッシングがビリャとの契約を取り持ち、エルパソ銀行に契約額が振り込まれた。ミューチュアル映画社は、それと並行して、D・W・グリフィス監督によるビリャの伝記映画の企画を立案する。ラオール・ウォルシュがメキシコに行き、背景ショットやアクション・シーンを撮影した。『国民の創生』から手が離せなくなったグリフィスがビリャの映画をクリスティ・キャバンヌに託すと、キャバンヌはウォルシュが撮ってきたフィルムなどを用いて『ビリャ将軍の生涯』（一四）を完成させた。その映画では、ビリャの承認を得て、ウォルシュ自身が若かりし頃のビリャを演じている。

る男たち、処刑、戦闘と。まだ第一次世界大戦も始まる前の時期だったが、私がいたのはまさに戦場で、塹壕に身を潜め、〝ピン、ピン、ピン〟と頭上を銃弾が飛び交う音をきいていた。〝音が聞こえるうちは心配ない〟と兵隊たちにいわれたものだ。あるとき私の隣にいた男が胸でまともに弾をうけとめた。男はバッタリ倒れ、口から血が噴き出した。

文明とはほど遠い状況をいろいろとキャメラにおさめた。赤十字などなかったからね。榴散弾で脚に穴の空いた男がいた。その穴にぼろきれを通し、それを前後にごしごしこすって内部をきれいにするのだ。そういったのをスティル写真で何枚も撮り、あとでアメリカ赤十字社に寄贈した。あごを吹き飛ばされてうつ伏せに横たわっている男だの、壊疽で死を目前にしている負傷兵だの、悲惨な写真ばかりをね。

チワワではイギリス領事に会った。その領事に頼まれて、私はスティル用のキャメラ（〝3Aスペシャル［ハガキ大ネガを使用するコダックの折りたたみ式カメラ］〟で、その種では最初の機械だった）を持ってドン・ルイス・テラザスの邸宅まで一緒に出かけていった。ドン・ルイスはそのとき軟禁状態にあり、ビリャの兵隊たちが屋敷を厳重に監視していた。ドン・ルイスはメキシコ最大の金持ちのひとりで、何千頭という牛を飼っていたが、ビリャはそれを貧しい労働者に分配しようとしていた。イギリス領事はチワワ周辺では高名な人物だったので、私たちは咎められずにドン・ルイスの屋敷に入っていけた。私はドン・ルイスとその家族が住む邸宅の内部を何枚も写真におさめた。また領事はドン・ルイスと私が並んだ写真を撮ってくれた。帰る間際になって、ドン・ルイスは私に、エルパソにいる彼の息子のところに手紙を届けてくれないかと頼んだ。

毎週私は撮影したフィルムをエルパソまで運び、そこから現像と焼き付けのために、フィルムをシカゴ宛に発送するのだった。エルパソと向かい合った国境の町ファアレスまでの二百マイルは軍用列車を用い、そこで所持品はすべて厳重にチェックされる。私は託された手紙を上着のポケットに入れていたが、ポケットの中まで調べられるかもしれないと急に不安になってきた。

ファアレスに着くとすぐに写真館に行き、暗室を使わせてくれと頼んだ。暗室の中で私は手紙をフィルム缶の中に入れた。フィルム缶だけは絶対開けられない確信があったからだ。リオグランデ川のアメリカ側であるエルパソに到着すると合衆国の役人にそれまでのいきさつを話し、暗室でフィルム缶を開けて手紙を取り出した。役人は手紙はたしかに届けようといってくれた。

ビリャのもとで数々の冒険を経験したあと、私は連邦軍に捕らえられ、外部との連絡を絶たれた。場所はオヒナーガで、五千人の連邦軍兵士が町を占拠していたが、周辺はビリャの軍勢がとり囲んでいた。私はメルカド将軍の前に引き出された。将軍は私の上着のボタン穴に付けられたフリーメイスンの小さなバッジに目をとめると、フリーメイスン流儀の挨拶

チャールズ・ロシャーとメリー・ピックフォード。初めて製作現場に登場したミッチェル・キャメラ。『愛の燈明』（21）製作中のひとこま。

をした。彼もフリーメイスンだったのだ！　あとでわかったのだが、この将軍はそのときのメキシコ大統領ウエルタの義弟だった。私はオヒナーガでは王侯貴族並みの扱いを受けた。その後、アメリカのパーシング将軍との間で一種の取引が成立し、メキシコの連邦軍はリオグランデ川を渡ることを許された——浅瀬を見つけてそこを渡ったのだ。

エルパソでアメリカ軍がメキシコの連邦軍を急襲し全員を強制収容所に入れた。私は葉巻をひと箱持って収容所のメルカド将軍を慰問した。そのときの将軍のよろこびようといったらなかった。幸いにも彼はあとで釈放されている。

三〇年代になって作られたウォーレス・ビアリー主演の『奇傑パンチョ』（三四、ジャック・コンウェイ）はほとんど想像の産物で、事実とはずいぶんかけ離れていた。私たちのフィルムはそこにはまったく使われていない。あのとき撮ったフィルムがその後どうなったのか、私は何も知らされていない」

ニュース映画のフィルムがかくもすぐれたキャメラマンによって撮られたためしはあまり例はない。ロシャーはそのときすでに映画界を代表するパイオニアのひとりだった。名前こそまださほど知られていなかったとはいえ、彼はほどなくトップ・キャメラマンとしての名声を樹立する。十二年に及ぶメリー・ピックフォード映画における彼の仕事は、アメリカ映画の撮影術を大きく進歩させ、それを高度な技術から洗練された芸術へと変貌させた。

ロシャーは一八八五年十一月十七日ロンドンに生まれた。総合技術専門学校《ポリテクニック》で写真を学び、大きな取材仕事をいくつもこなした――〈モーリタニア〉号や〈H・M・S・ネルソン〉号の進水式、ニューカッスルのシアター・ロイヤルでのハリー・ローダー（スコットランド出身のミュージックホールのスター・コメディアン）初のパントマイムなど。その後、ボンド・ストリートにあったスペイト＝コート写真会社に入社する。

一九〇八年、ニューヨーク州ロチェスターで開かれたアメリカ撮影者協会総会に出席するため訪れたアメリカで、ロシャーはワシントンDCにあったハリス＝ユーイング社のジョージ・イーストマンとジョージ・ハリスに出会い、一九〇九年までこの著名な会社で働くこととなる。映画キャメラを手にした彼はいくつもの行事や出来事をキャメラにおさめる。そのうち彼の仕事はセンタウア映画社の二人のイギリス人デイヴィッドとウィリアムのホースリー兄弟の注目するところとなった。

「ホースリー兄弟はニュージャージーに撮影所をもっていた。じつのところ撮影所と呼ぶのはいいすぎで、現像槽ばかりがたくさん並ぶ、ちゃちな作業場といったものだった。彼らは外に出て、急造のキャメラで――つまり映画特許会社（MPPC、通称「ザ・トラスト」）の許可を得ないで映画作りを行なっていた。当然彼らは特許権戦争に巻き込まれ、いわゆる最初の独立系の映画製作者となっていく」

一九一一年、ホースリー兄弟は西海岸にネスター・フィルムという支社――ハリウッドにおける最初の撮影所となるもの――を開設する。ロシャーはハリウッドで働く最初のキャメラマンのひとりとなった。

「私は撮影ばかりしていたわけではない。当時はまだ脇役俳優だったウォーレス・リードもクランクをまわすことができて、私たちはときどき役割を交代した。彼が撮影にまわると、私は頰ひげや顎ひげを付けて他の役者に混じってキャメラの前で演技をしたものだった」

ハリウッドの草創期、ロシャーはユニヴァーサルやラスキーで、メイ・マレイ、早川雪洲、セシル・B・デミル、ウィリアム・C・デミルらとともに働いた。彼はセシル・B・デミルがジェラルディン・ファラーを主演に『カルメン』（一五）を撮ったときのキャメラマンのひとりである。

「偉大な写真家で、いたって人のいいアルヴィン・ワイコフが主任キャメラマンを務めていた。デミルは何かというと彼を怒鳴りつけていたが、ワイコフは平然としていた。それでものちに彼が撮影者組合を設立したとき、彼とデミルとの仲は決裂した。

デミルは簡単には昼休みを許さなかった。ある日、午後の三時頃、彼は〝腹が減ってるのはいるか？〟と声を張り上げた。〝あなたが減ってなければ、私たちは大丈夫です〟とスクリプターで編集もやっていたアン・ボーチェンズが答えた。私は〝正直にいえよ、アン！〟と大声でいってやった。デ

［上］ビリケン・キャメラの横に立つチャールズ・ロシャー（1912年）。ネスター社のホースリーによって作られたこのキャメラはゴーモン他、映画特許会社のものなど、さまざまなキャメラの部品を組み合わせてできあがっていた。つまり特許権侵害である。［下］左端にビリャ将軍がいて、右端のチャールズ・ロシャーがウィリアムソン・キャメラで撮影している。場所はチワワの南、1913年（合成写真と思われる）。

ミルはすぐにランチタイムとした。でも私自身、もしもに備えてサンドイッチの入ったバッグを三脚に引っかけてはいたのだがね」

ロシャーはフローレンス・ヴィダーのテストフィルムも撮っている。ヴィダーはそこからスター俳優として映画入りを果たしていった。一九一五年、ラスキーから貸し出されて、ロシャーはまだ若きハロルド・ロイドの出世作〝ローンサム・ルーク〟コメディの一本を撮影している。ロシャーの豊かな経験、スティル写真家としての実績、名人的域に達した照明術といったものに、当時最も重要な映画人のひとりであったメリー・ピックフォードが目をとめた。

一九一七年、やはりイギリス人であったウォルター・ストラドリングの後を継いで(このウォルターは後の撮影監督ハリー・ストラドリングの伯父にあたる)、ロシャーはメリー・ピックフォードの主任キャメラマンとなった。ピックフォードは自作に関しては絶対の監督権をもっていて、芸術的にも技術的にも最高の価値を追い求め、事実その要求を実現させてきた。

ロシャーはピックフォードに驚くべき高度な質の映像をあたえた。それは他の映像専門家たちをひるませるほどすぐれたものであった。

かつてロシャーを雇用していたスペイト＝コート写真会社の社長リチャード・スペイトは祝意をこめて次のような手紙を書いた。

「君の手になるメリー・ピックフォードの写真ほど私に強い印象と感動をあたえたものは久しくおぼえがない」(ロシャーはピックフォードのスティル写真の撮影者でもあった)「じっくり考えたあと、私はまずは君にお祝いのことばを伝えたいと思った。写真スタジオと、最近は映画にも関わって三十年、私はあれほどまでに精妙なポートレート写真を目にしたことがない」

スペイトはさらに、どのようにして撮ったのかを訊ねるとともに、さぞかしすぐれた設備に恵まれているのだろうと、かつての部下の境遇を羨んでいる。メリー・ピックフォードのもとでキャメラマンとして働いていたあいだにロシャーが成し遂げた技術的革新は、いくら評価しても評価しすぎるということはない。もともときわめて技術の高い肖像写真家であった彼は、写真の基礎訓練を受けていない仲間のキャメラマンの多くを、明らかに見下していた。そのような基本の欠如に無関心な映画界の風潮に対して、ひと泡吹かせてやろうという思いを、彼は抱いていたに違いない。そういうところに、ロシャーはD・W・グリフィスと共通点をもっていた。気質として、映画撮影を芸術と比肩するものとせずにはおれなかったのだ。そしてその結果、彼は映画撮影を芸術の域にまで高めたのである。

そうすることによってまた、彼は世界一高給取りのキャメラマンとなった。*

『小公子』(アルフレッド・E・グリーン/ジャック・ピックフォ

ード）が一九二一年に公開されたとき、批評家はロシャーの特殊効果に喝采を送った。

「ここでの二重露出は映画史上最高の出来栄えを見せている。（二役を演じている）メリー・ピックフォードがもうひとりの自分を〝愛しい人〟と呼んでキスをし、抱きしめるところ、二人がやや前後ろになって一緒に歩き去っていくところ――面妖なというばかりである。ロシャーの天才的な手腕に脱帽！」（「ウィド・デイリー」一九二一年九月十八日付）

この入り組んだトリックショットはキャメラのみで作り上げられた。ロシャーはこのショットを可能にするために、重さ九百キロのキャメラスタンドを組み立てた。

「鋼の梁で基礎枠を拵えた。基底には砂袋をならべ、中を空洞にした大きな鋼の塊でパンヘッドを支えた。このスタンド自体、キャスターを付けて動かすことができたけれど、アングルが決まると床に固定した。パンヘッドも、位置が決まったところでジャッキでしっかり保持された。キャメラの前にマットフレームが置かれ、メリーの動きに合わせて私がその位置をずらしていく。キャメラは頑丈に固定されていたので、まわりで飛び跳ねようとも〇・一ミリとずれは生じなかった」

モーション・ピクチャー・ヘラルド紙が指摘しているように、専門家の目をもってしても画面上に継ぎ目は見つけられなかった。「二人の人物の抱擁や逍遥、談話のシーンなど、二人の人物を演じ分けるメリー・ピックフォードの演技力が際立つだけでなく、二重露出の完璧さがその演技力をいっそう引き立てている」（一九二一年九月一八日付）

ロシャーは完璧を期すためにはいかなる煩《はん》もいとわなかった。『雀』のなかにピックフォードが納屋で夢を見るシーンがある。納屋の奥の壁がディゾルブとともに消え去ると、キリストのような人物とともに、画面の奥の外景に羊の群れが見える、というところである。このシーンではディゾルブ自体もむつかしかったのだが、何よりも羊が頭痛の種となった。というのも、撮ろうとするとすぐに羊が散らばってしまうので、キャメラをまわすことができないのだ。ロシャーは大道具方に背の高い見晴台を拵えさせると、それを草木でカモフラージュし、その台の上に羊の群れを立たせた。動けば落下するしかない羊たちは、撮影のあいだ画面奥にじっととどまっていてくれたのだった。

エルンスト・ルビッチが監督したメリー・ピックフォード版「バザンのドン・セザール」である『ロジタ』では、ロシャーは新たな照明法を創造した。

ある評者は述べている。「『ロジタ』に見られる特筆すべき撮影法は（……）撮影芸術の新たな一派を確立したように思われる。ロシャーがその新たな手法で成し遂げたのはほぼ完全に三次元的な遠近感であり、立体映像効果と呼んでもよい

＊あるとき、D・W・グリフィスが仕事の話をもってきたが、彼はメリー・ピックフォードと契約を結んでいるからとの理由で断っている。

ものである。それは前景の人物をくっきりと浮き彫りにしながら、それと同時に背景にも焦点がぴったりと合っていて、その結果スクリーンという平面上に、長らく模索されながらこれまで達成されるにいたらなかった遠近感の感覚を作りだしている。〝遠近感撮影法〟は、映画製作をさらに一歩前進させたこの最新の効果を指す名称である」（チャールズ・ロシャー所有の当時の批評の切り抜きより。詳細不明）

ロサンゼルス・エクスプレス紙はロシャーを映画業界で最も著名なキャメラマンと呼ぶ。「彼は最も有能、最も芸術的で、そして機械としてのキャメラと照明に完璧に通暁したキャメラマンであり、誰よりも多くの特殊撮影効果を創案している。D・W・グリフィスとの名コンビを謳われたビリー・ビッツァーですら、その点ではロシャーの敵ではない」（一九二一年八月一三日付）

ロシャーは自らの業績を過小に評価はしない。謙遜は彼の生来の性格ではなかった。そんな彼にとってすら、ビッツァー以上との評価は受け入れられるものではなかった。ビッツァーは彼にとって世界最高のキャメラマンであった。

ロシャーはせかされ仕事は耐えられないと語っている。

「あまりうるさくいわれると、私はプイとセットを出たきり姿を消してしまう。そうなったら誰にも手の施しようはない。私はかならずスケジュールどおりに映画を仕上げる。時には、予定より早く仕上げる。でも後ろからやいのやいのいわれては仕事はできない。ショットによっては時間のかかるものがある。はやく撮ってしまえるものがあるのと同様に」

彼はメリー・ピックフォードを大いに尊敬していた。「断言できるが、彼女はすばらしい性格の持ち主で、ビジネス感覚も図抜けていた。自分のシーンでは監督も行なっている。名目上の監督はしばしば群衆シーンの担当にすぎなかった。ひとつのシーンの撮影が終わると、それが誰の演出の場合であっても、彼女はつねに私に意見をもとめてきた。キャメラや照明の準備設定はたいていの場合私が行なった。彼女にとって最も似つかわしい照明は私じゃないとわからなかったからだ。

オーソクロマティック・フィルムでは、髪は照明に工夫しないと黒く写ってしまう。メリーの髪はカールしていたからライティングはとりわけ重要だった。私はよく自分で彼女のカールの髪を整えた。キャメラのそばにいつもヘアピンを用意していたものだ。化粧品も私が選び、メリーがそれを使って自分でメイクした（化粧品はライヒナー・ジャーマンだ）。当時はまだメイク係という職種は生まれていなかった。私はマックスファクターがロサンゼルスにもっていた小っちゃな店で特別な粉おしろいを作らせた。それは〝7R〟の商品名がつけられて、いまでもマックスファクターで売られている。

ダグラス・フェアバンクスがメリー・ピックフォードと結婚して渡欧したとき、私は二人についていき、ベルリンではダグとウーファ撮影所を訪れた。私はドイツのスター俳優を使って彼らを魅惑的に見せるライティングの実演をやってみ

[上]『雀』(26) の本シーンは当初ロケ撮影が試みられたが、羊が散り散りになるために断念。チャールズ・ロシャーは撮影所のオープンセットで再度試み、今度は成功した。[下] 成功したのにはこのような理由があった。美術監督はハリー・オリヴァー。

せた。ウーファでは常時黒々と影の出る、重厚で劇的なライティングが用いられていたからだ。当時はエーリッヒ・ポマーの時代で、彼はメリーの承諾を得て私を一年間契約下においた。そこでは、F・W・ムルナウの『ファウスト』(二六)の撮影に加わり、コンサルタントの役を務めた。じっさいに何かをしたわけではなかったけれど、アメリカ行きを念頭に入れていたムルナウは、何かにつけて〝これはハリウッドではどうやるんだ?〟と私に訊いてきた。

『ファウスト』を撮っていたのはカール・ホフマンで、彼からは多くを学び、天井から吊り下げたレールを使ってのドリーショットなど、いくつかのアイデアを私はアメリカに持ち帰った。このドリーショットはムルナウの渡米後最初の作品『サンライズ』(二七)で応用してみた。

『サンライズ』は難問山積みの映画だった。あの映画では私の助手だったステュアート・トンプソンのすばらしい働きに助けられた――彼は後にビング・クロスビーのキャメラマンとなっている。沼地のシーンなどがそうなのだが、ときにキャメラはぐるっとひとまわりして、また元にもどる。そういう動きはライティングがひじょうに困難になる。私たちは天井にレールを据え、そこから小さな台を吊り下げて、その台をモーターで上げ下げできるようにした。私の友人で同僚でもあったカール・ストラスがこのシーンではキャメラ・オペレーターとなった。この映画は製作自体がひとつの大冒険だった。すべてがキャメラ移動をともなうショットからできていたといってもいいくらいだ。ドイツの美術監督によってフォックス撮影所に巨大なセットが建てられ、建物には遠近感が強調され、本物の路面電車がそれ用に敷設されたレールの上を走った。

森のシーンではアローヘッド湖のあたりに一・六キロに及ぶ線路を引き、線路の行き着く先は町の中になるようにした。すべてがわざわざ映画のために特別に作られた。路面電車もそうだし、この電車は自動車の車台の上に載せて動かした。遊園地やカフェーのような重要な見せ場のシーンでは、おそらくそれまでにはあり得なかったほどの多量の照明を用いた」

『サンライズ』は悠然たるテンポの、古典的風格をたたえた偉大な映画であり、天才のみがなし得る作品であった。カリフォルニアで作られたにもかかわらず、ヨーロッパ的香気が濃厚である。当時のヨーロッパのキャメラマンがいかにすぐれていたとはいえ、ここでチャールズ・ロシャーが成し遂げたような、繊細さと豊饒さをかくも見事に融合させた映像を、はたして何人の撮影者が生み出し得ただろうか。

ムルナウは表立ってではなくとも、明らかにロシャーに深い信頼をおいていた。「ムルナウはなかなかキャメラを覗いてはくれなかった。〝感想は映写室でいうよ〟とつねづね語っていた。『四人の悪魔』(二八)でもムルナウとコンビを組むはずだったのだが、私がメリー・ピックフォードのもとにもどらねばならなくなった。ムルナウとはぜひ仕事をつづけたかった。彼が自動車事故で亡くなったときも、その数時間前に私は彼といっしょにいたんだ。私たちは真の親友だった」

ロシャーのいちばんのお気に入り監督は、しかしシドニー・フランクリンである。フランクリンとはメリー・ピックフォード主演の二本の映画『想出の丘へ』と『十五六の頃』（共に一九）でコンビを組んでいる。

「フランクリンは私のことを知らなくて、別のキャメラマンを使おうとした。メリーが彼にいった。〝とにかく一度一緒に仕事をしてみなさい。それでも不満があったら、あなたの意見をききましょう〟と。フランクリンとはとてもうまくやれた。その後も彼は、私の手が空いていると見ると、必ず声

『サンライズ』（27）。監督F・W・ムルナウ。撮影チャールズ・ロシャー。主演ジャネット・ゲイナー。

をかけてくれるようになった」

ロシャーはシドニー・フランクリンの映画をさらに、ノーマ・タルマッジ主演の『久遠の微笑』（二二）、レノー・ウルリック主演の『ロッキーの薔薇』（二三）と撮っている。

『ロッキーの薔薇』ではボーナスをもらった——ハリー・ワーナーがボーナスを出したのはこのとき一度きりだといわれている。ウルリックが舞台にもどる日が決まっていて、それまでに撮影を終える必要があった。もしそれまでに終わらないと、撮影場所をニューヨークに移し、ウルリックに舞台稽古とのかけ持ちをしてもらわねばならない。そうなると製作費がはね上がる。ハリーは気が気じゃなかった。

〝チャーリー〟と彼はいった。〝この窮場をしのいでくれたらほんとうに感謝するよ。ウルリックのニューヨーク行きまでになんとか上げてくれ〟さらに彼はこういったのだ。シドは俳優思いの性格だから、急かすのは苦手なのだと。そこで私も精一杯努力し、何とか期限内に映画を撮り上げた。私たちがロケーション撮影を終えてサンセット大通りのワーナー撮影所にもどってくると、ハリーからお呼びがかかった。

〝よくぞ頑張ってくれた。ありがとう。心から礼をいうよ。もし撮影がニューヨークに移っていたら、二万五千から三万ドルの予算超過だった〟といって、彼は私に小切手を差し出した。私はそれを手に取ったが、もう一方の端はまだハリーの指がつかんでいる。私は、ありがとうございます。でも、私は自分の仕事をしただけですから、そこまでしていただく

必要はないのです。私は雇用主のメリー・ピックフォードから給料をもらっていますし、今回の仕事ではもちろんワーナーからも給与をいただいています、といった。でも小切手からは手を離さなかった。もし手を離せば、ハリーはそれをテーブルの上に置くだろうし、そうなると自分が口にしたことの手前、私にはもう一度手は伸ばせなくなる。

だから私は小切手から手を離さなかった。ハリーのことばはつづき、その間私はずっと小切手の端をつかんでいた。そしてとうとう彼は小切手から手を離した。私は小切手の表に目をやった。そこには一千ドルと書かれていた。これは歴史的事件だった。しみったれで有名なワーナー・ブラザースがボーナスを支給したのだ」

『ロッキーの薔薇』の舞台版のプロデューサーである大興行主のデイヴィッド・ベラスコは、ロシャーの手腕に感嘆のあまり、電報を送らずにはいられなかった――『ロッキーの薔薇』で見せた君のキャメラワークの素晴らしさに　祝意を述べたい　あの照明効果の自然な美しさは神のなせる技だ　君の芸術性は噂をはるかに凌ぐ　デイヴィッド・ベラスコ。

手のこんだ舞台効果のパイオニア、ベラスコであるだけに、これは本心を吐露したものであった。しかし、ロシャー自身はレノー・ウルリックのクロースアップに気をつけただけだといっている。

「ベラスコはウルリックに惚れこんでいた。彼女は御贔屓女優だったんだ。だから私にあのような電報を送ってきたのさ」

ロシャーは、撮影の諸問題を理解し、所期の結果が得られるまで辛抱強く待ってくれる監督との仕事を好んだけれど、その要望はつねにかなえられるとは限らなかった。

「サム・ウッドは自分のことしか考えない監督だった。キャメラマンの仕事には注意も振り向けず、必要な時間もあたえてくれない。撮影準備に時間をかけるのを好まないんだ――シドニーのような、趣味が豊かで繊細な人柄とは正反対だった。

メイ・マレイの夫であるロバート・Z・レナードとの仕事は楽しかった。彼は私のことを〝プラッシュズボン卿〟と呼び、背もたれにそのように印字された椅子をセットに用意してくれた。彼の一九一七年の映画『プリムローズ・リング』ではちょっと自慢したいトリック撮影をやってみた。いまじゃ、なあーんだと思われるかもしれないが、トム・ムーアの手のひらの上を妖精たちが歩きまわるんだ――でも、使っていたのは昔のパテのキャメラだったから、一筋縄ではいかなかった。妖精を演じていたのは子どもたちで、なかのひとりがロレッタ・ヤングだった。

撮影のわかる名監督といえば、他にモーリス・トゥールヌールがいる。彼の『砂丘の家』（二〇）は私の撮影になるものだ」

一九二七年、ロシャーはユナイテッド・アーティスツの『テムペスト』（二八）の製作に加わる。これは本来フォン・

［上］『テムペスト』（28）のカミラ・ホルンとジョン・バリモア。監督サム・テイラー。撮影チャールズ・ロシャー。［下］『サンライズ』のために作られた巨大なセット。設計はヴァルター・レーリク他。縮尺は意図的に誇張されている。田舎から出てきた若夫婦が目にする都会であり、二人はその威容に肝をつぶす。美術監督はロフス・グリーゼ。

シュトロハイム作品として企画されたものだったが、ジョン・バリモア主演映画として、ロシアからの亡命者ヴィクトル・トゥールジャンスキーが監督にあたることとなった。トゥールジャンスキーはフランスでアベル・ガンスの『ナポレオン』（二七）のスタッフの一員となり、イヴァン・モジューヒンの名作『大帝の密使』（二六）を監督していた。

「トゥールジャンスキーは仕事で組むには最高の監督だった。彼にはキャメラのごとき眼と鋭い眼識と豊かな創意がそなわっていた。ただ仕事がはやくなかった。もめ事の原因は知らないが、スケンクが彼を映画から外し、ルイス・マイルストンを呼び入れた。映画を完成させたのはサム・テイラーだったがね。主演女優のドロシー・セバスチャンもトゥールジャンスキーと一緒に外され、代わってスケンクと親しかったカミラ・ホルンがバリモアの相手役となった。彼女はムルナウの『ファウスト』に出ていた女優だ。

この頃には私はロシャー・キノ・ポートレート・レンズを開発していた。ドイツにいた一九二六年、縁あって当地のさる大きな光学機器会社と共同で開発したレンズだ。これを使えばきわめて上質の、丸みを帯びた立体風の画像が得られる。試験はドイツで行なった。最初の著名な例はスタンバーグの『嘆きの天使』（三〇）でキャメラマンはギュンター・リッタウ、マレーネ・ディートリッヒのクロースアップの箇所だった。私はメリー・ピックフォードの『デパート娘大学』（二七）で初めて用いてみた。ロシアではいまでも、私の名前を残して使われているそうだ。

このレンズはことのほかバリモアのお気に召した。軟調な画質が喉のたるみを消してくれたからだ。彼の顔を真正面から撮ってもこれならいびつにはならなかった。それまでは、だからあの有名な横顔にばかり頼っていたのだ。他に私の得意技がひとつあり、それは彼をセットに引き出すことだった。たいていの場合、彼は泥酔の一歩手前の状態だった。バリモアはよく私を楽屋に呼び、ナポレオンを一緒に酌み交わそうとした。彼の目を盗んで、私はグラスの中身をこっそり花瓶に空けていたものだ」

サム・テイラーはコメディ監督であり、ロシアもののメロドラマを扱って理想的な監督とは思えなかった。それでも彼は創造力に富む、技術的にも達者な監督だった。彼の演出とロシャーの優雅なキャメラワークのおかげで、『テムペスト』は一九二〇年代後半のハリウッド製ロマンス映画の典型として、印象深い作品となっている。

『テムペスト』を終えたロシャーは、今度はエルンスト・ルビッチが監督するバリモア主演作品『山の王者』（二九）のロケーション撮影のためにカナディアン・ロッキーに出かけていった。そこにサム・テイラーから伝言が届いた。ロケからもどったらすぐにメリー・ピックフォードの最初のトーキー作品となる『コケット』（二九）の準備にとりかかるように、という内容だった。

ハリウッドにもどったロシャーは、ピックフォード撮影所でサム・テイラーと録音技師との会議に顔を出した。そこで出された計画案にはキャメラ位置がすべて示されており、キャメラはすべて、キャメラノイズを遮断するためブースの中に隔離されると説明がしてあった。それだけでなく、シーンはすべていちどきに、通しで撮影されるよう、細部までことこまかに指示がなされていた。

「テイラーと録音技師はプランを練り上げるのに相当の時間をかけたに違いない。しかし、照明はキャメラマンの専権事項だという事実、望ましい照明はキャメラマン以外作りようがないという事実は、そこではまったく無視されていた」

一九二九年当時、録音技師はまだクロースアップとロング・ショットを同じレベルで録音できる方法を見出してはいなかった。したがって、どのシーンもいわば現在のテレビ・スタイルで撮影するよりなかった。

「録音がハリウッドの映画作りのすべてを支配するようになり、撮影法は一年以上にわたって大きく後退させられた。ともかく、私は歯に衣着せずものをいわせてもらった。その結果、メリー・ピックフォードとの関係は終焉を迎えるのだけれど、幸いにも、いやな感情を残さずに別れることができた。彼女のトーキー作品には、私は何の関わりももってはいない」

チャールズ・ロシャーの新たなキャメラマン人生が始まった。ドイツに滞在中、イギリスはエルストリーのブリティッシュ・インターナショナル・ピクチャーズが彼に声をかけていた。そのときは断るよりなかったが、いまは自由の身となっている。その旨ブリティッシュ・インターナショナルに連絡すると、すぐに契約締結となった。

E・A・デュポンがタイタニック号の沈没を描いた作品『アトランティック』（二九）の準備にかかっているあいだに、ロシャーはイギリスのメリー・ピックフォードとして知られたベティ・バルフォア主演の『放浪の女王』（二九、ゲッァ・フォン・ボルヴァリ）の撮影にあたった。

一九三〇年、フランスでロバート・フローリー監督の『道は美しい』を撮ったあと、ロシャーはハリウッドにもどり、MGMの撮影監督となる。『サンライズ』によってアカデミー賞の最初の撮影賞を受賞した彼は、二度目のオスカーを『子鹿物語』で受賞する（四六、クラレンス・ブラウン）。アカデミー賞撮影賞ノミネートは八度に及び、他にイーストマン名誉メダルを二度、フォトプレイ金賞を一度受賞の栄誉に輝いている。彼はまた王立撮影協会終生特別会員とアメリカ撮影協会特別会員となり、一九五〇年には映画技術者協会から撮影者にあたえられた最初で唯一の特別会員賞を受賞した。彼にとって最高の栄誉となったのは、アメリカ職業撮影者会によって撮影名誉マスターの称号があたえられたときだった。

しかし、チャールズ・ロシャーがそのすぐれた技倆を最大限に発揮したのはサイレント期であり、その時期に彼を含むひと握りの超一流キャメラマンたちがアメリカ映画のルックを変貌させたのだった。一九五〇年、ジョージ・イーストマン・ハウス写真博物館の開館式においてメリー・ピックフォードが述べたように「チャールズ・ロシャーはキャメラマンの総帥」であった。

ロシャーはまた映画の偉大な巨匠のひとりでもあった。

第十九章　映画美術

すぐれた映画美術であるほど、観客の注意を引く度合いは低い。映画美術が失敗したとき、セットがセットのように見えるとき、そういう場合に限って、見過ごされがちのこの仕事は人目に明らかになる。

セットデザイン、セット建築、セット装飾は観客にとって映画のあたりまえの一部となっている。不幸なことに、それらは映画業界の内部においてもしばしばあまりに自明の機能と考えられている。撮影初日に現れた監督は、ほとんど自動的に、まずセットに一瞥をくれる。

美術、あるいはプロダクションデザインは、ライティングと同じほど、映画のルックを強力に決定づける。というのも、それは雰囲気を定めてしまうからであり、雰囲気は、とくに時代物映画の場合、とりわけ重要となってくる。

サイレント映画の時代、映画美術の歩みはのろかった。最初期の映画は小道具方が用意した画布を背景にして撮影された。専門の絵師が必要になれば、近くの舞台小屋から借り出された。貧弱な舞台セットを見慣れている観客は、映画を見ていてホワイトハウスが近所の八百屋のような外観を呈していても眉をひそめはしなかった。そこにホワイトハウスがあるだけで奇跡に近かったからである。

美術の進歩はライティングの進歩と歩調を合わせている。一九一四年、アメリカにおける最高の舞台装置家のひとりウィルフレッド・バックランドがフェイマス・プレイヤーズ＝ラスキーに雇われた。舞台演出家ベラスコのためにステージ上で達成した奇跡を、彼は『カルメン』『チート』（共に一五）『ヂャン・ダーク』（一六）といった映画にもちこんだ。

「バックランドは写実主義演劇の巨匠と仕事をしていたから」とフォトプレイ誌にケネス・マッゴーワンは書いている。「たんなるベラスコ劇以上のものをラスキーにもたらした。豊かで味わい深いセットを映画にあたえたのだ。当時の大方の映画のように（太陽光照明による）平板なライティングが為されていたとしたら、それらは退屈でうるさいものと感じられたかもしれないが、今日のフェイマス・プレイヤーズ＝ラスキー作品の多くと同様に、〝ラスキー・ライティング〟によって仕立て上げられたために、すばらしい豊饒感をそこに作りだしていた」（一九二一年一月号、七三頁）

この時期おそらく映画美術に最も勢いをあたえたものは、美術監督なしで建てられた『イントレランス』の巨大なセットであった。このセットは建設に三カ月かかり、これを作った熟練職人フランク・〝ハック〟・ワートマンは、保安上問題があるためただちに解体せよというロサンゼルス消防署からの通達を無視したために、当局との摩擦を避けたい映画界内部において大きな憤りの的となった。このセットは非難と羨望の両方を集めながら、ほぼ一年の間そびえ立っていた。跡地には現在アライド・アーティスツの撮影所が建っている。

マリオン・デイヴィスをできる限り美麗なセットの前に立たせたいと考えたウィリアム・ランドルフ・ハーストはジョゼフ・アーバンを映画の世界に引き入れた。アーバンはジーグフェルド・フォリーズやメトロポリタン歌劇場の舞台デザイナーであった。

「造形美術に関わるアーティストにとって、映画ほど無限の可能性をあたえてくれるものはない」と、一九二〇年にアーバンは語っている。「映画は二十世紀の芸術であるとともに、おそらく現代における最高の芸術である。若々しく、新鮮で、ほとんど手つかずである。現代のコロンブスの前に広がる未知の大洋なのだ」（「フォトプレイ」一九二〇年十月号、三二頁）

ウィーンの建築家であったアーバンは、一九一三年オーストリアを離れてアメリカに渡り、ヨーロッパにおけるマックス・ラインハルトにも比肩する著名人となった。ジュリアン・ジョンソンはフォトプレイ誌に次のように書いている。

「合衆国中にアーバンの名を広めたのは、五年間にわたるジーグフェルド・フォリーズの舞台であった。ジーグフェルドがアーバンをいかに厚遇したにせよ、アーバンはジーグフェルドに対してはるかにそれ以上の貢献で報いている。というのも、照明から女性のガウンにいたるまで、色彩、素材、形状のあらゆる細部を彼自ら決定することにより、独力で、彼ならではの世にも美しいステージを作り上げたからである。〝アーバン・ライティング〟、〝アーバン・ガウン〟、〝アーバン・シーン〟、〝アーバン・カーテン〟、そして熱帯の炎暑を思わせる、魅惑的でふるいつきたくなるような深味ある色調〝アーバン・ブルー〟、これらは劇場関係者には知らぬもののない名称となっている」（前掲誌）

美術監督は、アーバンがそうであったように、それまで映画の舞台背景を一手に取り仕切ってきた大道具方や小道具方の激しい抵抗に遭遇した。ハースト製作の『世間の男女』（二〇、ロバート・ヴィニョーラ）のさい、明らかにアーバンの能力を見くびっていた大道具方が、彼に何枚かの絵はがきと写真を見せた。それはスペインの家が写ったもので、その作りを模倣すればいいだろうという意図だった。その道では専門家顔負けの博学多識を誇るアーバンは、自分にも用意はあ

『ノートルダムの傴僂男』(23)——実物大セットと吊り上げ《ハンギング》ミニチュアとの合成。彫像が列をなしているすぐ下のところが境目にあたる。

ると穏やかに答えた。彼はカスティーリャ・ラ・ヌエバの都市建築の例として、死の商人たちがアンダルシアに建てたフレンチ・シャトーの写真を多数もってきていたのだった。

装置の専門家の登場に苛立ちをおぼえたのは大道具方だけではなかった。監督もまた我慢ならぬ思いをしていた。装置家の登場により、彼らはあらかじめ引かれた青写真に注意深くしたがわなければならず、行動の自由は制限され、キャメラ位置を変えるさいも気ままにはできず、そのつど背景や照明に慎重に手を加える必要があった。

ある監督がアーバンに、夢のシーンに使いたいので仏教寺院の模型を作ってくれと要求した。「一メートルほどの高さのものをあの車台の上に作ってくれ。こっちはその台を引いたり押したりして、大きく撮ったり小さく撮ったりするからな。わかるな？」

「ああ」とアーバンは不服そうにつぶやいた。「わかるさ。ゴム製の寺院がお望みなんだな」（「フォトプレイ」一九二〇年十月号、一三二頁）

一九二〇年前後に映画の外見が格段に洗練されたのは美術監督に負うところが大きい。それ以前は、映画の室内シーンといえば、まるで舞台の通し稽古を見るように、薄っぺらで寒々としていた。ただ、その変貌ぶりがあまりにも鮮やかだったので、映画の作り手たちは新たな美の発見に少々酔いすぎたところがあったようだ。当座のあいだ、筋の運びがスローダウンする映画が出てきた。「美術館で名画の前を走り抜けはしないだろう」とはその頃の一映画人の弁解である。「どうしても立ち止まって目を凝らしてしまうじゃないか」

初期ハリウッドを語る上で落とせない映画人ロバート・ブラントンは創造性の不可欠な一要素、省略（暗示）を最初に活用したひとりである。

「彼の装置には趣味のよさと抑制がうかがえる」とケネス・マッゴーワンは述べている。「しかし、彼はさらに念押しするように、それを影によって覆い隠してしまう。リアリズムにのっとった細部造型と単一ソースのライティングなのだが、後者から生じる影によって前者の効果を減殺しているのだ。俳優たちが照明に照らされ劇的アクセントをつけられて場を占めている。彼らの背後は場所が暗示されるだけ――雰囲気であると同時に俳優たちを枠どるフレームなのである」（「フォトプレイ」一九二一年一月号、七三頁）

同じ手法は、監督を兼任した数少ない美術監督ヒューゴ・バリンにも見ることができる――彼が監督したのは夫人のメイベル・バリンの主演作品。簡素を好んだバリンは数学的な精密さをその手法とした。彼はシーンごとにおびただしい数のスケッチを描き、ショットごとに適切なキャメラ位置を割り出した。

バリン、ブラントン、バックランド、そしてアーバンらは、装飾、模様変え、装置作りのために映画の世界に降り立った一群のデザイナーや熟練職人たちの先遣隊となっていた。後には、彼らの地位はセドリック・ギボンズやウィリアム・キ

［上］ジョゼフ・アーバンのセット――『絶海の血煙』（21）。監督ジョージ・D・ベイカー。
［下］ライティング（ジョン・サイツ）と美術（レオ・クーター）の絶妙のコンビネーション。レックス・イングラム『心なき女性』（22）のバーバラ・ラ・マー、ルイス・ストーン、ラモン・ノヴァロ。

ャメロン・メンジズといった大家たちによって取って代わられる。映画美術は進歩の歩みを止めなかったために、一九二七年には批評家のレストレンジ・フォーセットは描かれた背景幕の時代、装置がまだ真似事にすぎなかった時代への回帰を主張している。とはいっても、彼は細部のリアリズムが映画においてきわめて重要な側面であることは認めている。「大衆の多くは映画美術の虜になっていると私は思う。ぞんざいに作られたセットはしばしば映画全体の効果をだいなしにしかねない。観客は作りがずさんな、あるいは見るからに金がけちられているセットを目にすると、そっぽを向いてしまう。いずれ私たちはさらに目が肥えて、さほど贅をつくしたものではないが美的感興は大いに刺激するという映画美術の様式を見出していくかもしれない。たんに眼に心地よいというのとは異なり、例えば悲痛なシーンで情景を暗示するにとどめることで――何本かの線あるいは影によって扉や窓や壁を表現するなど――劇的な効果を高めるとか、ユーモラスな背景デザインでコミカルなアクションを引き立たせるというようなことが行なわれるようになるかもしれない。しかし、そういう着想に大衆が興味をおぼえるまでにはまだ時間がかかりそうである」（「映画――真相と将来予測」一九二七年、一八一頁）

しかし、まさにこのような着想がモーリス・トゥールヌールの『青い鳥』（一八）では現実となっている。美術監督は名手ベン・カレである。「いくつかのシーンにおいて」とケネス・マッゴーワンは書いている。「俳優は奇抜な平面的デザインで描かれた背景幕――山や城などのシルエットがそこに加わる――の前に立っている。そしてまた、照明によってこれらの背景幕を現実の模倣と見せようとか、あるいは具象性のないぼんやりとした夢の境地を表そうというような試みはなされていない。これは抽象的背景という一種の〝離れ技〟的試みであった。それら個々のシーンはじゅうぶんに美しいのだが、三次元的リアリズムの他のシーンと交互に現れるため、見ていて頭が混乱するのだ」（「フォトプレイ」一九二一年一月号）

『青い鳥』はきわめて想像性に富んではいたものの興行的には失敗に終わる。トゥールヌールとカレは実験的なまわり道はこれでやめにし、もっとやり慣れて、自在に腕の奮える様式へともどっていった。それでも、彼らの初期の映画は稀有な美をスクリーンにもたらしたのであり、両名は映画美術の発展の上で欠かすことのできない重要人物となっている。

美術部にとりついていた秘かな癪の種、担当者の良心をうずかせるイライラの種は、あの〝時代的整合性〟という観念であった。この時期、美術担当者がいかにすぐれた能力を持っていたにせよ、セットの多くは純然たるハリウッド製であった。つまり、そのような建造物はハリウッド以外のどこにも存在しなかった、という意味である。著名な歴史家でシナリオ作家でもあるビューラ・マリー・ディックスは次のような結論に到達した。「ハリウッドの映画人は十八世紀のさる

［上］本来は『西班牙の踊子』（23）用に作られたセット。監督ハーバート・ブレノン。グラス・ショットによりこれが古きマドリードの一画となる。［下］さらに手が加えられて『帝国ホテル』（27）のセットとなった。監督マウリツ・スティルレル。

イギリスの作家に同意するでしょう。この作家は中世のイギリスを舞台にした物語に黒人奴隷を引っぱりだしてきた廉《かど》で批評家に咎められました。

しかし彼はこう返答したのです。黒人奴隷は王女の純白と劇的な対比をなすものとして登場しているのであり、もしも青い色をした奴隷が劇的にはるかにもっと効果的な対比をもたらすのであれば、私は躊躇せず奴隷の肌を青色にするだろうと」（著者宛のビューラ・マリー・ディックスの手紙より。一九六四年八月付）

とはいえ、サイレント期のデザイナーや装置家、小道具方や技術監督は、その大半が時代的整合性をめざしていた。彼らの態度は、ある小道具主任が一九一九年に語った次のような立派なことばに要約されるだろう。

「おそらく観客千人中九百九十九人までが、昔のケンタッキー人が山小屋でどのようなロウソクを使っていたのか、知りもしないだろうし、気にもかけないだろう。しかし千人に一人は知っているかもしれないし気にするかもしれない。そういう可能性がつねに存在するために、我々にはいいかげんな仕事は許されない。昔ケンタッキーで使われていたであろうロウソクの種類を何とかして掘り起こし、それを自分たちの手で再現するのだ」

〝観客は気づかない〟という口実は真っ赤なウソであることが、かなり早くからフォトプレイ誌のコラム〝何かおかしくはないか？〟で暴かれている——それは映画のなかのミスばかりを取り上げた連載コラムであった。

『ホワイト・モール』（二〇、ハリー・F・ミラード）でナンを演じるパール・ホワイトが、床の血痕に疑惑の目が向かないように、冷静にもまた大胆にも、ランプのほやの破片で自分の手に傷をつける。数刻後彼女が再び〝ホワイト・モール〟となると、傷は完全に癒えていて、なおかつ彼女は冒険家に自分の手を力強く握らせるのだ！」（マリオン・シャレンバーガー、ペンシルヴェニア州ジョンズタウン、一九二一年一月号、七八頁）

観客は製作側のあらゆる種類の過ちをめざとく見つけたし、さまざまな分野の通人たちは自分の専門トピックが画面に現れるたびに、目を皿のようにして間違い探しを楽しんだ。ときには観客の指摘が不当なこともあった。レックス・イングラムによる「ウージェニー・グランデ」の映画化『征服の力』（二一）のなかでヴァレンティノが万年筆を使う箇所が多くの映画ファンから言挙げされた。これに対してはヴァレンティノ自身が反論している。「いったいどこがおかしいんだ？　映画は時代を今に移してるじゃないか……観客は気づいちゃいないのか？」

サイレント期の映画作りで驚くことのひとつは、じつに多くの映画人が時代考証を誠実に心がけていたことである。グリフィスはすぐれた時代感覚をもっていて、歴史家の態度で映画の素材に相対していた。そしてその態度を俳優たちにも見習わせていた。

［上］『宝島』（20）のチャールズ・ヒル・メイルズ、ブル・モンタナ、ロン・チャニー、シャーリー・メイスン、チャールズ・オグル。監督モーリス・トゥールヌール。美術フロイド・ミュラー。［下］『黙示録の四騎士』（21）。監督レックス・イングラム。美術ジョゼフ・コールダー。ドイツ軍槍騎兵がマルヌの村に侵攻してくる。

「私たちもそれぞれ自分で調べものをしたものです」とドロシー・ギッシュは回想する。「公立図書館に行って、気になる点をいろいろな本にあたって調べました。でも注意しないといけません。調べ物にのめり込むと横道に入っていってしまうからです。「レズリーズ・マガジン」に目をとおしていたときのこと、オスカー・ワイルドがアメリカに来ていたという記事に目が留まりました……ワイルドは熱狂的に迎えられたのです！　私は衣装や当時の女性の振るまい方について調べるはずだったのに、オスカー・ワイルドの記事からもう目が離せなくなっていました！」

いかに細部が時代に適っており、衣装が正しく、性格描写が的確であっても、ハリウッド時代物映画はひとつの要素においてつねに間違いを犯していた。それは女性の外見である。古代バビロンの話であれ、第一次大戦前のウィーンの話であれ、女性の化粧品、髪型、衣類等は、例外なく、そこに描かれている時代と製作時の現代との妥協の産物であった。同様のことが現在の映画についても当てはまる――そしてその理由はいまだに変わってはいない。

つまりハリウッド映画は世界の新型服装図鑑《ファッションプレート》を兼ねているのである。封切られたばかりの新作映画は、服装だけではなく、ヘアスタイルやコスメティックや室内装飾の新しいファッションをも反映している。それらファッション系の業界の背後にいる人間たちは、映画の背後に控える者たちでもあった。製作者は間違ってもその事実を忘れはしなかった。

もし時代物映画がその時代に寸分たがわぬ身なりの女性を描きはじめれば、観客は甚大なショックをうけるだろう。ファンは好きなスター俳優の格好を見て愕然とするだろう。そしてスター俳優たちもまた、観客同様憤然とするだろう。

「古い時代のヘアスタイルやメイクや衣装を現代の趣味に適合させる〝改善〟の習慣はハリウッドに限られたものではありません」とビューラ・マリー・ディックスは語る。「ヴィクトリア朝のイギリスの画家も同様の操作を行なっていました。ジョン・エヴァレット・ミレーの〈聖バーソロミューの日のユグノー〉はその顕著な一例です。スター女優は新旧混合のヘアスタイルや衣装を広めた張本人でした。事がスター俳優の希望か撮影所美術部の名声かとなれば、上層部も判断に迷いはしませんでした」

ハリウッドが時代物映画を必要としたいちばんの理由は、二十世紀のこまごまとした禁止条項から自由になるためだった。現代の中で描いては奇想天外に見える状況、あるいは差し障りのある状況も、遠い過去の世界に移しかえるとどういうわけかすなおに受け入れられるのだった。それ故に、現代の観客への代替効果を強めるために、女性の外見は現代のものから大きくかけ離れてはならないのだった。

その一方で、映画美術は物語が描く時代と、その時代に対する物語の姿勢とを反映するものでなくてはならなかった。

ヴァレンティノがユナイテッド・アーティスツの作品に初めて主演したとき、ウィリアム・キャメロン・メンジズは例によっての〝灼熱の恋物語〟を予想し、きわめて様式的なセットをデザインした。物語はエカテリーナ女王が君臨した時代のロシアが背景になっていたが、メンジズのセットにもエイドリアンの衣装にも十八世紀を匂わせるものは何もなかった。彼らは細部の時代表現に凝りすぎてはヴァレンティノ・ファンの興味をそぐことになりかねないと心配したのだ。「飼い馴らされないもの」というこの映画のオリジナル・タイトルは、公開前には『荒鷲』と改められた。監督はクラレンス・ブラウン、機知に富んだシナリオはルビッチ映画で知られる脚本家ハンス・クレーリーの筆になるものであり、完成した映画は『禁断の楽園』（二四、E・ルビッチ）風のロマンティック・コメディとなった。皮肉を内にこめながら外見は写実的に演じられた『荒鷲』は、ヴァレンティノ自身によるヴァレンティノの明るいパロディ作品であった。そうなるとメンジズの美術は場違いに目立つものとなり、エイドリアンの衣装も仮装服めいて見えてくるのだった。そのようにして『荒鷲』の魅力は装置デザインに足を引っぱられる結果となった。それはちょうどハロルド・ロイドのコメディにエリノア・グリンの室内装飾が似合わないのと同じであった。

エリッヒ・フォン・シュトロハイム監督『結婚行進曲』。リチャード・デイが作り上げた大聖堂の祭壇。

　時代考証を無視した映画美術の対極にあるものは大監督エリッヒ・フォン・シュトロハイムの作品であり、シュトロハイムはシナリオを完全に映画にしなければ気がすまなかっただけでなく、そのシナリオにはすべてのセット、あらゆる種類の小道具、制服のひとつひとつに至るまでの衣装、それらの細密なスケッチが付されていた。厳格なまでの正確さ、細部をゆるがせにしない精密な考証の例は、『結婚行進曲』（二八）の大聖堂のセット（美術監督はリチャード・デイ）に見ることができる。なんとその主祭壇の前ではキャメラマンのハル・モアが実際に結婚式を挙げるに至ったのである。

第二十章　『ロビン・フッド』のダグラス・フェアバンクス

『ロビン・フッド』（二二）は、フェアバンクスの最も華麗な剣劇ものではないとしても、最も勇壮雄大な時代物絵巻であるのは間違いない。その中心を占めるのが威容を誇る国王の城、ハリウッド史上最大規模のセットと呼ばれているものである。

映画美術に話を限れば、『ロビン・フッド』はこれ以降も凌駕されぬ、また凌駕するのは不可能な高みに到達している。*フェアバンクスの時代物映画はいずれも完璧な考証とその見事な映像化を特徴としていたが、リチャード獅子心王の治世を背景とした『ロビン・フッド』は、歴史上の時期がより明確に特定されているだけに、後の『バグダッドの盗賊』（二四）『海賊』（二六）『ガウチョウ』（二七）等に比べても、再現はより困難なものとなった。しかしこの映画は、本物らしさの再現において、本気になったハリウッドに敵うものはないことを明らかにした。

もちろんこの場合、本気にさせたのはフェアバンクスである。いったん企画が決定してからの彼は、映画作りに全身全霊を打ちこんだ。しかし、幼少の頃からロビン・フッド伝説に魅せられていたフェアバンクスも、当初は映画化をためらっていた。新作の題材として「ロビン・フッド」が最初に提案されたとき、彼はそれを却下している。『三銃士』（二一）の大成功をうけての次回作には、「ヴァージニアン」か、『奇傑ゾロ』（二〇）の続篇か、あるいは「ムシュー・ボーケール」を念頭においていたのだ。一九二一年、彼がヨーロッパを旅しているあいだ、脚本家のケネス・ダヴェンポートとロッタ・ウッズ夫人がこれら三つの企画の原案作りにかかっていた。

フェアバンクスは同年のクリスマス直前にハリウッドにもどってきた。翌一九二二年の元日の朝、スタッフと新年を祝う席で彼は鮮烈なスピーチを行なった。

「私は先ほどロビン・フッドの映画化を決心した。セットはここハリウッドに建てる。タイトルは『騎士道精神』とする予定だ」

居並ぶスタッフのなかに、当時ピックフォード＝フェアバンクスの〝海外渉外担当〟を務めていたロバート・フローリーがいた。

「この突然の発表をしたときの、ダグラスのほとばしる熱意はいまでも記憶に焼き付いている。彼はテーブルに拳を打ちつけながら熱弁をふるった。私たちはものをいうのも忘れてきき惚れていた。

〝メリーと私は新しい撮影所の買収を考えている。今後の仕事すべてをまかなう場所を。私が考えているのはサンタモニカにあるジェシー・ハンプトン撮影所だ。まわりは一面の原っぱになっていて、そこにはいくらでも大きなセットが建てられる——十二世紀のノッティンガム、リチャード獅子心王の居城、パレスティナの都市、シャーウッドの森もだ。南側に広がる原っぱにはフランスの十字軍キャンプのセットを作りたい。衣装も何千と作る。当時の資料に基づいてデザインしたものを。盾や槍や剣も何千と作らせる。馬上槍試合を再現し、それから……〟

〝それで予算は総額でいくらになる？〟ダグラスの兄で財務担当のジョン・フェアバンクスが訊ねた。

〝予算は度外視！〟とダグラスは答えた。〝物語を正しく映画にするのがいちばん大切だ。それができないようなら作る意味はない〟

一九二二年一月一日の正午には、ダグラスの確信を私たち全員が分かちあっていた。何があっても『ロビン・フッド』を作りあげるのだ、と」（「ル・フィルム」一九二二年十月号、六〜一一頁）

アーサー・ウッズに率いられた調査チームが行動を開始した。書籍、文書資料、彫刻類、写真類が撮影所になだれこんできた。ひとつの巨大なライブラリー、ロビン・フッド・ライブラリーができあがった。フェアバンクスはこの企画、そしてこの時代に没入し、衣装、武具、馬上槍試合、城内風俗、調度品、装身具等々の図版、解説、記録類に飽くことなく目をとおしていた。ウィルフレッド・バックランドが美術総監督に任じられ、アーヴィン・J・マーティン、エドワード・M・ラングリーが補佐についた。セシル・B・デミルの衣装デザイナー、ミッチェル・ライゼンには、鎖帷子《くさりかたびら》から礼服まであらゆる衣装の制作という途方もない仕事があたえられた。『三銃士』を撮ったアーサー・エディスンがキャメラマン、チャールズ・リチャードソンがセカンドとしてついた。監督はアラン・ドワン、助監督はディック（リチャード）・ロッソンである。

フェアバンクスは製作費として百万ドルを予定していたが、その頃ちょうど映画界を不況が見舞い、資金提供を名乗り出

＊ここでいう美術とはゴードン・クレイグ、マックス・ラインハルト、ロバート・ジョーンズ、これら三名の主張する原理を組み合わせたものを基礎としている。

るものがいなくなった。フェアバンクスは自ら資金を捻出する他なくなったが、その結果、この映画の権利は彼ひとりの独占物となった。

フェアバンクスは訴訟問題の処理のために、メリー・ピックフォードとともにニューヨークに出かける必要がでてきた。彼が不承不承カリフォルニアをあとにした翌日、セットの建設計画が長い審議ののち了承されたのをうけ、ジョン・フェアバンクスは五百人超の労働者を雇い入れた。

フェアバンクスのもうひとりの兄で撮影所幹事のロバート・フェアバンクスは、監督のアラン・ドワンと同じく技師上がりであった。

「巨大なセットを作るにあたり、彼と私は技術上の新手をいくつか試みてみた」とドワンは回想する。「室内の壁は我々がデザインして作り上げた特別仕様のもので、組み立て式にすばやく案配できた。城の内部はひたすらだだっ広くて、通常のアークライトでは照明できない。また照明しようとしても手持ちのアークではとても足りない。そこはオープンセットであり、場所によっては雰囲気を出すために暗いままにしておいた。ライティングのさいは、ブリキで作った大きな――差し渡し六メートルほどの――レフレクター（反射板）を用意し、それを使って太陽光を城の内部のアーチに向けて反射させた。あとは特殊効果などを使った。

もうひとつの問題は鎖帷子だった。本物はとても身につけられない。無理して着込んだら背骨が折れてしまう。重量が半端じゃないからだ――中世の人間はよほど体が頑丈だったらしい。我々はキャンバス地を使うことにし、それに銀のペイントを吹きかけた。それで外見は立派な鎖帷子になり、それでいて柔軟性があって、身に着けたまま動くのも歩くのも可能だった。クロースアップのさいには部分的に本物を使った。本当に剣の切っ先を防御できるのを見せるためにだ。そういう場合を除けばあとはみなキャンバス帷子だった」

フェアバンクスがニューヨークから帰ってくるのは三月九日だった。建設部隊はそれまでに城のセットを完成させるべく猛スパートをかけた。

「城壁に古風なたたずまいをあたえるように着色が施されたあと」とロバート・フローリーは書いている。「壁土の裂け目にコケやツタ、その他の匍匐《ほふく》植物が植えられた。作業は夜を徹して行なわれた――照明用のサーチライトめがけて大きな蛾が集まってくるのには皆閉口した。

三月八日、頑丈な鋼材でできた濠の吊上げ橋《ドローブリッジ》が完成した。それは城の正面側のできあがりを意味していた。大きな城のシルエットは何マイルも離れたところからでも目視できた。

三月九日の正午、パサデナの小さな駅に列車が到着した。ダグラスがヒラリとホームに飛び降り、開口一番〝進捗状況は？〟と訊ねた。

彼は並み居るカメラマンに新しいジェスチャーを披露すると、迎えに来た全員と握手を交わした。みんなの表情から何かサプライズが用意されていると感づいたようだった。

［上］『ロビン・フッド』（22）――リチャード一世役のウォーレス・ビアリー。［下］ウォーレス・ビアリー、ロバート・フローリー、アーサー・エディスン、ダグラス・フェアバンクス、アラン・ドワン。トーナメントの場面を背景にした宣伝用写真。左奥にウィンドマシンを積んだトラックが見える。このマシンを作動させて各種さまざまな旗がはためくのである。

〝さあ、君たちの仕事の成果を拝見しようかな〟と彼はいった。私はダグラスと同じ車に乗りこんだ。城のセットを初めて目にしたとき、彼がどんな顔をするかしっかり見届けたかったからだ。運転手はパサデナの市街を突っ切っていく。車のまわりはカメラマンや記者の車列で突風が巻き起こっているような大騒ぎだ。みな我々よりもひと足早く撮影所に着こうと必死なのだ。

撮影所から二百メートルほど離れたサンタモニカ通りとラ・ブレア通りの交叉点の角でダグラスは初めて城のセットを視界に入れた。彼は大きく目を見開くと、〝いやあ、たまげたな……すごいぞこりゃ！〟と感嘆の声を発した」

その画期的建造物は大通りから三十メートルの高さでそびえ立っていた。現場に着くと、フェアバンクスは供回りを引き連れて何時間もセットの中を歩きまわった。彼はしきりに感嘆していたが、その合間合間に不安な表情がよぎるようになった。そして唐突に、製作は中断だと宣言した。

「これじゃどうしようもない」フェアバンクスはドワンにもらした。「私の映画は観客の共感を呼ぶ親密さがモットーだ。観客は私を身近な人間と感じている。こんな巨大なもののなかで私はいったいどうすりゃいいんだ」

フェアバンクスは十字軍についての本を読んだときも、今度の映画は視野の広いものになると予想した。しかしこの城の馬鹿デカいことといったらどうだ。居場所はどこに見いだせるのか？　豪華絢爛な室内装飾ともどう折り合いをつければいいのか。勝負は目に見えている、と彼は思った。

「ある朝、撮影所でダグと待ち合わせ」とドワンは語る。「そのまま城のセットに連れて行った。私たちの頭上およそ十二メートルの高さにバルコニーがあり、私はそこに厚手のカーテンをぶら下げさせておいた。そのカーテンは天井からバルコニーを経て地上まで垂れ下がっている。

〝いいかな〟私は彼にいった。〝ロビン・フッドと騎士たちとの立ちまわりが始まる。丁々発止と刃を交えながら、君は階段を上ってバルコニーにいたる。獅子奮迅の活躍に敵を蹴散らしたかと見えたとき、バルコニーの奥のドアから別の騎士の一団が現れる。君は挟み撃ちとなる。どこにも逃げ場はない。そのとき、君はバルコニーの手すりからジャンプする――〟

そこで私は話を止めた。〝それで？　その先は！〟と彼は先をききたがった。私は何も語らず、自分で演じてみせることにした。階段を上ってバルコニーに現れると、私は手すりからカーテンに向かってジャンプした。そしてそのカーテンを滑り台のようにして下に向かって滑り降りた。体がカーテンの裏に隠れたり現れたりしながら、私はカーテンの上をすべって地上に降り立った。最後はダグよろしくジェスチャーのおまけつきでね。そしてアーチの向こうへ走り去った。

ダグの体に電気が走った。〝こりゃいい！　やってやろう！〟と大声を上げた。何人か人を呼ぶと、バルコニーに上がり、シーンの説明をしたあと、手すりからジャンプしてカ

［上］ウィルフレッド・バックランドが設計した城は、『イントレランス』のバビロンのセットも含めサイレント期に作られた建築物のなかでは最大のものといわれている。グラス・ショットによりこの城はなお一層大きくそびえ立つことになる。［下］ガイ・オブ・ギズボーン卿役のポール・ディッキー。

ーテンを滑り降りた。彼はそれを何回も繰り返した。まるで子どものように。

次に私は、ロビン・フッドの姿が窓に現れるところを話した。その窓は誰にも届かない城の高いところにあった。〝どうやってあの窓から現れるんだ。行きようがないだろう〟と彼はいった。

〝外に生えてるブドウの木を登るんだよ〟私は説明した。城のまわりには幅十メートルほどの濠がめぐらしてある。当然、その濠を飛び越えるのは不可能だ。しかし、城の端に小さな外壁があって、それが濠に突き出たかたちになっている。〝この外壁の上を走っていく。そしてジャンプしてブドウの木につかまり、それを登っていけば窓にいける〟

〝ちょっと待ってくれ〟彼はすぐにことばを返した。〝私は幅跳びの世界チャンピオンじゃないんだぞ。あの濠が飛び越えられるものか〟

〝大丈夫、できるのさ〟私はもっと細かく説明した。私はトランポリンをしこむつもりだった。外壁を走ってきた彼はトランポリンの弾みを利用して大ジャンプをし、ブドウの木につかまる。ブドウの木にはネットをかけ、いくつも突起を作っておく。彼は容易にブドウの木につかまれるし、またたやすく登っていけるのだ。これも彼のお気に召した。そんなこんながあって、彼はようよう『ロビン・フッド』に本気になったけれど、そこにいたるまでには少々苦労があったのだ」

製作全般をとおして、詳細な台本は存在しなかった。原案のクレジットはエルトン・トーマス、つまりフェアバンクスのペンネームとなっているが、じっさいは彼とドワンとロッタ・ウッズの三人が撮影を進める過程でストーリーをかたちにしていった。映画が公開されると、一部のインテリから映画はシナリオからどんどん離れていったじゃないかと苦情の手紙が寄せられ、フェアバンクスを嘆かせた。

「いったいどんなシナリオがあったと思っているのか、きかせてもらいたいものだ」と彼は語った。

『ロビン・フッド』の撮影地はハリウッドの一大観光スポットのようになった。ちょうどその頃は、不況のあおりを受けて稼働している撮影所が少なかった。群衆シーンの騎士や淑女には、失職中のライターや技術者や俳優が多くまじっていた。とにかく映画の仕事に関われて彼らはよろこんだ。

「大群衆シーンは周到に準備をした」とドワンは語る。「群衆となるエキストラを十五人から二十人の小グループに分け、それぞれひとりずつ責任者を決める。責任者には制服を着せる。それが監督助手の目印となる。じっさい、第一次大戦のおかげで撮影は順調にいったようなものだ。エキストラや技術スタッフのなかに何人か必ず軍隊経験のあるものがいたからだ。私のそばにはつねに電話があり、変更が生じるたびに電話から指示を飛ばした。エキストラを集めるには、バスを何台か市街地に走らせて希望者を積み込んで撮影所に連れてくる。衣装を着せ、昼の弁当を渡し、撮影終了後は賃金を払う。エキストラの半分は自分が何をしているのかまるでわかっていなかったね」

「最高の映画作りでしたよ」とイーニッド・ベネットは語る。「マリアン姫を演じるのは楽しかった。もちろん、むつかしい役じゃありません。ただお姫様らしく楚々としていればいいのですから。何から何まで豪華でした。ダグラス・フェアバンクスもすばらしかった。みんなの元気の源になっていました。でもラブシーンはやりにくそうにしてましたね。それでも最後には美しいシーンができあがりました。お城の壁に私の横顔が映るのです。＊ マリアン姫の役をくれたのはエリノア・グリンでした。何かの会で私に目をとめ、〝あの娘こそマリアン姫よ〟といってくれたんです」（著者によるイーニッド・ベネットへのインタビュー。一九六七年四月、カリフォルニア州パームデザートにて）

撮影に最も手を焼いたシーンには人間は出てこない——鳥が二羽出てくるだけである。十字軍に加わる途次、フェアバンクス演じるハンティントン卿のもとにマリアン姫から手紙が届く。王弟ジョンが獅子心王リチャードの不在の隙をつき民衆を虐げているという内容である。ハンティントン卿は〝ただちに国に引き返す〟と返信をしたためて鳩の脚に結わえる。悪漢ガイ・オブ・ギズボーン卿は鷹を放って鳩を襲わせる。ここは驚くべきシーンだ。長焦点レンズのキャメラが二羽の鳥の動きを、ひとつのフレームに入れたまま滑るように追っていくと、鷹が鳩に襲いかかり、鳩をつかんだまま地上に舞い降りてくる。鳩から手紙が抜かれ、鳩は再び放たれて飛んでいく。この鷹はイギリスから取り寄せたもので、六十ポンドの買い物だった。ロイド社の保険をかけてハリウッドまで輸送され、ハリウッドでは暗闇のなかで、生肉だけを餌にして飼われていた。本シーンのテイク数は百回を超えた。

模倣作が作られないように、フェアバンクスはこの作品を〝ダグラス・フェアバンクス・イン・ロビン・フッド〟として著作権登録をした。封切り前には大々的に宣伝作戦が展開され、公開されるとさらなる大評判となった。『ロビン・フッド』はいたるところで興行収入記録を更新した。ロサンゼルスのグローマンズ・エジプシャン劇場では大ロングランとなり、路面電車の車掌は駅名を告げる代わりに「皆様お目当ての〝ロビン・フッド〟に到着！」と大声を張り上げた。

ニューヨーク・ヘラルド紙のロバート・E・シャーウッドの映画評は次のように述べた。「これは映画製作の最高水準をしめすものだ——芸術的完成をめざしてかくも大きな歩みをしるしたサイレント映画はかつてなかった。この圧倒的なスケールの背後には知性の支えがあり、それが何よりも貴重である。『ロビン・フッド』は札束から生まれた映画ではない。これは頭脳から生まれた映画であり、それこそがこれを大傑作となさしめたゆえんである」

「他の何よりも」とフォトプレイ誌は述べている。「『ロビン・フッド』は見世物《ショー》である。これは写真劇《フォトプレイ》の殻を大きく破

＊実際はベネットがフェアバンクスの横顔を城壁に描く。

って見世物《ショー》というに相応しい地位を獲得している。じっさいこれは最新型の、贅をきわめたスペクタクルである。今後もこれ以上の予算を投入して映画が作られることはまずないのではないか。ひじょうなる困難を克服して作品を完成に導いた監督アラン・ドワンの見事な力量は認められねばならない。スペクタクルは彼の手腕の賜であった」（一九二三年一月号、六四頁）

マイナス面の事実も製作コストの正確な全貌が明らかになるにともない現れてきた。『ロビン・フッド』はシカゴの興行では九万ドルの損失となった。総製作費は九十八万六千ドルとなり、これにはフェアバンクス自身の給与は含まれていなかった。そこに宣伝広告費と公開用プリントの製作費が加わると、『ロビン・フッド』の総経費はおよそ百四十万ドルとなった――これは『イントレランス』（七十万ドル）をも、〝百万ドル映画〟として知られた『愚なる妻』をも凌ぐものであった。しかし『ロビン・フッド』は二百五十万ドルの興収をあげていた。

『ロビン・フッド』はフォトプレイ誌の一九二二年の栄誉賞を受賞した――当時はまだアカデミー賞は存在しなかった。この栄誉賞は慣例と異なり監督にではなくダグラス・フェアバンクスにあたえられた。「男性女性含めて十数名以上がこの映画の製作に重要な役割を果たしはしたものの、作品の構想とその実現にあたっての第一の功績はフェアバンクス氏に帰するのを至当と考える」（一九二三年十二月号、九一頁）

『ロビン・フッド』のプリントは長い間失われていたが、さるコレクターによってアメリカで発見された。現在はいくつかのプリントが出まわっている。残念ながら、オリジナル版の秀麗な映像を保持しているものはほとんどない。これらの〝ロビン・フッド〟をスクリーンで見た映画史家のルーディ・ビールマーは「長すぎるし、最上のフェアバンクス映画を代表するものではない」と書いた（「フィルムズ・イン・レビュー」一九六五年二月号、九一頁）。

『ロビン・フッド』は雰囲気と冒険の映画であった。ときに荘重ではあっても、テンポに遅滞は見られない。アラン・ドワンお得意の詩の引用が冒頭にあり、それが雰囲気醸成にひと役かっている。

人の為せる業はあわれにもはかなく
いずれは土に返っていく
遠い昔の神々しい偉業も
夢のごとくに消え去るのみ

この詩（チャールズ・キングスリーの「古きと新しきと」）がしめされたあとに、朽ち果てた城郭のショットがつづく。次いでディゾルブのなかから、往時の雄大な城の姿が現れる。

歴史とは、理想の姿をいえば、言い伝えと記録とがひとつに合体したものである。これからおしめしするのは、その

［上］この祝宴シーンの写真を見ると『ロビン・フッド』のセットがいかに入念に作られていたかがわかる（この映画のスティル写真はA・F・ケイルズによって撮られ、銅版画に似せて焼き付けがほどこされ、一冊にまとめられてダグラス・フェアバンクスに献呈された。上の写真はダグラス・フェアバンクス・ジュニアの好意によって作成された複製版より取られたもの。残念なことに複製版はオリジナル版の美麗さに及ばない）。［下］愛する者と最後の別れを交わす十字軍兵士たち。

二つのものから私たちが描き出した中世である。

巨大な吊上げ橋がキャメラに向かってゆっくりと降りてくる。その橋の上を従者を先頭にした騎士の一団が幟や旗をひらめかせて二列縦隊で行進する。国王の道化（ロイ・コウルスン）がその間をちょこまかと走りまわっている。力強い移動ショットとともにリチャード獅子心王（ウォーレス・ビアリー好演）が登場し、馬上槍試合の会場に進み出る。城壁近くに集まるのは、ほどなく国王に従って十字軍に参加する英国騎士道の華たる数百名の騎士たちである。馬上槍試合は、ハンティントン卿（ダグラス・フェアバンクス）とサー・ガイ（ポール・ディッキー）との対戦が組まれている。狡猾なサー・ガイはひもを使って自分の体を鞍に縛りつける。しかしそんな奸策もハンティントン卿の鋭い槍の一撃の前ではひとたまりもない。サー・ガイは地面に倒きつけられ、国王は歓声を上げる。〝ハンティントンは騎士たる気概を天下に知らしめたぞ！　卿を来たる十字軍における我等が副官に任命する〟

この重厚かつ痛快な冒頭シークエンスに観客の興奮はいやが上にも高まる。何千人もの鎖帷子の勇士たち、風にはためく彼らのマントや三角旗、金属の防具を着けた馬が上体を跳ね上げ突進し、槍が縦に裂け、鎧と鎧が音を立ててぶつかり合う……ここで点火された興奮は映画がエンディングを迎えるまで途切れることなくつづいていく。

アーサー・エディスンのキャメラはバックランドの壮大なセットを捉えて最大限の効果をあげており、新たなショットが現れるたびに観客はハッとして息をのむ。

フェアバンクスは最上級の画面を次から次へと無造作に投げ入れる。いずれ肝をつぶすようなショットが現れ出ることを気にもかけないそぶりで。

テンポが遅いとの不満は理解しがたい。唯一考えられる説明は、名画鑑賞会が字義どおりサイレント映画のスピード、毎秒十六コマを守って上映したのかもしれないということである。『ロビン・フッド』はほぼ毎秒二十二コマ、つまりサウンド映画にずっと近いスピードで上映するよう本来は意図されていた。この時期の上映スピードは劇場によって大きな開きがあったのであり、混乱があったであろうことは予想できる。所によって上映時間が四十分も長く記載されているのは遅く上映されたさいのものだったと考えられる。

その他の批判は屁理屈めいたものに思われる。フェアバンクスはたしかに中世の人物には見えないかもしれないが、この映画にとっては彼の存在感そのものが歴史的正確さ以上にはるかに重要になっている。その他の登場人物は時代色や時代背景に比べれば重要性は低い。イーニッド・ベネットは控えめなマリアン姫であり、生気が少し足りない。これに反してガイ・オブ・ギズボーン卿のポール・ディッキーは生気がありすぎて大仰に過ぎ、かえって悪役の凄味が出ていない。サム・デ・グラッスは悪辣な王弟ジョンを好演しているが、いずれにしろ、この映画においては雰囲気が登場人物の弱点を補って余りあるものとなっている。

「この映画では雰囲気が見た目の本当らしさや正確な時代表現よりも大切になるとわかっていた」とドワンは語っている。「私たちが追い求めたのはひとえにその雰囲気だった」（「モーション・ピクチャー・マガジン」一九二三年二月号、二五頁）

この点に関しては、この映画ほどの成功例はめったにないだろう。同様に見事な成果をあげているのはさまざまな映像上の工夫である。王弟ジョンの追随者たちに対して、ロビン・フッドは矢を射込んで警告とする。この矢は一陣の疾風とともに、ほとんど土埃を蹴立てんばかりに飛んできて、卑怯者たちの体の間近に突き刺さる。こういった表現法はロビン・フッド伝説に見られる誇張表現とぴったりと歩調を合わせたものである。

フェアバンクスが鎖帷子や鎧をまとっていたハンティントン卿からロビン・フッドへと変身すると、ロビン・フッドと彼の一党は羚羊《レイヨウ》のように身軽に森の中を飛びまわる。フェアバンクスの優雅な身のこなしと明るい人間性のおかげで、ここには自由の歓喜が横溢する。フェアバンクス以外の俳優であれば、この転換はもっと不自然に感じられたに違いない。

映画のクライマックス、見事に振り付けられたアクション・シーンが展開し、城が再び国王の手に取りもどされたあと、リチャード獅子心王が〝ハンティントン！〟と大声で呼ぶ。答えがない。王はもう一度さらなる大声で〝**ハンティントン！**〟と呼ぶ。城の内壁の高い一角に腰掛けていたロビン・フッドは、強風にあおられてひっくり返る。このようなナンセンスなギャグもこの作品にはいたるところに現れる。

しかし、さる珍無類なギャグはフィルムには残ることなく終わった。チャールズ・チャップリンがダグラス・フェアバンクスに『ロビン・フッド』で使った城のセットを借りたいのだがと頼みに来た。

「一体全体、チャーリー」とフェアバンクスは訊ねた。「何に使おうというんだ？」

チャップリンは次の映画のギャグのひとつに使いたいと説明した。それは――大きな吊上げ橋が降りて、城の中からチャップリンが子猫を抱いて現れる。チャップリンは子猫を外に放すと、牛乳瓶と新聞と郵便物とを取り上げて、城の中にもどる。吊上げ橋がゆっくりと上がっていく――というものだった。（フローリー「マジック・ランタン」一九六六年、八二頁）

フェアバンクスはこのギャグに大笑いしたが、炯眼の事業家である彼は、チャップリンのものも含め、他の映画にはけっしてこの城を使わせようとはしなかった。

『ロビン・フッド』はあらゆる点において稀有の映画である。この映画に関わった誰ひとりこれほどの偉業は二度と達成していない。そしてこの映画は――いまやコレクターズ・アイテムとして最も珍重される一本であるとともに――原作の物語に似て、それ自体ひとつの伝説と化している。

第二十一章　映画の王道、あるいはメロドラマの呪い

一九二七年、映画がリアリズムに傾斜していると見てとった一ファンがフォトプレイ誌に投稿した。

「日々の新聞記事でじゅうぶん憂鬱になっているのだから、映画館では心も体も休めたい。それが生活というものだ。なのになぜ、映画の主人公に醜悪な人間ばかりを選ぶのか。どうしてかくもリアルであろうとするのか。王道にもどろうじゃないか。ありのままの人生など見たくもない。快くさせてほしいのだ。楽しく生きようじゃないか」（一九二七年五月号、一一一頁）

このファンはこう述べているのだが、王道――美と知性にのっとった創作物の理想の姿とはまた裏腹な意味で〝王道〟なのだが――はハリウッドのあらゆるプロデューサーにうやうやしく遵守されていた。現在においてもいまだに信奉されている。〝美と知性〟などは泥のなかに踏みにじられて久しいのだ。

観客を楽しませることこそ第一の責務と信じた映画人たちは、知的で深みのある原作を購入したときも、人物の動機付けや複雑な含意といったものはすべて剝ぎとり、筋が追いやすく善悪の対立が明瞭なメロドラマへと作品を単純化した。

事典の定義を見てもメロドラマには否定的意味合いがつきまとう――「もっぱら観客の粗野な感情に訴えるドラマ」と。娯楽の提供側にすればメロドラマには他に代えがたい利点があった。メロドラマは観客に何らの努力も求めなかった。観客は考えなくともよい。ただ画面を見つめていればいいのだ。微妙なところを見逃す恐れはなかった。微妙なところなどどこにもないからだ。何が善であるかは分かりやすく、それを脅かすものも明らかで、事態の解決はアクションに満ちていて一気呵成である。純粋なメロドラマには人物の性格付けなどめったになく、行為を促す動機に複雑なところもない。人物は連続冒険物並みの単純な世界に生きているのである。

この極度に単純化された内容こそがサイレント・メロドラマのきわめて嘆かわしい側面であった。連続物やアクション

映画にあっては、人物の動機付けが無きに等しくても困りはしなかった。肝心なのはストーリーが先に進むことだった。主人公がなぜそうするのか、理由は誰も気にかけなかった。テキパキと行動してくれさえすればそれでよかった。何よりもアクションが先決問題なのである。最初のシーンで主人公が高潔な人物であると紹介される。次のシーンで純真可憐なヒロインが紹介される。そして邪悪な魂胆をもった悪漢が現れる。それからあとは、観客はゆっくり座席にもたれ、サイレント映画の作り手の得意技――活動写真が活動するところ――を楽しめばよいのだ。

　サイレント期のアクション・メロドラマはこの種のなかでは群を抜いている。近年の映画で唯一匹敵しそうなのは一九六〇年の『最後の航海』くらいだろう。監督はサイレント期から活躍しているアンドリュー・L・ストーン、撮影監督は同じく古強者のハル・モアであった。

　しかし、アクションもの以外のメロドラマにはいささか許容しがたいものがある。例えば政治を扱うメロドラマはきわめて危険であり、人心に害を及ぼすといってもいいすぎではない。政治の諸問題はあまりにも重要、かつ内実が入り組んでおり、そしてまた、それを理解するにはあまりにも多くの情報や知識が必要とされるので、黒白明瞭な定型的パターンにはめこむのはどだい無理なのである。

　サイレント映画の時代にあっては、本を読む人より映画を見に行く人のほうが断然多く、その結果、映画は書かれた文字に比べて圧倒的に大きな影響力をふるっていた。

　ロシア革命が起こったあと、アメリカ人の〝ボルシェヴィズム〟（超急進的社会主義）理解の基盤となっていたのは、虚実ない混ぜの煽情的な新聞記事や、『危険な時代』（一九、フレッド・ニブロ）などの映画が描く共産主義者の姿であった。『危険な時代』ではアメリカ産業界への共産主義の浸透はロイド・ヒューズ演じる人物によって未然に防がれる。ここでは政治的な複雑な意味合いは愚劣なまでに単純化されている。観客は極悪非道の犯罪行為を教えられる――〝女性の国有化〟である。馬上の男たちによって女狩りが行なわれ、駆り集められた女性たちは地下牢に放り込まれてムチで打たれるのだ。

　サイレント期のメロドラマを悪し様に語るほど容易なことはなく、映画史家はみなその技に長けている。この映画の場合も、政治に対する無知と無自覚を非難するのはたやすいが、描き方はまた別問題である。この早い時期に、主張の中身はともかく、映画が何かを訴え得たというのは奇跡に近いといえる。同様に驚くべきは、監督のニブロとキャメラマンのジョージ・バーンズの見せる生気溌剌たる創造性である。

　政治の扱い方は児戯に類しているのだが、フレッド・ニブロはロシアに渡った経験があり、クレムリンの内部を写真にも撮ってきていた（しかしそのロシア旅行で彼が肌身に感じたであろう本場の雰囲気はこの映画には活かされてはいない）。

『危険な時代』は、先の展開を期待させるに足るドキュメンタリー風の屋外シーンから始まる。紡績工場のストライキが二週目に入り、労働者が集まってくる――〈我慢の限界に追い詰められた〉者たち、とC・ガードナー・サリヴァンの字幕は伝える。そのなかに、見るからにボルシェヴィキ然とした男たちが混じっている――〈軍隊の最後尾に寄生する食屍鬼のように、労働争議を見つけてはその中に食い入っていく危険な男たち〉。

ロイド・ヒューズ演じるジョン・キングはアメリカの大学の卒業生だが、ロシアの作家たちの唱える〝民衆の自由〟の理想に燃えている。

キングは警察に、なぜストライキを打つ労働者のなかからボルシェヴィキを放逐しようとするのか、と問い詰める。「奴らはこの工場で働いちゃいないんだ。ストライキを利用して何か騒動を起こそうって魂胆《ハラ》なのさ」

「彼らは人間の権利のために闘っているんだ」とキングは反論する。

「それじゃ」と警官はいう。「もうちょっと離れたところでやるがいいんだ」

こんな乾いたユーモアもすぐに毒々しいメロドラマに呑みこまれていく。ボリス・ブロッチ（ジャック・リチャードソン）なる赤軍士官がキングを彼の諜報グループに引き入れてスパイに仕立てようとする。アメリカの産業界を壊滅させるのが目的である。ブロッチは、と説明字幕は語る。〈アメリカの国土にテロの赤い種子を植えこもうと必死なのだ〉

キングは一味に加わり、しばらくのあいだ誤った道をさまようが、最後には愛国的熱情のうちに覚醒する。星条旗を模様にあしらった字幕が飛び出してくる。

「お前たちの正体がわかったぞ」と彼は叫ぶ。「お前たちは人間らしさのかけらもないただの殺人鬼だ。アメリカ人はそんな闘い方はしない。そんな物言いはしない。ここはアメリカなんだ！」

妖婦ソフィア（クレア・デュブレイ）がキングにつばを吐きかける。「アメリカなんて地獄に堕ちろだ！」

キングは居並ぶボルシェヴィキの一団に向きなおり、次なることばを叩きつける――後のソビエト映画の手法を予見するように、字幕は一句ずつ、徐々に文字が大きくなって現れるのだ。

〈貴様たちこそクソくらえ！／**臆病者！**／**卑怯者！**／**豚野郎！**〉

観客のなかにはこれは言い過ぎと思った向きもあったかもしれないが、幸いにも、この表現を問題とする批評家はいなかった。

「宣伝映画《プロパガンダ》としては」とフォトプレイ誌は述べた。『危険な時代』は見るに堪えない。ストーリーは青くさい急進的社会主義者の贖罪の物語である。アメリカ精神の権化のような娘

［上］『危険な時代』（19）——ボルシェヴィキの集会。［下］抗議に立ち上がる労働者。

（バーバラ・キャッスルトン）がすべては間違いよ、トロツキーも間違いよと主人公を説き伏せるのだ。しかし、群衆を煽動するのはやさしく、その勢いを止めるのはむつかしい。したがって、迫力に満ちた一大クライマックスが出現する。ところで、悪漢どもがみなドイツ人となっていたのを、どなたか憶えていらっしゃるだろうか？」（一九二〇年五月号、一一一頁）

ロシア革命があまりにもゆがんだイメージで伝えられていたためか、当時の雑誌にこんな抗議の声が載った。「どうかお願いだから」ピクチャー・プレイ誌は製作者に懇願した。「〝ボルシェヴィキ〟や〝ソビエト〟の意味を辞書で調べてくれ。どちらも〝無政府主義者〟や〝ごろつき〟や〝人殺し〟を意味しやしないんだ。辞書をよく見てくれ！」（ハリー・J・スモーリー、一九二〇年四月号、五八頁）

政治的題材をメロドラマにして扱うのは危険が大きかった。そこに人種問題が絡まると問題はなお一層不穏かつ深刻な様相を呈してくる。

『国民の創生』が激しい抗議にさらされて以来、映画は黒人を邪悪な悪漢としては描かなくなった。黒人は雰囲気作りのための背景の一部、あるいはコミカルな端役に追いやられた。それにカリフォルニアにはそもそも黒人がきわめて少なかった。黒人役は、例えば列車の車掌など、たいていの場合白人が黒塗りして演じたものである。ロサンゼルスについていえば、この都市が初めて大勢の黒人と遭遇するのは第二次大戦時に兵員輸送の通過地となった時である。*

人種偏見の矛先は黄色人種へと切りかわった。黄禍である。ウィリアム・ランドルフ・ハーストが資金元となった連続物『パトリア』（全十五篇、一七）は日本人とメキシコ人に対しての憎悪を極度にあおり立てたため、当時の大統領ウィルソンが介入に及んだという曰く付きの作品である。時は一九一六年。欧州大陸では第一次世界大戦が泥沼化し、アメリカはまだ中立を保っていたものの、戦雲は徐々に国土を覆い始めていた。しばらく前までパンチョ・ビリャ運動を展開していたハースト系新聞は、日本人とメキシコ人とを悪し様にののしる記事を連日のように掲載していた。『パトリア』では、とうていあり得ない〝メキシコと日本の邪悪な二国間同盟〟によってアメリカが危機にさらされる様が描かれている。当時世間の耳目を集めていた女性参政権運動を利用しながら、この映画のなかでは空想上の日本・メキシコ合同軍はアイリーン・カッスルによって未然に打ち砕かれる。

メキシコはアメリカとの外交関係を断ち切られていたために、ほとんど抗議の声をあげることはできなかった。しかし、日本はしようと思えばそれができ、またじっさいそうしてきた。それとは別に、ハースト・インターナショナル・フィルム・サービスは一通の手紙を受けとった。

＊ルイズ・ブルックスの話によると、南部出身の白人俳優の多くは黒人と一緒にキャメラの前に立つのを拒んだという。

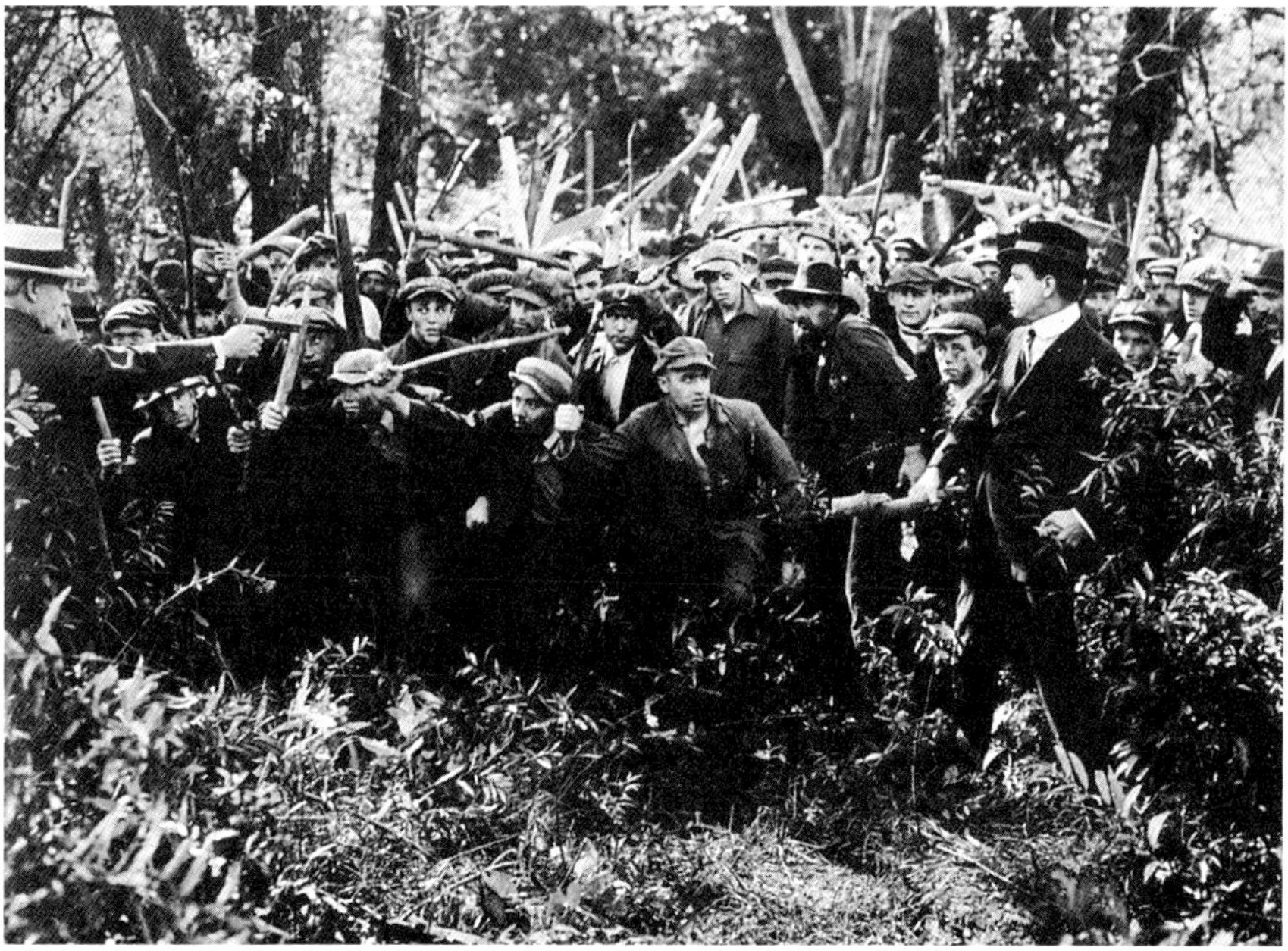

［上］連続活劇『パトリア』（17）“赤い黎明”の巻。L・ディック・ステュアートとミルトン・シルズが暴徒と対峙している。［下］『猫とカナリア』（27）――寝床の中のローラ・ラ・プラントを魔の手が襲う。監督パウル・レニ。メロドラマ・パロディの秀作。

キース劇場に何度か通うなかで『パトリア』という映画のかなりの部分を目にすることを得た。この映画はキース劇場だけでなく、全国の多くの映画館にかかっていることと思われる。あえていわせていただくが、この映画のストーリーの性格は著しく私を動揺させた。その内容たるや日本人に対して不公正きわまるもので、しかも日本人に対する憎悪をアメリカ人のあいだにかきたたせることが計算の内に入っている。この憎悪はわが国にとって大なる不利益をもたらすものであり、とくに現在の状況下にあっては、じっさい甚大なダメージをあたえるものである。それ故に、この場をお借りしてお願いする。貴社におかれては、もしまだ劇場にかかっているのであれば、即刻『パトリア』の上映を打ち切っていただくようにと。

敬具

ウッドロー・ウィルソン

（テリー・ラムゼイ「百万一夜物語」一九二六年、七七九頁）

『パトリア』はお蔵入りとはならなかったが、修正はされた。「日本とメキシコの国旗は画面からカットされた」とテリー・ラムゼイは記録している。「そして検閲をかろうじて通過し、再び配給にまわされたが、興収はガタ落ちとなった」

しかしウォーナー・オーランドやソージン（上山草人）を悪役に仕立てての〝黄禍〟映画はこの先も大当たりをつづけていく。

サイレント映画に出てくるチャイナタウンは陰謀と悪徳と麻薬密売の巣窟以外の何ものでもなかった。アメリカ国内各都市の中国人街の住民はこのような許しがたい偏見に対して激しく抗議した。

トマス・ミーアン主演『笛吹きマローン』（二四、アルフレッド・E・グリーン）の撮影隊がニューヨークのチャイナタウンに足を踏み入れると、小石や果物や野菜や古靴が雨あられと降ってきた。これは映画のなかでの不当な扱いに抗議する示威行動であったのだろうが、このような騒擾《そうじょう》行為は世間の〝チャイナタウン観〟をより強固とするにすぎなかった。

しばらくすると、容易にそれとわかるマイノリティ・グループを映画のなかで描くのは避けられるようになった。しかし、一九二七年のワーナー・ブラザース作品『人肉の桑港』はいかがわしいチャイナタウン時代への恥も外聞もない逆行となった。驚くべきは、一九二七年となってもなお製作者たちがそのような不快で愚昧な題材に金をかける価値があると見なしたことだった。

物語はスペイン系移民の末裔の、ある高貴な家族を中心として展開する。その家族を危難にさらすのは腹黒いクリス・バックウェル（ウォーナー・オーランド）で、この人物が主人公一家の牧場にひそんでいるところを見つけられる。そのとき伝道所の鐘が高らかに鳴り響く。

「やめてくれ！　あのいまいましい鐘を打ち鳴らすのは！」バックウェルは悲鳴を上げる。ドロレス・コステロが復讐天使の如く剣を手にして男に迫ると、バックウェルの恐ろしい秘密が一挙に明るみに出る——なんと彼には東洋人の血が流れていたのだ！

　この映画がワーナー劇場でプレミア公開されたとき、中身の毒々しさの反映か、西の空は夕焼けで真っ赤に染まっていたが、批評家たちのペン先は冷静に醒めていた。「ニューヨーク・ポスト」は「非常識きわまる途方もないメロドラマ——史上最も馬鹿馬鹿しい映画の一本」と評した。「ニューヨーク・サン」は監督のアラン・クロスランドがこのおぞましいメロドラマを何とか見られるかたちにまとめたその手腕を認めている。「露骨で安っぽい〝悪意の充満した〟ストーリーではあるが、巧みにひとつの世界を表現している」（「フォトプレイ」一九二七年九月号所収〝批評家の意見の分かれるとき〟八四頁の引用より）

　じっさい、クロスランドの演出は巧みであり、『人肉の桑港』を見ていると、ダリル・F・ザナックの悪趣味なストーリーには不快を感じながらも、映画を見る楽しみがこみあげてくる。サンフランシスコ大地震のクライマックスは二重写しやミニチュアが露骨で興醒めさせられるものの、メロドラマの部分は画面も美しく、躍動しており、緊迫感もみなぎっている。ベン・カレによる美術は暗黒街の室内シーンがとりわけすぐれており、ハル・モアの精妙な照明も忘れがたい。かくも豊かな才能を結集して、かくも低劣な素材をあてがうのは冒瀆的所行とも思えてくる。しかしこれこそが、サイレント期映画人の強みのひとつであった。通俗きわまる素材をあたえられながら、監督、キャメラマン、美術監督らのすぐれた映像センスが相まって、しばしば真に価値ある作品が生み出されたからである。

　厚顔無恥なる純然たるメロドラマ——線路に縛り付けられたヒロインだの、愛犬に間一髪のところを救われる飼い主だのといった類のもの——は二〇年代に入っても依然として作られつづけてはいたが、それらはゴッサム社のような貧乏《ポバティ》通り《ロウ》に庇《ひさし》を並べる撮影所、あるいは連続物専門の製作会社の扱う代物であった。

　大半のメロドラマは豊かに性格付けのされた登場人物、美麗なセット、見惚れるような照明効果によって巧緻に仕立て上げられていて、そのようななかでハリウッドはいくつかの代表的なジャンルを掘り当てていった。しかし、それらがみな大当たり請け合いだったかというとそうではない。

　ウィド・ガニングの映画業界紙「ウィド・デイリー」は原初的な時代にもどるようにと強く促した。一九二一年、興行主特有のがさつさで彼はこう要求した。「出来合いの型を繰り返すんだ。観客をはらはらドキドキさせるヤツを。われを忘れて画面にしがみつくようなのを。キレイキレイにおさまり返ったものなどはいいからアクションを入れるんだ。スリル満点のシーンを一つ二つ、あるいはもっと考案するんだ。基本に帰って本能的な感情に訴えろ。それこそが客のもとめるものなんだ」（「フォトプレイ」一九二一年十一月号、六四頁の

引用より）

映画館主の生の声が聞こえる〝興行主からの報告〟を覗いても、同様の通俗に徹した実利主義を見ることができる。

四つの短篇を一本にしたマーシャル・ニーランの意欲作『人の世の姿』（二二）は、その四篇のうちの一篇において中国人を繊細に描いていたが、侮蔑的なコメントでかたづけられている。「興行がビジネスである限り、こんな中国人ものは身の破滅だ」とカンザス州セントラリアのエレクトリック劇場の劇場主は述べた。（「フォトプレイ」一九二三年十二月号、一一四頁の引用より）

『結婚行進曲』（二八、エリッヒ・フォン・シュトロハイム）――「いやあ、つらかったな。私は簡単にはへこたれない人間だが、途中で客がぞろぞろ出てきたときには白旗を揚げたくなったものだ。念のため何人かに感想を聞いてみた。二人は、まあいいんじゃないかという意見（〝まあ〟がつくわけだ）。何人かからは活字にできない言葉が返ってきたよ。だからここじゃいえないね」（カンザス州ホルトン、パーキンス劇場）

ヴィクトル・シェーストレームの傑作『風』に対しても、同様な手厳しい反応が返っていた。ルビッチの『愛国者』（二八）はまだましなほうである――「三日間閑古鳥が鳴くなかで映写機をまわしたが、映画自体のせいじゃあないな……」「俳優の演技に関する限りすばらしい映画だが、大コケにコケた。しっかり損はさせられたが、インフルエンザの流行や悪天候もあったから、すべて映画のせいにするわけにはいかない……」（「モーション・ピクチャー・アルマナック」一九二九年、二〇八～二〇九頁）

その一方、興行主とはいえ馬鹿げたご都合主義にはだまされない。「『スピード・ハッチ』（全十五篇、二二）は始めから終わりまで馬鹿げているのひと言だ。ルーシーは殺人の嫌疑が晴れないままじゃないか。というよりも、監督はシリーズ物に終止符を打つのに夢中で、女性がひとり殺されたままになっているのを忘れているようだ。お粗末すぎる」（オハイオ州オーバリン、ウィグウォム劇場／「フォトプレイ」一九二三年十二月号、一一四頁の引用より）

演劇批評家のB・T・クレイトンはしぶしぶながら商業的視点に賛意を表している。

「〝良心作〟〝新たな才能〟〝真の芸術品〟等々の活字が紙面に躍ってはいても、デミルの話題沸騰作『アナトール』（二一）の大成功によって、観客がもとめるものは――過去、現在、未来をとおして――昔ながらの〝お定まりのパターン〟であることを製作者たちはとっくに確信している。ひょっとしたら、これから三十数年もして、一九五五年頃には気鋭の小劇場運動のようなものが起こり、世人の肝をつぶすような成果をあげるかもしれない――ちょうどバッテリー公園近くの地下室から始まったシアター・ギルドに、ある日突然、芸術に飢えた市民がよろこびの涙にむせびながら群がり集まり、世間を大いに驚かせたように。

T・ヘイズ・ハンターが舞台女優ブランチ・ベイツを演出している。『強者の府』（14）。

一方にはインテリ向けの映画館があり、もう一方には『電話交換嬢の誘惑』に集まるような客を当てこむ映画館がある。一方にはミーハー嬢に紅涙を絞らせる映画館があり、もう一方にはルビッチとネグリ嬢による交響楽的歴史劇や、フェアバンクスの痛快活劇や、チャールズ・レイの牧歌的農村劇や、ウィリアム・C・デミルの知的ドラマのかかる映画館がある。そして一方の観客が徐々に他方の小屋の常連になっていく。幼稚園の児童が時が経つうちに高校生へと成長するように。

しかし、〝お定まり〟映画のほうですら、時が経つうちに洗練の度を加えていく。二十年前の夏に見た連続物を思い返してほしい。そのクライマックスは製材所で、憎むべき悪漢ジャック・ダルトンが主人公を丸太にがんじがらめに縛り付け、うなりを上げる丸鋸に向かって、その丸太をゆっくりと押し出すのだ。

昨年一九二一年の最低のレベルの映画をひと昔前の『美人モデル、ネリー』と比べてもらいたい。さて、『アナトール』とまではいかずとも、迫り来る列車の汽笛が聞こえるなか悪漢がヒロインを線路に縛りつけるこの種の映画に比べて、まだしもすぐれているとはいえないだろうか？」（「ピクチャー・プレイ」一九二二年六月号、三三頁）

進歩は目覚ましいものであった。しかし、深く降り積もったメロドラマの雪が溶け始めるのは、チャップリンの『巴里の女性』（二三）の軽いタッチ、そしてそれにつづくルビッチ、フランク・タトル、マル・セント・クレアといった監督たちのソフィスティケイトされた作品群が登場して後のことであった。

比較の対象としてあざけりと皮肉を浴びせられながらも、メロドラマと映画の関係は途切れることはなかった。今日、それは劇映画の不可欠な一部となっている。冒頭に紹介した一九二七年の「フォトプレイ」の投書と、次に掲げる一九六四年の映画専門誌「フィルムズ・イン・レビュー」の投書とを比べてもらいたい。

「インテリたちがメロドラマを悪し様にののしるのが私にはどうしても理解できない。メロドラマではつねに善が悪を滅ぼす。だからこそ醜い現実にいっときなりとも小さな灯がともるのだ。メロドラマは、他のどのような文学形式、映画形式よりも、私たちを力強く励ましてきたと思う」(一九六四年一月号、五八頁)

無数のメロドラマが映画史を豊かに彩ってきた。しかし、もしメロドラマ的要素が克服されていたならば、映画は現在、はるかにもっと変化に富む、数多くの傑作群に恵まれていたかもしれない。

第二十二章　シナリオ

映画がかたちあるものとなる最初の場所はシナリオライターの頭の中である。そこでは映画は最高の姿を見せている。想像の中にあるものは実際上の煩わしい問題からすべて免れており、その中にある映画は、努力の汗に汚れたり妥協によって矮小化されたりすることなく、そのすべての美点をつつがなく備えている。

想像のうちにあるものは現実と競い合うことはない。それは芸術家が夢にかたちをあたえるための足掛かり、夢を実現させるためのきっかけをあたえるにすぎない。

シナリオライターはタイプライターを前にして世にも壮大なシーンを想い浮かべるかもしれないが、いざ書く段となると、自ら想像したものにいろいろな拘束をかけなければならなくなる。もしその映画作りにじゅうぶんな予算が配分されていれば、ライターは大洪水を書きこんで、あとはそれを特殊効果部にまかせることができる。しかしそれがいかに巧妙に映像化されたとしても、最初に脳裏に浮かんだときの姿にはとうてい及ばないだろう。脳裏のイメージはどんなことばをもってしても正確にはうつしとれないからである。

他のどのような物語芸術と比べても、映画は創作上不可避の厳しい現実的条件にさらされる。それは最初の構想が原稿化されるときから上映プリントがスクリーンに映写されるときまで間断なくつづく。

映画の草創期にはそのような危険は存在しなかった——シナリオがなかったからである。初期の一巻物や二巻物は二、三日で撮り上げられたが、監督がおおよそのストーリーを思い描いていて、それをもとに即興で撮っていったのである。ぶっつけ本番でストーリーを考案する監督の伝統は二〇年代に入ってもつづき、その技能やすばやさはますます高度な域に達していた。D・W・グリフィスは目覚ましい実例である。台本なしで『イントレランス』を撮り上げたこの監督は分析不可能な方法論を自らのものとしていた。三人の喜劇王、チャップリン、ロイド、キートンの誰ひとり、トーキーの時代が到来するまで台本を用いてはいない。そういう意味では、サイレント・コメディのほとんどすべてが通常の意味のシナリオなしで撮られている。それこそがこの珠玉のジャンルの生命の秘密であった。

「何千人もの、ひょっとしたら何十万人ものライターが」とアルフレッド・コーンが一九一七年に書いている。「コメディのシナリオを書いても、なぜどの撮影所にも買ってもらえないのかと首をかしげている。いちばんの理由はスラップスティック・コメディにはシナリオや台本はないからである。筋書きは紙の上に文字として書かれないし、ライターたちも文字にあらわそうとはしない。喜劇専門の大撮影所のひとつでは、二十人ほどのスタッフが雇われている。それでも、これまでに何かを文字にして書いた者、あるいは必要に迫られて書いた者は、指折り数えるほどもいない。作品は書かれたシナリオからではなく、意見のぶつかり合いから生まれるのだ」(「フォトプレイ」一九一七年九月号、一一九頁)

シナリオ会議のテーブルの上で議論され、検討され、たたき出されたギャグのほうが、ひとりのライターが、誰と競い合いもせず、タイプライターを前にひねりだしたものよりも強烈で滑稽なものになりやすかった。撮影に入ってからも、ギャグはさらにその場の即興によって強化された。

長篇劇映画のシナリオは文字にして書きとめる必要があった。作品の中身の水準が高くなるにつれ、よりよいストーリーが模索され、文芸やジャーナリズムの領域のすぐれた書き手が映画の世界に取りこまれていった。

シナリオということばは——現在は〝脚本《スクリーンプレイ》〟という用語に置き換えられているが——撮影台本を意味してはいなかった。それは場面を連ねたものであり、映像のことばで語られたストーリーであって、本来は作者が思い描いたものをできる限りわかりやすく説明するために案出されたものであった。このシナリオからコンテ、あるいは今日いうところの〝撮影台本〟が書かれていった。

長篇劇映画の台本作りはつねに複雑に込み入った経過をたどったけれども、だからといってそれを過大に評価すべきではない。それは台本に磨きをかけるためのものではなかったからだ。予算や配役を決めるため、そして製作のめどを立てるために、ストーリーは一度紙の上に書かれる必要があった。ライターたちはしばしばその目的のためにのみ雇われた。

サイレント期における脚本執筆に向けた第一歩はじつは今日とさほど大差はない。当時もいまと同様、映画はたいてい小説や読み物、戯曲、時には詩といった他ジャンルに原作を仰いでいた。これら原作が映画会社によって購入されると、それらはいわゆる資産となった。ここに幾度か大きな手が入っていくのである。

製作者に原作を読むことなくストーリーをわかってもらうために、それはまず梗概のかたちに縮められる。内容確認課がその作業をうけもち、そのなかの誰かが製作者の前で梗概を声に出して読む。内容確認課がストーリーを読み違えるこ

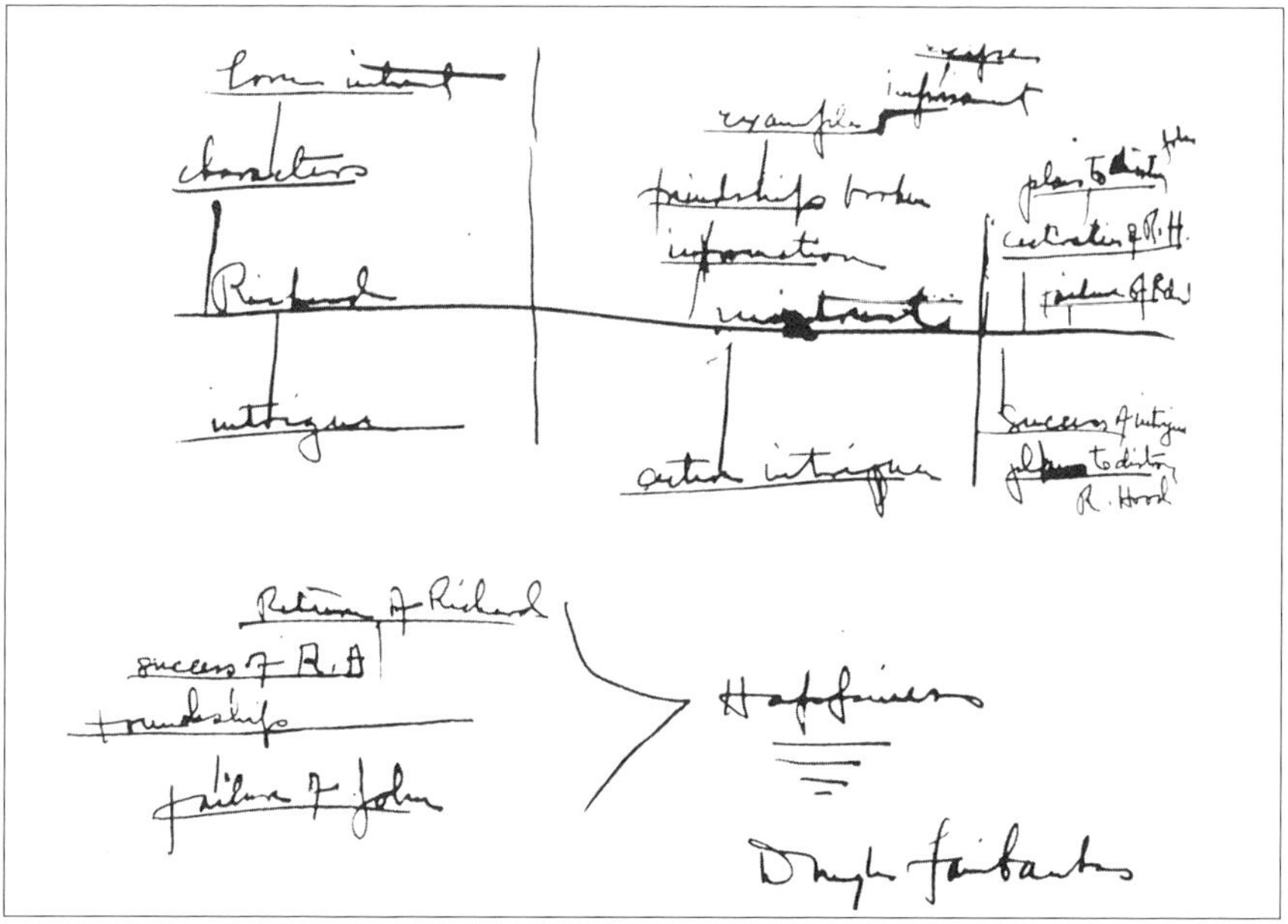

［上］ダグラス・フェアバンクスはエルトン・トーマス名義でシナリオを書いていた。『ロビン・フッド』はこの程度のメモ書きをもとに製作が進められた。［下］ダグラス・フェアバンクスとエドワード・ノブロックが『三銃士』（21）の内容をつめている。ピックフェアにて。

ともあれば、主題を取り違えることもあった――それよりも何よりも、彼らが興味をもてないおそれがしばしばあった。しかし、資産の運命はその梗概という報告書にかかっていた。〝厳しい現実的条件〟の第一がこれであった。

製作者は次に資産をシナリオライターに託す。シナリオライターは通常女性である。ここでの翻案にはたいてい、プロの冷徹と果断をもって、映画ならではの手が加えられる。彼女はストーリーの映像化を念頭に置いて原作を読むために、原作者が意図した読者の感情的反応とは無縁のところに立つ。一般読者の関心を引きつける多くの挿話がシナリオライターにとっては無価値なものとなる。雰囲気設定、人物の性格付け、サスペンス醸成と、小説は単純な場面を描くにも数頁を費やすことがある。映画に要求されるのは、まずリズムとスピードである。

シナリオライターの青鉛筆が、精妙な文体の文章の上に、次から次へと削除の斜線を引いていく。これは必ずしも映画にとって悪いことではない。映画化を目的として購入されたストーリーは、もはや独立した素材であり、原作が属した芸術分野の基準によって判断されるいわれはないのである。

とはいえ、評判となった小説を映画化したさい、登場人物を省略したり、エンディングを改めたりして、怒りの声を噴出させることがある。多くのサイレント映画が、原作とは大きく異なる故をもって、批評家から酷評されてきた。たいていの場合、原作となった小説や戯曲よりも映画のほうが、観客の記憶にははるかに長く残るものなのだ。

「コスモポリタン」に発表されたファニー・ハーストの短篇「ユーモレスク」（映画題名も『ユーモレスク』）は一九二〇年に映画化されて大当たりした（翻案はフランセス・マリオン、監督はフランク・ボゼーギ）。ハーストはリッツ・カールトンで行なわれた特別上映会に臨んだ。

「自身物書きでもある私のいとこが同道し、映画を見てたいへんなショックをうけました。〝なあに、これじゃあ茶番じゃないの〟といとこは呆れかえりました。〝好き勝手に作り替えちゃって、ひどいじゃない！〟私は軽く同意を装いはしましたが、内心うまく映画化したものだと感心していました。私は楽しく見終わったのです。

作家の自尊心というものは克服しがたく、無視しがたいものですが、私は権利を売ってしまえば、それは買い手に原作を譲渡したのと同じだと考えていました。買い手は誰の干渉もうけずに原作を好きなようにできるのです。ごくたまに、映画化によって私の着想がさらに改善されたと感じたこともあります。本当にごくたまにですが。作家の着想というのはかけがえのないもので、それは作家のみに属しています。別人がそれをなぞっても、そしてそれがどんなに巧みであっても、それは自分じゃない、絶対に自分じゃない、と感じてしまうのです」（著者によるファニー・ハーストへのインタビュー。一九六四年十一月、ニューヨークにて）

シナリオライターにとって翻案作業は上から命じられたお

仕着せ仕事である。ライターがいかに誠実な人物であれ、関心の度合いは仕事によって異なって当然である。ライターがいちばん気にかけるのは、自分の翻案がそれを映像化する役目を担う人々に明瞭に理解されるかどうかである。

　監修者《スーパーバイザー》と呼ばれる職種が生まれるにあたり、サイレント映画の製作はさらに複雑さを増した。製作に関わる人間の数が増えれば増えるほど、翻案そのものにより多くの手が加えられることになるのだが、その〝手〟なるものもすべてが有益とは限らなかった。

　撮影台本の決定稿はふつう幾度ものリライトを経て完成する。というのも、台本にはシナリオ部主任の、撮影所長の、監修者の、監督の、スター俳優の、スター俳優のエージェントあるいはマネージャーの、そしてつねにではないが原作者自身の承認が必要となるからである。多くのバージョン、多くの構想がその間に生まれるが、いずれもがシナリオ作法と映画的圧縮との妥協の産物であり、この過程で〝厳しい現実的条件〟がさらに幾重にも重なるのだ。

　MGM撮影所の黄金時代、シナリオの最終稿ができあがるまでに、十人程度のライターに関わらせ、それぞれに得意の腕を発揮させるというのがふつうのやり方になっていた。

　シナリオライターがカーレーサーなみの高い死亡率を誇っていたのも無理からぬことである。

　初期のシナリオライターで最も名を知られていたのはアニタ・ルースである。彼女の代表作といえば小説「紳士は金髪がお好き」であるが、他の文筆分野においても彼女の活躍は著しい。

「あの人は才女よ」とルイズ・ブルックスは語った。「十五歳で何をしていたかわかる？　グリフィスのために週三本のシナリオを書き、一流のヴォードヴィルに二本の出し物を提供し、ニューヨークの新聞にブロードウェイ・コラムを連載してたのよ。それでいてカリフォルニアから一歩も出ていないの！」

　ルース本人はブルックスのことばを訂正している。「ブロードウェイ・コラムは書いていません。一度寄稿しただけですね、十二歳のときに。それに一流のヴォードヴィルに提供していた出し物は一本だけです」それ以外に、ルースは『イントレランス』の字幕を書いていたことも認めている。（著者宛のアニタ・ルースの手紙より。一九六六年一月付）

　父親の経営する劇場で、ルースは出し物の合間に上映される映画を見るのをつねとしていた。舞台監督がこっそりカーテンを上げてくれたおかげで、スクリーンの裏側から映画を覗けたのだ。

「すべての映画を見ましたね。そのときに映画にはストーリーが必要だと感じたのです。そこでひとつ書いてみました。メリー・ピックフォードがやればおもしろいだろうとね。郵便で送ったらすぐに採用されました。『ニューヨークの帽子』（一二）という題名で、メリー・ピックフォードが主演し、D・W・グリフィスが監督しました。二十五ドル稼げました。

そのとき私は十二歳でした」

ルースはバイオグラフ、ルービン、キネマカラー、コスミックにストーリーを提供した。

しかし、いちばんのお得意先はグリフィスのいたバイオグラフで、バイオグラフ社はルースを雇い入れることにする。アニタ・ルースは母親とともに撮影所を訪れ、まずは撮影所の事務長と、次いでグリフィスと顔合わせをした。事務長もグリフィスもルースの母親をルース本人と間違えた。

髪をお下げにした身長一メートル五十の女の子がライターであると聞いて驚いたグリフィスだったが、すぐに冷静さを取りもどすと、ルースに撮影所で働いてみないかと声をかけた。ストーリーをいちいち買い取るよりも、撮影所のなかで書いてもらうほうが話は早い。

「シナリオ部が職場でした。というよりも、私自身がシナリオ部でした。撮影所の中に他にライターはいなかったのです。ファイン・アーツがシナリオを買い取っていて、そこに定期的に送ってくるライターが二、三人いましたが、撮影所に出勤するライターは私ひとりでした」

彼女の初期のシナリオは二巻物用で、頁にして一頁半の量だった。一九一六年までには長篇物に四十頁のシナリオが書かれるようになっていた。ルースは手書きで執筆し、秘書がそれをタイプに打ち直した。ルース自身は終生タイプを習っていない。

「セットの脇に座ってリハーサルを見学し、何か光るものをもった俳優を見つけると、その俳優のために新たなシーンを書き加えました。舞台劇の稽古でもよくありますよね。撮影の本番にももちろん立ち会いましたし、編集室にも入り、字幕入れを手伝いました。編集段階で撮影時のミスが見つかることがよくあって、そういうのは字幕をつけてごまかすんです。

当時はすべてがトントン拍子にはかどっていきました。映画作りはとても楽しくて、気がついたら映画ができあがっていたという具合でした」（著者によるアニタ・ルースへのインタビュー。一九六四年三月、ニューヨークにて）

ルースのシナリオになる映画は陽気で明るいのが特徴だったけれども、中身もしっかりしていた。どれも諷刺に富んでいて、たんなる娯楽をこえるテーマをもっていた。彼女の夫となる監督のジョン・エマーソンとルースは、トライアングル社のダグラス・フェアバンクス・コメディにおいて、菜食主義、知名人願望、心霊術、自己暗示療法、巨大企業、貴族崇拝など当時の風潮をからかいの的にしており、それらの映画は五十年の時を経た今日もいささかも古びておらず、彼らの諷刺がいかに現代的なものであったかがそれでわかるのだ。これらの諷刺を生み出したのは、鬱積された作家の良心というよりも、自由で享楽的な創造精神であった。「私の頭脳がそういう回転の仕方をしたのでしょう」とルースは語っている。「他のやり方じゃ書けなかったと思います」

ちょうど同じ時期――一九一六年――ウィリアム・デミル

はフェイマス・プレイヤーズ゠ラスキーに、まず内容を詳細に書きとめてから撮影に入るというやり方を教えこもうとしていた。「父は演劇の世界の出身だったから」とアグネス・デミルは書いている。「どういう映画を作るのかあらかじめ文章にしてまとめておくほうが何かと便利ではないかと提案した。父は自ら弟のセシルのためにきちんとした梗概をまとめあげた。次いで作家で友人のマーガレット・ターンブルをロサンゼルスに呼び寄せると、撮影所の敷地内に、網扉のついた木造の小さな一軒家を建て、そのなかで二人で梗概を書き始めた。入口のドアノブには、父のアイデアで、〝シナリオ部〟と書かれた札がかけられた。〝シナリオ部〟なることばがハリウッドに現れたのはこのときが最初だった」（アグネス・デミル「あるバレリーナの物語」一九五二年、一二頁）

この二名の開拓者につづいたのが、後にラスキー社のシナリオ部部長となるヘクター・ターンブルと、マリオン・フェアファックス、ビューラ・マリー・ディックスである。

「サイレント映画もまだ初期のその頃は」とミス・ディックスは語っている。「ライターはオリジナルの原案を撮影所に購入してもらうと、しばしばそのまま、多くの場合監督と共同で、シナリオ作りに関わりました。そうするなかで、キャメラでできることとできないことなどをすぐに学んでいきましたね。例えば、〝シーン40――貨車が爆発する〟なんて書き方はシナリオではしませんでした。

C・B（・デミル）はそういうシナリオを受け取ったと断言してますがね。彼はそれを十五のシーンに押し広げ、撮影に二日をかけたといいます。

当時は形式張ったところなど全然ないですから、セットにいる者は必要に応じて何でもやらされました。私もエキストラとなって通行人の役もやれば、照明の手伝いもしました――手の空いている者が監督の覚えや指示を台本に書き入れました。スクリプトガールというのもそういうなかで徐々にできあがっていった職種ですね。私は編集室にも入り浸っていました」

映画製作のあらゆる部門に共通する、そういう一見分け隔てのない仕事環境は、映画作りの実際を知る上でシナリオライターにとって理想的な訓練の場となった。

ライターの重要性が認識されはじめるにつれ、選りすぐりのシナリオライターの一団が育ってきた。そしてそのほとんどが女性だった――フランセス・マリオン、イーヴ・アンセル、クララ・ベランジャー、イーディス・ケネディ、ベス・メレディス、ウィーダ・バージャー、ビューラ・マリー・ディックス、マリオン・フェアファックス、ジーニー・マクファーソン、レノー・コフィー、マーガレットとヘクターのターンブル姉弟、ジューン・メイシス、これらがサイレント期を通じて第一線で活躍したライターたちである。

サム・ゴールドウィンは、ライターを映画の成功の鍵を握る最重要人物と位置づけた製作者であるが、国内外の著名な作家を自分の会社に呼び集め、それを〝大作家集団（エミネント・オーサーズ・インク）〟と名付けた。そこに含まれたのはコズモ・ハミルトン、チャニング・ポロック、アヴェリ・ホップウッド、メアリー・ロバーツ・ラインハート、ガートルード・アサートン、エドワード・ノブロック、ヘンリー・アーサー・ジョーンズ、サマセット・モーム、サー・ギルバート・パーカー、そして最も貢献度の高かったのがルパート・ヒューズであり、彼はのちに監督に転身した。

これらの有名人は映画産業の評判を高めるために破格の契約金で招聘された。それは雄々しくはあるが、向こう見ずな冒険であった。これらの作家たちはことばを用いて自己表現することに日々努力を傾けてきたのであり、映像を念頭においてプロットを展開させる、人物を描く、といったことにはまるで用意がなかった。ゴールドウィンは彼らに映画のさまざまな基本技術を知ってもらおうと、多大の費用と時間を注ぎこんだけれども、この企てはそもそも効果の期待できないものだった。幸いにも、ゴールドウィンはほとんど損失を被らなかった。財政上の赤字は大いに評判を高めたことで相殺されたからである。〝大作家集団〟は、ある意味トーキー革命を逆さにしたところがあった――物語文学のすぐれた代表者たちが、一見彼らの才能を必要とするかに見えながら、じつはまるで別言語の、手に負えないメディアに直面したからである。

たんなる雇われ人として軽んじられていたコンテ書き職人が、この初歩的な混乱から〝大作家〟を救うために呼び入れられた。それはトーキー化の波に翻弄されて指針を失った監督を助けるために、舞台人が呼び寄せられたのと対照的な出来事であった。

〝大作家〟の手によるシナリオのなかには〝悪しき例〟としてハリウッド伝説となっているものもある。「エドワード・ノブロックが父のためにシナリオを書いた」とアグネス・デミルは語っている。「しかし、他の多くの有名な小説家や劇作家同様、映像で思考することができなかった。そのシナリオのなかに次のような一行があった。〝これにつづくシーンはことばでは表現できない〟

父は、監督に自由をあたえてくれるすばらしい一行だ！といっていた。他には、コズモ・ハミルトンの書いた『真夏の狂乱』（二〇、ウィリアム・C・デミル）にこんな一節が出てくる。〝その夏の夜、偶然にではなく、彼らは山小屋にいるのは自分たちだけであることに気がついた……〟

父がいうには、〝偶然にではなく〟を映像化するために、五つのセットと二週間の時間が費やされた！」

これらの文筆家の大半はきわめて率直に、映画における自分たちのいちばんの関心事は金であると認めている。彼らは映画をあからさまに蔑んだ。場合によっては、彼らの侮蔑は、その道では第一人者たる自分がなぜかくも場違いなところに身を置く羽目になったのかという直視しがたい劣等感から生じたものであった。少数ではあるが、癇癪玉を破裂させては会社に手を焼かせたり、何かというとは尊大に振る舞って

〝狭量な映画人〟に対する自己の優越を見せつけようとするものもいた。ある劇作家は七十五分の長篇映画用に三頁のシナリオを提出した。ほどなく第一陣のほとんどがハリウッドを去っていった。だが、他の会社はエリノア・グリン、マイケル・アーレンといった著名人を招いていたし、ゴールドウィン自身も敗北を認めようとはしなかった。彼はベルギーの作家モーリス・メーテルリンクを説得してカリフォルニア入りを承諾させた。

ライターはたしかに映画の要《かなめ》ではあったが、振り返ってみると、〝大作家集団〟の企画は、仮にそれが実際的ではないことを証明しただけでも、一度は通過せざるを得ぬ重要な一局面ではあった。

一九二〇年までにはシナリオのオープンな市場ができあがっていた。誰もが映画のストーリーを書いていた。撮影所は全国のアマチュアライターから寄せられた台本やストーリーで手一杯になっていた。原案だけが映画製作のなかで一般大衆が参加できる領域だった。訓練や専門知識の必要はなく、入り用となる機器もせいぜいタイプライターくらいであった。シナリオ指南の学校の広告は俳優学校のそれを凌駕した。

〝数百万人の人間がストーリーやシナリオを書けるのに、誰もそれに気づいていない！〟と、アーヴィング・システムの広告文は呼びかける。〝創造主は大作家に与えたと同様に、あなたがたにも能力を授けているのだ。信じられませんか？〟

大衆はそれを信じた――投稿の山に埋もれ目を血走らせた撮影所のシナリオ・エディターだけは異議を唱えただろうが。

エリノア・グリンはシリーズもの「エリノア・グリンの書き方教室」を出版した。その第三巻はシナリオに当てられていて、グリンは読者に、思い描く能力を開拓するようにと説いている。「邪魔の入らない静かな場所を確保し、目を閉じて、あなたが書こうとするものを脳裏に思い描くのです！」（一九二二年、二六四頁）

撮影所のシナリオ部なら、そこらあたりでやめておくように、と忠告したところだろうが、グリンの話はここから始まる。人物をどのように作り上げるかを彼女は熱をこめて説明する。「〈ヒーローは笑顔で！〉ヒーローは明るく、元気いっぱいの、行動的な現代の若者です。笑うといっても、にたにた笑いの抜け作ではないので注意すること。笑っていればいいというのではありません。ヒーローの笑みには理由があります。そこには人を力づけ、希望をもたせ、断固とした行動に踏みこませるものがあるのです！」グリンはさらに、ヒーローはふつうの男らしい若者にするようにと説く。「〈ただし、ヒーローには汚れがないこと〉彼は間違いを犯すかもしれない。しかし、その間違いは不注意か無思慮、あるいは軽いいたずらか向こうみずの結果引き起こされるものです。けっしてすべてを承知の意図的な行為とはしないこと」（同書、二八四頁）

もうひとつ評判をとった入門書はシナリオライター、H・ヴァン・ローンの筆になるものだった。ヴァン・ローンは『スタンブールの処女』（二〇、トッド・ブラウニング）のシナリオを書いており、その名前が映画館の庇を飾った最初のライターのひとりでもある（一九二〇年十一月サンフランシスコのストランド劇場）。大仰な題がご愛敬の「いかにして私は成し遂げたか」のなかで、ヴァン・ローンは自身の成功作完成までの波乱の出来事を記すとともに、アマチュアライターに向けてアドバイスを授けている。

「まず最初に、ストーリーの発端を明確にし、次いで登場人物を紹介する。それが済んでしまえば、あとはクライマックスに向けて一気に突進する。それだけのことだ。ストーリーの前提を設定し、ラストシーンに向けてしゃにむに突き進む、ということ。途中の道草はなし。一にも二にもアクション、三にも四にもアクション。ところどころでスリルもからめよう。時には観客の涙腺もゆるめよう。しかしその場合、すぐに笑いを入れて涙を追い払うこと。以上を守れば、ストーリーのできあがりだ」（一九二二年、二四頁）

パーマー作家養成学校は、ピッツバーグの工場主任の夫人エセル・スタイルズ・ミドルトンの書いたストーリーが——パーマー映画会社によって——映画化されたとき、しばらくの栄華を味わった。FBO配給のその映画はマスコミによって広く告知されたのである。主演はロイド・ヒューズ、監督は編集上がりのデル・アンドリューズだった。

「この映画は新時代を画するもので、純粋な意味で〝人民の、人民による、人民のための〟スクリーン・ドラマである」とパーマーの宣伝文は告げている。さらに、ミドルトン夫人のストーリーは、「夫人の知人が経験した驚愕すべき劇的出来事」に基づいている、と伝えている。（「フォトプレイ」一九二四年一月号、九九頁。この映画題名は『嵐の判決』［二四］）

パーマー映画会社の評議員にはトマス・H・インス、レックス・イングラム、当時は重きをなした監督アレン・ホルバー、C・ガードナー・サリヴァン、おまけのようにジェイムズ・R・クワーク、といった名前が並んでいる。同社の一九二三年の広告文のひとつはフランシス・ホワイト・エライジャという女性についてのもので、「そのストーリー第一作がD・W・グリフィスの獲得するものとなる！」と打ち上げていた。（「ピクチャー・プレイ」一九二三年四月号、一五頁）

パーマーは出版にも手を出していて、「優秀シナリオを分析する」は新作のシナリオを知的に、詳細に分析した連載読み物で、映画史の観点からもきわめて興味深い。

ほどなく、いかがわしい作家養成学校も現れるようになった。そのうちの一校は「ルービン社の」ローレンス・マックロスキー氏が貴重なる助言をあたえる、と謳っていたものの、〝ルービン社〟なる映画会社がこの世から姿を消してすでに何年も経っていることには触れていなかった。

フォトプレイ誌のスタッフ・ライター、アグネス・スミスは書いている。「ライターの魅力的な生活ぶりが次のように宣伝されている。〝肉体労働ではないから、病弱な人でも成功を手にできる。五日で技術を習得。六日目から仕事に着手。

［上］ウィリアム・C・デミル、ジーニー・マクファーソン、エリノア・グリン、セシル・B・デミル。［下］ドロレス・デル・リオとイリヤ・トルストイ（レフ・トルストイの息子）。エドウィン・ケリュウ監督『復活』（27）の宣伝用写真。

ストーリーが売れるたびに二十五ドルから百五十ドルがあなたのものに」しかし、とミス・スミスは付け加える。この宣伝元があえて口をつぐんでいるのは、「今日、ストーリーひとつ百五十ドルにしかならないライターは、ジョゼフ・ハーゲスハイマーの納屋に行って首を吊るしかないということだ」(一九二七年五月号、二九頁)★

ラスキー社について語るなかでセシル・B・デミルは、ドラマは娯楽の最も民主的形式であり、そのために、ドラマを書くことは室内スポーツの最も民主的かつ大衆的形式となっていると述べている。「素人のライターは家に手紙でも送るように、あっというまにシナリオを書きあげる。シナリオは熟練ライターでも一篇を準備するのに四週間から八週間はかかる。アマチュアは午後の三、四時間でじゅうぶんと考えているんだ」(フランシス・テイラー・パターソン「映画技術」一九二〇年、一六九頁)

これは一九二〇年のことであり、ラスキー社はことばの大海のなかから潜望鏡を上げてくれるアマチュアがいないものかといまだ望みを抱いていた。デミルによると、投稿原稿二百につきひとつくらい、原案のヒントになれば儲けものという程度だったらしい。

二〇年代半ばくらいには、アマチュアライターの書いたものの行き着く先は、スクリーンではなくゴミ箱の中と相場は決していた。映画ビジネスはいまやプロフェッショナルの領域となっていた。試みの日々は終わったのだ。

改訂版追記　本章では、シナリオを映画の基本に位置づけた三人の重要な人物の功績を書き逃してしまった。その三名とは、ニューヨーク・モーション・ピクチャーの脚本主任《ストーリーエディター》リチャード・V・スペンサー、同社の製作機構をシナリオを基盤にして作り上げたトマス・H・インス、そしてスペンサーの後任C・ガードナー・サリヴァンである。

★ハーゲスハイマーは第十章一三二頁にみるように、『乗合馬車』の原作者でもある小説家。高給取り原案者の代表として名前が挙げられていると思われる。

第二十三章　編集——隠れた力

編集技師《エディター》の仕事は、詩人の仕事がことばに韻を踏ませるだけではないごとく、シーンをつなぎ合わせるにとどまるものではない。どちらも両人の仕事の本質的部分ではあるが、それらは創造のプロセスのなかの技術的一面にすぎない。

編集は映画の二度めの演出である。人物の思いの内を測るには——厳密にどこでカットすべきかを見定めるには——監督に必要とされると同様の直観的技術が要求される。

監督はアクションを統轄し、どの時点でことを起こすかを判断する。編集技師も同じことを行なう。ただし、編集技師にとって腕をふるえる領域は監督よりはせまい。彼はあたえられたものを用いて仕事をするよりないからである。シーンの内容に不満をおぼえた監督であれば、そこに何かを付け足すなり差し引くなりして、そののち撮り直しができる。編集技師は手持ちのものに頼るしかない。あるいはそれを破棄してしまうしか。しかし、慎重な配置と選択により、編集技師は不出来なシーンを上々のシーンに変貌させることができる。監督、キャメラマンとともに、編集技師は映画の質に決定的な影響を及ぼす三人の重要人物のうちのひとりなのである。彼は申し分なく演出された素材をだいなしにしてしまうこともあれば、冴えない演出を見違えるばかりのものにすることもできる。にもかかわらず、編集技師の努力は、監督を除けば、誰からも完全には評価してもらえない。製作者をはじめ他のスタッフは、さまざまな編集段階においてどれだけの才能と労苦が注がれているか、それを意識することはめったにない。映画作りの外にいる人間が、編集技師は送られてくるフィルムをただシーンの順番につなぎ合わせているだけだと考えるのも不思議はないのである。

しかし、草創期においてはたしかにそうやって映画は作られていた。その頃はひとつひとつのショットは時間的に長く、たいていの場合、冒頭に字幕をつけることによってショット同士のあいだに区別がつけられた。撮影済みのフィルムを映写室で映し出しながら、監督は編集者《カッター》に場面をどう展開させたいかを伝える。編集者《カッター》はメモを取り、フィルムを編集ルームに持ちこむと、指示されたとおりにショットをつなげていったのである。

映画の話法がもう少し創造的になるにつれ、編集者《カッター》の仕事はもっと複雑で、もっと責任の重いものとなっていく。ここにおいて編集技師《エディター》の仕事が誕生する。編集は映画にそれ独自の芸術形態をあたえたのである。映画開発時代の、演劇の伝統に密着した製作法はいくつもの要因によって打ち砕かれていった。そのひとつはD・W・グリフィスの作品である。しかし、彼の実験的作品は、他の監督が作ったとしてもおかしくない大量のありきたりの凡作によって相殺されている。実験には時間がかかったのである。グリフィスに資金を提供していたのは、映画はすでに必要な進歩は遂げてしまったと満足していた者たちであり、グリフィスには実験の余裕はなかなかあたえられなかった。

演劇の拘束から自由になるじっさいの機縁は、コメディの作り手たちによってもたらされた。彼らはドラマの作り手とは違い、自分たちの作品に威風を付与する必要はなかった。むしろ威風などないほうがよかった。彼らは観客を笑わせつづけるにはアクションを止めてはならず、またそのアクション自体目まぐるしくも速いものでなくてはならないことに気がついた。したがって、動きのないショットは容赦なく取り除かれた。ドラマにおいて登場人物の出と入りにはじゅうぶんすぎる間が置かれていたのとは異なり、コメディの編集技師はまったく異質のリズム――画面が空《から》になるのを待たずアクションの中途でカットを入れる――を採用した。シーンの移行はすばやく、かつなめらかであった。これにより舞台に縛られた古臭いドラマは観客の目にますます鈍重なものと映るようになり、そのため一九一四年頃を境にして、ドラマの編集法にも変化の兆しがみえてきた。

すばやいカッティングは意識して発明されたというよりも、必然的な発展であった。多くの点において映画作りはゲームであった。そして、若者特有の熱意をこめて、コメディの作り手たちはゲームをもっと楽しく、もっと工夫に満ちたものにする方策を模索していた。ほどなく、コメディの第一人者、マック・セネットの作品は芸術であると賞賛されるようになる――この「芸術」なることばに彼の意識は過剰に反応する。チャップリンと同じく、セネットも自らの才能を自覚するようになり、物事を判断するさい、己の直観に頼るというよりも外部の声に耳を貸すようになった。しかし、それまでにすでにF・リチャード・ジョーンズやデル・ロードといったすぐれた監督によって道筋をつけられていた破天荒なキーストン・コメディは、真の映画と呼ぶにふさわしい作品を続々と生み出していたのであり、それが映画全体にあたえた影響はいくら評価しても評価しきれるものではない。

スピードを生み出す編集は、必ずしもすぐれた編集能力を意味するわけではない。編集のもつ複雑さはたんにペースを速くすれば解決できるというようなものではない。しかし、

ゴールドウィンの編集技師トム・ミランダ。

少なくとも劇映画への影響という点において、ペースを速める編集は大いなる変化をそこに招来させた。

シーンはもはや、ひとつのキャメラポジションからひとつの長いテイクでは撮影されなくなった。それはロング・ショット、ミディアム・ショット、クロース・ショットに分割され、それがやがて映画の基本文法をかたちづくっていく。一九一四年から一五年にかけて、映画はこの堅固な文法基盤を採用するようになるのだが、当座のあいだ、そこには配列《シンタ》体系《ックス》はまだ存在しなかった。ロング・ショットのあとにはミディアム・ショットが、そのあとにはクロース・ショットがつづきはしても、編集効果を高めるためにその繋がりにひと工夫入れようという発想にはまだいたらなかった。

いうまでもなく、グリフィスの作品が事態を一変させてしまう。一九一五年に公開された『国民の創生』は編集のもつ底知れぬ力を最大限開拓した最初の劇映画であった。ことばの本当の意味において、『国民の創生』は傑作であった。映画業界に、これから後のひとつの模範を見せつけたのである。

この映画の編集はしばしば狂騒的で、羽目の外れるときもあるものの、いまだに力強さを失ってはいない。ただ、ハリウッド映画がのちに獲得しそれによって有名になる〝洗練さ〟には欠けている。編集に〝なめらかさ〟がないのである。アメリカの大半の監督に共通するこの資質を、なぜかグリフィスはめったに発揮しなかった。

編集の巨匠グリフィスはきわめて複雑かつめざましいショ

ットの連携を考案できた。しかし、いざそれを実行に移す段となると、彼の興味はとたんに醒めてしまうかに思われた。細部にまで万全を期す神経の行き届いた演出を行なう彼が、明らかにミスマッチな編集を許して平然としているのは、この偉大な監督の理解に苦しむ特徴のひとつであった。

快晴のロング・ショットのあとに曇天のなかで撮られたミディアム・ショットがつづく。戦士が剣を鞘におさめるところがロング・ショットで映し出され、クロース・ショットに切り換わると戦士は同じ行為をもう一度繰り返す。

アンドリュー・L・ストーンはグリフィスの編集者だったジミー・スミスとともに働いていたことがある。「ジミー・スミスは私にこういった。グリフィスにはすべてをロング・ショットで撮ってしまうたいへんな癖があったと。グリフィスはそのロング・ショットのフィルムを映写し、どこにクロースアップを入れるかを決める。ジミーをしばしば嘆かせたのは、グリフィスはマッチングをまるで気にかけないということだった。クロースアップをどこに入れるかを決めると、背景やセットにおかまいなく、彼ならではのすばらしいクロースアップ・ショットを撮って、それを挿入するのだ。それが途方もないやり方である第一の理由は、映写室のスクリーンで見たアクションを、あとでもう一度繰り返させるのは、それ自体ほとんど不可能に近いからだ。クロースアップをロング・ショットと同じときに撮影してしまえば問題ない――同じアクションを同じ速さで演じさせることができる。しかし、撮影を終えて一、二カ月もあとになってからでは、前と同じようには演じられない。どうしても、前よりも速くなるか、遅くなるかしてしまう。頼るものは記憶しかないからだ。そういうショットをつないでみると、リズムの違いは一目瞭然、画面に現れてしまう。いまであれば、クロースアップのためのリテイク（撮り直し）が必要になれば、まず映写室でフィルムをじっくり観察し、次にムヴィオラをセットに持ちこみ、編集者にマスターショットを眺めさせたうえで、挿入用のクロースアップ・ショットを撮影するだろう――そうやればマッチングに支障は生じない。マスターショットで俳優が腰を下ろしながら上着を脱いでいるのに、クロースアップでは腰を下ろしながらネクタイを外そうとしていれば、それは誰が見たっておかしいだろう！　そういうマッチングすらグリフィスは気にもかけないのだから、ジミー・スミスの嘆きも無理はないというものだ」（著者によるアンドリュー・L・ストーンへのインタビュー。一九六二年四月、ロンドンにて）

これは意図されたスタイルであり、グリフィスは、他の何人かの監督同様、きわめて意識的にこのようなダブルアクションを作り出したのだという説が唱えられている（例えば、テレビ・シリーズ「どうかお静かに」の編集技師レイ・アンガスはそう主張している［著者との会話から。一九六四年三月、ニューヨークにて］）。ひょっとしたらそれは正しいかもしれない。グリフィスの初期にあたるバイオグラフ期の作品や一九一九年の『大疑問』にはそのようなダブルアクションは見当たらないのに、『イントレランス』(一六)や『嵐の孤児』(二一)には頻出するからである。

このように、グリフィスは編集の力を映画産業に知らしめると同時にその基礎を築きながら、それの洗練作業は他の映画人に委ねたのである。

編集は、他の技術部門と同じように、一九一八年頃にはプロの扱う領域となっていた。驚くべきことに、大半の編集技師は今日では不可欠と見なされているアニメーテッド・ヴューワー(手動あるいは電動でフィルムを動かして見る機器)なしで仕事をしていた。彼らは自分の手でフィルムを操って編集していたのである。現代の映画編集技師は当惑するしかない――昔の編集技師はいったいどうやってペースを判断できたのか、あるいはリズムを把握できたのか? 名編集技師のひとりウィリアム・ホーンベックは、慣れてしまえばいたって簡単であり、いまでも時折昔のやり方を用いていると語っている。

アニメーテッド・ヴューワー、なかでも有名な、モーターを動力としフットペダルで操作する無声ムヴィオラは二〇年代に登場する。*手回しタイプのものや、他の新機軸がついたものなど、他にも何種類か現れた。しかし、ほとんどの編集技師は通常の磨りガラススクリーンを覗くタイプのものを好んだ。それは磨りガラスの下に明かりが点灯し、フレームごとに画面を精査できるようになっていた。拡大鏡のスタンドがついたものもあり、細部を確認したいときはスタンドの首を回して拡大鏡をガラスの上にもってくればよかった。

編集室業務は監督をめざすものにとって格好の訓練の場となったけれど、監督志望者以外にも、興味をもつ者はあらわれた。

二〇年代半ば、パラマウントのコメディ女優ビービー・ダニエルズは脚本の腕を磨こうとしていた。

「ある日、編集技師のドロシー・アーズナーが私のところに来て、〝ビービー、今日のシーンはもっと活気あるものにできたはずよ……〟と話しかけてきた。彼女はその理由を説明しようとするのだが、私には意味がよくわからない。ドロシーは〝一度夜に編集室にいらっしゃい。わかるように教えてあげるから〟といいました。そこで職場を訪ねてみたのですが、その場で、編集というものにいっぺんに魅せられました。それからは時間の許す限り、夜は編集室に向かいました。シナリオの書き方をおぼえるには、編集を知るのがいちばんでしたね。

ドロシーはフィルムを明かりに透かしては、自分の手でフィルムを切ったりつないだりしていました。最初の教えはいまでもおぼえています。彼女はフィルムをかざしながらいいました。〝ほら、見てごらんなさい。ここからここまでは生気がないでしょう。そこにこのクロースアップを入れてみま

＊最初のムヴィオラは一九〇四年にお目見えしている。後期には磁気ヘッドが付けられ同時録音の音を同期して聴くことができた。

しょう。だからこれはもう不要で、そこにこれを入れると……〃

私にも徐々に編集がわかり始め、編集のやり方もおぼえました。蠟鉛筆でフレームに印をつけ、剃刀でフィルムの感光乳剤をそぎ落とし、接着剤をつけてフィルムを一部重ね合わせて、強くプレスをかける。それからスプロケット穴をチェックし、つないだ部分を拡大鏡で確認する。ドロシーは私たちのコメディの撮影に合わせて編集を進めていました。毎朝、彼女の編集になるラッシュ・カットを見るのですが、それはとても助けになりました。それを見ておくと、正しいペースが保てたからです。もしそうしなかったら、知らない間にペースダウンしていたでしょうね。でも、ラッシュ・カットのおかげで、正しい速度がいつも頭の中に入っていました。

私は毎晩、疲れた足を引きずってドロシーの仕事場を訪れ、七時八時までそこにいて、爪のまわりを糊だらけにして帰宅してました。私はドロシーに〃あなたの邪魔になるから、ほんとうはこんなに毎晩来たくはないのだけど〃といいました。〃ビービー、あなたが来てくれるの、とっても嬉しいのよ〃ってドロシーはいってくれましたね」（著者によるビービー・ダニエルズへのインタビュー。一九六三年七月、ロンドンにて）

手だけで行なう編集は映画に音が加わり音声との同期が問題となってきてようやく廃れ始めるものの、ムヴィオラが導入されたときは、まださほどたいした影響はうけなかった。「昔からの編集者はムヴィオラなんて使いません」とビービー・ダニエルズは語っている。「昔気質の調理人が圧力鍋なんて使おうとしなかったようにね」

手だけで行なう編集が驚くべき速さで申し分のない結果を生み出したのは、誰にも否定できない事実である。その道のトップの編集技師はシーンのリズムを完璧に保持できた。音楽がそうであるように、リズムこそ映画編集の基本にあるものだった。ショットの転換が、あるいはショット内に生じる動きが、拍子《ビート》を決める。拍子《ビート》がいったん決まれば、それを維持しなくてはならない。シーンに内在する拍子《ビート》に注意を払わない編集技師もいる。そういう失策に、たいていの人はまず気づかない。それはちょっとしたピントの甘さにたいていの人が気づかないのと同じである。観客はあえて口にはしないかもしれない。あるいはもともと気づきさえしないかもしれないが、そういう失策は無意識下において感覚に影響を及ぼす。理由がわからぬままにどうもしっくりこないという感覚が生じるのだ。サイレント映画においてはリズムがきわめて重要だった——雑なカットは、拍子《ビート》の外れたシンフォニーのごとく、美的感覚を苛立たせる原因となり得るのだった。

編集技師は映画史家には見過ごされている。というのも、上々に仕上がった編集技師の仕事はほとんど映画を見る者の目にとまらないからである。監督の演出手法も知らず、編集にともなう問題も知らず、また自身編集技師でもない映画史家に、作品に対する編集技師の貢献度が評価できるはずはない。アメリカ映画編集者協会（ACE）に所属するアンソニ

1925年のセネット社のコメディ『スーパー＝フーパー＝ダイン・リジー』。監督はデル・ロード、編集はウィリアム・ホーンベック。ビリー・ビーヴァンが自分のポンコツ車を懸命に押していると、それが他の何台もの車の大破壊を招いてしまう。このシーンは、二十世紀フォックス配給、ロバート・ヤングソン監督の『喜劇の王様たち』(60) にも現れる。一連の写真はそこからのもの。

ー・ウォルナーが指摘するように、「編集技師はライターである必要はないけれど、ストーリー構成には通じていなければならない。キャメラマンである必要はないけれど、アングルの相関性や絵画的構図は理解できなければならない。監督である必要はないけれど、俳優の演技について、ドラマかコメディかによって異なる作品のペースについて、監督並みの把握力をもっていなければならない」のである。（「シネメディター」一九六五年春季号、一七頁）

編集はそれ自体で完全に自立したひとつの芸術である。と同時に、編集経験は監督になるための理想的な素地を提供する。ドロシー・アーズナーは数年間編集者として働いたのちハリウッドきっての女性監督となった。彼女は一九一九年フェイマス・プレイヤーズに台本のタイプ係として入社し、台本の打ち込みをするなかで徐々に映画への興味を深め、そのうちに台本について編集者と意見をたたかわせるようになる。当時編集者はセットに出て、スクリプターの役割を兼ねていた。その仕事は〝スクリプトをつける〟すなわち撮影時のデータを記録する、という言い方で表されていた。

「ナン・ヘロンという編集者がとくに親切にしてくれました」とドロシー・アーズナーは語る。（著者宛のドロシー・アーズナーの手紙より。一九六七年四月付）「彼女はドナルド・クリスプ監督の『航海道楽』（一九）の編集にあたっていました。私はその仕事ぶりを間近に観察しました。すると二巻目を編集してみる？　といわれたのです。彼女の指導を受けながら何とかやってみました。日曜日、私はひとりで撮影所に出、その次のリールを編集してみました。翌日の月曜日、私がナンに前日のことを伝えると、彼女はそのリールに目を通し、これでいいのよといってくれました。その映画の編集は、結局そのまま最後まで、もちろんナンの指導をうけながらですが、私の手でまとめることになりました。彼女は私をスクリプターの仕事に推薦するとともに、ドナルド・クリスプ監督の次の作品、ブライアント・ウォッシュバーン主演の『酒の神よさらば』（二〇）の編集にあててくれました（B・ウォッシュバーンは『航海道楽』の主演でもある）。

私は仕事の速い編集者でした。パラマウントの子会社リアルアートで一年に三十二本程度を編集しました（リアルアートのスター女優はビービー・ダニエルズで……その胆力と才能に私は大いに感銘をうけていました）。私はネガ編集の監修もやり、新入りの女性社員にネガ編集やフィルムのつなぎ方なども教えました。その他、フィルム・ファイリング・システムを作り、字幕デザインにも目を通しました。たいてい夜中までの仕事でしたが、楽しかったので気にもなりませんでしたね」

リアルアートに一年ほどいたのち、アーズナーはパラマウントに呼びもどされ、ルドルフ・ヴァレンティノ主演『血と砂』（二二、フレッド・ニブロ）の編集とスクリプターの仕事を命じられる。パラマウントは二重撮影をしてマドリード闘牛場のマット絵にヴァレンティノを合成しようとし、そのため五万ドルの予算を用意した。一時的な策としてアーズナーは、撮影所所蔵のストックフィルムを使って三つの闘牛シーンを編集し、それらのロング・ショットに見合うヴァレンティノのクロースアップを撮ってほしいと依頼した。クロースアップを挿入した闘牛シーンは迫力じゅうぶんで、それらのシーンはアーズナーが編集したままのかたちで公開された。

「映写室で『血と砂』をかけていると、隣室に行こうとしていたジム（ジェイムズ）・クルーズが通りかかりました。彼は立ち止まってしばらくスクリーンを眺めていましたが、突然大きな声をあげました。〝いったい誰だ！　これを編集したのは？〟お叱りかお褒めかわからないまま、私は自分であると小さい声で認めました。映写室に明かりが灯ると、ジムは私に訊ねました。自分がこれから撮る『幌馬車』の編集をしてくれないか、と」

アーズナーの名前が最初に映画史の本に登場するのは『幌馬車』（二三）との関わりにおいてであり、彼女は名前を触れられたサイレント期唯一の編集者となるのだった。

編集は音声の導入にともない技術的にもっと複雑さを増す。だが、サイレント映画の最盛期ほど編集が美的意味において能力の試される分野であることはなかった。その時期においては、『ベン・ハー』の戦車競走や『曠原の志士』のランドラッシュ（開拓民が未開の土地を求めて殺到する入植競争）、『ビッグ・パレード』（いずれも二五）の戦闘シーンといったはなばなしいシークエンスとともに、編集はその映画的エネルギーを豪華華麗に爆発させたのだった。それらのシークエンスは編集芸術の粋としていまだに屹立している。

＊ドロシー・アーズナーの初監督作はエスター・ラルストン主演の『近代女風俗』（二七）。ブルックス・アトキンソンは「ファッション映画を作りたいなら、ドロシー・アーズナーに任せるべきだ」と評した。アーズナーはハリウッドで最初のそして唯一の女性監督としばしば称されてきた。彼女が最も成功した女性監督であるのは疑いないが、女性監督は他にも挙げられる――アリス・ギイ＝ブラッシェ、ロイス・ウェバー、リリアン・ギッシュ、メイベル・ノーマンド、アイダ・メイ・パーク、ルース・ジェニングス・ブライアン、グレイス・ハスキンズ、ジェイン・マーフィンらである。

第二十四章　染色と字幕——サイレントならではの二つの技術

セピア色の写真が遠い昔の話となったように、理由は異なるものの、映画の染色もすたれてしまって久しい。写真をセピア色にするのはヴィクトリア朝の装飾趣味の遺風であった——白黒写真にはどこか露わな感触があり、肖像写真などの場合、時として人物への思いやりに欠ける感じがした。映画の染色も似たような理由から取り入れられたのだが、すぐにもっと幅広い用法を見出していった。

夜のシーンは撮影に困難であるだけでなく予算の高騰も招いた。当時の生フィルムは感光度が低く、満足なロング・ショットを撮ろうとすると大量の照明が必要とされた。『ノートルダムの傴僂男』(一九二三、ウォーレス・ワースリー)の群衆シーンでは、適切な照明をほどこすために、ハリウッド中のアークライトをかき集める仕儀となった。

しかし、夜間に撮ったクロースアップと昼間に撮ったロング・ショットをつなぎ合わせ、その全体を青く染色すれば、それは立派に夜のシーンとして通用した(こういったシーンが通常の白黒フィルムにデュープ(複製)されたのを見て——つまり染色のない状態で見て——のちの世代の観客は首をひねり、これは初歩的なミスだとサイレント時代の〝遅れ〟のせいにするのだった)。

普通の昼間のシーンは琥珀色に、火事のシーンは赤色に、早朝シーンは金色に染色されたほか、たき火や日没はまばゆいピンクにというように、さらに細かい色分けが試みられた。これらの染色はたんに現実の色彩の代替物というだけではなく、シーンの雰囲気を転換したり劇的効果を高めたりするのにきわめて大きな威力を発揮した。

『燻ゆる情炎』(一九二五、クラレンス・ブラウン)は、二十五歳の男と結婚した四十歳の女性の内面の苦悩を描いた滋味あふれるドラマであるが、ここでは染色が想像力豊かに活用されている。主人公の女性(ポーリン・フレデリック)が夫とその友人連のはなやいだ若々しさに、自らを省みて愕然とするとき、スクリーンは一転深紅色に染まる。そしてそれと同じ色が、主人公が自らの敗北を悟る緊迫したクライマックスにおいて再び画面を満たす。他のシーンにおいては、黄色く光を発するロウソク、黄金色の朝焼け、薄橙色の松明《たいまつ》、夜の静寂を染める深い青色と、穏やかな雰囲気が注意深く保たれている。

　映画の染色は工夫に富む映写技師が映写機のレンズの前に着色したゼラチンをかざしたときに始まった。*ほどなく、フィルムそのものを染めるだけでなく、調色まで行なわれるようになる。調色は暗い部分はカラーに換えるが明るいハイライトの部分はそのままに保つプロセスである。調色されたフィルムに染色すると二色カラーの効果が得られた。一九一九年の映画『ふるさと』（デイヴィッド・ハートフォード）では、その手法によって森のシーンにさらなる奥行きがあたえられている――木々の緑に対して、背景とハイライトの部分がライトイエローになっており、それがすばらしい効果をあげているからである。フランス映画『ナポレオン』（二七、アベル・ガンス）で、ボナパルトがトゥーロン港の燃えさかるイギリス艦隊を見つめているところでは、深い青色に沈む夜空を背景に、彼の顔は炎の反射をうけて赤く染まっている。このプロセスはブルー＝トーン・ピンク調色染色法と呼ばれていた。

　染色はおもに編集技師の領分であった。編集技師は監督と相談して色を決め、琥珀色なら琥珀色の、ブルーならブルーのシーンをひとつなぎにして、現像所に送る。そしてそれらが染色されて現像所からもどったのちにもう一度もとどおりにシーンを並べ直してワーク・プリント（編集作業用のプリント）にするのである。現像所では染色用タンクはいつでも使える状態にしてあった。プリントはひとつひとつ別々に染色された。つまり、フィルムは焼き付けされたのち染色処理をうけたのである。

　染色はしばしば絵はがきの手彩色と同等視されてきたが、この比較は大きな誤りである。染色の工程は一貫して緻密であり、粗雑さの入りこむ余地はなかった。すぐれた撮影者の撮ったフィルムからできあがるオリジナルの染色プリントは、見る者の美的感覚に刺激と満足をあたえるものだった。この手法がすたれたのは、染色がトーキー・フィルムのサウンドトラックに支障を及ぼしたために他ならない。時折、作品全体が琥珀色に染色されたサウンド映画に出会うことはあるが、トーキー以降の映画で場面ごとに色付けの変わるものは、カラーフィルムが進歩して、懐古的なコンピレーション映画が作られるまでは現れなかった。

　一九二一年に九種類のカラーが導入されて染色技法が一般化するそのずっと前、またテクニカラーの実験が始まるよりももっと前、手彩色によるフルカラーの映画が存在した。ここでも連想されるのは手彩色の絵はがきである。手彩色によるフルカラー映画は、着色された絵はがき並みにおぞましい

＊一八九六年、ニューヨークのコスター・アンド・バイアル・ミュージックホールで上映された映画には手彩色による染色がなされていた。

ものもあったけれど、驚嘆すべき仕上がりのものもあった。

　なかでも最も優秀なパテカラーは一九〇〇年代初頭に開発され、劇映画の見せ場やトリック映画、あるいはパテ社お得意のファッション・レポートなどで用いられた。これは費用も手間もかかる手法であって、何社かパテカラーに挑んだところがあったものの、正確さにおいてそれに比肩するものはついに現れなかった。他社の手彩色にはしみや斑点といった色むらがつきもので、それがゼリーのように画面上でぐらぐら揺れるのだった。パテカラーはステンシル（型板塗装）法であったため、いわゆる〝見当〟はほぼ一貫して合っており、例えば人物が歩き去ってもその人物の色だけがあとに残るというような、目を覆うような欠陥はあり得なかった。

　フランスとイギリスで仕事をし、発明家としても著名だったベテランキャメラマンのアーサー・キングストンは、第一次大戦前パテ社で働いていた。

「ヴァンセンヌのパテ社には」と彼は語る。「三百人ほどの女性が雇われていて、ひとりひとり作業台にすわって仕事をしていた。それぞれ右手には磨りガラスの投影スクリーンが置かれ、そこにハンドルがついていた。ハンドルを回すと、フレームがひとつずつ現れてくる。フレームは縦六インチ半（約十六・五センチ）、横九インチ半（約二十四センチ）に拡大されている。

　左手にはステンシル用の同じ映画の別のフィルムがあり、目の前には電動針の付いた縮尺十対一の縮図器がおかれている。この器械は五十サイクルの電源につながっていて、これを用いてステンシルの型が作られる。ステンシルは三つの種類に分かれている。種類は多くても三つまでで、ひとグループは青、もうひとグループは赤、最後のグループは黄だった。

　もっと色を足したいときは、リリースプリントに特殊な調色をほどこす。で、ステンシルができあがると、三種類のステンシルを特殊な機械のうえに同期するように並べ、ローラーがその上から染料を塗っていく。難問はナイトレイト・フィルムが急速に縮んでしまうことだった。どれかひとつのプリントがわずかでも縮めば、異なる色が重なり合ってしまう。それを防止するために、映写機と正確に連動する収縮度チャートを作成し、フレームごとにスプロケット穴をひとつずつ新たに開けた。こうやって、カラープリントがほぼ完璧となるようにした」（著者によるアーサー・キングストンへのインタビュー。一九六五年七月デナム州バックスにて）

　手彩色はアメリカでは広くは普及しなかったが、ヨーロッパでは特定のシーンにおいてそのやり方はつづけられた――『カサノヴァ』（二七、アレクサンドル・ヴォルコフ）の花火のシーンや、『千一夜物語』（二一、ヴィクトル・トゥールジャンスキー）の異国情緒漂うシーンなどがその例である。アメリカでは二〇年代中頃には二色式テクニカラーが使われるようになっていて、フランスにおける手彩色並みの頻度で利用されていた。『ベン・ハー』のキリストのシーン、『無花果《いちじく》の葉』（二六、ハワード・ホークス）のファッションショーのシーン、

［上］現像タンクにフィルムを浸けるところ。染色のさいと装置は同じ。［下］クレジット・タイトルが幾枚にも及ばぬよう、メイン・タイトルの中に目一杯情報が詰め込まれる。これはジョージ・フィッツモーリス監督『煩悩』（28）のメイン・タイトル。

『大通りの王様』（二五、モンタ・ベル）の最後のラブシーンなどである。

フルカラーで映画が撮られるようになると手彩色は不要になった。そして、染色法に匹敵するシステムはその後二度と現れなかった。今日白黒で撮影される多くの映画、とりわけ時代物映画は、水性染料を想像的に活用すればきっといい効果が得られることだろうが、現像所の大半はもうその技術を失ってしまっている――サイレント期によく使われた手法は、銀を色のついた金属化合物に置き換えるというもので、それらはたいていフェロシアン化物であり、暖かいブラウンは硫化物、緑がかった黄はバナジウム、赤みがかったブラウンはウラニウムといった具合であった。それぞれの化学物質の溶液の入った大桶があって、フィルムをそこに浸して色づけを行なったのである。

「繊細な染色技術は」と「映画撮影」には書いてある。「黒と白の対比効果を減殺すると同時に、銀の黒みがかった被覆物にほんのりとした暖かみを加える」（カール・ルイ・グレゴリー編「映画撮影」一九二〇年、一九七頁）

そして映画にさらなる魔法の力をあたえるのである。

サイレント映画ならではの字幕も、それ自体がひとつの芸術であった。当時、小説家は単語ひとつ一セントから五セントが原稿料の相場だった。映画字幕のライターは単語ひとつにつき約二ドル二十セントを得ていた。これは書かれた文字の数というよりはむしろ、ストーリーに穴を生じさせることなくどれだけの文字を書かずにすませられたか、という苦労に対して支払われる額といってよかった。

字幕は現代の観客にはサイレント映画の一大短所、鑑賞の妨げとなる厄介な障碍、と見なされている。なるほど、字幕に慣れていない観客には、映画の合間合間に不意に現れる白抜き文字の行列は感興を殺《そ》ぐ邪魔者でしかないだろう。じつのところ、これはそういうものとして慣れてしまうかどうかという問題なのであるが。とはいえ、ライターも監督も編集技師も、字幕を最小限にとどめるよう――そして使われるときには最大限の効果をあげるよう――全力を傾けた。

無字幕映画の試みはなされたものの、映画の作り手たちには、いかに目の肥えた観客といえども字幕の助けがなくては話の筋は追えないことがわかっていた。サイレント映画から字幕を抹消するのは、サウンド映画からセリフを削り取るのと同じほど、一見は簡単で、望ましいことのように思われた……たしかに、やろうと思えばできなくはなかった。実例もあった。が、その結果はやたらに長いシークエンスの登場となった。ひとつの短い字幕をなくすために、まだるっこしくも説明的な映像が必要となり、しかも得られる効果は美的簡明さとは正反対なもので、しばしば苛立たしくも無用に手のこんだものとなった。

「さほど昔ではないが」とメリー・ピックフォードの字幕ライター、ジェラルド・ダフィは書いている。「さる大プロデューサーが素っ頓狂な宣言をした。完璧な映画とは字幕のいっさい現れない映画であるとのたまったのだ。この世迷《よま》い言にまた、頭のおかしな彼の同僚たちが同調した。

私はパニックに陥った。もしそれが実現すれば、私の仕事も映画産業も破滅する。とりわけ私の仕事がね。これは口先だけの主張に終わらなかった。冒険心あふれるチャーリー・レイが字幕のない映画を作るという挙に出た。〝完璧な映画〟をめざそうとしたのだ。『懐かしの泉』(二一)がそれだ。冒険的試みは、しかしこの映画の命取りとなるところだった。

無字幕映画『懐かしの泉』は、皮肉にも、字幕映画の利点を強力に印象づけた。それを何より証明しているのは、字幕にとってかわろうとしたシーンがこの映画いちばんの笑いを生み出していることだ。チャーリーが石版に〝オンナは嫌いだ〟と書きつける。ところが恋愛の虜になるやいなや、彼はそれをゴシゴシと削り落とすのだ。文字がなければ、笑いはどこにも生まれなかっただろう」(「ピクチャー・プレイ」一九二二年八月号、二二頁)

ジョゼフ・デ・グラッス監督の『懐かしの泉』は筋らしい筋のない、愛すべき小品である。バーンズ・マントルが指摘するように、「誰ひとりわざわざ字幕にするほどのセリフをもってはいない」(「フォトプレイ」一九二一年五月号、五一頁)。それでも、所を得た字幕をいくつか入れておけば、処々に見られるやや長たらしい箇所をもっとすっきりさせ得ただろう。

字幕は、他の創造的部門と同じように、成功するか否かは技術と判断にかかっていた。それはあまりの量の多さに観客を辟易させる結果になるときもあれば、ラルフ・スペンス、ジェラルド・ダフィ、ジョゼフ・ファーナム、ジョージ・マリオン・ジュニアら一流ライターの機知に富んだ字幕に観客が喜びの歓声を上げるときもあった。これらのライターはオスカー・ワイルドやジョゼフ・コンラッドの作品中にあっても場違いでない、簡潔で洒落た警句や、雰囲気たっぷりの説明字幕を作り出すユニークな腕前を持っていた。

字幕作りには奇妙な一面があった。効率性と簡潔さが第一義のように思われるが、効果的な字幕のいくつかは一見散漫で長々しいものであった。ジェイムズ・クルーズ監督『幌馬車』の説明字幕は、一見単純に事実を伝えているだけのように見えるのだが、場所の固有名詞や情緒的な表現を添えることでそれに叙事詩のような響きをもたせていて、作品の雰囲気によく当てはまっている。例えば、次のように書けば最も簡潔な字幕となっただろう。

〈バニオンの幌馬車隊が先にブリッジャー砦に到着した〉

しかし、劇映画の説明字幕は情報とともに情感をも観客に伝達する。じっさいの字幕は次のようになっている。

〈ワイオミングを踏破し、十月初旬の霜に凍えるロッキー山脈の最初の峰を越え、バニオンの幌馬車隊はウィンゲイト隊を数マイル引き離して、古びたブリッジャー砦に到着した〉

叙事的簡勁《かんけい》さは、タリー・マーシャル演じる人物を紹介する字幕にもうかがえる。

〈翌日よろず屋がやってきた――小さな隊商を組んで開拓地と文明の地とを行き来する大草原の放浪者である。先住民も彼を悩ませはしない。鋤を手に定住を目指す開拓者ではないからだ〉

次なるシーンへの期待を盛り上げること、それが説明字幕の大切な務めであった。次に挙げる『幌馬車』からのもうひとつの例は、いくつかの方向から観客の感情に向けて働きかけがなされている。

〈〝黄金〟という秘密のささやきは魔法のようにリバティ・キャンプのなかを駆けめぐった――カリフォルニアは約束の土地となった。しかしバニオンの心はモリーの結婚話に占領されていた。その心のままに、二つの幌馬車隊を永遠に引き離すことになる出発命令を、彼は下すのだった〉

モリー（ロイス・ウィルソン）と悪漢（アラン・ヘイル）の結婚が迫っていた。そのため、この字幕の後は、バニオン（J・ウォーレン・ケリガン）に寄せる観客の共感と心配はなおいっそう痛切なものとなる。そして再び、事実を述べた力強い字幕が現れる。

〈幾月をもかけて、西ロッキー山脈を越え、ショショネ川とスネーク川の狭間の乾いた土地を北西に向かって渡り、農耕の民は彼らを待ち受ける土地をひたすらめざした〉

字幕は台本のなかに示されていた――ときには完成稿として、ときには要点だけを記して。要点だけというのは、例えば次のようなものである。

「ピートが仕事をしながらシャーリーに言い寄る様子を字幕で説明する」『ドーグラスの苦心』（一六、ジョン・エマーソン）

台本内に用意された字幕が、ときに字幕ライターの手によって珠玉の文章に書き換えられるのを見るとまさに目の醒める思いがする。サム・テイラーとティム・ウィーランによる『退場は微笑みながら』（二六、S・テイラー）の台本では、コメディエンヌのビアトリス・リリーが次のように紹介される。

〈ヴァイオレットは一座のなかのはぐれ者。舞台で生まれ育った彼女は舞台の上の人生しか知らなかった〉

字幕ライターのジョー・ファーナムはこれを次のように書き換えた。意味を少し変えて、性格付けを強め、笑いの引き出せる字幕としたのだ。

〈ヴァイオレットは一座のなかのビリッケツ……もらえる役は役にも立たぬ〝役〟ばかり〉

コメディの字幕はドラマの字幕よりも作品の生命に直結する危うさがあった。セリフ字幕は笑えなければ駄目だが、シーンそのものよりも可笑しなものであってはならなかった。それでも、シーンがいまひとつ盛り上がらぬときは字幕で活気づける必要があった。ラルフ・スペンスはその道に長じていた。マリー・ドレスラー＝ポリー・モラン・コメディのなかに二人が合成ジンをがぶ飲みしているシーンがあった。彼はそこに次のようなセリフを書き入れた。

「この酒を飲むと、物は二つに見えるけれど、自分は独り身に思えてくる」

ラルフ・スペンスは映画の救命医だった。シーンを入れ換えたり字幕を書き換えたりして、例えばドラマ作品を都会喜劇へ、という具合に一変させることができた。彼は「フィルム・デイリー年報」に自らの一頁大の写真広告を載せ、そこに次のようなキャプションを添えた。「息を引き取った愚作悪作の引き受けどころ、ラルフ・スペンス」(「フィルム・デイリー年報」一九二六年、一八〇頁)

映画の字幕をすっかり変えてしまうのは意外にむつかしい仕事であった。かなりの観客が口唇術にすぐれていたからである。そういった観客は役中人物の口の動きと字幕の文章とを瞬時に読み分け、その相違を指摘することができた。編集技師はたいてい人物が話し始めたところで字幕に切り換え、しゃべり終わったところで人物にもどすようショットをつないだけれども、じっさいは、そうとばかりもいかなかった。「滑稽でさえあれば」とルイズ・ブルックスは書いている。「キャメラの前で何をしゃべってもいいという誤った考えを、古強者の俳優や監督は広めていた。字幕ライターは俳優のしゃべりに合わせて文章を作るということを彼らは忘れていたのだ。ある日の夜遅く、ベヴァリー・ウィルシャー・ホテルのスイートルームに泊まっていたラルフ・スペンスのもとを訪れると、彼はフィルム缶や中華の食べ残しやウィスキーの空き瓶などに埋もれていた。彼は(ウォーレス・)ビアリー=(レイモンド・)ハットン・コメディの一本『弥次喜多空中の巻』(二七)に手を入れていたのだが、思いつくセリフがどれも俳優の口の動きに合わないので途方にくれていた。サイレント映画のファンは俳優の口の動きを読むのがうまくて、カウボーイが馬に乗ろうとして恐ろしい悪態をついていましたよなどと、しばしばあとで切符売り場に文句をいいにきたりするのだ」(「サイト・アンド・サウンド」一九六五年夏季号、一二三頁)

俳優の口の動きを読むのは、『栄光』(ラオール・ウォルシュ)『ボージェスト』(ハーバート・ブレノン)『戦艦くろがね号』(ジェイムズ・クルーズ、いずれも二六)『港の女』(二八、ラオール・ウォルシュ)といった映画をフルに楽しむには必須の技術となった。これらの作品の俳優のことば、とくにヴィクター・マクラグレンやウォーレス・ビアリーらのそれは、字幕にするにはあまりに汚いものであった。『港の女』でグロリア・スワンソンは検閲の問題をすべて平然と乗り切りながら、慎重な字面の字幕の前後を――唇を読みとる観客には聞き取れる――無音の粗野なことばで挟みこむことによって、〝港の女〟サディ・トンプソンをリアルに演じてみせた。この新たな読み取り遊戯は〝ののしり言葉パズル〟として知られることになる。

エディ・サザランドは最初の成功作『弥次喜多従軍記』(二六)製作のさい、ラルフ・スペンスの協力を切望した。「スペンスは偉大なライターだったが、気分屋で当てにならないところがあった。ときにどこを探しても彼の居所がわからなくなるんだ。彼の趣味は列車の模型で、部屋ひとついっぱいにするくらいのコレクションを持っていた。酒好き女好き、羽目を外すのが大好きで、ハリウッド・プラザ・ホテルに部屋をとっていた。私は何号室かを突き止め、隣の部屋に入った。翌朝、彼の部屋に朝食が運びこまれる一瞬を狙って、私も入っていった。両腕にフィルムを抱えてだ。

〝こいつめ、見つけやがったな〟私を見て彼はいった。

彼も覚悟を決め、私を傍らにおいて字幕書きをはじめた。小さなムヴィオラでフィルムを送りながら、〝ここでは何をいいたいんだ？　何を伝えたいんだ、エディ？〟と訊ねてくる。

ビアリーとハットンが初めて前線の塹壕にやってきたところだった。私は〝二人は命の危険のあるところにやってきて、御免被りたいと思うんだ〟と答えた。

それをうけて、彼は次のような字幕を書いた。〈聴音哨《リスニング・ポスト》——男が男らしさを要求されるところ。が、男であることを後悔するところ〉（オーラル・ヒストリー・リサーチ・オフィスによって録音されたテープより、コロンビア大学、ニューヨーク、一九五九年二月）

二〇年代末には、ラルフ・スペンスは映画一本につき一万ドルを稼ぐようになっていた。フォトプレイ誌は次のような注目すべき事実を記している。

「ハリウッドのさる映画館が〝字幕ラルフ・スペンス〟と電光掲示した。字幕ライターがかような待遇を受けるのは記録を見る限り初めてのことである」（一九二九年一月号、一〇一頁）

サイレント映画の字幕の発達は映画それ自体の発達と踵《きびす》を接していた。

「知っているかな？」とD・W・グリフィスは語っている。「私たちの最初の頃の映画には字幕がなかったということを？　そのうちに、字幕があれば——もちろんピッタリの場所に入れないといけないが——映画を補助してくれるんじゃないかと考えるようになった。しかも、字幕を少々用いるだけで貴重なフィルムを何百フィートも節約できる。一フィートのフィルムだって無駄にはできなかったからね」（「モーション・ピクチャー・マガジン」一九二六年七月号、二五頁）

最初期の字幕は、「その日の夜」とか「翌日」のように、そのものずばり内容を伝えてくるもので、時に「夜明けが訪れた」というように少々の装飾が加わるものだった。映画の技法が複雑さを増すにつれ、字幕も同様の変化を遂げていく。「字幕ライターの振り子はいまやもう一方の極に振れきった感がある。夜が過ぎたという単純な事実を伝えるだけにも、次のような文学的修飾の過剰を見ることができる——

〈新たな一日の到来を伝える甘いささやきが、陰鬱な夜の闇を敗走させた〉

ことばのこのような無駄遣いに対する釈明は、字幕に詩的タッチを添えるというものである。そこで私たちは、観客から感情的反応を引き出すために単純な事実をことごとしいことばの羅列で飾りつける例を徹底的に調べてみた。

［上］装飾字幕に目を通すジョン・エマーソンとアニタ・ルース。［下］カール・ブラウンが『幌馬車』のオープニング・タイトルを撮影している。このタイトルがかくも大きいのは、幕が開くところを撮るためであった。じつはこのタイトルは破棄され“アドルフ・ズーカー、ジェシー・L・ラスキー提供”と変更された。

〈その日の夜〉は〈一面に墨を塗ったような漆黒の空に、明るくまたたく無数の星〉となり、〈次の日〉は〈新たな日の出の到来に、昨日の悩みは今日という輝かしい機会の大道のうちに忘れ去られる〉となる。

シーンが大都会から西部の大平原に移るときなどは、字幕ライターはここぞ腕の見せ所と奮起する。〈彼はただひとり……神の作りたもう悠久なる自然の円蓋の下にあった〉

もしも字幕がこのまま簡潔から多弁への道を歩みつづけるとしたら〈米国映画批評会議認定〉のタイトルも次のように書き換えられることだろう。〈高徳の紳士淑女らが構成する偉大にして威厳ある団体、世の道徳の守護神、米国映画批評会議によって、すぐれたるアメリカ国民の鑑賞に値するものと宣言されし作品〉」（一九二五年十月号、一三二頁）

初期の字幕タイトルは他に二つの不運な段階を経験している。ひとつは次なるシーンの内容を伝え、結果を明かしてしまうことでサスペンスと興奮の芽をつんでしまうことだった。それはちょうど〝やったのは執事だった〟の文章で推理小説を書き始めるようなものだった。D・W・グリフィスは誰よりもこの反則を数多く犯している。『セイジブラッシュ峡谷の女神』（一二）では次のような字幕を出して観客の鼓動を高める機会を奪っている。

〈ここぞというときに現れてこそ、真の助けである！　勇敢なる若者トムが、蛇の毒牙からガートルードを救うのだ〉

観客の映画理解能力を疑うかのような、作り手側によるこのような過剰な予防措置は、草創期においてはやむを得ない一面もあった。当時の観客の大多数は移民であり、彼らはしばしばアメリカの生活習慣や民間伝承に無知であって、気をつけて指針をあたえておかないと、場面の意味を取り違える心配がなくもなかったからである。

ニューヨークのユダヤ人地区にある劇場では、いわゆる弁士がいて、俳優の声の吹き替えをしているところがあった。それも字幕を読み上げるだけではなく、字幕のないところでもアドリブで俳優の声になりかわったという。これらの弁士は字幕の使用が一般的になる以前の時代の名残であった。弁士は突発事にあわてぬ度胸が必要とされた。たいていの場合リハーサルなしで本番を迎える彼らは、ストーリーの意外な展開に虚を突かれることがあったからである。

ヒロインが若い男を抱擁している場面で、女性弁士はとろけるような声で語った。「ああ、ライオネル、愛してるわ、心から――」すると本物の恋人の登場となり、ヒロインの兄を恋人と間違えたことに気づいた弁士は、何ごともなかったかのようにことばをつづけた。「――でも、妹としてよ。そら、私の許嫁《いいなずけ》がやってきたわ」

不運な段階のもうひとつは、おそらく恩恵を被《こうむ》ったのは弁士だけだったと思われるが、例えば『スポイラース』（一四、コリン・キャンベル）などに見られるように、セリフ字幕にそのセリフを語る登場人物名を書き添えるという習慣であった。

『スポイラース』自体題名に内容をばらしているところがあったため（〝略奪者《スポイラース》〟）、この映画はいくつかのハンディを背負っていたものと思われる。

　初期の字幕はふつう大文字と小文字を混じえた平明な書体でできあがっていて、ときに映画題名、それに製作会社名あるいはそのロゴが装飾されていることもあった。字幕の重要性がしだいに増し始めると、作り手側は字幕の内容を補完する背景、あるいはそれとは対照的な背景を考案し始めるようになった。

　そういう装飾的背景は各シーン冒頭の説明字幕に限って用いられるのが普通だった――装飾としてはシルエットや寓意的モチーフなどが配された。これらデザイン化された背景は字幕の文字を邪魔しないように、けっして突出しないよう注意がはらわれた。だが、それらは同時にたんなる装飾以上のものでもあり、その主要な目的は作品の一貫性を保つということであった。それに加えて、物語の映像から黒色白抜き字幕への唐突な転換を和らげるのにも効用があった。光あふれる明るいショットから黒を背景とした字幕タイトルへの切り換えは視覚を鍛える訓練にはなったかもしれないが、鑑賞者の目を著しく疲れさせもしただろう。字幕に装飾的な背景が備わっていれば、転換はいくらかでもスムーズになるのだった。

　現在外国語映画に用いられている、映像に直接文字をスーパーインポーズするやり方はサイレント期の映画人にも思いつかなかったわけではない。『ベン・ハー』の戦車競走のシーンや、ギャング映画『春爛漫』（二八、ルパート・ジュリアン）の街頭のチェイスシーンのように、勢いある動きを遮断させたくないときに現に使われている。しかし、デュープやオーバーレイのプロセスが複雑かつ費用のかかるものであったため（外国語版が必要とされたときはなおさらであった）、一般化するには至らなかった。

　外国用ネガフィルムは字幕をフラッシュ・タイトルにして送ることができた――フラッシュ・タイトルとは字幕を二つあるいは三つのコマにとどめるもので、それにより輸送費も輸入税も抑えることができた（アメリカ映画の攻勢から少しでも利益を得ようと、イギリス政府はフィルム一フィート当たり四ペンスに輸入税を上げていたので、これらフラッシュ・タイトルは費用のかなりの節約を意味した）。輸入した配給業者はフィルムを手にしたのち、フラッシュ・タイトルのコマをプリンターゲートのところで止め、必要なだけのポジフィルムをコピーして、通常の長さの字幕を拵えあげるのだった。製作者はこの手法を応用し、字幕タイトルを感光乳剤を塗った小さなガラス板に直接写し取り、そのガラス板を焼き付け機にかけ、フラッシュ・タイトル用のコマとして使った――この巧妙な方法によって数千フィートのネガフィルムが節約できた。

　フィルムの節約策としては他に単語の綴りを簡略化する方法もあった。〝programme〟を〝program〟に、〝employee〟を

“employe”にするといった類である。

しかし、字幕ライターがつねに直面する難問は、いくつかの事実、あるいは複雑な内容をどうやって限られた語数に詰めこむかということであった。

「メリー・ピックフォードの『勝手口から』（二一、アルフレッド・E・グリーン／ジャック・ピックフォード）のとき」とジェラルド・ダフィは書いている。「ひとつの字幕がとくに荷厄介だった。まずメリーが駆け落ちをしたように匂わせる必要があった――でも、それは事実ではないので、事実として出すわけにはいかない。観客にそのように思いこませるだけなのだ。そしてもうひとつ、メリーの母親が離婚を考えていることを伝える必要があった。さらには、前のシーンでは人物はみなロングアイランドにいたのだが、シーンが換わってみなニューヨークのホテルに来ている。だから、ニューヨークのホテルが次の場面の場所であることを観客に伝えなくてはならなかった。

もうひとつ付け加えれば、字幕は滑稽味のあるものが求められていた。さあ、これだけの条件をすべて満たす字幕を作り上げるのは、ラクダを針の穴に通すのにも似た難事だろう。しかし、映画の中の家具が私を救った。私の書いた字幕は次のようになった。〈ニューヨークにホテルがなかったならば、駆け落ち者や、離婚した夫婦や、赤いビロードカバーの家具は、いったいどこに落ち着き場所を求めればいいというのか？〉十七単語ですべての要求を満たしたのだった」（「ピクチャー・プレイ」一九二二年八月号、二二頁）

第二十五章　マーガレット・ブース

マーガレット・ブースは映画界を代表する名編集技師のひとりである。現在はMGMの重役であり、編集部部長として編集部全体を統轄している。タルバーグ以降MGM歴代の製作主任すべてのもとで働いた数少ない所員のひとりであるブースは、いまは大きな力を保持している。タルバーグ譲りともいえる並外れた直観力は、編集という苛酷な技術に長期にわたって心身を捧げてきたその賜物であった。

　彼女の手腕をしめす代表作はおそらく『戦艦バウンティ号の叛乱』（三五、フランク・ロイド）であろう。他にも以下のような数多くのMGM作品の編集を手がけている――グレタ・ガルボ主演『女の秘密』（二八）、リリアン・ギッシュ主演『敵』（二七、共にフレッド・ニブロ）、ノーマ・シアラー主演『天使の顔』（二八、ロバート・Z・レナード）、ウィリアム・ヘインズ主演『世界に告ぐ』（二八、サム・ウッド）、ロバート・テイラー主演『響け凱歌』（三八、ジャック・コンウェイ）等々。

　ミス・ブースは自らの仕事については口数が少なく、その業績に関しても控えめな態度を崩さない。またよく知られた事実だが、彼女は文章というものに信頼を置いていない。そういう彼女に仕事のことを語ってもらうよう説得するのは至難の業だった。しかしようやく、一九六五年のロンドン来訪時、カリフォルニアに向けて当地を発つ直前、荷造り用のスーツケースが散乱する彼女のスイートルームのなかで、自身のこれまでの仕事について重い口を開いてくれた。ミス・ブースとはどのような人物か、編集技師としてここまでどのような困難を克服してきたのか、といったことを知る手がかりは、以下の彼女のことばからじゅうぶん得られるのではないだろうか。

マーガレット・ブースは語る

　学校を出てすぐにD・W・グリフィスの映画製作班に入り、*フィルムの〝つぎはぎ屋《パッチャー》〟として仕事を始めました。そのときネガフィルムの編集もおぼえました。当時は自分の目で判断してネガを編集したものです。エッジナンバーなしでポジ・プリントとネガとを合わせていきました。アクションは合わせせないといけない。時折ネガ上に小さなピンポイントがあり、それを見て、うまく合っているのがわかります。でも、とても退屈な仕事でした。『嵐の孤児』のリリアン・ギッシュのクロースアップが何千フィートとあるんですよ。どれも似たものばかりでね。みんなで協力し合って仕事を進めました。

その仕事を数カ月やったあと、パラマウントの現像所に行き、リリースプリントの染色部分の編集につきました。これは二、三週間つづきました。そうしてようやく、メイヤーのミッション・ロードの撮影所で働くようになったのです。

ルイ・B・メイヤーはその頃独立プロデューサーで、作品をファースト・ナショナルから配給してました。ミッション・ロードにはジョン・M・スタールというすぐれた監督がいました。私は彼の助手となり、その編集ぶりを間近に観察しました。彼は映写室でのラッシュ試写にも呼んでくれました。そういうふうにして、編集がどうドラマを左右するかや、テンポなどを教えこまれたんです――じっさい、編集のノウハウを仕込まれました。

その頃は誰もが何役もこなしました。私も時にロケに出るスタールについていき、スクリプトガールを務めました。メイヤーの会社が合併してMGMになると、職場はカルヴァシティの撮影所に変わりました。私はまだ助手のままで、夜になると仕事場にもどり、スタールが捨てたテイクを使っていろいろな編集を試してみました。しばらくすると、スタールが私のまとめたシーンを見てくれるようになり、ときにそういうシーンをまるごと映画の中に使ってくれましたね。そのうちに彼の映画のファースト・カットを任されるようになったのです――そうやって私は編集技師になりました。

編集の仕事は厳しかった。スタールのやり方はとても厳格でしたから。あの人は完璧主義者です。同じことを何度も何度も繰り返し行ないます。どのシーンもそういう具合で、それはいろいろな編集を試すためでした。

アーヴィング・タルバーグのやり方も同じでしたね。キューカーの『ロミオとジュリエット』(三六)では、私はバルコニーのシーンを五通りに編集しています。涙を流すものと、流さないもの。クロースアップだけのもの、ロング・ショットだけのもの、その両方を混ぜ合わせたもの、と。

スタールはMGMを離れるとき、私を誘ってくれましたが、私は断りました。ひとりの監督だけと仕事をしたくはなかった。私は大勢と仕事をするのを楽しんでいたのです……映画を一本撮りおわると、こちらも相手もちょっとうんざりという気持ちになりますからね。気分転換がしたくなるのです。ですから、私はMGMで仕事をつづけました。ほとんどがタルバーグ製作の映画でした――タルバーグは最高の映画人でしたもの。MGMは私の実家のようなものです。まだ若いときにあそこで仕事を始め、それからずっとでしょう。知らない人はひとりもいなかった。よそで働きたいとは思わなかったですね。

当時はいまよりも編集に時間をかけました。いろいろ試してみる余裕がありました。とても多くの映画を作ってはいましたが、いまのように完成を急いだり、公開日に追われたりはしません。「完璧に仕上げるまで公開させない」と主張できたんです。ですから撮り直しも当たり前。クロースアップをひとつ入れるとシーンがよくなるのであれば、もう一度セットを組んで撮影しました。誰もがそういうことができ、費用もかかりません。いまの時代であれば、クロースアップひとつの撮り直しに五千ドルはかかりますね。

サイレント映画を編集するとき、私は数を数えてリズムをとりました。兵隊の行進のシーンとか、何か拍子を刻むものを編集していて、アングルを変えたくなると、私は一、二、三、四、五、六と数を数えて、拍子をとったのです。手作業で編集をするときはそれが私のやり方でした。ムヴィオラが入ってきたあとも同じやり方が通用しました。ガラス越しにフィルムを見ながらリズムを確認したのです。

当時は編集作業のなかで大きなスクリーンをもっと利用しましたね。編集の過程で幾度もスクリーンに映写してみるのです。そうやって確認しては、必要な修正を加え、また映してみる。編集、映写、編集、映写の繰り返しです。そういうなかから徐々に映画のリズム、パターンが生まれてきました。

編集に着手する頃は、字幕はまだ完全にはそろっていません。ざっと編集したところで字幕ライターに見てもらい、仮の字幕を作ってもらう。編集が完了したところで字幕も最終版を挿入します。仮の字幕は、タイプライターで打ったものを現像所で写し撮って作ります。ときにとても大きな文字になりました。タイプ字幕、と私たちは呼んでいましたね。字幕には字幕の速度があって、単語一語につき一フィート半が目安でした。そのくらいが文字を追うのにちょうどよかったのです。

監督は編集に大きく貢献しています。編集は編集技師と監督のチームワークからできあがるのです。編集技師の手柄とされていてもじっさいは監督が大きく関わっていることがあります。編集はひとりでできる執筆作業のようなものとは違います。編集技師の仕事ぶりを見て、監督がやってきて、「あそこはよくない」だの「どうしてあそこで一拍おくんだ？」だのといってくる。編集では、二つの考え方がひとつになります。まったく単独で編集をする、誰にも何もいわれない、という編集技師はまずいません。

監督は編集技師を軽視しているわけではないのです――でも、監督は編集技師の仕事を自分でやりたがってはいます。監督は編集作業が好きなのです。編集室に入り、自分が撮っ

＊（三五一頁）マーガレット・ブースの十六歳年上の兄エルマー・ブースは『ピッグ・アリの銃士たち』（一二）にも主演したグリフィス門下の俳優。一九一五年自動車事故で早世した。

たフィルムをいろいろといじくるのがね。でも、それはいいことじゃありません。誰にも自分の職域というものがあります。監督は編集に加わりたいとは思っていますが、大半の監督は編集はへたくそです。でも、じっさいやってみると編集の難しさをわかってくれますし、どういう点で自分がミスをおかしたかに気づいてはくれます。

クラレンス・ブラウンはすばらしいテクニシャンです。彼とは何本かの映画でコンビを組みましたが、彼は一度も編集室には入ってこなかった。映写室にいて、編集の過程で何度も映写させてはそのつど意見を述べるのです。彼には編集がわかっていました。一緒に仕事をするのに理想的な監督でしたね。

チャールズ・ブラビンもいい監督でした。編集は編集サイドにまかせてくれました。ジョン・M・スタールはもちろん自分で自分の映画の編集をしました。野外シーンの名手で活気あふれる映画を作ったレジナルド・バーカーも編集は自ら行なう監督でした。フレッド・ニブロは、この二人とは対照的に、自分の考えや希望を伝えてきましたが、編集室には近づきませんでした。

サウンドには頭を痛めました。トーキーへの移行期の頃ですがね。画像との同期が困難でした。誰にとっても初めての経験だし、私などどうしたらいいかとビクビクしていたものです。私にとってサウンドとの最初の出会いは、サイレント映画の『サン・ルイ・レイの橋』（二九、チャールズ・ブラビン）のときで、この映画の最初と最後のシーンをトーキーにすると会社が決定したのです。

でも、サイレント映画でもヒヤヒヤものの経験をしないわけではありません。『黄金の世界へ』（二八、クラレンス・ブラウン）のときですが、試写会に向かう列車の中で、助手と一緒に字幕付けを行ないました。私が助手に字幕を手渡し、助手がそれを手作業でフィルムに挟みこんでいきます。でも、列車が激しく揺れるので字幕の字面がよく見えません。上下逆さまに渡しているのじゃないかと気になってしようがなかった。劇場に着いて試写が始まっても、まともにスクリーンが見られない。逆立ちした字幕が突然出てくるのじゃないかと心配でね……タルバーグも映画の出来をひじょうに気にしていたので、試写会でそんな故障が起きたら目も当てられません。まあ字幕の繋がりに問題はなく、その点はよかったのですが、試写会は失敗でした。まったく受けなかったのです。私たち全員ひどく落胆したのをおぼえています。

私が編集したセルズニック製作の映画、ジョーン・クロフォード主演の『踊る娘達』（二八、ハリー・ボーモント）のとき。試写会場のフォックス・ウィルシャー劇場に行くと、五百人の観客が劇場に入りきれないでいました。そこで試写を二度行なったのですが、上映用プリントではなくワーク・プリントを使っていたので、私は緊張しぱなしでした――ワーク・プリントは途中でよく切れるのです。案の定、二度目の上映が始まったあとで、あとのリールの修復に撮影所に急いでもどっていったものです。

自分の担当した映画を書きとめている編集者がいます。あとで仕事の内容を思い出せるようにと。それは私のやり方じゃありませんね。いいですか、私は一九三七年以降編集室には足を踏み入れていないのです。私の仕事場は映写室となりました。編集にあたる当人は監督と編集技師です。私は総仕上げに加わるだけです。

編集技術に関していえば、サイレント時代に完成をみて、以来基本的に進歩は遂げていません――でも、ひとつ例外がありますます。フェイドやディゾルブがなくなったことです。この変化は大歓迎です。昔のディゾルブは映画のテンポにブレーキをかけましたからね。八フィートから十フィートのフィルムを使ってディゾルブ処理をしたものです。そうやって、長年にわたり、ディゾルブは時間経過を表すんだと観客に教えこんだのです。いまでは二つのシーンを直接つなぐダイレクト・カットがその代わりを務めています。新しい世代の監督が新しい手法をもたらしました。とてもいいことだと私は思っています。

第二十六章　ウィリアム・ホーンベック

『陽のあたる場所』（五一）『シェーン』（五三）『ジャイアンツ』（五六）の名編集で映画界にその名をとどめるウィリアム・ホーンベックは、一九三〇年代のイギリスにおいても、アレグザンダー・コルダのもとで編集監修を務め同様の名声を博している。現在はユニヴァーサル映画の副社長として編集部の統轄役も果たしている。

有名作品との関わりだけでも人の一生分の業績に値するためだろう、そのうえに彼の初期の経歴を知らされると、たいていの人は驚きを新たにする。一九二〇年代、ウィリアム・ホーンベックはマック・セネット撮影所の編集監修としてセネット二巻物コメディの編集責任者の地位にあった。その多くが映画編集の古典的傑作といわれるセネット・コメディである。

ウィリアム・ホーンベックは語る

一九〇九年頃、私の母親はロサンゼルスでホテルを経営していた。そこに、映画人がよく泊まりに来ていた。彼らは撮影所に適した土地を探していた。

「そうね」と母親は答えた。「ロサンゼルスでいちばんいいところ、年中太陽が降り注ぐところは、私たちが住んでいるイーデンデールね」

母親は、とくに意図したわけではないままに、私たちの住まいのまわりに彼らの関心を導いた。私たちの土地の一部が映画人によって買い取られ、そのアレッサンドロ通り、のちのグレンデール大通りに撮影所が建てられた。あとでマック・セネットがそれを買収し、そこはキーストン社の撮影所となった。

私は十歳くらいの子どもで映画が大好き。いつも塀越しに撮影風景をのぞき見していた。そのうちに撮影所内での新聞配達の仕事をもらった。全員と顔見知りだったのでどこでも自由に出入りを許された。いちばんのお気に入りは小っちゃな列車が何輛も置いてあるミニチュア部だった。正式に雇ってもらいたかったが、年齢が足りなくて無理だといわれた。「半ズボンを卒業したら、仕事をやろう」と。

そのあいだに母親は〈ケイティーズ〉というレストランを始めていて、私は皿洗いを手伝っていた。ある昼時のこと、皿洗いの真っ最中に電話が鳴った。セネット撮影所の守衛からで、「仕事があるぞ。もしウィリーが望むのならな」という話。

私はエプロンをはぎ取ると、高く積まれた皿をそのままに、自転車に飛び乗って、撮影所向けて猛然とペダルを踏んだ。

そのとき私は十四歳。現像所でフィルムリールをまわす仕事についた。そのあと、焼き付け係《プリンター》になった。週給六ドルだった。編集の仕事につきたかったが、それにはまだ年齢が足りなかった。次いで映写技師となった。一九一七年、アメリカが第一次大戦に参戦すると多くの男性所員が抜けていった。そのおかげで私は編集室に入れてもらえ、戦争が終わったときには、編集の仕事をまかされていた。戦争がなかったなら、いったい何年かかっていただろうかと思う。現実には、私は二十歳で編集部の主任となっていた。

編集についていちばんたくさん教えてくれたのは抜群の名編集者F・リチャード・ジョーンズだった。ジョーンズはのちに監督、製作者として重きを成した人物で、セネットのところではメイベル・ノーマンド主演の『ミッキー』(一八)や『臨時雇の娘』(二三)を作っている。

もちろん、編集は教えられて身につくものじゃない。アドバイスや助言ができる程度だ。そういう助言はルールとは違う。もし編集にルールがあるのなら、それを文字にして教科書を作れば、誰でも編集者になれるわけだから。でも、ルールはなくともたんに助言はできる。あとは本人の眼力にかかってくる。

当時、二巻物を一本仕上げるには、いまの人が想像する以上の時間がかかった。しばしば撮影に三、四週間を費やしたのだ。だから、週一本ペースを確保するために、八つから十の撮影班を常時動かしていた。週に一本できあがらないと、給料がもらえなかった。

映画作りにおいて自分の仕事を真に理解していないといけないのはキャメラマンだ。キャメラマンはクランクをまわす速度に関して確たる技術をもっている必要があった。車が猛スピードで走りまわるシーンも、じっさいはゆっくりと運転していたりするのだ。ディック(リチャード)・ジョーンズはキャメラの撮影速度の違い、それがどういう場面を作り出すかを深く研究していた。ひとつのアクションをいろいろな速度で試していた。毎秒十四コマではどうか、十二コマ、十コマ、六コマではどうかというふうに。

セネット撮影所のクルーは小規模だったから、キャメラマンには助手は付いていなかった。キャメラマンはすべてひとりでやっていた。キャメラにフィルムを装塡し、自らキャメラを担ぎ、自分でキャメラをまわし、レンズの前に自分で黒板《スレイト》を差し出した。そして朝には、現像後のネガフィルムを分類するという仕事が待っていた。撮影記録はとってなかったので、いちいちNGを探し出す必要があった（NGとは〝ノー・グッド〟の意）。

ひとつショットを撮り終えて監督が「よしっ」といえば、もう少しキャメラをまわして、指で作ったオーケーサインを撮っておく。監督がダメといえば、NGのサイン——交通巡査のように手を差しのばす——を撮っておくのだ。

あとになって監督の考えが変わり、NGのテイクを使うことがある。そういう場合に備えて、キャメラマンは現像所に行って、テイクごとにフィルムを分類しておかなければならない。

セネット撮影所は現像所をもっていた。現像後は、まず監督のためにラッシュ試写を行ない、次いで特別にセネットのために、夜フィルムをまわした。場所は撮影所の場合もあれば、セネットの自宅の場合もあった（彼は映写装置を持っていた）。編集者の仕事はそれからあとということになる。

最初の頃、編集は手作業で行なっていた。編集台の磨りガラスのうえにフィルムを走らせてね。一九二一年、一種のムヴィオラを組み立てたのだが、まだ原始的なかたちで雑音もひどかった。そんなわけで、長い間ムヴィオラは信用しなかった。とはいえ、ときには使っていたけれども。

ワーク・プリントの編集を終えると、金曜日の夜、あるいは土曜日に、ネガフィルムの編集に入る。ポジフィルムの編集をした編集技師がネガ編集も行なうことになっていた。ライトボックスが部屋の四方においてあった。ネガを個々のテイクごとに分けると、その最初のところをわかるようにして、ライトボックスの前に吊しておく。二巻物とはいってもしばしば数百のカットがあった。そこで編集部のみんなで、例えば二百フィートずつというように、セクションに分けて担当を決めた。エッジナンバー★はなかったので、自分のセクション内での最初のショットが見つかると、そのショットのネガを探す。ときに十近くのテイクがあったりするのだが、該当するネガが見つかるまでひとつひとつ丹念に見ていくのだ。

土曜の午前零時までには作業を終えるべく頑張った。その時刻にネガをニューヨークに発送することになっていたからだ。一、二度もう少しで間に合わないというときがあった。日曜の早朝の発送というときもあった。でも、いつも最後は列車に間に合った。

もちろん撮影所での仕事は、私たちにとってたんなる賃仕事ではなかった。いつも夜遅くまで働いた。組合なるものはなかったから、他のどんな仕事にも手を出すことができた。私は幾度も自分で撮影をしている。インサート・ショットや字幕などをだ。そうやって、編集以外のことをおぼえていった。インサート・ショットが必要になると、撮影部に行って、キャメラとフィルムの端尺をつかんで出てくるのだ。露出や

★フィルムの長さをフィート単位で示す数字。三十五ミリフィルムでは一フィートごとに数桁の数字が焼き込まれている。

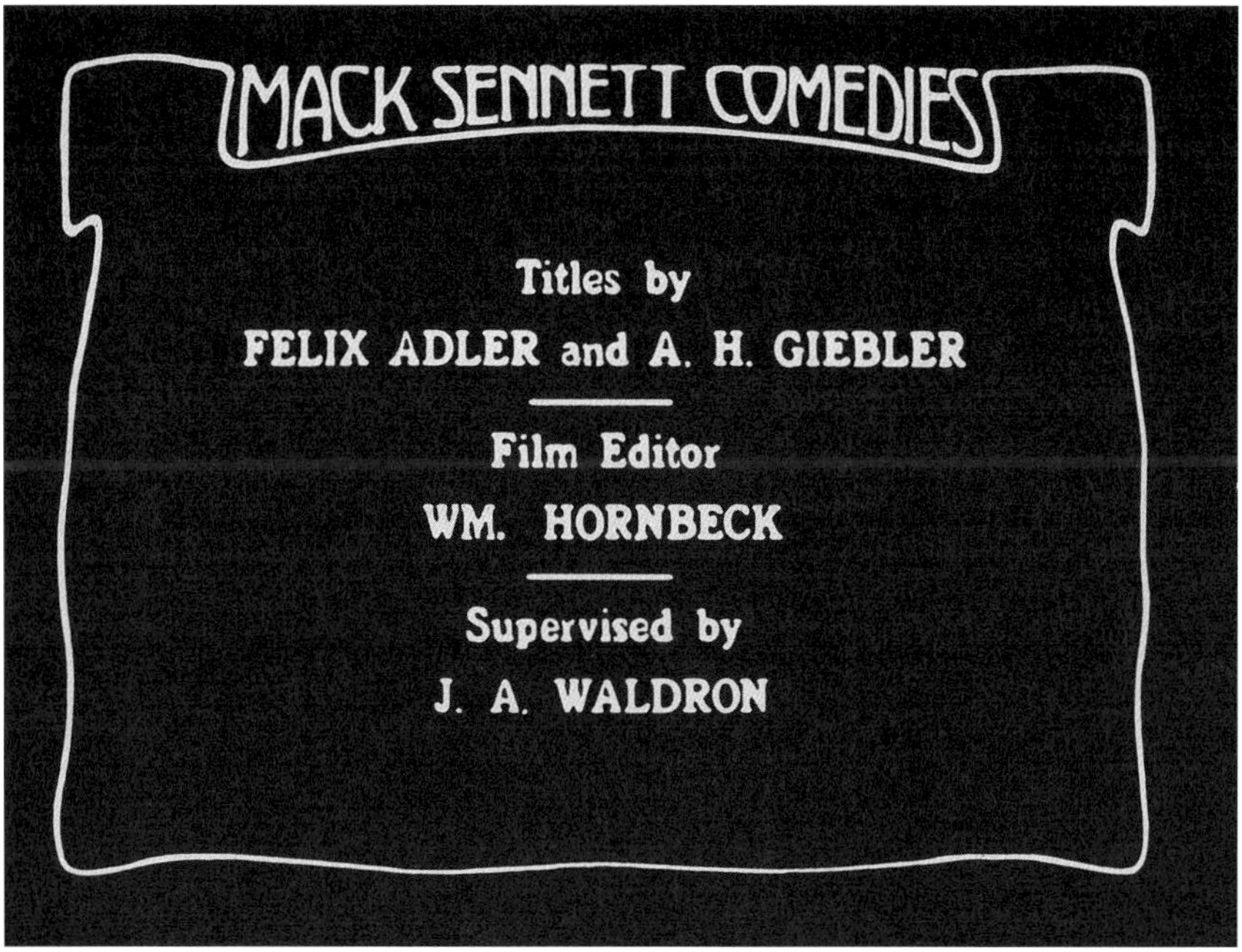

ウィリアム・ホーンベックが編集を担当したセネット・コメディの一本『雁猟師』（25、監督ロイド・ベイコン、主演ベン・ターピン）のクレジット・タイトル。

照明も知るようになった……いまの時代、インサート・ショットを撮ろうとしたら、ひとクルーまるまる借り出す必要があるけどね。

セネット喜劇の宙吊りスタントでは、ほとんどの場合ピアノワイヤーが使われている。このワイヤーはすごく頑丈なのだが、よじれがあると意外にもろい。ある映画のとき、私は車を供出させられた。私の持っていたのはダッジ、いい車だった。それをワイヤーを使って十メートルほど吊り上げたところ、ワイヤーが切れた。幸い人は乗っていなかったが、車は大破した。会社の方で修理はしてくれたけれど、もとのようにはもどらなかった。私の記憶にある唯一悲惨な事故は、キャメラマンのアル・ジェンキンズがサンタモニカ・カーレースを撮影しているときに起きた。車の一台がコースを外れ、彼のキャメラに突っこんだのだ。ジェンキンズは即死だった。

マック・セネットは自社の映画にはすべて、完成するまでしっかり目を光らせていた。でも、彼には選り好みをしている余裕はなかった。いいものも悪いものも、作った映画はみな発送された。多くの映画が水準以下だったが、それらも劇場にかけられた。

ひとつあまりにひどくてこれは送れないという映画があり、それは手元にとどめていた。その頃会社は経営に行き詰まっており、パテとの契約も終了期限が迫っていて、更新される見込みはなかった。パテは私たちの映画は再契約に値しないと思っていたのだ。そのときエディ・クラインが、お蔵にしている映画をとことん茶番にしようじゃないかと提案した。私たちは字幕を誇張したものに書き換え、映画題名も『クソッたれの抵当権』(二六)とした。それでも映画は依然としてひどかった。とにかく、そうやって手を入れた映画をニューヨークに送った。ところが、これを見たパテの評価判定会がこれまでの中で最高評価をつけてきただけでなく、契約の更新も認めてくれた。「これこそが」と評価判定会はいった。「私たちの求めていた映画だ」と。

セネットはコメディを知り抜いていた。ただ、人間なので誤ることもあった。彼はフランク・キャプラをクビにしている。キャプラはライター兼ギャグマンとして働いていて、監督になる野心を抱いていた。彼は映画を撮らせてほしいとセネットに懇願しつづけ、セネットも折れて一本撮らせることにした。しかし、ラッシュを二、三度見たところで、「こいつに監督は無理だ」といって解雇したのだった。

セネットはたいした教育は受けてなく、映画界に入る前はボイラー修理工だった。そんな彼にいくつか笑い話がある。そのうちのひとつは、ライターで監督でもあったハンプトン・デル・ルースに関するものだ。セネット喜劇の何本かのクレジット・タイトルに〝監修マック・セネット(ハンプトン・デル・ルースとのコラボレーションによる)〟とあった。しばらくして〝コラボレーション〟が共同作業の意味であると知ったセネットは憤激し、デル・ルースを撮影所から追い出した。

［左］1926年、ラリー・シモンは監督としてマック・セネットと契約を結んだ。それをギャグにしたのがこの写真。手前のシモンとセネットを、クビがあぶなくなった二人の監督、デル・ロード、エディ・クラインが盗み見している。［右］マック・セネット撮影所の編集室の責任者ウィリアム・ホーンベック（1921年）。

一九二八年、ジョニー・バーク主演の第一次大戦を主題にした長篇映画『グッド・バイ・キッス』（二八）の製作が始まった。私はセネットがロイド・ノスラーやドン・ヘイズのような長篇用の編集技師を探しているという話を耳にした。数人の編集者がしばらくのあいだこの映画に関わっていた。アーサー・タヴァリスがいちばん長く、四、五週間くらいだったろうか。

私は何とかこの映画の編集をやってみたかったのだが、マックにはこういわれた。「二巻物をつづけるんだ。やるべき仕事があるだろう。それにお前は二巻物が得意じゃないか。こっちのほうは名のある編集者を使いたいんだ」

このことばにはカチンときた。給料も断然向こうのほうが上だったからだ。そのしばらくあと、アーサー・タヴァリスがやってきて、ボスのもとで仕事するのは骨が折れるともらした。私は忘れかけていた『グッド・バイ・キッス』のことを思い出すとともに、彼のいわんとすることがすぐに理解できた。

セネットは映写室ではほとんど口を開かない。しかしいくつか癖があって、それが内心を代弁していた。例えば、椅子の上で体を右に左によじるのだが、左によじると不機嫌になったとき。またつばを吐く品のよくない癖もあった。彼はタバコを嚙むか葉巻を吸うかするのだが、そんなときにつばを吐けば最悪に不機嫌になった印だった。かわいそうに、タヴァリスはこういった癖の意味を知らなかった。

ある日、セネットが私を呼んだ。「今晩、夕食を食べがてら、例の映画を見に来い」

私は仕事が山ほど残っていると答えたのだが、セネットに押し切られ、彼の家に出向くことになった。そこで私は、タヴァリスが見逃していたボスの癖をしっかりと目にした。セネットが振り向いて訊ねた。「この映画をやってみたいか？」

もちろんです、と私は答えた。

「二巻物のほうは人がいるのか？」

「大丈夫です。それにもうほぼ目途はついていますから」

「メモはつけるのか？」とセネットは訊ねてきた。

「私はメモは取りません」

「タヴァリスや他の連中は取ってるぞ」

「私には必要ありません」

「どうだ、連中にいったとおりだ！」とセネットはいった。

「お前はメモなんか必要とせん。奴らはメモを取っている。それでいて翌日の夜にフィルムを持ってくると、何のことはない！　前と同じで、何の進歩もないんだ！」

そういうことを経て、私が『グッド・バイ・キッス』の編集担当となった。

「タヴァリスでもうひとつ気にくわないのは」とセネットはいい足した。「奴は夕食にやって来ると、ジャガイモを山ほど食って他は何も食わないか、肉ばかり食って他は何も食わない。そんなメシの食い方をするヤツにロクなのはいない！」

第二十七章　サイレント映画のスタントマン

サイレント時代のスタントは虎の尾を踏むのに似ていた。この職種にベテランはいなかった。スタント向きの職業を経験していても――アクロバット芸人であれ、航空ショーの飛行士であれ、猛獣の調教師であれ、カーレーサーであれ――キャメラの前では、初めての、まだ知られていないタイプの危険に挑むことになった。

当時はまだバックプロジェクションだのトラベリング・マットだのという新技術はなく（とはいえ、どちらもサイレント期が終わりを告げる前には登場する）、それ故に、ビルの十二階の窓枠に爪を立ててぶら下がっているかに見せながら、じっさいは地面に足をつけて立っている、という芸当はできなかった。

当時は観客の目がとらえたとおりのことが現実に行なわれていたのである――行なっているのは俳優自身か、彼に扮したスタントマンかの違いはあっても。連続活劇やスリラーものが大衆の興味を引きつけ、大勢の観客を集めるようになると、俳優たちの置かれる状況は、そのハラハラ度において、ますますエスカレートしていった。馬から落ちるのを専門にしていたスタントマンは、ほどなくオートバイから転倒するようになり、さらには飛行機から飛び降りるようにと要求された。

予防措置は可能な限りとられたものの、たいていのスタントは、それを妨げるかのように、自由な動きに多くを負っていた。列車から飛び降りるスタントマンや、空中で飛行機から飛行機へ乗り移るスタントマンにどういう予防措置が講じられるものだろうか。すべてスタントマン自身にまかせるよりなかった。他の者はキャメラのクランクがまわっている傍でじっと眺めているよりなかったのだ。

〝命知らず〟バディ・メイソンが、新入りスタントマンが仲間入りと認められる基準は何か、と訊ねられて、こう答えた。「基準というものはない。ただ、病院に運ばれたあと、見舞いに来た同僚からファーストネームで呼びかけられたら、そ

れが仲間内になったという印だな」(「フォトプレイ」一九二七年十一月号、三〇頁)

スター俳優自身、偉大なスタントマンということもある。ヴォードヴィルのアクロバット芸人だったバスター・キートンは、自分のスタントシーンのほとんどすべてを自ら行なった——それだけでなく、他の俳優のスタントまで務めている。「私はロサンゼルスのどの撮影所よりも多くのスタントマンを育て上げた。めったやたらに人を集め、ともかくスタントマンに仕上げていったんだ。

『忍術キートン(キートンの探偵学入門)』(二四)のなかに、オートバイ警官を止め、そのオートバイのハンドルのところに私が乗って、二人乗りで走って行く場面があるね。水たまりを横切ったさい運転していた警官が落ち、気づかぬ私をハンドルに乗せたままオートバイは走っていく。あのとき転倒する警官は私が演じていた。体格が私に似ている小道具助手のアーニー・オーサッティに私の服を着せてハンドルにのせ、私が警官役におさまったのだ。

私ひとりをハンドルに乗せてオートバイが走るところはたいへんだった。だいいち、ブレーキがかけられない——オートバイには足踏みブレーキしか付いてないからね。でも、あの映画には見事に決まった転倒シーンがいくつもあった。自動車の車体にどんぴしゃりで着地できたところもある。正面衝突した自動車のフロントガラスのところに、脚を上げて尻を突き出した逆さの格好でね!」(著者によるバスター・キートンへのインタビュー。一九六四年十二月、ハリウッドにて)

同じ映画のなかで、キートンが待避線に入っている貨車の屋根に逃れる場面がある。貨車が急に動き出すので上から垂れているロープにつかまると、それは貯水塔から水を出すロープである。

「大量の水がすごい勢いで落ちてきて、私の手はロープから離れ、そのままもろともに地面に落下した。落ちたところはちょうど線路の上、体がレールと交叉するかたちで落ち、首をしたたかレールにぶつけた。そら、ちょうどここのところだ(彼は首の後ろを指し示す)。数時間頭が痛かった。ミルドレッド・ハリスの家が近くにあり、彼女にきつい酒を気付け薬がわりに飲ませてもらった——禁酒法の時代で、どこにでも酒があるというわけじゃなかったから、運がよかったな。

翌朝目を覚ますと頭はすっきりしていた。その後も、休むことなく仕事をつづけた。何年も経ってからソーテルの復員軍人病院に入ったことがある。あそこはレントゲンやら何やらで徹底的に調べ、フケが多いだけでも入院させられるところだ。検査のあと医者に〝首の骨を折ったのはいつですか?〟と訊ねられた。

そんなおぼえはないと答えると、〝このレントゲンを見てください。亀裂の上に仮骨ができてるでしょう。第一椎骨のとなりのところに〟と医者はいった。何年くらい経っているものかと訊いてみると、〝十年から十五年くらい前でしょうかね〟との話。私はさかのぼって考えてみた——線路に落ちたあのときだ。骨折していたとは思いもよらなかった。そのまま仕事をつづけて、一度だって支障は出なかったからだ。運がよかった。神経にも異常は出なかったからね。本当にツイていたんだ。仕事のできない体になっていたかもしれない……脊柱をやられるといろいろと重い障碍が出るというからね！」

ハロルド・ロイドのスリリングなコメディは、スクリーンで見るとおり地上何階かの高さで撮影が行なわれていた。ときにはビルの屋上に組まれたセットで撮影されることもあったし、安全ネット代わりに木製の防護台がキャメラの視角の下に用意されることもあった。しかしいずれにしても、ロイドにとって五メートルほどの落下の危険は日常茶飯事だった。あるとき、ロイドがもし足を滑らせたらどうなるのかと、撮影班は人間大の人形を木製の防護台の上に落としてみた。人形は台の上ではね返り、地上まで真っ逆さまに落ちていった。ロイドのスタントは、彼の右手が満足でなかったことを考えるとますます目覚ましいものに思えてくる――彼の右手の親指と人差し指は、一九一九年、スティル写真撮影時の事故で吹き飛ばされていた。そのとき、ポーズをとるさいの小道具として用いられた爆弾が、模造品ではなく本物だったのである。*

リチャード・タルマッジの映画はすべて彼の並外れた運動能力を中心に展開していた。本名はメゼッティといい、ノーマ、コンスタンスらのタルマッジ・ファミリーとは何の関わりもないタルマッジは、スタントマンとしての幅広い経験をいかし、現在は大作映画の第二班監督を務めている。一九二三年の彼の映画『肉弾児』では、冒頭に次のような字幕が現れる――〈本作でタルマッジ氏によって演じられる目にも鮮やかな〝スタント〟は正真正銘本物であり、〝代役〟あるいは〝人形〟あるいはトリック撮影によって成し遂げられたものではないことをお断りしておく〉。

リチャード・タルマッジはダグラス・フェアバンクスと仕事をともにしている。彼の代役を務めたのではなく――ダグは自らスタントを演じるスター俳優として有名――そのダグのためにスタントの模範を演じたのである。フェアバンクスはタルマッジが演じるのを見て、問題点や危険、最も効果的な動きなどを確認し、そののち、キャメラをまわして自らスタントを行なった。

「ダグのスタントはすべてが偉大な運動能力の成果というわけではない」とアラン・ドワンは語っている。「スタントがいとも優雅に演じられているところがミソなのだ。例えば、決闘のシーンで、ダグがテーブルの上に飛び上がるとする。そういう場合、私はまず彼の跳躍力を見て、彼が楽々と飛び上がったように見える高さにテーブルの高さを設定する。壁をよじ登る場合も同じ。セットを作るときに、彼の手足が自

*ロイドは時によって〝高所コメディ〟のなかで代役を用いている。そんな代役スタントマンのひとりにハーヴェイ・パリーがいる。

然に届く位置に手がかりを拵えておく。ダグと体格が異なる人物がそこを登れば、動きは不器用になってしまうだろうが、ダグの動きにはぴったりと調和するわけだ。ダグはもちろん壁をするすると登れるだけの運動能力と腕力を持っているのだが、それに合わせるように手がかりが作られているところが肝要なのだ。彼が登っていく壁にはそれだけの準備がなされているということだ。彼がジャンプをするときも同じこと。彼が優雅にジャンプできる距離が、先に測ってあるわけだ。彼の動きにこれっぽちも無理なところが現れないようにね。

私たちは危険なときだけ、失敗すれば怪我をする可能性があるときだけスタントマンを使った。私が関わってなかったダグの映画で、私であれば絶対に本人に許さないスタントを彼は強行し、そして怪我をした。バルコニーから舞い降りて馬に飛び乗るというシーンだった。馬というのは、何かが自分に向かってくると察知したとき本能的に体を動かしてしまう動物だ。このときも馬はそう反応し、ダグは乗り損ねて怪我をした。私だったらスタントマンを使っていたね。そのときのダグは優雅じゃなかった。たんに愚かだったんだ」

映画のスタントマンの平均寿命は五年に満たない。彼らは五年経つまでのあいだに怪我をしてしまうか、じゅうぶん稼いだことに満足し、危険な稼業はやめて別の仕事につくのが通例であった。

スタントマンはなぜスタントマンになるのだろうか？　たいていの場合は、事の成り行きである。エキストラや端役の役者が、金に引かれてスタントをやってみる。これは相当に強力な動機だった。

「一九一五年頃のこと」とエディ・サザランドは回想する。「『ヘレン・ホームズ主演の連続活劇『ヘレンの冒険』（一四―一五）に俳優として加わっていた。給料は週十五ドルだったが、もしスタントをやれば、例えば走っている列車から飛び降りるというようなことをやれば、別に五ドルが貰えた。週給十五ドルのところに五ドルは大金だった。

その映画のなかで、ヒーロー（レオ・マローニー）とヒロインとがダイナマイトを積んだ貨車の屋根にいて、そこから脱出するというシーンがあった。別の登場人物が縄を電柱に投げて引っかけ、それを線路の反対側の木に結びつけていた。もう一人のスタントマンのジーン・パーキンスがヘレンに扮し、もうひとりハロルド・ロイドという男（あのコメディアンとは別人だ）がマローニーの替え玉を務めていた。二人は走る貨車からロープめがけて飛び降りたが、失敗した。パーキンスは無事だったが――打撲程度ですんだ――もうひとりは脚の肉がそげ、骨折する大怪我で、その日はそれで撮影も中止となった。このスタント仕事をなんとか自分のものにしたい一心で私はパーキンスのところに行き、自分ならうまくやってのけられると伝えた。

パーキンスは〝マック（監督のJ・P・マッゴーワン）に訊いてくれ〟といった。そこでマッゴーワンに、ジーンと自分なら怪我なくやりおおせるからやらせてくれと頼んだ。監督

［上］危険なスタントはコメディに多かった。飛び降りようとしているのはアール・モンゴメリーとジョー・ロック。メルヴィル・ブラウン監督の二巻物喜劇『のらくら者と恋人たち』（20）のワンシーン。［下］1920年製作の連続活劇『神秘の幻影』。監督はウィリアム・バートラム。

は〝無茶をいうなよ、エディ……お前に怪我されちゃ、お前の家族に殺されるよ。よく知った仲なんだから！〟と首をたてに振らない。

〝あんなのわけないんだよ。ぼくにはやり方がわかってるんだから〟

〝どういうやり方だ？〟

〝それはいわない。いえば、やらせてくれないにきまっているからな〟

私はなんとかマッゴーワンを説き伏せた。私の考えというのはこうだった。前回のときは二人とも真っ直ぐ上に向かってジャンプした（そして失敗した）。だから今度は、列車のスピードの慣性を考慮して、ロープに向かってダイビングするというものだった。さて、列車はじっさいはさほどスピードを出してはいなかった。キャメラのクランクをゆっくりまわして撮影していたからだ。本番となり、ジーンと私はロープめがけてダイビングし、二人とも無事ロープにつかまった。貨車は数十メートル進んだところで爆発した。この爆風に二人とも飛ばされ、私は病院行きとなった」

クリフ・バージャーは必死の思いからスタントを生業《なりわい》とするようになった——映画界に入り、スタントパイロットのオーマー・ロックリアが着ているような皮のコートを何とかして手に入れたいとの思いからだった。まだほんの若者だったバージャーはサンフランシスコで飛行士助手の仕事をしていた。

「初めて見た瞬間から」とバージャーは回想する。「鵜の目鷹の目でロックリアを観察した。サンフランシスコでの公開エキシビションで彼を見て、私は自分にいいきかせた。ああいうことができればあの革のコートが手に入るのだ、よし自分がなるのはスタントマンだと」

ユニヴァーサル社の総支配人イザドー・バーンスタインの面識を得たバージャーは現役のスタントマンだと自己紹介した——実際はそのときは株の仲買人だったのだが。バーンスタインは彼に、ロバート・マッキムの代役で、スクーナーの二十三メートルあるマストの上から飛び降りる仕事があると教えてくれた。バージャーはそれを引きうけた。引きうけたあとで事の重大さに気づいたバージャーは、急遽トレーニングを行なうことにした。近所のプールの飛び込み台に立った彼は、三十分間身動きができなかった——眼はくらみ、体中熱を帯びたようにカッカとしてきたのだ。台本が書き換えられて、バージャーは大いに胸をなで下ろした。デッキから海に落ちるだけですんだのだ。

「二十三メートルの高さから海に真っ逆さまなんて！　きっと身が粉々になっていたよ！」

しかし、バーンスタインの知遇を得たことは吉と出た。〝クリフ・バージャーを紹介する〟と書かれたバーンスタインの名刺のおかげで、連続活劇『鷲の爪』（全十五篇、二三、デューク・ウォーン）でフレッド・トムソンの替え玉を務める話が降ってきたからである。そこで求められたのは、飛行機から列車の屋根に乗り移るというスタントだった。飛行機のパイロットを務めるアル・ウィルソンは彼自身ベテランのスタント飛行士だった。

「高度七百六十メートルのところで、シートベルトを外して縄梯子を降りるようにとアルから指示があった。下を眺めまわしても列車は見えないので〝何のために?〟と私は手振りで訊ねた。

アルはエンジンを止めると大声で怒鳴った。〝とっとと――降りろ!!〟〝こりゃ降りた方がよさそうだ〟と思い、座席を離れると、用心深く縄梯子を一段ずつ降りていった。最後の横木に足をかけた私は、両の腕で縄梯子をしっかり抱きしめた。足下でダイナマイトが爆発しようとこの梯子は放せないの思いだった。私たちは徐々に降下し、列車の真上にやってきた。列車は時速約四十キロで走っている。そのとき、アルは飛行機を上昇させ、私にもどってこいと合図を送ってきた」

バージャーは支えワイヤーに絡まるが、ウィルソンのことばを思い出し、必死の覚悟で両手の握りをゆるめると、絡まっていたワイヤーを体からはずすことに成功した。スタントをやり遂げないまま、飛行機は基地に降り立った。ウィルソンは技術者と話し合い、列車の速度を時速九十キロに変更させた。そうしておいて、二人はもう一度飛び立った。

「このときは縄梯子を降りるにも苦労はしなかった。梯子の一番下の横木に到着したと思うまもなく、列車の屋根に腰を下ろしていた。

基地にもどると、監督以下全員がこのスタントをヒヤヒヤの思いで見つめていたようだった。訊ねると理由を教えられた。その日の四日前、同じスタントを試みたジーン・パーキンスが事故死していたのだと」(「スピード・エイジ」一九五一年十一月号、一三頁)

ジーン・エドワード・パーキンスは亡くなったとき二十四歳だった。映画史上最も偉大なスタントマンのひとりだった。「最初に彼を見たとき」とクラレンス・ブラウンは語っている。「そのクールな容貌に強い印象をうけた。強靱な自制心にも目を瞠った。その眼は氷のように冷ややかだったが、いつも笑みをたたえていた。彼は飛行機と遊びまわっていたくてしようがなかったんだ。少しは地上に腰を落ち着けていろ、と私は彼に強くいったのだが。彼のタイミングや距離感は完璧で、体の動きにも一分の隙もなく、それだけにどれだけのスタントでも彼ならやりおおせて不思議はなかった。だが、彼は人のことばに耳を貸さなかった。あの連中は人のいうことなど聞かないのだ」(「フォトプレイ」一九二七年十一月号、三二頁)

サイレント時代における最も著名なスタントマン、ディック・グレースはパーキンスを映画界最高の代役俳優だと見なしている。

フォトプレイ誌のなかで、グレースはパーキンスの最後のスタントについて書いている。パーキンスは飛行機から列車の屋根に飛び移り、悪役側の代役スタントマン、ポール・マルヴァーンと列車の上で格闘することになっていた。「未熟なパイロットと激しい横風のせいで、飛行機から列車に飛び移るスタントはいつになく危険なものとなっていた。二度の試みが失敗に終わったあと、列車側に向けてもう少しスピードを上げるようにと指示が出された。三度目の試技に入ったとき、縄梯子上のジーンは大きく揺れて、プルマン車輌の横腹に体をぶつけた。しかし、この程度のことには動じないジーンは、これまでと同じように縄梯子の横木に片手でぶら下がり、飛行機は再度突入を試みた。

飛行機が四度目を試みたとき、縄梯子を上ろうとするジーンの姿が認められた。彼は幾度も上ろうとするのだが、そのたびに力をすり減らしていくように見えた。ついに、力を使い果たした彼は、あきらめたように首を横に振ると、縄梯子をつかんでいた手を離した。おそらく落ちた高さは十五メートルほどだったろうが、飛行機の速度が加わり彼は何層倍もの威力で地面にたたきつけられた」（一九二五年八月号、一二八頁）

コメディアンのレジナルド・デニーはこの悲劇を目撃していた。彼の話によると、パーキンスが代役していたのはウィリアム・デズモンドであり、またパーキンスの友人のひとりにその頃スタンダード機を手に入れたのがいて、アル・ウィルソンやフランク・クラークといったベテランのスタント飛行士にかわり、この友人が飛行機の操縦桿を握ることになった。

「パイロットは、列車が直線コースに入ったときに、水平飛行にして風の流れを見込んでおくべきだった。しかし、こやつは列車の真上で水平飛行にした。で、当然機体は横風に流された。もう一度同じ位置にもどると、今度は直線コースが尽きかけていた。腕のいい飛行士なら誰だって、平落とし着陸のかたちでジーンを地上に落とせただろう。それに適した土地はそのあたりにいくらでもあったのだ。しかし、こいつは何の知恵もなく飛びまわるだけで、高度二十メートルのあたりでパニックに襲われた。結局、ジーンは飛び降りるしかなく、それが彼の最期となった。彼は死なずにすんだかもしれない。だが、彼は普通なら縄梯子に付いている安全ストラップを付けていなかった。それを手首に巻いておけば手を休ませておけたんだ」（著者によるレジナルド・デニーへのインタビュー、一九六四年十二月、カリフォルニア州サンマリノにて）

運動神経にすぐれたレジナルド・デニーはボクシング物連続活劇『拳闘王』（全六篇、二二、ハリー・ポラード）で俳優デビュー、スリラーもの『阿修羅と猛りて』（二三、ホバート・ヘンリー）で人気スターとなった。この映画にもうかがえる軽い喜劇タッチによって彼はこの先名を高めることとなるのだが、アクションものである『阿修羅と猛りて』では彼は自らスタントシーンを演じる羽目になった。

「海難救助のシーンの撮影が二月に行なわれ、海岸では波しぶきが五、六メートルの高さに砕け散っていた。ロケ現場に

チャールズ・“雷撃ハッチ”・ハッチソンが、1920年の連続活劇『大旋風』で見せた18フィート（5.5メートル）ジャンプ。監督はジョゼフ・ゴールデン（これは宣伝用合成写真）。

はウィスキーが用意されていた――私のためにとの計らいだったのだが、そしてそれを私はたしかに必要としたのだが、中身を飲んで酔っ払ったのはクルーの面々だった。

このとき、私に助けられる役の男を、私はほんとうに救助しなければならなくなった。監督に波しぶきを抜けていけるかと訊かれて、私は一度試してみると答えた。〝海に船を浮かべて、そちらから見ていてほしい〟と。自分は波しぶきには慣れていた。波が寄せてきて砕け散ったら、それが引くのに合わせて海に入っていけばいい。そうすると次の波に自然と体が乗るようになる。しかし、波が砕けてまだ沸騰しているときに突っこんでいくと、一巻の終わりとなるのだ。

キャメラは五台用意されていた。〝こちらが白いハンカチを振ったら、いつでもいいから始めてくれ〟と指示があった。私は助けられる役の男に、波が入ってきているときには絶対に飛びこむなといい渡した。〝波が砕けるまで待つんだ。引くときに飛びこむんだぞ〟と。しかし、男は怖じ気づいたあまり、ハンカチが振られた瞬間に海に飛びこんでしまった。まだ波が沸騰しているなかに突っこんでいったのだ。私が彼を助けるよりなくなった。なんとか男のところにたどり着くと、男は水もかなり飲んでいて、意識はもうろうとしていた。海自体はひどく荒れてはいなかったが、うねりがとても大きかった。

私は彼に、向きを変えて岸に向かうから私の足首につかまって体を真っ直ぐに伸ばすんだ、とどうにか伝えることができた。そうしないと二人とも沈んでしまう。大きい波が打ち寄せてきたのを見て私は大声で〝いくぞっ！〟といい、体の向きを変えた。男は私の足首をつかんだ。私は岸に向かって泳ぎ始めた。しかしそのとき、パニックに陥った男は両足を縮めた。私たちは波に絡め取られ翻弄された。クルーは一部始終をキャメラにおさめた――だが、そのフィルムは使えなかった。私たちは二人ともが救助され、それでは話と合わなかったからだ！」

映画製作中の人身事故――スタントマンを含む――は他の職種の労働災害と比べて数が多いわけでも、死亡率が高いわけでもなかった。例を挙げれば、一九二五年においては、撮影中に起きた死亡事故は三件のみである。『エンシャント・ハイウェイ』（アーヴィン・ウィラット）のスタントマン、R・D・ジョーンズは早瀬でカヌーを操るシーンで転覆、溺死した。ユニヴァーサル・シティでは連続活劇『電話の秘密』（ヘンリー・マクレイ）の撮影中、マックス・マークスがロープが突然切れる事故のため死亡。『ビッグ・パレード』（キング・ヴィダー）では照明助手のカール・バーロウが吊り二重から足を踏み外して亡くなった。同年の記録によると、七人の女優が重いやけどを負い、九人が熱中症ないしは神経疲憊で倒れ、四人が車との接触事故により、また六人が落馬によりそれぞれ負傷。四名のスタントマンがスター俳優の代役の最中に怪我をしている。

にもかかわらず、新聞はスタントの最中の事故や熟練スタントマンの死亡事故を何かにつけて大きく報道した。名人級の曲芸パイロット、オーマー・ロックリア中尉は『航空百万哩』（二〇、ジェイムズ・P・ホーガン）において動力急降下を行なったさい操縦不能に陥り地上に激突した。同乗のミルトン・エリオット中尉も犠牲となった。事故は夜間に起きた。ロックリアが合図に打ち上げられたロケット花火を地上のサーチライトと誤認したのが原因と考えられている。ロックリアには妻と二人の子どもが残された。フォックス社は『航空百万哩』の利益の一割が操縦士たちの遺族に渡るよう手配した。

一九二二年、ニューヨークの七十二丁目とコロンバス大通りの交叉するあたりで連続活劇『プランダー』（二三、ジョージ・B・サイツ）のロケーション撮影が行なわれ、大勢の群衆が集まった。この連続活劇のスターはパール・ホワイトで、ホワイトは自らスタントを行なう女優として知られていた。しかし、このときはスタントマンのジョン・スティーヴンソンがブロンドのカツラをかぶって彼女の代役となった。スティーヴンソンは二階建てバスの屋根からかなり高さのある梁桁めがけて跳躍した――しかし彼はこの跳躍に失敗し、八メートル下の地上に落下した。彼は頭蓋骨骨折によりその日のうちに死亡した。

危険と隣り合わせはスタントマンの日常だった。あるスター女優の代役を務めたディック・グレースは――女優が誰だったかは〝職業上の秘密〟と彼はいう――薄いバレエドレスに身を包んだ。そのドレスに火が燃え移るシーンの撮影だった。小道具係が彼のドレスをガソリンで湿し、マッチを擦って彼に向けて放り投げた。

「一瞬にして私は人型の松明となった」とグレースは書いている。「炎が私の背中、腰、首、両腕、顔の肉を焦がし、自分が焼かれているという恐ろしい感覚に自制心が崩壊した。焼き殺される人間の雄叫びを上げて、私はバルコニーを越えて一階のホールに駆け下りた。

〝助けてくれ！　死んじまう！〟まわりの者はみんな、凍り付いたように動かなかった。目の前が煙でかすんできた。それでも、幾分冷静さが残っていたのか、私は自分の両腕を頭の上で組んでいた。顔が焼けるのを少しでも食い止めようとしたのだ。私は炎と煙をできるだけ後方に追いやろうと走りつづけていた。炎は私の頭上三メートルの高さにまで上がっていたそうだ」

グレースは助監督の機転によって救われた。助監督は足を引っかけて彼を転ばせると、オーバーコートで彼の体をくるみ、その上から懸命に体をたたいた。何人かが助監督に加わり、火はなんとか消し止められた。医師が来てグレースの容態を診た。グレースの首から腰まで、皮がすっかりなくなっていた。医師はすぐに彼の体をガソリンで洗った。

「痛みは耐えがたく、私は二度気を失った。七百八十平方インチの皮が焼けていた。ほとんどがⅢ度熱傷の重症だった」（「フォトプレイ」一九二五年八月号、一二八頁）

医師の非情ともいえるてきぱきとした処置のおかげで、数カ月後にはグレースはほぼ普通の状態にもどった。

一九二三年、スター俳優のマーサ・マンスフィールドは南北戦争を描いた映画『自由の旗風』(二四、エルマー・クリフトン)の製作中に焼死した。誰かが火のついたマッチを地面に捨て、それがマンスフィールドのフープスカートの衣装を発火させ、彼女は数秒のうちに〝人型の松明〟となったのだ。翌日、彼女は重度の熱傷とショックにより死亡した。それからあまり時も経たない頃、ドット・ファーリーとビービー・ダニエルズはあやうく同じ目に遭いかけている。

スタントの世界で逸することのできぬ名前に、数少ないベテラン・スタントマンのひとり、レオ・ヌーミスがいる。一九二二年、ヌーミスはセシル・B・デミル監督『屠殺者』でスピード狂リアトリス・ジョイの犠牲になる交通警官ジャック・モウアーの代役を務めた。このシーンはオートバイ警官がリアトリスを追走し、リアトリスの車が道に横向きになって停車、オートバイが車の横腹にまともに衝突するというものだった。西部劇俳優だったジャック・モウアーにも難なくやりおおせそうなシーンではあったが、デミルはヌーミスを呼び入れ、このスタントをサーカスの曲芸並のものとした。

「救急車が待機し、何百人もの野次馬でいっぱいになりました。いやでしたね……何を楽しみに集まっているのかと思うと……」とリアトリス・ジョイは回想している。

停車した車のジョイの席にはリチャード・アーレンがすわった。レオ・ヌーミスはオートバイを時速七十キロでぶつければ体はうまく投げ飛ばされると計算した。

「〝お茶の子のスタントだ〟とヌーミスはいった。〝からまったりしなければだけど。もちろん、そんなことあるはずないがね。でも、ひょっとすると……監督、もしものときは妻と子どものことどうかよろしくお願いします〟」アデラ・ロジャーズ・シンジョンズはこのときの様子をややメロドラマ調に伝えている。「巻きゲートル姿のダンディな監督は口数少なく応えた。〝安心しろ。君の家族を飢えさせはしないよ〟

巨大なオートバイがうなりを上げた。郊外の静寂を破って鋼のひしゃげる音、金属の裂ける音がこだました。放り投げられたボロ人形のように人間の体が宙を舞い、車の反対側の地面に叩きつけられて動かなくなった。レオ・ヌーミスは一日の仕事をやり終えたのだ」(「フォトプレイ」一九二二年十二月号、三〇頁)

ヌーミスの状態についてはいくつかの説がある。ミス・シンジョンズは、彼は鎖骨を骨折したのみで、二週間でスタントの仕事に復帰したと書いている。

リアトリス・ジョイの記憶は違っている。「ヌーミスは車に激突して放り出されました。車の反対側にはマットが何枚か敷いてありましたが、彼は肋骨六本と骨盤を折り、ただちに病院に運ばれました。彼は吹っ飛んだんですからね。あのようなショットのために人の命を危険にさらすべきじゃないですよ。いまスクリーンで見ると、人形にしか見えないんで

「上」曲乗り飛行家オーマー・ロックリア。隣はキャメラマンのミルトン・ムーア。ジャック・ジャッカード監督の『空中の脅威』(19)。［下］ジーン・パーキンスの命を奪ったものと同種のスタント。

すから」

危険をものともせずスタントに挑むのは観客から嘆声やあえぎの声を引き出したいからである。仰天する観客の反応を見てこそ、スタントマンは満足するのだ。一方、彼らを愕然とさせるのは、彼らの豪胆かつ入念に準備されたスタントが、〝ありゃ、トリック撮影さ〟とあっさり片付けられてしまうことだった。

トリック撮影はそれが考案されて以来映画に不可欠の要素として存在してきたが、手に汗握る冒険ものや連続活劇では、それらが速成であることもあって、さようなごまかしはめったに用いられなかった。ファン雑誌などで彼らごひいきの連続活劇スターたちの体を張った頑張りを教えられていた観客は、露骨な合成ショットやグラス・ショットが登場するといっせいに抗議の声を上げた。冒険アクションものはそれ独自の評判を確立していたのであり、トリック撮影等の手が入ればせっかくの評判がガタ落ちになるのだった。

一九二四年、『熱血漢ウルフ』(二四、S・E・V・テイラー)はフォトプレイ誌で批判された。「クライマックスの、雲のなかでの飛行機から飛行機への乗り移りは大部分撮影所内で撮られているのが明らかで、見ていて少々馬鹿らしくなる。飛行機もの映画特有の真に迫ったスタントがここでは手抜かれており、観客もこれには失笑するしかない」(一九二四年七月号、四五頁)

初期サイレント映画の新鮮さ、活力、無骨なまでの正直さ、そして本物の場所、本物の背景が醸し出す魅力、そういったものは徐々に、もっと洗練され、もっと手のこんだ製作法に座を譲っていく。そして後者においては、あらゆる技術を駆使して最大限の興奮と娯楽性を引き出すようにと、作り手たちは努力を傾けた。その場合、ときには撮影所内の特殊効果技術に頼ることにもなった――しかし、大半の監督は本物のスリルの価値を知っていたし、サイレントの末期には史上最大ともいうべき壮大なスタントが生み出された。それは『ベン・ハー』の戦車競走、『曠原の志士』のランドラッシュ、『消防隊』(二六、ウィリアム・ナイ)の大火災、『つばさ』の空中戦他の空のスタント、『ノアの箱船』(二八、マイケル・カーティス)の何人ものエキストラが溺死しかけ数名が重傷を負った大洪水、そして『地獄の天使』(三〇)の空の一大スペクタクル、サイレント版のまま引き継がれた唯一のシークエンスなどであった。

すぐれた身体能力にすべてをかけた古き時代の命知らずたちは、遠い時代に属する価値観のなかに生きていた。彼らはハリウッドという円形闘技場を舞台にする技倆卓越した剣闘士たちであり、群衆の娯楽のために、命を的にして、鍛えた技の数々を披露した。彼らの報酬は、円形闘技場の時代と同様、万雷の拍手喝采であった……しかし、姿を消した皇帝たちにかわり、親指を下に突き出して彼らの最期を宣告するのはいまや運命の女神であった。

とはいえ、彼らが後に残したものは酒席の逸話だけではない。彼らがいなければ、映画の持つ本質的なリアリズムは失われてしまっていただろう。私たちはアクション映画に不快を感じるほどには成熟していない。そしてアクションが魅力に輝くためには、何よりもその身体的要素が重要なのである。これは映画そのものについてもいえる。人が考えているところを見ても何もおもしろくはない。しかし、人の運転する車が断崖のはざまを猛然と飛び越える……人が飛行機から別の飛行機へはずみをつけて飛び移る……人が荒唐無稽、奇想天外の行為の数々を、私たちに成り代わりやり遂げる……そういうのを見るのは、体がゾクゾクし、胸がスカッとする経験である。そう、見ている私たちには爪の先ほども危険のない経験なのである。

第二十八章　彼らなしでは映画は作れない

映画史は彼らについてひと言も触れていない。だが、彼らなしでは映画の歴史は存在しなかった。

特機《グリップ》、大道具方、小道具方、照明助手《エレクトリシャン》、その他映画製作の歯車となるスタッフたちは、しばしば監督や俳優に劣らぬ過酷な仕事をこなしながら、映画の創造的部分に関与していると見なされず、クレジットも得られぬ存在だった。これらの人々は映画作りの土台であり、ナポレオン率いる共和国軍でいえば、現実の戦で勝利をもぎとる兵士たちであった。

「モーション・ピクチャー・ヘラルド」はサイレント時代末期に次のように述べている。「映画人はアメリカの他のどの業種にも負けず激務をこなしている。おそらく十に七つの割合で、彼らは他のどの職業よりも長時間働いている。他のいかなる種類の仕事よりも、睡眠、食事、運動、余暇に関して、より慎重で科学的根拠にのっとった規制が要求される」（「フォトプレイ」一九三二年三月号、七〇頁の引用より）

これら技術職スタッフのなかには自らの職種と関係する組合に所属していた者もいた。だが当時は、映画労働者としての彼らを保護する組合はまだ影も形もなかった。組合が不要だったわけではない――彼らはしばしば搾取されたし、きわめて頻繁に、ほとんど耐えがたい条件下で長時間労働を強いられた。しかし、当時は組合を要求する声がめったにあがらなかった。映画作りそのものへの情熱が、個々のスタッフに広く行き渡っていたからである。

あるベテラン監督は語っている。「仕事時間が長いだの仕事がきついだのといった不平は、これまでどの映画のどのクルーからも一度たりとも聞いたことはない」（著者によるアンドリュー・L・ストーンへのインタビュー。一九六二年四月、ロンドンにて）

これらの人々は、映画スターの訳知りの母親のように、映画業界の最良の知己にして最も厳しい批評家であった。俳優の真にすぐれた演技は、照明の奥の闇のなかからわき起こる拍手によって迎えられた。このような純粋な賞賛は、それを

ハーコン・フレーリッヒ。『シーバの女王』(21)のための石膏制作。

受けた者にとっては、しばしばマスコミの賛辞よりも身に沁みてうれしいものとなった。ニューヨークの舞台からハリウッドに移ったばかりのアン・ハーディングは、ブロードウェイの観客から褒められたよりも撮影クルーから認められたときのほうが心が震えたと語っている。

「あの人たちはたしかに感情を表に出さないわ。でも、あの人たちをうなずかせたら、一流の仲間入りということね」

クルーのメンバーは一流の演技には何が必要なのかを知っていた。彼らの目はじゅうぶんに肥えていた。簡単にはシャッポを脱がなかったのだ。

仕事の多彩さでは小道具方に勝るものはなかった。なかには、その能力において、信じがたいほどの人物もいた。霊的能力を授かっているかのように、ここぞというときに、どんぴしゃりのものを差し出すことができたのだ。コメディ製作会社の撮影班は、頭の中にアイデアはいっぱいつまっているが台本はなしという状態でロケーション撮影に出発したものだ――成果が出せるか否かは、しばしば小道具方にかかっていた。漠然たる品物をその場で明確なかたちにして差し出せるか、撮影所までひとっ走り取りに帰らなければならないか、の違いであった。

パラマウントの子会社リアルアートのビービー・ダニエルズの撮影班にチャーリーという小道具方がいた。

「チャーリーはいつも一歩先を考えていたわ」とダニエルズは感嘆しながら回想する。「彼はポケットからボートを出すこともできた。彼をからかうつもりで、とんでもないものを注文したとしても、チャーリーはそれをどこからか出してきた――あるいは、作り出すことができた。あるとき、撮影に使っていたロバの片耳がちょっといびつだった。そこでみんなでチャーリーに、何かいい手はないかとせっついた。そうしたらロバの耳がきれいに直っていた。驚いた私たちはどうやったのかと彼に訊いてみた。〝じつは〟と返事が返ってきた。〝雌豚の耳から財布を作るって話を以前にきいたことがあったのさ〟チャーリーは財布を持っていたのだった」

進取の気性や創造的工夫は高給取りのトップ技術者のみの専有物ではなかった。インス撮影所の照明第一助手リーヴ・フックは、撮影所の照明器具ではどうしてもいくつかの効果が出せないことにしびれを切らし、必要な器具を自分の手で作り上げてしまった。マッチの火や松明の光を模すことのできる小さなアーク灯を開発したのだ。それは当時にあっては最小の照明器具であり、千フートキャンドルの光度まで可能であった。俳優はそれを手のひらに隠し持つことができ、コードが袖口から入ってズボンの先から出ていた。マッチを擦ると同時にベビー・アークのボタンを押すと、手のひらの中で光を発し、俳優の顔を照らし出すのだった。そのアーク灯はランタンのなかにもおさまり、車のヘッドライトの中に入れることもできた。五種類の異なるサイズがあり、コードを隠しおおせれば、使用上不自然なところはどこにもなかった。*

現在のハリウッド撮影所の技術者はその相当数が六十歳代である。彼らはサイレント期から映画界に身を置いてきたのであり、彼らの関わった映画の出来不出来はさまざまながら、彼ら自身の仕事ぶりはつねに超一流のレベルを維持してきた。ハリウッド撮影所のスタッフの力量は、世界最高との折り紙を海外からもつけられている。

「三十年ぶりにハリウッドにもどったとき」とクライヴ・ブルックは語っている。「私はこれら驚くべき男たちの存在を忘れていた。しかし、彼らは健在だった――サイレント時代にともに仕事をした同じスタッフたちだった。屋外での撮影のとき、馬の乗り手のひとりがタイミングを誤り、五つ横木の柵を壊してしまった。これが他の場所であれば、この日の撮影はこの時点で終了となっただろう。ところが、ハリウッドは他とは違う。小道具方は柵の替えを五つ持っていたのだ」

*リーヴ・フックのこの発明品は『肉体と悪魔』（二六）の夜の庭園のラブシーン、ジョン・ギルバートがタバコに火をつけ、その火がガルボの顔を照らすところで使われている（本書一八三頁の写真参照）。

第二十九章　過酷な仕事

「この世で崇高なものは仕事のみ！」このカルヴィン主義的な発言の主は、意外にもＦ・スコット・フィッツジェラルドなのだが、このことば自体はヴィクトリア朝期の信条を要約している。

ヴィクトリア朝的厳格主義の本拠地であるイギリスでは、仕事はその仕事が尊敬に値するかぎり、尊いものとされた。この時代、多くの人々にとって余暇とは食事、睡眠、通勤に使われる時間を意味した。見世物や演芸は余暇の望ましくない使い方であり、これらを生業にして金を稼ぐのは不道徳と見なされた。演芸の世界は無関心を装った蔑みの眼で見られていて、劇場や演芸場に出入りするときは罪の意識がともなった。そういう道徳観が立ちはだかっていたために、イギリスのサイレント映画産業にはけっして繁栄は訪れなかった。

アメリカでは社会構造の階層化はそれほど明確でなく、人々の労働観はもっと開かれていた。ヴィクトリア朝的価値観はたしかに基本にはあったものの――そしてそれはしばしば強固な現れ方をしたけれど――重要なのはその職業が活動的か否かという点におかれていた。もしトイレの間仕切り作りで財を成したとしても、それが理由でニューヨークの上流特権階級には加われなくとも、その他の場所では何らの不平等も被らなかった。自分の仕事に精を出して励んでいたからだ。興行もの娯楽産業は社会の要と見なされていて、そこで働く人々は、ひょっとしたら尊敬まではされなくとも、社会の一員として普通に遇されていた。

とはいえ、映画業界で働く多くの人間は十九世紀ヨーロッパの閉塞的な空気のなかで生まれ育った者たちであり、二十世紀に入ってもなお、彼らの体の一部にその余韻を引きずっていた。映画人はそのほとんど全員が他の職種を経て映画の世界に入ってきた――演劇演芸出身者もいたけれど、多くは単調な、あまり面白みのない平凡な職業についていた。それが一転して映画作りの華美と興奮の世界を職場とすることとなり、給与の大幅アップもともなって、多くの者に後ろめたさの感情を味あわせることになった。この後ろめたさはめったに意識にのぼりはしなかったが、それはこの時期の俳優やスタッフの猛烈な仕事ぶりへと姿を変え、そのなかに昇華されていったと考えることができる。

彼らの多くにとって、楽しい仕事についているという事実がまったく新しい感覚であった。何人かはかつて極貧の生活を経験していた。自分はカリフォルニアで週に数千ドル稼いでいても、故郷の家族は援助を拒み、いまだに貧乏にあえいでいる、という者もいた。

ハリウッドが他の世界から孤立し、一種の〝グラウスターク〟、それ自体が少々夢じみた〝夢工場〟となっていたのは不思議でも何でもない。ハリウッドが作り上げた防壁は、外部の人間を撃退するためのものというよりはむしろ、自らの真実の感情を覆い隠すためのものであった。ハリウッドは他の世界とはどこかバランスが異なっていたのであり、ハリウッド自身がその事実を身に沁みて痛感していた。

そういう魂の奥深くで秘かに感じる良心のうずきを和らげるために、スタッフや俳優は〝映画のために〟という名目で、しばしば考えられないような過酷な条件に耐えて仕事をした。

ある者にとって、それは冒険や挑戦であり、またある者にとって、それは魂の浄化であった。

『ふるさと』（デイヴィッド・ハートフォード）はカルガリーに本拠を置くカナディアン・フォトプレイ社の一九一九年の作品である。会社の創立者アーネスト・シップマンの目的は、ジェイムズ・オリヴァー・カーウッドの小説を本来の自然のなかで映画にすることであり、それはしばしば零下二十度になる極寒のなかでの撮影を意味した。『ふるさと』は大成功をおさめ――フォトプレイ誌は「すばらしい〝動物のシーン〟がいくつか見られる」（一九二〇年一月号、一一五頁）とコメントしている――主演女優ネル・シップマンのその後の作品スタイルを決定することになった。一九二三年前後、彼女はジョニー・フォックスと名犬フラッシュとを共演者に、寒冷の地をリアルに捉えた一連の二巻物を撮っている。

そのなかの一本のロケーション撮影にアイダホ州北部に出向いたとき、ネル・シップマンと夫で監督のバート・ヴァン・タイルは他の一行からはぐれてしまった。ヴァン・タイルは脚を怪我し、それが化膿し始めた。譫妄状態になりかけた彼は橇《そり》から降りて歩くといい張った。橇を引っ張ることになったシップマンは、氷の張ったプリースト湖を進むあいだに氷穴に何度も落ちこんだ。それでも彼女は歩きつづけた――両脚が凍傷となりながら、歩く夫の腕をつかんで支え、夫が疲弊すると橇に乗せて引っ張り、三十二キロを歩きとおして農場にたどり着いたのである。ヴァン・タイルはすぐに病院に運ばれ、そこで片脚を切断された。

このような事故はまれではなかった。かつてフォン・シュトロハイムの撮影班がすさまじい経験をした死の谷の砂漠地帯に、パラマウントは『水尽く大地』（一八、F・リチャード・ジョーンズ）の撮影隊を、気温が五十四度となる六月に送りこんだ。

「私たちは日の出前に起き」とこの映画の主演女優ナンシー・キャロルは語った。「車のヘッドライトの灯りでメイクをしました。そうして一列縦隊でロケ地に向けて歩き出すのです。私たちは前の人の足跡をなぞりながら足を運んでいきました。そうしないといけなかったのです。重いキャメラを運ぶ人たちはとくにたいへんでした。空がじゅうぶん明るくなったところで撮影開始でした。十一時半くらいになると熱気で耐えられなくなり、とにかくどこか覆いのあるところ、小屋やテントのなかに飛びこんで、体を投げ出して休みをとりました。幸いにも、私は若くて、体も丈夫でした。可哀想だったのはキャメラマンのC・エドガー・シェーンバウムで、彼は熱気にやられて頭がおかしくなりました。彼は帽子をかぶらないという致命的な失敗を犯したのです。しばらくすると彼の眼にはピンク色の干し草の山が見えてきました。熱中症の最初の徴候は物がピンクに見えてくるのです。中国人コックもあるとき気がふれ、ナイフ片手に人を追いかけまわし始めました。撮影したフィルムは溶けてしまうので、そこにそのまま置いてはおけません。そこで車に積んで送り出すのですが、その車が帰り道よくパンクしたのです。空恐ろしいような場所でした。みんなただおろおろするばかり。泣いている人もいました」（著者によるナンシー・キャロルへのインタビュー。一九六四年三月、ニューヨークにて）

ハリウッドのサイレント期はまた極端から極端への時代でもあった。撮影所はセットにおいてはスターたちを甘やかせるだけ甘やかせながら、一方では、冬のロシアに踏みこんだナポレオン軍並みのお粗末な装備で、彼らを野生未開の土地へ送りこんだ。

コリーン・ムーアが『狩の女神』（二三、ジョン・フランシス・ディロン／リン・レイノルズ）のロケーション撮影時のことをピクチャー・プレイ誌に書いている。場所は、真冬のハイ・シエラ山地であった。ムーアが寝泊まりしたのはサマーキャンプ用のキャビンで、気温が零度以下に下がる時期に住まうにはまるで適さなかった。キャビンは松の羽目板を打ちつけたものだったが、板と板とのあいだには二、三センチの隙間があり、中にいても寒さは耐えがたかった。「このあたりに住む山男たちは」とムーアは記している。「零下二十度くらいにならないと人心地付かない剛の者たちばかりだった」

彼女のキャビンには煙っぽい灯油ランプといっかな暖まらないストーブがついていた。水道はなく、ブリキ製の水差しには氷が張っていて、体を洗うには五キロ離れた温泉まで歩かなければならなかった。

「キャメラに向かって喜んだり悲しんだりしているとき以外は、火をおこし、水を運び、ストーブでお湯を沸かし、キャビンの中を掃除し、ベッドを整え、木を削ってストーブの蓋を開け閉めする火かき棒を作ったりしていた――およそ、幌馬車住まいの一家の主婦の如くだった。そしてやけどをし、火ぶくれをつくり、凍傷にかかった。体は汚れたままで、手にはあかぎれやひび割れができ、顔の皮膚も両手同様ゴワゴワになっていた。ああ、大いなる西部、大いなる西部の山々よ……あなたたちが物語世界の中にとどまっていてくれたなら、どんなにかもっとロマンティックなのに！」（一九二三年十月号、五四頁）

一九六二年、イギリスを訪れたミス・ムーアはこのときの経験をもう一度語ってくれた。「そりゃ、ひどかったわよ！」彼女は大笑いした。「それでいて給料は何千ドルももらっているの。毎朝、小道具係の人がやってきて小さなストーブに火をおこし、お湯を沸かしてくれる。私たちはベッドの中でくるまったまま。だって寒くって、ベッドから出られたものじゃないの。メイクもストーブの上でしましたよ。じゃないと、メイク道具が凍ったままですからね。

ロケで原始的な生活をしたのはあの時だけでしたね。『曠野に叫ぶ』（二二、キング・ヴィダー）もキツかったけれど、ひとつ いいことがありました。宿泊場所に恵まれていたんです。雪の中の撮影には苦労しましたが、宿泊場所は小さなホテルで、鉄道の駅の駅舎の上階にあったんです。中は暖かく、お湯もふんだんに使えて、夜撮影を終えて帰ってくるのが楽しみでした。また食事もおいしくて、撮影が厳しいのも忘れました。

『狩の女神』のときは食事も信じられないくらいひどかった。しばらくの間、私は生卵とクラッカーだけで飢えをしのぎましたよ。調理された食事はとても食べられたものじゃないんですから。でも、若いときというのは、それはそれで胸がわくわくする楽しい冒険でしたね――それに、そうやってこの生業に慣れていくんです……」（著者によるコリーン・ムーアへのインタビュー。一九六二年九月、ロンドンにて）

ロケーションでかつての西部を再現しようとする映画人たちは、ときに開拓民と変わらぬ酷烈な自然に耐えねばならなかった。大作西部劇『幌馬車』（二三、ジェイムズ・クルーズ）の撮影はそれ自体がひとつの苦難の物語であった。

「撮影をとりまく環境は厳しいものでした」と、J・ウォーレン・ケリガンとともにこの映画の主演スターだったロイス・ウィルソンは回想する。「それでも、あの程度の厳しさは他の西部劇でも何度か経験しています。軽い凍傷にかかり、食糧も途中で尽きて、しばらくリンゴと豆ばかりを食べていました。でも、『幌馬車』の撮影は本当に楽しかった！　毎日が冒険でしたね。たしかにとても寒かったですよ。でも、私たちがまったく不便を経験していなかったとしたら、あるいはときに思いもかけないことが起きなかったとしたら、あの映画はあれほどの名作にはなっていないでしょうね。例えば、雪です。撮影をしていたあの時期に雪が降るとは誰も予想もしなかった。雪の重みで私たちの宿泊用のテントがつぶされそうになりました。私たちに同行していたライターのウォルター・ウッズが雪のシーンを急遽書き足したりしましたね。★

［上］すぐれた外景派監督のひとりレジナルド・バーカーとキャメラマンのパーシー・ヒルバーン。『光明の氷原』（21）の製作中。［下］早瀬のシーンの撮影に苦労するクルー。ジョージ・ヒル監督の『奔流千里』（24）。

気づかれましたか？　あの映画に出てくる幌馬車はほとんどすべて昔ながらのコネストーガだったということに？　フェイマス・プレイヤーズが出した広告を見て、中西部じゅうから幌馬車に乗って人が集まってきました。家族ぐるみという人もいました。一日に二ドル、家畜にも一日に二ドルが支給され、食事付きでした。名案でしたね。

先住民も大勢映画に出てきます。アラパホ族は監督のジェイムズ・クルーズを酋長にしました。〝立ち上がった熊《スタンディング・ベア》〟という名前をつけたんですよ。たしかにジェイムズにはどこか熊のようなところがありましたからね。数々の先住民戦争と、たしか南北戦争も経験したというひとりの高齢の先住民がいました。彼が何より大切にしていたのは北軍の制服で、彼はそれを政府から供与されたのです。この人は英語は話せなかったけれど、ティム・マッコイが通訳を務めました。先住民はみな映画のストーリーの説明を受けていて、元気いっぱいに演じてくれました。この高齢の先住民は弓矢の名人で、私が映画のなかで矢を肩にうけるときいて、自分が矢を射ろうと申し出ました。〝わたし、矢はうまい〟と彼はティム・マッコイを通じてジェイムズに伝えました。〝だいじょうぶ。レディの肩に矢を射る。痛くない。骨も傷つけない。矢が真っ直ぐ通るだけ〟と！

この映画がきっかけで私は先住民への興味を深めました。彼らの生活や習慣には魅せられました。私たちはこれまで先住民を公平に扱ってきたとはけっしていえないと思います。私はいまでも自分にできる限りの範囲で学校に寄付をしています――とりわけ、ダコタ州パインリッジにあるホーリー・ロザリー・ミッションにです。そこではスー族の子どもたち五百人が学んでいるんです」（著者によるロイス・ウィルソンへのインタビュー。一九六七年四月、ニューヨークにて）

『愛の花』（二〇）のロケーション撮影のために、D・W・グリフィス班の一隊がヨット〈灰色のアヒル〉号に乗りこんでフロリダ州マイアミを発ってバハマ諸島のナッソーに向かった。ところが五日間〈灰色のアヒル〉号は消息を絶った。米国海軍は行方不明となったヨットの捜索を艦船に命じた。食糧と水がなくなってからさらに三日間、荒れた海のなかを漂流したグリフィス社の一行の難儀は、二名が波にさらわれて海に転落したときに絶頂となった。

「このニュースが流れたとき」とフォトプレイ誌は報じている。「これは宣伝をねらった〝やらせ〟にすぎないという噂がしきりに流れた。しかし、これは本物の遭難事件だった」（一九二〇年三月号、一〇五頁）

その約二週間後シシリー島から、監督のハーバート・ブレノンがエトナ山で行方不明になったという知らせが届いた。イタリアの映画会社のもとで撮影していたブレノンは、昼休みに撮影隊から離れたさいに山賊につかまったのだった。

★（三八四頁）ウォルター・ウッズは『幌馬車』の脚本にクレジットはされていない。

［上］ネヴァダ州スネークヴァレー、ベイカーランチの湖に堤防が作られている。『幌馬車』の渡河のシーンを撮るために、河のように見せてあるのだ。［下］昼食休憩中の『幌馬車』のスタッフ、キャスト。アーネスト・トーレンス、チャールズ・オグル、エセル・ウェイルズ、ジェイムズ・クルーズ監督、J・ウォーレン・ケリガン、アラン・ヘイル、ロイス・ウィルソンら。

「身代金が要求された」とフォトプレイ誌は伝えている。「しかし、人質がアメリカ市民で米国政府が捜索を援助すると知って山賊の態度が改まった。ブレノンは無事に釈放された。まずは何より！」（一九二〇年四月号、八八頁）

同じ頃、マーシャル・ニーランはサンバーナーディーノ山地で雪に閉じ込められた。マット・ムーアが雪の中を十五時間歩いて救助を要請すると同時に、ガイドと食糧を携えてニーランのもとに引き返した。しかし、広報宣伝担当はグリフィス班とブレノンの事件にかかりきりとなっていて、この話を報道する余裕はなかった。

不運な運命となったのは監督のリン・レイノルズである。一九二七年、雪のシーンを撮影中、撮影隊が猛吹雪に襲われた。女優のルネ・アドレーも災厄を被ったひとりである。数日間行方不明となった撮影隊の一行は、半ば飢餓状態、半ば凍死寸前の状態で見つかった。この事件で神経をやられたリン・レイノルズはしばらくあとで拳銃自殺を遂げている。

ヴァレンティノ主演『熱砂の舞』（二六）の小道具方アーヴィング・シンドラーは、砂漠でのロケーション撮影の日々を日記に記録していた。彼が書き残しているのは、例えば、ヴィルマ・バンキーがブラックベリー・ジャムかと思って器にスプーンを入れると、それは砂糖入れで、無数の蝿がたかっていたのだということ、黒っぽい水を飲んだモンタギュー・ラヴがそれで体調をおかしくしながらも、仕事をつづけたこと、熱気は夜になってもいっこうにおさまる気配がなかったことなどである。

「深夜零時になっても猛烈に暑くて一睡もできない。シーツも燃えるように熱い」

ベッドで二時間眠ったのち、撮影班は四時に起床し、それから丸一日働きつづけた。シンドラーは砂漠の砂を、ときには四つん這いになって、ハエが目や口の中に飛びこむなかで、根気よく耕した。

それでもアーヴィング・シンドラーは冷静に達観していた。「とはいえ、これもヴァレンティノの美しい砂漠のシーンを撮るためである。撮影はいつかは終わる」

『熱砂の舞』はヴァレンティノ最後の映画となった。彼の健康はこの映画の撮影のためにかなり損なわれた。一九二六年八月、ヴァレンティノは虫垂炎と腹膜炎を併発、そのための手術が彼の命を奪うことになった。

これら極端な例の数々は、準備万端整った数多くのロケーション旅行と釣り合いを保っていた。そういう旅行では居心地のよいホテルが割り当てられ、ロケ地までの交通手段もポータブル・キッチンも確保されていて、その他至れり尽くせりの待遇が待ちうけていた。

しかし、そういった経験は誰の記憶にも残らないのである。

第三十章　サイレント映画はサイレントにあらず

上映業者はサイレント映画から〝沈黙《サイレンス》〟を消し去ることを目的とした。はじめは一台のピアノがあれば映写機の機械音を覆い隠すにじゅうぶんだった。ほどなく、どんな小さな活動小屋でもピアノ奏者とヴァイオリン奏者をひとりずつおけるようになった。映画の製作技法が発達すると上映形態も進歩した。サイレント映画の黄金期においては、劇場の評価はそこが擁するオーケストラによって定まった。人はときに〝音楽を聴きに〟映画館に行くと広言してはばからなかった。

一流のオーケストラは退屈きわまりない映画ですら何とか見るに堪えるものとしたし、考え抜かれたスコアリングは、よい演奏と一体となると、映画の持つ魔法に一段と深みをあたえた。

一方、批評家はだいたいにおいて音楽伴奏なしの、耳に入る音といえば映写音と咳と独り言のみの環境のなかで映画を見ていた。映写室でのプレス用試写に堪えて高い評価を得る映画は、間違いなく賞賛に値する作品であった。

劇場お抱えの演奏者は既成曲のレパートリーをもっていたが、特作映画の場合はしばしばオリジナルの楽譜で上映するようにと指定されていた。例えば『散り行く花』にはルイ・F・ゴットシャルクのオリジナル楽譜がついていた。一般の映画の場合は、配給されるさい、宣伝用資料のひとつとしてキューシートが付くことになっていた。それは例えば次のようなものであった――

シーン番号	シーン名あるいは内容	テンポ	選曲
1	物語の始まり	ライト・インテルメッツォ	「奇想曲」（ウィリアム・ヘンリー・スクワイア）
2	ところがパリでは	ライト・インテルメッツォ	「粋なお嬢さん」（パーシー・フレッチャー）
3	ジャン・ジャック	ラブ・メロディ	「愛のうた」（ハンス・エンゲルマン）

4　スペインの虚言者《アナナイアス》　あふれるロマンス

「イタリアのセレナーデ」（アルフォンス・ツィブルカ）

この他よく使われたのはグリーグ、シューベルト、ウェーバーらの曲であった。映画館のオーケストラは多くの観客の耳に初めてクラシック音楽の響きを届けた。

一九二〇年代、巨大なオルガンを設置する劇場も出てきた。これらのオルガンはオーケストラよりも音量で勝り、人員は少なくてすんだだけでなく、さらなる利点もあった。さまざまな音響効果――雷鳴、銃声、汽笛等々――を出せたのだ。

これらのオルガンは音の響きが教会用のものとは異なっていた。ウーリッツァーの商品型録にはセントルイスの映画館主のことばが引用されている――「ウーリッツァーのオルガンは私の知るかぎり教会オルガンの音響、というか唸りとは唯一無縁の楽器だ。教会用オルガンじゃ劇場の音楽は演奏できない」。

さらに一歩を踏みこんで音響効果係をオーケストラボックスやスクリーンの背後に配し、銃声や馬蹄の響きを画面に合わせて再現させる劇場も現れた。この目的のためにさまざまな用具が商品化され、例えば西部劇用にと特別仕様の二二口径のリボルバーが製造された。外部の者の手に渡ったときの用心に、銃身は詰められていたが、西部劇の撃ち合いに六連発では不十分だろうと、八弾倉、ときには十二弾倉のものが作られた。

映画から〝沈黙《サイレンス》〟を拭い去ろうとする試みは一九二二年、ある意味で究極のところまで行き着いた。この年、意気盛んな大金持ちの実験科学者ウォタスン・ローサッカーはトーキー映画の可能性を証明しようとした。ここで彼が採用したのはラジオであった。シカゴのローサッカーのスタジオでフランク・ベイコンの座談がサイレントのキャメラで撮影され、速記者が台本から逸脱したベイコンのアドリブを速記した。このあと場所を映写室に移し、ベイコンは自らの画像をスクリーンに見ながらセリフをラジオフォンに録音した。上映されたこのフィルムの映像と音声の同期は、合っているところがあれば儲けものという程度であった。

フランス映画『ギーズ公の暗殺』（〇八）は、伴奏音楽が新たに作曲された最初の作品とされているが（ラフィット兄弟の要請を受けてカミーユ・サン＝サーンスが作曲、サル・シャラス・オーケストラが演奏した）、その一方で『アッシリアの遠征』（一四）は撮影中セットでオーケストラを用いた最初の例といわれている。映画史家によると、D・W・グリフィスは主演女優ブランチ・スウィートの感情を昂揚させるためにオーケストラを配したという。しかし、ブランチ・スウィート本人はこの映画の製作中いかなる時点においても演奏者の立ち会いはなかったといっている。彼女が指摘するように、グリフィスは他のどの監督と比べても、映画製作中の音楽の使用には消極的だった。グリフィスはかつて、「リ

［上］エフレム・ジンバリストとウィリアム・C・デミル。［下］『夜明け』（25）におけるポーリン・スタークとコンラッド・ネイゲル。監督はエドマンド・グールディング。

ハーサルにおいて涙を流せるだけの感情移入すらできない」俳優は間違っても雇わない、と語っている。

しかし、彼は『イントレランス』の戦闘シーンでは、エキストラを奮い立たせるためにブラスバンドを用いている。また同作品中ベルシャザルの大饗宴シーンでは、デニショーン団のダンサーの踊りに当然のごとく音楽伴奏をつけた。

同じ年の一九一五年、セシル・B・デミルは著名なオペラ歌手でもあった主演女優ジェラルディン・ファラーの要請をうけて、『カルメン』の撮影中にビゼーの曲を演奏するよう手配をした。ファラーはまたラブシーンにおいてはチャールズ・ガードナーの「ライラック」をリクエストしている。

他の監督もセットで生演奏される音楽の効用には気づいていた。キャメラのクランク音は神経質な俳優にはイライラの原因となったし、すぐ隣で進行しているセットの組み立てや取り壊しは誰にとっても耳障りだった。音楽は騒音をかき消す働きをする他、雰囲気醸成に役立ち、全体の士気を高める役割も果たしてくれた。ほどなく、ほぼすべての撮影所が小規模のオーケストラを常置させるようになった——ヴァイオリンとポータブル・オルガンが最も人気の高い楽器だった。そしてそれらは室内のセットのみでなく、野外においても撮影の補助を務めた。

モーリス・トゥールヌールの目撃談によれば、ある映画の追っかけシーンの撮影で、トラックの荷台からキャメラを向けている撮影隊の横に、もう一台のトラックが走っていて、その荷台にはあふれんばかりの演奏者が無我夢中で音楽をかき鳴らしていたという。

サイレント映画の製作においては、セットとセットとのあいだに防音壁のようなものは作られなかった。撮影所によっては四本の映画がそれぞれ隣り合ったセットにおいて同時に進行しているというところもあった。

〝グロリア・スワンソンとポーラ・ネグリの確執〟として知られる逸話はそのような環境が背景となっている。映画の山場の撮影となり、ミス・ネグリは胸にしみいるやさしい曲を所望した。他のセットには、この大切なシーンの撮影中は演奏を中止するようにと指示が飛んでいた。有名な言い伝えによると、ミス・スワンソンはその日のためにブラスバンドを呼び入れ、ここぞというところで勇ましい行進曲を吹き鳴らさせた、とされている。しかしじっさいは、ブラスバンドを用意したのはいたずら好きのアラン・ドワンであったそうだ。ただし、ネグリはずっとスワンソンの仕業と信じこんでいた。

メリー・ピックフォードは、グリフィス門下生ではあったものの、気持ちをかきたてるために頻繁に音楽を利用した。彼女のお気に入りのメロディはチャールズ・ウェイクフィールド・カドマンのインディアン・ソング「青い水の国から」とマスネの「エレジー」で、後者は『闇に住む女』(一八、マーシャル・ニーラン)の、ユニティが鏡をのぞき、自分の醜さに気づく悲痛なシーンの撮影のさいに用いられた。その一方、『嵐の国のテス』(二二、リメイク版)の、テスが判事の前に立つ感動的なシーンの撮影では音楽はいっさい用いていない。グリフィスの演出例のごとく、彼女を涙させるのは判事役フォレスト・ロビンソンの重厚な声音でじゅうぶんだった。『嵐の国のテス』を監督したジョン・S・ロバートソンはセットで音楽が流れるのを好まなかった。ロバートソンとのコンビが多い男優のリチャード・バーセルメスも同様だった。ルパート・ヒューズ監督は、自らすぐれた演奏家ではあったが、演出中の音楽は徹底的に忌避した。

チャップリンもセットでは音楽を演奏させなかったが、よく誰もいない撮影所の隅に行っては、ヴァイオリンをかき鳴らしてアイデアの閃きを図った。そのヴァイオリンは『チャップリンの放浪者』（一六）に登場する。

「音楽は大好きでよく使ったものさ」とウィリアム・ウェルマンは語った。「いまはやるにもやれなくて残念だね。世にもすてきなバンドを持っていたんだ。オルガンとヴァイオリンは女性、チェロは変わり者の老人という組み合わせでね。それがまたうまいのなんのって。シーンの合間合間に演奏して、いつもみんなの気分を盛り上げてくれたものだ。最高だったな」

キング・ヴィダーもセットで流れる音楽の価値を認めている。「雰囲気を作り出すうえでとても役に立ったね。『ビッグ・パレード』のジョン・ギルバートは「月光とバラ」を好んでいた。他の俳優はオペラの曲をよく頼んでいたな。『群衆』（二八）ではチャイコフスキーの「悲愴」をずっと演奏させたものだ。あの映画にぴったりの旋律があったのでね」

「どのセットにもミュージシャンたちがいた」と語るのはコンラッド・ネイゲルである。「ミッキー・ニーランは四人編成のオーケストラをもっていた。だから彼のセットはいつも楽しかった。『受難のテス』（二四）のとき、監督の彼と、主演女優で彼の妻でもあるブランチ・スウィートがしばしばぶつかって喧嘩となった。二人の間が険悪になったのを見ると、オーケストラはすぐに〝パパはママが大好き……ママはパパが大好き〟と演奏し、それですべてが笑いに紛れてしまうのだった。こういったミュージシャンは百曲から百五十曲のレパートリーを持っていて、セットの状況に合わせて即興でメロディーを奏でていた。何百年ものあいだ、戦争のさい、連隊には必ず楽隊が付いていったものだ。音楽は兵士の士気を高めたんだ。サイレント映画のセットでも要は同じだった。音楽はみんなを鼓舞してくれるのだ」

しかし、監督のエドワード・スローマンの考えは違う。

「セットにおける音楽が無意味なのは、いうまでもなく、才能や経験のない俳優を見れば明らかでね。私にすれば、そういう俳優たちは音楽をいいことにお遊び気分にふけっていた。私も、ミュージシャンたちが仕事をなくしちゃ可哀想だからと、なんとか我慢していただけだ。メアリー・フィルビンはいつも音楽を欲していたけれど、でもそんな音楽をいくら流すよりも、厳しい演出指導のほうが彼女にははるかに効果があったはずだ」

「サイレント映画の撮影では」と『地獄の天使』の俳優ベン・ライオンは回想する。「音楽のあいだからもキャメラをまわす音がかなりはっきりと聞こえたものだ。本番前のリハーサルのときなど、ときにキャメラマンに頼んだものだ。〝キャメラをまわしてくれないか？〟ってね。フィルムは入れずにね。クランクの音が霊感を呼び起こしてくれる気がしたのさ。音楽も大いに役立った。感情が抑えられなくなるシーンではいつも「マイ・バディ」を演奏してもらった。効果抜群なものがあったよ！

そしてあるとき、突然トーキーがやってきた。何もかもが防音、防音となった――一瞬にしてすべてが〝沈黙《サイレンス》〟の支配する世界となった。キャメラは防音ブースの中に密閉され、誰も彼もテイクが撮り終わるまで物音ひとつたててはならなかった。この完全な〝沈黙《サイレンス》〟の中で、私たちは途方にくれるばかりだった。この新たな環境に慣れるには長い時間がかかった」

第三十一章　演技

サイレント映画の演技と聞いただけで身震いする人がいる。その頃の演技は騎兵の突撃並みの猛烈さで、繊細さのかけらもないと考えているからだ。

一般人の思いこみにはしばしば真実の芽がかくされている。サイレント映画の演技が右のようなものとして始まったのを否定する人はいないだろう。草創期の映画は舞台俳優が演じるメロドラマ★を写し撮っただけのもので、俳優はキャメラの前だからといって演技スタイルを変える理由はないと考えた。メロドラマの多くはこの伝統のままトーキー時代に入っていく。

しかし、そもそもの始まりから演劇の上演には誇張がつきものだった。古代ギリシャの俳優は顔を仮面で覆っていて、演技のほぼすべてを身振り手振りに負っていた。彼らの舞台は巨大な円形劇場であったから、俳優の動きは百メートル以上離れたところからもはっきり見てとれる必要があった。身振り手振りは大きく、アクセントに富んだものでなくてはならなかった。

リアリズムが演技の概念を一変させた現代でさえ、舞台上の演技者は彼らの等身大のアクションを〝実生活以上のもの〟に拡大するために、いまだになにがしかの誇張法に頼っている。

一方、映画は生まれたときからすでに〝実生活以上のもの〟であった。俳優が約十メートル四方のスクリーン上に、舞台のままの大向こう受けの演技を披露するのは、常識はずれの所行となり得るものだった。だが、サイレント初期の頃においては、それもたんなる無知の故として許された。

舞台の大御所として自らの芸風を確立していたサラ・ベルナールは、舞台観客の前で演じるようにキャメラの前で演技をした――銀板写真が彼女の姿を写し撮るように、キャメラ

★この場合の「メロドラマ」は大衆劇とほぼ同義。詳しくは第二十一章参照。

は彼女の演技を写し撮ると考えたのである。たしかにキャメラはそのとおりのことをした。キャメラは彼女の演技を記録するとともに、それを変貌させた。「これらの映画は私に不滅の命をあたえてくれる」とベルナールはいっている。自らの運命を、記憶と伝説のみに委ねたほうが彼女には幸いしただろう。半世紀を過ぎて見る大女優の演技は、私たちを幻滅させ、当惑させ、あきれさせる。「当時の人の目を疑いたくなる」と現代人なら考えるだろう。

ベルナール女史自身、私たち同様スクリーン上の自分の演技を見てショックをうけたときくといささかほっとする。『椿姫』（一二）を見て彼女は気を失ったといわれている。『エリザベス女王』（一二）を撮る頃までには、映画製作という工程自体馬鹿げていると見なすようになっていた。

「映画を見ても、舞台のサラ・ベルナールがどんなだったかは想像もつかないだろう」とアルフレッド・ラントはいっている。「とにかく並外れていた……そして声がすばらしかった。世界中探してもあのような声の持ち主は見つからないだろう。絶対に。たしかに彼女は少々、どういえばいいか、勢いにまかすところがあった。身振り手振りなどでね。でも、効果は絶大だった。映画とは真剣に向き合っていなかったと思うね」

古いスタイルの誇張された舞台演技は二十世紀の初頭に急速に衰退していった。

「私が舞台に立つ頃にはもうほとんど痕跡をとどめていなかった」とラントは語る。「足取りもおぼつかなくて、プロセニアム★に手を置いてひと休みするような老俳優のなかに、昔のままの演技を残している人たちがいたけれど、それ以外はもう完全に姿を消していた。

子どもの頃に「緋文字」の舞台でリチャード・マンスフィールドを見たことがある。十一歳より上ではなかったから、せいぜい一九〇四年までのことだが、子どもの目にもひどいと感じた。すごいオーバーアクションでね。限度を超えたばかばかしさだと子ども心に思ったものだった」

アルフレッド・ラントは夫人のリン・フォンタン、それにヘレン・ヘイズ、キャサリン・コーネルらとともに自然《ナチユラリ》志向《スティック》の演技の潮流の一翼を担い、二〇年代のアメリカ演劇に大きな足跡を残していく。

しかし、映画に登場した他の舞台人を見ると、誇張された演技は二〇年代に入ってもいまだ演劇の主流であったかのような印象をあたえられる。アドルフ・ズーカーの映画会社フェイマス・プレイヤーズに中身をあたえた〝有名俳優たち〟と、トライアングル社の映画に正劇の威光を付与したビアボーム・トリー、コンスタンス・コリアらを別にして、オーティス・スキナーやウィルトン・ラッケイといったビッグネームは目にも強烈な派手派手しい演技をスクリーン上に披露し

★劇場で舞台と観客席とを区切る額縁状構造物のこと。左右両端は柱のようになっている。

『風』（28）のリリアン・ギッシュ。

ていて、少なくとも彼らはいかなる自然志向《ナチユラリスティック》の傾向をも信奉していなかったのは明らかである。

演劇のスタイルは古びるのがはやい。たった十年前に受け入れられた演技が今日では目を覆うばかりのものに見えてくる。現代の私たちは誇張された演技のスタイルとは完全に繋がりを失っている——その断絶があまりに大きいため、私たちはどこでそのような演技に出会ってもすぐに滑稽なものと感じてしまう。またそのために、そういう演技術を身につけた練達の俳優と、たんに未熟な俳優との違いを見分けることも不可能となっている。どちらも馬鹿馬鹿しいものとしか見えないのだ。

しかし、真にすぐれた演技のなかで、伝統的な型にたよらずそれ自らの基準を創造したものは、当初の力を保ちつづける。そういうスタイルは不変であり、幸いにも、そのなかのあるものはフィルムの上に残されてきた。

イタリア映画『灰燼』(一七)に見るエレオノーラ・ドゥーゼは抑制の見本であり、彼女が活躍していた当時の型であった腕を大きく振りまわすようなことはせず、手の繊細な動きにさまざまな表情をもたせている。ドゥーゼが自分のスタイルを映画に合わせたといってしまえば、それは真実でなくなる。一九二四年のアメリカ巡演の彼女を目撃している人たちは、彼女の舞台での演技は映画のものと幾分似ていたと証言しているからである。当時としては高齢で体も弱っており、声はときに聞き取りにくかったが(ドゥーゼは同年六十五歳で亡くなっている)、あふれんばかりの魅力をたたえ、その身体は表現力にあふれていた。

「まるで違っていたね」とラントは語る。「私の見たもうひとりのイタリア人俳優ロッソとは。ロッソはどこまでも奔放でね、感動的な場面で大いに盛り上がり割れんばかりの拍手が起こると、演じるのをやめて優雅にお辞儀をし、そしてまた演技に入っていくんだ」

草創期のサイレント映画が舞台俳優を起用せざるを得なかった一方で、純粋な映画俳優も育ちつつあった。彼らは直観的に、キャメラに順応したもっと自然な演技スタイルを開拓していった。それは当時映画に適合しているように思えたし、いま見てもそのように思われる。

メリー・ピックフォードは俳優になりたての頃からリアルな性格付けを人物にほどこしていて、そのことが、彼女が〝アメリカの恋人〟の呼び名をあたえられるうえで大きな力となっていた。グリフィスの薫陶よろしきを得た俳優のなかには、他にも、新鮮さと機転と親近感を醸し出せる女優たちがいて、そういう女優たちを前にしていささかでも作りものめいた演技をした俳優は、そのぎこちなさが否が応でも目立つ結果となった。はじめヴァイタグラフ、そして次にトライアングルへと移籍したノーマ・タルマッジは、ドラマを演じて映画史上最高の女優のひとりであり、どんな不自然な劇的状況におかれても自然のままに演じることができた。

ノーマの妹コンスタンスはすばらしくも聡明なコメディエ

プリシラ・ディーンの演技はいま見ても溌剌としている。しかもじつに自然である。『サイコロ賭博の女』（26）より。

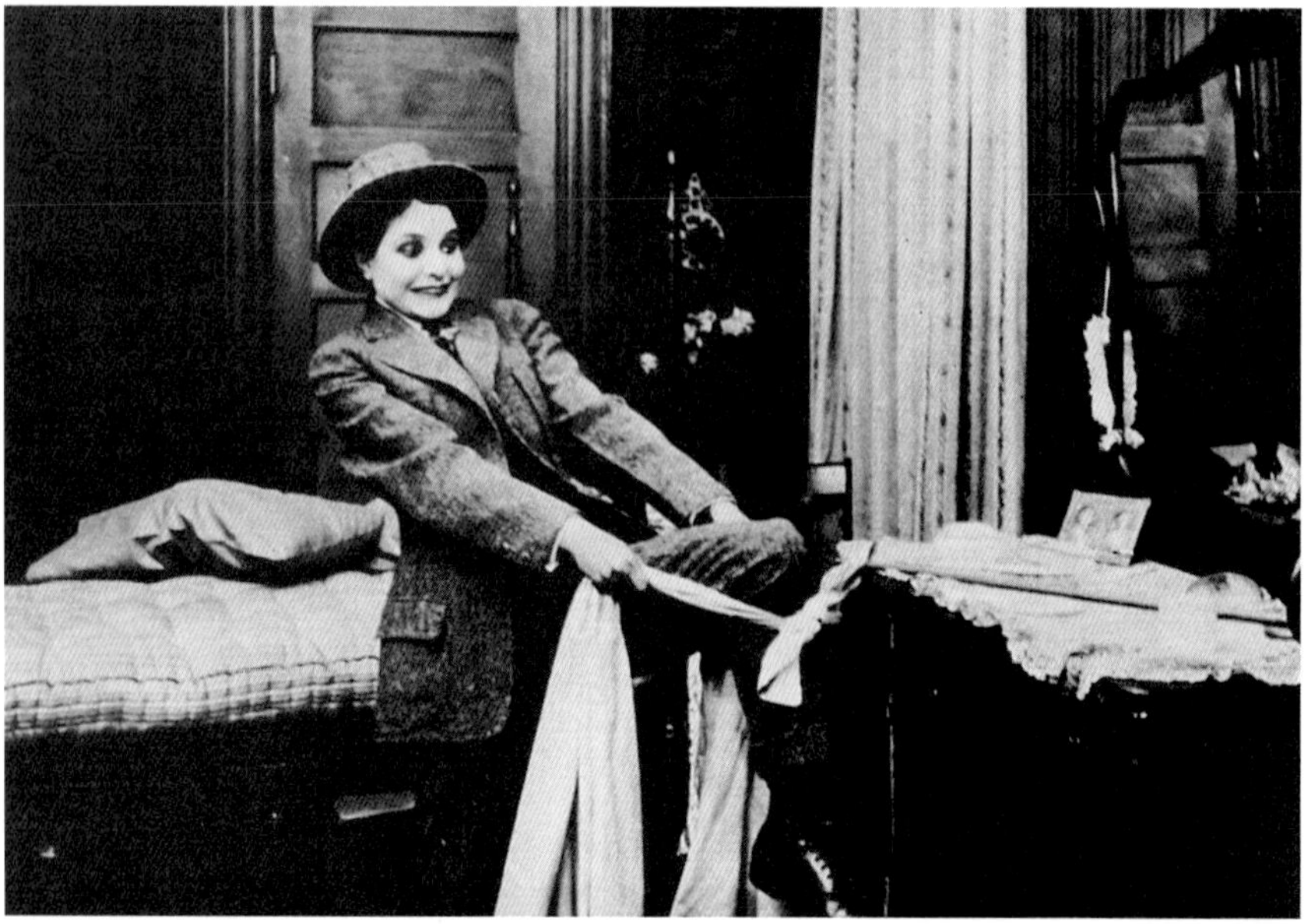

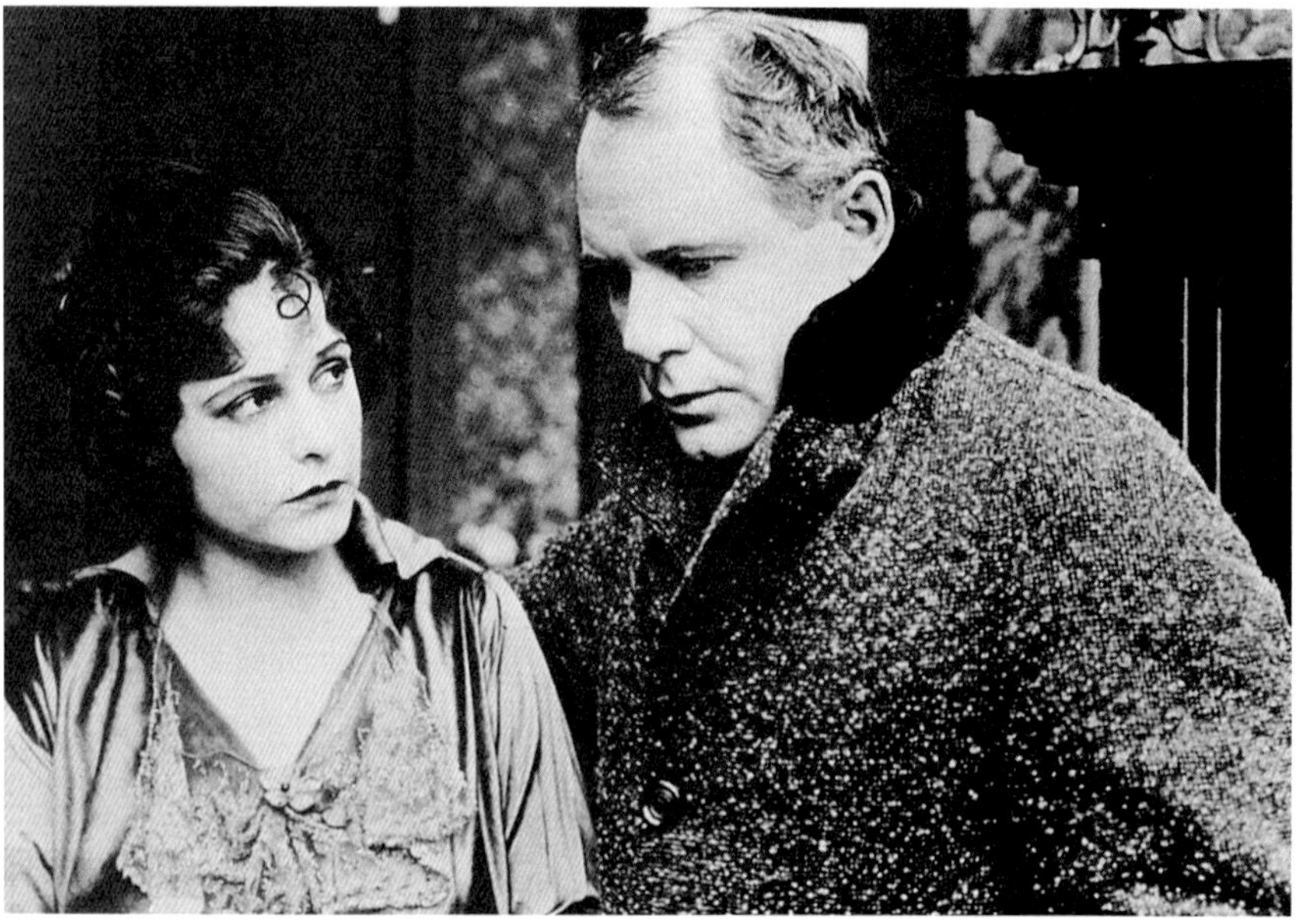

ノーマ・タルマッジの千変万化の演技力。初期の主演作より。

ンヌであり、茶番を目的としないかぎり、けっして過剰な演技に身をまかせはしなかった。

抑制と自然志向《ナチユラリズム》とは今日の流行である。リアリズムは当時は人気がなく、俳優や監督の多くがリアリズムには断固反対の姿勢を明らかにしていた。彼らはありのままの人生よりももっと楽しい何かを観客にあたえたいと思っていた。観客は普段の生活でリアリズムには食傷している、彼らが劇場や映画館にやって来るのは世の憂いを忘れるため、現実から解放されたいため、スリルを味わい、架空の世界に遊びたいためなのだ、と彼らは主張した。その自然な帰結として、型にはまった演技は、とくにメロドラマにおいて廃れずに受け継がれていった。そしてまた、もし人物自体が真実であれば、その人物を演じる演技は真実であり得ると考えられた――真実というものさえ見出してしまえば、誇張された演技でも真実は失われないと見なされたのである。

典型的なメロドラマにおいて、身振り手振りよろしく、動きの激しい、つまりはオーバーアクションの演技にふけっていた俳優が、抑えの利いたリアリスティックな演技も可能であったとはにわかには信じがたい――しかし、それは事実であった。そういった俳優は、自分たちがメロドラマを自然に演じることだってできたのだと聞かされると一驚を喫するのだった。

「だって、ありゃ大芝居《ホーカム》だぜ」と彼らは反対する。「大芝居をリアルにゃ演じられないよ――何ごとにも似合いのものってのがあるからね」

サイレント時代のベテラン俳優たちは、今日、自分たちのかつての演技に対してやや意識過剰になる傾向があり、彼らの演技スタイルに話が及ぶとすぐに笑い飛ばしてしまおうとする。なにも自分の演技を恥ずかしく思っているわけではない。たしかに一人二人は演技力に欠けていたかもしれないが、大多数は演技力をそなえていただけでなく、少なくとも二つの演技スタイルを演じ分けることができた。

フローレンス・ヴィダーはルビッチやマル・セント・クレアらのソフィスティケイティッド・コメディにおいて上流婦人を演じたが、それらにおいては、美しい頭を軽く上げ下げするだけで、ことばを発するに幾層倍する意味を明確に伝えていた。しかしその彼女はまた、『海の荒鷲』(二六、フランク・ロイド)では、典型的なメロドラマ演技のスタイルで、派手派手しい大きな動きに終始している。連続活劇のヒロインとドゥーゼとが両極端であるように、その演技は普段の彼女とは正反対なものであった。

『メリケン波止場』(二七、ルパート・ジュリアン)のヒロインを演じたエリナー・フェアの演技は今日の観客には噴飯ものでしかないだろうが、同じ年の一九二七年、彼女は軽妙なコメディ『彼女の好きにさせろ、ギャラガー』(二八、エルマー・クリフトン)で主役のひとりをまったくの自然体で、魅力たっぷりに演じている。

演技のスタイルを決定する権限をもっていたのは、たいていの場合監督であった。なかには誇張された演技を忌み嫌う監督もいた。

「ロサンゼルスにはいろんな旅回りの劇団がやってきた」と、グリフィスのもとで訓練を積んだ監督のひとりジョゼフ・ヘナベリーは語る。「十代の頃、そういった劇団の舞台はすべて目にしたものだ。劇場の桟敷席で案内役をやっていたからだ。そのうちに演技の善し悪しを見分ける自信がついてきた。

集中力にかけてエルンスト・ルビッチとポーラ・ネグリはがっぷり四つの好敵手であった。『禁断の楽園』(24)のリハーサル・ショット。

映画が普及し始めると、舞台の俳優たちはどこかとまどっているように見えた。

その頃、舞台演技には二派があった――ひとつは新しくて、リアリスティックな、自然な演技を目指すもの。そしてもうひとつはジェスチャーなどが過剰気味の一派。映画などに興味をもっていると、どちらのタイプの演技が好きか好みが分かれてくる。

でも、もし身ぶり手ぶりの大きな演技をサイレントのスクリーンで見ると、〝見ちゃいられない!〟と目を覆うはずだ。じつは、私は何人かの舞台俳優を呼んで彼らの演技をスクリーン上に見せたことがある。演じる自分の姿を初めて見た俳優たちは〝あれが己か!〟と、驚きとも嘆きともつかない悲鳴を上げたものだ。彼らはそれまで自分が演じるところを外からの目では一度も見ていなかった。一度もね。だからそれがいかに見るに堪えないものか気づいていなかった。自分たちが名演と信じていたものは、じっさいは〝クサい田舎芝居〟だったのであり、否でも応でもそれを認めざるを得なくなった。俳優の演技スタイルをよい方向に変える契機となったのは、何よりも映画だったと私は思っている。

舞台においてももっと抑えた演技ができること、大声でがなり立てなくとも、ほのめかしで物事は伝わることが、俳優たちにはわかりかけてきたのだ」

しかし、壮麗なスタイル以外は夢にも想像できないという監督もいた。

「メロドラマではなくリアリズムを求める映画人はたくさんいました」とブランチ・スウィートはいった。「で、製作者のトム（トマス）・インスが「アンナ・クリスティ」（『海の洗礼』［二三］）を映画化すると聞いたときはすばらしいと思いました。あれはどこから見たってリアリスティックな劇ですからね。でもインスは中途半端でした。本来のかたちで映画にしようとはしなかったのです。はしけのシーンをいくつか付け足してメロドラマ色を強めようとしました。〝お願いだからやめて下さい。そういう映画じゃないんですから〟と私たちは頼みました。監督はジョン・グリフィス・レイでした。彼はいい監督でした。仕事に打ちこむ、誠実な人でしたが、私たちとは意見が合いません。仕事のスタイルが正反対でした。

レイは上からガミガミ押しつける、騒々しいタイプ。なにしろクロースアップを撮るときにもメガホンを手放さないのですからね。私は静かなのが好きでした。男優たちも――ウィリアム・ラッセルとジョージ・マリオンですが――役作りの考え方が私と似ていました。でも、レイはずっとメロドラマ志向でした。私たちは抑えよう、抑えようとし、絶えず監督とぶつかりました。レイはいい人でしたよ、ほんとうに。でも、彼の指示はもっと大きくとか、もっと強烈にとかそういうものばかりでした。

監督を素通りして製作者に陳情するなんてしたくはないんですが、このときはやむを得ませんでした。私はトム・インスのところに行き、いくつかのシーンをやり直したいと訴えました。インスは自分が監督しようといいました。彼は長らく監督してませんでしたし、私は彼の監督ぶりは知らないし、どうなるかは予想もつきませんでした。彼がセットにやってきて、さあやり直しとなってみると、なんと彼はレイを倍した誇張派でした！」

ナチュラリズムはやすやすとアメリカ映画産業を席巻したわけではなかったが、年毎にその足場をかためていった。一九一四年「モーション・ピクチャー・マガジン」が〝いま映画に最も必要な改善策は何か？〟という問いを掲げ、一般読者にその回答を競わせたところ、優秀回答のひとつに選ばれたのはウォルター・スコット・ハワードという読者の「被告〝不自然〟に対する有罪判決」であった。

「しかめ面をする、したり顔をする、顔の筋肉をもみくちゃにして表情を作る。これらは舞台の背景幕の前でなら許されるかもしれない。だが、現実のままの自然な環境を前にしてであるならば、人形めいたぎこちないバタバタは水と油であり、そこはなんとしても生身の人間に動いてもらわねばならない。ごてごてと手のこんだ料理ではなく、もっと自然なままの食材を、つまり人の生命が息づく、人間の生活そのものを提供してもらいたいのだ！　粗野で奇怪な者どもは地に埋めてもらいたい――第二のドン・キホーテが現れて、スクリーンに巣くう青ざめたヒロインや、おぞましい悪漢や、厚化粧をほどこした一団のマネキンたちを追い散らすよりも前に

［上］ジョン・グリフィス・レイ監督が演技指導している（中央）。映画は『海の洗礼』（23）。左端はウィリアム・ラッセル。［下］『我が子』（25）でアラ・ナジモワを演出中のエドウィン・ケリュウ。

……」（「モーション・ピクチャー・マガジン」一九一四年十二月号、一二六頁）

一九一六年頃には、何人かの大物監督が映画にしみこんだ舞台演技のかびくさい臭気を本腰入れて拭い去ろうと努力していた。

アルベール・カペラニのアメリカにおける映画歴は比較的短い。彼はハリウッドに渡ってきたフランス人のひとりで、ナジモワ主演の映画を何本か監督している。

「カペラニの偉大なところは」一九一六年、アレン・コーリスは書いている。「グリフィスやブレノンのような雄大さや力強さではなく、細部に注ぐ繊細な眼差しや精緻な技巧に存している。彼は彼の母語であるフランス語のように繊細微妙であり、彼の芸術性は後ろから秘かに忍び寄って背骨のあいだから心臓をひと突きするような効果をもたらす。〝自然を旨に（Be natural）〟がカペラニのモットーで、彼はそれを大きく板の上に書いたのをニュージャージー州フォート・リーの撮影所のいたるところに飾っている。*彼は俳優に演じるなと命じている。これはことばの矛盾のように聞こえるけれども、じつはそうではない。舞台の上で自然に振る舞うのは俳優にとって至難の技である。というのも、俳優は観客に向かって演じているのであり、自意識に打ち勝たねばならないからだ。しかし、カペラニによると、映画俳優には自意識を感じる必要もなければ、舞台でのように演技する理由がそもそもない。初期の映画では必須と考えられ、いまでも多数の映画俳優の大いなる弱点のひとつとなっている誇張された表情やジェスチャーに対して、カペラニはけっして寛容であろうとはしない。

〝映画の演技はそれ自体自然なものであるべきだ。私の俳優たち――彼らは絶対に自然であらねばならない。だから私は、この国でいうやさしい《ジェントル》態度で彼らに接している。ああ、なんと彼らは演じることに懸命なのか！　力を入れれば入れるほど、どんどん見苦しくなるというのに。私は穏やか《ソフト》に、つねに穏やかに彼らに話しかける。彼らが自然に振る舞えるように、現実の人間のように歩き話すようにと、私は彼らをなだめすかす〟とカペラニは語っている」（「フォトプレイ」一九一七年一月号、八八頁）

モーリス・トゥールヌールも自然を旨とする新しいスタイルをドラマ演技の中にもちこんだ。しかし、カペラニの主張する抑えた演技が長年の映画経験のなかから生まれたものであるのに対して、トゥールヌールのは演劇に起源をもっていた。

「アメリカに渡る前」とジャック・ターナー（トゥールヌール）は語った。「父はアントワーヌ座にいたんだ。そこの劇場監督アンドレ・アントワーヌは鉄の意志の男で、俳優たち

＊この有名なスローガンは、カペラニも働いていたことのあるソラックス撮影所の所長アリス・ギイ＝ブラッシェが唱えたものとの説もある。

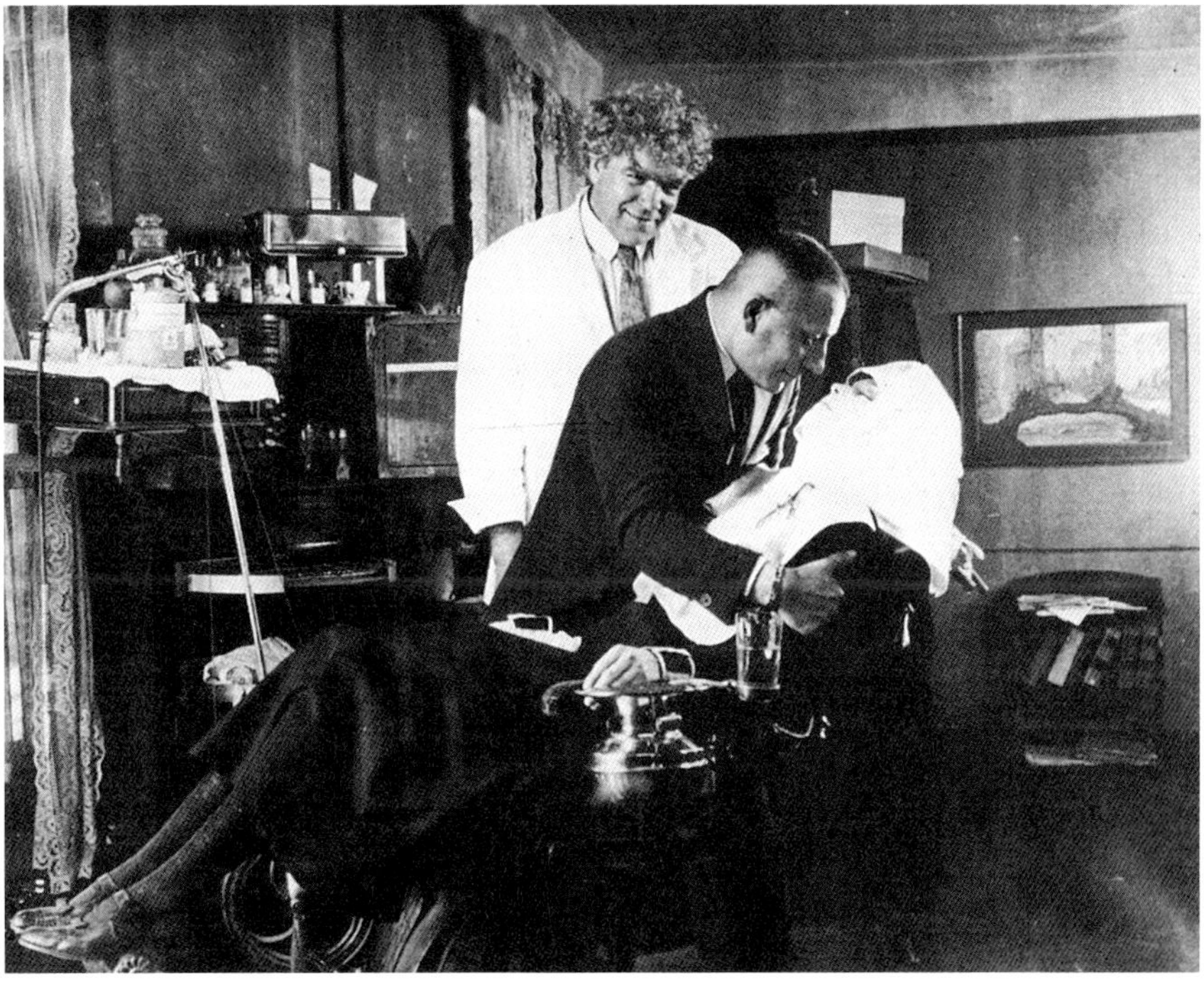

［上］レジナルド・バーカー監督『輝やく一路』（24）のノーマ・シアラーとジェイムズ・カークウッド。［下］『グリード』（24）の演出風景。エリッヒ・フォン・シュトロハイムが歯科医役のギブソン・ゴウランドにザス・ピッツをいかに誘惑するか実演している。

に抑えた演技を厳命していた。時代に五十年先んじていたんだね。彼が翻案したイプセンやチェーホフは、まさに現代上演される舞台そのままだった。思うに、父はアントワーヌから学んだことをそのままアメリカにもっていったんだ」（著者によるジャック・ターナー（トゥールヌール）へのインタビュー。一九六四年十月ロンドンにて。アントワーヌはのちに自ら映画も監督している）

アメリカのトップ監督六人のひとりとして、いささか奔放ではあったが大きな影響力をもっていたマーシャル・ニーランは、一九二七年、演劇の重苦しい圧力に対する映画人の態度を次のようなことばで要約している。

「映画にやってきた舞台人がとっとと出て行ってくれれば、映画にとっては万々歳だ」

二〇年代には、アメリカ映画の俳優演技は世界の模範となっていた。

他の国々の映画産業は演劇とのつながりを断ち切るのに時間がかかっていて、独自の人材を作り上げる点で、ハリウッドのスター・システムには太刀打ちできなかった。イタリアやドイツでは、誇張された演技は衰えるどころかむしろ勢いを得ているかに見えた。フリッツ・ラングの『メトロポリス』（二七）がアメリカで公開されたとき、フォトプレイ誌は俳優の演技が映画を大いに損なっていると評した。「装置は唖然とするほど美しい。俳優の大仰な演技は正視に堪えない」（一九二七年五月号、五二頁）

別の評者はイタリア映画に見る俳優演技をこういう言い方で切り捨てた。

「どの映画を見ても、まるで〝火事だっ！〟と叫んでいるような演技ばかりだ」

第三十二章　スター

「ジーグフェルドが真珠のネックレスを手にしてドアの外で叫んでいた。でも、私はもう彼とはやっていけなかった……これ以上はどうにもつづけていけなかった！　私はハリウッド行きを決めていた。ジェシー・ラスキーが週四千ドルの契約を提示していたのだもの。そうして、ハリウッドに行ってみると、これはもう目を疑うばかり。自家用の車が用意されていて、まるで王女のような生活なの。ハンサムな青年たちがホテルまで送り迎えしてくれる！　何から何まで、夢のようなすばらしさ！　そしてイギリス皇太子ともね……」

　ルイズ・ブルックスは首を左右に振り振り嘆息する。「いつだって同じことの繰り返しでしょ」と彼女はいった。「スター俳優って百パーセントたわごとしか話さない。人によって話し方が違うだけ。不幸や災難は間違っても降りかからないのよ。スターの話を聞いているとね。自伝にしろ、伝記にしろ……どれも真実とはかけ離れたものばかり」

　ルイズ・ブルックスはサイレント期の大物スターのひとりではない。アメリカではさほど多くの映画には出ていない。最も知名度の高い二本の映画は『パンドラの箱』と『淪落の女の日記』（共に二九）で、いずれもG・W・パプスト監督によってドイツで作られたものだ。しかし、サイレント期のあらゆる個性豊かな映画人のなかでも、現在抜きん出て輝いているのはルイズ・ブルックスである。彼女を崇拝しているのはサイレント映画時代の彼女をおぼえているわけではない何千という若者たちであり、彼らはアーカイヴや名画鑑賞会で上映された作品で彼女を知ったのだ。ルイズ・ブルックス・ファンクラブは世界中に作られている。ファンは彼女のなかに、輝くばかりの才能をもった女優、光彩陸離たる個性、そして映画史上並ぶもののない美貌を見てとった。

　映画史家で批評家のロッテ・アイスナーは「魔に憑かれたスクリーン」の初版（一九五二年）のなかでこう問いかけている。「ルイズ・ブルックスは偉大な芸術家なのか、それともその美貌故に観客が彼女自身気づかぬ複雑な魅力をそこに見出しているだけの、たんなる魅惑的な女優にすぎないのか?」

ミス・ブルックスがパリを訪れたあと、この一節は書き換えられた。いまは次のようになっている。「今日私たちはみな知っている。ルイズ・ブルックスは飛びきりの知性を備えた驚異の女性であり、たんなる魅惑的な女優というだけではないことを」

「あのロッテの奴」とルイズ・ブルックスは語る。「私が余計なお喋りをせず、私を能ナシと見くびった件をからかってやりさえしなければ、あの洞察鋭い一節の、直観的な問いかけ文を書き換えたりはしなかったでしょうにね」

ルイズ・ブルックスは映画人のなかでも、最も驚嘆に値する個性の持ち主である。現在の表面上の事実だけを見ると、何やら『サンセット大通り』(五〇)の主人公が思い出される。ミス・ブルックスは世捨て人と自称していて、ニューヨーク州ロチェスターにひとりで住んでいる。めったに外出せず、人の訪問もたいていは断り、一日のほとんどをベッドで過ごしている。しかし、じっさいの彼女は創作エネルギーの塊のような女性である。すぐれた文筆家であり、すでにいくつもの文章がサイト・アンド・サウンド誌に掲載された。映画界とは縁を切って久しく、そのために映画の世界を純客観的に眺める眼を備えている。記憶は鮮明で、二〇年代の経験を細部にわたって思い出すことができ、それでいて自分はその時代の人間だという意識はもっていない。過去に耽溺するところはどこにも見られないのだ。サイレント映画をその美しさ、その質の高さ故に愛しているが、サイレント時代そのものとは訣別しており、ひとりさらなる成長を遂げた彼女は、サイレント映画を合理的かつ冷静に論じることができる。

ミス・ブルックスと話をしていると私の物書きとしての本能がいろいろに刺激をうける。真実の追究に妥協のない彼女は、誇張したもの言い、過剰なもの言いはすぐに嗅ぎつける。「そんな製作者やスター俳優の空言には、瞬時に反撥する。「そんな途方もないでたらめを信じるの? あなたにいいところを見せたかったのよ。考えてもごらんなさい。理屈からいってもそんなことあり得ないでしょ?」

彼女は自分自身に関して、自分自身に対して、真っ正直である。彼女のことばは多彩であり、紙上に載せられない単語が思わぬときに飛び出してくる。その声は音楽のように耳に心地よい。時にそれは破調をきたし、ののしり言葉の衝撃をさらに強める。

ルイズ・ブルックスの至上の美貌は、中年の彫りと線を加えながら、いまだに健在である。白いものの混じる髪は後ろにまっすぐなでつけられている。若々しい活力とユーモア感覚は成熟した雄弁と絶妙のバランスを保っていて、ルイズ・ブルックスは世にいう六十歳代の憂鬱を忘れてしまったかに思われる。

「それにそういうスターたちは」とことばはつづく。「たえずでたらめばかり喋っているので、嘘と本当がごっちゃになっているの。自伝を書き始めて私がまず心がけたのは、私の身にまとわりついた大嘘、人を小馬鹿にした宣伝用の何百何千の大嘘をひとつひとつはぎ取ることだった」

ミス・ブルックスは回顧録「裸でヤギに乗る」の草稿の自伝的部分を焼却炉に投げ入れた。だが、同時期の他のスター俳優や監督についての、丹念に調査され美しい文体にまとめられた文章は、幸いにも焼かれずに残った。彼女は映画について、そしてまた映画に対する私たちの態度について、啓発的な光を投げかけてくれている。彼女ならではの知的深みの一端については、ジェイムズ・カードがサイト・アンド・サウンド誌のなかで次のように触れている。

「映画の偉大な芸術は表情や身体の説明的動きから成り立ってはいない。それはある種の孤立のなかで伝達される思考と魂の動きのなかに存している」（一九五八年夏季号、二四〇頁）

以下はミス・ブルックスとの会話を書き起こしたものである。ここでは他のスターたちについて、監督について、さらには、彼女自身の逸話についての意見、感想が述べられている。彼女はテープレコーダーの使用を拒まなかった。むしろそうするようにと強く勧めてきた。

「この手の、映画人を取材して本を書くライターはみんな、他の本をもとにして書いているの」と彼女はいう。「いつかもあるジャーナリストがやってきて丸一日私に質問し、すべてテープに録って帰って行った。で、そのテープをどうしたと思う？　そのまま放ったらかしよ。聞き直してすらいないわ、きっと。この人たちが求めているのは書かれた文字なの。彼らはタイプライターに向かって、他のライターの文章を引っぱってきては、それをそのまま写しているのよ」

ルイズ・ブルックスは語る

私はマーサ・グレアムのダンスを見て演技を学び、チャップリンを見て映画のなかでの動き方を学んだ。一九二五年の夏、『黄金狂時代』のプレミアのためにニューヨークに来ていたチャップリンは、私たちの前でいろんな形態模写をしてみせた。仕事で大勢の前に出ているとき以外は、彼は私たちとアンバサダー・ホテルのA・C・ブルーメンタールのスイートルームにこもっていた。そこではチャーリーは素顔にもどり、とても幸せそうで、片時も休まず誰かの物真似ばかりをしていた。イサドラ・ダンカンの真似をしたあとで、彼は「ルイズ、さあ、誰の物真似か当ててごらん」と私にいった。彼はお尻を小刻みにふるわせながら部屋の奥に歩いて行く。目を覆うようなひどい歩き方で。私は誰の真似かすぐにわかった。彼は振り返ってこちらを見た。私は顔面蒼白、険しい表情をしていたと思う。そのとき私は十八歳だった。彼は駆け寄ると「違う、違う、これは君の真似じゃないんだよ！」といった。

でも、もちろんそれは私の物真似だった。私はそれから何年もかけてその馬鹿げた歩き方の痕跡を完全に拭い去った。それはジーグフェルド・フォリーズにいたときに訓練に訓練を重ねて身につけた歩き方だった。チャップリンに真似されるまで、私はそれが断然カッコいいと思っていたのだ。

そのとき閃いたのは、すべては動きの上に成り立っているということ。ロナルド・コールマンがいかにすばらしい演技を見せようと、あの何ともいえないたどたどしい重い足取りで部屋の中を歩かれると、すべてだいなしになってしまう。

チャップリンのことでいえば、彼は本の中で、シーンの入りと出の歩きをなくしてしまう必要があると語っている。何いってるんでしょう！　彼の作り上げたチャーリーはすべてがあの歩き方にあるというのに……ガルボも動きがすべて。まず彼女の内に感情が生じる。その感情から動きが生まれ、その動きからセリフが現れる。それがあまりにも完璧なので、人はガルボには演技はできないなどといったりする。人は真の演技より、ピーター・セラーズのような〝パフォーマンス〟を見たがるのね。真の演技には実体がないから。人はダンスの善し悪しを判断する目をもっている。人は誰だってダンスをしてみようと思ったことがあるから。だからテクニックを判別できる。人は歌の善し悪しも判断できる。歌を歌ったことがあり、テクニックになじみがあるから。その伝でいけば、演技を判定するにはその拠り所となる何か目に見えるテクニックが必要となるのだけれど、じつは演技にはそんなものはない。演技とは完全にその人物の反応にかかっているから。

そんなわけで、ガルボには演技ができないなんて人がいうのを聞くと無性に腹が立ってくる。あんな偉大な女優はいないのに。サラ・ベルナールはドゥーゼよりも千倍も有名だけど、それは彼女が〝パフォーマンス〟型の女優だったからよ。プルーストが名言を吐いている。「謎との遭遇がいかに大量の凡庸な反応を生み出すかは信じがたいほどだ」と。ガルボに対する世間の反応にそのまま当てはまるわね。

これまで私が共演したなかで最高の男優はオズグッド・パーキンスだった。マル・セント・クレアやエディ・サザランドといった監督とコメディを撮ると、キャメラがまわる前から私たちは笑っていた。シーンが滑稽だから。でも、フランク・タトルのときは違っていた。オズグッド・パーキンスと共演した『百貨店』(二六)は観客と一緒に劇場で見るまでコメディとは気づかなかった。私の演技にはコメディっぽいところはどこにもなかった。それこそがタトルの狙いだったのね。

共演する男優の善し悪しはどこにあると思う？　タイミングなのよ。感情は必要なし。それはダンスと同じ。ダンスのパートナーもタイミングがすべてでしょ。オズグッド・パーキンスはこちらがすっと反応できるタイミングでセリフを渡してくれる。要はタイミング。感情なんて何の意味もありはしない。

アドルフ・マンジューを見てご覧なさい。彼は演じているときどんな感情も持っちゃいない。よくいっていたものよ。「さあ、ルビッチその一をやってみるぞ」「次はルビッチその

［上］ルイズ・ブルックス。［下］右側、並んですわっているのがエディ・サザランドとルイズ・ブルックス。『チョビ髯大将』（26）製作中のスナップ。

二だ」って。彼の演技はまさにそのとおり。彼と共演してもこちらはどんな感情も引き出されはしない。でも、スクリーンの彼を見ると完璧でしょ。すばらしい俳優だったわ。

私が尊敬していたのはジャック・ピックフォード（メリー・ピックフォードの弟）、それにミッキー（マーシャル）・ニーランね。ミッキーは世間で思われているよりはるかにすぐれた監督よ。ジャックも俳優で知られているけど、腕のいい監督だったって知っていて？　でも、二人はそれだからって何も特別なことはしていない。いまは監督というとインタビューの花ざかり。何やら難しいことばをひねくりまわして、自分の映画には何百何千の意味があるんだっていおうとしている。そのうちのどれひとつスクリーンには見えてこないのに。つまりどれも監督のことばのなかだけ、想像のなかだけにあるまったく特殊なものなのよね。でも、二〇年代の監督は、たんなる仕事だと割り切って、黙々と映画を作っていた。

ひとつおもしろい話があるわ。ジャック・ピックフォード、ミッキー・ニーラン、ノーマン・ケリーは大の仲良しで、三人とも大酒飲みだった。メリー・ピックフォードが『ドロシー・バーノン』を撮っていたときのこと。ミッキーがこの映画の監督だった。撮影班がサンフランシスコにロケに行った。お城に向かう行列のシーンをゴールデン・ゲート・パークで撮ることになっていた。時刻は朝の九時で、馬も何百人というエキストラも居並び、メリーも艶のいい白馬にまたがっていた。予算をかけたシーンで、みなキャメラがまわるのを待っていた。ところが、監督のミッキー・ニーランの姿がない。メリーは「サンフランシスコに誰が来てるの」と訊ねた。「じつは」とスタッフのひとりがいった。「ノーマンとジャックが来ているそうです」スタッフは総出で、ミッキー、ノーマン、ジャックが出没しそうな潜り酒場やホテルを探した。三人は見つからなかった。そこで行列のシーンはメリーが監督した。問題は何もなかった。メリーは監督もできるのだから。誰も監督不在の件はそれ以上気にかけなかった。いまだったら大混乱で、完全に立ち往生でしょうけどね。

チャールズ・ロシャーが行列の撮影準備をしていると、張り巡らしたロープの向こうから、沿道の野次馬に混じってニーランがこちらを見ている。ニーランはロシャーに声をかけた。「よっ！　上出来、上出来！」そうして、またどこやらでの酒宴へともどっていった。

監督の地位がしっかりとして力が強くなると、製作者は監督を追い出す算段をし始めた。ブロック・ブッキング（映画作品の一括契約）が確立されると、映画会社は、どの監督がどういう映画を作っているかに関係なく、大きな利益が約束されるようになった。力をつけた監督は製作者に従わず、自分好みの配役や独自の予算を要求するものだから、そういう監督は撮影所から追い出されたり、クズのような作品をあてがわれるようになった。作った映画がすべてスクリーンにかかるのであれば、なかに少々粗悪なのが混じっていても関係ないからなの。

こういう状況の狭間で苦しんでいる監督の映画に私は三本出演している。気の進まない映画を無理矢理作らされている監督のセットに出るのは、何やらいたたまれなくて私もいやだった。

　ルーサー・リードは監督を望んでいなかった。彼は脚本家だった。あの頃脚本家といえば、予算や配役を決めるために映画を一度紙の上にまとめる、おもにそれだけの役目を担う職種だった。フランク・ストレイヤーも脚本家だった。リードやストレイヤーはだいたいいつも黙ってキャメラの後ろに突っ立っていて、キャメラマンやアドルフ・マンジューやウォーレス・ビアリーに演出を任せっきりにしていた。

　私はディック（リチャード）・ロッソン監督の『オール持つ手に』（一七）という映画に出ている。ロッソンはアラン・ドワンの助手だったのだけど、彼がやりがいを見出していたのは助手の仕事だった。『オール持つ手に』の撮影中、ロッソンはずっと椅子に座っていた。額に汗を浮かべて、台本を握りしめた手は震えていた。彼を椅子から立ち上がらせるだけのいいクスリはその頃はまだできていなかったの。*

　撮影所から追い出された監督にジェイムズ・クルーズがいる。魅力ある男だったわ。私が出会ったなかでは彼がいちばんの変人でしょうね。『幌馬車』の監督だけど、私は彼が監督してトミー・ミーアンが主演した『狂乱街』（二七）に出ている。クルーズは無口で、朝から晩まで酒を飲んでいた。〝井戸掘り人のケツ〟という酒は彼が考案したもので、強壮剤になった。「名前の由来は？」と訊くと「井戸掘り人のケツは冷えるんだよ！」と答えが返ってきた。

　ジミー（ジェイムズ）は映画作りの最中ほとんど喋らない。私も台本はまったく読んでなかった。グリフィス・パークでのロケのとき、ジミーがいった。「じゃあ、ルイズ、車に乗って」

　私は車に乗った。

「運転席に座るんだ」

　私は運転席に座った。

「いいか、猛然と発車させるんだ。弾丸のように」

「運転できません」と私はいった。

「運転できない！」彼は私をにらみつけた。もの凄い形相でにらみつけた。「運転できないだと⁉」

　まるで、天地がひっくり返ったかのように彼は怒り狂った。私に運転できるかどうか前もって訊ねるとか、あらかじめシーンの説明をしておくとか、そういったことは彼の頭には浮かびもしない。その日の撮影はダメになった。私の代役を探し、私の服とよく似た衣装を用意しないといけなかったから。

　でも、クルーズはすてきな男だった。何が彼を破滅させたのか私にはわからない。酒じゃあなかった。酒なんていくら飲んでもビクともしなかったもの。

　クルーズの撮影はトントン拍子に進んだ。でも、それはい

＊ディック・ロッソンはのちにすぐれた第二班監督となる。

い加減に撮っているのとは違う。パプストと同じで、撮影前に台本を徹底的に読みこんでいるからなの。パプストは、いったん撮影が始まると、台本には一度も目をやらなかった。たいていの監督は片時も台本を手離さなかったのに。

速い撮影がよくないといっているんじゃない。手速く撮影できるのは、事前にすべてがわかっているからなの。映画の出来上がりが、全体像が、編集から字幕までが頭の中に見えているの。パプストはどのショットもワンテイクでおしまい、という監督だった。『パンドラの箱』のなかに舞台のシーンがあるでしょう。フォリー・ガールの私がステージの上を歩いていくところ。あそこは私にもいろいろ考えがあった。でも、四歩歩いたところでパプストの〝カット!〟の声がかかった。それでそのショットはおしまい。彼には何が必要かわかっていたのね。

エディ・サザランドやマル・セント・クレアといった若いコメディ監督たち——彼らは自分たちをチャップリンやセネット並の天才だと見なしていた。彼らが気づいていなかったのは、自分たちが飲んだり踊ったりしてひと晩中遊びまわっているとき、チャップリンやセネットは明日を考えていたということ。チャップリンはいつだって、それも長い間、映画のことを考えていた。一九二五年のニューヨークでのとき、彼と一度ユダヤ人街にあるハンガリー・レストランに行った。彼は毎晩そこに通っていた。いったいなぜなのか、そんなことは誰にもわからない。そこには彼の贔屓のヴァイオリン弾きがいて、いつも演奏をさせ、五ドルのチップをあげていた。そしてどのくらいになるのかしら、二十年以上も後になって彼は『ライムライト』(五二)を作る。彼自身がその役となって。そしてその中に出てくるのね、ヴァイオリン弾きが。

でも、セネットのもとで働いたマル・セント・クレアも、チャップリンのもとで働いたエディ・サザランドも、セネットやチャップリンは撮影の現場でアイデアを思いつくんだと信じていた。で、マルもエディもそういうように映画を作ろうとした……大二日酔いというおまけつきで。

私がエディと結婚したころ、彼は『弥次喜多消防の巻』(二七)という映画の撮影で苦労していた。エディは準備なんてまるでしない。セットで霊感を授からないと、撮影できない理由を何かでっち上げる。「あの建物はキャメラに近すぎる。もっと下げるんだ。それじゃ、撮影は明日!」そして、踊るような足取りで午後の二時に家に帰ってくる。そこで脚本家のモンテ・ブライス、同じく脚本家のトム・ゲラーティと雁首をそろえ、居間のソファーに腰をおろす。エディが声をかける。「さあ、カクテルでも飲みながら始めるか?」彼は一ガロンも入る大きなカクテルシェイカーを持っていた。エディがマティーニをシェイクし、ストーリー会議が始まる。一時間ほど経つと、ジャック・ピックフォードがどうだの、トミー・ミーアンはああだのとおしゃべりが飛び交っている。そして私が二階に上がって本でも読もうとその場を離れる頃には、会話の内容は明日の撮影のことからさらに縁遠いものとなっている。そうして最後はみんなでナイトクラブに繰り出していくのだった。

　翌朝、起きてくるとエディは真っ赤なネクタイを締める。「真っ赤なネクタイを締めると、ぼくの眼がヴェネチアの日没色をしてるのが誤魔化せるからね」とのたまって。そしてまた、セットの建物の位置が変更となる……

　製作者と一緒に映写室で新作映画を見ることもあった。製作者なんて映画のことは何もわかっちゃいない。ギャングやコーラスガールや、とにかくお好みの題材であればお気に召すのね。ギャンブル、ボクシング、競馬なども、普段から夢中になっているから、やはりお気に入りの題材だった。

　大きなデスクの向こうにピチピチの上着を着た小男が座っていて、用心棒が護身用の銃を懐にして両脇にひとりずつ立っている。それが映画の製作者だった！

　ほんの短い間、コロムビア撮影所のハリー・コーンのもとで働いたことがあるけれど、あそこにはオフィスのセット、車が行き交う街路のセット、ペントハウスのセット、そしてナイトクラブのセット、セットはこの四つしかなかった。当時コーンの映画はどれもこの四つのセットからできていた。何人かの男に黒のスーツを着せ、そこに車と拳銃と若い女を付け足し、バンバンやらかせば映画になるというわけ。

　ナイトクラブや劇場でダンサーをしていたとき、私は本物のギャングを見ている。カポネのようなああいうギャングたちを。胸くその悪くなるような、粗野で野蛮な田舎者ばかりだったけど、ひとつだけ才能をもっていた。禁酒法の時代で、彼らは多くのナイトクラブをおさえていて、そういう場所のために、他のどこも雇わないような芸人を雇っていたの。例えば、ヘレン・モーガンのような歌手。彼女は繊細な声、長い脚、豊かな胸を持っていたけれど、当時そういうのは流行でなく、仕事にあぶれていた。彼女は溌剌としたタイプではなく、ピアノの上に腰を下ろして歌い、マイクも使わなかった。でも、ギャングたちはそういう彼女をたいそう気に入り〈バックステージ〉というナイトクラブで歌わせた。そうするうちに突然、ジーグフェルドが彼女を〝見出した〟のよ。

　製作者や撮影所の経営幹部が手にする莫大な収入には誰も足下にも及ばない。というのも、彼らの収入源の大きなひとつは誰にもその出所を明らかにはできないから。パラマウント社の取締役会のひとりに選ばれたとき、オットー・カーンは〝諸経費《オーバーヘッド》〟とは何なのかを知ろうとした。映画の製作予算が決まると、製作者はそこにポンと諸経費をのせる。当時（一九二八年頃）、エディ・サザランドの映画は製作予算三十五万ドルくらいだった。製作者はそこに三万ドルから五万ドルの諸経費を上乗せする。明敏な融資家オットー・カーンのもとで働く優秀な会計士ですら、その金がどこへ行くのかを突き止めることはできなかった。

　私のいちばん好きな女優は誰だと思う？　できるものなら生まれ変わってでも私がなってみたい女優は？　いくら考えてもわからないでしょうね。ユニヴァーサルにいた女優で、トーキーになってから映画に入ってきた。とても個性的な外見をしていて、声も何ともいえず独特で、こだまのような遠い響きを持っている。演技力は抜群。まるで誰にも似ていない女優。最後は自ら死を選んでしまったけれど。アイルランド系の名前で、有名なエージェント兼プロデューサー、リーランド・ヘイワードと結婚した……マーガレット・サラヴァンよ。彼女のあのすばらしい声——普通とは違う、妖精のような、神秘的な——雪の中の歌声のような声。

私にとってもうひとつとても重要なのは衣装。衣装は女性の個性、野望、目的を明かす鍵であるだけでなく、モラルやマナーを含めたひとつの時代のイメージを一瞬で伝えてくれるもの。目に見える歴史といっていいでしょう。私はベルリンやパリに行って初めて、衣装や装置を俳優やキャメラと同じほど重んじる監督がいるということを知った。

だからフォン・スタンバーグの昔の映画がいまでも人気があるのでしょう。西部劇やスパイ映画や、見るのも汚ならしい戦争映画のあとでああいう映画を見ると目の保養になる。それにしても今は醜悪な時代だわ。

『奥様、あなたのお手に接吻を』（二九、ロベルト・ラント）のディートリッヒの衣装はすばらしかった。そこでは衣装は身につけるだけでは足りなくて、彼女の持ち物のなかにまであらわれる。ディートリッヒは頑丈でたくましく、生まれもって雄牛のようにエネルギッシュだけど、スタンバーグはそんな彼女をガルボのように見せようとしている。不意に彼女を立ち止まらせ、ポーズをとらせている。ディートリッヒの映画を見ると、〝いったい何を考えているのかしら？〟といつもこちらは不思議に思ってしまう。フォン・スタンバーグがあるシーンについて撮り方を明かしているわね。彼女にいったんですって、「六つまで数を数えてから、それなしでは生きていけないというようにランプを見やるんだ」と。

映画を見ると、そういう指示どおりに彼女はやっていたんだなとわかる。真に演じるというのは、じっさいの動作のことは考えていないものよ。それは現実と同じ。いまだって、私は全然無関係な七つのことを頭の中で考えているし、あなただってそうよね。

私がロスコー・アーバックルの映画に出ていたことを知っていて？　彼は〝ウィンディ・ライリー〟という短篇シリーズを撮っているのだけど、そのなかの『ウィンディ・ライリー聖林に行く』（三一）に私は出ている。彼はウィリアム・グッドリッチという名前で仕事をしていた。でも、私が見た彼は監督の真似事すらしていなかった。生気のかけらもない状態で椅子に座っていた。あのスキャンダル（本書第五章五一～五二頁参照）以来、彼はとても人当たりのいい、しかし命の灯の消えてしまったような人間になっていた。それでも依然あの偉大なロスコー・アーバックルだった。かつては見惚れるほどすばらしかった。ダンスの名手で——あの人は舞踏場のダンサーとして鳴らしていたの——あの人と踊ると巨大なドーナッツに抱かれて宙を舞っているように感じて、そ

『鉄製のラバ』(25)。中央に立つのは監督のウィリアム・グッドリッチことロスコー・アーバックル。横になっているのはアル・セント・ジョン。これは〈デウィット・クリントン蒸気機関車〉と客車の正確な複製品で、じつはバスター・キートンからかつての同僚たちに贈られたもの。キートンはこれらを『荒武者キートン』(23)で使っていた。

れはうっとりとしたものよ。

誰それの監督の映画に出ろといわれたその瞬間から、私自身その監督をどう思っているかに関係なく、自分を向こうの手に預けるしかなくなる。そして映画が作られているあいだは、監督は至上最高の存在となる。俳優は、撮影中に監督と喧嘩をしたって負けるに決まっている。撮影中は譲っておけばいいのよ。つまるところ、スクリーンに映し出されるのは俳優であって、監督じゃないのだから。

ウォーレス・ビアリーは私とのツー・ショットが撮られるとき、私の背中がキャメラに向くようにと立ちまわった。ビリー(ウィリアム)・ウェルマンが「奴の勝手にさせちゃだめじゃないか」といってきたので、「あの人が何しようとかまわないわ。あなた監督でしょう。気に入らないなら自分で何とかしなさいよ」と答えたわ。ウェルマンがどうしたかというと、私のクロースアップを撮ってそれを挟んだの。ウォリーはツー・ショット、私はクロースアップで収まったというわけ!

「カイエ・デュ・シネマ」の〝作家主義〟はたわ言だと思ってる。私は最初の英語版を読んでみた。そのとき三冊の辞書と二時間をかけてやっと理解したのは、バザンのいう作家主義とは映画のそもそもの始まりから誰もが知っていたということ――脚本家と監督のなかにはスター俳優に嫉妬するものが昔からいた、作家主義は理屈でもってスター俳優をやっつけようとする新手の試みにすぎなかった。しかもこれまで最低のね。映画ができてしまえば、いくら理屈をこねてもそんな理屈は監督の助けにはならないのだし、偉大な監督はいずれにしろそんな助けは必要としていないのだから。

イーストマン・ハウスのドライデン劇場のロビーで、私はこの手の批評の大御所のひとりと並んで立っていた。私たちはガラス張りのドアを通して、中で上映されている映画を見ていた。「この映画の監督は誰?」と私は訊ねた。「知りませんね」と相手は答えた。私は耳を疑った。ニューヨークから来ている観客のために、この批評家自ら選んだ映画がいま上映されているというのに、その映画の監督名を〝作家主義〟の本人が知らないなんて――。私だって、映画でいちばん最初に知りたいと思うのは、監督の名前なのに。

古い辞書を見ていたら遊び紙にゲーテの引用句が貼り付けてあり、そのなかのひとつに次のようなのがあった。「小説は主観的叙事詩であり、そのなかで作者は自分の視点で世界を扱う許可を読者にもとめる。したがって、問題となるのはただひとつ、作者が自分の視点を持っているか否かということになる。すべてはそこにかかっている」この「小説」を「映画」と言い換えても同じことなのね。

第三十三章　ジェラルディン・ファラー

伝説の人ファラーを映画スターと呼ぶのはウィンストン・チャーチルを画家と呼ぶのに似ている。ファラーはまずなんといっても偉大なオペラ歌手であり、その舞台はつねにファンの大喝采に迎えられた。彼女を追っかける若い学生ファンは〝ジェリー・グルーピー〟と称された。

ジェラルディン・ファラーは一八八二年マサチューセッツの生まれ。*父シド・ファラーはナショナル・リーグの著名な野球選手であった。ジェラルディンは一九〇一年ベルリンでデビューしたのち、ベルリン・オペラ、次いでニューヨークのメトロポリタン・オペラの主要メンバーとなる。一九一五年、モリス・ジェストとジェシー・ラスキーが彼女を映画の世界に勧誘する。自伝「ラスキー喇叭《らっぱ》を吹く」の中で、ラスキーはミス・ファラーが映画入りを承諾したのには、歌手生活で酷使した喉を休ませたいという思いがあったようだと述べている。「それが事実であったとしても」と彼は書いている。「彼女は私がハリウッドに引き入れたなかで最高にチャーミングで、最高に優雅な女優であっただけでなく、プリマドンナがそうだといわれているのとは正反対に、気分屋で癇癪持ちなところのまるでない人物だった。腰まで泥水につかる砦の攻防戦、あるいは皮膚から髪から衣類まで耐火処理をほどこした火刑のシーンでも、彼女は眉ひとつ動かさずに撮影に入っていくのだった」（ジェシー・ラスキー／ドン・ウェルドン「ラスキー喇叭を吹く」一九五七年）

八十二歳のミス・ファラーはラスキーの描いたとおりの人物だった。彼女には尊大なところはかけらもなく、その立ち居振る舞いにもいわゆる大スターらしい気取りはどこにもなかった。思いやりに富み、お喋り好きで、ユーモアのセンスはアイルランド系の血筋を濃厚に引いていた。今回の出会いの場を設けてくれたアグネス・デミルは、ミス・ファラーのハリウッド時代からの大親友である。アグネスと私はコネテ

＊逝去は一九六七年三月十一日。

ィカットのミス・ファラーの住まいまで車を走らせ、一九六四年三月の午後のひととき、〝あのすばらしい日々〟の思い出話に花が咲くのを楽しんだ。

ジェラルディン・ファラーは語る

私にはいい夏休みでした。サイレント映画に出演したおかげで喉を休ませることができたのです。映画では、とりわけ身振り手振りでの表現に魅せられましたね。表情や眼を使って、自分の内なるものを外に表すのです。メイクをするのも自分、衣装を着るのも自分でやりました。ヘアスタイルには気をつける必要があります。撮影はストーリーどおりには進まないので、いまはどこを撮っているのか知っていないといけない。二十二番めのショットがじつは三百四十番めとつながったりしますから。『ジャン・ダーク』(一六)の撮影は忘れられません。デミルは戦闘シーンの撮影のとき、私の身の安全をひどく案じてくれました。とくに煙が私の喉を痛めないようにと気遣ってくれました。戦闘シーンでは腰まで泥水に浸かりましたね。重い鎧を着て、手には剣を持ってですよ。(砦の攻防戦なので――ジャンヌ率いるフランス軍は攻める側――上から石などが落とされる。その防御に)デミルは二人のスタッフに私の頭上をカバーさせました。それでも上から落ちてくるものを全部はカバーしきれません……鎧姿のまま梯子から滑り落ちたときもあります。あの鎧はアルミ合銀でできていて三十六キロの重さがあるんです。

私は馬は怖くってダメなんです。ジャンヌの乗るすばらしい白馬が用意されていましたが、馬は私が素人で肝も太くないとすぐに見抜きました。グリフィス・パークでの撮影のとき、私を乗せたまま馬が暴走し、私を振り落としました。ジャック・ホルトがいちばんに駆けつけてくれました。重い鎧姿の私はヘルメットの先が地面に刺さり、両脚を宙に突き出した格好で落ちていました。ロング・ショットではパンジー・ペリーが代わりを務めてくれました。でも、乗馬シーンがどんなにイヤだったか！　〝馬に乗れ！〟の号令がかかると〝またなの！〟ってうんざりしたものでした。

二人のカウボーイが私の噂話をしているのを小耳に挟みました。ひとりがいいました。「映画じゃ初めて見る顔だが、歌を歌うんだってさ。馬はからきしダメだがな」

『ジャン・ダーク』にはどこか神秘的な霊気とでもいうようなものがありました。撮影が行なわれたのはアメリカが第一次大戦に参戦する前でした。アメリカが参戦してから、映画のなかで一緒に戦った騎士たちの多くが、兵士としてフランスに行きました。サンミシェルを演じたカウボーイは敵兵六人を捕虜にし、味方の銃座を守り抜きました。この人はもどってきませんでした。別の人はランスに行き、映画のなかのオルレアンの攻防戦とそっくりの戦闘を経験したと手紙に書いてきました。彼と話をしたフランス人司祭が彼がフランスの歴史に深い興味をもっているのに驚いていたとも書いていました。もうひとりはコンピエーニュで戦死しました。映画

ジェラルディン・ファラー

のなかで戦ったのと同じ戦場でです。歴史上の有名な戦いに、その当時の武器を手に、その当時の格好で参加したというスリリングな経験が、彼らに強い印象を残していたのですね。

私が映画に出るようになったのは、ヨーロッパで戦争が勃発しオペラ劇場が閉じてしまったからです。モリス・ジェストが私のカルメンを見ていました。それにフェイマス・プレイヤーズはもともと舞台人を映画に勧誘していましたから、彼もカルメンを映画でやってみたらと私に声をかけたのです。すばらしい経験でした。たいへんではありましたが、すばらしい経験でした。いちばん苦労したのは、あのおぞましい白塗りのメイクです。撮影の頃は夏で暑かったのですが、その上にクリーグライトで焼かれるのです。メイクがすぐに流れ落ちるので、メイクのやり直しです。それに目をやられます。クリーグライトの塵で眼が炎症を起こすのです。*ですから、みんなでぞろぞろとよく診療所に通ったものです。クリーグライトこそは悩みの種でした。すばらしい演技ができたと思ったら、クリーグライトがプチプチと音を立て、顔に当たる照明がチカチカと明滅して、撮ったショットがダメになってしまうのです。

デミルは天才だと思いました。すばらしい監督でした。彼はけっして白を背景にしてクロースアップは撮りません。またクロースアップを撮るときは、背景をけっして動かしません。その瞬間の表情に注意をすべて集中させるのです。

私の青い眼は撮影すると白く映ってしまう。初日のラッシュを見て私は愕然としました。でも、これもデミルは解決しました。スタッフのひとりが黒のベルベットの布を持って立ち、私がそれを見つめると、瞳孔が膨張するのです。こういった手腕にはほんとうに天才的なところがありましたね。

ウィリアム・デミルが台本を書きました――『マリア・ローザ』(一六)、絶品でした。『ジャン・ダーク』、『カルメン』(一五)『神に見離された女』(一七)『誘惑』(一五)『世界の其女』(一九)――最後のものを除いて監督はセシル・B・デミルです。最後のはフランク・ロイドが監督しました。ロイドは海洋ものを得意としましたね。のちに『シー・ホーク』(二四)や『戦艦バウンティ号の叛乱』(三五)を撮っています。いい監督でしたが、人よりも船を扱うのに長けていたようです。

セシル・B・デミルはワーグナーが大好きで、「ニーベルングの指環」を映画化するのが夢でした。彼は本当に気遣いの人でした。『ジャン・ダーク』に牢獄のシーンがあり、彼はやってみたいことがあるんだが、私がいやならやめておくといって、こう説明しました。それは牢獄に閉じ込められた私の体の上をネズミが這いまわるというものです。でも使うのは白ネズミで、それの毛を茶色に塗って使うと。そこまでやさしくいわれては断れません。私は心の中で自らにいいま

*これは〝クリーグ眼〟といわれ、紫外線によって引き起こされることが発見された。

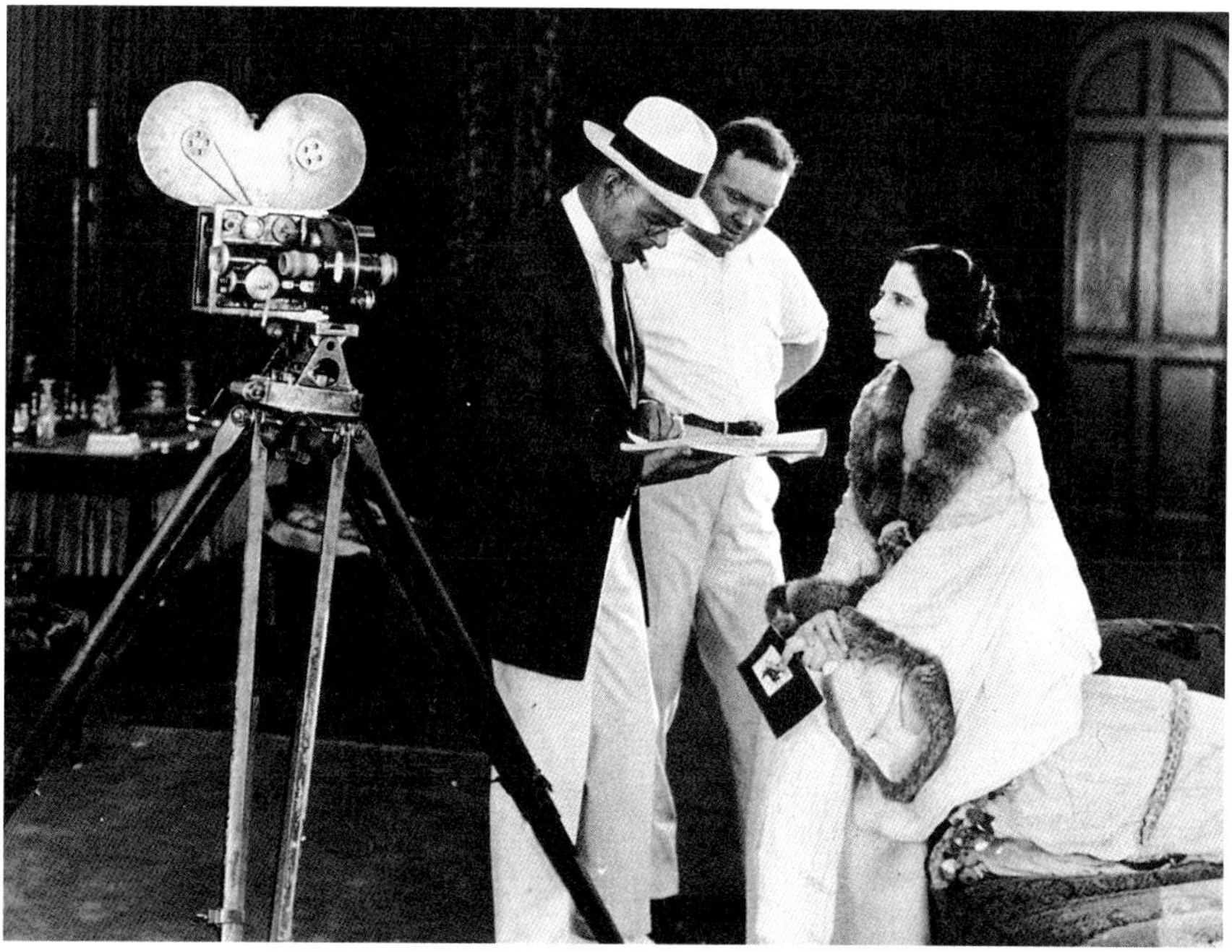

［上］『明け行く路』（18）撮影中のレジナルド・バーカー監督、キャメラマンのパーシー・ヒルバーン、ジェラルディン・ファラー。［下］セシル・B・デミル監督『カルメン』（15）のジェラルディン・ファラー。

した。もし卒倒せずにこのシーンをやり終えたら、撮り直しのないよう強く祈ろうと。

デミルはめったに撮り直しはしません。シーンの説明はしますが、やってみせることもありません。俳優はみな即興でいろいろとやっていました。『ヂャン・ダーク』の問題は、剣ひとつとっても持て余すほど扱いにくいことでした。軍旗は三メートル以上の長さがあって、風にはためくと持っていられなくなります。決めつけてしまっては悪いかもしれませんが、ハリウッド流の食生活に慣れた女性ではあの役は務まりませんね。ジャンヌをやり抜くにはたくましくなくてはダメでした。

これらの映画にはみんなの工夫や即興で作り上げたという感覚が残っています。映画のどの側面をとっても熱気にあふれていないものはなかった。それが成功の秘密でした。映画がのちに撮影所の中だけで作られるようになると、映画から雄大さが失われます。おもにその場で興を得た演技、そういう演技の最良の瞬間を捉える力が失われるのです。何もかもがあまりに機械的になってしまってね。私たちが作った映画には生き生きとした生命感がありました。

カリフォルニアは夢のような土地でした。人は親切で鷹揚で――そんななかで、私たちはよく働きました。サム・ゴールドウィンはそう思ってなかったかもしれませんが。彼はいつも同じ時間の、同じ電車に乗ってやって来て、私たちがお昼を食べているときに入ってくるのです。「君たちはいったいいつ仕事をするんだ？」なんていってましたよ。

一度別の電車に乗ってみればいいんですよ、と私はいってやりました。ゴールドウィンは責任感の強い人でした。ヴァイン通りにあったフェイマス・プレイヤーズの撮影所は、パイ皿くらいの広さしかなかったのに、彼とラスキーとデミルはどしどし大作を作っていました。エキストラは五ドルの日給が貰えました。「今日は何か仕事ありますか？」って、みんな息を切らしながら入ってきたものです。エキストラを集めたかったら、屋根に登って大きく口笛を鳴らすだけでじゅうぶんでした。

デミルの映画に何本か出たあとのこと、ラスキーとゴールドウィンが袂を分かち、私はゴールドウィンのもとに行きました。ニュージャージー州フォート・リーにある撮影所です。そこではメアリー・ガーデンが『舞妓タイース』（一七）を撮っていました。

ウィラード・マックはポーリン・フレデリックと結婚した男性で、その魅力には枝にとまった鳥も落ちるといわれてました。彼はどういう手を使ったのか、私のための台本をゴールドウィンに売りつけました。それが『地獄の猫』（一八）で、私の役はパンカ・オブライエン、アイルランドの貴族の娘で、パンチョ・ビリャを女にしたような性格でした。彼の台本には奇妙なアイデアがいっぱい詰まっていました。私がテントに忍びこみ、星条旗を切り刻み、その切りくずを汚物の山に捨てるというのもそうです。検閲は無事に通るの？　と訊ねると、問題になったらそのとき考えればいいというんです。もうひとつは、手首を縛られた男を助けようとして、縛ってある縄を切るのですが、そのとき男の手首も切ってしまうというものです。魅力的な人かもしれませんが、脚本家としての才能は疑問でしたね。

そのときはメキシコ風の色鮮やかな衣装ではなく、裾を引きずる長いキャラコの衣装をあてがわれました――その格好で羊や牛のあいだを歩くんですよ！　ひどいものでした。拳銃を撃つシーンもありましたが、私が引き金を引こうとすると拳銃は右に左にブレるのです。私の射撃は乗馬並みの腕前だったということです。

準備の全然できてない映画作りでした。レジナルド・バーカーが監督で、無難な人でしたが、準備はしていなかったですね。いつも考えこんでいました。私はピアノをもってきていたので、舞台のプログラムの練習をしていました。ですから、時間が無駄になったわけではありません。

カルーソーも映画に出ていますが、あの人は自分に対する配慮が足りなかったですね。私がカルーソーのマネージャーに、もう一度映画の世界でやってみると告げると、「オペラ活動の邪魔にならないか？」と訊ねるので、これまでは問題はなかったわと答えました。カルーソーは大歌手ですが、俳優とはいえなかった。ラブシーンができないんです。私たちはよく彼にいいました。「あなたは歌っていればいいの。私たちがまわりを飾るから」って。映画では、カルーソーの脇に恋人役のカップルを揃えていましたね。

私が映画を離れた理由？　それはこういうことです。ちょうどフリッツとハリエットのクライスラー夫妻を招いての晩餐会の最中、かなり格式張った催しだったのですが、執事が歩み寄ってきました。老齢のちょっとよぼよぼした執事でした。

「ミスター・ゴールドウィンが来られてます。緊急の御用だそうです」

出て行ってみると、サムはかなり取り乱していました。「台本をお持ちになったの？」と私は訊ねました。新しい映画の話かと思ったからですが、どうしてこんな時間にやって来たのかが腑に落ちません。「お暇だと知っていたら、今日の晩餐会にお招きしましたのに」

台本を持ってきてはいませんでした。サムは襟のあたりにしきりに手をやって落ち着きません。どうやら資金元の銀行と深刻な話を交わしたようでした。何かを話そうとしてやってきたのでしょうが、それをどうにも切り出せないといった様子です。

「何かあったのですか？」と私は訊ねました。

彼は思いきって口を開きました。私との契約はあと二年ある。それをどうにかできないだろうか。私の映画は期待したほどの利益を上げていない。契約条件を売り上げの歩合に変えてもらえるようだとありがたいのだが、と。私は書斎に行き、紙を手にしてもどってきました。

「これが契約書かしら?」彼はそうだといいました。「じゃあ、破ってしまうってのはどう?」

サムはびっくり仰天しました。「ほんとうにそうしてくれますか?」

「もちろんです。私の映画が当たるかどうかがそれほど気になるようでしたらね。私も数字を気にして生きていたくはないですから。だから破ってしまいましょう」

彼は目を丸くしていました。有利な契約書を自分から破る人間がいるなんて思いもしなかったのです。何年もあとにサムと再会しました。ボストンでノエル・カワードの舞台「ほろ苦」を見に行ったときです。挨拶を交わしたあとで、彼はまじめな顔をしていいました。「こんどはセリフのある〝カルメン〟を作ろうじゃないですか」そのころ私の髪にはもう白いものが混じっていました。ですから、サムの提案は私に対する最高の賛辞でした。あなたに迷惑はかけさせませんよ、と私は答えました。

私のすべての映画のなかで、『ヂャン・ダーク』が最も気に入っています。私には大嫌いなものがいくつかあります。マイクロフォンとか、レコードとか。でも、映画はそのなかには入っていません。映画はサイレントだから好きだったのでしょう。喉を休ませてくれましたしね。自己表現に集中できましたから。もちろんセリフは声に出していました。めいっぱいの大声で。そうですね、考え直せば、映画もさほど喉を休ませてはくれなかったですね。

第三十四章　グロリア・スワンソン

老いを知らぬグロリア・スワンソンは、生地の透けて見える、流れるようなイヴニングガウンを豪奢にまとい、ロンドンのカールトン・タワー・ホテルの長椅子に身を横たえていた。

テレビ局の重役は、彼女の透き通った青い眼に射すくめられ、青年時代のあこがれであったこの女優はいまだにしびれるような魔力を発している、と驚きの声をもらした。

「『サンセット大通り』の主人公は、どこまでが本当のあなたでしょうか？」と彼は訊ねた。

「まるごと全部よ」ミス・スワンソンはノーマ・デズモンドの、母音を引っぱる喋り方そのままに答えた。「私はいままでも最高のスターよ。でも、世間とは絶縁していて、過去の中に閉じこもって生きている。浴室を覗いてご覧なさい。うつぶせになった死体が浮かんでいるわ」

この大女優の最も意外な一面は、平然と自分を笑いものにできることである。

ミス・スワンソンがホテルを発つとき、「ご滞在いただきほんとうに光栄でしたわ」とメイドが別れを惜しんだ。

「お世話になりましたね。お礼をいいますよ」彼女は優雅に返礼した。

「一度お目にかかりたいと念願しておりましたの。その夢がやっとかないましたわ」とメイドはいった。

「チビの女優で驚いたでしょうね」ミス・スワンソンはつぶやいた。

百六十センチ弱の身長を気にする彼女は、それでもそこに話題をもっていこうとする。他の人間は誰ひとりそんなことに気づきもせず、彼女の背丈は百六十五センチと、記憶のなかにとどめているのに。ミス・スワンソンは食べ物にうるさく、ゴールドウォーターの支持者で、他にも反社会的と見なされかねないいくつもの信条を持っている。しかし、そのあっけらかんとした明るさ、魅力たっぷりの語り口が、頭の固い批評家の憤りも難なく解いてしまうのだ。彼女にはごまかすとか、逃げを打つという才能は備わっていない。彼女は同世代の中で群を抜くスターであったけれど、生き生きとした人間らしさがいまだに彼女の宝である。グロリア・スワンソンに過去の思い出話を語らせようとするのは、映画界の基本常識のひとつを知らないと白状するようなものである。というのも、グロリア・スワンソンはノーマ・デズモンドではないからである――だから彼女はあの役をいともよろこんで演じたのだ。ミス・スワンソンは過去に生きてはおらず、それ故にこれまでの女優業について彼女に口を開かせるのは至難の業なのである。

じっさい、その女優人生は比類のないもので、それを要約しようとするのは「戦争と平和」を針の先にまとめようとするのに似ている。しかし、彼女の話してくれたひとつの挿話は、仕事に対する彼女の勇猛果敢な姿勢とその人となりを明らかにして余すところがないように思われる――

グロリア・スワンソンは語る

大方の人は、映画の世界の人ですら、私はマック・セネット海水着美人の出身だと思っているわ。でも、そうじゃないの。ま、それはどうでもいいことなんだけど、問題がひとつあって、じつは私はカナヅチなのね。マック・スウェインとチェスター・コンクリンのコメディ『汽車中の花嫁』(一七)に出たときに、はじめて水着を着るようにといわれた。海岸に行って、フィリス・ヘイヴァーと私が岩の上に立ち、宣伝用の写真を撮った。馬鹿げた水着を着て、髪にリボンを結んでね。いやでいやで堪らなかった。まだ十七歳で、肩をすくめて笑い飛ばす余裕もなかったのね。あの頃の私は妙に堅物だったのよ。

私はまるでドゥーゼがそうするようにコメディを演じていた。ひょっとしたら無表情なコメディアンの最初だったかもしれないわね。私は滑稽に見せようとしなかったから、かえって滑稽に見えた。私がムキになればなるほど、シーンは滑稽になった。でも、演じている最中は本当にいやだった。その大嫌いだった『汽車中の花嫁』は私にとって最初のドタバタ喜劇で、マック・セネットに無理矢理やらされたものなの。それまではずっとクラレンス・バジャー監督のコメディでボビー・ヴァーノンと共演していた。でも、ヴァーノンがトライアングル社に売却され、セネットは私を手元に残して、〝第二のメイベル・ノーマンド〟にしようとした。私は〝第二の誰々〟なんてなりたくない、とセネットにかみついた。セネットは私の契約書を破り捨てた。『汽車中の花嫁』で尻もちをつくようにいわれたところで、私もキレた。私は自分から撮影所を出て行った。

しばらくして、外を歩いていると、ショーウィンドーに飾ってある緑のスーツに眼が引き寄せられた。でも、買うお金がなくて、そのとき仕事にもどるしかないと覚悟した。私だったらどこのコメディ会社でもやっていけたでしょう。サンシャインでも、クリスティでも、ユニヴァーサルでも、どこ

グロリア・スワンソン

でだって。でも、自分じゃドラマをやってみたかった。そこでトライアングル行きを決めた。仲間のボビー・ヴァーノンもいることだし。

最初の映画はロケから始まった。それはコメディで、そっくりの帽子をかぶった女性が二人出てくるところがあり、そのうちのひとりが私だった。でも、風が強くて帽子が飛ばされそうになるので、撮影所にもどってピン留めを取ってこようとした。どうして撮影の途中でひとりだけもどっていったのか、誰か人に取りに行かせなかったのか、いまとなってはわからない。そのときちょうど出番の合間だったのかもしれない。ともかく、車で衣装部にもどりピン留めをもらった。ところが、運転手はロケ現場には車をもどさないという。私はクビになったと思った。

ぼんやりすわっているそばを、キャメルのコートを肩にかけた男が通っていった。その格好からD・W・グリフィスじゃないかと思っていると、誰かがやってきてジャック・コンウェイ監督が呼んでいると教えてくれた。

オフィスに行くとコンウェイはいなかったけど、秘書がいて台本を渡された。「サタデー・イヴニング・ポスト」に載った〝煙〟というのを映画にしたもので（映画の題名は『すべてを信じることはできない』［一八］）、読んでみて驚いた。主人公のパトリシアは活発なスポーツ万能タイプの女性で、乗馬はする――これは大丈夫、私は馬に乗れたから――車は運転する、私も運転できるのでこれも問題なし。しかし、桟橋から海に飛びこむという箇所を読んで、心臓が停まった。それは愛する男性を海から救助するというシーンだった。

ドアの外に足音がした。さっきのキャメル・コートの男で、コンウェイ監督だ。どうすればいいのか。どう切り出せばいいのか。主役を演じる絶好の機会が目の前にぶら下がっているのに、泳げませんとは口が裂けてもいえない。そんなことをいえば、役を取り上げられてしまう。なんとかして泳ぎを習わないといけない。

コンウェイは私の顔を覗きこんでいった。「それで、台本の感想は？」私は口ごもった。「すばらしいと思います。で、私はどの役をやるんですか？」

「もちろんパトリシアさ。主演だよ」

「そう、そうですよね、もちろん。ええ、ぜひやってみたい役です」明日の朝から撮影に入るぞ、と彼はいった。

撮影所を出た私はＹＷＣＡに直行し、水着に着替え、プールに入った。むろん浅いエンドのほうに。反対側の深いエンドを見ると、指導員にいわれて生徒が水面に仰向けになって浮かんでいる。私はパニックになった。あんな真似をさせられたら、私は沈んでしまう。頭から水没し、両足が水面から突き出た無様な格好になって。指導員がこちらにやってくるのを見て、私はあわててプールから這い上がり、あとも見ないで外に出た。ＹＷＣＡには二度と足を向けなかった。

撮影が始まっても、カナヅチだとは誰にもいわなかった。撮影は屋内シーンから始まり、恐怖の瞬間はだんだんと近づ

［上］グロリア・スワンソン、トム・ケネディ、ボビー・ヴァーノン。クラレンス・バジャー監督のキーストン・コメディ『借り児』(16)。［下］トマス・ミーアン、グロリア・スワンソン。J・M・バリー「あっぱれクライトン」の翻案であるセシル・B・デミル監督『男性と女性』(19)。

いてきた――そしてついに、コンウェイは告げた。今晩みんなでウィルミントン波止場に行き、そこで大きな客船を背景に撮影をすると。私が男を救助するシーンの撮影だった。

幸いにも、ロケ現場に向かう車中でコンウェイは私にちょっかいを出すそぶりを見せた。「これはいい前兆だわ。監督は私が嫌いじゃない。物分かりのいいところを見せてくれるかもしれない」と内心淡い希望を持った。前の座席に初めて見る若い女性が座っていて、スクリプターかしらと思っていた。コンウェイが撮影準備に外に出たあとで、「あなたは何をなさるの？」とその女性に訊いてみた。

「じつは私、プロのダイバーなんです」との答え。そのことばはまるで音楽のように心地よく耳に響いた。でも、だったらなぜ私がここにいなくちゃいけないのだろう。

コンウェイがもどってきて、こういった。「さあ、準備ができた。いいか、こういうシーンだ。君は車の中から恋する男の姿を認める。彼は松葉杖をつきながら、埠頭を歩いて行って海に飛びこむ。世をはかなんで自殺しようとするんだ。君は車から飛び出し、男が飛びこんだところまで走って行き、イヴニングドレスを脱ぐと海に飛びこんで男を助けるんだ」

「監督」と私は口を開いた。「私は泳げなくはないけれど、飛びこみはできません」

コンウェイは耳が信じられないという顔をした。「だって君はセネットの海水着美人じゃないか！」

私は車の前の座席にすわっている女性を指さして大声でいった。「この人なら飛びこめるわ！　この人なら！」

「君にいわれなくてもわかってるよ」とコンウェイはいった。「でも、君が海に飛びこむのはここだけじゃないんだ。別のシーンではヨットから飛びこむし、崖からも飛びこんでもらう……いずれやらなくちゃいけないなら、ここで始めよう。何度でもやることになるんだから」

「お願い。五分だけ時間をくださらない？」私は埠頭の先まで歩いて行って、深い闇の向こうに目をやった。月も星も出てなくて、どこからどこまで一面の暗闇だった。「もうおしまいだわ」と私は思った。そして心の中でつぶやいた。「もし意識を失ったら、少なくとも水面には浮かび上がってくるわ。だったら相手役の人にいっておこう。何かが浮き上がってきたらそれは私だって。そのときは助けてねって」そしてまた、いずれにしろ死ぬようなことはないだろう、と考えた。私はコンウェイに声をかけた。「監督、いつでもオーケーです。ここで死んだりはしません」

私は出走ゲートに入った競走馬のように気負っていた。はやくカタをつけてしまいたかった。でも、相手役の男優はいつまでも埠頭の上でもたもたしている。ひどい大芝居だこと、と私は思っていた。港の人夫たちが「頭のおかしな活動屋さんたちだぜ」と喋っているのが聞こえてくる。照明は一分半しかもたなかった。あとはまた暗闇にもどるのだ。飛びこんだとき頭を打って浮き上がらないままってこともあるかもしれない。杭に引っかかってそのままってことも……明かりが

サディ・トンプソン役のグロリア・スワンソン。彼女を背負っている海兵隊員はこの映画『港の女』(28) の監督ラオール・ウォルシュ。

消えているのだから余計見つかりっこない。そのとき、私の名前が呼ばれ、私は発射された弾丸のように飛び出し、イヴニングドレスをかなぐり捨てると、広告写真で見たような姿勢をとって、ザンブと海に飛びこんだ。飛びこむ瞬間、誰かの声がきこえた。「水深二十メートルはあるぞ」

死んでもやりたくなかったのは、水深二十メートルもある海に飛びこむことだった。十センチくらいならわけはない、でも、こともあろうに二十メートルとは！　水中にいるあいだ私の頭の中は〝深さ二十メートル〟でいっぱいだった。相手役の男優はすぐに私を見つけるようにと指示されていたらしい。でも、その必要はなかった。私が相手を見つけようと必死だったから。そして私は相手のところに泳いでいった。そう、そのとおり。私は泳いだのよ！　それもこの映画の撮影が終わるまでずっと。映画ができあがったとき、私はスイミング・パーティに招待された。鼻高々な私は新しい水着を買って、会場のプールに出向いていった。飛びこみ台に立ったとき、私の足は釘付けになった。水面からたった六十センチしか離れていないのにどうにも飛びこめないの！　私はすごすご飛びこみ台を離れた。そのとき以来、私は一度も泳いでいないわ。

第三十五章　ベティ・ブライス

インタビューを申し込まれたかつてのスター俳優たちがどのような反応を示すかは、まさに千差万別で、意外の連続である。「生憎ですが」と〝銀幕のサラ・ベルナール〟といわれたドロシー・フィリップスはこたえた。「私には過去を語り合う時間もつもりもございませんの」

『シーバの女王』（二一）の伝説的スター、ベティ・ブライスはこちらがまごつくほど開けっぴろげだった。

「『シーバ』とJ・ゴードン・エドワーズの名前があなたから聞けるなんておもしろい偶然だわ」と彼女は語った。「今朝、朝食を食べながらちょうどあの人のことを思い返していたのですよ。すばらしい監督でした。ぜひこちらにいらっしゃって。いろいろお話をお聞かせしたいわ」

ミス・ブライスは一九六四年時点、いまだにハリウッドで生活しており（三百十四の四分の三という奇妙な番地の家に住んでいる）、映画の世界で働いてもいる。最近では『マイ・フェア・レディ』（六四）の舞踏会のシーンに、相変わらずの神々しくも優雅な姿を垣間見せていた。この映画のキャメラマンは彼女の主演作品も撮っているハリー・ストラドリングである。足の手術で一時安静にしていたミス・ブライスだが、明るく暖かく私を迎え入れてくれた。

壁には亡き夫で監督のポール・スカードンの肖像画がかかっている。スペイン風の窓からは眼下にハリウッドのパノラマが広がっている。夕べの明かりがガソリンスタンドやモーテルを包みこみ、背の高いヤシの木々をシルエットで浮かび上がらせている。どことなく、『シーバの女王』から抜け出た風景のようにも見える。

ミス・ブライスは昨日のことのように映画の思い出を語ってくれた。『シーバの女王』は彼女にとっていちばんの代表作であり、彼女の思いにも特別なものがあるようだ。彼女はセダ・バラの後を継ぐ女優として、J・ゴードン・エドワーズのお眼鏡にかなったのだ。エドワーズはヴァンプものには終止符を打ち、新たな作風を打ち立てようとしていた。

ベティ・ブライスは語る

『朱金昭《チユーチンチヨウ》』（二三）と『彼女』（二五）に主演してヨーロッパから帰ってきたあと、夫と二人で家を買ったのですが、何のめぐり合わせか、そのちょうど真向かいにセダ・バラの家がありました。

彼女にとって世界一憎い人間はきっと私だったでしょう。自分に代わってスター女優になった人間ですから。でも、いまなら彼女が私の代わりになれますよ——二人とも同じほどデブになりましたからね。私、病院に三カ月入院していたんです。それじゃあ太るのも無理ないですよね。いま私の足で履けるのはこの履き物だけなんです。でも、靴が履けるってのは気持ちのいいものですよ、ほんとうに！

エドワーズ監督は非の打ちどころのない紳士でした。私の夫はイギリス人でしたから、タイプがそっくりなんです。エドワーズ監督はイギリス人ではありませんが、学究肌で、すばらしくきちんとした方でした。

彼は大きな力を持っていました。こうしようと思ったことは、ただちに実現されました。彼は演劇やエンタテイメントの世界を深く愛していました。あの人のすばらしい映画にはご自身の内なる霊気のようなものが注ぎこまれているのです。『シーバ』では六カ月から七カ月のあいだ、私たちはほとんど片時も離れず仕事をしていたのですが、撮影終了の日まで〝エドワーズ監督〟〝ミス・ブライス〟と呼び合っていました。一緒に腰を下ろして語らったり、笑ったりなど一度もしていません。あの人はいつも考えていました。次のシーンのことを、こうすればいいか、ああすればいいかと。ですから、セットはとても静かでした。そんなわけで、他の監督のときとは違い、エドワーズ監督と夫人のところに気軽に近づいていって話しこむなんて考えられませんでした。

監督には雰囲気からして力が漲っていました。いつも何かを見つめ、考えこんでいるのです。とても話しかけられるような状態じゃありません。親しくなったのは映画が完成したあとですね。エドワーズ夫妻のニューヨークのお宅によく夕食に招かれるようになり、のちに私が家を持つパリにお二人がいらしたりしました。

彼はもともとすぐれた舞台演出家でした。『シーバの女王』の構想はずっと昔から温めていたそうです。劇団を率いて巡業しながら、ホテルの部屋で少しずつ台本を書いていたといいます。およそ二十年ほどもそれに費やしたとか。

セダ・バラ主演の映画をたくさん撮り上げたのち、エドワーズ監督は方針転換を決断します。若い女優を主演に据えようとするのです。フォックス社の社長ウィリアム・フォックスは財政難に陥っていて、破産寸前でした。フォックスは金の亡者です。金のことしか知らず、金のことしか頭にはありません。ちょうどそのときにエドワーズ監督が『シーバ』の企画を持ち出したのです。フォックスがどうやって資金を調達したのかは知りません。でも、あれがエドワーズ監督の念

ベティ・ブライス

願の企画だったことは知っています。

その頃までセダ・バラの映画は観客をよく集めていました。その名前は世界中に広まり、彼女の映画はそれ独自のものとして所を得ていました。国内外で需要があったのです。

その頃、私はカリフォルニアに来てから一年くらいがたっていました。私は当地の生まれですが、ずっとニューヨークの舞台に立っていたのです。アーサー・ガイ・エンピーの「オーバー・ザ・トップ」が映画化されたとき、私はそれに出演していてちょっとした評判をとりました。ヴァイタグラフが私と二年契約を結び、そこから本格的な映画入りとなりました。

ある日、私の広報宣伝担当ですごく頭の切れるハーバート・ハウが電話をかけてきて、「フォックスで女王の役を探している。今日の午後君を連れて行こうと思うのだが」といってきました。

私は白のサマードレスを着て、髪を紫のショールで巻き、そのショールを長々と下に垂らしたのをおぼえています。ちょっと芝居がかった格好でした。ずいぶんおかしな、野暮ったいなりに見えたことでしょうね。でも、ハリウッドは自由な気風でしたし、私も若かった。

エドワーズ監督には会った瞬間から強い印象をうけました。彼は穴のあくほど、まじまじと私を見つめました。殺風景な壁にひとつだけ絵が掛かっていて、それがソロモンの寺院を描いた巨大なものでした。あとになって、それと同じものがセットに建てられました。

「ミス・ブライス」と監督はいいました。「この絵を見て思うところを聞かせてください」

私はパリで美術の勉強をしていたことがあります。そのとき毎週二日ルーヴル美術館に通い、自分が見たものについて詳しく書きとめて、感想を添えるという課題がありました。ですから、私には美術の鑑賞法が少々身についていました。私は絵の前で数刻たたずみました。そのときどう答えたのか正確にはおぼえていませんが、寺院のスケールの大きさと威容は、見る者の感情を揺さぶる点でも、また歴史的に見ても、並外れているというような趣旨のことをいいました。「こういう寺院をもっていたのですから、当時の人々は芸術に深い愛情を抱いていたに違いないですね」と。

顔合わせはそれで終わり、その後彼からも他の誰からも何も連絡はありませんでした。エドワーズ監督はニューヨークに発ちました――そして何があったのかは、親しくなったあと、エドワーズ夫妻から聞きました。

フォックスが彼にいったそうです。「さあ、はやくシーバの女優を見つけないとな」

「いや」エドワーズ監督は答えました。「シーバの女優ならもう見つけたよ――カリフォルニアでね」

私は監督のオフィスに三十分もいなかったでしょう。でも、その短い間にあの人はすべてを見抜いたのです！　私が美術を学んでいたことを悟り……でも、それがどう監督の判断に

［上］『シーバの女王』（21）製作中のJ・ゴードン・エドワーズとキャメラマンのジョン・ボイル。［下］『シーバの女王』の一場面。

影響したのかはわかりませんがね。

「じゃあ、その女優の出てる映画を観てみよう」とフォックスは命じました。

二人は私がヴァイタグラフで撮った映画をスクリーンに映しました。「ひどいじゃないか」とフォックスは声を荒らげました。「見てみろ、これを……さっきのもだ……こんなのが女王を演じられるものか！　正気か、ジャック？」

「心配無用」エドワーズ監督は答えました。「私のシーバはこの女優だよ。でも、あなたに協力は惜しまないつもりだ。納得してもらえるまで何でもしよう」

それから二人はあらゆる女優をテストしました。あの偉大なジェラルディン・ファラーですらキャメラの前に立ったのです。彼女は少し年齢が高い、潑剌とした若さが足りないと監督が感じたのかどうかそれはわかりません。でも、女王は私にという彼の考えは変わりませんでした。フォックスはヴァイタグラフからさらに私のスティル写真を何千枚と取り寄せ、それらに目をとおしました。依然として彼は私の起用には大反対でした。

もちろん、私はその五カ月間というもの、役がもらえますようにと祈りつづけました。その間もずっと働いていたのですが、役のことは片時も頭を離れませんでした。しかし、連絡はまったく途絶えていました。

ある朝、ハリウッド・ホテルの私の部屋の電話が鳴りました。J・ゴードン・エドワーズ監督が明日の午後私のスクリーン・テストを希望している、三時までにメイクを済ませておくようにという連絡でした。でも、その前に衣装部でテスト撮影用のガウンを選ばなければなりません。

スクリーン・テスト！　まだテストにすぎなかったのですが、希望はいっぺんに膨らみました。念願の役をなんとしてもつかみたいと、動悸がおさまりません。衣装部ではマーガレット・ウィスラーに紹介されました。

「ここに女王役用のあなたのガウンが三十六着そろっています」彼女はいいました。「好きなのを選んでください。どうぞあなたのお好きに」

私は大きな孔雀のついているガウンを選びました。孔雀には私もう目がないのです。のちに農園をもったときに、二十二羽の孔雀を飼っていたくらいです。で、このガウンを着て歩くと、膝のところに真珠がきて、脚は露わになります。立ち止まると、その見事な孔雀が流れるように体の正面を飾るのです。「なんてステキなこと！」と思わず口をついてことばが出ました。孔雀はきっと幸運の表れだったのです。何が幸運を呼ぶのか本当のところはわかりませんがね。

その衣装には長い長い裳裾がついていました――何十メートルとあるような。衣装部いっぱいに広がったくらいです。「歩いてごらんなさい」マーガレット・ウィスラーがいいました。「歩いて、そして自分の姿をよく見て」私はずっと後方に下がり、そこから背の高い鏡に向かって歩き始めました。私は自分の体を見、脚を見、長い腕を見ました。「これが私なの？」思わずつぶやきました。

それまでの人生、私はお風呂で体を洗い、外では体を動かし、食事をしては体に栄養をつけ、夜になるとベッドの上に体を横たえてきたのですが、いまだかつてその自分の体をひとつの彫像のように見たことはありませんでした。ルーヴルでの二年間は何をしていたのでしょうね！

何ともいえない恍惚感、夢のような感覚でした。いまでもそのときのことを思い出すと肌が粟立ってきます。

「まさに醜いアヒルの子だわ！」さらに私は思いました。「私にはこんな表現手段があったのね。いままで気づきもしなかった」と。

私はメイクをすませて、午後二時にセットに出ました。ソロモン役の男優はもうセットにいました――フリッツ・ライバーでした。J・ゴードン・エドワーズの非凡なところはフリッツ・ライバーをソロモンに配したことです。堂々たる上背といい、古典的な容貌といい、彼はまるで聖書の時代から甦った人物に見えました。

フリッツ・ライバーが私を玉座に導くシーンでした。「アドリブでいこう！」とエドワーズ監督が声をかけました。すぐれたシェイクスピア俳優であるライバーは、シェイクスピアの章句で私に語りかけました。私はそれを黙ってうけとめると、詩のような文句でそれに応えました。表現としても、俳優同士の大切な意思疎通にも、それでじゅうぶんという文句で。

シーンが終わりました。照明を変えるのを待っていると、フォックス西海岸撮影所を統轄しているソル・ワーツェルがやってきました。「今日はわざわざありがとうございます、ミス・ブライス。結果は二、三日したらお知らせできると思います」

「こちらこそありがとうございます、ミスター・ワーツェル」と私も挨拶を返しました。

テスト撮影は二時間ほどつづきました。エドワーズ監督はライバーと私がいかに相性がいいかを見て取りました。ライバーも私も長身ですし、どちらも芸術派でした。ぴったりの組み合わせだったんです。

テスト撮影が終わると、エドワーズ監督は私にちょっとすわって待っているようにといいました。私はそこに三十分くらいいたでしょうか。エドワーズ監督は私のところに紅茶を運ばせましたが、ご自身はいろいろと立ち働いていらして、ことばは交わせませんでした。

するとソル・ワーツェルが契約書を手に持って現れ、私にペンを渡しました。

そのときの私の驚きを想像できますか。〝シーバの女王〟はアメリカ国内で最もあこがれの的となっている役柄でした。ニューヨークの女優でテストを受けてないものはいなかった。ジェイン・カウルのような大女優ですら例外ではなかったのです。ハリウッドでは誰もが歯ぎしりしてこの役をほしがっていました。

J・ゴードン・エドワーズはその頃六十歳くらいだったでしょうか。もちろん私が若かったから、ずっと老けて見えたのかもしれません。撮影に入ってからですが、あの人は昼休みを二時間とりました。そのあいだに、山の上にあるすてきな自宅にもどり、昼を食べたあとは横になって休んでいたのです。そんなことからも当時は六十歳くらいだったろうと思うのです（実際は五十四歳）。

彼はことば以上に情感で演出する監督でした。彼と夫人のために椅子が用意され、リハーサルが始まります。

「それじゃ、ラブシーンに入ろう。あなたの場所はここ……玉座はあそこになる」

監督は私たちがセリフを読み上げるのを一心に見つめている――セリフはみな聖書から取ってきたものです。

「いや、そうじゃない、ミス・ブライス。もどってきなさい。もう一回やりましょう」

徐々に、リハーサルを重ねるなかで、彼は私たちをひとつにしていきます。あのラブシーンはいまだに忘れません。撮影が終わったときには、ライバーも私も何もかもをはき出したあとの絞りかすのようになっていました。二人とも震えが止まりません。エドワーズ監督は私たちをそこまで追いこんだのです。彼の演出においては、思いの深さ、真剣さが何よりも求められます――それとキャメラの前でどう振る舞えばよいかの役者の知識が。

キャメラがまわっている間はあの人は話しかけません。私たちにまかせてくれます。でも、五人編成のオーケストラがセットには用意されていました。映画の冒頭シーンの撮影にラグーナにロケに行ったとき、峰になっている高い岩の上に立ちました。湧き出る水が滝となってはるか下の岩を打つのですが、そのしぶきが私たちのところにも降りかかります。そんなところでも、私の後ろには五人編成のオーケストラが控えていたのです！　エドワーズ監督は自分では曲を指示しません。「ミス・ブライスに曲を変えたいか訊いてくれ」と助監督にいうのです。私はブラームスが大好きでした。私は音楽の訓練をうけていて、歌も歌えました。ですから自分の好みを持っていました。「タイス」や、オペラのいろいろなアリアも好きでした。

エドワーズ監督のすばらしいところは、どれほどドラマティックなシーンでもけっして大袈裟には演じさせなかったことです。

シーバはソロモンに贈り物をすると伝言する。彼にもう一度会いたいシーバは側近たちとともに出向く。彼女は贈り物が受けとられるところを見たかった。それは二人の間にできた子どもだった。

これをまず遠景で撮りました。遠景も遠景、キャメラが撮影所の外のヴァイン通りに出たかと思うくらい遠くからです。そこからキャメラをゆっくりゆっくり、その男の子に向かって前進移動させました。男の子はまだ五歳、背もこのくらいです。この男の子がソロモン王の前に立ち、腕を少し動かす

［上］『シーバの女王』の円形競技場のセット。フォックス社の西部劇スター、トム・ミックスが戦車競走のシーンを監修した。［下］ソロモンとシーバの子どもが甦るところ——フリッツ・ライバーとベティ・ブライス。

のです。ここでエドワーズ監督はソロモン王のクロースアップに切り換えました。そこでソロモンはいうのです。「おお、わが息子よ！」と。偉大なドラマでした。

スペクタクル・シーンもありました。なかでも戦車競走はスリリングでした。敵役のヴァシティはネル・クレイグが演じていましたが、彼女は異様なまでに嫉妬を抱いていました――私にではなく、私の演じる役に対して。その憎しみは限度を超えていました。こちらに向けられたその激しい感情を何とかなだめすかそうとしましたが、無理でした。でも、彼女はひじょうにすぐれた俳優でした。

私の戦車は四頭の白馬が引き、彼女のは四頭の黒い馬が引きました。もちろん、思わぬ事故に備えて、それぞれの戦車にはプロの引き手が同乗していました。でも、戦車の速いこと！　馬たちは空気を引き裂くように疾走しました。きっと馬同士の競争心もあったのでしょう。

手綱を持つネル・クレイグは前のめりになっていました。彼女は美しい手をしていましたが、力はさして強くなかったのです。あばら骨を三本折り、代役と交代しました。男のスタントマンが彼女の衣装を着て代わりを務め、残りのシーンを仕上げました。掛け値なし本物の競走でした。ニューヨークで上映されたとき、観客は興奮のあまり総立ちになったといいます。馬の管理はトム・ミックスがあたっていましたが……馬は私にはひと言も語りませんでしたが、何頭かは傷を負っていました。

何百人もの兵士が入り交じる壮絶な夜間の戦闘シーンがありました。私は出番がないのでセットには入れてもらえなかったけれど、そのシーンでは少なくとも百人のプロの泳ぎ手やスタントマンが混じっていて、城壁の高いところから水の中に飛びこむのでした。人間がまるでポップコーンのように空中にはじき出されて次々と水に沈んでいったといいます。マイク・ミギンズはエドワーズの助監督でした。彼は経験豊富な人間で、頭もすごく切れました。セダ・バラ主演の映画のときからエドワーズ監督についていて、群衆や集団を扱うシーンではとくに力を発揮しました。

ソロモンとシーバの別れのシーンは悲劇のクライマックスですが、このうえなく静かななかで苦悩が描かれます。私たちは宮殿の大広間の片隅に立っていました。キャメラが回り始め、エドワーズ監督の〝アクション！〟の声がかかり、ライバーと私は互いを見つめ合います。そして私は小さな男の子とともに大きな扉の端へとゆっくり歩いて行き、思いとどまり、振り返ります。キャメラが私の背中を大きく捉えるなか、私は片手を差し上げます。ソロモンも同じように手を上げます。さめざめと涙を流すだの、泣き崩れるだのといった愁嘆場はいっさいありません。私たちはどちらも情感豊かな俳優で、タイミングは熟知していました。そして私は手を下ろし、扉のほうに向きを変えます。子どもの体に腕をまわしますが、視線は落としません。私が見つめているのは、ソロモンとの偉大な愛の失われた、これからの長い年月だけなのです。

エドワーズ監督はハンカチを取り出しました。ミス・ウィスラーはいっています。監督は目頭を押さえながらこういったと。「これだけのものはもう二度と作れない。カット！これで終了。全員解散！」

スタッフも誰もかも家路につきました。時刻は午後の三時でした……

エドワーズ監督とはイタリアに行き、「ペレアスとメリザンド」と「ピグマリオン」を撮ることになっていました。彼は『シーバ』につづく作品を五つすでに計画済みでした。イタリアでは大きなセットまでできあがっていた段階で、あのフォックスが彼の前に立ちふさがり、すべてを粉砕しました。フォックスはエドワーズ監督の映画人生を、そして私のをも、破滅させました。セダ・バラがそうであったように、私の主演作はこれから次々に作られていくはずだったのです。エドワーズ監督はアメリカにもどってきましたが、監督としての偉大な才能は潰えていました。何が起きたのか、詳しいことは知りません。ただ、すべての罪はフォックスにありました。私の心の中には、あのすばらしい映画『シーバの女王』に対する愛情だけが、いまでも変わらずに残っています。

フォトプレイ誌はJ・ゴードン・エドワーズが一九二五年のクリスマスの日に亡くなったと報じている。「彼はマンハッタンのプラザ・ホテルをチェックアウトし、ハリウッドに向かおうとしていた。映画界への復帰を試みていたのである。エドワーズはかつて大監督だったが、前回はハリウッド復帰はかなわなかった。クリスマスの日、二度目の挑戦に旅立とうとしたのである。彼は五十八歳、無職の失意の人であった。死因は肺炎といわれている」（一九二六年三月号、三四頁）
エドワーズは映画史上では消えた名前である。彼の映画は一本も残っていない。[*] 何枚かの興味深いスティル写真が彼の作品の出来栄えを想像させるのみである。彼の孫にあたるブレイク・エドワーズはハリウッド監督として揺るぎない地位を築いている。しかし、J・ゴードン・エドワーズの名前は人の記憶にすら残っていない。

＊J・ゴードン・エドワーズの映画は今日までに、『男と見込まれて』（二〇一〇）と『沈黙の命令』（二〇一三）の二本が見つかっている。

第三十六章　壮大なる大混乱——『ベン・ハー』

切羽詰まった状況になくとも、勇敢な行為は人の目を打つ。混沌たる状況下にあっては、それは英雄的な偉業となる。『ベン・ハー』（二五）に関わった技術者や俳優は——果てしなき困難に耐え、途方にくれる人々を支えることによって——映画史上ほぼ空前絶後の勇気をしめした。『ベン・ハー』の製作と完成は、映画のダンケルクにも譬えられよう。多大な犠牲をともなった屈辱的な敗走を、輝かしい勝利へと大転換せしめたのである。

『ベン・ハー』は当初から気宇壮大な企画であった。ルー・ウォレス将軍は原作の小説を書き上げるのに五年を費やした。本人は売れ行きにはさほど期待を抱いていなかったが、この本は彼の生前すでにあらゆる出版記録を更新し、聖書を除いて、単一の書物で最大の売り上げを記録する。

「ベン・ハー」はローマ教皇の祝福をうけた最初の小説でもあった。その事実は本の売れ行きをさらに押し上げたものの、舞台化をねらう野心的な演劇プロデューサーにとっては障碍のさらなる増大を意味した。ウォレス将軍は宗教的理由にのっとってこの小説の舞台化を全面的に禁止した。アメリカで最も著名な二人の興行主、マーク・クローとエイブラハム・アーランジャーはこの小説を舞台に載せようと九年間粘りつづけた。ついに首をたてに振ったウォレス将軍は、両名に異例ともいえるいくつかの条件をつける。そのうちのひとつが、もしひとシーズンでも劇の上演が途切れた場合はその時点で権利は消滅する、というものであった。

第一回公演は一八九九年十一月に初日を迎え、開演の幕が開く前にすでに七万一千ドルが費消されていた。ウィリアム・ヤングの脚色、ベン・ティールの演出によるこの劇はブロードウェイで一年間上演された。その規模は破格なもので、入り組んだ群衆場面、大人数のコーラス、手のこんだ照明効果、舞台脇に待機した裏方が波に模した長大な布を大きく揺する海上での救助場面、そして戦車競走等が詰めこまれていた——この戦車競走は、描かれた大円形競技場のパノラマが旋回する前で二頭の馬が回転盤《トレッドミル》の上をドタドタと疾駆するというものであった。ベン・ハーはアーネスト・モーガンが、メッサラはのちの西部劇スター、ウィリアム・S・ハートが演じた。ベン・ハーの役は途中で、やはりのちに映画スターとなるウィリアム・ファーナムに交代となった。

スペクタクル場面にはつねに手が加えられていった。例えば、二頭立ての戦車は五頭立てとなり、ついには八頭立てとなった……長いあいだ「ベン・ハー」は八大都市でしか見ることができなかった。かくもスケールの大きな芝居を上演できる劇場は数が限られていたからである。

一九〇五年、ウォレス将軍が亡くなる。「ベン・ハー」はそのとき巡業公演中であったが、演劇史上最大の当たりをとった舞台と見なされていた。

映画産業はまだキネトスコープに毛の生えた程度の発展しか見せていなかった。物語内容でも技術的洗練度でも舞台劇「ベン・ハー」に挑戦できようとは思えなかった。しかし、「ベン・ハー」は魔力を秘めた題名であった。ニューヨーク、ブルックリンのシープスヘッド・ベイで、花火のおまけ付きで戦車競走が実演されると聞いたカーレム社の監督シドニー・オルコットは、タダ同然で映画版が作れるこの絶好機を逃してなるものかと考えた。

「キャメラマンと数名の俳優とを連れて戦車競走の行なわれる競馬場に行き、競走シーンをキャメラにおさめた」とオルコットは語る。「一巻分ほど室内シーンを撮り足して、あら不思議やこれで一作の出来上がり！　映画『ベン・ハー』はスクリーン登場と相成った」（「モーション・ピクチャー・マガジン」一九二五年二月号、一〇〇頁）

このささやかな映画は一九〇七年に公開された。「装飾字幕の鏤められた、十六の大いなるシーンからできあがったこの映画は、スクリーン上に見るこれまでで最高のスペクタクルである」

小説の出版社ハーパー・アンド・ブラザーズ、舞台劇のプロデューサー、クローとアーランジャーは著作権侵害の廉《かど》でただちにカーレム社を訴えた。訴えに憤りを隠せないカーレムは、原作小説にとっても舞台版にとってもよい宣伝になったではないかと自分たちの映画を擁護した。映画化権はそれまで法律上の問題として論じられたことはなく、この先例的訴訟は一九一一年まで延々とつづく。最後はカーレムが負けを認め、二万五千ドルを支払って決着がついた。

それからほどなくの一九一三年、「ベン・ハー」の牙城に迫る最初の映画がニューヨークのアスター劇場で公開された。イタリア映画『クオ・ヴァヂス』である。この作品は宗教性や神秘性において「ベン・ハー」と共通項を持つだけでなく、戦車競走が描かれている点でも相似ていた。

一九一五年、グリフィスの超大作『国民の創生』が公開された。この映画の〝最後の救出シーン〟の息もつかせぬ迫力は、舞台「ベン・ハー」の戦車競走のスリルをもしのぐかと思われた。

ここに至り、映画業界は改めて「ベン・ハー」の映画化を模索するようになった。しかし、ウォレス将軍の息子ヘンリー・ウォレスは父親に負けず劣らずの堅物であり、父親が小説の舞台化を嫌悪したように、息子も映画化の話を頑として受けつけなかった。このときも宗教上のさまざまな配慮が口実に用いられた。頑冥なウォレスがダグラス・フェアバンクスの熱意の前にようよう折れたのは一九一九年のことになる。

ウォレスが小説の著作権そのものを四十万ドルで処分するかもしれないという噂が芸能界に流れた。エイブラハム・アーランジャーはただちに行動を起こした。舞台化権を確保しておきたいアーランジャーは契約条項を注意深く遵守していた――「ベン・ハー」のリバイバルは、契約で決められたとおり、毎シーズン上演されていた。舞台化権をもっている彼は、自らを映画化権取得にいちばん近い位置にいると見なしていて、映画化権を得たあかつきには、それを売り払って大きな利を得ようと目論んでいた。しかし、ウォレスが権利を手放しそうないま、他のプロデューサーたちも興味をしめし始めていた。アドルフ・ズーカー、D・W・グリフィス、マーカス・ロウらであり、ほどなく大きな映画会社であればどこでも、映画化権の獲得に向けて何らかの意思表示をしめすようになっていた

アーランジャーは自分の資産と、「フォリーズ」で有名なフロレンツ・ジーグフェルド、ならびにチャールズ・ディリンガムの資産とを結びつけ〝クラシカル・シネマトグラフ・コーポレーション〟という会社を設立した。この会社は「ベン・ハー」の権利を購入し、それをできるだけ高い値で売り払うことをのみ目的としていた。一九二一年、クラシカル・シネマトグラフ・コーポレーションは六十万ドルで「ベン・ハー」の権利を取得、アーランジャーはそれに百万ドルの売り値をつけた。

この目の玉の飛び出るような額に映画業界は仰天した。映画化権はいまや誰の手にも届かない高みにあった。それまでで最高の製作費を記録した『イントレランス』ですらそこまでの金はつぎこまれなかった。それに、まだキャメラをまわしてもいない段階で百万ドルを費やすのは、どう見ても馬鹿げていた。しかし、映画『ベン・ハー』の幻影は、ズキズキうずく虫歯のように、映画製作者たちのビジネス本能を刺激した。

ウィリアム・フォックスはこの年、ある種先陣を切る意味で、豪華な大作『シーバの女王』を製作した。

翌一九二二年、ゴールドウィン社を背後からささえる融資家フランク・ゴッドソルはこの問題に対する解決策を見出した。彼はこの著名な題材を手に入れたかったが、要求額の百万ドルをポンと支払うつもりはなかった。それに換えて彼は、ゴールドウィン社に「ベン・ハー」を委ねるようにとアーランジャーにことば巧みに誘いかけた。そうしてくれれば――『国民の創生』『嵐の孤児』『東への道』に匹敵する」――高水準の作品に仕上げることを約束する。そして利益は折半だ

と。

　アーランジャーはこの前代未聞の申し出をよろこんで受け入れたが、いくつかの厳格な条件を付け加えた。ウォレス将軍の例に倣い、彼は監督、俳優、シナリオライターら中心的な人選の決定権と、劇場上映プリントの承認権を強く主張した。加えて、キリストの姿を描いてはならない――射しこむ白色光で暗示するにとどめるようにと、ウォレス将軍の命じた条件を繰り返した。ゴールドウィン社のシナリオ部は〝射しこむ白色光〟だけで三巻分のドラマは保《も》たせられないと返答した……。

　アーランジャーとゴールドウィン社との交渉が白熱するなか、ゴールドウィン社の筆頭シナリオライター、ジューン・メイシスがアーランジャーの信頼を勝ち取り、「ベン・ハー」の映画化はその実現に向けて次の大いなる一歩を踏み出した。『黙示録の四騎士』の台本を書き、同作でのルドルフ・ヴァレンティノのキャスティングを実現させたミス・メイシスは、映画業界における最重要人物のひとりであった。『黙示録』の製作会社メトロと袂を分かった彼女とヴァレンティノはフェイマス・プレイヤーズ＝ラスキーと契約した。ほどなくラスキーとも喧嘩別れしたメイシスはフランク・ゴッドソルに招聘され、高額の給与と自由裁量権を得て、ゴールドウィン社のシナリオ部に着任した。エネルギッシュで不屈の闘志の持ち主であるメイシスは烈々たる熱意を持ってこの大作の製作具体化に打ちこみ、あらゆる障碍や反対を粉砕して突き進んだ。彼女の発言はすなわち法であり、彼女が下した最初の決定はイタリアでの映画製作であった。何人かのアメリカ人がすでにイタリアで映画を作っていた。J・ゴードン・エドワーズもその著名なひとりであったが、彼が監督した『ネロ』（二二）はさまざまな困難を経験した。そして同様の運命が『ベン・ハー』の行く手には待ちかまえていた。

　二名から成る委員会が下検分のためローマに派遣された。その二名とはゴールドウィンの副社長でのちにラジオで名を成すエドワード・ボウズ少佐と、撮影所の営業担当J・J・コーンであった。

　営業マンとしての客観性を身につけたコーンは風景は無視し、設備や施設に目を注いだ。そして自分が目にしたもの、耳にしたことから、結論づけた。すなわちイタリアは、映画製作の観点からは、未開の原野であると。

　しかし、ボウズ少佐はまた異なる性状の人物であった。目撃者の語るところによると、彼は強欲なイタリア人にとっての絶好のカモであった。イタリア人は沈滞する経済を活性化させるために、このさまざまな余得付きの巨大な企画をあらゆる手段に訴えて自国に呼びこもうとしていた。彼らはボウズ少佐をひと目見て、取りこむのはこの男だと確信した。J・J・コーンは映画はハリウッドで作られるべきとの自説を固持していた。ボウズ少佐は一方、イタリアの映画人たちと夜な夜な晩餐会を楽しんでいた。ある夜、酔っ払ってホテルにもどってきた彼がベッドの上に投げ出したのは、『ベン・ハー』をローマで作るという契約書であった。*

第一ラウンドはミス・メイシスの勝利に終わった。しかし、監督と主演の人選に関しては、ゴールドウィンの上層部はまだ決定を先延ばしにしていた。

ゴールドウィンは彼らの意図が高尚であるところをアーランジャーに証明するために、主な監督の過去の作品を検討したり、候補となりそうな俳優のテスト撮影を行なったりと、本格的な製作に向けた姿勢を見せてはいたが、何かを決定するまでの踏ん切りはまだついていなかった。

ミス・メイシスは自らの力と判断に絶大なる自信を抱いたままこの企画との関わりをつづけていて、一、二の近しい友人には自分の希望する俳優と監督の名前をもらしていた。それによると、ベン・ハーはジョージ・ウォルシュ、敵役のメッサラはフランシス・X・ブッシュマン、監督はチャールズ・ブラビンであった。

何カ月にもわたり、新たな名前が浮上するたびに、映画人の集まりの場には噂話の花が咲いた。ヴァレンティノはベン・ハーの有力候補に思われていた。しかし、契約先のフェイマス・プレイヤーズ＝ラスキーと大げんかをしたヴァレンティノは撮影所を飛び出していて、ラスキーとの契約によって他の会社では働けない状態にあった。

ゴールドウィン社はジョン・バウアーズ、ロバート・フレイザー、アントニオ・モレノ、エドマンド・ロウ、ラモン・ノヴァロ、ウィリアム・デズモンド、アラン・フォレスト等々をテストしており、ベン・ライオンもそのなかに混じっていた。

「ジューン・メイシスがファースト・ナショナルに私をテストしたいと伝えてきた」とベン・ライオンは回想する。「会社から話を聞いて答えたんだ。〝馬鹿馬鹿しい。ボクにベン・ハーができるわけがない。あばら骨が出てるんだぜ。ガリガリにやせているんだ。食事も不規則だし……〟でも、会社は行くようにと命じた。そこで、夜だったけれど、ゴールドウィンの撮影所に行き、メイク室に入っていった。服を脱いだらメイクの人間が吹き出した。ドッグレースに出るグレイハウンドのような胴体をしていたからだ。メイク係はいったね。〝何とかしなきゃな。そうだな、筋肉を描いてみよう〟と。そこで私の胴体や両腕に陰影がつけられ、私の体はより筋肉質に見えるように描かれた。そのときメイク助手が名案を思いついた。〝強そうに見せるいい手がある。オイルを塗るんだ。砂浜で日光浴をするときみたいに！〟

それが実行に移されたあと、撮影用のセットに赴いた。セットでは多量の照明が使われ、しかも照明を当てたまま何やかやと調整に十五分を費やした。撮影本番となったとき、私の筋肉はみな流れ落ちていた。役はもちろん私のところには来なかった。私はベン・ハーとはならず、もとのままのベン・ライオンだった」

短い間だが、カウボーイ・スターのチャールズ・〝バック〟・ジョーンズが真剣に検討された。演技力のほどは少々疑わしかったが、仮に演技はぎこちなくとも、あの手強い戦車を楽に乗りこなせるのは間違いないと、誰もが認め合った。初期のヴァンプ女優ヴァージニア・ピアソンがイラス役にと期待されていた。

ハーバート・ハウは冗談口調で書いている。「このままでいくと『ベン・ハー』は、途中で世界大戦の邪魔が入らなければだが、一九四〇年のフォトプレイ誌ベストワン作品となりそうだ。最後にベン・ハー役を摑むのは誰かについて、われわれはこっそり情報を得ている。それはジャッキー・クーガン（チャップリンの『キッド』［21］の少年役）だ。ジャッキーが毎日数時間キックスクーターを走らせて、戦車競走の練習に余念がないという秘密情報をわれわれは内偵者から得ている」（「フォトプレイ」一九二三年五月号、五七頁）

異論なくキャスティングが決まったのはメッサラ役のフランシス・X・ブッシュマン、サイレント初期の大ロマンティック俳優である。ところが、ブッシュマンは大喜びはしなかった。

「私に意向を訊ねるでもなく、向こうは当たり前のように役を持って来た。私はそれまでヒーローばかり演じてきたから、敵役は不安だった。そこで、舞台で何年もメッサラを演じたビル（ウィリアム・S）・ハートのところに行き、〝このいけすかないローマ人の役をやるべきかな？〟と訊いてみた。

〝フランク〟と彼は答えた。〝メッサラはあの物語のなかじゃ断トツにおいしい役柄だぜ〟と。ビルは一度ベン・ハーをやらされたがすぐにいやになったこと、頼んでメッサラにもどしてもらったことを私に話した。彼にあの役の旨味を教えてもらい、私は役を受けることにした」

ブッシュマンは隣人のヴァレンティノにタイトル・ロールを引き受けるよう、説得に相努めた。「もしあの役をやれたとして、そうしたらどうなると思う？」とヴァレンティノはいった。「ベン・ハーのあとはどうすりゃいいんだ？　あとはどっちを向いても下り坂だ」ヴァレンティノ自身はアントニオ・モレノがぴったりだと考えていた。

メトロ撮影所では若き女優カーメル・マイアーズが、キャメラの後ろから自分を見つめている実務家っぽい風体の女性に注意を奪われていた。その女性はジューン・メイシスと自己紹介し、彼女にエジプト風の衣装をあれこれと着せると、それを写真に撮らせた。それらのスティル写真をもとに――テスト撮影はなしで――カーメル・マイアーズのイラス役が決定した。

当初『ベン・ハー』の監督にと期待されていたのは『黙示録の四騎士』の監督でジューン・メイシスの親友でもあるレックス・イングラムであった。彼もこの題材には惚れこんでいて、メトロとの契約書にも特別に一項を設けさせていた。

＊J・J・コーン本人は自分は製作主任だったといっている。またボウズはもう一度、単独でイタリアに行っており、イタリア側と契約を取り結んだのはそのときだったとコーンは説明している。

すなわち、『ベン・ハー』の監督は彼が行なうこと、もし他社に製作を奪われた場合、メトロはそれでも彼が監督するのを妨げない、という条項であった。

「『文化果つるところ』（二三）を撮っているとき」とイングラムのキャメラマン、ジョン・サイツは語る。「『ベン・ハー』はイングラムとは無関係に製作されるという話がレックス本人のもとに入ってきた。このことがあってから彼の人柄ががらっと変わった。それまではすべてがあまりに順調に進んでいた。レックスにはほとんど可ならざるところなし、といった具合だった。だからこの知らせは手ひどい打撃となった」

イングラム作品のスター俳優ラモン・ノヴァロも、イングラムの動揺ぶりを間近に見ている。「マーカス・ロウ自身が彼に『ベン・ハー』の件を約束していたんだ。その約束をあっさり反故にされた彼の反応は、生粋のアイルランド人そのものだった。どういう意味かはわかるよね」

「最新の情報では」とフォトプレイ誌のジェイムズ・クワークは報じている。「『ベン・ハー』の監督はフォン・シュトロハイムだそうだ。もしそれが事実であれば、彼がヨーロッパに行って、パレスティナやローマ帝国をその最盛期のままの姿に再創造してもわれわれは驚かない」（一九二三年九月号、二七頁）

一九二三年の秋、『ベン・ハー』コンテストの優勝者が待ち焦がれた群衆に向けて発表された――しかし、喝采はなかった。真の優勝者はジューン・メイシスであった。というのも、ジョージ・ウォルシュがベン・ハー役に、チャールズ・ブラビンが監督に決まったからである。全般的な反応は当惑だった。監督ラオール・ウォルシュの弟であるジョージは体格こそブッシュマンにひけをとらなかったが、俳優としては中ランク以上には見られていなかった。ガートルード・オルムステッドがエステル役に選ばれた。

「このキャスティングにはガッカリさせられるが、チャールズ・ブラビンが監督なのは救いといえる。ブラビンは腕のいい監督であり、ジューン・メイシスも第一級のライターだ。だから、全体ではまずまずというところか」とフォトプレイ誌はコメントした（一九二四年三月号、七六頁）。

とはいえ、監督チャールズ・ブラビンの人選は驚きを呼んだ。彼はアメリカの代表的な監督ではなかった。イギリス、リヴァプール生まれの彼は一九〇八年以来アメリカの映画業界で働いていて、大女優セダ・バラの夫であった。無名の女優だった頃彼のもとで仕事をしたジューン・メイシスはブラビンを崇拝していて、彼の演出技術は〝完璧〟だと見なしていた。彼女が『黙示録の四騎士』の監督にレックス・イングラムを選んだのは、イングラムがブラビンのもとで修行を積んでいたというただその一点に着目したからだ、と彼女はかつて語ったことがある。長らくブラビンはプログラム・ピクチャーばかりを手がけてきたが、一九二三年、独立製作作品『肉に飢えたる野獣』が公開されて〝傑作〟と賞賛されると、メイシスはそれ見たことかと溜飲を下げた。しかしハリウッドの予言者《カッサンドラ》たちは、ブラビンは背景をきれいに撮るだけの〝壁紙監督〟にすぎない、『ベン・ハー』の失敗は避けられないと予想した。

少しずつスタッフ、キャストがローマに集まってきた。フランシス・X・ブッシュマンが到着したとき、チャールズ・ブラビンが出迎えて、まだほとんど準備はできていないと伝えた。「フランソワ」と彼はいった。「八月まで君のシーンには入れないな」と。ブッシュマンはこのスケジュールの遅れを利用して妹と旅行を計画した。だが、製作の進行があまりにも遅かったため、ノルウェーからアフリカまでの二十五カ国を観光してもどってきても、まだロケーション撮影への呼び出しはかかっていなかった。

カーメル・マイアーズもすぐにはお呼びはかからなかった。彼女にはジュランヌ・ジョンストン、エドワード・バーンズらとドイツで一本映画を撮る余裕がじゅうぶんにあった。

ジョージ・ウォルシュはそれほど幸運ではなかった。スターへの道を一歩踏み出した喜びに、彼は給与のカットに同意していた。

彼にはまだその給与も支給されなければ、スター俳優にふさわしい待遇も提供されなかった。イタリアに向かう船では二等クラスに追いやられ、ローマに着いてからも表舞台には出させてもらえず、まるで無視された格好になっていた。

ジューン・メイシスもローマに到着して愕然とした。セットの中では監督のブラビンに干渉してはならないと申し渡されたからである。とはいえ、セットと呼べるようなものはまだ何もできていなかった。美術監督のホレース・ジャクスンと技術監督のカーネル・ブレイドンはアッピア街道に隣接したサンジョヴァンニ門の外に巨大な大円形競技場とヨッパ門を建設すべく奮闘していたが、現地の労働争議のため工事は中断に追いこまれていた。

イタリアの労働者は賃金は高くはなかったが、仕事も速くはなかった。イタリア国内は物情騒然としていた。ムッソリーニが政権の座について以来、社会主義者系の労働者は国の経済システムに打撃をあたえようと、ストライキやサボタージュを繰り返していた。

ムッソリーニはハリウッドではたいそう崇められており、ダグラス・フェアバンクスの政治家版と見なされていた。彼はアメリカ企業に積極的に協力するようにと布告を発していた。しかし、ハリウッド内における道具方の賃金とイタリア国内でイタリア人道具方に支払われる賃金との格差を知ったムッソリーニは、自ら妨害を画策し始めるのだった。

大きなセットが完成にほど遠いなか、ブラビンと二人のキャメラマン、ジョン・W・ボイル、シルヴァーノ・バルボーニは海戦シーンの準備にとりかかった。撮影用の船としてブラビンは七十隻を希望していたが、最終的に建設許可が下りたのは三十隻だった。労働問題は造船所にも影響をあたえていて、ブラビンは自分ひとりではどうにも手の施しようがないことに気づくのだった。仕事の停滞が常態化している状況にあって、『ベン・ハー』製作班の熱意にも陰りが見えてきた。何週間もの間無為の状態に置かれていると、責任感が知らぬ間に欠落していくのである。

フランシス・X・ブッシュマンはアンツィオにブラビンを訪れ、撮影が完全にストップし、撮影班の面々は海岸に横たわって日光浴をしていると聞いて驚いた。

「チャーリー・ブラビンは気持ちのいい奴で、私の大の親友だった」とブッシュマンは回想する。「彼はすばらしく話し上手だった――美しいことばで楽しい話を生き生きと語って聞かせるのだ。しかし、このときはそうじゃなかった。アンツィオで彼と何日かを過ごしたのだが、彼は四六時中ワインを飲み、映画とは無関係な話ばかりをしていた。そのときは気づかなかったのだが、砂浜では何百人ものエキストラがすることもなく甲羅干しの毎日だったのだ」

遅れに遅れた挙げ句、約十二隻の船ができあがった。細部まで完成しているのはそのうち二隻、海賊の旗艦とローマ軍の旗艦のみだった。残りの船はいかだや作りかけの船体の上に片側だけでっちあげたという代物で、おもに旗艦のデッキにキャメラを置いて撮るときの背景として使われることになった。

アンツィオ港を管理する役所はこれら撮影用の船はいずれも堪航能力に問題があるとして、港にもどすよう命令した。それも安全性を高めるようそれぞれの船に手が加えられたが、それでも役所の許可は下りなかった。海戦シーンを撮るならば、船は錨を降ろして固定するようにとの命令だった。キャメラマンたちは、相争う船が根をはったように動かぬなかで、激しい海戦場面の幻影を作り上げる必要に迫られた。

さらなる問題は、ショットの中に紛れこんでくる無数の漁船だった。湾内に何隻かの快速モーターボートを用意し、漁船が現れたらショットに入らぬようコースを変えさせる役割があたえられた。このパトロール隊の隊長に任命されたのが、本来は通訳として雇われていた、イタリア人を母親に持つ若きロシア人、バジル・ランゲルである。ランゲルは他の誰よりも『ベン・ハー』の製作に長く関わることになる。

もどってハリウッドでは、ゴールドウィン社、メトロ、ルイ・B・メイヤーの会社の三社が合併を目前としていた。『ベン・ハー』は新会社の頭痛の種となっていた。フランク・ゴッドソルがマーカス・ロウに体よく映画化権を売り払っていたからである。ロウはそれをルイ・B・メイヤー、アーヴィング・タルバーグ、ハリー・ラフの三人に委ねた。三人はこの映画について議論を重ね、ブラビンのラッシュフィルムを映写してみた。ルイ・B・メイヤーの娘アイリーンはこのときの試写を記憶にとどめている。

「現地の製作班全体が方針を失っていました。何もかも行き当たりばったり。台本もできあがってなく、プロの仕事と呼べるような格好すらついていませんでした。ブラビンのフィルムはヒドかったです。大きなセットを作っていたはずです

［上］海賊のガレー船上で演出中のチャールズ・ブラビン（中央）。キャメラに背を向けている若者はバジル・ランゲル。1924年、アンツィオにて。［下］メガホンを手にしているのがリーヴズ・イーソン。鞭を持っているのがフランシス・X・ブッシュマン。ラモン・ノヴァロは腰掛けている。台の上に、戦車競走シーンの第一キャメラマン、パーシー・ヒルバーンの姿が見える。その向かって左隣にジェイ・レッシャー。

が、フィルムの中には出てきません。写っているものはどれも安っぽく、俳優のメイクも雑ならカツラもちぐはぐでした。作り手の気持ちがまるでこもってないのです。現場はストレスにあふれ、けが人が続出し、お金ばかりが流れ出ていたのです」（著者によるアイリーン・メイヤー・セルズニックへのインタビュー。一九六四年三月、ニューヨークにて）

メイヤーとタルバーグとラフは、退却はあり得ないで意見が一致した。現在手元にあるフィルムは費やされた予算にまるで見合わぬものではあったが、企画自体を放棄するのは不可能だった。三人は大手術を敢行するしかないと決断した。撮影済みのフィルムはすべて処分する。ベン・ハー役はジョージ・ウォルシュからラモン・ノヴァロに変更する。ノヴァロはメトロが新進スターに育て上げようとしていた期待の星だった。

チャールズ・ブラビンも下ろし、フレッド・ニブロを代わりにあてる。当初の配役ではフランシス・X・ブッシュマンとカーメル・マイアーズが残された。ハリー・エディントンが新たに製作主任となり、ジューン・メイシスに代えて、ベス・メレディスとケアリー・ウィルソンにシナリオが託された。

大改革はたしかに必要であった。が、この企画に長らく関わってきた映画人の心を傷つけたのは、交代そのものよりもむしろ交代のさせ方だった。

秘密裡に製作救出作戦が開始された。ラモン・ノヴァロはこっそりとハリウッドを抜け出てパサデナ駅へとやってきた。彼はマーカス・ロウから、報道関係者に会ったときは短い休暇を取ったのだと説明するよう言い含められていた。

監督のフレッド・ニブロは〈レヴァイアサン〉号に乗船した。記者には最新作『紅百合』（二四）の外景ショットを撮りにフランスに行き、そこからモンテカルロに足を伸ばしてノーマ・タルマッジの映画を撮る予定だと語った。

それでもハリウッドはニブロがブラビンに代わる交代要員であると読んでいた。ところが、マーシャル・ニーランが〈オリンピック〉号に乗船するところを目撃され、憶測に変化が生じた。数日のあいだ、ニーランが話題の中心となった。ひょっとしたら彼とニブロの二人が監督の仕事を分け持つのだろうか、と考えられた。しばらくして誰かが正しい情報をつかんできた。ニーランは夫人のブランチ・スウィート主演の映画『スポーツの女神』（二五）を撮りにフランスに向かったのだということを。

〈レヴァイアサン〉号に集まったメトロ・ゴールドウィンの一行には以下の面々が含まれていた。合併でできた新会社の名目上の社長マーカス・ロウ、監督のフレッド・ニブロと夫人のイーニッド・ベネット、ベス・メレディスとケアリー・ウィルソン、ラモン・ノヴァロ、そして「フィルム・デイリー」の記者ダニーことジョー・ダネンバーグである。これらの面々を港まで見送りにきたルイ・B・メイヤーは軽口をたたいて前途を祝した。「映画のなかにラクダをいっぱい入れるんだぞ！」

フォトプレイ誌は報じている。「イタリアにおける『ベン・ハー』騒動は、映画そのものに負けず劣らず、映画界にとって興味津々の話題となっている」（一九二四年十月号、三六頁）

イタリアの製作現場では勤労意欲は底をついていた。最後の立て直しをめざして、ジューン・メイシスは何人かの監督に声をかけた。途方もない責任を押し付けられたブラビンをうらやむ者はひとりもおらず、全員が申し出を拒否した。ミス・メイシスにはすでに何の権威も備わっていなかった。映画を救おうとする彼女のぎりぎりの努力も実を結ばずに終わった。

誰よりも打ちのめされたのはジョージ・ウォルシュかもしれない。「ジョージと私は毎朝一緒にジョギングをしていた」とフランシス・X・ブッシュマンは語る。「フェンシング、ボクシング、レスリングも一緒に練習した。だから彼とはずいぶんと親しくなった。ある日、ローマのアメリカン・エクスプレスのオフィスでテレグラフ紙を読んでいた。四、五日ごとに『テレグラフ』が束になって届き、とくにそのなかの映画の進捗状況の記事にはいつも目をとおしていたんだ。その日、いつものように映画記事を見ると、ノヴァロが新しく主役に決まったと書かれていた。すぐにそれをジョージに見せに行った。

〝この話、何か聞いてたか？〟

〝聞いちゃいないが、予感はあったよ、フランク〟とジョージは答えた。〝でもな、いつまでもこんなところに放っておいて、生殺しにした挙げ句、首をすげ替えるとはどういうことだ！〟」

ニューヨークにおいて、メトロ・ゴールドウィンはチャールズ・ブラビンを病気のため交代させるという内容の中間発表を行なった。そこではウォルシュとジューン・メイシスについてはひと言も触れていなかった。

「私が被った最大の汚名は」とジョージ・ウォルシュは語った。「会社がすべての事実をきれいに公表しなかった点にある。私にとって不運だったのは、おかげで私にはどこか口にできない問題があると、一般大衆が信じてしまったことだ」

（著者宛のジョージ・ウォルシュの手紙より。一九六六年三月付）

ブラビンはただちにメトロ・ゴールドウィンを告訴して自らの立場を鮮明にした――彼はメトロ・ゴールドウィン側の契約違反だとして五十八万三千ドルの損害賠償を求めたのだ。彼は、製作を開始すべくイタリアに到着したとき、必要な機材はそろっておらず、現場は混乱と無気力に支配されていたと申し立てた。

ジューン・メイシスは職を解かれはしたものの、同じく解雇された婚約者のシルヴァーノ・バルボーニとともにローマにとどまっていた。マスコミへの声明のなかで、彼女は今回の災厄の責任はひとえに監督のチャールズ・ブラビンに帰すべきものだと述べた。そして、彼の撮ったフィルムの内容に関して自分はまったく無関係であり、自分が製作全般の監修役を任せられるはずだったのに、じっさいはブラビンがすべての指揮を執っていたと言明した。さらに、自らうけた処遇には失望したけれども、最大の痛恨事はジョージ・ウォルシュの一件だと付け加えた。

「ベン・ハーを演じる彼の能力には、私は厚い信頼をおいていました。他の多くの人が彼を疑問視していたのを知っています。でも、『黙示録の四騎士』で私がフリオの役にルドルフ・ヴァレンティノを選んだときも同様でした。そのときヴァレンティノは自らを証明してくれました。ミスター・ウォルシュも間違いなく証明してくれたでしょう。現実には、成功するにも失敗するにも、彼にはチャンスすらあたえられなかったのです。彼は為す術なく引き下がらざるを得なかった。じっさい、ミスター・ノヴァロがローマに着いて三日後に、ミスター・ウォルシュに主役の交代が告げられたのです」（「フォトプレイ」一九二四年十月号、八四頁）

アメリカにもどってすぐ、チャールズ・ブラビンはコリーン・ムーアと契約を結び、『おゝ母よ』（二四）の監督の座についた。この映画の成功で彼の名声は復活し、しばらくのち、MGMと再契約を結ぶ。しかし、皮肉なことに、MGMとの関係は、再び彼の途中交代によって絶たれるのである。*

「大幅な顔ぶれの変更にもミス・メイシスは立派に振る舞った」とラモン・ノヴァロは語る。「じつは私は、彼女からこんな夢の話をきいていた。その夢の中で彼女は何か手に持っているのだが、それが燃えだし、あわてて放り投げるというのだ。しかし、メキシコでよくいうように、〝表の顔から心の中は読めない〟からね」（著者宛のラモン・ノヴァロの手紙より。一九六六年三月付）

ジューン・メイシスもコリーン・ムーアとの契約下に入るが、一九二七年、ブロードウェイで観劇中に心臓発作を起こして急死する。

一九二四年の後半、スタッフ、キャストの再編についてMGMから公式の発表がなされた。「あまりにも遅れた発表で、法的決着というゴタゴタが生じる因となった」とフォトプレイ誌は述べている。「会社側はメトロとゴールドウィンの合併によって一部の俳優の変更を余儀なくされたと釈明した。例えば、ノヴァロはメトロの契約俳優であり、彼を主役に据えるのはそのスター性を高めるためにも重要な方策であったと。マーカス・ロウはウォルシュ氏の降板は苦渋の選択であり、同氏の今後の幸運を祈るのみだと語った。しかし、どうだろう、ウォルシュ氏は〝今後の幸運〟を銀行口座に預けることができるのだろうか？　思えば奇妙な業界である」（一九二五年一月号、九二頁）

一九二四年の七月から八月にかけて、撮影は完全に停止していた。フレッド・ニブロとハリー・エディントンは撮影準備に忙殺されていた。ブラビンの撮影済みフィルムは廃棄、すべてをはじめにもどしていちからやり直しという決定がなされていたためである。技術スタッフの到着と出発が規則正しく進行した。九月上旬ルイ・B・メイヤーが夫人と二人の娘同伴でイタリアに向けアメリカを発った。

一方、ハリウッドでは〝ベン・ハー〟ネタのジョークがあふれかえっていた。監督がブロードウェイで友人と出会った。「いまは製作の合間なんだ」「何と何の？」「えっと、『カビリア』と『ベン・ハー』の」。小娘《フラッパー》がこう尋ねるというのもあった。「『ベン・ハー』ってまだ作ってるじゃない――衣装が時代遅れにならないかしら？」

当初監督を期待され、それがブラビンと決まって深く傷ついたレックス・イングラムは、この度の監督交代で二度までも屈辱を味あわされた。失望のあまり彼は映画からの引退を宣言する。この引退宣言は、幸いにも、やや長期の休暇という結果に終わるのだが、彼の意向が広まったとき、エリッヒ・フォン・シュトロハイムとディミトリ・ブコウェツキは、彼こそ〝世界一の大監督〟だと褒め称え、その復帰運動を展開した。

ルイ・B・メイヤーがイタリアに着いたとき、フレッド・ニブロは先の製作班に崩壊をもたらしたシークエンス、ガレー船の戦闘シーンを撮り直しているところだった。ブラビンのときの船はいずれも小さくて威容に乏しかった。そのときの船はすべて解体され、それに代わって頑丈な船が新たに造られていた。設計はイタリアの美術監督カミッロ・マストロチンクエによるもので、いずれもじゅうぶんな堪航能力をもっていた。

しかし、アンツィオのブラビンですら経験したことのない災厄がリヴォルノで撮影中のニブロを襲った。「毎朝海に乗り出すとき、心中不安でいっぱいだった」とニブロはのちに書いている。「われわれの幸運もいつかは途絶えるのではないか、今日こそ恐ろしい事故に見舞われるのではないかと……」（「モーション・ピクチャー・マガジン」一九二六年四月号、九八頁）結局、最後まで何事も起こらなかった、と彼は書きとめている。しかし、そう書き記すことによって、彼は映画製作史上最悪の事態のひとつに秘密のヴェールをかけたのだった。

前触れとなる出来事があった。海賊の旗艦のデッキの上に、先のとがった剣が山積みとなって隠されていたのである。キャンバスの下にそれを見つけたのはニブロだった。調べていくと、エキストラのキャスティング係がクルーをファシスト派とアンチ・ファシスト派に分けていたことがわかってきた。これがそのまま放置されていたら、海戦シーンどころか、とんだ〝戦艦バウンティ号の叛乱〟が勃発したところだったろう。

そのように、なにやら不穏な空気はすでに漂っていた。台

＊そのときの映画はバリモア三兄姉弟共演の『ラスプーチンと女帝』（三二）。ブラビンに代わって監督の座についたのはリチャード・ボレスラフスキーであった。

本ではローマ軍の三橈漕船《さんどうそう》に海賊の船が激突する、となっていた。そして激烈な戦いののち、ローマ軍の旗艦に火の手が上がり、エキストラ演じる兵士や奴隷が海に飛びこむのだった。ロング・ショットの撮影となった。ローマ軍の旗艦には点火しやすく、かつ火の手が早くまわるよう、船体に油が染みこませてあった。

どちらの船にもイタリア人エキストラが詰めこまれていた。彼らは日当目当てに集まった現地の貧民で、泳ぎはできると申し立てていたが、じっさい泳げるのはごく少数だった。

激突シーンは見事に演出された。海賊船はケーブルで高速モーターボートに繋がれていて、そのモーターボートに勢いよく引っぱられ、その勢いのままローマ軍の三橈漕船の脇腹にぶつかって粉みじんとなるのだった。

しかし、海賊船がローマ軍の船体を突き破る必要はなかった。その様はガレー船の内部にショットを切り換え、奴隷たちが波に飲みこまれるところを見せれば達成できた。とはいえ、海賊船が三橈漕船にドスンと音を立ててぶつかったとき、エキストラたちはパニックに陥った。多くは不測の大事故の到来と思い、膝をついて神に祈りはじめた。

彼らはうろたえ、何をどうしてよいかわからなかった。つづいて火が放たれたが、突然の強風が火勢を強め、火は予想以上に早く燃え広がった。火の手は船の全域に伝わり、エキストラは非常時の行動指針を忘れてしまった。

群衆担当のアル・ラボックはエキストラに招集をかけたが、彼の声に注意を払うものはいなかった。彼らは船側に群がった。ラボック自身、部下が彼の頭上に覆いをかけなかったならば、燃えた木材が落ちてきたとき大怪我をしていたところだった。

エキストラの一部は海に飛びこむよう指示されていて、救命用のボートが待機していた。しかしそれ以外のエキストラは重い甲冑を身につけていた。

「エキストラの助けを求める叫び声がきこえた」とフランシス・X・ブッシュマンは語る。「私はニブロにいった。〝フレッド！　奴ら溺れているぞ、何とかしろ！〟

〝何ができるっていうんだ！〟と彼は叫び返した。〝一隻四万ドルの船をいま撮っているんだぞ〟」

その夕べ、何人ものエキストラが行方不明のままだった。フレッド・ニブロとイーニッド・ベネットは、クレア・マクドウェルその他のスタッフと、徹夜でエキストラの名前のチェックを行なった。最終的に、誰も取りに来なかった三組の衣類が残された。助監督のひとりが――彼はイタリア人嫌いを公言するフランス人だったのだが――鎖や重りをいっぱい積んだ小舟で海に出た。彼は衣類だけでなく、もし死体が浮かんでいたらそれも一緒に海底に沈めるつもりでいた。

ボズリー・クラウザーは著書「不当な分け前」（一九五七年）のなかで、二日後、三人のエキストラがローマ兵の格好をしたままで現れ、自分たちの衣類はどこだと息巻いたと書いている。さる漁船が彼らをすくい上げ、はるか先で彼らを

［上］海賊のガレー船がローマ軍の三橈漕船の脇腹に突っ込む。撮影現場に映画史上稀に見る大混乱を巻き起こした問題のシーンの始まり。［中］救助ボートが海に飛び込んだエキストラを拾い上げている。［下］三橈漕船の最期。

陸にあげたのだった（九七頁。なお、この本では『ベン・ハー』の製作に一章が割かれている）。

犠牲者の規模については意見の相違がある。フランシス・X・ブッシュマンはイタリア人衣装係に溺れたのは何人かと訊ねた。「ああ、ミスター・ブッシュマン」と謎めいた答えが返ってきた。「もどってこない衣装がたくさんありますね……」

バジル・ランゲルは何人かは溺れたに違いないとみている。「カナヅチが大勢いたんだ。職欲しさにみんな嘘をついていた。映画を見ると、そのうちの何人かは助かるはずはなかっただろうと思えてくる。いずれにせよ、そんなことがあれば撮影所は固く秘密にしたはずだ。本当のことを知っているのは現場にいたものだけだろう」（著者宛のバジル・ランゲルの手紙より。一九六六年二月付）

現場にいたもののひとり、ラモン・ノヴァロは溺死したものはいなかったと確信している。「このとき私はニブロ監督の脇にいた。自分の発言には自信がもてる」と。

「犠牲者が出たら大変なスキャンダルとなっていただろう」と回想するのはクレア・マクドウェルの息子ジーン・メイルズである。「国際的な問題に発展してね。死者は出なかったと私は信じている」（著者宛のテープにおけるジーン・メイルズのことば。一九六六年九月）

「私は浜辺にいて、ガレー船が炎上するのを見ていました」とフレッド・ニブロ夫人のイーニッド・ベネットは語る。「私には為す術がありません。祈るばかりでした。行方不明者が一名あったと記憶しています。そのひとりが生きて現れなかったらフレッドは逮捕されるといわれました。MGMは、私たち二人はすぐにローマに発つべきだといい、私たちはそのことばに従いました。恐ろしい旅になりました。列車のなかに警官の姿を見つけるたびに、心臓が止まる思いをしたものです。行方不明は三人いるといわれたのは知っています。でも、私がおぼえている限りではひとりでした。そして衣装係の男が、フレッドの身を守るために、残っていた衣類と身の回り品を始末しました。行方不明の男が現れたとき、処分していたものはすべて弁償しました」（著者によるシドニー・フランクリン夫人へのインタビュー。一九六七年四月、パームデザートにて）

ガレー船のシーンはまだすべてを撮り終えてはいなかった。さらなる海上撮影のために厳格な安全策がとられ、潜水夫がひとり撮影班に割り当てられた。「衣装をすくい上げるためにね」と皮肉な見方をするものもいた。

しかし、海戦シーンの規模が急遽縮小されたのをうけ、MGMはいくつかのアングルを補うためにミニチュア撮影に頼らねばならなくなった。この撮影はケネス・ゴードン・マクリーンに委ねられた。

ガレー船内部の撮影のために、深さ九メートルのプールが作られた。それだけの深さは——そこに蓄えられる水とともに——衝突時の奴隷たちの様子とそのときの彼らの視点を描くのに必要だった。船体が大きく裂け、大量の海水が無防備な奴隷たちをひと飲みし、それを捉えるキャメラは左右に激しく揺れるのである。

プール用に地面を掘っていると、大昔の地下墓地が出現した。「なんてことだ！」製作主任は大慌てでした。「ムッソリーニに知れたら……博物館の人間の耳に入ったら……一巻の終わりだ」

地下墓地には防水措置が施された。それは製作の遅延と、さらなる予想外の出費を意味した。しかし、スタッフが大喜びしたのは、そのあたり全域にローマ時代の遺物がいっぱい埋まっていたことだった。彼らは考古学上の珍品を求めて、我がちに発掘を開始した。なかには二千年も前の遺物も含まれていた。

その間、撮影隊はいかだの漂流シーンを撮るために地中海に出ていた。クイントゥス・アリウスを演じる老体（当時六十七歳）のフランク・カーリエは、冷たい風と海水に、ほぼ四時間、休憩なしでさらされていた。上半身裸のノヴァロも同様の状況に堪えていたが、絶えず体をたたき、差し入れに出されたブランデーを体の中に流しこむことで肺炎に陥るのを防いでいた。

「いかだのシーンの撮影には丸三日かかった」とノヴァロは語る。「このシーンはロング・ショットで始まるから、そういうところは代役で済ませられたのに」

映画を見るとカーリエは死人のように青ざめて見え、明らかに体を震わせている（一九五九年版の『ベン・ハー』では、俳優をそこまで酷使してはいない。そのシーンは撮影所内のセットで、青い空の背景幕をバックに演じられている）。

フレッド・ニブロは極度の緊張のなかで撮影をつづけていた。イタリア人エキストラを使っての群衆シーンは、エキストラが英語をまるで解しないこともあって、ときに彼の我慢の限界を超えた。通常は洗練された都会人のニブロだが、あるとき我を忘れて怒りを爆発させた。フランシス・X・ブッシュマンは憤慨してセットから立ち去った。

「やっちゃいられんとあのときは思ったね。あれは監督がよくない。イタリア人は生まれながらの俳優なんだ。演技については彼らのほうが監督より上だろう。でも、フレッドは彼らのやり方に不満で、自分の演出を押し付ける。しまいには物を投げつけたんだ。エキストラの男や女や、子どもにまでね。それは許せなかった」

フレッド・ニブロの妻イーニッド・ベネットは気配りと思いやりの権化のような人物だった。ニブロの頑冥なまでのひたむきさは、彼女の穏やかな魅力と、撮影班全体の調和を気にかけるこまやかな気遣いによって中和されていた。彼女は夫を説き伏せて謝罪させ、撮影は無事に再開された。『ベン・ハー』の製作第二ステージに関わった者たちは、ミス・ベネットに対して、また士気の向上に彼女があたえた積極的な効果に対して、感謝の念を忘れていない。

他のアメリカ映画のスタッフからはイタリア人技術者に対

する賞賛の声が聞こえてくるものの、『ベン・ハー』の撮影隊はイタリア人のなかからまともな照明助手を見つけ出すことはついにできなかった。やむを得ずウィーンから照明係を何人か呼び寄せたところ、問題は瞬時に解決した。

馬の確保も難問だった。戦車競走のシーンにぴったりのすばらしい白馬が何頭もブルガリアで見つかった。しかし、馬の所有者には他からも買い注文が入っていた。メトロ・ゴールドウィンの代理人が値をつけると、名も知れぬ競争相手はそれを上まわる値をいってきた。値はどんどんとつり上がっていった。相手の正体を探ってみると、ローマ教皇の代理人であるとわかった。白馬は結局教皇側の手に落ちた。

カーメル・マイアーズはブラビン時代の製作停止期を大いに楽しんだ数少ないひとりだったが、ニブロが新たに監督の座にすわり、ようやく製作が本格的に始動したと感じ始めていた。「それまでは夢のような時間を過ごしていました。母と私はエクセルシオール・ホテルを住まいにして、いろいろな観光名所に出かけました。イタリア人には歓待されました――私たちはお金をたくさん持ってきてましたからね――母と私もイタリア人が大好きになり、大勢の友だちができました。監督が代わってから、私のイラストの衣装のことでニブロ監督と話し合いました。これまで見たことのないような奇抜な〝頭飾り〟をつけるようにとの指示でした。私は途方にくれました。頭飾りなんて普段つけるものじゃないですからね。〝どこにいけばいいかしら?……どうすれば?……〟と迷っていると、〝いいから自分で見つけてくるんだ〟と突き放されました。

私は母と作戦を練りました。母は自分の生まれ故郷であるウィーンに行ってみようといいました。ウィーンは粋で異国風な女性を大勢生み出しています。私たちは高級美容院をめぐり、一軒でこの絹製の白い被り物を見つけました。これが映画に現れたとき、世間を騒がせたものです。歴史に残るといってもいいすぎではないでしょう」

ファシスト対アンチ・ファシストの抗争は『ベン・ハー』をしてローマ時代にも多くの例はないような一触即発の闘争の場へと変貌させていた。*

フレッド・ニブロはいう。「アメリカでいえば共和党の群衆と民主党の群衆が、ハンマー、リベット、ボードなど手近なものをつかんでは、いまにも相手めがけて投げつけようとしているかのようなものだった」

コロシアムのセットはまだ完成していなかった。政治的騒動とは別に、イタリア人労働者の態度そのものが遅延の大きな要因となっていた。

「ある日コロシアムのセットに来てみると、五百人ほどの作業員が全員地面にすわっていた」とブッシュマンは回想する。「私は頭にきて、作業長に詰め寄った。〝七週間で仕上げると

＊A・アーノルド・ギレスピーにいわせると、映画製作内部におけるこれら二派の〝抗争〟はさほど激烈ではなかったという。

［上］大円形競技場のオリジナル・セット。ミニチュアの“見当”は合っていない。前に立っているのは編集技師ロイド・ノスラー。［下］ミニチュアの見当の合った大円形競技場のオリジナル・セット。観覧席上部には観客のミニチュアが詰まっている。MGMのカルヴァシティに作られたセットは同様のシステムを用いているが、さらに改善された。前景に並んでいるのは編集チーム。イタリア人助手二名、バジル・ランゲル、ロイド・ノスラー。

約束したくせに、見てみろ、七カ月経ってもできてないじゃないか〟
〝ですがね、ブッシュマンさん〟作業長は薄笑いを浮かべた。〝これが出来上がってしまうと仕事がなくなるんですよ。誰が失業するために働きますか?〟」

「こういったトラブルの元凶がムッソリーニであるのはわかっていた」とブッシュマンは付け加える。「あちらで一週間ストライキを打たせ、次はこっちで一週間サボらせる。全部ヤツの差し金だったのさ」

コロシアムのセットができあがった頃には、秋の日は短く、昼の太陽も斜めから射すようになっていて、撮影可能な照明状態を確保するのさえむつかしかった。

このようなきわめて不利な状況で戦車競走の撮影を託されたのは第二班監督のB・リーヴズ・イーソンであった。馬の扱いに堪能なところをかわれたイーソンは低予算西部劇の監督だった。フレッド・ニブロは戦車競走のシーンも名目上の監修者ではあったものの、演出は何もしておらず、撮影されたフィルムはすべてイーソンの手になるものだった。イーソンには、ニブロが他のシーンを撮っているあいだ、戦車競走の撮影にたっぷり時間を注ぐことができた。『ベン・ハー』はもともとそのように撮影計画が立てられていた。ブラビンは主演スターたちとの近写シーンを撮る、群衆シーンは、それと並行して、イタリア人やドイツ人の第二班監督が担当する、というようにである。

イーソンは特筆すべき人物である。彼が監督した西部劇は無難ではありながら、才気の閃きはどこにもうかがえないのに対して、『ベン・ハー』の戦車競走や、やはり彼が担当した『シマロン』(三一)のランドラッシュ、『進め龍騎兵』(三六)の最後の突撃などでは、すさまじいアクションを扱うさいの彼の天才が見てとれるからである。自身乗馬の名手だった彼は、目指す効果を手に入れるためには何ひとつ妥協しない厳しさをもっていた。ローマの製作現場で犠牲となった馬は驚くべき数に上った。フランシス・X・ブッシュマンはいう。「彼らは怪我をした馬をいちいち獣医に診せなかった。足を引きずるようになった馬は、すぐに射殺された。馬を貸し出していたキャメロンという男がいた。何頭くらい失ったかと訊くと〝そう、ざっと百頭かな〟と答えていた」*

アメリカ国内においては動物虐待防止協会(SPCA)の目が光っているために、犠牲になる馬の数は劇的に減少した(しかし、一九三六年の『進め龍騎兵』ではあまりに多くの馬が死んだため、同じ事態が繰り返されてはならないと、動物保護のための特別法が制定されたほどであった)。

晩年のインタビューでイーソンは、アクション・シーンに対する自らの考え方を説明している。「集団がひとかたまりになってスクリーンを駆け抜けても、観客はどうとも感じない。でもそこにアクションの細部を付け加えると――炸裂する大砲やら、奮戦する兵士ひとりひとりやら、相手の目に一発入ったパンチやら――アクションが俄然躍動する。ハリウッド中のエキストラを集めてただ動きまわらせたよりももっとね。ニュース映画で大災害が映し出されても意外に迫力を感じないのはそのためなんだ。映画では細部のクロース・ショットが必要となる。そういうものが入ったとたん、フィルムに生命が吹きこまれるんだ」（エズラ・グッドマン「ハリウッド五十年の衰亡」一九六一年、三〇〇頁）

この細部描写をしっかりとキャメラにおさめるのに四カ月を要した。イーソンはすべてローマで撮影しようと努力したが、予定変更に踏み切らざるを得なかった。長くのびた影はキャメラの視界を狭めたし、競技場のトラックはとうてい戦車競走を行なえる状態ではなかった。

「戦車競走のひとつのテイクを撮っていたとき」とブッシュマンは語る。「大きくカーブを切るところで、別の戦車の車輪が崩れた。ハブが地面にあたり、騎手が十メートルほど宙に舞い上がった。振り返った私には空中のその姿が見えた——まるでスローモーション・フィルムを見ているようだった。男はひしゃげた戦車の上に落ち、内臓破裂で即死した。競技場のカーブにできる深い轍が命取りになることをそのとき知った」

事故はそのとき一度きりではなかった。また別のとき、ブッシュマンの戦車はノヴァロの後ろを走っていた。と、突然ノヴァロが手綱の操作を誤り、戦車が横に流れた。ブッシュマンの戦車がそこに突っ込み、ノヴァロの戦車を押しつぶしていった。ノヴァロは圧死したと誰もが信じて疑わなかった。

ところが、馬こそ一頭死んだものの、ノヴァロにはかすり傷ひとつなかった。迷信深いスタントマンたちは、ノヴァロが衣装につけていた肩衣のご加護だとささやきあった。

「ラモンの技術は必ずしも完璧ではなかった」とブッシュマンは語る。「彼は普通の馬車を操るように手綱を握っていた。そうではなく、手綱は手首に巻き付け、両足を台の前方に強く押しこみ、体を後ろにまっすぐ反らさなくちゃいけない。それが戦車の馬を御する唯一の方法なんだ。そうしないと馬は逃げ出そうとする。ものすごい騒音に興奮してしまうのだ。十二台の戦車、四十八頭の馬、しかも戦車にはスプリングすらついてないときている」

大円形競技場のセットにすべてのキャストとクルーが揃ったのは一度だけ——イタリア国王夫妻のご高覧を賜ったとき——だった。

「あとにも先にもあんなに寒い日は知りません」とカーメル・マイアーズは回想する。「私たちはみな一列にならび、国王夫妻、皇太子、皇女らの到着を一時間以上も待っていました。なのに、皇族方が到着されたときにいったい何をすればいいのか。それは何も知らされていませんでした」

フランシス・X・ブッシュマンはなぜかこの国王訪問を誰

＊A・アーノルド・ギレスピーは、戦車競走のリハーサルはローマで行なわれたが、本撮影はすべてハリウッドに製作の場が移ってからのことだったと述べている。またローマにおいて馬に損害を強いたのは事実であっても〝百頭〟はムチャな数字だとも。

戦車競走の撮影風景と、迫力満点のそのショット。

からも聞いておらず、当日、いつもどおりメッサラの衣装を身につけて、オープンカーで競技場に乗りつけた。観客席の大群衆を見た彼は、運転手にそのまま車を走らせるよう命じた。そして鷹揚な身ぶりで群衆の声援に応え、そのままアリーナを一周すると、車とともに競技場の外へと消えていった。『ベン・ハー』に関わるものがすべてそうであるように、このときも事前の調整がまるでできていなかった。イタリアの皇族方は俳優の誰ひとりにも、またその日とくに招待されていたノーマ・タルマッジ、ジュランヌ・ジョンストン、セダの妹ロロ・バラといった来賓の誰とも顔合わせをしなかった。国王夫妻らの車は止まらずに、そのまま通り過ぎていってしまったからである。ノヴァロは一日分の特別手当を要求してやると息巻いたが、あとの車に乗っていた皇女が彼の姿を認め、笑顔で頭を下げたので怒りも解けた。

「プリンセスの笑顔で五ドル得したな」とノヴァロは財務担当に声をかけた。

一九二五年一月、撤退命令が下った。資材倉庫を灰燼に帰した火事もこの決定を早めた。

アーヴィング・タルバーグは、全製作班のイタリア行きは財政的見地からみて狂気の沙汰だと当初から反対していたが、ロウ、メイヤーをはじめとするその他の重役たちはイタリアにつぎ込んだ投資は回収可能という希望的観測にしがみついていた。メイヤーはローマでフレッド・ニブロと衝突したあとヨーロッパ旅行に出ていた。

しかし出立する前にメイヤーは、その頃には彼の個人通訳となっていたバジル・ランゲルに、選りすぐったヨーロッパ映画を集めて試写をするようにと命じた。ランゲルは試写のさい、メイヤーが筋を理解するように、字幕を声に出して翻訳した。そのなかの一本にマウリッツ・スティルレルの『イェスタ・ベルリング物語』(二四)があった。ヨーロッパ旅行の途中でメイヤーはスティルレルと、彼の秘蔵っ子グレタ・ガルボと契約を取り交わした。

ランゲルはメイヤーの旅立ちにさいして編集室へ配置換えとなり、ロイド・ノスラーの助手についた。ノスラーはそれまでニブロと何度もコンビを組んでおり、ブラビンが降りたときに、彼の編集者であったオーブリー・スコットの後任となったのだった。編集助手はスコットのときから二名いたが、いずれもイタリア人女性(イレーネ・コレッタとレナータ・ベルナベイ)で、どちらも英語は話せなかった。ランゲルのイタリア語の能力は本人に二つめの職を提供したのである。

セットは大半が取り壊されたが、大円形競技場のセットは、春になって戦車競走を撮りにもどるかも知れないとの配慮からそのまま残された。しかし、その考えもタルバーグによって結局は潰されてしまう。

「何百年も後に考古学者がいまのローマを発掘したとして」とフレッド・ニブロは語っている。「そしてたまたまこのすばらしいセットが遺跡となって出てきたとしたら、〝当時の文明は何と偉大だったのか〟ときっと彼らは感嘆するだろう」(「モーション・ピクチャー・マガジン」一九二六年四月号、九八頁)

一九二五年一月十七日『ベン・ハー』製作班を乗せた船はイタリアの港を発った、とMGMは公式に発表した――そして、海外でなし得る撮影はすべて完了したと宣言し、撤退を〝局面の転換〟へと塗りかえた。とはいえ、気象条件が撮影に不向きになったことは認めており、それでも、必要な撮影は事実上すべて終了しており、ハリウッドでの仕上げ作業は三月一日までに終える予定であると付け足した。

二月初旬までイタリアに居残っていたのは編集スタッフである。バジル・ランゲルはMGMにそのまま雇われ、アメリカにまで同行することになったただひとりの外国人であった。「何故かというと、およそ百万フィートの撮影済みフィルムを目録化して缶ごとに整理したのが私たちであり、ノスラーを除けば、何がどこにあるのかわかるのは私ひとりだったからだ。目録化はたいへんな作業だったけれど、そのおかげで最終編集に入ったときどれほど仕事がやりやすかったか。アメリカでの最初の一年はこの映画にかかりきりだった。家に帰るのはいつも深夜過ぎで、日曜日も二回しか休めなかった。せっかく新しい国に来ながら、井の中の蛙の生活だった」

うれしいニュースがアメリカにもどるスタッフ、キャストの行く手を明るく照らした。有名な映画館主シド・グローマンが彼の所有するエジプシャン劇場で『ベン・ハー』を一年間上映するという契約をMGMと結んだのだった。これによりMGMには最低限三十万ドルの収益が保証された。ニューヨークのニッカーボッカー劇場も二年間の上映用に貸し出された。

ジェイムズ・クワークはフォトプレイ誌のなかで、『ベン・ハー』が封切られたあかつきには最大級の賛辞の洪水となるのは疑いないと述べた。曰く〝史上最高の物語〟〝紅涙をしぼる史上最高のラブストーリー〟〝空前の大傑作〟また、ひょっとしたら〝世のすべてのキリスト教徒必見の映画〟と。「すべてのキリスト教徒だけでなく」とクワークはつづけた。「もしこの映画から一銭でも多く利益を上げようとするのであれば、すべてのイスラム教徒、すべてのユダヤ教徒、すべての仏教徒、すべての太陽神崇拝者に入場券を買わせる必要があるだろう。少なくとも七千五百万ドルが切符売り場に吸い込まれないと、MGMの儲けはゼロになるのだ。そのようなわけで、私たちは許容するしかない。彼らがあらゆる辞書、大事典、クロスワードパズルから、これぞという形容詞をことごとく引き抜いてくるのを。秀作は至上命令なのだ」(一九二五年四月号、二七頁)

世間の注目を意識するMGMは、壮大なスケールの映画作りを続行した。すでに三百万ドル超を出費していたにもかかわらず、さらに資金を注ぎこんだのだ。

ローマの大円形競技場のセットが帳簿から抹消されたいま、

新たなセットをカルヴァシティに建設しなければならなくなった。MGMの主任美術監督セドリック・ギボンズが、A・アーノルド・ギレスピーとともに、イタリアのセットに倣って設計し、それと同時に、そうして作られる建造物と寸分たがわぬ正確なミニチュアを準備した。*

ハリウッドのすぐれた技術者によるホームグラウンドでの仕事となり、『ベン・ハー』の悪いジンクスもようやく途切れるかと期待されたが、望みはすぐに打ち砕かれた。

MGM撮影所の背後にある広大な空き地でセットの建築が始まるやいなや、ロサンゼルス市当局はその同じ場所を巨大な雨水排水溝用地に決定した。MGM建設部の作業員が現場に出かけると、蒸気ショベルが彼らのセットを取り壊していた。あわてて電話で問い合わせると、さらなる破壊用の機械が現場に向かっていると知らされた。

代替用地はラ・シエネガとヴェニス大通りの交叉する区域と決定した。八百人の人間が交代制で仕事に当たり、四カ月後リーヴズ・イーソンは戦車競走の撮影再開にこぎつけた。

土曜日が映画村の住人にとっての〝ローマの休日〟となった。大円形競技場に集まった何千人もの群衆のなかには、ダグラス・フェアバンクス、メリー・ピックフォード、ハロルド・ロイド、リリアン・ギッシュ、コリーン・ムーア、マリオン・デイヴィス、ジョン・ギルバートといった超一流のスターたちが混じっていた。上映館主のシド・グローマンも自ら投資した映画の最終撮影段階をこの目で確認しようと観客席の一角に座をしめていた。監督たちも大挙して現れた。自らもすぐれたアクション監督であるレジナルド・バーカー、最近イタリアで映画製作したばかりのジョージ・フィッツモーリスとヘンリー・キング、さらにはシドニー・フランクリン、ルパート・ジュリアン、クラレンス・ブラウンらであった。

歴史にその名を刻む超大作映画のクライマックス・シーンの撮影とあって、フレッド・ニブロも姿を現し、監修者として全体を一望できる高所に位置をしめた。地上ではB・リーヴズ・イーソンと彼の助手サイラス・クレッグが、これまでどおり、じっさいの演出にあたっていた。

この日のために四十二人のキャメラマンが雇われた。キャメラはそれぞれ効果的なアングルが得られる場所に隠されていた。兵士の盾の後ろ、競技場内の巨大彫刻の中、トラックに掘られた窪みの中、高く組まれた櫓の上などである。

群衆はセクションごとに分けられ、各セクションにひとりずつ助監督が配された。この日のために助監督が緊急募集された。それに応募したひとりに、ユニヴァーサル社の若き助監督ウィリアム・ワイラーがいた。

＊ここではもうひとりホレース・ジャクスンの名を追加する。ジャクスンの助手を務めたギレスピーは、ジャクスンこそ競技場セット建築の第一の貢献者だと見なしている。

［上］エルサレムのミニチュア。手前に立つのはロイド・ノスラー。［下］MGM宣伝部による合成写真。ミニチュア部分と実際のセットの部分との境界がごまかしようもなく明瞭であるが、映画の中では区別はつかない。戦車の車輪から上がる土煙は宣伝部が付け加えたもの。

「トーガ（古代ローマ市民の公民服）と合図用の道具一式を渡された」とワイラーは回想する。「指示は一種の手旗信号のようなもので伝えられ、それを使って自分のセクションの観衆を総立ちにさせたり、拍手喝采させたり、すわらせたりするのだ。同じ仕事に雇われた助監督が三十人ほどいたと思う。戦車競走のシーンすべてをとおして私が助監督をしていたという話も伝わっているけれど、じっさいは一日だけの雇われ仕事だった」（著者によるウィリアム・ワイラーへのインタビュー。一九六二年七月、ロンドンにて）

三十四年後、ワイラーはMGM二度目の製作となる『ベン・ハー』において監督を務めることになる。

戦車競走には十二台の戦車と四十八頭の馬が出場した。スタントマンの乗る戦車が十台に、ブッシュマン、ノヴァロの戦車がそれぞれ一台ずつである。スタントマンは、スター俳優の代役を務める通常のスタントマンの他に、カウボーイ、ポロ用の馬の調教師、サーカス騎手などがいた。猛スピードの真剣勝負をさらに盛り上げようと、この日の戦車競走の勝者には特別ボーナスが支給されることになっていた。この日に限り、ベン・ハーの勝ち負けはどうでもよかった。大群衆を集めて、レースの全体を捉えるショットをさまざまに撮るのが目的だった。

勝者への特別ボーナスは観客にも大きな刺激となった。どの戦車が勝つか賭けがはられるようになると、観衆の興奮はいやが上にも盛り上がった。

この日の競技場は、映画の撮影というよりも、祭日のロデオ大会に雰囲気は似ていた。スタントマンたちの奮闘ぶりは見る者を驚かせた。幕開けのレースでは、勢いのあまり外れた蹄鉄がキャメラマン・スタンドにうなりを上げて飛びこんできて、危うく人に命中するところだった。助監督たちは観衆をすわらせるのに骨を折った。観衆の興奮は絶頂に達したからだ。二度目のレースとなる頃には、賭け金が跳ね上がったこともあって、観衆の熱気は古代ローマ時代のアンティオキアの競技場にも劣らぬものとなった。

一日の終わりにはダグラス・フェアバンクスとハロルド・ロイドによる槍試合が行なわれ、それが済んだところで、大観衆は——戦車競走の選手たち同様——ぐったりと疲れ切って競技場をあとにした。

この一日がすべてあまりにも壮観であったので、戦車競走の撮影はこれで終わったと早とちりしたものも多かった。しかし、イーソンと彼のクルーはその後数週間、観衆のいない競技場で、戦車の車輪のクローズアップ、轟《とどろ》く蹄、波打つたてがみ、躍動する筋肉、振り払われる鞭、といったさまざまなディテールの撮影を重ねた。予防措置もじゅうぶんな注意もはらわれてはいたものの、思わぬ事故は避けられなかった。四頭の馬に引かれた救護班がつぶれた戦車を除去するシーンの撮影のさい、イーソンは切迫感を強めようと他の戦車にその横を勢いよく通過させた。他の戦車が猛然と突進してくるのを見て慌てた救護班は、キャメラ台に激突した。台の下にいたイーソンは馬と馬とのあいだに身を翻し、事なきを得た。

映画では、メッサラの戦車はベン・ハーの戦車と接触したときに車輪が車軸から外れて倒壊する。そこがコーナーであったため、他の戦車も避けられず、猛スピードのままそこに次々と激突していく。メッサラは折り重なった戦車の下で息絶え、ベン・ハーが戦車競走の勝者となるのだ。

「MGMは一頭の馬すら犠牲にはなっていないとあとで明言していた」と語るのはフランシス・X・ブッシュマンである。「あの激突シーンではスタントマンたちはつぶれた戦車にまともにぶつかっている。でも、彼らは心得ていた。あちこちかすり傷程度のものはあっただろうけど、誰ひとり怪我はしていない。人間はみな無事だったから、MGMは〝どうだ――馬もみなピンピンしている!〟といったのだ。でも、あの激突シーンで五頭の馬が即死した」

激突シーンは十台のキャメラでおさえられるよう位置取りがされていた。車軸にはピッタリのタイミングで壊れるように細心の注意でノコが挽かれていた。

「戦車競走の撮影最終日」とブッシュマンは語る。「クリスマスでもあり、早く家に帰ることばかり考えていた。馬も全身汗まみれ、私たちも疲れ切っていた。と、突然、発煙弾が打ち上がり、銃声が響き渡り、大騒ぎがわき起こった。撮影の打ち上げ、サヨナラパーティだった。その場にいる全員と握手を交わした。信じがたいことに、私を含めみんな涙ぐんでいた。どれだけ長い間、いかに多くのことに耐えてきたことか……」

〝ローマの休日〟一日で、四十二人のキャメラマンは五万三千フィートのフィルムをまわしたが、編集担当のロイド・ノスラーは戦車競走のシーンひとつのために、計二十万フィートのフィルムと格闘する仕儀となった。上映プリントにまとまったとき、このシーンは七百五十フィートとなった。

しかし、この七百五十フィートは映画史上最も価値あるフィルムのひとつである。アクション監督が映画の潜在能力を熟知し、その能力をフルに発揮させるだけの勇気と技術を奮い得た初めての機会だったからである。

『ベン・ハー』は一九二五年十二月三十日、ニューヨークのジョージ・M・コーアン劇場で封切られた。

「監督、スター俳優、製作者にとって夢のような一日となった」とフォトプレイ誌は報じている。「ラモン・ノヴァロ、フランシス・X・ブッシュマン、メイ・マッカヴォイ、そしてフレッド・ニブロとイーニッド・ベネットがこのプレミアに出席するためにハリウッドからやって来た。しかし、ラモンは不運だった。車中でひいた風邪をこじらせ、ニューヨークに着くやいなや安静を命じられ、今回の東部旅行の期間中ずっと部屋から出られなかったからだ。

他の面々は全員オープニング上映に出席し、大喝采に迎えられた。映画史上初めて、容易に感情を表さないブロードウェイの観衆が、戦車競走のシーンでは我を忘れて熱狂した。

映画が終わるとフレッド・ニブロのもとに観客が殺到し、ニブロは身動きのできぬ状態となった。友人たちが次から次へと彼を祝福した。ニブロは手のひらが濡れているのを詫びていた。観客の反応が気になって、映画の上映中手の汗がとまらなかったからだ」（一九二六年三月号、四九頁）

批評も映画を後押しするものばかりであった。フォトプレイ誌は四百万ドルの製作費と数年に及ぶ製作期間は無駄ではなかったと判定した。『『ベン・ハー』は紙芝居映画ではなかった。この映画のもたらす美とよろこびは少なくとも今後十年は色褪せまい。これは真に偉大な作品である。誰ひとり、年齢や信条に関係なく、見逃すべきではない」（一九二六年三月号、五四頁）

モーション・ピクチャー・マガジン誌は傑作であることは認めながら、欠点――作品全体としてみたときの欠点――も指摘している。「スペクタクル・シーンでは」と批評家のアグネス・スミスは書いている。「頭脳にも心にもほとんど訴えるものがない。目を楽しませはするが、胸の奥底に触れるものがない。ミス・ブロンソンとミスター・ノヴァロを除けば、感動よりは驚愕をもたらす映画となっている」（一九二六年三月号、八頁）スミスはキャサリン・ヒリカーとH・H・コールドウェルの字幕が秀逸であったとくに書き添えている。

外国での反応も、おおむね熱狂的であった。しかし、ムッソリーニは怒りが収まらなかった。堂々たるローマ軍人のブッシュマンが主人公となるものだと想像していたからだ。ブッシュマンが打ち倒されるのを見て、ムッソリーニは映画を上映禁止とした。『ベン・ハー』は中国でも上映禁止となった。「『ベン・ハー』はキリスト教の宣伝映画であり、人民を迷信の世界におびき寄せるワナである。革命と開明の世にあっては断じて許容されるべきでない」と。

総製作費は四百万ドルを少し切った額となった。総収益は九百万ドルを超えたものの、配給コストやアーランジャーのクラシカル・シネマ・コーポレーションに支払う五十パーセントの原作使用料を差し引くと、MGMの手元に残ったのは三百万ドル余り――つまり製作費に百万ドルほど足りない額――となった。しかし、これによって得られた撮影所の名声には金額では計りきれないものがあった。

すべてが落着したあと、MGMのある重役は無理からぬ皮肉をこめてこう語った――「これに類するものはかつて一度もなかった。今後も二度とないだろう。だいたいがあるべきではない」。

一九三一年、『ベン・ハー』は音楽と音響効果付きの短縮版で再公開された。が、わざわざ短縮版を拵えた甲斐はなかった。トーキーに夢中の観客はカビの生えた映画と思ったのだろう、まるで興味をしめさなかったからだ。『ベン・ハー』は忘れ去られ、題名のみが伝説化した。映画『ベン・ハー』は舞台劇「ベン・ハー」同様つかの間の生命を謳歌したにとどまり、幸運にも劇場でじっさいに鑑賞した観客の記憶の中でのみ残ることとなったのだ。

しかし、一九五〇年代後半アメリカ国内で『ベン・ハー』のプリントが発見された。ちょうど同じ頃、MGMによる再映画化版がウィリアム・ワイラー監督のもとで完成に近づきつつあり、MGMはオリジナル版のフィルムが在野に存在せぬよう厳重な予防措置をとっていた。ワイラー版のプレミア公開がせまった頃、著名な映画史家で映画蒐集家としても知られたウィリアム・K・エヴァーソンが、新作の向こうをはって、オリジナルのニブロ版の上映会を企画した。このニュースに憤慨したMGMはFBIに通報、エヴァーソンには収監される可能性すらでてきた。あわやというとき、リリアン・ギッシュがあいだに入り彼の立場を擁護した。訴えは取り下げられ、エヴァーソンは危うく難を逃れた。

MGMは新作が旧作と比較されるのを恐れたのではなかった。撮影所の関係者ですら一九二五年版を見ているものは少なかった。彼らはただ、新作が大々的に公開されようとしているときに、時代遅れの商品を話題のなかに登場させたくなかったのであり、それに加えて、新作に影響をあたえるようなタイミングでの、会社に無許可の上映はなんとか阻止したかったのである。

しかし、エヴァーソンの狙いは、そこで上映されたのが再公開サウンド版の傷んだ十六ミリフィルムであったにもかかわらず、最大限の効果をともなって達成された――つまり、一九二五年版『ベン・ハー』は一九五九年版『ベン・ハー』よりすぐれているということである。疑いもなく史上最高の大作映画の一本であるオリジナル版は、いまだに新鮮な迫力を保持している。俳優の演技は親密さには欠け、舞台的ではあるけれど、漂う威厳は物語の大河もの的性格にぴったり調和している。映画そのものは、誰かひとりの作品というよりは組織力の成果として見るべきもので、首尾一貫性にはやや欠けるところはあるものの、それは巨大な美術館に似ていて、ひとつふたつの部屋は展示品の交換のために空き室状態となっていても、来場者はそういうところは平然と通り過ぎて、他の名作ぞろいの部屋を楽しみにするのである。また、たしかに室内でセリフが多く語られるシーンは平板で、物語を進めるためだけに存在しているように思われる。しかし、それらのシーンも作品の全体的効果を妨げるものではない。二五年版『ベン・ハー』は今日においても、公開時に劣らぬ強烈なインパクトを観客にあたえている。

戦車競走は映画のなかの最高のシーンとして突出しており、海戦シーンがそれに次ぐ。いちばんの弱点は妖婦イラスとのエピソードで、陳腐で古臭く、一九二五年時点においても噴飯ものだったろうと思われる。ベティ・ブロンソンが聖母マリアを演じる、テクニカラーで撮られたキリスト降誕シーンは、二〇年代のけばけばしい商業芸術の一例であり、教会のネオン塔のような俗悪さが感じられる。フレッド・ニブロがこのシーンとの関わりを拒否したため、クリスティ・キャバンヌが演出を担当したのだが、ニブロが異を唱えたのはファーディナンド・ピニー・アールによるシーン・デザインというよりはむしろマリア役のミス・ブロンソンであった。ブロンソンの精妙で端然としたたたずまいはこの場の唯一の救いではあるものの、所詮、光を放つテクニカラーの光輪の俗悪さに対抗できるものではなかった。*

オリジナル版は一九五九年版よりも時代感覚にすぐれている。ただし、女優陣は物語に描かれた時代というよりも、映画が作られた時代やハリウッドの伝統をもっと忠実に映し出してはいるけれども。

メイクはオーソクロマティック・フィルムに合わせたもので、そのために俳優はみな妙に青白くなっている。オリーヴ色の肌や褐色に日焼けした肌は見られないのだ。カリフォルニアよりも暑い地中海沿岸の話なのだから、白っぽい容貌は明らかなマイナスである。

冒頭シーンは軽やかなタッチで場所や時代の雰囲気を活写しており、このタッチがここだけで終わっているのは何とも悔やまれる。キャメラに背中を向けたベン・ハーがまず映し出される。彼はローマ軍の兵士の一団を眺めている。ベン・ハーは向き直り、人混みの中を歩きだし、キャメラは彼を捉えながら後退移動する。エスター（メイ・マッカヴォイ）はロバの背にすわってハトをなでている。と、不意にハトが飛び立ち、あちこち飛びまわった挙げ句、ベン・ハーの近くに舞い降りる。飼い主が美しいエスターと認めた彼は、馬車も行き交う雑踏のなかでハトを捕らえようとするが、なかなかうまくいかない。最後には、ベン・ハーは自分のスカルキャップをとって、それを上からかぶせることでハトをようよう捕まえる。彼はハトをエスターに渡し、エスターがやさしくハトに頬ずりするなか、エスターのもとを離れる。ここではドラマ、コメディ、サスペンス、ロマンスの要素が渾然と一体化した見事な演出を見てとることができる。

ヨッパ門のシーンはイタリアで撮影され、映画のなかに残された数少ない箇所のひとつであり、ここも見応えのある場面となっている。ローマ軍兵士の一団が行進している。馬に乗った百人隊が通過すると、男が地面につばを吐く。駕籠《かご》馬車に乗った総督は太った男で、頭に月桂樹の冠を戴いている。幟が風にはためいている。ベン・ハーと妹のティルザは屋敷の屋上にいて、行列をよく見ようと体を乗り出す。そのとき縁石のひとつが外れて落下する。ハッとするベン・ハーのクロースアップ。次いで、通りの反対側からの俯瞰ロング・ショットへと移る。路上は大混乱となっているが、何が起きたのかはよくわからない。クロース・ショットとなり、縁石が総督の頭を直撃したことがわかる。兵士の一群がベン・ハーの邸宅に殺到する。家の内部からのショットに切り換わり、玄関の扉が叩き壊されて兵士たちが乱入する。その背後から馬上のメッサラの傲然たる姿が現れるのだ。

海戦シーンの冒頭では、七隻の三橈漕船が帆をいっぱいに張って洋上を疾駆している。そこに字幕が入る――〈美しくも威風堂々たるローマの軍船。しかし、船の心奥部は脱出不可能の苦役の地獄である〉。船の内部となり、左右三段ずつ、手枷足枷をはめられた裸の奴隷たちが列を成してオールを漕いでいる。キャメラは、正面奥で、大きな木槌を叩きつけて拍子を刻んでいる大男に向かってゆっくりと前進移動する。彼の背後には、ひとりの丸裸の奴隷が後ろ向きで仕置き台に縛りつけられている。その背中には無数のムチの跡が見える。キャメラは左右の奴隷たちを捉えながら、しだいしだいに大男に、そして不気味に拍子を刻むその木槌にと近づいていく。

突然、奴隷のひとりが暴れ出し、鎖を嚙み切ろうとする。兵士が二人飛んできて、奴隷に激しくムチを浴びせる。別の奴隷が大声を上げる。「奴はもう息絶えている。なのにまだムチ打ちをやめない！」

海賊船の船団が水平線に姿を現す。戦闘位置につけの号令がかかる。海賊の船長は捕虜にしていたローマ軍兵士を船の舳先に仰向けに縛りつけ――「お前をローマ軍に帰してやる。オレ様の流儀でな」――そうして、船の舳先から三橈漕船にぶつかっていく。ここでの戦闘は演出もすばらしく、またその描写は残忍で荒々しい。打ち落とした首を振りまわす海賊、柄まで深々と突き刺さるだんびら、傷ついて甲板に横たわるローマ軍兵士にまとわりつく何匹もの蛇、そして鎖につながれたガレー船の奴隷たちが泣き叫ぶなか、彼らをひと飲みにする炎。なかでも目を奪うのは、三橈漕船の脇をこするように海賊船が通過すると、ローマ船の何百というオールがマッ

作品内に現れたエルサレムのミニチュア（画面奥）。崩れ落ちた縁石が新総督の頭を直撃する。茫然とするティルザ（キャスリーン・キー）とベン・ハー（ラモン・ノヴァロ）。

＊テスト撮影の責任者クリスティ・キャバンヌは聖母マリアの役にマーナ・ロイを第一候補に挙げていたが、タルバーグがベティ・ブロンソンに執着した。ロイには戦車競走中のひとつのショットがあたえられた。キリスト降誕の予告となる、マリアとヨゼフとロバとにゆっくり近づいていく移動ショットはすばらしい。そのあとに来るのがファーディナンド・ピニー・アールによるベツレヘムの星のシーンである。このシーンもオリジナル版の着色プリントの方がはるかに勝っている。プリントが劣化しているとマリアの光輪同様自然さが失われ、少々どぎつくなるのだ。

チ棒のようにあえなく折れていくところだ。

戦車競走のシーンは興奮に次ぐ興奮で息つく暇もあたえない。『戦艦ポチョムキン』(二五)のオデッサの階段シーンに匹敵する新たな映像美誕生の瞬間である。冒頭の数ショットをオリジナル版そのままをなぞった一九五九年版『ベン・ハー』は、より多くの迫力満点の激突場面をもってはいるものの、疾走する戦車を地面の溝から仰ぐような、眼を引きつけずにはおかないアングルのいくつかは無しにすませている。

戦車競走のシーンは、一列に整列した馬上の喇叭手にフェイドインして始まる。喇叭手が試合の開始を奏し、次いでキャメラは、騎兵の一隊が競技場のなかへと進んでいくのをその背後から前進移動で捉える。騎兵の列は大きな柱のあいだを通って競技場内へと入っていく。騎兵はそのまま前進をつづけるが、キャメラはしばし足を止める。そしてティルトアップし、映画史上最大規模のセットと思われるものを視野におさめる——空前の大観衆で埋まった大円形競技場のスタンドを。

ここは事実が伝説を凌駕する一瞬である。このセットの巨大さについて映画ファンなら全員が耳にしたことだろう。しかし、じっさいにスクリーンで見てみると、想像を絶する大きさであり迫力なのだ……

これはセドリック・ギボンズとA・アーノルド・ギレスピーによって構想され、アンドリュー・マクドナルドの指示によって建設された奇跡的な建造物である。それと同時に、ミニチュアを作り、それをグラス・ショットの要領で実物大のセットと組み合わせたのが、神技的な着想であった。観覧席にはケシ粒のような一万人の観衆が埋まり、その観衆が立ち上がったり大声援を送ったりする。キャメラはミニチュアのスタンドと本物のスタンドとを一緒に撮影する。映画は三次元でないため、遠近感がつぶれ、それによってミニチュアとメインのセットとの見分けはつかなくなる。さらに驚かされるのは、ギボンズとギレスピーのミニチュアはキャメラでパンすることができ、それでいて実物セットとのズレを生じさせていない。これがグラス・ショットであれば、キャメラは固定されていなければならず、実物セットとのわずか数センチの齟齬が、スクリーン上では数メートルのズレとなって現れる。ここでのセットとミニチュアとの併用策はキャメラマンに完全な自由をあたえると同時に、MGMに数十万ドル分の費用の節約を許した。

他の特殊効果も劣らず印象的である。例えば、巨大な議事堂が崩壊するところはギレスピーとフランク・ウィリアムズの手になるものだが、ウィリアムズ新発明のトラベリング・マットプロセスの目覚ましい例のひとつであった。

キリストの描き方は全篇を通して繊細かつ間接的であり、アーランジャーが当初主張した〝天から射しこむ光の筋〟よりもはるかにすぐれた効果をあげている。見事な例は、喉の渇きに苦しむベン・ハーにキリストが一杯の水をあたえる、監督補ラボックの演出による井戸端のシーンであり、ここではキリストは、木材をノコギリで挽く、あるいはひしゃくの水をあたえる手、ないしは腕だけで表されている。ニブロはこの後のシーンでも、同じように手や腕、あるいは足元でキリストを表現していく。キリストのシーンの多くはテクニカラーで撮られている。撮影はルネ・ギサール、パーシー・ヒルバーン、カール・ストラス、クライド・デ・ヴィナ、ジョージ・ミーアン、E・バートン・スティーンと多くが関わっているが、一貫して美しく、照明にもまったくムラはない。

　この映画における俳優の演技を現代の尺度で云々するのは困難である。俳優たちはみな荘厳調で演じているからだ。しかし、いささか大仰な演技や振付もこの映画のドラマにおいては正当化される。ただし、観客が俳優たちに感情移入するのは容易ではないだろうが。

勝利の月桂冠を獲得したベン・ハー（ラモン・ノヴァロ）。

　ノヴァロはすばらしい。はじめのうち彼の演技スタイルはおそろしく古びて見えるのだが、徐々に力強さがみなぎり、すぐれた演技で画面を満たしはじめる。

　フランシス・X・ブッシュマンは筋骨たくましいメッサラの肉体を備えてはいるものの、威嚇的、メロドラマ的な悪役ぶりはいまとなっては少々受け入れがたい。

　メイ・マッカヴォイは知的で美しい女優だが、その持ち味を生かせる役ではなかった。エスターには純真な眼差し以上のものが求められていないからだ。

　クイントゥス・アリウス役のフランク・カーリエは慎重に抑えられた演技を見せていて、いつまでも記憶に残る。

　ベン・ハーの母親を演じたクレア・マクドウェルはこの映画の演技スタイルを典型的に表している。彼女の身振り手振りすべてが荘厳調であり、そしてそれらは望ましい意味でまさに荘厳である。この映画で最も胸に沁む瞬間は彼女の演技によってもたらされる。ハンセン病にかかり牢獄から出されたベン・ハーの母親と妹は、かつての屋敷の前にやってきて、その道路脇にベン・ハーが眠っているのを見つける。母親は息子の体に触れることができない。そのかわり、彼女は息子がその上で眠る石畳にやさしく口づけするのである。クレア・マクドウェルは偉大な女優であった。

フレッド・ニブロの演出スタイルは通常生気に欠けているのだが（『奇傑ゾロ』〔二〇〕や『血と砂』〔二二〕など）、巨額の予算と世間の期待が刺激となったのか、ここではいつもの平板な画像の連なりではなく、〝躍動する映像〟を作り出している。映画の最後の三分の一でストーリーに緩みが見られるのは彼のというよりは、シナリオライターの落ち度である。最高の見せ場である戦車競走のシーンが話の半ばで登場してしまい、それを契機に血湧き肉躍るアクションものから神秘的宗教譚へと雰囲気が一変してしまうからだ。そういうやり方も小説ではうまくいくかもしれないが、映画では尻すぼみにならざるを得ない。

編集は一貫して非の打ちどころがない。戦車競走と海戦の場面を託されたノスラーは自らのすぐれた才能を発揮して困難にうちかった。他のシーンの編集にはビル・ホームズ、ハリー・レイノルズ、ベン・ルイスが加わっている。

『ベン・ハー』はこの時点における映画技術者たちの技倆の縮図であり、すこぶる険しい条件下において彼らがどこまでの成果を達成し得るかの証となっている。以来、災厄に見舞われた映画製作は数々あるけれども――似たような例で最も有名なのは『クレオパトラ』〔六三〕だろうか――オリジナル版『ベン・ハー』のように、災厄ののちに見事な甦りを見せたものは他に例はない。

このような映画はそれまでにもなく、現在に至るまでも存在しない。しかし、映画産業はこの映画に感謝すべきである。『ベン・ハー』は製作者を潤わせはしなかったかもしれないが、映画技術に豊かな実りをもたらしたのは間違いないからだ。

第三十七章　製作者

製作者《プロデューサー》は創造的映画人の肉体に食いこんだ永遠のトゲである。製作者の役割は定義するのがむつかしく、それは映画作品に対する彼らの貢献度が見定めがたいのと同様である。彼らは映画を商品へと矮小化してしまう男たちである。

作品の素材やスター俳優、監督の選定に責任をもつ製作者もいる一方で、サム・ゴールドウィンやデイヴィッド・O・セルズニックのように、もっと深く映画作りに関わることですぐれた作品を生み出す製作者もいる。しかし、大多数の製作者は映画の創造的プロセスにはめったに関与しない。

彼らは本質的にビジネスマン、あるいはプロモーターであり、事務管理と財務に関心をもつだけである。そのような仕事に価値がないというのではない。いかなる産業もそういう役割を担う人間がいなくてはやっていけないし、自らの役割を理解しそれをテキパキとやり遂げる製作者は、映画製作にはなくてはならぬ存在である。彼らは監督の負担と責任を大きく軽減してくれるのだ。

しかし、きわめて頻繁に、製作者は財務上の知識を利用して独裁的な力を奮おうとする。自ら管理する映画の芸術上の処理に関しても発言権をもって当然と考えるようになり、自分の好みを押しつけてくる。これがゴールドウィンなみ、あるいはセルズニックなみの人物であればプラスの効果を及ぼすかも知れないが、たいていの場合は破滅的な効果のほうが大きい。それほどひどい結果とならずとも、中途半端な妥協の産物が生まれるのは避けがたい。

製作者は自らの仕事の透明性によってその身を守られている。監督の仕事はふつう画面に映し出されたものから判定されるのに対して、製作者の仕事は謎に包まれたままである。なのに、彼の名前は監督のそれと同等の大きさでスクリーンに現れる。製作者はいかなる権利があって、他人の芸術的成果を横取りするようなクレジットを手に入れるのか？

ほとんどの場合、彼あるいは彼の会社が作品の製作資金を都合したとの理由からである。彼が加わらなければ、映画はそもそも作られなかった。製作者を製作者と認める唯一の必須事項は資金であり、それこそが彼と作品とを結びつけるただひとつの接点である。今日では、巧妙な投資術さえ身につけていれば、実際の製作とはいっさい関わりをもたなくても、製作者のクレジットは手に入るのだ。

サイレントの時代においては、そこまでプロデューサー業は堕落していなかったが、別種の堕落は存在した。ユニヴァーサル社の社長カール・レムリは多くの親族を社員として雇い、業界内の笑い者となっていた。一九二七年時点で、十四人の親族が彼の会社で働いていた。

「レムリはラウプハイムの親戚をみな呼び寄せていた」とエリッヒ・フォン・シュトロハイムは回想している。「彼らの大半は何ひとつ仕事はできなかった——こちらは望むと望まざるとにかかわらず、そういう連中を上から押しつけられるからね。人当たりのいいのもいたけれど、傲慢無礼な馬鹿者もいた。私にとって最初のスクリプターはレムリの姪で、製作本部のスパイだった。現場を押さえたらヒドイ目に遭わせてやろうと思っていたのだが、なぜなのか——私が恐ろしく見えたのか、衣装の制服のせいなのか——その姪は何もチクりはしなかった」(英国映画協会のジョン・ハントリーによるエリッヒ・フォン・シュトロハイムのインタビューより。一九五三年、ロンドンにて)

ジェイムズ・クワークは義憤に駆られたひとりの製作主任のケースを同情こめて活字にしている。この製作主任は社長の一族がクルーとして役立たずであると遠まわしに上申したのだそうだ。おそらく出過ぎた口をきくな、と一喝されたのだろう、製作主任は三カ月後にはクビを言い渡された。

「しかし、悪名高き事実なのだ」とクワークはことばを添えている。「これら親族どもが内輪びいきにあずかる結果、撮影所全体の士気を著しく落としており、少なくとも年間百万ドルの経費を会社にかけているということは。小口株主は堪えている——腹のなかはおさまらぬにしても」(「フォトプレイ」一九二七年十一月号、二八頁)

振り返ってみると、レムリを動かしたのはたんなる身内びいきというよりも、ユダヤ系の一族らしい家族の固い結束だったように思えてくる。彼は心のやさしい男であり、手にした権力をすなおに喜んでいて、それを用いて未経験な若者にチャンスをあたえること、困窮する親戚や友人に救いの手をさしのべることを使命と感じていた。彼の同僚たちが同情を向ける相手が違うのではと忠告すると、レムリは肩をすくめてこう答えた。「まあ、誰にも害を及ぼしているわけではないし、それに金は惜しくはないんだ」と。

アーヴィング・タルバーグの才能をいち早く認めたのもこのレムリであった。レムリにはまた、まだ二十歳そこそこというタルバーグの若さを度外視し、その並外れた資質と成熟を見抜くだけの眼力が備わっていた。レムリが海外に発ち、この若者に撮影所の運営を託したとき、タルバーグは二十一歳であった。

パラマウント撮影所の建設に向けて案を練るアドルフ・ズーカーとジェシー・ラスキー。

その頃のユニヴァーサルは映画を量産するのに懸命で、撮影所は日々猛烈に回転していた。その一方、名声を高めるべく、会社は〝特作〟に資金をつぎこんだ。その一本、エリッヒ・フォン・シュトロハイム監督の『アルプス颪《おろし》』（一九）はユニヴァーサルの名を世間に広く知らしめた。その功により、シュトロハイムは次なる作品『愚なる妻』（二二）に白紙委任状をあたえられた。★

シュトロハイムは『愚なる妻』に際限なく金をつぎこんだ。そのあまりに贅沢な製作ぶりに唖然としたタルバーグは、シュトロハイムの暴走にブレーキをかけようとした。しかし、彼の介入は実を結ばなかった。撮影が一年間つづき、予算が前例のない額にまで膨らんだとき、タルバーグは勇気ある――そしてきわめて不人気な――策に訴えた。ウェストレイク・パークの撮影現場から、ある夜、キャメラを撤去させ、撮影を無理矢理中止に追いこんだのだ。*

タルバーグとシュトロハイムはそれからも作品をかえて戦いを交えることとなり、両者の諍いは多くのものにとって、芸術対経営という対立の、永遠の縮図と見られることになる。だが、内実はそれほど単純ではなかった。シュトロハイムはすぐれた監督であり、タルバーグはその手腕をじゅうぶん認

★『アルプス颪』の次の作品は『悪魔の合鍵』（二〇）。この作品は現存していないと言われている。それにつづくのが『愚なる妻』。

*この出来事は『メリー・ゴー・ラウンド』（二三）のときのもの。

めていた。同時に、シュトロハイムは予算を斟酌《しんしゃく》しないところがあり、その予算過剰に陥る傾向にブレーキをかけるのがタルバーグの仕事でもあった。他の撮影所において、シュトロハイムが同様の自由を獲得できたかどうか、そして同様の予算上の譲歩を手にできたかどうか、それははなはだ疑わしい。MGMの伝説として残っている話がある。タルバーグが『メリー・ウイドー』(二五)のラッシュフィルムを見ていると、長々しいシーンが出てきた。それは男爵の衣装簞笥を映し出したもので、画面に現れるのがみな靴やブーツやスリッパや靴型ばかりなのである。

「いったいぜんたい何のつもりだ、これは?」とタルバーグが訊ねた。

「この男が足フェチなのを見せておきたいんだ」とシュトロハイムは説明した。

タルバーグは卒倒しそうになった。「お前という奴は」と彼は言い放った。「フィルムフェチだ!」

製作者の介入に災いされたのはシュトロハイムが最初ではない。その慣例を作ったのはトマス・H・インスであり、彼は好き勝手に監督のクレジットを奪い取った。

テリー・ラムゼイは「百万一夜物語」のなかで、一九一六年の大作『神の娘』においてハーバート・ブレノンが製作者ウィリアム・フォックスの手によって監督のクレジットを奪われ、映画も全篇にわたって再編集されたと書いている。クレジットを奪われてもなお、ブレノンの名がマスコミに書き立てられているのに腹を立てたフォックスは、プレミア上映のさい、ブレノンを劇場に入れないようにと部下に命令した。ブレノンは付けひげをして人相を変え、うまく劇場に入りこんだとラムゼイは伝えている(「百万一夜物語」一九二六年、七〇六頁)。

ここで重要なのはフォックスの介入が撮影終了後であったことである。というのも、当時監督の仕事は完全に自立していたからである。主だった監督は製作者を兼ねていて、映画の創造的側面同様、財務面も自ら処理していた。そういった監督は、映画の製作中、上層部からめったに邪魔だてされなかった。上層部は映画の製作手法について何も知らなかったのである。

したがって、監修者《スーパーバイザー》の派遣は侮蔑の最たるものとうけとられた。

「監修者は」とテリー・ラムゼイはフォトプレイ誌に書いている。「脚本家や監督や俳優を指導し、鼓舞し、励ますのが仕事とされていた。しかし、ごくわずかの例外を除いて、監修者は乏しい知性しか持ち合わせておらず、創造的思考力も皆無で、励ましと脅しの区別すらつかなかった」(一九二七年九月号、七八頁)

モーリス・トゥールヌールは監修者システムに甘んじるよりはハリウッドをあとにするほうを選んだ。事件の発端は『神秘の島』(二九)の撮影時に起きた。

「撮影が始まって五日目だった」と編集の役割でこの映画に

映画ビジネス担当者の変遷。［上］D・W・グリフィス、メリー・ピックフォード、チャーリー・チャップリン、ダグラス・フェアバンクス——1919年のユナイテッド・アーティスツ。［下］1956年のユナイテッド・アーティスツ。UAの経営幹部がメリー・ピックフォードの持株を取得。その合意書に署名している。

加わっていたモーリスの息子ジャック・トゥールヌールは回想する。「私がセットにいると、男がひとり現れた。クルーの一員ではなく、製作に関わる人間でもなかった。男はただじっと撮影を見ていた。

〝あの男をセットからつまみ出せ〟と父は助監督にいった。助監督は男にセットから出て行くようにといい、男はことばに従った。五分後、ルイ・B・メイヤーから憤然とした声で電話がかかってきた。

〝お前は○○をセットから追い出したのか?〟

〝当然です。知らない人間にセットにいられては仕事ができません〟と父は答えた。

〝だが、あいつはお前の監修者だぞ!〟

〝私の何ですって?〟父は驚いた。〝監修者とは何をするんですか?〟

〝監修者は製作全般を監修し、ラッシュフィルムを見てコメントし、つまり、何でもするんだ〟

〝知りませんね、そんなもの。私には必要ありません。セットに入ってきたら、即刻追い出します〟

そんなやりとりがあった翌日、監修者氏は再びセットに現れた。彼が悪いわけじゃなかった。それが仕事だったからだ。父は〝あいつが出て行くまで仕事は始めない〟といって、椅子に腰を下ろして動かなかった。とうとう監修者氏は出て行った。彼の態度に礼を失したところはなかった。翌日、メイヤーから電話が入った。

〝トゥールヌール、監修者を受け入れるんだ。これからはすべての監督に監修者がつくんだ。それが撮影所の方針だ〟」

トゥールヌールはセットを出て行った。三日後彼は列車に乗ってニューヨークに向かい、そこから船でフランスに帰っていった。*

レックス・イングラムも監修者の下位に甘んじるのを断じて拒み、ルイ・B・メイヤーとは仇敵の仲となった。彼はマーカス・ロウを説き伏せて、ニースに撮影所を持たせてもらい、そこで映画作りをつづけた。

しかしハリウッドにおいては、〝のぞき屋《スヌーパバイザー》〟の異名を頂戴した監修者の出現で監督の自立性は風前の灯火となった。「奴らは金魚なんだ」とユーモリストのアーヴィン・S・コッブは軽口をたたく。「目をあけてそこらを泳ぎまわりながら、そのじつ眠っているのだから」

この不人気な職種の知的レベルも攻撃の的となった。「監修者とは何者?」MGMのダグラス・ファーバーは自問自答する。「無知蒙昧を人間のかたちにした奴」

ウィルソン・ミズナーの嘲笑的言辞はさらに核心を突いていた。「ディナーのあとのコーヒーカップが」と、彼はある監修者について語った。「あいつのノミの頭にちょうどいい日よけ帽だ」

〝監修者〟という用語は〝プロデューサー〟といい直され、サイレント期の末には業界内に確たる位置をしめるに至った。そのなかには逸材が何人かいた——デイヴィッド・O・セルズニックは映画界における最高の独立プロデューサーとなり、タルバーグとともに、プロデューサーということばに新たな威厳を付与した。アル・ロケット、レイ・ロケットの二人は『エイブラハム・リンカーンの劇的なる生涯』（二四）を製作してこれを大成功に導いた。その他、フォトプレイ誌の前編集者ジュリアン・ジョンソン、エリッヒ・フォン・シュトロハイムの脚本家かつ同僚であったベンジャミン・グレイザー、連続活劇のベテランで、監督に自由を許した稀な監修者のひとりバートラム・ミルハウザーらである。

しかし、大多数の監修者、あるいはプロデューサーは創造性などかけらも見られぬ不要の存在だった。ハリウッドは彼らを〝氷河の見張り人〟と呼んだ――〝撮影所が氷河にぶつからないよう見張りをするのが仕事〟だというのだ。この目の上のたんこぶのような職種が多くの人間のキャリアを破滅させていく。

＊『神秘の島』は監督ルシアン・ハバードで完成した。

第三十八章　ルイ・B・メイヤーとアーヴィング・タルバーグ

持てる力を最大限余すところなく発揮した製作者はルイ・B・メイヤーだったかもしれない。彼は事実上すべての敵を葬り去ったといわれている。彼をないがしろにする言行は、それが事実であれ風聞であれ、いつまでも根にもたれた。マーシャル・ニーランのことば「空《から》のタクシーが停まり、中からルイ・B・メイヤーが降りてきた」は、第一級監督としての彼の地位を一気に脆弱にした。メイヤーのブラックリストに載せられた人物は、MGM以外の撮影所からも冷遇された。メイヤーはその程度の力は楽にもっていた。

メイヤーはよい印象の人物としては伝わっていない。後世が知る彼の姿は、子どもっぽく、感情の起伏の激しい、偏執狂的人物というものである。

「しかし」とクラレンス・ブラウンはいう。「彼について語られてきたことはすべて彼を断罪しようとする〝検察側の証言〟だ。ルイ・B・メイヤーは私の親友だった。彼はこの業界でも最高の知性の持ち主だった。他のすべてのプロデューサーが束になっても敵わぬほどたくさんのスターを作り上げた。映画の芸術面に関わる製作者ではなかったが、ひとりの偉大な人間だった。才能ある人物の扱い方、成功に導くための扱い方を知っていた。彼はこの世界の超一流の人物ばかりを自分のまわりに集めて働かせた。

メイヤーはハーストが新聞業界で行なったと同じことを映画業界で実行した。ハーストはアメリカの隅々に手を伸ばして最高の新聞記者ばかりを集め、彼らを高給で自分の組織に雇い入れた。そうやって一大帝国を作り上げた。

メイヤーは趣味で競走馬を育てていた。馬についてはその前後ろすら見分けられなかったから、映画ビジネスと同じように馬を扱った。外国まで行って、金で買える最高の品種の馬を買い揃えたんだ。南米にも、アイルランドにも、その他どこにでも出かけていった。そうして自分の厩舎をもち、競馬で一等も二等も三等も自分の馬で占めるまでになった」

彼とは何の利害関係もない観察者がメイヤーの背筋も寒く

なるような振る舞いについて伝えている——いわく、プロデューサーとの議論の最中、突然床に両膝をついて声を上げて泣き出したとか、誰それと話をしていて、駄々っ子のように感情露わな態度に豹変したとかである。

ルイ・B・メイヤーにアングロサクソン的克己心を期待するのは、彼の性情と背景についての無知を露呈するようなものだ。メイヤーは撮影所随一の役者であった。

「彼はMGMのどのスター俳優の役柄でも演じることができ、しかも当の俳優よりうまくそれを演じた」とアデラ・ロジャーズ・シンジョンズは語る。「そうであったから、スター俳優に自分の望みどおりの役をあてがうことができた。グリア・ガースンはミニヴァー夫人を演じたくなかった。メイヤーは彼女を自分のオフィスに呼ぶと、彼女の前でミニヴァー夫人を演じて見せた。それは最高のミニヴァー夫人であり、見るものを陶酔させずにおかなかった。オフィスを出たとき、ガースンは役を引き受けていた★。

絶対にメイヤーを甘く見てはいけない。その判断に誤りはあり得なかった。そしてそれは製作者が必要とする唯一の条件だった。途方もない人物だった。ハリウッドでも最大の撮影所のトップに君臨し、そのなかでただひとり不動の人物たり得たのだ。

タルバーグは偉大な創造的才能に恵まれた芸術家だったが、メイヤーがいなければ力の揮《ふる》いようがなかった。英国陸軍省と現場の司令官との関係を想像すればいい。司令官がめざましい勲功をあげられるのも、それは陸軍省が軍隊と武器を彼にあたえたからなのだ」

私生活のスキャンダルや財政上の失敗といった汚点のないままに、赫々《かくかく》たる名声の渦中で、三十七歳を一期にタルバーグが亡くなったとき、ハリウッドは彼を聖者の列に加えた。というのも、タルバーグの成功物語は、それまではスクリーン上にしか存在しない類いのものだったからである。

アーヴィング・タルバーグは一八九九年ブルックリンに生まれた。彼はそのすぐれた資質の多くを母親から譲り受けていて、母親は並外れた精神力で病弱な息子を育て上げた。学校卒業を目前にしてタルバーグはリウマチ熱にかかり、退学を余儀なくされる。この病気の療養中、むさぼるように読書に耽り、これが映画の世界に入ったのちの彼の基礎的教養をかたちづくった。

タルバーグは健康を回復すると、繊維関係の店でアルバイトを始めた。夜はタイプや速記を習い、その技術を活かして、週給三十五ドルで綿花仲買人の秘書となる。その後、同じ部署の副主任にまで昇進したものの、転職を検討し始める。

休暇でロングアイランドにいるときに、ユニヴァーサル社のカール・レムリに出会う。知性豊かな若者に感銘をうけたレムリは、自分の会社に勧誘する。タルバーグはそれを断る

★グリア・ガースンは『ミニヴァー夫人』（四二、ウィリアム・ワイラー）でアカデミー賞主演女優賞を受賞した。

が、狙っていた職が手に入らず、なかばあきらめの気持ちからユニヴァーサル社の配給部に入る。タルバーグの熱意と知性に改めて打たれたレムリは、彼をD・B・レーダーマンの秘書部に配属する。仕事に興味をおぼえたタルバーグは、有能で誠実な仕事ぶりから昇進を重ね、ついにはレムリ本人の秘書となる。観察力の鋭いタルバーグは、持ち前の熱意と集中力にものをいわせ、やがて映画事業の細かな仕組みに通暁するようになる。レムリは自社の作品について語るタルバーグのことばを聞いて、その洞察力に驚き、一九一九年、恒例のカリフォルニア訪問に同行させた。

　カリフォルニアで製作現場を間近に目にしたタルバーグは、その効率の悪さに驚いた。当地では総支配人のイザドー・バーンスタインが運営に手を焼いていた。ユニヴァーサルは、フェイマス・プレイヤーズやMGMとは異なり、撮影所が立ち並んでいるのではなく、四百エーカーの土地《ランチ》が牧場のようにだだっぴろく広がっているだけだった。外景シーンを撮るには適していたが、それ以外には扱いに困る代物だった。ユニヴァーサルを管理するのは鳥獣保護区を管理するのに似ていた。撮影所は開設してからまだ四年しか経っておらず、敷地内には野ウサギやピューマがわが物顔で横行していた。仕事に出た撮影班の行方を探したり、道に迷ったエキストラをかき集めるといった余計な仕事も生じていた。

　タルバーグはレムリに、現状のままでは立ちゆかないと進言した。レムリはヨーロッパに発つにさいして、この二十一歳の秘書にカリフォルニア撮影所の管理運営一切を委ねた。

　タルバーグの最初の試練は『愚なる妻』であった。この一件が落着するとすぐ、タルバーグとシュトロハイムは『メリー・ゴー・ラウンド』で再び取っ組み合いを演じた。タルバーグはシュトロハイムを映画から外し、彼に代えてルパート・ジュリアンを監督に据えた——大いに物議をかもした処置であった。

「私の記憶では、監督が途中でクビを切られた最初の事例だった」とデイヴィッド・セルズニックは語る。「太い肝っ玉と強固な決断力がなければできないことだ。タルバーグはまだ二十二歳だった。思い出してもらいたい。当時は数十万ドルのことで会社ひとつが容易に潰れたのだ。強大でない会社ならひとたまりもなくね。映画を一個の創造作品と見ると、シュトロハイムからルパート・ジュリアンへの監督変更はとうてい擁護できないけれど、シュトロハイムはあまりにも予算に無関心すぎた。そのまま誰も間に入らなければ、何百万ドルもが失われてしまっただろう。

　タルバーグは彼を諄々《じゅんじゅん》と説いたに違いない。だがシュトロハイムが聞く耳を持たぬと見てとると、一転大ナタを振るった。彼にはそれだけの勇気が備わっていた。製作の真っ最中に監督のクビを切れば、当然誰を代わりにもってくるかが大問題となる。誰ならいま手が空いているか、誰なら準備なしでも中途から引き継げるか。代わりを見つけるのはむつかしかった。タルバーグの処置に対する憤懣が渦巻いていたから

［上］メリー・ピックフォード、カルヴィン・クーリッジ、ルイ・B・メイヤー（前列右から4人目）、セシル・B・デミル、ウィル・ヘイズらの顔が見える——MGM撮影所の“訪問者の日”。［下］ヘンドリック・サートフ、キング・ヴィダー、アーヴィング・タルバーグ、リリアン・ギッシュ。『ラ・ボエーム』（26）の宣伝用写真。サートフのマット・ボックスは業界最長のもので、6枚の紗をかけることができた。

なおさらだ。ジュリアンはユニヴァーサルの契約監督だった。そこで彼に代わりを務めさせたのだ」

シュトロハイムの一件がかたづくと、ユニヴァーサルにはタルバーグの手腕を試すような難題はなさそうだった。彼はジリジリとしてきた。社長令嬢ロザベル・レムリとのロマンスも尻すぼみに終わったし、四百五十ドルの週給も不満になってきた。〝挑戦の余地のない仕事にはとどまるな〟の自らのモットーに従い、他の撮影所から声のかかるのを待った。ハル・ローチからのオファーを受諾しようとしたとき、ミッション・ロードに自分の撮影所を持っていたルイ・B・メイヤーが週給六百ドルでこちらにこないかと声をかけてきた。タルバーグはそちらに乗り換えた。

メイヤーがメトロ、ゴールドウィンの二社と合併してメトロ・ゴールドウィン・メイヤー（MGM）が設立されると、タルバーグは製作部長の地位をあたえられ、給与も大幅にアップした。彼は頭の切れる逸材として瞬く間に頭角を現していった。撮影所の誰も彼もがタルバーグのもとに意見を求めてやって来た。二十六歳になる頃には、撮影所の責任者として、次々にヒット作を生み出していた。

クラレンス・ブラウンはタルバーグの天才を次のように説明する。

「脚本家と仕事をしていて、シナリオのどこかのシーンで行き詰まるとする。はっきりまずいシーンなのだが、さりとてどうすればよいかわからない。アーヴィングに時間を空けてもらい、彼と三十分話し合う。話し合いが終わったときには、そこは映画のなかの最高のシーンに様変わりしているのだ。それが彼のすばらしさだった」

MGMの主任編集者マーガレット・ブースはいう。「過去現在をとおして、映画界最高の人物は彼だと思います。彼に匹敵する人はいません。これからも現れないでしょう。彼の頭脳は剃刀の如く切れました」

彼のもとで働いた人間はほとんどすべて深い尊敬の念をあらわしている。数少ない反対意見の持ち主に、MGMでサイレント以後も仕事をしたエディ・サザランドがいる。

「そもそもプロデューサー・システムはタルバーグが始めたというのが私の持論だ。彼は私たちをせき立てて夜を徹してのストーリー会議を開かせた――時間外手当なしでね。彼は監督に何やかやと意見をいってきた。そしてできあがった映画を見、自分のほうが上手とばかり、やたら撮り直しをした。そんなことは前代未聞だった。アーヴィングより前の時代は、〝撮影は一度で決めるんだ。それができないならクビだ〟といわれたものだ。ところが、MGMのやり方では、〝映画はプロデューサーの意向どおり作るもの〟となった。それは金のかかる、アマチュアっぽい作り方で、映画製作の規格化、組織化を呼びこんだ。カルヴァシティのMGM撮影所には〝撮り直し《リテイク》ヴァレー〟の呼び名がついた。

プロデューサーが作品の芸術主任の看板をひっさげてやってきたとき、映画の堕落は始まったと思うね」

クラレンス・ブラウンは、タルバーグは映画をよく知っていた、撮り直しはきわめて有効だったと感じている。彼によると、タルバーグはラッシュフィルムを見なかった。彼は映画が出来上がるのを待ち、そうしてから自分なりの分析を始めるのだった。

「私たちはつねに、少なくとも全体の四分の一は撮り直しが入るものと思って映画を撮っていた。映画が仕上がると、劇場に持っていって観客の前で試写をしてみる。そうすると弱点が見えてくる。それをうけて、台本を改めて、撮り直しを行なうんだ。

　映画がひととおり出来上がってもいまだ完成ではなかった。それはファースト・カットであり、ファイナル・カットの前段階にすぎなかった。本当に成果を上げるよう作品を長い目で見ていたのだ。あの当時、すばらしい映画が次から次へとつくられていった。あれからあと、タルバーグに肩を並べるものはひとりも出てきていない」

　アーヴィング・タルバーグの名が注目を集め始めた頃、映画雑誌は人物の中身に迫ろうとライターを送りこんだ。

　ドロシー・ハーゾグがフォトプレイ誌に書いた記事には、このニューヒーローに対して大方が抱いていた驚異の念が映し出されている。

「タルバーグ氏はたいそうな評判に包まれてこの大都会《ニューヨーク》にやってきた。二十六歳でかくも重要な地位に上りつめた男なんているだろうか。インタビュアーの女性が控え室のソファーに寄りかかっていた。

〝もうお会いになって?〟

〝会いましたとも!〟女性の両の眉は上方に吊り上がった。〝とってもすばらしい方よ。まるで少年のようで、控え目で、気どりがなくって!〟

　二人でひとしきりひそひそ声で語り合ったあと、私たちは奇跡の男の〝御前に〟案内された。彼にはどこにも〝特別〟なところはなかった。中背の、華奢な、生き生きときらめく茶色の目がひときわ特徴的なやさ男で、私たちにまっすぐ向けられたその眼は少年のような笑みをたたえていた。

　私たちはニューヨークを訪れる有名映画人を取材するインタビュアーであると自己紹介した。そのことばに目の前の若者は顔を赤らめた。当地はいま映画スターであふれているのに、どうして私なんぞにと遠慮するのだった。タルバーグ氏が口を開けば開くほど、私たちは氏の魅力の虜になっていった。彼は、私たちには、ホレーショ・アルジャー描くところの立身出世型少年ヒーロー、ピーター・パン、ナポレオン、フォルスタッフ、J・P・モルガンらを合わせた人物のように思われた——私は何も古典の知識をひけらかそうとしてこれらの名前を羅列したのではない」（一九二六年四月号、六六頁）

　シナリオライターのアグネス・クリスティーン・ジョンストンは次のように賞賛した。「もし彼が政治家だったらムッソリーニのようになっていたでしょう。詩人ならシェリーのように、俳優ならバリモアのように！　彼はあまりにすばらしくて、本人を知らない人にはそのすばらしさがなかなか信じられない。討議の場などで、並み居るお歴々のなかに少年のような彼が混じっていて、まわりの全員から一目置かれているのを見ると、重鎮たちの頭はおかしいのではないか、あるいは自分の目が狂っているのではないかと思うはずだ。しかし、その場に自分も加わって話し合いのなかに混じってみると、よく理解できる。彼はムチのように鋭い頭脳を持っている。ムチのひと振りのように、瞬時にアイデアが浮かぶ。ただひとつの正しいアイデアが！』（「モーション・ピクチャー・マガジン」一九二六年五月号、五六頁の引用より）

タルバーグは自身の成功を次のようなことばで要約している。あることを強く信じ、他人にもそれを信じさせるだけの熱意を持てば、失敗するはずはない、と。

「重要なのは、自分が何をするかということよりもむしろ、他の人間から何を引き出せるかだ。人のすることのうち十に九までは他の人間にもできる。残りのひとつがその人を偉大にする」

タルバーグの一日の活動時間は十九時間だった――睡眠は五時間もあればじゅうぶんと考えていた。

「たいていの人間は睡眠をとりすぎている。八時間から九時間、あるいは十時間の睡眠が必要と考えていて、それ以下だと疲労がたまると信じている。〃ベッドに入ったのは深夜の十二時。いまはもう午前二時になろうとしている。こんなんじゃ、明日は疲れが残って仕事にならない〃なんて考える。そうして心配のあまりまんじりともせず、次の日はまったくの役立たずになってしまう」（前掲誌、九七頁）

タルバーグは以前の習慣どおり、空いた時間を見つけるとそれを読書にあてた。愛読書はエピクテトス、カント、ベーコンらの著書だった。「彼らの書物は私の脳を活性化してくれる」と彼はいっている。「現代の思考法をつねに自分のものとしていないと、すぐに置いてきぼりになってしまう――こうした哲学者のものを読むと、頭の働きがシャープになるんだ」

タルバーグの人に優れたところは、作品のペースを判定する鋭い能力と、どこで情感に訴えればいいかを見抜くけっして誤らない直観にあった。作品の長所や短所についての彼のコメントは、ものものしい会議の席で表明されるのではなく、映写室の暗闇のなかで誰にともなく発せられるものだった。

「彼の指摘はつぶやきのなかにありました」とマーガレット・ブースは回想する。「彼はつぶやきどおしにつぶやくのです。〃ここは気に入らないな〃とか、〃こうしていればな〃とか、〃打つ手はあるぞ〃とか。私はメモは取りません。耳に入れるだけです。助手がメモを取るわけでもありません。だいたい、タルバーグと私は毎日フィルムを見てましたが、助手はそこには入ってきませんから。彼のつぶやきは私の頭に刻みこまれました。何がいいたいか逐一理解できたからです」

監督のホバート・ヘンリーが指摘するのは、タルバーグは映画が彼のアイデアだけでできあがるのを望んではいなかったということである。

「その映画で給料をもらっている人間のアイデアを重視したんだ。例えば、彼は私に、彼のアイデアの焼き直しではなく、私の持っているベストを差し出すようにと要求した。しかし、よさそうに思えたものがスクリーンで見ると冴えないとなると、私は彼のところに行く。するとこんな具合に」――と、ヘンリーは指を鳴らす――「解決策をあたえてくれる。その鮮やかなことといったら。でも、それだけが彼じゃない。彼はいつも映画につきっきりでいてくれるんだ」（前掲誌、五六頁）

ＭＧＭの『フィラデルフィア物語』（四〇）でアカデミー賞脚色賞を獲ったドナルド・オグデン・ステュアートは、サイレント期にもＭＧＭの『大学のブラウン』（二六）のシナリオを書いている。彼はタルバーグを、ハリウッドで出会った映画人のなかで、チャップリンを別にして、ただひとりの真の天才と見なしている。

「タルバーグがいた頃のＭＧＭには親子関係のような感情が流れていた。〝親父〟を喜ばせたいという気持ちが働く者のなかにはあったんだ。彼の口から出る褒め言葉はせいぜいが〝悪くはないな〟くらいだったけれど、そういってくれるのがアーヴィングだと、こちらはまるでアカデミー賞を獲ったくらいに感激する。彼は撮影所の全員にとっての〝親父〟だった。あの若さで、投資や結婚など部下にいろいろとアドバイスをあたえていた。そういうこともプロデューサーの義務のひとつ、という思いがあったのだろう。

彼は自分の仕事には心身を捧げていたので、東部からやって来た社のお偉方を〈リー・フランシス〉（ハリウッドの売春宿）にお連れしても、自分は広間の揺り椅子にすわってヴァラエティ誌を読んでいたものだ」（著者によるドナルド・オグデン・ステュアートへのインタビュー。一九六三年十月、ロンドンにて）

メトロ・ゴールドウィン・メイヤーは発足から数カ月で、他社もうらやむ名声を築き上げた。そこに挑戦状を叩きつけたのは、驚異的なカムバックを果たしたパラマウントである。サイレント期末期のアメリカ映画産業は、この二つの撮影所に率いられて、芸術的にも興行的にも絶頂期に達するのだ。

「Ｄ・Ｗ・グリフィスに次いで」とアニタ・ルースは語っている。「タルバーグは映画界の偉人でした。ＭＧＭでは毎週試写が行なわれました。一年に五十二本の映画です。そのどれもが、劇場公開されると大当たりとなりました。失敗作は一本もなかった。社内試写でアラが見つかると、彼が改善策を講じます。だから、映画館にかかるときには、みな成功して当然の作となっているのです。彼はどんなことにも独自の視点を持っていました。彼はありきたりや陳腐とは無縁でした。私は彼のもとで八年間仕事をし、彼が亡くなったとき〝ハリウッドは終わった。私は手を引く〟と宣言しました。そしてその宣言どおりにしたんです」

第三十九章　デイヴィッド・O・セルズニック

B・P・シュルバーグの秘蔵っ子、デイヴィッド・O・セルズニックは映画界で最も尊敬される独立プロデューサーとなった。彼は一九六五年六月二十二日に他界、追悼記事は彼の最高作『風と共に去りぬ』(三九)に集中した。

そこでは彼の前半生は触れられていない。というのも、彼の前半生はまったくといっていいほど知られていないからだ。デイヴィッド・セルズニックは映画草創期のプロデューサー、ルイス・J・セルズニックの息子であり、彼のユニークな性格を理解するには、その父親について知っておく必要がある。

ルイス・セルズニックはウクライナ移民。イギリス経由でアメリカに渡り、ピッツバーグに居を定め、二十四歳になるまでに銀行一軒と宝石店三軒を開業した。彼は進取の気性をもったアイデアマンで、新たな事業にどんどん乗り出すのだが、それを維持していくのは苦手だった。一九一二年、ニューヨークにあった彼の〝世界最大の宝石店〟は倒産した。彼の古くからの友人にユニヴァーサル社の一部を構成する小独立プロの経営者マーク・ディンテンファスがいた。セルズニックはこの友人の手引きで、〝パット・パワーズ対カール・レムリ闘争〟に巻きこまれていく。ディンテンファス本人はこの騒動のあおりを食らって破産。彼の持っていたユニヴァーサル株は売りに出されたが、パワーズ、レムリいずれも一顧だにしなかった。セルズニックは友人の力になろうとして、パワーズ、レムリ双方と面談、それと同時に映画ビジネスの仕組みを検分した。そのとき彼の事業本能はめらめらと燃え上がった。

「私にとっては朝飯前だった」と彼は後に語っている。「自分の目指すところはわかっていたから、自分自身の仕事を作り出し、いいオフィスを選んでそこにおさまった。ふんぞり返っていると、人がやってきて、いま起きていることを洗いざらい話してくれる。すぐに私はいっぱしの事情通になっていた」(ロイド・モリス「それほど昔のことでなく」一九四九年、一二四頁)

ルイス・セルズニックはユニヴァーサル社には総支配人がいないことを知り、自らその看板を掲げたのだ。会社は混迷のまっただ中だったため、突然出現した総支配人の正当性を疑うものはひとりもいなかった。

セルズニックの活動は華々しく、レムリから辞任を求められる頃には、権謀術数に長けた映画界のマキアヴェッリとなっていた。彼はワールド・フィルム・コーポレーションの副社長兼総支配人となった。テリー・ラムゼイは、「彼は同時に自らを映画界の〝攪乱者〟と任じていた」と指摘する。レムリが業界紙に連載していた広告のなかで、上映業者に向かって「神にあたえられた頭脳を活用するように」と要請したとき、セルズニックは次のような返答で切り返した。「映画ビジネスほど頭脳と縁のないものはない」

デイヴィッド・O・セルズニック

ワールド・フィルム・コーポレーションからひっそりと身を引いたセルズニックは、ワールド最大のスター、クララ・キンボール・ヤングを引き抜いて自らの会社を作り上げた。その会社クララ・キンボール・ヤング・フィルム・コーポレーションはスター・プロのひとつのひな形を作り出し、メリー・ピックフォードがすぐにそれに倣ってメリー・ピックフォード・フィルム・コーポレーションを設立した。セルズニックは業界紙に公開書簡を発表、そのなかで自分の発想を真似るとは隅に置けないとピックフォードの商才を讃えた。

「恐縮ながら、あなたの御友人アドルフ・ズーカー氏にお伝え願えますでしょうか？　自分の仕事仲間のなかにかくも見識の広い人物を見出して、小生はよろこびにたえないということを。その見識の広さ故に、一面尊大で偏狭なところがあるとはいえ、特上の計画――たとえそれが他人の考案になるものにせよ――を採用されたのですから」（テリー・ラムゼイ『百万一夜物語』一九二六年、七六四頁）

ルイス・J・セルズニック・エンタープライズはクララ・キンボール・ヤング、ノーマとコンスタンスのタルマッジ姉妹、オリーヴ・トマス、エレイン・ハマースタインらの主演映画を製作した。それと並行して、セルズニックは長男のマイロンに映画製作を、次男のデイヴィッドに販売促進を学ばせた――マイロンはのちにハリウッドきってのエージェントとなる。

セルズニックの会社はのちにセレクト・ピクチャーズの名称に変わるのだが、他社との競争のなかでつぶされ、葬り去られていく。父親と入れ代わるように、デイヴィッド・O・セルズニック（〝O〟は公的には〝オリヴァー〟の略とされているが、じっさいは何の意味もない。憎むべき親戚連中と一線を画そうとして付けられたものである）は映画製作の世界に踏み出していく。

デイヴィッド・O・セルズニックは語る

はじめの頃、父はいまの私と同じように映画が大好きだった。ナジモワ主演、ハーバート・ブレノン監督の『戦時の花嫁』（一六）のような映画に父は心から惚れこんでいたようだ。しかし、世界中に支社を持つ大会社の構築に夢中になり、そのための仕事に忙殺されるようになった。映画を楽しむ余裕などなくなっていたのだと思う。自分の帝国を作り上げるのに懸命だったのだ。

サイレント映画はすばらしい娯楽《エンタテインメント》だった――すぐれて創造的、見るものの胸を躍らせる、しかしいまはなきメディアだ。いまの映画のなかにもサイレント映画の作法や影響が残っているし、むろん、そういう影響はこれからもなくなりはしないだろう。思い返せば、ハリウッドはたいした偉業を成し遂げたものだ。山ほどの困難を乗り越えてね。当時はあらゆることに前例がなく、誰もがいちから事を始めなければならなかったのに。

その頃、シーンがうまくできているか否かを計る指標のひとつは、字幕の数だった。シーンを組み立てるのにあまりに多くの字幕が必要となれば、それだけでいちからやり直しとしたものだ。そうやって、フィルム（画面）そのものでストーリーを語っていくやり方を学んでいった。カットを基本にしてシーンを思い描いていくわけだ。「俳優がこれこれのことをする。次にクロースアップにカットし、その次にこれこれにカットする……」というように、セリフではなく、編集を脳裏においてストーリーを練り上げていった。画面の繋がりとしてシーンがまとまらなければ、〝こりゃだめだ〟といって、もう一度はじめから考え直した。だから映画は偉大なメディアに育っていったんだ。いまじゃシーンは、セリフを基本にして、紙に印刷されたものを読んで善し悪しを判定される。昔だってシーンには始まり、真ん中、終わりがあるというように組み立てた。それぞれのシーンには語るべきことがあり、次のシーンへと必然的な関係をもって繋がっていく。しかし、描く基本はことばではなく、画面にあったのだ。そういったことすべてが過去の芸術となってしまったがね。

真の映画技術の数多くがベテラン映画人の引退や死去によってこの国から消え去ってしまったのは残念でならない。娯楽の提供者という点では、アメリカの観客から見てどれだけの欠点を持っていようとも、外国の監督は映像でストーリーを語るという意味で今日のアメリカの監督よりはるかに多くを知っている。例えば、近年登場したなかで最高の映画の作り手はフェリーニだと思う。

思い出してほしいのだが、サイレント期を支えていたのは若者たちだった。誰もが学習しながら技術を身につけていった。経験を積んだ専門家なんてどの分野にもいなかった――比較的短期間に専門知識をマスターしてしまうのでなければね。編集技師は編集室の床掃除から始めて、フィルムの切り方やつなぎ方をおぼえていく。たんなる編集作業に限れば、おぼえるのにさほどの困難はないけれど、創造的編集となると話は別だ。創造性に寄与できるか否かのスタッフの能力は、映写室での会議、ラッシュフィルムや初号プリントを見ての話し合いのなかに見えてくる。だから、例えば監督でいえば、彼らはその多くが技術畑の出身だった。

そこが、いまの多くの監督に比べて、当時の監督が持っていた大きな利点だった。先ほどの繰り返しになるが、彼らはよい映画は編集で決まると理解していた。彼らは修行のなかでそれを学び、監督になったときはそれが血肉になっていた。ストーリーを映像で語る技術を身につけていた。それに対して、いまの監督の多くはそういう技術に通じていない。いまの監督は舞台の演出家上がりか、脚本家出身で、技術的なことはクルーか、稀な場合だけど、プロデューサーに頼っている。エリア・カザンがもう何本も映画を撮ったあとで私にこういった。映像でストーリーを語るということの意味がやっとわかってきたと。そういえるだけの経験を積んだのだと思う。

だからといって、そういうことを知らない監督には、娯楽としての見地から見て、いい映画が作れないといっているのではない。それぞれのシーン構成もよく、セリフもよく書けていて、俳優の演技もすぐれていれば、娯楽としてひじょうに質の高い映画になるだろう。大勢の観客も呼びこめるかもしれない。でも、映画技術の点で見劣りするところがあれば、私なら作り直そうとするね。

私は当時の名監督の相当数と仕事をしている。なかでもとりわけ惚れこんだのはビル（ウィリアム）・ウェルマンの才能だ――彼の業績はいまだに研究者から正当に評価されていない。ウェルマンは、私の知るかぎり、アメリカにおいて移動撮影を用いた最初の監督だった。

キャメラを車に乗せての移動撮影じゃないよ。それはグリフィスが『国民の創生』の〝最後の救出シーン〟ですでにやっている。そうではなくて、キャメラを滑車で吊り下げて、架線の下を動かしていったという、文字どおり流れるような移動撮影のことだ。これをハリウッドにもたらしたのはウェルマンと、ほぼ同じ頃に同じ手を使っていたドイツの監督たちだ。

また、ウェルマンがマイクロフォンを初めて動かした現場に私は立ち会っている（一九二八年の『人生の乞食』のときだ）。サウンドがまだ映画に入ってきたばかりの頃で、その頃は録音技師がマイクは固定しなくちゃいけないと言い張っていた。気性の荒いウェルマンは向かっ腹を立て、マイクをひっつかむとブームに吊り下げ、人物の動きに合わせて録音するよう命令した。それが、サウンドの到来によって映画に失われていた生気が、また新たに復活した瞬間だった。初期のトーキー映画を見ているとわかるけれど、俳優は一箇所に止まったきり動かない。マイクがそこにあるからで、録音技師が動くなと指示しているのだ。★

そういったことがウェルマンの功績の一部なのだが、それは私がつねづね思うに、彼が第一次大戦中戦闘機乗りだったことからきている。彼は、絶えず動きのなかに身を置いていて、それ故絶えざる動きに慣れているという飛行士の眼をもっていた。彼の『空行かば』（二八）の開巻シーンは、もう何度もいっているのだが、映画的叙述の最高例のひとつだと思う。彼は四人の男の物語をそれぞれ、たしか一人一分以内で、すべていいつくしている。たいした才能だよ。ウェルマンは私の大の親友で、若い頃は二人で映画のことばかり話していた。週七日間、朝も昼も夜もね。週六日セットで撮影をしていて、それ以外の時間も映画漬けなんだ。

私が初めてプロデュースした長篇物『ルーレット』（二四）は、製作費が一万七千ドルだった。男優のヘンリー・ハルには新品のディナージャケットと交換で映画に出てもらった。その映画の前は自動車メーカーのフォードのためにニュース映画の監督兼編集をしていた。キャメラマンはアーネスト・シェードサックで、彼は数日ごとに国内のいろんな森の中に撮影機材を担いで入りこんでいった。彼はセミドキュメンタリーを専門にする早撮りの名キャメラマンだった。私はまた、ジャック・デンプシーと対戦するためにやってきたフィルポの映画、『彼はデンプシーを倒せるか？』（二三）や、ヴァレンティノが美人コンテストの審査員をしているところを撮ったニュース映画も手がけている。

未完に終わる『南洋の白い影』に関わったあと、★★パラマウントに行き、『ヘリオトロープ』という物語を製作した（のちに『忘れられた顔』〔二八〕の題名で公開される）。これは、青年時代にニューヨークで手がけたいろいろな作品や西部劇を別にして、私が本格的に扱う最初の製作作品となった。『忘れられた顔』は上々の仕事となった。製作もスムーズに進み、監督のヴィクター・シェルツィンガーとも良い関係を築くことができた。あの頃は何事もいまよりはるかに楽だった。

私はパラマウント（西海岸）撮影所の主任B・P・シュルバーグの部下となった。シュルバーグは企画の準備をすませてしまうと、あとは製作とは直接の関わりを持たなかった。当時の監修者は撮影所主任の直属の部下ではあるものの、何かを完全に任せられることはなかった。私は今日のプロデュ

★『人生の乞食』はサイレント版とともにサウンド版も作られている（音楽・音響効果付き、一部のシーンではセリフも録音された）。

★★同じ題名（*White Shadows in the South Seas*）で完成作品も存在し、これは『南海の白影』（二八）の題で日本でも公開されている。

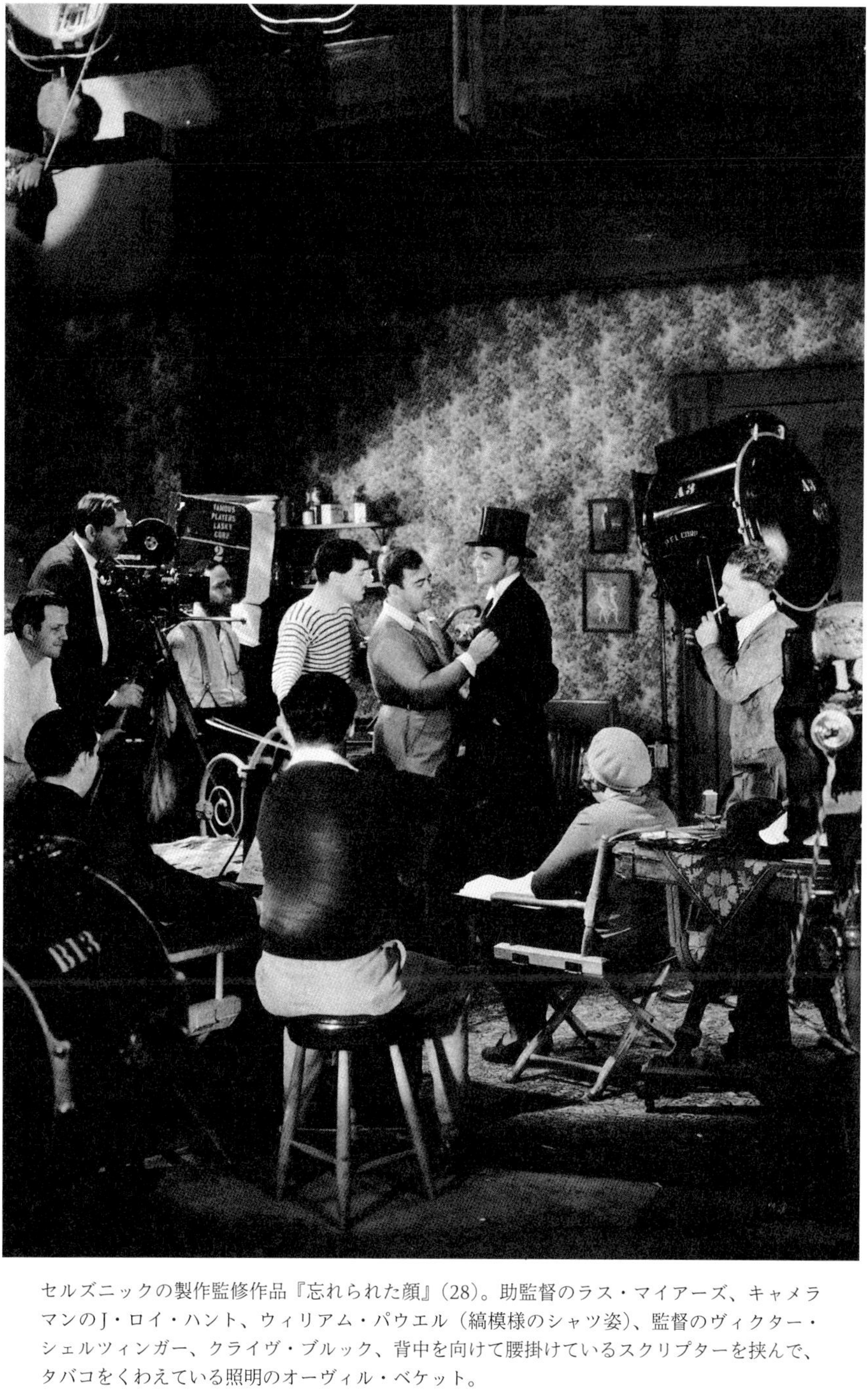

セルズニックの製作監修作品『忘れられた顔』(28)。助監督のラス・マイアーズ、キャメラマンのJ・ロイ・ハント、ウィリアム・パウエル(縞模様のシャツ姿)、監督のヴィクター・シェルツィンガー、クライヴ・ブルック、背中を向けて腰掛けているスクリプターを挟んで、タバコをくわえている照明のオーヴィル・ベケット。

ーサー並みには『忘れられた顔』の製作に責任をもっていた。でも、製作者として作品のすべてを掌握できるようになるのは、一九三一年にRKOに入ってからになる。

そうはいっても、監修者には今日の雇われプロデューサーよりは大きな力があった。監修者は製作の細部にもっと深く関わっていた。当時の映画作りは、のちの大撮影所様式ほど、あるいは現在ほど、各職種部門が独立してはいなかったからだ。予算の枠内でさえあれば、装置、衣装、その他製作に関わるどんなことでも監督権は監修者の手中にあったのだ。

私は瞬く間にシュルバーグの筆頭補佐に昇進し、それは撮影所における序列第二位を意味した。当然、私は所内のすべての企画と関わりを持った。そのとき、シュルバーグが半年間出張に出かけることになり、私は二十七歳で撮影所全体の責任者代行となった。私はハリウッドに来てまだ数年だった。主任代行となっても、製作にどこまで口出しするかは場合によってさまざまだった。ジョゼフ・フォン・スタンバーグには、シュルバーグの言いつけに従い、彼の自由にさせていた。スタンバーグの偉大な才能は撮影にあった――彼は史上最高のキャメラマンだった。彼には構図を切り取る直観的な眼があるとともに、どうやれば女性を美しく撮れるか、どうやればば、今日の目で見ると少々馬鹿馬鹿しくとも、当時にすればはなはだしく魅力的な動きを女性から引き出せるか、知りつくしていた。また、物事の表層を美麗に描くセンスが卓越しており、彼の仕事ぶりやシナリオの好み、あるいは演出法には滑稽ともいえるものが多々見られたけれど、それでも彼の作る映画は大いにヒットした。彼はマレーネ・ディートリッヒをスターに仕立て上げた。いわば古布のつぎはぎから――といってもスパンコールで飾りつけられた古布なのだが、ひとりのスター女優を作り上げたといえるだろう。だから、彼はなかなかのショーマンでもあった。シュルバーグが不在のあいだ、私はよくスタンバーグと意見をぶつけ合ったが、彼の馬鹿げたアイデアにいつも屈服させられるのだった。他の監督の場合は、私の言い分をとおし、しかもいい関係のなかで仕事ができたのだけどね。

しかし、サイレント期の映画で私が単独のプロデューサーとして大きな力を奮ったものはほとんどない。どのような関わりをもったかは、担当プロデューサーが誰だったか、監督が誰だったかによって、作品ごとにさまざまだ。だが、月曜の朝に製作を開始させ、土曜には完成品として搬送するというサイクルのなかでは、細部を磨き上げることなど不可能だ。

シュルバーグはすぐれた職長タイプの男だった。私は撮影所の管理について彼から多くのものを学んだ。彼のやり方はいささか四角四面で、無意味な禁止条項をいくつも並べ立てたり、映画のなかでしていいことといけないことを細かなルールにしたりした。しかしその一方で、見事に効率的な撮影所主任であり、彼のもとで撮影所は申し分なく機能していた――パラマウントは、ナンシー・キャロル、ウォーレス・ビアリーとレイモンド・ハットン、リチャード・アーレン、ジェイムズ・ホール、ルース・テイラー、エスター・ラルストンらの映画を続々と生産する映画工場だった。ひとりのスターの主演映画、あるいは別のスターとの共演映画を年に三本から六本ずつ作っていた。製作費は前もって決められ、総収入も前もって決められていた。いくらで作った映画からいくらの収益を上げると最初からわかっていたのだ。そういうなかでときに枠を越えた映画が試みられた。製作費をもう少し高めに設定したエミール・ヤニングスのものだの、ルビッチのものだの、あるいはスタンバーグとディートリッヒのものだのだ。そして稀には『アメリカの悲劇』(三一)のような冒険にも乗り出した。

私がプロデュースしたといっていい映画が一本だけある。『四枚の羽根』(二九)だ。メリアン・クーパーとシェードサックがロケーション撮影を担当した。カバの暴走など、すばらしいショットを数多く撮ってくれた。シェードサックはかつて私のキャメラマンだった。クーパーは傭兵の経験がある輝かしい戦歴の持ち主で、ポーランドではボルシェヴィキを相手に戦っている。じっさい、ポーランドには彼の銅像が建てられたという話だ！『四枚の羽根』はこの二人と私の共同製作で——とはいえ、私は撮影所のすべての作品の製作者ではあったのだが——監督はロタール・メンデスだった。はじめサイレントとして作られ、あとでセリフと音が加えられた。*

このように私は、シュルバーグのもとで、大きな撮影所を動かしていくという簡単には得られぬ、きわめて有益な訓練をうけた。後年、この経験が活きてくる。

＊クーパーによると銅像が建てられたのではなく、通りのひとつに彼の名前が付けられたとのこと。なお『四枚の羽根』はサイレント映画だった。

第四十章　去年《こぞ》の笑いいまいずこ

サイレント期はコメディの黄金時代であった。現在でもそのことは、少なくとも一般には認められている。それはサイレント喜劇の代表作、あるいはその名場面集のリバイバル上映のおかげであり、それによってサイレント・コメディの二度目の流行がもたらされた。近年の映画のなかにも、サイレント・コメディのユニークなスタイルの再現を目指したものがある。その壮大な一例はスタンリー・クレイマーの『おかしなおかしなおかしな世界』（六三）であり、これは懐かしのコメディアンを多数脇に配したシネラマ巨篇であった。

しかし、新たな〝コメディの黄金時代〟は昔のスタイルをなぞればできあがるというものではない。クレイマーの映画が明らかにしたのは、カラー、シネラマ、ステレオ音響とは無縁であっても、コメディは四十年前のほうがはるかにおもしろいという事実である。

『おかしなおかしなおかしな世界』は興行的に失敗したわけではなかったが、批評家たちは異口同音に次のような問いを発した。「なぜ昔のような映画が作れないのか？」と。

昔のような映画が作れないのは、もはやそれが不可能だからである。今日の映画人に技術が欠けているわけではない。欠けているのは資金力を含めた余裕なのだ。コメディの撮影班をロケに出し、撮影しながら笑いを練り上げるという製作法が、経済的に不可能となっているのだ。いまの映画作りでは、台本もスケジュールも、その他細部に至るまで、すべては予《あらかじ》め決められている。しかし——サイレント期の偉大なコメディアンたちが最初から気づいていたように——コメディにあっては細密なプランを立て、それに従って撮影するというのは無理な話なのである。コメディはその場で生まれるものだからだ。

サイレント・コメディは〝生きのよさ〟が身上であった。なぜなら、それらは現場で命を吹きこまれたからである。サイレント期のコメディアンの大多数は台本に基づいた映画作りをしていない。だがそれは、行き当たりばったりに映画を作っていたということを意味しない。チャップリン、ロイド、キートンはそれぞれ天才だったけれども、彼らは才能という曖昧模糊なものにのみ頼って映画を作っていたのではない。チャップリンを別にすれば、トップ・コメディアンはひとりの例外もなく、ギャグマンをまわりに従えていた——ギャグマンとはたんなるギャグの書き手ではなく、ギャグを考案し、それを互いに披露し合ってさらに磨きをかけ、そうしてその撮影の仕方まで考えることで給料を得ているスタッフであった。

バスター・キートンは四、五人のギャグマンを雇っていた。ロイドは十人抱えていた。ギャグマンは監督と同等の高給取りであり、じっさい、多くはのちに監督となった。彼らはしばしばロケに同行し、撮影が行き詰まると新しいアイデアを考案したり、もとのアイデアを練り直したりした。サイレント・コメディはときに通常の長篇ものより製作費もかかり、日程も長期にわたった。サイレントの時代を〝コメディの黄金時代〟たらしめたものは、じつはこのようなすぐれて即興性に満ちた製作法であった。

当時のコメディアンの資質で強く印象づけられるのは、その驚くべき勤勉さである。それが映画のためになると判断すれば、彼らは昼夜ぶっ通しで仕事に熱中した。途中であきらめたり妥協したりはしなかった。ギャグが不発であれば、何度でも手を替え品を替えして、最後には所期の目的を達成するのだった。そういう粘り強さは撮影終了後もつづいた。

もし観客がよい反応をしめさなければ、もしもギャグが空振りに終わっていれば、彼らはフィルムを引き上げ、問題の箇所を撮り直した。すべての製作者にそんな贅沢が可能だったわけではない。通常の二巻物喜劇は試写すら行なわれなかった。しかし、長篇喜劇の場合は試写されるのが普通だったのであり、ハル・ローチやマック・セネットの撮影所で作られたコメディも、観客の反応を確認するためにしばしば通常のプログラムに挟まれて上映された。ハロルド・ロイドは試写に重きを置いたことで知られていて、アーヴィング・タルバーグは、MGMの試写重視の社風はロイドの先例に倣ったものであると認めている。

この時期の映画作りの最も好もしい一面は、その無邪気さにあるといってもいいかもしれない。誰ひとり自分たちが〝黄金時代〟を作り上げているとは思ってもいなかった。チャップリンとセネットを除いては、誰ひとり天才として讃えられてもいなかった。映画作りはまだ、それ自体がよろこびであり、心から楽しめる日々の作業であった。キートンの撮影現場では野球が盛んだった。クルーやギャグマンを補充するとき、キートンは当の能力よりもむしろ野球の技倆を見て雇用を決めた。新人がすぐれたクルー、あるいはすぐれたギャグマンであったとしたら、それは往々にして偶然の為せるわざであった。

しかし、そういうことになれば、サイレント期そのものが幸せな偶然、目の覚めるような偶発事——チャップリンがあの浮浪者の扮装を思いついた一瞬から、スタン・ローレルの相手役にたまたまオリヴァー・ハーディが当てられた絶妙の配役に至るまで——の驚くべき連続であったとはいえる。

チャップリン、ロイド、キートンは三大喜劇王として認められている。だが、サイレント期は他にも多くのすぐれたコメディアンを輩出した。惜しむらくは、その作品のほとんどは失われてしまっている。

ハリー・ラングドンは数本の長篇コメディを作っており、代表作はフランク・キャプラ監督による『当りっ子ハリー』(二六)と『初恋ハリイ』(二七)で、これらの作品により、ラングドンは第四の喜劇王と見なされるようになった——幸いなことにラングドンの作品のほとんどは現存している。チャップリンは時にストーリーの山場で哀愁《ペーソス》に訴えたが、ラングドンは、ほぼ一貫してさまざまにかたちを変えながらペーソスを活用した。彼が演じるのは子どものように素朴で、まったく無防備な人物であり、そのあまりの純真な魅力に観客は母性本能をかき立てられるのだった。ラングドン演じる人物は、虚を突かれた白ネズミのように世界を見つめていた。ラングドンは他に類のないコメディアンであり、パントマイム芸は群を抜いていた。

アイオワ州カウンシル・ブラフスに生まれたラングドンは、舞台にあこがれる新聞売り子だった。舞台の裏方の仕事をつかむと、家出同然のかたちで旅回りの劇団に加わった。その後しばらくの間、キッカプー・インディアン・メディスン・ショーの一員となり、短い出し物を演じたあと観衆に向かって薬を販売した。ガン・サン・ミンストレル・カンパニーに入ったときは、歌や踊り、椅子を使っての曲芸をこなす他、手品師のアシスタントや衣装係も務めた——が、ちょうどカウンシル・ブラフスで停車していた劇団専用列車が火災を起こし状況は一変した。現場が生まれ故郷だったのを幸い、ラングドンは家に直行してベッドに飛びこんだ。

それからもサーカスの曲芸人、道化、新聞漫画家、ヴォードヴィル役者と経験を広げていった。

「どれもそれぞれにたいへんだった」とラングドンはフォトプレイ誌のインタビューに答えている。「新聞漫画は四コマか五コマでひとつの笑いを作り上げなくちゃいけない。サーカスや舞台や映画のように、ある程度自由のきく余地というもののないのがつらかった。

ヴォードヴィルで笑いを取るのは、新聞や映画に比べてやさしくもむつかしくもなかったけれど、受けないとなるとこれほど惨めなものはない。笑いを商売にしていて妙に思うのは、客は笑いたいと望んでいるのに、その客を笑わせるのはすこぶる難事だということ。そして、客は別に泣きたいわけじゃないけれど、ちょっとしたきっかけで泣いてしまう。それが理由なのかもしれないな。多くのコメディアンが悲劇を演じたくなるのは。楽をしたくなるんだよ」(一九二五年六月号、八六頁)

ロサンゼルスの舞台でラングドンを目にしたセネットは、

『当りっ子ハリー』(26) のハリー・ラングドン（左)。

彼と契約を取り交わす。ラングドンの映画における扮装はヴォードヴィル時代の名残をとどめている——布製の帽子、だぶだぶの外套、幅広で薄底の靴である。

セネット時代のラングドン喜劇は当時のお決まりの型を抜け出るものではなかったが、なかにはサイレント・コメディの最高水準に肩を並べるものもある。彼のコメディはほぼ不動のスタッフから成っていた——監督はハリー・エドワーズ、ギャグマンはアーサー・リプリーとフランク・キャプラ、キャメラマンはウィリアム・ウィリアムズ、編集監修はウィリアム・ホーンベック、字幕ライターはアル・ギーブラーである。

一九二五年、フォトプレイ誌は、ハリー・ラングドンこそ業界内で人気随一のコメディアンであると報じている。「ハロルド・ロイドに誰がいちばん笑わせてくれるかと訊いてみるがいい。他のスターにも訊いてみるがいい。ラングドンだと答えが返ってくるだろう。この一年で、彼はキートン、ロイドに次ぐ地位を獲得した」(一九二六年三月号、一一〇頁)

独立後のラングドンの第一作『初陣ハリー』(二六)の大成功が上記の記事を正当化している。長尺になった分、ラングドンは配下のギャグマンを増やした。この映画でクレジットされているのは、フランク・キャプラ、ティム・ウィーラン、ハル・コンクリン、J・フランク・ホリデイ、ジェラルド・ダフィ、マレイ・ロスであり、ジョーン・クロフォードがヒロインを演じた。

「この映画はラングドンの悲しげな表情と哀れっぽい風体を、二巻物レベルから、チャップリン、ロイドクラスの第一級キャラクターへと引き上げている」とフォトプレイ誌は評した。「ラングドンが両名に匹敵するといっているのではない。だが彼は、新たに登場した〝真のコメディアン〟であり、それはきわめて稀有な存在なのである」(一九二六年八月号、八八頁)

『初陣ハリー』ではハリーは立ち退きをせまられた靴屋(アレック・B・フランシス)の息子である。ハリーは何とか金を工面してみせると父に約束する——「たとえ一年かかろうとも、三カ月以内には金を用意するからね」。彼は大会社バートン・シューズが後援する〝大陸横断ウォーキング・レース〟に出場し、優勝賞金二万五千ドルとバートン社のポスターガールとを射止めようとする。これがストーリーの枠組みであり、このなかにすばらしくも新鮮なギャグがいくつも盛りこまれている。時折、ラングドンのキャラクターとは無関係に、たんに笑いを生むためだけのギャグが挟まれている。高所を利用したやや長めのシーンなどがその一例で、手際はあざやかだが、ロイド・コメディの借り物であるのは否めない(同じギャグがのちの『女権拡張』[二八]でも繰り返される)。しかし、全体として『初陣ハリー』は愉快な気分に満ち満ちている。

ハリーが囚人となって構外作業に駆り出されるところは、タイミングの妙もあって秀逸である。囚人たちが岩山の岩を崩す作業に当たっている。ハリーは積まれたハンマーのなかから大ハンマーを一本取るように命令される。一本取るが、重いので、ハリーは小さいハンマーに取り換える。看守ににらまれて、やむなく重いハンマーを拾い上げるが、そのハンマーは頭の部分がもげてしまう。看守はいらついて別のハンマーを取り上げようとするが、手を貸そうとするハリーと揉み合いになり、気がつくとハリーの手に看守のライフルが握られている。びくびくと両手を挙げる看守。他意のないハリーは銃を放り投げる。と、銃が暴発し、驚いた別の看守が現れる。今度はハリーがそれに驚き、手にしていた鎖の重りの鉄球を落とす。それが看守の足の上に落ち、看守は足を抱えて飛びまわる。結局、ハリーはちゃっかり小さなハンマーを手にして作業に入るのだ。彼は大きな岩の前にすわり、子どもが卵の殻を叩くように、小さなハンマーで表面を軽く叩いてみる。岩は微動だにしない。そこで小石を取り上げ、それを岩の上で細かに砕き始めるのだ。ラングドンは成熟しきらない人間の魅力と滑稽を、幼児っぽさまで退行させずに伝達できるコメディアンであった。彼のコメディは、いかに荒々しいシーンであっても、つねにデリケートな感覚を失わなかった。

映画のラストシーンは、ハリーとジョーンが結婚していて、赤ん坊のハリー坊やが登場する。この赤ん坊もラングドンが演じている。揺りかごの中のハリーがくしゃみをする。そしてかごの中にあったボールを投げる。と、それが壁にはね返って自分の頭に当たる。そのときの、大きく目を見開いた、一瞬遅れての驚きのリアクションはラングドンおなじみのものでありながら、まさに赤ん坊そのものなのである。スタッフはみなこのシーンが気に入っていたに違いない――これはじつは本物の赤ん坊を使ってみたあとの撮り直しであった――このシーンはもう少しつづき、物語の結尾にしては少々引っぱりすぎの感があっても、見れば見るほどおもしろいからである。

この一作をもって、ハリー・エドワーズがコメディ監督として一本立ちしてもおかしくなかった。しかし、伝わるところによると、完成を大幅に遅らせ、予算超過を招いたために、ラングドンは次の監督はフランク・キャプラでいこうと決めたという（そうはいっても、エドワーズとラングドンの親密な仲は変わらず、後年まで仕事はともにしていた［著者によるメーベル・ラングドン夫人へのインタビュー。一九六七年九月、ロンドンにて］）。

エドワーズは手だれの監督であったかもしれないが、キャプラはそれ以上であった。彼はラングドンのキャラクターを誰よりも――本人のラングドンよりも――よく理解していた。そして次の作品『当りっ子ハリー』（二六）は傑作となった。

「終始一貫なんと楽しい映画だろう」とフォトプレイ誌は評している。「笑いがさざ波となって生じ、クスクス笑いが大笑いへと増幅し、笑いすぎて涙がにじむ頃には、もうすっか

り作品の虜になっているのだ」（一九二六年十一月号、五二頁）

『当りっ子ハリー』はいまも世界中のアーカイヴや映画研究会で頻繁に上映されている。この映画の破天荒なクライマックス・シーンは、その迫力において、すぐれたアクション映画の見せ場に匹敵する。シーンの背景は密造酒商人のたまり場と化した地方の小さな町である。そのクライマックス――悪人の巣窟でもある酒場ではショーが始まろうとしている。ところが呼び物の芸人〝怪力男〟が酔いつぶれてしまい、酒場の支配人は騒ぎ始めた観客をなだめようと、怪力男の助手（これがハリー・ラングドン）を舞台に引っ張り上げる。ハリーは途方にくれる。疑わしげに顔をゆがめる観衆の前で、彼はささやかに〝オーレ！〟の仕種をする。それから舞台上にある重量挙げのバーや大砲に目をやり、そして再度〝オーレ！〟を披露する。バーを持ち上げようとするができなくて、タップダンスをひとくさりやってみせる。シラける客の苛立ちは頂点に達する。酒場の外では、この町の善男善女が悪徳追放のデモ行進を始めている。酒場の中では客が暴れ出し、ハリーは空中ブランコで対抗する。ついには大砲が火を吹き、〝ジェリコの壁〟ならぬ酒場の建物が崩壊、神の御業と町民が感涙にむせぶなか、悪人どもは這々の体で町から退散するのである。

この映画では技術的精度の高さも特筆ものである。見事な撮影はロスコー・アーバックルやバスター・キートンとも組んだことのあるエルギン・レスリー、間然することのない編集はハロルド・ヤングであり、これは非の打ちどころのない傑作コメディの一本となっている。

『初恋ハリイ』（二七）は同じチームの手になりながら、『当りっ子ハリー』の洗練には達していない。当時も今も高い人気を博しているのだが、どこか物足りなさを感じてしまうのだ。

相反するいくつかの説があり、関係者の多くが口を閉ざしている。しかし、おおよそ次のような経緯があったと考えられている。『当りっ子ハリー』の成功でラングドンはようやくひと息つく思いがした。キャプラ、リプリーとのチームワークは万全であるかのように思われた。そこで彼は四週間のゴルフ旅行に出発した。もどってみると、ライターと監督のあいだで諍いが生じていた。リプリーは、映画のなかのラングドンの登場が遅すぎると主張し、キャプラは余計な口出しをするなとリプリーの意見をはねのけた。ラングドンはリプリーを支持し、『初恋ハリイ』は息苦しい雰囲気のなかで撮影が進行した。作品完成後、ラングドンはキャプラをクビにした。

憤懣やるかたないキャプラは何人かのコラムニストに手紙で訴えた。そのなかでキャプラは、ラングドンは仕事をともにするには最悪の人間であり、うぬぼれが強く、自己中心的で、大家気どりで、お節介焼きだと書きたてた。この内容が活字となり、ラングドンの悪評はさらに誇張されて広まっていった。率直にいって、私にはこの逸話自体が信じがたい。

キャプラは偉大な監督であるだけでなく、同僚に対して親切で思いやりのある映画人として尊敬されているからだ。しかし、この話は信頼できる脚本家のキャサリン・アルバートによって伝えられており（「フォトプレイ」一九三二年二月号、四〇頁）、その後のラングドンの急転直下の衰退も紛れのない事実である。キャプラには自伝のなかで間違いのないところを書いてもらいたいと希望する。★

　ラングドンはこの一件によってしたたかに打ちのめされるが、いかに意気阻喪しようとも、彼には果たすべきファースト・ナショナルとの契約が残っていた。彼は次の作品、アーサー・リプリーの原案による『岡惚れハリー』（二七）を自ら監督した。これはチャップリンの『黄金狂時代』（二五）に強く影響された作品である。ハリーは雪の中で救った娘（グラディス・マッコネル）を、象徴的とさえいえる異様に長い階段の果てにある、自分の粗末な屋根裏部屋に引き取る。娘が抱いていた赤ん坊も自分の子どものように面倒を見る。この映画には笑いのシーンはごくわずかしかない。驚くほど哀調を帯びたコメディであり、やさしくも痛々しい魅力にあふれてはいても、演出は平板である。エンディングも悲しいもので、娘の夫が現れ娘と赤ん坊を連れて行く。ハリーは小さなランプに灯をつけて、部屋を出て行く三人を見送る。彼らを乗せた車が走り去ったあと、ハリーは悄然と雪の積もった通りに出てくる。街角に立った彼が手に持ったランプの灯を吹き消すと、それを合図のようにして、通りの街灯もいっせいに消えるのだ。

　フォトプレイ誌は酷評している。「この手のものをあと二、三本作ったら、忘れられた映画人のたまり場であるヴォードヴィル送りとなるだろう。月に手を伸ばしたラングドンがつかんだものは、か細いツチボタルでしかなかった」（一九二七年十月号、一二五頁）

　もし『岡惚れハリー』が鬱状態のラングドンであるとすれば、『女権拡張』（二八）には回復の兆しがうかがえる。この映画もラングドンが監督をしていて、いまから振り返って見

★自伝「題名の上の名前」（一九七一年）のなかでキャプラは、『初恋ハリイ』撮影時においてラングドン、リプリーの二人と衝突したこと、製作終了後ラングドンからクビを言い渡されたこと、その直後『初恋ハリイ』でキャプラは実質上監督はしていなかったとの噂を広められ孤立無援の状態に陥ったことを怒りをこめて語ってはいるが（八〇～八五頁）、ラングドンのことを「何人かのコラムニストに手紙で訴えた」とは述べていない。キャプラの評伝「成功の破局」（一九九二年）の著者ジョゼフ・マクブライドによると、一九八五年にキャプラ本人から、ラングドンを糾弾する手紙を業界紙に送ったのは事実（ただし送ったのは一社のみ）との証言を得たという。その際次のようなキャプラのことばが引用されている。「私には反論したいことがいっぱいあった。自分で自分の弁護をしなければ、誰も真相には気づいてくれない。ラングドンは名声の頂点にあり話題の中心だったからね。みんな彼のいうことは信じるが、私のことばなんか耳も貸そうとしなかったんだ。ラングドンはあっという間に噂を広めた。私は彼の配下のギャグマンにすぎず、（『当りっ子ハリー』や『初恋ハリイ』では）名ばかりの監督だったと」（一七七頁）。二〇一九年現時点でのブラウンロウの調査結果は「そのような手紙は現れていない」。

る限りにおいて、コメディ監督としての彼の才能をかいま見る思いがする――もちろんキャプラのレベルとはいわないが、エドワーズの域には届いているだろう。じっさい、スタイルはエドワーズのものと類似しており、エドワーズが製作スタッフに加わって、かつての盟友を助けたのかとも想像される。ここでは『岡惚れハリー』に特徴的だった長回しは放棄されており、かつての二巻物のペースが復活している。

　ハリーが色事師を演じるというのは想像しがたく、彼が女性を征服するシーンはまともに見る気はしない――それはヴァレンティノのパロディとして笑わせるシーンではあるのだが、如何せんこのコメディアンの柄ではないのである。それよりはるかに効いているのは、裁判所の命令により、彼が妻に代わって家事を行なうところだ。大きなスカートをはいたハリーが、フライパンを手にしてたどたどしい足取りで鶏小屋に向かっていく。雌鶏にタマゴを産ませようというのだ。彼は雌鶏をフライパンの上に差し上げる。だが、タマゴはおあつらえ向きには落ちてこない。彼は眠たげな雌鶏をいぶかしげに眺め、片方の耳に近づけると、壊れた目覚まし時計よろしく振ってみせる。その間、別の雌鶏が彼のスカートの下に入りこみ、タマゴを産み落として歩み去る。手にしていた雌鶏を放したハリーは後ずさりし、そこにタマゴを見つけて驚く。まさか、自分がタマゴを産んだのか！　と。『女権拡張』にはかような意外なギャグがあふれている。

『馬鹿騒ぎ』（二八）はラングドン最後の独立作品である。劇場公開以来陽の目を見ることはなかったものの、フォトプレイ誌の無慈悲な批評に値する作品とは思われない。「もしこれが、ひと晩十五セントの簡易宿泊所の近くで、オールナイトで上映されていたら、宿泊所に泊まるのはやめて切符を買って入ってみることだ。ぐっすり熟睡できること請け合いだからである。映画を楽しみたい向きは、これは避けたほうがよい。意味のない場面に、くだらぬギャグを入れ込んだだけの愚作で、ハリー・ラングドンの末路ここにきわまるの感を抱かせる」（一九二八年九月号、一一一頁）

　ラングドンの失墜は新聞の見出し（〝コメディアン破産する〟）となってアメリカ中に報じられた。財政的崩壊に加えて、結婚も破綻した。技術スタッフも製作者も彼に背を向けた。一九二九年、ハル・ローチと一連の二巻物コメディの出演契約を結んだとき、キャプラの訴えがいまだ世間の記憶に残っていることを思い知らされる。ハル・ローチがこういったからである。「いいか、ファースト・ナショナルのときのようなエラそうな態度は許さんぞ」

「ハリー・ラングドンはすばらしいコメディアンだった」と、のちに彼を監督するエディ・サザランドは語っている。「彼は自滅したんだ。私のサウンド・コメディに出る頃には、かわいそうに、尾羽打ち枯らした失意の男になっていた。トーキーが追い打ちをかけた。トーキーでは彼の味は生かせなかったんだ」

トーキーが招いたもうひとつの悲劇はレイモンド・グリフィスである。シルクハットをかぶったグリフィスは、アドルフ・マンジューとマックス・ランデールとを足して二で割ったような男優であった。彼のキャラクターは自信たっぷりの紳士が、たいていは女性によって、平静をかき乱されるというものである。

グリフィスはまず第一に図抜けた俳優であった。以前ダンサーだっただけに、いとも優雅な身のこなしを備えていた。何本かの作品で脇役を演じ、いずれにおいても楽々と場をさらったのち、パラマウント社でコメディ・シリーズの主演におさまった。

「私が初めて彼を目にしたのは『永遠の三人』(二三、マーシャル・ニーラン)だった」と、一九二四年、フィラデルフィアの一ファンが書いている。「これはどこにでもある普通の映画だったが、普通でないところがひとつあった。それがレイモンド・グリフィスで、ひとり演技が突出しており、それはその後の彼の映画すべてに共通する特徴だった。彼の名を配役陣に載せた映画で私の見逃しているものはないと思う。

しかし、いかに熱烈なファンといえども、時に彼が見るに堪えぬ映画に出ていることは認めざるを得ない。『楽園の毒草』(二四、ルイ・ガスニエ)は挨拶に困るほどヒドかった。私の後ろの席からこんな声が聞こえた。〝なんだこれは、バリモア(級の名優)がひとり、蠟人形館に放りこまれたみたいじゃないか〟

他の多くの観客同様、私も切に願いたい。賢明なるプロデューサー氏が現れて、すぐにも彼の主演作を作られんことを」(「ピクチャー・プレイ」一九二五年一月号、一三頁)

レイモンド・グリフィスの成功は一部に憤慨の声を上がらせた。コラムニストのアデラ・ロジャーズ・シンジョンズは、彼の頭があまりにも自分の成功でふくらんでいて、「その振る舞いは映画以上の滑稽ぶりだ」と述べ立てた。彼の会話は将来自分が出るであろう映画の字幕をどうするかということばかりだと。

「彼は監督と意見がぶつかったときも、穏やかに意見の調整を図ろうとはせず、私がこの目で目撃したように、権威を笠に着て主張をゴリ押しする」(「フォトプレイ」一九二五年十二月号、一一〇頁)

レイモンド・グリフィスは疑いもなく虚栄心の強い男だったが、才人であるのも間違いのないところだった。主演契約をかちとったとき、彼は監督の意見に異を唱える権利を獲得した。キートンやロイドも同様の権利を得ていた。グリフィスは自分もまた、自分の映画にとって何がベストかを知るほどの人物になった、と思い上がった。彼の問題は意見を主張するときの、その態度だった。

「私はこれまでに何人か頑固な人物に出会った。だが、グリフはなかでも特別だったね」とグリフィスの最高作の一本『南北珍雄腕比べ』(二六、クラレンス・バジャー)のライター、モンテ・ブライスは語っている。「撮影早々からマック・スウェインの件で大揉めとなった。私たちはロケーション撮影をしていた。マックが店から出てきて、馬が盗まれたと気づくシーンだった。そこにマックのこんなセリフ字幕が付く――〈オレの馬を盗んだ奴は、二度と鞍にすわれないようにしてやる！〉町の人間がそんなマックをみて大笑いするんだ。グリフはフェンスにもたれ、爪を嚙みながら撮影を見ていた。

〝おい〟と彼は私を呼んだ。〝あいつはなしだ〟

〝マック・スウェインをなしにするってことか？〟

〝そうだ〟

〝まいったな。クビを切ったりすげ替えたりは私の仕事じゃないからな。あんたがやってくれ。で、奴のどこが悪いんだ？〟

〝笑わせすぎだ！〟

そこで、撮影はいったん中断となった。マックは何が起こったのかわからず、きょとんとしていた。みんなホテルにもどってきた。

〝このシーンだけでどうのこうのはいえないだろう〟と私はいった。〝マックはコメディアンだ。チャップリンの映画で顔も売れている。みんなが笑うのは当然だ〟

〝オレは好かん〟とグリフ。

監督のクラレンス・バジャーは熱中症気味で、はやめに部屋に引っこんでいる。私ひとりイヤな役回りを押しつけられた格好になった。

でもなんとかグリフを説き伏せた。マックが大笑いをとったのはあの大きな帽子のせいだとね。撮影所に人をやって、別の、もっと普通の帽子をとってこさせた。それだけで丸一日がつぶれた……

グリフはギャグマンとしても最高だったが、それにしても頑固きわまりなかった。それでも、撮影は楽しかった。『南北珍雄腕比べ』は大爆笑の映画となった」

パントマイムにすぐれたグリフィスは、どの映画にも一カ所はマイム芸の見せ場を入れようとした。『南北珍雄腕比べ』の駅馬車内のシーンでは、二人の若い女性に幽霊の話をする。彼のマイムは滑稽であるとともに、話の細部を生き生きと伝えて圧巻である。『結びの神も思案投首』（二五、フランク・タトル）では、ネコの形態模写を披露している。生まれつきともいえる彼のマイム芸の才能は本人にとってきわめて重要な意味をもっていた。彼は若い頃に喉をつぶしてしまい、しゃがれ声でしか話せなくなった。舞台でセリフを朗々とは語れなくなったのだ。フランスのパントマイム劇団がアメリカを巡演したとき、その劇団に加わって、ひとシーズン、ヨーロッパ巡業に参加した。

本人によると、声を失ったのは子どものとき、有名なメロドラマ「魔法の時間」を演じていた最中だった。体罰が怖くて泣き叫ぶという場面を、来る日も来る日も演じていた。ある晩、いつものように金切り声を上げたところ、そこで声が途切れ、それを最後にことばが出なくなってしまった。しかし、グリフィス発の物語は眉にツバして聞く必要がある。彼

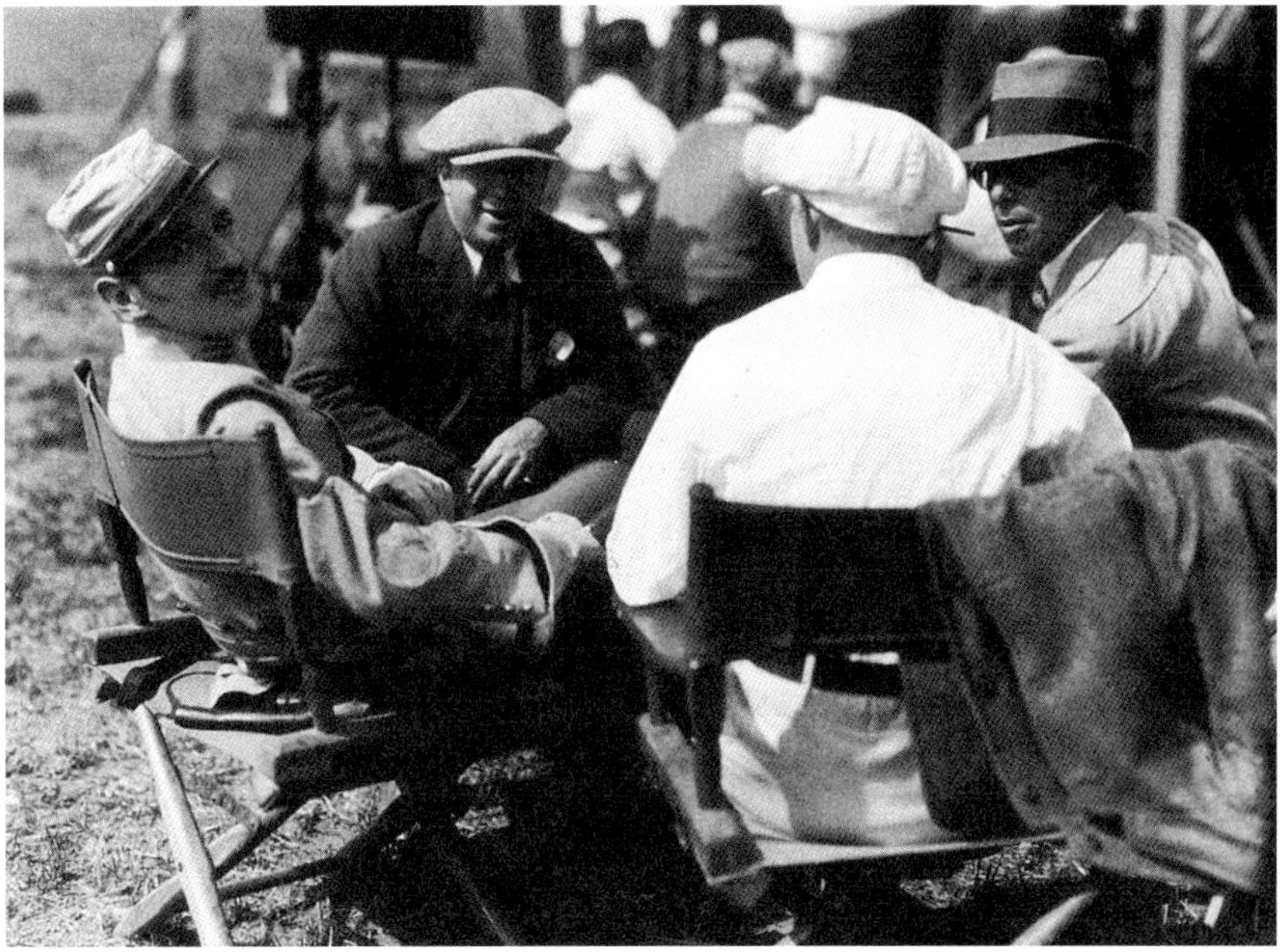

［上］『南北珍雄腕比べ』（26）製作中のレイモンド・グリフィス（一番左）。ギャグライターのモンテ・ブライスと。［下］ロイド・イングラム監督『前科者』（20）のダグラス・マクリーンとドリス・メイ。

が声を失ったのは気管支肺炎のせいと考えるほうがもっと合理的である。

「グリフィスは救いようのない大ボラ吹きだ」とグリフィスの代表作の一本『彼は皇太子』(二五)を監督しているエディ・サザランドはいう。「別に悪い意味でいっているんじゃない。でも、もし奴のことばがすべて本当なら、年齢は百十八歳にはなっているはずだ。

レイと私は仕事を離れたところでは気の合う仲間だった。彼は意志のかたい、冷徹で、抜け目のない男だった。コメディアンとしての大きな欠点は、これは本人にも直接指摘したのだが、コメディも、パロディも、ファルスも、軽喜劇も、彼にはどれも同じだったことだ。何もかもをごっちゃにしていたんだ。それに加えて、自分を笑いの的にはしないようにしていた。偉大なコメディアンのほぼ全員が自分を笑いの的にして成功を遂げていた。グリフィスはそれを自らに許すには虚栄心が強すぎた。彼のコメディは、難局に遭遇し、機転を利かせてそこから脱出するというのがパターンになっている。数本はそれでうまくいくけれど、繰り返しにも限度があった」

グリフィスは誰にも負けない徹底したコメディの訓練を経てきていた。ヴォードヴィルの世界で、ダンサーとして、俳優として、何年間をも経験した上に、マック・セネットのもとでさまざまな役柄をこなした。キーストン社では俳優であっただけではなく、映画を作る側として、ギャグライターでもあり、ときにはセネットの右腕ともなった。

「数年を経てセネットのもとを離れたとき」とハーバート・ハウは語る。「彼はコメディの達者な職人となっていた。自分の頭からギャグをひねり出せ、笑いのタイミングにも寸秒の狂いもなかった。観客から爆笑をとるにはフィルムは何コマまでか、場合に応じて正確に判断できた。俳優としてのみならず、監督としてもライターとしても有能だった。サイレント・コメディに対する彼の態度は数学者のそれに似ていた。そこには感情はいっさい入ってこない。数学のように、すべては計算し尽くせる世界だった」(「フォトプレイ」一九二五年五月号、三九頁)

レイモンド・グリフィスはサイレント末期にスクリーンから消えていき、これもトーキーの招いた悲劇のひとつかと思われた。業界では知れ渡っていたが、彼の声は録音には適さなかったのだ。

しかし、一九二九年フォトプレイ誌は、グリフィスのハスキーなつぶやき声は「多くの男優のよく響くバリトンよりもはるかに耳に心地よい!」と伝えた(一九二九年四月号、七八頁)。彼はスクリーン復帰を果たすかに見えた。二十五歳の大資産家ハワード・ヒューズがいったんは七万五千ドルで彼を契約下においた。が、この話は最終的にご破算となる。レイ・グリフィスのカムバックは夢物語に終わった。

しかし、彼には最後にひとつすばらしい役が残されていた。ルイス・マイルストンが『西部戦線異状なし』(三〇)の砲弾壕のシーンで、主人公リュー・エアーズに殺されるフランス兵の役に彼を配したのである。皮肉というべきか、ひと言のセリフもない役ではあったが。

　グリフィスがサイレントのスクリーンから姿を消したのは契約上のゴタゴタが原因だった。『西部戦線異状なし』に出演したのち、彼はワーナーの台本作者となった。一九三四年にはダリル・F・ザナック配下のライターのひとりとなっている。映画界を去ったとき、彼の肩書は製作者であった。

「グリフィスは現在の映画界にあって最も聡明な人物のひとりである」と、一九二六年にコラムニストのセルマ・ロビンソンは書いている。「明晰な頭脳、潑剌としたユーモア、本能的なバランス感覚、シナリオや演出に見せる天賦の才、そして人物の性格を見事に浮かび上がらせる完璧無比のリズムとタイミング、これらすべてを彼は保持している」（「モーション・ピクチャー・マガジン」一九二六年五月号、三五頁）

　一九二三年、レイモンド・グリフィスはもうひとりの忘れられたサイレント・コメディアン、ダグラス・マクリーンにギャグマンとして雇われている。マクリーンは土木技師の訓練をうけたものの、公債のセールスマン、新聞記者、自動車のセールスマン、舞台俳優、映画のセールスマンと職を転々としたのち、撮影所助手から端役役者を経て主役を演じるまでの俳優となった。『聯隊《れんたい》の花』（一八）と『青年大尉キッド』（一九、いずれもウィリアム・D・テイラー）ではメリー・ピックフォードの相手役を演じて成功している。ヘンリー・キング監督の『二十三時間半』（一九）は、ドリス・メイともども彼をスターダムに押し上げた。マクリーンはコメディアンとして独立することに将来をかけ、後援者がいないなか、『木の葉落し』（二三、ロイド・イングラム）を作るに当たって自ら資金繰りを行なうとともに、賢明にもレイモンド・グリフィスをライターとして雇い入れた。

「『木の葉落し』は最近公開されたなかでは際だっておもしろいコメディの一本である。スター俳優となってからのダグラス・マクリーンの最高作であろう」とフォトプレイ誌はコメントしている（一九二三年十二月号、七四頁）。『木の葉落し』は興行的にも成功、マクリーンは一躍トップ・コメディアンの仲間入りを果たした。

「観客に優越感を抱かせるんだ」とマクリーンは秘訣をもらしている。「でも、軽蔑されてしまってはいけない。観客に自分のほうがほんの少しまさっているぞと思わせるんだ。また、映画自体を馬鹿にさせちゃいけない。映画であることを忘れさせるんだ。ちょっとした人間のドラマが、人間性を感じさせる何かが、いま目の前に展開していると思わせるんだ。私は自分の映画をコミカルにしようと努めてはいない。ただ、観客を楽しませようとしているだけだ」（「フォトプレイ」一九二六年十一月号、一三九頁の引用より）

　マクリーンも、グリフィス同様、製作者として映画経歴を終えている。

　ハリウッドにいるあいだ、私はマクリーンとコンタクトを取ろうと幾度か試みた。ようやくひとりの男が電話の向こうに出てきてくれた。マクリーン氏と話がしたいと伝えると男は明らかに動揺した声音になった。

「マクリーン氏がご病気なのをご存じないのですか？」と男はいった。「私は付き添いの看護師です」

「たいへん失礼しました」と私は答えた。「それでは、マックリーン氏にお手紙をお送りしたいのですが、差し支えないでしょうか？」

看護師は辛抱強かった。「おわかりではないようですね。マクリーン氏はもはや意思疎通のできる状態にはないのです」

何とも痛ましい知らせだった。ダグラス・マクリーンは忘れられただけではなかった。生涯の仕事をすべて失われたうえに、その記憶もこの世から消え去っていたのだ。

第四十一章　レジナルド・デニー

レジナルド・リー・ダグモア・デニーはイギリスのサリー州リッチモンドに生まれ、*サセックス州メイフィールドのセント・フランシス・ゼイヴィア・カレッジに学んだ。この簡単な経歴紹介は、トップ・サイレント・コメディアンのひとりであった彼がなぜトーキーの到来とともにその地位を降りねばならなかったかを説明してくれる。

デニーが演じていたのは、地方生活のなかでさまざまな困難に見舞われる典型的なアメリカ青年であった。トーキーの出現によって、彼の身についた本場英国製英語が露わになると、彼が演じていた青年像も、コメディアンとしての彼の将来も、大きな壁にぶつかった。

セシル・B・デミル監督の『マダム・サタン』（三〇）で、彼は脇を演じる準主役級俳優として、第二の映画人生を再開した。そしてほどなく、MGMの『ロミオとジュリエット』（三六）のベンヴォーリオから、『アボットとコステロ、ジキルとハイドに遭遇す』（五三）の警視役までさまざまな役柄を達者に演じ、C・オーブリー・スミス、バジル・ラスボーン、アラン・モーブレイらと並ぶ、アメリカで最も人気あるイギリス人実力派俳優のひとりにおさまった。サイレント期の映画経歴は、映画ファンのみならずデニー本人にとっても、忘却の彼方に消え去っていた。

私が彼とハリウッドで会ったとき、デニーは自分のサイレント映画は二十年以上見ていないと語った。自分がどれほどのコメディアンであったのかはまったく記憶にとどめていないようで、『スキナーの夜会服』（二六）を一緒に見ることを承諾させるのに、少し時間をかけて説き伏せる必要があった。デニーと彼の家族は映画コレクター、デイヴィッド・ブラッドレーのハリウッドの住まいに集まったが、幾ばくか緊張の様子がうかがえた。最初に上映されたのは、デニーをハリウ

＊レジナルド・デニーは一九六七年六月、サリー州リッチモンドで没した。

ッドに呼び寄せるきっかけとなった、ボクシングを描いた連続物『拳闘王』（全六篇、二二）中の一篇であった。この二巻物では、デニーは好感の持てる、しかし性格付けは単純な主人公を演じていて、笑いはすべて脇の俳優によって生み出されていた。

『スキナーの夜会服』は、一転瞠目すべき作品だった。ウィリアム・A・サイターのすっきりとした熟練の演出によって、デニーの最高の姿がそこには現れていた——すぐれた技巧と洗練がほどよく釣り合い、それらがけっして人間的な暖かみを覆い隠していないコメディアンの姿である。

デニー一家の雰囲気は、この一九二六年公開のコメディが展開するなかで、目に見えて変化していった。映画のなかのギャグははじめのうち遠慮がちな、どこかホッとしたようなクスクス笑いに迎えられた。しかし、いったんストーリーのなかに巻きこまれてしまうと、セネットの喜劇女優だったミンタ・ダーフィーをも含めた小観客は、映画のなかに没入して腹を抱えて笑い始めた。

デニー夫人はエキストラのなかに自らの姿を認めるとともに、まだ若きジャネット・ゲイナーをも見出した。映画が終わるとデニーはお祝い攻めに遭った。恥ずかしそうな笑みを浮かべながら彼は、見るまでは古ぼけたポンコツ映画だとばかり思っていたと告白した。「想像以上にはるかにおもしろかったよ」と。

デニーが得意としたコメディは、当時のハリウッド流のスタイルのひとつで、シドニー・ドルー夫妻やカーター・デ・ヘイヴン夫妻らによって人気を得たライト・コメディ——そのなかの何本かはウィリアム・A・サイターによって監督されている——の流れを汲むものであった。近年ではドリス・デイとロック・ハドソンのコンビによるシチュエーション・コメディがユニヴァーサルで連作されているが、これなどはかつてのレジナルド・デニーとローラ・ラ・プラントが主演したコメディに驚くほど似通っている。

コメディアンとしてのデニーの特性は当時よりもかえって現在のほうが正しく評価されるのではないだろうか。いうまでもなく、二〇年代はコメディの黄金時代であった。チャップリン、キートン、ロイド、そして少し遅れてラングドンが頂点を占めるなか、他のコメディアンはどうしても彼らの後塵を拝さざるを得なかった。しかし、デニーのスタイルはそのような中にあっても独特の位置を占めるに足る個性的なものだった。彼は、チャップリン、キートン、ロイドとは異なり、コメディを自ら構想したり自ら演出したりはしていないし、全体の監修役として細部に目を光らせているわけでもない。しかし、彼の才能は、レイモンド・グリフィスとともに、四大喜劇王の次のレベルに位するほどにじゅうぶん印象的ではある。

デニーの成功のひとつの鍵は五年間彼の監督を務めたウィリアム・A・サイターである。性格温厚、映画を愛するごとくにゴルフを愛したサイターは、肩肘張らず楽々とコメディ

［上］『スキナーの夜会服』（26）。昇給を期待する若夫婦（レジナルド・デニーとローラ・ラ・プラント）。［下］『驀進デニー』（27）のアーマンド・カリズとレジナルド・デニー。

の監督を重ねていった。「彼は大作映画の監督など望んではいなかった」と俳優のひとりは語っている。「中くらいの、楽しい映画を作るのを人生の喜びにしていた。あっさりと、楽々と、知らない間に仕上げることを」

サイターはデニーの才能を見抜き、それを最高のかたちで表に引き出した。デニーの秀作はいずれもサイターの手がけたものである。ただし、興行的な成功作はハリー・ポラード監督の手になるものではあったが。

「ポラードには真の意味でのコメディ感覚は備わっていなかった」とデニーは語る。「能力の点で彼はビル・サイターには及ばなかった。ポラードはドタバタ専門、私にはもっと軽いタッチのコメディが似合っていた。ポラードと私の意見が合うはずはなかった。

でも、彼と二人で『拳闘王』を作り始めた。ニューヨークで独立製作としてね。独立製作となったのはやむなくだった。〝拳闘だって？　誰がそんなものを見たがるんだ？〟っていうのがまわりの反応だったからだ。

二本作ったところで資金が切れて、製作をたたんだ。するとパット・パワーズが現れて映画に興味をしめし始めた。パワーズが目をつけたものは、あのご老体、ユニヴァーサルのカール・レムリは何だって横取りしようとする。二人は一度大げんかしているからね。で、結局、レムリとの契約となった――ネガとワーク・プリントひとつで一万一千五百ドルのね。

向こうはまったく期待などしていなかったのだろうが、公開すると、なんとこれが大当たり！　さらに四本作ることとなった。もちろん、そこらじゅうから金を借り集めてだ。ユニヴァーサルは借金が返せるよう私たちに金を融通しようといってくれた。しかし悔やまれることに、私たちはそれを契約書としなかった。私たちが六本目を作ったところで、ユニヴァーサルは私たちへの信用貸しをストップ。そのことを私たちの債権者に通知し、私たちを破産に追いこんだ。そうしておいて何もかも、映画も私たちをも買い上げたのだ。

法的処置がニューヨークで進むあいだ、私はカリフォルニアに送られた。ハリウッドではニューヨーク者は嫌われる。しばらくは何もしないでぶらぶらしていた。会社のほうが見かねて、北西騎馬警官隊の連続物を作ることになった。監督はレムリの親戚のひとりナット・ロスだった。『鋼鉄の牙』（二二）というのがその一本で、これはいまだに忘れられない。私はそれまで乗馬なんてほとんど経験がなかった。そんな私に監督は馬で突進させた。私は放り投げられ、足首の骨を折った。そのシリーズは二本作ったところでおしまいになった。〝なんてザマだ！〟と会社側はあきれていたね。会社はそんな私を使って『拳闘王』の続きを作らせようとした。

ハリー・ポラードがやってきて、最後の数本以外は彼が全部監督した。次に出演したのが『ケンタッキー・ダービー』（二二、キング・バゴット）で、これはコメディの要素のまったくない冒険ものだった。会社には私をコメディアンとして使おうという考えはまるでなかったのだ。しかし、ジャック・ロンドンものの『阿修羅と猛りて』（二三）をやったとき、私は少々コミカルなものも入れてみようと提案した。それは主人公が立派なお屋敷の晩餐会に招かれたシーンだった。この青年は拳闘家の息子で、外の食事といえば簡易食堂しか知らない。大きな邸宅に入るのも初めてで、どう振る舞えばよいかわからない。だから私はコメディとして演じてみた。監督のホバート・ヘンリーは私がふざけていると思ったようだった。

〝ふざけるなんてとんでもない〟と私は彼にいった。〝ここは笑いをいれるところだと思うがな。それが自然だし、きっと受けると思う〟と。

ヘンリーは同意してくれて、一緒になってこのありきたりのストーリーに軽いコメディの要素を入れこんだ。映画は大いに当たった」

コメディアン、デニーの出発点となったのは次の作品、ハリー・ポラードによる『大速力王』（二四）である。これはウォーレス・リードの自動車競走《オート・レーシング》コメディの線をねらったもので、フォトプレイ誌はウォーレス・リードにひけはとらないと評する一方で、リードの死で生じた穴を埋めるのは他の誰よりもデニーかもしれないと付け足した。

ポラードとデニーはこの映画の主演女優を誰にするかで意見が分かれた。ポラードは自分の夫人マーガリタ・フィッシャーを希望したが、デニーは反対し、最終的にデニーがとある西部劇で見つけた女優ローラ・ラ・プラントで決定した。『大速力王』のロケ地であったデル・モンテから、ローラ・ラ・プラントは撮影班の楽しい雰囲気を生き生きと伝えている。

「レジーはよく冗談をいってシーンを茶化してしまう。でも、達者な俳優なので、それでいて劇的効果は損なわれない。例えば彼は、表情はちゃんとドラマに即しながら、とんでもないおふざけをしたりする。私にはそんな真似は絶対にできない。突き出た板の上を歩いて行って海に落下するというシーンのところで、彼は体をこわばらせ、両手を天に差し上げると、ひと声張り上げて水に飛びこんだ――〝この命、ユニヴァーサル・カンパニーに捧げる！〟

〝コーポレーションだ！〟間髪容れず、細部にうるさい製作主任のエディ・スタインが叫んだ。みんな笑いくずれ、危うくシーンがだいなしになるところだった」（「ピクチャー・プレイ」一九二四年一月号、七〇頁）

デニー作品に監督としてウィリアム・A・サイターがあてがわれると、撮影現場の雰囲気はさらに明るくなった。キャメラマンにアーサー・トッドが定着し、脇役も何人かの俳優に固定されてくると、レパートリー劇団のようなものができあがり、この〝レジナルド・デニー劇団〟は緊密な仲間意識で結ばれた。スタッフとしては編集のジョン・ローリンズ、助監督のネイト・ワット、キャスティング監督のフレッド・デイティグがそこに含まれていた。仲のよすぎる〝一家〟ではないかというユニヴァーサルの危惧は、ローラ・ラ・プラントが監督のサイターと結婚するに及び、現実のものとなった。

「口論なんて起こりようがなかった」とデニーは語る。「叱りつけるだのイラつくだのもなかった。いつもきっちり予算内に映画を上げた。上層部には何の心配もかけなかったのだが、それでも最後には解散させられたね。私たちは仲がよすぎたんだ。とくにビル・サイターと私とは。

彼とは撮影に入る前にストーリーについてじっくりと話し合った。いろんなアイデアを交換したものだ。まわりのみんなの意見も参考にした。よりよいアイデアがあれば使わない手はないからね。いろいろと試したものだ。でも、いい映画が生まれた基本は、ビルと私が台本をあいだにおいてああだこうだと議論し、あれこれ提案し合ったところにあったと思う。そうやって納得のいく台本をまず拵えた。これは笑えるものになるという確信がもてなければコメディアンじゃないからね。

疲れが表に出てきたらそこで撮影を切り上げた。そこがビル・サイターのすばらしいところだ。土曜日に仕事をしていてゴルフに行きたくなると、昼の休憩時に私がめまいをおぼえるようになる。そうしたら撮影機材などをしまいこんでビルがいうんだ。〝めまいを起こしちゃ、撮影はここまでだな〟と。

会社は私に健康チェックを受けさせていたから私の体に問題はなかったけれど、めまいはウソだと証明できないからね。フットボールの試合を見に行きたくなったときも、同じことが起こる。〝じゃあ例によって〟とビルがいうわけだ。〝昼時にめまいを起こすんだぞ〟と」

このようなリラックスした明朗感がデニーのコメディ作品には浸透しており、それは俳優陣の演技にも反映している。いかにすぐれたコメディアンといえども、タイミングは脇役のたったひとつの不用意な動きによってだいなしにされる。サイターが監督したデニー・コメディではキャストが申し分なかった。憂い顔の太った小男オーティス・ハーラン、口髭をたくわえた要領のいい義弟タイプのベン・ヘンドリックス・ジュニア、にらみ顔の恐ろしい義理の母エミリー・フィッツロイ、無気力な背高のっぽウィリアム・オースティン等々である。モーション・ピクチャー・マガジン誌がいうように、「私たちはまだ映画を独り占めしようとするデニーの姿は見ていない。まわりに熟練の俳優を並べるのが彼の狙いであるようだ」(一九二六年五月号、八四頁)。しかし、これらの俳優はただたんに熟練という以上の存在であった。

レジナルド・デニーの生い立ちは演劇の世界と固く結ばれていた。父親W・H・デニーも、祖母ヘンリー・リー夫人も舞台俳優であった。デニー自身、一八九九年、ロンドンのロイヤル・コート劇場で子役として初舞台を踏んでいる。十六歳のとき学校を抜け出したのも、はやく舞台にもどりたかったためであった。一九一一年、「ニューヨークのクエーカ

［上左］『僕の幸運日』（29）のレジナルド・デニー。［上右］『ジョーンスの大事件』（26）でオーティス・ハーランと。［下］『ジョーンスの大事件』。奥にザス・ピッツ、手前にオーティス・ハーランとレジナルド・デニー。

ー・ガール」のなかの八人のコーラスのひとりとして渡米、俳優の急病により、途中からもっと重要な役である〈カルロ皇太子〉の役を演じることとなった。

翌一九一二年イギリスにもどり、寸劇の出し物を持ってミュージックホールを巡演する。翌年バンズマン・オペラ・カンパニーに加わって、インドをはじめ東アジアを巡業、一四年再びアメリカを訪れ、一七年まで全米各地を経巡った。

「アメリカが第一次世界大戦に参戦したとき、私も入隊を決意し、ニューヨークの英国新兵募集本部において兵籍に入った。インド巡業のときに結婚した私の妻は、ひどい仕打ちだといって私を責めた。前年に生まれたばかりの娘バーバラがいたからだ」

英国陸軍航空隊への入隊を認められたデニーはヘイスティングスでパイロットの訓練を始め、同地の旅団内でボクシングのヘビー級チャンピオンとなった。訓練が終了する前に第一次大戦が終結、除隊となる。兵士としての活躍の場はなかったが、軍務を解かれたあとにちょっとしたドラマが待っていた。

「士官だったので帰還船ではファーストクラスの資格があった。フォークストーンの帰還者キャンプでもどりの船が準備されるのを待っていると、急ぎの者は翌日出港できる、ただしファーストクラスはついていないと知らされた。それはユナイテッド・フルーツの小型船〈タロア〉号で、航海は散々なものとなった。小さな船に大勢を乗りこませたので、船倉は帰還兵で過密状態。そんな状況のなかで、疲弊した彼らに船内の掃除をさせようとしたものだから、ついに反乱が勃発した。私は残っていた三人の士官のうちのひとりだったのだが、規律の回復は無理と判断し、他の二人と一緒にハリファックスで水先船に乗り移って上陸した。そしてそこから鉄道でニューヨークに帰っていった」

デニーはニューヨーク到着を妻に知らせる余裕がなかった。普通であれば、彼の帰還は数週間後になるはずだった。

「ニューヨークに着いてみると、妻は「ニューオーリンズのネリー」という劇に出ていた。劇場に行くと、妻は楽屋でメイクの最中だった。彼女を抱きしめようとすると、妻は私の手を振り払って、あなたとはもうおしまい、といった。

私は妻のアパートに行って、娘のバーバラに会った。帰ってきた妻に説得を試みたが無駄だった。妻は神経過敏の状態にあった。それに加えて、新しい劇のリハーサルも始まっていて、彼女はそのなかで主役のひとりに抜擢されていた。妻は私にアパートにいてもいいけれど、仕事が見つかったらすぐに出ていくようにといった。数日後、仕事を見つけた私はアパートを出ていった」

シカゴのブラックストーン劇場に出ているときに、デニーは妻が神経衰弱で倒れたと知らせをうける。彼はニューヨークにもどり、妻を療養所に入れる。娘のバーバラは看護師に付き添われてとある農家に送られた。デニーはシカゴにもどるが、劇は三週間で公演が打ちきられる。文無しとなった彼は金を借り集めてもう一度ニューヨークに出、一九一九年版の「束の間《パーシング》のショー」の出演契約を結んだ。

　皮肉なことに、題名どおり「束の間《パーシング》のショー」はリハーサルが済む前に、俳優組合のストライキのために上演中止となり、デニーは再び職を失う。しかし、この不運がニュージャージー州フォート・リーのワールド・フィルム・コーポレーションでの仕事を導くことになり、ここで彼はオスカー・アプフェル監督の二本の映画『ベティを育てて』と『オークデール事件』(共に一九)に出演する。「束の間《パーシング》のショー」の公演が始まり、デニーは舞台にもどる。その中途で彼はジョン・バリモアの「リチャード三世」の舞台に借り出される。これをきっかけにバリモアの親友となったデニーは、「リチャード三世」こそバリモアの最高の舞台だったといまでも確信している。映画からの出演要請も増え、ジョン・S・ロバートソン監督の『東三十九番地』(二〇)や『女優の悲哀』(二一)、ジョージ・フィッツモーリス監督の『経験』(二一)などの仕事をした。

「その頃、有名な絵画にまつわる物語を映画にし、それをシリーズ化してみようとアイデアが閃いた。そこでまずひとつ『物乞いする乙女』(二一)という短篇を作ってみた。女優には当時まだ十五歳くらいだったメアリー・アスターを使った。アイザック・ウォルプという人物が資金を集め、ただ同然の低予算で作り上げた。キャメラマンに雇ったレジャラン・A・ヒラーは時代の先を行く、すばらしい技術をもっていた。彼は雑誌のイラストを専門にする商業写真家だった。台本の大部分は私が書いたもので、監督はハーバート・ブラッシェが担当した。私はすぐに二作目、ミレーの「晩鐘」を題材にした台本を書いた。『物乞いする乙女』は公開され、大評判となった。成功の九割はすばらしい撮影にあった。映像がとにかく美しかったのだ。

　公開したのはフェイマス・プレイヤーズで、フェイマス・プレイヤーズはウォルプにアストリア撮影所で続篇をいくつか作る話をもちかけた。私は彼に話に乗るなといった。〝アストリアで撮るとなったらヒラーは使えない。向こうは自前のキャメラマンですまそうとするからな。ヒラーあっての映画じゃないか。独立製作のままでいて、フェイマス・プレイヤーズとは配給契約だけにするんだ〟と。しかし、ウォルプは私のことばには耳を貸さず、フェイマス・プレイヤーズと契約を結んだ。その時点で私は退いた。二作目は駄作に終わった。劇場に出回ったプリントも少なく、契約もそこで解消となった。アイザック・ウォルプは自殺した。ニッカーボッカー・ビルから飛び降りたんだ」

　『拳闘王』でハリウッド俳優としてスタートしたレジナルド・デニーは、ユニヴァーサルを代表するスターとなるとともに、チャップリンに次いで高給取りのイギリス人俳優となった。それでも、ユニヴァーサルは彼専用の撮影チームの結成を認めようとはしなかった。ウィリアム・A・サイターが彼の監督となって、事実上のチームができあがりはしたものの、サイターがローラ・ラ・プラント主演作品に移されると、よい相方となる監督がまた必要となってきた。

「会社はハロルド・ロイドの監督だったフレディ・ニューメイヤーをあてがってきた。ニューメイヤーが指名されたのは『私のパパさん』（二七）だった。しかし、彼と私とではコメディについての考え方が根本から違っていた。そこで結局、私が監督にあたった。彼の撮り方が私には認めがたかったので、そのとおり彼に伝えると、〝じゃあ、レジー、君が監督しろよ〟と彼は私に全権を委譲したのだ。この映画の原案はもともと私が書いたものだったが、その原案をもとに書かれた台本（アール・スネル）があまりにヒドいものだったので、私は台本は無視し、自分の最初の原案に基づいて撮影を進めていった。

リハーサルその他みんな私たちで行ない、字幕も自分で書いた。ユニヴァーサルはできあがった映画を取り上げ、それを覆面試写会にかけた。私は呼ばれなかったが、こっそりと見に行った。会社はくだらぬ字幕を付け足したりなどしてギャグを増やし、作品をだいなしにしてしまっていた。許しがたい手口だった。

〝この映画をもう一度私に編集させるんだ〟私は会社に要求した。〝さもなければ、ユニヴァーサルでは二度と仕事はしない〟

〝もう不可能だ〟と会社はいった。〝ネガはすべて東部に送ってしまったのだから〟

〝じゃあ、送り返させろ！〟

私はネガをもどさせ、苦心惨憺の末、もとのとおりに編集し直した。字幕ももとにもどした。

『私のパパさん』は資産家の娘と結婚する青年と、幼い孤児の女の子の物語だった。孤児の女の子は自分の父親がどこかにいると固く信じていて、その父親はシルクハットをかぶった紳士だと思い描いている。女の子は道を歩いているときに車にはねられて、病院に運ばれる。一方そのとき、青年は結婚式に向かおうとしていて、シルクハットにモーニングコートの出で立ちで自分のリムジンを運転している。彼は急ぐあまりスピードを出しすぎて、交通警官に止められる。

そこで私（青年）は警官に弁解する。子どもが事故に遭ったんだ。病院に急いでいるんだと。気のいいアイルランド人の警官は〝そのことは聞いている。私が先導するからついてきなさい〟という。

病院に着くと、すぐに孤児の女の子のところに連れて行かれ、みんなが女の子にいう。〝ほら、お父さんよ！〟ってね。彼女が夢見ていたとおりの父親がそこにいる。私には子どもが授かるのだ……結婚式の日に。

孤児を演じていたのはジェイン・ラ・ヴァーンという可愛い女の子だった。ハリー・ポラードがあとでこの子を使って『アンクル・トムス・ケビン』（二七）を撮っている。この子はまだ六歳でもあり、扱いにはじゅうぶんに気をつかった。演技においては、何をするにも心をこめるようにといいきかせた。その結果、まわりの者をみんな食ってしまうほどのすばらしい演技を見せてくれた。会社はそれを見て、この子のセリフ字幕を付け足し、大人をへこます口の減らない女の子にしてしまった。目も当てられなかった。

編集のやり直しを経て映画が公開されたあと、撮影所の総支配人が私をオフィスに呼び、ニューヨーク本部から届いた手紙を見せた。そこには、こんなヒドい映画は見たことがないと書かれていた。

レムリはそのとき撮影所にいなかった。どこかの温泉に療治に行っていた。私は飛行機に乗って、療養所のあるところまで飛び、予告なしで彼の前に現れた。

私はレムリにいった。〝ユニヴァーサル本社からの報告書の件はこちらにもわかっている。そのことでこうしてほしいんだ。もしあの映画が私のこれまでの四本の映画を合わせた以上の儲けを上げなければ――予算はこれまでのどれよりも半分以下だけど――あなたのために儲けの不足分の穴埋めにただで働こう。それは契約にして約束する。ただし、あの映画がこれまでの四本分以上の儲けを上げたら、私に自分の製作班を持たせてほしい〟

レムリは〝本気なのか?〟と訊ね、私は無論だと答えた。彼はこの取り決めに首を縦に振るかと思われた。ところが、ギリギリのところでまわりの者たちから〝奴の指図に従うんですか?〟と横槍が入り、レムリの気持ちが変わった。もちろん、映画は大当たりとなった。妨害者がいて、映画をけなす記事が出、〝デニーの白鳥の歌〟だなんていわれたけれどもだ。あとになってレムリが私のところに来ていった。〝すまなかったな。聞き入れる相手を間違ったよ〟と」

デニー・コメディのストーリーは、活字となったものを読むと、純然たるファルスか仕掛けの限りを尽くしたシチュエーション・コメディのように思われる。しかし、デニーは度外れた、馬鹿馬鹿しい、とんでもないシチュエーションを取り上げて、それをリアルに演じることに喜びを見出していた。ポラードやニューメイヤーとの不一致を見てもわかるように、彼はドタバタ喜劇を嫌っていた。ドタバタを容認したのは、配慮ある使われ方をしたときのみだった。

「上出来の笑いの手段だと思う。ドタバタはね。顔にパイが命中したり、けつまずいたり、頭を柱にぶつけたり。でも、それは必然になっていてこそだ。タイミングをはじめ何もかも、ピタリと決まっていてこその話だ。ただひっくり返る、ただ意味もなくペンキの入ったバケツに足を突っこむ。そういうのを見るとイライラしてくる。リアルじゃないと、自然じゃないといけない。見ていてすんなりのみこめるものでないといけないんだ。

正しくファルスを演じるには、現実離れしたシチュエーションを扱っても、普通と変わらぬように演じないといけない。エディ（エドワード・エヴァレット）・ホートンは偉大なファルス役者だった。彼の演技は誠実であり本格的だった。例えば、こんなシーンがあった。彼は自分の秘書である若い女性にほのかな恋心を抱いている。じつはこの秘書は結婚しているのだが、彼はそれを知らない。何の前触れもなく、この秘書が自分の赤ん坊の話を始める。

〝君に赤ん坊がいたのかね？〟と彼は思わず訊ねる。〝いったいどうやって？　ぶしつけな質問でなければだが〟

〝自然の摂理に従って――〟

〝君は結婚しているの？〟

〝ええ〟

〝じゃあ、旦那さんはどこにいるの？〟

〝撃ち殺しました〟

この瞬間の彼のリアクションが最高だ。彼は唖然とした表情で観客のほうに向き直ると、小声でつぶやく。〝きっと冗談だ〟

私にとって、これは正道のコメディ演技であり、その最上のものだった。

今日では、現実離れしたシチュエーションや茶番劇を何やら特別なものとして扱おうとする。これは年寄りの愚痴かも知れないが、私はいまでもしばしばコメディと称されるものを見る。でも、どこがおもしろいのかさっぱりわからない。最近テレビのコメディ番組に出たのだが、出たことが恥ずかしくなった。出演料をもらった手前出るには出たのだが、一カ所も笑えない、馬鹿馬鹿しくもふざけきった茶番劇だった。わけのわからぬおふざけなら、いまは何でもコメディというのだろうか。私にはわからないね」

第四十二章　ハロルド・ロイド

ハロルド・ロイドの驚きの映画人生はハリウッドの理想の体現のように見えながら、じつはハリウッドの歴史を見渡しても稀に見るものなのである。明朗快活な好青年が成功を遂げ、コンビを組んでいた女優と結婚する。成功をさらに積み重ね、世界のトップテンに入る富豪エンターテイナーとなる。十六エーカーの地所を買い、現役を引退する。普通であればここから人生が暗転するのだが、ハロルド・ロイドの場合はそうはならない。大資産はビクともせず、最初の夫人とは添い遂げ、地所も依然としてその手中にあり、さらに驚嘆すべきは、明朗快活な人となりに変わりはなく、これほどの成功を経てもなお、個性、性格は青年時代のままなのだ。

成功は当然の結果であった。ハロルド・ロイドは、チャップリン、キートンとともに、喜劇映画の三大巨匠を成していた。またチャップリン、キートンと同様、たんなる喜劇俳優ではなく映画作家《クリエイター》であった。あらゆる製作段階において作品と深く関わり、演出においてもその大半を自らが担っていた。

チャップリン、キートン、ラングドンが演じるのはそれぞれユニークな人物であった。ロイドは最初チャップリンの模倣から役柄作りを始めた。一九一七年、彼は演じる人物の性格を改めた。それは個性的なものではあったが、ユニークと呼べるものではなかった。彼の演じる〝メガネをかけたモーレツ青年〟は当時のアメリカの若者の典型であった——ハリー・レオン・ウィルソンやホーマー・クロイの小説、あるいはホレーショ・アルジャーの物語などに書かれて人気を博していた、そういう青年像であった。

「私は観客に親近感をおぼえさせるコメディアンの最初のひとりだった」とロイドは述べている。ロイドのキャラクターは、現実にもこういう人物がいると観客が感じとれるものだった。チャップリンやキートンが演じたのは社会のはみ出し者であり、その限りにおいて、観客は彼らに共感を感じることができた。一方、ロイドのはアメリカの中産階級に密着したキャラクターであった。彼は向かいに住む青年、隣のオフィスで働く青年であり、すなわちどこにでもいる普通の青年だった。

ハロルド・クレイトン・ロイドは、一八九三年四月二十日ネブラスカ州バーチャードに生まれた。「魅惑的なものとは無縁の青年時代だった」と彼は自らの生い立ちを語るなかで述べている。（「ハロルド・ロイド自伝」第一章、「フォトプレイ」一九二四年五月号、三二頁）「それなりに胸を高鳴らせる出来事や、冒険といえるようなこともあったけれども、人が聞いて目を輝かせるようなものではない。私は平凡な、そばかすだらけの、意地っ張りの男の子だった」

自ら出し物を考案したりして楽しんでいたロイドだったが、はじめて舞台に立ったのは「マクベス」のなかのごくささいな脇役としてだった。その後、舞台での出番を重ねていくが、おぼえているのは、舞台監督のひとりで、のちにサイレント映画の監督となるロイド・イングラムに、君は将来この世界で名を成すだろうといわれたことだった。

ロイドの両親は彼が十六歳のときに離婚する。それを機に、彼は別の道をめざそうとする——ボクシングである。

「しかし、人と殴り合うのは性に合わなかった。観客の声援には興奮したけれど、私のボクサー人生は冴えないままで終わった。リングに立ったのは数回ほど。すぐに思い直して、第一の夢だった舞台にもどっていった」

一九一一年、ロイドの父親は事故に遭って多額の賠償金を得、それを息子のために使おうとする。「私はショー・ビジネスのメッカであるニューヨークに出るべきか、自分を受け入れようといってくれる劇団の所在地サンディエゴに行くべきかで迷った末、コインを投げてカリフォルニア行きを決めた。でも、現実にそれを可能にしてくれたのは父親だった」

ロングビーチにスタジオを持っていたエジソン社が、ロケーション撮影にサンディエゴに撮影隊を派遣した。このとき、当地の演劇学校で助手をしていたロイドは、先住民ヤーキ族に扮するエキストラのひとりとして、一日だけキャメラの前に立っている。

「ちょうどどん底生活にあえいでいるときだった。あのときほど苦しかったのはあとにも先にもおぼえがない。ポケットの中にあるのは五セント白銅貨ひとつきり。それでドーナッツを六つ買った。そのときのドーナッツほどおいしいものはなかった。それが丸一日の食糧だったのだが、滞っていた給料が支払われて、また息を吹き返した」

ロイドはモロスコ劇団の一員にもぐりこむが、解散の噂が流れたため、ハリウッド行きを決意する。

ハリウッドに出てみると、撮影所には守衛がいて、この守衛が通せんぼをした。彼はユニヴァーサル撮影所の外で何時間も立ちつくした。守衛は親切な男だったが、規則は曲げなかった。

「翌日、妙案が浮かんだ。舞台で使っていた化粧箱を持っていき、建物の裏で顔にメイクをほどこし、帽子の型を変えると、昼食休憩からもどるエキストラの群れに紛れて撮影所の

『巨人征服』(23)のハロルド・ロイド。

中に入っていった」

撮影所の中には入れたものの、まだ仕事についたわけではない。ロイドは束ね役は助監督だと見抜いた。助監督がエキストラを選んでいるのだ。数日間、同様の手口で撮影所の中に入り、助監督に三拝九拝した結果、ロイドはエキストラの仕事にありついた。エキストラ仲間のひとりに、将来彼の映画人生に大きな役割を果たす若者、ハル・ローチがいた。

「ハルとはすぐに仲良くなった。ハルはJ・ウォーレン・ケリガン主演の映画で役をつかんだ。でも俳優としては力不足だった。私のような舞台経験をもってはいなかったんだ。監督のJ・ファレル・マクドナルドは彼を外して私にその役をあたえた。私はもちろん問題なかった。

ハルは〝こん畜生!〟と思っただろうが、奇妙にも、それをきっかけに二人の仲はいっそう親密になった。ハルは私の演劇のバックボーンに一目おくようになった!」(著者によるハロルド・ロイドへのインタビュー。一九六三年六月から六四年十二月にかけてロンドンとハリウッドにて。とくに断りのある場合を除いて、これ以降のロイドのことばはすべてこのインタビューからのもの)

ロイドとローチはエキストラとして日給五ドルを得ていたが、ユニヴァーサルがエキストラの日給を三ドルに抑えることを決定。両人はそれではやっていけないとスパッと職場に見切りをつけた。

ローチはコメディ製作の夢を抱いていて、ロイドにも加わってほしいと思っていた。親類筋から数百ドルの遺産が入ってくると、彼は時機到来とばかりギリギリの予算で数本の映画を作り上げた。いちばん新しいのは『ジャスト・ナッツ』（一五）というもので、ジェイン・ノヴァックとカウボーイ・スターのロイ・スチュアートが出演していた。この二人を相手にコメディアン役をつとめたロイドは、スチュアートの日給十ドルに対して自分の日給が五ドルだと知って複雑な気分になった。

「数日間思いつめ、どうにも我慢できなくなってきた。そこで勇を振るってハルのところに出向き、不満をぶつけてみた。彼の言い分はこうだった。スチュアートは十ドル以下ではどうしても承知しなかった。で、しかたなく彼の日給は十ドルにした。でも、私に同額支払える余裕はないと。

〝みな平等に五ドルなら我慢できる。でも誰かひとりに十ドル払っておいて、ぼくには払えないという理屈は成り立たない〟そういって、ハルのもとを離れた」

ロイドはキーストンに行く。ローチはロイドが抜けた穴をリチャード・ロッソンで埋めようとするが、思い直してエッサネイに行って監督をした。

「ハルは今後のことを考えた。そこにパテ社が契約の話を持ってきた。もう一度スチュアートとジェイン・ノヴァックと私の三人を一緒にできるならという条件だ。ところが、ロイ・スチュアートは別の連続西部劇に出る話が決まっていて、ジェイン・ノヴァックももうすでに仕事が入っていた。私はセネットと契約をかわす寸前だった。ハルは週給五十ドルを提示してきた。私はキーストンはやめにした。ハルと私のコンビが本格化するのはそこからだ」

ローチはパテ社のためにロイド主演で一巻物を連作する。〝ローンサム・ルーク〟のシリーズだった。

「〝ルーク〟には飽き足らなかった」とロイドは語っている。「ルークはチャップリンの模倣だった。自分としては真似にならないよう精一杯努めたのだが、衣装にしてもじつはチャーリーの正反対をいっただけだ。だぶだぶの格好のチャーリーに対して私のはキツキツの格好といった具合に。でも、コミカルな衣装にかけてはチャーリーの独擅場だ。ローンサム・ルークはドタバタ喜劇のキャラクターだが、そちらもチャーリーの独擅場。彼は並ぶもののない王者だった。

最近ローンサム・ルークものを何本か見た。ルークは野心的で荒っぽいキャラクターだ。ギャグも荒っぽく、残酷なまでに暴力的だ。でも、当時の観客に受けはよく、会社もそれで相当に儲けていた。もっと独自のものをと私が進言しても、誰も聞いてくれなかった。当たっているものをわざわざ変える馬鹿がいるか、というのが会社の態度だった」

パテは反論の余地のない論理でこう指摘してきた。会社はローンサム・ルークのために大金を投じてきた。それに観客になじみがあるのは〝ローンサム・ルーク〟であって、ハロルド・ロイドじゃないぞ、と。たしかに、ロイドの名はまだ一度もスクリーンに現れてはいなかった。

［上］“ローンサム・ルーク”の時代。バッド・ジャミスン、ビービー・ダニエルズ、ハロルド・ロイド、ガス・レナード（1917年）。［下］『ロイドの初恋（ロイドの家庭サービス）』（24）。

その頃にはビービー・ダニエルズがロイドの共演者となっていた。ある晩、二人は自分たちのコメディを見に映画館に入った。ローンサム・ルークが現れると、場内のどこかから子どもの声が聞こえてきた。「あっ、チャップリンのマネしんぼうが出てきたぞ！」

「その子には」とロイドはのちに書いている。「勲章を授けたかった。そのひとことで決心が固まったからだ。会社にもどってハルにいった。もう人の真似はやめだ。いくらチャップリンのような天才の模倣とはいえ、いつまでもデキの悪いモノマネで終わりたくはないと」

ローチは再びパテ社に電報を打った。今度は会社もローチも、ロイドに新しいキャラクターに挑戦させてみようと意見が一致した。二巻物のルーク・コメディに代わるものとして、ローチは有名な道化役者トトと契約を結び、ロイドには自分で新たな二巻物を始めてみるようにと促した。

「私は〝いや、それよりも一巻物から始めてみたい〟と返答した。〝そりゃまたどうしてだ？〟とローチは驚いた。〝せっかく二巻物を作っているのに、なぜまた一巻物にもどるんだ？〟と。

〝まずは新しいキャラクターをしっかり固めてみたい〟と私はいった。〝一巻物なら毎週一本ずつ作っていける。二巻物なら月に一本だ。二巻物で失敗したら、出来の悪いのが劇場に居すわったまま、次の作品まで観客を四週間待たせてしまう。一巻物なら、駄作でも翌週には姿が消える〟」

新しいキャラクターはローンサム・ルークとは正反対なものを、もっと普通のキャラクターをというロイドの欲求から発していた。「観客が自分自身の姿を見出す、あるいは知り合いの姿を見出す、そういうコメディを作ってみたかった。そのとき、誇張なしのメイクにメガネというアイデアが浮かんだ」

自身熱心な映画ファンでもあるロイドは、メガネをかけたおとなしそうな牧師が窮地に追いこまれて、一転たくましい男に変貌するという映画を見て感銘をうけていた。ロイドはロサンゼルスのスプリング通りにある眼鏡店で格好のメガネを見つけた。七十五セントだった。

「最初の数本は自分で監督せざるを得なくなった。そんなつもりじゃなかった。ましてや最初の映画を自分で監督するとは思いもしなかった。監督に頼んだのはJ・ファレル・マクドナルドで、ローチと私がエキストラをしていた頃、何本もお世話になった監督だ。でも、彼はコメディを監督するのは初めてだった。〝ハロルド、ここはどうやればいいんだ？〟と彼はよく聞いてきた。私はこうこうこういうシーンだと説明し、彼はそのとおりを他のみんなに話して聞かせた。これが繰り返された。全体の三分の一ほど撮影が進んだところで、彼がやってきた。奴は正直な男だ。〝ハロルド〟と切り出した。〝じつのところ、この映画にゃお手上げだ。どうすりゃいいのかいまだにわからない。君にはすべてがわかっているから、いちいち君の指示をあおいできた。いい加減自分が馬鹿に見えてきたよ。君が監督の座にすわればいい。君にとってもいい訓練になると思う〟と」

ロイドはメガネ・キャラクターの最初の映画『ロイドの野球』（一七）の監督となった。次の映画では監督にギル・プラットを雇った。ギルバート・ウォーカー・プラットはカーレム社で映画の世界に入り、その後ニューヨーク・モーション・ピクチャー・カンパニーに籍を移していた。ローチのもとでは、ロイドと共同監督をし、同時に自ら悪役も演じた。この時期のロイド喜劇の監督にはもうひとりアルフ・グールディングもいる。舞台経験豊富なオーストラリア人で、フォックスを経てローチの撮影所にやってきた。プラットとグールディングが二作目以降の五本の短篇喜劇を交互に監督した。トトのコメディが失敗に終わり、ローチもロイドの製作班に加わってきた。プラットはヴァイタグラフ社に去り、今度はローチとグールディングが交代で監督に当たるようになった。

一九一九年、ローチはパテ社と新たな契約を取りかわし、二巻物喜劇を九本製作することになった。第一作は『ブロードウェイと出くわして』（一九）、第二作は『海賊退治』（一九）である。後者はビービー・ダニエルズとの最後の共演作となった。ダニエルズとロイドは二年前、サンタモニカのサンセット・インで開かれたダンス・コンテストに出場していて、そのときダニエルズは会場にいたセシル・B・デミルから「あなたのような人をうちの会社にほしい」と誘いの声をかけられていた。いま契約下にあると答えると、デミルは「自由になったら知らせてほしい」といった。ダニエルズはドラマを演じる女優になりたいとかねがね希望していたので、契約期限が来るとすぐさまローチのもとを離れてデミルに連絡をとった。嬉しいことに、デミルの熱意はまったく変わっていなかった。

ビービー・ダニエルズの抜けた穴をどう埋めるかの問題はローチが解決した。彼はブライアント・ウォッシュバーンのコメディ『遺産を当てに』（一六、ジェイムズ・ヤング）に出ていたミルドレッド・デイヴィスに目をとめた。その映画を見たロイドもデイヴィスを気に入った（のちに両人は結婚する）。

パテ社は二巻物製作を先に進めたかったが、残っている一巻物がすべて劇場公開されるまでしばらく待機する必要があった。この時間を利用してロイドの宣伝写真が撮られることになった。ロサンゼルスのウィッツェル・スタジオから写真家がやってきて撮影が始まった。そのなかの一枚はロイドが手に爆弾を持ち、天を見上げているというものだった。

「もう少しでほんとうに天に召されるところだった！」とロイドは語っている。

爆弾は本物だった。偽の爆弾といっしょに、同じ箱の中に、装薬済みの三個の爆弾が入っていた。小道具係は本物のほうを取り出してロイドに渡した。

「顔のすぐ近くに爆弾をかざしていたので、その格好のままでいたら頭が吹き飛んでたはずだ。でも、神のご加護で私は爆弾を持つ手を下げて写真家に何かいおうとした。それが命拾いとなった」

爆発で窓ガラスは割れ、天井にはひびが入り、彼は九カ月の入院となった。右手に重症を負い、失明は避けられないかに思われた。顔の皮膚は裂け、一面焼け焦げだらけとなっていた。

「それからの数カ月がつらかった。いま思い出しても背筋が寒くなってくる」とロイドは自伝の中で書いている。「それまでの自分は、普通の、いたってのんきな、幸福な人生を歩んでいた。失意や貧窮、悩みや仕事のキツさは経験していたけれど、そんなものは何でもなかった。自分には明るい未来が待ち受けていたからだ。私は若くて元気だったし、何をしても楽しかった。あの爆弾の一件で、私は初めて真の苦難を知った」

同じような体にはおそらく二度ともどれないと覚悟した彼は、もしも失明を免れたら、コメディの監督になろう、それがダメならコメディのライターになろうと決意した。いずれにしろ俳優の道は断たれたものと思っていた。

奇跡のように、ロイドの傷は完全に治癒した。特製の手袋が作られ、それが右手をピッタリと覆った。退院してすぐに、ロイドは五本目の二巻物喜劇『化物退治』(二〇)の撮影に入っていった。

「原則として、メガネ・キャラクターでは荒唐無稽はなしにしている。ちょっとありそうにないが、あっても不思議はないということはやっている。『神出鬼没』(二〇)では私にしては珍しいシーンがある。でも、これは笑えると思う。

私がフォードを修理している。ボンネットを開けて頭を突っこみ、肩まで入り、そのまま体の半分が中に隠れ、しまいに足まですっぽりと中に消えてしまう。この映画は諷刺として作っていた。当時のフォードのモデルTはとても〝身軽な〟乗り物として評判だった。だから中を開けたらエンジンすら入っていないというギャグにしてみたのだ。つい八カ月前、フォードからこのシーンをCMに使わせてくれないかといってきた。フォード社の人間はこれを見て大喜びしたのだ。しかし、私は許可しなかった。少なくとも、このシーンをどう使うのかそれを見た上でないとね」

ロイドは自らの映画の上映や取り扱いに関しては注意深い姿勢を崩していない。なかには『要心無用』(二三)や『豪勇ロイド』(二二)のプリントを所蔵しているコレクターはいるかもしれないが、ロイドの長篇ものはその大半がロイド自身によって大切に管理されている。彼はまたフィルム・アーカイヴや名画上映会、リバイバル専門の映画館の動向にも目を光らせている。彼は現在、『ロイドの喜劇の世界』(六二)『ロイドの人気者』(六三)といったように、自分の代表作を抜粋編集したかたちで少しずつ劇場で上映している。サイレント時代にそうしたように、これら再編集作品においても、重視したのは試写会での観客の反応だった。

「観客は最高の批評家ともなれば、最悪の批評家ともなる。

映画のどこに問題があったかをじかに尋ねると、まともな答えは返ってこない。でも、こっそり観客にまぎれこみ、その反応を一部始終体験すると、映画のいいところも悪いところも手に取るようにわかる。

昔は観客と一緒に映画を見、その反応を間近にするのは楽しくてしようがなかった。観客はわれを忘れて映画に没入している。叫び声だって上げる。いまじゃそこまではしない。もう少し抑えがきいている。内心は昔と同じように楽しんでいるのだろうが。昔の観客はもう元気いっぱいで、誰も彼も自分をさらけ出していた。遠慮などどこかに置き忘れてね。

昔の作品を抜粋編集して再公開するさい、いちばん気になったのは新しい世代の観客に喜んでもらえるかどうかだった。いまの十代の若者の何人がロイドを知っているか？　何人が名前を聞いたことがあるか？　サイレント・コメディなんてなじみもないし、関心の抱きようもないだろう。私たちはサンフェルナンド・ヴァレーのエンシノ劇場で『ロイドの人気者』を上映してみた。館内は十代の若者でいっぱい、その大半が女の子だ。でも、そのときの反応は予想もつかないものだった。誰もが夢中になってくれた。感想カードもほぼ全員が絶賛だった。

アーヴィング・タルバーグは、試写会での反応を見て映画を手直ししたのは私が最初だといってくれた。それは彼の思い違いだが、試写会を活用したひとりが私であったのはそのとおり。一巻物喜劇を試写してもらいにグレンデールの劇場に持っていったら、そこのベテラン館主がそれをイベントのようにしてくれた。彼は正装して舞台に立ち、これから何が始まるかを観客に説明したのだ。

映画を撮影しているときは、もちろん最善をつくすのだけど、突き詰め過ぎないよう注意していた。あとには試写が待っている。最終的には試写会場で観客に判定してもらうからだ。試写会で観客の反応を見て、フィルムを持ち帰り、それから二週間、三週間、ときには六週間と、撮り直しに必要なだけの時間をかけ、映画をさらによいかたちに直していく。そしてまた試写会に持っていくのだ。

『俺がやる』（二一）ははじめ三巻物だったが、最初の一巻目がどうもうまくいかなかった。話は駆け落ちから始まる。娘のほうの両親が顔を輝かす。両親は相手の青年を気に入っていたからで、駆け落ちが成功するようこっそり手を貸したりする。笑えるはずなのに、これが試写会ではまるで受けなかった。そこで最初の一巻をまるまる無しにし、二巻目から始まるようにした。そうしたら大当たり。私の二巻物のなかでも屈指のヒット作となった。

『豪勇ロイド』も同じような例だ。あれはアイデア自体前から温めていたもので、幾度か映画にしようとしながら、そのつど別のものに先を越されていた。魅力的なアイデアだったが、私たちのいつもの作品とは少し肌合いが違っていた。ようやく機が熟し、二巻物として作り始めた。しかし、ちょうどひとつ前の『ロイドの水兵』（二一）がそうだったように、どんどんと話が長くなっていった。〝長さは気にしないでいこう。延びればそれもよし。自然の流れにまかせるんだ〟とみんなで言い合った。そうしてできあがってみると五巻物になっていた。最初の試写会はガッカリだった。受けなくはなかったのだが、もっと受けてもいい映画だった。ローチも私も家族を呼んでいた。試写会が終わるとハルと私は家族を車に待たせたまま、別の車に乗りこんで侃々諤々《かんかんがくがく》、さあどうするかで一時間も議論に及んだ。妻たちはほったらかしにされてプリプリしていた。

ハルの主張はこうだった。〝いいか、ハロルド。オレたちゃコメディを作っているんだ。客を笑わせるためにやっている。本来の姿にもどそうじゃないか〟

私はこういった。〝ハル、この映画にはハートがある。これまでのものとは違うんだ。もっと繊細だし、感情に訴えるものがあるんだ〟と。

〝でも、観客がちっとも笑ってないんだぞ〟とハルはいう。

〝ハル、たしかに君のいうとおりだ。もう一度ストーリーの最初にもどって、笑いをいっぱい仕込むようにしよう〟

〝そうこなくっちゃな〟

みんなで頭をひねり二十ほどのギャグを新たに入れた。偏らないようにうまく全体に配分してね。それに加えて、かなりの金をかけてイッキーというアニメのキャラクターをこしらえた。イッキーは主人公の良心になったり、誘惑の甘いささやきになったりするんだ。そしてもう一度試写にかけてみた。イッキーはさっぱりだったが、ギャグはおおいに映画を盛り上げた。そこでさらにギャグをいくつか付け足した。とはいえ、テーマを弱めないように気をつけた。私としてはそれだけは何がどうあれ譲れない一線だった。

自分の映画のなかからいちばん愛着のあるものを選べといわれたら、私は『豪勇ロイド』を挙げる。あれはドラマとしても容易に通用する内容だ。臆病な青年の物語で、祖母がお守りをくれる。それは祖父のもので、祖父はもっとひどい臆病だったのだが、南北戦争のとき、お守りのおかげで獅子奮迅の働きをして味方を大勝利に導いた。お守りを手にした青年は恐いもの知らずとなり、残虐な流れ者に向かっていく。青年は何度も打ちのめされるがへこたれない。自分が勝つと信じているからだ。しかし、その最中彼はお守りがただの傘の柄にすぎないことを知る。祖母は彼にいう。でも、傘の柄にすぎなくとも効果はあった。どこまでも耐えて頑張る勇気を授かったじゃないかと。青年は再び流れ者に向かっていき、とうとうやっつける。それは自分自身を信じた結果得た勝利だった。臆病者の悲劇を描きたかったら、基本はそのままで結末だけを変えればいいわけだ」

コメディの監督は、ドラマの監督ほどには華やかな存在ではなく、大きな責任を負わされているわけでもなかった。コメディとはつねに集団の創造物であった。ハロルド・ロイドは配下のギャグマンに多くを負っていた。

「ハルと一緒に始めた頃は、二人でギャグを考え出すよりな

［上］『豪勇ロイド』（22）のハロルド・ロイド、ミルドレッド・デイヴィス。［下］同じく『豪勇ロイド』のディック・サザランド、ハロルド・ロイド、アナ・タウンゼンド。

かった。ハルがトトの監督となり、私がメガネ・キャラクターで再出発すると、ギャグは自分ひとりで作り出す必要に迫られた。映画が当たって儲けを出し始めたので、できるだけたくさんのギャグマンを雇うことにした。

ギャグマンのひとりがフランク・テリーだった。彼はアイデアマンとして最高でもあり、また最低でもあった。彼が十個のアイデアを出すとすると、芽吹きそうなアイデアはそのなかのたったひとつ。あとの九つは無残だった。独創性はあったのだが、その善し悪しを見定める能力に欠けていた。こちらの仕事にしばらく空きができたとき、いくらかでも稼ぎになるようにと彼をフォックスに送った。

〝クズのようなアイデアを山ほど出すだろうが、非凡なギャグマンだからね〟と私はフォックスの人間にいった。フォックスは彼を二週間で送り返してきた。〝ハロルド、冗談も休み休みにしてくれよな〟と向こうの人間はいった。フランクのガラクタのなかには必ず光るものが隠されているのだが、フォックスはそれに気づかなかったのだ。フランクはオーストラリア人だった。彼は私のところにやってきて、こんなギャグがあるぞと六つも七つも語ってきかせる。〝ひどいギャグだぞ、フランク。そんなの使いものになるか！〟と私が顔をしかめる。フランクは他のスタッフにぼやくんだ。〝ロイドはいまご機嫌ななめだ。近寄らないほうがいいぞ！〟

私は朝、あるいは時間ができると、ギャグ・ルームに顔を出す。その私にみんながアイデアをぶつけてくる。うちはいいギャグマンを何人もかかえていた。元小道具方だったフレッド・ニューメイヤーをはじめ、テッド・ワイルド、ティム・ウィーラン、サム・テイラー、クライド・ブラックマン、ジーン・ハヴェズ、ジョニー・グレイ、トミー・グレイなどだ。

彼らには、時に応じて、ひとりひとり別個にギャグを考えさせたり、ペアで考えさせたり、またときにはグループに分けて、そのなかで考えさせたりした。例えば『ロイドの活動狂』（三二）に奇術師のコートのシーンがある。そこをみんなで考え、ある名士の奥方と私がダンスをするというところまで思いつく。私はその奥方に良い印象をあたえなくてはいけない。だが、もちろん自分が奇術師のコートを着ていて、その中には白ネズミやハトがいっぱい仕込まれているなんてことは知らない。奥方も知っているはずはない。さあ、問題はそこからどうするかだ。そこが彼らの頭の絞りどころなのだが、彼らが何かを思いつく、そしてそれをすぐに使ってみる、ということはめったにない。たいていは私を含むみんなで一緒になって、出てきたアイデアをああだこうだと突っついて、かたちを変えてみたり磨きをかけたりする。最終判定は私が下すのが決まりだ。こういった作業はすべて慣例化されていた。

私たちに台本はなかったが、シーンの細部をメモしたノートはいつも作っていた。厳密にどうやるかまではっきりさせるために三、四日撮影を中断するのも稀じゃなかった。でも、撮影が終わってみると、当初の予定とは大きく内容が変わっている場合もある。私たちは何ものにも縛られず、つねに自由であるよう努めていた。紙の上に書かれたものよりもいい考えが思い浮かんだら、そちらを優先させるのに躊躇しなかった。もししっかりした台本があり、一字一句それに従わなければならないとしたら、身動きできなくなってしまう。手を入れだしたら台本の意味はなくなるだろうし、だから私たちには台本をもつ意味はなかった。私たちは撮影が進行するにつれ、ちょうど家を建てるように、少しずつ部分を積み上げていって全体の完成を目指していった。この積み上げるという感覚がコツだった。

どの作品にも必須の場面、あるいは特定のギャグというのはいくつかあって、それを私たちは〝島〟と呼んでいた。それらは予め定まった通過点、あるいは到達点だった。でも、島から島へのあいだに何をするかは自由だった。そういうところは、撮り進めながらの即興や思いつきがものをいった。

五回、六回、あるいは七回、八回もテイクを重ねることがあり、〝ハロルド、もう必要ないだろ!〟などと声をかけられるのだが、〝何か別のアイデアは出てこないか〟と私はよくこだわった。すると、それまでにないものが出てきたりして、それを取り入れてみる。もちろん十回も撮り直しをしながら、結局最初のテイクを使うときだってある。それはそこにはあって他のテイクにはない新鮮で素朴な感覚に引かれてそうなるのだ。でも、たいていは、工夫を重ねていった末のテイクがベストになった。一、二のアイデアからスタートしても、そのシーンの撮影が終わる頃にはそこに十個ものアイデアが詰まっていて、そのどれひとつとしてギャグ・ルームでは片鱗すら現れていないということはよくあった。

それが台本なしで映画を作る利点のひとつなんだ。完全な自由が手にできるというね。『マッド・ウェンズデー』(四七)では、あの映画の脚本家でもあり監督でもあるプレストン・スタージェスが自分の書いたシナリオどおりに演じさせようとした。どうなるかというと、役者はシナリオにがんじがらめに縛られ、自由を失ってしまう。それがあの映画を失敗させた理由だと思う。

私は一度も監督にクレジットされていないけれど、自分の映画は事実上すべて監督したといっていい。だって監督のほうが私の決定を待っているのだから。監督を別に据えたのは、彼らがコメディに通じていて、私のやり方を理解していて、私のことをよく知っているから、そして細かいことはまかせられるからだ。キャメラの前で演じていると、自分の様子はわからない。監督だったらいえるんだ。〝ハロルド、そのやり方じゃないほうがもっと笑えると思うがな?〟とね。

どこかが狂ったり、不備が生じても、責めを負うのは私ひとり。私の映画は完全に私ひとりの責任でこしらえたものだ。『マッド・ウェンズデー』のような映画はその正反対の作られ方をした。私が責任を負えたのは最初の三分の一だけ、理髪店のシーンまでだ。幸いにも、製作者のハワード・ヒューズがあそこには手を触れなかったからだ。しかし、彼は酒場のシーンをズタズタにして、いいところはすべてカットし、その先も乱暴な編集で突き進んだ。とはいえ、私の目から見れば、それまでにスタージェスが映画をだいなしにしていたけれどね。そんなわけで、私が気に入っているのは最初の三分の一だけなんだ。

監督のなかではサム・テイラーがいちばん重宝したし、大いに助けられた。彼は頭脳も冴えていた。私たちとはいい関係を保ったまま辞めていったけれど、辞めたのもしばらく製作の空白期間があったためだ。その後はピックフォードやフェアバンクス、ビアトリス・リリー、ジョン・バリモアらの映画を監督している。学者肌のところがあり、頼りがいのある監督だった。

私はハルを監督とは見なしていない。監督という職種にはくくれない男だからだ。ハルと私が監督と俳優のコンビだったのはもう少し前の時期にあたる。監督としては必ずしも腕利きではなかったかもしれない。でも、忍耐力があり、意欲も満々、自信もみなぎっていた。また、妙なところがあって、ローンサム・ルークを一緒に撮っていた初期の頃だが、もう少しで完成というところにくると〝こりゃダメだ!〟といってやめてしまうのだ。それまでのすべてを投げ出してね。

しかし、ハルと私とのあいだにはどこか気持ちの通じ合うものがあった。ハルはよくいっていた。〝それがどんなシーンでも、こっちが脳裏に思い描いたそのように、ロイドは画面にしてくれる。そういう独特の勘をロイドは持っている〟と。彼は創造性豊かで、ギャグマンとしてもすばらしく、何ものをも恐れぬ勇気を持っていた」

ロイドがギャグマンに支払う給料はこの業界では破格だった。彼らは週五百ドルから八百ドル貰っていて、そんなに稼ぐギャグマンは他には見当たらなかった。したがって、いいギャグマンが吸い寄せられてきた。

「劇作家のフランク・クレイヴンをめぐるおもしろい話がある。彼は「最初の年」（二〇）など、ブロードウェイのヒット舞台劇をいくつも書いていた。自ら主演もしており、俳優としてもコメディアンとしても一流だった。映画に進出して、こちらでも健闘していた。あるときパーティで彼と出会った。話が私の雇っているギャグマンの数に及んだ。

〝ハロルド〟彼はいった。〝たいへんな出費だろ。それだけの人間に高給を払っていては。それをすべてひとりにやらせてみたらどうだ。かなりの経費削減になるぞ〟

〝それほどの人間にはまだ出会ってないのでね〟

〝私ならできると思うがな〟とフランクがいう。

〝フランク、君のことは心から尊敬している。すばらしい才能の持ち主だ。けれど、君にはできないよ〟

〝ひとつ試してみないか？　私は他のギャグマン以上にしっかり貰うが、ひとりだから君の出費は断然抑えられる〟

〝じゃあやってみてくれるか、フランク。しばらく連中に混じってコツをつかんでくれ。そのあとで仕事を渡すからやってみるんだ。うまくいったら契約も考えよう〟

フランクは飛び入りとしてうちのギャグ・グループに三日間加わった。私はいつもどおりにしていた。ときにグループの中に入っていっては話をし、そんな私に彼らはいろんなギャグのアイデアをぶつけてきた。三日目が終わり、フランクは私のところにやってきた。〝辞めさせてもらうよ、ハロルド！　映画ってのは何とも癪の種だな。舞台劇となれば、アイデアは沸き放題なのだが。この三日間、連中はひっきりなしにアイデアを出すのに、こっちにはただのひとつも思い浮かばない。いたくプライドが傷ついたよ。君の力になりたかったのだが、ハロルド、映画は君の土俵だ！〟」

ロイド撮影所の技術者たちは緊密な関係で結ばれていて、ほぼ全員が何年も前からの不動のスタッフだった。ファースト・キャメラマンのウォルター・ランディン、セカンド・キャメラマンのホーマー・スコット、もっと以前の時期のキャメラマンならフレッド・ジャックマン、小道具方のフレディ・ギオルとビル・マクドナルド、製作主任のジャック・マーフィー、字幕作者のH・M・ウォーカー、広報担当のジョー・レディ、助監督のレッド・ゴールデン、編集のトム・クライザーらである。

「こういったスタッフを私は年中手元においていた。仮に三、四カ月仕事に空白ができたとしても、全員私の社員であることに変わりはなかった。給与は変わらず出ていたし、向こうは向こうで何かやることを見つけていた。職業組合がさまざま立ち上げられたとき、これだけは断言できるのだが、彼らはさほど嬉しい顔をしていなかった。組合なんてないほうが何かと都合がよかったんだ。もちろん、他の撮影所じゃ話は別だよ。他は私のところのように技術者は厚遇されてはいなかったからね。

小道具方——そう、なくてはならないのが小道具方だ！　彼らこそ映画の生命線だといっていい。俳優の身の安全を一手に握っていた。安全策を講じるのが彼らの役目だった。もちろんミスをおかすことは絶無ではないけれど、まあ、まず考えられない。私たちは彼らの仕事には絶対の信頼をおいていた。〝フレディ（・ギオル）がオーケーを出した〟と聞けば、私は安心してキャメラの前に立った。自ら徹底的に試し、安全を確信しなければフレッドがオーケーを出すはずがなかったからだ。ビル・マクドナルドもまったく同様。二人とも私とは長いつきあいだった。フレディ・ギオルはのちに監督となり、ジョージ・スティーヴンスの補佐役も務めた。ご存じのようにスティーヴンスはローチ撮影所のキャメラマンだったからフレディと同じ釜の飯を食った仲だ。彼はフレディに頼り切っていて、フレディ抜きで撮影に入るなど考えられなかったのだな。

安全策はいつだって欠かせないけれど、『要心無用』ではそれが最重要事項となった。あの映画のアイデアとはロサンゼルスの七丁目の大通りを歩いているときに出くわした。ブロックマン・ビルのまわりに大きな人だかりができていた。

いったい何事かと訊ねると、〝もうすぐ男がこのビルをよじ登るんだ〟という話。待っていると、ビル・ストロザーズという尖塔職人が現れ、紹介やら何やらがあったあと、建物の外壁を登り始めた。三階まで登ったところで、私は群衆をあとにしてスタスタ歩き始めた。いまにも彼が落下して命を落とすのではないかと気が気でなくなったからだ。ワンブロックほど歩いたところで、好奇心に負け、角を曲がって足を止めた。建物の角から覗き見しようと思ったのだが、そこから見ている人たちもいたので様子を聞いてみた。

〝ああ、いま六階を登っているところだよ〟

男は窓から窓を伝うようにして登っていた。どうやったらそれが可能なのか私にはいまだにわからないのだが、とにかくそれが彼の登り方だった。上まで登りきると、自転車で屋上の縁を走り、さらには旗竿によじ登って、そこで逆立ちをした。すべてが終わったあと、私は彼のところまで行き、映画を仕事にしているものだと自己紹介をし、次の映画に出てくれないかと説得に努めた。彼の妙技に私があれほど胸を揺さぶられたのだから、同じものを見れば観客も大いに感じるところがあるはずだ。彼の登攀スタントに似たものを物語の一部に組みこめればおもしろいだろう。

ローチと私は彼と契約をかわした。が、最初の二、三週間は原案作りにかかっていたので、ビルはすることもなくて退屈していた。そんなとき、またスタントの話が降ってきて、彼はその話を受けさせてくれと頼みに来た。

〝ダメ、ダメ〟と私たちは押し止めた。〝足でも折ったらどうするんだ！〟

しかし、撮影入りがさらに延びたため、ビルにアルバイトを許した。それはたった三階建ての高さを登るだけだったのだが、ビルは登り始めてすぐに落下し、足の骨を折ってしまった。映画のなかでは、ビル・ストロザーズが警官に追われているため、私が建物の壁をよじ登らざるを得なくなるという設定になっている。注意して見てもらえばわかると思うが、ビルは微かに片脚を引きずっている。撮影中私たちは彼を〝引きずりのビル〟と呼んだものだった。

『要心無用』では高層ビルの登攀シーンから撮影を始めた。ストーリーの発端をどうするかまだ決まっていなかったからだ。でも、あのクライマックスのおかげでみんな気合いが入っていた。意気込みにいつも以上のものがあったんだ。

むろんあの頃はスクリーン・プロセスなるものはなかった。だから私がビルをよじ登るところは、実際そのとおり本当に登っていたわけだ。画面に入らない窓のところに足場を組み、そこにマットレスを敷いて防護台とした。私の三、四メートル下に安全ネットを張ったようなものだ。撮影が済んだあと、そこに等身大の人形を落としてみた。人形は台に当たって弾み、そのまま落下していった。防護の役は果たしていなかったのかもしれない」

本物の建物とは別に、別の建物の屋上に数階建てのセットを組み、そこでも撮影が行なわれた。

「どこであれ危険と隣り合わせであるのに変わりはなかった。温泉気分で撮れるようなものでは絶対になかった。クライマックス・シーンの撮影だけに少なくとも一カ月半はかけた。一日に撮れるショットはわずかだった。下の道路にできる影が大きくなるので、十一時から午後の一時半頃までしか撮影ができない。だから朝早く現場に到着し、万全の準備をし、必要なリハーサルをすませて、太陽が所定の位置に来たら、すばやく撮影に入っていった」

トレードマークのカンカン帽をかぶった主人公が建物に張り付いたケシ粒のように見える超ロング・ショットでは、ビル・ストロザーズが代役を務めている。また、主人公の足にロープが絡まり、足を踏み外した主人公が振り子状に大きく空中を浮遊したあと、屋上の縁にピタリともどってくるところはサーカス芸人がスタントを代行した。しかし、それ以外のところはほとんどすべてロイドが自ら代役なしに演じきっている。

撮影が終わったあと、ロイドは砂浜にいた女性占い師にみてもらった。彼の両手にできたたこをさわりながら、占い師は肉体労働で生計を立ててますねと彼に語りかけてきた。「なるほどそれに違いなかった。最初、建物の壁をよじ登るのは死ぬほど怖かった。でも、二、三日たってコツもわかり、慣れてくると、おもしろさにのめり込んでいった」

一巻物『下を見ろ』（一九）がロイドの最初の〝スリル・コメディ〟であり、二巻物『眼が廻る』（二〇）がそれにつづく。三巻物『落胆無用』（二一）は建築中の高層ビルの鉄骨の上でクライマックスが展開する。『要心無用』は長篇初のスリル・コメディであった。

「『要心無用』を作ったのは『眼が廻る』のあと、何をやってもどこか物足らぬ思いがしたからだ。ともかく、スリル・コメディに再度挑戦してみたかった」

とはいえロイドは、彼のコメディの話になるとスリルばかりが話題になることに軽い苛立ちをおぼえている。「他のはおぼえちゃいないのかな?」と彼は問いかけてくる。「三百本近くの映画を作っているんだよ。スリルものはそのうちのたった五本だというのに」

ロイドが〝スリル・コメディ〟の名で呼んでいるのはじつは〝高所コメディ〟に限られている。じっさい、彼のコメディには手に汗にぎるシーンがクライマックスとなっているものが多い。『猛進ロイド』（二四）では、愛する女性が悪漢と結婚してしまうのを阻止しようと、ロイドは教会に急行する。そのさい彼は荷馬車、自動車、路面電車等々と手当たりしだいに乗り継いで、婚礼の寸前に教会に駆けこんでくる。この一連のシークエンスは『ベン・ハー』の戦車競走のシーンに劣らずエキサイティングであり、しかも劇場公開では一年先んじている。

同様に秀抜で、スリリングなシーンを『ロイドの福の神』（二六）にも見出せる。ハロルドは数人の飲んだくれを率いて、ロサンゼルスの市バスである二階建てバスを占拠し、猛スピードで市街を突っ走る。ここでもスクリーン・プロセスは使われていない。バスがカーブを急旋回すると、あたかも片側のタイヤだけで車体をささえたごとく、バスは大きくよろめく。飲んだくれの別のひとりは外気にさらされた二階席の外枠のレールの上を綱渡りよろしく歩こうとする……

「二階席の芝居を捉えたときのバスは、トラックの上に作られたセットだった。ただしそのセットは〝揺り板〟の上に載せられていたのだがね。揺れは大きく、本当に転覆しそうで怖かった。バスがカーブを切って傾くたびに、私たちはバスの上で転げまわったものだ。バスの片方が浮き上がったように思われても当然だった。

走っているバスのレールの上で綱渡りの真似をするところでは、役者に〝金属製の支え〟を着用させた。レールに固定されたその金具は役者の片足を通して胴体をがっしり支えていて、もう片方の足は自由に動かせ、上体を折り曲げることもできた。だから体全体が安全に支えられているとは誰にもわからなかった。私たちの仕事はいつだってしっかりと念が入っているんだよ！

『福の神』ではあのシークエンスだけで二週間はかけた。警察に道路を封鎖してもらい、三ブロックほどの区域を撮影用に使った。他の車もみな撮影関係者が運転していて、歩行者も全員こちらが雇い入れたエキストラだった」

映画史家や批評家は、ロイドのコメディを賞賛しながらも、それが観客を笑わせるのは題材のせいであり、ロイドはけっしてコメディアンではないと主張している。

「そういう主張に対してはいくらでも反論できるね。まったくもってナンセンスだからだ。コメディアンでない者にコメディが生み出せるはずはない。コメディは役者の内なるものから発している。顔の表情から、ひとつひとつの動作から発しているんだ」

近年のロイドには、自分の仕事に対する揺るぎない自信が感じられる。映画作りにおいていまだかつて逡巡したことなどないというように。だが、一九二四年のインタビューでは、この偉大なコメディアンも別の一面を覗かせている——

「ハロルドにはひとつ意外な、とても面白いところがある。彼に映画の進行具合を訊ねてみるとよい。表情はとたんに曇り、憂鬱な、見るも哀れな泣き顔となる。〝気が気でないんだ〟と彼は答えるのだ」

ロイドは一九三八年製作の『ロイドのエヂプト博士』の出来栄えに落胆し、以後映画からしだいに足が遠のくようになる。いそいで作り上げた結果意に染まぬものをこしらえてしまった、と彼は語っている。そして慎重に題材を見定めようと決心した。

「そうして他のことにあれこれ手出しをしたあとで『マッド・ウェンズデー』を撮った。何の取り柄もない無残な映画だった。そこですっぱり引退した」

ロイドはさまざまな活動や趣味に打ちこむようになり、そのいずれにも彼らしく全身でぶつかっていった。何事もその

［上］『ロイドの福の神』（26）。［下］『危険大歓迎』（29）——監督のマル・セント・クレア（最終的なクレジットはクライド・ブラックマン）、ウォリー・ハウ、キャメラマンのウォルター・ランディン、ゲイロード・ロイド（ロイドの兄）、ジミー・アンダーソン、照明主任の“バード”・バードウェル、カチンコを手に持つジェイク・ジェイコブズ（ロイドの代役）、バーバラ・ケント。

道をきわめないではおかなかったのだ。例えば、彼は超一流の立体写真家となり、全国レベルの賞をいくつも受賞した。また熱烈な音楽愛好家でもあって、世界トップクラスのステレオ・サウンド・システムを自らの手で構築した。大英博物館にあらゆる新刊本が寄贈されるように、彼のレコード・コレクションは送られてくる新譜レコードで日々ふくらんでいる。それらは几帳面に目録化されていて、とりわけ彼の大好きなベートーヴェンのレコードは特別扱いで整理されている。

彼の大邸宅は三十二部屋を擁し、それらをつなぐ長い廊下にはフレームに入った写真が壁いっぱいに飾られていて、それぞれに人物の署名とともにロイドへの献呈の辞が書きこまれている――フランク・キャプラ（〝われわれギャグマンの生みの親、ハロルドへ〟）、セシル・B・デミル（〝私の大作が君のと違って大笑いされないよう願う〟）、その他チャップリンからのものもある。

ロイドは自分の映画を防火措置のほどこしたフィルム保管庫に収蔵している。保管庫の隣には編集室が設置されている。広大なる地所〝グリーンエーカーズ〟は彼の死後、ベヴァリーヒルズ・コミュニティに遺贈されることになっている――彼は現在ベヴァリーヒルズ商工会議所の代表であり、さまざまな地域組織をとおして積極的な活動を展開している一方、アメリカ、メキシコ、カナダで十七の障害児用医療施設を運営しているシュライナーズの代表のひとりを務めている。

そうはいってもロイドは映画と縁を切ってしまったわけではなく、たまには他のコメディアンを監督してみたいと考える――最近では、ディック・ヴァン・ダイクを演出してみたいと発言している。コメディ映画の製作も行なっていて、これまで製作したなかにルシル・ボール主演のものがある（『ガール、ガイ、ゴブ』［四一、リチャード・ウォレス］）

「そのなかに、エドモンド・オブライエンが歩いていると、ベンチの女が気を引こうとしてハンカチを落とすシーンがあった。私はオブライエンがハンカチを靴の先に引っかけ、それを女の膝の上にふんわりと落としてはどうかと提案した。この案を実現すべくいろいろとやってみたようだ。私はセットにいなかったのでその過程がわからないのだが、とにかくうまくできませんでしたと報告をうけた。

〝おもしろくも何ともないんですよ。無しにしましょうか？〟と。

〝いや、やってごらんよ。おもしろいはずなんだ。私も現場に行くよ〟

〝わざとらしくてダメなんですよ〟

『危険大歓迎』（二九）のなかで私がやったんだ。

〝そんなはずはない。リズムのなかで処理するんだよ。歩きながらハンカチを足ですくうんだ。止まっちゃいけない〟そういって私が実際やってみせると、みんな大笑いした。エドはとたんに乗り気になり、私がやってみせたとおりに、見事にやりとげた。

私は新しいコメディもよく見ている。とくに大がかりなドタバタものをね。どれにも共通する欠点があって、ギャグの段取りが物足りない。つまり、ギャグの組み立てができていないんだ。笑えるぞという心構えを観客にあたえていない。ギャグそのものをもっと慎重に取り扱うべきだ。もうひと押しすればもっと大きな笑いが得られるところでもそうしていない。もちろん観客は笑うし、ときにそれは大笑いかもしれない。でも、観客は知らないんだ。もっともっと大笑いできたかもしれないということを！」

ハロルド・ロイドは彼の映画を支えてきた観客の暖かい愛情に深い満足をおぼえている。

「当時は後世に残る仕事というような考えは持っていなかった」と彼は語る。「でも、私たちが過去に作った映画が古典であるといってもらえるのは嬉しい限りだ。仕事が古典扱いされる頃には当人は死んでいるのが普通だからね。生きているうちにそんな栄誉はまず望めないんだよ！」

第四十三章　バスター・キートン

何はともあれ彼は赫々たる栄光に包まれてこの世をあとにした。その復活は稀に見る劇的なものであり、周囲の、心からの暖かな歓迎ぶりは前代未聞といってもいい過ぎではなかった。

バスター・キートンは一九六六年二月一日に亡くなった。カムバック報道がちょうど頂点に達した頃であった。ヴェネチア映画祭が彼の特集上映を組んだとき、会場に姿を現したキートンは、批評家やジャーナリスト、映画人たちからスタンディング・オベーションで迎えられた。映画製作者やテレビ局から続々と仕事の話が舞いこんできた。世界中の新聞・雑誌がその業績を讃えた。待ち望まれていた伝記がようやく出版の運びとなっていた（ルーディ・ブレッシュ「キートン」一九六六年）。

キートンは喜びを隠さなかったが、賞賛の嵐も所詮はそれだけのものとわきまえていた。

「そりゃ、光栄だがね」と彼はヴェネチア映画祭のあとで映画史家のロッテ・アイスナーに語っている。「何もかも三十年遅すぎた」

協力と支援を何よりも必要としたトーキー初期、彼は孤立無援の状態におかれていた。彼の作品の製作者であり、義兄であり、おそらくは当時の映画界における最高権力者であったジョゼフ・M・スケンクは、独立製作をやめてMGMの傘下に入るようにと彼を説得した。この助言に従ったのは人生最大の過ちだったとキートンは認めている。これによって彼は、ともに働いてきたスタッフ、ならびに腹心の部下といえるギャグマンを失った挙げ句、シナリオに基づいて映画を撮るようにと強制された。さらに致命的なことに、製作者との度重なる衝突や、撮影所特有の予算・スケジュールの締め付けをうけて、映画作りにかける熱意がさめていった。キートンはアルコールに溺れ、大女優ノーマ・タルマッジ（スケンクの妻）の妹であった彼の妻ナタリー・タルマッジは離婚訴訟を開始した。

『海底王キートン』（24）のバスター・キートン。

「バスターは踏みつけにされたわ」とルイズ・ブルックスは語る。「妻のナタリーが彼から離れると、ジョー・スケンクはバスターの手から彼の映画の所有権を奪ったの。再上映しても彼のもとには金が入らないようにね。だからバスターの映画は、ロイドやチャップリンのとは違って、本人の所有物じゃない。彼は文無しも同然だった。億万長者並みの豪邸に住み、使用人も十人近く雇っていたけれど、収入は毎週の給料の三千ドルぽっきり。スケンクは俳優から、映画から、原作から金を搾り取っていた。彼やサム・ゴールドウィンにとっては、毎週のブリッジ・ゲームで数千ドル単位で金を擦ろうと、クローバー・クラブで二万ドル負けようと、痛くもかゆくもなかった。連中はバスターのような俳優連をゲームに引きずりこんだわ。どうしてかわかる？　ゲームでは金のなくなった者が負けだからよ。金で製作者に張り合える俳優なんているはずないわ。可哀想なバスター。週給三千ドルで大富豪の生活を通そうとした。できっこないのに。破産して一文無しになったのは当然よ」

トーキー以降のキートン作品の大部分は惨憺たる失敗作となり、彼の名前はそれらの映画とともに瞬く間に人々の記憶から消えていった。一九四九年、ジェイムズ・エイジーの論文「コメディの黄金時代」が「ライフ」に掲載され、彼の名前が再び注目を集めた。各種の名画鑑賞会のあいだで『キートン将軍（キートンの大列車追跡）』（二六）や『海底王キートン』（二四）の上映が始まった。これらの映画に触れる観客が増すにつれて、一度は失墜した名声が再び高まっていった。五〇年代半ばに他のキートン作品が相次いで上映された。数年後、パリのシネマテークがキートン作品の回顧上映を開催し、この催しのために二巻物から長篇までのキートン作品のほぼすべてが一堂に集められた。キートンはミュンヘンの映画会社を通して自作のリバイバル上映を一連のシリーズとして行なう計画を発表した。が、この計画は所有権を主張するスケンクの遺言執行者らによって阻まれた。バスター・キートンがこの世を去ったとき、彼の全映画はドイツの倉庫に眠ったままになっていた。

サンフェルナンド・ヴァレーにあるキートンの住まいは〝キートン邸〟と呼ばれていた。平屋の快適なバンガロー作りであり、以前住んでいた邸宅とは比較にならぬ慎ましさであった（つい最近ジェイムズ・メイスンがここに越してきた）。バスターはニワトリの世話をしたり、テレビを見たりして余暇を過ごしていた。晩年はこの余暇の時間がしだいに少なくなっていった。製作者やエージェントが仕事の話を持ちこんできたからである。「シリーズ物テレビ番組は最初から度外視だった」と彼は語っている。「毎週というのはちょっときついからね。シーズンによっちゃ十八ものオファーを断ったよ」

彼の晩年の仕事には『映画《フィルム》』（六五、アラン・シュナイダー）という素朴な題名のサミュエル・ベケット脚本の映画――〝ベケットの脳裏を駆けめぐった白日夢がその内容だ〟――

や、フォード社のために『キートンの警官騒動』（二二）のスタイルで拵えられたものなど、いくつものＣＭフィルムが挙げられる。その他、バスターが手押し車でカナダを横断するカラー映画『レールロッダー／キートンの線路工夫』（六五、ジェラルド・ポタートン）、『パジャマ・パーティ』シリーズの何篇か、リチャード・レスターが監督した劇場用映画『ローマで起った奇妙な出来事』（六六）などがある。

キートンは自らの映画人生を他人事のように語った。話がギャグの組み立てや手のこんだシーンの演出になると、目は輝きだし話しぶりに熱がこもってきた。咳の発作の合間をぬって（彼の死因は肺がんであった）、サワリのところをじっさいに演じてくれさえした。キートン独特のあの歩き方で部屋のなかを縦横に動きながら。

部屋のなかは写真や認定証や賞状がいっぱいに飾られている。ビリヤードの台が部屋の片方を占め、もう一方にはキートンが酒場《サルーン》と呼ぶ空間になっている。酒場の大きさは公衆電話室ほどで、本物のスウィングドアがついており、〝楽屋口〟の表示もかかっている。

「どの家にもカクテル・バーはあるからね。自分のところにもひとつと思ったんだ。痰壺も置いてあれば、真鍮の手すりもしっかりついているし、生ビールも用意されている。ビールはこのあたりじゃ最高のものだ。七・二五ガロン（約二十七リットル）入りのタンクが常備してあって、それは木製の樽から管を通して注ぐ古いタイプではなく、それ自体がアイスボックスになっている。私のところのはアルミ製の樽で、そのままで冷たく保存ができるんだ。管もいらないし、氷もいらない」

部屋の隅の壁にはカウボーイハットが二つ掛かっている。それぞれテキサスとオクラホマの牧場主連盟から贈られたものだ。その横には消防士用の帽子も掛かっている。これはニューヨーク州バファロー消防署名誉署員にあたえられたもの。頂部が扁平な南軍の軍帽の複製も飾られている。オスカー像がひとつテーブルの上に立っている――〝バスター・キートン殿――不滅のコメディの数々を作り上げたその比類なき才能に対して〟。隣にはイーストマン賞の盾が並んでいる。このイーストマン賞こそ、キートンが誇りをもって陳列している一品である。

「これはこの世に二十個しか存在しない」と彼はいう。「男優で貰っているのは五人だけで、そのうちのひとりが私というわけだ」

別の壁に掛かった写真からロスコー・アーバックルが笑顔で見下ろしている。また別の壁には蒸気機関車〈将軍〉号の多色刷りオリジナル・リトグラフが大きく場を占めている。その下には、見ざる聞かざる言わざるを模した三人のバスターが居並ぶ滑稽な写真が見える。バスターの父親ジョー・キートンが機関車を運転している『荒武者キートン』のスティル写真もあり、もっと最近のではハロルド・ロイド、ジャック・タチと並んだバスターの写真も飾られている。

「ここに君好みの一枚があるよ。私の持っているなかでは最高の写真だ。ルドルフ・ヴァレンティノの歓迎会がローズヴェルト・ホテルで催されたときのものだ。当時の十大スターのうちの八人が写っている――ウィリアム・S・ハート、ノーマ・タルマッジ、ダグラス・フェアバンクス、メリー・ピックフォード、チャーリー・チャップリン、ルドルフ・ヴァレンティノ、コンスタンス・タルマッジ、そして私だ。姿のないあと二人はハロルド・ロイドとグロリア・スワンソンだね。惚れ惚れするような写真だろ。いまじゃこんなことはとても無理だ。十人中八人まで集めた頃には上位十人の顔ぶれが変わっているからだ。瞬く間に人気が移り変わるからね」

子どもや孫たちの写真の前で足を止めたあと、キートンは妙なものを指差して見せた。きれいにフレームにおさまった七ドル五十セントの小切手である。

「ルウ・コディの代役としてスタントを演じたときのスタント料なんだ。夜会服を着たコディがボイラーだったかのスイッチを入れようと地下室に降りてきて、落ちていた石けんに足をすべらせてひっくり返るというギャグだった。スタントに素人のコディでは椅子から落ちるだけでも骨折するだろう。だから二人のスタントマンがついていたのだが、彼らは笑えるようにはひっくり返れなかった。そのときの監督はエディ・サザランドで、さてどうしようかと腕組みしたんだな。私は監督のエド・セジウィックと『キートンのカメラマン』(二八)を撮っていたのだが、時間が空いたので〝オレにコディの衣装を着せてくれ〟とエディにいったんだ。

さて、夜会服を着て階段を下りていった。私は石けんに足をすべらせて仰向けにひっくり返るのではなく、一瞬逆立ちのように頭を真下にもってきて、その勢いのまま腹ばいに倒れこみ、上着の後ろ裾が顔にかぶさるようにした。それは理想的なショットとなった。転んだ私の顔が隠れるので、いったんキャメラを止め、そのままそこにコディを持ってきて、同じ姿勢をとらせ、今度は数メートルキャメラを近づけて続きのショットを撮ればよかった。コディは後ろ裾を顔から払いのけ、頭を振ってショックをさまし、次の芝居に入っていった。

だからそこはひとつながりのショットのように見えた。可哀想だったのはエディ・サザランドで、一緒にラッシュを見ていたアーヴィング・タルバーグに叱りつけられたそうだ。〝大事な俳優に二度とこんな真似させるんじゃない! ひとつ間違えれば全治数カ月の重症だぞ!〟とね。

そのときの七ドル五十セントのスタント料がこれなんだよ。現金にはしなかった。一九二八年だから、いまじゃ利子だけでも相当になるのにね!」

このような回想にキートンは子どものように浮き浮きする。映画作りの技術面、コメディアンが究極の目的――笑いを達成するまでの細心の注意を要する複雑な準備段階、こういったものに彼は魅了されずにはいられないのだ。

キートンは細部をゆるがせにはしなかった。彼のギャグに場当たり的なものはない。それはエンジニアの設計図のごとく緻密かつ正確であり、隅々まで計算が行き届いていた。しかも彼は笑いを生み出す身体能力、つまりスタントにかけては名人中の名人であった。

　理想的な環境のなかで彼は成長した。生まれたのは一八九五年十月四日、カンザス州ピクワ、サイクロンの荒れ狂うさなかであった。

　父親のジョゼフ・キートンはインタビュー記事のなかで、四人で構成された彼の〝医薬品販売《メディスン》ショー〟一座はそのとき「キャスリーン・マヴォーニン」を上演していたと回想している。

「出し物の合間に、あらゆる病を治し、あらゆる苦しみ（サイクロンもだ）を抑えこむ我らが開発の秘薬を販売した。しかし、サイクロンが通過したあとは四人の座員だけが何もないなかに残された。テントも薬も吹き飛ばされていたからだ。吹き飛ばされたテントをそこらじゅう追っかけまわして取りもどした挙げ句、夜が更けて下宿屋にもどると、下宿屋のおかみが座員がひとり増えて五人になりましたよといってくれた。

　家内が男の子――私たちにとって最初の子ども――を産んでいた。嬉しいったらなかった。こいつが大きくなったら「アンクル・トムの小屋」のブラッドハウンド（英国産の獣猟犬）役を肩代わりしてくれるかと思うとね」（「フォトプレイ」一九二七年五月号、九八頁）

　赤ん坊は祖父と父にならってジョゼフと名付けられたが、それに代わる名前の名付け親は父親の相方ハリー・フーディーニであった。生後六カ月のキートンは階段を転がり落ちた。火がついたように泣き出したが、かすり傷ひとつ負っていなかった彼を抱き上げたフーディーニは「見事なトンボ《バスター》を切ったじゃないか！」といって彼をあやした。その日を境にジョゼフは〝バスター〟・キートンとなった。

　バスターは退屈とは無縁の子ども時代を過ごした。父親はいう。「バスターと家内と私は〝キートン三人組〟の名でバーレスクの舞台に立ち、アクロバットを出し物にしていた。バスターをボールに見立てて、家内と私が奴を投げ合うのだ」〝人間モップ〟にもなったバスターは、芸人というよりは使いべりのしない頑丈な小道具のひとつだった。幼児虐待の訴えがなされたのをうけて役所が調査にやってきたこともあった。しかし、バスターは心身ともにいたって健やかに育っていった。

　正規の教育をうけたのは一日だけである。本人によれば、その一日は笑いをとることのみに費やされた。教室にいる彼以外の全員が観客となった。学校の規律を守るためにはキートンは登校しないのが望ましいと学校側は判断した。

　ウィリアム・ランドルフ・ハーストが〝キートン三人組〟と二巻物出演の契約を取り交わそうとした。さらには、自社の新聞に連載中の「父親教育」という漫画を原案にしたシリーズ物をやってみないかとまで提案してきた。しかし、ジョー・キートンには映画に割くだけの時間の余裕はなかった。

父親の酒癖に嫌気がさしたバスターは〝キートン三人組〟を離れ、単独芸人目指してニューヨークに出てきた。成功の扉はすぐに開かれた。ニューヨークでも一二を争うエージェントのマックス・ハートが舞台「一九一七年の〝束の間《パーシング》のショー〟」のなかのひとりに彼を加えてくれたのだ。

ウィンター・ガーデンでリハーサルが始まる直前、キートンはヴォードヴィル時代の顔なじみルー・アンガーと道でバッタリ出会った。

「お前は映画にゃ出たことないだろ?」とアンガーは訊ねた。

「ないよ」キートンは答えた。「オヤジ《ジョー》が嫌ってるんでね」

「いいから、一度ノーマ・タルマッジの撮影所に来てみろよ」

アンガーはノーマとコンスタンスのタルマッジ姉妹が映画を撮っているコロニー撮影所にキートンを連れていった。そこではちょうどロスコー・アーバックルが『デブ君の女装』(一七)というコメディの撮影に入るところだった。*

「映画作りを目にしたとたん夢中になってしまった」とキートンは語る。「撮影から目が離せなくなり、『デブ君の女装』のあちこちのシーンに出演もした。キャメラについて根掘り葉掘り質問し、次には映写室に入って編集とはどういうものかをこの目で確認した。映画からますます離れられなくなっていった」

すっかり映画の魅力の虜になったキートンはマックス・ハートに、彼と結んだ週二百五十ドルの契約を破棄してくれないかと頼んだ。週四十ドルの映画の仕事に入るためにである。驚いたことにハートは快く了承し、それはきわめて賢明な決断だとさえ言い添えた。

コロニー撮影所でキートンはノーマ・タルマッジの妹で、のちに彼の妻となるナタリー・タルマッジに出会う。女優になり損ねたナタリーは、アーバックルの撮影班でスクリプター兼秘書として働いていた。

「その頃アーバックルはチャップリンに次ぐコメディの名監督と見なされていた。彼は自分の映画はすべて自分で監督していた。その演出ぶりは見ているだけで勉強になった。彼の映画に三本ほど出たあと、私は助監督になった。助監督はいまじゃセットをたばねるのが仕事になっているが、私はロスコーが出番で自分がそうじゃないとき、キャメラの横に立って芝居に目を配っていた。ロスコーが出番のときに監督をま

*キートンが私に語ってくれた話は、ルーディ・ブレッシュのキートン伝に書かれていることとは少し違う。路上で彼が出会ったのはアンガーとアーバックルの両名で、撮影所に来るよう彼を誘ったのはアーバックルだったという。私はルーディ・ブレッシュに問い合わせてみた。ブレッシュは「私なら昔のことばを採るね。私が彼にインタビューしたのは一九五二年から五三年にかけてだ。その頃バスターは五十代で、記憶もはっきりしていたよ」といった。権威あるキートン伝に敬意を表し、私は自ら聞きとった内容をブレッシュの著書に合わせることにした。それ以外に関しては、キートンが私に語ったそのままを引用している。

［上］『デブ君の浜遊び』（17）のアリス・マン、ロスコー・アーバックル、バスター・キートン。［下］『海底王キートン』で潜水服を着たキートンを演出中のドナルド・クリスプ。海底シーンはのちにタホ湖で撮られた。

かせられていたんだ。だから、一年で彼のもとを離れて独立したとき、監督の腕はじゅうぶん身についていた」

キートンの映画人生は兵役によって中断される。「歩兵連隊に入隊した。軍隊には十一カ月間入っていた。そのうちの七カ月はフランスにいた。砲声の聞こえるところまで行ったけれど、前線に出る頃にはドイツ軍が退却を始めていた。よかったよ。ともかく万々歳だった」

一九一九年にハリウッドにもどってくると、フォックスとワーナー・ブラザースから声がかかった。ワーナーは当時弱小会社にすぎなかったが、フォックスの方は週給一千ドルを提示してきた。が、キートンは週二百五十ドルのスケンクの元にもどるほうを選んだ。彼はスケンクを尊敬していただけでなく、徴兵されていたあいだ、スケンクが彼の両親に毎週二十五ドルの小切手を送りつづけてくれたことに恩義を感じていた。

「軍服を脱いで、まずアーバックルと二本の映画を撮った。『田舎者』(一九)と『デブの自動車屋』(二〇)だ。スケンクはニューヨークに赴いてマーカス・ロウにこういった。アーバックルをパラマウントに譲る。パラマウントは彼を長篇に欲しがっているからな。そしてキートンを使って二巻物を作っていきたいと。ロウは私のことを舞台で〝キートン三人組〟を見て以来知っていた。アーバックルとの映画も見ていたと思う。ロウは劇場主で、メトロを買収したばかりだった。メトロ撮影所と将来のキートン撮影所とは隣同士の関係になる。ロウは世界の至る所に置かれたメトロ配給社も一緒に自分のものとし、メトロのスター俳優の契約もそのまま引きついだ。その彼がスケンクに答えた。〝キートンの映画も引きうけよう〟と。まだこっちが映画を作ってもいないときにね!

ロウはニューヨークの舞台プロデューサーの大御所ジョン・ゴールデンのところに行き、〝あんたの有名な舞台をひとつ映画にさせてもらえないかな。メトロの名を一躍高めるような特作を作ってみたいんだ〟と申し入れた。ゴールデンは「右に曲がれ」(一六)「電光」(一八)「第七天国」(二二)を手がけたプロデューサーだ。

ゴールデンとベラスコはドラマ作品の領域での二大プロデューサーだが、ゴールデンは「将校六六六」(一二)のような軽い舞台コメディもすすんで扱っていた。ゴールデンは「新版ヘンリエッタ」(一三)はどうかねといった。これはもともとウィリアム・H・クレインとダグラス・フェアバンクス主演で初演されたもので、映画に進出する以前のフェアバンクスの、ブロードウェイでの当たり役となったものだ。*

ロウは〝ウィリアム・クレインに舞台の役をやらせよう。そのときの演出家も使いたいが、映画の経験はあるのかな?〟と訊ねた。

〝経験はないな〟とゴールデン。

〝それじゃ映画監督をひとりその演出家に付けよう〟というわけで、ハーバート・ブラッシェが呼び入れられた。

フェアバンクスは使いたくても使えなかった。その頃はもうユナイテッド・アーティスツの大スターだったからね。そこで誰にその役をやらせようかと本人に聞いたところ、〝キートンがいいだろう〟と答えてくれたんだ」

映画は『のろま《サップヘッド》』と改題され（二〇、邦題『馬鹿息子』）、キートン演じるバーティが主役となるよう中身も書きかえられた。

『馬鹿息子』はすっきり仕上がったライト・コメディで、どのシーンも魅力たっぷりに描かれている。キートンは主役の存在感をさらに一層強めている。というのも、ギャグの多くは彼の発案によるものであり、大喧噪の株式取引所で展開するクライマックスはキートン喜劇ならではのシーンに一変しているからである。しかし、フォトプレイ誌はほどほどの賞賛にとどめている――監督（ハーバート・ブラッシェが舞台の演出家ウィンチェル・スミスとクレジットを分け合った）をはじめ、編集、字幕も堅実であり、軽く楽しい娯楽作と呼ぶに躊躇しない、と。

「バスター・キートンは好感のもてる、生来のコメディアンである」（一九二一年五月号、五三頁）というのが、本作で長篇デビューをかざった彼に対する唯一のコメントだった。

同じ頃、ロスコー・アーバックルも長篇デビューを目前に控えていた。ジョージ・メルフォードが監督する西部劇ロマンス『一網打尽』（二〇）がそれで、これは彼と名前を同じくするマクリン・アーバックルが主役を演じた舞台劇の映画化であり、基本的にコメディ作品ではなかった。フォトプレイ誌の批評子はこう語る。「〝デブ君〟が拳銃の得意な保安官だといってもおそらく誰も本気にしないだろうが、いつか笑わせてくれると思わせながら、観客をまじめな顔のまま引っ張りつづけ得たのは彼の偉業といってよい」（一九二四年七月号、一〇七頁）

クレジットなしのちょい役でバスター・キートンがこれに顔を出している――これが両人の最後の共演作となるのである。

『馬鹿息子』を終えた直後、モハーヴェ砂漠に接するローグパインにウズラを撃ちにいった。あのあたりはウズラ猟には絶好なんだ。アーバックルもちょうどそこでロケ撮影をしていた。彼のはパラマウント映画だし、私は何の関わりもなかったのだが、アーバックルがいった。〝キートンに扮装させてキャメラの前に出そう。オレの銃の的にするんだ〟と。監督のジョージ・メルフォードも了承した。私は先住民のメイクと扮装をさせられ、キャメラはアーバックルの頭越しに私をとらえた。彼が私をねらって発砲し……私は即死するというショットだ。ただし、そのとき私は全速力で走っていた。アーバックルが引き金を引くと、私の体は空中に跳ね、

＊フェアバンクスの映画デビューはこの「新版ヘンリエッタ」の主人公、〝ウォール街の子羊〟ことバーティ役であった。その映画の題名は、『子羊《ザ・ラム》』（一五、クリスティ・キャバンヌ、邦題『快男子』）と改められた。

土煙を上げて地面にめりこんだ。それがちょうど十五メートルある絶壁のきわだった。野ウサギが頭を抜かれたのを見たことがあるかな？　そのとき野ウサギはどうなるか？　そういうときの野ウサギのとおりに私は斃《たお》れたのさ。

この話にはおまけがあって、ミシガン州マスキーゴンに住んでいた私の母がアーバックル・ファンのうえに原作の舞台劇もおぼえていたものだから、この映画を町の映画館に見に行った。先住民が撃ち殺されるこのシーンを見た母は〝ありゃバスターだわ〟と声に出していった。一体全体どうして私だとわかったのか？　母に手紙で知らせてはいなかったし、誰からもそんな話は伝わっていないはずだ。それにロングで撮ったショットだから私とわかるはずもない。でも母は見抜いたんだな。〝あんな真似、他の誰にもできるものですか〟といっていたそうだ」

ジョゼフ・スケンクがアーバックルの契約をパラマウントに譲渡したさい、キートンはアーバックルの撮影班を譲りうけた。

「そして撮影所も持たせてくれた。それは、チャーリーがラ・ブレアに新しいのを作るまで使っていた古いほうのチャップリン撮影所だった。おかげで町のなかに、じゅうぶんな広さのある自分専用の撮影所を持つことができた。ひとつの撮影班を稼働させるには余裕たっぷりの空間だった。もちろん、ロケ撮影にはじゃんじゃん出かけて行ったけれどね。

ロケーション撮影での難問のひとつは群衆だ。多くのヤジ馬が集まってきて撮影のじゃまになる。それでも自分たちの場合、さほど頭を悩ませたわけではない。雑踏が予想される街中で撮影するときは、警察にあらかじめ連絡しておく。すると、当日数名のオートバイ警官がやってきて、道を遮断したり、必要な処置をとってくれる。

交通整理に対して警察に何がしかの謝礼金を払ったおぼえはない。そのかわり、来てくれた警官にエキストラ料、あるいはスタント料を支払った。ひとりにつき十ドルとかそんなところをね。消防署の力を借りたいときも同じこと。欲しいものをいえば、消防署がそれを派遣してくれる。派遣料なんて払いもしなかった。鉄道関係も同様。サンタフェ鉄道の人間はスクリーンに〝サンタフェ〟と出るだけで大喜びしたものだ。自分たちの機関車、自分たちの貨車、自分たちの客車、全部が全部自分たちの会社名付きで出てくるのだから、ご満悦もいいところだ。何しろ無料で宣伝してもらえるのだからね！」

キートンの撮影班も固定メンバーでできあがっていた。バスター・キートンと共同で監督にあたるエディ・クラインはギャグマンの中核的人物でもあった。そのギャグマンではジーン・ハヴェズ、クライド・ブラックマンがキートンのお気に入りだった。ハヴェスはロスコー・アーバックルに似た人当たりのよい太っちょで、もとはヴォードヴィル・チームの〝ゴルブとディル〟のためにいろいろな出し物を書いていた。よく知られた歌〝働かないのはお父さん〟の作曲者でもある。

クライド・ブラックマンは業界トップ・クラスのギャグマンだった。キートンが彼を共同監督にクレジットしたのを見て（『キートン将軍』）、ハロルド・ロイドが彼と契約、自分の撮影班に引き入れた。クレジットこそもらったものの実質的な監督経験があったわけではないブラックマンは、自らの新たな進路に大いに不安をおぼえた。そこに家庭問題の悩みが加わり、酒浸りの生活にはまりこんでいく。

一九五五年、ブラックマンはキートンから銃を借りる。ハリウッドのとあるレストランで食事をすませた彼は、代金を払う金も持っておらず、そのまま洗面所に入ると、自分に向けて銃の引き金を引いた。

キートンのギャグマンには他に、ヴォードヴィルと正劇の両方で経験を積んだジョゼフ・A・ミッチェルや、「グリニッチヴィレッジ・フォリーズ」「ミュージック・ボックス・レヴューズ」の作者のひとりトマス・グレイらがいた。

キートンはのちにロバート・E・シャーウッド、アル・ボーズバーグら高名な作家、物書きにもいろいろと書かせてみるようになるものの、いずれもサイレント・コメディには不向きであると思い知らされるだけの結果に終わった。

技術系スタッフの要《かなめ》はフレッド・ガブーリーであり、彼は装置や特殊効果の責任者であった。キートン喜劇で見せた卓越した腕前により、のちに彼はハリウッド内でも引く手あまたの技術者となる。

撮影所長はルー・アンガーで、表向き彼は製作主任でもあったのだが、実質上の製作主任はほとんどの場合ガブーリーが務めていた。小道具方はバート・ジャクスン、照明はデンヴァー・ハーモン、ファースト・キャメラマンはエルギン・レスリー、セカンド・キャメラマンは以前大リーグのフィラデルフィア・アスレチックスでプレーをしていたバイロン・フック、キャメラマン助手はバート・ヘインズであり、のちにファースト・キャメラマンとしてデヴロー・ジェニングズが加わった。

「映画の撮影に入る頃には、撮影所内の全員が映画の内容をよく理解していたから、何か紙に書いておくってことはなかった。チャップリンもロイドも、そしてこの私も、長篇に乗り出してからも、台本なぞ作りはしなかった。

荒唐無稽な二巻物作りをやめ、長篇製作に入っていくと、シナリオ担当の面々はストーリーを意識せざるを得なくなった。突拍子もないストーリーでは立ちゆかなくなった。例えば笑劇《ファルス》ではやってゆけないということだ。監督に納得してもらえるストーリーでないといけない。だから当然笑劇《ファルス》や茶番《バーレスク》ではダメ。ありそうもないことを描いていいのは、夢のシーンあるいは幻想シーンだけということになった。長篇となり、ストーリーの組み立てが重要になったのだ。

誰かのアイデアにみんなが賛同して、〝よし、いい出だしだ〟となると、真ん中をすっ飛ばして――真ん中には見向きもせず――終局部をみんなで考える。そして誰もが満足する終局部ができあがると、そこで初めて真ん中にもどっていく。どういうわけか、真ん中は自然とかたちになっていくものなんだ」

撮影所を手にしたキートンのコメディ第一作は二巻物『文化生活一週間（キートンのマイホーム）』（二〇）であった。相手役のシビル・シーリーは無名の女優である。

「うちの撮影所主任《マネージャー》は主役の女優が安く手に入るとなったら、即行で決めてしまう。女優はとくに重要視していなかったね」

そうはいっても、キートン自身も女優に関しては鷹揚にかまえていた。相手役は魅力がなければならず、それ相応の演技力も求められたけれど、本番時に吹き出すような初心《うぶ》なところがあってもそれは大目に見られた。『空中結婚』（二三）のフィリス・ヘイヴァーのような有名女優はごくたまに起用されるにすぎなかった。

『文化生活一週間』はその後のキートン・コメディのスタイルを決定した。ギャグ満載のシーンで始まり……徐々に盛り上げていって……狂乱のクライマックス……そして最終ショットでダメ押しをする、というものである。新婚早々のバスター夫妻は組み立て式の新居を購入する。恋敵だった男が組み立てパーツの番号をこっそり書き換え、その結果、珍妙なる一軒家が出来上がる。窓のあるべきところに戸口があったり、台所のストーブが外壁に突き出ていたりするのだ。バスター夫婦はそれでも親戚友人を招いて新居披露のパーティを開く。そのさなか大雨となり、屋根から素通しの雨漏りで招待客たちはびしょ濡れになる。次いで嵐が襲来、新居は回転台よろしく猛烈な勢いで回り出し、招待客を次々に家の外へと放り出す。ひとりの高齢の客は強風の中、時計で時間を確認し、バスターにお招きの礼を述べ帰路につく。招待客はみな帰っていく。嵐のあとも問題は襲いかかる。新居は間違った場所に建っていたのだ。立ち退きを命ぜられ、バスターは車で家を引っ張っていく。車輪代わりに床下にはめた大樽が線路に挟まり、家は立ち往生となる。バスター夫妻は家を線路からどかせようと必死に試みるが、家は動かない。列車が迫り、バスターは妻ともども線路から離れて目をつぶる。列車は家の脇をかすめて通過していく——隣の軌道を走っていたのだ。ホッとしたのもつかの間、逆方向から走ってきた列車が家を真っ二つに破壊する。バスターは家の残骸のうえに〝売り家〟の立て札を立てる。その場を去りかけて後戻りし、封筒を立て札に挟む。封筒は〝組み立て説明書〟であった。

『文化生活一週間』は以後のキートン・コメディのギャグ形式を決定しただけでなく、その技法をも確立した。単純な設定、コメディ特有の平板な照明、最小限度に抑えた字幕使用といった諸点に加え、全体を統轄するすぐれた演出力である。キートンはエディ・クラインに共同監督のクレジットをあたえているが、作品を見れば誰が責任者であるかは明らかだ。クラインはのちにコメディ監督として一家を成す。とはいえ、彼の監督作に初期キートン・コメディの風格の痕跡を見出すことはできない。思い返してみると、バスター・キートンはコメディ監督の最高峰であったといってもいいのかもしれない。彼と比べれば、チャップリンの画面作りはあまりにも平凡に見えてくる。

キートンはまた直感の冴える生来の編集の名人でもあった。彼自身は、経験を積むことで編集をおぼえていったと、私のインタビューで語っている。しかし、一九二〇年時点においては経験というほどのものは積んではいなかった。私がそういうと、キートンは「たしかにそうか……」としばらく考えこんだ。そのとき夫人が、役者として身につけていたタイミングの感覚がコメディの編集に役立ったのでは、とことばを挟んだ。

キートンはうなずいた。「映画に入った頃にはもうベテランのコメディアンだったからね、私は。映画入りは二十一歳、初めて映画を監督したのは二十五歳だった。編集が作り出すペースのことだが、すばやいアクションの場合は普通より短めに編集する。ドラマを見せるところでは、普通よりやや長めにショットをつなぐ。スクリーンに映写してみれば、どうしたらいいかは一目瞭然だ。問題があれば編集室に入って当のシーンを見つけ出し、例えばドアを開けて出て行くところを切って、ドアを出たところのショットにすぐ繋げてしまう。私たちのところには通常のムヴィオラは置いてなかった。手回しのクランクの付いた編集機で、少々扱いにくい代物だった。

編集担当はJ・シャーマン・ケルで、私たちは〝ジャーマン神父〟と呼んでいた。謹厳実直そうな風貌だったんだ。彼はフィルムをいろんなショットに分類して棚に保管していた。ダンスホールのロング・ショットが欲しいというと、すぐにそれを出してくれる。〝高貴なゲストの到着を告げる執事のクロースアップを〟といえば、それもたちどころに現れるといった具合だ。私があちこち抜いたり差し挟んだりするのを、彼は隣に来てきちんと繋いでいく。またその手際の見事で速いこと！　でも当時はナイトレイト・フィルムだから火災の危険がつねにつきまとっていた。なのに私たちはそういうことにはほとんど注意を払わなかった。マッチの火を近づけただけで当時のフィルムは燃え上がったのにね……

あの時代には、自分の撮影所を持っているものには大きな利点がひとつあった。自分たちこそが撮影所常駐の唯一の撮影班だったのだ。撮影班の中核スタッフ、キャメラマンやキャメラマン助手、小道具方や照明担当には、年間五十二週撮影所からサラリーが出ていた。したがって、編集段階で新たなショットが必要となったとき、労せずにそのショットを撮ることができた。例えば人物が道を左に折れるのではなく右に折れなくてはいけなかったというとき、気づいたその日にみんなで現場にもどり、新たなショットを撮ってくればよかった。かかる費用といっても、行き帰りの車のガソリン代と、撮り直しに要したフィルム代だけだ。あわせて二ドル五十セントくらいだったろう。

いまの撮影所で同じことをしようものなら一万二千ドルは

優にかかってしまう。ショットをひとつ撮って帰ってくるだけでね。というのも、人からものから何から何まで金を払って借り出す必要があるからだ。それにもちろん、クルーも必要最小限ではすまない。組合が割って入り、小道具は何名、メイクは何名……と規定を振りかざすからね。衣装トラックも、食堂車も連れて行くんだとね」

キートン・コメディの最もきわだつ特徴は、ひとつひとつのギャグに贅沢ともいえる手間と努力が払われていることである。そこにはたんに観客を笑わそうという欲求を越えた製作にかける執念のようなものがうかがえる。キートンの子ども時代の夢が土木技師だったというのは意外ではない。多くの映画において、彼はその夢を実現した以上の域に到達している。どんな土木技師も途方にくれるような奇抜な難題を、彼は自らに突きつけているからである。

「やっと完成した船を海に浮かべるところでこのギャグとなるんだ」キートンが語ってくれたのは一九二一年の二巻物『漂流（キートンの船出）』である。「船が進水台を滑り降りて海に入っていく。船は海面に浮かばず、そのまままっすぐ水中に没してしまうというシーンだ。

撮影には三日かかった。次から次に問題が生じたからね。最初は七百三十キロ分の鉄製のレールを船のなかに仕込んでおいた。ところが綱を切っても船は遅々として動いていかない。歩みがあまりにのろくてとても使えるものじゃあない。キャメラの手回しを遅くして撮る手もあるけれど、海辺じゃそれもできない。水面が不自然に波立って見えてしまうからね。

そこで船尾に手を加え、水に入るやすぐに分解するような作りにした。水面と接触すると崩れてひしゃく状になり水をすくうかたちになる。それはうまくいったのだが、今度は船首部分が浮き上がった。船首に空洞ができていたのだ。

もう一度船を陸にあげ、船首をはじめ空洞のできそうなところにいっぱい穴をあけ、もう一度試してみた。

木材にはいくら重みをかけてもそれ自体の浮力というのがどうしてもあるみたいで、船はしばらくぐずったあとゆっくりと沈んでいった。ギャグの核心は船がまっすぐ海底に没するところにあるのだから、ゆっくり沈まれては意味がない。

そこでバルボア湾に行き、海錨を海中に沈め、そこから延びたケーブルを一方は船の船尾に、もう一方はタグボートに結びつけた。空洞部にみな穴があいていること、船尾は分解して水をすくうこと、タグボートはキャメラの視界の外にあることを確認して、船を進水させた。というよりも、より正確には、海底へとケーブルで引っ張りこんだのだ。

ドナルド・オコナー主演で『バスター・キートン物語』（五七）が作られたとき、このギャグを再現させようとして製作スタッフは同様の問題にぶつかった。私は美術部に自分が経験した困難を話し、どうやってそれらを解決し、どうやって準備を進めたかを伝えた。この映画のスタッフはひとつのことに関して私の上をいった。海錨を使うところまでは同じだったけれど、進水台を水面下深くまで延びたものとし、船の動きをもっと制御しやすくしたのだ。そして船に繋いだケーブルを地上側にも出して、それを巨大な馬力を持った大型トラックに繋げたのだ」

『忍術キートン（キートンの探偵学入門）』（二四）は天才的な技術の冴えに驚嘆させられる一作であり、その精緻巧妙なる点において疑いもなくキートンの最高作である。しかし、コメディとして成功しているかとなると疑問が残る。いずれのギャグも、構想・手並みにおいて見事というしかないのだが、観客を笑わせるというよりは唖然とさせてしまうのだ。観客は笑うより先に呆気にとられてしまうのである。

「珍しくはないんだ」とキートンは語る。「『キートン将軍』で、驀進する機関車の先端に私がいて、両手に抱えた枕木で線路上に置かれた枕木をはじき出すよね。あのときも、観客は数拍遅れて笑い出したからね」

『忍術キートン』はロスコー・アーバックルの監督で撮影が始まった。キートンはアーバックルへの恩義の気持ちを忘れたことはない――「映画のすべてを、私は彼から学んだ」とキートンはつねづねいっていた。裁判事件（本書第五章五一～五二頁参照）ののち、ウィル・ヘイズがアーバックルの俳優生命を葬り去ったとき、キートンは彼を監督として雇用した。

「本人も名前が出せないのはわかっていた。そこで私が〝ウィリアム・グッドリッチ〟の名を考えた。最初は〝ウィル・B・グッド〟Will B. Good（〝立ちなおる〟の意）としたのだが、ギャグならいざ知らずそれじゃああんまりなので、結局ウィリアム・グッドリッチに落ち着いた。撮影が始まって三日目、私たちは間違いに気がついた。ロスコーは始終ピリピリしていて、ちょっとしたことで癇癪を爆発させた。イライラのしどおしで、誰彼かまわず怒鳴りつけ、真っ赤になって怒り狂うのだ。これでは撮影にならない。ロスコーは裁判のショックから回復しきれていなかった。殺人罪で訴えられ、あやうく有罪判決が出るところまで追いつめられた。おかげで性格が一変してしまっていた。重い神経衰弱にかかっていたんだ」

ルー・アンガーが一計を案じた。ウィリアム・ランドルフ・ハーストがマリオン・デイヴィスの新作『赤い風車小屋』（二七）の監督を探している。アーバックルを推薦してはどうかとキートンに進言したのだ。

キートンは慎重に事を進めようとした。まずマリオン・デイヴィスに話を持ちかけた。彼はデイヴィスにいった。裁判のあとアーバックルは最悪の状態にある。監督の仕事をもらえればいくらかでもよくなるかもしれないと。

「ロスコーと私は親友だから、私から仕事をもらっても嬉しくはないんだ」とキートンは説明する。「親友のよしみからだと考えてしまうんだな」

皮肉なことに、ハースト系新聞はたんなる一無名女優の事故死であった〝アーバックル事件〟を全国規模の一大スキャンダルに仕立て上げた元凶であった。その頃ハーストとマリオン・デイヴィスの愛人関係は世間から批判を浴びていて、デイヴィスの主演映画には客が集まらなくなっていた。噂によると、ハースト自らハリウッド発のスキャンダル探しを命じたのだという――彼とデイヴィスの一件を棚上げさせるような忌まわしくも毒々しいスキャンダルを発掘するようにと。そしてすぐにおあつらえ向きの事件に出くわした。アーバックルはハリウッドすべての邪悪を代表する生け贄の羊にさせられたのだ。

キートンによればハーストは、アーバックル事件を報道した新聞は〈ルシタニア〉号沈没を報じた新聞よりよく売れたと自慢していたという。

マリオン・デイヴィスはハーストを説得してアーバックルに監督させることを了承させた。『忍術キートン』に入っていたアーバックルは、キートンには悪いと思いながらも、予算の大きな映画の監督話には心引かれるものがあった。キートンは友人にいった。「こんないい話はめったにないよ、ロスコー。君に去られるのは残念だが、我慢しよう――」

アーバックルはデイヴィスのもとで映画を撮ることになった。キートンは三日目までに撮影したフィルムを没にし、いちから撮影を再開、単独監督となって『忍術キートン』を完成させた。

『忍術キートン』（原題は『シャーロック・ジュニア』）では若い映写技師（バスター）が主人公で、この映写技師は名探偵になることを夢見ている。おそらくすべての観客が目を丸くするシーンは、バスターが映写室で居眠りしたところから始まる……バスターは夢のなかで映写室を出、客席のあいだの通路を歩いていって舞台に上がり、スクリーン内の世界に足を踏み入れていく。映画内の登場人物は彼と同じ次元の人物に姿を改め、主人公をスクリーンの外に放り出す。バスターは立ち上がり、もう一度スクリーンの中に入っていく。スクリーンの中ではシーンが次から次へと変化していく。室内の場面は家の玄関前に変わり、次いで庭園へと変わる。玄関の階段を下りようとしていたバスターは、場面が変わったために庭園のベンチから足を踏み外す。そのベンチに腰を下ろそうとすると、都会の路上に場面が変わり、バスターは歩道の上に大きな尻もちをつくのだ。

バスターは立ち上がって歩道を歩いていく。すると場面は断崖絶壁となる。あわてて難を避けたあと、崖下をのぞこうとすると、場面はジャングルに変わり、バスターはライオンの間近に身を置いている。抜き足差し足遠ざかるバスターのあとをライオンはついてくる。と突然、場面は人っ子ひとりいない砂漠となる。そこに不意に機関車が驀進してくる……

これは滑稽というにはあまりに超現実的であり、観客を驚愕させ感嘆させはするが、必ずしも笑わせるとは限らない。ここではストーリーの進行は中断しており、ストーリー内ストーリーも滞っている。ショットの唐突な切り換わりが、映画の主筋とはもちろん、それ自身においても何ら意味あるつながりを成していないからである。自己顕示的で、ビックリ効果を誇示するのみのシーンとなっているのだ。そうはいっても、これは映画史上最も手のこんだ、かつ完璧に成就された特殊効果シーンのひとつとなっている。キートン本人もいまだに満足を隠せないでいる。

「この業界のキャメラマンというキャメラマンはひとり残らず見に行った。しかも二度も三度も。いったいどうすればこんなことが可能なのかを探るためにね。このシークエンスには絶妙のショットがいくつもあった！　私たちはステージの上に、周りを黒枠にした大きな切り抜きスクリーンを拵えた。そしてその手前にオーケストラピットや客席を作った。肝心かなめは照明だった。スクリーン内の、じつはそこで演じられた情景を、映写されている画面であるかのようにステージ上を照明したからだ。

　このときの嵌め込み画面となるロケーション・ショットで大切なことは、キャメラと私とのあいだの距離を厳密に計測し、それを次のショットでも正確に保つことだった。そうすることでキャメラマンは画面に切り取る寸法を知ることができる。ひとつのショットを撮ると現像室に送りすぐに現像させ、それをキャメラマンのところに持ってこさせる。キャメラマンはフィルムから数コマを切り取ると、それをキャメラゲートに入れる。そして次のショットを撮るとき、私は前のショットと同じところに嵌まるように位置どりをするのだ。キャメラからの距離さえ正確に合っていれば、問題は何も起こらない。

『キートンの栃面棒（セブン・チャンス）』（二五）では測量士用の器具を使ったよ。私のスタッツ・ベアキャット・ロードスターがカントリークラブの前に停まっている。真横から捉えた車のフル・ショットだ。私が乗りこみ、サイドブレーキを外し、姿勢を直して発進させる――しかし車が動いていくのではない。背景がディゾルブして田舎家の前に変わる。私はサイドブレーキをかけ、エンジンを切ると、車を降りて田舎家に入っていく。ややあって再び姿を現し車に乗りこむ。そして先ほどと同じように今度はカントリークラブにもどってくる。私も自動車も画面上では前にも後ろにもピクリとも動かない。このシーンを成功させる秘訣も、キャメラからの距離と被写体の高さを一ミリたりとも狂わさないことだった。そのために、キャメラと車の距離を正確に計れるよう、測量士用の器具を使ったのだ」

『忍術キートン』は大胆な工夫と細心の配慮が隅々にまで行き届いた作品ではあったが、現代の私たちが予想するほどの絶賛は博さなかった。フォトプレイ誌の批評子はこの映画の特殊効果に触れてすらいない。「文句なく楽しめるキートン作品である。長篇というには短いが、テンポよく快活に話が進行する。コメディは映画の中のオアシスであり、気分を一新させ爽快にしてくれる。つねに沈着冷静、〝笑わぬ男《ストーン・フェイス》〟キートンの新たな冒険に食指の動かぬ映画ファンはいないだろう」（一九二四年七月号、四六頁）

「別にかまわないさ」とキートンは語った。「いい興収を上げたんだから。でも、大成功とはいかなかったね。『荒武者キートン』（二三）の方が上がりは上だ。『拳闘屋キートン（キートンのラスト・ラウンド）』（二六）も、『キートンの大学生（キートンのカレッジ・ライフ）』（二七）も、『キートンの船長（キートンの蒸気船）』（二八）も『忍術キートン』よりも儲けは上まわった。ＭＧＭで撮った二本『キートンのカメラマン』（二八）と『キートンの結婚狂』（二九）だってこれよりは儲けたからね。当時の観客はあの手この手を使ったトリック撮影にはさほど目を引かれなかったのかもしれないね」

バスターは次の作品では新機軸に訴えるのは控える。しかしその作品『海底王キートン』（二四）は彼の長篇喜劇では最大のヒット作となった。この映画では無人島ものの設定を逆手にとり、キートンとガールフレンドは遠洋定期船の中で立ち往生となる。無人島のように見えた島は食人族の住み処だったからである。つねに本当らしさに固執するキートンは食人族も、冒頭のスパイのシーンも〝茶化しではなく本格的に〟描きたかった。そこで監督にドナルド・クリスプを起用した。当時評判となった『鵞鳥飼ふ女』の監督だとキートンが誤解したからである（同作の監督はクラレンス・ブラウン）。グリフィスのもとで研鑽を積み『国民の創生』にも関わったベテラン映画人のクリスプは、リライアンス＝マジェスティックやミューチュアル、二〇年代にはラスキー、あるいはデミルのＰＤＣ（プロデューサーズ・ディストリビューティング・コーポレーション）でプログラム・ピクチャーを監督している。重厚な傍役俳優としての後半生の活躍は映画ファンにはおなじみである。

クリスプの起用は少々問題であった。ドラマのシーンに腕をふるってほしかったのに、本人はコメディに力こぶを入れたからだ。

「ギャグは考えるなと彼にはいってあった。それはこちらの専門だと。撮影が始まり、クリスプはドラマのシーンを大過なく撮ってくれた。でも、気配りが徹底していたとはいえない。真剣になったのは私が出てくるシーンのところだけ。そのうちにギャグマンに成り代わった。毎朝、突拍子もないギャグをひっさげてセットにやってくる。それが彼を呼んだ理由じゃないのに。彼には海底シーンの撮影に入る前に退いてもらった。海底シーンは手間も時間もかかる過酷な撮影となった。あのような撮影に監督の手腕の入りこむ余地はない。私とキャメラマンと技術スタッフだけで撮り上げた箇所だった。

クリスプが退いたあとで、二、三のシーンを撮り直した。一箇所はヒロインが食人族にさらわれて、気がつくと原住民に取り囲まれているところ。クリスプはヒロインが原住民の足元のにおいを嗅いでいるかのようなシーンにした。笑わせるシーンならそれで問題はないのだが、そこは笑いがほしいところじゃない。少なくともその時点ではまだ笑いは必要としなかった。だから、意識朦朧たるヒロインが原住民の足元を見て正気に返るというのではなく、ただ怯えているというショットに撮り直した。

最初のほうに、スパイの一団が二人の男を縛り上げ、船を沖に流してしまうところがあるけれど、そこも少々演技が大げさになっていた。大げさな演技を私は好まない。それでそこも撮り直した」

『海底王キートン』の製作費は二十二万ドルとなった。キートンのコメディは通常のドラマよりも一・三倍ほどコストを増すのがふつうだった。例えば、ノーマ・タルマッジの作品は製作費十八万ドルが相場である。キートンの映画は複雑な仕掛けが多いために製作期間が長くなるのだ。ロイドのコメディは製作費という点ではもっと上をいった。チャップリンはさらにその上だった。

「どれだけフィルムを使ったかは気にかけなかった。長篇も最初の頃は五巻物だったけれど、一九二五年から七巻物へと切り換えた。他のみんなに倣ったんだ。生フィルムの使用量は気にしたことはない。キャメラはじゃんじゃん回した。誰も何とも思わなかった。撮影済みフィルムは足りないよりは多すぎるほうがいい。余りは捨てればいいのだから。二巻物のときもそういう撮り方をしていた。例えば、ひとつのショットを八回くらい撮る。全部をプリントにはしない。二番目と四番目がよかったとすればその二テイクだけをプリントする。あとはそのまま捨ててしまうんだ」

これはハリウッドでは通常のやり方であり、いまでも同じように引き継がれている。サイレント時代のもうひとつの慣行は、外国用ネガのための第二キャメラの存在である。しかし、実際上第二キャメラが使えない場合もあれば、同じシーンを二度撮るのが不可能な場合もあった。

「ユニヴァーサル撮影所に出向いて檻の中に入った。あの頃ユニヴァーサルはいろいろな動物を飼っていた。檻は円形で直径が二十メートルほど、熱帯樹がいっぱい置かれていた。ムチと椅子を手にしたガンベルト姿のトレーナーが二頭のライオンを位置につかせ、私は私の位置についた。キャメラマンは檻の外からキャメラをこちらに向けている。トレーナーはいった。〝走ったり、急に動いたりするんじゃないぞ。隅に入りこむのも禁物だ！〟

丸い檻なんだから〝隅〟なんてないんだよ！」

そういってバスターは笑うと、テーブルを脇にやって、そのときの様子を実演してくれた。それは『忍術キートン』の映画中映画のワンシーン、彼が唐突にライオンと向きあうところである。バスターは彼ならではの歩き方で、平静を装って口笛を吹き吹き部屋の向こうへ歩を進めた。

「こうやってライオンから遠ざかっていく。するとどうだ。もう一頭こっちにいるじゃないか！　私はこのくらいまで歩くと、ちらっとライオンに視線を送る。二頭のライオンはついそこにきている。私のあとをついてきたんだ！」

バスターはおかしくてたまらないというように大笑いする。

「それに二頭のライオンとも私とは初対面でなじみはない。

縁もゆかりもないライオンなんだ！　そのときキャメラマンが声をかけた。〝じゃあ、もう一回。外国用のネガ撮りだ〟

　私は咄嗟にいったね。〝ヨーロッパは忘れてくれ！〟」バスターはここでまた大笑いし、もどってきて腰掛けた。クスクス笑いはまだつづいている。「ずっとあとのこと。ウィル・ロジャーズも同じように切り返したらしい。〝ヨーロッパは忘れろ！〟ってね……結局、最初に撮ったフィルムから複製《デュープ》ネガをこしらえて、それをヨーロッパ版にした。ライオンとはそれからも共演しているよ。かわいい連中だ」

　キートンのコメディで最も名を知られているのは繰り返し再上映されている『キートン将軍』（二六）である。これはテレビでもしばしば放映されている。リバイバルされる映画は、往々にしてそのスターの代表作とはほど遠い場合が多いものの、『キートン将軍』はキートン喜劇の典型とはいえないながら、傑作の一本であるのは間違いない。再上映のたびに脇筋や字幕などが次々とカットされ、オリジナルの持つペースや全体像が大いに損なわれてきた。しかし、幸いなことにオリジナルのサイレント版は健在であり、いまだに新鮮さを失わぬその迫力は一九二七年の「モーション・ピクチャー・クラシック」の評の不当さを証明してあまりあるものとなっている――〝キートンの最高水準には届かぬ生ぬるい南北戦争コメディ〟（四月号、八〇頁）。

「『キートン将軍』には愛着があるね。史実を素材にしているが、映画では結末までは描いていない。ウォルト・ディズニーも同じ話を『機関車大追跡』（五六）という映画にしている。ディズニーも史実の結末は使えなかった。列車を奪って逃げた北軍の八人のスパイは南軍の手で縛り首となっている。松の木を倒して横に渡し、その下に首に縄をかけた八人を並べ、彼らの乗った馬をいっせいに走らせたのだ。それが真の結末だった。ディズニーが犯した過ちは北軍のスパイを演じたフェス・パーカーを主人公にし、追跡する南軍方を悪役にしたことだ。

　映画じゃ南軍を悪者にするのはタブーだ。観客が許しちゃくれないからね。ミシガン州、メイン州、マサチューセッツ州でも同じこと。彼らは戦争に負けたと思っているから、敗れた側が悪役にされると憤るのだ。その点私たちはうまくやった。映画が終わるところでは南軍のほうが勝っている。これは史実どおり。この列車追跡の一件は一八六二年であり、戦争が南軍の負けで終わるのは一八六五年だからね。でも、私が自分の機関車を取り返すというのはこの映画の創作だ。私が機関車を追いかけるところからこの映画の本当のストーリーが始まる。

　この映画では自分が語りたいストーリーを、自分が描きたいように描いていった。自分で監督し、編集し、字幕を書いた。だから当然愛着も深い。でも、いちばんの大当たりではなかった。最高の大当たりは『海底王キートン』だったからね。

　実際の場所に下見に行った。ジョージア州アトランタから

［上］『キートンの大学生』（27）。手前にジェイムズ・ホーン。台の上にバスター・キートン。
［下］『キートン将軍』（26）。〈将軍〉号の前にキートンと共演の子役二人。

テネシー州のチャタヌーガまでね。でも、映画にはとてもなりそうにはなかった。風景も見栄えしないし、鉄道も南北戦争時代は狭軌なのだがそんなのはどこにも残っていない。それに当時の鉄道の路盤は原始的で、枕木のあいだの砂利も申しわけ程度しかなく、雑草が生い茂っているのがふつうだった。

狭軌の鉄道を使いたかったので、オレゴン州に行ってみた。あそこは製材所に通じる狭軌の鉄道が全州蜂の巣状に張りめぐらされている。列車は山を越え、谷を渡り、湖の脇や谷川に沿って走っている。まさに映画におあつらえ向きだった。そこで車輛も、台車、無蓋貨車を含め、いろいろと取りそろえた。貨物車、客車は自分たちで作り、機関車も三台改造した。幸運なことに、製材所で使われている機関車が揃いも揃って時代物ばかりだった。おかげで改造するのに随分手間が省けた。どの機関車にもまだ火口が付いていた。昔の機関車には番号を付けるようにはなっていなくて、いちいち名称で呼ばれていた。だから主人公の愛車は〝将軍〟であり、追跡するとき私が運転するのは〝テキサス〟だった。燃えさかる鉄橋から川に落ちるのはこの〝テキサス〟のほうだ。

あの橋はわざわざ建てたもので、川も流れの見映えをよくするために途中にダムを造って流れをせき止めたりした。あのシーンはガブーリーと彼の右腕となる助手たちと一緒に想を練ってかたちにしたものだ。ガブーリーの助手の一人は鍛冶職人だった。現場には鍛冶場も作ってあったんだ。

エキストラは周辺の地域から、といっても何キロ四方だけれど、集めてきた。ずぶの素人ばかりだったので、しっかり訓練をほどこした。戦闘シーンではオレゴンの州兵に集まってもらった。あのロケ現場はハリウッドから二千キロほど離れた場所にあった」

「鉄道は」とキートンは付け足すようにいった。「すばらしい小道具だよ。途方もなく楽しいことができるんだ」

追跡シーンの多くは、当の機関車からではなく、並行する道路を走る自動車から撮られている。この移動《トラッキング》ショットのタイミングは完璧で、機関車は画面中央にしっかり捉えられ、その画面にまったくブレはない。キートンは車にウェスティングハウス社製の緩衝装置を据えさせていた。また撮影に先立って道路にはじゅうぶん道ならしがかけられた。「やるからには徹底しないとね」は彼のことばである。

『キートン将軍』につづく作品は『キートンの大学生』(二七)。監督にクレジットされているのは『ジャスパー・Bの船旅』(二六)で名を上げ、のちにローレル゠ハーディのコメディを手がける若き監督ジェイムズ・W・ホーンである。しかし、ここでもじっさいに監督したのはキートンだった。

「ジェイムズ・ホーンは私にいわせりゃまったくの役立たずだったね」彼のことばは容赦ない。「撮影所主任だったハリー・ブランドがそのように手まわししたんだ。ホーンは経験も浅く、たいした映画は一本も撮っていなかった。どうして奴が雇われたのかわからない。だって私がほとんど監督し

『キートン将軍』におけるバスター・キートン三態。

たのだから」

キートンはクレジットにはたいして関心をしめさない。カール・ハーボーは『キートンの大学生』と『キートンの船長』で脚本にクレジットされているが、キートンは彼をシナリオ部きっての能なしと呼んだ。「あいつはギャグマンとして最低、字幕を書かせて最低、ストーリーの組み立ても最低だった。でも、誰かの名前を出さなくてはならず、あいつはたまたま所員だったんだ。

私は『即席百人芸（キートンの一人百役）』（二一）★を作った男だからね。あの映画ではすべての役をこなした。二重写しを使って、オーケストラのすべての楽器の演奏者となり、舞台上のすべての芸人をひとりで演じた。チケットを買う客も私なら、売り場の女も、モギリも私。プログラムを開くとキャストの欄にずらっとバスター・キートンの名が並んでいる。これは一部の映画人への皮肉でね。とくにインスってのがいただろう。よくあったんだ、こういうクレジットが――“トマス・H・インス製作、映画題名「○○の××」、脚本トマス・H・インス、監督トマス・H・インス、編集トマス・H・インス、トマス・H・インス・プロダクション”と。

そこで『即席百人芸』を作ったときそれを真似てみた。脚本キートン、監督キートン、衣装キートン、キャストもみなキートンとね。観客は大笑いしたね。狙いがわかって大笑いしたんだ。もう何年かあとだったらザナックやマーヴィン・ルロイが的になっていたかもしれない。ま、じっさい自分でそんな映画も作っているから、監督や脚本にやたら名前を出すのはためらわれるんだ」

『キートンの船長』はキートン最後の独立製作作品である。全体的にはキートン・コメディ通常の高いレベルには達していないとはいえ、最後のクライマックス・シーンは忘れがたい。その壮大な規模は、彼の他のどの作品をも凌駕するといっても過言ではない。またキートンに似つかわしいことに、それはサイクロンの襲来シーンなのである。

バスターが演じるのは昔気質の蒸気船の船長（アーネスト・トーレンス）の不出来な息子で、シャレものの大学生。父親は対立する新興汽船会社の図りごとにあい投獄される。

バスターはやすり、ねじ回し、スパナを中に隠したパンを持って大雨のなか父親を救い出しにいく。が、息子を勘当する気でいる父親はまともに顔を合わせようともしない。バスターは保安官に「父が腹ペコになるまで待つよ」という。

保安官の目がそれた隙に、バスターは父親に向けてパンの中身をマイムで教えようとする。このマイムが絶妙なのだが、父親は意味を解せず、息子が錯乱したのかと誤解する。

「お父さんは思ってるんだね」とバスターはいう。「ぼくのパンは食べられたものじゃないって」

雨に濡れて生地のゆるんだパンが破れ、脱獄道具が床に散らばり、バスターも牢屋に入れられる。

キートンと彼のギャグマンたちは大雨によって大洪水となり、それが親子の脱出を可能にするという筋書きを考えていた。風雨が強くなっていること、川が近くを流れていることはすでに伏線として描いてあった。しかし、ハリー・ブランドがジョー・スケンクに、この時節大洪水を描くのはどうか、最近も大きな被害が出たばかりだし、と注意をうながした。

スケンクもなるほどとうなずき、シーン変更を指示した。十万ドルかけて拵えた町のセットは、さらに三万五千ドルを費して大暴風に壊されやすいかたちに改められた。

このシーンは長年苦楽をともにしたキートン撮影班の〝白鳥の歌〟であるとともに、映画史上最も驚嘆すべき特殊効果シーンのひとつとなっている。*ロケーション撮影はサクラメント市と向かい合うサクラメント川沿いの地域で行なわれた。高さ三十六メートルのクレーンが艀《はしけ》の上に置かれ、これを用いて建物を倒壊させたり、バスターの場合同様、大風にあおられて建物の壁面が吹き飛ばされたりする効果を作り上げた。

大暴風のシーンは一台の車から始まる。男が車の前部でクランクをまわしている。突然の強風に車のフードが帆のようにあおられ、車はクランクを握ったままの男を引きずって路上をすべっていく。暴風が激しさを増すと、桟橋は崩壊し、建物はあっけなく崩れ、吹き飛ばされる。

「大暴風作りではひどい目にあった」とキートンは語る。「風を起こすのにリバティ・モーター・ベビーを六台使ったのだが、この風が強烈きわまりなかった。この機械一台で土手に風を当てたところ、土手を走っていたトラックが吹き飛ばされて川に転がり落ちた。たった一台の風でだ！」

映画の中で、逮捕されたバスターは一時病院に入れられる。すると強風が病院の屋根と四壁を吹き飛ばしてしまう。残されたのは一階の床だけで、ベッドに横になっていたバスターは起き上がって、何もなくなったまわりをきょとんと見まわすのだ。

そしてこのあと、おそらくキートンの全作品の中でも最も有名な瞬間が訪れる。立っているバスターの上に建物の正面壁がそのまま倒れてくる。しかし屋根裏部屋の小さな窓の空間に助けられ、彼はカスリ傷ひとつなく、そのままの姿勢で立ちつくすのだ。

この映画が作られた前年、暴風による死者は七百九十六名、それに対して洪水による死者は三十六名にすぎなかったと、キートンはあとでニューヨーク気象台に教えられた。

『キートンの船長』を作ったあと、キートンは〝人生最大の過ち〟を犯す。ユナイテッド・アーティスツを配給会社とする独立製作をやめ、スケンクの説得をうけてMGMに入社するのである。MGMでは製作手法をめぐってしょっぱなから衝突した。タルバーグはキートン流の映画作りが効率的であ

★それは映画の前半三分の一くらいまでのこと。舞台の下働きであるバスターの夢のシーンという設定。

＊ハリー・ラングドンの『初陣ハリー』（二六、ハリー・エドワーズ）にも鮮やかなサイクロンのシーンが出てくるが、この映画ほどの広大なスケールには達していない。

るとは絶対に認めなかった。タルバーグはシナリオをかたちにするよう主張して譲らず、キートンは屈辱にまみれながら八カ月かけてシナリオを一本まとめ上げた。〝ニューヨークでは誰ひとりこの人物の存在を知らなかった〟とシナリオに書かれたニューヨークの街頭シーンを撮ろうとして、キートンは三ブロック四方に渡って交通渋滞を引き起こした。マンハッタン島南端のバッテリー公園でもやはりシナリオどおり撮影しようとして彼は群衆にもみくちゃにされた。

タルバーグはこのときばかりは敗北を認め、キートンに譲歩する。『キートンのカメラマン』（二八）はエド・セジウィックの監督のもとで、監督とキートンとのコンビもよろしく、撮影はスムーズに進行する。映画も公開されるや大当たりとなった。*

しかし、キートン撮影班は散り散りになった。ガブーリーはMGMの技術部門の主任となり、デヴ・ジェニングズはプロセス・ショットのキャメラマンとなった。ギャグマンたちはお雇いシナリオライターと入れ換えになった。映画がトーキーに転換すると、MGMはジミー・デュランテをスターにすべく力を注ぎ、キートンは見向きもされなくなった。その後は転落に拍車がかかった。酒量は増え、妻には離婚され、ルイ・B・メイヤーを怒らせてクビを言い渡された。

メキシコ、フランス、イギリスで映画を作るもいずれも失敗に終わる。一九三五年、アルコール依存症の治療を二度にわたってうけ、それから五年間酒を一滴も飲まずに過ごす。

そんな彼をMGMは再雇用するが、それはコメディアンとしてではなかった。かつて週三千ドルを得ていた彼は、ギャグマンとして週百ドルの給与に甘んじ、アボット＝コステロ、マルクス兄弟、レッド・スケルトンらMGMお抱えコメディアンたちの下支え役となった。

屈辱と欲求不満の日々がつづいた。三大喜劇王のひとりをギャグマンにおとしめて恬として恥じなかったところに、ハリウッドの製作者の厚顔無恥と無能がうかがえる。

偉大なコメディアンになることはバスター・キートンが意識して追い求めた目標ではなかった。彼は自分の理解する最良のやり方で映画を作った。彼が魅了されたのは映画というメディアそのものであり、苦心と努力ののちに生み出されるさまざまな効果のおもしろさであった。

キートンの偉大さはいくつかの要素の組み合わせから成り立っている——彼の手法《アプローチ》はサイレント・コメディには理想的だった。キートンはタイミングのセンスと運動感覚に裏付けられた本当の意味での演技スキルを持ち、正確なキャメラ位置を知る、映画監督としての抜群の才能に恵まれ、それに加えて直感的な編集センスにもすぐれていた。彼は機械を独創的に活用する術を知っているとともに、それを操るに巧みであり、臨機応変の才、先見の明にすぐれていた。しかも彼の内には断固たる勇猛心があり、それはもし仮に戦場で発揮されたならば、勲章ものの功績を彼にもたらしたであろうと思われる。

しかし、この偉大さもうひとつの特性がなかったとしたら光を放つには至らなかっただろう。そのもうひとつの特性とは、仕事に全力を傾ける能力、映画作りに身も心も没入できる資質であり、それが上記の諸要素とひとつに溶け合って、比類なき映画人バスター・キートンを作り上げたのだった。

　問題に直面して発揮される彼の勇気と、問題を解決する天才的な頭脳の冴えをしめすひとつのエピソードを最後に紹介して本章を閉じることにしよう。以下は『海底王キートン』の海中シーンの撮影について語る本人のことばである。

「最初は、リヴァーサイド市にある大きなタンクを使って撮影しようと考えた。水深を深くする必要があり、一・八メートルほど水深をさらに深くするよう手直しをして改めて水を入れてみた。ところが加えた水の重みでタンクの底が抜けてしまった。まるでクラッカーのようにあっけなく砕けてしまったのだ。タンクは補修したけれど撮影場所は別に探すよりなかった。

　次に出向いたのはカタリナ島だ。ところが水が白濁している。島のまわりはちょうど魚の繁殖期だったため、海底に触れると泥と一緒に魚の精子が舞い上がり何も見えなくなってしまうのだ。

　カリフォルニア州とネヴァダ州の州境にあるタホ湖は世界一透明な湖で、海抜千六百メートルのところにあり、水温は一年中低い。私たちはこの大きな湖をロケ地と定め、撮影には水深六メートルあたりのところを選んだ。

　まずキャメラ二台の入るキャメラボックスを作った。ここにあるこのテーブルの幅を少し広げて立方体にしたものと考えてもらえばいい。キャメラ二台とキャメラマン二人が入るだけのスペースがあり、内側の壁には鉄製の梯子を付けて天井から出入りできるようにした。ボックス自体は厚板材でできていて、水漏れがないよう完璧に密封措置をほどこした。でも、木でできているので重みを加える必要があり、約四百五十キロの重量をそこに加えた。また、ガラスが曇らないよう、ボックスの中の温度を外の水温と同じに保つ必要もあった。そこで温度を確認できるよう、ガラス窓の外と、ボックスの中と二箇所に寒暖計をぶら下げた。

　前の晩と、当日の朝いちばんにボックスの中に氷を入れた。ボックスの中の温度を外の水温と同じに保つためなのだが、中に人がいると人の体温で温度が上がるから、キャメラマンが二人ボックスの中に入ったあとでさらに氷を足した。

　こんな具合に撮影準備を整えて、私が潜水服を着用して海底に降りた。するとキャメラマンから、キャメラ位置が近すぎる、もっと遠ざけてくれといってきた。

　そこでキャメラボックスを動かした。この私がひとりで動

＊一九五三年、MGMのさる重役はキートンとブレッシュに『キートンのカメラマン』の社内用プリントはすり切れて使いものにならなくなったと述べている。「あれはうちの訓練映画の一本だった。一九二八年このかた、コメディアンが入社するたびにあの映画を見て勉強するよう義務づけていたんだ」

かしたんだ。水深六メートルにいると、どれだけのものまで持ち上げられるかのいい例証だね。ボックスはおそらく六百三十五キロはあっただろう——キャメラが二台、人間が二人、氷百三十キロ余り、それにボックスに加えた四百五十キロの重しもあるからね。それを私が持ち上げて動かしたんだ。あの海底シーンだけで撮影に一カ月をかけた。海底には一度に三十分くらいしかいられない。水が冷たくて、長くいると腎臓にこたえるからだ。三十分くらい経つと体全体がマヒしてくる。もうこれ以上はダメだと思って、上へあがっていったものだったよ」

第四十四章　チャップリン

一九六五年に自伝が出版され、一九六七年に久しぶりの監督作品『伯爵夫人』が劇場公開されたのをきっかけに、チャップリンのかつての映画が何本もリバイバル公開された。またそれにともなって、五十年以上に及ぶ彼の映画人生に影を投げかける厳しい糾弾や根も葉もない噂、恨みや憤りもまた再燃することになった。

ハリウッドの映画界ではチャップリンの話題はいまだにタブーである。一九六六年、アメリカ撮影監督協会が撮影技術の進歩に果たしたキャメラマンの貢献を一本の映画にまとめたとき、チャップリン作品からの抜粋フィルムはそのなかに入れてもらえなかった。

「チャーリーがハリウッドでどれほど嫌われているかを知ったら人は驚くだろうよ」と上記の映画製作に関わったある映画人（匿名希望）は語ってくれた。「チャーリーの映画に人は大笑いしたのに、今となって門前払いを食らわすとはね。たしかに撮影術に関してチャーリーの映画はたいした貢献はしていないのかもしれないが、彼のコメディのどこに問題があるというのか？　彼はアメリカに裏切られたんだ。彼の一家が休暇でアメリカを離れるという一瞬を捉えてトルーマン政権が彼を訴追したけれど、あんなやり方はないだろう。むろんチャーリーにも落ち度がないとはいえない。傲慢だったし、人間関係で配慮の足りないところもあった。でも、私は自由と公正を信じるものだ。誰にも与えられて然るべき公正な扱いを彼は受けられなかった。私は彼がコミュニストだの、共産主義のシンパだのとは夢にも思っていない。人を楽しませてやまぬ偉大なエンターテイナーだった。それがすべてだと思う」

これほどに寛容でない意見もご紹介しておこう。以下はチャップリンと同じほど長く映画界に身を置く、この問題を除けばきわめて理性的な、広く尊敬を集める製作首脳陣のひとり（同じく匿名希望）のことばである。「たしかに偉大な役者だった。だからってこっそり国を抜け出していいって法はあるのか？　我々アメリカ人は彼に住まいを与え、才能を存分に奮える仕事を与えた。我々をだしにして奴はひと財産築いたんだ。その見返りに何をした？　ナンにもさ！　奴はアメリカ国民になったか？　なっちゃいない。夜逃げ同然に国を抜け出し、手の届かない遠くからこちらに向き直ってオレたちを愚弄した。奴は義理人情に欠けた男だ。アメリカには金輪際もどらぬほうが身のためだと思う」

　サイレント期の調査を重ねるなかで、私は全盛期のチャップリンと仕事をともにした、あるいはその時期の彼をよく知っているという何人もの人間とことばをかわした。たいていの場合、私はチャップリンの名前には触れないようにした。チャップリンに関して何か意味あることはすでにすべて語られていると感じていたからである。しかし、こちらから誘いのことばをかけなかったにもかかわらず、チャップリンは話題の中心となっていった。そうして、彼の性格や仕事のこれまで知られていなかった新奇な側面があれこれと明らかにされていった。

　ミンタ・ダーフィーは一九一四年、ヴァージニア・カートリーに次ぐチャップリンの相手役女優となった。一九六三年、映画女優経歴五十年を祝ってヨーロッパに招かれたダーフィーはハリウッドで録音されたテープを持参した。それはかつてキーストンで活躍したもうひとりの俳優チェスター・コンクリンと彼女の会話をおさめたものであった。

　コンクリンはチャップリンとの仕事は楽しかったが、最初のうちチャップリンはキーストン社にうまくなじめないでいたと語った。「彼は性格をおもしろく演じて客を笑わすコメディアンだったから、テンポは遅かった。キーストンではスピードが信条だ。チャップリンにはそれができなかった」

　そしてコンクリンはコメディ史上画期的な瞬間のひとつ、すなわちあの放浪紳士の扮装がかたちをとって現れた瞬間を思い出す。「チャップリン自伝」には何か扮装を見つけてこいとセネットに命じられ、その場で思いついた格好でホテルのロビーのセットに現れた愉快なひとこまが詳述されている。しかし、チャップリン自身、第三者から見たそのときの自分の姿までは気づかなかっただろうと思われる。コンクリンは次のように伝える。

「まだ昼前で雨が降っていた。ロスコー・アーバックルとフォード・スターリングと一緒に私は楽屋の中でピノクルにふけっていた。チャーリーがぶらっと入ってきてメイク用のベンチに向かった。当時よく使っていたクレープヘア（人造毛）を、チャーリーはいろんな種類取り上げて、鼻の下にあてて試していた。そしてようやく気に入ったのを見つけると、それをゴム糊でくっつけた。それからチャーリーはロスコー・アーバックルの帽子とズボン、私のモーニングコート（その頃は〝カットアウェイ〟と呼んでいた）を身につけ、自分のステッキを手にするとセットに出て行った。セットにはホテルのロビーが作られていて、それはメイベル・ノーマンドの『メーベルの窮境』（一四）の一場面だった。チャー

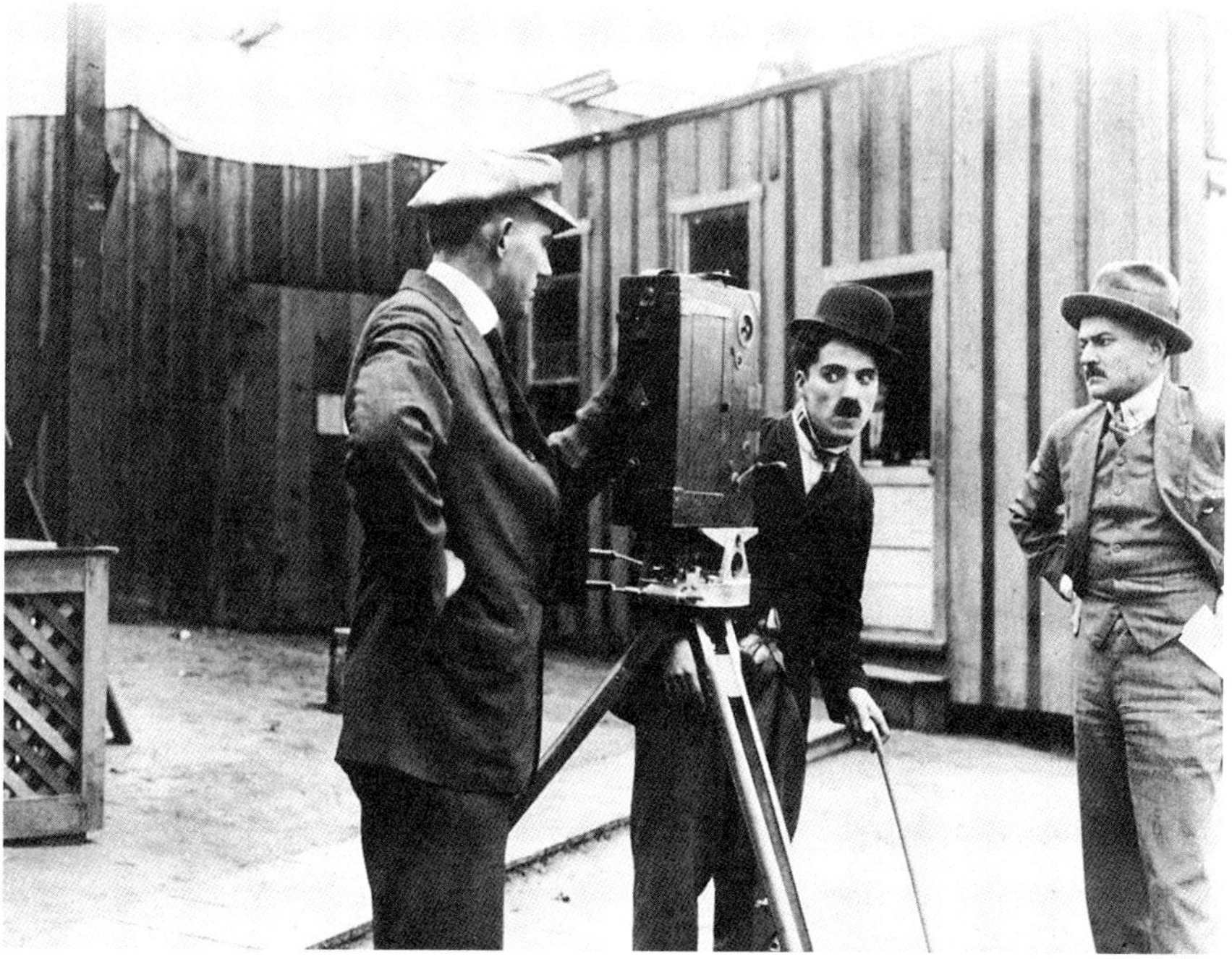

［上］浮浪者（放浪者）キャラクターの初期の頃。左はのちにトラベリング・マットを開発するフランク・ウィリアムズ。右はヘンリー・“パテ”・レーマン（1914年）。［下］『黄金狂時代』（25）撮影時のスナップ。ハリー・ダバディ・ダラー、エディ・マンソン、チャップリン、ロリー・トザロー、チャック・リースナー。

リーはヴォードヴィルの舞台で得意にしていた酔っ払いを演じ始めた。片脚が痰壷に挟まって抜けなくなるといったお決まりのドタバタだ。セットのまわりに大勢が集まってきて大笑いしている。セネットも後ろの方から覗いている。ひと区切りついたところでセネットはチャップリンに歩み寄りこういった。〝これはメイベルとチェスターが主演だが、お前はいまのような調子でつづけていってくれ〟と。出来上がった映画を見ると、当然のことながら、メイベルも私も完全にチャーリーに食われてしまっていた」

　ミンタ・ダーフィーが初めてチャップリンを目にしたのは、それより先、彼がまだ映画入りする前のことであり、マック・セネットを筆頭にキーストン社の面々と夕食を食べに外出したときだった。彼らは食事のあとサリヴァン゠コンシダイン系の芝居小屋に足を向けた。「チャーリーはシルクハットをかぶり、袖口のついた小さなジャケットを着て、ステッキを手にしていた。袖口は糸を引っぱると外れるようになっていた」セネットはもう何度もチャップリンの舞台には接していて、その芸に惚れこんでいるようだった。フォード・スターリングに代わるコメディアンとしてチャップリンがキーストン入りしてしばらくのち、ダーフィーは『痛ましの恋』（一四）で相手役をつとめることになった。

「私がチャーリーの膝の上に乗る滑稽なラブシーンの最中をねらって、他の俳優たちが新入りのチャーリーをからかってやろうとしました。セットを覆う防水シートに水をいっぱい張り、ラブシーンのさなかにそれをひっくり返したのです。もちろん私たちは二人ともびしょ濡れになりました。チャーリーは水が大嫌いだったので、いますぐ辞めてやるとたいへんな怒りよう。でもすぐにセットにもどってきました。彼はそういうところはサッパリしてていい男でした。もう少しあとのこと、チャーリーと私の夫（ロスコー・アーバックル）は至難の芸をやってのけたことがあります。『両夫婦』（一四）のラストシーンでしたが、泥酔状態となってボートのなかに横たわり、そのボートが徐々に沈んでいくという場面です。場所もエコー・パーク湖のど真ん中でした。水を大の苦手にしている役者なのに、それはみごとなものでしたよ」

『弥次喜多従軍記』『弥次喜多海軍の巻』（共に二六）の監督エディ・サザランドは『巴里の女性』（二三）と『黄金狂時代』（二五）でチャップリンの助手を務めた。それによって四百ドルの収入減になるのをいとわずにである。

「チャップリンにはことばにならないくらい多くを教えられた。『巴里の女性』のとき、あまりにも偶然すぎると思われる箇所があり、彼に質問したことがある。エドナ・パーヴィアンスが映画の冒頭でカール・ミラー演じる若者と駆け落ちするはずが離れればなれになる。その彼と五巻目のところ、パリの真ん中でバッタリ出会うのだ。

〝ご都合主義だと思うかね？〟とチャップリンは逆に訊いてきた。

〝ご都合主義とまでは感じませんが〟と私は答えた。

［上］『サンニーサイド』（19）でトム・ウィルソンを演出中のチャップリン。［下］『担へ銃《つつ》（兵隊さん）』（18）。チャーリーの兄、シド・チャップリンの姿が見える？

かといろんな人に訊いてまわった。そこでわかったのは、チャーリーはきわめて複雑な人間であって、性格をひとことで言い表すのは不可能だということだった。

彼がキャメラの前で演じるときは私がキャメラの横に立っていた。私がチャップリンを演出していたわけじゃない。彼は自らの演技の善し悪しはほぼ完璧に見抜いていた。〝いまのはどうだった?〟と声をかけ、こっちが〝いま少しですかね〟と答えるようなとき、私の返答があらかじめわかっていたかのように、〝もう一回だ〟とすぐに同意したものだった。彼はどんなことでも何千回と繰り返した。ラッシュを見ながら〝撮り直しだ〟というのはいつものことで、たいていこう付け加えた。〝もっとよくなる手があるんだ。それにスケジュールはたった一日遅れるだけだ〟と。ただし、そうやって、一日遅れが毎日積み重なっていくんだがね。しかし、チャーリーは仕事を完璧なものにせずにはおれぬ執念と、それを可能にさせる真の辛抱強さを併せ持っていた。彼こそ本当の意味での完璧主義者だった。そういうものが根底にあったから『巴里の女性』を撮り上げるのに一年半かかった。『黄金狂時代』では私は一年半経ったところで退いたけれど、その時点でまだ三分の二ほどしか進んでいなかった。もちろん、そのすべての期間キャメラをまわしていたわけではない。三、四日撮影しては二週間ほど中断をはさみ、そのあいだにシーンの中身を再考し、リハーサルし、もっと磨きをかけていくんだ。

チャーリーと仕事をともにして早い時期に気づいたのは、アイデアが生まれたときすぐにそれを否定すると、アイデアそのものを枯らしてしまうということだ。というのも、彼はとても繊細だったから。私はつねにアイデアという鍋を火から下ろさないよう努めていた。『巴里の女性』のとき、彼が勇んでやってきた。夜のあいだにいいアイデアがひらめいた、結末をハンセン病の療養所にするという。エドナ・パーヴィアンス演じる女性が啓示を受け、ハンセン病患者の介護に生涯を捧げるのだと。

私はすぐにノーといわず、調査する必要がありますねと答えた。で、数日にわたっていろいろと調べてみるがどうも思わしくない。彼はまた訊いてきた。〝君はどうも賛成じゃなさそうだな〟〝正直いってその通りです〟と私は答えた。〝いや、君のほうが間違っているぞ〟とチャーリーはいい、そのまま三日ほど姿を現さなかった。そしてこの一件は二度と話題には出てこなくなった。後年、チャップリンはまわりの者にノーといわせなくなったようだが、それは残念なことといわねばならない。

チャップリンのもとで過ごした日々は懐かしい思い出となっている。チャップリンという人間が大好きだし、彼の映画も愛してやまない。彼もまた私にはいつも気さくで優しかった」(著者によるエディ・サザランドへのインタビュー。一九六四年十二月、ニューヨークにて。ならびにオーラル・ヒストリー・リサーチ・オフィスによって一九五九年二月に録音されたテープより)

『サーカス』(28)

チャップリンのアイデアはたいていの場合、サイレント・コメディの本道に倣い、ストーリー会議の話し合いのなかから生み出される。時には目にとまった何かがアイデアを引き出すきっかけとなる。『巴里の女性』で最も有名なシーンは、アドルフ・マンジューがエドナ・パーヴィアンスの部屋に入っていき、小物入れの引き出しを開けて自分のハンカチを取り出し、それをポケットに入れるところだが(これによって二人の関係が瞬時に観客に伝わる)、これは小道具係があやまって引き出しに男性用カラーを残したままにしておいたことからチャップリンが思いついたシーンだった。

アラスカの金鉱掘りを映画にする考えが浮かんだのはピックフェアにおいてであった。その前に、メリー・ピックフォードがダグラス・フェアバンクスに立体写真のセットをプレゼントしていた。フェアバンクスの写真コレクションの話を聞いたチャップリンは、ある日の午後、時が経つのも忘れてそのコレクションに見入っていた。そのなかに一八九八年のゴールドラッシュの日々を撮ったものがいくつかあり、そこから『黄金狂時代』のアイデアが生まれてきたのだった。

多くの知人が語っているが、チャップリンはどんなにつまらない映画の中からもどこか見るべきものを見出した。彼は映画を見るのが好きだったし、自らの映画好きは至るところで広言している。映画や監督が酷評されるとまっ先に弁護に立つのも彼だった。映画を作ることのむつかしさをよく知っていたからである。

「チャップリンの映画を作者本人と一緒に見に行くのが私の楽しみでした」とダグマー・ゴドウスキーは語っている。「彼はいつも涙が出るほど笑いこけます。そして私の肘をついて耳元でささやくんです。〝さあ、次のところを絶対に見逃すんじゃないぞ！〟と。そうしてそのシーンになると身もだえせんばかりに大笑いします。スクリーンのチャーリーを見ている当のチャーリーを見るのが、私には映画以上の見ものでした」（ダグマー・ゴドウスキー「一人称複数」一九五八年、七六頁）

「〝稀代の語り手〟チャップリンについては多くの人が書いている」とアグネス・デミルはその著書「あるバレリーナの物語」（一九五二年）のなかで述べている。「仲間内で瞬間的に披露する、まさに芸術的なその即興の妙技についてもだ。しかし、相手を力づけ、喜ばせる、彼の聞き手としてのすばらしさを、これまで賞賛したものはいただろうか。

ああ、チャップリンほどすばらしい聞き手はいなかった！彼を前にすると、歌手は初演の大舞台に立ったかのごとく何層倍も声に張りが出、人は天から機知の才を授かったかのごとく巧みな語り手となった。ほんの子どもだったマーガレットと私ですら、全神経を集中した彼が目の前にすわると、われを忘れてしゃべりだすのだった。そして私たちのために、嫌味な奥方、口うるさい親戚、フランス女優等々を絶妙に演じてくれた彼は、なんと私たちにも同じ真似をしてみるようにと促すのだった。身も心もとろけるような、かくも楽しい時間を、あれ以来私は過ごしたことがない」（一〇頁）

信じがたいことに、第二次大戦以降、チャーリー・チャップリンを見たことがないという世代が生まれている。チャップリンや彼の代理人による著作権保護の実力行使により何本かの作品が配給網に出まわらなくなっている。また、見ることはできるといっても、それはお粗末な八ミリプリントによるもので、輝くばかりのあの愉悦を求めるべくもないものもある。

チャップリンはサイレント期の映画観客にとって特別の存在だった。疑いもなく、娯楽の世界において、彼ほど大衆から愛された者はいなかった。彼の映画製作ペースはけっして早いとはいえない。ビリー・ウェストというコメディアンがチャップリンのメイクと扮装を模して何本もの喜劇をこしらえた。マスコミはそのあからさまな剽窃行為を憎み、フォトプレイ誌などはその名前のアルファベットをすべて小文字で表記した。しかし、チャップリン本人はまったく意に介さなかった。ビリー・ウェストが通りで撮影している現場に行き会ったチャップリンは、しばらく撮影を眺めたあと、「君の人真似のうまさには舌を巻くよ」とウェストに声をかけたのだった（ビリー・ウェストの事務所主任、ベン・バークが著者に語る。ニューヨークにて、一九六四年十二月）。

チャップリンへの愛情があまりにも深いものであったために、新作がなかなか登場しないとあらゆる年代の観客が嘆き悲しんだ。一九二〇年、フォトプレイ誌は社説の中でチャップリンに呼びかけている。「われわれをお見限りの天才映画人——チャーリーよ！　われわれは君の喧嘩に関心もないし、君の仕事に口出しする気もない。けれども、みな懇願しているんだ。この憂いに満ちた世界の中で私たちは悲しみかつ途方にくれているから。もう一度、世の憂さを吹きはらうあの魔法の時間をもたらしてくれ。心やさしき隣人のごとく、かつて君が惜し気もなくあたえてくれた魔法の時間を。

われわれは命じているのでなく、勧めているのでなく、ましてや批判しているのでもない。声を上げずにいられないのは、私たちが君を必要としているから、神のビー玉たるこの騒然たる地球を君がわずかなりとも住みよい場所としてくれたから、君が姿を見せなくなって世の中の調子が狂い、幸せが遠のいてしまったからなんだ。もどってきておくれ、チャーリーよ！」（一九二〇年四月号、二七頁）

『伯爵夫人』撮影現場訪問記（一九六六年）

お抱え運転手の運転するグロリア・スワンソンの車がパインウッド撮影所の入り口で停まった。守衛が粋な敬礼を送ってよこした。

「いらっしゃい、ミス・スワンソン」と挨拶した守衛は、運転手に進むべき道を教えた。

ミス・スワンソンはホッとため息をもらす。「何もなくてよかったこと。『サンセット大通り』の物真似をしなきゃ入れてもらえないかと思ったわ」

スワンソンがパインウッド撮影所を訪れたのは、チャールズ・チャップリンに会い、彼の演出ぶりを拝見するためであった。いまこの撮影所では『伯爵夫人』の製作が進行中だった。今回のローレン主演の『伯爵夫人』は、マーロン・ブランド、ソフィア・ローレン主演の『伯爵夫人』の製作が進行中だった。今回の訪問を〝非公式〟にしたかったスワンソンはチャップリンには何も知らせていなかった。「予告なしでお邪魔して、あとは成り行きにまかせましょう」と彼女はいっていた。スワンソンがセットのチャップリンを最後に見たのは一九一五年。場所はエッサネイ社の撮影所。そのときの映画は『チャップリンの役者』（一五）だった。

「多くの人が私の出た映画だと思っているようね。いまでもおぼえているけれど、チャップリンに何か思いつきがあって、何人かいたエキストラの中から私が選ばれた。お尻をどやされるリハーサルを十回以上やらされたあと、君じゃダメだといわれたわ。こちらは大喜び。その頃はユーモアのかけらもない堅物娘だった。場面は診察室で、落とした財布を拾おうとかがんだ私のお尻をチャーリーが蹴っ飛ばすという場面だった。こいつはダメと思われたら、チャーリーの映画ではもうおしまい。だからその映画には私は顔を出していないの。もし気に入られて映画に出ていたら、どんな行く末が待っていたでしょうね」

ミス・スワンソンの来訪にパインウッド撮影所の古参連中は顔を輝かせた。廊下ですれ違ったひとりの男性はサイレント・コメディよろしく一拍遅れて驚きの表情で見返してきた。

食堂ではミーハーなウェイトレスが交代で顔を出し、彼女のサインをねだっていった。

チャップリンのセットの扉には〝立入厳禁〟の文字が張り出されていた。別の映画を担当中の撮影所付きプロデューサーが、様子を見てきましょうと申し出てくれた。数刻して扉から出てきたプロデューサー氏は「オーケーです」といった。「撮影がちょうどひと区切りしたところだから、ぜひお会いしたいとおっしゃってます」

中は椅子にすわって休んでいるスタッフたちで混雑していたが、整頓されていて、ざわついたところはなかった。それでも、ボクシングの試合開始を待つような、ある種の期待感がそこにはみなぎっていた。リングサイドの観衆は、グロリア・スワンソンが入っていくといっせいに振り向き、しばらくはそのまま視線を離さなかった。暗い格納庫のようなスタジオの中に一箇所だけ照明が当たって明るくなったところがあり、そこに立っていたガッシリした体型の男――灰色の帽子に灰色の上着、緑のサングラス――がまぎれもないあの笑顔を浮かべると、両手を差し伸べてこちらに歩み寄ってきた。「五十年ぶりね！」グロリア・スワンソンが声を張り上げ、二人は抱き合った。

「おぼえていらっしゃる？　あなたは私のお尻を十二回も蹴っ飛ばし、挙げ句にクビにして放り出したのよ。一九一五年のことよ。場所はエッサネイ」

「ああ、そうだった」とチャップリンは答えた。「でも、君はドラマ女優として成功すると信じて疑わなかったよ……」

チャップリンはスワンソンの腕をとると、目にも鮮やかな純白のイヴニングドレス姿に髪をカーラーで巻いたソフィア・ローレンを紹介した。

私は魔法をかけられたように茫然とチャップリンを見つめていた。ここに映画史上最大の巨人が立っている。彼は明らかに製作中の映画のことで頭を悩ませていたが、旧友に会えて心から喜んでいるように見えた。彼は悠然とおしゃべりに時を費やした。柔和なイギリス英語のそこかしこに、アメリカ風の〝ア〟の短母音や西海岸独特の語法が顔を現した。また、助監督の〝静かに！〟の声に彼の三歳の息子がどう反応したか、その絶妙の物真似を披露してくれたとき（〝お家に帰ろうよ、パパ！〟と父親の袖を引っ張ったのだ）、来客接待中の多忙な映画監督の外見が崩れ、全身お茶目なチャーリーになりかわるのだった。

会話の中にアラン・ドワンの名前が現れ、まもなく八十歳の彼が新作にとりかかるという話になった。

「アラン・ドワンか」懐かしげにチャップリンは名前をつぶやいた。「八十歳とはね！　じつは私もまもなくだよ。あと四年で大台だ……」

チャップリンがスワンソンと顔を合わせるのは七年ぶりのこと。そのときは南仏で出会っている。いまでも南仏に住んでいるの？　と彼は訊ねる。

「いいえ、ニューヨークよ」

「ロサンゼルスじゃないんだね？」

「あそこには住めないわ。何にもないでしょう。私は演劇なしじゃ生きていけないの。それにあそこには高層ビルがやたら多くって……」

チャップリンは大きくうなずく。「そう、それにあの排気ガスだ！　私の一家はスイスで快適に暮らしているよ。飾りっ気のない良い土地柄だ。普通の生活があるばかり。居心地がいいよ」

二人は『チャップリンの役者』の思い出話にふけり、映画史家の主張は誤りで、スワンソンはあの映画には出演していないという結論で一致した。*

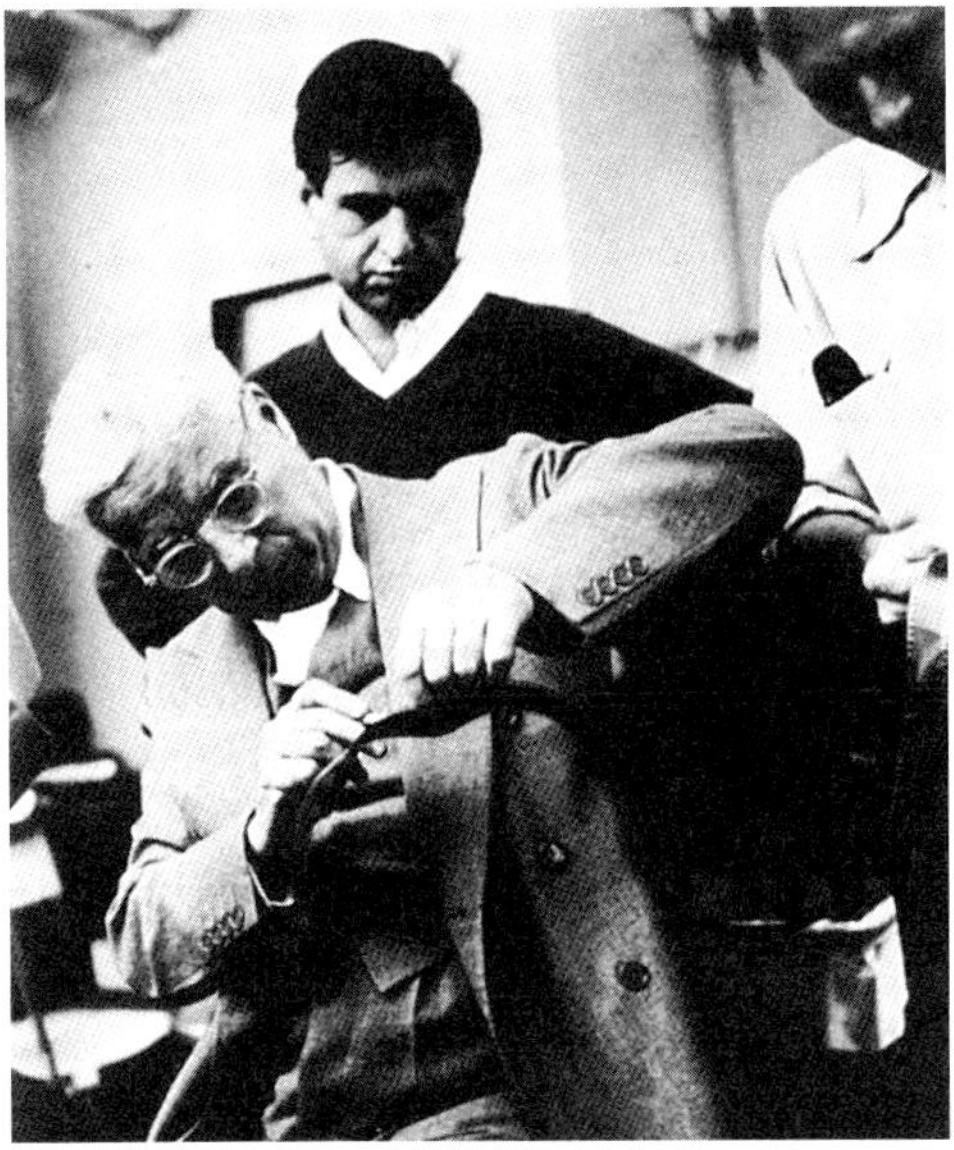
チャップリンは製作のあらゆる段階に目を光らせていただけでなく、自らすすんで手を出した。

撮影再開の時刻となり、チャップリンはセットに移動した。スワンソンは照明器具に邪魔されずにセットの様子を眺めようと、梯子に上って、横木に腰掛けた。襟ぐりの深い白いドレス姿のソフィア・ローレンのもとに、青のガウン姿のマーロン・ブランドが憤然とした面持ちで近づいてきた。キャメラの後ろから、ブランドが引きずるような足取りで現れると、セットには緊張感が張り詰めた。

チャップリンは平然としている。最初にローレンに、そのあとでブランドに指示をあたえていたが、私はチャップリンの指示を一字一句そのまま書き留めようとしていた。チャップリンはローレンがコップを持ってブランドのところに歩いていく場面を演出していた。彼はセリフには注意を払っていなかった。セリフに関する指示は一度あったきりだ。

シナリオを書いたのはチャップリンだったかもしれないが、本人はセリフを覚えていないようだった。どんなセリフも「ナンタラカンタラ」ですませていた。

製作補のジェリー・エプスタインがチャップリンの後ろに付いていて、正しいセリフを台本から読み上げていた。セットは豪華客船のキャビンである。チャップリンはキャビンの

＊一九六六年五月、ニューヨーク州ロチェスターのイーストマン・ハウスにおいて、ジェイムズ・カードはスワンソンを前に置いて『チャップリンの役者』を上映した。するとどうだろう、スクリーンには速記者役でほんのわずか顔を出すミス・スワンソンの姿が現れたのだ。

戸口に立ち、エプスタインに視線を走らせた。

「この動きじゃさっぱり受けないな」といって彼は笑った。そしてゆったりした足取りでキャメラ脇の監督椅子にもどると大声で指示を発した。「向こうに行き、意を決して、受け取るんだ」

演技はどうもぎこちない。ブランドはむっつりとふさぎ込み、「わかった、わかった」を繰り返している。彼の耳にはチャップリンの再度の指示も聞こえていないようだ。チャップリンはたまりかねて立ち上がり、セットの中に入っていく。「いいかい、戸口に行き、ドアを開け〝恐れ入りますが、ナンタラカンタラ〟」チャップリンはここでことばを切ると、あのチャップリン風バレエの身ぶりをさっとやってみせる。「じゃあいいかな。君は最初ここにいる……ドアのところに来る……そしてセリフをいう〝ナンタラカンタラ〟と」

ブランドはいちおう大過なくやってみせる。しかし生彩を欠いており、チャップリン・バレエの身ぶりははしょっている。最後に彼は「何てこった！」とうめく。

チャップリンは「あーあ、なーんてこったー！」と長いうめき声を発してみせた。そして足早にセットに入っていくといくつか演技を調整した。「同じ振付でやっていくんだ」というと、セリフは無視して動きだけをもう一度やってみせた。それが終わると撮影監督のアーサー・イベットソンに声をかけた。

「そこが最初のクロースアップになる。自然な、情感のこもったクロースアップに」彼は片手で胸のあたりに線を引き、どこから上のショットかを明確にした。

チャップリンは脇に立って、通しのリハーサルにじっと目を注ぎ、「いいだろう」というと帽子を脱いだ。もじゃもじゃの純白の髪が帽子の下から現れた。

グロリア・スワンソンが私に体を寄せてきてささやいた。「俳優が彼を煙たがるのがわかるでしょう。こんな簡単なシーンなのに、彼ひとり大騒ぎしているわ」

広報担当のハリー・メンデルスンは、途中からこの映画の係となり、アメリカからやってきたばかりなんですといった。現場に入った二日目にチャップリン、スワンソン大御所二人の対面を目にして驚いたとも。「彼はいまだに世界一ですね。男を演じても女を演じても最高ですよ」

「ライフ」の写真家アルフレッド・アイゼンシュタットは自己紹介をし、スワンソンに、一九三八年ウィーンのパレス・ホテルで撮影させていただきましたと話しかけた。「あの頃ちょうど本を一冊書き上げようとしていて、その本の中にあなたに撮ってもらった写真をでっかく載せましたよ！」とスワンソンは小声で返答し、チャップリンがセットに出ていったのを見て口をつぐんだ。

ブランドの演技を新たに考え出したチャップリンはそれを自分でやってみせた。そのひとコマはチャップリン的優雅さに粗野な寄席芸を加味したものだった。彼は目に見えないアルカセルツァー入りのグラスを取り上げ、それをひと息で喉に流しこむと、一拍おいてゲップを出した。彼は周囲に向かって笑い、スタッフの面々も笑いでお返しをした。ブランドは無表情のままだ。チャップリンはもう一回やってみせた——想像上のグラスを取り上げてひと息に飲み干し、ゲップを出したのだ。こんどのゲップは少し冴えなかった。「あとで音を入れればいい」それらしい曖昧な身ぶりを入れてチャップリンはいった。

まだシーンのことを考えているのか、こぶしを額に当てて、彼はそのあたりを行ったり来たりする。

ブランドがやってみた。中は空っぽの本物のグラスを使って、彼はキュッと一杯引っかけるように飲んだ。チャップリンが飛び出してきた。

「そうじゃない。中身を全部飲みきるんだ」老練俳優が若造にアドバイスを与えるの図である。チャップリンはもう一度おさらいする。アルカセルツァーを飲み干し、ゲップで締めくくるまでを。ブランドはほぼチャップリンの指示どおりに進めると、最後はゲップを二発吐き出した。そのゲップはあまりにもリアルで、コメディを一気にしらけさすほどのものだった。

ブランドの気むずかしい態度については、製作途上のこの時点でもいろいろと噂が流れていた。少し遅れて、チームワークよく万事順調に撮影は進んでいると、広報が発表を出した。しかし、私が訪れたこのときに限っていっても、ブランドは自ら演技を工夫するのではなく、チャップリンの模倣を強いられていたのは明らかだった。彼のような偉大なドラマ俳優にとっては、途方にくれるしかなかっただろう。

しかし、傍観する第三者にとってこの演出は、奇跡を目の当たりにするのに似ていた。それはこれまで存在を知らされていなかったチャップリン映画を初めて目にするかのような興奮を呼びさました。彼はまずブランドの役を演じ、次に跳ねるように場所を変えてローレンの役を演じた。前者は激しいまでに男性的であり、後者は挑発的なまでに女性的であったけれども、どちらも紛う方なくチャップリンそのものであった。チャップリンがこの映画の製作過程をフィルムに残すことを拒んだのは、映画を愛する者にとっては何とも残念至極であった。

広報の面々が、チャップリンとスワンソンをスティル写真におさめようとキャメラマンをせきたて始めた。が、スワンソンは急ぎの用事がロンドンにあって、もう長居はしていられなかった。よい思い出となるに違いない記念写真の機会を逸し、彼女は心から残念そうだった。

ロンドンにもどる車の中でスワンソンはその日の出会いを思い返していた。「懐かしかったわ。撮影の現場で大歓迎されたのよ！　あの人も溌剌としていた。動きも若々しくって、七年前とちっとも変わってやしない。ねえ、気づいたでしょ。あの人はマイムほどにはことばは雄弁じゃないってことに。芸術家なのよね。創造力じゃいまでも誰もかなわないでしょうよ」

第四十五章　ヨーロッパのサイレント映画

第一次世界大戦が始まるまではイギリスとフランスがどこよりも多く映画を生産していた。しかし戦争によって主導権はアメリカの手に移り、壊滅したヨーロッパの映画産業はすぐには復活しなかった。敗戦のみならず戦後の経済危機にも見舞われたドイツだったが、復興は驚くほどはやかった。というのも、娯楽産業に資金を投じていたクルップら大実業家たちは、大銀行家と同様、国家が危殆に瀕しているときほど娯楽は栄えると確信していたからである。

ドイツ映画、なかでもその中心的監督となったエルンスト・ルビッチは、戦争が終わるやいなや上質の作品を次々と発表していった。ドイツ映画の生産量自体は微々たるものであったが、それでもハリウッドの製作者たちは不安をおぼえずにはいられなかった。

「〝ドイツ映画の侵寇〟は最も古く、また最も馬鹿げたパニックのひとつだった」と一九二一年にフェイマス・プレイヤーズ＝ラスキー（パラマウント）の社長アドルフ・ズーカーは語っている。「それはまるで、ドイツ人だけが偉大な映画を作る秘法に通じていると誰もが信じこんでいるかのようだった。『国民の創生』（一五）『ミラクルマン』（一九）『黙示録の四騎士』（二一）を見れば、ヨーロッパ人だってアメリカ映画は傑作揃いだと腰を抜かしていただろうにね」（「フォトプレイ」一九二一年七月号、五五頁）この直後、ズーカーはドイツ映画最大の女優であったポーラ・ネグリと契約を交わすためにヨーロッパに向けて旅立っている。

ハリウッドの映画製作者たちはドイツを打ち破るにはドイツ人を内懐に引き入れればよいと考えた。ヨーロッパに支所や配給会社や撮影所が作られ、すぐれた監督や俳優を絡め取ろうと網が張られた。目を引く人材が現れるとすぐに、支所あるいは配給会社の代表が甘い条件をちらつかせてハリウッド入りを勧誘した。

その一方、アメリカ本土においてはドイツ映画の流入を食い止めようと各方面が必死になっていた。まず俳優労働組合が反対に立ち上がった。ただでさえ生産過剰気味なのに、このうえ海外の映画まで入ってくれば、国内の映画生産が減らされ、われわれは減収や解雇に見舞われると主張した。業界の労働者は一般的にいって外国映画の輸入には断固反対の立場だった。ヨーロッパ流の低予算で作られた大作を目にすれば、アメリカにおいてもドイツ並みの低賃金が導入されるのではないかと不安に駆られたのである。アメリカ在郷軍人会は愛国心を振りかざして、これら反対派に同調した。

しかし、アメリカは世界の映画配給の八十パーセントを支配していた。「相手国がどこであれ、われわれが外国の脅威にさらされていると泣き言を並べるのは恥ずかしいにもほどがある」とジェイムズ・クワークは書いている。「映画はわれわれの芸術である。外国勢に押しこまれているといって怯えるのは、自らの土俵上の勝負において負けを認めるようなものだ」（前掲誌、五六頁）

『カリガリ博士』（二〇）はアメリカ在郷軍人会、俳優労働組合、映画監督協会の反対をうけてロサンゼルスでは上映禁止となった（騒ぎが鎮静化したあとで上映はされたが）。ドイツ映画は病的で暗い、それというのもドイツ人は恐怖や受難を描くのが大好きだから――苦しむ人に同情するのではなく、人の苦しみを見て快感をおぼえるから、と一般に考えられていた。

そうではあっても、アドルフ・ズーカーはポーラ・ネグリをパラマウントに呼び、メリー・ピックフォードはエルンスト・ルビッチをアメリカに招聘した。警戒を要するライバルは、和気藹々のうちにとはいかなくとも、大きな問題なくハリウッドに組み入れることができた。

ドイツ映画の躍進にさらなるブレーキをかけるために、ポーラ・ネグリのもうひとりの監督、ロシア人のディミトリ・ブコウェツキもアメリカに連れてこられた。

次なる標的はスカンジナビア諸国であった。第一次大戦前の一九一三年、デンマークの監督ベンヤミン・クリステンセンは『密書』を作った。これは技術的に見て驚異の一作だった。クリステンセンは光に取り憑かれていた。彼がキャメラマンのエミール・ディネスンとともに、影や明暗法《キアロスクーロ》を駆使して作り上げた視覚効果は、実際上当時他の誰も及びもつかない域に達していた。すぐれていたのは照明効果だけではない。クリステンセンは直観的に映画の文法に通じていて、その編集は驚くほど洗練されていた。各場面が有機的に展開していくのを脳裏に置いた上で撮影がなされ、その目的にのっとった編集がなされていたのである。

一九一五年の『復讐の夜』はさらにその上をいっている。ここでは長い刑期を終えて社会に出てきた男が自分の子どもを探し歩くというストーリーが、やはり見事に映画的に語られている。ストーリー自体にもっと格調高いものがあれば、この映画は映画史上の古典のひとつに数えられていたと思われる。

『魔女』は、一九二〇年、綿密な調査研究ののち一本の映画として完成した。このすぐれた労作は彫刻や版画等の一連の資料を延々と映し出す一見穏やかなシーンから始まる。つづいて中世における魔女の活動がいくつかのエピソードのなかに描かれる。正視に耐えられないシーンもなかにはある。作られてから半世紀を経てもこの作品の持つ衝撃の大きさはいささかも減じていないのだ。劇場公開されたとき、この映画を見た観客はみな度肝を抜かれた。クリステンセンもアメリカに渡り、そこで奇々怪々な数本の作品を監督した。ロン・チャニー主演の『あざけり』(二七)やノーマ・シアラー主演の『悪魔の曲馬団』(二六)などである。彼のアメリカ映画は一本も残っていないといわれている。*

　現在同様当時もすぐれた芸術性によって尊敬をかちえていたスウェーデン映画は、その第一級の人材をことごとくアメリカに奪われた。ヴィクトル・シェーストレーム、アイナー・ハンセン、ラース・ハンソン、デンマーク人のスヴェン・ガード、少し遅れてマウリッツ・スティルレルとグレタ・ガルボである。ハンガリーからはアレグザンダー・コルダと妻のマリア・コルダが、何名かの脚本家とともにリチャード・ローランドと契約を交わした。ドイツは貴重な監督と俳優をさらにもうひと握り分失うこととなった――パウル・レニ、ロタール・メンデス、そして後にF・W・ムルナウである。

『ヴァリエテ』(二五)がハリウッドを震撼させると、ユニヴァーサルは監督のE・A・デュポンの獲得に成功するが、アメリカでの最初の映画『君が為め命捧げん』(二七)が大失敗に終わると、すぐに三行半《みくだりはん》を突きつけた。

　ハリウッドの誘惑に抗することができるかに見えたのはイタリアの映画人であった。イタリア映画の黄金期は第一次大戦前の時期であり、イタリア映画はスペクタクル史劇と自然主義ドラマの二つで映画史に大きな貢献をはたしている。イタリアの大がかりな祝祭的野外劇を祖とするスペクタクル史劇はグリフィスの叙事大作の引き金となった。スペクタクル史劇の多くはグロテスクかつ陳腐であり、頻発する災厄に無数のエキストラがひたすら逃げまわる――両手を上にかざしてキャメラのまわりを右往左往する――というだけのものだった。初期スペクタクル史劇で最も重要なのは『クオ・ヴァヂス』(一三、エンリコ・グァッツォーニ)であり、巨大なセット、大群衆、洗練された撮影法がこの映画に類のない力強さをあたえている。が、翌一九一四年に作られた『カビリア』はこの種のものの最高作といっていいだろう。〝三次元映像の試み〟と長らく称されてきたのは監督ジョヴァンニ・パストローネと名キャメラマン、セグンド・デ・チョーモンによる、きわめてゆったりとした長い移動ショットの手法であった。

『カビリア』は人工照明を効果的に用いていた。編集はまだそれぞれ独立したショットを繋げるだけというに近かったが、パストローネはしばしばそこにハッとするようなクロースアップ・ショットを差し挟んだ。モレクに生け贄として子どもを捧げるときの祭司長の手のショットなどがその一例である。ローマ軍の船団が炎上するところも、模型ではあるのだがきわめてリアルに仕上がっている。アルプス山中でのロケーション撮影も画期的であった。無数のエキストラによるハンニバルの軍勢のみならず、実際の象までが運び上げられていて、迫真的なシーンとなっている。

『カイウス・ユリウス・ケーザル』(一四、エンリコ・グァッツォーニ)は『カビリア』を凌ぐまでには至っていないものの、当時のイタリアで革新的映画人はパストローネひとりではないことを明らかにしている。この映画の衝撃の強さは、一九二二年にアメリカで劇場公開されたとき、批評家たちに八年前の製作ではなく、作られたばかりの作品と思いこまれたことからも推察されよう。グァッツォーニは、エイゼンシュテインが十年後に行なうように、ローマ軍の隊列を目にも強烈な大胆な構図のなかに捉えている。この映画には歴史の深い知識、旧套を脱した振付感覚、映画美学に対する真の理解を見てとることができる。近年の大作『ローマ帝国の滅亡』(六四)のどのショットをとっても、力感において、グァッツォーニが捉える行軍する兵士のショットの足元にも及ばない。

第一次大戦後、世界に及ぼすイタリア映画の影響力は格段に小さくなった。なかには秀作もなくはなかったが、アメリカ映画と肩を並べうる域には達していなかった。この時期何本かのアメリカ映画がイタリアで作られている。ヘンリー・キングの『ホワイト・シスター』と『ロモラ』、ジョージ・フィッツモーリスの『永遠の都』(二三)、J・ゴードン・エドワーズの『ネロ』、そして伝説と化した『ベン・ハー』などである。

「イタリアの技術者はわが国の技術者にけっしてひけはとらなかった」とヘンリー・キングは語っている。「一九四九年『狐の王子』を撮りにイタリアを再訪した折には、スタッフは各部門の主任者一人ずつしか連れていかなかった。向こうの技術者の腕の高さを知っていたからだ。『ホワイト・シスター』や『ロモラ』についてくれたスタッフの多くを、私は再度採用している」

その一方、『永遠の都』のキャメラマン、アーサー・ミラ

*ジョン・ギレットがデンマーク映画博物館に、クレイトン・ヘイル、セルマ・トッド主演、ソル・ポリト撮影の喜劇『恐怖の一夜』(二九)のプリントが所蔵されていると教えてくれた。私はそれを、一九六七年八月コペンハーゲンで見た。これは見事に撮影され、キレよく編集された〝化け物屋敷コメディ〟で、『猫とカナリア』(二七)の成功をうけて作られた一作であるのは明らかだった。驚きが随所に仕込まれたハラハラドキドキのこの映画にも光に対するクリステンセンの妄執がうかがえる。多くの点で『密書』を髣髴させるとともに、オカルトや怪奇性への彼の偏愛を濃厚に見てとることができる。脇をしめる怪物たちが異様にリアルである。最後の最後にはすべては拵えごとであったことが明かされ、クリステンセンが観客をいっぱい食わせたかたちで終わる。珍しくも、怪物たちは最後まで扮装をとかない。祝宴の席に一堂に会し、楽しそうにおしゃべりしているのだ。まことに社交的な怪物連中といわねばなるまい。

ーはイタリアの現像所の仕事ぶりには目を覆った。「品質についての考えに彼らと私とでは少々違いがあった。向こうの人間はフィルムの扱い方や現像の技術に関して、控え目にいっても時代遅れだった。女優のメイクだってセダ・バラ並みのメイクだし、こちらの撮ったネガを自分たちの流儀で処理してしまう。ラッシュフィルムはことごとく無残だった」

ローマで『聖イラリオ』（二三、ヘンリー・コルカー）を撮ったチャールズ・ロシャーはイタリア風の撮影所風景をおもしろがっている。「イタリア人独特の仕事のしきたりにはしばしば驚かされた。ヒゲのなかに顔のあるような監督が朝セットにのっしのっしと現れる。それを見てスタッフ全員が起立してお辞儀をする。〝おはようございます《ボンジョルノ》！　監督《シニョール》……おはようございます《ボンジョルノ》！〟と。監督はキャメラに直進すると、それを持ち上げて、自分の望みの場所に据える。それから俳優の位置を決めていくのだ」

イタリア映画のもうひとつの柱、自然主義ドラマでは『アッスンタ・スピーナ』（一五、グスターヴォ・セレーナ）が最も知られている。ここでの演技は抑制が行き届いていて、イタリアでは長期にわたって主流となるオペラ風の誇張された表現に慣れた目には、新鮮で好ましく映る。ヴァンプ役を得意にしていたフランチェスカ・ベルティーニが庶民階層の娘を情感豊かに演じて印象に残る。舞台背景もリアルに描かれており、後のネオレアリスモ映画の先行作品と見ることができる。

二〇年代末には『ポンペイ最後の日』（二六、アムレート・パレルミ／カルミネ・ガッローネ）をはじめとする映画によって再び世界進出が試みられたものの、イタリア映画は官僚主義の弊害を被り何年間にも及ぶ沈滞の時期を経験する。そこに新たな生気を吹きこむのはムッソリーニとなるのだが、その頃にはサイレント映画はすでに過去のものとなっていた。

この頃のイギリス映画はサイレント期の持つ悪いイメージの標本だったといっていい。サイレント期のイギリス映画は、ごくわずかの例外を除いて、粗雑な作りの三流品揃いだった。演出も演技も安っぽいレヴュー並みであり、看板に掲げる〝スター〟も名ばかりで、たいていの者は演劇の基礎すら身につけておらず、映画そのものも退屈きわまりなかった。

イギリスの映画産業は、納屋やガラス張りスタジオで映画が作られた草創期からほとんど進歩をとげなかった。写真の連なるフィルムが奇跡と賞賛された最初期の、子どもっぽいアマチュアリズムを抜けきれなかったのだ。映画産業のお歴々は映画を〝遊園地のなかにあるいくらか上等な客寄せ施設〟程度にしか見なしていなかった。彼らにとって〝ゲイジュツっぽい（アーティ）〟とは究極の悪口だった。芸術性を尺度にして映画を考える製作者はひとりもおらず、また製作者は例外なく、監督は芸術家である必要はないと思っていた。

ハリウッドの選り抜きの映画人の多くはブリテン諸島の出身である。チャップリン、ハーバート・ブレノン、レックス・イングラム、チャールズ・ロシャー、アルバート・E・

Uncle Sam: "Hello, Britisher, going in for film-making? Don't forget our old song, 'We've got the sun, we've got the stars, and we've got the money too.'"

John Bull (registering dogged determination): "No matter; I'm going to have a try."

—*Punch.*

［上］「パンチ」に載ったバーナード・パトリッジの漫画。皮肉にもキャメラはアメリカ製のベル・ハウエルである。［下］マルコ・ド・ガスティーヌの『ジャンヌ・ダルクの驚異の生涯』(28)。キャメラマンはブルン。ベル・ハウエルを使っている。

スミス、J・スチュアート・ブラックトン、チャールズ・ブラビン、ドナルド・クリスプ、エドマンド・グールディング、フランク・ロイド、トム・テリス、ウィルフレッド・ノイ、チャールズ・ブライアント……これらの人材が母国にとどまり、イギリス映画産業の形成に力を尽くしたとしたら、情勢はいったいどうなっていただろう。フェイマス・プレイヤーズがイギリスに撮影所を設立しようとして挫折したあとで、何人かの監督――モーリス・トゥールヌール、ハリー・ミラード、マーシャル・ニーラン――が外景ショットの撮影にイギリスにやってきた。アメリカの技術者のなかには、映画の質の向上を目指すイギリスの製作者に呼ばれてイギリスの映画界で働いたものもいる。ハーリー・ノウルズは早い時期に渡英しているし、ロンドン・フィルム・カンパニーを設立したハロルド・ショーもそうであり、後年彼の助手となったジョー・スタンバーグもアメリカ組である。脚本家のデニソン・クリフトはイギリスで監督となった。サイレント末期にはブリティッシュ・インターナショナル・ピクチャーズが誕生し、海外からすぐれた映画人を数多く呼び寄せた。E・A・デュポン、リヒャルト・アイヒベルク、ゲツァ・フォン・ボルヴァリ、アルトゥール・ロビソン、チャールズ・ロシャー、チャールズ・ヴァン・エンジャーらがそこには含まれる。しかしどういうわけか、イギリスでの彼らの仕事は本国でのものと同等とはならなかった。

「過去のイギリス映画を弁護しようとするとき、その妨げとなるのは当のイギリス映画そのものである」とイギリスの映画ファン雑誌「ピクチャーゴーアー」はいとも率直に述べている。「この痛ましい事実に目をつむれるのはよほど頑固で偏屈な愛国者に違いない。大西洋を間に挟んで、駄作の泉のような国とは反対に位置するアメリカ映画を弁護しようとするとき、その最大の証左となるのは当のアメリカ映画そのものなのである」

アメリカの映画産業は国内第三の大産業に成長した。映画草創期に世界を牽引したイギリス映画は、第一次大戦によって大打撃を被り、その後も戦後の不況と年々増加するアメリカ映画の流入によって、弱体産業から抜け出すことができなかった。イギリス政府はアメリカ映画に法外な輸入税をかけ、サイレント末期には国産映画の保護政策として、劇場にかかる映画の一定量を強制的にイギリス映画に割り当てる「割り当て法」を制定した。これらは映画産業を経済的に援助したものの、芸術上の復興をもたらす契機にはならなかった。

「美しき不条理の都市」の著者で、その小説のいくつかがセシル・ヘップワースによって映画化されたE・テンプル・サーストンは、一九二六年モーション・ピクチャー・クラシック誌のインタビューでイギリス映画の現状の一端に触れている。

「アメリカ映画とイギリス映画の優劣があまりにも歴然としているために、イギリス映画の様相やそのお粗末な内実を知っても驚きはしない。イギリス映画の作り手（監督の意）は

［上］『ニーベルンゲン』（24）。［下］その撮影風景。ウーファのノイバベルスベルク撮影所にて。監督はフリッツ・ラング、キャメラマンはカール・ホフマン。

肝心の映画について勉強していない。彼らの大部分は概して目の前のものを写し撮って良しとしている。私の知る限り、ストーリーとは何たるかをわずかなりとも理解している監督はひとりもいない。ましてやそれをどう語ればよいか知るはずがない。彼らの頭はきれいな画面を撮ること、ただそれだけに占められている。

イギリス映画の作り手はタクシー運転手になぞらえられよう。彼らの目に映っているのは――本人にとっちゃそれが普通でまた至極当然でもあるのだが――メーターがはじく料金と、金を払ってくれる乗客だけである。映画の作り手は観客の支払う入場料金しか考えていない。原作を提供するイギリスの作家連中の態度も、同様に罪が重い。懐に入る札束以外まるで無関心なのだから。

作家たちは映画の出来に関心を払おうが払うまいが劇場の売り上げに変わりはないとわかっていて、自分の目で当の作品を見てみようとすらしない。おそらく実際目にしたら、恥じ入りたくなるのが容易に予測できるからだろう」

きわめて当然のことながら、イギリスの映画関係者は劣等感を始終抱えており、アメリカ映画が大当たりを記録するたびに、傷口を抉られるような苦痛を経験した。『ビッグ・パレード』(二五、キング・ヴィダー)が空前のヒット作となったとき、イギリスの批評家たちは「これがアメリカ流戦争の勝ち方、といいたいわけだ」とこの映画を評した。フォトプレイ誌の編集長ジェイムズ・クワークのもとにはイギリスの映画ファンから自国の批評家の愚を謝罪する投書が何通も届いた。

「イギリスの映画批評は」とクワークは語っている。「イギリス映画と同一レベルにある。彼らは映画の作り方に関して無知であり、しかも学ぼうとする意欲ももっていない。映画を作る場所としてイギリスより美しい土地は世界のどこにもない。イギリスの製作者は絶好の条件に恵まれている。映画は世界共通のものであり、国境を越えて人に楽しまれるものだ。私たちはドイツ映画を歓迎もすれば、イギリス映画も歓迎する」(「フォトプレイ」一九二七年八月号、二七頁)

ドロシー・ギッシュが主演しハーバート・ウィルコックスが監督した『ネルギン』(二六)はアメリカ観客に喜ばれた最初のイギリス映画となったが、それはなんと一九二六年のことだった。

アルフレッド・ヒッチコックはジョージ・フィッツモーリス監督のもとで美術監督や助監督として、また他のアメリカ人監督のスタッフとして経験を積み、自身第一線の監督に成長していった。同じくすぐれた監督にアンソニー・アスキスがおり、彼の『ダートムアの小屋』(二九)は現在もその新鮮さを失っていない。

イギリスの著名な映画作家セシル・ヘップワースはアメリカでは評価されなかった。「『ライ麦畑を通り抜け』(一六/二三)はアメリカ映画より三十年遅れている」とフォトプレイ誌は評している。「わざわざ劇場に出向くには及ばない。映

画を見れば関わった人間を手当たりしだい撃ち殺したくなるだろう」(一九二五年三月号、一〇六頁)

他国では傑作であふれかえった二〇年代が、深い霧に包まれた暗く茫洋とした時期となってしまったのは、イギリスの悲劇であった。

フランスでは、サイレント期のあいだに映画は芸術の地位を獲得した。そのため、代表的映画人の作品は詳細な記録となって残されている。ルネ・クレールやジャック・フェデールにはひょっとすると注目が集まりすぎていて、その分レイモン・ベルナールやマルコ・ド・ガスティーヌといった監督にはじゅうぶんな関心が集まっていないきらいがある。が、ベルナールの『狼の奇蹟』(二四)や『チェスをする人』(二七)は想像力に富む力強い歴史劇であり、ド・ガスティーヌの『ジャンヌ・ダルクの驚異の生涯』(二九)にはエイゼンシュテインにも匹敵する迫力あるスペクタクル・シーンが含まれている。

一九一七年のロシア革命の後、フランスにはロシアからの亡命者が多数流れこんできた。そのなかにはロシア映画界の優秀な人材も数多く含まれていた。そういったロシア人の俳優、ロシア人のスタッフの手で亡命ロシア映画が製作されていった。ヴィクトル・トゥールジャンスキー監督による『大帝の密使』(二六)はなかでも秀作のひとつであり、イヴァン・モジューヒン、ナタリー・コヴァンコが主演していた。アレクサンドル・ヴォルコフが監督、アナトール・リトヴァクが監督補佐、モジューヒンとナタリー・リセンコが主演した『カサノヴァ』(二七)などがさらに挙げられよう。

この時期のフランス映画はアメリカ映画ほどには失われていない。シネマテーク・フランセーズは大量の映画を蒐集している。今後必要とされるのは目録作りとフィルム保全のための資金である。

フランスでは世界のどの国よりも過去の映画に関心が注がれている。映画を芸術と見なした最初の国だけあって、過去の偉大な映画人を遇する術を心得ている。

ジャック・フェデールやマックス・ランデールは故人となっているが、ルネ・クレール、マルセル・レルビエ、ジャン・ルノワールらは健在であり、かつ現役として活躍している。しかし、フランス最大の映画作家はフランス以外ではほとんどその名を知られていない。パリを歩くと彼の名を冠した映画館があり、書店を覗けば彼の書いた本や彼について書かれた本が目に飛びこんでくる。しかし、それ以外の所では彼の名は忘れられてしまっている。

その名前はアベル・ガンスである。

第四十六章　アベル・ガンス

本書はアベル・ガンスに捧げられている。それは彼が傑作に次ぐ傑作の完全無欠の記録保持者だからではなく、サイレント期の作品『戦争と平和』（一九）『鉄路の白薔薇』（二三）『ナポレオン』（二七）において、映画史上の誰よりも映画というメディアの潜在能力を最大限引き出し、それを縦横に発揮せしめたからである。

アベル・ガンスは映画の巨人のひとりである。映画史家には、彼を〝ヨーロッパのD・W・グリフィス〟と呼んで賞賛するものもいれば、〝フランスのデミル〟と呼んで蔑むものもいる。いずれの側も重要性を認めてはいながら、その才能を完全には理解しきれていない憾《うら》みがある。

彼の『ナポレオン』はことばの本来の意味において傑作である。およそ考えられ得る限りの映画技法が駆使されたこの映画は、ヨーロッパにおいて映画の模範となってきた。ヌーヴェル・ヴァーグの若き監督たちは、一九五〇年代末にパリで再上映された『ナポレオン』を見て大きな衝撃をうけた。彼らの実験的手法の多く――とくに手持ちキャメラの大胆な使用など――はガンスが自由自在に奮った技法に起源をもっている。

他国同様フランスの映画産業もガンスの途轍もない才能に警戒心を抱き、その革新的な思考に怖れをなした。業界の首脳陣は彼の活動に枷をはめ、芸術上の実験に制約を加えるしか抑えるすべはないと考えた。不幸にも、彼らのもくろみは成功する。

ガンスは現在もなお才能の閃きを保持している。しかし、その才能を華々しく燃焼させたのはあまりにも遠い過去のことになってしまった。

彼は映画に関してのさまざまな意見表明を行ない、文章も数多く残してきた。そのスタイルは豊麗で夢想的、彼が用いる詩的メタファーは見事な文才の表れではあったが、傲慢さと誤解された。外国語に翻訳されると、とりわけその傾向は強かった。

ガンスは創造活動の妨害をした映画業界とその体制《システム》に対して恨みの感情を抱いていて、文章を書く場合も自らの業績を控えめに表現しようなどとはしなかった。その結果、商業主義に対する憎しみだけを生きがいにした尊大な落ちこぼれ人間、と多方面から見なされてきた。

当の人物に出会ってみると、そのような世評がいかに不正確なものであるかがわかる。ガンスはいまだに若々しい情熱を内に秘めている。ことばの端々にユーモアのセンスがあふれ、つきぬ話題の果てには、驚くべきことに、将来のさまざまな計画について話し始めるのだ。そういうとき、彼がいくつもの傑作を作り得たのはなぜなのか、自ずから了解されてくる。肉体は頑健とはいえないかもしれないが、鉄の意志の持ち主であり、創作意欲は旺盛、いまでも時間を忘れて仕事に没頭する。人に対しては情に厚く、思いやりに満ちている。また、かつて俳優であった人間らしくもなく、キャメラを向けると急にそわそわとしはじめ、銃殺隊を目の前にした兵士のように表情が硬くこわばるのだ。

ガンスの顔はきわめて印象的である。誇らしげで繊細、優美な線が表情を刻み、ワシ鼻で、ぎっしり見事な白髪を昂然と後ろになでつけている。一見中世期の聖人のような風貌なのだが、いたずらっぽく破顔すると、そんな連想はすぐに消えてしまう。

ガンスはパリ市内ブローニュ゠シュル゠セーヌの、美しく装飾された、明るく現代的なアパートに住んでいる。デスクの背後の壁には絵画、写真、新聞の切り抜きなどが所狭しと飾られている。そのなかには彼が〝静止した爆発〟と呼んでいるものがある――それは〝私を充電するための〟哲学者のさまざまな箴言である。「使命に燃えていれば、肉体は存続する」――ブラマ・プトラ。「不幸――なくてならぬものは必ず手に入る」――プラトン。

写真は数々ある。『ナポレオン』のトリプル・エクラン（三面スクリーン）のワンシーン、騎兵に囲まれたアルベール・デュードネのクローズアップ、サン゠ジュストを演じたガンス自身の写真、ブリエンヌ（陸軍幼年学校）の枕投げ合戦の九分割写真、帽子を掲げたグリフィスと緊張気味のガンスが握手をしている写真、新聞から切り抜かれたシュヴァイツァーの小さな写真、作家セリーヌのやはり新聞切り抜き写真、シャルル・パテの署名入りポートレート写真、美貌のアイダ・ダニス（死別した二番目の夫人）の黄色く褪色した写真、ガンス夫人の肖像画、そしてシャトーヌフ゠シュル゠グラッスにある彼の別荘で撮られたガンス令嬢クラリッスの何枚もの写真。

別の壁は本で埋めつくされており、その内容も古典作品から「映画の巨匠たち」、「バスター・キートン自伝――わが素晴らしきドタバタ喜劇世界」まで広範囲に及んでいる。

ガンスは日々電話の応対に多くの時間を割かれている。電話機はかつてパリで流行った古めかしい作りのもので、文鎮代わりにも用いられている。

「もしエドガー・アラン・ポーが「陥穽と振り子」を書いていなかったとしたら、きっと「電話機」という短篇を書いていただろうね」と彼はいう。

　ガンスが自らの映画人生を語るうちに、夕闇がたれこめ、書斎の照明はガンス自身が放出するのと同じ、どこか神秘的で現実離れした雰囲気をますます強めるように思われた。ある話のところで、彼は二分冊になった「サモトラケのニケ」のシナリオを取り出した。これは一九一四年に彼がサラ・ベルナールのために書いたもので、黒と赤の二色を使って慎重にタイプで打たれている。表紙には、雑誌に載っていたルーヴル美術館の〝翼の勝利〟の写真がイラスト代わりに使われている。彼にとってこのシナリオはきのう書かれたばかりのような新鮮さを保っていた。

　アベル・ガンスの監督経歴はアメリカの映画監督たちとは興味深い対照をなしている。とはいえ、多くの点でまるで正反対でありながら、ある重要な特質において両者は一致している――映画に対する混じり気のない愛情は共通しているのだ。

　明敏、博学のガンスは文学的素養を映像で表現し得た数少ない人物のひとりである。彼は映画を単独の芸術としてではなく、あらゆる芸術を総合した神殿《パンテオン》と見なしている。ダ・ヴィンチと同じ意味において真の巨匠《マスター》であり、自らの革新的発想によって他の映画人《アーティスト》の進歩をうながしてきた監督であった。

　彼が耐えねばならなかった苦難、挫折、敗北の、真の意味と重要性を正確に伝えることは困難である。

「私の犯した最大の過ちは」と彼はいう。「妥協をしてしまったことであり、私の成し遂げた最大の成果は、ここまで永らえてきたことだ」

　一八八九年十月二十五日パリに生まれたアベル・ガンスの青年時代は〝誇らしい職〟につくべしと主張する父親との葛藤の日々だった。父親は医師であり、イギリスでいえばヴィクトリア朝期の典型的人物で、絵描きや物書きや役者らは道徳的にいかがわしい軽薄才子であると考えていた。

　若きガンスは抜群に聡明な学生だった。しかし寮生活はイヤでたまらず、規則ずくめの無味乾燥な生活を忘れるために詩や小説の世界にのめりこみ、好きな作品を次から次へとそらで覚えていった。成績は軒並みいちばんだったが、そのためにまわりから敬遠されたりはしなかった。彼の頭の良さは複雑で魅力的な性格の一部と見なされ、仲間内での人気をさらに押し上げる働きをした。彼は将来映画監督となるに似つかわしいかたちで周囲の人気にこたえた。学内新聞を発行したのだ。

　その「ジュルナル・ド・ラ・クラス」は頒価一スーにしては盛り沢山の内容を誇っていた。通常の記事にまじって連載ものや物語が掲載されていて、それらにはカラー・イラストが付いていた。ガンスが夢中になったもうひとつの創作活動は演劇で、自らの手になるにわか作りの劇をしばしば上演した。悲劇がとくに彼の好みだった。

本人が文学や詩や演劇を夢見ているあいだに、父親は息子の将来を弁護士と定めていた。バカロレア（大学入学資格試験）に無事通ったガンスは、自分の進みたい進路を父親に正直に伝えた。父親は息子の希望をはねつけた。ガンスは黙ってコンセルヴァトワールに願書を出した。が、わずかのところで入学試験に失敗した。

ガンスは父親の命令どおり弁護士事務所で年季奉公をはじめた。十七歳のガンスは、そこで離婚訴訟を仕事とした。本人によればこのときが人生で最悪の時期だった。時間を盗めるときは外をぶらついたり、国立図書館でラシーヌやランボー、オマル・ハイヤーム、E・A・ポー、ノヴァーリス、ニーチェなどを読みふけった。

演劇の夢は捨てていなかった。演劇雑誌には定期的に目を通していた。そういう雑誌のひとつに載っていたブリュッセルの劇団〝テアトル・デュ・パルク〟の俳優募集記事が彼の目を惹いた。病気と偽って一日休みをとると、その劇団と月三百フランの給与で契約を取り交わした。人生に新たな希望が灯った。弁護士事務所の仕事ともこれで縁が切れると思うと苦ではなくなった。しかし、ベルギー行きの件は親に悟られてはならなかった。

ベルギー行きの日が迫り、予定変更が事実上不可能となった時点で母親にだけ秘密を明かした。母親は動転したものの、息子の行動に理解をしめしてくれた。父親にはどうしても打ち明けられなかった。別れを交わすことすらできず、ガンスはこっそりとブリュッセルに発った。これは父親との関係に大きな亀裂が入る最初の事件となり、その後長らく父子は不信感の深い溝に隔てられることとなる——何年か後、『ナポレオン』がパリのオペラ座で特別上映＊されたときも、老医となっていた父親は〝アベル・ガンスによるナポレオン〟と大書された文字を見なくてすむよう、オペラ座の近くには間違っても足を向けなかった。

一九〇七年から〇八年にかけてのブリュッセルでの公演シーズンは収穫が大きかった。ガンスは休みなく舞台に出、ブレーズ・サンドラールやヴィクトール・フランサンら多くの得がたい友と知り合いになった。最初の映画シナリオ「ミレイユ」を書いたのもこの時期で、これはレオンス・ペレに買い取られた。

自信を得てパリにもどったガンスは、もう少し俳優をつづけたあとで、最終的な目標である劇作家を目指そうと将来の青写真を描いた。しかし、パリでひとりで生きていくのはむつかしかった。仕事の口は無きに等しかった。蓄えは瞬く間に底をついた。友人連——サンドラール、アポリネール、セヴラン＝マルス、リッチョット・カニュード、シャガール、ピエール・マニエ——は精一杯の援助をしてくれた。彼らのたまり場である〈キャフェー・ナポリタン〉では、その日最

＊オペラ座でプレミア上映された最初の映画は『狼の奇蹟』（二四、レイモン・ベルナール）。

も貧乏な仲間のために他の全員が金を出し合うのが決まりとなっていて、ガンスはしばしばその恩恵にあずかった。にもかかわらず、必需品にすら事欠くありさまとなり、健康も損なわれていった。

一九一〇年、レオンス・ペレ監督の『モリエール』で彼ははじめて映画に出演した。ガンスは映画を馬鹿にしており、作られる作品はどれも幼稚なものだと考えていた。関心は報酬にしかなかった。当時はまだ映画の草分け時代で、ニューヨークの新進俳優だったD・W・グリフィスも、映画は演劇の影の薄い模倣にすぎないと蔑んでいた。

「それでも、最初は映画に驚かされたものだ」とガンスは語る。「幼いときにリュミエールの映画を見て、動く映像に眼が釘付けになった。でもその後のサイレント映画には心は動かなかった。旅回りの見世物のように、幼稚で馬鹿げていて、芸術的価値などかけらもない。見ていて気が滅入ったものだ。子ども騙しにすぎないと思っていたね。〝いや、これはすごいものだぞ〟とはじめて驚いたのは、もう少しあと、マック・セネットの作品にお目にかかったときだった!

貧乏にあえいでいたその頃、ちょい役で出ていた映画はゴーモンやラックスの作品だった。ゴーモンやラックスでは俳優にたいして価値を置いておらず、そういうこともあって気持ちはクサクサしていた。でも、そんななかで頭に閃くものがあった。〝もし自分が映画を作るとしたらどうだろう〟と考えたのだ。〝まず第一に、キャメラの据え方からしていまと同じにはしない……〟と。その頃はちょうど『ギーズ公の暗殺』(〇八)が作られた時期で、あの種のさわりだけの単純な芝居に、サラ・ベルナールやムネ゠シュリといった名優が現れ、まるででくの坊のような姿をさらしていた。

〝これは妙だな〟と首をひねった。〝舞台ではあれほどすばらしいのに、映画じゃ見るに堪えないというのは〟

現像所の技術も当時は拙劣だったのだが、これは徐々に改善されていく。

シナリオを書き始めたとき、売り込み先はゴーモンと決めた。十いくつかシナリオを書き――どれも四、五枚で一本分だったけれど――それをひとつ五十フランから百フランで買い取ってもらった。これはいい稼ぎになった。五十フランあれば三日は食うに困らなかったからだ」

体の不調を意識するようになったガンスは病院で詳しく診てもらった。医師は当時死刑宣告に等しかった病名、肺結核を彼に告げた。医師は仕事をすぐにやめるようにといい、母親に息子さんの余命はあと数カ月だと知らせた。

金もなく、食うにさえ事欠く状況でそのような宣告を下されては、へこたれてしまってもおかしくない。しかしガンスは、驚異的な意志で気力を振りしぼり、自己流の治療法で病を克服しようとした。空気の悪いパリを離れ、俳優の仕事を見つけたヴィッテルという地方都市に移り住んだのだ。医師たちはのちに、彼がこの我流の療法で病気に打ち克ったことを知り、眼を丸くした。

そうはいっても不如意というもうひとつの憂慮は残っていた。手っ取り早く金を手にするために、さらにシナリオ書きに専念した。

「あらゆるタイプのストーリーをシナリオにしたけれど、どれも当時の時流にのったものばかりだった。なかにはアルベール・カペラニやルイ・フイヤードといった監督に撮ってもらえたものもあり、おもしろい出来栄えとなったのもある。自信のようなものも芽生えてきて、自分で作ってみたい映画のアイデアが浮かんできた」

ガンスは友人たちを語らって――そのなかには著名な俳優エドゥアール・ド・マックスもいた――制作会社ル・フィルム・フランセを立ち上げた。

「最初の映画は〝アルテルゴ〟と呼ばれる撮影所で撮った。この撮影所で作った私の映画はヒドイものばかりで、映画館にもかからなかった。制作上の不手際に加え現像上のミスもあったからだ」

劇場公開された最初の作品『堤防（あるいはオランダを救うために）』（一一）には将来の監督ジャン・ルノワールの兄のピエール・ルノワールが出演していた。一六〇〇年のオランダに材をとったこの映画では、すべてをロング・ショットで撮りきる慣習的撮り方ではなく、ミディアム・クロースショットも多用されていた。

エドゥアール・ド・マックス主演の『恐怖の仮面』（一二）は映画では珍しいグランギニョール（大衆向け恐怖劇）で、公開はされたものの現像の拙さからプリントの状態は良好ではなかった――現像液の容器の木枠にフィルムが触れたために所々映像がぼやけてしまったのだ。

それでも客の入りはよく、フィルムダール社が興味をしめすに至った。

とはいえ、少々の成功では数多くの失敗の埋め合わせとはならなかった。ガンスは再び演劇の世界にもどる。そこで待ちかまえていたのはやはり金の問題だった。

「貧乏神にとりつかれている」と彼は日記に書いた。「飢餓は革命の最良の将軍とはよくいったものだ」

慢性的な貧窮に苦しみながらも、ガンスは執筆に情熱を燃やし、「サモトラケのニケ」を書き上げた。念願の傑作戯曲の誕生だった。将来の彼の映画を予見するように、この悲劇も上演には五時間を要するものだった。テアトル・フランセのエミール・ファーブルは、手直しして短くすれば上演してもよいといってくれた。ガンスはこの妥協案を退けた。その一方で、エドゥアール・ド・マックスがサラ・ベルナールにこの戯曲を読ませることに成功する。

ベルナールは大絶賛の電報をガンスに送った。ガンスは天にも昇る思いに包まれ、劇を仕上げるまでの労苦がすべて報われたように感じた。これまでの挫折や失敗もここに至るための必須の経験だったのだと。

四日後、第一次世界大戦が勃発した。劇場が次々と閉鎖になり、動員令が発布された。ガンスにも召集令状が届くが身体検査ではじかれ、除隊処分となった。友人の多くは軍隊に入った。パリにいても日に日に憂鬱の度が増すばかりだった。ガンスはヴァンデ県に退き、勉学に没頭することで絶望感を紛らそうとした。

数カ月後、精神もようやく常態に復したガンスはパリに出てきた。ベルナールの賞賛を身に浴びていまや自信満々の彼は、シナリオをフィルムダール社に送った。

フィルムダール社、というよりもそこの精力的な新所長ルイ・ナルパから、都合のいいときに立ち寄るようにと返事が来た。

「このシナリオ、「看護師」だが」と二人が出会ったときナルパはいった。「とてもよく書けている。三百フランで買おう」

この金額はゴーモンやパテのシナリオ料をはるかに上まわるものだった。ガンスは撮影に立ち会わせてほしいと願い出て、認められる。監督はアンリ・プクタルだった。

自ら監督を経験しているガンスは興味津々製作現場におもむいた。

「プクタルにはいろいろ演出上の質問もしたかったし、提案もしたかった。でも、気後れがした。彼はかなりの高齢で、口髭を生やし、威風あたりを払う感があった。私を現場からつまみ出してもおかしくはなかった。こちらは無名のシナリオライターだったのだから。

その夜ナルパと会った。〝プクタルの撮影を見たけれどと私はいった。〝もっといいやり方があると思う〟

ナルパは私の批評と提案を興味深く聞いたあとこういった。〝ガンス、もし君がもう一本シナリオを書き、それが掘り出し物であったなら、限りある予算のなかではあるけれど君に監督をまかせてみようと思うがどうだろう〟と。」

『看護師』（一四）は完成し、興行も成功した。ガンスはプクタルに一、二自分のアイデアを伝えはしたのだが、プクタルはそれを採用するかに見えながら、やはり従来のやり方で撮りきってしまった。

ナルパはガンスの次のシナリオ（オリジナルのタイトルは「死者は戻ってくるか？」であった）を気に入り、五千フランの製作費をあたえた——これは監督料から生フィルム代、俳優へのギャラ、セット・衣装代まで、コストすべてを含む額だった。

「ささやかな製作費だった」ガンスは当時の困惑を思い出す。「うちは資金が潤沢じゃないんでね」とナルパは答えた。「これがしてやれる精一杯のところなんだ」と。

ガンスは五日で映画を完成させた。公開題名は『アークル城の惨劇』（一五）となった。

「興味をそそるシーンがあった」とガンスは語る。「パリのパレ・ド・マドリードに巨大な鏡がある。この鏡の前に俳優を立たせ、鏡に映った反射像のほうを画面に捉えた。別の人物が殺意をもってこの俳優に近づいていく。そしてそれは鏡に映った虚像であるとハッと気づくのだが、そのときには相手はもう姿を消しているというシーンだった。この手法には新鮮な驚きがあって、私はとても気に入っていた。

完成した映画を見てナルパはいった。〝見事だ！　他のみんなもガンスを見習え――たったの五千フランで、五日で映画を一本撮り上げたんだぞ！〟

それからは他の監督が私を嫉ましそうに見るようになった」

ナルパは『アークル城の惨劇』がささやかながらもいい興行成績を上げたことに気をよくし、次にはこの新人監督に白紙委任状をあたえた。のちの製作者たちが身をもって思い知らされるのだが、アベル・ガンスに白紙委任状をあたえるのは、火の付いたマッチを持ってダイナマイトに近づくに等しい行為であった。

このとき爆発炎上した映画は『チューブ博士の狂気』（一五）である。これはメリエス流のファンタジーを前衛映画の領域にまで踏みこませたブラック・コメディだった。映画史家はときにこの作を『カリガリ博士』（二〇）の先触れ的作品、史上初の実験映画と呼んできた。狂人の博士が登場する点を別にすれば、じっさいこの映画は心理の深層をテーマとしたというよりは、さまざまなキャメラ・トリックを試みた監督のお遊び作品というほうが正確だった。ガンスと、彼と新たにコンビを組んだキャメラマン、名手のレオンス＝アンリ・ビュレルはさまざまに歪曲した鏡を活用して百花繚乱の効果を作り出した。*

ナルパも、フィルムダール社のお歴々も、犯罪にも等しい浪費だと怒り狂った。いまは戦時下だ。市民は娯楽を、気晴らしをもとめている。なのにこんなワケのわからぬ妙ちきりんなものを作ってどうするのか。会社はこの映画をお蔵入りにした。

ガンスは奇をてらうな、慣例に倣え、通常の物語を通常のやり方で映画にしろと命じられた。「キャメラを近づけるな」とナルパは警告した。「全身を写して、俳優の身のこなしを見せるんだ」

一九一五年には、アメリカ映画においてはクロースアップは一般的な手法となっていた。戦時下にあったフランスでは外国映画はしばしば一年以上も遅れて公開されていた。保守的な映画界は最新の傾向の外に置かれていたのだ。映画はまだ草創期であり、人間の子どもがそうであるように、一年の開きは成長の上で大きな格差となって現れた。

ガンスは意気消沈した。ありきたりのメロドラマを作れという雇用者の指示に従うなかで、彼の誠実な映画観は大きな痛手を被っていた。

「自分を見失っているようだ」と彼は日記に書いた。「労働者向けの低俗な映画作りに身をすり減らしているからだ。思考を放棄した、目を楽しませるだけの単調な映画作りにはま

＊ビュレルによると、このときのキャメラマンは彼ではなくウェンツェルであった。

りこみ、貴重な才能が日に日に涸れていく」

ナルパの映画製作はコストを最小限度に抑えることからスタートした。

「彼はタダ同然で役者を集めてくる」とガンスはいう。「ヌイイの撮影所も設備は最小限だ。小道具も毎度同じで、大きな鉢に植わったシュロの木とインク壺が二つ。それでいて使い方までうるさい。〝インク壺はひとつを使ったら、次は別のを使え。いいか必ず交互に使うんだ〟とね。いってやったね、二つはまったく同じで見分けがつかない、どうせなら違うものを二つ置いておくべきだと。

扉もひとつだけ。だからときには色を変えて使おうと提案した。鉢に入ったシュロの木も絶えず置き場所を変えてみた。コメディア・デラルテみたいな工夫だったけど、それはそれで楽しかった。

『十時の謎』（一五）は上出来のスリラーだった。基本はじつに単純なストーリーで、現実に同じことがあったとしてもおかしくはない。電話を使って人を感電死させられるという説があるね。この映画ではそれを使ってみた。殺人者（オーレル・シドニー）が要人の殺害を企て、脅迫状を送りつける。〝明日の夜十時、お前は死ぬ〟というように。

警察は護衛をつける。窓辺を警戒し、邸の一階を見張り、そこらじゅうを監視する。十時になり電話が鳴る。受話器を取り上げた要人はその瞬間死んでしまう。こうやって暗殺がつづき、果ては警察署長までが殺される。

構成がよくできていた。殺人の仕掛けが最後の最後になるまで明かされないからだ。当時としては最先端技術の話だったし、イギリスでも当たったくらいだ。殺人者を演じたオーレル・シドニーは『十時の謎』の好演が認められて、イギリスの連続物『ウルタス』（一五～一七、ジョージ・ピアソン）の主役となった。

少しずつキャメラワークの理解を深めていった。光学の領域に関する私の理解は、撮影技術の進歩とともに進んでいった。映像の質も向上し、フィルムの現像にも口が出せるようになった。でも、まだネガフィルムしか見せてもらえなかった。現像までの予算的余裕はできたのだが、すべてをプリントするのは無理だった。私たちはネガを見て、そのなかからプリントすべきショットを選び出していた」

『チューブ博士の狂気』を別にして、ガンスの映画はどれも客を呼んだ。とはいえ、いつも時間との格闘だった。ナルパはとにかくたくさんの映画を欲しがった。ある日彼はガンスに、俳優を四人選び、翌朝の列車でロケ地に出かけ、映画を二本拵えて、できるだけ早く帰ってこいといった。

「でも、シナリオすらないじゃないですか」とガンスは訴えた。

「そんなもの列車のなかで書き上げるんだ」

そこでガンスは、カシスまでの車中で長篇二本分のシナリオをまとめ上げた。

「二本の映画を並行して撮影できるようシナリオを工夫した。

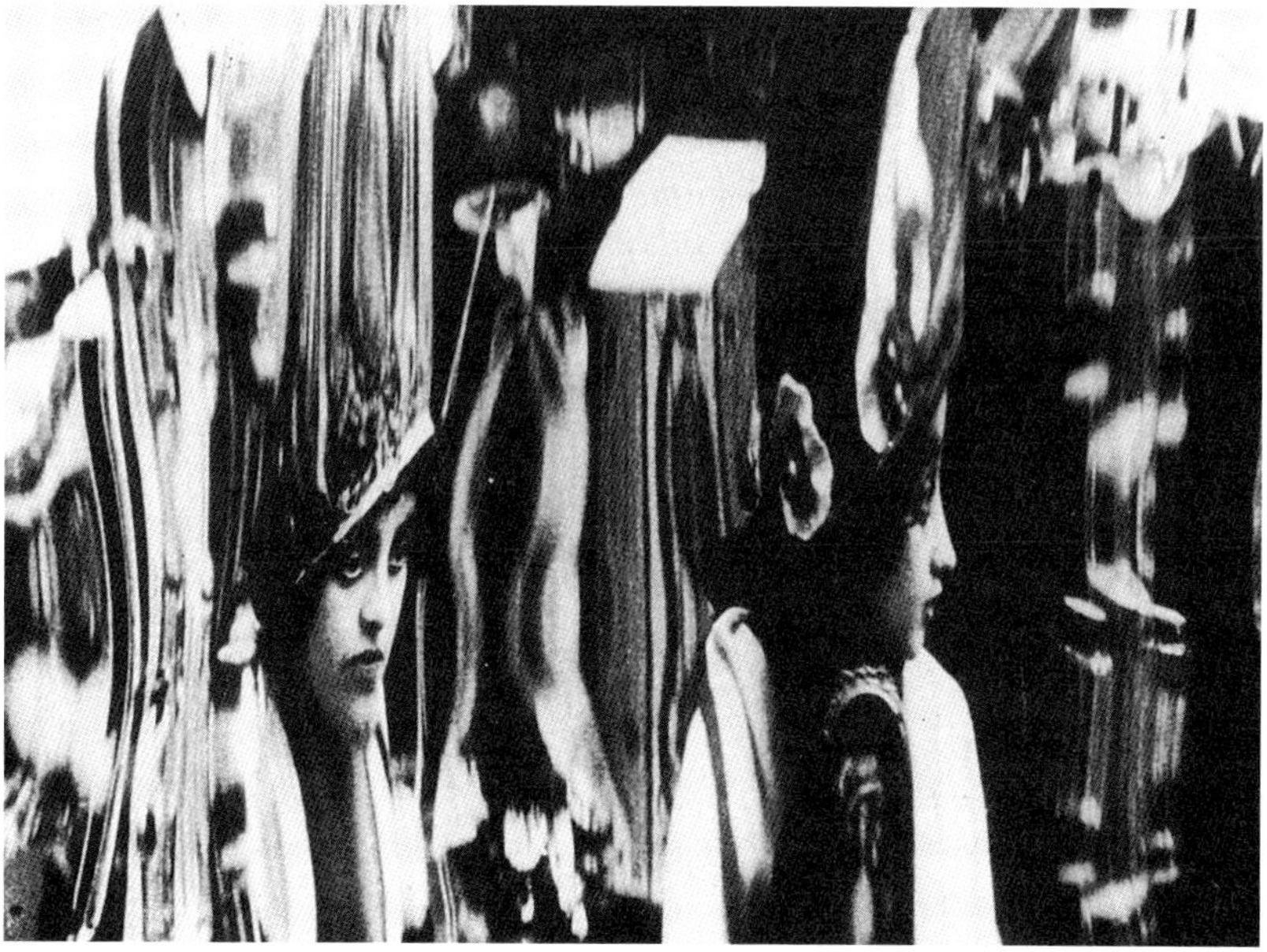

『チューブ博士の狂気』(15)

さて俳優は四人だが、あいつは一本のほうで死んでしまったから、もう片方でも消えてもらい先に帰らせようなどと考えるといくらでも楽しめた。目的地に着くやいなや撮影にとりかかった。このときの映画は『殺人ガス』(一六)と『赤ひげ』(一七)となるのだが、前者のシーン52と後者のシーン48の撮影から始めた。似たようなシーンから片づけていったのだ。たいへんだったけど、腕は上がった。しゃにむに頑張るしかなかった。ラテン語とギリシャ語を同時に勉強している気分だった。

人物の性格は単純きわまるもので、善悪はくっきり分かれていた。それがストーリーの基本でもあり、それだけに余計な負担を感じずに撮影を進められた。役者はまじめに役を演じていたけれど、こちらはシナリオができあがるまでの内情に通じていたからね!

『赤ひげ』ではいくつか新しい工夫を試してみた。オートバイを使った移動ショットもそのひとつだが、私はこれより前に短い移動ショットを一度試している。そのときはキャメラを載せる三輪車を組み立てた。これは安定性に欠けていた。キャメラの据え付けにも問題があった。三輪車の上でキャメラの三脚が上下に弾み、撮られた画面は見られたものじゃなかった。ゴムタイヤが作られるようになって初めて、安定した移動用三輪車を手にできた。

このときのオートバイ・ショットも苦労した。キャメラをサイドカーに載せ、オートバイの運転手が後ろを振り返るところを大きくクローズアップで撮ろうとした。でも、キャメラがでっかくて扱いにくく、往生した。古い木製のパテ・モデルで、頭にマガジンが付いているやつだった」

『殺人ガス』と『赤ひげ』はこの時期のガンスの力量を如実に映し出している。これらを見ると、彼の眼はまだ映画の可能性に対してじゅうぶん見開かれてはいなかったことがわかる。

『殺人ガス』はビュレルとデュボワによる撮影がすばらしく、編集もテキパキしているものの、俳優の演技は、この時期の水準を考慮に入れても噴飯ものである。自然のままのリアルな外景を背景としていながら、ガンスには俳優たちの大仰な身振り手振りを抑えようとする意図はさらさらなかったようだ。連続物ならではの単純さは避けられぬとはいえ、諸処の描写には見るべきものがないわけではない。田舎の工場における毒ガスパニックは生き生きと演出されているし、眠っている子どもに毒ヘビが近寄っていくサスペンスあふれるシーンもある。

しかし、基本的には『殺人ガス』は当時の監督であれば誰もが難なく作れたであろう安手のスリラーにすぎない。

『赤ひげ』のほうはもっと注目に値する。ストーリーは、あえて比較すれば『殺人ガス』以上に馬鹿げているが、ここには作品を掌握しようとする監督の力量がうかがえる。さまざまな実験的技法がなされているのを見ても、ガンスが『殺人ガス』よりももっと楽しんでこの映画を作ったのは明らかである。

〝赤ひげ〟はアイパッチを付け、立派なあごひげをなびかせる、どこかギルバート＝サリヴァン描く海賊のような山賊であり、ひとつの森を中心とする地域を支配し、なぜか社主を務める新聞「ラ・グラン・ガゼット」の拡販を策している。

ストーリーは突飛ながら、この映画には人を引きつける魅力がある。随所にガンスの才気がきらめき、映画自体はコメディでないにもかかわらず、パロディ感覚にあふれている。

観客の意表をつくシーンは〝赤ひげ〟の妻（オデット・トリヴリ）が狩りに出かけ、木々の茂みに追いかけられるところである。「マクベス」のバーナムの森に似たこのエピソードは、葉巻に毒を仕込まれた警察署長が仮死状態となるところとカットバックされる。このカットバックが効果的なのだが、茂みが人の後をつけるところはハラハラするというよりは、あまりの突飛さに笑いがもれてくる。

「ドラマにはコメディの要素がつきものだ」とガンスは語る。「スリラーであれば、ありそうにもないことが巧みに描かれていると人は思うものだ。〝こんなこと、きっとあり得ないのだが、すんなりのみこめるからいいじゃないか！〟とね。俳優はみな笑いの要素などないものとして役に取り組んでいた。でも、私は楽しんでみたかった。映画というものをそれほど深刻には考えていなかったのだ。あの茂みが動くシーンはおぼえている――「マクベス」が頭にあったんじゃない。あの劇をきちんと見たのはあのあとのことだからね。ロケをしていたのはソシー＝レ＝パンというところで、そこは寒冷な北西風《ミストラル》が常時強く吹き、木々はそのために斜めに傾いで生い茂っていた。それを見ていると森全体が行進しているかに思えてくる。木々の一部をじっさいに動かせば、画面上にもそれと同じ感覚を描き出せるんじゃないかと考えた。何人かのスタッフが木々を動かし、さらにキャメラを移動させてその動きをより明瞭なものにするのだ。

残念ながら、計算どおりうまくはいかなかった。というのは、木々が移動するのを捉えるべくキャメラをやや離して据えると、俳優に指示が届かなくなるからだ。でも、思い描いたとおりに撮れていれば、きっとてもよいシーンになっただろう。観客の目にはまず直立した木々が映る――じつはキャメラを斜めにして撮っているからだ。そうしてそのキャメラをティルトさせて正常なアングルにもどすと今度は木々がみな斜めに傾いだ格好で映し出される。そこでキャメラを前進移動させ、じっさいに動いていく木々を捉える――そうすれば森全体が動いているかのように観客の目には見えてくるのだ。

実際はひとかたまりの茂みを動かすだけで妥協した。シーンを撮ったあとにも問題は残った。ストーリーのなかでそのシーンをどう位置づけるか決めてなかったからだ！」

もうひとつめずらしい効果は、全篇とおして繰り返されるのだが、水平ワイプであり、各シーンの終わりにきてカーテンが降りるような感覚をあたえている。

「ビュレルはテイクがNGとなったときレンズ前を手でふさぐ癖があった」とガンスはいう。「それを見ていて、レンズを手で覆えば画面全体を真っ暗にできると思い、彼にこういった。こんどはキャメラを止めるときにそれをやってみてくれ――その手が横から入ってくればワイプとなるわけだ。後には黒い紙を使って、それをレンズの前で横にすべらせた。ワイプが前のシーンを消すと同時に次のシーンを現すというようにした。また紙を二枚、エレベータドアのように両側から閉じるようにしたこともある。最後にはフェイドやワイプに代えてアイリスを使うところまでいった」

『赤ひげ』には巨大なクロースアップがひとつ現れる。妻役のオデットが毒入りのお茶を飲みそうになるところ、オデットがカップを持ち上げた瞬間、口元の大きなクロースアップに切り換わるのだ。そのとき電話が鳴り（これもクロースアップ）、毒入りのお茶は飲まれずに終わる。

当時としては珍しい仰角のクロースアップもしばしば用いられている。人物の顔が仰角で捉えられて、劇的効果が高まるのだが、この手法は二〇年代のドイツ映画で多用され、映画の通常技法に組み込まれていく。

最も預言的な技法は画面の三面分割である。オデットが新聞社に電話をかけると、賊の一味が電柱の上でそれを盗聴する。オデットと盗聴者と新聞社の男がひとつの画面の中に並列に映し出されるのだ。

こういった新奇な技法の誇示は保守的な上層部の怒りをか

った。撮影中の現場に、即刻帰還するようにと電報が届いた。「撮影は中止！　頭はたしかか。後続の指示に従え」と。

続いて送られてきた手紙には山ほどのクレームが書かれていた。ナルパが猛烈に反撥したのはクロースアップだった。「藪から棒の大写しはいったい全体どういう意味だ？　顔のアラを見せびらかして何がおもしろい。観客は逃げていくぞ！」

今度ばかりはガンスも言いなりにはならなかった。送金が途絶えたのでタダ働きを意味したが、俳優たちに映画が完成するまではやめないでくれと懇願した。

「ナルパとは大いにやり合った」とガンスは語る。「向こうは私の独りよがりだといい、私は革新技法だと主張した。でも無用の議論だった。観客は映画を大いに喜んでくれたからだ。観客は技法に目をとめたりはしない。そんなことに目くじら立てるのは一部の専門家だけなんだ。映画がおもしろければ、クロースアップだろうが何だろうが気にかけはしない。観客はどこか変わったところがあったなんて気づきもしないだろう。映画を楽しむのに夢中でね。もちろん、いまは少し事情が違って、観客も注意深くなっている。でも、それまでは映画の技法なんて観客の気にするものじゃなかった。

経営者や実業家は昔から愚かだった。絶えず観客の反応にビクビクしている。私は何度いったことか。〝とにかく試してみよう。どう反応してくれるか見てみるだけでもいいじゃないか〟と。やってみなくちゃ進歩はないし、とにかく私はそうやって一歩一歩前に進んできた。でも、そのためにどれほどの摩擦を生んだことか。そら、この真っ白な髪の毛を見てご覧……

ナルパは強硬に反対したけれど、いまだって事新しく何かを始めようとすればまわりから反対される。慣れてしまえば普通のことでも、登場したては異様なものと見られてしまう。

上からあれこれ指図していたのはパテ社だった。俳優の膝から下が画面から切れているようなフィルムは受け付けないといわれたものだ。人は全身が写っていないといけなかった。もちろん、社長のパテ自身は大局的なビジネスのことで頭がいっぱいで、映画技法のような枝葉末節は気にもとめていなかった。個々の映画の監修役はフェルディナン・ゼッカが務めていた。

最初に反対の声を上げ、革新の種を蒔いたのは私だった。私の映画が当たるのを見て、向こうも私の試みを受け入れるようになり、次いで私のやり方を真似るようになった。が、しだいに私は自分のやっていること、作っている映画のタイプに馬鹿らしさをおぼえはじめ、ナルパにいった。〝アクション物にはもううんざりだ。映画には心理的なストーリーも描けるんだ。いま作られているのは、追っかけだの、殺人だの、あわや自殺だのといったことばかり。たんなるアクション物はもういい、人の感情や内面を描く映画を作ろうじゃないか？〟と。

私は数日かけてナルパにこんこんと説いた。映画はいまマンネリに落ちこんでいる。何か新しい形式を見つけない限り、永遠に惰性はつづいていくとね。

〝だがな、ガンス〟と彼はいった。〝パテ社のもとじゃそいつは不可能だ。いつまでも幸運がついてまわると思うんじゃないぞ〟

〝でも〟と私はいった。〝殺人だのスパイだのといった映画ばかりをつづけてはいられないよ。あんな安易な、くだらないものばかり。もっと真から人の興味をかきたてるものを作っていかなきゃな〟

〝そりゃ無理だ。字幕ばかり読ませる映画を作る気か？〟

〝そんなんじゃない。字幕は最小限ですませられる。本当の感情を描く本当のドラマを作ってみせようじゃないか。観客の想像力に訴える映画を〟

ナルパは知的な男だったが、撮影所のやりくりに苦慮していた。当時は映画は一メートルいくらで売買されていた。中身の善し悪しは関係なかった。問題は長さだけ、長さが値段を決めていた。ナルパの作る映画の買い取り先はパテ社。ナルパはパテ社の機嫌をとる必要があった。

最終的にナルパは折れてくれた。〝よし、じゃあやってみろ。ここに四万五千フランある。これで一本作ってみるんだ〟

私は喜び勇んで、ひと晩か二晩で、シナリオを書き上げた。それが『生きる権利』（一七）だった。

ナルパも興味をもち、改めてオーケーを出した。これは人物の内面を掘り下げたドラマではあったけれど、従来どおりスリラー的要素は残していた。不治の病に冒された金融業者が若い女性に恋をする。女性は男が余命幾ばくもないのを承知の上で結婚する。死後の財産贈与と引き換えの結婚であり、女性は夫の死後、自分の恋する男性と結婚するつもりでいる。女性のその恋人はアメリカでひと財産を築き、フランスに帰ってきて恋人の結婚を知る。状況が緊迫し、事態は金融業者に対する殺人未遂事件へと発展する。傷を負った金融業者は犯人は別にいるといって、妻と恋人への疑惑を晴らし、二人のために自ら身を引いたあと、病のために死んでいく」

『生きる権利』はアベル・ガンス流のクロースアップが全面に用いられ、俳優よりも監督に注目が集まった最初の映画となった。クロースアップはのちに彼のサイレント映画すべてのトレードマークとなるに至る。これはまた人物のみを浮き上がらせるという技法が最初に用いられた作品ともなった。

「緊迫する場面では細々した背景が目に入らないように、俳優の後ろに暗幕を降ろした。この手は他の映画でも使ったけれど、観客は装飾が消えていることに気づきはしなかった——観客は俳優だけに目を注いでいるからだ。これは自分でも名案だと思った。いまの人たちはどう思うかわからないがね。ともかく、背景を無しにしてしまえば、シャンデリアや窓などが目に入って気が散る心配はなくなるんだ」

『生きる権利』は、ガンスの主張する人物の内面を描くドラマの価値を鮮やかに証明した。次いで、スケールアップした予算が彼にまわってきた。

「『いくら?』という映画を作ろうとしたんだが、実現しなかった。構想が前作『生きる権利』と似すぎていたからだ。俳優にはもう一度ポール・ヴェルモワイヤルを起用しようとした。彼は興味つきない俳優で、体つきにアルトーを思わせるところがあった(アントナン・アルトーは『ナポレオン』でマラーを演じた俳優)。ポールが演じるはずだった主人公は〝いくら?〟としかいわない。ひじょうな無口で、まれに口を開くと出るのはこのことばなわけだ――相手が女性であっても。じっさい血のめぐりがいささか鈍いのだが、このことばのおかげで大金を手にすることになるという話だった」

ガンスの次の映画は『悲しみの聖母』(一七)で、主演は著名な監督アンリ・ルーセルの夫人エミー・リンだった。リンはガンスを敬慕する気持ちから役を承諾した。『悲しみの聖母』は大成功となった。ストーリーは以下のとおりである。小児の専門医ジル・ベルリアックは仕事に熱心なあまり、妻のマルトを放ったらかしにしている。マルトは夫の弟クロードと関係を結び、それが高じて自殺未遂を引き起こす。マルトの自殺を阻止しようとして、クロードは致命傷を負い、周囲の疑惑を打ち消すために、遺書を書き残してから絶命する。しかし、二人の仲に疑いの目が向けられるのは避けられず、マルトがクロードに宛てた手紙が見つかるに及び、夫は一人息子のピエールを母親の元から引き離す。

「この手紙は誰に宛てたものなんだ? 男の名前をいえ」と夫のジルは命令する。「いわないと、ピエールは私の子どもじゃないと考えるぞ!」

マルトには息子の居場所は知らされず、息子が病気になっても会わせてはもらえない。マルトは絶望のあまり、息子の無事さえ教えてくれれば、知ってることなら何でも話すといって泣き崩れる。妻の苦悩に心を動かされた夫は妻を許し、健康を回復した息子との再会を許すのだった。

『悲しみの聖母』は一九一七年から一八年の年度において最大の興行収益を上げたフランス映画となったといわれている。映画的には『赤ひげ』と比べてとくに格段の進歩をとげているわけではないものの、はるかにもっと価値の高い作品となっていた。メロドラマ的性格は濃厚でありながらも、崇高としかいいようのない演出ぶりがきわだっていたからだ。ビュレルのすぐれた撮影が映画をさらに風格あるものとしていた。『第十交響曲』(一八)はこれと同様のスタイル、つまり心理的メロドラマの試みをさらに充実させたものだった。ミシェル＝モーリス・レヴィによって特別に曲が作られた。この抑制の行き届いた作品によってアベル・ガンスは世界でも有数の監督のひとりであることを証明した。

メロドラマ風の筋立てながら、『第十交響曲』はきわめて洗練された家庭ドラマとなっている。大仰な身ぶりによる演技は姿を消し、人物の感情は俳優の立ち居振舞によって表現されている。人物は空疎ではなく、性格に富んでいて存在感があり、ストーリーは力強く、プロットの組み立てにも難はなかった。

　発想の源はベルリオーズが語ったとされることばである――「これからとりかかる偉大な交響曲には私の苦悩が描かれる」。

　エヴ・ディナン（エミー・リン）は作曲家のアンリク・ダモール（セヴラン＝マルス）と結婚する。アンリクにはいまは亡き先妻との間に娘がひとりあり、この娘クレール（ニザン嬢）はちょうど適齢期である。エヴには夫に隠した過去があった。それは恋人フレデリック・ライス（ジャン・トゥル）との別れ話のゴタゴタのさい、誤ってライスの姉を撃ち殺してしまったのだった。その日以来、ライスはエヴを脅迫しつづけていて、その一方でアンリクの娘クレールには結婚を迫っていた。エヴはこの結婚を阻止したいのだが、自分が反対する理由は口には出せなかった。アンリクは妻に、お前がクレールの結婚に反対するのはお前自身がライスに惚れているからだろうと責める。アンリクは大いに苦悩するのだが、このことでむしろ妻には感謝する。

「苦悩は人を押しつぶすか、人を創造に駆り立てるかのどちらかだ」と彼は妻にいう。「私はこの苦悩のなかで新しい交響曲のテーマを見出した」と。

　エヴはライスをクレールから離すためには自分がすべてを捨ててライスの元にもどるしかないとまで考える。しかし、最後にはアンリクは事の全貌を知り、妻を許すのだった。

　この映画をメロドラマと呼んでしまっては誤解を招きかねない。メロドラマとは人物の性格や行為の理由付けをおろそかにし、それらすべてをアクションに従属させるタイプの筋立てのことをいう――そしてこれこそがガンスが軽蔑したジャンルであった。この定義は『殺人ガス』や『赤ひげ』にこそ当てはまるが、『第十交響曲』には適切とはいえない。

　ストーリーは劇的であり、俳優も劇的に演じてはいる。が、映像は人物の性格を造形し、思考を描き、ときにメタファーを表現するために用いられている。ただたんに出来事の羅列に終始してはいない。

　第一部のオープニングは一連の大胆なクロースアップが状況を鮮明に映し出していく。イヴの苦悩にゆがんだ顔、彼女の手に握られた発砲直後のピストル、死体、誰のものともわからぬ手が伸びてきて、小鳥をわしづかみにする。

「このことは黙っていよう」とライスはいう。「君がこれまでどおり私との生活をつづけるなら」もう一度女性の死体を怯えるように見詰めたあと、エヴはその場を去ろうとし、ライスはエヴの手にキスをする。そして再び手の大写しが現れ、握られていた手が開かれると、にぎり殺された小鳥が下に落ちるのだ。

　クレールの熱烈な求婚者である老齢の侯爵（アンドレ・ルフォール）に、この苛酷なドラマをなごませる〝息抜き役《コミックリリーフ》〟が振り当てられている。コミカルな味を出すには軽妙さに欠けている箇所もあるものの、決闘のシーンは侯爵の威厳をユーモラスに描いて印象に残る。

「何かにつけぎこちないかもしれないが」と侯爵はライスに向かっていう。「私の名誉には一点の曇りもござらぬからな」

　両人の銃が火を噴くと、鳥が一羽侯爵の足元に落ちてくる。

「侯爵」とライスは笑っていう。「あなたは誤って鳥をお撃ちになったようだ」

「さよう」と侯爵はこたえる。「的を間違えてしまったな……」

　侯爵という人物の存在意味は、ガンスの信条の表れでもある以下の字幕の文句に要約されている――〈悲劇的な人間ドラマの根底には喜劇が流れている〉。

　第十交響曲が初演されるシーンではその交響曲が観客に受け入れられる必要がある。しかしこのシーンは音楽が聞こえ《サイレ》ない《ント》状態であってもじゅうぶんに見応えがある。ビュレルによる明暗のくっきりしたクロスライティング（斜光。斜め横上からの照明）がコンサート会場の観客を劇的に浮かび上がらせ、観客個々のうっとりした表情のクロースアップをガンスはディゾルブでゆっくりと繋いでいく。音楽の持つ雰囲気は、寓意的に飾り模様で枠取りされたダンサーの踊りによって表現される（踊っているのはオペラ座のアリアンヌ・ユゴン）。飾り模様の縁を飾るさまざまなモチーフはパテカラーによって手彩色されていて、踊りはコンサート会場とはまったく異なる外景の中で展開する。

　『第十交響曲』により、ガンスは想像力あふれる感性豊かな監督であることを実証した。彼はまた、それまでに開発されたあらゆる映画技法をフルに活用してみせた。彼の次なる使命は、映画の芸術性そのものをさらなる高みに引き上げることであった。

　戦争はいまだにつづいていた。ガンスはこれまでに徴兵委員会に七度呼び出され、七度とも身体検査ではじかれていた。

「私の病んだ体はテニスボールよろしく小突きまわされた」

　友人知己の戦死の報が届かぬときはなかった。戦場では、人間が虫けらのように死んでいった。ガンスの心に『戦争と平和』のアイデアが芽生えてきた。このアイデアに取りかかる前に、軍部の手が彼をつかまえた。ガンスは〝映画班〟に動員された。

「馬鹿げた部署だった！」とガンスは語る。「前線では生きるか死ぬかだ――大勢のキャメラマンが砲火に巻きこまれて死んでいた。だからわれわれも皆、自分の命を守るのに懸命だった。映画班の班長でもあり、私にとても親切だったピエール・マルセル中尉がやって来ていった。〝ガンス、お前は何もしてないじゃないか。そこにじっとしてるばかりで〟私はとにかく目立たぬようにしていたからね。で、〝じゃあ何か仕事を命じてください〟と頼んでみた。

　しばらく考えてから彼はこう切り出した。〝それじゃ、戦時における動物の映画を作ってみろ〟と。

　おもしろい題材だった。だって、戦争のさなか動物は何をしているのか？　私のように、どこかに隠れているのか。これは考えれば考えるほどむつかしいテーマだった。まずどんな動物がいるのか？　パイロットが操縦席に乗せるマスコットの動物か……家庭に残された犬や猫か。しかし、ペットの犬は飼い主を恋しがって吠えるだけだろうし、そんなのはキャメラに撮るまでもない。じゃあ、戦場にいるたくさんの馬たちはどうか。でも、キャメラを向けて馬の前に立つのは危険だ。それに前線の馬も撮られて嬉しくなかろう。そんな風に私は何かにつけ言い訳を考えてしまう。数週間が過ぎた頃、司令部から軍事教練場に異動の命令が届いた。

毎日われわれ三十人が行進すると、士官が〝軍隊に入る前は何をしていた？〟と質問をする。〝肉屋でした〟と答えれば、前線で動物の肉をさばく仕事につかせる。音楽家であれば、〝それはいい。兵士は音楽を聞きたがっているからな〟というわけだ。私も仕事を訊かれた。

〝劇作家でした〟

〝劇作家だと？　そうか――まあ明日まで待っていろ〟

二、三週間たっても名案の浮かばなかった上官は、私を輸送班に配属した。そこでの初日、上司からさっそく任務をあたえられた。

〝四人を引き連れて東駅へ行き、トラックに積んである弾薬の荷下ろしをしてこい〟という命令だった。そこで四人を選び出発した。ところが途上でひとりが〝姉の具合が悪いんだ。ちょっと寄ってくる〟といって抜けた。もうひとりも〝一時間後に東駅で会おう〟と消えてしまった。三人目も弟がおといから家に来てるので、とかなんとかいっていなくなる……とうとう、駅に着いたときは私ひとりだった。駅には何台ものトラックが停まっていて、荷台には不発弾がいっぱい積まれている。仲間はもどってこない。やっとひとり現れた。〝どうすりゃいいんだ？〟と私はいった。〝もう十時だけど、仕事は正午までに終えろという命令だ〟

仕方がない二人だけでやろう、となった。相方がリフトのような器具を使って弾薬の箱を持ち上げて、荷台の外に動かし、二人でそれを地面に放り投げるようにして降ろした。しばらくすると上官がやってきて、大声を上げた。〝この馬鹿者、何をやってるんだ！〟どうやら、どの弾薬にも一定量のコルダイト（火薬）が残っていて、砲弾の二十にひとつは不発弾でない可能性があるのだった。だから、いつ駅ごと吹っ飛ばされてもおかしくなかったのだ。私たちは一転、慎重が上にも慎重に弾薬の箱を扱った。正午になっても荷下ろしは半分も終わっていなかった。ようやく途中で抜けた三人が現れた。グデングデンに酔っ払っている。来る途中の酒場という酒場で一杯ひっかけてきたらしい……病気の姉を見舞ってくるといった男も同様だった。

任務に大失敗した私は輸送班からオーベルヴィリエの毒ガス工場に移された。ここはひどい場所だった。毎日二、三人ずつ死んでいくのだ。他の者を怯えさせないよう、死体は夜のうちにこっそり外に運ばれていった。そこで働く者はみな化学薬品のせいで皮膚が黄色くなった。ガスマスクはつねに装着していた。それでなくても私の健康状態には問題があった。ここが死に場所かと観念した。健康体であったなら、そんな気持ちにはならなかったかもしれないが、結核がまたぶり返しはじめていた。二週間ごとに視察委員会が開かれていた。私が工場にきてからの最初の委員会は死ぬまで忘れない。そのおかげで命拾いをしたからだ。委員会は工場で働く人間がバタバタ死んでいくのを憂えていた。防止策として、委員会は軍事教練場と人員の総交換を決定した。

幸運にも、そのとき会った少佐が私に話しかけてきた。〝ずいぶん沈んで見えるが、兵隊になる前は何をしていたんだ?〟私は劇作家でしたと答えた。サラ・ベルナールに気に入られた長い劇をひとつ書いてます、と。少佐は私をじっと見ていった。〝そうなのか。じゃあ、その仕事にもどるんだな。除隊を命じるぞ〟私は彼を抱きしめたかった。まわりに人がいなければ本当にそうしていたかもしれない。この少佐は命の恩人だった」

フィルムダール社はガンスに芸術監督の地位を提供し、ガンスは『見よ、この人を』（一八）という映画にとりかかるかたわら、『戦争と平和』のスポンサー探しを始めた。『見よ、この人を』を数シーン撮り終えたところで、フィルムダール社の資金が切れ、製作班には借財だけが残された。ガンスはシャルル・パテに手紙を書き、そのなかで現在の窮状と今後の希望を書き連ねた。パテは歴史に残る電報を送ってきた――〝借金は面倒みよう。『戦争と平和』を作れ〟。

ガンスは前線の戦闘シーンを撮影する許可を求め、その結果、映画班に再動員された。創作意欲がよみがえってきた。仏米軍の大軍とともにサン＝ミエルの戦いに参加し、『戦争と平和』の戦闘場面に組みこまれる素材をキャメラにおさめた。

「撮影時の状況は感動的というよりなかった。大勢の兵隊が八日間の外出許可をもらって撮影現場である南フランスにやって来た――前線に四年もいた身にとってはしばしの息抜きだっただろう。南仏での撮影はその少し前から始まっていて、地元の司令部に兵隊を二千人借りられないかと頼んだのだ。撮りたかったのは〝死者の帰還〟のシーンだった。兵隊たちは前線――ヴェルダンだ――からまっすぐ来てくれ、八日後にはまた前線にもどっていった。彼らはおそらく自分たちもそうなるだろうと感じつつ〝死者〟を演じてくれたのだ。戦場にもどって数週間で彼らの八割が戦死した」

『戦争と平和』の冒頭は、大勢の兵士による人文字で映画題名が現れる。ガンスがこのショットを撮ろうとしていると――平地に並ぶ兵士たちを丘の上のキャメラが捉えるショットである――ひとりの将軍がガンスに近寄り、何をしているのかと訊ねた。

「〝兵士が作る人文字を撮っているんです〟

〝何という文字かね？〟と将軍はきいた。

〝見ていればわかりますよ〟と私はこたえた。兵士が動き、文字が現れた。J……A……C……C……U……S……E（J'accuse［私は弾劾する！］）と。将軍は腰を抜かさんばかりに驚いた。でも、もう手遅れだ。で、いったい誰を弾劾するのかね？　戦争を、人間を、世界に蔓延する愚行を弾劾するんです。

笛の合図で兵士たちは全員腰をおろした。そして人文字のまま、もう一度立ち上がった。

〝いいかね、ガンス君〟将軍――ヴァンサン将軍だったが――はいった。〝じつに感動的だが、我々はまだ戦争のさなかにある。やめるわけにはいかないんだ〟

〝でもそれをなんとかしなくては〟と私は答えた」

『戦争と平和』は第一次大戦終結直後に劇場公開され、公開されたあらゆる場所でセンセーションを巻き起こした。プラハの新聞はこう述べた。「もしこの映画が第一次大戦の始まる前年一九一三年に世界のあらゆる国、あらゆる都市で公開されていたら、戦争は起こらなかっただろう」このような見解は『ビッグ・パレード』や『西部戦線異状なし』（三〇）以降、反戦映画が公開されるたびに表明されてきたものだが、『戦争と平和』は映画史上最初の反戦映画大作であり、かつ第一次大戦を描いた最初の力作であった。

「『戦争と平和』の意図はこうだった。もし戦争が無意味であるのなら、それは壮大なる浪費となる。もし戦争が闘う必要のあるものなら、人の死は何らかの結果を残すはずだと。戦争からもどってみると、妻が他の男と出奔していた、息子が財産を蕩尽していた、といったことが起きていたら、いったい何のために命をかけて戦ったのか。この映画を見た観客はみなこのことを理解し、共感してくれた。イギリスでは公開されるや大当たりとなった。ロンドンのパテ社が電報で知らせてきた。ある都市では映画を見ていた女性が何人も気を失い、手当てをうけたとね」『戦争と平和』は延々とつづいた第一次大戦がようやく終結したその直後の公開だったので、衝撃の大きさには今では想像のつかないものがあった。

『戦争と平和』にも不倫の主題が妄執のようにストーリーに取り憑いていて、映画史家のなかには、反戦映画との評判は看板に偽りありだというものもいる。

「私は政治に関心はない。昔からなかった。でも戦争には反対する。かくも馬鹿げたものはない。十年、二十年経ったあとで人は思うんだ。何百万もの人間が犬死にをしてしまったと。そして敵だったはずの人間のなかに友を見出し、友人だったはずのなかに敵を見出したりする。戦争がこんなものなら、非合理もいいところだ。戦争に駆り出され、苦悩を心に秘めたまま、人は戦場で死んでいく。昔は兵士は金を貰って戦った。自ら望んで戦争に赴いた。その頃は戦争は高貴なものと見なされていた。でも今は違う。〝砲弾の中に身をさらせ……それがお前の任務だ〟とくる。それが正気といえるだろうか。国が人の人生をもてあそんでいる。人生はもっと神聖なものなんだ」

今日の目で見ても『戦争と平和』には力がみなぎっている。ショットはどれも生き生きしており、映画はガンスの独創的アイデアに満たされている。観客はストーリーに引きずりこまれ、否応なくこの映画のテーマと対峙する。映画が終わったとき、観客はただ茫然として為すところを知らぬ状態となる。

三時間近い上映時間にもかかわらず、『戦争と平和』はゆるみなく終始緊迫感に満ち、それまでに作られたどの映画よりも創意にあふれ感動的である。唯一これを凌駕するのは『国民の創生』かもしれないが、アメリカの批評家には『戦争と平和』の芸術上の成果はグリフィス作品を上まわっていると見なす者もいる。

当時の宣伝で〝現代における最大のロマンティック悲劇〟と称された『戦争と平和』は男女の三角関係が基本となっている。エディス（マリーズ・ドーヴレイ）は暴力性とやさしさを奇妙に併せ持ったフランソワ・ローラン（セヴラン＝マルス）と結婚しているが、詩人のジャン・ディアス（ロミュアルド・ジューベ）もエディスを愛している。二人の男が出征しているあいだにエディスは敵兵に捕えられる。中尉のジャンと軍曹のフランソワは同じ大隊に属している。はじめ二人は反目するが、ジャンがフランソワに代わって危険な任務を遂行したことから和解する。除隊となったジャンは故郷に帰るが、母親が病没し、エディスはドイツ兵に産まされた幼い子を連れて帰ってくる。

フランソワも休暇で帰郷する。ジャンとエディスは子どもの正体を隠そうとする。フランソワの嫉妬心が再燃し、ジャンを激しくなじる。取っ組み合いとなり、ジャンを抑えこんだフランソワが致命的一撃を加えようとしたところでエディスが真実を告白する。二人の男は復讐心をたぎらせて前線にもどっていく。精神疾患の故をもって一度除隊となっているジャンはフランソワ配下の兵卒として。

大会戦のなかでフランソワは致命傷を負い、病院で息を引きとる。ジャンは重い戦闘神経症を患い精神に錯乱をきたす。病院を抜け出し、故郷のエディスのもとにもどったジャンは、村人の家一軒一軒に手紙を入れ、戦死した家族のことを知りたければエディスの家に来るようにと伝える。ジャンは村人が集まったところで、戦場で命を落とした亡者たちがよみがえり、故郷目指して行進を始めるさまを語り出す。村人の良心はうずきだす。ジャンの言葉どおり死者たちの集団――手足をもぎ取られた者たちは他の亡者にかつがれて――が道を埋めつくしているのを見て、村人たちは恐怖のあまり四散する。

ジャンは〝レ・パシフィック（平和を愛する人々）〟と題された詩集を自分の家で見つける。戦争が始まる前の時期に平和を讃えて書いたものだ。彼は詩集を破り捨てる。そしてかつてはその恵みに感謝を捧げた太陽に向かい、呪いの言葉を吐きつける。

ガンスはこれをハッとするようなイメージを用いて表現している。太陽が燦々と輝く緑豊かな風景が、太陽の位置はそのままに、荒れ果てた戦場へとディゾルブする。字幕には次の詩が現れる。

私はジャン・ディアス。だが、自分の詩神《ミューズ》を変えた！
甘美な名はもはや過去のこと。いまの名前は「われ弾劾す！」
弾劾の席につくのはお前だ、太陽よ
この凄惨な時代を非難するでもなく、そしらぬ顔で照らしつづけている
舌を切り落とされた醜怪な顔をして
加虐のよろこびにゆがむ青空の彼方から
この世の終焉を無関心に眺めている！

日が沈み、ディアスの部屋に射しこんでいた陽光が闇に溶けごんでいく。光が完全に闇に閉ざされたとき、ディアスの命の灯も消えていた。

名画がそうであるように、テーマよりもそのテーマがどう処理されたか、その手際のほうがもっと重要になる。『戦争と平和』のストーリーには強烈な吸引力がある。しかし、この映画の永続的な価値はそれを描いた自由で豊麗な手際にある。

ここにおいてもガンスは映像のメタファーを効果的に用いている。フランソワが登場し、台所のテーブルの上に撃ち獲った鹿の死骸をドサッとのせる。死骸からは血がしたたり落ちている。彼は犬の首根っこを押さえつけると、床にたまった血を無理矢理なめさせる。窓辺にすわっていたエディスはこの光景に身震いする——私たち観客も身震いする。その瞬間から観客はエディスの目を通してフランソワを見るようになる。

森の中でジャンとエディスが語り合っているのを狩りに出てきたフランソワが見つけ、手にしていた銃を二人の方角に向ける。銃身の先に見えるジャンとエディスのショット。それが百八十度切り換わったショットとなり引き金が引かれる——驚く二人。彼らは無事で、ジャンの足元に撃ち落とされた鳥が転がっている。

そういったメロドラマ風の意表をつく描写があるかと思えば、もっと微妙で繊細なタッチも一方にはある。

村の広場で幼い子どもたちが遊んでいる——のどかな雰囲気をしめすありふれたショットのように見える。そこにひとりの少女が駆け寄ってきて、笑顔でいう。〝戦争が始まった〟と。

ほのぼのとした情景の中でのこのひと言は観客の不意をつき、よくあるドラム連打の開戦布告よりもはるかに強い衝撃をあたえる。

村人が軍隊に動員されるところの、群衆の歓呼と出発を、クロース・ショットのテンポの速い積み重ねで捉えたシーンは、のちの『ナポレオン』で完成されるスタイルと同様のものである。このシーンはまたレックス・イングラムの『黙示録の四騎士』（二一）の同種のシーンと酷似している——これは偶然の一致であろう。『戦争と平和』はアメリカでは一

九二一年まで劇場公開されなかったのだから。

他の映画人、とりわけロシアの監督にあたえたガンスの影響は、次の字幕のあとにつづく、美しくも示唆的な一連のショットによくあらわれている。

〈村中の家でつつましい別離の儀式が静かに、ささやかに演じられていた〉ここではガンスは手のクロースアップに執着する。荷造りする手、帽子かけから帽子を取る手、ロウソクに灯をともす手、別れの盃を酌み交わす手、赤ん坊の両の手を握りしめる手……

劇的緊張の高まるシーンでは、しばしばユーモアが人間味と現実感を演出する。ジャンが中尉としてフランソワのいる部隊に赴任してくるところでは、ガンスは二人の敵対関係を映像で表現する必要に迫られた――といっても、憎しみの目つきでにらみ合うのをクロースアップで撮るというような常套的やり方ではなく、ガンスは次のようにして見せた。兵士たちがのんびり談笑している。下士官が現れて〝新たに赴任したジャン・ディアス中尉だ〟と紹介する。一同は立ち上がり、気を付けの姿勢をとる。しかし、フランソワ・ローラン軍曹だけは地面に寝そべったまま動こうともしない。ディアス中尉が面映ゆそうに兵隊たちと挨拶を交わすなか、フランソワは横たわった姿勢でパイプを取り出し、悠然とタバコをふかし始める。

二人が和解してからのこと。ひとつの戦闘シーンに愉快な瞬間が挿入される。フランソワとジャンが漏斗孔（砲弾の地上破裂によってできた穴）の中にいて、エディスの話に夢中になっている。砲弾が近くで破裂しても両人は気づきもしない。「弾薬が切れた！」とひとりの兵士が叫ぶ。「構うものか！」と答えたフランソワは話をつづける。「おぼえているか、エディスはな……」と。敵に撃たれた兵士が孔に落ちてきて、その両足がフランソワの肩にのしかかる。それにも気づかずフランソワは話しつづけるのだ。

別の戦闘シーン。フランソワの体は爆風を受けて砂埃のなかを二転三転する。上体を起こした彼は体の無事を確認すると、大事なものをまっ先に胸から取り出す――それはパイプだった。

戦闘シーンをリアルに描く腕前は、この映画ではまだ『ナポレオン』の域には達していない。とくに前半に出てくる前線のシーンはまだどこかお座なりに見える。漏斗孔と鉄条網だけでは広大な戦場は想像できず、突撃のシーンも象徴的な――地平線上のシルエットという、ただひとつのショットで処理されている。しかし、後半になると周囲の状況も明確になり、兵士たちにも存在感が備わってくる。銃の持ち方、機関銃の操作の仕方、重装備のなかでのひとつひとつの行為にスキがなくなる。第一次大戦の戦場の雰囲気がニュース映画のごとき迫真性をもって捉えられる。★

〈部隊の敗勢も誰ひとり口にはしない。兵士たちは黙したまま最後の手紙をしたためる〉この字幕につづき、運命を悟った男たちのショットが現れる。ガンスは兵士のクロースアップをディゾルブで繋いでいく。この兵士の表情が胸を揺さぶる。彼らは、ガンスの要請をうけてキャメラの前に立った休暇中の本物の兵士たちだった。

ここに挿入されるのが、実際の兵士の手紙の一部である。例えばそのひとつ――〝この手紙を読む人があるとしたら、その正直な心に伝えたい。戦争を引き起こした者たちのおぞましい罪深さを〟。

「引用されている手紙の文句の多くは戦死した作家で私の友人でもあったドゥルオが書いたものだ。別の友人の手紙も使われているが、その友人もやはり戦死した」（ガンスの親友十人のうち九人が戦争で命を失った）

本篇中最大の戦闘シーンは強く印象に刻まれる。そこではのちに『鉄路の白薔薇』に引き継がれ、多くのロシア映画によって用いられるすばやいカッティングが早々に顔を出す。このオープニングは以降の突撃開始シーンの模範となっている――腕時計を見つめる隊長……突撃の合図を待つ兵士たち……刻々と時を刻む時計……そして、兵士たちが一斉に塹壕を這い上って突撃していく……

実際の戦闘シーンに入ると、戦闘はまったくの混沌状態となる。激しく揺れる移動ショット、短いカッティング、充満する煙、ぼやける映像、爆発等々と、それはいかにも映画的な混沌状態を現出する。そして『国民の創生』のスタイルに倣い、白昼の戦闘は夜間の戦闘へと移り、砲撃や照明弾の閃光をうけて兵士たちの姿が闇のなかに浮かび上がる。

クライマックスとなる〝死者の帰還〟はユニークかつ奇怪な寓意的シーンである。一九二二年に出版された「すばらしきランプ」の中で、ガンスはジャンの長いセリフを採録している。

〈私は戦場で歩哨に立っていた。あなたがたの身内、戦闘で命を落としたあなたがたの愛する人たちは、みなその広い戦場に横たわっていた。奇跡が起きた。月の光をうけてひとりの兵士がゆっくりと立ち上がったのだ。恐ろしくなった私は逃げだそうとしたが、兵士の幽霊は語りかけてきた。「同志よ。私たちは知りたいのだ。私たちは何かの役に立ったのか」と。そして他の亡者たちに呼びかけた。「さあみんな、見届けに行こう。私たちの家族がどんな生活をしているのかを！　立ち上がれ！　みんな立ち上がれ！」死者たちが続々と立ち上がった。私はあなたがたに知らせるためにいそいで帰ってきた。彼らはこちらに向かって行進している。もうすぐこの村に到着する。あなたたちは返答しなくちゃいけない！　自分たちの犠牲が無駄ではないと知ったら、彼らは安らかな眠りにつけるのだ〉

荒涼たる戦場の超ロング・ショットに、嵐を予感させる灰色の空がスーパーインポーズされる。視界の届く限りどこまでも兵士の死体が散らばっている（このショットは広い砂浜で撮影された）。

★最後の戦闘シーンには実写が混じっていることが断られている。

死者たちが立ち上がるところで、ガンスは画面を上下に分割し、上方に死者の行進を、下方に凱旋門を通る勝利の行進を映し出した。

田園地帯を突き進む死者の行進はさまざまな手法を駆使して描かれる。スーパーインポーズ、移動撮影、多種多様のマスク、そしてそれらがすべて葬送用の紫色に彩色されている。確たるものの何もないまだ映画の形成期に、このような実験的なシーンを作り上げてしまう豪胆さをどういうことばで讃えればよいのか。『戦争と平和』はまさしく〝奇跡の映画〟であった。


『第十交響曲』のなかで、主人公の作曲家は妻に向かって、苦悩は命を削るか創造力をかきたてるかのどちらかだという。『戦争と平和』を終えたガンスは深い苦悩の時期を経験する――それはまた不朽の名作『鉄路の白薔薇』を作り上げる時期でもあった。

ガンスはフィルムダール社の秘書をしていたアイダ・ダニスと恋に落ちていた。妻のマチルドとの離婚を穏やかに成立させたガンスはアイダとパリに居を構えたが、そこにインフルエンザの大流行が二人を巻きこんだ。ガンスはなんとか回復し、アイダも病を克服したかに見えた。ところが、ニースで病を養っているときに受けた健康診断で、彼女が重い肺病を患っていることが判明する。治る見込みはなさそうだった。

気候温暖なニースに患者をこのままとどめておくようにと医師は強く主張した。アイダ自身は自らの病状について何も知らされていなかった。ガンスは、妻に不審の念を抱かせずに、ニースに長逗留する理由を見つけ出す必要に迫られた。『鉄路の白薔薇』はすでに準備段階に入っていた。彼はニースにある貨車の大操車場を物語の舞台にすることに決める。

アイダの不治の病だけでも計り知れぬ心痛であったのに、『第十交響曲』と『戦争と平和』に主演し、『鉄路の白薔薇』では主人公シジフを演じる予定になっていた親友セヴラン＝マルスも重い病に冒されていることが判明した。しかし彼の場合、仕事は大過なくやりおおせそうだった。

『鉄路の白薔薇』にガンスは果敢に立ち向かっていく。最愛の二人の人間の日々の状態を気にかけながら、製作上の諸問題をさばいていくのだった。技術スタッフのロジェ・リオンは、当時、ロケーション現場の様子を次のように活写している。

「太陽に照らされた、山裾に広がる平地を思い浮かべてほしい。そこには無数の鉄道線路が走っていて、それらがみなひとつの巨大な車庫に吸い込まれている。車庫の中には頑丈な蒸気機関車が五十台体を休めている。鉄道線路が集結することのただなかに、運転士の家が建てられた。家具調度も備わった本物の家だ。撮影用の電気照明が特別仕様の列車の上に設置された。電気は二台の発電機によって供給された。運転士の家の内部とそれを撮影するキャメラとの間には線路が一本走っていた。撮影スタッフにはこの線路を通過する列車に轢き殺される危険がつねにあった。事故を未然に防ぐために見張りが置かれた。百トンの鉄のかたまりがやって来ると、この見張りが重い鐘を打ち鳴らすのだった。

　夜間にも、線路の真っ只中にあるこの家を舞台にして撮影はつづけられた。うなりをあげて通過する列車の光の洪水を表現するにはギュスターヴ・ドレの芸術的手腕が必要とされるところだろう。

　ガンスは撮影に立ちはだかる技術的諸問題を解決すべく日々奮闘した。たえず行く手に待ちかまえる幾百、幾千もの落とし穴や危険を理解できるのは、彼と私たち技術スタッフだけだった」

　エリーを演じたガブリエル・ド・グラヴォーヌも、当時の記事のなかで、監督に対する感嘆の念を表明している。

「私はつねづねガンス監督の映画に出たいと口にしてきました。その希望が今回ようやくかなえられたのです。彼と仕事をしたくない俳優なんているのでしょうか。他の監督が手にするのと同じ条件、同じ機材で、目にも鮮やかな撮影法を易々と達成してしまうこのすばらしい監督と。彼は役者とともに役柄を考え、それを演じ、そのなかに生きています。彼は脚本家であるだけでなく、編集技師であり、照明技師であり、キャメラマンであり、技術スタッフの要であるのです。つまり彼はすべての職種を一手に引きうけています。彼こそは映画の心臓であり、魂なのです。撮影中はたえずこう繰り返していました。〝人間味、簡素、集中〟と。すべてはこの三つのことばの中にこめられています」

　映画製作のさなか、アイダは自分の病がいっこう回復しないこと、おそらくその望みはないことに気づく。しかし、医師はアルプスの稀薄な空気の中でなら彼女が治る一縷の望みがあると考えていた。

　ガンスはシナリオを変更して列車事故を書き加え、この事故の責を負ってシジフが登山鉄道に配置換えされるという筋に改めた。

「みんなでサン・ジェルヴェに行くこととなった。サン・ジェルヴェには雪がある。そこで雪のシーンを書き加えた。周囲の状況に合うように何もかもを変更した。みんなもアイダの病気のことは知っていて、全面的に協力してくれた。

　一方、セヴラン＝マルスは体の不調が何に起因するものかは気づいていなかった。それは心臓に関わる病気だった。彼はあり余る活力の持ち主だった。彼の人生はそのエネルギーに支配されていたといっていい。キャメラの前でも自分を抑えようとはせず、その結果彼の演技はどうしても過剰気味になっていった。彼にはエネルギーを小出しにすることなどできなかった。ときには彼自身何をしているのかわからなくなることがあった。でも、私のことばにはしっかり耳を傾けてくれた。というのも、シナリオは一部しか作ってなく、そのシナリオは私の手中にあって誰にも見せなかったからだ。シーンごとに撮影を進めてはいても、作品全体がどうなっているのかは誰も知らなかった。私は必要最小限の説明しかしないし、私ですら全貌を知っていたわけではない。第一部はクランクインの前に書き上げていたけれど、第二部はロケ地を移動するなかで書き進めていたからだ」

アルプスの山岳地帯で撮影中、雪崩《なだれ》が撮影隊をのみこんだ。キャメラマンのブルンのリュックに差してあった小旗が雪の間から見え、それが目印となって救援隊に掘り起こされた。そのしばらく後、今度は吹雪に襲われて、撮影隊の一行は山小屋の中に三日三晩閉じ込められた。四日目に救い出されたとき、撮影隊の面々の体力と食糧はほとんど尽きようとしていた。

高地の稀薄な空気もアイダの特効薬とはならなかった。ガンスの日記は、『鉄路の白薔薇』の製作がアイダの病気が判明した日に始まり、彼女が亡くなった日に終了したことを告げている。「一九二一年四月九日午後一時　四千年の恋／同日午後四時『鉄路の白薔薇』編集終了／四月十二日　何もかもから逃れるためにニューヨークに発つ」

アメリカで過ごした五カ月のあいだも苦悩は増すばかりだった。七月、セヴラン゠マルスの訃報が届いた。「子どものように泣きじゃくる」

アメリカ滞在中、ガンスは外国映画の内容を審査する委員会――この委員会は国家転覆の思想や平和主義に目を光らせていた――の報告書を読んだ。

『戦争と平和』に対してのレポートは好意的ではなかった。フィルムはパテ社に一年半お蔵入りになっていて、どう売り込みすればよいかみな頭を悩ませていた。そこで私が自分でやってみようと思い立った」

第一次大戦終了間もないその時期、戦争ものは〝不入り映画〟の烙印を押されていた。大衆は戦争を忘れたがっていた。アメリカ国内の雰囲気は戦争中とは一変していた。

ヒューゴー・リーセンフェルドが『戦争と平和』の特別上映会をリッツ・カールトン・ホテルで行なえるよう手配してくれた。上映責任者はマーク・クローであった。観客のなかに、ガンスがこの人だけには映画を気に入ってもらいたいと願う人物、D・W・グリフィスがいた。しかし映画が終わるとグリフィスは、同行のギッシュ姉妹とともにことばを残さずそそくさと会場を後にした。ガンスはすっかり気落ちして、大喝采も耳には入らない。宿泊していたアスター・ホテルに肩を落として帰っていった。

「ニューヨークの上流階層を上映会に招待したのは間違いだった。お歴々は映画にたいそう感動した。だがその反動で、しばらくすると反撥をおぼえはじめた。映画に対して疑念を持ち始めたんだな。大きな財産をもっていると世の中を疑いの目で見るものだからね……グリフィスがいなかったら、あの映画はつぶされていたかもしれない」

しばらくしてグリフィスから電話があり、なぜ彼とギッシュ姉妹がすぐに立ち去ったのかの疑問が氷解した。「見終わった直後は茫然としてことばを失っていた。映画に打ちのめされてしまったのだ。昨日は仕事が手につくような状態では

『鉄路の白薔薇』(23) の撮影風景。1920 年、モン・ブランにて。

なく、『嵐の孤児』の撮影は結局中止にしてしまった」とグリフィスは語った。

グリフィスはガンスをママロネックの撮影所に招き、チャップリン、ピックフォード、フェアバンクスに電話をしてユナイテッド・アーティスツから『戦争と平和』を配給するよう説得してみようといってくれた。

「アメリカは好きになれなかった。『戦争と平和』の上映会のあと、ヴァレンティノ、ナジモワの二人と飲みに出かけた。ヴァレンティノはフランスで映画の仕事を探せないかと訊いてきた。〝アメリカの空気は肌に合わない〟と彼はいった。〝君の映画はすばらしい。君のためなら何だってするよ。アメリカにはこれ以上いたくないんだ〟と。

君には何もしてやれないよと私は答えた。アメリカで成功しているのだから、ここで頑張るべきだと。〝この国にはうんざりなんだ〟と彼は繰り返した。〝この国で生活してるとジリジリしてくる。何もかもがあまりにも作り物めいていてね。ヨーロッパにもどりたいよ〟と。ナジモワもヴァレンティノと同意見だった。ある種の精神の持ち主には成功なんて何の意味ももたない。そういう人間にとっては、心の落ち着く場所で三年過ごすほうが一万人のファンに囲まれ歓声を浴びるよりずっとありがたいんだ。私はヴァレンティノにいった。私は本国で悩みを抱えている。君はアメリカにとどまり、ここで映画を作るんだとね。そうはいいながらも、アメリカに関しては、私も彼同様居心地の悪さを感じていたのだが。

後のことになるけれど、メトロが気前のよい話をもってきた。週三万ドル最初の年に払おう、二年目は週四万ドルだと。そのとき私の懐は空っけつだったが、話を断った。断って正解だった。ヨーロッパの監督が大勢アメリカにやってきてどうなったか。ここで朽ち果てるか、本国に帰っていくかだ。ルネ・クレールはフランスにもどった。フェデールもデュヴィヴィエも。私のことでいえば、アメリカの人間と円満に仕事ができたとは思えない。あそこの映画製作はシステム化されているからね。映画を作る人間は独立独行であるべきなんだ」

ガンスには手放しで賞賛するアメリカのスター俳優が何人かいる。そのトップはリリアン・ギッシュで、彼女は訪欧の折、二度もガンスのもとを訪れている。ナジモワも彼に強烈な印象をあたえたが、監督に恵まれていないのが不運に思われた。他にベティ・コンプスン、ファニー・ウォード、そしてお気に入りのメイ・マレイなどである。

「グリフィスは映画界の巨星、唯一の巨人だった。私はインスも尊敬している。デミルは『チート』がすばらしい。それ以外に誰がいるか？　フォン・シュトロハイム、ルビッチ、フォン・スタンバーグ？　彼らはみなヨーロッパ組だ。アメリカ人監督とは見なしていない」

ガンスは一九二一年の夏、フランスにもどり、『鉄路の白薔薇』の仕上げを再開した。最終編集版《ファイナル・カット》は三十二巻、三部構成で、休憩を挟みながら続けて上映される予定であった。最

［上］ニューヨーク滞在中のアベル・ガンス、1921年。［下］アベル・ガンスとD・W・グリフィス。ニューヨーク州ママロネックにて。

終的にパテは十二巻版を要求した。その方が上映により適していたからだ。現在残っているのはこの十二巻版である。

「映画は『鉄路の白薔薇』以前と以後とに分かれる」とジャン・コクトーは述べた。「絵画がピカソ以前と以後とに分かれるように」

この想像性あふれる革新的作品の目覚ましくも鮮やかな映像・演出・編集効果を、ガンスはほんのひと握りのスタッフとの協同作業で成し遂げていた。

この作品は、『国民の創生』を別にすれば、他のどの映画作品にも増して映画美学を飛躍的に進歩させた。モスクワ芸術院はオリジナルの三十二巻版のプリントを所蔵していて、ソビエトの新しい映画人たちはそれを見て映画の勉強に努めた。

「その頃ソビエトの監督たちがパリにやってきた」とガンスは語る。「エイゼンシュテイン、プドフキン、ドヴジェンコ、エックらで、皆異口同音にモスクワ芸術院で『鉄路の白薔薇』を見て映画の技法を学んだんだと私に語ってくれた。そりゃあ嬉しかったさ」

『鉄路の白薔薇』のストーリーは『戦争と平和』に通じるものがある。二人の男――腕っ節の強い機関士のシジフ（セヴラン＝マルス）と、その息子で、今回は詩人ではなくヴァイオリン作りに励むエリー（ガブリエル・ド・グラヴォーヌ）――が同じひとりの女性、ノルマ（アイヴィ・クローズ）に深い愛情を捧げている。ノルマは幼いときに鉄道事故で孤児となり、彼女を救ったシジフが娘として育てていた。背景は、ぬかるみと砲煙の戦場ではなく、すすと煤煙の鉄道の操車場である。

エリーとノルマは仲のよい兄妹として成長するが、鉄道会社の技師ド・エルサン（ピエール・マニエ）が兄妹の間に割って入ってくる。ノルマに求婚するのである。シジフも内心激しく嫉妬し、自分の気持ちに対するノルマの無関心をそんな技師相手に訴える――「あの娘はすすまみれのオレの苦悩に気づいちゃいない」と。シジフは自ら命を絶とうとするが、同僚の火夫のとっさの機転に救われる。ド・エルサンの求愛は執拗をきわめ、シジフもついに我を折り、ノルマを技師に嫁がせることにする。

結婚式に向かうノルマを乗せた列車が疾走している。機関士のシジフは絶望のあまり、列車を転覆させようとする。このときも友人の火夫があわやというところで危険を察知、事故を未然に防ぐ。

エリーはノルマが実の妹でないことを知り、父のシジフをなじる――「どうしていつまでも秘密にしていたんだ？」

ノルマの結婚は失敗だった。ド・エルサンは虚栄心の強い、放埒で不快な人物として描かれているが、ノルマとの不幸な結婚生活のなかで、繊細で、思いやりに富んだ一面を見せ始める（ガンスは一見黒白はっきりした人物を、淡い灰色の領域に徐々に移していって観客から共感を引き出すのが巧みだ）。彼はノルマを幸福にできないことで自らを責める。

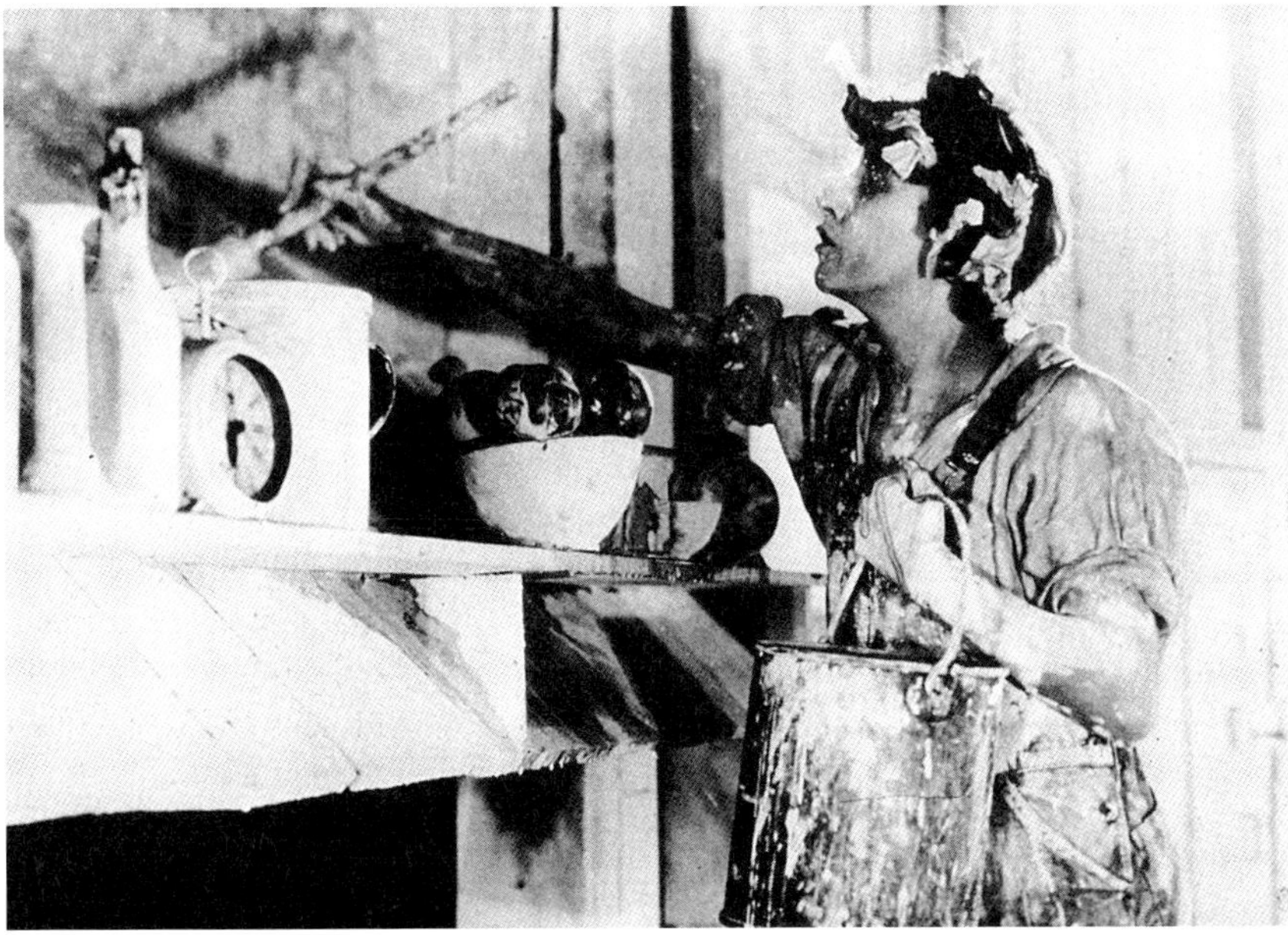

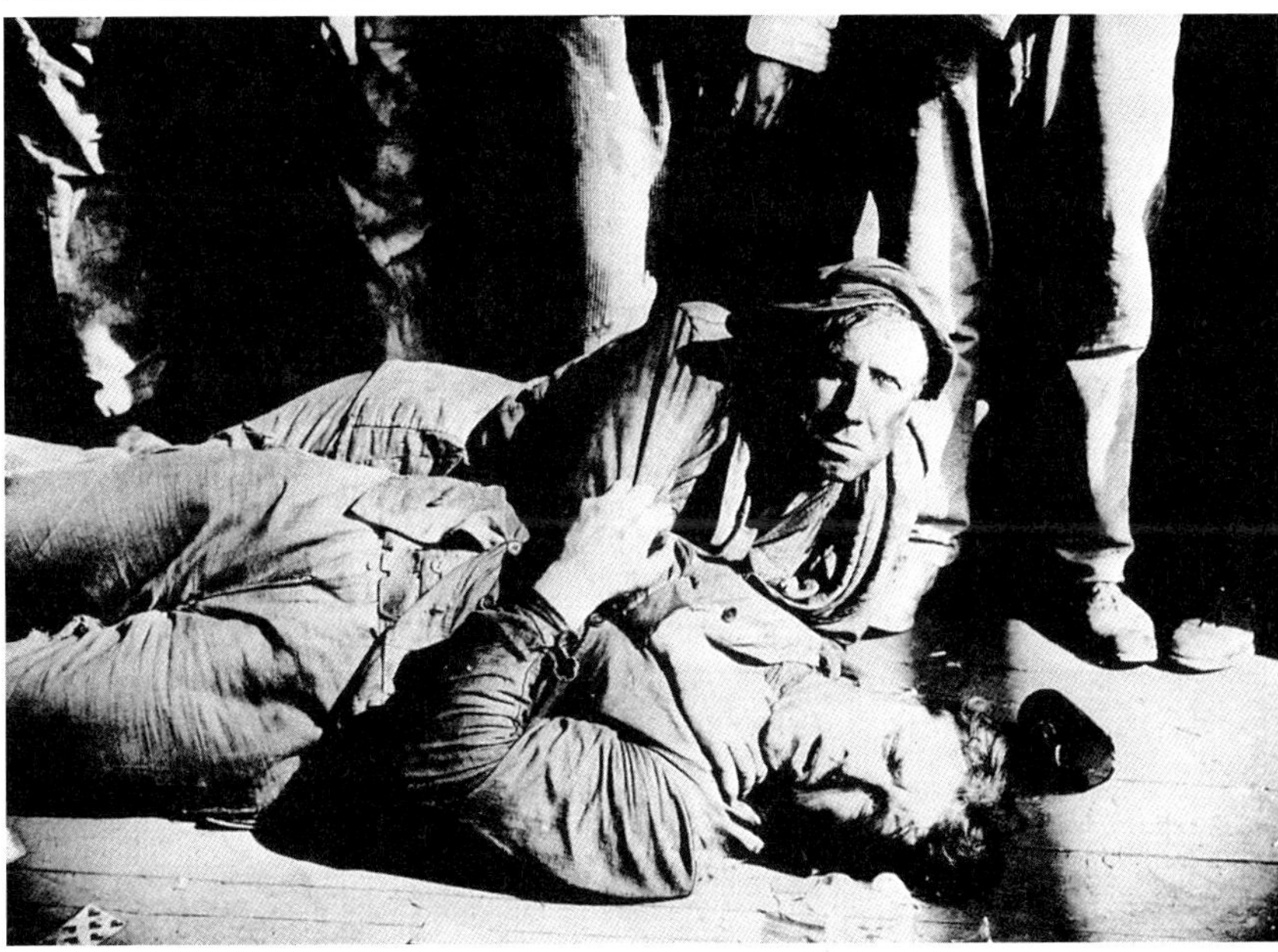

［上］『鉄路の白薔薇』でのノルマ役のアイヴィ・クローズ（彼女はイギリスの映画監督ロナルド・ニームの母親である）。［下］シジフ役のセヴラン＝マルス。食堂での喧嘩シーン。

蒸気バルブの事故でシジフは目をやられる。部分的に視力を回復するも、機関士としての生命は終わったと覚悟する。シジフは機関車を道連れに死んでしまおうとする。このときも機関車は大破するが、シジフの命は助かる。

クビになったシジフは登山鉄道の運転士としてアルプスの山岳地帯に仕事場を移す。息子のエリーも父に伴い、父の山小屋でこれまでどおりヴァイオリン作りをつづける。著名なヴァイオリン奏者がリサイタルでエリーの手になるヴァイオリンを弾くことになる。その会場で、エリーは観衆のなかに夫連れのノルマの姿を見つける。彼はラブレターを内に収めたヴァイオリンをノルマのもとに送る。ノルマが手紙には気づかずとも、〝このヴァイオリンが弾かれるたびにぼくの愛の表明がノルマの心の近くにある〟ことで、エリーには満足なのだった。

ド・エルサンがヴァイオリンに隠された手紙を発見する。彼は山小屋に出向き、エリーを外に連れ出す。取っ組み合いの末、エリーは崖から落ちそうになって木の根っこにしがみつく。エリーは持っていた銃でド・エルサンを撃つ。致命傷を負ったド・エルサンはホテルにもどる途中でノルマに出会う。ノルマがエリーのところに駆けつける。エリーは彼女に向かって「愛してる！」と絶叫する。彼の脳裏にノルマとの過去の記憶がものすごい勢いで駆けめぐる。そしてエリーは谷底に落ちていく。

シジフはノルマにいう。「あいつはお前のために死んでいった！」

シジフは完全に失明し、山小屋はあばらや同然となる。そこにノルマが静かに移り住み、小屋の内部を見違えるようにきれいにする。それぞれ深い悲しみを背負った二人は二人だけの生活に満足を見出す。

ある春の宵、ノルマは年に一度の地元の祭、ファランドールの踊りに招かれる。シジフは窓辺に腰掛けて機関車の模型と戯れている。ノルマは輪の中に入って踊る。模型の機関車が床に落ちて壊れる。シジフは拾い上げようとしない。彼はすわったまま眠るように息を引きとっていた。雲の影が、シジフの魂であるかのように、輪になって踊る人々の上をかすめていく……ノルマは人の輪の一部となっている。シジフの生命は宵闇の中に消えていく。彼の魂の影がノルマをやさしく愛撫しながら……

『鉄路の白薔薇』が見せた最も重要な技法は〝超速カッティング〟であった。これはきわめて複雑な編集法ではあったものの、基本的にはグリフィスが『イントレランス』で用い、ガンス自身が『戦争と平和』で用いたのと同じ編集法をさらにすばやくしただけのものであった。

ガンスの超速カッティングはそれ自体ひとつの芸術と呼んで差し支えない。基本的にこれは、きわめてスピーディでリズミカルな、強烈なイメージの交錯がひとつのシーンを構成するというもので、はなはだ劇的な衝撃を見る者にあたえた。また、交錯するショットが、長いのは二フィート（六〇センチ）、短いのはひとコマと多様で、身体的な衝撃を伴うものでもあった。というのも、スクリーンから発する光は視神経を活性化し、脳に強い刺激を及ぼすからである。イメージがじゅうぶん強烈で、リズムがじゅうぶん力強ければ、このカッティングはほぼすべての観客に同じような効果を及ぼすことになる。

今日この技法はすたれてしまっている。ひとつにはその技術を覚えている者がほとんどいない（また現にそれを再現できる者がどこにもいない）ためであり、もうひとつには印象主義的で抽象的ですらあるこの技法が本質的にサイレント映画特有のものだったからである。

ソビエトの映画人はこの技法に夢中になった。さまざまに工夫を凝らしたテンポの速いカッティングが数多くのソビエト映画で用いられた結果、この技法は〝ソビエト・モンタージュ〟の名で知れ渡る。フランス映画でも使われなくはなかったが、多用されたのは一九三〇年代のイギリスのドキュメンタリー映画においてであった。その一方で、アメリカの監督や編集技師は、この技法には目もとめなかった。このような編集法は技巧が表面に出すぎ、観客の注意を乱すと考えたのだ。ハリウッド映画においては技法は観客に意識されないのが理想とされていた。

『鉄路の白薔薇』におけるエリーの死の場面は、これ以上速くはカッティングできない域にまで達している。ガンスはエリーが崖から墜落する寸前のシーンを、エリーの恐怖にゆがんだ顔のショットを三コマ挿入することから始める。次いでノルマの六コマ、さらにノルマの三コマ、エリーの二コマとスピードが増し、猛烈の度がクライマックスに達すると、絶叫するエリーの一コマ、ノルマの一コマへと至る。最後にリズムに変化をあたえるように、異なるアングルから捉えたエリーの三コマが挟まったあと、彼の手が離れ、体が真っ逆さまに落下していく。

結婚式に向かうノルマを乗せた列車が疾走するシーンでは、激しく上下するピストン、流れる線路、針が上昇する速度計、猛然と吐き出される煙等々のクロースアップが、列車を運転するシジフのこわばった顔、ノルマの不安げな表情のショットとすばやく交錯し合っている。

このシーンのカッティングはきわめて正確なリズムを刻んでいるが、その力強い映像が持つ衝撃は、単純な数字上の配列が生み出したものではなく、辛抱強い試行錯誤の末に獲得されたものであった。あるショットは別のショットの半分の長さになっているが、各ショットのコマ数はどのような定則にも従ってはいない。しばしばショットはそれ自身のリズムを要求し、それがまた後続のイメージの持続時間を決定している。バルデーシュとブラジャックは共著「映画史」のなかで、ガンスはラテン語の韻文のリズムに従っていると主張している。ガンスの詩に対する愛情が彼独自のカッティングを触発したのは疑いないものの（〝映画は光の詩である〟と彼はいっている）、彼が従った唯一のリズムは編集作業を思い描く中で抜き差しならぬかたちとして現れてきたリズムであった。

このようなシーンをあらかじめ頭の中で計算し得る監督はまずいなかった。たいていの場合、それらは編集室の中で初めてかたちをとって現れてくるものだった――通常の長さのショットが編集技師によって細分化され、改めて繋ぎなおされるというように。すばやいカッティングはしばしば〝最後の手段〟として用いられた。クライマックスでありながら演出が凡庸だったときの、映画を救う非常措置として。

しかし、ガンスには最初から自分の目指すものはわかっていた。シジフが列車の衝突を思い起こすところのカッティングは台本に書かれている。

「オリジナル台本に私はこう書いている。〝イメージ一∴十コマ、イメージ二∴九コマ、イメージ三∴八コマ〟そうして最後ひとコマとなるところまでね。眼は脳よりも反応が速い。だから眼が映像の含意《メッセージ》を脳に伝えてくれる、と私は考えた。観客を驚かそうとしたのではない。それが理に適ったやり方に思えたまでだ」

もうひとつ『鉄路の白薔薇』で忘れがたいのはリアルな情景である。線路と線路の狭間に主人公一家の住居を据えたのは天来の妙案だった。そのために、背景は書き割りに占められるのではなく、本物の機関車が、本物の煙を上げて、シジフのささやかな住まいのすぐ脇を轟然と走り過ぎていくことになった。山小屋に舞台が移ると、この魅力が失われてしまう。アルプスの書き割りがそこを室内セットであると明かしてしまうのだ（『鉄路の白薔薇』では撮影所で撮られたシーンはひとつもない。室内セットの場合、それは大きなホールの中に作られたものだった。撮影所を利用できなかったために、ほとんどのシーンは屋外で撮られていて、それがこの映画に生々しい現実感を与える大きな要因となった。山小屋はセットとしてはよくできていたが、背景幕がこの映画の誇るリアルな雰囲気を不必要に乱していた）。

この映画のドラマは終始緊張感で張りつめていて、ガンス得意のユーモアの点綴が影をひそめている。そうはいっても、笑いを誘うシーンがないわけではない。幼女のノルマが同じくまだ幼いエリーに牛乳瓶の牛乳を飲ませ、そのあとで自分も牛乳をラッパ飲みするところ。あるいは鉄道員用の食堂での取っ組み合いの喧嘩などがそうであり、後者はジョン・フォードのアイルランドものを思い起こさせる。しかし、観客の頰をゆるますシーンは他にはほとんどなく、全体の雰囲気に明るさを添えるには至っていない。

しかし、製作時のガンスの苦しい胸中を察すれば、ユーモラスなシーンがいくらかでも存在するだけで奇跡に近いと思えてくる。

食堂での喧嘩のシーンはアメリカ映画の『スポイラース』の向こうを張ったのかもしれない。ノルマに言い寄った奴がいると耳打ちされたシジフはその男に挨拶にいく。殴り合いの喧嘩が始まり、あおりをうけた不運なヤジ馬がひとり、ストーブの上に尻もちをつき飛び上がる。クロースアップが揺れ動き、挿入ショットが絶妙のタイミングを刻む。時に画面がシネマスコープ調にマスクされ、繰り出されるパンチが演技の偽装であることをうまく隠蔽する。サイレント映画の弱点は、喧嘩を描くとき、パンチが見せかけであると容易に見破られてしまうところである。トーキー以降は、パンチの効果音がこの弱点をうまくカバーすることになるのだが。

喧嘩のさなか、相手の手が伸びて酒ビンをつかむ。ヤジ馬は興奮してけしかけるが、ビンの中身の液体やビンの破片は彼らヤジ馬の頭上に降ってくる。取っ組み合いで勝ちを制したのはシジフで、彼は馬乗りになって相手を抑えこむ。そのとき、四時五十九分を指す柱時計を彼の眼がとらえる。「おまえの列車は五時七分だったな」といってシジフは相手の体から身を離すのだ。

『戦争と平和』のときと同じく、ここでも自然現象は重要な役割を果たしている。窓から吹きこんだ一陣の風に机上の書類が飛ばされ、それを拾い集めるさいに、エリーはノルマには出生届が欠けていることを知る。アルプスに舞台が移ってからは、雷をともなう暴風雨が山小屋を揺るがし、シジフとエリーの荒涼たる絶望感がいっそう深まっていく。ラストシーン、ファランドールの踊りのシーンでは、雲が踊りの輪を覆い、若者たちはあたかも踊りながら天界に昇華していくかのように思われてくる。

『鉄路の白薔薇』の映像には深い味わいがある。ガンスは何の変哲もない物体に着目する。線路や計器、信号機、その内部の機構、機関車の細部などが、無味乾燥なドキュメンタリー調ではなく、そこから雰囲気や思考が生み出される物語の抜きがたい一部として、詩的に描かれる。ガンスはここでも、『生きる権利』で開発した技法——背景を黒くつぶしたなかで、人物を明るく浮かび上がらせる照明効果——を多用している。背景が存在しないのは一向に気にならない。この手法によるクロースアップは強烈な三次元的印象を醸し出していて、人物はあたかもスクリーンから飛び出しているかのように見えるのだ。

巧妙な演出の一例はシジフが眼をやられるシーンに見ることができる。シジフが手にネジ回しを持って機関車のバルブを直している。運転台には相方の火夫がいて本を読んでいる。本に飽いた火夫はうたた寝をはじめる。彼の手は圧力レバーの上にのせられている。完全に寝入ったとき、その手が思わずレバーを強く引く。シジフの顔面に蒸気がまともに噴きかかる。近くにいた仲間たちが駆けつけ、シジフを運び出す。火夫はこの騒ぎに眼を覚ます。彼は驚愕のあまりこぶしを口に当てる。ガンスがクロースアップを用いるとき、ひとつの表情をしめすだけには終わらない。ここでは、茫然と立ちすくむ火夫の顔が、しだいに悔恨と哀れみの感情に歪みはじめるのである。

この映画のなかで唯一通俗に堕した手法は、ノルマのクロースアップがスーパーインポーズされるところだろう。孤独な山小屋生活に入ってからのエリーとシジフの心に、ノルマが妄執のように巣くう。だが、スーパーインポーズされたノルマの幻影に戦《おのの》くエリーの姿は滑稽とすらいえる。これが、もっとはっきりとエリーの胸中の格闘であったならば、生じる効果もまた別物になっていただろう。本篇中のようにノルマの像が亡霊のように現れ、それをエリーが両手で追い払うような仕種をしてしまっては、そのあまりに大時代な振り付けに思わず苦笑せざるを得なくなる。

しかし、『鉄路の白薔薇』自体はいつ見ても時代を超越している。これは偉大な男優セヴラン＝マルスの演技を誇る――そしてビュジャール、デュヴェルジェ、ブルン、ビュレルら見事な撮影陣の卓越した技倆を誇る――堂々たるスケールのメロドラマであり、真に突出した才能のみが作りうる作品である。至るところクライマックスばかりのこの一篇によって、ガンスは映画を幼年期から壮年期へと一気に引き上げるとともに、無限の可能性を秘めた豊かな映画の未来をも展望させた。ロシアの監督たちは『鉄路の白薔薇』が指し示した方向へ映画をさらに発展させるのだが、この驚異的な映画が示唆した映像の創造的可能性は、現在に至るも、まだじゅうぶん開拓されつくしたとはいえない。

アベル・ガンス自身は彼の画期的作品『ナポレオン』によって映画をさらなる高みへと引き上げることになる。

肩の力を抜きながらも新たなジャンルに挑戦するかのように、ガンスの次の作品はコメディの小品『助けてくれ！』(二四）となった。

「マックス・ランデールは私の親友だった」とガンスは語る。「ある晩、一緒に食事をしているとき、彼の方から切り出した。それはお化け屋敷の話だった。おもしろい映画になりそうだね、と私は答えた。

〝でも、ぼくたちには金がない〟と彼はいちばんの問題点をついてきた。

〝かもしれないが、君とはぜひ一緒に映画を作りたいな〟

〝どうかな、金は相当にかかるだろう――〟

〝かかるものか。一週間もかけずに作ってしまうんだよ〟と私はいった。場所がパリならいろんな手が使える！　やってみたら実際六日で撮り上げた。遊び気分で作ったのだけど、出来もそれほど悪くなかった」

『助けてくれ！』にはジャン・トゥルとジナ・パレルムが助演で出演、シュペヒトがキャメラを担当したが、残念ながら劇場公開はされないままで終わった。ランデールのアメリカ側の配給業者と問題が生じたからである。これはグランギニョール風の一篇ではあったが、全体にまとまりがなく、ガンスの演出にも冴えは見られなかった。それでもいくつか絶妙のシーンはあった。幽霊の出る館に入ってしまったマックスが扉を必死になって押さえている。何やら巨大な力が向こうから扉を押しているようだ。ついに力負けをして扉が開くと、ちっちゃな小ガモが、マックスの脚の間をよたよたと歩いて行く……階段にへたり込んでいたマックスは骸骨の巨大な脚が階段の上から降りてくるのを見て仰天する。驚いて跳ね起きるが、それは六メートルはある大きな幽霊で、マックスをじっと見下ろしている。電光石火、マックスは逃げを打ち、大きな骸骨は彼を追いかける――そのあとから、小さな太った幽霊が、楽しそうに小走りに駆けてくる。

いまだかつて『ナポレオン』以上に、映画に内包された資源を開拓し得た映画はないといってもいいだろう。『ナポレオン』はいわば映画技法の百科全書であり、天才の手にかかったときサイレント映画にはどこまでのことが可能かをしめした華麗な例証であった。

これを上まわる実験は、ガンス自身の手によってすら、その後は行なわれていない。ガンスはこの映画以降、もはや映画監督として進歩は成し遂げていないと認めている。封切り時、オリジナルの〝トリプル・エクラン（三面スクリーン）〟で『ナポレオン』を上映したのはヨーロッパの八都市だけであった。MGMは四十五万ドルをかけて映画を購入、それをロンドンで上映したが、アメリカにおいては完全版の公開を差し控えた。トーキー導入の渦中にポリヴィジョン（トリプル・エクランのこと）でもうひと騒ぎ巻き起こすのは賢明でないと判断したのだ。

『ナポレオン』の完成版はオリジナルの十時間版『グリード』（二四、エリッヒ・フォン・シュトロハイム）同様もうこの世には存在しない。これまでさまざまなバージョンが編集されてきたものの、なかには見るに堪えぬものもあり、そのために映画の名声も大いに損なわれてきた。〝真のアヴァンギャルド〟特集のなかでイギリスのナショナル・フィルム・シアターは、『ナポレオン』の最良のバージョンと信じるものを上映したが、スクリーンに映し出されたそのバージョンは、削除シーンやスーパーインポーズ用のショット、実験用のショット、ラッシュフィルムなどを雑然と寄せ集めたものだった。あるシーンは二つの映像のスーパーインポーズで始まり、これが少なくとも五十フィートつづいたあと、そこにもうひとつ、さらにもうひとつと別の画像が次々にスーパーインポーズされ、最後には十二ほどの映像の重なり合いができあがってしまうというものであった。本来重層化したスーパーインポーズは字幕の背景のひとつに用いられていたのだが、シネマテーク・フランセーズから取り寄せたこのプリントでは、それは意図的な効果を狙った独立したシーンとして編集されていた。このプリントが上映されたとき、大半の観客は、すばらしいはずの素材が呆れるほど拙劣に編集されているのを目にし、慨嘆しながら中途で会場から出て行った。

その二年後、ナショナル・フィルム・シアターはもう一度『ナポレオン』を、今度はシネマテーク所蔵の別のプリントで上映した。そのときのはエプスタイン嬢が六つの異なるバージョンをもとに丹精こめて再編集したものであった。この十七巻に及ぶプリントは、重要なシーンで欠けているところもあれば、字幕の位置に間違いもあったものの、封切り上映されて以来最も完成版に近づいた復元版となった。もっとも、あの驚くべき三分割画面のシーンは入っておらず、クライマックスであるイタリア侵攻はトリプル・エクランの断片を寄せ集めたいささか意味不明のシーンとなってはいたのだが――

オリジナル版を見た幸運な観客にとって、通常の画面が突如シネラマ画面に切り換わったときの驚きはいかほどのものだったろうか。ガンス自身、一九二七年四月七日、パリ・オペラ座でのプレミア上映を「前代未聞、信じがたい一大イベントだった」と評している。「映画の中にポリヴィジョンは四箇所あった――騒乱の議場と海上の嵐とが一体となった、私が〝二重の嵐〟と呼ぶところ、コルシカ島への帰還、犠牲者家族の舞踏会、そしてイタリア入城だ。ひとつの映像で大きな横長の画面すべてを占めるときもあれば、中心となるアクションを真ん中に置き、別のシーンを二つ両端から挟むように据えるところもあった。映画の最後では三分割画面の左の画面を赤に、右の画面を青にし、この三色旗を模した配色の上に大きな鷲をスーパーインポーズした。観客は総立ちになって歓声を上げた。

まだ若き中尉だったド・ゴールが観客のなかにいた。アンドレ・マルローが私に語ってくれたのだが、ド・ゴールは立ち上がり、あの長い腕を万歳するように振り上げて〝ブラボー、最高だ、すばらしい！〟と叫んだそうだ。あの映画はいつまでも彼の脳裏に残っていたらしい」

『ナポレオン』のシナリオに取りかかったとき、ガンスはナポレオンの生涯を六本の映画に分けて描くつもりをしていた。第一篇は三部構成で〝少青年時代・ナポレオンとフランス革命・イタリア戦役〟とする。第二篇は〝アルコレの戦いからマレンゴ大会戦〟、第三篇は〝ブリュメール十八日からアウステルリッツ〟、第四篇〝アウステルリッツから百日天下〟、第五篇〝ワーテルロー〟、そして第六篇〝セント・ヘレナ島〟である。

当然のことながら、ガンスはすぐに資金繰りの壁にぶつかった。「フランスでは資金元は見つからなかった（かつて助けてくれたシャルル・パテは映画界から引退していた）。じっさい、幸運な偶然がなかったら、金はできなかったかもしれない。この話は語っておく価値があると思う。

知り合いに何でも屋のウェンゲロフというロシア人がいた。石炭を扱えば、機関車のエンジンも、映画も扱っていた。私はそのとき、まだ〝ナポレオン〟の企画を正式にたてていたわけではないけれど、ナポレオンの生涯を六つの映画に分けて描く青写真はできていて、その概要を持っていた。

ウェンゲロフには何か思い悩む問題があったのか、早朝の四時に起きて、大金融家のドイツ人、ヒューゴー・シュティネスのところへ、石炭の商談に赴いた。そのとき彼のカバンにたまたま私の書いたナポレオンの概要が入っていた。シュティネスに見せるためではなかった。ただ、この話に興味をしめす者がいたら教えてほしいと、私がウェンゲロフに頼んでいたからだ。

シュティネスは、疲れているから商談には気乗りがしない、一週間後に出直してくれと答えた。

いわれたとおり、ウェンゲロフは一週間後もう一度やってきた。シュティネスはいった。〝石炭の話は興味はないが、映画のほうは面白そうだ。そっちを詳しく聞かせてくれ〟と。ウェンゲロフはナポレオンの概要をそこに置き忘れてきたのだった!」

ガンスはただちにキャスティング作業に着手した。少年時代、青年時代、それぞれのナポレオン役に加え、重要な役から端役まで数百人に及ぶ登場人物のキャスティングである。

少年時代のナポレオンにはロシア人の少年俳優ヴラディミール・ルーデンコが選ばれた。青年時代のナポレオンには、ガンスはルネ・フォショワ、ピエール・ボナルディ、ジャン・バスティア、エドモン・ヴァン・ダエル、後にセント・ヘレナのシナリオを書くドイツ人監督ルプ・ピックらをテストした。鷹のような容貌のロシアの名優イヴァン・モジューヒンの起用も真剣に検討された。もうひとりの有力候補はガンスの友人で、以前『チューブ博士の狂気』『パディの英雄的行為』(共に一五)『絶望のおさどり』『潜望鏡』(共に一六)などに出ていたアルベール・デュードネであった。

デュードネは以前より体重を増していて、若きナポレオンを演じるには少々肉がつきすぎていた。ナポレオン役を自らのものにすべく、デュードネは減量作戦を開始した。

「ある晩、パテでデュードネと会った。彼は〝フォンテーヌブローでのオーディションに出て、イタリア侵攻のさいの演説シーンをやってみるよ〟という。その気があるなら来てくれたまえと私はこたえた。そのとき私はフォンテーヌブロー宮殿の一角で『ナポレオン』のシナリオを書いていた。私は建物のすべての鍵を預かっていて、好きな場所に入りこめた。じつは妻と寝泊まりもしていて、ナポレオンの頃を思い浮かべながら、日々そこで生活をしていたのだ。

ある日、門のところにいる管理人が来訪者に気づいた。時刻は八時で外は暗かった。管理人は〝誰だ?〟と問い質した。デュードネは逆に問い返した。〝ボナパルトがわからぬのか、馬鹿者が!〟管理人は肝をつぶした。制服姿のデュードネはナポレオンの生き写しに見えた。

〝まさか、そんなはずは……〟と管理人は口ごもった。

〝寝ぼけておるのか? わしのこともわからんとは〟デュードネは同じ調子でつづけた。管理人は学芸員のデスパルベのもとに駆けつけた。デスパルベは寝床に入ろうとしていた。彼は小柄な、知性豊かな男で、ナポレオンの物語に取り憑かれていた。

〝ボナパルトがも、も、門の所に来ています〟管理人はことばが定まらない。

デスパルベは何事かと門に急行した。管理人のことばに興味を引かれたからだったが、来てみて驚いた。彼ですらしばらくは本物のナポレオンを目にしたかと錯覚した。彼は茫然と立ちつくした。

〝デスパルベ！　お前までどうした。はやく中に入れてくれ！〟とデュードネは声を張り上げた。そのときはじめてデスパルベには事態が了解できた。ナポレオンを心から愛するこの男の目には、うれし涙がこみ上げてきた。

デュードネは宮殿内の大ホール〈サル・デ・グラス〉に連れてこられた。私もその場で彼に会った。ロウソクの光に浮かび上がるその姿はまさにナポレオンそのものだった。

彼は演説の朗唱に入った。〝兵士よ、諸君は裸でろくな食べ物もない。フランスは君たちに頼っているが、君たちに何もあたえることができない……〟と。彼の演説は力強く、真に迫っており、デスパルベと私は思わず息をのんだ。演説が終わると、私は彼のもとに駆け寄り、役は君のものだと伝えた＊」

『ナポレオン』の製作の一部始終は記録となって残されている。アシスタントとして製作班に加わったジャン・アロイが「アベル・ガンスとともにナポレオンを撮影しながら」という本を書いており、またガンスもこの映画のシナリオ「アベル・ガンスによるナポレオン」（共に一九二七年）を出版している。

多くの記述が強調しているのは、ガンスの驚嘆すべき個人的吸引力である。大群衆の演出というタフな仕事はガンスから人間技とは思えぬ活力、雄弁力を引き出した。それは、事が映画作りでなかったなら、彼は楽々と独裁者になれただろうと思わせるほどのものだった。

「この男の内には並外れた熱意が燃えさかっている」とジャン・アロイは書いている。「あらゆる無気力、あらゆる逡巡、あらゆる倦怠を根絶やしにしてしまう熱意が」

「俳優たちは役柄に心底打ちこんだ」とエミール・ヴュイエルモはいう。「衣装が彼らに役柄の魂をあたえた。アベル・ガンスの強烈な個性、人を操る天与の才が俳優たちを震撼させ、俳優たちはまたたく間に監督の感情の伝導体となるのだった。彼らは直観的に先祖伝来の本能を再発見し、自らの意志の力よりもはるかに強靭な熱意の波にさらわれていく。ガンスは指揮者が各楽器奏者を指揮するように俳優たちの感情を導いていく。怒号、叫び、大きなジェスチャー、あらゆる大騒ぎを駆使しながら」

多くの歴史大作がエキストラの腑抜けた演技によって時代の雰囲気をだいなしにされてきた。『ナポレオン』にあっては、大波となって画面をよぎる数千人のエキストラの、ただのひとりも真に迫って見えないものはいない。この映画において、ガンスは歴史再現の究極の姿を打ち立てた。衣装や装置に頼るだけでなく、この映画に登場するあらゆる人間を過去の人物へと大変貌させることによって、彼はひとつの時代

＊この逸話は、デュードネによると、彼とデスパルベ両名が企んだイタズラだったとのこと。

『ナポレオン』(27) ナポレオンを演じるアルベール・デュードネ。

を作り上げたのだ。キャメラがまわっているあいだ、俳優やエキストラは、あたかも監督に呪文をかけられたかのように、十八世紀の中に身を置いていた。アロイが書いているように、製作が終わって現世に引きもどされたとき、「帰還した現代のパリは、退屈で陰鬱な場所に思われた。生きる目的が消失した。忽然と百数十年後の世の中に投げ出され、途方にくれるしかなかった……」。

ガンスは俳優演出の基本姿勢を説明している。

「映画の最良の素材は、第一に事物。例えば花。花を映してしくじることはない。次いで動物。これも間違いはない。その次が人間だが、ただし演じているとは意識していない人間だ。最後に俳優がくる。俳優は俳優として習いおぼえたことをすべて忘れてしまう必要がある。身につけた型やくせを洗い落とす必要が。ためらうようなら、叱り飛ばしてでも型を拭い落とさせないといけない。私の映画に出る俳優は何かに〝似せる〟のではなく、何かに〝なる〟のだから。俳優も有名になるほどこれがむつかしくなる。自分の型を持ち、型を駆使することでそこまでの地位に到達したからだ。そういう型を用いて通用するのはよほどの名優のみだ――ジャンヌ・モロー、ベルモンド、ギャバンたちのような。彼らはつねに自己に忠実であることを忘れない。したがって問題はないのだ。

私は撮影に入る前に、俳優やエキストラに多くを話して聞かせる。私の頭の中にあるすべてを伝えるのだ。〝エキストラだからって、見られてないと思うんじゃない。観客は君たちを見ている。キャメラが君たちを探し出して捉えるからだ。だから私の言いつけに従うんだ。それができなければ、画面から削り取ってしまうぞ〟と。エキストラはすなおだから役に入りこむのはうまい。私はよくこういったものだ。〝大げさにするんじゃないぞ。自分が何者か、いまはどの時代か、よく考えろ。一九二六年じゃない。共和制の四年目だ……時代の中に入っていけ。時代の雰囲気の中に〟エキストラとは響き合うものがあると感じられたものだった。

偉大な音楽評論家のエミール・ヴュイエルモが当時の批評文のなかでこう書いた。〝ガンス氏なら、その気になれば、エキストラを率いてエリゼ宮を攻め落とせるだろう〟」

『ナポレオン』の撮影は、一九二五年一月十七日、ビヤンクール撮影所において、少年ナポレオンが入っていたブリエンヌの陸軍幼年学校の室内シーンから始まった。

有名な雪合戦の屋外シーンはブリアンソンで撮影された。教師のひとりを演じた歴史家のルネ・ジャンヌは、地元の学校の八歳から十二歳の生徒たちがこのシーンのために駆り集められたと回想している。撮影にあたってガンスはさまざまな実験的技法を試み、雪合戦のシーンを撮り終えるだけにかなりの日数を要した。以下はルネ・ジャンヌの回想である。

「子どもたちは雪合戦の最中こそ体も熱気でほてっていたが、撮影の合間は寒さに震えていた。寝こんでしまう子どもも多く、親たちは代理人を差し向け、インフルエンザや気管支炎になったらどうする、はやく子どもを返してほしい、と要求してきた。

〝撮影はあと二つ三つ撮れば終わります〟とガンスは天使のごとき微笑みを浮かべて約束した。そうして、みんなを集合させると〝アクション！〟のかけ声を上げた。

翌日になっても撮影は一向に終わる気配を見せなかった。親たちは約束を守らせようと現場に姿を現した。ガンスは近くの駐屯軍から軍楽隊を手配していた。子どもたちの雪合戦は、この楽隊の太鼓連打やラッパのうなりにのって、見物人を仰天させる激しさで展開した。親たちも思わず子どもたちと一緒になって歓声を上げていた。〝アベル・ガンス万歳！〟と。

そのあとさらに三日、子どもたちは雪の玉を投げ合っては、愉快そうに雪の上を転げまわった」

他の監督ならこのようなシーンは二、三度アングルを変えるだけで、半日もかからずに撮り終えてしまうかもしれない。しかし、ガンスにとって雪合戦のシーンは重要な意味をもっていた。これはナポレオンの指揮官としての生来の素質を証明した最初の勝ち戦だったのである。

何の変哲もない撮り方を嫌ったガンスは、お得意のすばやいカッティングに加えるに、もうひとつの革新的技法、手持ちキャメラをここで導入した。

ガンスにはキャメラの三脚は自由な想像力を封じる松葉杖のようなものに思われた。手持ちキャメラを用いた狙いは、キャメラを松葉杖から解放し、アクションのまっただ中に投げ入れる、すなわち観客をたんなる傍観者から――雪合戦を戦う――戦士のひとりに仕立て上げることだった。

雪合戦のシーンは、悲しいことに、現存する三十五ミリ版ではその一部しか残っていない。本来は激しい移動撮影が交錯し、そこに若き指揮官のクロースアップがリズミカルに挿入される、というものになっていた。そこでは一人称視点が多用され、キャメラは激しい合戦に巻きこまれた子どものひとりと化す。雪玉が投げつけられ、敵方の子どもたちから拳固をくらい、混沌の渦中に巻きこまれる。そんななかで少年ナポレオンは自らの勝利を確信して会心の笑みを浮かべるのだ。編集のリズムも最高潮に達し、四コマごとに一コマずつ少年ナポレオンの表情が挿入され、フラッシュが明滅するかのごとき効果が達成される。

「静止キャメラは退屈になってきた」とガンスはいう。「文字通りの自由がほしかった。キャメラマンは私の要請にノンで答えたりはしない。それでもキャメラを抱えるのは躊躇した。当時は軽量のキャメラなどはなく、手持ちにするには相当の体力が必要だったからだ。そのため、一種の胸当てのようなものを考案し、キャメラマンにはそれを装着させて、キャメラの重みを支えるようにした。

水中キャメラも考案した。鉄製の檻を使ってね。それを波と水平の高さになるよう水の中に入れ、そうやって大きな波を撮った。人の目から見た波ではなく、波間から波そのものを見るような映像となり、とてもよい効果をあげた」

キャメラを種々の束縛から解放し、流れるような動きを達成しようとしたガンスの仕事ぶりはサイレント期のドイツ映画と通じるものがある。ムルナウ、フロイント、ポマー、デュポン、ラングといった映画人がキャメラを移動車にのせたとしたら、ガンスはキャメラに羽をあたえた。彼はコルシカ島でのチェイス・シーンではキャメラを馬にくくりつけ、沸騰する国民公会のシーンではキャメラを巨大な振り子に結え付けたり、ケーブルカーのミニ版よろしく頭上に張ったワイヤーにキャメラを吊り下げたりし、また別のシーンでは回転儀の上にキャメラをのせて複雑な動きを可能にした。けれども、多くの映画史家が主張しているような、キャメラの放り投げはしなかった。「そんなことをしていたら、金がいくらあっても足りなかっただろう」と彼はいっている。

撮影隊のコルシカ島到着は、文字どおり技術者・俳優・スタッフ一隊の上陸侵攻となり、島民の熱狂的歓迎につつまれた。ナポレオンが再び姿を現したと島民はヒステリー状態になった――彼らの眼前で長年の夢が現実となったのだ。アルベール・デュードネの行くところ、数百人の島民が彼を取り巻いた。島民の誰ひとり〝小伍長〟から金を受け取ろうとはしなかった。撮影隊滞在中に選挙があり、共和制派が多数を占めていた市議会は、ボナパルト派によってあっさり制圧されてしまった。

由緒正しいコルシカ島の山賊ロマネッティは隠れ家にガンスを招いただけでなく、映画撮影にさいしては熱烈な協力者となってくれた。

撮影隊は何から何まで史実どおりの場所で撮影することができた。ナポレオンの生家ですら撮影を許された。そのとき邪魔になったのは玄関上部に打ちこまれた〝ナポレオンの生家〟と記された記念額だった。ガンスはそれを逆手にとった。コルシカ島のシーンはすべて実際の場所で撮られているという字幕を挿入し、次いで生家のロング・ショットを映し出し、記念額のところはゆるやかなディゾルブでツタの葉を重ねたのだ。生家のロング・ショットは観光客には撮り得ない稀少なショットだった。というのも、生家の間近には壁があり、普通のレンズでは家の全貌を収めるのは不可能だったからである。ガンスと撮影監督のジュールズ・クルゲールはいたって単純な方法でこの難問を解決した。特別の広角レンズを作り上げたのだ。

「誰も気づいてないことがひとつある」とガンスは語る。「私自身めったに使ってないからなんだが、それは何かというと、ブラキスコープということだ。ブラキスコープは私が考案したというレンズで、誰にでも容易に思いつくのだが、敢えて作ろうとする者はいなかった。私がじっさい作り上げるまではね。原理は望遠鏡を逆向きにしたようなものだった」

十四・五ミリレンズが手に入るようになったのはつい最近である。ガンスの十四ミリレンズはむろん完璧ではなかった

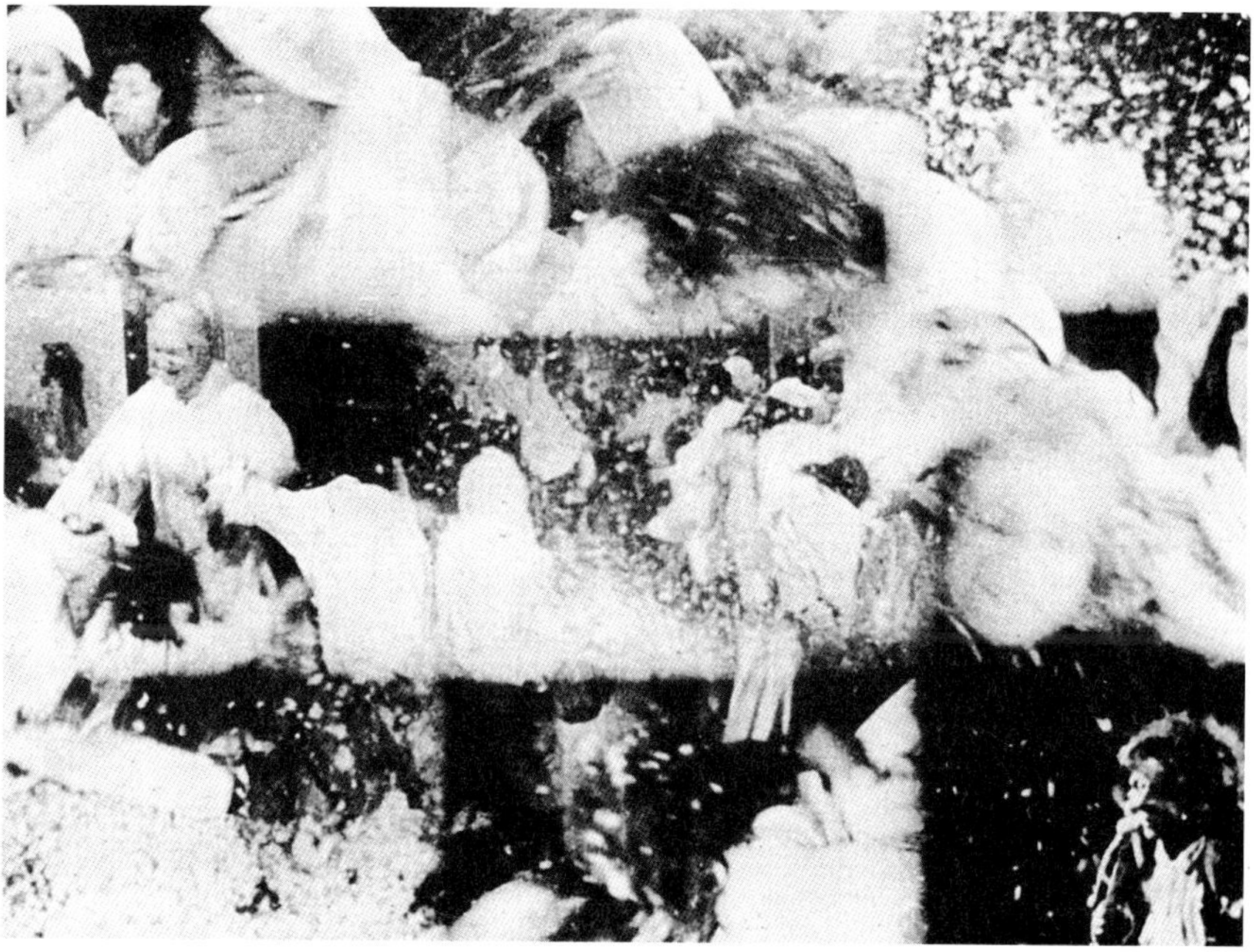

［上］少年ナポレオン役のウラディミール・ルーデンコを演出するアベル・ガンス。ビヤンクール撮影所、1925年。［下］分割画面が最初に登場する“枕投げ”のシーンのクライマックス。スクリーンが九つの小画面に分割されている。

——端のほうはピンボケするし、広角レンズにつきものの歪曲があり、垂直線のバランスは崩れていた。それでも当座の用は果たしたし、『ナポレオン』の製作中、何度も同種の問題に遭遇したときその解決策となった。

撮影隊がビヤンクールの撮影所に帰ってくると最初の大打撃が待ち受けていた。『ナポレオン』の資金元として設立されたウェスティ社の社長ヒューゴー・シュティネスが急死したのだ。

「撮影を続行する資金が途絶えた。これから金が必要となるというその時にシュティネスは亡くなったのだ。銀行は彼の資産をただちに凍結した。六カ月間私たちは無為に過ごした。俳優たちには事情を話した。彼らはみな親切で、資金元が見つかって撮影再開となったら必ずもどってくるよと約束してくれた。フランスで金主を見つけるのは不可能に思われた。

ある日、グリニエフという若いロシア人に会った。知性豊かなやり手の人物だった。彼はさる鉄鋼大手の社長で、私にこういった。〝ガンスさん、あなたは撮影所をお持ちだ——(私はビヤンクールを賃借りしていた)——いま作っていらっしゃる映画の財政面を引き受けましょう。予算がどれだけになろうと大丈夫。あなたがやりとげるのであればね〟

しかし問題がひとつある、と彼は付け足した。『狼の奇蹟』(二四)の監督レイモン・ベルナールといま映画の製作に入っている。二つの映画を同時にはできないし、どうすればよいか頭を悩ませていると。私は彼にいった。ベルナールは親友だ。もしあなたがベルナールに、映画の完成まで面倒見ると約束したのなら、それを守ってほしい。私とのことはそれからでもいいだろう。私も人の仕事を奪う真似はしたくないし、ベルナールのような誠実な男に対してなおさらそんなことはしたくないと。

これを聞いたベルナールがやってきた。彼は私にいま作りかけの映画をしっかり完成させろ、早く仕上げて大勢の人に見てもらうんだといった。彼の寛容な態度はこの業界では稀有のものだった」

ガンスはグリニエフのもとで製作を再開した。グリニエフは『ナポレオン』のためにソシエテ・ジェネラル・ド・フィルムというフランスの会社を設立した。

「私たちは数千人のエキストラを使った群衆シーンでは繰返し〝ラ・マルセイエーズ〟をかけた。エキストラはストライキ中のルノー工場の労働者たちで、生活費稼ぎにすすんでエキストラになっていた。しかし、出番がすんでも、撮影時の熱気が冷めず、みなルノーを辞めて映画界で働きたいといいだしたのには驚いた！　エキストラでひとり、本人のせいではなく、助監督に意地悪されて撮影から外された男がいた。この若者が朝セットにやってくると助監督がいった。〝仕事はないといっただろ。監督さんもお前には用はないんだ〟もちろんそれは助監督のでたらめだった。撮影所の近くにはセーヌ川が流れていて、その若者は川に身を投げた。みんなで大騒ぎして助け上げたものだった」

マルセイエーズのシーンはすばやいカッティング、旋回するような移動撮影、対照的な表情の巨大なクロースアップが見る者の血を沸き立たせるシーンであり、実際に音楽がともなわなくともその迫力は変わらなかった。リメイク・トーキー版ではガンスは同様のショットにあわせて曲を付け足し、それを彼の発明になる〝遠近音響《パースペクティブ・サウンド》〟――まさに立体音響そのもの――で録音した。

　ラ・マルセイエーズの躍動するリズムを捉えるために、ガンスはダントンを演じるロシア人テノール歌手アレクサンドル・クビツキーの胸にキャメラを縛りつけた。これは妙案に思われたが、最終編集版《ファイナル・カット》にはこの箇所はごくわずかしか残っていない。

「当然のことながら、私は映画に使われなかったショットもたくさん撮っている。その頃は最良の結果を求めてさまざまなやり方を試していた。あれほど冒険をすれば失敗もともなう。おもしろいショットになっていながら映画に入れなかったものもある。全体のリズムを乱すと判断したからだ。一本の映画には独自のリズムがあり、このリズムに外れた箇所は一瞬たりとも存在を許されない。多くのショットは――とりわけ手持ちキャメラで撮られたクロースアップ・ショットは――揺れや動きが激しくて使いものにならなかった。

　フィルムは惜しまなかった。フィルムは当時それほど高価じゃなかったからだ。それでもリハーサルはほどほどにしておいた。リハーサルで良いとなぜか本番では悪くなる。少し手のこんだシーンではとくにそうだった。いつも初回がいちばんいい。繰り返すと、俳優の演技がなぞるようなものになっていく。初回のときは、彼らの演技にも動きにも、こちらを納得させる真正さというものがあるのだった」

　撮影が軌道にのりはじめた頃、第二の災厄に見舞われた。武器や爆発物を管理する係の男――彼はその道のベテランだったのだが――がある日休みをとり、不慣れな別の男が代わりについた。

「それは地下室のシーンで、俳優はトリスタン・フルリ役のニコライ・コリンとヴィオリーヌ役のアナベラだった。役中で高熱の状態ということになっているコリンが〝ボナパルトとともに戦いたいものだ〟といい、アナベラが壁の上部の鉄格子を見上げるのだが、私たちはその鉄格子の外からこのシーンを撮っていた。外は雨を降らせていたので私たちの頭上は傘で覆われていた。キャメラのまわりには英国製の銃を構えた兵士が取り巻いていて、画面の中に銃身が入ってきて、兵士たちが鉄格子の間から中に向けて発砲することになるのだ。火薬の発火にはマグネシウムを使っていた。ところが代理の弾薬係はマグネシウムを小さな包みには分けず、一キロ分を丸ごと私の足元に置いていた。

　合図を受けて一斉に兵士が発砲した。銃弾には紙栓を使っていたのだが発火した紙がマグネシウムの上に落ちた。ものすごい爆発が起きた。マグネシウムは二千度に燃え上がった。そこにいたのは七人だったが、みな炎に包まれた。私は上着をはぎ取り、ともかく顔を懸命に防御した。みな視力を奪われた。私のすぐ傍にいたジョルジュ・ランパンは重傷だった。

当時火傷に用いられる特殊な軟膏があり、私たちはそれをひと瓶常備していた。私はいそいでその薬を持ってこいと誰彼かまわず叫びつづけた。私たちは服を脱いで体中に軟膏を塗りつけた。でもそれでおさまるような火傷ではなかった。〝全員を病院へ連れて行くんだ、急げ！〟と誰かが大声でいった。

車はどこにある？　私はまわりを見まわした。ラ・マルセイエーズを歌った偉大な歌手ダミアが車で来ていたので、みなで乗り込み、近所の薬局に大急ぎで駆けつけた。車中ではジャーナリストのドランジュが私たちを介抱してくれた。薬局からすぐに病院へ向かった。私たちをひと目見て医師はただちにランブランで処置をしてくれた。それは一種のワックスで、ロウソクのように火をつけ、それを火傷の箇所に直接塗りつけるのだった。みんなあまりの大やけどだったので、世話をしてくれたドランジュは思わず嘔吐した。私は気分は悪くなかったのだが、しばらくしてから猛烈な痛みが襲ってきた。あの痛みは他人にはちょっと想像できないだろう。私は包帯でぐるぐる巻きにされて家に帰り、コニャックをグラスになみなみと注いでそれを飲んだ。普段アルコールは口にしないのだが、全身の焼けるような痛さに飲まざるを得なかった。そうして痛みにあえぎながら家の中を歩きまわった。

でも、ランブランのおかげで最後には火傷も完治した。あれがなかったら、いまだに火傷の痕が体中に残っていたところだ。一カ月後にはもう治っていて、気分もすっかりよくなっていた。そうはいっても、それまでの間、塗られたワックスを通していつも黒こげになった皮膚を目にしていたのだけど。

ジョルジュ・ランパンは回復までにもっと時間がかかった。私は一週間程度で現場に復帰し、包帯姿で〝コルドリエのシーン――マルセイエーズ〟の演出にあたった*。

製作当時ガンスは、少々の事故や怪我にへこたれていては、いい戦闘シーンは撮れないと語っている。

「私が目指す映画はたんなる作り物ではない。私が目指すのは偉大で、神秘的で、崇高な何ものかであり、そのためにはあらゆる努力を傾注しなければならず、必要とあれば自らの生命を危険にさらすことすら躊躇してはいけない」

トゥーロン攻囲戦の撮影には四十日を要した。この四十日の間、兵士役のエキストラは冷たい泥水のなかを肩までつかって進軍した。頭上のパイプからは雨に見立てた水が噴射し、撮影所の庭では消防士たちが動力ポンプでその水を供給していた。傍には飛行機のプロペラが唸りを上げて回転していて、戦闘の夜のトゥーロンを吹き荒れていたという嵐を作り出すのにひと役かっていた。エキストラが不平ひとつ洩らさず、このような撮影に、ときに夜間、ときに日曜日も耐えたのはガンスの指導力のさらなる証であり、さらには彼を補佐する助監督たちの卓越した能力の証でもあった――助監督にはヴィクトル・トゥールジャンスキーのような立派な監督までもが含まれていた（アレクサンドル・ヴォルコフはブリエンヌのシーンで加わっている）。

「地の果てまで行ってくれといわれても」とエキストラのひとりは語っている。「ガンスのためなら、文句をいう奴はいなかっただろうね。ひとり残らず彼に従うはずだ。そこがガンスの吸引力のすごさなんだ」

昼間の白兵戦と一斉砲撃はトゥーロンで撮影されたが、主要な戦闘は夜戦であり、この夜間の戦闘は入念に演出されていて、スタジオ内で撮影されたこと自体が信じがたく思われる。進軍する大隊、突撃する歩兵、火を噴く砲列、これらのロング・ショットが、手持ちキャメラで撮られ、銃を重そうに引きずるびしょ濡れの兵士、敵と組み討ちする兵士、激流の中に敵兵を沈めようとする兵士といったショットとカットバックされる。

戦闘は激烈をきわめるが、容赦ない殺戮の残虐さの間を縫うようにユーモラスな瞬間が顔をのぞかせる。それらはささいな挿話のように見えながら、戦争の悲惨をさらにいっそう際立たせる役割を担っている。

夜間、泥の中で悪戦苦闘している兵士の横を大太鼓がすべるように進んでいく。歩みを止めたその太鼓の上に酔っ払った軍曹が腰を下ろし、手にした酒瓶をあおる。太鼓が立ち上がるので軍曹はびっくりして飛び降りる。太鼓から出てきたのは鼓手の少年だった。砲弾と雨を避けるために太鼓の中に忍んでいたのである。

トゥーロンの目の覚めるような全景《パノラマ》は挿入ショットの巧みな使用によってさらに精彩を放っている。戦闘シーンは強烈ではあるが、戦う兵士が集団として描かれるだけでは見る者にあたえる衝撃には限度がある。個人としての兵士を捉えるショットがあってこそ集団戦が生きてくるのだ。ガンスはそのようなショットをふんだんに入れている――マスケット銃の一斉射撃ののち、風雨の中で次の弾込めに苦労している兵士、倒れた馬の下敷きとなり、はさまった脚を抜こうともがく士官、泥の中でうごめく、主を失った片腕、負傷して倒れた兵士の脚の上を横切る大砲、膝まで水につかった兵士たちに軍曹が命じる「煙草は吸うな。腰は下ろしてよろしい」、そして戦闘の真っ最中、得意の絶頂にある、その眼が大勝利の予感に輝く雨に濡れたボナパルトの得意の表情。

戦闘シーンは『ナポレオン』の白眉ではあるけれど、ナポレオンとジョゼフィーヌのロマンスも技巧をつくして描かれている。〝犠牲者家族の舞踏会〟（親族がギロチンにかかった者のみ入場を許された舞踏会、と字幕で説明される）が恐怖政治の終焉を画して開かれ、多くの淑女の来賓をあおぐ。ナ

＊〝コルドリエのシーン〟はこの時点ではすでに撮り終えていた。コルドリエ街の革命クラブにおいて、ダントンがルージェ・ド・リール大尉に〝ラ・マルセイエーズ〟を歌ってみるようにと命令するシーンである（ルージェ・ド・リール大尉はのちにフランス国歌となる〝ラ・マルセイエーズ〟の生みの親）。

ポレオンは女性たちにじっと目を凝らすが、その名が会場に紹介されてもとくに動きはみせない。ところがジョゼフィーヌ・ド・ボアルネが現れると、いちはやく彼女の前に進み出て自己紹介する。

ダンスのあと、ナポレオンはジョゼフィーヌの恋人であるオッシュ将軍とチェスをする。「お気をつけなさい」とナポレオンはいう。「あなたのクイーンが取られてしまいますよ」ボナパルトの賛美者であるオッシュは潔く負けを認めるのだ。ジョゼフィーヌは傍に腰掛け、自らの視線を隠すように、妖しく扇を揺らしている。

「お訊ねしたいわ、将軍」彼女は口を開く。「あなたがいちばん恐れる武器っていったい何でしょう?」「扇ですよ、奥様」

数日後、ジョゼフィーヌは礼を述べにボナパルトを訪れる。彼女の息子に亡き父親のエペ（試合用の剣）を手元に置いておいてもよいと許可をあたえてくれたからである。ナポレオンはボナパルト派参謀幕僚たちを退席させると、クッションを持ってきて、それを椅子の上に置いて座をすすめる。でもそれは足載せ用のクッションだったので、ジョゼフィーヌはすわるのをためらう。あわててクッションを足元に置き直したナポレオンは、飾帯の黄金色のふさを手でもてあそぶ。そしてジョゼフィーヌの愛犬に話しかけ、あごを指先でなでてやる。それでも気まずい雰囲気はかわらない。ジョゼフィーヌの幼い息子はまだそこにいる。ナポレオンは少年を部屋の奥へ導き、これを読んでいなさいと何冊かの本をあたえる。そしてジョゼフィーヌの傍にもどってくる。ナポレオンは「おやめなさい!」と彼女の手を軽くたたいて、笑い、椅子を寄せて腰を下ろす。気まずさは解消したが、ナポレオンは物思わしげな様子だ。息子は読んでいた本から顔を上げ、おもしろそうに二人の様子を窺う。ジョゼフィーヌはようやく口を開く。「黙っていらっしゃるあなたはすてきですわ」と。字幕が告げる――〈二時間後、参謀幕僚はいまだに扉の外に立っている……〉。

このロマンティックなシーンが終わると、アイリスの中にナポレオンが映し出される。彼は大仰な振りで熱い胸の内を告白している。アイリスが広がると、ナポレオン御贔屓の役者タルマが彼に愛の告白の仕方を指導していたのだとわかる。

ナポレオンとジョゼフィーヌが二人だけでいるシーンは、厚く紗のかかった控えめな撮り方がされていて、きわめて繊細で美しい場面を作り上げている。

結婚式当日。ナポレオンが現れない。関係者一同は公証人事務所に集まって、花婿の登場を何時間も待っている。ナポレオンの家に使いが遣られる。当のナポレオンは床いっぱいに地図を広げ、イタリア遠征の作戦作りに没頭している。

「でも将軍、あなたの結婚式なんですよ!」

ナポレオンは立ち上がり、剣帯、軍帽、飾帯をひっつかむと、飛び出していく。

公証人事務所に飛びこんできたナポレオンはジョゼフィーヌに見向きもしない。公証人はうたた寝をしている。ナポレオンは拳で机をドンとたたく。公証人はビックリして目を覚まし、長たらしい婚姻契約書を声に出して読みはじめる。

「それは省いてくれ」とナポレオンは命令する。

「あなたはこの女性を……」

「ハイ！」

結婚式は終了する。ジョゼフィーヌは気がかりな様子をしている。ナポレオンはそれに気づくと、はじめて新婦をやさしく見つめる。

その夜、ナポレオンは腕を伸ばし、ジョゼフィーヌを少し離れた距離から見つめる。その眼はやさしく微笑んでいる。やや間をおいたあと、二人は顔を近づけ深い愛情をこめてキスをする。そのとき画面には一枚ずつ紗が降りてきて、二人の姿は輝く霞の中にもうろうとなる——愛の恍惚を表現してかくも見事なメタファーは考えられない。

イタリア遠征のシーンにアベル・ガンスの驚異の技法〝トリプル・エクラン〟が登場する。

エミール・ヴュイエルモがポリヴィジョンと命名したトリプル・エクランは映画『ナポレオン』のクライマックスであるとともに、アベル・ガンスの映画愛の頂点を象徴するものであった。ポリヴィジョンは基本的にはシネラマであり、故にガンスは時代の三十年先を行っていたことになる。しかし、それはたんなる見世物としてではなく創造的に用いられたシネラマであった。ガンスは大画面によって観客の肝をつぶそうとしたわけではない。巨大なパノラマをそこに映し出すとともに、ショットによっては彼は画面を三つに分割し、主要な場面を中央に置いて左右にはそれを枠取るショットを配置した。このようにして、彼は映画のオーケストラを作り上げたのだった。

ガンスはポリヴィジョンは映画を見るという経験に新たな次元を切り開くものだと説明している。わかりやすい例として、映画作りそのものをポリヴィジョンに描くとする、と彼はいう。そうすると、できあがった映画が中央の画面を占め、左右両端の画面には製作過程で生じた喜怒哀楽のさまざまなエピソードが映し出されることだろうと。

ガンスはいかにしてポリヴィジョンを発明したのか？

「ニース[*]の撮影ではエキストラが厖大な数となり、ひとつの画面では入りきらなかったんだ！」

『ナポレオン』のクライマックスこそは史上空前の規模でなくてはならないと固く決意していたガンスは、撮影において、ポリヴィジョンだけではなく3Dとカラーも用いていた。

「トリプル・エクラン用のキャメラはアンドレ・デブリーが私のために考案してくれた。そのキャメラの実物は当のシーンを撮るという日の早朝に現場に届いた——兵士用のエキス

＊ジャン・アロイによれば、場所はニースではなくトゥーロンであった。

トラ二千人を使えるのはその日一日きりだった。だからテストなどしている余裕のないまま、〝デブリー・キャメラ〟を積み上げ、ジュールズ・クルゲールがシンクロナイズド・モーターを使って撮影を始めた。

そのときビュレルが操作するもう一台別のキャメラがあって、トリプル・エクランで撮っているその同じシーンを、カラー3Dで撮っていた。

そのラッシュフィルムを見るには赤と緑の色つきメガネをかける必要があった。立体効果はよく撮れていて、きわめて鮮明だった。私がおぼえているのは、興奮した兵士たちが銃を掲げて振りまわしているシーンで、その銃がこちらに向かって飛び出しているように見えたことだ。しかし、これを見た観客は立体効果そのものに目を奪われてしまい、シーンの中身はお留守になってしまうだろう。そうなっては元も子もない、と私は考えた。

カラーで撮ったフィルムは一巻分だけだった。これを映画の中に入れるとすると、話の終わり近くになって唐突に現れるという感じになる。3Dにしてもそこだけどうしてもリズムが異なってしまう。目を惹きつけはしても、心や頭には感銘をあたえないのだ。

さて、トリプル・エクランだが、これは映画史上画期的な出来事だった。私たちはこれをあらかじめ大画面で見るということはしていない。映写機が一台しかなかったからだが、トリプル・エクランには当然映写機は三台必要だ。それぞれのショットが使えるかどうかはラッシュフィルムを見て判断した。

編集機もなかったので、自分の目を信頼してフィルムを繋いでいった（七カ月の間、昼夜分かたずガンスはこの映画の編集に没頭した。そのために彼の眼は極度に悪くなった）。一本のフィルムを明かりにかざし、他の二本を横に並べてかざしては、三つがうまく調和しているかどうか確認したものだ。しばらくしてから、パテの映写機を三台手に入れ、三つ並べて初のトリプル・エクランを、編集作業をしていた小さな部屋で投影してみた。

それは私の人生でも最高の瞬間のひとつだった。そのときの嬉しさは何にもたとえようがない。あとでカラー3D版も映写してみた。そしてこれは使えないときっぱりあきらめた。カラー3Dと関わりをもったのはそのときだけだ。それは当時にあっては最新技術だった。カラー版の一巻は以後行方不明になっている。ビュレルだったと思うが、どこかに絶対あるはずだといった。そんな貴重なものを破棄する人間なんていないからだと。じゃあどこにあるのか？　シネマテーク・フランセーズのどこかにしまわれているのかもしれない。アンリ・ラングロワが気づいていないだけでね。何しろあそこには山ほどのフィルムが集められているから。ともかく、そのフィルム缶が見つかったら、映画史上最大の発見となるだろう」

ガンスはもともとポリヴィジョン形式は物語の最後、巻に

『ナポレオン』の三分割画面撮影用のデブリー・キャメラ。一台が別の一台の上に直に置かれている。

『ナポレオン』に登場するトリプル・エクランの例。全景を一望のもとに収めたり……

三つの異なる映像に分割して……

……これまでにない感情を観客に経験させようとした。

して二巻分のイタリア侵攻のところだけで用いるつもりをしていた。しかし、編集作業に入り、〝二重の嵐〟のシークエンスに手に汗握る素材があふれているのを見、そこもトリプル・エクランに変換しようと決断する。〝犠牲者家族の舞踏会〟のシーンも同じくトリプル・エクラン用に変換となった。けれどもひとつの映像が大画面を領するパノラマ的効果としてトリプル・エクランを用いたのは最終シークエンスのみであった。

〝二重の嵐〟は単一画面で見るだけでもじゅうぶんに目を奪うシークエンスであり、三面の大画面であったなら観客を圧倒したに違いないと思われる。ここでガンスは、コルシカ沖にのりだしたナポレオンのボートが嵐や大波に翻弄されるところと、ジロンド党とジャコバン党の対立で沸騰する国民公会のシーンとの、二つの場面のショットをさまざまに交錯させる。この秀抜な着想の源泉となったのはヴィクトル・ユーゴーの文章の一節であった——〝国民公会の一員であることは大洋の逆巻く波のひとつであるのに似ている〟。

国民公会が緊迫の度を増すにつれ、ロベスピエール、ダントン、マラーのクロースアップが揺れ始める。群衆が騒然とするのに合わせて彼らを捉えるキャメラが右に左にと傾ぐ。シーン全体が振動し始めるのだ。ショットは波間を大きく揺れながら進むナポレオンのボートに切り換わり、そしてまた国民公会の議場にもどる。キャメラの揺れはもっと顕著になり、場内は暴動寸前の様相を帯びる。ナポレオンのボートが大波に乗って上昇したかと思うと、波の谷間に急降下する。議場では天井近くのキャメラが揉み合う群衆を俯瞰で捉えていると、キャメラは下降し、群衆の頭上をかすめてよぎったあと、振り子のように逆方向に大きく揺れてもどっていく……ナポレオンのボートは大波にもてあそばれて振り子状に大きく揺れる。

「俳優たちはキャメラが落ちてくるのじゃないかとビクビクしていた。そのおびえが表情に出ていて、それがあのシーンをよりいっそう真に迫ったものとしていた」

現存する『ナポレオン』のプリントではトリプル・エクランの箇所は単一画面として別々に現れるので、ガンスの意図をだいなしにしているだけでなく、時間も三倍も余計にかかる。

『ナポレオン』が封切り当時の形態でその後一度でも上映されたかどうかはきわめて疑わしい。

「オペラ座でのプレミア上映は空前の出来事となった。トリプル・エクランは三十メートル幅の巨大画面で上映され、観客は映画が終わると満場総立ちになって拍手喝采した。ある銀行家が映画の直後に話してくれたのだが、見知らぬ女性が彼に抱きついてこういったそうだ。〝あまりのすばらしさに言葉も見つかりません。誰かにキスしないと気持ちが収まらないわ〟と。

映画が始まる二時間前、私はオーケストラの指揮者と激論を交わしていた。楽員の前に置いてある楽譜台の灯りがスクリーンを照らしてしまうので、オーケストラの頭上にカバーをかけてくれと強硬に主張したのだ。指揮者はとんでもないことだとカンカンになったが、最後には折れてくれた。伴奏音楽にも映画と合わない箇所があったのは残念だったけれど、映像が圧倒したので大きな問題にはならなかった」

翌朝、マスコミはいっせいに驚きの声を上げて『ナポレオン』を賞賛した。とりわけ大きな感銘をうけたひとりに、のちにシネマスコープ・レンズの発明者となるアンリ・クレティアンがいた。一九五三年クレティアン教授はアベル・ガンスに書簡を寄せた。「あなたの映画『ナポレオン』を見て私の頭にアイデアがひらめいたのです。もともとは軍事用にと考えていた、カメラにパノラマ的視野をあたえる技術のヒントがです」

『ナポレオン』完全版はヨーロッパの八都市で上映されただけだった。*★

MGMは大金を投じてこの映画のプリントを購入し、倉庫に入れて鍵をかけた。彼らは社内でこういい合った。「この

＊本書を執筆して以降、私はオリジナル版を再現させたい一心で『ナポレオン』の復元に取り組んできた。オリジナル版の長さについて私はガンスにしつこく質問した。ガンスによれば、当初上映は四度に分けて行なわれ、一回につきフィルム二千五百メートルずつだったという（ということは全部で一万メートル、フィートに直すとおよそ三万フィート、三十巻にあたり、上映時間に直すと三六〇分から四〇〇分ほどになる）。プレミア上映のさい用いられたのは、ひと晩一回の公演におさまるよう編集された特別版で、上映時間は二一〇分であった。フランス国内では『ナポレオン』一万メートル版が四回のシリーズものとして公開され、全国で大当たりを記録した。ロンドンで封切られたのは短縮版であったことはのちに判明した。

★ケヴィン・ブラウンロウの手になる『ナポレオン』復元版の最新のもの（英国映画協会ナショナル・アーカイブとの共同制作）は二〇〇〇年に陽の目を見ていて、このバージョンの上映時間は三三二分、現在は海外盤ＤＶＤで見ることができる。ブラウンロウによる『ナポレオン』復元版はこれより前、一九七九年にも一度まとめられていて、そのときはフランシス・コッポラが配給権を取得、八一年にニューヨークのラジオ・シティ・ミュージックホールで限定上映されて画期的成功をおさめた。日本においても八二年十月、黒澤明とフランシス・コッポラ共同監修、コッポラの父カーマイン・コッポラの生演奏指揮により、ＮＨＫホールで二日にわたりプレミアショーのかたちで上映された。このときのバージョンの上映時間は二四〇分であったとのこと。

なお日本での初公開は戦前の三二年七月、このときのフィルムは十七・五ミリという特殊なもので、全十二巻と記録されている。

日本で公開された十七・五ミリ版が、パリのオペラ座公開版の縮写版（十七巻）をさらに短縮した十二巻であったとして、また、各巻のフィルム長を、仮に当時のパテ＝ルーラルのモーター駆動映写機（映写速度不詳）の説明書きにしたがって約百五十メートルとした場合、全体の上映時間は、最短で二時間程度（トーキーの標準映写速度の場合）、最長で三時間二十分程度（十六コマの場合）であったと考えられる。三二年七月という公開時期に鑑みれば、輸入された十七・五ミリ用映写機もトーキー仕様となっていた可能性が高く、二十四コマのトーキー標準速度で映写されたと思われるが確証はない（以上十七・五ミリ版に関する説明は、岡島尚志氏による調査と教示に基づく）。

また、「日本パテーシネ」（三二年六月号）に、「出雲ビルのパテー社の試写会」で『ナポレオン』を見たという正宗白鳥の文章が載っており、「これは（……）至るところ削除したのださうだが、それでも、二時間を費やして、イタリー遠征出発までが試写されたに止まつた」というくだりがある。これを見ても『ナポレオン』日本版の上映時間は二時間程度、というのが最も妥当な推測と思われる。

トリプル・エクランを表に出せば、革命騒ぎが起こり、われわれのビジネスは明日をも知れぬ大混乱の中に置かれる。撮影のたびにキャメラは三台、上映のさいは映写機が三台必要となる……危ういものにはフタをするに如くはない」

すでにトーキーの到来で動揺をきたしていたMGMは第一封切館にすらポリヴィジョン用の設備を設けようとはしなかった。『ナポレオン』の公開にあたってのMGMの宣伝戦略は、もしそんなものがあったとしての話だが、嘆かわしいほどお座なりなものだった。事前の説明は何もなく、人目をはばかるようにこっそりと公開に踏み切ったのだ。トリプル・エクランはフィルム一巻のなかに収まっていた。クライマックスになると画面は突如横に広がるのではなく、同じスクリーンの中で突然小さな横長の三面画面となるのだった。それを見た上映業者は一瞬煙に巻かれ、一拍おいて怒りがこみ上げてきた。

「同業の上映館主諸君」オハイオ州ニューアークの劇場主は呼びかけた。「この映画には間違っても手を出すんじゃない。目も当てられぬガラクタだ。この四年間に出会ったなかで最悪のクズ映画だ。MGM配給のイギリス映画で、スターどころかまともな俳優も出ておらず、演出家がいた様子もない。キャメラもアマチュアなら、編集もまるで素人だ。私は二つの町で上映したが、子どもたちまで途中から騒ぎ出した。もう一度いっておく。こんなガラクタに手を出すんじゃないぞ」

ネヴァダ州の上映業者はこういった。「近寄るべからずのゴーモン社作品だ。ナポレオンの伝記もので、戦争やら暴動やら反乱やらが、例の〝古臭いスタイル〟で撮られている。なるほど偉大な主題であり、場所によってはこれを傑作と呼ぶ者もいるのだろうが、私たちにはとうてい受け入れがたい」

ミズーリ州プリンストンの館主のことばは大悪評の理由を示唆している。「これまで目にしたこともない全篇ほぼ無意味な八巻物だ」なんと八巻物といっている！　ヨーロッパでの一般公開版は十七巻であった。またこの館主の報告を読むと、現存する『ナポレオン』のプリントのいくつかが、繋がりはばらばら、不要となったはずのテイクやモンタージュが随所にはさまり、リズムは失われ、ストーリーは穴だらけとなっている理由が推し量れるような気がする。アベル・ガンスの傑作はひとえに退屈な、歴史劇の蒼ざめた試作品でしかなくなっていた。

ガンスは一九二八年にポリヴィジョンの短篇を二本作っているが、『ナポレオン』が事実上彼の最後のサイレント映画であり、彼の欧州一の革新的映画作家時代はそれをもって終わりを告げた。

ガンスの次の映画、トーキー作品となる『世界の終り』(三二)はプロデューサー主導の映画となった。ガンス自身は自らの作品と認めていない。プロデューサーは彼の自由を奪い取ったのである。ガンスはこれ以降プロデューサーにとっての脅威ではなくなる。天才はついに製作側の軍門に降ったのだ。

アベル・ガンスの悲劇はアメリカにおけるエリッヒ・フォン・シュトロハイムの受難と似ている。ガンスは監督として仕事をつづけはしたものの、過去の栄光はもう二度と訪れなかった。

「後期の映画には私の身も心も入っていない」と彼は寂しく説明する。フォン・シュトロハイムの名声は彼が二〇年代に作った傑作群から生じているが、ガンスの仕事はいまでは三〇年代の安手な凡作によって知られているにすぎない。

ガンスとシュトロハイムとは親友だった。

「彼は思いやりに富む、立派な人物だった。でも、私は彼のような人間ではない。私はこの仕事で乗り切っていけるほどタフでもなければ切れ者でもない。この業界での生存競争は激しく、新しい世代の突き上げに絶えず脅かされどおしでもある。なんたる因果な商売！

大きな挫折に見舞われながらも、ガンスのポリヴィジョンにかける情熱は失われなかった。

「観客を熱狂させるには、キャメラワークのなかにその同じ情熱を吹きこまないといけない——絶頂感や詩情といったもの……とりわけ詩情だ。それ故にポリヴィジョンは私にとってきわめて重要なものとなってくる。主題、つまりストーリーが中央の画面に現れる。ストーリーは散文にあたる。そして両脇、左右両端の画面に現れるのが詩情ということになる。それが私にとっての理想の映画の姿だ。ポリヴィジョンを初めて見た瞬間から、通常の映画は私にはどうでもよいものとなった。ポリヴィジョンこそ映画の新しい言語となる、と私は確信したものだ。

人は学ぶのに時間がかかる。このあいだ亡くなった画家シャルル・ヴィヨンは、フランスでは人生の最初の七十年は生きづらいといった。ル・コルビュジエも同様の趣旨のことを述べている。彼はいったんだ。友人を作るのに五十年かかり、その友人たちに自分の才能を認めさせるのにさらに三十年かかると」

第四十七章　トーキー

フォトプレイ誌は述べている。「映画の価値や恩恵、娯楽性、共同体的性格、気晴らしとしての効果、教育性、社会を文明化し商業を活性化する可能性等々を私たちは話題にする。しかし、奇妙なことに、その最も ユニークで最も繊細な美点について語るのを忘れている。すなわちその〝沈黙〟についてを。

映画は沈黙のなかで、絵画と彫刻を除くどの芸術よりも自然の状態に最も近づいている。宇宙の偉大な生成過程はすべて沈黙のなかで行なわれる。あらゆる成長、生育には音はともなわず、深奥の愛は、魂の交わりの超越的な沈黙のなかで何よりも雄弁となる。

芸術において沈黙は想像力を刺激するところに価値をもつのだが、想像性は芸術に備わる最大の魅力である。真にすぐれた映画、真に偉大な写真劇《フォトプレイ》はけっしてたんなる〝写真〟には終わっていない。それが描くものには見る者をして耳をすまさせずにはおかないものがある。夏の夜の静寂、寄せては砕ける波、木々を渡る風、都会の喧噪、愛の語らい……

〝トーキー〟はまもなく実用化されるだろう。だが、いまの〝音のない映画〟に取って代わることはあり得ない。音のない映像の持つ微妙な暗示の力に欠けるからである。聴覚に働きかける声を持たぬこの映像は、耳を煩わさずに、魂の交響楽を奏でるのだ」（一九二一年五月号、一九頁）

ジェイムズ・クワークがこのようにことばを尽くしてサイレント映画の美しさを讃えたとき、トーキーはすでに実用段階に入っていた。しかし、サイレント映画は活況を呈していて、ビジネス基盤は盤石だった。しばらくのち、周期的に訪れる不況の波のひとつに襲われて、業界の一部の人間が、大衆の新奇を求める心に訴えようと、トーキーの採用に踏み切った。トーキーは業界の見事な回復剤となるのだが、その結果ひとつの芸術が闇の中に消えていくことになった。

トマス・アルヴァ・エジソンが一八八九年のパリ万博からもどってきたとき、助手のW・K・L・ディクスンが彼を新しい撮影所の中二階に連れて行き、スクリーンに映画を投影したという言い伝えがある。そこに映し出されたのはディクスンで、彼は帽子を掲げて微笑むと——話し始めた。ディクスンはこの劇的な瞬間を、一八九五年に出版された自らの著書のなかで紹介した。彼のこの話はテリー・ラムゼイの著書のなかでも、用心深くにだが、引用されている。ゴードン・ヘンドリックスはその「エジソン映画の神話」（一九六一年）のなかで、ディクスンの一九二八年の発言を、同じく用心深く、回想している。

「映画の中身は、ドアを開けて入ってきた私がキャメラの前に進み出て、こう語りかけるものだった。〝おかえりなさい。ご旅行はいかがでしたか。いまお目にかけているものもお気に召しましたでしょうか〟正確じゃないかもしれないが、ざっとそんな内容を喋ったのだ。そして両手を上げたり下げたりしてそれに合わせて一から十まで数えた。音と絵が同期していることを示すためにね」（八九頁）

トーキーの歴史は映画そのものの歴史と変わらぬくらい古くまでさかのぼる。映画史家のあいだではトーキーの起源は、身を誤りかねない危険な題材として知られている。自分がトーキーの発明者であるという確証のない主張はあまたあり、それは映画の発明者は自分だと主張する者が数多いのと同様である。しかし、最初の成功者が誰であれ、たしかなことはひとつだけいえる。トーキーは『ジャズ・シンガー』（二七）が業界を震撼させサイレント映画を一挙に崩壊に導いたときよりもはるか前から存在していたということである。

一九〇一年、ドイツの物理学者リューマー教授はティンダル、ケーニク、ヘルムホルツらの〝歌う炎〟法によって音声を記録する可能性とその手法とに魅せられて、フィルム上に音波を記録した。彼の興味は映画にはなかった。目的はあくまで音波の分析であり、フィルムはそのための手段にすぎなかった。

光学式のサウンドトラックの研究に取り憑かれたのはウジェーヌ・ローストで、一九〇六年、彼はアーク灯と、振動するワイヤーとを組み合わせた自らのシステムの特許を取得した。

この時期蓄音機の研究も進み、商品としてのより豊かな可能性が見出されていく。

アーサー・キングストンはトーキー開発のベテランで、のちに著名な発明家となる人物である——プラスティック・レンズや、マルコーニ社の高速でフィルムを送るフライング・スポットスキャナーなどの開発・発明に彼は関わっている。キングストンは英仏両言語に堪能であることを最大限活用した。ロンドンではウジェーヌ・ローストの息子アンリと同級生であり、学校卒業後はフランス人であった母親にともない、仕事をおぼえるためにパリに渡った。

「一九〇七年、パテのためにトーキーを作っていたマトロ・ジェンティルオム社という会社に雇ってもらった。まず実験室に入り、画音を同期させる機械や音声の増幅システムの研究に関わった。当時はもちろん電子増幅器などはまだなくて、圧縮空気式のものだった。私はけっこうなアマチュア写真家だったので、上司に目をかけてもらい、フィルムの現像から焼き付け、パーフォレーションの穿ち方まで手取り足取り教えてもらった。

仕事の内容は私の性に合っていた。上司も目をかけてただけのことはあると思ったのか、私をさらに重要な地位につけてくれた。かなりの数の〝話す機械《トーキング・マシーン》〟があちこちの遊園地に配備されていて、どこかの機械が故障すると私が修理に派遣されたのだ。ブルターニュに行ったときのことはいまでもおぼえている。芸人たちのキャラバンに二、三日泊めてもらいながら機械を直したものだ。

一年ほどのち、今度は市営劇場に私ひとりでこの機械を設置しに行った。そのとき私は十七歳。パテ社の真新しい機械をいくつかのケースに入れて現地に赴いた。場所はル・アーヴルから二十五キロほど離れたボルベックという町で、そこにはまだガス灯しかなかったので、地元の発電所と交渉し、ケーブルを引いて劇場まで電気を送ってもらうことにした。私は自分で配線を行ない、機械を設置し、ブース状の操作室まで作り上げた。この操作室は火災が起きても内部を保護できるよう、シャッターで戸締まりができた。お披露目の初日は私が機械を操作した。ミスひとつない大成功で、大喜びした支配人は休憩時間に酒を差し入れに来てくれた。

その頃は映写機に円盤式レコードを同調させるというやり方をとっていた。映画のほうは、出来合いのレコードを用意し、俳優がそれに合わせて演技をし、それを撮影するというのが通常の製作法だった。画音の同期《シンクロナイゼーション》はきわめて巧妙な、複雑な仕掛けになっていて、完全自動だった。俳優の口元と音声はつねにぴたりと一致した——俳優のマイムがレコードにきちんと合っていればという条件付きだけれどね。

みんなが不思議に思ったのは音量だった。蓄音機なんかで大きな劇場中に届く音が出せるのかとね。じつは、ことはきわめて単純だった。音は蓄音機のホーンから出てくるだけじゃない。電子機器こそなかったけれど、私たちが開発したのは圧縮空気式の音声ボックスで、それはバルブを使って音が出るようになっていた。これが相当の音を出すのだ。例えば水道管など急に栓を閉めたりするとバンと大きな音が出るね。これを空気に応用したわけだ。バルブの開け閉めによって相当程度に増幅できるのだ。その空気圧は一馬力の圧縮ポンプから送られてくるもので、それによって音声ボックスのスリット（隙間）から空気が奔出する。その音量は現在の電子アンプから得られるものと同レベルだった。

パテとしのぎを削っていたゴーモン社にはクロノフォンというのがあり、これも似たような増幅システムを用いていたが、そちらはアセチレンガスを使っていた。

しばらくすると、俳優が出来合いのレコードに合わせて演技するというやり方に上司が不満をもつようになり、映像と一緒に音声を直接記録する手立てはないものかとその方法を模索するようになった。そこで私たちが開発したのが重力送り録音機というもので、それに加えて電気編集機を私が作り(これはいまだに手元に持っている)、みんなで実験を始めた。このときに作られたのがマイクロフォン・リレー・アンプリファイアーで、これはひとつのマイクから別のマイクへ、そしてまた別のマイクへと音を繋いでいけるもので、得られた結果はアコースティックな手法よりもはるかにすぐれており、私たちは直接的な電気録音へと移行していった。だから、私たちは一九〇九年の時点でフランスで電気録音によるトーキー映画を作っていたのだ。音質はきわめて良好。それが効を奏し、上司はフランス・コロムビア社とフランス共和国親衛隊のレコード制作の契約を取り交わしたくらいだった」

アーサー・キングストンはイギリスにもどると、研究室で働くかたわらキャメラマンの仕事も始めた。一九一九年、〝話す映画《トーキング・ピクチャー》〟とのつながりが再燃する。

「フィルムに音を記録する実験を重ねていたグリンデル・マシューズという人物と知り合いになり、まず私が回転式プリンターを作ってみせたところ、彼は〝キングストン、どうだいうちで働いてみないかね?〟と誘いをかけてくれた。

〝そりゃもうよろこんで〟と私は答えた。〝キャメラを動かすよりも、こういう仕事のほうが興味があるんですよ〟と。ほどなくわかったのだが、そこはいろいろ問題をかかえていた。どういうわけかサウンドに詳しい人間がおらず、録音装置など門の脇に放りっぱなしで、日焼けのシミができていた。私がそれ用のちゃんとしたキャメラ、ニューマンを手に入れると、事態は好転しはじめた。一九二二年、最後の探検旅行に出発するアーネスト・シャクルトンをフィルムに撮影した。撮った長さは三百フィートで、彼のことばも同時に録音したのだが、聞き取れない箇所は単語で三つか四つあった程度、他はしっかりクリアに録れていた。私はいまでもサー・アーネストの語り出しの部分をおぼえている。彼はこう切り出したのだ。〝今回の探検は、古くからの友人ジョン・ローウェットの雅量のおかげで実現したものだが、きわめて興味深いものになると思う。探検地域は海岸線にしておよそ四千八百キロに及ぶ。われわれが何を発見するかは神のみが知りたもうことだ〟

その頃、私たちは他のどこよりも先んじていたと思う。最初のフレミング・バルブが出まわりだしたとき、私たちはまだセレン光電池をいじくりまわしていた。そのうち増幅器を作り始めた。音質はしだいに良くなっていった。もうすこしで目標達成というところまでいっていた。しかし、実験にはすでに一万五千ポンドがつぎ込まれていて、グリンデル・マシューズはあとまだ一万ポンドを必要としていた。資金元は見つからず、彼は研究をたたむしかなかった」

それが一九二二年だった。ドイツでは一九二一年にトービス・クランクフィルム社が設立されていて、同社がのちのアメリカでの〝サウンド・オン・フィルム・システム〟、すなわちフィルム式の基盤を提供したのだった。

一九二四年、リー・デ・フォレストがフォノフィルムを発表した。ジェイムズ・クワークはこう書いた。「トーキー映画は完成した、とリー・デ・フォレスト教授は述べている。口では何とでもいえるだろう」（「フォトプレイ」一九二四年三月号、二七頁）

「私のトーキー映画はまだ完成してはいない」とデ・フォレストは数号後に言い返した。「完成したとは私はひと言もっていない。しかし、こう予言しておこう。いまから一年以内にトーキー映画は完成すると。そのとき、人間の声はあまりにも鮮明に聞こえるため、それが人間の生の声なのか、フィルムに録音された声なのか、その区別をつけるのは不可能になる」（「フォトプレイ」一九二四年七月号、七八頁）

それと並行するように、ベル電話会社はディスク式の古いシステムで実験をつづけていた。テストフィルムが何本か作られ、さまざまな映画会社に持ちこまれたが、興味をしめす所はなかった。ワーナー・ブラザースのサム・ワーナーは、一九二五年末にそのテストフィルムを直々に鑑賞した。財政危機に陥っていた自分たちの撮影所を救うため、彼と彼の兄弟たちはのるかそるかの大博打に打って出ることを決断した。

ウェスタン・エレクトリック社がベル電話会社を吸収合併し、ここがワーナーと契約を取り交わした。それをうけて、ワーナーの〝ヴァイタフォン〟製作班がフラットブッシュの撮影所で音声付き映画の製作を開始した。この撮影所には防音装置が施してなかった。そこはかつてヴァイタグラフ社の本部があったところで、ヴァイタグラフは一九二五年にワーナーに買収されていた。天井はサイレント映画用にガラス張りになっていた。クルーの面々は、近くの道路を走る車の音だけでなく、クリーグライトの発する擦過音やさまざまな雑音に対処する必要に迫られた。ときには竹竿を手にし、ガラス天井に集まるハトの群れを追っ払った。

製作場所がメトロポリタン歌劇場に移された。そこはトーキー映画の製作には格好の場所と思えたからだ。しかし、そこも車の往来、トロリーバスの発する甲高い金属音、その他の雑音の侵入をうけて夜間の撮影に追いこまれた。夜になると、地下鉄の延長工事の轟音が劇場の真下から響いてきた。

苦闘の末、試作品がようやくできあがった。それはいくつかの音楽シーンを連ねたものだった。ワーナー・ブラザースはトーキー映画を望んではいなかった。ヴァイタフォン製作班を設立したのも音楽と効果音のみを念頭においていたからだ。その目的は一番館の洗練された音楽を地方の小さな映画館に行き渡らせる、つまり全国津々浦々の観客に最高の音楽をすぐれた演奏で楽しんでもらおうというものだった。ことばに譲歩した箇所は唯一冒頭に来るウィル・ヘイズのスピーチだった。

この「ヴァイタフォン・プレリュード」と併映となったのが、オーケストラ演奏の伴奏音楽と音響効果がついた長篇映画、ジョン・バリモア主演の『ドン・ファン』（アラン・クロスランド）であった。二本のヴァイタフォン作品は、一九二六年八月六日、初めて一般に向けて公開された。翌日のヴァラエティ紙はヴァイタフォン特集を組んだ。

ワーナー劇場での上映には万全の監視態勢がとられた。電話といくつかの連絡用スイッチが備わった特別席にはウェスタン・エレクトリックの技術者スタンリー・ワトキンスがすわっていた。

「ある夜の上映のさい」とワトキンスは回想する。「それはすでに封切りから二週間くらい経った頃だったのだが、ウィル・ヘイズが口を開くと、彼のことばではなく突如バンジョーの演奏が響き渡った。それからは休む間もなく劇場に通い詰めとなり、『ドン・ファン』は目を凝らしながら九十回は見る羽目となった。いちばん気をつけたのは音量のレベルだった」（スタンリー・ワトキンス、一九六一年英国映画協会のためにジョン・ハントリーが録音したテープより）

ワーナー系の他の映画館でもヴァイタフォン用に設備が整えられたものの、サウンドの調整がどこまでできているかはまったくあてにならなかった。

ジェイムズ・クワークは社説のなかで、シド・チャップリンの『ベター・オール』（二六）を見に行き、併映のヴァイタフォンの短篇が耐えがたくて途中で逃げ出したと書いている。そして、サイレント映画だけを上映している他の映画館に行き切符売り場の行列に並んだと。「幸いにも、私の脚は私の耳ほどか弱くはなかった」（「フォトプレイ」一九二七年四月号、七八頁）

この時期、オウムのジョークが盛んにいいかわされた——〝オウムとはヴァイタフォンを飲みこんだカナリアだ〟。

多くの観客にとって、ヴァイタフォンは〝恐怖の経験〟となった。観客の耳を度外視したギーギー、ギャーギャーときしみ、唸る騒音は、驚異の新発明の看板をだいなしにするものだった。スクリーン下のオーケストラ伴奏に慣れた観客には、スクリーンの両脇とスクリーン裏に置かれたちっちゃなスピーカーがなぜその代行をしなければならないのかさっぱり理解できなかった。

ヴァイタフォンがサイレント映画にノックアウト・パンチを喰らわすのは一年以上後のこととなる。それまでのあいだ、他の製作者たちはこの方式をまともに取り合おうとはしなかった。これはいっときの余興に過ぎない、すぐに消えてなくなるさ、と噂し合った。ただし、フォックス社で仕事をしていた〝フィルム式トーキー〟、ムーヴィートーンの関係者だけは、サウンド映画の重要性を認識していた。

大方の製作者やサウンド用の高額な設備投資に反対する劇場主たちの考え方を改めさせようと、ワーナーはヴァイタフォンの真価をしめす長篇劇映画の製作を決断して、アル・ジョルスンと契約を取り交わした。アル・ジョルスンは舞台では大評判の人気歌手だったが、映画ではなぜかまだ成功していなかった。彼の持ち味は声にあったからである。本人も、歌声を聞かせられないかぎり自分の魅力は失われると感じていて、それがサイレント俳優としての自信喪失へと繋がり、一九二三年にはグリフィスのママロネック撮影所から逃げ出す騒ぎまで引き起こしていた。彼の主演で予定されていた黒塗り歌手コメディ『白? 黒?』(二四)はロイド・ハミルトンに引き継がれて完成された。

サムソン・ラファエルソン作の舞台劇でユダヤ人一家を感傷的に描いた物語『ジャズ・シンガー』は、当初、大部分は字幕付きのサイレント映画とし、歌のところだけヴァイタフォンに切り換わるパート・トーキーとして計画されていた。アルフレッド・A・コーンのシナリオはこの新奇な仕掛けをどう処理するかで幾分迷っているように見える。撮影台本に次のような箇所がある——

シーン353　舞台を正面から捉えるフルショット

居並ぶコーラスがジャックの登場する方角に視線を向ける。オーケストラが彼の歌の演奏を始めるなかジャックが現れる。彼はイントロのセリフを喋ったあとそのまま歌へと入っていく。

(注意)歌の部分はあらかじめ決められたヴァイタフォン録音方式に従う。したがってショットはストーリー進行に必要なものだけに限られる。ジャックが退場するまでのあいだ、すべてのショットにおいて、歌の音量はキャメラとジャックとの距離に合致させること。

「ジョルスンは歌を歌うだけで、セリフの部分までトーキーにする予定はなかった」とスタンリー・ワトキンスは回想する。「ところが、ジョルスンは元気いっぱいの男だから、いざ撮影に入ってみると、数カ所でぜひアドリブを入れたいと言いだした。サム・ワーナーは他の兄弟の意向を抑えアドリブを入れることを許した。そして一九二七年十月六日、プレミア上映の日となった。おもにアドリブからなるセリフのトーキー部分と、残りの部分(背景音楽のみでセリフは字幕となって出てくる部分)との違いは決定的だった。客の反応は目覚ましいもので、映画界もトーキーを採用するか否かに関する冷戦状態に幕を引かざるを得なかった」

「お楽しみはこれからだ!」で人々の記憶に永遠に残るジョルスンのアドリブは、じつはかなりの量があり、その後押しをしたのは監督のアラン・クロスランドだった。ピアノにすわるジョルスンが母親(ユジーニー・ベッサラー)に話しかけるシーンは比較的長めのアドリブで、そのナンセンスなお喋りが大いに笑いを誘う。「お母さんをブロンクスに連れて行ってあげるよ。そこでお母さんはゴールドバーグ一家や、フリーバーグ一家や、その他いろんなバーグ一家と知り合いになれるんだ」*

『ジャズ・シンガー』はユダヤ人父子の確執と和解、ならびに家族愛を描いて徹底して感傷的なドラマだが、観客を楽しませることを忘れぬ感動作で、ハル・モアの美しい撮影がとくに印象に残る。ジョルスンは通常の意味での俳優ではないけれど、揺るぎない存在感をもっていて、それは彼が歌を歌わないところでも変わりはない。『ジャズ・シンガー』がセンセーションを巻き起こしたことは映画史になじみのない人たちにとっても常識となっている。しかし、サウンドの導入を苦々しく感じていたフォトプレイ誌はこの映画の批評を後ろの頁に追いやっている。

「ヴァイタフォンの騒音付き、アル・ジョルスン主演映画。ジョルスンはどこから見ても映画俳優ではない。ブロードウェイでの名声がなければ脇役俳優としても通るまい。彼の歌う六つの歌がかろうじてこの映画の見所となっている。ユダヤ人の青年がユダヤの歌に背を向けてジャズの世界に進むという物語を、お涙頂戴式にまずは無難に語っている。主人公は最後には古巣にもどり、贖いの日に〝コル・ニドレイ〟を歌うのだ。そしてそこがいちばんの泣かせ所となっている」（『フォトプレイ』一九二七年十二月号、一四四頁）

「製作者たちはいまやサウンドをとるか破滅をとるかの二者択一となったことに気がついた」とスタンリー・ワトキンスは語る。「そして自分たちの手でトーキー開発を試みて当然のごとく挫折したあと、みな私たちウェスタン・エレクトリックと契約を結ぶ結果となった。一九二八年の末には約十六のサウンドステージが作られていて、そのなかでサウンド映画の製作が始まっていた。国内の映画館も次々と改修工事に着手していた。

一般大衆の気づかぬところで大きな進展がひとつなされていた。それはディスク式からフィルム式への転換だった。じつは最初からフィルム式で始めようと思えばそれも可能ではあった――ウェスタン・エレクトリックは一九一六年からフィルム式の研究を開始していたからね。それに、望ましいのはフィルム式であるのは当初からかなりはっきりしていた。しかしながら、当時はディスク式の方が明らかに性能が上だった。その時点でディスク式の製造技術には四十年の歴史と厚みがそなわっていた。それに対して、フィルム式はまだ商業ベースの生産にも入っていなかった。数年間の移行期間があり、そのあいだディスク式、フィルム式どちらにも対応できるよう設備を整えていた劇場は、フィルム式一色に統一されることとなった」

一九二八年、最も凡庸なサウンド映画のほうがすぐれた出来栄えのサイレント映画よりも観客の興味を集めていた。この時期両者の芸術的格差はさほど目だちはしなかった。というのも、いわゆる〝オール・トーキー〟は『紐育の不夜城』（二八、ブライアン・フォイ）が作られるまで現れていないからである。作られていたのは、ヴァイタフォンを伴奏代わりにし、トーキーのシーンをひとつ二つ付け足しただけのサイレント映画か、通常のサイレント映画だが終わり近くになって劇場付きのオーケストラが演奏をやめ、突如トーキーのシー

＊オリジナルのセリフは次のようになっていた――「お母さんと二人でブロンクスに移ろう。そこにはギンズバーグ一家、グッデンバーグ一家、ゴールドバーグ一家……めったやたらにバーグ一家が住んでいるんだ。全部はおぼえきれないほどにね」。

ンがひとつ現れるというものかであった。他の〝サウンド映画〟は、例えば『ライラック・タイム』(二八、ジョージ・フィッツモーリス)のように、トーキーのシーンはなくて音楽と音響効果だけがついており、しばしば場面によってテクニカラーになるというサイレント大作であった。

出し物の中身がどうあれ、触れこみがどうあれ、客さえ呼べればの時代であった。ヴァイタフォン人気に虚を突かれた製作側は、映画ができあがる寸前、あわててトーキー・シーンを付け足し〝トーキー〟と銘打ってサウンド映画に狂奔する市場に売り出したし、興行側は、映画人気の落ち込みを打開すべく、映画上映にヴォードヴィルや映画人の顔見せを付け足した——この興行手法はヴォードヴィル嫌いの観客から猛烈な反対の声が上がった。映画鑑賞は、客の目先をつることだけを考えた館主側の浅知恵のために、時間をくい、懐にこたえる、そして何を見せられるか定かでない冒険と化した。「ヴァイタフォンものにヴォードヴィルの出し物を付け足して客に供する劇場主にきつく申し渡したい」とワシントン州の一映画ファンは書いている。「ヴァイタフォンものを扱って、見るに堪える映画を提供できないのであれば、ヴァイタフォンなどよしてしまえ」(「フォトプレイ」一九二八年三月号、一一四頁)

ジェイムズ・クワークは、映画において〝耳の楽しみ〟は〝眼の楽しみ〟ほど本質的なものでは〝まだ〟ない、と製作者たちに警鐘を鳴らした。彼は、これまでに作られたトーキーを公平に見てみれば、それらはいずれも映画として質的に劣っているといわざるを得ないと指摘した。「これは批判ではない。映画技術は年々新たな進歩を遂げている。二年前の映画は、胸に訴える力に変わりはなくとも、技術的には二年前の女性ファッション同様時代遅れとなっている」

クワークは、音響技術を完成させるほうに努力が向かい、そのために映画芸術に遅滞が生じるのであれば、それほど嘆かわしいことはないと述べている。サウンド映画は時間をかけ、研究と実験を重ねればいずれ成熟したかたちを見せるだろう。しかし、ただやみくもに、見境なく、出来上がる映画に音だけ付けていくということをしていれば、凡作の山を築くだけだ。

「腕のいい監督にすぐれたサウンド映画を期待するのは、オーケストラのコンサートマスターに片手でヴァイオリンを演奏しもう一方の手でドラムを叩けというようなものだ」(「フォトプレイ」一九二八年十月号、二八頁)

この映画の移行期、監督の役割は同情を誘うに足るものがあった。この時期の監督ほど過重なストレスのなかで仕事をした者はなかったかもしれない。自らの地位の危うさに加え、明日の運命をも知れぬ俳優たちを扱わねばならなかったからだ。

この時期、すべては〝マイク〟の足下にひれ伏していた。モニタールームの主任が独裁的支配権を奮った。トーキー製作の初期においては、何台ものキャメラがそれぞれ防音用に

ニューヨーク、1926年。

密閉されたブースの中に入れられた。ディスク録音のためには複数のキャメラを同時にまわすことが必須だったのだ。照明はこの時期が最も暗かった。照明は複数のキャメラそれぞれ用に分散されねばならなかったからである。撮影監督という新たな職名が生まれた。経験豊かなキャメラマンがその地位に就いて、数名のキャメラオペレーターを統轄した。

この移行期は比較的短時日で終わった――せいぜい二年程度のものだった。そうはいっても、業界全体のスムーズな機構を大混乱させるにはじゅうぶんであった。犠牲者は厖大な数に上った。スター俳優、監督、字幕ライターらはその中心だった。現像所は生き残るために設備の総入れ替えを余儀なくされた。上映館のミュージシャンは職を取り上げられた。ミュージシャンの組合は演芸場などで代わりの仕事が見つかるまでオーケストラを解散しないでほしいと劇場主に掛け合い、一部の劇場では願いが認められた。ニューヨークのストランド劇場では十八名のミュージシャンが一日十六分の仕事時間で通常通りの給与をもらいつづけた。

幸いなことに、陰鬱な話ばかりではなかった。監督によっては、とくに舞台経験のある監督の場合、トーキーに楽々となじみ、新たなタイプの仕事に喜びを見出すものもいた。ベテランのスター俳優のなかにもトーキーをよい刺激剤としたものも多く、またトーキーに適合した新しいスター俳優も誕生した。映画史上の傑作『西部戦線異状なし』（三〇、ルイス・マイルストン）はサイレントとして製作が始まり、途中からトーキーに転換となった異色作だが、*サイレント映画の性質をそのまま保ちながら、一部の俳優のセリフまわしに難が見られるのを除けば、トーキーの弱点は最小限に抑えられていた。

サウンドという新たな次元が映画に加わったことで映画製作に創造性の広大な地平が切り開かれた。それは映画製作を根本から改めるものとなった。映画はサイレント期という土壌から根っ子ごと引き抜かれ、まったく新しい――豊かではあるが見慣れぬ――土壌に移し替えられたのである。皮膚移植のような表面的なものではなく、臓器移植のような過激な療法であった。新しい条件に適応できなくて枯れてしまった根もあったし、それまでの活力の多くは失われた。

トーキーの到来があと数年遅れていて、それによってサイレント映画の技法が限度いっぱいにまで発展し確立していたならば、あるいは、サウンドがセリフの厚塗りとなるのではなくもっと慎重に思慮深く用いられていたならば、私たちは芸術的にも技術的にもはるかにもっと高いレベルにある映画群を見出していたかもしれない。一九二八年のサイレント映画はきわめて流麗で、映像は驚くほど美しく、最小限の字幕と画面によってストーリーを語る技術は熟達の域に達していたのであり、それだけの映画美学が盛時のさなかに断ち切られたのは悲劇というよりない。ごくまれにサイレント映画の手法に基づいたサウンド映画というのを見かけることはある――ルビッチの『私の殺した男』（三二）などが好例。しかしそれも徐々に姿を消し、それ自体しばしば見事ではあるが語りの手法がまるで別物である表層的なセリフ劇に映画は支配されていくのである。

話もできず、歌も歌えず／叫びも、うめきも、何もできず／できないだらけのこんな私が／はたして映画でやっていけるのかしら？（「フォトプレイ」一九二九年一月号、四七頁）

「観客は劇場に求めている――俳優の話すセリフと、上映に付きものの耳障りな雑音とをもっと明瞭に分けてほしいと。新奇さが失われるにつれて、機械類の不備が神経にさわり始めてきたのだ」（前掲誌、八頁）これが書かれたのは一九二九年。世の中はトーキーの話題で持ちきりだった。

「これまでのトーキーにはいたく失望しているという人たちがいる。トーキーは沈黙の映画をすっかり表舞台から葬り去ったと快哉を叫ぶ人たちがいる。どちらの言い分も真実ではないし、正当でもない」ジェイムズ・クワークは賢明にも次のように指摘している。トーキーは新奇さの上にあぐらをかいていた。トーキーは技術的にも、それを扱う人間サイドにおいても、もっともっと改良と進歩が必要である。しかし、トーキーはすでに既成事実となったのであり、誰にもこの勢いは止められない。「私たちにできることは、静観し、幸運を祈り、技術者の腕を信頼することだけだ」（「フォトプレイ」一九二八年十月号、二八頁）

ライバル関係にある二社がそれぞれのサウンド・システムの宣伝合戦をしている。フォックス・ムーヴィートーンは一連の短篇ものでヴァイタフォンの長篇劇映画を凌ごうと、見開き二頁いっぱいにこう訴えた。「これら短篇トーキーは長篇ものにひけをとらない／フォックス・ムーヴィートーン・シティが手塩にかけて製作した逸品ぞろい」これら短篇というのはチック・セイルのコメディやジョン・フォード監督の『ナポレオンと理髪師』（二八）などであった。

「こういったトーキーがもっと作られるといい」フォードのトーキー第一作を採り上げた「フォトプレイ」評である。「それよりさらにいいのは、トーキーなんかやめてしまうことだ。だったらイカすんだがなあ！　トーキーなんて粗雑で現実離れしているじゃないか。人物の声が、いつものように、チョッキのポケットから出てくるように聞こえるのだからな。でも取り柄がひとつある――二巻物だからすぐ終わるってところだ」（一九二九年一月号、九三頁）

フォックス・ムーヴィートーンはたんなるサウンドを越えている、と読者は教えられる。それは「現実そのまま」であり、唯一の完全なトーキー映画なのだ。というのも、音波がセルロイドの上に写し取られているからで「それ故、聞こえてくるのは現実そっくりの音なのだ」（前掲誌、一一頁）

＊『西部戦線異状なし』ははじめからトーキーとして作られた、とルイス・マイルストンは私に明言した。

数頁先ではヴァイタフォンの宣伝見出しがこう叫んでいる。「〝生のように話す映画〟ついに登場！」「ヴァイタフォンをたんなる音響効果と混同すること勿《なか》れ。これこそは唯一成功を実証されたトーキー映画であり、ワーナー・ブラザースの専売特許である。忘るることなきよう──ワーナーのヴァイタフォンにあらずんば、本物のトーキー映画にあらずと」(前掲誌、一四頁)

観客は宣伝文句が謳いあげるほどにはシステムの違いを気にしてはいなかった。いっときの熱狂がおさまると、大衆はトーキーを、その珍しさの故にではなく、映画に不可欠の一部として受け入れるようになってきた。

毎月三千通から五千通の割合でフォトプレイ誌に届く読者からの投書は、一般大衆の意見の縮図であった。「これらの投書を見ると、大衆はオール・トーキーの長篇映画に対して満足しているとはいいがたい。十人に九人までは二流のトーキーよりは一流のサイレントのほうがいいという。トーキーは映像が平板で、演技も動きに欠けていると。ニュース映画の声と音響に関しては例外なく賞賛しており、二巻物トーキーとサイレントの長篇物との組み合わせは受け入れ度がきわめて高い。また、トーキーは疲れるから見たくないという意見も多かった」(一九二九年三月号、一二三頁)トマス・A・エジソンでさえ、一九三〇年の時点で次のように述べている。「この先何の進歩もなければ、人はトーキーに飽いてしまうだろう。トーキーでは、サイレント映画に見るすぐれた演技の代用はつとまらない」

サウンド用に設備を切り換えていない劇場のために、多くのトーキー映画が字幕を付けたサイレント版として公開された。ときには、例えば『都会の幻想』(二八、ロタール・メンデス)のように、まったく新しいバージョンが作られることもあった。『都会の幻想』の場合、パラマウントのサウンド部主任ロイ・ポマロイがメンデスのオリジナル版をもとに、セリフ入りのトーキー版で全篇を撮り直した。

『都会の幻想』に主演したクライヴ・ブルックはトーキー版にまつわる思い出を持っている。ロンドンに住む彼の母親が息子の初めてのトーキー映画を見ようとプラザ劇場に出かけていった。映画のなかで、匿名のハガキがブルックの元に届き、ブルックが〝くそっ、なんだこんなハガキ！〟といってそのハガキを破り捨てるところがあった。ところがそのセリフのところでレコードの針が飛び始めた。画面はブルックが妻とキスをするところへ移っていたが、聞こえてくるのは〝くそっ、なんだこんなハガキ！〟〝くそっ、なんだこんなハガキ！〟の繰り返しだった。

トーキー映画が字幕を付けられてサイレントとして上映されると、それは悲惨なことになった。グラディス・ブロックウェル主演の『ドレーク事件』(二九、エドワード・レムリ)はトーキーとしては受けもよかった。だが、サイレント版は一九〇三年のエジソン映画もかくやと思わせるものになった。俳優の長々とした、観客には聞こえてこないから意味もわからぬセリフの語りが延々と映され、そのあとようやく字幕が現れていま人物は何をいっていたのかが教えられる。このような動きのない、死んだような映像がサイレント映画の触れこみで上映されたことにより、サイレント映画はますます衰亡をはやめていった。

一九二九年四月の時点でアメリカ国内でトーキーを上映できる映画館は千六百館しかなかった。都会に出て初めてトーキー映画を経験した観客はさっそく意見表明を行なった。あるファンはトーキーを「万能」だとして歓迎した。この女性は映画は描写や技法が豊かなあまり筋立てを見にくくしていると感じていた。トーキーはそういったそれまでの映画と違い、登場人物と筋立てに注意を集中させてくれる。「舞台劇を楽しむのに変わらぬ安楽さがある」と（「フォトプレイ」一九二九年四月号、一〇頁）。これはたしかに正論であった。

別のファンはこういっている。サイレント映画が家庭やファッションや健康に観客の目を向け直してくれたように、トーキーは抑揚やメリハリといった話し方を観客に教えてくれることになるだろう。「映画は私たちにもっと磨かれた人間であれと叱咤激励する。それまでは入手できないと思われた文化や美徳を国民にもたらしてくれるのだ」（「フォトプレイ」一九二九年五月号、八頁）

トーキーを上映できる映画館が増えるにしたがい、またサウンドの質が向上するにしたがって、投書に見られる観客の意見もトーキー側に針が振れていった。一九二九年の中頃には九割が良きトーキーに軍配を上げており、そして……実質上サイレント映画は死に絶えてしまった。ガルボのハスキーボイスが耳障りな音になるのではと恐慌をきたしたMGMは、彼女の映画はサイレントのままで作りつづけていた。一九二九年製作の『接吻』（ジャック・フェデール）はガルボの最後のサイレント作品となった。次の『アンナ・クリスティ』（三〇、クラレンス・ブラウン）では特大の文字が劇場入口のひさしを飾った――〝ガルボ話す《トークス》〟と。

『アンナ・クリスティ』のように製作費の高い、人気を見込める映画はできる限り配給網を広げる必要があった。その結果、外国語版を作る必要が生じた。そのような場合、一本の映画すべてを撮り直した。俳優陣を改め、監督を入れ換え、ただしセットは同じものを用いて撮り直したのだ。『アンナ・クリスティ』では、ガルボはドイツ語版を難なくこなすことができた。しかし他の俳優は総入れ換えとなり、監督にはクラレンス・ブラウンに代わって『接吻』を担当したジャック・フェデールがついた。

ジョン・バリモアのワーナー作品の南米向けバージョンではスペイン人のアントニオ・モレノが彼に代わって主演を務め、メキシコ人のラモン・ノヴァロが監督に就く、という処置がたびたびとられた。

しかし、ハリウッドはこのやり方にも面倒な欠陥がともなうことに気がついた。スペイン語といえども多くの方言があるのだった。そういう意味では、フランス語、ドイツ語、イタリア語みな同じだった。現地の観客や輸入配給業者は、話されている言語はたしかに正しいが、それでも意味不明だとしばしば不平を鳴らしてきた。

　この問題はダニング・プロセスによって部分的には解決された。これは背景のマット・ショットを提供するというもので、それにより外国語版を当の外国で、その国の俳優を用いて作り直させることを可能にした。しかしこの方法は経済的でもなければ、作品の質を著しく貶めるものでもあった。この方法はほどなくすたれ、代わって字幕のスーパインポーズやポストダビング（録音スタジオで、画面を見ながらセリフ等の音入れをすること）が利用されることになる。

　かつてのサイレント映画の大作がサウンド版で再公開されることもあった。『ビッグ・パレード』は再度の大当たりとなった。戦闘シーンは砲弾や機関銃の効果音によってなおいっそう迫力を増していた。『ベン・ハー』はさほど受けなかった。批評家は俳優の大仰なジェスチャーが「じゅうぶんことばの代用になっている」と皮肉った。

　映画がトーキーに切り換わってのちの興味深い一面は、アクションが速度を落としたように思えることだった。人物はスクリーン上を浮遊するかに見えた――〝スローモーション〟という指摘さえ現れた。キャメラも映写機もトーキーにおいては毎秒二十四コマに同期されていた。これはウェスタン・エレクトリックの技術者たちがサイレント映画を上映してはじき出した平均スピードであり、いわば偶然の産物として生まれた基準であった。

　トーキーの犠牲者として最も有名なのはジョン・ギルバートである。人気スター俳優として好条件の契約を撮影所（MGM）と結んでいた彼は、録音上の声が映画に使えないと判断されたとき、違約金と交換での契約解除を提示され、それを拒絶した。初期の録音には一オクターブから二オクターブ声を引き上げる好ましくない傾向があった。最もよい結果が出たのは深々としたバリトンであった。ギルバートのようなテノールは往々にして甲高い高音となり、そのキーキー声はドン・ファンよりはミッキー・マウス向きのものとなった。ギルバートの通常の話し声は心地好いテノールで、それは後年の『クリスチナ女王』（三三、ルーベン・マムーリアン）では適切に録音されるのだが、いったん頓挫した彼の俳優経歴はそれによっても回復はしなかった。ルイズ・ブルックスはギルバートの失墜は撮影所側の意図的な妨害行為だと見なしている。

「ギルバートはよく訓練された俳優の声をもっていた。『生きる屍』（三〇）がフレッド・ニブロの監督で製作された。出来はよかった。一般試写が行なわれ、ジェイムズ・クワークは賞賛した。ところが撮影所はそれをお蔵入りにした。ジョンは製作者たちから嫌われていた――大根役者のくせに口うるさいトラブルメーカーだと。だから、向こうが契約書をたてに撮影所にしがみつくのなら、最低の映画にだけ出させてやれ、と連中は考えたのよ。

その策謀の現れが『彼の栄光の夜』（二九）だった。題名からして二十年は古臭いでしょ。監督にはライオネル・バリモアをもってきた。〝いいか、ひどい映画にするんだぞ〟といって。バリモアは会社の意向どおりの駄作をこしらえた。会社はよろこんで悪評を流したわ」

ジョン・ギルバートがヨーロッパ旅行からもどり船のタラップを降りての第一声は「私の映画の評判は？ 批評家はどんなことを書いている？」だった。友人たちにはつらい役目だったが、正直にこたえるしかなかった。

ギルバートにはさらに落胆の種が待ちかまえていた。チャップリンが、ギルバートら新メディアに乗り切れていない映画人を起用して数本のサイレント映画――彼は〝ノン・トーキー〟映画と呼んだ――を作る、と発表した。しかし計画はそこから前には進まなかった。相変わらず多くのファンが厚い支持を送っていたにもかかわらず、ギルバートの俳優人生は事実上潰えていた。

俳優ほど目立ちはしなかったが、監督も大勢が消えていった。監督にとってはトーキー第一作がすべてだった。そこでヘマをすると、あるいは少しでも不安視されると、もうクビはつながらなかった。すでに業界の構造はすっかり様変わりしていたからである。監督はいまでは〝キャメラ！〟と叫ぶのではなく、〝インターロック！〟と大声で指示していた（インターロック＝キャメラと録音機との〝連動〟の意）。撮影現場では耳慣れぬ用語がいくつも生まれていた。ロケーション撮影のさいキャメラノイズを抑えるためにキャメラにかぶせるカバーを〝バーニー〟と呼んだ。これは漫画のキャラクター（バーニー・グーグル）から来ており、すっかりカバーにくるまったキャメラの外見がバーニー所有の競走馬に似ていたからだった。また、詰め物の入ったもっとコンパクトなキャメラカバーは〝ブリンプ〟と呼ばれた。これもそれが小型飛行船《ブリンプ》の形状に似ているところから名付けられた。

ＭＧＭはサウンド映画の撮影中であることを飛行機に知らせる〝静粛〟気球を空高く浮かべた。気球と結ばれたロープには赤色の旗がいくつもなびいていた。商務省、カリフォルニア州航空機運営協会、映画製作者の三者の協議のもと、飛行士は指定された区域から七百六十メートル以上離れて飛行することを義務づけられた。その合意が成立するまでの数カ月間、飛行機が上空を通るたびにオープンセットでの撮影は撮り直しを余儀なくされていたのだった。

初期のトーキー映画はしばしば退屈な、生気の失せた映像に見えた。それは作りがお粗末だったからではなく、スクリーンの素材そのものに原因があった。スクリーンの表面には背後のスピーカーからの音が通過するように細かく穴が開けられていた。最初はメッシュの入った素材が試されたが、思わしい結果が得られなかった。最終的に、不燃性の油布が開発され、それに手を加えて最大限の艶と照りを持たせるようにし、あとから細かい穴を穿ってサウンドの通り道としたのだった。

演劇界もトーキーの到来によってこれまで以上に存廃の危機に立たされたと感じていた。だが、ジョージ・ジーン・ネイサンは彼ならではの警句で演劇関係者の士気を高めた――「生の俳優の声より電気蓄音機の声に興奮する人間だけがトーキーの天下を夢見るだろう」。

サイレント映画の最後の砦と化したチャップリンはこういった。「すぐれたトーキー映画はすぐれた舞台劇に劣るが、すぐれたサイレント映画はすぐれた舞台劇に勝る」

「トーキーはひとつ教えてくれた」とニューヨーク・イヴニング・ポスト紙は述べている。「世界一美しい鼻も、そこから声が出てくれれば、女優の美点とはならないということを」

「ついに映画も」とカロライナ・バカニーア紙はいう。「声を立てるまでに重態の度を増した」

演劇の客を奪われそうだと頭の片隅で心配しながら、デイヴィッド・ベラスコはトーキーは大きな過ちだと感じていた。「もし私がまだ若くて金をいっぱい持っていたとしたら、サイレント映画の製作に入ったことだろう。そこは大志を抱く青年には最高の活躍の舞台だからだ。すぐれたサイレント映画はアメリカじゅうを席捲する」

しかし、状況の全貌を見抜いていたのはメリー・ピックフォードで、彼女はニューヨーク・タイムズ・マガジン誌のなかでこう語った。

「サイレント映画からトーキーへではなく、トーキーからサイレント映画へと移ったのであれば、理屈に合っていたのに」

謝辞

この種の書物をひとりの力で仕上げるのは不可能である。そのためには、必然的に多くの人の献身的な協力に頼らざるを得ない。サイレント映画史の決定版を作ろうという私のたわいもない夢はすぐに打ち砕かれた。為すべきことがあまりにも厖大なのに気づいたからである。私の目標は、サイレント期とはどのような時代であったのか、どのような偉業が達成されたのかということを、それに関わった人々の記憶をとおして再現することへと変わっていった。事実関係に関しては確認に確認を重ねたものの、絶対的な正確さというものは不可能であった。事実は人がそれをどう見るかによって決まるからである。サイレント期の映画人との何十回というインタビューのなかから、真実と私の信じるものが見えてきた。私は自分の意見や自分がいい換えたことばではなく、可能な限りインタビューのさいの相手のことばそのものに語らせようとした。以下に挙げた俳優、監督、製作者、キャメラマンらのご協力、ご厚意、ご親切にたいして深く感謝申し上げるしだいである。

ミンタ・ダーフィー・アーバックル、ドロシー・アーズナー、ニルス・アスター、オルガ・バクラノヴァ、イーニッド・ベネット、ウィーダ・バージャー、レイモンド・バーナード、コンスタンス・ビニー、フランク・ブラウント、ベティ・ブライス、マーガレット・ブース、モンテ・ブライス、クライヴ・ブルック、ルイズ・ブルックス、クラレンス・ブラウン、フランシス・X・ブッシュマン、アルベルト・カヴァルカンティ、メアリー・カー、ナンシー・キャロル、チャールズ・チャップリン、レノー・コフィー、ベティ・コンプスン、チェスター・コンクリン、マーク・コネリー、メリアン・C・クーパー、リカルド・コルテス、ウィリアム・ジョイス・コーウェン、ハリー・ダバディ・ダラー、ビービー・ダニエルズ、プリシラ・ディーン、レジナルド・デニー、マレーネ・ディートリッヒ、アルベール・デュードネ、ビューラ・マリー・ディックス、ルイーズ・ドレッサー、ヴィヴィアン・ダンカン、アラン・ドワン、ダグラス・フェアバンクス・ジュニア、ジェラルディン・ファラー、ロバート・フローリー、シドニー・フランクリン、アベル・ガンス、ドロシー・ギッシュ、リリアン・ギッシュ、ダグマー・ゴドウスキー、アルバート・ハケット、ホープ・ハンプトン、ハワード・ホークス、アルフレッド・ヒッチコック、ウィリアム・ホーンベック、ジェイムズ・ウォン・ハウ、ガレス・ヒューズ、サム・ジャフィー、リアトリス・ジョイ、ボリス・カーロフ、バスター・キートン、ヘンリー・キング、ルイーズ・ラグランジュ、フリッツ・ラング、ジェシー・L・ラスキー・ジュニア、マルセル・レルビエ、アナトール・リトヴァク、ハロルド・ロイド、アニタ・ルース、ベッシー・ラヴ、ベン・ライオン、フランシス・マクドナルド、ウィリアム・マッガン、ドン・マルカメス、イーニッド・マーキー、パーシー・マーモント、レオン・マソット、ロタール・メンデス、アーサー・ミラー、パッツィ・ルース・ミラー、ヴァージル・ミラー、カリン・モランダー、コリーン・ムーア、ジェイムズ・モリスン、カーメル・マイアーズ、コンラッド・ネイゲル、ポーラ・ネグリ、アル・パーカー、メリー・ピックフォード、アイリーン・プリングル、ジャン・ルノワール、ハル・ローチ、チャールズ・バディ・ロジャーズ、チャールズ・ロシャー、ハル・ロッソン、ヘンリク・サルトフ、B・P・シュルバーグ夫人、ジョン・F・サイツ、デイヴィッド・O・セルズニック、アイリーン・メイヤー・セルズニック、エドワード・スローマン、ジョゼフ・フォン・スタンバーグ、アンドリュー・L・ストーン、ドリス・ストーン、アル・セント・ジョン夫人、アデラ・ロジャーズ・シンジョンズ、ドナルド・オグデン・ステュアート、エディ・サザランド、グロリア・スワンソン、ブランチ・スウィート、フィル・タヌラ、ローウェル・トマス、リチャード・ソープ、ジャック・ターナー、ジェイムズ・ヴァン・トリーズ、フランク・タトル、キング・ヴィダー、ジョージ・ウォルシュ、ラオール・ウォルシュ、ウォルター・ウェンジャー、アーヴィン・ウィラット、ロイス・ウィルソン、ウィリアム・ワイラー、アドルフ・ズーカー

感謝のことば

本書がこのような形をとったのは私が初めてアメリカを訪問してのちのことであった。そのきっかけとなったのはスローン・シェルトンで、彼女が私に後押しと霊感をあたえてくれたのである。さらに私の恩人といえるのは、私に映画蒐集を始めさせたJ・M・バーゴイン＝ジョンソン、その貴重な蒐集物と知識を私の利用に供してくださったウィリアム・K・エヴァーソンとバート・ランドンの両氏、そしてさらにリーアム・オリアリ、フィリップ・ジェンキンスン、英国映画協会、イーストマン・ハウス、シネマテーク・フランセーズの諸氏、諸機関である。アメリカにおいては、ジョージ・プラット、デイヴィッド・ブラッドリー、トム・ウェブスター、エリナーとトムのジョーンズ夫妻、ジョージ・ミッチェル・ジュニア、アグネス・デミル、アラン・ブロック、ジェイムズ・カード、ロバート・フローリー、ギルバート・セルデス、モーリス・シェイディドが多大なる援助をあたえてくださった。本書の発刊を誰よりも精力的にすすめてくれたルイズ・ブルックスにはとくに深い恩義を感じている。当の本

人たちは気づいていないかもしれないが本書に大きな貢献をされ、私が深く感謝している方々は、この他、ジョンとアンのクリシュ夫妻、ピーターとキャロルのスミス夫妻、バーナード・アイゼンシッツ、ピーターとジョアンナのサシズキー夫妻、ディックとポーリーンのジョブスン夫妻、アンドルー・モッロ、ママウン・ハッサン、ハロルド・ダナム、ジョン・ギレット、レスリー・フリント、トマシナ・ジョーンズ、ジョージ・オーンスタイン夫妻、オスカー・ルーエンスタイン、そしてジョン・コーバルであり、ジョン・コーバルは本書に掲載された珍しいスティル写真の多くの発掘者である。そして最後にジャネット・レイダに心からの感謝を捧げたい。彼女がいなければ、本書は世に出ることはなかっただろうからである。

参考文献（本文内で提示した文献を除く）

Austin G. Lescaboura: *Behind the Motion Picture Screen*. New York: Scientific American Publishing Company; 1919.

Homer Croy: *How Motion Picture Are Made*. New York: Harper&Brothers; 1918.

Carl Louis Gregory: *Motion Picture Photography*. New York: New York Institute of Photography; 1920.

Maurice Bardeche and Robert Brassilach: *The History of the Film*. London: George Allen & Unwin; 1938.

Virgil Miller: *Splinters from Hollywood Tripods*. New York: Exposition Press; 1964.

Modern Authorship Representative Photoplays Analyzed. Hollywood: Palmer Institute of Authorship; 1924.

The Moving Picture World（trade paper）

American Cinematographer

Film Daily Year Books 1919-29

Films in Review

Variety

Close-Up

Movie Monthly

Photo Play Joulnal

Picture Show

Kine Weekly

Bioscope

Cine-Cinea

写真図版提供（数字は写真掲載頁）

ミンタ・ダーフィー・アーバックル　51　419　563

ベティ・ブライス　379　445

附録　サイレント期アメリカ映画人名事典

本書の本文・キャプションで名前の出てくる〈サイレント期アメリカ映画〉に関わる映画人、またはその周辺の人物たちを、脚注に代えてできる限り紹介する。アメリカ以外、またサイレント期には属さない映画人も一部含まれている（五十音順に掲載）。

ここに採り上げた人物の多くはその情報を「インターネット・ムービー・データベース」（ＩＭＤｂ）に頼らざるを得なかったという事情もあり、生没年・生地・作品公開年は基本的にＩＭＤｂに記載されたもので統一した。

本事典の作品名は索引で採らないため、日本劇場未公開作品は†（短剣符）を付して区別した。（人名事典執筆＝宮本高晴）

〈主要参考文献〉

・The Internet Movie Database（IMDb）〈http://us.imdb.com/〉
・Ephraim Katz（revised by Fred Klein and Ronald Dean Nolen）, *The Film Encyclopedia, fourth edition*（Harper Collins, 2001）
・David Thompson, *A New Biographical Dictionary of Film*（Alfred A. Knopf, 2003）
・Dewitt Bodeen, *From Hollywood: The Careers of 15 Great American Stars*（A. S. Barnes and Co., 1976）
・Dewitt Bodeen, *More From Hollywood: The Careers of 15 Great American Stars*（A. S. Barnes and Co., 1977）
・Anthony Slide, *Silent Players: A Biographical and Autobiographical Study of 100 silent Film Actors and Actresses*（The University Press of Kentucky, 2002）
・Leonard Maltin, *The Art of the Cinematographer-A Survey and Interviews with Five Masters*（Dover, 1978）
・Gerald Bordman, *The Oxford Companion to American Theatre, second edition*（Oxford University Press, 1992）
・Brian McFarlane, *The Encyclopedia of British Film, third edition-fully updated and revised*（Methuen, 2008）
・ジョルジュ・サドゥール『世界映画史　Ⅱ資料篇』（丸尾定訳・編、みすず書房、一九九四年）
・畑暉男編『20世紀アメリカ映画事典 1914-2000 日本公開作品記録』（カタログハウス、二〇〇二年）
・岩本憲児・高村倉太郎監修『世界映画大事典』（日本図書センター、二〇〇八年）

ア

ジョージ・K・アーサー　George K. Arthur（1899-1985）
男優。イングランド、サセックス州リトルハンプトン生まれ。イギリス映画『キップス』†（21）でスクリーン・デビュー。二二年ハリウッドに渡り、ジェイムズ・クルーズ監督の『ホリウッド』（23）などに出演したあと、自らも製作に関わったジョゼフ・フォン・スタンバーグの低予算映画『救ひを求むる人々』（25）に主演する。その後の主な出演作に『夜の女』『亭主教育』（共に25）『お転婆キキー』（26）、そしてカール・デイン（『ビッグ・パレード』[25]で主人公ジョン・ギルバートの戦友を演じた大男）との二人組コメディ第一作となった『俺は新兵』（27）など。三五年引退。戦後は製作・配給の仕事に就いた。

ドロシー・アーズナー　Dorothy Arzner（1897-1979）
編集、監督。サンフランシスコ生まれ。新聞記者を経て、一九一九年フェイマス・プレイヤーズ＝ラスキーの脚本部に入り、タイピスト、スクリプターを経験したのち、編集技師となる。二〇年代半ばからは脚本も書くようになり、二七年には『近代女風俗』で監督デビューを飾る。編集作品に『酒の神よさらば』（20）『血と砂』（22）『幌馬車』『男子改造』（共に23）『活動のマートン』（24）など。監督作には『モダン十誡』（27）『マンハッタン・カクテル』（28）『ワイルド・パーティー』（29）『女優ナナ』（34）『花嫁は紅衣装』（37）など。

マクリン・アーバックル　Maclyn Arbuckle（1866-1931）
男優。テキサス州サンアントニオ生まれ。舞台を活動の中心にしていたが、一九一四年から二六年の間に十八本の映画に出演。主なものにマリオン・デイヴィス主演のもの（『若きダイアナ』[22]『ヨランダ姫』『建国の乙女』[共に24]）の他、『放蕩者の判事』†（22）『サラブレッド』†（25）『鉱金広小路』（26）など。

ロスコー・〝ファティ〟・アーバックル　Roscoe 'Fatty' Arbuckle（1887-1933）
男優、脚本、監督。カンザス州スミスセンター生まれ。ヴォードヴィル芸人から一九〇八年シーリグ社に入り、一巻物コメディに多数出演。一三年マック・セネットのキーストン社に加わる。ほどなく主演級コメディアンとなりチャップリン、メイベル・ノーマンドらと共演。一六年からは脚本、監督にも進出、一七年には自らの製作会社をジョゼフ・スケンクと設立して、バスター・キートンを育てるとともに長篇作にも主演した。二一年九月、映画仲間とサンフランシスコのホテルで開いたパーティで女優のヴァージニア・ラペイが変死。アーバックルは殺人罪で告訴され、翌年三月無罪の評決を得るものの映画界から〝永久追放〟となる。友人たちの計らいでしばらく変名（ウィリアム・グッドリッチ）で監督を続けるも、三三年失意のうちに四六歳で死去。夫人はコメディエンヌのミンタ・ダーフィー（二五年離婚）。変名での監督作にマリオン・デイヴィス主演『赤い風車小屋』†、エディ・キャンター主演『飛脚カンター』（共に27）の他、『スマート・ワーク』†『ウィンディ・ライリー聖林に行く』†（共に31）などがある。長篇主演作に『一網打尽』（20）『百万長者』『嫁が欲しうてなりませぬ』（共に21）他がある。

ジョゼフ・アーバン Joseph Urban（1872-1933）美術、装置。ウィーン生まれ。建築、舞台美術、イラストの世界で国際的名声を博していた一九一一年、ボストン・オペラ・カンパニーの招きにより渡米。一四年にはニューヨークに移り、メトロポリタン・オペラやジーグフェルド・フォリーズの舞台美術を三〇年代に入るまで手がける。二〇年代にはそれと並行して、ウィリアム・ランドルフ・ハーストの依頼をうけてマリオン・デイヴィス主演映画を中心に三十本近くの映画で美術・装置を担当した。主なものに『輝く青春』（20）『武士道華かなりし頃』（22）『ヨランダ姫』『建国の乙女』（共に24）などがある。

ファーディナンド・ピニー・アール Ferdinand Pinney Earle（1878-1951）美術。ニューヨーク生まれ。美術効果担当としての最初の作品は一九一七年ヴァイタグラフ社の『国の光』。その後『カイザーを葬れ』†（18）『孤児の生涯』『ミラクルマン』（共に19）などのアート・タイトルを担当。『ベン・ハー』（25）では美術効果／映像効果担当の役割を担った。フリッツ・ラングがフランスで撮った『リリオム』（34）で背景画を描いており、監督作も一本ある（『愛人の誓』〔25〕）。

マイケル・アーレン Michael Arlen（1895-1956）作家。ブルガリア、ルーセ生まれ。一九〇一年一家でイギリスに移住。エディンバラ大学医学部を中退、文筆の仕事に入る。二四年発表の小説「緑色の帽子」で作家の地位を確立。これは二五年劇化されブロードウェイで大当たり（キャサリン・コーネル、レスリー・ハワード主演）、二八年にはグレタ・ガルボ主演『恋多き女』として映画化された（トーキー版はコンスタンス・ベネットで『見捨てられた淑女』†〔34〕となる）。彼の原案・原作になる映画は他に『不良老年』†（26）『この魅力的な人々』†（31）『リリー・クリスティン』†（32）『黄金の矢』†（36）など。

リチャード・アーレン Richard Arlen（1899-1976）男優。ミネソタ州セントポール生まれ。第一次大戦ではカナダ飛行部隊に所属。一九二〇年映画デビュー。『つばさ』（27）でスターダムに。続くウィリアム・ウェルマン作品『人生の乞食』『暗黒街の女』（共に28）『君恋し』（29）でも主役を演じる。三〇年代以降は脇役、あるいはB級映画の主演が多い。他の出演作に『恋の蛮勇』（25）『オール持つ手に』（27）『ヴァージニアン』（29）『獣人島』（32）『三角の月』

（33）など。

リヒャルト・アイヒベルク　Richard Eichberg（1888-1953）
監督。ベルリン生まれ。一九一二年俳優として映画入り。一五年から監督。三〇年から三一年にかけて『恋の焔』（30）『陽気に愛そう』†（31）などイギリスで四本の映画を撮る。

ガートルード・アサートン　Gertrude Atherton（1857-1948）
作家。サンフランシスコ生まれ。その小説の映画化作品に『パンサー・ウーマン』†（18）『なだれ』†（19）『嵐を衝いて』（20）『妻を疎んずる勿れ』（21）『黒い雄牛』†（23）『追ひつめられた女』（33）などがある。

アンソニー・アスキス　Anthony Asquith（1902-68）
監督。ロンドン生まれ。オックスフォード大学を卒業後ハリウッドで映画作りを学び、二六年帰英。『流れ星』†（28、共同）で監督に。『ピグマリオン』†（38）以降、戯曲の映画化や劇作家テレンス・ラティガンとのコンビ作で評判を高める。主な作品に『涙なしのフランス語』†（38）『星への道』†（45）『ウィンスロー・ボーイ』†（48）『ブラウニング版』†（51）『まじめが肝心』†（52）など。

メアリー・アスター　Mary Astor（1906-87）
女優。イリノイ州クインシー生まれ。抑圧的な両親、数々のスキャンダル、四度の結婚、自殺未遂等の波乱の人生を乗り越えて一九二〇年代から四〇年代までスターの地位を維持し続けた女優。一九二一年映画入り。同年レジナルド・デニーと短篇『物乞いする乙女』†で共演。その後、ジェイムズ・クルーズ監督の『懦夫《だふ》奮起せば』、ジョン・バリモアの相手役に抜擢された『ボー・ブラムメル』（共に24）、ダグラス・フェアバンクスの『ドン・Q』（25）、バリモアと再度の共演『ドン・ファン』（26）、その他『海馳せる猛虎』『美人国二人行脚』『僧房に咲く花』（いずれも27）『闇より光へ』『巴里酔語』（共に28）などに出演。トーキー転換以降も『ホリデイ』†（30）『紅塵』（32）『孔雀夫人』（36）『ゼンダ城の虜』（37）『偉大な嘘』『マルタの鷹』（共に41）と着実にキャリアを伸ばしていく。最後の出演作は『ふるえて眠れ』（65）。最初の夫ケネス・ホークス（ハワード・ホークスの弟）は三〇年撮影中の飛行機事故で死亡。

ステラ・アダムズ　Stella Adams（1883-1961）
女優。テキサス州シャーマン生まれ。一九〇九年の『サルタンの手中に』†が映画初出演。俳優として三〇年代中頃までの長いキャリアをもつが大半は短篇もの。長篇出演作には『無頼漢』（28）『ジュダスの妹』†（32）『吸血コウモリ』†（33）など。

ライオネル・アトウィル　Lionel Atwill（1885-1946）
男優。ロンドン生まれ。一九一七年以降ブロードウェイでも数多く主演を務めた舞台俳優。サイレント期では一八年から二一年までの間に『イヴの娘』（18）『結婚の価値』（19）『試練の女』（21）など五本に出演。トーキー転換以降では『西班牙狂想曲』『海賊ブラッド』（共に35）『フランケンシュタインの復活』（39）『生きるべきか死ぬべきか』（42）などがある。

ルネ・アドレー Renée Adorée（1898-1933）女優。フランス、リール生まれ。サーカス芸人、フォリー・ベルジェールのコーラスガールを経て、一九二〇年にはハリウッドに。キング・ヴィダー監督の『ビッグ・パレード』（25）でアメリカ兵に恋するフランス娘を演じて一躍スターに。以後の作品に『ラ・ボエーム』（26）『見世物』『ミスター・ウー』『大自然を敵として』（いずれも27）『コサック』（28）など。肺結核のため三十五歳で死去。

オスカー・アプフェル Oscar Apfel（1878-1938）監督、男優。オハイオ州クリーヴランド生まれ。舞台演出家から、一九一一年映画の世界に。エジソン、シーリグなどで監督したあとジェシー・L・ラスキー・フィーチャー・プレイ・カンパニーで『スコオ・マン』『北の呼び声』『ゴースト・ブレーカー』（いずれも14）などをセシル・B・デミルと共同監督。一六年からはフォックスで『ハートの戦い』（16）などのウィリアム・ファーナム主演の活劇を撮る。二〇年代後半以降は俳優に転じ、『恋の走馬燈』（29）『テキサス無宿』（30）『特報社会面』（31）『バワリイ（阿修羅街）』（33）などに顔を出している。

キャサリン・アルバート Katherine Albert（1902-70）女優、脚本。ケンタッキー州ルイヴィル生まれ。俳優としては『大疑問』（19）と『馬鹿息子』（20）の二本のみだが、四〇年代半ばから脚本家として立ち、『ゲスト・イン・ザ・ハウス』（44）『ザ・スター』（52）『百万長者と結婚する方法』（53）などの他、テレビのシリーズ物も数多く書いている。

ルー・アンガー Lou Anger（1878-1946）製作。ペンシルヴェニア州フィラデルフィア生まれ。クレジットのみを見ると、一九二四年に三本の短篇コメディのプロデューサーとなり、そのあとで『キートン将軍』（26）の製作監修を務めているが、実質はキートン撮影所の所長であった。

イーヴ・アンセル Eve Unsell（1888-1937）脚本。シカゴ生まれ。一九一四年から三〇年代初頭にかけて百本近くのシナリオに関わる。作品に『心の眼』（19）『罪の人々』（20）『かげろふの命』『影に怯えて』（共に22）『玉を抱いて罪あり』（24）『陶酔の毒盃』（25）『サンディー』（26）など。

ギルバート・M・〝ブロンコ・ビリー〟・アンダーソン
Gilbert M. 'Broncho Billy' Anderson（1880-1971）
男優、監督。アーカンソー州リトルロック生まれ。『大列車強盗』（03）に出演の後、西部劇のシリーズ物を自作自演。一九〇七年ジョージ・K・スプアとエッサネイ映画製作会社を設立。西部劇〝ブロンコ・ビリー〟もので人気を得る。一六年エッサネイから離れるとともに俳優業からも手を引く。

ジェイムズ・A・アンダーソン
James A. Anderson（1902-60）
助監督、製作主任。マサチューセッツ州スプリングフィールド生まれ。ロイドの『危険大歓迎』（29）では製作助手。ロイドに付いたのはそれだけで、翌年からは助監督となり、『ルーム・サービス†』（38）『邂逅』（39）『ママのご帰還†』（40）などに加わっている。アイダ・ルピノ監督の『重婚者†』では製作主任、『ヒッチハイカー†』（共に53）では製作助手を務めた。

ルシエン・アンドリオット Lucien Andriot（1892-1979）
撮影。パリ生まれ。フランスでキャメラマンとなり〝ジゴマ〟のシリーズなどを撮る。一四年アメリカに移り、当初はアルベール・カペラニ（『椿姫†』［15］『放浪生活』［16］）やモーリス・トゥールヌール（『一門の誇』『プア・リトル・リッチ・ガール†』［共に17］）の作品に付いていたが、その後はトッド・ブラウニングの『危険な浮気者†』（24）、ラオール・ウォルシュの『カルメン』（27）などさまざまな監督と仕事をともにする。トーキー転換以降も『トパーズ』（33）『南部の人』『そして誰もいなくなった』（共に45）『小間使の日記†』（46）といったフランス系映画人とのものからB級映画まで幅広く活躍。

デル・アンドリューズ Del Andrews（1894-1942）
脚本、監督。ミズーリ州セントルイス生まれ。一九二一年『青銅の鐘†』の脚本で映画入り。二四年の『嵐の判決』から監督に。二八年まで四十余本を手がけるが、半分以上は短篇。長篇監督作に『白馬疾風』『風に乗る騎士』（共に25）『蛮勇ギブソン』（27）『珍サーカス王』（28）などフレッド・トムソンやフート・ギブソン主演の西部劇が多い。脚本家として『西部戦線異状なし』（30）に参加している。

イ

B・リーヴズ・イーソン B. Reeves Eason（1886-1956）
監督、第二班監督。ニューヨーク生まれ。一九一三年アメリカン・フィルム・カンパニーに入り、監督となる。連続物や低予算アクション映画を専門にする一方、大作映画（『ベン・ハー』［25］『シマロン』［31］『進め龍騎兵』［36］『風と共に去りぬ』［39］『壮烈第七騎兵隊』［41］『白昼の決闘』［46］など）の第二班監督として作品を成功に導く重要な役割をはたす。監督作品には『五百年後の世界』『神馬レックスの復讐』（共に35）『ジャングルに踊る怪物』（36）などがある。

レックス・イングラム　Rex Ingram（1892-1950）
監督。ダブリン生まれ。ダブリンのトリニティ・カレッジで法律を学んだ後、一九一一年渡米。鉄道会社の事務をしながら彫刻を勉強していたが、一三年マンハッタンのエジソン社に俳優兼ライター兼セットデザイナーとして入社。その後撮影所を転々とし、一六年にはユニヴァーサルで監督となり、二〇年にはメトロに。二一年の『黙示録の四騎士』が大当たり、ルドルフ・ヴァレンティノを一躍スター俳優としたこの映画でイングラムも監督の地位を確立する。二四年からはフランスのニースに自らの撮影所を持ち、そこでMGMのための映画製作をつづけた。作品に『征服の力』（21）『ゼンダ城の虜』『心なき女性』（共に22）『文化果つるところ』『スカーラムーシュ』（共に23）『アラブ』（24）『我等の海』（25／26）『魔術師』（26）など。多くの作品でヒロインを演じたアリス・テリーは監督の二番目の妻。

ロイド・イングラム　Lloyd Ingraham（1874-1956）
監督、男優。イリノイ州ロシェル生まれ。一九一二年俳優として映画デビュー、翌一三年からは監督も。監督は三〇年まででで、それ以降は脇役俳優となる。監督作には『妻といふ女』（18）『不穏の雲行』（21）『木の葉落し』（23）『ジェス・ジェームス』（27）など。出演作には『イントレランス』（16）『スカーラムーシュ』（23）『掠奪者』（30）『北海の漁火』（31）などがある。

トマス・H・インス　Thomas H. Ince（1882-1924）
製作、監督、脚本。ロードアイランド州ニューポート生まれ。幼少の頃より舞台に立ち、そのまま俳優となる。一九一〇年バイオグラフに、次いでカール・レムリのインディペンデント・モーション・ピクチャー（IMP）、その次にはケッセルとバウマンのニューヨーク・モーションピクチャー（NYMP）に入る。NYMPではとくに興行価値の高い西部劇を中心に製作兼監督にあたり、インスヴィルと呼ばれる広大な敷地を製作基地とする。一二年頃から自身は製作にまわり、克明な製作プランを立ててそれを部下に作らせるという手法を確立する。彼のもとで育った監督にレジナルド・バーカー、ジャック・コンウェイ、フランク・ボゼーギ、フレッド・ニブロらがおり、一世を風靡したウィリアム・S・ハートの西部劇もインスヴィルで作られた。一八年カルヴァ・シティに自らの撮影所を建設、そこで作られた映画をパラマウント・アートクラフト（のちにはメトロ）を通して配給した。一九年、マック・セネット、アラン・ドワン、マーシャル・ニーラン、モーリス・トゥールヌールらとアソシエイテッド・プロデューサーズの設立に加わった。二四年、映画関係者とともにウィリアム・ランドルフ・ハーストの船で沖に出たときに急死。死因についてはさまざまな憶測がなされている。

ウ

ボビー・ヴァーノン Bobby Vernon（1897-1939）
男優。シカゴ生まれ。母親は舞台・ヴォードヴィルの女優。十一歳でステージに立ち、一九一三年十六歳のときユニヴァーサル社のジョーカー喜劇で映画初出演。一五年マック・セネットのキーストン社に入り、『恋の火花』『社交界』『借り児』（いずれも16）『雨中の逃亡』『嫁の危難』（共に17）などのコメディでグロリア・スワンソンとコンビを組む。一七年にはアル・クリスティ喜劇に移る。二〇年代までは短篇喜劇の人気俳優、三〇年代にはパラマウントのコメディ監修者としてW・C・フィールズやビング・クロスビーの作品に参画した。

ルドルフ・ヴァレンティノ Rudolph Valentino（1895-1926）
男優。イタリア南部、カステラネート生まれ。一九一三年渡米。ダンサーなどをしながら一七年ハリウッドに。エキストラや端役で糊口をしのいでいたが、『孔雀の舞』（19）『一度は凡ての女に』（20）などののち、『黙示録の四騎士』（21）のアルゼンチン青年役で一大センセーションを巻き起こす。翌年パラマウントに移って撮った『シーク』（21）で人気を盤石のものとすると、その後も『血と砂』（22）『ボーケール』（24）『毒蛇』『荒鷲』（共に25）『熱砂の舞』（26）とヒット作が続く。二六年八月虫垂炎と胃潰瘍の手術を受けた直後に死亡（死因は穿孔性潰瘍であった）。

チャールズ・ヴァン・エンジャー
Charles Van Enger（1890-1980）
撮影。ニューヨーク州ポートジャーヴィス生まれ。現像所の仕事から始め、一九二〇年キャメラマンに。サイレント期はナジモワ主演の『人形の家』『サロメ』（共に22）の他、ルビッチの『結婚哲学』『三人の女』『禁断の楽園』（いずれも24）『ウィンダミア夫人の扇』（25）など。三〇年代の大半はイギリスのゴーモン・ブリティッシュで『空襲と毒瓦斯《ガス》』（33）『歌に寄せて』（34）他を、四〇年代はユニヴァーサルでアボット＝コステロもの（『凸凹幽霊屋敷』［46］『凸凹フランケンシュタインの巻』［48］など）やバジル・ラスボーン主演のシャーロック・ホームズ・シリーズを撮った。

W・S・ヴァン・ダイク W. S. Van Dyke（1889-1943）
監督。カリフォルニア州サンディエゴ生まれ。『イントレランス』（16）の助監督を経て、一七年『ロング・シャドーズの土地†』で監督に。フォックスでバック・ジョーンズの西部劇を、MGMでティム・マッコイの西部劇を撮っていたが、二八年の『南海の白影』で注目され、三〇年代以降はMGMの早撮り職人監督として重宝された。トーキー転換以降の作に『類猿人ターザン』（32）『男の世界』『影なき男』（共に34）『ローズ・マリイ』『桑港《サンフランシスコ》』（共に36）『マリー・アントワネットの生涯』（38）など。

バート・ヴァン・タイル　Bert Van Tuyle（1878-1951）
監督。ニューヨーク生まれ。一九一八年監督に。長篇作は『サムシング・ニュー†』（20）『神の国からの娘†』（21）『アラスカ颪』（23）の三本。二六年の短篇『ホワイト・ウォーター†』が最後の監督作。

ジョン・ヴァン・デン・ブロック
John van den Broek（1895-1918）
撮影。オランダ出身。モーリス・トゥールヌールとのコンビで名を残すキャメラマン。一九一四年の『願いの指輪†』でキャメラマンとなり、メリー・ピックフォードの『一門の誇り』『プア・リトル・リッチ・ガール†』（共に17）の他、『青い鳥』『人形の家』『ウーマン』（いずれも18）などを撮った。

H・H・ヴァン・ローン　H. H. Van Loan（1888-1958）
脚本。ニューヨーク州アセンズ生まれ。一九一六年脚本家となり、三〇年代初頭まで活躍する。作品に『スタンブールの処女』『偉大な贖い主†』（共に20）『千里の砂塵』（23）『サイレント・ヒーロー†』（27）『デンジャー・パトロール†』（28）など。

ティム・ウィーラン　Tim Whelan（1893-1957）
脚本、監督。インディアナ州キャネルトン生まれ。舞台の俳優、演出家から、一九二〇年シナリオライターとして映画界に。ほどなくハロルド・ロイドの製作チームに加わり、『要心無用』『巨人征服』（共に23）『猛進ロイド』（24）『ロイドの人気者』（25）等のストーリー作り、ギャグの考案に貢献。他にもハリー・ラングドンの『初陣ハリー』『当りっ子ハリー』（共に26）、ビアトリス・リリーの『退場は微笑みながら†』（26）のシナリオに参加している。二八年監督となり、四〇年代後半まで主にイギリスを舞台に活躍した。監督作には『再び戦場へ』（37）『スパイは暗躍する』（39）『バグダッドの盗賊』（40、マイケル・パウエル、ルードヴィッヒ・ベルガーと共同）『吸血婦』（48）など。

マーガレット・ウィスラー　Margaret Whistler（1888-1939）
女優、衣装。ケンタッキー州ルイヴィル生まれ。一九一五年映画初出演。一九年までの間に三十本の出演作があり、長篇は『孤児の生涯』『悪魔は笑ふ』（共に17）など。後に『シーバの女王』（21）で衣装担当。三九年ハリウッドで没。

キング・ヴィダー　King Vidor（1894-1982）
監督。テキサス州ガルヴェストン生まれ。子どもの頃からの映画ファンで、一九一五年結婚したばかりのフローレンス・ヴィダーと車でハリウッドに出る。一八年監督となり、一九年『故郷への道』で長篇デビュー。自らの製作会社ヴィダー・ヴィレッジを設立、夫人のフローレンス・ヴィダーを主演に数作品を撮る。その後MGMに入り『ビッグ・パレード』（25）でトップ監督に躍り出る。他の作品に『涙の船歌』（20）『君が名呼べば』（22）『ラ・ボエーム』（26）『群衆†』『活動役者』（共に28）、トーキー転換以降では『ハレルヤ』（29）『街の風景』『チャンプ』（共に31）『麦秋』（34）『白昼の決闘』（46）『戦争と平和』（56）など。F・ヴィダーとは二六年に離婚。二番目の妻は女優のエレナー・ボードマン。

フローレンス・ヴィダー　Florence Vidor（1895-1977）
女優。テキサス州ヒューストン生まれ。一九一五年キング・ヴィダーと結婚、二人でハリウッドに向かう。翌年ヴァイタグラフに入社、次いでフェイマス・プレイヤーズ＝ラスキーに入り早川雪洲ものやセシル・B・デミルの映画（『醒めよ人妻』［18］）に出演。そのかたわら夫が設立した独立プロにも協力する（『名門の血』『涙の船歌』［共に20］）。二四年ルビッチの『結婚哲学』で社交喜劇に開眼、その後も『夫婦円満哲学』（25）『姫君と給仕』（26）『情炎夜曲』（28）など同種のコメディで好演、サイレント期を代表するスター女優となる。トーキー作品『支那町の夜』（29）に出演したあと引退。キング・ヴィダーとは二六年に離婚。二番目の夫はヴァイオリニストのヤッシャ・ハイフェッツ。

ロバート・G・ヴィニョーラ　Robert G. Vignola（1882-1953）
監督。イタリア、ヴェネト州トリヴィーニョ生まれ。幼少の頃アメリカに。ニューヨーク州オールバニーで育つ。舞台でシェイクスピア俳優となったあと、一九〇六年カーレム社に入り、一一年からは監督に。一九年から二〇年にかけてはヴィヴィアン・マーティン主演のものを、二一年から二四年まではマリオン・デイヴィス主演のものを集中して監督している。M・デイヴィスものには『絶世の美人』（21）『美人の価値』『武士道華かなりし頃』（共に22）『アダムとエヴァ』（23）『ヨランダ姫』（24）などがある。トーキー以降はB級映画監督に。

アーヴィン・ウィラット　Irvin Willat（1890-1976）
撮影、監督。コネティカット州スタンフォード生まれ。一九一一年トマス・インスのもとで俳優として映画入り。キャメラマンを経て（『シヴィリゼーション』［16］の撮影に加わる）、一七年監督になり、三七年までに四十本ほどの作品を手がけた。主な監督作に『猛襲』（19）『ダウン・ホーム』（20）『逆捲く怒涛』（22）『激闘の天地』（24）『エンシャント・ハイウェイ†』（25）『大自然を敵として』（27）など。

アール・ウィリアムズ　Earle Williams（1880-1927）
男優。カリフォルニア州サクラメント生まれ。一九〇八年ヴァイタグラフ社から映画デビュー。一〇年代半ばには興行収入上位の人気主演男優となる。出演作に『赤自動車』(全12篇、16)『アルセーヌ・ルパン』†(17)『狼』†(19)、モーリス・トゥールヌール監督の『嫉妬する夫たち』†(23)など。現役のまま二七年気管支肺炎のため死去。

ウィリアム・ウィリアムズ William Williams (1894-1976)
撮影。ニューヨーク生まれ。一九一九年キャメラマン助手。二三年キャメラマンに。三一年まで六十本近くの作品を担当する。大半は短篇コメディ。二四年から二七年にかけてはハリー・エドワーズ監督によるハリー・ラングドン喜劇が多く『ひと晩中』†『泥の足』†(共に24)『結婚大当たり』†『いつだった?』†(共に25)『土曜の午後』†『ソルジャー・マン』†(共に26)『彼の最初の恋人』†(27)など。

フランク・ウィリアムズ Frank Williams (1893-1961)
撮影、映像効果。ミズーリ州ナッシュヴィル生まれ。一九一四年キーストン社からキャメラマンデビュー。チャップリンのキーストン時代の短篇を多数担当。長篇ものでは『ミッキー』『人傑か金欠か』(共に18)『蛟龍《こうりゅう》を描く人』(19)『スワンプ』(21)など。二〇年代、三〇年代は映像効果のスペシャリストとして『ベン・ハー』(25)『サンライズ』(27)『キング・コング』『透明人間』(共に33)などに加わっている。

ハーバート・ウィルコックス Herbert Wilcox (1890-1977)
製作、監督。ロンドン生まれ。一九二〇年代から五〇年代にかけて、ハリウッド式にスター俳優の価値を重視した映画作りを目指す。サイレント期はアメリカからベティ・ブライス、ライオネル・バリモア、ドロシー・ギッシュらを招き、それぞれの主演作『朱金昭《チューチンチョウ》』†(23)『デカメロン夜話』(24)『ネルギン』(26)を製作・監督。三〇年代以降は後に妻となるアナ・ニーグルとのコンビで『ヴィクトリア女王』†(37)『六十年の光輝ある年』†(38)他で商業的成功を収めた。

アル・ウィルソン Al Wilson (1895-1932)
スタントマン、男優。ケンタッキー州ハリスバーグ生まれ。『鷲の爪』(全15篇、23)や『地獄の天使』(30)などにスタントマンとして加わる一方、『エイア・ホーク』(24)『雲のパイロット』†(25)『天空巡邏隊』(28)などでは主役を演じる俳優であった。三二年九月オハイオ州クリーヴランドでの空中ショーのさい墜落死。

ケアリー・ウィルソン Carey Wilson (1889-1962)
脚本。ペンシルヴェニア州フィラデルフィア生まれ。一九二〇年からゴールドウィン社の脚本家に。次いでMGMに移る。アーヴィング・タルバーグの信望厚く、後に製作も兼務する。脚本に関わったものに『殴られる彼奴《あいつ》』(24)『紅ばらの唄』(25)『アメリカ美人』(27)『トロイ情史』(27)『アルセーヌ・

ルパン』（32）『独裁大統領』（33）『戦艦バウンティ号の叛乱』（35）など。

トム・ウィルソン　Tom Wilson（1880-1965）
男優。モンタナ州ヘレナ生まれ。ボクサー経験もある長身の俳優。一九一四年映画初出演。ダグラス・フェアバンクスの初期喜劇（『レジー喧嘩する』†〔16〕他）、チャップリンの諸作（とくに『犬の生活』〔18〕『キッド』〔21〕における警官役）、キートンの『妻の親類』†（22）や『拳闘屋キートン』（26）をはじめ数多くの作品で脇役を演じたが、主演作『戦線膝栗毛』（27）もある。トーキー転換以降も出演作多数。

ハリー・レオン・ウィルソン
Harry Leon Wilson（1867-1939）
作家。イリノイ州オレゴン生まれ。戯曲はブース・ターキントンと共作した「家から来た男」（06）、小説は「レッドギャップのラッグルズ」（15）「映画のマートン」（22）で知られる。小説の前者は一八年（ローレンス・C・ウィンダム『活躍の天地』）、二三年（ジェイムズ・クルーズ『男子改造』）、三五年（レオ・マッケリー『人生は四十二から』）に、後者は劇化されたものが二四年（ジェイムズ・クルーズ『活動のマートン』）、四七年（ロバート・アルトン『スケルトンの映画騒動』）に、それぞれ映画化されている。映画の素材となったものは他に戯曲「カメオ・カービー」、小説「スペンダーズ」など。

ロイス・ウィルソン　Lois Wilson（1894-1988）
女優。ペンシルヴェニア州ピッツバーグ生まれ。ビューティ・コンテストに優勝して一九一六年ユニヴァーサル入り。一九年フェイマス・プレイヤーズ＝ラスキーに移り、さまざまな監督のもと数多くの作品に主演する。代表作にウィリアム・C・デミルの『悩める花』（21）、セシル・B・デミルの『屠殺者』（22）、ジェイムズ・クルーズの『幌馬車』『男子改造』（共に23）、シドニー・オルコットの『ボーケール』（24）、ジョージ・B・サイツの『滅び行く民族』（25）、グレゴリー・ラキャバの『青春倶楽部』（26）、ハーバート・ブレノンによる「グレート・ギャツビー」の映画化『或る男の一生』（26）があり、三〇年代に入ってもシャーリー・テンプルの母親役を演じた『輝く瞳』（34）などコンスタントに映画に出演した。戦後はテレビ・舞台に活動の場を移す。

R・エリス・ウェイルズ　R. Ellis Wales（1877-1952）
美術。アイオワ州出身。本書第六章に『イントレランス』（16）でリサーチ助手などスタッフのひとりであったことが書かれているが、その他には舞台の名優ハーバート・ビアボーム・トリーとコンスタンス・コリアが映画出演した『マクベス』†（16）と、ジョン・バリモアが主演した『愛の試練』（19）の二本で美術監督のクレジットを得ている。

エセル・ウェイルズ　Ethel Wales（1878-1952）
女優。ニュージャージー州パセイク生まれ。一九二〇年ウィリアム・C・デミルの『真夏の狂乱』で映画デビュー。その後も両デミルやジェイムズ・クルーズの作を中心に二〇年代だけで六十本余りの映画に出演。主なものに『悩める花』（21）『嵐に散る花』（22）『幌馬車』（23）『活動のマートン』（24）『村の医者』（27）『タキシー十三号』（28）など。

ビリー・ウェスト　Billy West（1892-1975）
男優、監督。ロシア出身。本名ロイ・B・ワイスバーグ。二歳の時に一家でアメリカに移住。十四歳でヴォードヴィルの世界に入り、一五年からチャップリンの模倣を自らの芸とする。一六年映画入り。長篇に『スリリングな青春』†『ビリーよ、たしなめろ』†（共に26）など。監督作も短篇ばかり二十本余ある。三五年を最後に映画から離れる。

ロイス・ウェバー　Lois Weber（1879-1939）
女優、脚本、監督。ペンシルヴェニア州アリゲニー生まれ。映画入りする前はピアニスト、福音伝道師の二説あり。一九〇八年『偽善者』†で映画初出演。一一年自ら主演する『七六年のヒロイン』†で初監督（エドウィン・S・ポーター、夫で俳優仲間のフィリップス・スモーリーと三人での共同監督）。一四年に初の長篇『ヴェニスの商人』†を手がけ、夫のスモーリーがシャイロックを、自身はポーシャを演じる。一六年にはユニヴァーサル社のトップ監督のひとりとなり、翌一七年には自らの製作プロを立ち上げる。その他の監督作に『獄屋の月』『毒流』（共に16）『預言者』『悪魔の声』（共に17）『あこがれ』（18）『荒野の花』（19）『汚点』（21）『彗星雲を衝いて』（26）など。ウェバーは産児制限、薬物依存、売春といった社会問題をしばしば採り上げたため、その映画は論議を呼ぶことが多かった。

ウィリアム・ウェルマン　William Wellman（1896-1975）
監督。マサチューセッツ州ブルックライン生まれ。経歴・作品は第十四章参照。

アレグザンダー・ウォーカー　Alexander Walker（1930-2003）
批評。北アイルランド、ポータダウン生まれ。一九六〇年から亡くなる二〇〇三年までイヴニング・スタンダード紙の映画評を担当。ガルボ、ディートリッヒらスター女優、キューブリックら監督、イギリス映画などに関する著書多数。

H・M・ウォーカー　H. M. Walker（1878-1937）
脚本。オハイオ州ウェスト・ミドルベリ生まれ。最初の字幕担当がハロルド・ロイドの短篇喜劇『悲しき海辺で』†（17）。その後もほぼロイド喜劇一筋に歩む。ロイドは『巨人征服』（23）を最後にハル・ローチのもとを離れるが、ウォーカーはローチ撮影所にとどまり、〝アワー・ギャング〟など短篇喜劇の字幕の仕事を続ける。以後長篇では『極楽二人組』（31）『極楽兵隊さん』（32）『西洋馬騒動』（33）などの脚本に加わっている。

リリアン・ウォーカー　Lillian Walker（1887-1975）
女優。ニューヨーク、ブルックリン生まれ。ブロードウェイのショーガールだったところをスカウトされ、一九〇九年ヴァイタグラフ社から映画デビュー。〝えくぼ嬢《ディンプルズ》〟の愛称で人気者となる。ヴァイタグラフには一七年まで所属。出演作に『ハーツ・アンド・ハイウェイ』†（15）『グリーン・ストッキング』†（16）『大慌てのサリー』†（17）『快活な嘘』（19）など。二〇年代初頭まで活躍した。

ファニー・ウォード　Fannie Ward（1871-1952）
女優。セントルイス生まれ。一八九〇年十九歳で舞台デビュー。二十世紀に入る頃には英米両国で人気を誇るようになり、自らの劇団を組織する。一九一五年『キティの結婚』†で映画初出演。第二作目の『チート』†（15）が大ヒット。その後一七年まではフェイマス・プレイヤーズ＝ラスキー、一八年から一九年まではパテで計二十本余の作品を撮る。パテ時代の監督はすべてジョージ・フィッツモーリスで、『お雪さん』（18）『千里の差』『神の国へ』（共に19）などがある。二〇年フランスで二本の映画に出演したのを最後に映画から離れる。

デューク・ウォーン　Duke Worne（1888-1933）
監督。ペンシルヴェニア州フィラデルフィア生まれ。一九一四年俳優として映画入り。一九年『蛸の手』（全15篇）で監督デビュー。その後の作品に『暗号の四美人』（全15篇、20）『青狐』（全15篇、21）『名探偵サンダース』（全15篇、25）『絶海の暴君』（28）など。三一年の『最後の騎乗』†が最後の作となる。

ソフィー・ウォクナー　Sophie Wachner（1879-1960）
衣装。生地不詳。舞台の衣装デザイナーから一九一九年ゴールドウィン撮影所に入所。二五年から三一年までフォックスに在籍。衣装担当作に『ドロシー・バーノン』『殴られる彼奴《あいつ》』（共に24）『ウィンダミア夫人の扇』『ステラ・ダラス』（共に25）『反逆者』（30）など。

ブライアント・ウォッシュバーン
Bryant Washburn（1889-1963）
男優。シカゴ生まれ。舞台俳優から、一九一一年映画入り。同年のエッサネイ作品『新支配人』†で俳優デビュー。ドラマ、コメディいずれをも達者にこなし、トーキー転換以降は四〇年代半ばまで脇役として出演をつづけた。主な出演作に『スキナーの夜会服』†（17）『航海道楽』（19）『酒の神よさらば』（20）『風雲のゼンダ城』（23）『笑国万歳』（25）など。

アレクサンドル・ヴォルコフ Alexandre Volkoff（1885-1942）
監督。モスクワ生まれ。亡命先のフランスで『秘密の家†』（23）『キイン』（24）『カサノヴァ†』（27）などを撮る。

ジョージ・ウォルシュ George Walsh（1889-1981）
男優。ニューヨーク生まれ。監督ラオール・ウォルシュの弟。大学卒業後ブルックリン・ドジャーズの外野手となるも、病気のため退団、ハリウッドの兄ラオールのもとに転がり込む。西部劇のエキストラを経て、一九一六年フォックス社と契約、『偉大なる記録』（17）など高い身体能力を発揮するダグラス・フェアバンクス型の主演俳優となる。二〇年フォックスを離れるが、『スタンレーの阿弗利加探検』（22）『虚栄の市』『ロジタ』（共に23）などに出演の後、ゴールドウィンと契約。当初ゴールドウィンの企画だった『ベン・ハー』の主役に抜擢されながら途中で降ろされた経緯は第三十六章に詳しい。その後はチャドウィックなどマイナーな製作会社の映画に出演、三〇年代は兄ラオールの映画などに脇役で出ていたが、三六年の『窮地に追い込まれて†』を最後に引退。

ラオール・ウォルシュ Raoul Walsh（1887-1980）
監督、男優。ニューヨーク生まれ。水夫、カウボーイなどを経験したのち舞台俳優となり、一九一二年映画入り。『国民の創生』（15）では俳優（リンカーン大統領を暗殺したJ・W・ブースの役）と助監督を兼ねる。初監督作はそれより前の『ビリャ将軍の生涯†』（14、クリスティ・キャバンヌと共同）。監督作（サイレント期）は他に、妻であったミリアム・クーパー主演の『エヴァンジェリン』（19）『紫影の女』（20）、ダグラス・フェアバンクスの『バグダッドの盗賊』（24）、そして『スエズの東』（25）『栄光』（26）『港の女』（28）など。トーキー初期は『懐しのアリゾナ』（28）『藪睨みの世界』（29）『ビッグ・トレイル』（30）。

ギルバート・ウォレントン Gilbert Warrenton（1894-1980）
撮影。ニュージャージー州パターソン生まれ。一九一六年キャメラマンとなり六三年の『オペレーション・ビキニ†』まで百八十本余の映画を撮影した。作品に『猫とカナリア』『降伏』（共に27）『笑ふ男』『都会の哀愁』（共に28）『ショウ・ボート』（29）『電話交換手†』（37）など。

アーサー・ウッズ Arthur Woods（1855-1932）
時代考証。生地不詳。『ロビン・フッド』（22）『バグダッドの盗賊』（24）『海賊』（26）『ガウチョウ』（27）など、ダグラス・フェアバンクス作品の考証監督を務める。

ウォルター・ウッズ Walter Woods（1881-1942）
脚本。ペンシルヴェニア州出身。一九一五年から三八年まで短篇を含め七十六本の映画の脚本に関わるが、とくに『阿修羅の如くに』(19)以降のジェイムズ・クルーズ作品の大半(『男子改造』〔23〕『親心子心』『駅馬車』〔共に25〕『戦艦くろがね号』〔26〕など)のシナリオに参加。その他の監督のものでは『真鍮の砲弾』(全18篇、18)『離婚希望』(24)『熱車輪』(28)など。

フランク・ウッズ　Frank E. Woods(1860-1939)
脚本、製作。ペンシルヴェニア州ラインズヴィル生まれ。一九〇八年バイオグラフ社に脚本家として入り、二五年までの間に『旧弊な若者』†(17)『ふるさとの家』(22)『獅子王リチャード』(23)など、九十本ほどの脚本に関わる。グリフィスのもとで製作主任も務めている。

ロッタ・ウッズ　Lotta Woods(1869-1957)
脚本。ペンシルヴェニア州出身。『ナット』(21)から『鉄仮面』(29)までのダグラス・フェアバンクス作品に関わる。フェアバンクス作品以外では『曙光の森』『消防隊』(共に26)などの字幕を担当している。

サム・ウッド　Sam Wood(1883-1949)
監督。ペンシルヴェニア州フィラデルフィア生まれ。一九一七年俳優として映画入り。セシル・B・デミルの助監督を経て、二〇年監督に。早々からウォーレス・リード主演もの(『快走王』『疾風迅雷』〔20〕など)、次いでグロリア・スワンソンもの(『瞬間の瞬間』〔21〕『白絹の女』〔22〕など)を手がける。以後の作に『獣人美人』(24)『速力時代』(27)『世界に告ぐ』(28)、トーキー転換以降は『オペラは踊る』(35)『チップス先生さようなら』†(39)『打撃王』(42)など著名作を数多く監督する。

レノー・ウルリック　Lenore Ulric(1892-1970)
女優。ミネソタ州ニューウルム生まれ。高校生の時に舞台デビュー。一九一一年シカゴのエッサネイ社に入り、ヴァンプ役を多く演じる。一五年以降演劇プロデューサー、デイヴィッド・ベラスコの庇護をうけ、ブロードウェイ・スターとして舞台活動が中心となる。映画出演作に『より良き女性』†(15)『ポーラの心情』†『策謀』†(共に16)『ロッキーの薔薇』(23)『南海の薔薇』(29)『椿姫』(37)など。

エ

セルゲイ・M・エイゼンシュテイン　Sergei M. Eisenstein(1898-1948)
監督。ロシア(現ラトヴィア)のリガ生まれ。『ストライキ』(24)『戦艦ポチョムキン』(25)『アレクサンドル・ネフスキー』(38)『イワン雷帝』(44/46)などの作品があり、映画理論家としても著名。三〇年、パリで出会ったパラマウントのジェシー・ラスキーに招かれてハリウッドに。セオドア・ドライサーの「アメリカの悲劇」を含むいくつかの企画が浮上するも実現はならず。ほぼ半年ほどの滞在ののち追い立てられるようにしてアメリカを離れる。

エイドリアン Gilbert A. Adrian（1903-59）
衣装。コネティカット州ノガタック生まれ。ジョージ・ホワイトの「スキャンダルズ」やアーヴィング・バーリンの「ミュージック・ボックス・レヴュー」の舞台衣装デザインを手がけたあと、ヴァレンティノ夫人（ナターシャ・ランボヴァ）から依頼をうけ、ヴァレンティノ主演の『荒鷲』『毒蛇』（共に25）の衣装を担当。二六年セシル・B・デミルと、二八年にはMGMと契約、四二年まで在籍。時代物も現代物もどちらも得意にし、MGMの華麗なルックの造形に大いに貢献した。サイレント期の他の作品に『亭主教育』（25）『ヴォルガの船唄』（26）『キング・オブ・キングス』（27）『恋多き女』（28）『野性の蘭』（29）などがある。

アイヴァン・エイブラムスン Ivan Abramson（1869-1934）
製作、監督、脚本。ロシア（現リトアニア）のヴィリニュス生まれ。二十代のときに渡米、ユダヤ系の新聞社で働く。一九一四年映画製作会社アイヴァン・フィルム・プロを立ち上げ、映画作りに入る。一時はウィリアム・ランドルフ・ハーストと提携するが、二〇年代半ばで活動を休止。監督作に『性の誘惑』（16）『歓楽の影』（18）『愛児を抱きて』（20）『目醒めよ女性』（24）など。

トマス・エジソン Thomas A. Edison（1847-1931）
発明、起業、製作。オハイオ州ミラン生まれ。蓄音機、電球等電気を応用した数々の発明で歴史にその名を残す。映画も彼の発明品のひとつではあるが、実際の発明者というよりは指導者、統轄者。最初部下のW・K・L・ディクスンと彼の研究班がひとり用の覗き見式による機械、キネトスコープを開発（一八九四年四月より一般興行）。次いでチャールズ・フランシス・ジェンキンズとトマス・アーマットの発明による投映型装置ファントスコープを手中にし、これをヴァイタスコープと改名。九六年四月にこれを用いてニューヨークのコスター・アンド・バイアル・ミュージックホールで映画を一般上映、これがアメリカにおける〝映画の誕生〟となった。エジソン社は映画の製作を開始、E・S・ポーターらが監督として腕を奮ったが、利益の独占を図って結成した映画特許会社が、法廷闘争も含め、最終的には独立系製作者側に敗北、エジソンは一九一八年エジソン社をたたみ、映画ビジネスから撤退した。

アーサー・エディスン Arthur Edeson（1891-1970）
撮影。ニューヨーク生まれ。一九一一年ニューヨーク州フォート・リーに出来たエクレール撮影所のアメリカ支社にエキストラ兼スティル写真家として雇われる。一四年キャメラマンとなり、三年後の一七年、主演作を数多く撮っていたクララ・キンボール・ヤングに伴ってカリフォルニアに移る。一九年、十四名のキャメラマンとアメリカ映画撮影家協会を設立。主な作品は『三銃士』（21）『ロビン・フッド』（22）『バグダッドの盗賊』（24）『ロスト・ワールド』（25）など。トーキー移行期は『懐しのアリゾナ』（29）『ビッグ・トレイル』『西部戦線異状なし』（共に30）、それ以降は『フランケンシュタイン』（31）『透明人間』（33）『マルタの鷹』（41）『カサブランカ』（42）などが代表作。

ハリー・E・エディントン　Harry E. Edington（1888-1949）
製作。カンザス州ワシントン生まれ。『ベン・ハー』（25）で製作主任。その後は一九三七年から四一年までの間に『ラッキー・パートナー』『恋愛手帳』（共に40）『スミス夫妻』（41）など九本の作品で製作総指揮を務める。

J・ゴードン・エドワーズ　J. Gordon Edwards（1867-1925）
監督。カナダ、モントリオール生まれ。舞台俳優から演出家となり、一九一四年監督としてフォックス社に。一六年から一八年にかけ『ロミオとジュリエット』†（16）『クレオパトラ』†（17）『サロメ』『シー・デビル』†（18）などセダ・バラ主演映画を十本余撮る。引き続きウィリアム・ファーナム主演『曠野の武人』（19）『我れ若し王者なりせば』『怒涛逆捲く』（共に20）、ベティ・ブライス主演『シーバの女王』（21）、さらに『ネロ』（22）『幻に戦きつつ』（23）などを作るも、フォックスと衝突して退社。二五年、復帰が実現する前に病没。

ハリー・エドワーズ　Harry Edwards（1887-1952）
監督。カナダ、アルバータ州カルガリー生まれ。一九一二年小道具方として映画入り。マック・セネットのもとで短篇コメディの監督に成長し、一四年から四六年までの間に百六十本以上の短篇コメディを残す。なかでもハリー・ラングドンとのコンビで知られ、短篇『ひと晩中』†『泥の足』†（共に24）『結婚大当たり』†『いつだった？』†（共に25）『ソルジャー・マン』†（26）などの他、中篇『彼の最初の恋人』†（27）長篇『初陣ハリー』（26）を撮っている。他にはビリー・ビーヴァン、ベン・ターピン、キャロル・ロンバードものなども。三人目の妻は女優のイヴリン・ブレント。

ジョン・エマーソン　John Emerson（1874-1956）
監督、脚本、製作。オハイオ州サンダスキー生まれ。一九一二年俳優兼脚本家として映画入り。一五年トライアングル社に加わり、ダグラス・フェアバンクス作品の脚本家・監督を務める。一九年からはタルマッジ姉妹の映画作りに、妻でやはり脚本家のアニタ・ルースとともに協力する。監督作に『はねる魚の神秘』†（16）『ドーグラスの蛮勇』『ドーグラスの月の世界』（共に17）『踊り子懐かし』（22）など。

ジューン・エルヴィッジ　June Elvidge（1893-1965）
女優。ミネソタ州セントポール生まれ。一九一四年ニューヨークの舞台に立つ。映画は一五年から。出演作は『ある娘の愚行』†（17）『権力と栄光』†（18）『女性の勝利』（22）『古城の鮮血』（23）など。二〇年代半ばに芸能界から引退。

アーサー・ガイ・エンピー　Arthur Guy Empey（1883-1963）軍人、作家、俳優。ユタ州オグデン生まれ。第一次大戦下、志願して英国陸軍に加わり、西部戦線で勲功をあげたアメリカ軍人（その時アメリカはまだ参戦していなかった）。負傷して退役。戦場での体験を記した「オーバー・ザ・トップ」が大ベストセラーとなり、参戦熱の高まるアメリカ国内で一躍時の人となる。一八年ヴァイタグラフがこれを映画化（『オーバー・ザ・トップ（戦線に立ちて）』）、エンピー自ら主役を演じる。その後製作プロダクションを設立、『底流』†（19）『一日だけの大富豪』†（21）などで脚本と主演を兼ねた。映画との関わりは三〇年の『三人の機動隊員』†の製作・原案が最後となる。

オ

ロイ・オーヴァーボー　Roy Overbaugh（1882-1966）撮影。シカゴ生まれ。一九一二年から三五年までの間に約五十本の作品でキャメラマンを務める。主なものにヘンリー・キングの『激怒』『ホワイト・シスター』（共に23）『ロモラ』（24）の他、『狂へる悪魔』（20）『美はしの都』（25）など。イギリスでも『ネルギン』（26）他何本か撮っている。

アーニー・オーサッティ　Ernie Orsatti（1902-68）小道具、スタントマン。ロサンゼルス生まれ。『荒武者キートン』（23）『忍術キートン』（24）『キートンのカメラマン』（28）などで小道具方やスタントマンを務めた。

ウィリアム・オースティン　William Austin（1884-1975）男優。英領ギアナ（現ガイアナ）のジョージタウン生まれ。一九二〇年映画初出演。出演作に『男子改造』（23）『ジョーンスの大事件』『無花果の葉』（共に26）『あれ』（27）『スヰーティ』（29）『ヘンリー八世の私生活』†『不思議の国のアリス』（共に33）など。第四十一章ではレジナルド・デニー喜劇の常連のひとりと書かれているが、出演は『ジョーンスの大事件』一作のみと思われる。ウィリアム・A・サイター監督のものはもう一本『小さな独身者』†（27）に出ている。

ウォーナー・オーランド　Warner Oland（1879-1938）男優。スウェーデン出身。十歳のときからアメリカに。一九一二年舞台から映画に転じる。本文にあるように敵役、とりわけアジア系の悪役を専らにする。三一年の『怪探偵張氏』から三七年の『モンテカルロのチャーリー・チャン』†まで、チャーリー・チャン役で十七本を連作。他に『パトリア』†（17）『ドン・Q』（25）『ドン・ファン』（26）『人肉の桑港』（27）『フーマンチュウ博士の秘密』（29）『続フーマンチュー博士』（30）『間諜X27』（31）『上海特急』（32）などに出演。

ウィリアム・F・オールダー　William F. Alder（1886-1956）撮影、製作、監督。ペンシルヴェニア州出身。一九一四年短篇『ラマームアの花嫁』でキャメラマンに。撮影を担当した作品は『ジェス』『シャーロット・コーデイ』（共に14）『司令官』（15）など計八本。二〇年にはニューギニア島などで撮影したセミドキュメンタリー『喰人島に難破』で製作・監督も兼任した。

チャールズ・オグル　Charles Ogle（1865-1940）男優。オハイオ州ステューベンヴィル生まれ。舞台のベテラン俳優。一九〇八年映画初出演。二六年までの間に三百本を超す作品に出演する。主なものに『フランケンシュタイン』（10）『サニーブルック農園のレベッカ』（17）『宝島』（20）『笑はぬ人』（21）『幌馬車』（23）『地獄の猛火』（24）など。

ハリー・オリヴァー　Harry Oliver（1888-1973）美術。ミネソタ州ヘイスティングス生まれ。一九一九年から三八年の間に三十本余の作品の装置・美術を担当する。主なものに『雀』（26）『第七天国』（27）『街の天使』（28）『都会の女』『リリオム』（共に30）『暗黒街の顔役』（32）『ロイドの大勝利』（34）など。

シドニー・オルコット　Sidney Olcott（1873-1949）監督、脚本。カナダ、トロント生まれ。一九〇四年俳優としてミュートスコープに入る。〇七年からはカーレム社の監督となるが、一巻物『ベン・ハー』（07）の著作権問題で会社を四年に及ぶ法廷闘争に引きずり込む。一五年フェイマス・プレイヤーズ＝ラスキーに移り、二七年に引退するまで多数の映画を監督した。カーレム時代しばしば海外ロケを敢行、ドキュメンタリー映画の祖ともなる。作品にはメリー・ピックフォードの『半生の夢』（16）、マリオン・デイヴィスの『懐しの紐育』（23）、グロリア・スワンソンの『蜂雀』、ヴァレンティノの『ボーケール』、ノーマ・タルマッジの『激浪逆捲く（海行く恋）』（いずれも24）、ポーラ・ネグリの『紅椿』（25）などがある。

ガートルード・オルムステッド　Gertrude Olmstead（1897-1975）女優。シカゴ生まれ。一九二〇年地元のビューティ・コンテストに優勝し、ユニヴァーサル社と契約。二四年から二七年まではMGMと契約。二〇年代を通して数多くの男優と共演する。ジョン・ギルバートと『俠骨カービー』（23）、ロン・チャニーと『魔人』、ヴァレンティノと『毒蛇』（共に25）、チャールズ・レイと『高らかに歌へ』（26）、レジナルド・デニーと『愉快な嘘つき』（27）など。二六年監督のロバート・Z・レナードと結婚。トーキー作品に数本出た後、引退、家庭に入る。

カ

ハリー・カー　Harry Carr（1877-1936）
男優、脚本。アイオワ州ティプトン生まれ。俳優として一九一三年から十本ほどの映画に出演。二〇年代は脚本家としてリリアン・ギッシュ監督の『亭主改造』（20）、ジェイムズ・クルーズ監督の『戦艦くろがね号』（26）、ハワード・ホークス監督の『雲晴れて愛は輝く』（27）、エリッヒ・フォン・シュトロハイム監督の『結婚行進曲』（28）などに関わる。

ジェイムズ・カークウッド　James Kirkwood（1876-1963）
監督、男優。ミシガン州グランドラピッズ生まれ。演劇の世界から映画へ。一九〇九年『エドガー・アラン・ポー†』で映画初出演。グリフィスの初期の映画に数多く主演する。一二年からは監督も行なうようになり、メリー・ピックフォード、リリアン・ギッシュらの作品を手がける。二〇年からは再び俳優業ひとすじに。主な出演作に『人類の破滅』（23）『輝やく一路』（24）『世界の頂点†』（25）『浮かれ胡蝶』（26）など。

マイケル・カーティス　Michael Curtiz（1886-1962）
監督。オーストリア＝ハンガリー（現ハンガリー）のブダペスト生まれ。父親は建築家、母親はオペラ歌手。サーカスや演劇を経て、一九一二年映画の世界に。二〇年代初頭には『ソドムとゴモラ』（22）『イスラエルの月』（24）などで外国にも名前が知られるようになり、二六年ハリー・ワーナーに招かれてハリウッドに。以後二十五年間ワーナー・ブラザースのために百本を超す作品を監督、会社の繁栄をささえた。二〇年代の作は『テンダーロイン』『ノアの箱船』（共に28）『大地の果てまで』（29）などドロレス・コステロ主演のものが多い。三〇年代以降では『進め龍騎兵』（36）『ロビン・フッドの冒険』（38）『カサブランカ』（42）など。

メアリー・ガーデン　Mary Garden（1874-1967）
オペラ歌手、女優。スコットランド、アバディーン生まれ。一八八〇年家族で渡米、シカゴに住む。幼い時より楽器、声楽を学び才能を伸ばす。九五年パリに。ドビュッシーは「ペレアスとメリザンド」のメリザンド役に彼女を選び、マスネは「ノートルダムの曲芸師」の主役を彼女のために男声から女声に書き換えた。一九〇七年マスネの「タイス」でニューヨーク・デビュー。歌唱力、演技力とも抜群の歌手として欧米で活躍、一〇年から三一年までシカゴ・シビック・オペラの筆頭歌手のひとりをつとめる。三四年引退。映画出演は『舞妓タイース』（17）と『誉の犠牲』（18）の二本。

ジェイムズ・カード　James Card（1915-2000）
映画研究。オハイオ州シェイカーハイツ生まれ。一九四八年から退職する七七年までジョージ・イーストマン・ハウスの研究員として同館の映画蒐集・保存業務に中心的役割をはたした映画研究者。ルイズ・ブルックスをニューヨーク州ロチェスターに呼び寄せた人物でもある。

スヴェン・ガード　Svend Gade（1877-1952）
監督、脚本、美術。デンマーク、コペンハーゲン生まれ。ドイツでアスター・ニールセン主演『ハムレット』（21）を監督したあとアメリカへ。ルビッチの『ロジタ』（23）『三人の女』（24）で美術監督を務めた他、その後の二年間で『五番街のモデル』『孔雀の羽根』（共に25）『細君御注意』（26）など六本を監督する。デンマークにもどってからは三八年に監督作が一本あるのみ。

ヴァージニア・カートリー　Virginia Kirtley（1888-1956）
女優、脚本。ミズーリ州ボウリンググリーン生まれ。一九一三年キーストン社に入り、ロスコー・アーバックルの『花嫁を乗せて』†（13）、チャップリンの第一作『成功争い』（14）など多数に出演。その後シーリグ、ネスターに移るも映画出演は一七年まで。同一七年に夫エディ・ライオンズ主演の短篇もの六本の原案、シナリオを書いている。

リー・ガームス　Lee Garmes（1898-1978）
撮影。イリノイ州ピオリア生まれ。祖母のもとコロラド州デンヴァーで育つ。一九一六年トマス・インス撮影所に背景画助手として入社。小道具方、キャメラマン助手を経て、一八年キャメラマンに。二〇年代中頃はマルコム・セント・クレア監督とのコンビで短篇、長篇のコメディを多数手がけ、工夫の才に富むキャメラマンとして注目される。その後もパラマウント社を中心に活躍、三〇年代初頭のスタンバーグ作品の撮影で名声を決定づけた。主な作品に『闘争の熱血』（全24篇、23）『姫君と給仕』『三日伯爵』（共に26）『受難者』『トロイ情史』（共に27）『感激の泉』（28）『モロッコ』（30）『間諜X27』（31）『上海特急』『暗黒街の顔役』（共に32）など。ベン・ヘクト、チャールズ・マッカーサーが共同で脚本・監督した『情熱なき犯罪』（34）『生きてゐるモレア』（35）では撮影に加え、監督補佐として事実上の演出を受け持った。

フランク・カーリエ　Frank Currier（1857-1928）
男優。コネティカット州ノーウィッチ生まれ。一九一二年ヴァイタグラフから映画デビュー。がっしりした体型をいかし、威厳のある脇役を多く演じた。出演作に『紅燈祭』（19）『迷信』（20）『マイ・オールド・ケンタッキー・ホーム』（22）『シー・ホーク』（24）『紅百合』（24）『グラウスターク』†『ベン・ハー』（共に25）『世界に告ぐ』（28）など。車のドアに指を挟まれた傷からの敗血症で死去。

トニー・ガウディオ　Tony Gaudio（1883-1951）
撮影。ローマ生まれ。父と兄は肖像写真家。一九〇三年映画キャメラマンとなり、〇六年渡米。ヴァイタグラフを経てIMPに、その後メトロ、ファーストナショナルへと移る。三

○年代、四○年代はソル・ポリトとともにワーナー・ブラザース社の二大撮影監督となる。サイレント期の主な作品は『紅燈祭（紅燈籠）』（19）『キスメット』『大自然の掟』（共に20）、ノーマ・タルマッジ主演、フランク・ロイド監督のもの（『不滅の情火』〔22〕『法に泣く女』『灰と復讐†』〔共に23〕等）、その他『夫たち愛人たち†』（24）『ガウチョウ』（27）など。ワーナー時代では『手紙†』（40）『ハイ・シエラ』『大いなる嘘』（共に41）他。最後の作は『赤い仔馬†』（49）。

ジェイン・カウル　Jane Cowl（1884-1950）
女優。ボストン生まれ。二十世紀前半の著名舞台女優のひとり。一九○三年初舞台。代表的舞台に「ギャンブラーズ」（10）「世間並み」（15）「ロミオとジュリエット」（23）「ふしだら」（25）「旧友」（40）など。また劇作にも手を染めていて「ライラック・タイム」（17）「スマイリン・スルー」（19、いずれも共作）は主演して好評を博しただけでなく、後に映画化もされた（前者は邦題同じ。後者は三度映画化されていて、『久遠の微笑』〔22〕『永遠に微笑む』〔32〕、四一年版は日本未公開）。映画出演は『偽りの花園†』（15）『明けゆく黎明†』（17）の二本のサイレントと、『恋人よいま一度』（49）他最晩年の四本。

ルイ・J・ガスニエ　Louis J. Gasnier（1875-1963）
監督。パリ生まれ。一九○五年からフランス・パテ社で短篇コメディの監督を始める。このときマックス・ランデールを見出す。一二年渡米。パテ・アメリカ支社で『ポーリンの危難』（14）『拳骨（エレーヌの勲功）』（全14篇、15）などの連続活劇を撮り、そのまま四○年代初頭まで（三○年代前半の一時期を除き）アメリカでメガホンを取りつづける。主な作品に『コルシカの兄弟』（20、共同）『キスメット』（20）『母よ恋し』（22）『春来りなば』（23）『乙女ごころ』（24）など。

アイリーン・カッスル　Irene Castle（1893-1969）
女優。ニューヨーク州ニューロシェル生まれ。二十世紀初頭、夫ヴァーノン・カッスルとともにダンサーカップルとして名を馳せた女性。後にフレッド・アステア、ジンジャー・ロジャーズのミュージカル映画『カッスル夫妻』（39）で描かれる。両名はアーヴィング・バーリンのミュージカル「ウォッチ・ユア・ステップ」に登場した他、映画『渦巻く人生†』（15）にも実名で出演。アイリーンは『パトリア†』（17）を皮切りに二二年の『スリムな両肩†』まで十八本の映画に出ている（日本で公開されているのは『月下の囁き』〔19〕『紐育の踊娘』『女性の意気』〔共に22〕他五本）。夫ヴァーノンは飛行機事故で一八年に亡くなる。

チャールズ・ウェイクフィールド・カドマン
Charles Wakefield Cadman（1881-1946）
作曲。ペンシルヴェニア州ジョンズタウン生まれ。ピッツバーグで音楽教育を受ける。アメリカ先住民のなかで長らく生活し先住民音楽のエキスパートとなる。作曲者として最初に注目されたのは「青い水の国から」がソプラノ歌手リリアン・ノーディカによって歌われたとき。二〇年代には「明け方に」も評判になり、『愛人の誓』†〔25〕、グリフィスの『愛の太鼓』†〔28〕、『守備隊長』†〔30〕など映画の作曲も何本か行なった。

フレッド・ガブーリー　Fred Gabourie（1881-1951）
装置、美術。カナダ、オンタリオ州トウィード生まれ。一九一九年『享楽の女性』†のスタッフとして初クレジット。翌二〇年の短篇『文化生活一週間』から『キートンのカメラマン』（28）までバスター・キートンのほぼすべての作品の技術監督、美術監督ないし装置デザインを担当する。キートン作品以外では『サーカス・デイズ』（23）『シー・ホーク』（24）『無言の英雄』（25）『魔の超特急』（34）など。

アルベール・カペラニ　Albert Capellani（1874-1931）
監督。パリ生まれ。舞台俳優、演出家を経て、一九〇五年パテ映画社に入り〇六年監督となる。〇九年劇作家文学者映画協会の監督となり、多くの文芸作品の映画化を手がける。一二年『噫無情』が大当たり、一五年招かれて渡米。クララ・キンボール・ヤングの『日陰の女』『乙女の夢』（共に16）、アラ・ナジモワの『海の神秘』『紅燈祭（紅燈籠）』（共に19）をはじめ二二年までに二十本近くを監督する。二三年フランスに帰国。半身不随の病気となり三一年病没。

上山草人　かみやま　そうじん（1884-1954）
男優。仙台市生まれ。日本で各種の演劇運動に参加したのち渡米。一七年の『パトリア』†でハリウッド映画初出演。その後も異様怪奇な人物を演じ、“Sojin”として人気を博す。二九年帰国。戦後までさまざまな脇役で映画に顔を出していた。ハリウッド時代の出演作は『バグダッドの盗賊』（24）『ハレムの貴婦人』（26）『支那の鸚鵡』（27）『深紅の都市』†（28）『サタンへの七つの足跡』†（29）など約四十本に及ぶ。

マリオ・カリロ　Mario Carillo（1894-1970）
男優。イタリアのナポリ生まれ。一九二二年のハーバート・ブレノン監督の『名優の恋』から二八年のフランク・ストレイヤー監督の『金髪騒動』まで四十本余りの映画に出ている。他に『ロジタ』†『愛の歌』†（共に23）『突貫！　突貫！』（24）『野性の誘惑』†（25）『トロイ情史』（27）など。

エンリコ・カルーソー　Enrico Caruso（1873-1921）
オペラ歌手。イタリア、ナポリ生まれ。伝説的オペラ歌手であるとともにオペラ界最初のスーパースター。アメリカでの映画出演は三度。エジソン社のディスク式トーキーによる短篇『ランメルモールのルチア』（11）、フェイマス・プレイヤーズ＝ラスキー製作の劇映画でエドワード・ジョーゼが監督した二本『吾が従兄』（18）と『恋の秘曲』（19）。これ以外に仏独で〇七年と〇九年に短篇を一本ずつ撮っている。

グレタ・ガルボ　Greta Garbo（1905-90）
女優。ストックホルム生まれ。『イェスタ・ベルリング物語』†（24）『喜びなき街』（25）で注目され、育ての親でもあるマウリッツ・スティルレル監督とともにMGMに招聘されてアメリカへ。『イバニエズの激流』『明眸罪あり』『肉体と悪魔』（いずれも26）とデビュー後一年足らずのうちに大スターの座に上り詰める。サイレント期は他に『アンナ・カレニナ』（27）『恋多き女』（28）『接吻』（29）など。『アンナ・クリスティ』（30）以降トーキーでもその神秘的な魅力は減ずることなく、『クリスチナ女王』（33）『椿姫』（36）『ニノチカ』（39）等々MGMの大看板女優でありつづけた。

ベン・カレ　Ben Carré（1883-1978）
美術。パリ生まれ。パリ・オペラ座やコメディ・フランセーズの書き割り画家から映画美術の世界に入る。一九一二年渡米。ニュージャージー州フォート・リーのエクレア撮影所でモーリス・トゥールヌールらの美術監督となり、二〇年以降はMGM、ワーナー・ブラザース、フォックスで腕を奮った。作品に『椿姫』†（15）『プア・リトル・リッチ・ガール』†（17）『青い鳥』（18）『モヒカン族の最後』（20）『オペラの怪人』（25）『人肉の桑港』（27）など。健康上の理由で美術監督を退いたあとも『オズの魔法使』（39）『若草の頃』（44）『巴里のアメリカ人』（51）などで背景画を描いている。

アベル・ガンス　Abel Gance（1889-1981）
監督。パリ生まれ。経歴・作品は第四十六章参照。

キ

キャスリーン・キー　Kathleen Key（1903-54）
女優。ニューヨーク州バファロー生まれ。『ベン・ハー』（25）で主人公の妹ティルザを演じた女優。ダグラス・マクリーンの『帰り新参』（20）で映画デビュー。その他の出演作にトム・ミックスの西部劇『喧嘩王』（24）、ラモン・ノヴァロと共演した『愛人の誓』（25）、メイ・マッカヴォイ主演もの『アイリッシュ・ハート』†（27）など。俳優としてのキャリアは実質上サイレントで終わる。三一年痴情のもつれからバスター・キートンに暴力を振るい、各紙に報じられた。

ジョー・キートン　Joe Keaton（1867-1946）
男優。インディアナ州テレハウト生まれ。バスター・キートンの父親。『荒武者キートン』（23）の機関士役、『忍術キートン』（24）のヒロインの父親役などキートン作品のいくつかに顔を出している。

バスター・キートン　Buster Keaton（1895-1966）
男優、脚本、監督。カンザス州ピクワ生まれ。経歴・作品は第四十三章参照。

アル・ギーブラー　Al Giebler（1872-1950）
脚本。ミズーリ州ランドルフ生まれ。ギャグライター、脚本家として一九二四年から四七年までの間に百四十本ほどの映画（そのほとんどは短篇コメディ）に関わる。二五年から二七年にかけてハリー・ラングドン主演の短篇ものの字幕を担当。三〇年代半ば以降は〝三馬鹿大将〟をはじめとするコロムビア短篇コメディのスタッフとなる。

アリス・ギイ＝ブラッシェ　Alice Guy-Blache（1873-1968）
監督、製作。パリ生まれ。世界初の女性監督。父親は出版者。四姉妹の末っ子に生まれる。一八九六年ゴーモン社に秘書として入社。翌年同社がキャメラ製造から映画製作に切り換わると監督となる。一九〇六年まで一・二巻物を量産、〇五年には〝製作芸術監督〟として若手監督を監修する地位につく。〇七年キャメラマンでゴーモン・ロンドン支社の主任ハーバート・ブラッシェと結婚。同年共に渡米、クリーヴランドにゴーモン支社を設立する。場所をニューヨークに移したのちの一〇年、自らの製作会社ソラックスを創設。その良質な作品群は評判をよぶ。一七年監督にもどり、パテやメトロのために映画を撮る。二二年ハーバートと離婚して帰仏。母国では映画を撮る機会は二度と訪れなかった。五三年レジオン・ドヌール受章。六四年ニュージャージー州に住む娘のもとに移り、当地で最晩年を過ごす。アメリカ時代の主な長篇作品に『ムーラン・ルージュの影†』（13）『怪物と娘†』『誘惑†』（共に14）『私のマドンナ†』『寄席の一夜』（共に15）『女帝†』『仮面の裏側†』（共に17）など。

フレッド・ギオル　Fred Guiol（1898-1964）
小道具、脚本、監督、製作。サンフランシスコ生まれ。D・W・グリフィスのもとで小道具方として経験を積んだあと、ハル・ローチ撮影所に移り、スタッフとしてさまざまな役割を果たす（ハロルド・ロイドの一九年の二本の短篇『春の熱』『ほんの隣人†』では撮影も）。二三年からは監督となり、ローレル＝ハーディのコンビ結成初期の作品を含め四〇年代はじめまでに八十本ほどを手がける。その一方で三〇年代RKOに移ったジョージ・スティーヴンスと行をともにしていて、五九年の『アンネの日記』までスティーヴンス作品に製作、監督補佐、第二班監督、脚本等でついた。

ルネ・ギサール　Rene Guissart（1888-1960）
撮影、監督。パリに生まれる。一九一六年からキャメラマン。モーリス・トゥールヌール監督の『宝島』（20）『悪魔の哄笑』（23）や、イギリス映画でベディ・ブライス主演の『朱《チュー》金昭《チンチヨウ》†』（23）などを撮る。三〇年フランスにもどり、三〇年代に三十本近くの映画を監督した。

ドロシー・ギッシュ　Dorothy Gish（1898-1968）
女優。オハイオ州マッシロン生まれ。リリアン・ギッシュの妹。四歳のときから姉、母とともに舞台に立つ。メリー・ピックフォードの紹介で姉と一緒にグリフィスの門に入り、『見えざる敵』†（12）で映画デビュー。以後の出演作にグリフィスの『世界の心』（18）『嵐の孤児』（22）、リリアンが監督し、夫となるジェイムズ・レニーと共演した『亭主改造』（20）、ヘンリー・キング監督の『ロモラ』（24）、イギリスで撮った『ネルギン』（26）など。三〇年代以降は仕事の場をラジオ・舞台に移した。最後の映画出演は『枢機卿』（64）。

リリアン・ギッシュ　Lillian Gish（1893/96-1993）
女優。オハイオ州スプリングフィールド生まれ。妹のドロシーとともに子どもの時から舞台に立つ。一九一二年かつての子役仲間だったメリー・ピックフォードによってD・W・グリフィスに紹介され、姉妹そろって『見えざる敵』†（12）で映画デビュー。その後『レディと鼠』†『母のように優しい心』†（共に13）といった短篇を経て、『幸福の谷』『スージーの真心』『散り行く花』（いずれも19）『東への道』（20）『嵐の孤児』（21）などでグリフィス映画を代表する女優となる。グリフィスのもとを離れてからもヘンリー・キングの『ホワイト・シスター』（23）『ロモラ』（24）、MGMにおける『ラ・ボエーム』『真紅の文字』（共に26）『風』（28）と主演する。三〇年代以降は舞台にもどるも、八〇年代まで映画主演は続く（その主なものに『白鳥』〔30〕『白昼の決闘』〔46〕『狩人の夜』〔55〕『八月の鯨』〔87〕）。監督作に妹ドロシーを主演にして撮った『亭主改造』（20）がある。

セドリック・ギボンズ　Cedric Gibbons（1893-1960）
美術。ダブリン生まれ。ニューヨークのアート・ステューデンツ・リーグを卒業後、建築家であった父親のもとで働く。一九一五年エジソン社に入り、ヒューゴ・バリンの助手となる。一八年ゴールドウィンに移る。二四年、創設されたばかりのMGMに加わり、以後三十二年間同社美術部の最高責任者として美術監修を務める。クレジットされた映画の数はおよそ千五百本。アカデミー賞受賞は十一度に及ぶ（そのオスカー像はギボンズがデザインした）。サイレント期の作品に『殴られる彼奴《あいつ》』（24）『ビッグ・パレード』『ベン・ハー』（共に25）『思ひ出』（27）など。

バーバラ・キャッスルトン　Barbara Castleton（1894-1978）
女優。アーカンソー州ボーカラトーン生まれ。一九一四年の『試練』†から二三年のゴードン・エドワーズ監督『幻に戦きつつ』まで二十八本の映画に出演。他に『正義の囁き』『危険な時代』†（共に19）『嵐を衝いて』『灼熱の刻印』（共に20）『我が友悪魔よ』（22）など。

クリスティ・キャバンヌ　Christy Cabanne（1888-1950）
監督。ミズーリ州セントルイス生まれ。一九一一年俳優として映画デビュー。グリフィスの助手を経て、一三年から監督に。ダグラス・フェアバンクスの第一作『快男子』（15）をはじめ『ドーグラスの奮闘』『ドーグラスの厭世』（共に16）、また連続活劇『大秘密』（全18篇、17）や『愛の竜巻』（18）『恋の外何者もなし』（24）などを撮るが、トーキー以降は『征空重爆撃』（35）などB級映画専門の作り手となる。

フランク・キャプラ　Frank Capra（1897-1991）
脚本、監督。イタリア、シシリー島ビザックイーノ生まれ。六歳の時家族とともにカリフォルニアに移住。一九一八年カリフォルニア工科大学を卒業。二二年短篇をひとつ監督したのち、現像所に見習いとして入り、映画作りを改めて学ぶ。二四年にギャグマンとしてハル・ローチ撮影所に、次いでマック・セネットの撮影所に入り、ハリー・ラングドン・チームの一員として頭角を現す。『当りっ子ハリー』（26）『初恋ハリイ』（27）とラングドンの傑作長篇二本を監督するも、ラングドンと衝突して袂を分かつ。ニューヨークでクローデット・コルベールの映画デビュー作『力漕一艇身』（27）を撮ったあと、コロムビアと契約。サイレント期のコロムビア作品には『呑気な商売』『陽気な踊子』『サブマリン』『渦巻く都会』（いずれも28）などがある。トーキー転換以降の代表作は『或る夜の出来事』（34）『オペラ・ハット』（36）『我が家の楽園』（38）『スミス都へ行く』（39）『素晴らしき哉、人生！』（46）など。

ナンシー・キャロル　Nancy Carroll（1903-65）
女優。ニューヨーク生まれ。ブロードウェイのコーラスガールから一九二七年映画の世界に。デビュー二作目の『アビーの白薔薇』（28）でパラマウントのスター女優となる。以後の作品に『金は天下の廻りもの』『水尽く大地』『マンハッタン・カクテル』『店曝らしの天使』（いずれも28）など。歌って踊れるスターだったことからトーキー転換以降はさらに人気を高めた。

コリン・キャンベル　Colin Campbell（1859-1928）
監督。スコットランド出身。一九一一年からシーリグ社の監督に。一四年のウィリアム・ファーナム主演『スポイラース』が初めての長篇。他にタイロン・パワーの『漂泊の月』（16）、コリーン・ムーアの『みなし児アニー』†（18）、ダスティン・ファーナムの『コルシカの兄弟』（20）、早川雪洲の『スワンプ』（21）、ドロシー・フィリップスの『薔薇の棘』（22）などを監督した。短長篇合わせて百八十本ほどを撮ったのち、二〇年代半ばに第一線を退く。

アルフレッド（アル）・ギルクス
Alfred (Al) Gilks（1891-1970）

撮影。ロサンゼルス生まれ。一九二〇年ウォーレス・リード主演『快走王』でキャメラマンに。その後もフェイマス・プレイヤーズ＝ラスキーでサム・ウッド監督グロリア・スワンソン主演もの『黄金の籠』『大陸に鳴る女』〔共に22〕『幸福の扉』〔23〕や『北緯三十六度』（24）『戦艦くろがね号』（26）『モダン十誡』（27）、トーキー転換以降は『南瓜とお姫様』（34）『人生は四十二から』（35）『ロイドの牛乳屋』（36）などを撮る。

ジョン・ギルバート John Gilbert（1897-1936）

男優。ユタ州ローガン生まれ。一九一六年トマス・インスのもとにエキストラとして入る。一九年脚本家・アシスタント・俳優としてモーリス・トゥールヌールのもとに。その後主演級俳優となり、ファースト・ナショナル、フォックスなどを経て、二〇年代後半にはMGMのスター俳優となる。出演作はメリー・ピックフォードと共演した『想出の丘へ』（19）、フォックスでの『巌窟王』（22）『侠骨カービー』（23）、MGMでの『殴られる彼奴《あいつ》』（24）『メリー・ウイドー』『ビッグ・パレード』〔共に25〕、グレタ・ガルボと共演した『肉体と悪魔』（26）『アンナ・カレニナ』（27）『恋多き女』（28）など。トーキー転換期には親会社との軋轢からスターの座を奪われ、再起を図れぬまま三十八歳で死去。

アーノルド・ギレスピー Arnold Gillespie（1899-1978）

装置、美術、特殊効果。テキサス州エルパソ生まれ。一九二二年映画入り。二四年から三六年までMGMの装置・美術担当。サイレント期では『黒い鳥』『ラ・ボエーム』〔共に26〕『群衆†』（28）などに加わっている。以後は同社の特殊効果部部長を務める。『東京上空三十秒』（44）『大地は怒る』（47）『プリマスでの冒険†』（52）『ベン・ハー』（59）で四度アカデミー賞特殊効果賞を受賞。作品は他に『オズの魔法使』（39）『禁断の惑星』（56）『北北西に進路を取れ』（59）など。

バートン・L・キング Burton L. King（1877-1944）

男優、監督。オハイオ州シンシナティ生まれ。一九一二年俳優として映画入り。翌年監督に。監督作に『どたん場の勝利†』（17）『人間タンク』〔全15篇、18〕『愛のため、あるいは金のため†』（20）『雷が落ちるとき†』（34）などがある。

ヘンリー・キング Henry King（1886-1982）

監督。ヴァージニア州クリスチャンズバーグ生まれ。経歴・作品は第十章参照。

ク

ジャッキー・クーガン Jackie Coogan（1914-84）

男優。ロサンゼルス生まれ。父親はヴォードヴィル芸人。一歳半のときに『スキナーの赤ん坊†』（17）で映画初登場。四歳でアネット・ケラーマンのレヴュー舞台に出演。これを見たチャップリンが『一日の行楽』(19)『キッド』(21)で起用、後者の演技で世界中の人気者となる。その後の作品に『悪戯小僧』(21)『オリヴァ・トウヰスト』(22)『少年ロビンソン』『フランダースの少年』(共に24)など。子役としては二七年の『海洋児クーガン』が最後の作となる。

レオ・クーター Leo Kuter (1897-1970)
美術。イリノイ州シャノン生まれ。一九二二年から六六年までの間に七十本余の美術を担当。主なものに『燻ゆる情炎』(25)『スキナーの夜会服』(26)『港々に女あり』(28)、トーキー転換以降では『キー・ラーゴ』(48)『リオ・ブラボー』(59)など。

ゲーリー・クーパー Gary Cooper (1901-61)
男優。モンタナ州ヘレナ生まれ。裁判所判事の息子として生まれ、小学校時代はイギリスで過ごす。地元の大学を卒業後国立公園のガイドや新聞漫画の投稿などをしていたが、二四年カリフォルニアに出、セールスマンなどをしたのち翌二五年から西部劇のエキストラを務めるように。二六年ヘンリー・キング監督、ロナルド・コールマン主演の『夢想の楽園』に大抜擢される。その後の主なサイレント期の作に『赤ちゃん母さん』『つばさ』(共に27)『空行かば』『ライラック・タイム』『店曝らしの天使』(いずれも28)など。トーキー初期には『モロッコ』(30)『市街』(31)『戦場よさらば』(32)他。セシル・B・デミル監督ものでは『平原児』(36)『北西騎馬警官隊』(40)『征服されざる人々』(47)がある。

ミリアム・クーパー Miriam Cooper (1891-1976)
女優。メリーランド州ボルティモア生まれ。一九一一年バイオグラフ社にエキストラとして映画入り。カーレム、リライアンス＝マジェスティックを経て再びグリフィスのもとへ。『国民の創生』(15)『イントレランス』(16)で印象に残る役を演じる。一六年グリフィスの助監督だったラオール・ウォルシュと結婚。ともにフォックスに移り、『夫は赦すか』『エヴァンジェリン』(共に19)などに主演。二〇年以降は独立製作に入ったウォルシュの作品などに出演するも、二五年ウォルシュと離婚、同時にスクリーンを離れる。他の出演作に『紫影の女』(20)『セレナーデ』(21)など。

メリアン・C・クーパー Merian C. Cooper (1893-1973)
撮影、監督、製作。フロリダ州ジャクソンヴィル生まれ。子どもの時から冒険や探検にあこがれ、各種スポーツで体を鍛えるとともに、アナポリス海軍兵学校に入る。第一次大戦では偵察機のパイロット。撃墜され終戦はドイツの収容所で迎える。戦後はロシアと戦うポーランドのために義勇兵となり、このときも搭乗機が撃ち落とされ一年近くを強制収容所で過ごすも脱出、ポーランドに逃れて勲章を授与される。帰国後新聞記者を経て、ポーランド時代からの友人アーネスト・

B・シェードサックを誘いアフリカ、中近東等へ撮影探検旅行を敢行。その時のフィルムをもとに『地上』(25)、さらにはそのヒットによりパラマウントのさらなる後押しを得て、タイのジャングルで二年近くをかけて撮影した『チャング』(27)の二本のドキュメンタリーを発表、センセーションを巻き起こす。その後もシェードサックとのコンビで『四枚の羽根』(29)『猟奇島』(32)『キング・コング』(33)などを撮る一方、三三年からはセルズニックを継いでRKOの製作主任となり『若草物語』『空中レヴュー時代』(共に33)を、戦後はアーゴシー・ピクチャーズのプロデューサーとしてジョン・フォードの西部劇などを手がけた。

アルフレッド(アルフ)・J・グールディング
Alfred (Alf) J. Goulding (1884-1972)
監督。オーストラリア、メルボルン生まれ。元ヴォードヴィリアン。ロイド喜劇『悲しき海辺で』†(17)で監督デビュー。二〇年の『化物退治』まで計三十三本を担当する。二〇年代も短篇コメディに専念、二三年から二四年にかけてはベビー・ペギーものを十二本、二六年から二八年にかけてはレイモンド・マッキーのスミスものを十二本手がけた(二五年にはハリー・ラングドン短篇喜劇が二本ある)。長篇にはノーマ・シアラー主演『突貫花婿』、サリー・オニール主演『雷親爺』(共に25)などがある。三〇年代後半以降はイギリスで監督を続けた。

エドマンド・グールディング
Edmund Goulding (1891-1956)
監督、脚本。イングランド、ミドルセックスのフェルタム生まれ。十二歳で演劇の世界に入り、俳優を経て劇作家、演出家となる。第一次大戦に従軍、負傷の後渡米。一九一六年脚本家として映画入り、ヘンリー・キング監督『乗合馬車』(21)他の脚本を書く。二五年から監督となり、MGMで『三人の踊子』(25)『アンナ・カレニナ』(27)『グランド・ホテル』(32)、ワーナー・ブラザースで『愛の勝利』(39)『偉大な嘘』(41)、二十世紀フォックスで『剃刀の刃』(46)などを撮った。

クライド・クック Clyde Cook (1891-1984)
男優。オーストラリア、ポートマックウォーリー生まれ。十二歳のときアクロバット・ダンスの芸で売り出す。イギリスのミュージックホール、アメリカのヴォードヴィルでも人気を博し、一九二〇年からフォックス社で短篇喜劇〝サンシャイン喜劇〟を連作する。二〇年代中頃にハル・ローチ撮影所に移るとともにドラマ作品にも出演。長篇作品に『スカート』†(21)『夢想の楽園』(26)『鉄条網』『満腹狂想曲』(共に27)『紐育の波止場』(28)『じゃじゃ馬馴らし』(29)など。トーキー転換以降も健在で、最後の出演は、端役ではあるが、ジョン・フォードの『ドノバン珊瑚礁』(63)。

フランク・クラーク　Frank Clarke（1898-1948）
スタントマン、男優。カリフォルニア州パソローブルズ生まれ。スタント・パイロットとして『四つの顔の女』（23）『雲のパイロット』†（25）『つばさ』（27）『空行かば』（28）『地獄の天使』（30）『空の花嫁』（32）『空軍の覇者』（33）『翼の人々』（38）『天国二人道中』（39）などに協力。俳優として何本かの映画でパイロット役も演じている。一九四八年六月、操縦していた自家用飛行機が墜落して死亡。

トーマス（トム）・J・クライザー
Thomas（Tom）J. Crizer（1888-1963）
男優、編集、脚本。ヴァージニア州ミルズブロ・スプリングズ生まれ。一九一三年から一六年までエッサネイ社の短篇五十本余りに出演。一八年から編集技師に。『好機逸すべからず』（21）からハロルド・ロイド作品に付き、『巨人征服』（23）まで編集を担当する。二五年に編集から脚本家に転身、ロイドの『田吾作ロイド一番槍』（27）や、パラマウント製喜劇『好いて好かれて』（27）『特製運動服』（28）などの脚本に関わる。トーキー転換以降はほとんど活動を休止。

エドワード（エディ）・F・クライン
Edward（Eddie）F. Cline（1891-1961）
監督、男優。ウィスコンシン州ケノシャ生まれ。一九一三年キーストン・コップスの一員としてマック・セネットのもとに加わり、後に監督となる。二〇年から二三年まではバスター・キートンの短篇喜劇を共同監督。二五年パテ社のセネットのもとにもどり、二巻物コメディを多数手がける。三〇年代、四〇年代もコメディを中心に監督を続ける。作品に『滑稽恋愛三代記』『サーカス・デイズ』（共に23）『男子起たば』（24）『屑屋の大将』（25）『アラビヤ三人盗賊』（27）の他、W・C・フィールズの『進めオリンピック』（32）『マイ・リトル・チカディ』†『バンク・ディック』†（共に40）など。

アルバート・グラン　Albert Gran（1862-1932）
男優。ノルウェーのベルゲン生まれ。一九一五年『闘争』†が映画初出演。その後の出演作に『桃色の夜は更けて』（24）『グラウスターク』†（25）『第七天国』（27）『われらアメリカ人』†『巴里酔語』（共に28）など。

ローレンス・グラント　Lawrence Grant（1870-1952）
男優。イングランド、ドーセット州ボーンマス生まれ。一九〇八年劇団の一員として渡米。一五年舞台仲間のポーリン・フレデリックが主演する『永遠の都』†で映画デビュー。以来脇役で活躍する。主な出演作に『姫君と給仕』（26）『巴里の紳士』『セレナーデ』（共に27）『女の一生』（29）、トーキー転換以降では『上海特急』（32）『女優ナナ』（34）など。

ロフス・グリーゼ　Rochus Gliese（1891-1978）

美術、監督。ベルリン生まれ。絵画と建築を学んだのち舞台美術の世界に。一九一四年パウル・ヴェーゲナーに請われて『ゴーレム』(15)の美術を担当したのを契機に映画美術の仕事に入り、翌年からは監督も務める。F・W・ムルナウに伴い渡米、『サンライズ』(27)のための巨大なセットを構築する。アメリカでもう一本『メーン・イベント†』(27)の美術を担当したのちドイツにもどる。

アルフレッド・E・グリーン　Alfred E. Green (1889-1960)
監督。カリフォルニア州ペリス生まれ。一九一二年シーリグ社に俳優として入り、一六年監督に。五〇年代半ばまで四十年近いキャリアを誇る。作品にはメリー・ピックフォードの『勝手口から』『小公女』(共に21)、コリーン・ムーアの『踊子サリー』(25)『アイリーン†』(26)の他、『笛吹きマローン』(24)『夜の大統領』(31)『紅唇罪あり』(33)『青春の抗議』(36)『ジョルスン物語』(46)など。

アル・クリスティ　Al Christie (1881-1951)
製作、監督。カナダ、オンタリオ州ロンドン生まれ。地元の劇場で舞台監督まで務めたあと、一九〇九年映画入り。デイヴィッド・ホースレーのネスター社で、次いでネスターを吸収したユニヴァーサルで西部劇やコメディを監督する。一六年コメディを専門にする自らの製作会社を設立、サイレント期をとおしてマック・セネット、ハル・ローチと並ぶ笑いの製作元となった。三〇年代もコロムビア、エデュケーショナルからコメディを提供し続けた。監督作あるいはプロデュース作は、長篇のみを挙げると『花爛漫』(20)『落花紛々』(21)『離婚希望』(24)『のんきなおばさん』(25)『爆笑七日間』『素晴らしい果報者』(共に26)『なでしこ小僧』(29)など。

ベンヤミン・クリステンセン
Benjamin Christensen (1879-1959)
監督。デンマーク、ヴィボー生まれ。デンマーク映画の監督だが、一九二三年からドイツのウーファで三本映画を撮ったのち、二五年ハリウッドに。アメリカ映画は本文に挙げられたもの以外に『嘲り†』(27)『鷹の巣†』『妖怪屋敷』(共に28)『ダイヤモンド事件』(29)。三〇年代に入り母国デンマークにもどる。

ドナルド・クリスプ　Donald Crisp (1882-1974)
男優、監督。ロンドン生まれ。ボーア戦争に従軍して負傷した後、一九〇六年渡米。舞台経験を経て一二年バイオグラフに入る。演劇時代から交流のあったグリフィスのもとで助監督を務めるとともに俳優としても出演(『国民の創生』[15]『散り行く花』[19]など)。監督は一四年からで、一六年の『ラモナ』が初長篇。その後の監督作に『海底王キートン』(24、共同)『ドン・Q』(25)などがある。出演作には『海賊』(26)『北欧の海賊』(28)『紅塵』(32)『戦艦バウンティ号の叛乱』（35）『進め龍騎兵』（36）『黒蘭の女』（38）『わが谷は緑なりき』（41）『ラッシー我が家に帰る』†（43）『長い灰色の線』『ララミーから来た男』（共に55）『スペンサーの山』（63）など。

デイヴィッド・ワーク・グリフィス
David Wark Griffith（1875-1948）
監督。ケンタッキー州ラグランジュ生まれ。経歴・作品は第八章参照。

レイモンド・グリフィス　Raymond Griffith（1895-1957）
男優、脚本。マサチューセッツ州ボストン生まれ。経歴・作品は第四十章参照。

ウィリアム・クリフォード　William Clifford（1877-1941）
男優。オハイオ州シンシナティ生まれ。一九一〇年『教会の封印』†で映画デビュー。その後の出演作に『メイキング・グッド』†（12）『シェリダンの乗馬（義勇兵）』（13）『会衆の恐怖』†（15）『秘せられた法』†（16）など。

デニソン・クリフト　Denison Crift（1885-1961）
脚本、監督。サンフランシスコ生まれ。ウィリアム・S・ハート主演『鉄路の狼』（18）で脚本家に。自らシナリオを書いたバック・ジョーンズもの『砂熱を蹴りて』（20）で初監督。二一年から二三年まではイギリスで監督。二〇年代中頃一時アメリカにもどり、『ダイヤの秘密』『愛欲の炎』（共に24）などを撮るが、二〇年代後半以降は再びイギリスで活動する。

エルマー・クリフトン　Elmer Clifton（1890-1949）
男優、監督。シカゴ生まれ。一九一二年演劇時代の仲間ホバート・ボスワース監督のシーリグ社作品『雰囲気をつかむ』†で映画初出演。『ジョン・バーリーコーン』†（14）での演技をグリフィスに認められ、『国民の創生』（15）ではリリアン・ギッシュの兄、『イントレランス』（16）ではバビロン篇における吟遊詩人と、いずれも重要な役を演じる。一七年ドロシー・ギッシュ主演『彼女の表向きの父親たち』†で長篇監督デビュー（ジョゼフ・ヘナベリーと共同）。その後も『船に打ち乗り海原指して』（22）『自由の旗風』（24）『彼女の好きにさせろ、ギャラガー』†（27）『魔炎島滅亡記』（38）などを撮った。遺作『お呼びでなく』†（49）では心臓発作で倒れた彼に代わりアイダ・ルピノが映画を完成させている。

エリノア・グリン　Elinor Glyn（1864-1943）
作家、脚本。イングランド、チャンネル諸島のジャージー島生まれ。二十世紀初頭のベストセラー作家。一九二〇年代原作提供者としてだけでなく原案者・脚色者・脚本家としてアメリカ映画、とくにパラマウントとMGMの二社と深い関わりをもつ。原作・原案のみを含め脚本に関わったものに、グロリア・スワンソン主演『瞬間の瞬間』（21）、スワンソンがヴァレンティノと共演した『巨岩の彼方』（22）、アイリーン・プリングル主演の『男子凱旋』（24）と『紅ばらの唄』（25）、原題〝イット〟を一躍流行語とし、主演のクララ・ボウをスター女優に押し上げた『あれ』（27）、ボウの後続作『赤い髪』『三週間』（共に28）など。二二年に出版された「エリナー・グリンの書き方教室」にはシナリオの書き方も含まれていた。映画の実作との関わりは三〇年まで。

ジェイムズ・クルーズ　James Cruze（1884-1942）
男優、監督。ユタ州オグデン生まれ。メディスン・ショーの旅役者からブロードウェイの舞台に立つまでになる。一九一一年俳優として映画入り。『百万弗の秘密』（全23篇、14）など一九年までに百本以上の映画に出演する。一六年フェイマス・プレイヤーズ＝ラスキーに移り、一八年の長篇監督デビュー。一〇年代末から二〇年代を通して多作で、叙事大作からコメディ、アクションものから家庭劇、諷刺劇までさまざまなジャンルに手腕を発揮、サイレント期を代表する監督となる。主な作品に『幌馬車』『ホリウッド』『男子改造』『女性礼讃』（いずれも23）『懦夫奮起せば』『活動のマートン』（共に24）『親心子心』『馬上の乞†食』『駅馬車』（いずれも25）『戦艦くろがね号』（26）『グレイト・ガッボ』（29）『米国の曝露』（32）など。二番目の妻は女優のベティ・コンプスン。

ジョン（ジョニー）・グレイ
John (Johnnie) Grey（1885-1964）
脚本。ニューヨーク生まれ。ハロルド・ロイドのギャグマンのひとり。一九一七年から脚本家に。ロイド映画でクレジットされているのは『ロイドの初恋』（24）『ロイドの人気者』（25）から『足が第一』（30）まで六作。他にシナリオに関わったものに『豪傑ベン・ターピン』『モリー・オー』（共に21）『コケット』（29）など。

フランク・クレイヴン　Frank Craven（1875-1945）
劇作、脚本、男優。ボストン生まれ。両親とも俳優。十二歳で初舞台。一九〇八年ニューヨーク・デビュー。自作自演の代表作は「料理人が多すぎて」（14）「最初の年」（20）「十九番ホール」（27）。またソーントン・ワイルダー作「わが町」（38）の初演では舞台監督の役を演じて絶賛を博した。映画では脇役として二九年から四六年までの間に四十本近くに出演しており、主なものに『あめりか祭』（33）『バーバリ・コースト』（35）『我等の町』（40）『火の女』（42）などがある。脚本家としては『僕等の天下』（32）『極楽発展倶楽部』（33）『我等の町』（40）などに関わる。

ネル・クレイグ　Nell Craig（1891-1965）
女優。ニュージャージー州プリンストン生まれ。一九一三年映画初出演。その後の出演作に『情熱の渦巻』（20）『シーバの女王』（21）『想出懐かし』（22）『阿修羅と猛りて』（23）『エイブラハム・リンカーンの劇的なる生涯†』『フランダースの少年』（共に24）など。三〇年代以降はエキストラとして映画出演を重ねた。

ベンジャミン・グレイザー　Benjamin Glazer（1887-1956）
脚本、製作、監督。アイルランド、ベルファスト生まれ。いくつかの劇作の後一九二〇年代初頭にハリウッドに。脚本家としての活動が主だが、三〇年代はパラマウントでプロデューサーを務める（監督作も二作ある）。脚本に関わったものに『メリー・ウイドー』（25）『肉体と悪魔』（26）『第七天国』（27）『黄金の世界へ』『煩悩』（共に28）『クィーン・ケリー†』（29）『戦場よさらば』（32）など。プロデュース作（製作補も含む）は『罪の街』（28）『巴里は夜もすがら』（35）『愉快なリズム』（36）他。

ウィリアム・H・クレイン　William H. Crane（1845-1928）
男優。マサチューセッツ州レスター生まれ。一八六〇年代から半世紀余のキャリアを誇る舞台俳優で、映画にも一九一一年のデビュー以来八本に出演。アラン・ドワン監督の『デイヴィッド・ハーラム†』（15）は舞台での当たり役の再現だった。出演作は他に『馬鹿息子』（20）『新婚の危機』（24）など。

ディック・グレース　Dick Grace（1898-1965）
スタントマン。ミネソタ州モリス生まれ。スタントパイロットとして『天魔空を駈る』（23）から『つばさ』（27）『ライラック・タイム』（28）『火の翼』（32）まで十本程度の映画に参加している。『失われた飛行隊†』（32）と『悪魔の空襲』（36）では原案提供者。

ハンス・クレーリー　Hans Kräly（1884-1950）
脚本。ドイツ、ハンブルク生まれ。ドイツ時代、ハリウッド時代をとおしてエルンスト・ルビッチと名コンビを組んだ脚本家。一九二〇年代初頭に渡米、ルビッチもの以外に、『桃色の夜は更けて』（24）『亭主教育』（25）『お転婆キキー』（26）といったタルマッジ姉妹主演のコメディ、ヴァレンティノの『荒鷲』（25）、ガルボの『接吻』（29）、トーキーに入ってもノエル・カワードの「私生活」の映画化『夫婦戦線』（31）などのシナリオを書いている。

バート・グレノン　Bert Glennon（1893-1967）
撮影。モンタナ州アナコンダ生まれ。一九一二年キャメラマン助手として映画入り。一六年キャメラマンに。デミル、スタンバーグ、ルビッチ、フォードら多くの巨匠の映画を担当、かつ五十年近い長いキャリアを誇った。作品に『十誡』（23）『子の心親知らず』（25）『帝国ホテル』『暗黒街』（共に27）『最後の命令』『愛国者†』（共に28）『恋のページェント』（34）『ハリケーン』（37）『駅馬車』『若き日のリンカーン†』（共に39）『幌馬車』（50）など。

ホーマー・クロイ　Homer Croy（1883-1965）
作家、脚本家。ミズーリ州メアリーヴィル生まれ。ミズーリに住む夫婦が欧州旅行に出かける物語「パリ見るべし」（二六年）の著者として有名。これはウィル・ロジャーズ、アイリーン・リッチ主演『巴里見るべし』（29）として映画化された。映画関係の仕事では『ダウン・トゥ・アース』†（32）『海上御難の巻』（33）などの脚本に関わった他、ウィル・ロジャーズやD・W・グリフィスについての本も出している。

ウィリアム・クロージア　William Clothier（1903-96）
撮影。イリノイ州ディケイタ生まれ。一九二三年キャメラマン助手として映画入り。『つばさ』の撮影に参加したのち、メキシコ、スペインで撮影監督に。第二次大戦では空軍に所属。四〇年代後半にようやくアメリカの撮影監督になり、以後ロケーション撮影に秀でたキャメラマンとしてアクション映画・西部劇の名匠たちとコンビを組んだ。代表作に『七人の無頼漢』（56）『ラファイエット飛行中隊』†（58）『リバティ・バランスを射った男』（62）『シャイアン』（64）『リオ・ロボ』（70）など。

アイヴィ・クローズ　Ivy Close（1890-1968）
女優。イングランド、ストックトン・オン・ティーズ生まれ。イギリス映画の女優。一九一二年映画初出演。二九年までの間に四十七本の作品に出演。一六年には渡米してカーレム社で短篇十二本に出演している。フランス映画はアベル・ガンスの『鉄路の白薔薇』（23）のみ。この映画のあと二本のドイツ映画に出、それを最後にスクリーンを退いた。五〇年代から七〇年代にかけて英米で活躍した監督ロナルド・ニームの母親。

シド・グローマン　Sid Grauman（1879-1950）
興行。インディアナ州インディアナポリス生まれ。ロサンゼルスの名所でもあった映画館〈チャイニーズ劇場〉〈エジプシャン劇場〉の館主。

アラン・クロスランド　Alan Crosland（1894-1936）
監督。ニューヨーク生まれ。一九一二年舞台俳優からエジソン社に入社。一四年監督となる。二五年ワーナー・ブラザースに入り、音楽・音響効果付きの『ドン・ファン』（26）『マノン・レスコウ』（27）、パート・トーキー作品『ジャズ・シンガー』（27）を監督し、トーキー時代の扉を開く。それ以前の作に『女性の意気』（22）『女性の敵』（23）『断髪恥かし』（25）など。三六年自動車事故により死亡。

ジョーン・クロフォード　Joan Crawford（1906-77）
女優。テキサス州サンアントニオ生まれ。ナイトクラブのダンサー、コーラスガールを経て、一九二五年ＭＧＭの『美人帝國』で映画デビュー。『三人の踊子』（25）『初陣ハリー』（26）の後の『踊る娘達』（28）が大ヒット、フラッパー・タイプの人気女優となる。三〇年代以降の代表作は『グランド・ホテル』（32）『女たち』†（39）『ミルドレッド・ピアース』†（45）『ユーモレスク』（46）『何がジェーンに起ったか』（62）など。

ヘンリー・クロンジャガー　Henry Cronjager（1877-1967）
撮影。ドイツ出身。一九〇八年エジソン社の『神学校における田舎娘の生活と経験』†でキャメラマンに。三三年までに六十本ほどの作品を手がける。主なものに『罪と罰』†（17）『孤児の生涯』（19）『愛の燈明』『乗合馬車』（共に21）『歓楽の不夜城』（24）など。

ケ

ハワード・ゲイ　Howard Gaye（1878-1955）
男優。イングランド、ハートフォードシャー州ヒッチン生まれ。一九一四年カーレム社からデビュー。二四年までに四十本ほどの映画に出演する。主な作品にリー将軍を演じた『国民の創生』の他、『ダフヌと海賊』（共に15）『イントレランス』（16）『万物更新』†（18、兼監督）『ダンテ地獄篇』（24）など。

ジャネット・ゲイナー　Janet Gaynor（1906-84）
女優。ペンシルヴェニア州フィラデルフィア生まれ。サンフランシスコの高校を卒業後、映画入りを目指してロサンゼルスに出る。エキストラとして映画出演を重ねたあと、フォックスと契約。ジョン・フォード監督の『誉れの一番乗』、ヴィクター・シェルツィンガー監督の『明け行く魂』（共に26）などの後、フランク・ボゼーギ監督の『第七天国』（27）でパリの裏町に住む薄幸の娘を、同年Ｆ・Ｗ・ムルナウ監督の『サンライズ』で夫に殺されかける若妻をそれぞれ好演し、この二作に『街の天使』（28）を加えた三作で第一回アカデミー賞女優賞を受賞。三〇年代に入っても『あめりか祭』（33）『スタア誕生』（37）『心の青春』（38）といった名作に出演する。三九年ＭＧＭの衣装デザイナー、エイドリアンと再婚、スクリーンを離れた。

イーディス・Ｍ・ケネディ　Edith M. Kennedy
脚本。生没年・生地不詳。一九一七年から二四年の間に三十二本の映画にクレジットされている。作品に『乙女とローマンス』（19）『女よ悪魔よ』（20）『あなたの妻よ』『若人よ永遠に』（共に22）など。

トム・ケネディ　Tom Kennedy（1885-1965）
男優。ニューヨーク生まれ。元ボクサー。一九一五年から映画に。ダグラス・フェアバンクスやマック・セネットのコメディを皮切りに、二〇年代後半はビアリー＝ハットンもの

(邦題では〝弥次喜多〟もの)、三〇年代ではマルクス兄弟の喜劇『いんちき商売』(31)などに顔を出す。がっしりした体格を活かしてコミカルな役や警官、下士官といった役をはまり役にした。後年はテレビに移り、八十歳で亡くなるまで俳優業を続けた。

トム・ゲラーティ　Thomas J. Geraghty (1883-1945)
脚本。インディアナ州ラッシュヴィル生まれ。新聞記者を経て、広報担当として映画入り。一七年から脚本家となり、はじめはシドニー・ドルーの短篇喜劇やダグラス・フェアバンクスものを手がけ、二二年頃からさまざまな撮影所の作品に関わる。クレジットされた作品に『暗雲晴れて』(19)『臆病男』(20)『ホリウッド』(23)『スポーツの女神』『お転婆スーザン』(共に25)『野球成金』『チョビ髯大将』『弥次喜多消防の巻』(いずれも26)『高速度娘蕾の巻』(28)『朝の翼†』(37)など。

ノーマン・ケリー　Norman Kerry (1894-1956)
男優。ニューヨーク州ロチェスター生まれ。口髭が特徴的な主演級俳優。敵役も演じた。一九一六年から映画に。作品に『小公女』(17)『運命の兵士』(19)『情熱の渦巻』(20)『メリー・ゴー・ラウンド』『ノートルダムの傴僂男』(共に23)『オペラの怪人』(25)『アンニー・ローリー』『知られぬ人』『君が為め命捧げん』(いずれも27)『情熱の沙漠』(28)など。トーキーにはなじまず、ほどなく引退。

ハリー・ケリー　Harry Carey (1878-1947)
男優。ニューヨーク、ブロンクス生まれ。一九〇九年バイオグラフ社に入り、初期のグリフィス製作作品に出演。その後『讐の名手』(17)『さすらいの旅』(19)などのジョン・フォード作品により西部劇スターとなる。ドラマにおいても善悪どちらの人物も演じることができ、トーキー以降も脇役として活躍した。主な作品に『悪の土地†』(25)『黄金の世界へ』(29)『トレイダ・ホーン』(31)『聖ジョンソン』(32)など。最晩年の『赤い河』(48)まで二百五十本以上の映画に出演している。

J・ウォーレン・ケリガン　J. Warren Kerrigan (1879-1947)
男優。ケンタッキー州ルイヴィル生まれ。一九一〇年代のトップ・スターのひとり。〇九年映画入り。一三年アメリカン・フィルムからユニヴァーサルに移り、『サムソン†』(14)『テレンス・オルークの新冒険†』(15)『男一疋』(18)『死地に面して』(19)などに主演する。一〇年代末から人気に陰りが出始め、ジェイムズ・クルーズ監督の大作『幌馬車』(23)は三年ぶりの主役となった。翌年の『キャプテン・ブラッド』を最後に引退(第一次大戦下の一七年、ファン雑誌に載った徴兵についての不用意な発言から人気が下降したとされる）。

エドウィン・ケリュウ　Edwin Carewe（1883-1940）
監督。テキサス州ゲインズヴィル生まれ。十代で舞台に立つ。数カ月のホーボー生活の後、一九一〇年頃ルービン社に俳優として入る。一四年から監督。主な作品に『雪頬白』（16）『黎明のサハラ』（24）『我が子』（25）『復活†』（27）『ラモナ』（28）『掠奪者』（30）など。

J・シャーマン・ケル　J. Sherman Kell（1884-1951）
編集。イリノイ州マリオン・カウンティ生まれ。『キートン将軍』（26）『キートンの大学生』（27）『キートンの船長』（28）で編集を担当。キートン作品以外では『秘密命令』（28）の一本。

フレッド・ケルジー　Fred Kelsey（1884-1961）
男優、監督。オハイオ州サンダスキー生まれ。一九一一年俳優として映画デビュー。一四年から監督となるも、四十本余り（大半は短篇）を撮ったのち二〇年の『高原の狼』で監督は終了。以後は脇役俳優として晩年まで映画に出演。コミカルな警官役を得意とした。

バーバラ・ケント　Barbara Kent（1907-2011）
女優。カナダ、アルバータ州ギャズビー生まれ。ビューティ・コンテスト優勝がきっかけでユニヴァーサルに入社。西部劇『長駆闇を飛ぶ』（26）で映画デビュー。その後の出演作に『肉体と悪魔』（26）、レジナルド・デニーの『私のパパさん』（27）、ポール・フェヨス監督の『都会の哀愁』（28）、二本のロイド喜劇『危険大歓迎』（29）と『足が第一』（30）など。三五年を最後にスクリーンから退く。

コ

ロバート・コウフマン　Robert Kaufman（1930-2012）
撮影。ウィスコンシン州ミルウォーキー生まれ。短篇ドキュメンタリーやテレビ・ドキュメンタリーのキャメラマン。劇映画の撮影は、ロサンゼルスのアメリカ先住民コミュニティをドキュメンタリー・タッチで描く『異郷生活†』（61、劇場公開は二〇〇九年）の一本のみ。

ギブソン・ゴウランド　Gibson Gowland（1877-1951）
男優。イングランド、ダーラム州スペニームア生まれ。一九一五年映画初出演。シュトロハイムの『アルプス嵐』（19）『グリード』（24）が代表作。その他に『愛国の喇叭†』（24）『オペラの怪人』（25）『忘れられた女たちの島』（27）など。

ロイ・コウルスン　Roy Coulson（1890-1944）
男優。イリノイ州ストレイター生まれ。一九一五年映画初出演。二六年までの間に十五本に出演。主な作品に早川雪洲主演の『アラビアン・ナイト』†(20)、ダグラス・フェアバンクスの『ロビン・フッド』(22)と『ドン・Q』(25)、アントニオ・モレノ主演の『曙光の森』(26)など。

ジュリア・スウェイン・ゴードン Julia Swayne Gordon (1878-1933)
女優。オハイオ州コロンバス生まれ。一九〇八年ヴァイタグラフ社製作『オセロ』†のデスデモーナ役で映画デビュー。その後の出演作に『十二夜』†(10)『彩られし世界』†(14/19)『奥方のスリッパ』†(16)など。後年は脇役にまわり晩年まで映画に出つづけた。出演総数は二百本以上。

ハンス・F・コーネカンプ Hans F. Koenekamp (1891-1992)
撮影、特殊効果。アイオワ州デニソン生まれ。一九一三年キーストン撮影所のキャメラマンとなる。一七年にはヴァイタグラフに移り、ラリー・シモンの短篇コメディを専門に撮る。ヴァイタグラフがファースト・ナショナルとなり、ワーナー・ブラザースに統合されると、その後三十年以上特殊効果担当、第二班撮影監督として同所で仕事を続けた。キャメラマンとしての長篇作品に『笑国万歳』(25)『恋は異なもの』(26)がある。息子のフレッド・J・コーネカンプ(1922-2017)も『パピヨン』(73)『タワーリング・インフェルノ』(74)などを撮った撮影監督。

キャサリン・コーネル Katharine Cornell (1893-1974)
女優。ベルリン生まれ。一九一六年初舞台。代表的舞台に「離婚状」(21)「幻しの家」(23)「キャンディダ」(24)「手紙」(27)「無垢の時代」(28)「ウィンポール街のバレット家」(31)「コメディをやってる場合でなし」(39)がある。シェイクスピア、バーナード・ショー、チェーホフの劇にも果敢に挑戦し好評を博した。

ジョゼフ・コールダー Joseph Calder (1873-1938)
美術。サウスカロライナ州出身。美術担当作品に『黙示録の四騎士』(21)の他は、『告白』(21)『黄金の贈り物』†『キス』†『憎しみ』†(いずれも22)が挙がっているのみ(これら四作品はどれもアリス・レイク主演のメトロ作品)。

ジョゼフ・A・ゴールデン Joseph A. Golden (?-1942)
監督。生年・生地不詳。一九〇七年バイオグラフ社から監督デビュー。二〇年までに百本を超す作品を監督する。主なものに『伯林の狼』(全15篇、18)『星の魂』(全15篇、19)『大旋風』(全15篇、20)など。

ジョン・ゴールデン John Golden (1874-1955)
演劇製作。ニューヨーク生まれ。ブロードウェイ史に残るロングランを数々達成した名プロデューサー。本文で紹介されたものの他に、「最初の年」(20)「親知らず」(26)「スーザンと神」（37）などが成功作に数えられている。

サミュエル・ゴールドウィン　Samuel Goldwyn（1882-1974）
製作、経営。ポーランド、ワルシャワ生まれ。ゴールドウィンと改名する前はゴールドフィッシュ。十一歳で単身イギリスの親戚へ。十三歳の時やはり単身で渡米。手袋製造と販売を手がけて成功する。一九一〇年ヴォードヴィル芸人でプロデューサーでもあったジェシー・L・ラスキーの妹ブランチと結婚。一三年ラスキーとともにジェシー・L・ラスキー・フィーチャー・プレイ・カンパニーを設立、経理担当兼販売部長となる（ラスキーは社長、セシル・B・デミルが監督）。第一作『スコオ・マン』†（14）が大ヒット、勢いを得て最初の年に二十一本の作品を製作する。一六年アドルフ・ズーカーのフェイマス・プレイヤーズと合併、フェイマス・プレイヤーズ＝ラスキー社が誕生し、ゴールドフィッシュは新会社の取締役会長におさまる（ズーカーは社長、ラスキーは副社長）。しかし実権争いの末、ズーカーとラスキーがゴールドフィッシュの持ち分を九十万ドルで買収。ゴールドフィッシュはエドガー・セルウィンらと新会社ゴールドウィンを立ち上げる（この名が気に入ったゴールドフィッシュは一八年、法的にもこの社名を自分の名前とする）。ゴールドウィン社は高名なスターや文筆家を雇用、質の高い映画作りを目指す。しかしゴールドウィンは社内でも孤立、二四年業績不振のゴールドウィン社がメトロ、並びにルイ・B・メイヤー・プロダクションと統合してMGMを組織したときも、蚊帳の外に追いやられる。ここに至りゴールドウィンは単独の映画製作を決意、二三年サミュエル・ゴールドウィン・プロダクションを設立する。その後の製作作品に『ステラ・ダラス』（25）『夢想の楽園』（26）、トーキー以降では『孔雀夫人』（36）『嵐ヶ丘』（39）『偽りの花園』（41）『我等の生涯の最良の年』（46）など。

H・H・コールドウェル　H. H. Caldwell（1873-1939）
脚本、編集。ミズーリ州セントルイス生まれ。長年海軍に勤務。少佐として退役したのち映画界に入る。脚本（字幕）に最初にクレジットされたのはラオール・ウォルシュ監督の『南海の情火』（23）。以後『曠野の妻』『ベン・ハー』（共に25）『イバニエズの激流』（26）『第七天国』『マザー・マクリー（母よ嘆くな）』（共に27）『幸運の星』（28）『都会の女』（30）の字幕を担当、いくつかの作品は編集も行なった。上記の作品は字幕も編集もすべて夫人のキャサリン・ヘリカーと共同。

ロナルド・コールマン　Ronald Colman（1891-1958）
男優。イングランド、サリー州リッチモンド生まれ。第一次大戦で負傷、帰国後俳優となり、二〇年渡米。『ホワイト・シスター』（23）でリリアン・ギッシュの相手役を務めスターダムに。イギリス紳士然とした外見はそのままにロマンスから冒険アクション、コメディまでこなし、トーキーにも苦もなく順応した。出演作に『ウィンダミア夫人の扇』『亭主教育』（共に25）『お転婆キキー』『ボージェスト』（共に26）、トーキー転換以降も『怪紳士』（30）『人類の戦士』（31）『嵐の三色旗』（35）『心の旅路』（42）『二重生活』（48）などに主演。

アルフレッド・A・コーン　Alfred A. Cohn（1880-1951）
脚本。イリノイ州フリーポート生まれ。ジャーナリストを経て、一九二三年の『舞踊王国』の字幕担当で映画入り。その後は『風雲児』（24）『我れ世に誇る』（25）『長屋騒動成金物語』（26）『猫とカナリア』『ジャズ・シンガー』（共に27）、トーキー転換以降は『足が第一』（30）『シスコ・キッド』（31）などの脚本に関わる。

ハリー・コーン　Harry Cohn（1891-1958）
製作。ニューヨーク生まれ。舞台のコーラスボーイ、楽譜出版会社の発送係、毛皮のセールスなどさまざまな職業に手を染め、一九一二年には後のブロードウェイの作曲家ハリー・ルビーとヴォードヴィルで二人組のコンビを組む。一八年ユニヴァーサル社のカール・レムリの秘書となる。二〇年、同じくレムリの部下だった兄のジャック、ジョー・ブラントと三人でCBCフィルムズ・セールズ・カンパニーを設立（二四年社名をコロムビア・ピクチャーズに改称）。ハリーはハリウッドに赴き製作を担当。当初は〈貧乏通り《ポバティ・ロウ》〉に撮影所を置く弱小製作会社のひとつだったが、監督フランク・キャプラの頑張りなどがあり、三〇年代にはメジャーに肩を並べるまでの有力な撮影所に躍進した。

ドロレス・コステロ　Dolores Costello（1903-79）
女優。ペンシルヴェニア州ピッツバーグ生まれ。父親は著名な舞台俳優モーリス・コステロ。母親メイも舞台俳優。一九一〇年代前半父親の映画に子役としてしばしば出演。長じて後、姉のヘレインとダンスチームを組み、二四年の「ジョージ・ホワイトのスキャンダル」の舞台で喝采を博す。姉とともにワーナー・ブラザース入り。『海の野獣』（26）『マノン・レスコウ』（27）でジョン・バリモアの相手役をつとめスターの座に（バリモアとは二八年に結婚）。三〇年代に入り、出産のために一時退くが、三五年バリモアと離婚したのを機にスクリーンに復帰。『小公女』（36）『偉大なアンバーソン家の人々』†（42）などで好演した。四三年に引退。サイレント期の他の作品に『ジョアンの嘆き』（26）『百万ドルの入札』†『人肉の桑港』（共に27）『ノアの箱船』（28、パート・トーキー）など。

モーリス・コステロ　Maurice Costello（1877-1950）
男優、監督。ペンシルヴェニア州ピッツバーグ生まれ。女優ドロレス・コステロの父。最もはやくに映画入りした大物舞台俳優のひとり。一九〇八年ヴァイタグラフ社の『サロメ』のヘロデ王役で映画デビュー。一一年の『二都物語』†では主役シドニー・カーンを演じて大いに人気を博す。主演作は一〇年代に多く、しばしば自ら監督も行なう。二〇年代に入ると脇役にまわるようになる。晩年は窮迫し、家族間で訴訟騒ぎを起こすに至った。主な出演作に『レ・ミゼラブル』†（09）『神を打ち倒せなかった男』†（15）『赤目』（全16篇、16）『月の囁き』（23）『椿姫』（26）など。

ルイ・F・ゴットシャルク　Louis F. Gottschalk（1864-1934）
作曲。ミズーリ州セントルイス生まれ。父親はミズーリ州知事。ドイツのシュトゥットガルトで音楽を学ぶ。レハールの「メリー・ウィドー」のアメリカ初演（一九〇七年十月）の指揮者になるなど一九〇〇年代を中心にブロードウェイの指揮者として活動。一四年仲間と設立したオズ映画製作会社が製作した映画（『オズのパッチワーク娘』†［14］など）のために伴奏音楽を作曲する。それを契機としてD・W・グリフィスの『散り行く花』（19）や『嵐の孤児』（21）、さらには『黙示録の四騎士』『三銃士』『小公子』（いずれも21）『ロモラ』（24）のために劇場用伴奏音楽を作曲した。

アーヴィン・S・コッブ　Irvin S. Cobb（1876-1944）
ジャーナリスト、作家。ケンタッキー州パドゥーカ生まれ。十七歳で地元紙の記者。一九〇四年にニューヨークに出、一一年からは「サタデー・イヴニング・ポスト」のスタッフに加わる。生涯に六十冊以上の書物を出し、三百篇以上の短篇小説を発表。ジョン・フォード監督の『プリースト判事』（34）『太陽は光輝く』（53）はともにコッブのいくつかの小説を原作としている。また自身脚本にも手を染めていて『悪戯小僧』『フランス流』（共に21）では字幕を担当している。『周遊する蒸気船』（35）のイーライ船長役のように時折映画に顔を出し、三五年のアカデミー賞授賞式ではホストを務めた。

ルウ・コディ　Lew Cody（1884-1934）
男優。ニューハンプシャー州バーリン生まれ。一九一四年映画初出演。女性を誘惑して捨てる色悪がタイプとなっていたが、二〇年代末はMGMでアイリーン・プリングルとの共演作を連作している。出演作に『ミッキー』（18）『夫を変へる勿れ』（19）『胡蝶の如し』（20）『風雲のゼンダ城』（23）『三人の女』『新婚の危機』（共に24）『独身者』†（29）『間諜X27』（31）など。二番目の妻はコメディエンヌのメイベル・ノーマンド。

ダグマー・ゴドウスキー　Dogmar Godowsky（1897-1975）
女優。ロシア（現リトアニア）のヴィリニュス生まれ。父親はピアニストのレオポルド・ゴドウスキー。一九年ナジモワ主演の『紅燈祭（紅燈籠）』で映画デビュー。主な出演作に、早川雪洲の『桜の花』（19）、夫であったフランク・メイヨ主演の『西方の勇者』（20）『怒涛を蹴って』（22）、ヴァレンティノ主演の『情熱の悪鬼』（24）など。二六年映画界から引退。

レノー・J・コフィー　Lenore J. Coffee（1896-1984）
脚本。サンフランシスコ生まれ。一九一九年シナリオ・コンテストに応募した作品が認められ映画入り。以降五〇年代まで第一線の脚本家として活躍した。関わった作品に『天地砕けよ』（23）『巴里の薔薇』（24）『ヴォルガの船唄』（26）『市俄古』（27）『四人の姉妹』（38）『偉大な嘘』（41）『旧友』（43）など。

ウィリアム・コリア　William Collier（1864-1944）
男優。ニューヨーク生まれ。両親とも俳優。一八七九年初舞台。代表的舞台に「メキシコから来た男」（1897）「こっそりと」（01）「独裁者」（04）など。サイレント映画の出演は一五年から一六年にかけて短篇を含め六本。トーキー転換以降は脇役ばかりで、ジョン・フォードの『河上の別荘』（30）『餓鬼娘』（31）の他、クローデット・コルベール主演のコメディ『花嫁の感情』（35）など。

コンスタンス・コリア　Constance Collier（1878-1955）
女優。イングランド、バークシャー州ウィンザー生まれ。三歳で初舞台。代表的舞台はハーバート・ビアボーム・トリーと共演した「アントニーとクレオパトラ」（06）と「エドウィン・ドルードの謎」（08）、アメリカでのジョン・バリモアとの「ハムレット」など。サイレント映画にはアメリカで『マーシア・グレイの掟†』『マクベス†』（共に16）など三本。その後イギリスでも三本に出演。三〇年代以降は『ステージ・ドア』（37）『スーザンと神†』（40）『ロープ』（48）などに出ている。トーキー移行期には演技・発声コーチとして多くの俳優を指導した。

ヘンリー・コルカー　Henry Kolker（1874-1947）
男優、監督。ベルリン生まれ。著名な舞台俳優で、一九一四年から監督兼俳優として映画の世界に。監督としては『平民宰相』（21）『雪の花嫁』『紫雲の彼方へ』（共に23）など二四年までに十八本を手がける。俳優としては『ザ・ブラット』（19）『三人の踊子』（25）『勇み肌美人女給』（26）『コケット』（29）他。三〇年代からは脇役として出演数が増し、『ロミオとジュリエット』（36）の修道僧役、『素晴らしき休日』（38）の父親役などがある。

アレグザンダー・コルダ　Alexander Korda（1893-1956）
監督、製作。オーストリア＝ハンガリー（現ハンガリー）のプスタ・トゥールパーストー生まれ。一九一四年初監督。ハンガリー、オーストリア、ドイツ等の各映画界を経巡り、一九三二年イギリスでロンドン・フィルムを設立。三〇年代から五〇年代前半にかけて、監督、製作者としてイギリス映画に活況をもたらした。イギリスに渡る前の一時期ハリウッドで監督をしており、そのときの作に『トロイ情史』(27)『姫百合の花』(28)『ゴンドラの歌』(29)『春ひらく』(30)などがある。

マリア・コルダ　Maria Korda（1898-1976）
女優。オーストリア＝ハンガリー（現ルーマニア）のデヴァ生まれ。ダンサーから俳優に。一九一九年映画デビュー。夫アレグザンダー・コルダと行をともにし、ヨーロッパ各国で映画に出演。アメリカではいずれも夫の監督で『トロイ情史』(27)『ゴンドラの歌』(29)に主演している。アレグザンダー・コルダとは三〇年に離婚。

リカルド・コルテス　Ricardo Cortez（1900-77）
男優。ニューヨーク生まれ。撮影監督スタンリー・コルテスの兄。一九二二年パラマウント社に入り、〝第二のヴァレンティノ〟として売り出される。主な出演作にグレタ・ガルボのハリウッド・デビュー作『イバニエズの激流』(26)の他、ドワンの『アルゼンチン情話』(24)、ウェルマンの『猫の寝間着』、グリフィスの『サタンの嘆き』（共に26）、コルダの『トロイ情史』(27)など。トーキー転換以降では『マルタの鷹』(31)『歩く死骸』(36)『最後の歓呼』(58)他。二番目の妻は女優のアルマ・ルーベンス。

ジャック・コンウェイ　Jack Conway（1887-1952）
男優、監督。ミネソタ州グレイスヴィル生まれ。高校を中退して鉄道で働く。一九〇七年舞台俳優に。〇八年ネスター社の主演俳優となるが、グリフィスの助手を務めたあと一二年から監督に。ユニヴァーサル等を経て、二五年ＭＧＭに入る。ＭＧＭではコメディ、アクションもの、文芸作品等幅広く手がけ、ヒット作も多く、貴重な職人監督として四〇年代まで活躍した。作品に『奔流恋を乗せて』(23)『紺碧の下に』(24)『大学のブラウン』(26)『上流種族』†『父親教育』†『都会が眠るとき』†（いずれも28）『赤毛の女』†(32)『奇傑パンチョ』(34)『嵐の三色旗』(35)『結婚クーデター』(36)『ブーム・タウン』(40)など。

チェスター・コンクリン　Chester Conklin（1886-1971）
男優。アイオワ州オスカルーサ生まれ。ヴォードヴィル芸人、サーカスの道化を経て、一九一三年キーストン・コップスの一員としてマック・セネットのもとへ。チャップリン喜劇の脇を務めたり、マック・スウェインとコンビ〝アンブローズとウォールラス〟を組むなどした。二〇年フォックスに移りサンシャイン喜劇の常連となる。その後フリーとなって長篇ものにも数多く出演。長篇出演作に、チャップリンものでは『モダン・タイムス』(36)『チャップリンの独裁者』(40)、他に『戦争ごっこ』(19)『海の洗礼』(23)『人魚は踊る』(24)『素晴らしい果報者』(26)『喧嘩友達』(27)『凸凹開運の巻』

（28）など。

ハル・コンクリン Hal Conklin（1903-79）
脚本。生地不詳。一九二二年から三〇年代初頭までの間に四十本余のシナリオ（大半は短篇コメディ）に関わる。長篇ではハリー・ラングドンの二本『初陣ハリー』『当りっ子ハリー』（共に26）、フレッド・トムソンの西部劇『アリゾナ・ナイト』（27）、その他『旅役者』（28）『天晴れ突貫大当り』（31）など。

ジョン・W・コンシダイン John W. Considine（1898-1961）
製作。ワシントン州スポケイン生まれ。一九二〇年代中頃からプロデューサーに。ジョゼフ・スケンクのもとで『テムペスト』（28）『山の王者』（29）などを手がける。三〇年代から四〇年代前半にかけてはMGMにおいてリリアン・ギッシュ初のトーキー『白鳥』（30）の他、『踊るブロードウェイ』（35）『少年の町』（38）など四十本近くの作品を製作した。

ベティ・コンプスン Betty Compson（1897-1974）
女優。ユタ州ビーヴァ生まれ。映画館付きヴァイオリン伴奏者からヴォードヴィルの舞台に立つようになり、一九一五年には映画入り。アル・クリスティの短篇コメディや連続物『大襲来』（18）などに出演したのち、ロン・チャニー主演の『ミラクルマン』（19）で好演、スター女優への道が開ける。二〇年代は主にパラマウント作品に多数出演（ジョージ・フィッツモーリスの『文明の破壊』［22］、ハーバート・ブレノンの『絹擦れの音』［23］、ウィリアム・C・デミルの『浮気征伐』［24］、最初の夫であったジェイムズ・クルーズの『紅ばらの唄』［24］『馬上の乞食†』［25］、レイモンド・グリフィスのコメディ『極楽突進』［25］など）、サイレント末期には『ビッグ・シティ†』『紐育の波止場』『煩悩』（いずれも28）でスター女優の貫禄をみせた。四八年引退。

サ

ヘンドリック・サートフ Hendrik Sartov（1885-1970）
撮影。生地不詳。グリフィスの『人類の春』（18）で特殊効果とスティル・キャメラマンを担当。同じくグリフィスの『夢の街』（21）で一本立ちのキャメラマンに。その後の作品に『嵐の孤児』（21）『アメリカ』『素晴らしい哉人生』（共に24）『ラ・ボエーム』『真紅の文字』（共に26）『クオリティ街』（27）など。活動はサイレント期まで。

ウィリアム・A・サイター William A. Seiter（1890-1964）
監督。ニューヨーク生まれ。スタントマン、エキストラとしてキーストン社に入り（キーストン・コップを演じたとの説も）、一五年から監督に。二〇年から長篇を撮るようになり、『可愛い悪魔』『男装令嬢』（共に22）などドリス・メイ主演のものを経て、ユニヴァーサル社で『宇宙突破』（24）『スキナーの夜会服』『泰山鳴動鼠一匹』『与太者三幅対』『愉快な嘘つき』（いずれも26）『デニーの俄か医者』（27）などレジナルド・デニーのコメディを連作する。トーキー転換以降もコメディを中心に軽い娯楽作を得意とし、ロバート・ウールジー、バート・ウィラーの喜劇『頓珍漢丸儲け』（31）、ローレル＝ハーディの代表作『極楽発展倶楽部』（33）、アステア＝ロジャースのミュージカル『ロバータ』（35）、シャーリー・テンプル主演『テムプルちゃんのえくぼ』（36）、マルクス兄弟の『ルーム・サービス』†（38）、アボット＝コステロの『リトル・ジャイアント』†（46）などの作品を残している。五〇年代後半からはテレビに活動の場を移す。二番目の妻はローラ・ラ・プラント。ラ・プラントと離婚した三四年、やはりレジナルド・デニー喜劇の常連だったマリアン・ニクソンと再婚した。

ジョージ・B・サイツ　George B. Seitz（1888-1944）
監督。ボストン生まれ。美術学校を卒業、挿絵画家になるも演劇に方針転換、俳優兼劇作家となる。一三年俳優兼脚本家としてパテ社に入社。『ポーリンの危難』（14）をはじめとする連続活劇の脚本、のちには監督・製作のみならず主演級の役で出演するようにもなる。サイレント期の主な監督作に『拳骨（エレーヌの勲功）』（全14篇、15）『運命の指輪』（全20篇、17）『呪の家』（全20篇、18）『ハリケーン・ハッチ』（全15篇、21）『スピード・ハッチ』（全15篇、22）『プランダー』（全15篇、23）といった連続活劇の他、『滅び行く民族』（25）『ブラッド・シップ』（27）など。トーキー転換以降ではＭＧＭの〝アンディ・ハーディ・シリーズ〟のほぼすべてを担当した（『ハーディ判事と息子』†［39］から『青春学園』［44］まで八本）。

ジョン・F・サイツ　John F. Seitz（1893-1979）
撮影。シカゴ生まれ。十六歳で現像所技師として映画入り。一九一六年撮影監督に。『明滅の燈台』（20）『黙示録の四騎士』（21）から『ゼンダ城の虜』『心なき女性』（共に22）『スカーラムーシュ』（23）等を経て『我等の海』『魔術師』（共に26）に至るまで二〇年代のレックス・イングラム作品のほとんどを担当。サイレント期では他に『クラスメーツ』（24）『パッツィ』†『黄金の世界へ』（共に28）なども撮っている。後年は、プレストン・スタージェス、ビリー・ワイルダーらとのコンビでも有名。

エドワード（エディ）・サザランド
Edward (Eddie) Sutherland（1895-1973）
監督。ロンドン生まれ。両親はアメリカ人。子どもの頃からヴォードヴィルやミュージカルのステージに立ち、一九一四年俳優として映画入り。連続活劇や短篇喜劇に多く出演した後、チャップリンの助監督として『巴里の女性』（23）『黄金狂時代』（25）につく。二五年監督となり、四〇年代半ばまでとくに喜劇に手腕を発揮した。作品に『弥次喜多従軍記』

『チョビ髯大将』『弥次喜多海軍の巻』（いずれも26）『弥次喜多消防の巻』（27）『国際喜劇ホテル』（33）『南瓜おやじ』（36）『天国二人道中』（39）など。五度の結婚歴があり、二番目の妻はルイズ・ブルックス。

ディック・サザランド　Dick Sutherland（1881-1934）

男優。ケンタッキー州ベントン生まれ。一九二一年の『北国の巨人』が映画初出演。以後の主な作品に『ロイドの水兵』（21）『豪勇ロイド』（22）、チャールズ・レイの『謎の自動車』（22）、ベン・ターピンの『笑王ベン・ターピン』（23）、リチャード・タルマッジの『巨弾霹靂』（25）など。サイレント期だけで八十本近くの作品に出演した。

ダリル・F・ザナック　Darryl F. Zanuck（1902-79）

脚本、製作。ネブラスカ州ワフー生まれ。作家志望であった青年時代、雑誌社・撮影所に短篇小説や原案を送りつける。それがきっかけで、二三年ワーナー・ブラザースのシナリオ部に入る。〝名犬リンチンチン〟もので大いに当て会社の信頼を獲得。二八年には撮影所主任、翌二九年には製作主任となり、トーキー初期にかけて、ギャングもの、ミュージカル、社会派ものの快作を次々に製作してワーナー社を隆盛に導く。三三年ワーナーを辞し、ジョゼフ・スケンクと二十世紀映画を設立、製作部長におさまった（三五年にはフォックス社と合併して二十世紀フォックスとなる）。サイレント期のシナリオ作に『義勇の猛火』『猛襲一騎打』（共に24）『鋼鉄の牙』（27、以上三本は〝リンチンチン〟もの）『裏表七人組』（25）『特製鋼鉄人形』（26）『人肉の桑港』（27）『ノアの箱船』（28）など。

C・ガードナー・サリヴァン
C. Gardner Sullivan（1884-1965）

脚本。ミネソタ州スティルウォーター生まれ。新聞記者から、一九一二年トマス・インス・オーガニゼーションに入り、時事問題を扱った作品や西部劇のシナリオに手腕を奮う。トーキーに入ってからも第一線で活躍したシナリオ界の大御所。シナリオに関わった作品には『ヘルズ・ヒンジズ』（16）『開拓者』（19）『曠原の志士』（25）の他、フレッド・ニブロの監督、イーニッド・ベネット主演『謎の結婚』（19）、同じくニブロの『危険な時代†』（19）、コンスタンス・タルマッジの『ダルシー』（23）、メリー・ピックフォードの『雀』（26）、ラオール・ウォルシュ監督『港の女』（28）、トーキー以降では『西部戦線異状なし』（30）『大平原』（39）『北西騎馬警官隊』（40）などがある。

トム・サンチ　Tom Santschi（1878-1931）

男優、監督。おもに西部劇でヒーローを、のちに敵役を多く演じた男優。一九〇八年シーリグ社の『七六年の心意気†』で映画デビュー。主な出演作に『神の見離した土地†』『砂漠の町』（共に16）『地獄の猫』（18）『燃え立つ義勇』（20）『我一度怒れば』（23）『3悪人』（26）など。また一〇年代中頃を中心に短篇ものを五十本ほど監督している。

シ

ノーマ・シアラー　Norma Shearer（1900-83）

女優。カナダ、モントリオール生まれ。十四歳のときビューティ・コンテストに優勝。父親の事業の失敗に伴い、母親とニューヨークに出、モデルなどを経て、一九二〇年エキストラとして映画入り。この頃の映画をアーヴィング・タルバーグが見てシアラーに注目、二三年本人を探し当て、MGMのスター女優候補として契約を取り交わす。二七年タルバーグと結婚。タルバーグは三六年に死去するが、シアラーは四二年に引退するまで数多くのMGM映画に主演、〝スクリーンのファーストレディ〟と称された。作品にレジナルド・デニーの連続物『拳闘王』（全6篇、22）の他、『夜の女』（25）『思ひ出』（27）『天使の顔』（28）『結婚双紙』（30）『夫婦戦線』（31）『白い蘭』（34）『ロミオとジュリエット』（36）『マリー・アントワネットの生涯』（38）『女たち』（39）など。

ジョージ・シーグマン　George Siegmann（1882-1928）

助監督、男優。ニューヨーク生まれ。一九〇九年映画初出演。グリフィスのもとで助監督を務めながら、『国民の創生』（15）『世界の心』（18）などでは俳優として出演もしている。一〇年代後半から二〇年代にかけて『シーバの女王』『三銃士』（共に21）『オリヴァー・トウヰスト』（22）『スカーラムーシュ』（23）『猫とカナリア』『アンクル・トムス・ケビン』（共に27）『笑ふ男』（28）など、重要な脇役を数多く演じた。

シビル・シーリー　Sybil Seely（1900-84）

女優。ロサンゼルス生まれ。一九一七年から映画に出演。二〇年の『文化生活一週間』からキートンの短篇コメディに計五本出演。後続は『ゴルフ狂の夢』『案山子』（共に20）『漂流』（21）『極寒の北部†』（22）。『極寒の北部』を最後にスクリーンを離れる。

ウィリアム・N・シーリグ　William N. Selig（1864-1948）

製作。シカゴ生まれ。映画草創期の製作者。一八九五年、エジソンのキネトスコープをダラスで見て感銘を受け、リュミエールのシネマトグラフをもとに〝シーリグ・スタンダード・キャメラ〟と〝シーリグ・ポリスコープ〟（映写機）を開発、翌九六年シーリグ社を創設してシカゴで映画製作に入る。〇九年、セオドア・ローズヴェルトのアフリカ行きとライオン狩りを合体した疑似ドキュメント『アフリカでの大狩猟†』で当てるとともに、同年ハリウッドに撮影所を開設。一四年『スポイラース』が大ヒット。また最初の連続物『カスリーンの冒険』（全13篇、13）の製作や、初の動画シリーズの製作でも知られる。一八年会社をたたみ、その四年後には映画界から退く。

ヴィクトル・シェーストレーム
Victor Sjostrom（Seastrom）（1879-1960）
監督、男優。スウェーデン、シルボーダル生まれ。『生恋・死恋』（18）『霊魂の不滅』（20）のスウェーデン映画の巨匠として一九二三年アメリカに招かれ、二〇年代半ばから末にかけてMGMで『殴られる彼奴《あいつ》』（24）『故郷の土』（25）『真紅の文字』（26）『風』（28）などの力作を撮る。三〇年代にはヨーロッパにもどる。五七年イングマール・ベルイマンの『野いちご』の老教授役が最後の映画となった。

アーネスト・B・シェードサック
Ernest B. Schoedsack（1893-1979）
撮影、監督。アイオワ州カウンスル・ブラフス生まれ。一九一四年マック・セネットのキーストン社にキャメラマンとして入る。第一次大戦では通信隊所属の戦場キャメラマンとなり、戦後はそのままニュース映画のキャメラマンに。二〇年ポーランドでメリアン・C・クーパーと出会い、二人でそれぞれイラン、タイを舞台にしたドキュメンタリー『地上』（25）『チャング』（27）を製作する。三二年にはRKOと契約。以後クーパーの製作（ときに兼共同監督）、シェードサックの監督で『四枚の羽根』（29）『猟奇島』（32）『キング・コング』『コングの復讐』（共に33）『ポンペイ最後の日』（35）『猿人ジョー・ヤング』（49）などを撮る。

チャールズ・エドガー・シェーンバウム
Charles Edgar Schoenbaum（1893-1951）
撮影。ロサンゼルス生まれ。一九一七年セシル・B・デミルの『神に見離された女』で撮影監督に。以後五〇年代まで百本余りの作品を担当した。他に『逆捲く怒涛』（22）『恋の蛮勇』（25）『アリゾナの天地』（27）『水尽く大地』（28）『百萬円貰ったら』（32）『高飛び成層圏』（35）『サマー・ホリデー』（48）『若草物語』（49）など。

モリス・ジェスト　Morris Gest（1875-1942）
製作。ロシア（現リトアニア）のヴィリニュス生まれ。一九一〇年代から三〇年代にかけて活躍した演劇プロデューサー。二〇年代前半には、スタニスラフスキーのモスクワ芸術座をアメリカに招聘した他、イタリアの名女優ドゥーゼの最後となるアメリカ国内巡演（二三年）をコーディネート、またマックス・ラインハルトをドイツから招き「奇跡」のアメリカ公演（二四年）を実現させた。

デヴロー・ジェニングズ　Devereaux Jennings（1884-1952）
撮影。ユタ州ソルトレークシティー生まれ。一九一五年からキャメラマンに。バスター・キートンの長篇サイレント・コメディ後期の四本（『拳闘屋キートン』『キートン将軍』〔共に26〕『キートンの大学生』〔27〕『キートンの船長』〔28〕の他、『シヴィリゼーション』（16）『マダムエックス』（20）『ガンファイター†』（23）『毒蛇』（25）『民衆の敵』（31）などの撮影についた。三〇年代後半以降は特殊撮影効果担当となり『暗い鏡』（46）『サムソンとデリラ』（49）などに加わっている。

ヘンリー・W・ジェラード　Henry W. Gerrard（1899-1934）
撮影。ロンドン生まれ。一九一八年フォックス社の『アリババと四十人の盗賊†』でキャメラマンに。二七年から三〇年代初頭にかけてはパラマウント、それ以降はＲＫＯに所属。三四年に三十五歳の若さで亡くなっている。主な作品に『空行かば』『情炎夜曲』『人生の乞食』（いずれも28）『支那町の夜』（29）『猟奇島』（32）『若草物語』（33）『痴人の愛』（34）など。

J・バーニー・シェリー　J. Barney Sherry（1874-1944）
男優。ペンシルヴェニア州ジャーマンタウン生まれ。サイレント初期の一九〇五年からサイレント映画がほぼ作られなくなった三〇年まで、二百本以上の映画に出演。作品に『成金の末路』（19）『ホワイト・シスター』（23）、南軍のリー将軍を演じた『自由の旗風』（24）など。

ヴィクター・シェルツィンガー
Victor Schertzinger（1888-1941）
作曲、監督。ペンシルヴェニア州マハノイシティ生まれ。ブリュッセル大学卒業後コンサート・ヴァイオリニストとしてヨーロッパを演奏旅行。帰国後はミュージカル・コメディのオーケストラ指揮者、作詞・作曲家となる。『シヴィリゼーション』（16）の伴奏音楽を作曲したことからトマス・インスのトライアングル社でチャールズ・レイ主演ものを扱い、そのまま監督デビュー。以来コンスタントに映画を作り続け、トーキー転換以降はしばしば自作のために作曲もした。監督作に『故郷を出でて』（17）『ジンクス』（19）『奇計奏功』（21）『向ふ見ずの女』（22）『フランダースの少年』（24）『サロメの心』（27）『忘れられた顔』（28）『恋の一夜』（34）『シンガポール珍道中』（40）『アフリカ珍道中』『ブルースの誕生』（共に41）など。

アーネスト・シップマン　Ernest Shipman（1871-1931）
製作。カナダ、オンタリオ州シップマンズ・ミルズ生まれ。カナディアン・フォトプレイ社の設立者。『ふるさと』（19）から『ブルー・ウォーター†』（24）まで八本の映画をプロデュースしている。三一年ニューヨークで没。

ネル・シップマン　Nell Shipman（1892-1970）
女優。カナダ、ブリティッシュコロンビア州ヴィクトリア生まれ。一九一三年映画初出演。主演作では『ふるさと』（19）『アラスカ颪』（23）が日本で公開されている。製作、監督、脚本にも手をのばしているが、映画における本格的な活動は二六年頃まで。アーネスト・シップマンとは一〇年に結婚、二〇年に離婚。バート・ヴァン・タイルとは結婚、離婚とも時期不詳（二五年以降はチャールズ・オースティン・エアーズが夫であった）。

ジョージ・シドニー George Sidney（1876-1945）
男優。オーストリア＝ハンガリー出身。ヴォードヴィルならびに舞台のベテラン俳優。映画は一九二四年から。二人のユダヤ人洋裁店経営者を描く喜劇〝ポタシュとパールムッター〟もののポタシュ、ユダヤ人仕立屋とアイルランド人警官の両家族を絡めての喜劇〝コーエンとケリー〟もののコーエンをそれぞれ演じ当たり役とした。出演作はそれらを含め『滑稽ホリウッド』（24）『長屋騒動成金物語』『甘い親爺』（共に26）『競売人†』（27）『長屋騒動パリーの巻』『われらアメリカ人†』（共に28）『男の世界』（34）など。『アニーよ銃をとれ』（50）『愛情物語』（56）などの監督ジョージ・シドニーは甥にあたる。

ラリー・シモン Larry Semon（1889-1928）
男優、監督。ミシシッピ州ウェストポイント生まれ。父親は奇術師。新聞漫画家から、一九一六年ヴァイタグラフに入り、コメディ・ライター兼監督となる。翌年から自ら主演するようになり人気急上昇、サイレント・コメディ黄金時代の一角を担う。二二年ヴァイタグラフを離れ長篇を試みるが失敗、ドラマに挑戦しても成功せず、映画から引退する。破産して神経を病み、二八年肺炎で死去。長篇作品（監督兼主演）に『豪傑ラリー』（24）『笑国万歳』『マイ・ベスト・ガール†』（共に25）『弗箱シーモン』（26）など。

ロバート・E・シャーウッド Robert E. Sherwood（1896-1955）
劇作、脚本。ニューヨーク州ニューロシェル生まれ。「化石の森」（35）「愚者の喜び」（36）「イリノイのエイブ・リンカーン」（38）などでピュリッツァー賞など数々の受賞歴をもつ劇作家。脚本家としてもウィリアム・ワイラーの『我等の生涯の最良の年』（46）でアカデミー賞脚色賞を受賞している。一九二〇年代は「ライフ」誌などで映画評を担当。その時期パラマウントの『ラッキー・レディ†』（26）の脚本にも加わっているが、映画の実製作と本格的に関わるのは三〇年代から。キートンとの関わりでは、キートンのために原案（キートンとガールフレンドが建築中の高層ビルの上階に取り残されるというもの）を書こうとしたものの、結末をつけられず未完に終わったことがあった。

ヘンリー・シャープ Henry Sharp（1892-1966）
撮影。ニューヨーク生まれ。一九二〇年『素朴な連中†』でキャメラマンに。ダグラス・フェアバンクス作品では『ドン・Q』（25）『海賊』（26）『鉄仮面』（29）のキャメラを担当。他に『海の洗礼』（23）『群衆†』（28）『我輩はカモである』（33）『恐怖省』（44）など。

ローウェル・シャーマン　Lowell Sherman（1888-1934）
男優、監督。サンフランシスコ生まれ。ブロードウェイの人気俳優から映画に転じ、三〇年以降は監督としても腕を奮った。一九一四年メリー・ピックフォードの『芝居の裏側†』でスクリーン・デビュー。『東への道』（20）以降ヒロイン女性を欺く悪役をしばしば演じる。出演作に『清濁』（20）『ブロードウェイ歓楽街†』（23）『ボーケール』（24）『荒み行く女性』（26）『舷々相摩す』（27）『天使の顔』（28）『栄光のハリウッド』（32）など。監督作に『わたしは別よ』『勝利の朝』（共に33）他。監督として参加した『虚栄の市』（35）製作中に死去。

ホレース・ジャクスン　Horace Jackson（1898-1952）
美術、脚本。イリノイ州ヴェニス生まれ。美術監督としては『漂泊の踊子』（23）『トロイ情史』（27）『情炎の美姫』（29）など。二九年から脚本家に転じ、『ホリデイ』（30）『ボレロ』（34）など三〇年代を中心に活動。五二年自動車事故死。

ジャック・ジャッカード　Jacques Jaccard（1886-1960）
監督、脚本。ニューヨーク生まれ。一九一三年アメリカン・フィルム・マニュファクチャリング・カンパニーで俳優、助監督としてスタート。翌年監督となりサイレント期に約八十本を撮り上げる。主な作品に『快漢ロロー』（全20篇、16）『ダイヤの1（赤骨牌）』（全16篇、17）『獅子の爪』（全18篇、18）『空中の脅威』（19）など。

フレッド・ジャックマン　Fred Jackman（1881-1959）
撮影、監督、特殊効果。アイオワ州タマ生まれ。一九一六年の短篇『浴場での大失敗†』でキャメラマンに。以降もセネットのもとで『ミッキー』（18）『天下泰平』（20）『モリー・オー』（21）『スザナ』（23）『頓珍漢武者振ふ』（24）などを撮る。二〇年代には監督作もあり、ルース・ローランド主演の連続活劇『白鷲』（22、全15篇、W・ヴァン・タイクと共同）『森林女王』（22）などを手がけている。三〇年代はワーナー・ブラザース社で特殊効果撮影の専門家となり、『海賊ブラッド』（35）『風雲児アドヴァース』『進め龍騎兵』（共に36）などに加わった。

バッド・ジャミスン　Bud Jamison（1895-1944）
男優。カリフォルニア州ヴァレイオ生まれ。一九一五年エッサネイ社のチャップリン喜劇を皮切りに、亡くなる直前まで短篇コメディを中心に五百本以上の作品に顔を出す。チャップリン、ロイド、そしてとくに〝三馬鹿大将〟との共演が多かった。長篇物の出演は『無理矢理ロッキー破り』（27）『珍戦花嫁争奪』（28）など。

レイ・ジューン　Ray June（1895-1958）

撮影。ニューヨーク州イサカ生まれ。米国陸軍通信隊から映画界へ。一九一五年の『J・ルーファス・ウォリングフォードの新冒険』†でキャメラマンに。主な撮影担当作品に『これが愛』†（28）『壁の中の声』（29）『人類の戦士』（31）『支那海』（35）『パリの恋人』（57）がある。

エリッヒ・フォン・シュトロハイム

Erich von Stroheim（1885-1957）

男優、監督。ウィーン生まれ。アメリカ・サイレント映画期の巨匠のひとり。父親は帽子製造業者。一九〇七年頃渡米。一四年ハリウッドに至り、D・W・グリフィスのもとでエキストラ、助監督として働く。一七年アメリカが第一次大戦に参戦すると、憎々しげなプロシア軍人を演じて名をあげる。一九年ユニヴァーサル社のカール・レムリを説き伏せて『アルプス颪』で監督デビュー。引き続き『悪魔の合鍵』（20）『愚なる妻』（22）と監督し、洗練された人物造形と精緻克明な装置美術で見る者を驚かす。しかし後者製作中予算を度外視したためプロデューサーのアーヴィング・タルバーグと衝突、次回作『メリー・ゴー・ラウンド』（23）では途中でメガホンを奪われる。タルバーグとの衝突はMGMでも繰り返され、『グリード』（24）は会社の手によって大幅にカットされる。その一方『メリー・ウイドー』（25）ではタルバーグはシュトロハイム側に立って主演のメイ・マレイを譴責したとされる。その後の監督作に『結婚行進曲』（28）、グロリア・スワンソン主演の未完に終わった『クイーン・ケリー』†（29）。トーキー転換以降は『大いなる幻影』（37）『サンセット大通り』（50）などで俳優として貫禄を見せつけた。

ジョージ・シュナイダーマン

George Schneiderman（1894-1964）

撮影。ニューヨーク生まれ。一九一五年セダ・バラ主演ラオール・ウォルシュ監督の『カルメン』†でキャメラマンに。サイレント期から三〇年代中頃までのジョン・フォードの代表作のほとんど（『アイアン・ホース』〔24〕『3悪人』〔26〕『四人の息子』〔28〕『周遊する蒸気船』〔35〕等）を担当する他、『クレオパトラ』†（17）『偉大なる愛』（18）『紺碧の下に』（24）『なまけ者』（25）などを撮っている。

ルパート・ジュリアン　Rupert Julian（1879-1943）

男優、監督。ニュージーランドのワンガロア生まれ。一九一一年巡業公演で渡米し、そのままアメリカに。タイロン・パワー（シニア）と舞台で共演した後、一三年俳優としてユニヴァーサルに。ドイツのヴィルヘルム二世を演じた『好戦将軍』（18）は大当たりする。一四年から監督も兼務、二三年にはアーヴィング・タルバーグによって途中降板となったエリッヒ・フォン・シュトロハイムに代わって『メリー・ゴー・ラウンド』をまとめ上げる。二五年には大作『オペラの怪人』をロン・チャニーと衝突しながらも完成。他の監督作に『野を駈ける女』（22）『紐育恋慕双紙』（25）『メリケン波止場』『村の医者』（共に27）『春爛漫』（28）など。

B・P・シュルバーグ　B. P. Schulberg（1892-1957）
製作。コネティカット州ブリッジポート生まれ。新聞記者、映画業界紙の記者を経て、一九一一年レックス・フィルム宣伝部に入る（レックスは一二年ユニヴァーサルに吸収される）。翌年アドルフ・ズーカーのフェイマス・プレイヤーズに移る。その後製作会社プリファード・ピクチャーズを設立し、クララ・ボウ主演『プラスティック・エイジ†』（25）で当てる。二五年プリファードが倒産、同年クララ・ボウとともにパラマウントにもどり製作補、二八年同西海岸撮影所製作部の部長となる。この時期の製作作品に『あれ』『つばさ』『暗黒街』（いずれも27）『最後の命令』（28）『ヴァージニアン』（29）等々がある。三二年に再び独立、さまざまな映画会社のプロデューサーとして活動を続け、四三年引退。

リアトリス・ジョイ　Leatrice Joy（1893-1985）
女優。ルイジアナ州ニューオーリンズ生まれ。一九一七年エキストラとして映画デビュー。コメディアンの相手役などをしていたが、セシル・B・デミルに認められ『土曜日の夜』『屠殺者』（共に22）『十誡』（23）『勝利者』（24）などに出演。デミル作品以外では『ハートの一』（21）『妻欺く勿れ』（23）など。サイレント期を中心に九十本近くの出演作を持つ。

ペギー・ホプキンス・ジョイス
Peggy Hopkins Joyce（1893-1957）
ダンサー、モデル、女優。ヴァージニア州バークリー生まれ。一九一七年ジーグフェルド・フォリーズでブロードウェイ・デビュー。以来ステージの内外でさまざまなセンセーションを巻き起こし、スキャンダラスな女性の代名詞となる。結婚は富豪とばかり五度。浮き名は数知れず。ダイヤや毛皮の蒐集でも有名。映画は短篇数本に出たあとマーシャル・ニーラン監督『スカイロケット†』（26）に主演するが、大当たりとはいかず、後は続かなかった。映画はもう一本W・C・フィールズの『国際喜劇ホテル』（33）に本人として出演している。

ハロルド・ショー　Harold Shaw（1878-1926）
監督。テネシー州ブロンズヴィル生まれ。一九〇八年エジソン社の俳優として映画デビュー。途中から監督となりＩＭＰに移る。一三年ロンドン・フィルム・カンパニーの総監督に任命され、一六年までロンドンに。その後南アフリカで映画製作に従事。二〇年代初頭に再びアメリカにもどり、メトロで『娘十八紅かねつけて』『無言の勝利』（共に23）『愚者の黎明』（24）の三本を監督する。二六年交通事故で没。

モード・ジョージ　Maude George（1888-1963）

女優。カリフォルニア州リヴァーサイド生まれ。一九一五年から二九年までの間に六十余本の映画に出演。貴婦人役が多かった。主なものに『愚なる妻』（21）『メリー・ゴー・ラウンド』（23）『大地の救ひ』（24）『結婚行進曲』（28）など。

エミール・ショータール　Emile Chautard（1864-1934）
男優、監督。パリ生まれ。舞台俳優、演出家から映画監督に。一九一五年渡米。『女は魔性』（17）『苦節の娘』（18）『暗より光明へ』（19）『愛の栄光』（22）などを撮ったのち、俳優に転じて『金髪か黒髪か』『第七天国』（共に27）『ライラック・タイム』（28）などで脇役を演じた。

R・D・ジョーンズ　R. D. Jones（1898-1925）
スタントマン。生地不詳。フェイマス・プレイヤーズ＝ラスキーでおもにジャック・ホルトのスタントマンを務めていたが、一九二五年六月、オレゴン州クース・ベイでの『エンシャント・ハイウェイ†』（25）の撮影中に事故死する。

F・リチャード（ディック）・ジョーンズ
F. Richard（Dick）Jones（1893-1930）
監督。ミズーリ州セントルイス生まれ。一九一四年監督に。一〇年代後半から二〇年代前半にかけて、マック・セネットのもとルイズ・ファゼンダ、スリム・サマーヴィル、エドガー・ケネディ、ベン・ターピンらを用いて二巻物コメディを多数監督。それ以外にも撮影所の枠を越えて長篇作品を撮っている。その長篇作品には、ドロシー・ギッシュの『空飛ぶ妻』（20）、メイベル・ノーマンドの『モリー・オー』（21）『スザナ』（23）、ビアリー＝ハットン喜劇の『弥次喜多殺陣の巻』（28）、本書第二十九章にエピソードが語られている『水尽く大地』（28）、ダグラス・フェアバンクスの『ガウチョウ』（27）、唯一のトーキー作品『ブルドッグ・ドラモンド』（29）など。

（チャールズ・）バック・ジョーンズ
（Charles）Buck Jones（1889-1942）
男優。インディアナ州ヴィンセンズ生まれ。本名チャールズ・フレデリック・ゲブハート。一九二〇年代、三〇年代に活躍したカウボーイ・スターのひとり。十七歳で合衆国騎兵隊に入隊。除隊後はワイルド・ウェスト・ショーやサーカスに加わり、一七年映画入り。二〇年代に入る頃には人気カウボーイ・スターとなっていた。作品に『砂熱を蹴りて』『野人の勇』（共に20）『馬上の荒武者』（21）『天下御免』（22）『豪傑ダン』（23）『悍馬宙を飛ぶ』（24）など。四二年十一月戦時公債販促キャンペーンのボストン会場で大火災事故に巻き込まれ犠牲となる。

ヘンリー・アーサー・ジョーンズ
Henry Arthur Jones（1851-1929）

劇作。イングランド、グランボロ生まれ。イプセンに共鳴し、社会批判としての演劇を目指す。その劇作品で映画化されたものに『嘘言』(18)『銀髪王』『浮世離れて』(共に19)『迷信』(20)『豪雨の一夜』(23)などがある。

アル・ジョルスン　Al Jolson (1886-1950)
歌手、男優。ロシア(現リトアニア)のスレッドニク生まれ。幼少の頃アメリカに。ヴォードヴィル、ナイトクラブの歌手からニューヨークの大舞台に立つ人気エンターテイナーとなる。一九二三年グリフィスのもとで主演映画を撮る話が浮上、テストフィルムまで撮りながらジョルスン本人が二の足を踏み実現に至らず。二六年ワーナー・ブラザースのサウンド映画の試作品『四月の驟雨』†の中で三つの曲を歌う。二七年同社のパート・トーキー作品『ジャズ・シンガー』に主演、これが大当たりとなり映画のトーキー化への道を開く。その後の出演作に『シンギング・フール』(28)『歌に託して』†(29)『マミー』†(30)『風来坊』(33)など。第二次大戦後の四六年、ラリー・パークスがジョルスンに扮した伝記映画『ジョルスン物語』とその続篇『ジョルスン再び唄う』(49)が作られこれらも大ヒットした。

アグネス・クリスティーン・ジョンストン
Agnes Christine Johnston (1896-1978)
脚本。ペンシルヴェニア州スイスヴェイル生まれ。一九一五年から四八年まで九十本近くのシナリオに関わる。主な作品に『孤児の生涯』(19)『禁断の楽園』(24)『故郷の土』(25)『お人好し』†『活動役者』(共に28)『ロイドの活動狂』(32)『青春学園』(44)など。

ジュランヌ・ジョンストン　Julanne Johnston (1900-88)
女優。インディアナ州インディアナポリス生まれ。一九一七年ダンサーから映画に入る。ダグラス・フェアバンクスの『バグダッドの盗賊』(24)でお姫様を演じる。他に『怪力無双』『キャップテン・フィアレス』†(共に25)『恋せよ乙女』(27)など。三〇年代前半にスクリーンを離れる。

ジュリアン・ジョンソン　Julian Johnson (1885-1965)
編集、脚本。シカゴ生まれ。一九一八年脚本家として映画経歴をスタート。編集作品は『サタンの嘆き』の他、『ボージェスト』『百貨店』(いずれも26)など二六年、二七年に集中している。二〇年代後半から脚本家にもどり、『つばさ』(27)『紐育の波止場』(28)『四枚の羽根』『踊る人生』(共に29)などの字幕を担当した。

ミルトン・シルズ　Milton Sills (1882-1930)
男優。シカゴ生まれ。舞台を経て、一九一四年映画入り。サイレント期を代表するアクション・スターのひとりだが、ドラマでも味わい深い演技をみせた。トーキー転換直後の三〇年心臓発作で死去。出演作に『悩める花』（21）『幽明界』（22）『魔海の髑髏島』『スポイラーズ』†（共に23）『シー・ホーク』（24）『海馳せる猛虎』（27）『煩悩』（28）『海の狼』（30）など。

ルドルフ・シルドクラウト
Rudolph Schildkraut（1862-1930）
男優。オスマン帝国のコンスタンティノープル（現トルコ、イスタンブール）生まれ。ウィーンで演技を学び、一九〇五年マックス・ラインハルトのベルリン・ドイツ座に。同座の中核的俳優となる。代表的舞台は「ヴェニスの商人」「リア王」「ファウスト」など。二〇年渡米。二五年ニューヨーク、ブロンクスにユダヤ劇場を設立。アメリカ映画への出演はエドワード・スローマン監督の『我れ世に誇る』（25）から。他に『キング・オブ・キングス』『村の医者』（共に27）『老番人』（28）『クリスティナ』（29）など。息子のジョゼフ・シルドクラウトも舞台・映画で活躍した俳優で、ドナルド・クリスプ監督『若き四月』†（26）で親子共演を果たしている。

アデラ・ロジャーズ・シンジョンズ
Adela Rogers St. Johns（1894-1988）
ジャーナリスト、作家、脚本。ロサンゼルス生まれ。一九一二年ハースト系新聞「サンフランシスコ・イグザミナー」を皮切りに、四八年まで記者を務める。二〇年代から三〇年代にかけてフォトプレイ誌上で行なった映画人インタビューで名を高める。脚本作に『夜の女』（25）『赤ちゃん母さん』（27）『栄光のハリウッド』（32）など。ウォーレン・ベイティ監督主演の『レッズ』（81）に二十世紀初頭の時代証言者のひとりとして登場した。

アーヴィング・W・シンドラー
Irving W. Sindler（1897-1990）
小道具。オーストリア出身。小道具方として加わった作品に『熱砂の舞』の他に『夢想の楽園』（共に26）『ロイドの大勝利』（34）『噫無情』（35）『沙漠の花園』（36）『西部の男』（40）などがある。

エフレム・ジンバリスト　Efrem Zimbalist（1889-1985）
ヴァイオリニスト。ロシア出身。九歳で父親のオーケストラの第一ヴァイオリンを務め、一九〇七年サンクトペテルブルク音楽院を優等で修了後は、コンサート・ヴァイオリニストとなる。一〇年代にアメリカに居を定める。フィラデルフィアのカーティス音楽院で二八年から教鞭をとり、四一年から六八年までは同音楽院の院長。息子のエフレム・ジンバリスト・ジュニアはテレビ・映画で活躍した俳優。

ス

ブランチ・スウィート　Blanche Sweet（1896-1986）

女優。シカゴ生まれ。幼時から舞台に立ち、一九〇九年十三歳でバイオグラフ社のD・W・グリフィスのもとに加わる。『女の叫び』（11）『厚化粧したレディ†』（12）『死のマラソン†』（13）『アッシリアの遠征』（14）などに出演した後、バイオグラフを離れたグリフィスに伴い、リライアンス＝マジェスティック＝ミューチュアルで『暗黒界』『ホーム・スウィート・ホーム†』『恐ろしき一夜』（いずれも14）に出演。『国民の創生』で役をリリアン・ギッシュに取られたことからグリフィスと袂を分かち、デミルの『ヴァージニアのウォーレン家†』（共に15）に出演する。その後の作品にジョン・グリフィス・レイ監督の『海の洗礼』（23）、夫であったマーシャル・ニーラン監督の『受難のテス』（24）『歓楽の舞姫』（25）などがある。トーキーへの転換を機に引退。マーシャル・ニーランとは初婚。三五年俳優のレイモンド・ハケットと再婚している。

マック・スウェイン　Mack Swain（1876-1935）
男優。ユタ州ソルトレークシティー生まれ。初期のチャップリン喜劇でおなじみの大兵肥満のコメディアン。ヴォードヴィル等舞台で鳴らした後、一九一三年マック・セネット社に。自ら主演のものも含め数多くの短篇コメディに出演、一七年以降セネットのもとを離れるが、チャップリンの『ノラクラ』（21）『給料日』（22）『偽牧師』（23）『黄金狂時代』（25）に助演。その後も『南北珍雄腕比べ』『イバニエズの激流』『お転婆キキー』『素晴らしい果報者』（いずれも26）『我れ若し王者なりせば』（27）『紳士は金髪がお好き』（28）など脇役で活躍した。

アドルフ・ズーカー　Adolph Zukor（1873-1976）
製作、経営。オーストリア＝ハンガリー（現ハンガリー）のリスキ生まれ。十五歳で渡米。清掃の仕事から始めシカゴの富裕な毛皮商へと出世。一九〇三年にはペニー・アーケードの経営に手を染め、それがきっかけとなってマーカス・ロウの劇場チェーンの経理部長となる。一二年サラ・ベルナール主演のヨーロッパ映画『エリザベス女王†』が大当たり。この配給で得た儲けを元手に製作会社フェイマス・プレイヤーズを設立、〝有名舞台を有名俳優で〟のスローガンのもと、当たり舞台をブロードウェイの名優たちに演じさせた映画を製作しヒットさせる。この頃メリー・ピックフォードと契約、これも多くの大当たりを生み出す。一六年、ジェシー・L・ラスキー・フィーチャー・プレイ・カンパニーと合併、フェイマス・プレイヤーズ＝ラスキー社を設立し社長に納まる（のちに社名をパラマウントと改称）。パラマウントは劇場チェーンを取得、ハリウッドのメジャー会社に成長、ズーカーはハリウッドで最も影響力の大きい人物のひとりとなる。三六年取締役会長に就任。四九年アカデミー賞特別賞を受賞。七六年、百三歳で死去したときもパラマウント名誉会長の肩書きを持っていた。

ポール・スカードン　Paul Scardon（1874-1954）
男優、監督。オーストラリア、メルボルン生まれ。舞台人として一九〇五年に渡米。〇九年俳優として映画デビュー。一三年から監督に転じ、一四年にはヴァイタグラフに。同社で『ビューティ・プルーフ』†（19）他十本余でコンビを組んだ女優ベティ・ブライスと一九年に結婚。監督作は他に『嫌やな亭主役』（20）『燈台守の妻』（21）『妻なればこそ』（22）など。『女性解放』（24）が最後の監督作となる。

オーティス・スキナー　Otis Skinner（1858-1942）
男優。マサチューセッツ州ケンブリッジ生まれ。一八七七年初舞台。代表的舞台に「リミニのフランチェスカ」（01）「キスメット」（11）「ミスター・アントーニオ」（16）「血と砂」（21）など。映画出演は三本で、うち二本は舞台の当たり役を演じた『キスメット』（20・30年版の両方で主演）。

ジョゼフ（ジョー）・M・スケンク
Joseph（Joe）M. Schenck（1876-1961）
製作、経営。ロシアのリビンスク生まれ。一八九二年渡米。弟ニコラス（1880-1969）と共同でドラッグストアや遊園地を経営、その過程でヴォードヴィル・映画館チェーンの所有者マーカス・ロウと知り合い、将来MGMの親会社となるロウ・オーガニゼーションの重役となる。弟のニコラスはロウのもとにとどまるが、ジョゼフは一九一七年独立プロデューサーとなり、タルマッジ姉妹、ロスコー・アーバックル、バスター・キートンらの映画を製作する。二四年ユナイテッド・アーティスツの取締役会長に選出される。三三年にはダリル・F・ザナックと二十世紀映画（三五年にはフォックスと合併して二十世紀フォックス映画）を設立、社長となる。四一年、所得税法違反で訴追され社長を辞任、禁固四カ月ののち復帰。五二年アカデミー賞特別賞を受賞。結婚歴は一度、女優のノーマ・タルマッジと。

オーブリー・スコット　Aubrey Scotto（1895-1953）
編集、監督。ロサンゼルス生まれ。『ベン・ハー』の編集に加わったのち編集技師として一本立ちし、『北欧の海賊』（28）他を担当する。二九年に監督に転じ、三九年まで短篇を中心に四十本ほどを手がける。長篇の監督作に『スマート・ガール』†（35）『パーム・スプリングス』†（36）など。

ホーマー・スコット　Homer Scott（1880-1956）
撮影。ニューヨーク生まれ。一九一四年の『昨日を解く鍵』†でキャメラマンに。ダスティン・ファーナムの活劇（『北緯五十三度』〔17〕『星光の下に』〔18〕）やジャック・ピックフォードもの（『テキサスの健児』〔17〕『英雄崇拝』〔18〕）、コメディではベン・ターピンの『笑王ベン・ターピン』（23）、メイベル・ノーマンドの『モリー・オー』（21）『スザナ』『臨時雇の娘』（共に23）などを撮っているが、二三年を最後に作品がない（セカンド・キャメラマンとしてロイド専従となった模様）。

ポーリン・スターク　Pauline Starke（1900-77）
女優。ミズーリ州ジョプリン生まれ。一九一六年『イントレランス』のダンサーのひとりとして映画初出演。『神の鉄槌』『悩める胡蝶』（共に19）などで主演女優の地位を得、二〇年代に入ると『地方の名花』（21）『愛国の唄』（22）『南海の情火』（23）『禁断の楽園』（24）『女性はダイヤを愛す』†（27）『北欧の海賊』（28）『男・女・妻』（29）などに出演した。

フォード・スターリング　Ford Sterling（1883-1939）
男優。ウィスコンシン州ラクロッス生まれ。十代で家を飛び出しサーカスの道化となる。ヴォードヴィル芸人、舞台俳優を経て、一九一一年バイオグラフ社のセネット班に加わる。翌年そのままキーストンに移り、キーストン・コップスの署長を演じるなど同社の中心俳優のひとりとなる。その後出入りを繰り返すが、二〇年代にはメジャー各社とくにパラマウントの長篇コメディの重要な脇役、時には主役を演じるようになった。三〇年代は事故のため片脚を失うということもあってスクリーンから遠ざかる。主な長篇出演作に『戦争ごっこ』（19）『殴られる彼奴《あいつ》』（24）『夫婦円満哲学』（25）『駄法螺大当り』『芝居の世の中』（共に26）『紳士は金髪がお好き』（28）『ハリウッド盛衰記』（30）など。

ジョン・M・スタール　John M. Stahl（1886-1950）
監督。ニューヨーク生まれ。一九一三年舞台俳優から映画の世界に。翌年監督となる。サイレント、トーキーを通して女性メロドラマ映画の名手。サイレント期の代表作は『良人の危険時代』（23）『夫たち愛人たち』†（24）『立派な身なり』†（25）『囁きの小径』（26）『恋人』（27）など。三〇年代以降では『裏町』（32）『模倣の人生』（34）『愛と光』（35）『哀愁の湖』（45）など。

ジョゼフ・フォン・スタンバーグ　Josef von Sternberg（1894-1969）
監督。ウィーン生まれ。経歴・作品は第十六章参照。

ジョージ・スティーヴンス　George Stevens（1904-75）
撮影、監督。カリフォルニア州オークランド生まれ。両親とも俳優。父親の巡業劇団で五歳のとき初舞台。一九二一年キャメラマン助手として映画入り。二三年ハル・ローチのもとでキャメラマンに。二七年から三〇年にかけては『二人の水兵』†（28）『リバティ』†『ビッグ・ビジネス』†（共に29）といったローレル＝ハーディの短篇コメディを多数担当する。三〇年監督に。ユニヴァーサルを経てＲＫＯに移り、『乙女よ嘆くな』（35）以降第一級監督の道を歩むことに。代表作に『ママの想い出』（48）『陽のあたる場所』（51）『シェーン』（53）などがある。

ジョン・スティーヴンソン　John Stevenson（1883/84-1922）スタントマン。生地不詳。一九二二年八月、ニューヨーク市内においてパール・ホワイト主演の連続活劇『プランダー』（全15篇）の撮影中、スタントに失敗して死亡。

E・バートン・スティーン　E. Burton Steene（1885-1929）撮影。生地不詳。『ベン・ハー』（25）『決死隊』（27）『空行かば』（28）『地獄の天使』（30）などの撮影に加わっている。

マウリッツ・スティルレル　Mauritz Stiller（1883-1928）監督。フィンランド、ヘルシンキ生まれ。『吹雪の夜』（19）『エロティコン』†（20）『イェスタ・ベルリング物語』†（24）などサイレント期スウェーデン映画を代表する監督。二五年ガルボとともにＭＧＭに招かれてアメリカへ。ＭＧＭでガルボのハリウッド第二作『明眸罪あり』（26、途中降板）、パラマウントに移り『帝国ホテル』『罪に立つ女』（共に27）『罪の街』（28、途中降板）と撮るが、経営陣と衝突を繰り返し、健康の悪化もあって帰国。ほどなく死去した。

ドナルド・オグデン・ステュアート　Donald Ogden Stewart（1894-1980）脚本。オハイオ州コロンバス生まれ。イェール大学卒業。ユーモリスト、劇作家として名を高め、一九三〇年代初頭映画入り。『踊り子夫人』（30）『心を汚されし女』（31）『素晴らしき休日』（38）『フィラデルフィア物語』（40）『火の女』（42）などのシナリオに加わる。二〇年代中頃に短期間ＭＧＭと接触をもったことがあり、そのとき『大学のブラウン』（26）の翻案を行なった。

ロイ・ステュアート　Roy Stewart（1883-1933）男優。カリフォルニア州サンディエゴ生まれ。サイレント期のカウボーイ・スター。一九一四年映画初出演。自らの主演作品（『男の度量』〔20〕『猛者来る』〔23〕やダニエル・ブーンもの、バファロー・ビルもの）だけでなく、リリアン・ギッシュ（『砂上の家』†〔16〕）、ベッシー・ラヴ（『貧民の娘』〔17〕）、メリー・ピックフォード（『雀』〔26〕）らとの共演作もある。三三年心臓発作で急死。

アンドリュー・L・ストーン　Andrew L. Stone（1902-99）監督。カリフォルニア州オークランド生まれ。一九一八年ユニヴァーサル社に入り、現像所勤め、小道具方の後、二七年監督に。その後パラマウントを経て、四三年自らの製作会社を設立。『オペレッタの王様』（39）『ストーミー・ウェザー』（43）『明日なき男』（50）『二十四時間の恐怖』（55）『針なき時計』（58）『最後の航海』（60）といった軽い娯楽作やロケーション中心のスリラーを得意としたが、『ソング・オブ・ノルウェー』（70）『美しく青きドナウ』（72）の失敗で映画から手を引くことに。

ルイス・ストーン　Lewis Stone（1879-1953）
男優。マサチューセッツ州ウスター生まれ。ブロードウェイの人気俳優から一九一五年に映画の世界へ。サイレント期の代表作に『ゼンダ城の虜』（22）『スカーラムーシュ』（23）『夫たち愛人たち』†（24）『ロスト・ワールド』（25）『トロイ情史』（27）『愛国者』『恋多き女』（共に28）など。トーキー転換以降も脇役として長く活躍した。

カール・ストラス　Karl Struss（1886-1981）
撮影。ニューヨーク生まれ。コロンビア大学夜間コースで写真を学び、一九一四年自らのスタジオを開設。一九年ハリウッドに呼ばれセシル・B・デミルと三年契約を結ぶ。以後革新的キャメラマンとしてハリウッドで長らく活躍する。作品に『アナトール』（21）『雀』（26）『男女の戦』（28）『コケット』（29）『ジーキル博士とハイド氏』（32）『獣人島』（32）『ライムライト』（52）などがある。『サンライズ』（27）でチャールズ・ロシャーとともにアカデミー賞撮影賞を受賞。

ウォルター・ストラドリング　Walter Stradling（1875-1918）
撮影。イングランド、デヴォン州プリマス生まれ。一九一四年キャメラマンに。作品に『豪胆少年』『農場のレベッカ』（共に17）『闇に住む女』『荒野のただ中』†（共に18）など。

ハリー・ストラドリング　Harry Stradling（1901-70）
撮影。ニュージャージー州ニューアーク生まれ。メリー・ピックフォードのキャメラマンであったウォルター・ストラドリングの甥。一九二〇年キャメラマンに。最初の六本はケネス・S・ウェッブ監督につく。そのうち『熱血の薔薇』『彼の妻の夫』†『女性が愛する方法』†〔いずれも22〕はベティ・ブライス主演映画。三〇年渡仏。ジャック・フェデール監督とコンビを組み、コンビを維持したままイギリスへ。ヒッチコックの『巌窟の野獣』（39）を撮ったのち、ハリウッドにもどる。その後の作品に『断崖』（41）『欲望という名の電車』（51）『大砂塵』（54）『愛情物語』（56）『パジャマ・ゲーム』（57）『マイ・フェア・レディ』（64）など。

フランク・R・ストレイヤー　Frank R. Strayer（1891-1964）
脚本、監督。ペンシルヴェニア州アルトゥーナ生まれ。ペンシルヴェニア陸軍士官学校卒業。一九二三年助監督としてメトロに入社。二五年監督となり、ビアリー＝ハットン喜劇の『弥次喜多空中の巻』（27）『弥次喜多探偵の巻』（28）をはじめ『陸戦隊のモーラン』（28）『吸血コウモリ』†（33）、また『ブロンディ子守の巻』（39）をはじめとするコロムビア社の〝ブロンディ〟ものを何本か撮っている。脚本に関わったものに『予約限定』†（33）がある。

ビル・ストローザー　Bill Strother（1896-1957）
男優、スタントマン。ノースカロライナ州ネイハンタ生まれ。

ハロルド・ロイドの『要心無用』(23)で建物の壁面登りの名人ビルを演じる。実際壁登りの名人で、映画にスカウトされた経緯は本書第四十二章参照。

アール・スネル Earle Snell(1886-1965)
脚本。カリフォルニア州サンタアナ生まれ。一九一九年から五六年の間に百本余の脚本に関わる。主なものに『鉄拳』(25)『舞踏拳闘早変り』(27)『地下鉄殺人事件』(31)『悪魔島脱出』(35)『幸福は空から』(36)など。四〇年代はリパブリックなどのB級西部劇が中心となる。レジナルド・デニーものは『舞踏拳闘早変り』(27)を含め二七年から三〇年の間に六本担当。

ジョージ・K・スプア George K. Spoor(1872-1953)
経営、製作。イリノイ州ハイランドパーク生まれ。一九〇七年、映画製作・配給会社エッサネイを設立。〝ブロンコ・ビリー〟もの西部劇とコメディを二大柱とした。チャップリンが属した一九一五年が会社のピークで、翌年チャップリンがミューチュアルに去り社の経営が下降、一七年業務を停止した。スプアはその後も３Dシステムや六十五ミリワイド画面に挑戦するなど意気盛んなところをみせた。

リチャード・V・スペンサー
Richard V. Spencer(1885-1954)
脚本。ペンシルヴェニア州出身。一九一二年トマス・インスのバイソン社で脚本家デビュー。一七年までの間に七十本ほどのシナリオに参加した。主な長篇物にチャールズ・レイ主演『鬨の声』(16)、ハロルド・ロックウッド主演『男の一言』『覚醉の労働』(共に17)など。

ラルフ・スペンス Ralph Spence(1890-1949)
脚本。フロリダ州キーウェスト生まれ。一九一二年から四六年までシナリオライターとして約百三十本の映画に関わる。サイレント期の字幕担当作品に『弥次喜多従軍記』『ロイドの福の神』『チョビ髯大将』『3悪人』『吃驚仰天』(いずれも26)『与太奮戦記』『弥次喜多空中の巻』(共に27)『浮気天国』『活動役者』『天使の顔』(いずれも28)など。本文中で紹介されたドレスラー=モラン喜劇は『キャラハン家とマーフィー家』[†](27)と思われる。

アルバート・E・スミス Albert E. Smith(1875-1958)
製作、監督。イングランド、ケント州ハヴァシャム生まれ。子ども時代に一家でアメリカに移住。同じイギリス生まれのJ・ステュアート・ブラックトンと旅回り一座を組織、自身も奇術師として舞台に立った。一八九六年にはエジソンのヴァイタスコープの権利を取得。翌年ブラックトンとともに映画製作会社アメリカン・ヴァイタグラフを創設、監督・脚本家・俳優として実製作に関わった。二五年ヴァイタグラフはワーナー・ブラザース社に売却され歴史を閉じる。

ウィンチェル・スミス　Winchell Smith（1871-1933）
劇作、演出、監督。コネティカット州ハートフォード生まれ。彼の戯曲（いずれも共作）「ブリュースターの遺産騒動」（06）「ブーメラン」（15）「右へ曲がれ！」（16）「電光」（18）は繰り返し映画化された他、バスター・キートンの長篇初主演『馬鹿息子』（20）を共同監督している。

C・オーブリー・スミス　C. Aubrey Smith（1863-1948）
男優。ロンドン生まれ。三十歳で舞台デビュー、映画初出演は一九一五年アメリカで。しかしサイレント期の映画出演はイギリスが主で、ハリウッドでは他に『拒絶された女』†（24）があるくらい。アメリカ映画の出演は『トレイダ・ホーン』（31）『類猿人ターザン』（32）あたりから本格化する。代表作は『ベンガルの槍騎兵』（35）『ゼンダ城の虜』『ハリケーン』（共に37）『レベッカ』（40）など。

ジェイムズ（ジミー）・スミス　James（Jimmy）Smith（1892-1975）
編集。ニューヨーク、スタテンアイランド生まれ。一九〇九年D・W・グリフィスの『小麦の買い占め』†で編集者に。その後もグリフィスの編集者として『アッシリアの遠征』（14）『国民の創生』（15）『偉大なる愛』（18）『スージーの真心』（19）『嵐の孤児』（21）『アメリカ』（24）『サタンの嘆き』（26）『心の歌』（29）などを担当。他の監督のものではリリアン・ギッシュのトーキー第一作『白鳥』（30）『探偵ブラウン神父』†（34）など。五〇年代にはテレビに移る。

デイヴィッド・スミス　David Smith（1872-1930）
監督。イングランド、ケント州ハヴァシャム生まれ。ヴァイタグラフ一筋に歩んだ監督。一九一五年初監督。二七年までに八十本余りの作品を担当する。主なものに『黒馬物語』『地方の名花』（共に21）『死の救援列車』（22）『漂浪の健児』（25）など。

フィリップス・スモーリー　Phillips Smalley（1875-1939）
監督、男優。ニューヨーク、ブルックリン生まれ。長らく演劇界に身を置いたあと、一九一〇年俳優として映画デビュー。翌年監督も始める。夫人で、最も早い時期の女性監督のひとりロイス・ウェバーとの共同監督、共演も多い。監督は一〇年代でやめ、以後は俳優として活動した。監督作（以下に挙げるのはすべてロイス・ウェバーと共同）に『サスペンス』†（13）、自らシャイロックを演じた『ヴェニスの商人』†（14）『死を賭して』『獄屋の月』『誰が為めに』（いずれも16）『歓楽の価値』（17）など。出演作に『侠骨カービー』『狂乱の都』（共に23）『のんきなおばさん』『ステラ・マリス』（共に25）などがある。

エドワード・スローマン　Edward Sloman（1883-1972）
監督。ロンドン生まれ。経歴・作品については第十三章参照。

ポール・スローン　Paul Sloane（1893-1963）
脚本、監督。ニューヨーク生まれ。一九一四年脚本家としてエジソン社に入る。二五年監督に。三九年までに二十本余の映画を撮る。作品に『剣難女難』『鐵拳乱舞』（共に25）『ダニューブの漣』（28）など。

グロリア・スワンソン　Gloria Swanson（1897/99-1983）
女優。シカゴ生まれ。父親は陸軍士官。一九一三年シカゴのエッサネイ社にエキストラとして入る。そこで知り合ったウォーレス・ビアリーと一六年に結婚。同年ビアリーとともにハリウッドに出、マック・セネットのキーストン社に加わる。そこでは巷間いわれているような〝海水着美人〟のひとりではなく、ボビー・ヴァーノンを相手役にロマンティック・コメディを専らにする。一八年セネットのもとを離れ、トライアングルでジャック・コンウェイ監督の映画に出演。一九年にはフェイマス・プレイヤーズ＝ラスキーのセシル・B・デミルの撮影班に移り、一連の社交喜劇に主演する。二〇年代にはハリウッドを代表するスターとして揺るぎない地位を築く。二七年ジョゼフ・P・ケネディの後援を得て製作会社を立ち上げ、シュトロハイムを監督に迎えて『クイーン・ケリー†』の製作に入るも未完のまま中絶。トーキー移行後しばらくして引退。第二次大戦後ビリー・ワイルダー監督『サンセット大通り』（50）のサイレント女優ノーマ・デズモンド役で劇的カムバックをはたす。作品にボビー・ヴァーノンと共演した『雨中の逃亡』（17）、ジャック・コンウェイ監督の『彼女の決断†』『すべてを信じることはできない†』（共に18）、セシル・B・デミル監督の『夫を変へる勿れ』『男性と女性』（共に19）『何故妻を換える?』（20）『アナトール』（21）、シドニー・オルコット監督の『蜂雀』（24）、アラン・ドワン監督の『舞姫ザザ』（23）『嬲られ者』『兵営に咲く花』（共に24）、リチャード・ロッソン監督の『野薔薇』（26）、ラオール・ウォルシュ監督の『港の女』（28）など。

セ・ソ

グスタフ・フォン・セイファーティッツ
Gustav von Seyffertitz（1863-1943）
男優。ドイツ、ハイムハウゼン生まれ。ドイツとアメリカで舞台俳優としての長いキャリアをもつ。映画は一九一七年の『ドーグラスの荒療治』から。残忍凶悪な敵役をしばしば演じた。主な出演作に『シャーロック・ホームズ』（22）『鵞鳥飼ふ女』（25）『雀』（26）『魔炎』『ガウチョウ』（共に27）『女の秘密』（28）『女の一生』（29）など。トーキー転換以降も変わらず映画に出続けた。

チャールズ・〝チック〟・セイル　Charles 'Chic' Sale（1885-1936）
男優。サウスダコタ州ヒューロン生まれ。舞台・ヴォードヴィルのコメディアン。屋外トイレ作りを専門にするイリノイ出身の大工レム・パット役で人気者となる。映画はサイレント作品数本に出ているが（『お偉方』†［21］『新米教師』†［24］他）、本格的に顔を出すのは二〇年代末から。主な出演作に『僕の武勇伝』（32）『幽霊超特急』（33）『宝島』（34）『競馬虎の巻』（36）『暗黒街の弾痕』（37）。老け役も得意とした。

エドワード・セジウィック　Edward Sedgwick（1892-1953）
監督。テキサス州ガルヴェストン生まれ。ヴォードヴィルの芸人一家に生まれ、子どもの時から両親、二人の妹とともに舞台に立つ。一九一五年俳優として映画入り。二〇年からは監督に。フォックス、ユニヴァーサルで連続活劇や西部劇を手がけ、二六年からはMGMに所属、バスター・キートンの最後のサイレント喜劇（『キートンのカメラマン』［28］『キートンの結婚狂』［29］）と初期のトーキー喜劇（『キートンのエキストラ』『キートンの決死隊』［共に30］『キートンの恋愛指南番』［31］など）の監督となる。他の監督作に『虎狼の巻』（全20篇、21）『アメリカ魂』（23）『滑れケリー』（27）など。キートンと同じく大の野球ファンで、野球を題材とした映画にしばしば出演、あるいは監督をしている。

マック・セネット　Mack Sennett（1880-1960）
製作、監督、男優。カナダ、ケベック州のダンヴィル生まれ。オペラ歌手を夢見る青年だったが、舞台の端役役者から一九〇八年バイオグラフに入社。俳優をしながらグリフィスのもとで映画作りを学ぶ。一二年チャールズ・O・バウマン、アダム・ケッセルと映画製作会社キーストンを設立（バイオグラフからはフレッド・メイス、フォード・スターリング、メイベル・ノーマンドらが加わる）。一五年、キーストンは新たに作られたトライアングル・フィルム・コーポレーションの一翼となり、キーストン・コップスや海水着美人を創造、追っかけやドタバタ中心のナンセンスなスラップスティック・コメディを展開する一方、グロリア・スワンソン、ボビー・ヴァーノンらのロマンティック・コメディも手がけるようになる。一七年三月グリフィスがトライアングルを抜け、インス、セネットもそれに倣う。同年六月セネットはマック・セネット・コメディーズを新たに組織、二巻物に加え長篇コメディにも挑戦する。二三年からパテ社と手を結ぶ（二八年まで）。トーキーに移行した後もW・C・フィールズの短篇コメディなどを製作するが、しだいに実作の場からは離れていく。三七年アカデミー賞特別賞を受賞。

ドロシー・セバスチャン　Dorothy Sebastian（1903-57）
女優。アラバマ州バーミンガム生まれ。一九二四年コーラスガールとして「ジョージ・ホワイトのスキャンダル」の舞台に立つ。これがMGMとの契約につながり、ヘンリー・キング監督『麻袋とスカーレット』†(25)で映画デビュー。その後『踊る娘達』『恋多き女』(共に28)『キートンの結婚狂』(29)『悪魔の島』†(30)に出演。その後はしだいにスクリーンから遠ざかる。

アイリーン・セルズニック Irene Selznick (1907-90)
演劇製作。ニューヨーク、ブルックリン生まれ。ルイ・B・メイヤーの次女。デイヴィッド・セルズニックの最初の妻。四五年セルズニックとの別居にともないニューヨークに出、演劇プロデューサーとなる。手がけた舞台に「欲望という名の電車」(47)「ベルと本とロウソク」(50)「白亜の庭」(55)など。自伝「私的な見方」(83)がある。

デイヴィッド・O・セルズニック
David O. Selznick (1902-65)
製作。ペンシルヴェニア州ピッツバーグ生まれ。サイレント期の野心的プロデューサー、ルイス・J・セルズニックは父。ハリウッドの大物エージェントとなるマイロン・セルズニックは兄。父親のもとで映画の宣伝・製作・配給を学ぶ。一九二三年父親は破産して映画から撤退。二六年、以前父親のパートナーだったルイ・B・メイヤーのもとで最初ストーリー・エディター補、次いでB級映画の製作補佐を務める。二七年パラマウントに製作補として移り、B・P・シュルバーグの薫陶をうける。三一年RKOの製作担当副社長、三三年にはタルバーグが病気療養で抜けたMGMに製作者として迎えられる。三六年セルズニック・インターナショナルを創設、独立をはたす。『スタア誕生』『ゼンダ城の虜』(共に37)などののち、三九年には超大作『風と共に去りぬ』を完成。翌四〇年にはイギリスから招聘したヒッチコックによる『レベッカ』で二年連続アカデミー賞作品賞に輝く。その後も『白昼の決闘』(46)『第三の男』(49)など大作、あるいはヨーロッパでの共同製作に挑戦するが、かつての成功の再現には至らず、『武器よさらば』(57)が最後の作品となる。ルイ・B・メイヤーの次女アイリーンと三〇年に結婚(四九年に離婚)。四九年には女優のジェニファー・ジョーンズと再婚した。

マイロン・セルズニック Myron Selznick (1898-1944)
製作、エージェント。ペンシルヴェニア州ピッツバーグ生まれ。ルイス・J・セルズニックの長男で、デイヴィッド・O・セルズニックの兄。コロンビア大学を中途退学して父親の会社セルズニック・ピクチャーズに入る。さまざまな映画製作部門を経験したのちプロデューサーに。次いで製作主任となるも、ほどなく会社が倒産。二八年タレント・エージェントになりこれが成功。有力な映画人を大勢顧客に持つ筆頭エージェントとしてハリウッド内でも大きな力を奮った。プロデューサーとしての作品に『上階下階』†(19)『女を征服する力』(22)『風雲のゼンダ城』『自由結婚』(共に23)など。

ルイス・J・セルズニック　Lewis J. Selznick（1870-1933）
経営。ロシアのキエフ生まれ。十二歳の時イギリスへ、さらにアメリカへと渡る。ピッツバーグの宝石店手伝いからはじめて、二十四歳には宝石店チェーンの所有者に。一九一〇年ニューヨークに進出。一二年映画ビジネスに挑戦。ユニヴァーサル社での権力闘争を経て、一五年頃ワールド・フィルム・コーポレーションの経営に参加、独立製作映画の配給を行なう。一六年ワールド・フィルムとっておきのスターであったクララ・キンボール・ヤングとクララ・キンボール・ヤング・フィルム・コーポレーションを、数カ月後にはセルズニック・カンパニーを設立。一時は大物プロデューサーに上りつめるかに見えたが徐々に凋落。低予算映画専門のセレクト・ピクチャーズ・コーポレーションをアドルフ・ズーカーとともに立ち上げるなどしたが、二三年破産に追いこまれ、映画界から撤退を余儀なくされる。

グスターヴォ・セレーナ　Gustavo Serena（1881-1970）
監督。イタリア、ナポリ生まれ。『イヴォンヌ†』『椿姫†』『アッスンタ・スピーナ†』（いずれも15）などを撮ったイタリア・サイレント期の監督。

マルコム・セント・クレア　Malcolm St. Clair（1897-1952）
監督。ロサンゼルス生まれ。新聞社の漫画家から、一九一五年俳優兼ギャグマンとしてマック・セネットのキーストン社に。復員後短篇コメディの監督となり、二四年初長篇〝リンチンチン〟もの『義勇の猛火』を手がける。二〇年代後半はパラマウント社で『夫婦円満哲学』（25）『姫君と給仕』『三日伯爵』（共に26）『恋のかけひき』（27）『紳士は金髪がお好き』（28）などルビッチ風ソフィスティケイティッド・コメディの佳作を連発した。トーキー転換以降はふるわず。

アル・セント・ジョン　Al St. John（1893-1963）
男優。カリフォルニア州サンタアナ生まれ。ロスコー・アーバックルの甥。少年の時に自転車の曲芸で舞台に立つ。一九一三年マック・セネットのキーストン喜劇に加わり、アーバックル、チャップリンらの脇を務める。一六年アーバックルに伴ってキーストンを離れ、しばらく助演を続けたあと、パラマウントやフォックスで短篇コメディの主演となる。二〇年代後半からは長篇の脇役を演じるようになり、三〇年代以降はバスター・クラッブ、ラッシュ・ラルー、ロバート・リヴィングストンらB級西部劇の主人公の相方役でおなじみの顔となった。主な長篇出演作に『奮闘激戦』（28）『硝煙街道』（38）『牛泥棒の隠れ家†』（45）など。

ジョン・モンク・ソーンダース
John Monk Saunders（1897-1940）
脚本。ミネソタ州ヒンクリー生まれ。米国陸軍飛行部隊隊員を経て「ニューヨーク・トリビューン」「ロサンゼルス・タイムズ」の記者に。その後作家、脚本家となる。脚本に関わった作品に『つばさ』（27）『空行かば』（28）『暁の偵察』（30）『最後の偵察』（31）『鷲と鷹』『空軍の覇者』（共に33）など。

タ

オーティス・ターナー　Otis Turner（1862-1918）
監督。インディアナ州フェアフィールド生まれ。一九〇八年、短篇『リップ・ヴァン・ウィンクル』†で初監督。『シェリダンの乗馬（義勇兵）』（13）など一七年までに短長篇合わせ百四十本近くの作品を監督する。代表作は連続物『黒い箱』（全15篇、15）。

ジャック・ターナー（トゥールヌール）
Jacques Tourneur（1904-77）
監督。パリ生まれ。サイレント期の名匠モーリス・トゥールヌールは父。一九一四年父に伴い渡米。一九年にはアメリカ国籍を取得。二四年ＭＧＭに使い走りとして入社、ほどなく父親のスクリプターとなる。二八年父親とともにパリにもどり、編集技師を経て、三一年監督デビュー。三五年再びハリウッドへ。『嵐の三色旗』（35）の第二班監督、短篇監督などの後、ＲＫＯのヴァル・リュートン班に加わり『キャット・ピープル』†（42）『私はゾンビと歩いた！』†『レオパルドマン』†（共に43）など低予算怪奇映画の傑作を撮る。その後の作品に『過去から逃れて』†（47）『ベルリン特急』（48）『日暮れ』†（57）など。

バーナード・ダーニング　Bernard J. Durning（1892-1923）
監督。ニューヨーク生まれ。一九一八年から監督に。ダスティン・ファーナムの西部劇では『義憤の快漢』『海上の猛獅子』（共に21）『鉄より金へ』（22）、バック・ジョーンズのものでは『死をも辞せず』（21）、チャールズ・ジョーンズものでは『最大急行』（22）『震天動地』（23）などを撮っている。二三年、三十一歳で病没。

ミンタ・ダーフィー　Minta Durfee（1889-1975）
女優。ロサンゼルス生まれ。十七歳でコーラスガールとなり、一九〇八年ロスコー・アーバックルと結婚。一三年夫婦でキーストン社に入る。アーバックルや翌年入社したチャップリンらの相手役をつとめるも（チャップリンとは『成功争い』『痛ましの恋』『恋の二十分』〔いずれも14〕等で共演）、本格的な映画出演は一八年の『ミッキー』まで。アーバックルとは二一年に別居、二五年に離婚するが、〝ヴァージニア・ラペイ事件〟の審理期間のあいだ、マスコミの猛烈な攻撃にさらされた夫をささえつづけた。

ヘクター・ターンブル　Hector Turnbull（1884-1934）
脚本、製作。ニュージャージー州アーリントン生まれ。一九一五年から二〇年代前半にかけて『チート』†（15）『真夜中の頃』『印度の処女』（共に16）『女装の快漢』（17）など二十本余りのシナリオに関わる。二〇年代後半はパラマウントのプロデューサーとなり、『打席のケーシー』†『暗黒街』（共に27）『店曝らしの天使』（28）『テキサス無宿』（30）などを担当している。

マーガレット・ターンブル　Margaret Turnbull（1872-1942）
脚本。スコットランド、グラスゴー生まれ。ヘクター・ターンブルの姉。一九一五年から二四年までの間に五十本ほどの映画の脚本に関わる。主な作品に『不明の男』（15）『異郷の人』『阿片洞』『ヴィクトリア勲章』（いずれも16）『吾が従兄』（18）『青春の血潮』（21）など。

アーサー・タヴァリス　Arthur Tavares（1884-1954）
編集。サンフランシスコ生まれ。一九一二年俳優としてマック・セネットのもとに加わり、一八年頃まで短篇コメディに出演。二四年『闇を行く女』で編集技師に。主な編集担当作品に『完璧なフラッパー』†『おゝ母よ』（共に24）『鉄拳』（25）『操り人形』†『鐵腕の男』（共に26）『第一子』†（28）など。

ケネス・ダヴェンポート　Kenneth Davenport（1879-1941）
脚本。ミズーリ州メイコン生まれ。一九一三年俳優として映画界に。後に脚本家に転じる。本名でクレジットのあるのは『ナット』（21）のみだが、『ロビン・フッド』（22）『バグダッドの盗賊』（24）『海賊』（26）などの脚本家〝エルトン・トーマス〟は彼とダグラス・フェアバンクスとの共作を意味している。三九年ダグラスが死去したとき、ダヴェンポートに三万七千五百ドルの信託基金が遺された。

アナ・タウンゼンド　Anna Townsend（1845-1923）
女優。ニューヨーク州ウティカ生まれ。一九一三年から二三年の間に九本の映画に出演。主なものにハリー・ケリーの母親を演じた『覆面の人』（17）と『鉄窓を出て』（18、いずれも監督はジョン・フォード）、ハロルド・ロイドの祖母を演じた『豪勇ロイド』（22）など。

フランク・タトル　Frank Tuttle（1892-1963）
脚本、監督。ニューヨーク生まれ。イェール大学在学中は演劇に熱中。大学卒業後は雑誌記者などを経て、二一年脚本家としてフェイマス・プレイヤーズ＝ラスキーに入社。二二年『クレードル・バスター』†で監督となり、いわゆる〝パラマウント調コメディ〟に腕を奮う。作品にエスター・ラルストンの『美女競艶』（26）『脚光の影』（27）『恋してぞ知る』（28）、アドルフ・マンジューの『巴里の洒落者』（28）『結婚商売』（29）、フローレンス・ヴィダーの『女から女へ』（27）など。『美女競艶』で映画デビューしたルイズ・ブルックスはタトルの『百貨店』（26）では主演のひとりを演じる。トーキー転換以降では『ラヂオは笑ふ』（32）『ガラスの鍵』（35）『拳銃貸します』（42）など。

ウィリアム・ダニエルズ William H. Daniels（1895-1970）撮影。オハイオ州クリーヴランド生まれ。一九一七年トライアングル社にキャメラマン助手として入社。一八年ユニヴァーサルに移る。シュトロハイムの『アルプス颪』（19）『悪魔の合鍵』（20）でキャメラ・オペレーターを務め、同監督の『愚なる妻』（22）でキャメラマンとなる。MGMに移ってからは『グリード』（24）『メリー・ウイドー』（25）とシュトロハイムとのコンビを続けたあと、『イバニエズの激流』『明眸罪あり』『肉体と悪魔』（いずれも26）『恋多き女』（28）とグレタ・ガルボ作品の常連キャメラマンとなり、このコンビはトーキー転換以降にも続いていった。三〇年代以降の撮影作品に『ラスプーチンと女帝†』（32）『クリスチナ女王』（33）『椿姫』（36）『裸の町』（48）『走り来る人々』（58）など。

ビービー・ダニエルズ Bebe Daniels（1901-71）女優。テキサス州ダラス生まれ。父親はスコットランド人、母親はスペイン人で巡業劇団の花形であった。四歳で舞台に立ち、九歳で映画デビュー。十四歳で子役から脱皮、ハル・ローチのもと二巻物コメディでハロルド・ロイドの相手役を務める。一九年パラマウントに移り、二〇年代を通して同社の人気女優となる。トーキー初期はＲＫＯのミュージカルに出演。三〇年代後半以降は夫のベン・ライオンとイギリスの舞台、ミュージックホール、ラジオで活躍した。出演作は『何故妻を換える？』（20）『アナトール』『スピード・ガール†』（共に21）『娘十八運動狂』（26）『リオ・リタ』（29）『マルタの鷹』（31）『四十二番街』（33）『聖林スター合戦』（35）など。

ハリー・ダバディ・ダラー Harry D'Abbadie D'Arrast（1897-1968）監督。アルゼンチン、ブエノスアイレス生まれ。第一次大戦にフランス軍兵士として出征。そこで知り合ったフランス出身の監督ジョージ・フィッツモーリスに声をかけられハリウッドに渡る。チャップリンの『巴里の女性』（23）『黄金狂時代』（25）にそれぞれ技術協力、助監督として付いたのち、二七年アドルフ・マンジュー主演『婦人に御給仕』で監督デビュー。その後も『巴里の紳士』『セレナーデ』（共に27）『情炎夜曲』『巴里酔語』（共に28）とソフィスティケイティッド・コメディに名手ぶりを発揮した。三三年欧州にもどりスペインで『三角帽子』（35）を撮ったあと引退。

ジェラルド・C・ダフィ Gerald C. Duffy（1896-1928）脚本。ニューヨーク生まれ。ジャーナリスト、短篇小説家として著名だった一九一九年、ファースト・ナショナルに脚本家、字幕作者として入る。二八年六月撮影所で仕事中に急死。

脚本に関わったものに『ジンクス』（19）『勝手口から』（21）『向ふ見ずの女』（22）『アルゼンチン情話』（24）『剣難女難』（25）『初陣ハリー』『喧嘩屋敷嫁苦労』（共に26）『トロイ情史』（27）など。

アーヴィング・タルバーグ　Irving Thalberg（1899-1936）
製作。ニューヨーク、ブルックリン生まれ。経歴・作品は第三十八章参照。

コンスタンス・タルマッジ
Constance Talmadge（1898-1973）
女優。ニューヨーク、ブルックリン生まれ。タルマッジ三姉妹の末妹。一九一四年映画入り。当初はビリー・クワークと短篇コメディで共演。一六年『イントレランス』バビロン篇の山の娘で注目を集め、姉ノーマとは対照的にサイレント期を通じてソフィスティケイティッド・コメディのスター女優となる。代表作は『笑みの酬ひ』（19）『愛人の許へ』『亭主の好きな』（共に21）『踊り子懐かし』『浮気女房』『恋に国境なし』（いずれも22）『ダルシー』（23）『桃色の夜は更けて』（24）『亭主教育』（25）など。フランスで撮った『ヴィーナス』†（29）が最後の作品。トーキーは一度も経験せずに引退した。

ナタリー・タルマッジ　Natalie Talmadge（1896-1969）
女優。ニューヨーク、ブルックリン生まれ。タルマッジ三姉妹の二番目。女優としては大成せず、バスター・キートンの妻として知られることに。出演作は『荒武者キートン』（23）の他、ノーマ主演の『孤島の烽火』（19）『情熱の薔薇』（21）、コンスタンス主演の『恋の名人』（20）など。キートンとは二一年五月に結婚、三二年七月に離婚。子どもは二人あった。

ノーマ・タルマッジ　Norma Talmadge（1893-1957）
女優。ニューヨーク、ブルックリン生まれ。タルマッジ三姉妹の長女。一九一〇年ヴァイタグラフ社で映画デビュー。翌一一年、十八歳で『二都物語』†に出演。一六年、プロデューサー、ジョゼフ・スケンクと結婚。スケンクはノーマ・タルマッジ・フィルム・コーポレーションを設立、以後ノーマが大女優の道を歩むよう強力に後押しする（配給先はファースト・ナショナル、後はユナイテッド・アーティスツ）。ノーマは〝メロドラマの女王〟と称され、二〇年代前半を人気のピークとした。スケンクとは二八年に別居、三四年に離婚。トーキー作品に二本挑戦したあと引退する。代表作は『紅涙の跡』（18）『清濁』『刻印の乳房』（共に20）『懐しの島へ』（21）『久遠の微笑』『不滅の情火』（共に22）『法に泣く女』（23）『秘密』『激浪逆捲く（海行く恋）』（共に24）『椿姫』、珍しくコメディを演じた『お転婆キキー』（共に26）など。

リチャード・タルマッジ　Richard Talmadge（1892-1981）
男優、スタントマン。ドイツのカンブルク生まれ。アクロバット一座〝マゼッティ〟の一員として子どもの時渡米。一九一四年連続活劇『百万弗の秘密』（全23篇）で初めてスタントマンを務め、二〇年からは『臆病男』を皮切りにダグラス・フェアバンクスの映画にスタント・コンサルタントとしてつく。並行して自身俳優ともなり、『快漢タルマッヂ』（22）『冒険タルマッヂ（青春と冒険）』（24）『タルマッヂ大捕物』（26）などアクション物に主演。監督作も『ジープ・ハーダーズ』†（45）『危険へ遠回り』†（46）等、五本ある。

チ・ツ

メアリー・チャールスン　Mary Charleson（1890-1961）
女優。アイルランド、ダンギャノン生まれ。一九一二年映画デビュー。二〇年までの間に八十本余の作品に出演する。出演作に『黄金の小道』†（13）『シルヴィア・グレイの奇妙な物語』†（14）『神に見放された土地』†『日の出前』（共に16）など。夫は俳優のハリー・B・ウォルソール。

シドニー・チャップリン　Sidney Chaplin（1885-1965）
男優。ロンドン生まれ。チャールズ・チャップリンの異父兄。貧窮の子ども時代を兄弟助け合いながら育つ。シドニーはひと足早く芸人となり、弟をカーノー一座に呼び入れる。のちには、今度は弟の引きでシドニーはマック・セネットのキーストン撮影所に加わった。一九一四年映画初出演。翌一五年には〝ガッスル〟のシリーズを持つまでになるが、一六年からはチャーリーの補佐役を務め、ミューチュアルやファースト・ナショナルとの契約のまとめ役となる。かたわら『犬の生活』『担へ銃《つつ》』（共に18）などに脇で出演する。二三年以降自ら長篇コメディに進出。二五年の『のんきなおばさん』からは『馬車で風切る男』（25）『ベター・オール』（26）など計四本で主役を演じた。その後イギリスにもどり一本撮ったのち引退。

チャールズ・チャップリン　Charles Chaplin（1889-1977）
男優、監督、製作。ロンドン生まれ。その人となり、ハリウッドとの関係、演出ぶりは第四十四章参照。

ロン・チャニー　Lon Chaney（1883-1930）
男優。コロラド州コロラドスプリングス生まれ。聴覚障害者の両親を持っていたことから、幼い頃より身振りや表情で意思疎通をはかる能力を身につける。地元のオペラハウスに裏方として入り、十七歳で巡業劇団の俳優となる。一九一二年映画入り。それから二〇年代末まで〝千の顔を持つ男〟の異名どおりサイレント期きっての特異な俳優として計百六十本を超える作品に出演する。主なものに『ミラクルマン』（19）『宝島』『天罰』『法の外』（いずれも20）『暗中の光』『オリヴァー・トウキスト』（共に22）『ノートルダムの傴僂男』

（23）『殴られる彼奴《あいつ》』（24）『三人』『オペラの怪人』『故郷の土』（いずれも25）『知られぬ人』『真夜中過ぎのロンドン†』（共に27）など。

テ

リチャード・デイ　Richard Day（1896-1972）
美術。カナダ、ブリティッシュコロンビア州のヴィクトリア生まれ。エリッヒ・フォン・シュトロハイムの『アルプス颪』（19）の装置担当として映画界に入り、サイレント期はそのままシュトロハイムの作品に美術監督（時には衣装デザイナー）としてつく。三〇年代以降はさまざまな撮影所で卓越した手腕を発揮、アカデミー賞室内装置賞（のちに美術監督賞）受賞も六度に及ぶ（『ダーク・エンゼル†』［35］『孔雀夫人』［36］『わが谷は緑なりき』［41］『純愛の誓い』と『マイ・ギャル・サル†』［共に42、白黒、カラー両部門同時受賞］『欲望という名の電車』［51］『波止場』［54］）。他に『街の風景』（31）『雨』（32）『デッド・エンド』（37）『タバコ・ロード』（41）『幽霊と未亡人』（47）『絞殺魔』（68）など。

プリシラ・ディーン　Priscilla Dean（1896-1987）
女優。ニューヨーク生まれ。両親とも舞台俳優。子どもの頃から舞台に立ち、一九一二年映画デビュー。バイオグラフ等を経て、ユニヴァーサルのエディ・ライオンズ＝リー・モラン喜劇の常連となり、一七年『灰色の幽霊』（全16篇）でスターダムに。その後の作品にトッド・ブラウニング監督の『スタンブールの処女』（20）『二国旗の下』（22）の他、『泥中の薔薇』（19）『法の外』（20）『白虎（ホワイト・タイガー）』（23）『サイコロ賭博の女†』（26）など。

マリオン・デイヴィス　Marion Davies（1897-1961）
女優。ニューヨーク、ブルックリン生まれ。コーラスガールとして十六歳の時ブロードウェイ・デビュー。一九一六年にはジーグフェルド・フォリーズに出演し、翌年映画初出演。この頃、デイヴィスに惚れこんだ新聞王W・R・ハーストがデイヴィスの主演映画を製作する映画会社コスモポリタン・ピクチャーズを設立。デイヴィスのために資金を投入して主にコスチューム劇を作る。一九年から二三年まではパラマウントから配給、二四年には配給先をゴールドウィンに移したが、ほどなく合併によりMGMからとなる。作品としては『絶世の美人』（21）『武士道華かなりし頃』（22）『懐しの紐育』（23）『建国の乙女』（24）『クオリティ街』（27）『お人好し†』『活動役者』（共に28）など。吃音癖もあってトーキーに入ると作品が少なくなり、ほどなく引退。ハーストとデイヴィスの関係はオーソン・ウェルズの『市民ケーン』（41）にヒントをあたえた。

ミルドレッド・デイヴィス　Mildred Davis（1901-69）
女優。ペンシルヴェニア州フィラデルフィア生まれ。ハロルド・ロイドの初期長篇コメディのヒロイン。一九一六年『遺産を当てに』で映画デビュー。一九年はスナップ・ポラード喜劇に十本出演。同年『其の日ぐらし』でロイド喜劇初登場。以降『要心無用』(23)まで一作も欠かさずロイドの相手役を務めた。その間の長篇物は『ロイドの水兵』(21)『豪勇ロイド』『ドクター・ジャック』(共に22)『要心無用』の四本。二三年二月ロイドと結婚。その後ロイドものではない作品、『曲者揃ひ』(27)など三本に出演している。

W・K・L・ディクスン
William Kennedy Laurie Dickson (1860-1935)
発明、製作、撮影。フランスのミニイック＝シュル＝ランス生まれ。両親はイギリス人。一八七九年渡米。八三年エジソン研究所に入り、八八年動く映像の研究と装置の開発を始める。九三年五月、彼の研究班が完成したキネトスコープが初めて公開される。九五年エジソン社を離れ、九六年バイオグラフ社を共同設立、映画の製作と撮影に関わる。世紀の変わり目頃、バイオグラフ社ヨーロッパ支社の管理役としてイギリスにもどる。現存する最古のサウンドフィルム『ディクスンのサウンドフィルム試作品』†(1894)の監督兼出演者である。

ポール・ディッキー Paul Dickey (1882-1933)
男優。シカゴ生まれ。舞台俳優、舞台監督、劇作家として知られる。映画出演は『ロビン・フッド』(22)のみ。彼の舞台劇作品の映画化に『巌窟の奇縁』(20)『悪鬼と快男子』(22)『百米恋愛自由型』(32)などがある。

ビューラ・マリー・ディックス
Beulah Marie Dix (1876-1970)
脚本。マサチューセッツ州キングストン生まれ。一九一七年から三〇年代初頭にかけて五十本余りの映画のシナリオに関わる。作品には『隠されたる真珠』『情熱の国』(共に18)『愚か者の楽園』(21)『深紅の挑戦』(22)『昨日への道』(25)『村の医者』(27)『トレント大事件』(29)など。監督ではセシル・B・デミル、ポール・パウエルとのコンビが多い。

フレッド・A・デイティグ Fred A. Datig (1891-1951)
キャスティング。ペンシルヴェニア州カーネギー生まれ。一九二三年の『ノートルダムの傴僂男』でキャスティング監督に。レジナルド・デニー主演、ウィリアム・A・サイター監督の九本すべてのコンビ作に付いたあと『危険な曲線』†『スヰーティ』(共に29)『若い鷲たち』†(30)などでもキャスティングを担当した。三五年を最後に引退した模様。

カルン・(ヒージ・)テイト
Cullen (Hezi) Tate (1896-1947)
助監督、監督。ケンタッキー州パドゥーカ生まれ。一九一七年メリー・ピックフォード主演、セシル・B・デミル監督の

『小米国人』で初めて助監督に。以後も『アメリカ合衆国のホーソン』†（19）『屠殺者』（22）『十誡』（23）『ライラック・タイム』（28）『マダム・サタン』（30）などで助監督を務めた。二〇年代中頃に『トライ・アンド・ゲット・イット』†（24）他三本の監督作がある。

S・E・V・テイラー
Stanner Edward Varley Taylor（1874-1948）
脚本、監督。ミズーリ州セントルイス生まれ。片手間に劇作をする新聞記者だったのが、バイオグラフ社に雇われ、D・W・グリフィスの第一作『ドリーの冒険』†（08）を含む数多くの原案を提供する。一二年には女優で妻のマリオン・レナードとモノポール映画社を設立、二六年に引退するまで脚本、製作、監督として百本以上の映画に関わった。監督としては『甦へる愛』（16）『モヒカン族の娘』（22）『熱血漢ウルフ』（24）『人生の奇跡』†（26）など。

サム・テイラー　Sam Taylor（1895-1958）
脚本、監督。ニューヨーク生まれ。一九一六年大学を卒業してすぐにカーレム社の脚本家、ギャグマンとして映画入り。二〇年代にはハル・ローチ撮影所のハロルド・ロイドの製作陣に加わり、ライターのひとりとなるとともに、フレッド・ニューメイヤーと共同で、あるいは単独でロイド喜劇を監督する（前者には『要心無用』『巨人征服』〔共に23〕『猛進ロイド』〔24〕『ロイドの人気者』〔25〕、後者には『ロイドの福の神』〔26〕などがある）。二〇年代後半から三〇年代前半にかけて、ビアトリス・リリーの『退場は微笑みながら』†（26）、メリー・ピックフォードの『デパート娘大学』（27）『コケット』『じゃじゃ馬馴らし』〔共に29〕『お転婆キキ』（31）、ジョン・バリモアの『テムペスト』（28）、ノーマ・タルマッジの『デュバリー、情熱の女』†（30）なども監督した。三五年にいったん引退するが、四四年にはローレル＝ハーディものの『極楽お家騒動』を撮っている。

ルース・テイラー　Ruth Taylor（1905-84）
女優。ミシガン州グランドラピッズの生まれ。一九二四年ユニヴァーサル社にエキストラとして入る。翌年マック・セネットにスカウトされハリー・ラングドンの短篇コメディに出演。それから二七年まで三十六本の短篇コメディに出演し人気者となる。二八年パラマウント社作品『紳士は金髪がお好き』の主役ローレライ・リーの役を射止め、その後も『金髪騒動』（28）『大学のコケット』†（29）に主演する。三〇年結婚を機に引退。息子は脚本家のバック・ヘンリー。

エドワード・ディロン　Edward Dillon（1879-1933）
男優、監督。ニューヨーク生まれ。一九〇五年映画初出演。グリフィスのもとでメリー・ピックフォードらと共演する。一三年からは監督も行なうようになり、二六年までの間に短長篇合わせておよそ百三十本の作品を撮る。監督作に『ドン・キホーテ†』(15)『親切男』(16)『貧民の娘』(17)『夫婦の雲行き』(18)などがある。

ジョン・フランシス・ディロン John Francis Dillon (1884-1934)
監督、男優。ニューヨーク生まれ。一九一一年D・W・グリフィスの短篇で映画初出演。一四年監督となり、三〇年代前半まで約百三十本の作品を手がける。主なものにメリー・ピックフォードの『シャボンの泡』(20)、コリーン・ムーアの『狩の女神†』『青春に浴して』(共に23)、ミルトン・シルズの『海馳せる猛虎』(27)、リチャード・バーセルメスの『獄中日記』(28)など。

クライド・デ・ヴィナ Clyde De Vinna (1890-1953)
撮影。ミズーリ州セダリア生まれ。一九一五年キャメラマンに。担当作品に『シヴィリゼーション』(16)『軍國の佳人』(18)『南海の白影』(28)『トレイダ・ホーン』(31)『類猿人ターザン』(32)『噫初恋』(35)など。後年はテレビに移る。

サム・デ・グラッス Sam De Grasse (1875-1953)
男優。カナダ、ニューブランズウィック州バサースト生まれ。兄ジョゼフは監督、俳優。甥のロバートは撮影監督。一九一二年映画入り。『ロビン・フッド』(22)のジョン王のように敵役を演じて定評があった。出演作は他に『国民の創生』(15)『イントレランス』(16)『アルプス颪』(19)『海賊』(26)『キング・オブ・キングス』(27)『笑ふ男』(28)など。三〇年の出演が最後になる。

ジョゼフ・デ・グラッス Joseph De Grasse (1873-1940)
監督。カナダ、ニューブランズウィック州バサースト生まれ。俳優サム・デ・グラッスの兄。一九一一年俳優として映画入り。一四年監督に。ロン・チャニー、メリー・ピックフォード、早川雪洲、チャールズ・レイらの映画を撮っている。作品に『恨みの金貨』(16)『人形の家』『罪の報ひ』『故郷の空』(いずれも17)『想出の丘へ』(19)『青春と乙女』『阿修羅の如く』(共に20)『懐かしの泉』(21)『裸一貫の男』(22)『我が恋せし乙女』(23)など。監督は二六年まで。その後は俳優として数本の映画に出ている。妻のアイダ・メイ・パーク(1879-1954)は当時稀少な女性監督のひとり。

ウィリアム・デズモンド William Desmond (1878-1949)
男優。ニューヨーク州ホースヘッズ生まれ。自らの劇団を持つ舞台人であったが、一九一五年三十七歳で映画入りする。二〇年代前半、ユニヴァーサル社製の連続活劇やアクションものの主演で名を高める。『闘将ジャック』(全18篇、22)『十八日間世界一周』(全12篇)『楽園の野獣』(全15篇、共に23)『謎の騎手』(全15篇、24)『スペードの一』(全10篇、25)など。

トーキー転換以降はしだいに役が小さくなる。

レジナルド・デニー　Reginald Denny（1891-1967）男優。イングランド、サリー州リッチモンド生まれ。経歴・作品は第四十一章参照。

リア・デ・プティ　Lya de Putti（1897-1931）女優。オーストリア＝ハンガリー（現スロヴァキア）のヴァーツ生まれ。ドイツ・サイレント映画の名作『ヴァリエテ』（25）に出演。一九二六年ハリウッドに渡る。出演作にハーバート・ブレノン監督の『神我に二十銭を賜ふ』（26）、アラン・クロスランド監督の『スカーレット・レディ』†（28）など。三一年手術後の肺炎によりニューヨークで死去。

カーター・デヘイヴン　Carter DeHaven（1886-1977）男優、監督、製作。シカゴ生まれ。ヴォードヴィルや舞台の人気者で、一九一五年から映画にも出るようになり、二三年までに長短篇合わせ六十本以上のコメディに出演。夫人のフローラ・パーカー（1883-1950）との共演作がその大半を占める。またデヘイヴン自ら二十本ほどを監督している。夫婦共演作には『新家庭』（19）『似た者夫婦』『不穏の雲行』『女難の相』（いずれも21）などがある。デヘイヴンはまたチャップリンの『モダン・タイムス』（36）で助監督を、『チャップリンの独裁者』（40）で製作補佐を務めた。

アグネス・デミル　Agnes de Mille（1905-93）舞踊、振付。ニューヨーク生まれ。父はウィリアム・C・デミル。カリフォルニア大学卒業後、ロンドンでダンスと振付を学ぶ。三七年以降ニューヨークで振付家として活動、四三年「オクラホマ！」のバレエ・シーンの振付で喝采を博す。以後もモダン・バレエのスタイルをミュージカルの中に持ちこみ、従来の装飾的なものではない、もっとドラマティックなバレエを展開させた。舞台での振付は他に「回転木馬」（45）「ブリガドーン」（47）「紳士は金髪がお好き」（49）など。映画では『ロミオとジュリエット』（36）『オクラホマ！』（55）で振付のクレジットを得ている。

ウィリアム・C・デミル　William C. de Mille（1878-1955）監督、脚本。ワシントンDCの生まれ。父親のヘンリー・C・デミルはデイヴィッド・ベラスコとも組んだ著名な劇作家。セシル・B・デミルは弟。振付家アグネス・デミルは長女。コロンビア大学を卒業後、ブロードウェイの劇作家となり、「ヴァージニアのウォーレン家」（07）や「その女」（11）などのヒット作を発表する。一九一四年、弟セシルが経営陣に加わるフェイマス・プレイヤーズ＝ラスキーに入り、脚本家、監督となる。脚本家としては『カルメン』（15）『マリア・ローザ』『ヂャン・ダーク』（共に16）『神に見離された女』（17）『何故妻を換える？』（20）など。監督としての代表作に『ラガマフィン』†（16）『青春時代を尋ねるコンラッド』†

（20）『悩める花』（21）『返り咲く花』（23）『すばらしき犯罪』†（25）など。

セシル・B・デミル Cecil B. DeMille（1881-1959）
監督。マサチューセッツ州アシュフィールド生まれ。経歴・作品は第十五章参照。

チャールズ・H・デュエル Charles H. Duell
製作。生没年・生地不詳。一九二一年、ヘンリー・キング、リチャード・バーセルメスとともにインスピレーション・ピクチャーを設立。社長におさまる。製作者の名を記しているものに『霊魂の呼ぶ声』（22）『ブライト・ショール』『剣戟の雄』（共に23）など。

クレア・デュブレイ Claire Du Brey（1892-1993）
女優。アイダホ州ボナーズフェリー生まれ。一九一三年ルービン社に入る。一五年からはトマス・インスの撮影所でエキストラ俳優となり、一七年ユニヴァーサルに移る。ハリー・ケリーの西部劇やロン・チャニーものに出ていたが、しだいに敵役、ヴァンプ役が多くなる（『危険な時代』†〔19〕はその一本）。以後四〇年代まで百本以上の映画に顔を出し、五〇年代からはテレビにも。六七年引退。出演作に『不実の酬』『故郷の空』（共に17）『左の手』（18）『炎上する世界』†（19）『軽率な女』†（20）『ノーラ・モランの罪』†（33）など。

E・A・デュポン Ewald Andre Dupont（1891-1956）
監督。ドイツ、ザクセン州ツァイク生まれ。一九一八年初監督。二五年の『ヴァリエテ』で一躍名を馳せるが、アメリカで作った『君が為め命捧げん』（27）、イギリスで作った『ムウラン・ルウジュ』（28）『アトランティック』（29）が好評とはならず。ドイツ経由でハリウッドにもどるも、戦後はテレビの世界に。

フランク・テリー Frank Terry（1870-1948）
脚本、監督。ニューヨーク州トロイ生まれ。ハロルド・ロイドのギャグマンのひとり。ロイドもので脚本にクレジットされているのは短篇では『都育ちの西部者』『眼が廻る』（共に20）、長篇では『ロイドの活動狂』（32）。また短篇『ほんの隣人』†（19）他二本を監督している。ロイドが右手の指を二本失った〝爆弾事故〟のさい誤って本物の爆弾を手渡した人物でもある。

ルービー・デ・リーマー Rubye De Remer（1892-1984）
女優。コロラド州デンヴァー生まれ。ビューティ・コンテスト優勝をきっかけにレヴュー女優となり、映画にも一九一七年から二三年の間二十本余の作品に出演した。出演作に『競売台』（17）『歓楽の美酒』（20）『見えざる力』（23）など。

トム・テリス Tom Terriss（1872-1964）

男優、監督。ロンドン生まれ。父親は著名な舞台俳優ウィリアム・テリス（1847-97）。渡米時期は不明。一九一四年、主演した『燃ゆる骨』で初監督（ハーバート・ブラッシェと共同）。『獅子と鼠†』（19）『南方の碧血』（21）など、二九年までに五十本近くの作品を監督する。俳優としてはチャップリンの『サンニーサイド』（19）他一〇年代に九本に出演。

ドロレス・デル・リオ　Doroles del Rio（1905-83）
女優。メキシコ、ドゥランゴ生まれ。裕福な家庭の若妻であったところをメキシコ滞在中の監督エドウィン・ケリュウにスカウトされ、二五年の『ジョアンナ†』で俳優デビュー。その後の主な出演作に『栄光』（26）『復活†』（27）『黄金の世界へ』『ラモナ』（共に28）など。トーキー転換以降は『南海の劫火』（32）『空中レヴュー時代』（33）『恐怖への旅』（42）『逃亡者』（47）他。四〇年代半ば以降は母国にもどり、舞台・映画のトップ・スターとして華々しく活躍した。

ハンプトン・デル・ルース　Hampton Del Ruth（1879-1958）
製作、監督、脚本。デラウェア州出身。一九一二年脚本家として映画入り。監督兼脚本の長篇作品に『スカート†』（21）『生命を弄ぶ男』（22）『やんちゃポーリン』（27）がある。活動は三〇年代前半まで。

キャロル・デンプスター　Carol Dempster（1901-91）
女優。ミネソタ州ダルース生まれ。家族でカリフォルニアに移り、ダンスを学ぶ。『人類の春』（18）で初めてグリフィス作品に出演。『幸福の谷』に続く『勇士の血』（共に19）で主役を演じる。グリフィス作品にはその後も『悪魔絶滅の日』（19）『愛の花』（20）『夢の街』（21）『アメリカ』『素晴らしい哉人生』（共に24）『曲馬団のサリー』『竜巻』（共に25）『サタンの嘆き』（26）で主演。二六年銀行家と結婚して映画界を退く。グリフィス作品以外ではジョン・バリモアの『シャーロック・ホームズ』（22）に出ている。

ト

エレオノーラ・ドゥーゼ　Eleonora Duse（1858-1924）
女優。イタリア、ヴィジェーヴァノ生まれ。たんなる技巧を超えた卓越した内面表現でショーやチェーホフをはじめ当時の演劇人、観客から絶賛されたイタリアの女優。小デュマ、イプセン、ダヌンチオらの悲劇的ヒロインのみならず、喜劇にも軽やかな演技をみせた。映画は一本、息子に捨てられる母親の物語『灰燼』（17）を残している。

ヴィクトル・トゥールジャンスキー
Victor Tourjansky（1891-1976）
監督。ロシア（現ウクライナ）のキエフ生まれ。一九一二年俳優として映画入り。一四年から監督に。革命の勃発にともないフランスに亡命。亡命ロシア人の映画製作プロダクション、アルバトロス・フィルムで監督を続ける。フランス・サイレント期の監督作に『恋の凱歌』(23)『覆面の女』(24)『大帝の密使』(26)などがあり、アメリカでもティム・マッコイの西部劇『冒険児』(28)を撮っている。その後は第二次大戦後まで、ドイツ、チェコスロヴァキア、イタリアなどヨーロッパ各国で映画を撮る。

モーリス・トゥールヌール(ターナー)
Maurice Tourneur(1876-1961)
監督。パリ生まれ。一九〇三年俳優兼演出家としてアンドレ・アントワーヌ劇団に参加。一一年エミール・ショータールに招かれて映画入り。翌年監督に。一四年渡米。アメリカでの作品に『願いの指輪』†(14)『プア・リトル・リッチ・ガール』(17)『青い鳥』『プルネッラ』†『ウーマン』(いずれも18)『悩める胡蝶』『ヴィクトリー』(共に19)『宝島』『モヒカン族の最後』(共に20)『魔海の髑髏島』『愛光輝く』『悪魔の哄笑』(いずれも23)など。二六年『神秘の島』†製作中、プロデューサーの起用をめぐってルイ・B・メイヤーと衝突、フランスに帰国する。以後はヨーロッパを舞台に監督を続けた。

ニコラス(ニック)・ドゥナエフ
Nicholas (Nick) Dunaew(1884-1963)
男優。モスクワ生まれ。一九一二年『復活』†で映画初出演。その後『歌劇の女』(16)『紅いばら』(19)『キスメット』(20)『美人国二人行脚』(27)など、二七年までに三十五本の映画に出演する。他に『私の表向きの妻』†(14)では技術指導に、『サイベリア』(26)では脚本に加わった。

マージョリー・ドー Marjorie Daw(1902-79)
女優。コロラド州コロラドスプリングス生まれ。一九一四年映画初出演。『ドーグラスの現代銃士』(17)『アリゾナ』(18)『ニッカーボッカー』『ダグラス大王』(共に19)でダグラス・フェアバンクスの相手役を務める。他に『偉大な贖い主』†(20)『五十本のロウソク』†(21)『ギャンブルする妻たち』†(24)などに出演。最初の夫はA・エドワード・サザランド。二番目の夫はマイロン・セルズニック。

グレッグ・トーランド Gregg Toland(1904-48)
撮影。イリノイ州チャールストン生まれ。十五歳でオフィスボーイとしてフォックス社に入社。その後キャメラマン助手となり、『バット』『夢想の楽園』(共に26)などに付く。二九年『ブルドッグ・ドラモンド』でキャメラマンに。その後は『デッド・エンド』(37)『怒りの葡萄』『果てなき船路』(共に40)『市民ケーン』(41)『我等の生涯の最良の年』(46)などを撮り、革新的キャメラマンとして不朽の名声を獲得する。

アーネスト・トーレンス Ernest Torrence(1878-1933)
男優。スコットランドのエディンバラ生まれ。エディンバラ、シュトゥットガルト、ロンドンの各音楽院で学んだバリトン歌手。声をいため舞台俳優となり、第一次大戦直前に渡米。ブロードウェイでの活躍が映画会社の目にとまり、一八年から映画に出演。『乗合馬車』（21）でリチャード・バーセルメスと死闘を繰り広げる悪漢役で観客の記憶に刻まれる。その後も印象に残る脇役を演じつづけた。代表作に『幌馬車』『ノートルダムの傴僂男』（共に23）『ピーターパン』（24）『キング・オブ・キングス』（27）『キートンの船長』（28）『シャーロック・ホルムズ』（32）他。

ローランド（ロリー）・トザロー
Roland（Rollie）Totheroh（1890-1967）
撮影。サンフランシスコ生まれ。一九一〇年新聞のイラストレーターからシカゴのエッサネイ社に入り、一三年キャメラマンに。一五年キーストン社から移ってきたチャップリンの作品に付くと意気投合。『チャップリンの殺人狂時代』（47）までのすべてのチャップリン作品の撮影を担当する（『ライムライト』［52］では撮影顧問を務めた）。チャップリン作品以外では『わが心の歌†』（48）がある。

アーサー・L・トッド　Arthur L. Todd（1895-1942）
撮影。ニュージャージー州ウェストニューヨーク生まれ。一九一七年の『鞭†』でキャメラマンに。サイレント期にはレジナルド・デニー、ウィリアム・A・サイター監督コンビの映画七本（『ジョーンスの大事件』［26］から『幸運デニー』［28］まで）の他、リチャード・タルマッジの『単身肉薄』（23）、モーリス・トゥールヌール監督の『魔界の髑髏島』（23）『スポーツ生活』（25）などを撮る。トーキーに入ってからは『いんちき商売』（31）『ブラウンの本塁打』『家なき少年群』（共に33）など。

セルマ・トッド　Thelma Todd（1906-35）
女優。マサチューセッツ州ローレンス生まれ。一九二〇年代中頃ビューティ・コンテスト優勝をきっかけに映画入り。出演作に『ネバダ男』（27）『浮気天国』『妖怪屋敷』（共に28）『恐怖の一夜』『ダイヤモンド事件』（共に29）『いんちき商売』（31）などがあるが、二〇年代末から三〇年代はじめにかけてハル・ローチ撮影所でチャーリー・チェイス、ザス・ピッツらと短篇コメディを連作して人気を高めた。三五年、自動車内で一酸化炭素中毒死をとげる。

オリーヴ・トマス　Olive Thomas（1894-1920）
女優。ペンシルヴェニア州チャールロイ生まれ。一九一四年ニューヨークのデパート店員のとき、ビューティ・コンテストで優勝。モデル、ジーグフェルド・ガール等を経て、一六年映画デビュー。一七年トライアングル社、一八年にはセルズニック・ピクチャーと契約。〝ベビー・ヴァンプ〟と呼ばれフラッパー女優のはしりとして人気も上昇するが、一九二

○年八月、二番目の夫ジャック・ピックフォードとパリに旅行中、ホテルで誤って塩化水銀を飲み数日後に死亡。事故死、自殺、他殺さまざまな説が飛び交い一時は大スキャンダルとなった。出演作に『無鉄砲マッジ†』『無分別コリン†』（共に17）『恋の囚われ人†』『光栄ある婦人』（共に19）『紅燈の巷』『フラッパー†』（共に20）など。

フレッド・トムソン　Fred Thomson（1890-1928）
男優。カリフォルニア州パサデナ生まれ。父親に倣い聖職者の道を志すスポーツ万能の学生だったが、第一次大戦従軍中脚本家のフランセス・マリオンと出会い、一九一九年に結婚。メリー・ピックフォード主演の『愛の燈明』（21）に出演したのがきっかけで映画俳優となり、『猛進トムソン』（23）で〝愛馬シルバー・キング〟にまたがる西部劇スターとキャラクターが定着、二〇年代半ばにはトム・ミックスに迫る人気俳優となる。全盛期の二八年のクリスマス、破傷風により急死。主な出演作に『鷲の爪』（全15篇、23）『殺陣必勝』（24）『風に乗る騎士』（25）『電光トムソン』『肉弾トムソン』（共に26）『ジェス・ジェームス』（27）『キット・カーソン』（28）など。

ハンス・ドライヤー　Hans Dreier（1885-1966）
美術。ドイツ、ブレーメン生まれ。建築家から映画の世界へ入る。一九二三年パラマウントに招かれてハリウッドに。ルビッチ（『禁断の楽園』［24］『愛国者†』［28］他）、スタンバーグ（『暗黒街』［27］『最後の命令』『紐育の波止場』［共に28］など）らの作品を中心に卓抜した手腕を発揮、『サンセット大通り』（50）『陽のあたる場所』（51）と五〇年代初めまで活躍し、アカデミー賞も三度受賞する。

チャールズ・ドリアン　Charles Dorian（1891-1942）
助監督。カリフォルニア州サンタモニカ生まれ。一九一〇年代後半は俳優、二〇年から助監督となり、『モヒカン族の最後』（20）『燻ゆる情炎』『鵞鳥飼ふ女』（共に25）『肉体と悪魔』（26）など主にクラレンス・ブラウン作品の助監督を務めた。

ハーバート・ビアボーム・トリー
Herbert Beerbohm Tree（1853-1917）
男優。ロンドン生まれ。劇場経営にも辣腕を奮った伝説的名優。一八七八年初舞台。代表的舞台に「ハムレット」（1892）「つまらない女」（1893）「トリルビー」（1895、スヴェンガリを演じて大成功）「リチャード二世」（03）「ピグマリオン」（14）など。映画出演は『ジョン王†』（1899）『ヘンリー八世†』（11）『トリルビー†』（14）『マクベス』（16）他がある。

ローレンス（ラリー）・トリンブル
Lawrence (Larry) Trimble（1885-1954）

監督。メイン州ロビンストン生まれ。冒険小説家を目指しながら雑誌記者をしていた一九一〇年、取材に訪れたヴァイタグラフで彼の愛犬を撮影に差し出すことになり、それに伴い自らも監督に。愛犬ジーンの出る作品（『風の吹くところ†』〔10〕『遭難信号†』〔12〕）だけでなく、コメディやドラマにも力量を発揮。一三年〝ヴァイタグラフ・ガール〟だったフローレンス・ターナーと渡英、映画を監督するかたわらミュージックホールの舞台にも立つ。一七年アメリカにもどり、新たなドッグ・スター、ストロングハートを主人公にした映画などを手がけた。主な監督作に『沈黙の叫び』（21）『荒原の勇者』（22）『白牙』（25）など。メイ・マッカヴォイ主演『愛の闇路』（26）を最後に引退。二番目の妻はJ・S・ブラックトンの娘で脚本家兼俳優のマリアン・コンスタンス・ブラックトン。

シドニー・ドルー夫妻　Mr. and Mrs. Sidney Drew
俳優、監督。十九世紀末から一九一〇年代まで舞台、後に映画で活躍したコメディ・チーム。シドニー・ドルー（1863-1919、ニューヨーク生まれ）と彼の最初の妻グラディス・ランキン（1870-1914、ニューヨーク生まれ）で始まり、グラディスの死後は二番目の妻となったルシール・マックヴィ（1890-1925）とのコンビへと引き継がれた。シドニー・ドルーはライオネル、エセル、ジョンのバリモア三兄姉弟の伯父にあたる。ヴォードヴィルの舞台に正劇の出し物を導入して評判をとったシドニー・ドルー夫妻は一九一一年カーレム社に、一三年にはヴァイタグラフに移り、映画でも人気を高める。一四年グラディスが亡くなると、シドニーは短期間クララ・キンボール・ヤングとコンビを組むが、再婚相手のルシール・マックヴィとコンビを再結成、当時ジョン・バニー、フローラ・フィンチが創始した夫婦シチュエーション・コメディの型を完成させた。一六年にはメトロに撮影所を移して夫婦コメディを継続するも、同じく俳優であった息子ランキン戦死の報にショックをうけたシドニーは一九年四月に急死。〝シドニー・ドルー夫妻〟はその時点で終焉を迎えた（ルシールも二五年ガンのために三十五歳で亡くなる）。作品には『教授のロマンス†』（14）『満員電車（ブッブレーの赤ン坊）†』『フォックス・トロット・フィネッス†』（共に15）『スウィート・チャリティ†』（16）『彼女の記念日†』（17）『給料日†』（18）など。

マリー・ドレスラー　Marie Dressler（1868-1934）
女優。カナダ、オンタリオ州コーバーグ生まれ。十四歳から舞台に立っていたヴォードヴィル、ミュージカル・コメディのスター女優。一九一四年自らのヒット舞台劇の映画化『醜女の深情』でチャップリン、メイベル・ノーマンドと共演したのが映画初出演。その後も舞台の仕事をメインとするが、二〇年代に人気が下降。その危機を救ったのがMGMのシナリオライターで親友のフランセス・マリオン。ポリー・モランとコンビを組んでのコメディ映画で復活、グレタ・ガルボのトーキー第一作『アンナ・クリスティ』（30）の助演でさらに声価を高め、『波止場の惨劇』（30）ではアカデミー賞女優賞を獲得。人気実力兼ね備えたハリウッドを代表する女優となるもほどなく病没。この他の主な作品に『キャラハン家とマーフィー家』†（27）『お人好し』†（28）『酔ひどれ船』『晩餐八時』（共に33）など（ドレスラー＝モラン喜劇に関しては〝ポリー・モラン〟の項参照）。

ルイーズ・ドレッサー　Louise Dresser（1878-1965）
女優。インディアナ州エヴァンズヴィル生まれ。ブロードウェイ・ミュージカルのベテラン女優から、四十歳を過ぎて映画デビュー。クラレンス・ブラウン監督の『鵞鳥飼ふ女』『荒鷲』（共に25）の他に、『映画の都に出でて』（26）『楽園に帰る』†『母ぞよく知る』（共に28）『マミー』†（30）『ドクター・ブル』†（33）『恋のページェント』（34）などに出演。三〇年代半ばに引退。

アラン・ドワン　Alan Dwan（1885-1981）
監督。カナダ、トロント生まれ。経歴・作品は第九章参照。

ステュアート・トンプソン　Stuart Thompson（1901-61）
撮影。カリフォルニア州出身。『サンライズ』（27）のキャメラマン助手としてスタート。一九三九年の『チャンピオンの死』†でキャメラマンに。『ブーツをはいた花嫁』†『命に誓って』†（共に46）『色男』†『ヴァラエティ・ガール』†（共に47）『愛しき妻』†（49）などの作品がある。

ナ

ウィリアム・ナイ　William Nigh（1881-1955）
監督。ウィスコンシン州バーリン生まれ。一九一三年俳優として映画入り。翌年監督に。主な監督作に『消防隊』（26）『ミスター・ウー』（27）『シンガポール』『四つの壁』（共に28）など。トーキー転換以降はB級映画の監督となり、四〇年代まで作品を撮りつづける。

アラ・ナジモワ　Alla Nazimova（1879-1945）
女優。ロシア（現ウクライナ）のヤルタ生まれ。一九〇五年以来アメリカに本拠をおいて活動した舞台の大女優。一六年ハーバート・ブレノン監督の『戦時の花嫁』で映画初登場。二五年までにさらに十六本に主演。主なものに『海の神秘』『紅燈祭（紅燈籠）』（共に19）、ヴァレンティノと共演した『カミーユ（椿姫）』（21）、他に『人形の家』『サロメ』（共に22）『我が子』（25）など。最晩年の四〇年代前半に脇役でカムバックした。二七年にアメリカの市民権を取得している。

ニタ・ナルディ　Nita Naldi（1899-1961）
女優。ニューヨーク生まれ。モデルを経てコーラスガールに。舞台姿をジョン・バリモアとジョン・S・ロバートソン監督に認められ「ジキルとハイド」の映画化『狂へる悪魔』（20）で映画デビュー。『血と砂』（22）でヴァレンティノを惑わす魔性の女を演じて名を高め、代表的なヴァンプ女優となる。その後の作品に『十誡』（23）、ヴァレンティノと再び三度共演した『情熱の悪鬼』（24）と『毒蛇』（25）、滞欧中に撮ったヒッチコックの第二作目『山鷲†』（26）など。二八年の『美貌何するものぞ†』が最後の映画出演となる。

ニ・ヌ

マーシャル・ニーラン　Marshall Neilan（1891-1958）
監督。カリフォルニア州サンバーナーディーノ生まれ。一九一一年頃俳優として映画入り。メリー・ピックフォードの相手役を務めるかたわら監督を行なうようになり、一七年以後は監督業に専念、ピックフォード作品や夫人でもあったブランチ・スウィート主演ものを中心に数多く手がける。主な作品に『神に見放された土地†』（16）『農場のレベッカ』『小公女』（共に17）『闇に住む女』（18）『孤児の生涯』（19）『受難のテス』（24）『芝居の世の中』（26）『桃色女白浪』（27）など。監督業は三〇年代半ばまで。豪放磊落な性格と放埒な私生活が監督生命を縮めたといわれる。

ジョージ・ニコルズ　George Nichols（1864-1927）
男優。イリノイ州ロックフォード生まれ。一九〇八年グリフィスの『場面の裏側†』で映画デビュー。その後の作品に『ミッキー』（18）『幸福の谷』（19）『シーバの女王』『モリー・オー』（共に21）『危険なる処女時代』（22）『スザナ』（23）『鵞鳥飼ふ女』（25）など。シュトロハイムの『結婚行進曲』（28）が遺作となった。

フレッド・ニブロ　Fred Niblo（1874-1948）
監督。ネブラスカ州ヨーク生まれ。ヴォードヴィル俳優を経て、一九一七年トマス・インスのもとに入る。俳優から監督に転じ、一八年に結婚したイーニッド・ベネット主演ものを多く手がけたのち（『女は誰でも』〔19〕『彼女の夫の友人†』〔20〕他）、二〇年代に入りダグラス・フェアバンクスの『奇傑ゾロ』（20）と『三銃士』（21）、ヴァレンティノの『血と砂』（22）を撮って声望を得、大作『ベン・ハー』（25）の監督をまかされるに至る。その後もノーマ・タルマッジの『椿姫』（26）、リリアン・ギッシュの『敵†』（27）、ガルボの『女の秘密』（28）などを撮るも、トーキーへの転換には失敗。渡英して二本監督したのが最後となる。

フレッド・C・ニューメイヤー
Fred C. Newmeyer（1888-1967）
監督。コロラド州セントラルシティ生まれ。元プロ野球選手。一九一三年エキストラとしてユニヴァーサルに入る。撮影所を転々としながら小道具方、助監督等を経て、ハロルド・ロイドの短篇コメディで監督デビュー。『ロイドの水兵』（21）

『豪勇ロイド』(22)『要心無用』(23)『猛進ロイド』(24)『ロイドの人気者』(25)などロイドの傑作長篇の数々を、時にサム・テイラーと共同で監督する。それ以後もダグラス・マクリーンの『ボールドペイトへの七つの鍵†』(25)、W・C・フィールズの『チョビ髯七面騒動』(27)、レジナルド・デニーの『私のパパさん』(27)とコメディに腕をふるう。トーキーに入ってからは低調。三六年を最後に退く。

レオ・ヌーミス　Leo Noomis (1889-1932)
スタントマン。アイオワ州出身。D・W・グリフィスの『国民の創生』(15)にスタントマンとして参加。『イントレランス』(16)の飛び降りスタントの指導ぶりや、セシル・B・デミルの『屠殺者』(22)におけるオートバイ激突スタントは本書でも紹介されている。その後『地獄の天使』『暁の偵察』(共に30)などでスタント・パイロットもこなしているが、三二年二月『空の花嫁』撮影中に墜落死。

ネ

コンラッド・ネイゲル　Conrad Nagel (1897-1970)
男優。アイオワ州キオカック生まれ。人気舞台俳優であった一九一八年、『若草物語†』で映画デビュー。穏やかな個性の故か、数多のスター女優の相手役に選ばれている。ポーラ・ネグリと『ベラ・ドンナ』(23)、ブランチ・スウィートと『受難のテス』(24)、マリオン・デイヴィスと『クオリテイ街』(27)、グレタ・ガルボと『女の秘密』(28)『接吻』(29)など。トーキーにも順応、戦後のテレビ時代まで長いキャリアを誇った。三二年から三三年まで映画芸術科学アカデミーの会長。四七年には映画人救済基金への貢献によりアカデミー賞特別賞を受賞。

ポーラ・ネグリ　Pola Negri (1897-1987)
女優。ポーランド、リプノ生まれ。最も早くにハリウッドに招かれたヨーロッパ俳優のひとり。舞台を経て一九一七年ドイツ映画界に。『パッション』(19)『寵姫ズムルン』(20)などルビッチの諸作に主演して国際的名声を得、ルビッチと相前後して二二年ハリウッド入り。二〇年代をとおしてパラマウント(フェイマス・プレイヤーズ=ラスキー)の代表的女優でありつづけた。トーキーの時代となってヨーロッパにもどるも、四一年帰米。五一年アメリカ市民権を取得した。ハリウッド時代の主な主演作に『ベラ・ドンナ』(23)『禁断の楽園』(24)『落花長恨』(25)『帝国ホテル』『罪に立つ女』(共に27)など。

ノ

ウィルフレッド・ノイ　Wilfred Noy (1883-1948)
監督。ロンドン生まれ。レスリー・ハワードの叔父。舞台俳優から一九〇九年映画入り。翌年監督となり三六年までに百四十本ほどを撮る。二五年から二九年まではアメリカで活動、

『失われた弦†』『不夜城の女』（共に25）『状況証拠†』（29）など七本を手がけている。

ジェイン・ノヴァック Jane Novak（1896-1990） 女優。ミズーリ州セントルイス生まれ。叔母のアン・シェファー、妹のエヴァも映画女優。一九一三年ヴァイタグラフから俳優デビュー。『ウィリーの散髪†』（14）『ジャスト・ナッツ†』（15）でハロルド・ロイドと共演。一八年から二一年にかけてはウィリアム・S・ハートの相手役を務め（『猛虎』［18］『開拓者』［19］『三字の烙印』［21］）、二〇年代には『セルマ†』（22）『子守唄』（24）などで主演女優となる。トーキー転換以降も『海外特派員』（40）『激怒†』（50）など時折著名作品に顔を出した。

ラモン・ノヴァロ Ramon Novarro（1899-1968） 男優。メキシコ、ドゥランゴの生まれ。一九一六年一家でロサンゼルスに出る。翌年エキストラとして映画入り。二二年レックス・イングラムの『ゼンダ城の虜』で敵役ルパート・オブ・ヘンツォを演じて一躍人気俳優に。その後の出演作に同じくイングラムの『文化果つるところ』『スカーラムーシュ』（共に23）『アラブ』（24）の他、MGMでの『ベン・ハー』（25）『思ひ出』（27）『シンガポール』（28）『マタ・ハリ』（31）など。六八年十月見知らぬ若者二人に殴り殺され全裸体で発見されるというショッキングな最期をとげた。

ハーリー・ノウルズ Harley Knoles（1880-1936） 監督、製作。イングランド、ヨークシャー州ロザラム生まれ。一九一五年から二〇年の間にアメリカで『若草物語†』（18）『ロマンティックな冒険†』（20）など約三十本を監督。一九年母国イギリスのアライアンス・フィルム・コーポレーションの製作部長に就任、『カーニヴァル†』（21）『ボヘミアン・ガール†』（22）などを監督する。その後二六年に一度アメリカにもどって『赤ちゃん万歳』（26）などを撮った。

メイベル・ノーマンド Mabel Normand（1892-1930） 女優、監督。ニューヨーク州スタテン・アイランドのニューブライトン生まれ。モデルを経て、一九一〇年バイオグラフに入社。一二年マック・セネットとともにバイオグラフを離れ、彼が設立したキーストン社のトップ・コメディエンヌとなる。一八年からしばらくゴールドウィンに移るが、二一年からは再びセネットのもとに。私生活の乱れが話題になり始めた二二年、ウィリアム・デズモンド・テイラー射殺事件の関係者として名前が上がり、大きなスキャンダルとなる（ハリウッドの富豪コートランド・S・ダインズがノーマンドの運転手に射殺されるという事件がさらに追い打ちをかける）。二〇年代後半はハル・ローチのもとで短篇コメディに出演するも、薬物濫用等で体調を悪化させ、三〇年肺炎により三十八歳で死去。長篇出演作に『醜女の深情』（14）『ミッキー』（18）『モリー・オー』（21）『臨時雇の娘』（23）など。監督作に『メーベルの嵐のような恋愛†』を筆頭に『メーベルの窮境』『まっしぐら』『メーベルの勇気』（いずれも14）など短篇ばかりで十本ある。

ウィリアム・ノーラン　William Nolan（1894-1954）
編集、アニメーター。コネティカット州出身。編集者としては『ロビン・フッド』（22）『バグダッドの盗賊』（24）『ドンQ』（25）『海賊』（26）『ガウチョウ』（27）『鉄仮面』（29）とすべてダグラス・フェアバンクス作品。アニメーターとしては一九一六年から二〇年までと二九年から四六年までのキャリアがあり、短篇アニメーションの脚本、監督も相当数ある。二〇年代末からはウォルター・ランツ・プロとの仕事となる。

ロイド・ノスラー　Lloyd Nosler（1900-85）
編集。オレゴン州ポートランド生まれ。一九一九年の『空中の脅威』で編集技師に。他に『明眸罪あり』『肉体と悪魔』（共に26）『猫とカナリア』（27）『麦秋』（34）『ハリケーン』（37）など。五〇年代末からはテレビに移る。

リディア・ノット　Lydia Knott（1866-1955）
女優。インディアナ州タイナー生まれ。監督ランバート・ヒリヤーの母。一九一四年映画初出演。三〇年代半ばまでに九十本余の作品に出演。主なものに『日雇ひ男』（18）『女は誰でも』（19）『告白』（21）『馬蹄千塵』『巴里の女性』（共に23）『完璧なフラッパー†』（24）など。

エドワード・ノブロック　Edward Knoblock（1874-1945）
脚本。ドイツ系の両親のもとニューヨークに生まれる。十代の時から劇作家を夢見、ハーバード大学を卒業後、渡欧。一八九七年ロンドンに居を定め、劇作活動に入る。第一次大戦時イギリスの市民権を取って軍務に服す。戦後しばらくダグラス・フェアバンクスとメリー・ピックフォードのもとハリウッドを仕事場とする。彼の舞台劇「キスメット」は一四年版を筆頭に、ミュージカル版も含めれば六度映画化されており、「善良な仲間」は三三年にイギリスで映画化され、このときはJ・B・プリーストリーと共同で脚本も書いた。他に脚本に関わったものに『ロビン・フッド』（22）『ロジタ』（23）、イギリス映画の『朱金昭《チユウチンチヨウ》』（34）『月光の曲』（37）などがある。

ハ

C・C・バー　C. C. Barr（1891-1956）
製作。ニューヨーク、ブルックリン生まれ。新聞記者からパラマウントの宣伝担当重役を経て、自ら製作にのりだし、一九二二年製作配給会社マストドン映画を設立。製作作品に『総舐めバーンズ』（21）『現代の人妻』（24）『山高帽子』（26）など。その後も四〇年頃までB級アクション映画の製作を続ける。

エドナ・パーヴィアンス　Edna Purviance（1895-1958）

女優。ネヴァダ州パラダイス生まれ。一九一五年の『アルコール夜通し転宅』から二三年の『巴里の女性』までのチャップリン作品の大半で相手役を演じた女優。『巴里の女性』はパーヴィアンスをスター女優にするべく作られた映画だったが、興行的に失敗、目的ははたせなかった。その後チャップリン製作、ジョゼフ・フォン・スタンバーグ監督の『かもめ』†（26、公開されず）、フランスで作られたアンリ・ディアマン＝ベルジュの『王子の教育』†（27）に出演したのち引退。

レジナルド・バーカー　Reginald Barker（1886-1945）

監督。カナダのウィニペグ生まれ。一家でスコットランドに移り、その後アメリカに。巡業劇団の俳優、舞台監督を経て、トマス・インスのバイソン映画に加わる。インスの助手から一九一二年には監督に。当初はウィリアム・S・ハートの西部劇など屋外撮影に長けたところを見せたが、アクション映画全般、メロドラマも得意とし、三五年まで監督をつづけた。作品に『火の海（神々の怒り）』『イタリア人』†（共に14）『蠻《ばん》地《ち》の奇傑』（16）『地獄の猫』（18）『新カルメン』（20）『輝やく一路』（24）『大分水嶺』（25）など。

アルバート・パーカー　Albert Parker（1885-1974）

監督。ニューヨーク生まれ。一九一七年監督に。ダグラス・フェアバンクス、ノーマ・タルマッジ、ジョン・バリモアらの映画を多く手がけている。作品に『ニッカーボッカー』『青春の目』†（共に19）『刻印の乳房』（20）『懐しの島へ』（21）『シャーロック・ホームズ』（22）『海賊』（26）『五つの魂を持つ女』（27）など。後年はイギリスでタレント・エージェントとなる。

ギルバート・パーカー　Gilbert Parker（1862-1932）

作家。カナダ、オンタリオ州キャムデンイースト生まれ。その作品の映画化に『紅恋の火』『青春の歌』（共に18）『赤熱の十字路』『吾が妻を見よ』（共に20）『愛着の路』『國境を越えて』（共に22）などがある。

オズグッド・パーキンス　Osgood Perkins（1892-1937）

男優。マサチューセッツ州ウェストニュートン生まれ。俳優アンソニー・パーキンス（1932-92）の父。「フロント・ページ」のバーンズ編集長役など、一九二〇年代半ばから三〇年代半ばにかけてブロードウェイの舞台で活躍した。映画には二二年から三七年までに二十本ほどに出演。いずれも脇役ばかりで、『空弾の悲劇』（23）『お転婆スーザン』（25）『百貨店』（26）『飛入拳闘大勝利』（27）『心を汚されし女』（31）『暗黒街の顔役』（32）など。

ジーン・（エドワード・）パーキンス
Jean (Edward) Perkins（1899-1922）

スタントマン。生地不詳。『ヘレンの冒険』（14－15）『大魔王』（全18篇、21）『鷲の爪』（全15篇、23）などで代役スタントを演じる他、『大魔王』では俳優として出演した。一九二二年十二月飛行機から列車に乗り移るスタント撮影のさい墜落死。

アイダ・メイ・パーク　Ida May Park（1879-1954）
脚本、監督。ロサンゼルス生まれ。一九一四年ウォーレス・リード監督・主演の短篇『ジプシーのロマンス†』で初脚本。三〇年までに五十本ほどの脚本に関わる。一七年『閃光†』で初監督。ドロシー・フィリップス、ロン・チャニー共演の『都の恋』、メアリー・マクラレンの『モデルの告白』（共に18）、ルウ・コディの『胡蝶の如し』、ベッシー・ラヴの『駒鳥の舞』（共に20）など二〇年までに十四本を監督した。監督作のほとんどは自らがシナリオを書いた。

ジョニー・バーク　Johnny Burke（1881-1952）
男優。生地不詳。ジーグフェルド・フォリーズの脇役俳優から一九二六年映画入り。三〇年までの四年間に二十五本の映画に出演するが、長篇作品は『グッド・バイ・キッス』（28）のみ。それから十年の間を置いてノーマン・Z・マクロード監督、ケイ・フランシス主演『リトル・メン†』（40）に助演している。

ビリー・バーク　Billie Burke（1884-1970）
女優。ワシントンDCの生まれ。一九〇三年ロンドンで舞台デビュー、〇七年アメリカにもどるやブロードウェイきっての人気女優となる。映画には一六年から二一年の間に『おやおやアナベル』『結婚の渦巻』（共に19）『花嫁の怪賊』（20）他十六本に主演。その後長らくスクリーンを離れていたが『愛の嗚咽』（32）で復帰。『晩餐八時』（33）『天国漫歩』（37）『オズの魔法使』（39）『花嫁の父』（50）『バファロー大隊』（60）などに出演した。

ベン・バーク　Ben Berk（1905-78）
製作、装置。カナダ出身。サイレント期の仕事としてはジョニー・ハインズ主演のコメディ三本『電光男児』（25）『頓智大将』『山高帽子』（共に26）で製作主任を務めている。その後六〇年代まで製作主任、助監督、装置担当としてさまざまな作品についた。

ジョゼフ・ハーゲスハイマー
Joseph Hargesheimer（1880-1954）
作家。フィラデルフィア生まれ。「三枚のブラック・ペニー」（17）「ジャヴァ・ヘッド」（19）などの小説で知られる。彼の小説の映画化作品に『乗合馬車』（21）『異郷の露』『ブライト・ショール』（共に23）『恋の人形』（24）『風魔恋風』（25）などがある。

ウィーダ・バージャー　Ouida Bergere（1886-1974）
女優、脚本。アーカンソー州リトルロック生まれ。一九一二年俳優として映画入り。一五年から脚本家に。ジョージ・フィッツモーリス監督とコンビを組むようになり、『窮境（蜘蛛の舞）』（15）から『永遠の都』（23）までの間のフィッツモーリス作品のほとんどすべてを担当する。フィッツモーリスとは一九一八年に結婚、二四年に離婚。二年後俳優のバジル・ラスボーンと再婚。二人の家庭はピックフェアにも遜色ないハリウッド社交界の中心となる。シナリオは『永遠の都』以後書いていない。

クリフ・バージャー　Cliff Bergere（1896-1980）
スタントマン。オハイオ州トレド生まれ。『鷲の爪』（全15篇、23）『狂乱のミス・マントン†』（38）『まだ生きてるぞ†』（40）他で代役スタントを務める。

ロバート・M・ハース　Robert M. Haas（1889-1962）
美術。ニュージャージー州ニューアーク生まれ。一九一九年フェイマス・プレイヤーズ=ラスキー美術部に入り、ライオネル・バリモア主演『愛国熱』（20）で早くも注目される。二〇年代前半は『激怒』『ホワイト・シスター』（共に23）『ロモラ』（24）でヘンリー・キングと組む。ファースト・ナショナル、フォックス等を経て、二九年以降はワーナー・ブラザースで『黒蘭の女』（38）『愛の勝利』（39）『マルタの鷹』（41）『ジョニー・ベリンダ』（48）など数多くの名作を手がけた。

ウィリアム・ランドルフ・ハースト
William Randolph Hearst（1863-1951）
新聞、出版、製作。サンフランシスコ生まれ。父親は上院議員。アメリカ全土に及ぶ新聞王国を作り上げ、政財界、産業界に隠然たる勢力を誇るにいたる。一九一七年、駆け出し女優マリオン・デイヴィスに惚れこみ、彼女を大スターにすべくコスモポリタン・ピクチャーズを創設、デイヴィス主演の映画を作ってはハースト系の新聞を駆使してその宣伝に努めた。デイヴィスの映画はハーストの趣味を反映して時代物が多く、衣装・美術など製作費に金をかけたため、商業的に成功するものはほとんどなかった。コスモポリタン作品は、一九一九年から二三年まではパラマウントから配給。二四年ゴールドウィン傘下に、翌年からはMGMに。三四年ハーストとMGMの仲が決裂、コスモポリタンはワーナー・ブラザースに移るも、デイヴィスは三七年を最後に映画から引退した。

ファニー・ハースト　Fannie Hurst（1885-1968）
作家。オハイオ州ハミルトン生まれ。両大戦間人気を誇った大衆作家。その小説で映画化されたものに「ユーモレスク」（19、映画化は20・46年の二度）、「裏町」（31、映画化は32・41年の二度）、「模倣の人生」（33、映画化は34・59年の二度）などがある。『四人の姉妹』(38)『ヤング・アット・ハート』†(54)も原作はハーストの短篇。

リチャード・バーセルメス
Richard Barthelmes (1895-1963)
男優。ニューヨーク生まれ。ナジモワの推挙を得て『戦時の花嫁』(16)で映画デビュー。グリフィスの『散り行く花』(19)『東への道』(20)でスター俳優となる。二〇年代も多数の主演作に恵まれ、サイレント期のトップ男優の地位を維持する。その他の作品に、ヘンリー・キング監督の『乗合馬車』(21)『ボンド・ボーイ』(22)『激怒』(23)、ジョン・S・ロバートソン監督の『剣戟の雄』(23)『幻しの家』『クラスメーツ』(共に24)など。トーキー転換以降では『暁の偵察』(30)『つばさの天使』(33)『コンドル』(39)他がある。

リー・バーソロミュー　Lee Bartholomew (1877-1950)
撮影。生地不詳。一九一三年からキャメラマン。撮影作品で日本公開されたものに『死んだ真似』『犬の話し』(共に17)の二本。どちらもトライアングル社の短篇喜劇。キャメラマンとしての活動は一七年まで。一八年以降は経営側にまわったか(本文にはユニヴァーサル社の撮影部部長とある)。

オリヴァー・ハーディ　Oliver Hardy (1892-1957)
男優。ジョージア州ハーレム生まれ。子ども時代から美声でならす。ジョージア大学を中途退学。数年間の映画館経営でコメディの世界になじむ。一三年フロリダ州ジャクソンヴィルのルービン社に入り、短篇コメディの脇役、主に敵役を演じる。二七年ハル・ローチ撮影所でスタン・ローレルとのコンビが始まり、これが瞬く間に人気を獲得することになる。ローレル=ハーディ喜劇は二七年から四五年の間にサイレント、トーキー、短長篇合わせて百本以上が作られた。うち長篇は二十七本。

アン・ハーディング　Ann Harding (1901-81)
女優。テキサス州フォートサム・ヒューストン生まれ。一九二一年舞台デビュー。同年のうちにブロードウェイの舞台にも立ち、ほどなく主演級女優として名声を確立。二九年パテ社と契約して映画に。貴婦人役を多く演じた。作品に『ホリデイ』†(30)『動物王国』†(32)『林檎の頬』『泉』(共に34)『灰色の服を着た男』(56)など。

ウィリアム・S・ハート　William S. Hart (1864-1946)
男優、脚本、監督。ニューヨーク州ニューバラ生まれ。渡り労働者の父を持ち、子どもの時から諸国を放浪、とくに西部に惹かれる。ニューヨークにもどり郵便局に勤めるが、二十四歳で舞台俳優となり、シェイクスピア劇などを演じて評価を高める。舞台版「ベン・ハー」のメッサラの他、ヴァージニアン、スコオ・マンといった西部劇の人物を演じて成功、一九一四年映画に転じる。翌一五年トマス・インスのトライアングル映画社に。一六年にはインスとともにフェイマス・プレイヤーズ＝ラスキーに移り、よりリアルな人物、風俗、環境の西部劇を多数製作。主演のみならず、時に脚本や監督も担当した。また〝グッド・バッド・マン〟の主人公像も確立し、西部劇を超えて後の映画に大きな影響を与えた。代表作に『蠻地の奇傑』『ヘルズ・ヒンジズ』†（共に16）『狭き路』（17）『人生の関所』（20）『曠原の志士』（25）など。

デイヴィッド・ハートフォード
David Hartford（1873-1932）
男優、監督。ミシガン州オントニアン生まれ。一九一三年バイソン社の『キャップテン・キッド』†の主役で映画デビュー。その後『嵐の国のテス』†（14）『風塵を蹴りて』（18）など一〇年代に十数本に出演。監督作品には『デッド・エンド』†（14）『ふるさと』（19）『大北の生』（20）などがある。二七年自らのプロダクションをたたんでからは俳優としてのみの活動となる。

ウィリアム・バートラム　William Bertram（1880-1933）
男優、監督。カナダ、オンタリオ州ウォーカートン生まれ。一九一二年ハリー・A・ポラードのIMP作品『愛、戦争、ボンネット』†で俳優として映画デビュー。一五年から監督に転じ、二七年までに七十本近くの作品を監督する。主なものに『覆面の呪』（全15篇、17）『曲馬の天使』（19）『神秘の幻影』（全15篇、20）『ファントム・バスター』†（27）など。

ドロシー・バーナード　Dorothy Bernard（1890-1955）
女優。南アフリカ、ポートエリザベス生まれ。一九〇八年、グリフィスの『女の道』†で映画デビュー。『未開地物語』†（12）『少女と彼女の信頼』†（12）といった多くのグリフィス作品の他、『リトル・ジプシー』†（15）『虹』†（17）『若草物語』†（18）『雁』（21）などに出演している。『雁』を最後に引退。

カール・ハーボー　Carl Harbaugh（1886-1960）
脚本、男優。ワシントンDCの生まれ。一九一二年俳優として映画デビュー。一六年頃から脚本家兼監督となり、『勇猛果敢』『他人の娘』（共に18）などを監督するが、二〇年代半ばから脚本に専念。主に短篇コメディの脚本に関わる。長篇でクレジットされているものに『キートンの大学生』（27）『キートンの船長』（28）『グッド・バイ・キッス』（28）など。活動は三〇年代まで。

デンヴァー・ハーモン　Denver Harmon（1892-1959）
照明。オハイオ州コロンバス生まれ。『荒武者キートン』（23）から『キートン将軍』（26）までのキートン喜劇六本と、ハリー・ラングドン喜劇二本『当りっ子ハリー』［26］『岡惚れハリー』［27］において照明技師を務めている。他にフランク・キャプラのトーキー初期の作品『大飛行船』†（31）など。

オーティス・ハーラン Otis Harlan（1865-1940）
男優。オハイオ州ゼインズヴィル生まれ。一九一五年『黒羊』†で映画初出演。名脇役で、ウィリアム・A・サイター、ハリー・A・ポラード、ジョン・フォードといった監督たちの作品に繰り返し出演した。作品には『不穏の雲行』（21）『男装令嬢』（22）『エイブラハム・リンカーンの劇的なる生涯』†（24）『おゝ先生』『電光』（共に25）『愉快な嘘つき』『3悪人』（共に26）『思ひ出』（27）『ショウ・ボート』（29）など。ディズニーの長篇アニメ『白雪姫』で七人のこびとの一人〝ハッピー〟の声を担当した。ウィリアム・A・サイター監督レジナルド・デニー喜劇の出演は『天下の寵児』（25）『ジョーンスの大事件』『愉快な嘘つき』（共に26）『幸運デニー』（28）の四本。

ラッセル・ハーラン Russell Harlan（1903-74）
撮影。ロサンゼルス生まれ。一九二〇年代後半にキャメラマン助手。三七年キャメラマンに。作品に『赤い河』（48）『ガン・クレイジー』†（50）『第十一号監房の暴動』（54）『暴力教室』（55）『情婦』（57）『リオ・ブラボー』（59）『アラバマ物語』（62）『グレート・レース』（65）など。

カール・バーロウ Carl Barlow（1890-1925）
照明。フロリダ州フォート・マイアーズ生まれ。一九二五年一月キング・ヴィダー監督の『ビッグ・パレード』撮影中に事故死する。

ロバート（ボビー）・ハーロン Robert（Bobby）Harron（1893-1920）
男優。ニューヨーク生まれ。一家はアイルランド移民。一九〇七年編集助手としてバイオグラフ社に入る。翌年入社したD・W・グリフィスの目にとまり、俳優に。メエ・マーシュ、リリアン・ギッシュ、ドロシー・ギッシュらと共演するグリフィス映画の主演男優に成長する。一九二〇年九月、ニューヨークのホテル内で誤って銃弾を胸に受け数日後に死亡（自殺説もある）。出演作に『臆病者のボビー』（11）『エルダーブッシュ峡谷の戦い』†（14）『国民の創生』（15）『イントレランス』（16）『世界の心』（18）『スージーの真心』（19）など。遺作は『偶然の運命』（21）。

エドワード・バーンズ Edward Burns（1879-1954）
男優。モンタナ州出身。『国民の創生』（15）のエキストラから映画入り。一九一〇年代後半から二〇年代にかけてユニヴァーサル社の西部劇の脇役を多くつとめる。出演作に『痛快児』（22）『千両役者』（24）『鉄拳ジョンズ』（25）など。カーメル・マイアーズらとドイツで撮ったのは『ギャラガン』†（24）。

ジョージ・バーンズ　George Barnes（1892-1953）撮影。カリフォルニア州パサデナ生まれ。トマス・H・インスのもとでスティル写真家としてスタート。一九一八年キャメラマンとなり、以降三十五年間、サイレント期では『危険な時代』†（19）『君が名呼べば』（22）『荒鷲』（25）『夢想の楽園』『熱砂の舞』（共に26）『港の女』（28）など、トーキー転換以降では『街の風景』（31）『レベッカ』（40）『群衆』（41）『白い恐怖』（45）『皇帝円舞曲』『悪の力』†（共に48）『宇宙戦争』（53）など数多くを担当する。結婚は女優のジョーン・ブロンデルを含め計七回。

イザドー・バーンスタイン　Isado Bernstein（1876-1944）製作、経営、脚本。ニューヨーク生まれ。ユニヴァーサル社のハリウッド撮影所、ユニヴァーサル・シティの建設者で総支配人。その一方、一九一一年から三八年の間に自社の六十六本の脚本に関わっている。

オラフ・ハイテン　Olaf Hytten（1888-1955）男優。スコットランド、グラスゴー生まれ。一九二一年映画初出演。二四年アメリカへ。トーキー転換以降は召使・執事・従者・ウェイターなど英国アクセントを活かした端役が多く、五五年撮影所駐車場で心臓発作のため亡くなるまで計三百本近い映画に出演した。幾分役の大きかったものに『救ひを求むる人々』（25）『月長石』†（34）『大地』（37）『マリー・アントワネットの生涯』（38）『フー・マンチューの太鼓』†（40）『美女ありき』（41）など。

ジェイムズ・ウォン・ハウ　James Wong Howe（1899-1976）撮影。広東生まれ。五歳のときアメリカに。ワシントン州パスコで育つ。十代の頃からカメラをいじり、写真家の使い走りから、一九一七年フェイマス・プレイヤーズ＝ラスキーに入社。アルヴィン・ワイコフやヘンリー小谷の助手を経て、二三年メアリー・マイルズ・ミンター主演の『運命の鼓』でキャメラマンに。サイレント期の作品には、ハーバート・ブレノン監督の『四つの顔の女』『西班牙の踊子』（共に23）『アラスカン』『ピーター・パン』（共に24）『ソレルと其の子』（27）『笑え、道化』†（28）などの他、ヴィクター・フレミング監督の『人罠』（26）『決死隊』（27）、ウィリアム・ナイ監督の『四つの壁』（28）など。三〇年代以降では『ゼンダ城の虜』（37）『死刑執行人もまた死す』（43）『成功の甘き香り』（57）『ハッド』（63）他。

ジョン・バウアーズ　John Bowers（1885-1936）男優。インディアナ州ギャレット生まれ。一九一六年に映画入りしてほどなくスター俳優に。二四年、共演作の多かったマーガレット・ド・ラ・モットと結婚（三六年に離婚）。トーキー転換以降は忘れられた存在になる。三六年、パーティのあと海にボートを漕ぎ出してそのまま自殺。『スタア誕生』

（37）の主人公ノーマン・メインの最期にヒントを与えたとされる。出演作に『快男子ソーヤー』（22）『愛の決算』『獅子王リチャード』（共に23）『男子起たば』（24）など。

ジーン・C・ハヴェズ　Jean C. Havez（1872-1925）
脚本。メリーランド州ボルティモア生まれ。ハロルド・ロイド、バスター・キートン両名の製作チームに加わり、ギャグマンとして貢献した。一九一七年から二〇年まではロスコー・アーバックル、バスター・キートンの短篇コメディに関わり、二一年からはロイド（『ロイドの水兵』［21］から『要心無用』［23］までの四本）、二三年の『滑稽恋愛三代記』からは再びキートンのもとで二五年の『キートンの栃面棒』まで五本、それぞれの脚本作りに協力した。

ウィリアム・パウエル　William Powell（1892-1984）
男優。ペンシルヴェニア州ピッツバーグ生まれ。カンザス大学を中退して舞台俳優をめざす。一九一二年ブロードウェイ初舞台。二二年のジョン・バリモアの『シャーロック・ホームズ』で映画デビュー。サイレント期は敵役を専らとする。出演作に『武士道華かなりし頃』（22）『ロモラ』（24）『ボー・ジェスト』『或る男の一生』（共に26）『雲晴れて愛は輝く』（27）など。『カナリヤ殺人事件』（29）のファイロ・ヴァンス役あたりから徐々にイメージが改まり、『影なき男』（34）の私立探偵ニック・チャールズ役で以後のタイプが定まる。

フランク・パウエル　Frank Powell
監督、男優。生没年不詳。カナダ、オンタリオ州ハミルトン生まれ。一九〇九年D・W・グリフィスの短篇『盗賊の名誉』†で俳優として映画デビュー。翌年メリー・ピックフォードの短篇『すべてはミルクのため』†で監督となり、二一年までに約九十本の作品を手がける。長篇監督作に『しみ』†（14）、セダ・バラの『悪魔』（15）、マージョリー・ランボーの『艶やかなミス・デイヴィソン』†（17）、アナ・Q・ニルスンの『夕陽の国』（18）など。

ポール・パウエル　Paul Powell（1881-1944）
監督。イリノイ州ピオリア生まれ。父親はピオリアで新聞社を経営。シカゴ、ロサンゼルスで新聞記者をしていたが、自らの経験に基づくシナリオが認められ映画入り。一九一三年初監督。監督作にリリアン・ギッシュの『百合と薔薇』†（15）、メエ・マーシュとロバート・ハーロンの『モリー・オーの結婚』†（16）、メリー・ピックフォードの『青春の夢』（20）、ドロシー・ダルトンの『深紅の挑戦』（22）など。三〇年までの間に短長篇合わせて八十本余の作品を残している。

ウィリアム・バウマン　William Bowman（1884-1960）
監督、男優。ノースカロライナ州ベイカーズヴィル生まれ。一九一一年『古びた骨董店』†で俳優として映画デビュー。一五年『司令官』で監督に。二一年までに『猛者』（15）『ブロードウェイから王座へ』†（16）『見えざる手』（全15篇、20）など十数本の作品を監督する。

オルガ・バクラノヴァ　Olga Baclanova（1893-1974）
女優。モスクワ生まれ。十九歳でモスクワ芸術座に入り、一九二五年海外公演で訪れたアメリカにそのままとどまる。映画出演は二七年からで、ヴァンプ役が多い。主なものに『笑ふ男』『罪の街』『紐育の波止場』『忘れられた顔』（いずれも28）『毒の花』（29）『怪物団』（32）など。三〇年代以降活動の中心は舞台にもどる。

フランク・パグリア　Frank Puglia（1892-1975）
男優。イタリア、シシリー島出身。一九二一年の『嵐の孤児』が映画初出演。他に『素晴らしい哉人生』『ロモラ』（共に24）『美はしの都』（25）など。トーキー転換以降も脇役として多数の映画・テレビドラマに出演。

キング・バゴット　King Baggot（1879-1948）
男優、監督。ミズーリ州セントルイス生まれ。一九〇九年演劇から映画の世界に入る。最初期のスター俳優のひとり。『アイヴァンホー』（13）や、連続活劇『鷲の眼』†（18）『鷹の追跡』（全15篇、19）といった冒険活劇のスターだったが、二〇年代は監督に転じ、カーメル・マイアーズの『混乱の巻』（21）、レジナルド・デニーの『ケンタッキー・ダービー』（22）、ウィリアム・S・ハートの『曠原の志士』（25）、ベッシー・ラヴの『ラヴィ・メアリー』†（26）などを撮った。トーキー転換以降は脇役俳優となる。

クラレンス・バジャー　Clarence Badger（1880-1964）
監督。サンフランシスコ生まれ。一九一四年トライアングルのマック・セネットのもとに加わり、グロリア・スワンソン、ボビー・ヴァーノン主演の二巻物喜劇を中心に手がける。一八年ゴールドウィンに移り、ウィル・ロジャーズもの喜劇を連作。二〇年代にはレイモンド・グリフィス、ビービー・ダニエルズ、クララ・ボウらのコメディを軽快に撮りあげた。主な作品に『酒の世の中』『金鉄の誓』（共に20）『極楽突進』（25）『南北珍雄腕比べ』『娘十八運動狂』（共に26）『あれ』『女シーク』（共に27）など。三〇年代後半以降オーストラリアで余生を暮らす。

ウィルフレッド・バックランド
Wilfred Buckland（1866-1946）
美術、装置。生地不詳。デイヴィッド・ベラスコのもとで舞台装置家として名を高め、映画界初の美術監督としてハリウッド入り。『スコオ・マン』†（14）以降、監督セシル・B・デミル、撮影アルヴィン・ワイコフと協力関係を築く。ラスキー社では一九二〇年まで。ダグラス・フェアバンクスとの『ロビン・フッド』（22）も彼の偉大な業績のひとつ。作品は他に『カルメン』『チート』†（共に15）『ジャン・ダーク』（16）『闇に住む女』『囁きの合唱』『醒めよ人妻』（いずれも18）『夫を変へる勿れ』（19）『何故妻を換へる?』（20）『青春時代を尋ねるコンラッド』†（20）など。四六年七月重度の精神疾患に苦しむ一人息子を射殺。直後に自らも後を追った。

チャールズ・ハッチソン　Charles Hutchison（1879-1949）
男優、監督。ペンシルヴェニア州ピッツバーグ生まれ。一九一四年映画入り。スタントマンで鍛えた技を連続活劇で活かす。主演した連続活劇は『星の魂』（以下すべて全15篇、19）『大旋風』（20）『ハリケーン・ハッチ』（21）『豪傑ハッチ』『スピード・ハッチ』（共に22）など。『電光ハッチ』†（26）では自ら監督も行なっている。三〇年代は主に監督に専念。

レイモンド・ハットン　Raymond Hatton（1887-1971）
男優。アイオワ州レッドオーク生まれ。十二歳のときからヴォードヴィルの舞台に立ち、一九〇九年から映画に。一〇年代半ばから二〇年代初頭にかけてはセシル・B・デミルの映画に多く出演。二〇年代半ばから後半にかけてはパラマウントでウォーレス・ビアリーとコメディ・チームを組んで〝弥次喜多〟ものを連作。三〇年代以降はマック・ブラウン、バック・ジョーンズら西部劇スターの相方を演じた。最後の映画出演は『冷血』（67）。生涯に四百本以上の作品に出演している。主なものに『オリヴァ・トウィスト』†『ジャン・ダーク』（共に16）『神に見離された女』（17）『囁きの合唱』（18）『男性と女性』（19）『アナトール』（21）『屠殺者』（22）『ノートルダムの傴僂男』（23）『弥次喜多従軍記』『弥次喜多海軍の巻』（共に26）『弥次喜多空中の巻』（27）『弥次喜多殺陣の巻』（28）『不思議の国のアリス』（33）『周遊する蒸気船』（35）『アリゾナ向けて』†（41）『ガンスモーク』†（45）など。ハットン＝ビアリーの〝弥次喜多〟ものは本邦公開されたもので見る限り二六年から二八年に全七作品。なお『弥次喜多野球の巻』（27）はビアリー、フォード・スターリング、ザス・ピッツによるもので、ハットンは出ていない。

ジョン・バニー　John Bunny（1863-1915）
男優。ニューヨーク生まれ。一九〇九年演劇の世界から映画に転向。一五年に五十一歳で亡くなるまでにヴァイタグラフ社で百七十本ほどの作品に出演。そのうちの多くは、肥満体のバニーがノッポでヤセぎすのフローラ・フィンチとコンビを組んだ短篇夫婦コメディで、これが当時の観客に大いに受けた。バニー＝フィンチ喜劇には『速記者求む』†『賭事治療法』†（共に12）『旦那の歯痛』†（13）『バニーのしくじり』†『バニーの誕生日』†（共に14）など多数がある。

ルシアン・ハバード　Lucian Hubbard（1888-1971）
製作、脚本。ケンタッキー州フォートトーマス生まれ。一九二四年から脚本家となり、『法の外』（20）『滅び行く民族』

（25）『夜の大統領』（31）など、四〇年代初頭までの間に五十本ほどのシナリオに関わる。その一方で、二〇年代後半から三〇年代にかけて製作者としても活動、二九年の『神秘の島†』では製作監修者の起用に反対して降板したモーリス・トゥールヌールに代わって監督代行を務めた。

G・W・パプスト　Georg Wilhelm Pabst（1885-1967）
監督。オーストリア＝ハンガリーのラウトニッツ（現チェコ共和国のロウドニツェ）生まれ。『喜びなき街』（25）『パンドラの箱』（29）『淪落の女の日記』（29）『西部戦線一九一八年』（30）『三文オペラ』（31）など、サイレント期からトーキー初期にかけて名作を立て続けに発表した。アメリカで一本、リチャード・バーセルメス主演の『今日の男性』（34）を撮っている。

エレイン・ハマースタイン　Elaine Hammerstein（1897-1948）
女優。フィラデルフィア生まれ。著名な舞台プロデューサー、アーサー・ハマースタインの娘（作詞家オスカー・ハマースタイン二世は従兄弟）。ブロードウェイの舞台から一九一五年映画入り。出演作に『若人の世界』『十字架の女』（共に22）『風雲のゼンダ城』（23）『深夜の特急』（24）『浮氣禁制』『恋愛講座』（共に25）など。二六年二度目の結婚を機に引退（最初の夫は監督のアラン・クロスランド）。四八年八月メキシコからの帰途、夫を含む同乗の三名とともに自動車事故の犠牲となる。

コズモ・ハミルトン　Cosmo Hamilton（1870-1942）
作家、劇作、脚本。ロンドン生まれ。その小説を映画化したものに『誰が気にするものか†』『男と女と金』（共に19）『真夏の狂乱』（20）『絹擦れの音』（23）『極楽島奇談』（26）など。字幕担当など脚本に関わったものに『休なき魂』（19）『五つの魂を持つ女』（27）がある。

ニール・ハミルトン　Neil Hamilton（1899-1984）
男優。マサチューセッツ州リン生まれ。一九一八年から映画に出演。グリフィスの『ホワイト・ローズ』（23）で注目を集め、その後も同監督の『アメリカ』『素晴らしい哉人生』（共に24）でキャロル・デンプスターとともに主役を務める。その後の出演作に『ボージェスト』『或る男の一生』（共に26）『愛国者†』（28）『暁の偵察』（30）『栄光のハリウッド』『類猿人ターザン』（共に32）など。

ロイド・ハミルトン　Lloyd Hamilton（1891-1935）
男優。カリフォルニア州オークランド生まれ。一九一三年映画初出演。一四年から一七年にかけてカーレム社でバッド・ダンカンとコメディ・チームを組み〝バッドとハム〟ものを量産する。一七年フォックス社に移り、同社のサンシャイン喜劇のスター・コメディアンとなったあと、二二年自らのプロダクションを設立、二巻物コメディの製作・主演を続けた。長篇出演作に『白？ 黒？』『楽天王ハム』（共に24）などがある。三四年が最後の映画出演となった。

早川雪洲 はやかわ せっしゅう（1889-1973）
男優。千葉生まれ。十九歳で渡米。シカゴ大学卒業後、ロサンゼルスで日本人劇団に入る。トマス・インスに勧誘され映画の世界に。『颱風』（14）『チート』†（15）のヒットでスターの座を獲得。一八年には自らの製作会社ハウォース・ピクチャーズを設立、二十数本の映画を製作ののち、二三年渡仏。ヨーロッパで映画出演を重ねる。第二次大戦後は日本、海外で脇役として活躍を続けた。作品に『火の海（神々の怒り）』（14）『蛟龍《こうりゅう》を描く人』（19）『ヨシワラ』（37）『三人の帰郷』（50）『戦場にかける橋』（57）など。

セダ・バラ Theda Bara（1890-1955）
女優。オハイオ州シンシナティ生まれ。本名はセオドシア・グッドマン。父親はユダヤ人で裕福な洋裁師。母親は教養あるスイス人。子どもの頃から女優にあこがれ、一九〇八年ブロードウェイ初舞台。一五年映画デビュー作『愚者あり』†が、フォックス社宣伝部の荒唐無稽なイメージ作りもあってセンセーションを巻き起こし、以後男を破滅させる〝ヴァンプ〟役で一九年まで主演を重ねる。作品に『クロイツェル・ソナタ』『悪魔』『カルメン』†（いずれも15）『蛇』『ロミオとジュリエット』†（共に16）『猛虎の如き女』『クレオパトラ』†（共に17）『マダム・デュバリー』†『サロメ』（共に18）など。二本の映画で組んだ監督チャールズ・ブラビンと二一年に結婚、添い遂げている。映画出演はその後二〇年代中頃に二本あるのみ。

J・M・バリー J. M. Barrie（1860-1937）
劇作、作家。スコットランド、キリミュア生まれ。「ピーター・パン」などの舞台劇・小説で著名なイギリスの作家。その作品を原作とするサイレント期のアメリカ映画に『小牧師』†（13）『男性と女性』（19）『笑はぬ人』（21）『センチメンタル・トミー』（21）『ピーターパン』（24）『シンデレラ物語』（25）『クオリティ街』（27）などがある。

ハーヴェイ・パリー Harvey Parry（1900-85）
スタントマン、男優。サンフランシスコ生まれ。一九一四年から心臓発作で亡くなる八五年まで百五十本近くの映画にスタントマンとして加わった。ジョン・ウェイン、ハンフリー・ボガート、ジェイムズ・キャグニー、クラーク・ゲーブル、ハロルド・ロイド、メリー・ピックフォード、キャロル・ロンバード等々代役を務めたスター俳優も数多い。主な作品を挙げるとロイドの『落胆無用』（21）『要心無用』（23）『足が第一』（30）、モンティ・バンクスの『無理矢理ロッキー破り』（27）の他、『ノートルダムの傴僂男』（23）『黄金の世界へ』（28）『民衆の敵』（31）『野性の叫び』（35）、後年では『西部開拓史』（62）『グレート・レース』（65）『ニューヨーク1997』（81）など。

ミルドレッド・ハリス Mildred Harris（1901-44）女優。ワイオミング州シャイアン生まれ。一九一二年から子役で映画に出演。一八年チャップリンと結婚して時の人となるが二一年に離婚して急速に忘れられる。出演作品に『オズのパッチワークの娘†』（14）『イントレランス』（16）『歓楽の価値』（17）『劇中の妻』（18）『若き花夢見る時』『其家の女』（共に20）『愚か者の楽園』（21）など。手術後の肺炎で死去。

ジョン・バリモア John Barrymore（1882-1946）男優。ニューヨーク生まれ。母方の祖父は名優ジョン・ドルー（1827-62）。両親、兄（ライオネル）、姉（エセル）も俳優。一九〇三年シカゴで初舞台。当初はコメディで評判をとり、のちに「リチャード三世」（20）「ハムレット」（22）で名声はピークに達する。映画は一四年から。サイレント期の代表作は『狂へる悪魔』（20）『シャーロック・ホームズ』（22）『ボー・ブラムメル』（24）『海の野獣』（26）『ドン・ファン』（26）『テムペスト』（28）など。『海の野獣』で共演したドロレス・コステロとは後に結婚。トーキー転換以降も映画出演は続くが、アルコール依存症の悪化もあってしだいにスクリーンから遠ざかる。

ライオネル・バリモア Lionel Barrymore（1878-1954）男優、監督。フィラデルフィア生まれ。演劇一家の系譜はジョン・バリモアの項参照。十代後半に舞台デビュー。二〇世紀に入る頃にはブロードウェイを代表する俳優のひとりとなっていた。映画はグリフィスの『喧嘩腰の若者たち†』（11）がデビュー作（グリフィス作品には他に『ピッグ・アリの銃士たち†』『ニューヨークの帽子†』［共に12］『レディと鼠†』［13］『アメリカ』［24］等々多数）。二五年から映画に専念。翌二六年にはMGMと契約を結ぶ。サイレント期の主な出演作に『拳骨（エレーヌの勲功）』（全14篇、15）『霧の中の顔』（22）『永遠の都』（23）『明眸罪あり』（26）『港の女』『ザンジバールの西†』（共に28）などがある。また監督作に妹のエセルが主演した『人生の渦巻き†』（17）、MGMの初期トーキー作『マダムX』『彼の栄光の夜†』（共に29）『悪漢の唄』（30）など。トーキー転換以降の出演作に『マタ・ハリ』（31）『ラスプーチンと女帝†』（32）『我が家の楽園』（38）他。

ヒューゴ・バリン Hugo Ballin（1879-1956）美術、監督。ニューヨーク生まれ。著名な画家・壁画家から、一九一七年ゴールドウィンに招かれて映画の美術監督に。一〇年代だけで四十本近くの作品の美術を担当する。『舞妓タイース』（17）で共同監督を経験していたが、二〇年代には本格的に監督に進出。製作会社を立ち上げ、夫人であったメイベル・バリン（1887-1958）を主演にして文芸物を多く監督する。作品に『ジェーン・エア』†（21）『虚栄の市』（23）『曠野の妻』（25）など。グロリア・スワンソン主演『サニアの愛』†（27）の美術担当を最後に映画を離れる。

ヘンリー・ハル　Henry Hull（1890-1977）
男優、劇作。ケンタッキー州ルイヴィル生まれ。演劇批評家の息子として生まれ、一九一一年ブロードウェイの舞台にデビュー。舞台では「タバコ・ロード」のジーター・レスター役で知られる他、劇作もある。映画出演は一七年から。サイレント期では『ベネディクト会修道士ラスプーチン』†（17）『若草物語』†（18）『恐怖の一夜』（22）『奮起の一戦』（23）『ルーレット』†（24）など。三〇年以降は『脱獄鬼』（34）『倫敦の人狼』（35）『ハイ・シエラ』（41）『救命艇』（44）他。

フレッド・バルショーファー　Fred Balshofer（1877-1969）
製作、監督。ニューヨーク生まれ。一九〇九年に監督となり、一〇年代に約百五十本の映画を撮る。長篇作品に『帰り来て』『覆面の騎士』（共に16）『名誉を重ずる男』（19）などがある。

ベティ・バルフォア　Betty Balfour（1903-78）
女優。ロンドン生まれ。海外でも人気を博した一九二〇年代イギリスの代表的スター。コミカルなお転婆役を得意とし〝イギリスのメリー・ピックフォード〟と呼ばれた。主な作品に『スクウィブズ』†（21）とそのシリーズ、ヒッチコックの『シャンパーニュ』（28）、『放浪の女王』†（29）、『永遠の緑』（34）など。

シルヴァーノ・バルボーニ　Silvano Balboni（1894-?）
撮影、監督。没年不詳。イタリア出身。一九一四年から二八年にかけて『火焔の船』（24）『女ロビンフッド』（25）などイタリアおよびアメリカで十八本の映画の撮影を担当。その間監督作も『大違い』†（26）『仮面の女』†（27）と二本ある。

タイロン・パワー　Tyrone Power（1869-1931）
男優。ロンドン生まれ。伝説の舞台俳優タイロン・パワー（1795-1841）を祖父にもつ舞台人。映画には一九一四年から。出演作に『獄屋の月』（16）『跫音』（21）『我れ死すとも』（23）『ビッグ・トレイル』（30）など。同姓同名の息子は有名なスター俳優となる。

ヴィルマ・バンキー　Vilma Banky（1898-1991）
女優。オーストリア＝ハンガリー（現ハンガリー）のブダペスト近郊の生まれ。一九二〇年からヨーロッパ各国の映画に出演、サミュエル・ゴールドウィンの目にとまり、二五年ハリウッドに。ロナルド・コールマン、ルドルフ・ヴァレンティノらと共演して人気スターとなるが、トーキー転換期にスクリーンから退く。作品に『ダーク・エンゼル』『荒鷲』（共に25）『熱砂の舞』『夢想の楽園』（共に26）『悲恋舞曲』（27）など。

ジョージ・バンクロフト　George Bancroft（1882-1956）
男優。フィラデルフィア生まれ。ミンストレルショーからニューヨークの舞台を経て、一九二一年『旅路の果て†』で映画初出演。ジェイムズ・クルーズの『駅馬車』（25）で注目され、タフな敵役を得意とするようになるが、トーキー以降は人間味のある脇役を多く演じた。主な出演作に『戦艦くろがね号』（26）『決死隊』『暗黒街』（共に27）『紐育の波止場』『サンダーボルト』（共に28）『オペラ・ハット』（36）『医者の日記』（37）、ジョン・フォード監督の『駅馬車』（39）などがある。

アイナー・ハンソン　Einar Hanson（1899-1927）
男優。スウェーデン、ストックホルム生まれ。一九一九年映画デビュー。二六年からアメリカに。『混線脱線スターはどれだ』（26）『近代女風俗』『鉄条網』『罪に立つ女』（いずれも27）などに出演。二七年六月自動車事故で死亡。

ラース・ハンソン　Lars Hanson（1886-1965）
男優。スウェーデン、イェーテボリ生まれ。一九一五年映画デビュー。グレタ・ガルボと共演した『イェスタ・ベルリング物語†』（24）で国際的に知られるようになり、MGMに招かれる。アメリカでの出演作にリリアン・ギッシュと共演した『真紅の文字』（26）『風』（28）、ガルボと共演した『肉体と悪魔』（26）『神々しい女†』（28）など。トーキーへの移行期にヨーロッパにもどる。

T・ヘイズ・ハンター　T. Hayes Hunter（1884-1944）
監督。フィラデルフィア生まれ。一九一三年から監督に。『強者の府†』（14）『国境の狼群』（18）『沙漠颪』（19）『傷ついたハート†』（24）など二十本余の作品を残し、二〇年代後半からはイギリスに活動の場を移す。イギリスではボリス・カーロフ主演『月光石』（33）など、三四年まで監督を続けた。

J・ロイ・ハント　J. Roy Hunt（1884-1972）
撮影。ウェスト・ヴァージニア州ケイパトン生まれ。一九一六年ハーバート・ブレノン監督、アネット・ケラーマン主演の『神の娘』でキャメラマンに。五三年エドワード・ドミトリク監督の『ジャグラー†』を最後に引退するまでに二百本近くの作品を担当した。主なものに『久遠の微笑』『シャーロック・ホームズ』（共に22）『シンデレラ物語』（25）『ボージェスト』（26）『忘れられた顔』（28）、トーキー転換以降では『空中レヴュー時代』（33）『私はゾンビと歩いた！†』（43）『十字砲火』（47）『猿人ジョー・ヤング』（49）など。

ベンジャミン・B・ハンプトン　Benjamin B. Hampton（1875-1932）
製作、監督。イリノイ州メイコム生まれ。本文では〝雑誌出版者から映画に進出〟とあるが、ＩＭＤｂには〝アメリカン煙草の重役を何年か務めた後〟映画の製作に手を染めるようになったとある。『開拓の勇者』（19）から『突撃驀進』（22）まで十本を製作するが（うち三本は自ら監督）、大撮影所に対抗できる製作会社を作り上げるには至らなかった。

ホープ・ハンプトン　Hope Hampton（1897-1982）
女優。フィラデルフィア生まれ。ビューティ・コンテスト優勝をきっかけに、一九一〇年代後半エキストラとして映画入り。一八年『ウーマン』でデビュー。プロデューサーのジュールズ・ブルラトゥアの庇護をうけ、『暗中の光』（22）『陥穽の宮殿』『百花笑へば』（共に23）『五十と五十』（25）などに主演。映画出演は二七年まで。その後はオペラの舞台に立ったりするが、二三年に結婚したブルラトゥアとニューヨークのパークアヴェニューに住み、社交界の花形となる。

ヒ

ヴァージニア・ピアスン　Virginia Pearson（1886-1958）
女優。ケンタッキー州アンカレッジ生まれ。ヴァンプ女優のひとり。一九一〇年映画初出演。はじめヴァイタグラフ、一七年からフォックスに。出演作に『根に燃えて』（18）『僧正の宝玉』（19）『笑国万歳』（25）など。五十本ほどの作品に出演したのち、三一年を最後にスクリーンを離れる。

ウォーレス・ビアリー　Wallace Beery（1886-1949）
男優。ミズーリ州カンザスシティ生まれ。サーカスの飼育係助手、ヴォードヴィル芸人等を経て、一九一二年頃映画入り。エッサネイ、キーストン、ユニヴァーサルなどで短篇コメディを中心に出演。女装も得意とした。一〇年代末から悪役、トンマな役、威厳のある役などさまざまな役を演じるようになり、二五年パラマウントに入るとレイモンド・ハットンとのコンビでコメディを連作。トーキーへの転換期にＭＧＭに移り、以後もサイレント期に変わらぬ活躍をみせた。一六年グロリア・スワンソンと結婚（一八年離婚）。出演作品に『モヒカン族の最後』（20）『ロビン・フッド』（22）『シー・ホーク』（24）『ロスト・ワールド』（25）『弥次喜多従軍記』（26）『人生の乞食』（28）『ビッグ・ハウス』（30）『惨劇の波止場』（30）『チャンプ』（31）など。出演した映画の総数およそ二百四十本。

ビリー・ビーヴァン　Billy Bevan（1887-1957）
男優。オーストラリア、ニューサウスウェールズ州オレンジ生まれ。豪ポラード座の一員として北米巡業でアメリカに。一九一六年から映画に出るようになり、一九年マック・セネットのもとに加わる。二九年までおよそ百本の短篇コメディに出演。トーキー転換以降も端役で映画に出つづけた。サイレント期の長篇出演作に『天下泰平』(20)『神出鬼没の娘†』(27)など。

ハウス・ピーターズ House Peters (1880-1967)
男優。イングランド、ブリストル生まれ。英米で活躍する舞台俳優であった一九一三年、アドルフ・ズーカーのフェイマス・プレイヤーズに呼ばれ、『昔の影』で映画デビュー。以後の作品に『偉大な贖い主†』(20)『人類の心』(22)『見えざる力』(23)『義侠のラッフルズ』(25)『戦火』『嵐の虜』(共に26)など。トーキーへの移行に伴い映画から退く。

レックス・ビーチ Rex Beach (1877-1949)
作家、脚本。ミシガン州アトウッド生まれ。アラスカで探鉱者だったときの経験に基づく『スポイラース』(14)をはじめ、彼の作品を原作とする映画に『花祭りの夜』(19、脚本も)『白銀の群』(20)『兄貴』(23)『鵞鳥飼ふ女』(25)『ミシガン・キッド』(28)など。

ジャック・ピックフォード Jack Pickford (1896-1933)
男優、監督。カナダ、トロント生まれ。メリー・ピックフォードの弟。姉と同じく子どもの時から舞台に立ち、映画にも一九一〇年から出演、時折監督も行なった。出演作に『サンデイー』(18)『天地も裂けよ』『我が子』『鵞鳥飼ふ女』(いずれも25)『大学のブラウン』『退場は微笑みながら†』(共に26)など。監督作に『勝手口から』『小公子』(共に21、いずれもアルフレッド・E・グリーンと共同)。その才能と実力は周囲から認められながら大成するに至らず。結婚は三度とも破綻。薬物依存、アルコール依存の末、三十七歳で死去。

メリー・ピックフォード Mary Pickford (1892-1979)
女優。カナダ、トロント生まれ。経歴・作品は第十一章参照。

ザス・ピッツ Zasu Pitts (1894-1963)
女優。カンザス州パーソンズ生まれ。メリー・ピックフォード映画(『小公女』『農場のレベッカ』[共に17])の助演で俳優デビュー。シュトロハイムの二作『グリード』(24)『結婚行進曲』(28)を代表作とするが、本領はコメディで、ユニークなコメディエンヌとして晩年まで活躍した。その他のサイレント作品にキング・ヴィダーの『益々順調』(19)、ウィリアム・C・デミルの『浮気征伐』(24)、フランク・ボゼーギの『なまけ者』『喧嘩両成敗』(共に25)、ジェイムズ・クルーズの『ジョアンの嘆き』(26)、ドナルド・クリスプの『サニー・サイド・アップ†』(26)など。トーキー転換以降では、三〇年代前半のセルマ・トッドとの短篇コメディのシリーズや『人生は四十二から』(35)など。

G・W（ビリー）・ビッツァー　G. W.（Billy）Bitzer（1872-1944）
撮影。マサチューセッツ州ロックスベリ生まれ。一八九六年の創設時以来のバイオグラフ社のキャメラマン（当初はニュースフィルムや街の情景などを撮る）。一九〇八年に始まり二十年以上に及ぶD・W・グリフィスとのコンビで知られる。ただしそのつながりも二〇年以降は徐々に稀薄になり、『東への道』（20）『嵐の孤児』（21）『アメリカ』（24）は他のキャメラマンとの共同撮影、『素晴らしい哉人生』（24）『サタンの嘆き』（26）は別のキャメラマンの手に委ねられた。ビッツァーが関わった最後のグリフィス作品は『心の歌』（29）。三〇年代はニューヨーク近代美術館フィルムライブラリーの仕事に就いた。

コンスタンス・ビニー　Constance Binney（1896-1989）
女優。ニューヨーク生まれ。一九一八年の『スポーツ生活†』で映画デビュー。二三年の『午前三時†』を最後にスクリーンを退くまで計十六本の映画に出演。主な主演作品に『愛の試練』（19）『奪はれた接吻』（20）『ファースト・ラブ†』（21）など。

ハワード・ヒューズ　Howard Hughes（1905-76）
製作、監督。テキサス州ハンブル生まれ。ライス大学、カリフォルニア工科大学卒業。十八歳のとき父親が創設した石油掘削機器会社を継承、その莫大な資産をバックに『美人国二人行脚』（27）『友の呼び声』『暴力団』（共に28）、トーキー初期には『犯罪都市』（31）『暗黒街の顔役』（32）といった映画の製作に加わる。自らの飛行機熱を映画にしたのが、サイレントとして作り始めトーキーとして完成された『地獄の天使』（30）で、ここでは製作者と監督を兼ねた。それ以後製作に関わったものでは、やはり監督を兼ねた『ならず者』（43）、ハロルド・ロイドの最後の主演作品となった『マッド・ウェンズデー†』（47）など。四八年RKOの支配的持ち分を取得、五五年まで会社経営の実権を握った。晩年はラスヴェガスのホテルに隠棲。謎の人物として生涯を閉じた。

ルパート・ヒューズ　Rupert Hughes（1872-1956）
脚本、監督。ミズーリ州ランカスター生まれ。小説家、劇作家、著述家として有名。音楽の造形も深く、音楽に関する著書がある他、自作のミュージカル・コメディの作曲もしている。映画とは原作提供者として関係が始まり、次いで脚本家、自作の脚色者となり、『踊れぬ女』（22）からは脚本家兼監督として七本の映画を撮った（他の六本は『想出懐かし』〔22〕『ギミー†』『恋と食欲』『売られ行く魂』『離婚歓迎』〔いずれも23〕『鋼のような真実†』〔24〕）。その後もしばらくは脚本家として活動、『熱血拳闘手』（27）では第一回アカデミー賞の脚本賞（原案）にノミネートされた。

ロイド・ヒューズ　Lloyd Hughes（1897-1958）

男優。アリゾナ州ビズビー生まれ。一九一八年から映画に出演。出演作は『危険な時代†』（19）『嵐の国のテス』（22）『シー・ホーク』（24）『ロスト・ワールド』（25）『恋の征服』（26）など多数。三〇年代も低予算アクション映画に顔を出した。

ランバート・ヒリヤー　Lambert Hillyer（1889-1969）

監督、脚本。インディアナ州サウスベンド生まれ。新聞記者、短篇作家、俳優から一九一七年映画入り。初監督作はイーニッド・ベネット主演の『母親の直感†』（17）。サイレント期はウィリアム・S・ハート（『狭き路』〔17〕『黄金の檻』〔19〕『人生の関所』〔20〕他）、トム・ミックス（『乱射乱撃』『天魔空を駈る』〔共に23〕他）、バック・ジョーンズ（『鉄拳火花を散らす』〔27〕『大驀進』〔28〕他）らの西部劇を多く手がける。トーキー転換以降もホラーや犯罪もの、西部劇などB級映画の世界を渡り歩いた。

ジョージ・W・ヒル　George W. Hill（1895-1934）

撮影、監督。カンザス州ダグラス生まれ。D・W・グリフィスのもとで助監督を経験する一方、一九一三年ホバート・ボスワース作品でキャメラマン・デビュー。二〇年までに二十余本を担当する（最後の一本はリリアン・ギッシュが監督した『亭主改造』）。翌二一年監督に転身。『深夜の特急』（24）『荒野の孤児』（25）『英雄時代』（26）『コサック』（28）、トーキー転換以降も『ビッグ・ハウス』『惨劇の波止場』（共に30）と好調を維持するかに見えたが、アルコール依存症が悪化、自動車事故にも見舞われて、三四年自ら命を絶つ。妻は二九年に結婚した脚本家のフランセス・マリオン。

パーシー・ヒルバーン　Percy Hilburn（1889-1946）

撮影。ジョージア州アデアズヴィル生まれ。一九一五年『グース・ガール†』でキャメラマンとなり、三一年までの間に七十本を越す作品を撮る。主な作品にジェラルディン・ファラー主演、レジナルド・バーカー監督『明け行く路』（18）『影』（19）『新カルメン』（20）の他、『輝やく一路』（24）『故郷の土』『ベン・ハー』（共に25）『ヴァレンシア』（26）『夜明け前』（27）『ザンジバールの西†』（28）『不浄な三人†』（30）など。

フ

ウィリアム・ファーナム　William Farnum（1876-1953）

男優。ボストン生まれ。十二歳からヴォードヴィルの舞台に立ち、兄ダスティンと軽業コンビを組んで各地をまわった。二十歳でブロードウェイ俳優となり、〝ベン・ハー〟の役を五年間演じ続ける。一四年、映画第一作『スポイラース』で一躍スターダムに。二四年『たった一人で闘う男†』の撮影中に大怪我を負い、それ以降は舞台にもどった。映画の出演作に『サムソン』†（15）『二都物語』『レ・ミゼラブル』（共に17）『我れ若し王者なりせば』（20）『ガンファイター』†（23）など。

ジョゼフ・ファーナム Joseph Farnham（1884-1931）
脚本。コネティカット州ニューヘイヴン生まれ。一九一八年から三〇年まで脚本家として約百本の映画に関わる。第一回アカデミー賞の時にのみ設けられた〝字幕賞〟の受賞者。サイレント期の字幕担当作品に『バタバタ娘』（22）『のんきなおばさん』『ビッグ・パレード』（共に25）『大学のブラウン』『マンダレイへの道』（共に26）『知られぬ人』（27）『群衆』†『黄金の世界へ』（共に28）など（アカデミー賞字幕賞の対象作品は『美人学生』†［27］と『笑え、道化』†［28］の二作）。

ダスティン・ファーナム Dustin Farnum（1874-1929）
男優。ニューハンプシャー州ハンプトンビーチ生まれ。『傭兵』†（14）の主演で映画デビュー。同年、舞台での当たり芝居を映画化したセシル・B・デミル監督『スコオ・マン』†（14）に主演すると、これが大ヒット。以後もブロードウェイで演じた役を次々に映画化する。弟のウィリアムとともにフォックスと契約、西部劇を中心にアクション・スターとして活躍した。二六年映画界から退く。作品は他に『ヴァージニアン』†（14）『義に勇む男』（17）『星光の下に』（18）『男の意気』（19）『コルシカの兄弟』（20）など。

ドット・ファーリー Dot Farley（1881-1971）
女優。シカゴ生まれ。映画出演は一九一〇年から。マック・セネットの短篇コメディに多数出演。他に『信号塔』『おゝ母よ』（共に24）『シャムロックとバラ』†『珍婚世界漫遊記』（共に27）など。四〇年代にはＲＫＯのエドガー・ケネディ・コメディで、ケネディの義母役で常連出演した。

ジェラルディン・ファラー Geraldin Farrar（1882-1967）
オペラ歌手、女優。マサチューセッツ州メルローズ生まれ。一九〇一年ベルリンのロイヤル・オペラ・ハウスにおいて「ファウスト」のマルグリート役でデビュー以来、欧米各所の歌劇場に出演。ニューヨークのメトロポリタン・オペラには〇六年から二二年まで所属、カルーソーともたびたび共演した。映画は『カルメン』（15）を皮切りに『ジャン・ダーク』（16）『神に見離された女』（17）などセシル・B・デミルと六本、その後ゴールドウィンのもとで『地獄の猫』（18）『世界の其女』（19）『新カルメン』（20）など七本を撮った。

マーガリタ・フィッシャー Margarita Fischer（1886-1975）
女優。アイオワ州ミズーリヴァレー生まれ。八歳からステージに立つ。映画出演は一九一〇年から。『アンクル・トムの小屋』†（13）『ブラックロックの伝説』†（14）『楽園の名花』（16）『魔界の使者』（17）『愛の勝利』（18）など長短篇合わせて百八十本に出演。二七年を最後に引退。夫は監督のハリー・A・ポラード。

ハリー・フィッシュベック　Harry Fischbeck（1879-1968）
撮影。ドイツ、ハノーファー生まれ。一九〇〇年渡米。一四年映画入り。同年撮影監督となり、三〇年代末までに百本余りの作品を担当する。作品に『セレナーデ』（27）『恋してぞ知る』（28）『マンハッタン・カクテル』（28）『六月十三日の夜』（32）など。

ジョージ・フィッツモーリス　George Fitzmaurice（1885-1940）
監督。パリ生まれ。美術を学んだのち渡米。一九〇八年映画入りし、一四年パテ社の『ローマが支配したとき』†で監督デビュー。最初の頃は自ら装置を担当、美的な画面作りと女優指導に定評があった。作品に『永遠の世界』（21）『文明の破壊』（22）『ベラ・ドンナ』『永遠の都』（共に23）『熱砂の舞』（26）『悲恋舞曲』（27）『煩悩』（28）『マタ・ハリ』（31）など。二番目の妻は脚本家のウィーダ・バージャー。

エミリー・フィッツロイ　Emily Fitzroy（1860-1954）
女優。ロンドン生まれ。一九一三年映画初出演。出演作に『東への道』（20）『紅百合』（24）『子の心親知らず』（25）『ジョーンスの大事件』『愉快な嘘つき』（共に26）『アンナ・カレニナ』（27）『紳士は金髪がお好き』（28）『女の一生』『シヨ

ウ・ボート』（29）などがある。四〇年代前半まで活躍。

ドロシー・フィリップス　Dorothy Phillips（1882-1980）
女優。メリーランド州ボルティモア生まれ。舞台を経て、一九一一年映画初出演。一七年ジョゼフ・デ・グラッス監督の『人形の家』†でノラを演じているが、以後出演作の多くは一二年に結婚したアレン・ホルバー監督の作品となる。それらには『君国の為めに』（18）『幸福』（19）『一度は凡ての女に』（20）『颱風の娘』（22）『雪国秘話』（23）など。二三年にアレン・ホルバーと死別してからは映画出演は間遠に。

ウィリアム・フィルデュー　William Fildew（1890-1943）
撮影。ミシガン州出身。一九一五年のデビュー当初からしばらくは『快男子』（15）『ダフヌと海賊』（16）『大秘密』（全18篇、17）などクリスティ・キャバンヌ監督と組む。後にはトッド・ブラウニング監督の『スタンブールの処女』（20）、ハリー・ケリー主演の『狐』（21）、メアリー・フィルビン主演の『闇の女神』（24）など。二七年を最後に引退。

メアリー・フィルビン　Mary Philbin（1902-93）
女優。シカゴ生まれ。一九二〇年のビューティ・コンテスト出場がきっかけでユニヴァーサルと契約。翌年の『ブレイジング・トレイル』†で俳優デビュー。『オペラの怪人』（25）のヒロイン役が有名だが、他にシュトロハイム監督の『メリ

ー・ゴー・ラウンド』(23)、『闇の女神』『巴里の薔薇』(共に24)、『ステラ・マリス』(25)、モジューヒンと共演した『降伏』(27)、D・W・グリフィス監督の『愛の太鼓』†(28)、コンラート・ファイトと共演した『笑ふ男』(28)、ポール・フェヨス監督の『最後の演技』(29)などに出演している。トーキー移行後ほどなくして引退。ハリウッドに隠棲、一生独身をとおした。

フローラ・フィンチ Flora Finch (1867-1940)
女優。ロンドン生まれ。一九〇八年映画初出演。一一年から一四年にかけてヴァイタグラフ社で作られたジョン・バニーとの一連の夫婦喜劇(『二着の外套』†『ナグ夫人鎮圧』†『彼女のヒーロー』†[いずれも11]『賭事治療法』†[12]など)が人気をよぶ。他に『ボーケール』(24)『シンデレラ物語』(25)『猫とカナリア』『クオリティ街』(共に27)『緋文字』†(34)など。ジョージ・キューカーの『女たち』†(39)が最後の出演作となる。

マーガレット・ブース Margaret Booth (1898-2002)
編集。ロサンゼルス生まれ。一九一五年から二〇年まではD・W・グリフィスのもとで映画作りを学ぶ。メイヤー、ファースト・ナショナルを経て、二六年からMGMの編集技師に。三九年から六八年まで編集監修。その後レイ・スタークの独立プロ〈レイスター〉に八六年まで属す。七七年にはアカデミー賞名誉賞を受賞。サイレント期ジョン・M・スタール監督についたのは『切望する者』†(23)『男が家を出るわけ』†『夫たち愛人たち』†(いずれも24)『立派な身なり』†(25)『囁きの小径』『陽気な詐欺師』†(共に26)『恋人』『懐かしのケンタッキー』†(27)の八本。

エリナー・フェア Elinor Fair (1903-57)
女優。ヴァージニア州リッチモンド生まれ。ヴォードヴィル、ミュージカル・コメディの女優から、一九一六年映画入り。出演作に『ミラクルマン』(19)『キスメット』(20)『勝手口から』(21)『離婚禁制』(24)『ヴォルガの船唄』(26)『メリケン波止場』(27)『彼女の好きにさせろ、ギャラガー』†(28)など。二番目の夫はカウボーイ・スターのウィリアム・ボイド。

ジョン・フェアバンクス John Fairbanks (1873-1926)
製作。ニューオーリンズ生まれ。ダグラス・フェアバンクスの兄。弟ダグラスの映画製作のさいゼネラル・マネージャーを務めた。

ダグラス・フェアバンクス Douglas Fairbanks (1883-1939)
男優、脚本、製作。コロラド州デンヴァー生まれ。十二歳で初舞台。一九一〇年頃にはブロードウェイの人気俳優に。一五年トライアングル社から『快男子』で映画デビュー。スクリーンでも人気者となり、翌年には自らのプロダクションを設立。快活な青年を主人公にしたコミカルで明るく、かつ皮肉の利いた作品を連作する。この時期の作品に『ドーグラスの苦心』『ドーグラスの好奇』（共に16）『ドーグラスの蛮勇』（17）『ダグラス大王』（19）『ナット』（21）など。二〇年代に入ると『奇傑ゾロ』（20）を皮切りに『三銃士』（21）『ロビン・フッド』（22）『バグダッドの盗賊』（24）『ドン・Q』（25）『海賊』（26）『ガウチョウ』（27）『鉄仮面』（28）とスケールの大きな歴史活劇の世界で独擅場の活躍をみせる。トーキー転換以降は二度目の妻メリー・ピックフォードとの唯一の共演となった『じゃじゃ馬馴らし』（29）、イギリスで撮った『ドン・ファン』（34）に主演したあと引退。メリー・ピックフォードとは二〇年結婚、三六年離婚。同年には元コーラスガールのレディ・シルヴィア・アシュリーと三度目の結婚をしている。

ダグラス・フェアバンクス・ジュニア　Douglas Fairbanks Jr.（1909-2000）
男優。ニューヨーク生まれ。ダグラス・フェアバンクスと彼の最初の妻アナ・ベス・サリーとの間に生まれ、母親によって育てられる。十四歳のとき『スティーヴン道を誤る』†（23）で映画デビュー。その後も『ステラ・ダラス』（25）『渦巻く都会』『恋多き女』（共に28）、トーキー転換以降は『暁の偵察』（30）『犯罪王リコ』（31）『ゼンダ城の虜』（37）『ガンガ・ディン』（39）などに出演。最初の妻はジョーン・クロフォード。

ロバート・フェアバンクス　Robert Fairbanks（1882-1948）
製作。コロラド州出身。ダグラス・フェアバンクスの兄。弟ダグラスの一九二〇年代前半の映画において製作主任、技術監督のクレジットを得ている。また『ドン・Q』（25）『海賊』（26）『ガウチョウ』（27）ではゼネラル・マネージャーを務めた。

マリオン・フェアファックス　Marion Fairfax（1875-1970）
脚本。ヴァージニア州リッチモンド生まれ。舞台俳優タリー・マーシャルを夫に持つ劇作家だったが、一九一五年ジェシー・L・ラスキー・フィーチャー・プレイ・カンパニーに入社。ウィリアム・C・デミルらとコンビを組む。二〇年以降はマーシャル・ニーラン・プロ、ゴールドウィンなどでシナリオを書いている。二六年モーリス・トゥールヌールの『ブロンドの聖人』†を最後に映画界から離れる。シナリオ作品に『豪胆少年』（17）『巨人の谷』（19）『洋上の楽園』（21）『シャーロック・ホームズ』（22）『ロスト・ワールド』（25）など。

ジュリア・フェイ　Julia Faye（1892-1966）
女優。ヴァージニア州リッチモンド生まれ。モデルを経て、一九一五年から映画に端役で出ていたが、『神に見離された女』(17)以来『屠殺者』(22)『十誡』(23)『ヴォルガの船唄』(26)『キング・オブ・キングス』(27)などセシル・B・デミルの作品に出演する。三〇年代に入り脚本家を目指すが失敗、その後も五〇年代後半までデミル映画を中心に顔を出しつづけた(セシル・B・デミルの長年の愛人であったといわれている)。

ジャック・フェデール Jacques Feyder (1885-1948)
監督。ベルギー、ブリュッセル生まれ。『女郎蜘蛛』(21)『雪崩』(25)『外人部隊』(34)『ミモザ館』『女だけの都』(共に35)などで知られる一九二〇年代・三〇年代フランスを代表する監督。サイレント末期からトーキー初期にかけてハリウッド(MGM)において『接吻』(29)『印度の寵児』『あけぼの』(共に31)を監督。『アンナ・クリスティ』のドイツ語版などトーキー作品の外国語版も数本残している。

ポール・フェヨス Paul Fejos (1897-1963)
監督。オーストリア=ハンガリー(現ハンガリー)のブダペスト生まれ。大学では医学を学ぶが、演劇の世界に惹かれるようになり、装置画家を経て、一九二〇年ハンガリーで監督デビュー。その後ウィーン、ベルリンを経由して、二三年渡米。二六年有り金をはたいて買った車でハリウッドに向かう。実験的な映画『ラスト・モーメント』(28)がチャップリンに認められ、ユニヴァーサルとの契約に結びつく。『都会の哀愁』(28)『ブロードウェイ』『最後の演技』(共に29)と撮ったあとMGMに移るも、『ビッグ・ハウス』(30)の独仏版を担当しただけで三一年渡仏。三〇年代は『春の驟雨』(32)『君と暮せば』(33)などヨーロッパのさまざまな国で映画を作る。三〇年代後半以降は人類学に関心が移り、スタンフォード大学で講義を行なうなどしている。

レストレンジ・フォーセット L'Estrange Fawcett (1894-1961)
批評、脚本、製作。イギリス、ランカシャーのサウスポート生まれ。映画批評家だが一九二〇年代末から三〇年代はじめにかけて脚本家、製作者として映画の実製作に関わった。著書に「映画——真相と将来予測」(27)「映画文集」(32)がある。

ジョン・フォード John Ford (1894-1973)
監督。メイン州ケープエリザベス生まれ。両親はアイルランドからの移民で、十三人兄弟の末っ子。一九一三年高校を卒業して、兄フランシスのいるハリウッドへ。装置助手、小道具助手、スタントマン等を経て、一七年『颱風』で監督に。『響の名手』(17)『さすらいの旅』(19)といったハリー・ケリー主演ものなど、数多くの西部劇を撮る。二〇年代初頭ユニヴァーサルからフォックスに移り、そのまま三〇年代から四〇年代の黄金時代へと続いていく。フォックスでの主なサイレント作品は『侠骨カービー』(23)『アイアン・ホース』(24)『3悪人』(26)『四人の息子』(28)など。トーキー転換以降では『駅馬車』(39)『怒りの葡萄』(40)『わが谷は緑なりき』(41)『静かなる男』(52)他。

アール・フォックス　Earle Foxe（1887-1973）
男優。オハイオ州オックスフォード生まれ。一九一二年カーレム社の『ストリート・シンガー』†で映画デビュー。四六年の『荒野の決闘』のギャンブラー役まで百五十本を超す作品に出演した。主なものに『異郷の人』(16)『パンテア』(17)『虚栄の市』(23)『地球最後の男』†(24)『四人の息子』『血涙の志士』(共に28)『その前夜』(29)など。二四年から二七年にかけてフォックス社の短篇コメディに主演している。

ウィリアム・フォックス　William Fox（1879-1952）
製作、経営。オーストリア＝ハンガリー（現ハンガリー）のトルチヴァ生まれ。生後まもなく一家で渡米、ニューヨークの貧民街で育つ。子どもの頃から働き、衣料業界で成功をはたす。一九〇四年J・ステュアート・ブラックトンからペニー・アーケードを購入、これが当たり、劇場チェーン経営さらには映画配給へと手を広げ、一二年からは自らのボックス・オフィス・アトラクション・カンパニーで映画製作を開始、一五年製作・配給・上映を統合したフォックス・フィルム・コーポレーションを設立、一七年には本拠をハリウッドに移す。二〇年代を通してフォックス社は順調に発展、二〇年代末にはMGMの親会社ロウズ・インクの支配的持ち分を買収する寸前までいくも、大恐慌の発生、政府による反トラスト法の動き、さらには自らの交通事故が重なって頓挫。かえって経営危機を迎えることになり、自らの株式の売却に追いこまれる。フォックス社は三五年、二十世紀映画と合併して二十世紀フォックスに衣替えする。ウィリアム・フォックスは三六年破産宣告、四一年には判事買収の廉で禁固刑一年の判決を受ける。後年は特許権から得た収益で負債も完済し、安楽な老後を過ごす。

アラン・フォレスト　Allan Forrest（1885-1941）
男優。ニューヨーク、ブルックリン生まれ。一九一三年、舞台から映画に。出演作に『山のメリザ』(17)『霊界の使者』(21)『セヴィラの毒婦』『恋を恋して』(共に24)など。短長篇合わせて百本超の映画に出ているが、トーキー化に伴いスクリーンを去った。一時期メリー・ピックフォードの妹ロティーと結婚していた。

リン・フォンタン　Lynn Fontanne（1887-1983）
女優。イギリス、エセックス州ウドフォード生まれ。一九〇五年初舞台。一六年からアメリカに。最初のヒット作は「ダルシー」(21)。二二年男優アルフレッド・ラントと結婚。その後の舞台・映画作品は「アルフレッド・ラント」の項参照。なおリン・フォンタンのみの映画出演作はアルフレッド・E・グリーン監督、トマス・ミーアン主演の『自分を見つけた男』†（25）の一本。

ディミトリ・ブコウェツキ

Dimitri Buchowetzki（1885-1932）

監督。ロシア出身。ロシアで監督となるも十月革命の勃発でドイツに逃れ、当地で『快傑ダントン』『名花サッフォー』（共に21）『オセロ』『ピョートル大帝』（共に22）などエミール・ヤニングスやポーラ・ネグリを主演にした歴史劇を連作。先に渡米したネグリの招請をうけハリウッドに移り、『煉獄の花』『嘆きの白百合』（共に24）『ヴァレンシア』（26）などを撮る。トーキー初期はドイツ語版担当監督へと追いやられる。

バイロン・フック Byron Houck（1891-1969）

撮影。ミネソタ州プロスパー生まれ。本文にあるとおり元大リーガー。引退前にマイナーリーグでプレーしたことがあり、それがロスコー・アーバックル所有のチームだったことからキートンに紹介される。『忍術キートン』『海底王キートン』（共に24）『キートンの栃面棒』（25）『キートン将軍』（26）の撮影に加わる他、二五年から二六年にかけてウィリアム・グッドリッチ（R・アーバックルの変名）監督の短篇コメディ四本を撮っている。

フランシス・X・ブッシュマン

Francis X. Bushman（1883-1966）

男優。ボルティモア生まれ。一九一一年舞台を辞め、シカゴのエッサネイ社に入る。一五年発足当初のメトロに移り、『ロミオとジュリエット』（16）のロミオなどロマンティックな役柄を演じて一〇年代後半きっての人気俳優となる。他に『大秘密』（全18篇、17）『真鋳の合札』『人傑か金欠か』（共に18）など。それ以後では『ベン・ハー』（25）『彗星雲を衝いて』（26）『裁かるる魂』（27）『ウィルソン』†（44）など。

フランシス・X・ブッシュマン・ジュニア

Francis X. Bushman Jr.（1903-78）

男優。父親はフランシス・X・ブッシュマン。一九二〇年映画デビュー。出演作に『荒武者キートン』（23）『大学のブラウン』（26）『四人の息子』（28）『世界の与太者』（30）など。

チャールズ・ブライアント Charles Bryant（1879-1948）

男優、監督。イングランド、チェシャー州ハートフォード生まれ。アメリカに腰を落ち着けたナジモワの舞台・映画双方における共演者であり、事実上の夫でもあった人物。映画ではナジモワのデビュー作『戦時の花嫁』（16）から十本で共演、二二年の『人形の家』『サロメ』では監督を行なった。

ベティ・ブライス　Betty Blythe（1893-1972）
女優。ロサンゼルス生まれ。ヨーロッパとブロードウェイの舞台に立った後、一九一八年ヴァイタグラフ社から映画デビュー。『オーバー・ザ・トップ（戦線に立ちて）』（18）『白銀の群』『大北の生』（共に20）『母の愛』（21）などの後、セダ・バラの後継女優としてフォックス社の大作『シーバの女王』（21）の主役に抜擢される。その後の作品に『熱血の薔薇』（22）『乙女ごころ』（24）『雪に降り込められて』†（27）、イギリスで撮った『朱金昭《チユーチンチヨウ》』†（23）『彼女』†（25）などがある。夫はオーストラリア出身の監督ポール・スカードン。

モンテ・ブライス　Monte Brice（1891-1962）
脚本、監督。ニューヨーク生まれ。一九二〇年代から四〇年代にかけての脚本家。二〇年カーター・デヘイヴン夫妻のコメディ映画の脚本からスタート。その後の脚本作品に『南北珍雄腕比べ』『弥次喜多従軍記』『弥次喜多海軍の巻』（いずれも26）『弥次喜多消防の巻』（27）『青春狂想曲』（28）など。また、『弥次喜多野球の巻』（27）では監督も兼ねた他、W・C・フィールズの二巻物喜劇『ゴルフ専門家』†（30）など、サイレント末期からトーキー初期にかけて一・二巻物の監督も務めている。

トッド・ブラウニング　Tod Browning（1880-1962）
監督。ケンタッキー州ルイヴィル生まれ。十六歳のときサーカス団に入り、軽業師、道化となる。ヴォードヴィルを経て一九一三年頃バイオグラフに入社、一五年監督に。グリフィスの『イントレランス』（16）では助監督兼俳優を務める。二五年、かつて『法の外』（20）で組んだロン・チャニーとMGMで再会、チャニーの主演で『三人』を撮る。その後もチャニーとのコンビは続き『黒い鳥』『マンダレイへの道』（共に26）『知られぬ人』『真夜中過ぎのロンドン』†（共に27）『ザンジバールの西』†（28）などを連作。トーキー以降では『魔人ドラキュラ』（31）『怪物団』（32）など。

カール・ブラウン　Carl Brown（1896-1990）
撮影、脚本、監督。ペンシルヴェニア州マッキースポート生まれ。一九一四年グリフィスのもとでキャメラマン助手に。一六年『巡回販売員』†でキャメラマンに。ジョゼフ・ヘナベリー作品を数本担当する他、二〇年代に入るとジェイムズ・クルーズ監督の専属キャメラマンとなり、『年一ドル男』†（21）から『マネキン』†（26）まで二十四本を担当する。二七年からは脚本家に転身。映画脚本家としては四〇年代前半まで。その後はテレビに活動を移す。三〇年代には十本ほどの監督作もある。

クラレンス・ブラウン　Clarence Brown（1890-1987）
監督。マサチューセッツ州クリントン生まれ。経歴・作品は第十二章参照。

メルヴィル・W・ブラウン　Melville W. Brown（1887-1938）
脚本、監督。オレゴン州ポートランド生まれ。一九一九年メイベル・ノーマンド主演『島の娘』の脚本家としてスタート。翌二〇年短篇『のらくら者と恋人たち†』で初監督。二〇年代前半は脚本、後半は監督の仕事が多い。脚本に関わったものにメアリー・フィルビン主演の『巴里の薔薇』（24）、クラレンス・ブラウンの『燻ゆる情炎』『鵞鳥飼ふ女』、レジナルド・デニー主演の『天下の寵児』（いずれも25）『ジョーンスの大事件』、監督作には『混線脱線スターはどれだ』（共に26）『マラソン結婚』『驀進デニー』（共に27）『珍戦花嫁争奪』（28）など。三〇年代後半に二本のイギリス映画を撮ってのち引退。

フランク・ブラウント　Frank Blount（1894-1983）
撮影、製作。フロリダ州タンパ生まれ。一九一九年『猛襲』でキャメラマンに。撮影担当作品は他に『扉の蔭』（19）『ダウン・ホーム』（20）の二本で、監督はいずれもアーヴィン・ウィラット。製作主任としてはウィリアム・ウェルマン監督の『つばさ』（27）の一本。

カーライル・ブラックウェル　Carlyle Blackwell（1884-1955）
男優、監督。ペンシルヴェニア州トロイ生まれ。一九一〇年ヴァイタグラフ社の『アンクル・トムの小屋†』で映画デビュー。主演級俳優としてカーレム、さらにフェイマス・プレイヤーズへと移籍した後、二一年ヨーロッパ公演を行なったのを機にイギリスにとどまり、当地で人気俳優となる。三〇年を最後に映画から退く。出演作に『海の乙女』（16）、自ら監督もした『幸運児』（14）『馬蹄の響†』（18）、イギリス映画では『ブルドッグ・ドラモンド†』（22）『処女女王†』（23）などがある。

J・ステュアート・ブラックトン
J. Stuart Blackton（1875-1941）
経営、製作、監督、男優。イングランド、シェフィールド生まれ。「ニューヨーク・イヴニング・ワールド」の記者兼挿絵画家のかたわら、アルバート・E・スミスと一座を結成、自ら舞台にも立つ。一八九六年エジソンを取材したさいその新発明キネトグラフに感銘を受け、それがきっかけとなって翌九七年スミスとアメリカン・ヴァイタグラフ社を創設する。スミス同様、製作だけでなく監督、脚本、主演もこなし、アニメーション映画の原型も考案する。一七年一度独立するが、二三年には再びヴァイタグラフにもどった。四一年八月自動車にはねられて死亡。

クライド・ブラックマン　Clyde Bluckman（1894-1955）
脚本、監督。カリフォルニア州サンバーナーディーノ生まれ。ジャーナリストから一九一九年脚本家兼ギャグマンとして映画入りし、二五年から監督も行なうようになる。キートン、ロイド、ローレル＝ハーディ、W・C・フィールズらの喜劇に貢献する。長篇監督作は『キートン将軍』（26、キートンと共同）、ロイドものの三本（『危険大歓迎』［29、サウンド版］『足が第一』［30］『ロイドの活動狂』［32］）、モンティ・バンクスもの二本（『幸運馬蹄騒動記』［27］『無理矢理仰天黒手組』［28］）、そしてW・C・フィールズ主演の『南瓜サラリーマン』（35）。脚本はキートンでは『滑稽恋愛三代記』（23）から『キートンのカメラマン』（28）までの計七本、ロイドでは『ロイドの福の神』（26）から『ロイドのエヂプト博士』（38）までの計六本にクレジットされている。

ハーバート・ブラッシェ　Herbert Blache（1882-1953）
監督、製作。ロンドン生まれ。母親はフランス人。ゴーモン社ロンドン支社の主任キャメラマンであった一九〇七年、フランスの女性監督アリス・ギイと結婚。同年、二人で渡米。はじめクリーヴランド、後にニューヨークでゴーモン社アメリカ支社の製作部長として働くが、一〇年夫婦で製作会社ソラックスを立ち上げる。これが軌道にのり、新たにニュージャージー州フォート・リーに撮影所を開設するまでになるが、しだいに経営状況が悪化、一八年妻を残してハリウッドに出（二二年離婚）、ワールド、メトロ、ユニヴァーサル等で監督を続けた。二八年引退。作品に『虎』（13）『絶壁（戦ひの死）』（14）『赤ん坊悪魔』（19）、ナジモワが主演した『死よりも強し』、キートンの初長篇『馬鹿息子』（共に20）、『物乞いする乙女†』（21）『風に逆らひて』（25）『犯罪倶楽部』（26）など。

ギルバート・ウォーカー・プラット　Gilbert Walker Pratt（1892-1954）
監督、脚本、男優。ロードアイランド州プロヴィデンス生まれ。一九一五年俳優として映画デビュー。一七年にはハロルド・ロイドの〝ローンサム・ルーク〟もの十二本に出演。同年ロイド喜劇『スラれた†』で初監督、一九年の『何処までも』まで計十七本を担当する。二〇年代はマック・セネットやアル・クリスティのもとで短篇コメディを作り続けるが、その間長篇を一本、モンティ・バンクス主演『水陸突破死物狂』（25）を撮っている。脚本家としてはウォーレス・ビアリー＝レイモンド・ハットン喜劇の『弥次喜多探偵の巻』と『弥次喜多殺陣の巻』（共に28）に関わる。

ロバート・フラハティ　Robert Flaherty（1884-1951）
監督。ミシガン州アイアンマウンティン生まれ。ドキュメンタリー映画の生みの親。アラスカのイヌイットを描く『極北の怪異』（22）、ポリネシアの部族を描く『モアナ』（26）を発表。劇映画『南海の白影』（28）と『タブウ』（31）では共同監督として参画するも意見の相違から途中で降りる。のちの作品に『アラン』（34）『ルイジアナ物語』（48）がある。

チャールズ・ブラビン　Charles Brabin（1882-1957）
監督。イングランド、リヴァプールの生まれ。若くして渡米。舞台を経て、一九〇八年俳優としてエジソン社に。三年後監督に転じる。『肉に飢えたる野獣』（23）他の成果が認められて大作『ベン・ハー』の監督に抜擢されるも、製作主体がMGMに代わったことから途中で外される。サイレント期の主な監督作品にセダ・バラの『カスリーン・マヴォーニーン†』（19）、タイロン・パワーの『跫音』（21）、コリーン・ムーアの『おゝ母よ』（24）、メアリー・フィルビンの『ステラ・マリス』（25）、トーキー転換以降ではウォルター・ヒューストンの『街の野獣』（32）など。三四年引退。夫人は女優のセダ・バラ。

シドニー・フランクリン　Sidney Franklin（1893-1972）
監督、製作。サンフランシスコ生まれ。一九一三年映画入り。兄チェスターと撮った短篇がグリフィスの目にとまり、トライアングルで子ども向け映画を作ることに。単独の監督となってからは女優を扱う名手として定評を得る。主な監督作にノーマ・タルマッジの『紅涙の跡』（18）『久遠の微笑』（22）、メリー・ピックフォードの『十五六の頃』『想出の丘へ』（共に19）、コンスタンス・タルマッジの『恋に国境なし』（22）『亭主教育』（25）、マリオン・デイヴィスの『クオリティ街』（27）、グレタ・ガルボの『野性の蘭』（29）、アルフレッド・ラント、リン・フォンタンが唯一スクリーンで共演した『近衛兵』（31）、ノーマ・シアラーの『夫婦戦線』（31）『白い蘭』（34）、ルイーゼ・ライナーがオスカーを受賞した『大地』（37）など。その後製作にまわり、『哀愁』（40）『ミニヴァー夫人』『心の旅路』（共に42）『子鹿物語』（46）などの名作を世に送る。四二年アカデミーのアーヴィング・G・タルバーグ記念賞を受賞。

アレック・B・フランシス　Alec B. Francis（1867-1934）
男優。ロンドン生まれ。一九一一年ヴァイタグラフ社から俳優として映画デビュー。三〇年代初頭までおよそ二百五十本の映画に出演する。主なものに『運命の手駒†』（16）『島の娘』（19）『久遠の微笑』（22）『ボー・ブラムメル』（24）『女心』『ひとめぐり†』（25）『初陣ハリー』『3悪人』（共に26）『恐怖†』（28）『足が第一』（30）など。

ロバート・ブラントン　Robert Brunton（?-1923）
美術。生年不詳。スコットランド、エディンバラ生まれ。美術監督として一九一六年から一九年までの間に三十本余りの映画を担当した。『家名を重んぜよ』『ウルフ・ウーマン†』（共に16）『女弁護士』『暗い道路†』『幸福†』『兄の心は』（いずれも17）など。ウィリアム・S・ハートものが全体の四分の一ほどを占める。

クライヴ・ブルック　Clive Brook（1887-74）

男優。ロンドン生まれ。第一次大戦から復員した一九一八年に舞台デビュー。二〇年映画初出演。二四年から三四年まではハリウッドで『女心を誰か知る』（26）『暗黒街』（27）『忘れられた顔』『都会の幻想』（共に28）『上海特急』（32）『カヴァルケード』（33）などに出演。三五年にイギリスにもどる。その後の作品に『護衛艦†』（40）『秘密殺人計画書』（63）など。

ルイズ・ブルックス Louise Brooks（1906-85）

女優。カンザス州チェリーヴェイル生まれ。「ジョージ・ホワイトのスキャンダル」「ジーグフェルド・フォリーズ」などのレヴューのダンサーから一九二五年映画入り。パラマウント調都会喜劇（『美女競艶』『百貨店』『三日伯爵』［いずれも26］『夜会服』『オール持つ手に』［共に27］）やW・C・フィールズ、ビアリー＝ハットンもの喜劇（『チョビ髯大将』［26］『弥次喜多空中の巻』［27］）の脇役から、ハワード・ホークスの『港々に女あり』、ウィリアム・ウェルマンの『人生の乞食』（共に28）へとしだいに役を大きくし、ドイツのG・W・パプスト監督のもとヨーロッパで撮った『パンドラの箱』『淪落の女の日記』（共に29）において究極のファム・ファタールを演じて衝撃をあたえる。帰国後は活躍の機会をあたえられぬまま引退に追いこまれる。五〇年代以降文筆家として復活。自伝と絡めたハリウッド時代の回想記「ハリウッドのルル」（七四年）は名著の誉れが高い。

ロバート・フレイザー Robert Frazer（1891-1944）

男優。マサチューセッツ州ウスター生まれ。スクリーンで最初に〝ロビン・フッド〟を演じた俳優。三〇年以降はもっぱらB級映画に出演。作品に『ロビン・フッド†』（12）『女の魅力』（22）『恋の関門』（23）『怒濤万里』（24）『紅椿』（25）など。

ポーリン・フレデリック Pauline Frederick（1883-1938）

女優。ボストン生まれ。ブロードウェイの人気女優であったところをアドルフ・ズーカーに声をかけられ『永遠の都†』（15）で映画デビュー。大当たりした母物メロドラマ『マダムエックス』（20）、中年女性の悲哀を演じて評価の高い、ルビッチの『三人の女』（24）、クラレンス・ブラウンの『燻ゆる情炎』（25）で知られるが、他には『孤島の宝』（17）『愛の絆』（19）『悪魔の微笑』（24）『聖火†』（29）などに主演。結婚は五度。二番目の夫は劇作家で俳優のウィラード・マック。

ハーバート・ブレノン Herbert Brenon（1880-1958）

監督。ダブリン生まれ。十六歳で渡米。舞台の裏方、活動小屋経営などを経て一九〇九年映画入り。三年後カール・レムリのもとで監督となる。一九年フォックスと契約、二三年パラマウントに。主な監督作にアネット・ケラーマン主演の二本『海神の娘』（14）『神の娘』（16）、ベティ・ブロンソン主演の二本『ピーター・パン』（24）『シンデレラ物語』（25）、その他『ボージェスト』『或る男の一生』（共に26）『ソレルと其の子』（27）『笑え、道化†』（28）などがある。三四年イギリスにもどり、四〇年引退。

ヴィクター・フレミング　Victor Fleming（1883-1949）監督、撮影。カリフォルニア州パサデナ生まれ。前身は自動車修理工で写真家。一九一〇年、キャメラマン助手として映画入り。一五年から一本立ち。アラン・ドワンが監督するダグラス・フェアバンクスもののキャメラを担当する（『喜びの習慣』『善良なる悪人』［共に16］他）。一九年フェアバンクスの『暗雲晴れて』で監督デビュー。他の監督作に『卑怯者』（25）『人罠』（26）『肉体の道』（27）『アビーの白薔薇』（28）、トーキー転換以降は『紅塵』（32）『我は海の子』（37）『オズの魔法使』『風と共に去りぬ』（共に39）など。

エル・ブレンデル　El Brendel（1890-1964）男優。フィラデルフィア生まれ。ウィリアム・ウェルマン監督の『女心を誰か知る』（26）で映画デビュー。その後も『娘十八運動狂』（26）『モダン十誡』（27）などパラマウント社製コメディに脇役として出演。三〇年代はさまざまな撮影所の作品に、スウェーデン訛りのコミカルな役柄で顔を出す。

イヴリン・ブレント　Evelyn Brent（1899-1975）女優。フロリダ州タンパ生まれ。アイルランド系の父とイタリア系の母の間に生まれる。十五歳のときエキストラとして映画入り。二〇年渡英。映画、舞台に出演し、三年後メトロの『無言の勝利』（23）でアメリカ映画界に復帰。二六年から三〇年までパラマウントをメインに、ルイズ・ブルックスと姉妹を演じた『百貨店』（26）、エドワード・サザランド監督の『錯覚恋愛』、フランク・タトル監督の『暗の小路』（共に27）、ジョゼフ・フォン・スタンバーグ監督の『暗黒街』（27）『最後の命令』『非常線』（共に28）、ポール・フェヨス監督の『ブロードウェイ』（29）などに出演、四〇年代まで活躍する。

ロバート・フローリー　Robert Florey（1900-79）監督。パリ生まれ。ルイ・フイヤードの助監督などを務めたのち、一九二一年ハリウッドに。サンシャイン喜劇のギャグマン、メリー・ピックフォード、ダグラス・フェアバンクス両名の海外渉外担当、ジョゼフ・フォン・スタンバーグ、ヘンリー・キングらの助監督（前者では『陽炎の夢』［26］、後者では『魔炎』［27］など）、短篇映画・実験映画製作などを経て、長篇劇映画の監督となる。作品には『壁の穴』『ココナッツ』（共に29）『モルグ街の殺人』（32）他多数。五〇年代以降はテレビに移る。ハリウッド映画・映画人に関する著書が多い。

J・L・フロジンガム　J. L. Frothingham（1880-1925）製作。ボストン生まれ。キング・ヴィダー、アラン・ドワン、トマス・インス、G・L・タッカー、マック・セネットらと設立したアソシエイテッド・プロデューサーズのメンバー。サンディエゴで開かれたドッグ・ショーの審査員をしていた最中に急死する。フロジンガムの製作でエドワード・スローマンが監督したのは『昇給十ドル』†（21）と『粉砕された偶像』†（22）の二本。

グラディス・ブロックウェル　Gladys Brockwell（1894-1929）
女優。ニューヨーク、ブルックリン生まれ。一九一三年ルービン社から映画デビュー。一〇年代後半からはフォックスに所属。二九年までの間に百本を超す作品に出演する。主なものに『颱風』（14）『恋知り初めて』（20）『オリヴァー・トウヰスト』（22）『ステラ・マリス』（25）『第七天国』『男、女、罪』†（共に27）『ドレーク事件』（29）など。自動車事故で重傷を負いそのまま合併症を起こして亡くなる。

ベティ・ブロンソン　Betty Bronson（1906-71）
女優。ニュージャージー州トレントン生まれ。十六歳の時から端役で映画に出ていたが、一九二四年原作者ジェイムズ・バリーのお眼鏡に適いピーター・パン役に大抜擢され、『ピーターパン』（24）で一躍スター俳優に。それ以後の出演作に『シンデレラ物語』（25）『ベン・ハー』（25、キリストの母マリア役）『芝居の世の中』『猫の寝間着』（共に26）『シンギング・フール』（28）など。三二年結婚を機に引退。

へ

フィリス・ヘイヴァー　Phyllis Haver（1899-1960）
女優。カンザス州ダグラス生まれ。一九一六年高校を卒業して映画館のピアノ奏者となっていたところをマック・セネットにスカウトされ〝キーストン海水着美人〟の一員に。ブロンドの髪に曲線美豊かな長身で、セックス・シンボルとして注目され、その後も映画出演が続く。出演作に『汽車中の花嫁』（17）『心と花』（19）『豪傑ベン・ターピン』（21）『海底の大宮殿』（23）『奥様お耳拝借』『素晴らしい果報者』（共に26）『肉体の道』『市俄古』（共に27）『男女の戦』（28）など。二九年大富豪ウィリアム・シーマンと結婚して映画界から引退。シーマンとは四五年に離婚するが、その後もコネティカットの大邸宅に独居。六〇年十一月睡眠薬の過剰摂取により死亡。

ジョージ・D・ベイカー　George D. Baker（1868-1933）
監督。イリノイ州チャンペイン生まれ。一九〇八年から二四年までに百二十本以上を監督する。ヴァイタグラフでデビュー、その後メトロに移り、ナジモワの『奇蹟の薔薇』『運命の玩具』（共に18）、マリオン・デイヴィスの『明けゆく愛』（19）『絶海の血煙』（21）などを撮った。

フランク・ベイコン　Frank Bacon（1864-1922）
男優、劇作。カリフォルニア州メアリーズヴィル生まれ。舞台俳優として長いキャリアを誇っていたが、一九一八年ウィンチェル・スミスと共作の、大ロングランとなった「電光」で主役を演じ脚光を浴びる。映画は一五年から一六年に『沈黙の声』†（15）他四本に出演。『四十二番街』『フットライト・パレード』（共に33）の監督ロイド・ベイコンの父親。

ジーン・ペイジ　Jean Paige（1895-1990）
女優。イリノイ州パリス生まれ。一九一七年『盲人の休暇』†（17）で映画デビュー。出演作はいずれもヴァイタグラフの作品で、代表作は『神秘の幻影』（全15篇、20）『黒馬物語』（21）『キャプテン・ブラッド』（24）。二〇年ヴァイタグラフの創設者アルバート・E・スミスと結婚。『キャプテン・ブラッド』を最後にスクリーンを離れる。

ウィル・ヘイズ　Will H. Hays（1879-1954）
インディアナ州サリヴァン生まれ。法律家出身で、ハーディング大統領のもと郵便公社総裁を務めた人物。一九二二年、映画産業のイメージ向上と内部検閲確立のために作られたアメリカ映画製作者配給者協会（MPPDA）の初代会長に就任。三〇年同協会は、会長の名をとってヘイズ・コードと呼ばれる映画倫理製作規定を制定、三四年には罰則規定が強化され、その後のハリウッド映画の内容面、表現面に多大の影響を及ぼした。四五年、会長職を退く。

ドン・ヘイズ　W. Donn Hayes（1893-1973）
編集。インディアナ州ブルックストン生まれ。一九一六年ユニヴァーサル社に編集助手として入り、二一年『悪戯小僧』で編集技師に。五〇年代初頭まで七十本近くの映画に関わった。編集担当作品に『荒野の孤児』（25）『川の女』†『盗まれた恋』†『店曝らしの天使』（いずれも28）『ロスト・ツェッペリン』（29）など。

ヘレン・ヘイズ　Helen Hayes（1900-93）
女優。ワシントンDC生まれ。五歳で初舞台。九歳でブロードウェイ・デビュー。代表的舞台に「女なら知っていること」（26）「コケット」（27）「ヴィクトリア女王」（35）「ハピー・バースデイ」（46）など。映画は『人生の織り手』†（17）が初出演。三本めの映画『マデロンの悲劇』（31）でアカデミー賞女優賞受賞。他に『人類の戦士』（31）『戦場よさらば』（32）『ホワイト・シスター』（33）など。

ブランチ・ベイツ　Blanche Bates（1873-1941）
女優。オレゴン州ポートランド生まれ。一八九四年初舞台、九七年ニューヨーク・デビュー。デイヴィッド・ベラスコの「マダム・バタフライ」（00）「西部の娘」（05）のヒロインで喝采を博す。映画出演は『国境の狼群』（18）と短篇『トムの小さい星』†（19）のみ。

アラン・ヘイル　Alan Hale（1892-1950）

男優、監督。ワシントンＤＣ生まれ。オペラ歌手を目指して挫折。一九一二年映画初出演。時に主役を演じたが、一〇年代から四〇年代までコンスタントに脇役を演じ続ける。三〇年代半ば以降はワーナー・ブラザースの諸作品、とくにエロール・フリンの映画でおなじみとなる。主な出演作に『マーティン・チャズルウィット†』（14）『黙示録の四騎士』（21）『人形の家』『ロビン・フッド』（共に22）『幌馬車』『侠骨カービー』『本町通り』（いずれも23）、トーキー転換以降では『ロビン・フッドの冒険』（38）『シー・ホーク』（40）『剣侠ロビン』（50）など（三本の〝ロビン・フッド〟ものではすべて〝リトル・ジョン〟役）。二五年から二七年にかけて『真紅のハネムーン†』（25）他七本の監督作がある。

クレイトン・ヘイル　Creighton Hale（1889-1965）

男優。アイルランド、コーク生まれ。父親の巡業劇団で幼いときから舞台に立つ。一九一三年渡米。翌年映画デビュー。連続活劇からはじめ、多数の映画に脇役（ときに主役）で登場。コメディなどで気弱な人物を演じることが多かった。出演作に『百万弗の秘密』（全23篇、14）『鉄の爪』（全20篇、16）『嵐の孤児』（21）『結婚哲学』（24）『ひとめぐり†』（25）『猫とカナリア』（27）『恐怖の一夜†』（29）『ホリデイ』（30）など。

ジョージア・ヘイル　Georgia Hale（1906-85）

女優。ミズーリ州セントジョゼフ生まれ。一九二四年エキストラとして映画入り。当時助監督だったジョゼフ・フォン・スタンバーグの目にとまり『救ひを求むる人々』（25）のヒロインに選ばれる。次いで同年『黄金狂時代』でチャップリンの相手役に抜擢され一躍スターダムに。パラマウント製作「グレイト・ギャッツビー」の映画化『或る男の一生』（26）に出演するもあとが続かず。ポール・フェヨスの実験的作品『ラスト・モーメント』（28）に出たもののトーキーの到来にともない引退。

ウィリアム・ヘインズ　William Haines（1900-73）

男優。ヴァージニア州ストーントン生まれ。ウォール街で使い走りをしていた一九二二年、新人コンテストに出場したことから映画入り。押しの強い若者や大学生を演じて人気を高める。三〇年代半ばで引退。その後はインテリア・デザイナーとして一家を成す。出演作に『女房征服』（22）『三人の賢い愚者†』（23）『故郷の土』『アンニー可愛や』（共に25）『大学のブラウン』『英雄時代』（26）『ウェスト・ポイント†』（27）『上流種族†』『活動役者』（共に28）『スピードウェイ』（29）『世界の与太者』（30）など。ヘインズはハリウッド内では知らぬもののない同性愛者で、ルイ・B・メイヤーに私生活を干渉され、あっさり引退したといわれる。

バート・ヘインズ　Bert Haines（1896-1991）

撮影。オハイオ州デイトン生まれ。バスター・キートンのキャメラマンのひとり。『キートン西部成金』(25)から『キートンの船長』(28)まで計五本のキートン喜劇を撮影する(いずれもエルギン・レスリー、またはデヴロー・ジェニングズとの共同)。

ユジーニー・ベッサラー Eugenie Besserer (1868-1934) 女優。ニューヨーク州ウォータータウン生まれ。一九一〇年シーリグ社の、ビービー・ダニエルズがドロシーを演じた『すばらしきオズの魔法使』†で映画デビュー。三〇年代初頭までの間に二百本以上の作品に出演。母親役が多い。主な出演作に『みなし児アニー』†(18)『海の洗礼』(23)『肉体と悪魔』(26)『ジャズ・シンガー』(27)『ライラック・タイム』(28)など。

セシル・ヘップワース Cecil Hepworth (1873-1953) 発明、製作、監督。イングランド、ルーイシャム生まれ。イギリス映画草創期のパイオニアのひとり。ヴィクトリア女王の葬儀の様子を撮ったフィルムや簡明な編集によってストーリーを語る『ローヴァーに救われて』†(05)などで知られる。一八九九年に製作会社を設立、一九一一年からは劇映画の製作に入るも、旧態依然としたスタイルに観客の支持が得られず、二四年会社は倒産。

オルガ・ペトロヴァ Olga Petrova (1884-1977) 女優。イングランド、リヴァプール生まれ。本名ミュリエル・ハーディング。一九一一年、ロンドンの舞台に出演しているところをジェシー・L・ラスキー、ヘンリー・B・ハリスの両人に認められアメリカへ。同年の「クエーカー・ガール」の成功で、ヴォードヴィル、舞台の人気女優に。一四年『雌虎』†を皮切りに、メトロ最初のファム・ファタール女優として一八年まで二十数本の映画に主演。日本公開されたものに『モデル女の心』『寄席の一夜』(共に15)『情熱の審』『漲る影』(共に17)など。その後は舞台にもどった。

ジョゼフ・ヘナベリー Joseph Henabery (1888-1976) 監督。ネブラスカ州オマハ生まれ。主な経歴は本書第六章参照。一九一六年ドロシー・ギッシュ主演『宿怨の子どもたち』†で監督デビュー。以後の監督作に、ダグラス・フェアバンクスの『ドーグラスの探偵』(17)『おい! 君』(18)『ダグラス大王』(19)、ロスコー・アーバックルの『デブの当り年』(20)『百万長者』(21)、メアリー・マイルズ・ミンターの『月光の緑』(21)、ヴァレンティノの『情熱の悪鬼』(24)『毒蛇』(25)など。トーキー以降はほとんどが短篇。

イーニッド・ベネット Enid Bennett (1893-1969) 女優。オーストラリア、ウェスタン・オーストラリア州ヨークの生まれ。シドニーで舞台女優となり、第一次大戦中ブロードウェイ公演のため訪米。トマス・インスの目にとまり映画入り。一八年に結婚したフレッド・ニブロの監督で『騒ぎと誇張』（18）『妖怪寝室』（19）『紅百合』（24）などに主演する他、『ロビン・フッド』（22）『シー・ホーク』（24）『ウォタルウ橋』（31）などに出演。ニブロとは四八年に死別。六三年、監督のシドニー・フランクリンと再婚した。

コンスタンス・ベネット　Constance Bennett（1904-65）
女優。ニューヨーク生まれ。父親は有名な舞台俳優リチャード・ベネット。妹バーバラ、ジョーンも女優。一九二二年から映画に出始め、二〇年代後半結婚のためスクリーンから離れるも二九年復帰。三〇年代にはスター女優としてピークを築く。サイレント期の出演作に『恋の人形』『紐育の暗黒面』（共に24）『親心子心』『鵞鳥飼ふ女』『我が子』『三人の踊子』（いずれも25）など。

ベル・ベネット　Belle Bennett（1891-1932）
女優。ミネソタ州ミラカ生まれ。ヴォードヴィル、正劇の女優だったが、一九一三年から映画にも出演。映画では『ステラ・ダラス』（25）を極めつきとするも、他に『ステラ・ダラス』につづきロイス・モランと母娘を演じた『荒み行く女性』（26）、エミール・ヤニングスの妻を演じた『肉体の道』、ジョン・フォードの『マザー・マクリー（母よ嘆くな）』（共に27）、グリフィスの『男女の戦』（28）など。舞台ではタイロン・パワーと共演した「さまよえるユダヤ人」で絶賛を博した。

ミッキー・ベネット　Mickey Bennett（1915-50）
男優。カナダ、ブリティッシュコロンビア州ヴィクトリア生まれ。一九二三年『荒れ狂ふ猛将』で映画初出演。他の出演作に『兄貴』（23）『青春来る』（24）『長屋騒動成金物語』（26）『チョビ髯大将』（26）など。

デイヴィッド・ベラスコ　David Belasco（1853-1931）
舞台演出、興行、劇作。サンフランシスコ生まれ。一九世紀末から二十世紀初頭にかけて、精緻かつ豪奢なセット、斬新な照明、機械的大仕掛けで評判をとった舞台人。代表的舞台に「マダム・バタフライ」（00）「デュバリー」（01）「ミュージック・マスター」（04）「西部の娘」（05）などがある。一九〇七年、ベラスコ製作の舞台「ヴァージニアのウォーレン家」でブロードウェイ・デビューを飾ったメリー・ピックフォードはベラスコに心酔していて、一三年にはD・W・グリフィスのもとを離れ、再び「善良なる小悪魔」でベラスコの舞台に立っている。

マッジ・ベラミー　Madge Bellamy（1899-1990）
女優。テキサス州ヒルズボロ生まれ。五歳で舞台デビュー。一九二〇年からトマス・インスのもとで映画出演。後にフォックスに移り、ジョン・フォードの『アイアン・ホース』（24）『電光』（25）の他、『ローナ・ドウーン』（22）『母ぞよく知る』（28）『ホワイト・ゾンビー†』（32）などでヒロインを演じた。四三年、愛情のもつれから男を銃で撃ち、執行猶予六カ月の判決を受ける。

クララ・ベランジャー　Clara Beranger（1886-1956）
脚本。ボルティモア生まれ。一九一三年から脚本家に。ウィリアム・C・デミル監督とは『悩める花』（21）に始まり、『この狂った世界†』（30）までコンビを組む。ウィリアムが最初の妻と離婚した翌年の二八年に結婚、最後まで添い遂げる。他の監督の脚本ではジョン・S・ロバートソンの『狂へる悪魔』（20）、ロバート・Z・レナードの『金色の舞』（21）などがある。

ジョージ・ベランジャー　George Beranger（1893-1973）
男優、監督。アンドレ・ベランジェールの名前でも知られる。オーストラリア、シドニーの生まれ。一九一三年映画初出演。その後も『国民の創生』（15）『散り行く花』（19）『ロッキーの薔薇』（23）『子の心親知らず』（25）『姫君と給仕』『陽気な巴里っ子』（共に26）など、サイレント期だけで百本以上の映画に出演する。戦後は多くの二十世紀フォックス作品にクレジットなしで顔を出している。二〇年代前半に『任侠の勇士』（20）『総舐めバーンズ』（21）など七本の監督作がある。

ハリー・ペリー　Harry Perry（1888-1985）
撮影。生地不詳。一九二〇年『ロザンヌの罪†』でキャメラマンに。作品に『ヴァージニアン』（23）『乙女ごころ』（24）『滅び行く民族』（25）『つばさ』（27）『地獄の天使』（30）など。三〇年代以降は第二班撮影やプロセス・ショット撮影にまわる。

パンジー・ペリー　Pansy Perry（1887-1952）
女優。カンザス州出身。『ジャン・ダーク』（16）でジェラルディン・ファラーのスタント代役を務める。俳優として映画草創期に短篇に数本、長篇は一八年のロバート・ヴィニョーラ監督『帰ってきた娘†』に出演している。

ジョージ・ペリオラット　George Periolat（1874-1940）
男優。シカゴ生まれ。ブロードウェイの舞台俳優だったが、一九〇九年から映画にも。出演作に『洩るゝ窓唄』『愛に輝く眼』（共に18）『フイッシャーの拳闘』（19）『奇傑ゾロ』（20）『ロジタ』（23）『闘う若者†』（25）など。

キャサリン・ヘリカー　Katherine Helliker（1885-1965）
脚本、編集。ワシントン州タコマ生まれ。一九一〇年代ドキュメンタリー映画の脚本から映画に入る。字幕担当作品、編集担当作品に関しては夫であるH・H・コールドウェルの項参照。

ジョルジュ・ペリナール　Georges Perinal（1897-1965）
撮影。パリ生まれ。一九一三年映画入り。二〇年代半ばジャン・グレミヨンとの短篇で注目を集める。トーキー初期にはルネ・クレールとコンビを組み、三三年からはアレグザンダー・コルダに招かれてイギリスを舞台に活躍する。主な作品に『巴里の屋根の下』（30）『巴里祭』（32）『ヘンリー八世の私生活』†（33）『我、クローディアス』（37、未完）『老兵は死なず』（43）『落ちた偶像』（48）『ニューヨークの王様』（57）『悲しみよこんにちは』（58）など。

モンタ・ベル　Monta Bell（1891-1958）
監督、製作。ワシントンDC生まれ。チャップリンのもとで俳優、編集、助監督を務めたのち、一九二四年監督に。『縺れ行く情火』『痴人哀楽』（共に24）などのソフィスティケイティッド・コメディの他、ガルボのハリウッド第一作『イバニエズの激流』（26）、ノーマ・シアラーの『夜明け前』（27）などを撮る。二九年からはパラマウント・アストリア撮影所の製作主任となった。

フランチェスカ・ベルティーニ　Francesca Bertini（1892-1985）
女優。イタリア、フィレンツェ生まれ。イタリア映画のディーヴァと呼ばれた女優。『売春婦ネリー』†『椿姫』†『アッスンタ・スピーナ』†（いずれも15）『フェードラ』†（16）『トスカ』†（18）などに主演。

サラ・ベルナール　Sarah Bernhardt（1844-1923）
女優。パリ生まれ。十九世紀後半から二十世紀初頭に活躍した、フランスではほとんど神格化されるに至った舞台女優。「フェードル」「椿姫」「トスカ」「メデ」など当たり役が数多くあり、「ロレンザッチョ」「ハムレット」の男役でも大喝采を博した。〝黄金の声〟と讃えられ、見事な挙措動作とともに観客を魅了した。映画出演はハムレットを演じた『ハムレットの決闘』†（00）を最初に、『トスカ』†（08）『椿姫』†『エリザベス女王』†（共に12）『ジャンヌ・ドレ』†（15）『フランスの母たち』†（17）など短長篇合わせて九本を残している。

ベン・ヘンドリックス・ジュニア　Ben Hendricks Jr.（1893-1938）
男優。ニューヨーク生まれ。一九一五年映画初出演。ウィリアム・A・サイター監督によるレジナルド・デニー喜劇の常連俳優（『ジョーンスの大事件』〔26〕以下五本）。他に『膽の小さな男』（22）『船頭さん可愛や』（28）『最後の一人』（30）『雨』（32）など。

ホバート・ヘンリー　Hobart Henry（1887-1964）
男優、監督。ケンタッキー州ルイヴィル生まれ。両親はドイツからの移民。一九一四年俳優兼監督として映画入り。俳優としては二七年までに六十本ほどに出演。はじめはユニヴァーサル、二〇年代半ばからＭＧＭ、三〇年代前半はパラマウントに属す。監督作に『新聞記者』（17）『踊り疲れて』（22）『阿修羅と猛りて』（23）『新婚の危機』（24）『モダン結婚』（25）『河宿の夜』『チュウインガム行進曲』（共に30）など。三四年の『見知らぬブロンド』†が最後の作となる。

ホ

ジョン・W・ボイル John W. Boyle（1891-1959）撮影。テネシー州メンフィス生まれ。一九一五年キャメラマンに。セダ・バラの『サロメ』（18）、本書でアン・ブライスが語っている『シーバの女王』（21）から、キング・ヴィダーの『カラタチ』†（24）、ランバート・ヒリヤーの『彼女の二度目のチャンス』†（26）、マック・セネットの『グッド・バイ・キッス』（28）などを経て、ランドルフ・スコットの西部劇『西部のガンベルト』（52）まで百五十本以上の作品を撮る。

ジェイムズ・P・ホーガン James P. Hogan（1890-1943）監督。マサチューセッツ州ローウェル生まれ。一九一七年から三年間ジョゼフ・ヘナベリー、アラン・ドワンらに付いてダグラス・フェアバンクス作品の助監督を務める。二〇年『航空百万哩』で監督デビュー。以後サイレント期の主な監督作に『命を売る男』『地獄極楽』（共に25）『ここは西部だ腕力渡世』（28）など。トーキー転換以降では『夜霧の怪盗』『マドリッド最終列車』（共に37）『アドルフ・ヒトラーの奇妙な死』†（43）他。

カール・オスカー・ボーグ Carl Oscar Borg（1879-1947）美術。スウェーデン出身。絵画を学びながらパリ、ロンドンを経て、一九一〇年渡米。しばらくアメリカ先住民の中で生活し、二六年ハリウッド入り。美術担当作品に『海賊』『夢想の楽園』（共に26）『悲恋舞曲』『魔炎』（共に27）『スペインの花』（28）などがある。

ハワード・ホークス Howard Hawks（1896-1977）監督。インディアナ州ゴッシェン生まれ。コーネル大学で機械工学を学んでいた学生時代、休暇中にハリウッドのフェイマス・プレイヤーズ＝ラスキーの小道具部で働く。第一次大戦中は米陸軍航空隊に所属。除隊後、航空機製造工場の設計技師、パイロットとなるが、映画への想いを絶ちがたく再びハリウッドに。編集、助監督などさまざまな職種を経験したのち、一九二二年脚本家としてパラマウントに。翌二三年ジャック・コンウェイ監督『単騎突進』の脚本・製作を担当。さらに数本の脚本に関わったのち（『タイガー・ラヴ』†〔24〕『涙の人形』〔25〕）、フォックス社から自らの原案になる『栄光への道』（26）で監督デビューを果たす。サイレント期の監督作に『無花果の葉』（26）『雲晴れて愛は輝く』（27）『港々に女あり』『ファジル』（共に28）など。『トレント大事件』（29）はサウンド版。『暁の偵察』（30）がトーキー第一作となる。その後の代表作に『暗黒街の顔役』（32）『赤ちゃん教育』（38）『赤い河』（48）『リオ・ブラボー』（59）など。七五年アカデミー賞名誉賞を受賞。

アル・ボーズバーグ　Al Boasberg（1892-1937）

脚本、監督。ニューヨーク州バファロー生まれ。『拳闘屋キートン』『キートン将軍』（共に26）の二本のキートン作品の脚色担当として映画界に入り、以後『呑気な商売』（28）『スポーツ王国』（29）『キートンの決死隊』（30）などのシナリオに関わる。三〇年代には短篇を十数本監督している。初期のラジオ界で〝スクリプト・ドクター〟として重宝され、ジャック・ベニーやバーンズ＝アレンらの笑いの創出に貢献した。

デイヴィッド・ホースレー　David Horsley（1873-1933）

経営、製作。イングランド、ウェストスタンレー生まれ。十一歳のとき一家でアメリカ、ニュージャージー州ベイヨンに移住。一九〇七年バイオグラフ社の背景画家だったチャールズ・ゴーマン、三歳年上の兄ウィリアムとセンタウア映画社を設立、一一年には西海岸に製作拠点を移す。翌一二年センタウアはユニヴァーサルに吸収され、ホースレーはユニヴァーサルの財務担当役員となる（この間カール・レムリ対パット・パワーズの権力闘争あり）。翌年大金を得て会社を退き、家族とともにイギリスにもどる。その後紆余曲折ののち、アメリカで再び映画製作を始めるが失敗、一九年には破産宣告を受ける。

エドウィン・S・ポーター　Edwin Stanton Porter（1870-1941）

撮影、監督。ペンシルヴェニア州コネルズヴィル生まれ。映写技師やニュースフィルムの撮影者を経て、一九〇〇年頃エジソン社に入社。〇三年映画史に残る二本の作品『アメリカ消防夫の生活』と『大列車強盗』を作る。一二年アドルフ・ズーカーのフェイマス・プレイヤーズの創設に加わり、総監督兼財務担当となる。一五年独立、映像機器・設備の研究・開発にあたるが、二九年の大恐慌で資産を失い映画事業から撤退した。監督作は他に『元囚人』†（04）『クレプトマニア』†（05）『嵐の国のテス』†（14）『永遠の都』†（15、共同）など。

ウィリアム・ボーダイン　William Beaudine（1892-1970）

監督。ニューヨーク生まれ。一九〇九年D・W・グリフィスのもとに入り、さまざまな職種を経験したのち一五年監督に。子どもを扱って巧みなこと、軽い作品を手際よく作る能力で定評を得る。メリー・ピックフォードとは『アンニー可愛や』（25）『雀』（26）で組んでいる。三四年から三七年にかけてイギリスで映画を撮り、四〇年代以降は主にモノグラム等中小の撮影所を仕事場とした。作品に『玉を抱いて罪あり』

『美人食客』（共に24）『与太成功記』（27）『高速度尖端娘』（29）『ハリウッドは大騒ぎ』（32）『幌馬車隊西へ！』（57）『名犬ラッシーの大冒険』（63）など。

アン・ボーチェンズ Anne Bauchens（1882-1967）
編集。ミズーリ州セントルイス生まれ。一九一五年セシル・B・デミルの『カルメン』で編集技師に。その後もデミルとの結びつきは強く、『浮世の常』（18）から『十戒』（56）まで、その間のデミル作品の大半を編集する。他の監督のものでは『市俄古』（27）『街の野獣』（32）『明日は世界を†』（44）など。

エドワード・エヴァレット・ホートン
Edward Everett Horton（1886-1970）
男優。ニューヨーク、ブルックリン生まれ。コロンビア大学在学中の一九〇六年に舞台デビュー。翌〇七年にはギルバート＝サリヴァン劇団に加わり「ミカド」にも出演する。映画デビューは二二年。サイレント期は主演が多く、ジェイムズ・クルーズ監督の『男子改造』『女性礼讃』（共に23）、ウィリアム・A・サイター監督の『叔父さん征伐』（24）、ハリー・A・ポラード監督の『鵜の目鷹の目』（26）などの他、短篇コメディの主演も十数本ある。トーキー転換以降は助演にまわるようになり、エルンスト・ルビッチやフランク・キャプラのコメディ、アステア＝ロジャースのミュージカルなどでおなじみの顔となった。

ウィリアム（ビル）・ホームズ
William (Bill) Holmes（1904-78）
編集。イリノイ州出身。『ベン・ハー』（25）で編集助手を務め、二七年モンティ・バンクスの喜劇『無理矢理空の大統領』で編集技師に。その後の編集作品に『ブロードウェイ黄金時代』（29）『愛の勝利』（39）『ヨーク軍曹』（41）『追憶の女†』（42）など。

ヘレン・ホームズ Helen Holmes（1893-1950）
女優。シカゴ生まれ。一九一二年メイベル・ノーマンドの紹介でマック・セネットのもとに入る。翌年カーレムに移り、一四年から一五年にかけて連続活劇『ヘレンの冒険』で大成功。二番目の夫J・P・マッゴーワン監督と設立したミューチュアル傘下のシグナル・フィルムでの『ヘレン』（全15篇、15-16）も大当たりし、〝連続活劇の女王〟パール・ホワイト、ルース・ローランドに肉薄する存在となる。ホームズの作品はとくに列車を絡めたアクションを呼び物とした。二〇年代に入ると人気が下降、二六年には引退する。他の作品（すべて連続物）に『消えた急行便†』『列車強盗†』（共に17）『運命の財宝』（全15篇、19）『猛虎の脅威』（全15篇、20）など。

ハリー・ボーモント Harry Beaumont（1888-1966）
監督、男優。カンザス州アビリーン生まれ。一九一二年エジソン社から俳優として映画デビュー。一四年監督となる。エッサネイからMGMまでさまざまな撮影所で四八年までに百本近い映画を撮る。主な作品に『大学のブラウン』(18)『本町通り』(23)『ボー・ブラムメル』『恋の浅瀬』(共に24)『踊る娘たち』(28)『ブロードウェイ・メロディー』(29)など。

ジェイムズ・ホール　James Hall (1900-40)
男優。テキサス州ダラス生まれ。子どものときから舞台に立ち、一九二三年『男ひとり』で映画初出演。ほどなくパラマウント社の主演男優となる。主な作品に、ビービー・ダニエルズと共演した『巴里で御難』(26)、ポーラ・ネグリとの『帝国ホテル』、ルイズ・ブルックスとの『オール持つ手に』(共に27)、その他『四人の息子』(28)『女の一生』『カナリヤ殺人事件』(共に29)『地獄の天使』(30)など。三十九歳で肝硬変により死去。

ジェイムズ・W・ホーン　James W. Horne (1881-1942)
監督。サンフランシスコ生まれ。『キートンの大学生』(27)では監督らしきことは何もしていないと、本書第四十三章でキートンに酷評されているが、一九一五年の初監督以来、連続活劇やアクションもの、コメディ等さまざまなジャンルを手がけたベテラン監督。キートンとの不運なコンビのあともハル・ローチのもとでコメディ(主に短篇)に腕を奮った。とくにローレル＝ハーディものでは『ビッグ・ビジネス』(29)『極楽槍騎兵』(35)『宝の山』(37)と名作を残している。

ウィリアム・ホーンベック　William Hornbeck (1901-83)
編集。ロサンゼルス生まれ。十五歳で現像室助手としてキーストン撮影所に入り、二〇年代には編集技師として数多くのセネット喜劇を任せられる。三四年渡英。アレグザンダー・コルダ製作の作品を編集。第二次大戦中はアメリカにもどり、ドキュメンタリー〝なぜ戦うか〟シリーズの製作に加わる。戦後も粒よりの名作ばかりを編集。六〇年ユニヴァーサルの重役となり、六六年には副社長に就任する。編集作品に『臨時雇の娘』(23)『グッド・バイ・キッス』(28)『幽霊西へ行く』『来るべき世界』(共に36)『鎧なき騎士』(37)『四枚の羽根』(39)『素晴らしき哉、人生!』(46)『女相続人』(49)『陽のあたる場所』(51)『シェーン』(53)『裸足の伯爵夫人』(54)『ジャイアンツ』(56)『私は死にたくない』(58)など。

ホバート・ボズワース　Hobart Bosworth (1867-1943)
男優、監督、脚本。オハイオ州マリエッタ生まれ。十二歳で水夫となり、十八歳で舞台俳優。一九〇二年にはブロードウェイの舞台で主役を張るまでになるが、肺結核のために声が使えなくなり、〇八年シーリグ社に入る。『モンテ・クリスト伯爵』(08)で映画デビュー。十一作目の『サルタンの手中に』(09)はすべて西海岸で撮影された最初のアメリカ映画と見なされている。シーリグでは脚本、監督も担当するようになり、一三年には自らの製作会社を設立、ジャック・ロンドン原作の『シー・ウルフ』(13)『月の渓谷』(14)などを監督する。『海上の猛獅子』（21、製作兼主演）を最後に会社をたたみ、以後は四〇年代初頭まで脇役俳優として活躍した。その間の出演作に『ビッグ・パレード』（25）『恋多き女』（28、ともにジョン・ギルバートの父親役）、『血涙の志士』（28）『世界の英雄』（30）『一日だけの淑女』（33）など。

フランク・ボゼーギ　Frank Borzage（1894-1962）
監督、男優。ユタ州ソルトレークシティー生まれ。一九一二年俳優としてトマス・インスのもとに。一三年初監督。『ユーモレスク』（20）『なまけ者』（25）など多数の作品を経て、サイレント末期に『第七天国』（27）『街の天使』『河』（共に28）『幸運の星』（29）と佳作を集中させた。トーキー転換以降は『リリオム』（30）『バッド・ガール』（31）『戦場よさらば』（32）『真珠の頸飾』（36）など。なおメリー・ピックフォード主演『秘密』（33）は自ら二四年に監督したもののトーキー・リメイク版であった。

フランシス・ボッグズ　Francis Boggs（1870-1943）
監督、脚本、製作。カリフォルニア州サンタローザ生まれ。旅回りの役者だったが、一九〇七年シカゴでウィリアム・ニコラス・シーリグと知り合い映画の世界に。各地で撮影しながらカリフォルニアに至り、〇九年シーリグ映画の拠点をロサンゼルスに置く。五年ほどの間に百本近くの映画を撮るが、一一年精神錯乱の男に銃で撃たれ死亡。監督作に『モンテ・クリスト伯爵†』（08）『黒髯†』『可愛い未亡人†』（共に11）など。

E・メイスン・ホッパー　E. Mason Hopper（1885-1967）
監督。ヴァーモント州イーノズバーグ生まれ。一九一一年エッサネイ社で監督デビュー。作品に『少国民』（16）『光栄の愚者』（22）『恋の関門』（23）『建国の乙女』（24）『真夜中のパリ†』（26）『ゲッティング・ガーティーズ・ガーター†』（27）など。三〇年代半ばで引退。

デ・ウルフ・ホッパー　De Wolf Hopper（1858-1935）
男優。ニューヨーク生まれ。並外れた長身に深い低音のミュージカル俳優。代表的舞台に「ウォング」（1891）「エル・キャピタン」（1896）、またギルバート＝サリヴァンの諸作など。映画出演は『ドン・キホーテ†』（15）『親切男』（16）など。五番目の夫人は俳優で後に芸能記者となるヘッダ・ホッパー。

エイヴェリー・ホプウッド　Avery Hopwood（1882-1928）
劇作。オハイオ州クリーヴランド生まれ。一九二〇年代の人気劇作家。コメディ、ファースを得意にした。それらを映画化したものに『明日は晴れ』（19）『豪傑ラリー』（24）『結びの神も思案投首』（25）『桃色の曲者』（26）『楽園に帰る』（28）『女房盗塁』（30）など。一九年に初演された「ゴールド・ディガーズ」は『百花笑へば』（23）『ブロードウェイ黄金時代』（28）『ゴールド・ディガーズ』（33）と三度映画化された。

カール・ホフマン　Carl Hoffmann（1881-1947）撮影。ドイツのナイセ（現ポーランドのニサ）生まれ。一九一三年から没するまでに百五十本ほどの作品のキャメラを担当した。代表作に『朝から夜中まで』（21）『ドクトル・マブゼ』（22）『ジークフリート』『クリームヒルトの復讐』（共に24）『ヴァリエテ』（25）『ファウスト』（26）『ハンガリア狂詩曲』（29）『会議は踊る』（31）『ワルツ合戦』（33）など。

ロイ・ポマロイ　Roy Pomeroy（1892-1947）特殊効果、監督。インド、ダージリン生まれ。『十誡』（23）『ピーターパン』（24）『戦艦くろがね号』（26）『つばさ』（27）『スピーディ』（28）などに特殊効果担当、技術監督、あるいは助監督として関わったあと、『都会の幻想』（28）で初監督。監督作はあと二本『インサイド・ザ・ラインズ†』（30）と『ショック†』（34）がある。

ハリー・A・ポラード　Harry A. Pollard（1879-1934）監督。カンザス州リパブリックシティ生まれ。一九一〇年俳優として映画入り。一二年監督となる。監督作に『孤島の花』（15）、レジナルド・デニー主演『拳闘王』（全6篇、22）『大速力王』（24）、『長屋騒動成金物語』（26）『アンクル・トムス・ケビン』（27）『ショウ・ボート』（29）など。妻は女優のマーガリタ・フィッシャー。

ヒルダ・ホリス　Hylda Hollis（1891-1961）女優。ペンシルヴェニア州出身。監督エドワード・スローマンの妻。一九一五年映画デビュー。ジョゼフ・デ・グラッス作品の出演は『男と金†』『夜の娘†』（共に短篇、15）。本文にはアラン・ドワン作品に出演とあるが、調べる限り見当たらない。他に『黒い箱』（全15篇、15）などに出ている。一六年を最後に映画から離れた模様。

J・フランク・ホリデイ　J. Frank Holliday（1881-1962）脚本。イリノイ州出身。ハリー・ラングドン主演『初陣ハリー』（26）の脚本担当のひとり。同じラングドンの『当りっ子ハリー』（26）『岡惚れハリー』（27）では助監督を務める。

ソル・ポリト　Sol Polito（1892-1960）撮影。イタリア、パレルモ生まれ。一九三〇年代、四〇年代のワーナー・ブラザース作品の撮影で著名なキャメラマン。幼いときに家族でアメリカに移住。スティル写真家として映画界に入り、撮影助手を経て、一四年キャメラマンに。二〇年代中頃はハリー・ケリーの西部劇を手がけ（『国境の追跡』〔26〕など）、二七年ファースト・ナショナル（翌年ワーナー・ブラザースと合併）に入り、ベンヤミン・クリステンセンのホラーもの（『妖怪屋敷』〔28〕『恐怖の一夜』『ダイヤモンド事件』〔共に29〕を撮った。三〇年代以降では『仮面の米国』(32)『ロビン・フッドの冒険』(38)『ヨーク軍曹』(41)他多数。

ゲツァ・フォン・ボルヴァリ Géza von Bolváry (1897-1961) 監督。オーストリア=ハンガリー(現ハンガリー)のブダペスト生まれ。ドイツを本拠にオーストリア、フランス、イギリスでも映画を撮る。作品に『放浪の女王†』(29)『モナ・リザの失踪』『維納《ウィーン》の花嫁』(共に31)『別れの曲』(34)など。

ジャック・ホルト Jack Holt (1888-1951) 男優。ニューヨーク生まれ。一九一四年西部劇のスタントマンとして映画入り。一七年フェイマス・プレイヤーズ=ラスキーに入ってから西部劇、アクション物のスター俳優となる一方、現代劇もこなす。サイレント末期にはコロムビアに移ってフランク・キャプラ監督の初期の映画に主演、そのまま三〇年代以降も活躍を続ける。作品に『快漢ロロー』(全20篇)『ヂャン・ダーク』(共に16)『情熱の国』(18)『勝利†』(19)『真夏の狂乱』(20)『逆捲く怒涛』(22)『西部の星影』(25)『怪騎手』(27)『上流種族†』『水尽く大地』『サブマリン』(いずれも28)『桑港』(36)『コレヒドール戦記』(45)など。娘ジェニファー、息子ティムも俳優。

アレン・ホルバー Allen Holubar (1888-1923) 男優、監督。サンフランシスコ生まれ。舞台俳優から一九一三年映画入り。『海底二万哩†』(16)のネモ船長などを演じたあと、一六年からユニヴァーサル社の監督に。一七年には自らの製作プロ、アレン・ホルバー・ピクチャーズを設立する。監督作品に『黄金の花』(19)『一度は凡ての女に』(20)『颶風の娘』『男子怒れば』(共に22)『雪国秘話』(23)など。二三年、胆石の手術後の合併症により死亡。夫人はホルバー作品に多く出演していた女優のドロシー・フィリップス。

カミラ・ホルン Camilla Horn (1903-96) 女優。ドイツ、フランクフルト・アム・マイン生まれ。F・W・ムルナウ監督『ファウスト』(26)のマルガレーテ役で注目され、二七年渡米。ジョゼフ・スケンクのユナイテッド・アーティスツで『テムペスト』(28)『山の王者』(29)に出演、ともにジョン・バリモアとの共演作だったが興行的に失敗。映画のトーキー化もあってドイツにもどる。

チャニング・ポロック Channing Pollock (1880-1946) 劇作、劇評。ワシントンDC生まれ。一九〇〇年代から二〇年代にかけて数多くの劇がブロードウェイで上演された劇作家。それらの映画化に『かくも小さな女王†』(14)『舞姫と牧師』(18)『運命の街』『秘密の扉』(共に21)『愚者』(25)『壁の中の声』(29)などがある。

パール・ホワイト　Pearl White（1889-1938）
女優。ミズーリ州グリーンリッジ生まれ。子役俳優からサーカスの曲馬師へ。負傷したのを機に舞台にもどるもブロードウェイ進出はならず。映画会社の秘書をしていたところをスカウトされ『バファロー・ビルの生涯†』（12）で映画デビュー。コメディ、冒険物、西部劇に出演するうち『ポーリンの危難』（14）が大当たり。ほとんどのシーンを自ら体を張って演じ、連続活劇を代表するスター女優となる。二〇年フォックスと契約しドラマ女優を目指すがこれは失敗。二三年パテにもどり連続物に復帰、翌二四年渡仏して連続物を撮り、そこで引退した。作品は他に『拳骨（エレーヌの勲功）』（全14篇、14）『鉄の爪』（全20篇、16）『運命の指輪』（全20篇、17）など。

マ

ジェイムズ・A・マーカス　James A. Marcus（1867-1937）
男優。ニューヨーク生まれ。一九一五年ラオール・ウォルシュの『再生†』で映画初出演。『エヴァンジェリン』（19）『セレナーデ』『小公子』（共に21）『スカーラムーシュ』（23）『荒鷲』（25）『港の女』（28）など、亡くなるまで百本以上の映画に出演した。

ウィリアム・マーシャル　William Marshall（1885-1943）
撮影。トルコ生まれ。一九一六年にキャメラマンとなり、三〇年までの間に七十本近くの作品を撮る。主なものにジャック・ピックフォードの『大いなる遺産†』（17）、ヴァレンティノの『シーク』（21）、ウォーレス・リードの『悪鬼と快男子』（22）、リチャード・タルマッジの『鉄壁突破』（25）、ビアリー＝ハットンの『弥次喜多探偵の巻』（28）など。

タリー・マーシャル　Tully Marshall（1864-1943）
男優。カリフォルニア州ネヴァダシティ生まれ。一八八三年サンフランシスコで初舞台。八七年にはブロードウェイの舞台にも立つ。一九一四年映画初出演。重要な脇役俳優として最晩年まで映画に出続けた。出演作は『オリヴァ・トゥィスト†』『イントレランス』『ジャン・ダーク』（いずれも16）『紅いばら』（19）『幌馬車』『ノートルダムの傴僂男』（共に23）『ストレンジャー』『殴られる彼奴《あいつ》』（共に24）『燻ゆる情炎』『メリー・ウイドー』（共に25）『猫とカナリア』（27）『黄金の世界へ』（28）『街の野獣』『アルセーヌ・ルパン』（共に32）など。

メエ・マーシュ　Mae Marsh（1895-1968）
女優。ニューメキシコ州マドリッド生まれ。一九一〇年グリフィスに声をかけられバイオグラフ社に入る。同年『ラモナ†』で映画デビュー。『残虐†』（12）『エルダーブッシュ峡谷の戦い†』（13）などの後、『国民の創生』（15）『イントレランス』（16）の両大作で重要な役を印象深く演じ、グリフィス作品にとってリリアン・ギッシュと並ぶ二大女優となる。一六年末にはグリフィスのもとを離れサミュエル・ゴールドウィンと契約を結ぶも作品に恵まれず。二三年『ホワイト・ローズ』でグリフィス作品に復帰した。出演作は他に『フードゥー・アン†』（16）、『オーバー・ザ・ヒル』（31）など。兄はMGMの撮影監督オリヴァー・マーシュ（1892-1941）。

アーヴィン・J・マーティン　Irvin J. Martin（1890-1923）美術。生地不詳。一九一八年から二〇年にかけて多くの映画の装飾字幕を手がける。美術監督としては『ヴァンプ†』（18）と『ロビン・フッド』（22）に付いている。

ジョン（ジャック）・L・マーフィー　John (Jack) L. Murphy（1894-1976）製作。シカゴ生まれ。『猛進ロイド』（24）から『ロイドの大勝利』（34）までハロルド・ロイドの長篇喜劇十本で製作主任を務める。ロイドもの以外では『危険な休暇†』（46）でも。

ジェイン・マーフィン　Jane Murfin（1884-1955）脚本、監督。ミシガン州クインシー生まれ。一九一九年、劇作家から映画の脚本家に。自らの舞台劇（いずれもジェイン・カウルとの共同）の映画化に『久遠の微笑』（22）『ライラック・タイム』（28）などがある。脚本に関わったものには『更生の春』（20）『運命の人形』（21）『白牙』『モダン結婚』（共に25）他。監督作に〝名犬ストロングハート〟ものの一本『荒原の勇者』（22）と自らの戯曲を映画化した『フラッパーな妻たち†』（24）の二本がある（共に共同監督）。

カーメル・マイアーズ　Carmel Myers（1899-1980）女優。サンフランシスコ生まれ。『イントレランス』（16）のダンサー役で映画デビュー。ユニヴァーサルで主演級女優となり、MGMの大作『ベン・ハー』（25）のイラス役でその奇抜な衣装とともに注目を集める。出演作にヴァレンティノと共演した『社交界の花形』『終夜』（共に18）、その他『ボー・ブラムメル』（24）『悪魔の曲馬団』『英雄時代』（共に26）『ソレルと其の子』（27）『悪魔スヴェンガリ』（31）など。

ルイス・マイルストン　Lewis Milestone（1895-1980）監督。ロシア、キシネフ（現モルドヴァ共和国チシナウ）生まれ。十八歳で渡米。米陸軍通信隊に入り、映画撮影、編集を学ぶ。除隊後編集助手として映画入り。ウィリアム・A・サイターの助監督（『処女の頃』［21］）・脚本家（『艶文争奪戦』［24］『厄介娘』［25］他）を経て一九二五年『裏表七人組』で監督デビュー。以後の監督作に『特製鋼鉄人形』『野球成金』（共に26）『美人国二人行脚』（28）『西部戦線異状なし』（30）『犯罪都市』（31）など。最後の作品は『オーシャンと十一人の仲間』（60）。

ポール・マカリスター　Paul McAllister（1875-1955）
男優。ニューヨーク、ブルックリン生まれ。一九一三年から三〇年代はじめにかけて『モデルの生涯』（15）『嬲られ者』（24）『ボージェスト』『夢想の楽園』（共に26）『ソレルと其の子』（27）『ノアの箱船』（28）など四十本近くの映画に出演。

マーク・マクダーモット　Marc McDermott（1881-1929）
男優。オーストラリア、ニューサウスウェールズ州グールバーン生まれ。シドニーで初舞台。その後ロンドン、一九〇六年にはニューヨークの舞台に立つ。〇九年モーリス・コステロの抜けた穴を埋めるためエジソン社に入り、一六年までに百四十本を超す映画に出演する。ヴァイタグラフ、フォックスを経て、二〇年からフリーに。サイレント期を通して準主役級の貴重な俳優となる。出演作に連続探偵活劇『暴落（失踪者）／暴騰』（全10篇、14）、セダ・バラと共演した『カスリーン・マヴォーニーン†』（19）、ノーマ・タルマッジとの『新月†』（20）、エルジー・ファーガソンとの『女優の悲哀』（21）、その他『ドロシー・バーノン』『シー・ホーク』『殴られる彼奴《あいつ》』（いずれも24）『我が恋棄てて』『グラウスターク†』『鵞鳥飼ふ女』（いずれも25）『肉体と悪魔』（26）『復活†』（27）『ホイップ』（28）など。

クレア・マクドウェル　Claire McDowell（1877-1966）
女優。ニューヨーク生まれ。舞台人の家系に育つ。一九〇八年映画入り。D・W・グリフィスの初期の映画に数多く出演。その後は『ベン・ハー』や『ビッグ・パレード』（共に25）に見るように母親役を得意とした。出演作は他に『奇傑ゾロ』（20）『故郷の土』（25）『悪魔の曲馬団』『駄法螺大当り』（共に26）『生きる屍』（30）『アメリカの悲劇』（31）など。

ウィリアム（ビル）・マクドナルド
William（Bill）MacDonald（1893-1954）
小道具、美術。ニュージャージー州出身。ハロルド・ロイドの中心スタッフのひとり。技術監督として『猛進ロイド』（24）から『ロイドの大勝利』（34）までの九本、美術監督として『ロイドの活動狂』（32）についている。

J・ファレル・マクドナルド
J. Farrell MacDonald（1875-1952）
男優、監督。コネティカット州ウォーターベリー生まれ。俳優、歌手として長年舞台に立った後、一九一一年映画入り。一七年までに五十本ほど監督するが、一八年以降は俳優業に専念。ジョン・フォード作品の常連となり、トーキー転換以降も名脇役として活躍を続けた。監督作に『サムソン†』『最後のエジプト人†』（共に14）他。出演作に『アイアン・ホース』（24）『3悪人』（26）『赤毛布恋の渦巻』（28）『マルタの鷹』（31）『金髪乱れて』（32）『力と栄光』（33）『荒野の決闘』（46）など多数。

ジーニー・マクファーソン Jeanie McPherson（1886-1946）
脚本、女優。ボストン生まれ。一九〇八年、ダンサーから俳優として映画入り。ユニヴァーサルでは自らの撮影班を持って二巻物を製作。一五年以降はセシル・B・デミルの専属ライターとなり、『捕虜』†（15）からあとの作品のほとんどを担当する。

ヴィクター・マクラグレン Victor McLaglen（1886-1959）
男優。イングランド、タンブリッジウェルズ生まれ。聖職者の息子として生まれる。ボクサー、ヴォードヴィル芸人などを経て、第一次大戦に従軍。一九二〇年イギリスで映画初出演。二四年からハリウッドに。サイレント期の出演作に『幸運の風』（25）『ボージェスト』『栄光』（共に26）『港々に女あり』『血涙の志士』（共に28）など。トーキー転換以降では『間諜X27』（31）やジョン・フォードの諸作（『男の敵』［35］『黄色いリボン』［49］『静かなる男』［52］など）他多数。

ケネス・ゴードン・マクリーン Kenneth Gordon MacLean（1889-?）
撮影。没年不詳。カリフォルニア州出身。撮影を担当した作品にモーリス・トゥールヌール、クラレンス・ブラウン共同監督の『愚かな夫人たち』†（21）の他、『ローン・ライダー』†（22）『スリル・ハンター』†（26）などがある。『スリル・ハンター』†が最後の作品となる。

ダグラス・マクリーン Douglas MacLean（1890-1967）
男優、製作。フィラデルフィア生まれ。一九一四年映画デビュー。メリー・ピックフォード、イーニッド・ベネットらとの共演作を経て、ヘンリー・キング監督のコメディ『二十三時間半』（19）でスターとなり、このときの共演者ドリス・メイと『妾のアンクル』『現代的』（共に20）などさらに五本のコメディを連作する。その後自らのプロダクションを設立し『木の葉落し』（23）『花聟試験』（24）『登る恋雪のアルプス』（25）などを製作・主演した。トーキー転換以降はパラマウントのプロデューサーとなり、W・C・フィールズの『ひょっとこ夫妻』（33）の他、『薔薇はなぜ紅い』『今宵は二人で』（共に35）などを製作している。四一年の『ニュー・ワイン』†を最後に引退。

アーサー・マクレイ Arthur Mackley（1865-1926）
監督、男優。イングランド、ハンプシャー州ポーツマス生まれ。別名〝シェリフ〟・マクレイ。一九一〇年エッサネイ社から俳優としてデビュー。翌一一年監督となり、一五年まで短篇ばかり約六十本の作品を撮る。その後は二〇年代初めまで俳優を続けた。最後の二本はフート・ギブソンの西部劇（『愛の一弾』［23］『ハリケーン・キット』［25］）で脇を務めた。

ヘンリー・マクレイ　Henry MacRae（1876-1944）監督、製作。カナダ、トロント生まれ。一九一二年シーリグ社から監督としてデビュー。三〇年代初頭まで百六十本余の作品を監督、三〇年代からはユニヴァーサル社のプロデューサーとなり、『超人対火星人』（36）『猛獣国横断』（全17篇、37）などを手がけた。サイレント期の監督作に『ハートの3』（全15篇、14）『戦陣』（16）『竜の網』（全12篇、20）『スペードの一』（全10篇、25）『電話の秘密』（全10篇、26）など。

メイ・マッカヴォイ　May McAvoy（1899-1984）女優。ニューヨーク生まれ。宣伝映画のモデルからエキストラとして映画入り。役がついたのは一九一七年の『憎しみ』†から。純真な娘役の女優でありながらもドラマチックな演技にすぐれ、ジョン・S・ロバートソン監督の『センチメンタル・トミー』（21）『幻しの家』（24）、ウィリアム・C・デミル監督の『クラレンス』（22）『返り咲く花』（23）、ジョージ・フィッツモーリス監督の『文明の破壊』（22）『汚れ』†（24）、エルンスト・ルビッチ監督の『三人の女』（24）『ウィンダミア夫人の扇』（25）など名作が多い。他に『ベン・ハー』（25）『ジャズ・シンガー』（27）など。トーキー転換後ほどなく結婚して家庭に入る。

ロバート・マッキム　Robert McKim（1886-1927）男優。サンフランシスコ生まれ。舞台俳優から一九一五年トライアングルのトマス・インスのもとに。重要な脇役俳優となる。出演作に『ヘルズ・ヒンジズ』†『慧眼』（共に16）『女性の力』（18）『開拓の勇者』（19）『奇傑ゾロ』（20）『巌窟王』（22）『怒涛の裁き』（23）『当りっ子ハリー』（26）など。二七年ソルトレークシティーの舞台上で脳内出血で倒れ、ほどなくハリウッドの自宅で死去。

ロバート（ボブ）・マッキンタイア　Robert (Bob) McIntyre（1882-1952）キャスティング、製作。フィラデルフィア生まれ。キャスティング担当は『ビッグ・パレード』（25）に始まり、『夢想の楽園』（26）『人類の戦士』（31）『女優ナナ』（34）を経て『西部の男』（40）まで十四本。製作主任としては『北風の悪意』†（20）と『ステラ・ダラス』（37）の二本。

ウィラード・マック　Willard Mack（1873-1934）脚本、男優、監督。カナダ、オンタリオ州モリスバーグ生まれ。ワシントンDCのジョージタウン大学在学中に演劇に目覚め、一九一四年自作の劇で初めてブロードウェイの舞台に立つ。その後の十四年間に彼の作でブロードウェイで上演されたものは二十二本、そのうち十本に出演する。ほぼ時期を並行させて映画でも脚本家、俳優、晩年には監督として活動する。脚本家としては『地獄の猫』（18）『妻となりて』（19）『魔人』（25）『マダムX』（29）『ウォール街の女将』（30）など。

俳優としては『性の目醒』（16）『嵐に叫ぶ声』（23）他。また彼の舞台劇「キック・イン」（14）は三度（『キック・イン』†〔17〕『文明の破壊』〔22〕『キック・イン』〔31〕）、「タイガー・ローズ」（17）は二度（『ロッキーの薔薇』〔23〕『激流恋をのせて』〔29〕）映画化されている。結婚は女優ばかりと四度、モード・レオーネ、マージョリー・ランボー、ポーリン・フレデリック、ビアトリス・バンヤードと。

ドロシー・マッケイル　Dorothy Mackaill（1903-90）
女優。イングランド、ヨークシャー州ハル生まれ。コーラスガールからジーグフェルド・フォリーズを経て、一九二〇年代初頭にハリウッド入り。リチャード・バーセルメス（『剣戟の雄』『二十一』†〔共に23〕『憧れの水兵』〔25〕）ジャック・マルホール（『笑ふ門には福来る』〔27〕『トルコ風呂での淑女の夜』†〔28〕）、ミルトン・シルズ（『街の勇者』〔25〕『煩悩』〔28〕）らと共演。トーキー初期には『ブライト・ライト』†（30）や『地獄の避難所』†（31）などの主演作がある。三七年映画界から引退。

ティム・マッコイ　Tim McCoy（1891-1978）
男優。ミシガン州サギノー生まれ。先住民の言語・風俗・文化の専門家であったことから、テクニカル・アドバイザー兼エキストラ・コーディネーターとして『幌馬車』（23）の製作スタッフに加わる。その後同じパラマウント社の西部劇『轟く天地』（25）に脇役として出たのちMGMと契約、西部劇やアクション映画のスターとなる。三〇年代以降もユニヴァーサル、コロムビア、モノグラム等で西部劇シリーズなどに主演して活躍を続けた。

ケネス・マッゴーワン　Kenneth MacGowan（1888-1963）
批評、製作。マサチューセッツ州ウィンスロップ生まれ。ハーヴァード大学を卒業。演劇批評の筆をとりながら、一九二〇年代にはユージン・オニールのプロヴィンスタウン・プレイハウスの舞台プロデューサーを務める。二八年、創立したばかりのRKOにストーリーエディターとして入社。三〇年代初頭から四〇年代半ばまでRKO、二十世紀フォックスなどでプロデューサー。四七年にはUCLAの演劇学部長となる。製作した映画に『若草物語』（33）『虚栄の市』（35）『シカゴ』（38）『若き日のリンカーン』†（39）『マンハント』（41）『救命艇』†（44）など。

J・P・マッゴーワン　J.P. McGowan（1880-1952）
監督、男優。オーストラリア、サウスオーストラリア州テロウィ生まれ。豪米での舞台俳優の経験を経て、一九〇九年カーレム社に入り、一二年からは監督も始める。夫人であったヘレン・ホームズ主演の連続活劇『ヘレンの冒険』（14-15）『ヘレン』（全15篇、15-16）をはじめ、エディ・ポロ主演の連続物『大魔王』（全18篇、21）、トーキー作品『流線快盗列車』

（32）など、アクション物を中心に三八年まで監督を続ける。俳優としてはトーキー転換以降も『ミシシッピ』（35）『奴隷船』（37）などに出演している。

グラディス・マッコネル　Gladys McConnell（1905-79）
女優。オクラホマシティ生まれ。一九二六年短篇『反目†』で映画デビュー。西部劇スター、バック・ジョーンズと共演した『韋駄天騎手』（26）、同じくケン・メイナードと共演した『乱射乱戦』（28）、ハリー・ラングドンの長篇喜劇『岡惚れハリー』（27）『女権拡張』（28）などの出演作がある。一九三〇年を最後に映画から離れる。

クレオ・マディスン　Cleo Madison（1883-1964）
女優。イリノイ州ブルーミントン生まれ。一九一三年映画初出演。一〇年代まではユニヴァーサルに所属。連続物『ハートの3』（全15篇、14）で成功をおさめたあと、『空弾』（16）『ラヂウムの大秘密』（全18篇、19）『再生の曙光』（20）『若人よ純なれ』（21）『良人の危険時代』（23）などに主演。体調の不良もあって二四年の作品を最後にスクリーンを離れる。一五年から一六年にかけて自ら二十本ほどを監督している。

ジョージ・マリオン　George F. Marion（1860-1945）
男優。サンフランシスコ生まれ。ユージン・オニール作「アンナ・クリスティ」の父親役を一九二〇年のブロードウェイ公演（アンナ役はポーリン・ロード）において、さらに二度の映画化において演じる。映画には一九一五年から三五年までの間に『我が恋せし乙女』『海の洗礼』（アンナ役はブランチ・スウィート、共に23）『曠原の志士』（25）『僧正殺人事件†』『アンナ・クリスティ』（アンナ役はグレタ・ガルボ、共に30）など四十本ほどに出演。

ジョージ・マリオン・ジュニア
George Marion Jr.（1899-1968）
脚本。ボストン生まれ。父はジョージ・マリオン。一九二〇年から四七年まで脚本家として約百二十本の映画に関わる。サイレント期の字幕担当作品に『荒鷲』（25）『バット』『雀』『熱砂の舞』『弥次喜多海軍の巻』（いずれも26）『あれ』『暗黒街』（共に27）など。

フランセス・マリオン　Frances Marion（1888-1973）
脚本、監督、女優。サンフランシスコ生まれ。ジャーナリスト、コマーシャル・アーティスト（ポスター用ポートレート画家）から、一九一五年脚本家に。メリー・ピックフォードに多くのすぐれたシナリオを提供した他、ゴールドウィンを経て、二〇年代後半からはMGMに所属、トーキー移行後の三〇年代までアーヴィング・タルバーグの厚い信頼を得、同社の脚本の監修役を務めるとともに数多くの第一級作品を手がけた。作品に『プア・リトル・リッチ・ガール†』『農場のレベッカ』（共に17）『闇に住む女』（18）『ステラ・ダラス』（25）『熱砂の舞』『真紅の文字』（共に26）『風』（28）『アンナ・クリスティ』『ビッグ・ハウス』『惨劇の波止場』（いずれも30）『チャンプ』（31）『晩餐八時』（33）など。二〇年代初頭に『愛の燈明』（21）他三本の監督作がある。三番目の夫はカウボーイ・スターのフランク・トムソン、四番目の夫は監督のジョージ・W・ヒル。

ポール・マルヴァーン　Paul Malvern（1902-93）
スタントマン、助監督、製作。オレゴン州ポートランド生まれ。少年時代はサーカスのアクロバット芸人。スタントマンとして映画入りし、『鷲の爪』『楽園の野獣』（共に全15篇、23）『我れ若し王者なりせば』（27）『黄金の世界へ』（28）などに加わった。二〇年代末から三〇年代はじめにかけては助監督、それ以降はモノグラム、ユニヴァーサルなどでプロデューサーとして活動した。五〇年代初頭に引退。

メイ・マレイ　Mae Murray（1885-1965）
女優。ヴァージニア州ポーツマス生まれ。両親はそれぞれオーストリアとベルギーからの移民。一九〇六年ヴァーノン・カッスルのダンス・パートナーとしてブロードウェイの舞台に立ち、その後ジーグフェルド・フォリーズに度々登場。一六年ウォーレス・リード主演の『失うべからず』†で映画デビュー。二番目の夫のロバート・Z・レナードの作品やシュトロハイムの『メリー・ウイドー』（25）で人気を博するが、二六年ＭＧＭとの契約を破棄して以降は作品に恵まれず、映画がトーキーに転換するなか、名前も忘れられていった。他の出演作に『泥人形』（20）『孔雀の路』（22）『半夜の狂魂』（24）『ヴァレンシア』（26）など。

レオ・D・マローニー　Leo D. Maloney（1888-1929）
男優、監督。カリフォルニア州サンホセ生まれ。一九一一年俳優として映画入り。一四年からは監督も行なう。サンバーナーディーノに自らの撮影所を持ち、自作自演で数々の西部劇を製作する。自身初のオール・トーキー作品『オーバーランド・バウンド』†（29）の完成パーティの直後、心臓発作で死去。

アリス・マン　Alice Mann（1899-1986）
女優。ニューヨーク州出身。一九一五年ルービン社から映画デビュー。二五年までに三十本ほどの映画に出演した。主なものに、アーバックル、キートンと共演した『デブ君の浜遊び』（17）、ジョージ・ウォルシュ主演『助けて呉れ』（19）、ウィリアム・ファーナム主演『苦役二十年間』（21）など。

ハーマン・J・マンキウィッツ　Herman J. Mankiewicz（1897-1953）
脚本、批評。ニューヨーク生まれ。監督ジョゼフ・L・マンキウィッツの兄。コロンビア大学卒業後「ニューヨーク・トリビューン」の記者となり、第一次大戦下のヨーロッパへ。戦後は「シカゴ・トリビューン」の特派員として二年間ベルリンに滞在。帰米後「ニューヨーカー」の演劇批評家となる。二六年ロサンゼルスに渡り「ロサンゼルス・タイムズ」の演劇評を担当するかたわら脚本家として映画界で働くように。原案・脚色・字幕などで関わったサイレント映画に『マンダレイへの道』（26）『近代女風俗』（27）『紳士は金髪がお好き』『最後の命令』『水尽く大地』『煩悩』（いずれも28）『カナリヤ殺人事件』（29、サイレント版の字幕担当）などがあり、トーキー転換以降では『晩餐八時』（33）『市民ケーン』（41）『打撃王』（42）他。

アドルフ・マンジュー　Adolphe Menjou（1890-1963）
男優。ペンシルヴェニア州ピッツバーグ生まれ。一九一四年映画入り。『三銃士』『シーク』（共に21）の頃は脇役。チャップリンの『巴里の女性』（23）、ルビッチの『結婚哲学』（24）以降主演級俳優となり、とくにソフィスティケイティッド・コメディで生彩を放つ。その系統の出演作に『縺れ行く情火』（24）『子の心親知らず』（25）『姫君と給仕』（26）『婦人に御給仕』『巴里の紳士』『セレナーデ』（いずれも27）『巴里の洒落者』（28）『結婚商売』（29）などがある。ルイズ・ブルックスと共演したものは『三日伯爵』（26）と『夜会服』（27）の二本。他にD・W・グリフィスの『サタンの嘆き』（26）など。トーキー転換以降も『モロッコ』（30）『犯罪都市』（31）『スタア誕生』（37）『突撃』（57）など五〇年代まで活躍した。

マーサ・マンスフィールド　Martha Mansfield（1899-1923）
女優。ニューヨーク生まれ。ニューヨークのミュージカル・コメディのスターであった一九一六年、フランスのコメディアン、マックス・ランデールの相手役として映画入り。エッサネイ製作『マックスの渡米』（17）他三本で共演した後も、ラオール・ウォルシュ監督『夫は赦すか』（19）、ジョン・バリモアとの共演作『狂へる悪魔』（20）、エドマンド・グールディング監督『廻り会う迄』（22）、ゴードン・エドワーズ監督『沈黙の命令』（23）などに出演。二三年十一月『自由の旗風』の撮影を終えて車にもどる途中、落ちていたマッチの火がドレスに燃え移り炎上、共演者ウィルフレッド・ライテルがコートで彼女の体を包み火を消しとめるも、翌日死亡した。

リチャード・マンスフィールド
Richard Mansfield（1854-1907）
男優。ベルリン生まれ。母親は有名なオペラ歌手、父親はイギリス人ビジネスマン。一八八二年アメリカで初舞台。代表的舞台に「ジキル博士とハイド氏」（1887）「ボー・ブラムメル」（1890）「悪魔の弟子」（1897）「シラノ・ド・ベルジュラック」（1898）「オールド・ハイデルベルグ」（03）など。その浪漫的演技に対しては生前から賛否両論。性格は傲岸不遜、奸策に富むなどあまり良くいわれていない。

ミ

ジョージ・ミーアン　George Meehan（1891-1947）
撮影。ニューヨーク、ブルックリン生まれ。一九一九年からキャメラマンに。チャールズ・レイ主演『裸一貫の男』（22）、フランク・キャプラ監督の『大飛行船†』（31）、ティム・マッコイ主演の西部劇『草原快男児』（34）など、没年まで計百五十本以上の作品を撮っている。

トマス・ミーアン　Thomas Meighan（1879-1936）
男優。ペンシルヴェニア州ピッツバーグ生まれ。ブロードウェイでも成功をおさめた舞台俳優。一九一五年映画に転身。一九年の『ミラクルマン』と『男性と女性』でスターダムに。その後の主な主演作に『青春時代を尋ねるコンラッド†』（20）『何故妻を換える？』（20）『屠殺者』（22）『笛吹きマローン』（24）『野球成金』（26）『狂乱街』（27）などがある。『クーパーの餓鬼大将』（34）の養父役が最後の出演となった。

ケイト・ミークス　Kate Meeks（1838-1925）
女優。ニューヨーク生まれ。一八五〇年代からの舞台女優。映画出演はアラン・ドワン監督の『デイヴィッド・ハーラム†』（15）と、C・オーブリー・スミス主演／ジョージ・アーヴィング監督の『橋造りの男†』（15）の二本のみ。

マイク・ミギンズ　Mike Miggins（1891-1958）
助監督。コネティカット州出身。『シーバの女王』（21）などJ・ゴードン・エドワーズ監督についた他、同じくフォックス社の作品『傍若無人』（25）『海底の銀宝』（26）などで助監督を務めている。

ウィルソン・ミズナー　Wilson Mizner（1876-1933）
脚本。カリフォルニア州ベニシア生まれ。「ディープ・パープル」（10）「グレーハウンド」（12）で知られる劇作家。映画では『自業自得』（17）『紫影の女』（20）に原案・原作を提供。トーキーに入って『拳闘のキャグニー』『限りなき旅』『フリスコ・ジェニー』（いずれも32）『笑ふ巨人』『飢ゆるアメリカ』（共に33）と多くのシナリオを共作するも、三三年五十六歳で死去。二六年にオープンしたハリウッドの有名なレストラン〈ブラウン・ダービー〉の共同オーナー兼支配人。

トム・ミックス　Tom Mix（1880-1940）
男優。ペンシルヴェニア州ミックスラン生まれ。ウィリアム・S・ハート、ハリー・ケリーらとともに西部劇を確立したスター俳優。テキサス・レンジャー、ワイルド・ウェスト・ショーなどを経て一九〇九年シーリグ社にカウボーイ兼俳優として入社。ほどなく二巻物西部劇の主演俳優となり、一七年フォックス社に移ってからは映画界きっての西部劇スターとなる。トーキー転換直後はスクリーンを離れていたが、三二年ユニヴァーサルからカムバック。三四年まで映画を撮りつづけた。主な作品に『天空万馬』(22)『天下の名物男』(23)『怪傑ディック・ターピン』(25)『古今無双の強者』(26)『乱射の巻』(27)。四〇年交通事故で死亡。

ジョゼフ・A・ミッチェル　Joseph A. Mitchell (1866-1950)　脚本。ペンシルヴェニア州ピッツバーグ生まれ。バスター・キートンのギャグマンのひとり。『荒武者キートン』(23)『忍術キートン』『海底王キートン』(共に24)『キートンの栃面棒』(25)の原案・字幕・脚色に関わる他、レイモンド・グリフィスの『レギュラー・フェロー』†(25)、ローラ・ラ・プラント主演『恋愛保険』、ジョン・バウアーズ主演『ラグタイム』†(共に27)の原案を担当している。

チャールズ・ミドルトン　Charles Middleton (1874-1949)　男優。ケンタッキー州エリザベスタウン生まれ。映画初出演は一九二〇年だが、本格的に出演を始めるのは二〇年代末から。四九年に亡くなるまでに二百本近くの作品に出ている。主なものに〝フラッシュ・ゴードン〟シリーズ(36-40)の悪の皇帝役の他、『我輩はカモである』(33)『ショウボート』(36)『イリノイのエイブ・リンカーン』†(40)『緑のそよ風』(45)など。

フロイド・ミュラー　Floyd Mueller (1890-1977)　美術。インディアナ州ラファイエット生まれ。一九一六年美術監督に。担当作品に『宝島』『偉大な贖い主』†『モヒカン族の最後』(いずれも20)『男の知らないこと』†(21)など。映画界での仕事は二〇年代前半まで。

アーサー・ミラー　Arthur Miller (1895-1970)　撮影。ニューヨーク州ロスリン生まれ。子どもの頃からカメラやフィルムを扱うことに長け、一九〇八年十三歳でキャメラマン助手として映画入り。一本立ちしてからはパール・ホワイトの連続物『ポーリンの危難』(14)を撮ったりするが、二四年頃まではジョージ・フィッツモーリス監督のほぼ専属となり、エルジー・ファーガソンとウォーレス・リード共演の『永遠の世界』(21)、『失ふべからず』『文明の破壊』†(共に22)、ポーラ・ネグリ主演『ベラ・ドンナ』、バーバラ・ラ・マー主演『永遠の都』(共に23)などを撮る。以後のサイレント作品に『ヴォルガの船唄』(26)『ダニューブの漣』(28)などがある。三〇年代以降は二十世紀フォックスを舞台に名手ぶりを発揮したが、五一年、病いのため第一線を退いた。後期の作に『わが谷は緑なりき』『タバコ・ロード』(共に41)『聖処女』(43)『剃刀の刃』(46)『拳銃王』(50)など。アカデミー賞撮影賞を三度受賞。

カール・ミラー Carl Miller（1893-1979）
男優。テキサス州ウィチタカウンティ生まれ。一九一七年映画初出演。出演作に『荒野の花』（19）『キッド』（21）『巴里の女性』（23）『恋の舞台姿』（24）『ナジモワの妖女』（25）など。トーキー転換後ほどなくスクリーンを離れる。

パッツィ・ルース・ミラー Patsy Ruth Miller（1904-95）
女優。ミズーリ州セントルイス生まれ。ナジモワ、ヴァレンティノ共演の『カミーユ（椿姫）』（21）で映画デビュー。『ノートルダムの傴僂男』（23）のエスメラルダ役でスターとなり、その後は主にコメディで活躍。三〇年代初頭に引退、後に文筆家となった。出演作にチャールズ・レイ主演の『我が恋せし乙女』（23）、ルビッチ監督の『陽気な巴里っ子』、ロイド・ベイコン監督の『映画の都に出でて』（共に26）、ロイ・デル・ルース監督の『狼の衣†』（27）、エドワード・スローマン監督の『われらアメリカ人†』（28）など。

ハリー・F・ミラード Harry F. Millarde（1885-1931）
監督、男優。オハイオ州シンシナティ生まれ。一九一三年俳優としてカーレム社からデビュー。一五年監督に。二七年までに五十本近くを監督する。主な作品に『替え玉』（18）『ホワイト・モール』（20）『我が友悪魔よ』（22）『愚者』（25）など。

トム・ミランダ Tom Miranda（1886-1962）
編集、脚本。オハイオ州ウォーレンカウンティ生まれ。編集技師としてはシドニー・オルコット監督の『紳士』（26）のみ記録されている。脚本家としては二二年から三〇年の間に二十本の作品に関わっていて大部分が字幕担当。その中にはマックス・ランデール監督・主演の『三笑士』（22）、ジョン・ギルバートの『巌窟王』（22）、リチャード・バーセルメスの『紳士』（26）、ドロレス・デル・リオの『復活†』（27）、マック・セネットの『グッド・バイ・キッス』（28）などがある。

バートラム・ミルハウザー Bertram Millhauser（1892-1958）
脚本、監督、製作。ニューヨーク生まれ。パテ社宣伝部から脚本部に移り、『ポーリンの危難』（14）をはじめとする連続活劇の脚本にあたる。二八年からは四年間製作を担当する（『オグレス』『春爛漫』［共に28］など）。その後は再び脚本家にもどり、四〇年代にはユニヴァーサルの〝シャーロック・ホームズ〟シリーズのシナリオ五本に加わる。その他脚本に関わったものに『沈黙』（26）『シャーロック・ホルムズ』（32）『スパイダー・ウーマン†』（43）『容疑者』（44）『東京ジョー』（49）など。

ピーター・ミルン Peter Milne（1896-1968）

脚本。ニューヨーク生まれ。一九二一年『リトル・イタリー†』で脚本家に。以後の作品に『スポーツ時代†』『ミシガン・キッド†』『金髪御用心』（いずれも28）『ゴールド・ディガーズ1935』（35）『歩く死骸』（36）など。

メアリー・マイルズ・ミンター
Mary Miles Minter（1902-84）
女優。ルイジアナ州シュリーヴポート生まれ。子役俳優として舞台の人気者となり、十歳で映画入り。順調に作品を重ねスター女優となるが、一九二二年二月の監督ウィリアム・デズモンド・テイラー射殺事件の関係者としてメイベル・ノーマンドらとともに名前が挙がったことから人気が失墜、引退に追いこまれる。作品には『潔き乙女』（16）『洩るゝ窓唄』（18）『天涯の孤児』（19）『青春の奇蹟』『再生の孤児』（共に20）『渓谷の乙女』（23）など。

ム

オーウェン・ムーア　Owen Moore（1884-1939）
男優。アイルランド、ミーズ県の生まれ。十一歳で渡米。一九〇八年バイオグラフに入社。同年、D・W・グリフィスの『ゲリラ†』で映画デビュー。初期のメリー・ピックフォードの相手役（『キャプリース†』〔13〕『シンデレラ』〔14〕『愛人ネル†』〔15〕他）で、彼女の最初の夫でもあった。出演作は他に『懐かしのケンタッキー†』（09）『珠玉の乙女』（16）『ピカデリージム』（20）『荒れ狂ふ猛将』（22）など。『スタア誕生』（37）が最後の出演作。

コリーン・ムーア　Colleen Moore（1899-1988）
女優。ミシガン州ポートヒューロン生まれ。デトロイト音楽院でピアノを学ぶ。一九一七年映画入り。西部劇スター、トム・ミックスの相手役などをしていたが、二〇年代中頃に人気が上昇、ボブヘアの陽気快活な〝お転婆娘《フラッパー》〟として時代のファッション・メーカーとなる。最盛期の作品に『男子怒れば』（22）『青春に浴して』（23）『完璧なフラッパー†』（24）『踊子サリー』『お洒落娘』『微笑の女王』（いずれも26）『想ひ叶ふて』（27）『ライラック・タイム』（28）などの他、トーキーになってからは、プレストン・スタージェスが脚本を書き『市民ケーン』の先駆的作品といわれる『力と栄光』（33）で、主人公の妻の役でカムバックした。

トム・ムーア　Tom Moore（1883-1955）
男優。アイルランド、ミーズ県の生まれ。一九〇八年映画初出演。サイレント期初期はカーレム、パテ、ゴールドウィンで、二〇年代半ば以降はパラマウントで、主にロマンティックな役柄を演じた。出演作に『サクラソウの輪†』『ジャグアの爪』（17）『大学のブラウン』（18）『交通巡査』（19）『牧童†と婦人』（22）『兄貴』（23）『嬲られ者』（24）『夫婦円満哲学』（25）『桃色の曲者』（26）の他、弟のオーウェン、マットと共演した『導火線』（29）など。最初の妻は女優のアリス・ジョイス。二番目の妻は同じく女優のルネ・アドレー。

マット・ムーア　Matt Moore（1888-1960）男優。アイルランド、ミーズ県の生まれ。十歳のとき渡米。二人の兄トム、オーウェンに倣い、一九一三年映画の世界に。三〇年代初頭まで活躍、その後は端役で時折映画、テレビに顔を出した。出演作は『海底二万哩†』（16）『三人』（25）『特製鋼鉄人形』（26）『巴里酔語』（28）『犯罪都市』（31）『雨』（32）など。

ミルトン・ムーア　Milton Moore（1884-1956）撮影。インディアナ州出身。一九一六年キャメラマンに。作品に『空中の脅威』（19）『殴られる彼奴《あいつ》』（24）『鵞鳥飼ふ女』（共に25）など。二八年に引退。

ポール・ムニ　Paul Muni（1895-1967）男優。オーストリア＝ハンガリーのレンベルク（現ウクライナのリヴィウ）生まれ。旅役者の息子として生まれ、七歳のとき一家でアメリカに渡る。ニューヨークのロウアー・イーストサイドに住み、イディッシュ・シアターの俳優となる。二六年ブロードウェイの「われらアメリカ人」で英語舞台デビュー。二九年フォックス社と契約、ムーヴィートーン作品『勇敢なる者†』『七つの顔†』（共に29）に出演。舞台での「弁護士」（31）の成功を間に挟み、次の映画出演『暗黒街の顔役』『仮面の米国』（共に32）からスター俳優の道を歩み始める。

F・W・ムルナウ　F. W. Murnau（1888-1931）監督。ドイツ、ビーレフェルト生まれ。『吸血鬼ノスフェラトゥ†』（22）『最後の人』（24）『タルチュフ』（25）『ファウスト』（26）を撮ったサイレント期ドイツを代表する監督。一九二七年フォックス社に招かれて渡米。『サンライズ』（27）『四人の悪魔』（28）『都会の女』（30）『タブウ』（31、ロバート・フラハティと共同）を残して、三一年三月自動車事故で死去。

メ

ドリス・メイ　Doris May（1902-84）女優。ワシントン州シアトル生まれ。一九一七年チャールズ・レイ主演『母親の愛で子†』のヒロインとして映画デビュー。その後も『模範兵士（乾草の足と藁の足）』（19）まで計六本でレイと共演。次の『二十三時間半』（19）からはコメディアン、ダグラス・マクリーンとのコンビで『妾のアンクル』『現代的』『前科者†』（いずれも20）など六本に出演。ついで『処女の頃』（21）からウィリアム・A・サイター監督のもと『可愛い悪魔』『男装令嬢』（共に22）など六本に主演した。コンスタントに映画に出ていたのは二四年まで。二七年の『思いやり†』を最後にスクリーンから離れる。夫は俳優のウォーレス・マクドナルド。

ジューン・メイシス June Mathis（1887-1927）脚本。コロラド州レドヴィル生まれ。一九一五年『涙の家』†で脚本家デビュー。メトロの脚本部主任であった二〇年『黙示録の四騎士』（21）を事実上プロデュース、これを大成功に導く。この映画でスターとなったヴァレンティノとともにフェイマス・プレイヤーズ＝ラスキーに移り、『血と砂』（22）等のシナリオを書く。二四年ゴールドウィンに加わり『ベン・ハー』の企画の中心に立つも、途中からＭＧＭに主導権を奪われる。なお、レックス・イングラム監督とのコンビ作に『黙示録の四騎士』の他、『復讐のアルプス』（20）『征服の力』『正邪の岐路』（共に21）がある。

フレッド・メイス Fred Mace（1878-1917）男優、監督。ペンシルヴェニア州フィラデルフィア生まれ。一九〇九年からバイオグラフ社の映画に出演。セネット門下のひとりとなり、そのままキーストン社へ。キーストン・コップスの署長役などで人気コメディアンとなる。その後出入りを繰り返すうち、ニューヨークのホテルで脳卒中のため死去。出演作は二百本近くで、唯一の長篇『ジョーンズに何が起ったか』†（15）は自ら監督もしている。『彼の最後の香り』†（16）が遺作となった。

シャーリー・メイスン Shirley Mason（1900-79）女優。ニューヨーク、ブルックリン生まれ。女優ヴァイオラ・ダナの妹。少女役から映画に出演、主演女優となるも、サイレントの終焉とともにスクリーンを離れる。主な作品に『虚栄の市』（15）『宝島』（20）『曲馬団の花』（22）『頭痛鉢巻』（24）『卑怯者』（25）『我等のサリー』（27）など。

バディ・メイソン Buddy Mason（1902-75）スタントマン、男優。ペンシルヴェニア州フィラデルフィア生まれ。一九二七年からエキストラ、スタントマンとして映画に。『キング・コング』（33）でロバート・アームストロングの、『進め龍騎兵』（36）ではエロール・フリンのスタント代役を務めている。

ルイ・Ｂ・メイヤー Louis B. Mayer（1885-1957）製作。ロシア（現ベラルーシ）のミンスク生まれ。子どもの時に一家で渡米。小学校卒で働き始め、父親の屑鉄業を引き継ぎ、一九〇四年にボストンで独立。のちにマサチューセッツ州の劇場を所有したことからニューイングランド地区最大の劇場チェーンを手中にする。次いで配給業（『国民の創生』で大いに当てる）、さらには製作へと手をのばし本拠をハリウッドに置く。二四年のマーカス・ロウによるＭＧＭ創設にともない同社の副社長兼製作担当撮影所長に就任、辞任に追い込まれる五一年までＭＧＭ製作部門のトップに君臨する。二女があり、長女エディスの夫は戦後ユニヴァーサル・インターナショナルの製作部長を務めたウィリアム・ゲッツ。次女アイリーンの夫はデイヴィッド・O・セルズニックであった（のちに離婚）。

チャールズ・ヒル・メイルズ
Charles Hill Mailes（1870-1937）
男優。カナダ、ハリファックス生まれ。一九〇九年から三五年までの間に三百本近い作品に出演。出演作に『宝島』『奇傑ゾロ』（共に20）『国事探偵』（22）『義勇の猛火』（24）『穴敵粉砕』（25）など。

ジョージ・メルフォード　George Melford（1877-1961）
監督、男優。ニューヨーク州ロチェスター生まれ。一九〇九年カーレム社に俳優として入り、一一年監督に。『一網打尽』（20）『シーク』（21）『妻欺く勿れ』（23）『吼えろ密林』（37）など、三七年までに二百本を超える作品を監督した。後年は脇役俳優に。

ベス・メレディス　Bess Meredyth（1890-1969）
脚本、女優。ニューヨーク州バファロー生まれ。一九一一年バイオグラフ社のD・W・グリフィスのもとにエキストラとして入る。一二年から一五年までに三十本余りの映画に出演するが、俳優をしながらシナリオを書くようになり、ほどなく脚本家として一本立ち。脚本作品に『文明の仮面』『魂は帰り行く』（共に22）『紅百合』（24）『ベン・ハー』（25）『海の野獣』『ドン・ファン』（共に26）『女の秘密』『恋多き女』（共に28）『不死鳥』（29）『ロマンス』（30）など。トーキー転換以降では『奇妙な幕間狂言†』（32）『曲芸団』（34）『快傑ゾロ』（40）などがある。三番目の夫は監督のマイケル・カーティス。

ウィリアム・キャメロン・メンジズ
William Cameron Menzies（1896-1957）
美術。コネティカット州ニューヘイヴン生まれ。イェール大学卒業後、第一次大戦従軍を経てニューヨークのアート・スチューデンツ・リーグに通う。アントン・グロットの助手として映画入り、一九年には美術監督となる。『ロジタ』（23）『バグダッドの盗賊』（24）などで名を高め、第一回アカデミー賞で最初の室内装置賞を『赤い鳩』（27）と『テムペスト』（28）で受賞。三九年には『風と共に去りぬ』の色彩処理により同特別賞を受賞した。サイレント期の代表作は他に『紫影の女』（20）『セレナーデ』（21）『荒鷲』（25）『熱砂の舞』（26）『我れ若し王者なりせば』（27）『港の女』（28）など。

ロタール・メンデス　Lothar Mendes（1894-1974）
監督。ベルリン生まれ。マックス・ラインハルトのもとで俳優経験をもつ。一九二一年以降映画監督、脚本家となり、二六年渡米。作品に『燃ゆる唇』（26）『都会の幻想』（28）『四枚の羽根』(29)『パラマウント・オン・パレード』(30、共同)『百万円貰ったら』(32、共同)など。三〇年代半ばにはイギリスで『武器なき戦い』(34)『奇蹟人間』(36)『月光の曲』(37)を撮っている。四六年引退。

モ

ハル・モア　Hal Mohr (1894-1974)
撮影。サンフランシスコ生まれ。十代の頃からキャメラに夢中になり、自分で撮ったフィルムをニュース映画会社に買ってもらって収入とした。映画業界でさまざまな職種を経験したのち、一九一八年キャメラマンとして一本立ち。すぐれた技倆と旺盛な挑戦心により尊敬を集める。二九年ポール・フェヨス監督の『ブロードウェイ』のための特別仕様のキャメラクレーンは話題となった。作品に『アンニー可愛や』(25)『雀』(26)『ジャズ・シンガー』『人肉の桑港』(共に27)『結婚行進曲』『ノアの箱船』(共に28)『ブロードウェイ』(共に29)『夏の夜の夢』(35)『オペラの怪人†』(43)『結婚式のメンバー†』(53)『乱暴者《あばれもの》』(54)など。

ジャック・モウアー　Jack Mower (1890-1965)
男優。ハワイ州ホノルル生まれ。一九一四年映画初出演。敏捷な運動神経を活かしてアクションものや西部劇に活躍した。主な出演作に『屠殺者』(22)『大地震』(23)『ラヂオ探偵』(全10篇、26)『天空巡邏隊』『水尽く大地』(共に28)など。

アイラ・H・モーガン　Ira H. Morgan (1889-1959)
撮影。カリフォルニア州フォートロス生まれ。一九一六年キャメラマンとなり、戦後のテレビ・シリーズを含め五七年まで百八十本余の作品を撮影した。作品に『洩るゝ窓唄』(18)『絶世の美人』(21)『武士道華かなりし頃』(22)『からくり四人組』(25)『大学のブラウン』(26)『グレイト・ガッボ』(29)『吸血コウモリ†』(33)『モダン・タイムス』(36)など。

ヘレン・モーガン　Helen Morgan (1900-41)
歌手、女優。イリノイ州ダンヴィル生まれ。一九二〇年代シカゴのクラブ歌手として評判を高め、二七年オスカー・ハマースタインとジェローム・カーンのミュージカル「ショー・ボート」の初演で、白人の父と黒人の母との間に生まれた悲運の歌姫ジュリーを演じて絶賛を博す。ジュリー役はその後二度の再演(三二年と四〇年)と映画版(『ショウボート』[36])においてもモーガンが演じている(最初の映画化『ショウ・ボート』[29]ではプロローグのみの出演)。映画出演は他に初期トーキーの名作のひとつルーベン・マムーリアン監督の『喝采』(29)がある。四一年四十一歳で肝硬変のために亡くなる。

アラン・モーブレイ　Alan Mowbray (1893-1969)
男優。ロンドン生まれ。第一次大戦に従軍後、俳優に。一九二〇年代にはアメリカの舞台に立つようになり、映画のトーキー化に伴いハリウッドへ。政治家、実業家から俳優、召使いに至るまで幅広い役に起用され、作品数は百五十本を超える。主な出演作に『虚栄の市』(35)『襤褸《つづれ》と宝石』(36)『荒野の決闘』(46)『知りすぎていた男』(56)など。

サマセット・モーム　W. Somerset Maugham (1874-1965)
作家、劇作。パリ生まれ。二十世紀を代表する小説家だが、はじめは劇作家として英米の劇界を賑わせた。アメリカで最初に上演されたのは一九〇八年のジョン・ドルー・ジュニア主演による「ジャック・ストロー」。モームの戯曲、小説を原作とするサイレント期の映画には『良人の約束』(17)、「レディ・フレデリック」の翻案でエセル・バリモアが主演した『離婚夫人』†(19)、ウィリアム・C・デミルが監督の『成金風』(20)、『運命の孤児』(22)、ラオール・ウォルシュ監督、ポーラ・ネグリ主演の『スエズの東』、フランク・ボゼーギ監督の『ひとめぐり』†(共に25)、レックス・イングラム監督の『魔術師』(26)、ラオール・ウォルシュ監督、グロリア・スワンソン主演の『港の女』(28)などがある。

イヴァン・モジューヒン
Ivan Mosjoukine / Mozzhukhin (1889-1939)
男優、脚本、監督。ロシアのペンザ生まれ。帝政ロシアにおける舞台・映画のスター俳優であったが、一九一九年の革命により他の舞台人・映画人とともにトルコ経由でフランスに逃れる。サイレント期フランス映画において一世を風靡するも、トーキー以降は急速に忘れられる。作品に、監督も行なった『焼けるるつぼ』†、イギリスの伝説の名優エドマンド・キーンに扮した『キイン』(共に23)、マルセル・レルビエが監督した『生けるパスカル』(26)、唯一のアメリカ映画『降伏』(27)など。

ポリー・モラン　Polly Moran (1883-1952)
女優。シカゴ生まれ。ヴォードヴィル女優であったところをマック・セネットに引き抜かれ、一九一三年から一八年まで短篇コメディに出演。一度舞台にもどった後、二〇年代にスクリーンに復帰、サイレント末期からトーキー初期にかけてのマリー・ドレスラーとのコンビによる一連の喜劇でひと時代を築く。ドレスラー＝モラン喜劇はサイレントでは二本『キャラハン家とマーフィー家』†(27)『父親教育』†(28)で、いずれも脚本はフランセス・マリオン、字幕ラルフ・スペンスによるもの。長篇トーキーでは四本『ウォール街の女将』(30)『花嫁選手権』『進め女性軍』(共に31)『私重役様よ』(32)。さらに二巻物トーキー作品に『危険な女たち』†(29)がある。

ロイス・モラン　Lois Moran (1909-90)
女優。ペンシルヴェニア州ピッツバーグ生まれ。十歳でパリに渡り、歌とダンスを学ぶ。『ステラ・ダラス』(25)で映画本格デビュー。次いで『マンダレイへの道』『荒み行く女性』、またフランスで『生けるパスカル』(いずれも26)、などに出演する他、トーキー初期にはミュージカル『踊るカレッヂ』『ケンタッキーの娘』(共に29)に主演するも、ほどなく映画界から引退。F・スコット・フィッツジェラルドの「夜はやさし」の〝ローズマリー〟のモデルといわれている。

ジェイムズ・モリスン　James Morrison (1888-1974)
男優。イリノイ州マトゥーン生まれ。一九一一年から一六年までヴァイタグラフに所属、同所の主力俳優のひとりとなる(その後はフリーランスで復帰)。作品は『デイヴ・ダーシーの贖罪†』(16)『オーバー・ザ・トップ(戦線に立ちて)』(18)『深夜の花嫁†』(20)『黒馬物語』(21)『キャプテン・ブラッド』(24)など。

アントニオ・モレノ　Antonio Moreno (1887-1967)
男優。スペイン、マドリードの生まれ。十五歳で渡米。舞台経験を経たのち、一九一二年映画入り。ヴァレンティノに通ずるラテン系の端整な容貌で人気を博す。作品に『熱風の下に』(18)、パール・ホワイトの連続活劇『呪の家』(全20篇、18)、メアリー・マイルズ・ミンターの最後の作となった『渓谷の乙女』、ルビッチの『ロジタ』と同じ原作をポーラ・ネグリと共演した『西班牙の踊子』(共に23)、アリス・テリーと共演したレックス・イングラム作品『我等の海』、グレタ・ガルボと共演した『明眸罪あり』(共に26)、原作者エリノア・グリンの要請でクララ・ボウの相手役をつとめた『あれ』、コンスタンス・タルマッジと共演した『桃色女白浪』、ドロシー・ギッシュとの共演作『マダム・ポンパドール†』(いずれも27)、三〇年代以降は『雷鳴の湾』(53)『大アマゾンの半魚人』(54)『捜索者』(56)などに脇役で出ている。

アール・モンゴメリー　Earl Montgomery (1894-1966)
男優、監督。カリフォルニア州サンタクルーズ・カウンティ生まれ。一九一六年から二七年までの間に七十本余りの短篇コメディに出演。二八年には短篇コメディ十数本の監督作があり、その半数近くはミッキー・ルーニー主演のもの。

フランク・モンゴメリー　Frank Montgomery (1870-1944)
男優、監督。ペンシルヴェニア州ペトローリア生まれ。一九〇九年シーリグ社の『サルタンの手中に†』で映画デビュー。一二六年までの間に約三十本の映画に出演する。主なものに『嫌疑をうけて†』(18)『あの世からの男†』(22)『狂える踊り手†』(25)など。また一〇年代には短篇ばかり百本ほどを監督した。

ブル・モンタナ　Bull Montana (1887-1950)
男優。イタリア、ヴォゲーラ生まれ。プロレスラーであった一九一七年映画初出演。当初は『出たり這入ったり』『ドーグラスの月の世界』（共に17）などダグラス・フェアバンクスものにしばしば出演。他に『ヴィクトリー』（19）『宝島』（20）『嫉妬深い夫†』（23）など。三七年まで映画に出ていた。

ヤ

エミール・ヤニングス　Emil Jannings（1884-1950）
男優。スイス、ロールシャハ生まれ。ルビッチの『パッション』（19）『デセプション』（20）、ムルナウの『最後の人』（24）『タルチュフ』、E・A・デュポンの『ヴァリエテ』（共に25）などに主演したサイレント期ドイツの代表的男優。アメリカではヴィクター・フレミングの『肉体の道』（27）、スタンバーグの『最後の命令』、スティルレルの『罪の街』、ルビッチの『愛国者†』（いずれも28）、マイルストンの『裏切者』（29）などに出ている。ドイツで撮られたスタンバーグの『嘆きの天使』（30）では英語版にも出演した。トーキーを機にドイツにもどる。

ウィリアム・ヤング　William Young（1847-1920）
劇作。シカゴ近郊の生まれ。ロマンティック・コメディ「ラージャ」（1883）と、「ベン・ハー」の舞台化（1899）で名前を残す。彼の作で映画化されたものに『ラージャ†』（11）、ジョージ・フィッツモーリス監督でファニー・ウォードが主演した『お雪さん』（18）がある。

クララ・キンボール・ヤング
Clara Kimball Young（1890-1960）
女優。シカゴ生まれ。サイレント期初期の大人気女優のひとり。両親とも俳優。三歳で初舞台を踏み、子どもの時から両親の劇団で巡業を重ねる。一九〇九年ヴァイタグラフ社に入社。夫ジェイムズ・ヤングの監督する諸作で瞬く間にスターダムに。一四年にはファン雑誌の人気投票で第一位を占める。一五年ルイス・J・セルズニックが新たに設立したワールド・フィルム・コーポレーションに筆頭女優として迎えられる。翌年セルズニックがワールド・フィルムを抜けると行をともにし、自らの映画の製作のみを目的とするクララ・キンボール・ヤング・フィルム・コーポレーションで映画出演を続ける。翌一七年経営上の意見対立からセルズニックと訣別。エージェントで後に夫となるハリー・ガーソンと手を組むが、製作・監督に乗り出したガーソンの力量不足から映画の質が低下、人気が急激に衰え、引退に追いこまれる。三〇年代に低予算映画の脇役としてしばらくスクリーンに復帰するもほどなく二度目の引退に。出演作に『空蟬（別名ローラ）』（14）『椿姫†』『モデルの生涯』『雪深き国』（いずれも15）『南国の熱情』（16）『彼女の払った代償†』（17）『弱き者よ』（18）『紅いばら』『青春の目†』（共に19）『禁断の女』（20）など。

ジェイムズ・ヤング　James Young（1872-1948）
監督、男優。メリーランド州ボルティモア生まれ。一九〇九年ヴァイタグラフ社から俳優として映画デビュー。一二年モーリス・コステロ、クララ・キンボール・ヤングの『スクリーン・アイドル』†で初監督。一〇年代後半からは監督に専念。二八年までに百本近くを監督する。主なものに妻でもあったC・K・ヤングの『ローラ』†（14）『紫影の女』（15）、マリー・ドロの『オリヴァ・トウィスト』†（16）、メイベル・ノーマンドの『ミッキー』（18、共同）、ライオネル・バリモアの『ベルス』（26）など。クララ・キンボール・ヤングとは一六年に離婚。

ハロルド・ヤング　Harold Young（1897-1972）
編集、監督。オレゴン州ポートランド生まれ。コロンビア大学卒業。一九二〇年編集技師としてマック・セネットのもとに。二〇年代初頭はパラマウントの編集監修としてロンドンやパリで過ごす。帰国後の編集担当作品に『闘争の熱血』（全24篇、23）『三人の踊子』（25）『当りっ子ハリー』（26）『トロイ情史』（27）など。三〇年代前半はイギリスで『ヘンリー八世の私生活』†（33）他の編集に加わったのち監督に転じ、『紅はこべ』（34）、アメリカにもどってからも『北半球ＳＯＳ』（38）『ミイラの墓場』†（42）などの作品を残す。

ロレッタ・ヤング　Loretta Young（1913-2000）
女優。ユタ州ソルトレークシティー生まれ。四歳のときから子役エキストラとして映画に出演（『プリムローズ・リング』†〔17〕『シーク』〔21〕など）。寄宿学校のためしばらくスクリーンから離れていたが、十四歳のとき『娘新旧両面鏡』（27）で姉の代役出演。それがきっかけでファースト・ナショナルと契約を結び、映画女優としての道が開ける。サイレント期の出演作に『笑え、道化』†『情炎夜曲』『棚からぼた餅』（いずれも28）など。トーキー転換以降では『飢ゆるアメリカ』（33）『野性の叫び』（35）『ミネソタの娘』（47）『星は輝く』（49）他。

ラ

ベン・ライオン　Ben Lyon（1901-79）
男優。ジョージア州アトランタ生まれ。舞台を経て一九〇八年映画入り。二〇年代を通してさまざまなスター女優と共演する。出演作にポーラ・ネグリとの『嘆きの白百合』、グロリア・スワンソンとの『兵営に咲く花』（共に24）、メアリー・アスターとの『栄冠は我れに』、クローデット・コルベール第一作の『力漕一艇身』（共に27）の他、ハワード・ヒューズの大作『地獄の天使』（30）などがある。三〇年女優ビービー・ダニエルズと結婚、三〇年代後半以降は夫婦でイギリスに活動の場を移した。

ミッチェル・ライゼン　Mitchell Leisen（1898-1972）
衣装、美術、監督。ミシガン州メノミニー生まれ。大学で建築を学び、新聞社務めの後、一九一九年ハリウッド入り。セシル・B・デミルの『男性と女性』（19）『一万弗の女』（21）、アラン・ドワンの『ロビン・フッド』（22）、ルビッチの『ロジタ』（23）などの衣装デザインを担当。美術監督になってからは『昨日への道』（25）『キング・オブ・キングス』（27）『マダム・サタン』（30）などデミル作品を主に手がける。三三年から監督となり、『春を手さぐる』（35）『ミッドナイト†』（39）『レディ・イン・ザ・ダーク†』（44）などを撮る。

フリッツ・ライバー　Fritz Leiber（1882-1949）
男優。シカゴ生まれ。一九〇二年初舞台。〇五年には「マクベス」のマクダフ役でニューヨーク・デビュー。一六年セダ・バラ主演の『ロミオとジュリエット†』でマキューシオを演じて映画初出演。映画出演は他に『クレオパトラ†』（17）『我れ若し王者なりせば』（20）『シーバの女王』（21）など。十四年の空白を経て『嵐の三色旗』（35）で映画に再登場。五〇年まで二十本余の映画に脇役として顔を出した。息子はＳＦ・ファンタジー作家のフリッツ・ライバー。

メアリー・ロバーツ・ラインハート
Mary Roberts Rinehart（1876-1958）
作家、劇作。ペンシルヴェニア州アリゲイニシティ生まれ。二十世紀初頭「サタデー・イヴニング・ポスト」などを舞台にさまざまなジャンルで活躍した作家。ミステリーものに評価が高く、〝アメリカのアガサ・クリスティ〟とも呼ばれた。その作品を原作とする映画に『めぐれる階段』（15）『医師と女』（18）『二十三時間半』（19）『彼女の恋物語り』（24）『バット』（26）『蝙蝠は囁く』（30）など。

マックス・ラインハルト　Max Reinhardt（1873-1943）
舞台演出、監督。ウィーン近郊バーデンの生まれ。〝劇場の魔術師〟と呼ばれた舞台演出家。ベルリンのドイツ座と付属の小劇場〈カンマーシュピール〉を拠点に華々しく活動する一方、外国にも頻繁に客演、寺院や野外での上演も試みた。一九二四年に初めて訪米、ニューヨークで「奇蹟」を上演する。二七年には二度目の訪米。三三年、擡頭するナチスを逃れてアメリカに定住、三四年ハリウッドで「真夏の夜の夢」を上演（翌年共同監督で同作を映画化）。その後もブロードウェイでソーントン・ワイルダー、アーウィン・ショーらの劇を演出した。

ベッシー・ラヴ　Bessie Love（1898-1986）
女優。テキサス州ミドランド生まれ。一九一五年映画入り。グリフィスの『イントレランス』で〝カナの花嫁〟に扮し、ダグラス・フェアバンクスとは『ドーグラスの奮闘』『善良なる悪人』で、Ｗ・Ｓ・ハートとは『蠻地の奇傑』（いずれも16）でそれぞれ共演、俳優として上々のスタートを切る。しかしその後は主演こそ重ねながら低迷。二九年ＭＧＭのオール・トーキー第一作『ブロードウェイ・メロディー』に主演、映画を大成功に導く。三〇年代中頃にはイギリスに居を定め、晩年までイギリスの舞台・映画・テレビで活動を続けた。出演作に『シスター・オブ・シックス』†（16）『永遠の三人』†（23）『殺人街』（24）『情焔の曲』（25）『陽気な踊子』（28）『裸足のイサドラ』（68）『レッズ』（81）など。

モンタギュー・ラヴ Montagu Love（1880-1943）
男優。イングランド、ハンプシャー州ポーツマス生まれ。新聞の挿絵画家から舞台俳優となり、一九一三年渡米。一五年クララ・キンボール・ヤングの『雪深き国』でアメリカ映画初出演。以来四〇年代初頭まで約百八十本の作品に脇役、とくに敵役として出演した。サイレント期の主な作品に『熱砂の舞』『ドン・ファン』（共に26）『ジェス・ジェームス』（27）『風』（28）など。

ジェイン・ラ・ヴァーン Jane La Verne（1922-?）
女優。没年不詳。カリフォルニア州レッドランズ生まれ。レジナルド・デニーの喜劇『私のパパさん』（27）で達者な子役ぶりを見せたことから『夢想の犯罪』（28）『その前夜』、マグノリアの子ども時代とマグノリアの娘キムの二役を演じる『ショウ・ボート』、『哀調の小径』（いずれも29）と出演が続くが、三〇年以降は映画に出ていない。

ジョゼフィーン・ラヴィット Josephine Lovett（1877-1958）
脚本。サンフランシスコ生まれ。監督ジョン・S・ロバートソンの夫人。『センチメンタル・トミー』（21）『嵐の国のテス』（22）『幻しの家』（24）『クラスメーツ』（24）『情焔の曲』（25）『アンニー・ローリー』（27）『船出の朝』（29）など、二〇年代のロバートソン作品の大半の脚本を書いている。他の監督のシナリオでは『踊る娘達』（28）『リノへの道』†（31）など。最後の脚本はJ・S・ロバートソン監督の『キャプテン・ハリケーン』†（35）。

ジェシー・L・ラスキー Jesse L. Lasky（1880-1958）
製作、経営。サンフランシスコ生まれ。新聞記者、探鉱者、ヴォードヴィルのコルネット奏者などを経て、興行側にまわり、一三年にはサミュエル・ゴールドフィッシュ、セシル・B・デミルとともにジェシー・L・ラスキー・フィーチャー・プレイ・カンパニーを設立、社長となる。第一作『スコオ・マン』†（14）が大成功。一六年アドルフ・ズーカーのフェイマス・プレイヤーズと合併、フェイマス・プレイヤーズ＝ラスキー・コーポレーションが誕生（これが後にパラマウントとなる）。ズーカーが社長、ラスキーは製作担当副社長に就任する。三二年パラマウント重役の地位を降り、独立プロデューサーとなる。三五年にはメリー・ピックフォードをパートナーに、ピックフォード・ラスキー・コーポレーションの社長におさまるも、これは短命に終わる。

バジル・ラスボーン Basil Rathbone（1892-1967）男優。南アフリカのヨハネスバーグ生まれ。一九一一年舞台デビュー。映画初出演は二一年イギリスで。サイレント期のアメリカ映画の出演は『死線を潜りて』（26）、ノーマ・シアラーと共演した『チェイニー夫人の最後†』（29）他数本。トーキー時代に入って出演数は飛躍的に増加する。代表作は『アンナ・カレニナ』（35）『ロビン・フッドの冒険』（38）『怪傑ゾロ』（40）等々の敵役と、三九年から四六年まで十四本続くシャーロック・ホームズ・シリーズのタイトル・ロールなど。

アーネスト・ラズロ Ernest Laszlo（1898-1984）撮影。オーストリア＝ハンガリー（現ハンガリー）のブダペスト生まれ。二十一歳のときからアメリカに。二七年キャメラマン助手として映画入り。パラマウントでキャメラ・オペレーターを務め（『少佐と少女』［42］など）、そのまま同社のキャメラマンに。作品に『第十七捕虜収容所』（53）『ヴェラクルス』（54）『キッスで殺せ』（55）『ニュールンベルグ裁判』（61）『愚か者の船』（65）『ミクロの決死圏』（66）など。

ウィルトン・ラッケイ Wilton Lackaye（1862-1932）男優。ヴァージニア州ロンドン・カウンティ生まれ。一八八三年舞台デビュー。代表的舞台に「トリルビー」（1895）「社会の柱石」（04）など。映画はモーリス・トゥールヌール監督の『穴†』（14）が初出演。他に得意のスヴェンガリを演じた、トゥールヌール監督／クララ・キンボール・ヤング共演の『モデルの生涯』（15）や『神のるつぼ†』（21）など。

ウィリアム・ラッセル William Russell（1884-1929）男優。ニューヨーク、ブロンクス生まれ。母親は有名な舞台女優。本人はボクサーの経験を持つ舞台俳優。一九一〇年映画入り。出演作に、タイトル・ロールを演じた『ロビンフッド』（13）『鉄拳の響』（19）『ボストン・ブラッキー†』『海の洗礼』（共に23）『決勝裸一貫』（24）『怪力無双』（25）など。

ハリー・ラフ Harry Rapf（1880-1949）製作。ニューヨーク生まれ。高校時代からアマチュア演劇に打ちこむ。ミンストレルショーやヴォードヴィルを経験した後、一九一五年頃独立製作者として映画入り。一九年セルズニック社、二一年にはワーナー・ブラザースに入社。ワーナーでは〝名犬リンチンチン〟ものを製作してヒットさせる。一九二四年、創設されたMGMに参加、アーヴィング・タルバーグの側近のひとりとなる。サイレント期のプロデュース作品に『町の英雄』（22）『虎狼の群』『奔流恋を乗せて』（共に23）『縺れ行く情火』（24）『大学のブラウン』『娘弁護士』（共に26）『夜明け前』（27）他。晩年までMGMの製作陣の一員でありつづけた。

サムソン・ラファエルソン　Samson Raphaelson（1896-1983）
劇作、脚本。ニューヨーク生まれ。「ジャズ・シンガー」（27）「アクセント・オン・ユース」（35）「スカイラーク」（41）などブロードウェイのヒット舞台劇の劇作家。映画『ジャズ・シンガー』（27）とは原作者としての関わりのみ。一九三〇年パラマウント社と契約してから脚本家としての活躍が始まる。代表作はルビッチの『私の殺した男』『極楽特急』（共に32）『天使』（37）『桃色《ピンク》の店』（40）『天国は待ってくれる』（43）などの他、『断崖』（41）『大地は怒る』（47）。

ヴァージニア・ラペイ　Virginia Rappé（1891-1921）
女優。ニューヨーク生まれ。モデルから映画の世界へ。ロイド・ハミルトン主演の短篇コメディ『トワイライト・ベビー』†（19）『ゲーム・レディ』†（21）や、長篇では『女冒険家』†（20）など、一九一七年から二一年の間に九本の出演作がある。二一年九月乱痴気パーティ後に膀胱破裂による腹膜炎で死亡。これがロスコー・アーバックルを殺人罪の被疑者とする一大スキャンダルに発展、アーバックルは映画生命を葬られる。

ローラ・ラ・プラント　Laura La Plante（1904-96）
女優。ミズーリ州セントルイス生まれ。一九二〇年クリスティ喜劇で映画初出演。翌年チャールズ・レイ主演『懐かしの泉』（21）でヒロインを演じる。フォックス社を経てユニヴァーサルに入り、最初は短篇アクションや西部劇に出演。その後は『バタフライ』（24）や『燻ゆる情炎』（25）のようなドラマで好演する一方、『大速力王』『宇宙突破』（共に24）『スキナーの夜会服』（26）といったコメディに明るい個性を発揮する。他に『浮かれ胡蝶』（26）『猫とカナリア』（27）『ショウ・ボート』（29）など。三三年から三五年にかけてイギリスで五本の映画に出演。帰国後ほどなく引退。最初の夫は監督のウィリアム・A・サイター。二番目の夫は製作者のアーヴィング・アッシャー。

アルフレッド・ラボック　Alfred Raboch（1888-1961）
監督。ニューヨーク生まれ。一九一八年助監督として映画入り。『ベン・ハー』（25）に監督補佐として加わったのち、二六年から監督に。監督作に『黄金蟲』（26）『オールバニー川の夜航船』†（28）『クリムゾン・トレイル』†（35）などがある。

バーバラ・ラ・マー　Barbara La Marr（1896-1926）
女優、脚本。ワシントン州ヤキマ生まれ。ダンサー出身のヴァンプ女優。一九二〇年映画デビュー。主な出演作に『三銃士』（21）『ゼンダ城の虜』（22）『永遠の都』（23）『白蛾は舞ふ』（24）『モンマルトルの女』†（26）など。ヘロイン中毒のため二十九歳の若さで亡くなる。

テリー・ラムゼイ　Terry Ramsaye（1885-1954）

著述、編集、製作。カンザス州トンガノクシー生まれ。ジャーナリストから一九一五年映画業界入り。ニュース映画の製作や編集に当たる他、「モーション・ピクチャー・ヘラルド」紙の編集者も務める。映画ではメリアン・C・クーパー、アーネスト・B・シェードサックのドキュメンタリー『地上』(25)に字幕作者ならびに編集担当として加わった。著書にアメリカ映画通史の嚆矢「百万一夜物語」(二五年)がある。

ラヨス・ビロ　Lajos Biró(1880-1948)
劇作、短篇作家、脚本。オーストリア＝ハンガリー(現ルーマニア)のナジャタード生まれ。ルビッチの『禁断の楽園』(24)、スティルレルの『帝国ホテル』(27)の原作者。一九二〇年代後半ハリウッドを訪れ、『肉体の道』(27)『最後の命令』『姫百合の花』『妖怪屋敷』(いずれも28)などのシナリオに加わる。この間知り合ったアレグザンダー・コルダに誘われて渡英、『ヘンリー八世の私生活』†(33)『鎧なき騎士』(37)『バグダッドの盗賊』(40)など、脚本面からロンドン・フィルムの隆盛に力を貸した。

エスター・ラルストン　Esther Ralston(1902-94)
女優。メイン州バーハーバー生まれ。幼少時より両親とともにヴォードヴィルの舞台に立つ。十四歳で映画入り。ユニヴァーサル社の西部劇やアクションものに脇役で出ていたが、二四年パラマウントに移ってから脱皮、パラマウント調都会喜劇を代表するスター女優となる。主な出演作に『ピーターパン』(24)『夫婦円満哲学』(25)『美女競艶』『戦艦くろがね号』(共に26)『近代女風俗』(27)『恋してぞ知る』(28)『女の一生』(29)など。三〇年代はMGMに移るもしだいに作品数が減り、四〇年に引退。

ロッド・ラ・ロック　Rod La Rocque(1898-1969)
男優。シカゴ生まれ。父親はフランス人、母親はアイルランド人。一九一二年から映画に出演。二三年の『十誡』で主演級俳優となる。他に『禁断の楽園』(24)『金色の寝床』(25)『お転婆スーザン』(25)『壁の中の声』(29)『白鳥』(30)など。夫人は女優のヴィルマ・バンキー。

フリッツ・ラング　Fritz Lang(1890-1976)
監督。ウィーン生まれ。サイレント期ドイツ映画を代表する監督のひとり。建築・美術を学んだのち、第一次大戦従軍をはさんでドイツ映画界入り。一九年監督デビュー。サイレント期の作品に『ドクトル・マブゼ』(22)『ニーベルンゲン』(24)『メトロポリス』(27)など。『M』(31)がトーキー第一作。ナチスを逃れて三四年渡米。『激怒』(36)以降アメリカ映画も数多い。

ハリー・ラングドン　Harry Langdon(1884-1944)

男優、監督。アイオワ州カウンスル・ブラフス生まれ。経歴・作品は第四十章参照。

エドワード・M・ラングリー
Edward M. Langley（1870-1949）
美術。生地不詳。『暗雲晴れて』（19）以降ダグラス・フェアバンクス作品の常連美術監督となる。フェアバンクス作品以外では『スポイラース』（14）『獅子の爪』（全18篇、18）など。

バジル・ランゲル　Basil Wrangell（1906-77）
編集。イタリア、トスカーナ出身。『ベン・ハー』（25）のスタッフに加わったことからそのままハリウッドに同行、ハリウッドでは同作の編集助手を務めた。働きが認められ編集技師として一本立ち。以後の編集作品に『惨劇の波止場』（30）『独裁大統領』（33）『大地』（37）などがある。五〇年代後半以降はテレビのシリーズものの編集が主になる。

ウォルター・ランディン　Walter Lundin（1892-1954）
撮影。シカゴ生まれ。一九一三年J・アーサー・ネルソン主演の〝スリム〟シリーズのキャメラマンとしてスタート。一五年からハロルド・ロイドのコメディを撮るようになり、以後三〇年の『足が第一』までロイド専従キャメラマンとなる（この間他の映画は二本のみ）。三〇年代以降はロイドものをさらに二本（『ロイドの活動狂』［32］『ロイドの大勝利』［34］）撮る一方で、ハル・ローチ撮影所やMGMでの短篇コメディの撮影が仕事の中心となる。長篇では『スパンキー将軍』（36）、ローレル＝ハーディの『宝の山』（37）など。

マックス・ランデール　Max Linder（1883-1925）
男優、監督、脚本、製作。フランス、サン＝ルーベス生まれ。大衆演劇のコメディアンとしてスタート。パテ社製作、ルイ・ガスニエ監督の『ある中学生の最初の外出』（05）で映画デビュー。フェルディナン・ゼッカに認められ、〇九年パテ社と正式契約を結び映画に専念。翌一〇年から紳士〝マックス〟のキャラクターで大人気。このシリーズは製作・監督・脚本も兼ねて一九年までつづく。一六年と二一年に渡米。いずれも自ら監督・脚本・主演の『ライオンと征服将軍』『女房欲しさに』（共に21）『三笑士』（22）を残す。二五年オーストリアで撮った『脱線曲馬王』を最後に妻とともに自殺を遂げる。

アルフレッド・ラント　Alfred Lunt（1892-1977）
男優。ウィスコンシン州ミルウォーキー生まれ。両大戦間の時期を代表するアメリカ人舞台俳優。一九一二年初舞台。一九年の「クラレンス」で注目される。二二年女優リン・フォンタンと結婚。その後はほとんどつねに夫婦共演となる。代表的舞台は「近衛兵」（24）「医師のジレンマ」（27）「エリザベス女王」（30）「ウィーンでの再会」（31）「生活の設計」

（33）「アンフィトリオン38」（37）など。ただし映画での夫婦共演は『青春来る』（24）『近衛兵』（31）の二本のみ。ラントの映画出演は他に『大北の怪異』『崖っぷち†』（共に23）『曲馬団のサリー』『駆落相手違ひ』（共に25）などがある。

リ

ベッツィ・リー　Betsy Lee（1907-96）
女優。ユタ州の出身。出演作は『スキナーの夜会服』（26）と『夜遊び三羽烏』（28）の二本。前者は端役だが、後者では主演レジナルド・デニーの相手役を務めている。デニーとは一九二八年十一月に結婚、添い遂げている。

ライラ・リー　Lila Lee（1901-73）
女優。ニュージャージー州ユニオンヒル生まれ。五歳からヴォードヴィルの舞台に立つ。十七歳のときジェシー・L・ラスキーにスカウトされ『空想家たちの船旅†』（18）で映画デビュー。『血と砂』（22）ではヴァレンティノと共演。その他『男性と女性』（19）『結婚は失敗か』（22）『不夜城の女』（25）『不浄な三人†』（30）などに出演。三七年にスクリーンを退き、舞台に活動の場を移す。

ローランド・V・リー　Rowland V. Lee（1891-1975）
監督。オハイオ州フィンドレーの生まれ。コロンビア大学を中退して地方劇団の俳優となる。『国民の創生』（15）を見て感激、自らの車でハリウッドに至り、トマス・インスのもとに加わる。二〇年監督に転じ、四五年の『海賊キッド』まで、二十六年間に三十本余の作品を監督した。主なものに『アリス・アダムズ†』『青春の血に燃えて』（共に23）『海底の銀宝』（26）『希望の船』（28）、トーキー転換以降では『ウォール街の狼』『フーマンチュウ博士の秘密』（共に29）『ブダペストの動物園』（33）など。

チャールズ（チャック）・リースナー　Charles (Chuck) Reisner（1887-1962）
監督、脚本、男優。ミネソタ州ミネアポリス生まれ。ボクサー、舞台俳優、作詞家などを経て、一九一五年映画入り。キーストン社で知り合ったチャップリンのギャグライター兼助監督として『犬の生活』（18）から『黄金狂時代』（25）までの作品に協力する。その後はチャップリンの兄シドニーの喜劇『馬車で風切る男』（25）『恋は曲者変装自在』『ベター・オール』（共に26）、バスター・キートンの『キートンの船長』（28）を監督、トーキー転換以降もジャック・ベニーの『高飛び成層圏』（35）、マルクス兄弟の『マルクス兄弟のデパート騒動』（41）、アボット＝コステロの『凸凹ハレムの巻』（44）を手がけた。

ウォーレス・リード　Wallace Reid（1891-1923）
男優。ミズーリ州セントルイス生まれ。一九一〇年、シカゴのシーリグ社に俳優として入る。その後ヴァイタグラフ、ユニヴァーサルと移り、その間にさまざまな職種を経験する。一五年の『国民の創生』の〝鍛冶屋ジェフ〟の役で注目され、フェイマス・プレイヤーズ＝ラスキーと契約。ジェラルディン・ファラーの相手役を務めた『カルメン』（15）『ジャン・ダーク』（16）などを皮切りに主演作を重ね、サイレント期を代表する人気スターとなる。一九年列車事故に巻き込まれて頭部を強打。痛みの緩和にモルヒネに頼るようになり中毒に。同時に飲酒癖も嵩じ、二三年入院先のサナトリウムで死去。出演作は他に『空中の勇者』（18）『疾風の如く』（19）『ダンス狂』（20）『アナトール』『永遠の世界』（共に21）『嵐に散る花』（22）など。死後、トマス・インスの製作、リード未亡人（女優ドロシー・ダヴェンポート）とベッシー・ラヴの主演で薬物中毒の恐ろしさを描く『人類の破滅』（23）が作られた。

J・パーカー・リード　J. Parker Read（1885-1942）
製作、監督。ニューヨーク生まれ。アソシエイテッド・プロデューサーズの設立メンバーのひとり。『勝利』†（13）『丈夫の誓』（20）『奮起の一戦』（23）などの監督作がある。

ルーサー・リード　Luther Reed（1888-1961）
脚本、監督。ウィスコンシン州バーリン生まれ。コロンビア大学卒業。ジャーナリストを経て、一九一六年脚本家として映画入り。第一次大戦に出征した後、マリオン・デイヴィス主演の『絶世の美人』（21）『若きダイアナ』『武士道華かなりし頃』（共に22）『懐しの紐育』（23）『ヨランダ姫』（24）などの脚本に加わる。二五年パラマウントで監督に。『不良老年』（26）『夜会服』『鳥なき里のお姫様』（共に27）『新婚受難』（28）などの〝パラマウント調コメディ〟の名手となるが、三〇年代前半で活動を停止。

トム・リケッツ　Tom Ricketts（1853-1939）
男優、監督。ロンドン生まれ。十七歳のとき渡米。画家の道をあきらめ、演劇の世界に入って俳優、演出家となる。一九〇六年シカゴのエッサネイ社に入り『クリスマス・キャロル』†（08）や『古びた骨董店』†（09）に出演、〇九年からは監督も始める。アメリカン・フィルム製作会社を経て、一一年アル・クリスティに伴いカリフォルニアへ。ネスター社の作品の半分近くを監督する。一二年五月ネスターがユニヴァーサルに統合されてからはフリーとなり一九年まで監督を続ける。以後は八十六歳で亡くなる直前まで俳優として映画に顔を出していた。監督作に『女の機知』†（09）『最良の男が勝利する』†（11）『ネッタの曙』†『インディアン攻撃隊』†（12）『損壊した商品』†（14）がある。

フランクリン・リッチー　Franklin Ritchie（1865-1918）
男優。ペンシルヴェニア州リチー生まれ。一九一三年映画初出演。出演作に『嘘つく唇』†『姉の苦哀』『孤島生活』（いずれも16）『やさしい侵入者』†（17）など。

ジャック・リチャードソン　Jack Richardson（1870-1960）
男優。ニューヨーク生まれ。一九一一年映画初出演。『曲馬の天使』（19）『人生の関所』（20）『深夜の特急』（24）他多数で助演。

チャールズ・リチャードソン　Charles Richardson（1893-1923）
撮影。生地不詳。一九二二年『ロビン・フッド』（22）で撮影助手に付き、翌二三年撮影監督に。『情熱の花を訪ねて』『天地砕けよ』（共に23）他四本を撮るも、同年死去。

ギュンター・リッタウ　Günther Rittau（1893-1971）
撮影。ドイツ、ケーニヒスヒュッテ（現ポーランド、ホジュフ）生まれ。一九二一年キャメラマンに。主な作品に『ニーベルンゲン』（24）『メトロポリス』（27）『アスファルト』（29）『嘆きの天使』（30）『狂乱のモンテカルロ』（31）『ブロンドの夢』（32）など。六〇年代初頭まで現役をつづける。

アーサー・リプリー　Arthur Ripley（1897-1961）
編集、脚本、監督。ニューヨーク生まれ。十四歳で映画入り。カーレム、ヴァイタグラフ、ユニヴァーサル等を転々とするあいだに編集、撮影の技術を修得する。ユニヴァーサルではアーヴィング・タルバーグの指示を受けシュトロハイムの『愚なる妻』〔22〕の再編集に当たった。二〇年代マック・セネットのもとでギャグライター、脚本家として才能を開花させ、とくにフランク・キャプラとともにハリー・ラングドン喜劇に大きな貢献を果たす（長篇では『初陣ハリー』『当りっ子ハリー』〔共に26〕『初恋ハリイ』『岡惚れハリー』〔共に27〕『女権拡張』『馬鹿騒ぎ』〔共に28〕に参加）。三三年からは監督活動を並行させ、多くの短篇コメディの他、『風の中の声』†（44）『追跡』†（46）などの長篇監督作がある。

オーギュスト・リュミエール　Auguste Lumière（1862-1954）
ルイ・リュミエール　Louis Lumière（1864-1948）
発明、製作、監督。エジソンのキネトスコープをヒントに兄弟でシネマトグラフを開発。一八九五年十二月二十八日パリのグラン・カフェでそのシネマトグラフを世界で初めて一般公開する。そのとき上映されたのが『リュミエール工場の出口』他、十本で、その他最初期の作品に『ラ・シオタ駅の列車到着』『赤ん坊の食事』『水をかけられた撒水夫』（いずれも1895）などがある。アメリカ（ニューヨーク）・デビューは翌九六年六月下旬。数カ月のうちに米国内主要都市に上映は広がり、エジソンのヴァイタスコープの強力なライバルのひとつとなった。

ビアトリス・リリー　Beatrice Lillie（1894-1989）
女優、歌手。カナダ、オンタリオ州コーバーグ生まれ。一九二〇年代以降英米両国で人気を誇ったコメディエンヌ。ひとり舞台を得意とした。映画出演はいたって少なく、サイレント期に一本『退場は微笑みながら』†（26）と、トーキー転換以降のミュージカル・コメディ『腕はたしか』（30）、ビング・クロスビー主演の音楽物『ドクター・リズム』†（38）。あとはゲスト出演のものが少々。

E・K・リンカーン　Edward Kline Lincoln（1884-1958）
男優。ペンシルヴェニア州ジョンズタウン生まれ。一九一二年映画デビュー。出演作に『衷心の声』（20）『神の変へし女』（21）『暗中の光』（22）など。二五年の『隣人の妻』†が最後の作品。

ル

ベン・ルイス　Ben Lewis（1894-1970）
編集。ニューヨーク生まれ。一九二四年からMGMの編集技師に。担当作品に『ミスター・ウー』（27）『南海の白影』（28）『トレイダ・ホーン』（31）『類猿人ターザン』（32）『晩餐八時』（33）『男の世界』（34）『キスメット』（44）『甦る熱球』（49）『勇者の赤いバッジ』（51）など。晩年はテレビドラマも編集。

ラルフ・ルイス　Ralph Lewis（1872-1937）
男優。イリノイ州イングルウッド生まれ。舞台俳優から映画に入る。一九一二年映画初出演。出演作に『恐ろしき一夜』（14）『国民の創生』『ウルフ・マン』†（共に15）『マクベス』†『イントレランス』（共に16）『八一三』（20）『征服の力』（21）『自己宣伝』（23）『ダンテ地獄篇』（24）など。

ウィルフレッド・ルーカス　Wilfred Lucas（1871-1940）
監督、男優。カナダ、トロント生まれ。舞台を経て、一九〇七年バイオグラフに入り、グリフィスの映画に出演する。一二年にマック・セネットのキーストン社に移るとともに監督兼業となり、その後ユニヴァーサルでは『馬上の花』『赤き赤き心』（共に18）などを撮る。トーキー転換以降も脇役俳優、ときに監督として息長く活動した。

アニタ・ルース　Anita Loos（1888/93-1981）
脚本。カリフォルニア州シスンズ生まれ。一九一二年から一六年にかけて『ニューヨークの帽子』†（12）をはじめ多くのシナリオ（概要）をD・W・グリフィスに提供する。一六年から一七年にかけてはダグラス・フェアバンクスのために、一九年から二三年にかけてはコンスタンス・タルマッジのためにシナリオを、多くの場合夫のジョン・エマーソンと共同で書いている（前者では『ドーグラスの苦心』『電話結婚』［共に16］『ドーグラスの蛮勇』［17］、後者では『笑みの酬ひ』

〔19〕『無条件』『愛人の許へ』〔共に21〕『踊り子懐かし』〔22〕など）。二五年小説「紳士は金髪がお好き」を発表、これが大評判となり、映画化（28、マルコム・セント・クレア）のさいは脚色も行なう。四〇年代初頭まで脚本家として活動。後年の作品に『赤毛の女†』（32）『桑港《サンフランシスコ》』（36）『サラトガ†』（37）『女たち†』（39）など。

アルマ・ルーベンス Alma Rubens（1897-1931）
女優。サンフランシスコ生まれ。一九一六年『ドーグラスの奮闘』でデビュー。スター女優として着実に作品を重ねるも、ヘロイン中毒となり、治療施設の入退院を繰り返した挙げ句、三一年三十三歳で肺炎のために死去。主な出演作は『ユーモレスク』（20）『傷める胡蝶』（26）『サロメの心』（27）『悪魔の仮面』（28）『ショウ・ボート』（29）など。最初の夫はウィリアム・ファーナム、三番目の夫はリカルド・コルテス。

ジョゼフ・ルッテンバーグ Joseph Ruttenberg（1889-1983）
撮影。ロシア、サンクトペテルブルク生まれ。四歳のとき一家でアメリカに移住、ボストンに住む。新聞記者兼報道カメラマンからニュース・キャメラマンを経て、一五年フォックス社に。一七年キャメラマンになり、ハリー・ミラード監督（『神の怒』〔22〕『冬来りなば』〔23〕『愚者』〔25〕等）とコンビを組むなどサイレント期だけで約三十本の作品を担当。トーキー初期にはD・W・グリフィスの最後の作『苦闘†』（31）を撮っている。三〇年代中盤以降はＭＧＭに属し、『哀愁』（40）『ミニヴァー夫人』（42）『ガス燈』（44）『恋の手ほどき』（58）などの撮影を担当した。

エルンスト・ルビッチ Ernst Lubitsch（1892-1947）
監督、男優。ベルリン生まれ。父親は洋装店経営者。若い頃から舞台にあこがれ、一九一一年マックス・ラインハルトのドイツ座に入団。翌一二年からは映画界でも働くようになり、ほどなく人気コメディアンに。監督兼任となると監督としても腕を上げ、ポーラ・ネグリ主演の『パッション』（19）で国際的名声を獲得。二二年メリー・ピックフォードに招かれて渡米、『ロジタ』（23）を撮る。次いでワーナー・ブラザースから『結婚哲学』（24）を発表。アメリカ映画に機知と皮肉のソフィスティケイティッド・コメディの世界を呼びこんだ。以後のサイレント期の作品に『三人の女†』（24）『ウィンダミア夫人の扇』（25）『思ひ出』（27）『愛国者』（28）がある。トーキー第一作は『ラヴ・パレード』（29）。その後の代表作に『極楽特急』（32）『天使』（37）『ニノチカ』（39）『生きるべきか死ぬべきか』（42）など。

マーヴィン・ルロイ Mervyn LeRoy（1900-87）
男優、脚本、監督。サンフランシスコ生まれ。十代の頃からヴォードヴィルの舞台に立つ。一九年いとこのジェシー・L・ラスキーの推薦状を得てフェイマス・プレイヤーズ＝ラスキーの衣装部へ。キャメラマン助手、エキストラ等を経て『快走王』（20）で映画初出演。二四年からコメディの脚本家、ギャグライターとなり『滑稽ホリウッド』（24）『踊子サリー』（25）などの映画に関わる。二七年『蛮婚崇拝』で監督に。その後の監督作に『ハロルド・ティーン』『高速度娘蕾の巻』（共に28）『高速度娘ジャズの巻』（29）。トーキー転換以降のワーナー・ブラザース、MGMにおける活躍は著名なところ。

レ

ジョン・グリフィス・レイ　John Griffith Wray（1881-1929）監督。ミネソタ州ミネアポリス生まれ。トマス・インスのもとで一九一三年から監督に。二〇年『素朴な人々』で長篇初監督。その後の作品に『偽りの唇』（21）『結婚愛』、ウォーレス・リード夫人が薬物中毒の害悪を訴えた『人類の破滅』、「アンナ・クリスティ」の最初の映画化『海の洗礼』（いずれも23）『傷める胡蝶』『地獄町四百丁目』（共に26）など。

チャールズ・レイ　Charles Ray（1891-1943）男優。イリノイ州ジャクソンヴィル生まれ。鉄道員の父親に伴いロサンゼルスに移る。若い頃より演劇活動に打ちこみ、一九一二年映画入り。トマス・インスのもとでさまざまな役柄を演じる。一七年インスとともにフェイマス・プレイヤーズ＝ラスキーに移る。困難に遭遇して成長する田舎の純朴な青年を得意役にして広く人気を博す。二〇年自らの製作会社を設立。『平和の谷』（20）、無字幕映画に挑戦した『懐かしの泉』（21）『裸一貫の男』（22）『我が恋せし乙女』などでさらに評価を高めるが、大作『怒涛彼方へ』（共に23）の大失敗で破産。その後は再起できないままで終わる。

ハリー・レイノルズ　Harry Reynolds（1901-71）編集。カリフォルニア州フレスノ生まれ。一九二七年から編集技師に。作品に『知られぬ人』『真夜中過ぎのロンドン†』（共に27）『ザンジバールの西†』（28）『海魔』（30）『戦慄の調べ』（45）など。五〇年代からはテレビに移る。

ベン・F・レイノルズ　Ben F. Reynolds（1891-1948）撮影。生地不詳。一九一七年キャメラマンに。担当作品に『アルプス颪』（19）『悪魔の合鍵』（20）『愚なる妻』（22）『メリー・ゴー・ラウンド』（23）『グリード』『信号塔』（共に24）など。三〇年代半ばで引退。

リン・レイノルズ　Lynn Reynolds（1891-1927）監督。アイオワ州ハーレム生まれ。一九一四年映画入り。はじめ俳優、のちに脚本家兼監督としてユニヴァーサルに。その後フォックスに移り、トム・ミックス（『天空万馬』〔22〕『天地震撼』〔25〕）、フート・ギブソン（『鞍上の快傑』〔26〕『ギブソン大手柄』〔27〕）らの西部劇を主に担当。本文にあるルネ・アドレー主演のものは『大自然を敵として』（27）で、この製作期間中にレイノルズは拳銃自殺、映画はアーヴィング・ウィラット監督によって完成された。

チャールズ・レイン　Charles Lane（1869-1945）
男優。イリノイ州マディソン生まれ。一九一四年映画デビュー。『狂へる悪魔』（20）『ホワイト・シスター』（23）『夢想の楽園』（26）『港の女』（28）など二九年までの間に四十本近くの映画に出演する。

ヘンリー・〝パテ〟・レーマン
Henry 'Pathé' Lehrman（1886-1946）
男優、ギャグマン、監督、製作。ウィーン生まれ。一九〇九年フランス・パテ社の代理人を名乗って強引にグリフィス配下となったことから〝パテ〟のミドルネームを授かる。グリフィス作品のエキストラから始まり、一一年には初監督。次いでキーストン社（チャップリンの第一作『成功争い』、第二作『ヴェニスの子供自動車競走』を監督）、自ら設立したL-KO社、一七年にはフォックスへと移り、短篇コメディの製作・監督をつづける。二〇年代には『荒れ狂ふ猛将』（22）『大馬鹿野郎』（23）『風雲児』（24）『疾風武者』（26）などアクションものの長篇も撮っている。活動は三一年まで。

レオポルド大公　Archduke Leopold of Austria（1897-1958）
男優。オーストリア＝ハンガリーのアグラム（現クロアチアのザグレブ）生まれ。『夜稼ぎ二人組』（27）、ジョン・フォードの『四人の息子』、エリッヒ・フォン・シュトロハイムの『結婚行進曲』（共に28）の三本に出演している。『結婚行進曲』では技術指導も行なった。

エルギン・レスリー　Elgin Lessley（1883-1944）
撮影。ミズーリ州ヒグビー生まれ。一九一六年ロスコー・アーバックルの短篇コメディ『彼はやった、彼はやらなかった』†『給仕の舞踏会』†（共に16）からキャメラマンに。一九年の『舞台裏』†からバスター・キートンに付くようになり、長篇も『滑稽恋愛三代記』（23）から『キートンのカメラマン』（28）までのほぼすべて、またハリー・ラングドンの長篇も『初陣ハリー』（26）から『女権拡張』（28）までの五本を担当した。

ジェイ・レッシャー　Jay Rescher（1893-1973）
撮影。ニュージャージー州ベイヨン生まれ。サイレント期の撮影作品は『海の乙女』（20）と『海底の黄金』†（21）の二本。あとは三九年に三本あるのみ。

ジョー・レディ　Joe Reddy（1893-1967）
宣伝。ニューヨーク出身。『ロイドの人気者』（25）『田吾作ロイド一番槍』（27）『スピーディ』（28）『ロイドの大勝利』

（34）で広報主任のクレジットを得ている。

ガス・レナード　Gus Leonard（1859-1939）
男優。フランス、マルセイユ生まれ。子どもの頃から舞台に立ち、長じてはヴォードヴィルで酔っ払いの給仕役を得意にした。一九一四年から映画に出演。トーキーに入ってからの端役を含めれば二百本を超す出演作がある。ロイド喜劇には〝ローンサム・ルーク〟の頃からの常連。長篇ものの出演は『無我夢中』（22）『我が恋せし乙女』（23）など。

ロバート・Z・レナード　Robert Z. Leonard（1889-1968）
監督。シカゴ生まれ。十四歳から舞台に立ち、一九〇七年シーリグ社に俳優として入る。一三年監督に。一五年ユニヴァーサルと契約。一九年妻で女優のメイ・マレイとティファニー・プロダクションを設立。二四年夫婦そろってMGMに。マレイは二年後MGMを離れるが、レナードは同所にとどまり、ミュージカルやコメディに達者な腕を奮った。サイレント期の作に『マスター・キー』（全15篇、14）『女人の切望』（19）『輝く青春』（20）『金色の舞』（21）『女の魅力』（22）『舞踊王國』（23）『娘弁護士』（26）『天使の顔』（28）など。メイ・マレイとは二五年に離婚。二番目の妻は女優のガートルード・オルムステッド。

パウル・レニ　Paul Leni（1885-1929）
監督。ドイツ、シュトゥットガルト生まれ。前衛画家、演劇・映画のセットデザイナーから一九一六年監督となる。『裏梯子』（21、レオポルド・イエスナーと共同）『裏町の怪老窟』（24）で名を高め、二七年ユニヴァーサル社のカール・レムリに招かれハリウッドに。アメリカでの監督作は『猫とカナリア』『支那の鸚鵡』（共に27）『笑ふ男』（28）『最後の警告』（29）の四本。二九年九月敗血症のため急死。

エドワード・レムリ　Edward Laemmle（1887-1937）
監督。シカゴ生まれ。ユニヴァーサル社の創設者カール・レムリの甥。一九二〇年から三五年までの間に約六十本の作品を監督する。主なものにレジナルド・デニーの『拳闘王』（全6篇、22）、ハーバート・ローリンソンの『勝利の栄冠』（23）、エドワード・エヴァレット・ホートンの『天下の大評判』（26）、ノーマン・ケリーの『男・女・妻』、グラディス・ブロックウェルの『ドレーク事件』（共に29）、トム・ミックスの西部劇『テキサスの無頼漢』（32）など。

カール・レムリ　Carl Laemmle（1867-1939）
製作、経営。ドイツ、ラウプハイム生まれ。ユニヴァーサル社の創始者。ユダヤ人家庭の十三人の子どもの十番目に生まれる。十七歳で単身渡米、衣料店の支配人にまで出世する。シカゴのニッケルオデオンに投資して成功。配給にも手をのばす。映画特許会社の圧力にも屈せず、一九〇九年インディペンデント・モーション・ピクチャー・カンパニー・オブ・アメリカ（ＩＭＰ）を設立して映画製作に乗り出す。翌年には〝バイオグラフ・ガール〟フローレンス・ローレンスを引き抜き、その死亡記事を敵方が掲載させたように見せかけるなど巧妙な宣伝戦を展開する。一二年には映画特許会社との法廷闘争に勝利するとともに、中小映画会社を統合、ユニヴァーサル映画製作会社（のちのユニヴァーサル）を成立させる。一四年カリフォルニアに本拠を移す。一五年サンフェルナンド・ヴァレーに二百三十エーカーに及ぶユニヴァーサル・シティをオープンした。会社は順調に発展するが、大不況下の経営に失敗。三五年レムリは五百万ドル余でユニヴァーサルの売却に追いこまれる。ディアナ・ダービン映画でユニヴァーサルが息を吹き返すのは三〇年代末のこととなる。

ロ

マーナ・ロイ　Myrna Loy（1905-93）
女優。一九二五年頃からエキストラ、端役で映画出演。二〇年代はメイド（『陽気な巴里っ子』〔26〕など）、のちにはアラブやインドの女性といったエキゾチックな役柄（『ノアの箱船』〔28〕『黒時計連隊』〔29〕など）が多かった。三〇年代以降はイメージが一新、ＭＧＭの看板女優のひとりとなる。

ゲイロード・ロイド　Gaylord Lloyd（1888-1943）
男優、助監督。ネブラスカ州バーチャード生まれ。ハロルド・ロイドの兄。一九一六年ハロルド・ロイドの短篇『ルークに瓜二つ』にロイドの〝そっくりさん《ダブル》〟で出演して以来、ロイド喜劇にロイドの代役、エキストラ、スタッフとして加わる（この間ロイドもの以外のハル・ローチ短篇コメディにも出演している）。『田吾作ロイド一番槍』〔27〕から『ロイドの活動狂』〔32〕までの五本の長篇喜劇では助監督を務めた。

ハロルド・ロイド　Harold Lloyd（1893-1971）
男優、監督、製作。ネブラスカ州バーチャード生まれ。経歴・作品は第四十二章参照。

フランク・ロイド　Frank Lloyd（1886-1960）
監督。スコットランド、グラスゴー生まれ。十五歳で舞台に立ち、カナダを経て一九一三年アメリカに。同年俳優として映画入り。翌年から監督となり、以後四十年間第一線で活動を続ける。作品に『二都物語』〔17〕『世界の其女』〔19〕『オリヴァー・トウヰスト』〔22〕『シー・ホーク』〔24〕『赤ちゃん母さん』〔27〕『情炎の美姫』〔29〕、トーキー転換以降では『女性に捧ぐ』〔31〕『カヴァルケード』〔33〕『戦艦バウンティ号の叛乱』〔35〕『二国旗の下に』〔36〕『セイルムの娘』『新天地』（共に37）など。

エドマンド・ロウ　Edmund Lowe（1890-1971）
男優。カリフォルニア州サンホセ生まれ。一九一七年映画入り。出演作に『スエズの東』(25)、『栄光』(26)『乙女よ純なれ』『闇より光へ』(共に28)『藪睨みの世界』『懐しのアリゾナ』(共に29)など。三〇年代以降も脇役にまわって長らく健在だった(『晩餐八時』[33]『最後の歓呼』[58]『西部に賭ける女』[60]など)。

マーカス・ロウ　Marcus Loew (1870-1927)
興行、経営。ニューヨーク生まれ。両親はユダヤ系のオーストリア移民。さまざまな職種、起業を経験したのち、一九〇五年アドルフ・ズーカーと共同でマンハッタンとシンシナティのペニー・アーケードを買収、ピープ・ショー・ビジネスを始める。ピープ・ショーはやがてニッケルオデオンへ、さらにヴォードヴィルと映画の劇場チェーンへと拡充される。一〇年には社名をロウズ・コンソリデイテッド・エンタープライズとし、ズーカーに加えて、ジョゼフとニコラスのスケンク兄弟を補佐役におく。一二年にはニューヨークを中心に全国のおよそ四百の映画館を獲得するまでになる。二〇年、自ら所有の劇場チェーンに映画を供給するため、製作会社メトロ映画を買収。二四年ゴールドウィンとメイヤーの支配的持ち分を得、メトロを加えた三社を統合、ロウズ・インクを親会社とするメトロ・ゴールドウィン・メイヤー(ＭＧＭ)を設立する。二七年ＭＧＭの最盛期を目にすることなく死去。社長の座はニコラス・スケンクが継ぐことになった。

ウォタスン・R・ローサッカー
Watterson R. Rothacker (1885-1960)
シカゴ生まれ。映画特殊効果ラボ、ローサッカー映画製作社のオーナー。『ロスト・ワールド』(25)との関わりで知られるが、他に『生ける仮面』(18)『神の鉄槌』(19)の製作にも加わっている。

ジャクスン・ローズ　Jackson Rose (1886-1956)
撮影。シカゴ生まれ。一九一四年キャメラマンに。作品に『燻ゆる情炎』(25)『のんだくれ』(26)『君が為め命捧げん』『大陸出没の怪紳士』(共に27)『情熱の沙漠』(28)『ロスト・ツェッペリン』(29)など。二〇年代半ばから後半にかけてはエドワード・スローマン監督とのコンビが多い。

ハル・ローチ　Hal Roach (1892-1992)
製作、監督。ニューヨーク州エルミラ生まれ。一九一二年ユニヴァーサル社のエキストラ、スタントマンとして映画入り。同所でハロルド・ロイドと知り合う。一五年遺産相続で得た三千ドルを元手に製作会社を作り、ロイドを呼び寄せるも、映画が売れず会社は失敗。監督としてエッサネイに入る(ロイドはキーストンへ)。ほどなくパテ社の後ろ盾を得、ダン・リンシカムとローリン映画社を設立する(再度ローチの元に参じたロイドは〝ローンサム・ルーク〟シリーズで当てる)。その後ロイドは独立するも、ローチはコメディアン、スタッフを徐々に充実させ、コメディのみならず西部劇、アクション物などに手を広げ、ローチ撮影所を繁栄に導く――二〇年代後半の三大呼び物は、ローレル＝ハーディ、チャーリー・チェイス、アワー・ギャングであった。三〇年代は『ミュージック・ボックス』†（32）『教育にうんざり』†（36）で二度アカデミー賞短篇賞を受賞、長篇では『廿日鼠と人間』（39）『紀元前百万年』（40）を製作する（後者では共同監督）。第二次大戦中は軍隊用の訓練映画・宣伝映画作りに当たり、戦後はテレビに活躍の舞台を移し、五〇年代後半に撮影所はたたむものの、それ以後も元気な姿を保持した。一九八四年アカデミー賞名誉賞を受賞。

デル・ロード　Del Lord（1894-1970）
監督。カナダ、オンタリオ州グリムズビーの生まれ。キーストン社のスタントマン、キーストン・コップスの一員から一九二〇年には監督になり、二巻物コメディを多数手がける。三四年からはコロムビアで〝三馬鹿大将〟の短篇を五〇年代初頭まで担当。長篇作品に『前線の迷子』†（27）『がらくた宝島』（29）『テレビに捕えられて』†（36）などがある。

リチャード・ローランド　Richard A. Rowland（1880-1947）
製作。ペンシルヴェニア州ピッツバーグ生まれ。一九一五年メトロ映画の設立に加わる。二二年にはファースト・ナショナルの総支配人に就任。製作者として名前の出ているものに、ナジモワの『剣の舞』（18）他三本の作、『トロイ情史』（27）『煩悩』（28）『ダイヤモンド事件』（29）『美しき生涯』（41）等々。

ジョン・ローリンズ　John Rawlins（1902-97）
編集、監督。カリフォルニア州ロングビーチ生まれ。エキストラ、ギャグマン、助監督として一九一八年映画入り。二四年から編集技師となり、レジナルド・デニー、ウィリアム・A・サイター監督コンビの映画、『宇宙突破』（24）から『幸運デニー』（28）まで九本に付く。他の編集担当作品に『あこがれ』（28）『闇の銃声』（33）『黄金の雨』（36）など。三二年から監督を始め、三〇年代末からは監督職に専念。ユニヴァーサル社でディック・トレイシーもの、シャーロック・ホームズものなどを手がける。

スタン・ローレル　Stan Laurel（1890-1965）
男優。イングランド、ランカシャー州アルヴァストン生まれ。両親とも舞台人。十六歳で初舞台。一九一〇年フレッド・カーノー一座に入団。チャップリンの代役もつとめる。二度目の米国巡業のあと当地にとどまり、アメリカのヴォードヴィルを活動拠点とする。一七年から映画にも出るようになるが、二六年ハル・ローチと長期契約を結び、翌二七年からオリヴァー・ハーディとのコンビが本格的に始まった。

アル・ロケット　Al Rockett（1889-1960）
レイ・ロケット　Ray Rockett（1889-1959）
製作。インディアナ州ヴィンセンズ生まれ。両名共同製作は『取り扱い注意』†（22）『エイブラハム・リンカーンの劇的な生涯』†（24）の二作のみ。それ以降アルは『紅草紙』（27）『煩悩』（28）など、レイは『結ぶ縁恋の釣天井』（27）『スコール』（29）などを製作している。

チャールズ・ロシャー　Charles Rosher（1885-1974）
撮影。ロンドン生まれ。経歴・作品は第十八章参照。

ウィル・ロジャーズ　Will Rogers（1879-1935）
男優。オクラホマ州ウーロガー生まれ。子どものときから乗馬、投げ縄の名人で、ワイルド・ウェスト・ショーの一員としてエンターテイナーの第一歩を踏み出す。時事的かつ当意即妙の語りでユーモリストとしても人気を博し、ヴォードヴィルからミュージカル・コメディ、一九一七年にはジーグフェルド・フォリーズの看板スターにまで上り詰める。映画は一八年から。一九年から二一年はゴールドウィンでクラレンス・バジャー監督とコンビを組む（『女に親切な男』〔19〕『酒の世の中』〔20〕『身代わりロメオ』〔21〕など）。短期間パラマウント（『魂の入れ替え』〔22〕）を挟んで、二二年から二四年まではハル・ローチ撮影所で短篇コメディを連作。二九年からはフォックス社に。『プリースト判事』†（34）『周遊する蒸気船』†（35）などのジョン・フォードとのトーキー作品が映画での名声を決定づけた。三五年八月アラスカにおいて飛行機事故の犠牲となる。

チャールズ・〝バディ〟・ロジャーズ
Charles 'Buddy' Rogers（1904-99）
男優。カンザス州オーレーズ生まれ。パラマウント社内の演技スクールに半年間通ったあと、『青春の喜び』（26）で映画デビュー。『つばさ』（27）でタフな若者を演じはしたが、いつまでも若々しい風貌で、女優のよきお相手役という印象は拭えなかった。出演作に『給与はアップ、勤務は短縮』†『チョビ髯成功美談』（共に26）『デパート娘大学』（27）『アビーの白薔薇』（28）『若き翼』（30）『大学の人気者』（35）『どうぞこちらへ』†（37）など。『デパート娘大学』で共演したメリー・ピックフォードと三七年に結婚。七九年に彼女が亡くなるまで添い遂げた。

ナット・ロス　Nat Ross（1902-41）
監督。サンフランシスコ生まれ。一九二二年に監督となり、三一年までの間に約六十本の作品を手がけている。長篇は『悍馬の健児』（22）『猛者来る』（23）『曲者待った』（28）など、そのうちの三分の一ほど。

マレイ・ロス　Murray Roth（1893-1938）

脚本、監督。ニューヨーク生まれ。一九二六年の短篇コメディ『破産ハネムーン』†から脚本家に。翌年から監督も行なう。脚本に加わったものに『初陣ハリー』（26）『呑気大将軍功名の巻』（27）『ナイトクラブの女王』†（29）『恋に賭けるな』（33、兼監督）『ギャングの罠』（37）など。監督作にはデイモン・ラニヨンの短篇を原作とした『地下街』（34）、航空機内アクション『銀翼の戦慄』（36）など。

ジョー・ロック　Joe Rock（1893-1984）
男優、製作、監督。ニューヨーク生まれ。ヴォードヴィル芸人からスタントマンとして映画入り。一九一七年にはアール・モンゴメリーとコンビを組み、ヴァイタグラフでコメディを連作する。二一年自らのプロダクションを設立、短篇コメディの製作に入る。三三年に製作した短篇『クラカトア』†ではアカデミー賞短篇賞を受賞している。

オーマー・ロックリア　Ormer Locklear（1891-1920）
スタントマン、男優。テキサス州グリーンヴィル生まれ。第一次大戦では航空隊に所属。復員後、航空ショーのスター・パイロットとして名を上げる。一九年『空中の脅威』に主演。主演第二作『航空百万哩』（20）の撮影中スタント飛行に失敗。同乗していたミルトン・エリオットとともに犠牲となる。女優ヴァイオラ・ダナの愛人でもあった。

アーサー・ロッソン　Arthur Rosson（1886-1960）
監督、助監督、第二班監督。フランス、ポー生まれ。監督リチャード・ロッソン、撮影監督ハル・ロッソンの兄。スタントマンから映画の世界に入り、一九一七年監督に。フォックスでトム・ミックスの西部劇（『冒険騎手』［19］『喧嘩魂』［22］等）、ユニヴァーサルでウィリアム・デズモンドの活劇（『鉄拳牧師』［24］『赤毛布隊』［25］）、またリチャード・タルマッジもの（『鉄壁突破』『穴敵粉砕』［共に25］等）などを撮る。助監督、第二班監督としても定評があり、ハワード・ホークスの『教授と美女』（41）『赤い河』（48）、セシル・B・デミルの『大平原』（39）『地上最大のショウ』（52）等々に付いている。

ハル・ロッソン　Hal Rosson（1895-1988）
撮影。ニューヨーク生まれ。監督のアーサー・ロッソン、同じく監督のリチャードの弟。女優のヘレン（1897-1985）の兄。一九一三年頃ハリウッドに。キャメラ・オペレーターを経て、一六年キャメラマンに。二〇年代には主にパラマウントでアラン・ドワン監督、グロリア・スワンソン主演のものなどを、三〇年代以降はMGMでヴィクター・フレミング、W・S・ヴァン・ダイクの作品の他、同社を代表するミュージカルの数々を担当した。作品に『嬲られ者』（24）『紳士は金髪がお好き』『アビーの白薔薇』『紐育の波止場』（いずれも28）『女の一生』（29）『類猿人ターザン』『紅塵』（共に32）『沙漠の花園』（36）『オズの魔法使』（39）『踊る大紐育』（49）『アスファルト・ジャングル』（50）『雨に唄えば』（52）など。

リチャード・ロッソン　Richard Rosson（1893-1953）
男優、監督。ニューヨーク生まれ。長兄アーサーは監督。妹ヘレンは女優。弟ハルは撮影監督。一九一一年俳優で映画デビュー。一七年監督に（俳優は二二年まで）。監督作に『野薔薇』（26）『金髪か黒髪か』『殿様専門娘』『オール持つ手に』（いずれも27）があり、トーキー転換以降はハワード・ホークスらの第二班監督をしばしば務めた（『虎鮫』〔32〕『グレート・ワルツ』〔38〕『コンドル』〔39〕など）。

ジョン・S・ロバートソン　John S. Robertson（1878-1964）
監督。カナダ、オンタリオ州ロンドン生まれ。サイレント期の名監督のひとり。舞台俳優から一九一五年ヴァイタグラフに入る。一六年監督に転じ、三〇年代半ばまで活躍。作品にジョン・バリモアの『狂へる悪魔』（20）、ガレス・ヒューズの『センチメンタル・トミー』（21）、メリー・ピックフォードの『嵐の国のテス』（22）、リチャード・バーセルメスの『幻しの家』（24）『情焔の曲』（25）、リリアン・ギッシュの『アンニー・ローリー』（27）、グレタ・ガルボの『船出の朝』（29）など。妻は脚本家のジョゼフィーン・ラヴィット。

アルトゥール・ロビソン　Arthur Robison（1883-1935）
監督。シカゴ生まれ。両親はドイツ系ユダヤ人。ミュンヘン大学で医学を修める。表現派芸術運動に惹かれ一四年映画の世界に。『戦く影』（23）を監督して注目を集める。イギリスでは一本『密告』（29）を撮った。

フォレスト・ロビンソン　Forrest Robinson（1858-1924）
男優。ニューヨーク州ロチェスター生まれ。一九一五年から映画に。出演作に『百万弗』（15）『家治まりて』（20）『乗合馬車』（21）『嵐の国のテス』（22）『売られ行く魂』（23）『男子起たば』（24）など。二十余本の映画に出演したのち、二四年に六十五歳で亡くなっている。

ワ

ウォーレス・ワースリー　Wallace Worsley（1878-1944）
監督、男優。ニューヨーク州ウォッピンジャズ・フォールズ生まれ。一九〇一年からブロードウェイの舞台に立つ。一七年俳優として映画入り。翌年『外敵』で監督に。その後の監督作に『歓楽の女』（19）『天罰』（20）『ハートの一』（21）『盲目の誓』（22）『ノートルダムの傴僂男』（23）『ひとりで闘う†男』（24）など。二八年を最後に引退。

ソル・M・ワーツェル　Sol M. Wurtzel（1881/90-1958）
製作。ニューヨーク生まれ。一九一四年速記者としてフォックス社に入社。一七年ウィリアム・フォックスの私設秘書となる。三〇年代からは同社B級映画専門のプロデューサーとなり、四〇年代末までに二百本近い作品を製作した（なかにはジョン・フォードの『プリースト判事』〔34〕『周遊する蒸気船』〔35〕もある）。

フランク・"ハック"・ワートマン Frank 'Huck' Wortman（1877-1940）
美術。イリノイ州出身。D・W・グリフィスの『国民の創生』（15）『イントレランス』（16）『世界の心』（18）『嵐の孤児』（21）の四本でセット建築を担当した他、同監督の『東への道』（20）『夢の街』（21）では技術監修についた。

H・B・ワーナー H. B. Warner（1876-1958）
男優。ロンドン生まれ。父も祖父も著名な俳優という演劇一家に育つ。七歳で初舞台。英米の舞台で活躍ののち、一九一四年アメリカ映画デビュー。サイレント期からトーキー初期の出演作に『暁前一時間』（20）『舞姫ザザ』（23）『キング・オブ・キングス』（27、キリスト役）『ソレルと其の子』（27）『情炎の美姫』（29）『特輯社会面』（31）など。第二次大戦後まで脇役で出演をつづけた。

ワーナー・ブラザース Warner Brothers
ハリー Harry（1881-1958）、アルバート Albert（1884-1967）、サム Sam（1888-1927）、ジャック Jack（1892-1978）のワーナー四兄弟、ならびに彼らが一九二三年に設立した映画製作会社。四人はユダヤ系ポーランド移民の息子たちで、〇三年にペンシルヴェニア州ニューカースルで一軒のニッケルオデオンを手にしたところから事業は始まる。ハリーは社長、アルバートは財務部長、サムは筆頭重役、ジャックは製作部長となった。二五年ヴァイタグラフ、ファースト・ナショナルを吸収。二七年公開の『ジャズ・シンガー』でトーキーの幕開けを告げるとともに、その大当たりを機にハリウッドのメジャー会社へと成長していく。六七年セブン・アーツに買収され、会社社長として最後まで残っていたジャックは独立製作者となった。

アルヴィン・ワイコフ Alvin Wyckoff（1877-1957）
撮影。ニューヨーク生まれ。一九一四年ジェシー・L・ラスキーのもとでキャメラマンに。三〇年代後半以降は短篇を数本撮ったのみで、やがて引退。作品には『農場の薔薇』（14）『チート』（15）『ヂャン・ダーク』（16）『アイリッシュ・ラック』（25）『カナディアン』（26）『暗の小路』（27）など。

ウィリアム・ワイラー William Wyler（1902-81）
監督。ドイツ、アルザスのミュルハウゼン（現フランスのミュルーズ）生まれ。父親はスイス生まれの乾物商、母親はフランス人。スイスのローザンヌで商業教育をうけたあと、パリの国立音楽院でヴァイオリンを学ぶ。一九二〇年パリで出会った、母親の遠縁でユニヴァーサル社の社長カール・レムリに仕事をもらいアメリカへ。ニューヨークで海外用の宣伝出版物の仕事をしたあと二二年ハリウッドに出、映画製作のさまざまな職種を経験、他社の大作『ベン・ハー』〔25〕の助監督も務める（後にリメイク版〔59〕で監督することになる）。二五年二巻物西部劇『悪漢†』で監督デビューを飾る。サイレント期の長篇監督作に『稲妻の男』（26）『新時代』『名馬と名騎士』（共に27）『君を尋ねて三千里』（28）『砂漠の生霊』（29、サウンド映画）など。トーキー以降の代表作に『黒蘭の女』（38）『我等の生涯の最良の年』（46）『ローマの休日』（53）『大いなる西部』（58）など。

テッド・ワイルド　Ted Wilde（1889-1929）
脚本、監督。ニューヨーク生まれ。ハロルド・ロイドのギャグマンのひとり。脚本のクレジットはすべてロイド喜劇で、『巨人征服』（23）『猛進ロイド』（24）他計五本。『田吾作ロイド一番槍』（27）『スピーディ』（28）では監督にクレジットされた。ロイド以外の監督作に、ベーブ・ルースが主演する『本塁打王』（27）、ロレッタ・ヤングとダグラス・フェアバンクス・ジュニアが共演する『尖端一目惚れ』（30）等。卒中により四十歳で急死。

エドガー・ブルー・ワシントン
Edgar Blue Washington（1898-1970）
男優。ロサンゼルス生まれ。映画には一九一九年から。黒人に割り当てられる役柄が限られたなかで四十年以上もの間、計約八十本の映画に出つづけた。主なものにロイドの短篇喜劇『化物退治』（20）の他、『ワイオミング†』『人生の乞食』（共に28）『金塊争奪』（32）『ハスラー』（61）など。

ネイト・ワット　Nate Watt（1889-1968）
助監督、監督。コロラド州デンヴァー生まれ。一九一四年から助監督に。二四年以降二八年まではウィリアム・A・サイターに九本、二七年から五一年まではルイス・マイルストンに十四本、五五年から五六年まではアラン・ドワンに三本助監督として付いている。監督作にアネット・ケラーマン主演の『海底の女王』（20）、フランクリン・ファーナム主演の『意気沖天』（21）他がある。

訳者あとがき

本書はアメリカ・サイレント映画についての記念碑的著作、ケヴィン・ブラウンロウの *The Parade's Gone By...*（Alfred A. Knopf, Inc., 1968）の翻訳である。

本書の意義・特質、ならびに著者ケヴィン・ブラウンロウの仕事とその功績については岡島尚志氏によるすばらしい序文にすでにいいつくされており、訳者の私から付け足すことは何もない。ここでは本書の構成、原著における削除箇所など、二、三の補足説明を加えるにとどめたい。

本書の構成、ならびに内容について

本書の本論部は第二章「草創期」に始まり第四十七章「トーキー」に終わってはいるものの、章の配列は必ずしも時代の流れに沿っているわけではない。目次を一瞥していただけばおわかりのように、第七章からは監督、撮影、美術、脚本、編集……と主題はおもに分野別に立てられていて、その多くは総論のあとに各論（著者ブラウンロウの比喩を借りれば「フルショット」のあとに「クロースアップ」）がつづくように、それぞれの分野を代表する映画人のインタビューから成る章を従えている。そして主題がその後、演技、スター、製作者と至ったあとにはサイレント映画の華ともいうべきコメディにテーマが移り、製作者兼スターであったロイド、キートン、チャップリンの各章が満を持したかたちで登場する。最後にヨーロッパ各国のサイレント映画の概観と、アベル・ガンスの長大な章を経て、トーキーの到来（サイレント映画の終焉）を目撃したところでこの大著は締めくくられている。

このような構成と流れを基本に持ちながら、本書にはまた驚きを誘うさまざまな話題やテーマが各所に配置されている。分野の種類の多種多様さもそのひとつで、監督、キャメラマン、美術監督、編集技師、俳優、製作者らにとどまらず、ここには字幕作者、スタントマン、小道具方といった普段あまり採り上げられることのない職種にも章立てがなされており、サイレント映画に欠くことのできないそういうスタッフたちの知恵、危険と豪胆、工夫の才が語られる。またその合間には、ジャンルとしてのメロドラマ、サイレント映画における〝音〟（！）の問題、当時の映画人の労働観など一見意外な、しかしアメリカ・サイレント映画の本質をつく話題がちりばめられ、無声映画のすばらしき世界を多角的な視点から浮かび上がらせている。さらに第二十章、第三十六章では一本の映画作品の製作が主題となっていて、後者においてはＭＧＭの大作『ベン・ハー』の、劇的展開を見せた製作過程が克明に追われているといった具合である。

このような構成と内容のなかで異彩を放っているのが第四十六章「アベル・ガンス」である。これは全体の一割近くのスペースを占める長大な章であり、本書の中の別空間といった趣すら感じられる。ここではガンスの三本の大作（『戦争と平和』『鉄路の白薔薇』『ナポレオン』）を中心に彼の経歴と作品がていねいにあとづけられ、それら傑作の革新性と歴史的意義が説明される。『ナポレオン』オリジナル版の復元にかけた情熱を見るまでもなく、著者ブラウンロウにとってガンスは特別な意味をもっていた。本書の原著がガンスに献呈されているという一事をみても、ブラウンロウがこの章にいかに力をこめたかは想像できるというものである。

削除された第四十八章について

本翻訳のテキストには一九七六年University of California Pressから出された改訂版を用いているが、六八年刊の初版とこの改訂版とのあいだにはひとつの大きな相違がある。初版には第四十七章「トーキー」のあとに最終第四十八章「われわれの行く手に待つものは？」がつづいていたのに対し、改訂版ではそれが削除されている、という点である。ブラウンロウは改訂版において次のような追加原注を付した。〈第四十八章は削除した。じつはこの章は他のどの章よりも早く六〇年代はじめに書き上げられていた。その頃は映画が〝絶望の泥沼〟にはまりこんでいた時期であった。しかし、六〇年代半ばから映画は奇跡的な復興を見せ始める。その結果、この章も時代とそぐわぬものになってしまったのだ〉

第四十八章は原書で一頁に収まる短い章であるが、その一部をここに紹介すると——

〈今日の映画製作の技術はサイレント末期と比べて何ほども進んでいない。目を奪うような革新的趣向が批評家を興奮させたりするが、並の映画史家であれば手持ちキャメラにしても、ジャンプ・カットにしても、省略話法にしてもその起源を指し示すことができる。それらはみな一九二〇年代にはすでに普通に行なわれていた。現代のフィルムメーカーのほとんどは、サイレント期の映画人たちよりも想像力に欠け、大胆さに欠け、技術に欠けている。これは無理からぬことではある。映画の製作コストは天文学的数字にのぼり、財政上のリスクがつねに重荷となってのしかかっているからだ〉

〈欧米ともに、映画界には草創期の立役者たちがまだ数多く存在している。しかし、彼らは自分たちの記憶や経験を有効に活用しようとはしない。彼らは過去を疑いの眼で見ており、それは無視するに如くはないと考えている。自分たちが作っていた映画は古臭くて噴飯ものだと。だからそれらをもう一度見返そうとはせず、他人がそれを見ようとするのも許さない〉

〈しかし、ひとつのことだけは断言できる。映画にどのような未来が待っているにせよ、その基盤は過去の映画にあるということだ。時間とは人間が作り出した概念であり、それは映画についてもいえる。歴史はつねにそこにあるのだが、それは経験しなければ意味はない。映画の最終巻を楽しみたかったら、開巻に何が起こったか知っていなければ話にならないのだ〉

――といったように諦観と希望がないまぜの内容となっていた。

エンディングとなったメリー・ピックフォードのことばについての補足

本来は本文内で訳注にすべきだったかもしれないことをもうひとつ。右のような経緯があって、第四十七章「トーキー」で本書は閉じられているのだが、その最後を締めくくるのがメリー・ピックフォードのことば――「サイレント映画からトーキーへではなく、トーキーからサイレント映画へと移ったのであれば、理屈に合っていたのに」――である。このきわめて印象的な幕切れの一節はどう読みとればいいのだろうか。ピックフォードはこのとき何をいおうとしていたのか、ブラウンロウはこのことばを借りて何を伝えたかったのか。じつはこの一節を論じることから一冊の書物を書き起こした批評家がいる。「サイレント映画の喜劇人たち」（一九七五年）のウォルター・カーであり、蛇足を承知の上で、解釈の一例として彼の考えを紹介しておく。カーは次のようにいっている。「ピックフォードが意図していたのは、サイレント映画についてというよりもむしろ芸術一般についての自明の理であったと私は思う。芸術は余計なものを取り去ることから始まる。画家も詩人も劇作家も人生の全体、その全貌をまるまる再現しようとはしない。（中略）彼らは詰め込むのではなく、削り取ろうと努力する。取り去ることによって芸術の本質に近づいていくのだ」と。そしてカーはいう。ピックフォードは映画がより純粋に映画になるには、映画がより芸術性をきわめるには、サイレントからトーキーへではなく、トーキーからサイレントへと移った方が自然であった、理に適っていた、といったのだと。★

★本書にもしばしば登場する映画史家のウィリアム・K・エヴァーソンは、その代表的著作「アメリカのサイレント映画」（一九七八年）の巻末でサイレント映画関連の書籍を紹介しているが、そこにおいて本書「サイレント映画の黄金時代」を絶対のお薦めの第一、「サイレント映画の喜劇人たち」をその第二としている。この評価は現代においてもさほど変わらないと思われる。

巻末附録について

本文中に登場する数多くの人名について、その経歴や作品を紹介する注記に類するものが原著になかったため、人名録をこちらでまとめて巻末に付した。訳者の未熟から記述がいささか統一を欠くものとなり頁数を増大させる結果となってしまったが、名前が触れられるだけの人物も含め、本文ならびにキャプション中に登場する大半の人物について、生没年・生地・関連作品等、基本的情報は得られるものと思われる。少しでも読者の助けになれば幸いである。

なお、本文でとりあげられた映画について、その内容やストーリーの細部の説明が、現在私たちがＤＶＤ等で見るものとは異なる場合が一部にあるけれども、断りはとくに入れなかったことをご了承願いたい。

カバー袖推薦文の著者のひとりチャールズ・チャンプリンは喜劇王チャールズ・チャップリンとは別人で、「ロサンゼルス・タイムズ」に本拠を置いて一九六〇年代後半から八〇年代にかけて活躍した映画批評家（一九二六―二〇一四）であることもここで付記しておく。

日本版のための著者追記

本書刊行にあたって、著者のブラウンロウ氏から百項目を超える追加修正と二〇一九年時点での最新情報を加えた追記をお送りいただいた。そのうち大部分を本文と脚注において修正・追加したが、本文と別に読んだほうがいいと思われる内容もあったので、それを以下に掲載する。

一六四頁

『雀』撮影について

このシーンは明らかに合成処理が施されている。私は近年、ワニの代わりにマットレスが敷かれたスティル写真を確認した。

一七八頁

『誰が罪ぞ』以下の作品について

ここに挙げられた作品はすべてフィルムが見つかっている。『誰が罪ぞ』は部分のみだが、他の四本のプリントはすばらしい状態である。また、グウェンダ・ヤングによる「クラレンス・ブラウン――ハリウッドの忘れられた巨匠」（二〇一八年）というすぐれた評伝が刊行された。

二一八頁

セシル・B・デミルについて

彼に関するドキュメンタリー（*Cecil B. Demille: American Epic*〔2004〕）を作った私は、現在では半世紀前とは比較にならないほどこの監督とその作品を高く評価している。

三七三頁

オーマー・ロックリアの死について

一九八〇年にデイヴィッド・ギルと私とが監督したドキュメンタリー・シリーズ『ハリウッド』の最も感動的なヤマ場は女優ヴァイオラ・ダナが愛人であったロックリアの死の瞬間について語るところであった。

五三一頁

『物乞いする乙女』について

二〇一五年、カナダのライブラリー・アンド・アーカイブズの主任アーキビストであるD・J・ターナーは書簡を寄せ、『物乞いする乙女』に関してレジナルド・デニーの記憶は事実と異なると指摘した――同作を公開したのはフェイマス・プレイヤーズ＝ラスキーではないし、レジャラン・A・ヒラーはこのシリーズのいずれにおいても撮影を担当していない。なお、このシリーズは四作あり、それらはいずれも好評を博している。アイザック・ウォルプは飛び降り自殺ではない。ヴァラエティ誌によると服毒自殺であり、死亡したのは一九二二年九月十二日である。なお、デニーの孫にあたるキンバリー・プッチが二〇一九年末にデニーの伝記「ドローンの王子」を出版の予定（デニーは軍事用無人飛行機の発明者でもあった）。

六四二頁

『鉄路の白薔薇』の超速カッティング技法について

このスタイルはミュージック・ビデオの世界で復活をみせた。

最後に、翻訳を進めるにあたり種々の疑問点についてご教示くださった撮影監督の高間賢治氏、国立映画アーカイブ主任研究員大傍正規氏、同司書笹沼真理子氏、日本映画大学准教授伊津野知多氏、作曲家高橋久美子氏、イタリア文学翻訳家関口英子氏、校閲の岩月美帆氏、本書のために序文をご提供いただいただけでなく多くの貴重なご指摘をちょうだいした国立映画アーカイブ館長岡島尚志氏、本書の翻訳を強力に後押ししてくださった山田宏一氏、そして今回も難航した翻訳権の取得をはじめこの大きな企画をつつがなくまとめられた国書刊行会の樽本周馬氏に深く感謝いたします。

二〇一九年十一月

宮本高晴

索　引

Ⅰ．人名

エ

オ

カ

キ

ク

ス

セ

ソ

タ

チ・ツ

テ

ヌ

ネ

ノ

ハ

ヒ

フ

ロ

ワ

II．映画題名（邦題・原題・公開年・監督名／未＝日本未公開）

ア

288
赤い風車小屋　*The Red Mill*（27 未）　ウィリアム・グッドリッチ　571
赤ちゃん母さん　*Children of Divorce*（27）　フランク・ロイド　232, 249
赤ひげ　*Barberousse*（17 未）　アベル・ガンス　619-621, 624, 625
悪魔の合鍵　*The Devil's Passkey*（20）　エリッヒ・フォン・シュトロハイム　487
悪魔の曲馬団　*The Devil's Circus*（26）　ベンヤミン・クリステンセン　602
明けゆく愛　*The Cinema Murder*（19）　ジョージ・D・ベイカー　43
明け行く路　*The Turn of the Wheel*（18）　レジナルド・バーカー　425
あざけり　*Mockery*（27 未）　ベンヤミン・クリステンセン　602
阿修羅と猛りて　*Abysmal Brute*（23）　ホバート・ヘンリー　370, 527
当りっ子ハリー　*The Strong Man*（26）　フランク・キャプラ　510, 511, 513-515
アッシリアの遠征　*Judith of Bethulia*（14）　D・W・グリフィス　114, 390
アッスンタ・スピーナ　*Assunta Spina*（15 未）　グスターヴォ・セレーナ　604
アトランティック　*Atlantic*（29）　E・A・デュポン　281
アナタハン　*The Saga of Anatahan*（53）　ジョゼフ・フォン・スタンバーグ　249
アナトール　*The Affairs of Anatol*（21）　セシル・B・デミル　314, 315
兄貴　*Big Brother*（23）　アラン・ドワン　126, 127, 129
アボットとコステロ、ジキルとハイドに遭遇す　*Abbott and Costello Meet Dr, Jekyll and Mr, Hyde*（53 未）　チャールズ・ラモント　523
アメリカ　*America*（24）　D・W・グリフィス　100, 116
アメリカ消防夫の生活　*The Life of an American Fireman*（03 未）　エドウィン・S・ポーター　21
アメリカの悲劇　*An American Tragedy*（31）　ジョゼフ・フォン・スタンバーグ　116, 507
嵐の国のテス　*Tess of the Storm Country*（14 未）　エドウィン・S・ポーター　155
嵐の国のテス　*Tess of the Storm Country*（22）　ジョン・S・ロバートソン　155, 157, 392, 393
嵐の孤児　*Orphans of the Storm*（21）　D・W・グリフィス　99, 105, 116, 220, 333, 352, 450, 638
嵐の判決　*Judgment of the Storm*（24）　デル・アンドリューズ　326
荒武者キートン　*Our Hospitality*（23）　バスター・キートン／ジャック・ブライストン　419, 559, 574
荒鷲　*The Eagle*（25）　クラレンス・ブラウン　168, 169, 179, 293
アルプス颪　*Blind Husbands*（19）　エリッヒ・フォン・シュトロハイム　487
あれ　*It*（27）　クラレンス・バジャー　249
アンクル・トムス・ケビン　*Uncle Tom's Cabin*（27）　ハリー・A・ポラード　532
暗黒街　*Underworld*（27）　ジョゼフ・フォン・スタンバーグ　232, 235-237, 239, 241, 246, 249
暗中の光　*The Light in the Dark*（22）　クラレンス・ブラウン　177
アンナ・カレニナ　*Anna Karenina*（35）　クラレンス・ブラウン　168, 180
アンナ・クリスティ　*Anna Christie*（30）　クラレンス・ブラウン　168, 683

イ

イェスタ・ベルリング物語　*Gösta Berlings saga*（24 未）　マウリツ・スティルレル　472
硫黄島の砂　*Sands of Iwo Jima*（49）　アラン・ドワン　119
生きる権利　*Le droit à la vie*（17 未）　アベル・ガンス　623, 624, 645
生きる屍　*Redemption*（30）　フレッド・ニブロ　684
遺産を当てに　*Marriage a la Carte*（16）　ジェイムズ・ヤング　541
偉大な贖い主　*The Great Redeemer*（20 未）　クラレンス・ブラウン　175, 176
痛ましの恋　*Cruel, Cruel Love*（14）　ジョージ・ニコルズ／マック・セネット　588
無花果の葉　*Fig Leaves*（26）　ハワード・ホークス　340
一網打尽　*The Round Up*（20）　ジョージ・メルフォード　565
愛しき乱暴者　*The Beloved Brute*（24 未）　J・ステュアート・ブラックトン　24
田舎者　*The Hayseed*（19 未）　ロスコー・アーバックル　564
インディアン攻撃隊　*Indian Raiders*（12 未）　トム・リケッツ　42
インド人兵の叛乱　*The Sepoi Rebellion*（12 未）　監督名不詳　27
イントレランス　*Intolerance*（16）　D・W・グリフィス　38, 55, 63, 65, 68, 69, 72, 73, 75, 78, 81, 99, 116, 124, 284, 299, 302, 317, 321, 333, 392, 450, 642

ウ

ヴァリエテ　*Varieté*（25）　E・A・デュポン　602
初陣ハリー　*Tramp, Tramp, Tramp*（26）　ハリー・エドワーズ　512, 581
ウィンディ・ライリー聖林に行く　*Windy Riley Goes Hollywood*（31 未）　ウィリアム・グッドリッチ　418

ウーマン　*Woman*（18）　モーリス・トゥールヌール　172
浮かれ胡蝶　*Butterflies in the Rain*（26）　エドワード・スローマン　200
唸る鉄拳　*Luck of the Irish*（20）　アラン・ドワン　126
海の荒鷲　*The Eagle of the Sea*（26）　フランク・ロイド　112, 402
海の洗礼　*Anna Christie*（23）　ジョン・グリフィス・レイ　404, 405
埋れ行く黄金　*A Splendid Hazard*（20）　アーサー・ロッソン　126
飢ゆる絵描き　*The Starving Artist*（07 未）　監督名不詳　21
ウルタス　*Ultus: The Man from the Dead*（15-17 未）　ジョージ・ピアソン　618
運命の兵士　*Soldiers of Fortune*（19）　アラン・ドワン　126

エ

永遠の三人　*The Eternal Three*（23 未）　マーシャル・ニーラン／フランク・アーソン　517
永遠の都　*The Eternal City*（23）　ジョージ・フィッツモーリス　603
栄光　*What Price Glory*（26）　ラオール・ウォルシュ　345
エイブラハム・リンカーンの劇的なる生涯　*The Dramatic Life of Abraham Lincoln*（24 未）　フィル・ローゼン　491
エヴァンジェリン　*Evangeline*（19）　ラオール・ウォルシュ　210
エリザベス女王　*Les amours de la reine Élisabeth*（12 未）　アンリ・デフォンテーヌ／ルイ・メルカントン　396
エルダーブッシュ峡谷の戦い　*The Battle of Elderbush Gulch*（13 未）　D・W・グリフィス　71
エンシャント・ハイウェイ　*The Ancient Highway*（25 未）　アーヴィン・ウィラット　372

オ

黄金狂時代　*The Gold Rush*（25）　チャールズ・チャップリン　411, 515, 587, 588, 590-593
黄金の世界へ　*The Trail of '98*（28）　クラレンス・ブラウン　168, 183-185, 354
狼の奇蹟　*Le miracle des loups*（*Miracle of the Wolves*）（24）　レイモン・ベルナール　609, 613, 656
オークデール事件　*The Oakdale Affair*（19 未）　オスカー・アプフェル　531
大通りの王様　*The King on Main Street*（25 未）　モンタ・ベル　342
オーバー・ザ・トップ（戦線に立ちて）　*Over the Top*（18）　ウィルフリッド・ノース　440
おゝ母よ　*So Big*（24）　チャールズ・ブラビン　460
オール持つ手に　*Rolled Stockings*（27）　リチャード・ロッソン　415
岡惚れハリー　*Three's a Crowd*（27）　ハリー・ラングドン　515, 516
奥様、あなたのお手に接吻を　*Ich Küsse Ihre Hand, Madame*（29 未）　ロベルト・ラント　418
奥様は顔が二つ　*Two-Faced Woman*（41）　ジョージ・キューカー　181
落ち着きのない奴ら　*The Restless Breed*（57 未）　アラン・ドワン　118
オックスボウ事件（牛泥棒）　*The Ox-Bow Incident*（42 未）　ウィリアム・ウェルマン　202, 206
お転婆キキー　*Kiki*（26）　クラレンス・ブラウン　179
男と見込まれて　*Drag Harlan*（20）　J・ゴードン・エドワーズ　447
踊る娘達　*Our Dancing Daughters*（28）　ハリー・ボーモント　354
想出の丘へ　*Heart o' the Hills*（19）　シドニー・フランクリン　149, 277
俺がやる　*I Do*（21）　ハル・ローチ　543
愚なる妻　*Foolish Wives*（22）　エリッヒ・フォン・シュトロハイム　89, 220, 302, 487, 494
女心を誰か知る　*You Never Know Women*（26）　ウィリアム・ウェルマン　204, 206, 212
女の秘密　*The Mysterious Lady*（28）　フレッド・ニブロ　93, 351

カ

ガール、ガイ、ゴブ　*A Girl, a Guy and a Gob*（41 未）　リチャード・ウォレス　554
カイウス・ユリウス・ケーザル　*Caius Julius Caesar*（14）　エンリコ・グアッツォーニ　603
灰燼　*Cenere*（17 未）　フェボ・マリ　398
快男子　*The Lamb*（15）　クリスティ・キャバンヌ　565
海賊　*The Black Pirate*（26）　アルバート・パーカー　294
海賊退治　*Captain Kidd's Kids*（19）　ハル・ローチ　541
開拓の勇者　*The Westerners*（19）　エドワード・スローマン　198
海底王キートン　*The Navigator*（24）　バスター・キートン／ドナルド・クリスプ　557, 558, 563, 574-576, 583
ガウチョウ　*The Gaucho*（27）　F・リチャード・ジョーンズ　294
輝やく一路　*Broken Barriers*（24）　レジナルド・バーカー　407
カサノヴァ　*Casanova*（27 未）　アレクサンドル・ヴォルコフ　340, 609
風　*The Wind*（28）　ヴィクトル・シェーストレーム

189, 314, 397
風と共に去りぬ　*Gone With the Wind*（39）　ヴィクター・フレミング　500
鵞鳥飼ふ女　*The Goose Woman*（25）　クラレンス・ブラウン　168, 171, 175, 178, 179, 574
かつて愚か者ありき　*A Fool There Was*（15未）　フランク・パウエル　97
勝手口から　*Through the Back Door*（21）　アルフレッド・E・グリーン／ジャック・ピックフォード　350
悲しみの聖母　*Mater Dolorosa*（17未）　アベル・ガンス　624
彼女　*She*（25未）　リアンダー・デ・コードヴァ　438
彼女の好きにさせろ、ギャラガー　*Let 'Er Go, Gallegher*（27未）　エルマー・クリフトン　402
彼女の二度目のチャンス　*Her Second Chance*（26未）　ランバート・ヒリヤー　257
カビリア　*Cabiria*（14）　ジョヴァンニ・パストローネ　35, 461, 602, 603
神に見離された女　*The Woman God Forgot*（17）　セシル・B・デミル　221, 424
神の娘　*A Daughter of the Gods*（16）　ハーバート・ブレノン　488
カリガリ博士　*Das Cabinet des Dr, Caligari*（20）　ロベルト・ヴィーネ　601, 617
借り児　*The Nick of Time Baby*（16）　クラレンス・バジャー　433
狩の女神　*The Huntress*（23未）　ジョン・フランシス・ディロン／リン・レイノルズ　383, 384
カルメン　*Carmen*（15）　セシル・B・デミル　270, 283, 392, 424, 425
彼の栄光の夜　*His Glorious Night*（29未）　ライオネル・バリモア　685
彼は皇太子　*He's a Prince / A Regular Fellow*（25未）　A・エドワード・サザランド　520
彼はデンプシーを倒せるか？　*Will He Conquer Dempsey?*（23未）　監督名不詳　504
看護師　*L'infirmière*（14未）　アンリ・プクタル　616
陥穽の宮殿　*Lawful Larceny*（23）　アラン・ドワン　125
雁猟師　*A Wild Goose Chaser*（25未）　ロイド・ベイコン　359

キ

ギーズ公の暗殺　*L'assassinat du duc de Guise*（08）　アンドレ・カルメット／シャルル・ル・バルジ　390, 614
キートン将軍（キートンの大列車追跡）　*The General*（26）　バスター・キートン／クライド・ブラックマン　558, 567, 571, 576-579
キートンのカメラマン　*The Cameraman*（28）　エドワード・セジウィック　560, 574, 582, 583
キートンの警官騒動　*Cops*（22）　バスター・キートン／エドワード・F・クライン　559
キートンの結婚狂　*Spite Marriage*（29）　574
キートンの船長（キートンの蒸気船）　*Steamboat Bill, Jr,*（28）　チャールズ・F・リースナー　574, 580, 581
キートンの大学生（キートンのカレッジ・ライフ）　*College*（27）　ジェイムズ・W・ホーン　574, 577, 578, 580
キートンの栃面棒（セブン・チャンス）　*Seven Chances*（25）　バスター・キートン　573
機関車大追跡　*The Great Locomotive Chase*（56）　フランシス・D・ライオン　576
喜劇の王様たち　*When Comedy Was King*（60）　ロバート・ヤングソン　335
奇傑ゾロ　*The Mark of Zorro*（20）　フレッド・ニブロ　294, 484
奇傑パンチョ　*Viva Villa!*（34）　ジャック・コンウェイ　269
紀元前百万年　*One Million B,C,*（40）　ハル・ローチ／ハル・ローチ・ジュニア　98
危険大歓迎　*Welcome Danger*（29）　マル・セント・クレア／クライド・ブラックマン　553, 554
危険な時代　*Dangerous Hours*（19未）　フレッド・ニブロ　307-309
汽車中の花嫁　*The Pullman Bride*（17）　クラレンス・G・バジャー　430
キッド　*The Kid*（21）　チャールズ・チャップリン　453
狐の王子　*Prince of Foxes*（49）　ヘンリー・キング　603
昨日への道　*The Road to Yesterday*（25）　セシル・B・デミル　227
君が為め命捧げん　*Love Me and the World Is Mine*（27）　E・A・デュポン　602
キャット・バルー　*Cat Ballou*（65）　エリオット・シルヴァースタイン　212
キャプテン・ブラッド　*Captain Blood*（24）　デイヴィッド・スミス　24, 29
強者の府　*The Seats of the Mighty*（14未）　T・ヘイズ・ハンター　315
恐怖の一夜　*Seven Footprints to Satan*（29）　ベンヤミン・クリステンセン　603
恐怖の仮面　*Le masque d'horreur*（12未）　アベル・ガンス　615
狂乱街　*The City Gone Wild*（27）　ジェイムズ・クルーズ　415
曲馬団のサリー　*Sally of the Sawdust*（25）　D・W・グリフィス　100, 112, 116
巨人征服　*Why Worry?*（23）　フレッド・ニューメイヤー／サム・テイラー　537
キング・オブ・キングス　*The King of Kings*（27）　セシル・B・デミル　227

近代女風俗　*Fashions for Women*（27）　ドロシー・アーズナー　337
禁断の楽園　*Forbidden Paradise*（24）　エルンスト・ルビッチ　293, 403

ク

空中結婚　*The Balloonatic*（23）　エドワード・F・クライン／バスター・キートン　568
空中の脅威　*Cassidy of the Air Lanes / The Great Air Robbery*（19）　ジャック・ジャッカード　375
クオ・ヴァヂス　*Quo Vadis*（13）　エンリコ・グアッツォーニ　114, 449, 602
クオリティ街　*Quality Street*（27）　シドニー・フランクリン　259
久遠の微笑　*Smilin' Through*（22）　シドニー・フランクリン　277
崩れる壁　*Démolition d'un mur*（1896）　ルイ・リュミエール　17
クソッたれの抵当権　*The Gosh-Darn Mortgage*（26未）　エドワード・F・クライン　360
グッド・バイ・キッス　*The Good-bye Kiss*（28）　マック・セネット　361, 362
苦闘　*The Struggle*（31未）　D・W・グリフィス　103, 115
燻ゆる情炎　*Smouldering Fires*（25）　クラレンス・ブラウン　168, 178, 338
グリード　*Greed*（24）　エリッヒ・フォン・シュトロハイム　407, 647
クリスチナ女王　*Queen Christina*（33）　ルーベン・マムーリアン　684
クレオパトラ　*Cleopatra*（63）　ジョゼフ・L・マンキウィッツ　484
黒馬物語　*Black Beauty*（21）　デイヴィッド・スミス　24, 27
群衆　*The Crowd*（28未）　キング・ヴィダー　393

ケ

経験　*Experience*（21）　ジョージ・フィッツモーリス　531
激怒　*Fury*（23）　ヘンリー・キング　133
結婚行進曲　*The Wedding March*（28）　エリッヒ・フォン・シュトロハイム　293, 314
ケンタッキー・ダービー　*The Kentucky Derby*（22）　キング・バゴット　526
拳闘王［全6篇］　*The Leather Pushers*（22）　エドワード・レムリ　370, 524, 526, 531
拳闘屋キートン（キートンのラスト・ラウンド）　*Battling Butler*（26）　574

コ

恋多き女　*A Woman of Affairs*（28）　クラレンス・ブラウン　171, 185, 187
恋のページェント　*The Scarlet Empress*（34）　ジョゼフ・フォン・スタンバーグ　247
航海道楽　*Too Much Johnson*（19）　ドナルド・クリスプ　336
航空百万哩　*The Skywayman*（20）　ジェイムズ・P・ホーガン　373
曠原の志士　*Tumbleweeds*（25）　キング・バゴット　337, 376
鋼鉄の牙　*The Jaws of Steel*（22未）　ナット・ロス　526
降伏　*Surrender*（27）　エドワード・スローマン　191, 192, 195, 198
光明の氷原　*Snowblind*（21）　レジナルド・バーカー　385
曠野に叫ぶ　*The Sky Pilot*（21）　キング・ヴィダー　384
豪勇ロイド　*Grandma's Boy*（22）　フレッド・ニューメイヤー　542-545
国民の創生　*The Birth of a Nation*（15）　D・W・グリフィス　33, 38, 55, 58, 63, 64, 72, 75, 78, 96, 97, 102, 103, 260, 267, 310, 331, 449, 450, 503, 574, 600, 630, 633, 640
コケット　*Coquette*（29）　サム・テイラー　167, 280
心なき女性　*Trifling Women*（22）　レックス・イングラム　287
コサック　*The Cossacks*（28）　ジョージ・ヒル　185
子鹿物語　*The Yearling*（46）　クラレンス・ブラウン　168, 185, 188, 281
孤児の生涯　*Daddy Long Legs*（19）　マーシャル・ニーラン　147, 165
この現代　*This Modern Age*（31未）　クラレンス・ブラウン／ニコラス・グリンド　178
木の葉落し　*Going Up*（23）　ロイド・イングラム　521
この世で最も危険な男　*Most Dangerous Man*（61未）　アラン・ドワン　130

サ

サーカス　*The Circus*（28）　チャールズ・チャップリン　593
最後の一瞬　*The Last Hour*（23）　エドワード・スローマン　198
最後の航海　*The Last Voyage*（60）　アンドリュー・L・ストーン　307
最後の人　*Der letzte Mann*（24）　F・W・ムルナウ　35, 114
最後の命令　*The Last Command*（28）　ジョゼフ・フォン・スタンバーグ　47, 237, 239-241, 248
サイコロ賭博の女　*The Dice Woman*（26未）　エドワード・ディロン　399
最大急行　*The Fast Mail*（22）　バーナード・ダーニング　203
砂丘の家　*The White Circle*（20）　モーリス・トゥール

ヌール　278
酒の神よさらば　*The Six Best Cellars*（20）　ドナルド・クリスプ　336
囁きの合唱　*The Whispering Chorus*（18）　セシル・B・デミル　219, 220
サスペンス　*Suspense*（13 未）　フィリップス・スモーリー／ロイス・ウェバー　34, 36
サタンの嘆き　*The Sorrows of Satan*（26）　D・W・グリフィス　102-104, 112, 113, 116
殺人ガス　*Les gaz mortels (ou Le brouillard sur la ville)*（16 未）　アベル・ガンス　619, 620, 625
サマー・バチェラー　*Summer Bachelors*（26 未）　アラン・ドワン　127
醒めよ人妻　*Old Wives for New*（18）　セシル・B・デミル　224
サルタンの手中に　*In the Sultan's Power*（09 未）　フランシス・ボッグズ　40
三銃士　*The Three Musketeers*（21）　フレッド・ニブロ　294, 295, 319
サンセット大通り　*Sunset Boulevard*（50）　ビリー・ワイルダー　410, 429, 595
サンニーサイド　*Sunnyside*（19）　チャールズ・チャップリン　589
三人　*The Unholy Three*（25）　トッド・ブラウニング　174
サンライズ　*Sunrise: A Song of Two Humans*（27）　F・W・ムルナウ　188, 276, 277, 279, 281
サン・ルイ・レイの橋　*The Bridge of San Luis Rey*（29 未）　チャールズ・ブラビン　354

シ

シーバの女王　*The Queen of Sheba*（21）　J・ゴードン・エドワーズ　87, 379, 437, 438, 441, 445, 447, 450
シー・ホーク　*The Sea Hawk*（24）　フランク・ロイド　424
シヴィリゼーション　*Civilization*（16）　レジナルド・バーカー／トマス・インス　80
シェーン　*Shane*（53）　ジョージ・スティーヴンス　356
シェリダンの乗馬（義勇兵）　*Sheridan's Ride*（13）　オーティス・ターナー　34, 39
地獄の天使　*Hell's Angels*（30）　ハワード・ヒューズ　376, 394
地獄の猫　*The Hell Cat*（18）　レジナルド・バーカー　426
至上命令　*The Nth Commandment*（23 未）　フランク・ボゼーギ　24
下を見ろ　*Look Out Below*（19）　ハル・ローチ　551
十誡　*The Ten Commandments*（23）　セシル・B・デミル　47, 220, 223
市民ケーン　*Citizen Kane*（41）　オーソン・ウェルズ　103, 114
シマロン　*Cimarron*（31）　ウェスリー・ラッグルズ　468
ジャイアンツ　*Giant*（56）　ジョージ・スティーヴンス　356
ジャスト・ナッツ　*Just Nuts*（15 未）　ハル・ローチ　538
ジャスパー・Bの船旅　*The Cruise of the Jasper B*（26 未）　ジェイムズ・W・ホーン　578
シャボンの泡　*Suds*（20）　ジョン・フランシス・ディロン　156, 166
ジャンヌ・ダルクの驚異の生涯　*La merveilleuse vie de Jeanne d'Arc*（29 未）　マルコ・ド・ガスティーヌ　605, 609
上海特急　*Shanghai Express*（32）　ジョゼフ・フォン・スタンバーグ　233, 246
十五六の頃　*The Hoodlum*（19）　シドニー・フランクリン　277
十時の謎　*L'énigme de dix heures*（15 未）　アベル・ガンス　618
自由の旗風　*The Warrens of Virginia*（24）　エルマー・クリフトン　374
受難のテス　*Tess of the D'Urbervilles*（24）　マーシャル・ニーラン　393
小公子　*Little Lord Fauntleroy*（21）　アルフレッド・E・グリーン／ジャック・ピックフォード　272
情熱の悪鬼　*A Sainted Devil*（24）　ジョゼフ・ヘナベリー　55, 263
情熱の沙漠　*The Foreign Legion*（28）　エドワード・スローマン　193, 201
情熱の審　*Law of the Land*（17）　モーリス・トゥールヌール　173
小米国人　*The Little American*（17）　セシル・B・デミル　156
消防隊　*The Fire Brigade*（26）　ウィリアム・ナイ　376
ジョーンスの大事件　*What Happened to Jones?*（26）　ウィリアム・A・サイター　529
女権拡張　*The Chaser*（28）　ハリー・ラングドン　512, 515, 516
女優の悲哀　*Footlights*（21）　ジョン・S・ロバートソン　531
司令官　*The Second in Command*（15）　ウィリアム・バウマン　35
神学校における田舎娘の生活と経験　*A Country Girl's Seminary Life and Experiences*（08 未）　エドウィン・S・ポーター　19
信号塔　*The Signal Tower*（24）　クラレンス・ブラウン　178
神出鬼没　*Get Out and Get Under*（20）　ハル・ローチ　542
人生の乞食　*Beggars of Life*（28）　ウィリアム・ウェルマン　202, 206, 208, 209, 503, 504
震天動地　*The Eleventh Hour*（23）　バーナード・ダー

ニング　203
人肉の桑港　*Old San Francisco*（27）　アラン・クロスランド　312, 313
神秘の幻影［全15篇］　*Hidden Dangers*（20）　ウィリアム・バートラム　367
神秘の島　*The Mysterious Island*（29未）　ルシアン・ハバード　488, 491
新米　*The Cub*（15未）　モーリス・トゥールヌール　170
人類の起源　*Man's Genesis*（12未）　D・W・グリフィス　152

ス
スーパー＝フーパー＝ダイン・リジー　*Super-Hooper-Dyne Lizzies*（25未）　デル・ロード　335
スカーラムーシユ　*Scaramouche*（23）　レックス・イングラム　256
スキナーの夜会服　*Skinner's Dress Suit*（26）　ウィリアム・A・サイター　523-525
救ひを求むる人々　*The Salvation Hunters*（25）　ジョゼフ・フォン・スタンバーグ　231, 232, 234, 235, 241
雀　*Sparrows*（26）　ウィリアム・ボーダイン　161, 164, 166, 273, 275
進め龍騎兵　*The Charge of the Light Brigade*（36）　マイケル・カーティス　468
スタア誕生　*A Star Is Born*（37）　ウィリアム・ウェルマン　202
スタンブールの処女　*The Virgin of Stamboul*（20）　トッド・ブラウニング　326
スティーヴン道を誤る　*Stephen Steps Out*（23未）　ジョゼフ・ヘナベリー　55
ステラ・ダラス　*Stella Dallas*（25）　ヘンリー・キング　131, 138, 140
素晴らしい哉人生　*Isn't Life Wonderful*（24）　D・W・グリフィス　100, 101, 116
スピード・ハッチ［全15篇］　*Speed*（22）　ジョージ・B・サイツ　314
西班牙狂想曲　*The Devil Is a Woman*（35）　ジョゼフ・フォン・スタンバーグ　248
西班牙の踊子　*The Spanish Dancer*（23）　ハーバート・ブレノン　289
すべてを信じることはできない　*You Can't Believe Everything*（18未）　ジャック・コンウェイ　432
スポイラース　*The Spoilers*（14）　コリン・キャンベル　97, 348, 349, 644
スポーツの女神　*The Sporting Venus*（25）　マーシャル・ニーラン　458

セ
聖イラリオ　*Santo Ilario*（23未）　ヘンリー・コルカー　604
セイジブラッシュ峡谷の女神　*Goddess of Sagebrush Gulch*（12未）　D・W・グリフィス　348
青年大尉キッド　*Captain Kidd, Jr.*（19）　ウィリアム・デズモンド・テイラー　521
征服　*Conquest*（37）　クラレンス・ブラウン　168
征服の力　*The Conquering Power*（21）　レックス・イングラム　265, 290
西部戦線異状なし　*All Quiet on the Western Front*（30）　ルイス・マイルストン　520, 521, 629, 680, 681
世界に告ぐ　*Telling the World*（28）　サム・ウッド　351
世界の英雄　*Abraham Lincoln*（30）　D・W・グリフィス　103
世界の終り　*La fin du monde*（31）アベル・ガンス　668
世界の心　*Hearts of the World*（18）　D・W・グリフィス　109, 111, 116
世界の其女　*The World and Its Woman*（19）　フランク・ロイド　424
世間の男女　*The World and His Wife*（20）　ロバート・G・ヴィニョーラ　284
絶海の血煙　*Buried Treasure*（21）　ジョージ・D・ベイカー　287
切断された手　*The Severed Hand*（16未）　ウィルフレッド・ルーカス　196
接吻　*The Kiss*（29）　ジャック・フェデール　261, 683
絶望のおさどり　*Le fou de la falaise*（16未）　アベル・ガンス　649
千一夜物語　*Les contes de mille et une nuits*（21）　ヴィクトル・トゥールジャンスキー　340
前科者　*Jailbird*（20未）　ロイド・イングラム　519
戦艦くろがね号　*Old Ironsides*（26）　ジェイムズ・クルーズ　345
戦艦バウンティ号の叛乱　*Mutiny on the Bounty*（35）　フランク・ロイド　351, 424
戦艦ポチョムキン　*Bronenosets Potemkin*（25）　セルゲイ・エイゼンシュテイン　482
戦時の花嫁　*War Brides*（16）　ハーバート・ブレノン　502
戦争と平和　*J'accuse*（19）　アベル・ガンス　610, 626, 628-631, 634, 636, 638, 640, 642, 645
潜望鏡　*Le périscope*（16未）　アベル・ガンス　649

ソ
即席百人芸（キートンの一人百役）　*The Play House*（21）　エドワード・F・クライン／バスター・キートン　580
空行かば　*The Legion of the Condemned*（28）　ウィリアム・ウェルマン　215, 504

タ
ダートムアの小屋　*A Cottage on Dartmoor*（29未）　アンソニー・アスキス　608

大学のブラウン　*Brown of Harvard*（26）　ジャック・コンウェイ　499
大疑問　*The Greatest Question*（19）　D・W・グリフィス　108, 332
大殺戮　*The Massacre*（12未）　D・W・グリフィス　33
大自然の掟　*The Forbidden Thing*（20）　アラン・ドワン　125
第十交響曲　*La dixième symphonie*（18未）　アベル・ガンス　624-626, 634
退場は微笑みながら　*Exit Smiling*（26未）　サム・テイラー　344
大旋風［全15篇］　*The Whirlwind*（20）　ジョゼフ・ゴールデン　371
大速力王　*Sporting Youth*（24）　ハリー・A・ポラード　527
大帝の密使　*Michel Strogoff*（26）　ヴィクトル・トゥールジャンスキー　280, 609
大北の怪異　*Backbone*（23）　エドワード・スローマン　194
逮捕命令　*Silver Lode*（54）　アラン・ドワン　118
大列車強盗　*Great Train Robbery*（03未）　エドウィン・S・ポーター　22
誰が罪ぞ　*The Acquittal*（23）　クラレンス・ブラウン　178
宝島　*Treasure Island*（20）　モーリス・トゥールヌール　291
ダグラス大王　*His Majesty, the American*（19）　ジョゼフ・ヘナベリー　49, 54
助けてくれ！　*Au secours!*（24未）　アベル・ガンス　646
断崖の河　*The River's Edge*（57）　アラン・ドワン　118
男性と女性　*Male and Female*（19）　セシル・B・デミル　219, 225, 433

チ

チート　*The Cheat*（15未）　セシル・B・デミル　218, 219, 283, 638
チェスをする人　*Le joueur d'echecs*（27未）　レイモン・ベルナール　609
血と砂　*Blood and Sand*（22）　フレッド・ニブロ　336, 337, 484
チャップリンの放浪者　*The Vagabond*（16）　チャールズ・チャップリン　393
チャップリンの役者　*His New Job*（15）　チャールズ・チャップリン　595, 597
ヂャン・ダーク　*Joan the Woman*（16）　セシル・B・デミル　220, 283, 422, 424, 426, 428
朱金昭（チューチンチョウ）　*Chu-Chin-Chow*（23未）　ハーバート・ウィルコックス　438
チューブ博士の狂気　*La folie du Docteur Tube*（15未）　アベル・ガンス　617-619, 649
チョビ髯大将　*It's the Old Army Game*（26）　エドワード・サザランド　413
散り行く花　*Broken Blossoms*（19）　D・W・グリフィス　99, 110, 116, 389
沈黙の命令　*The Silent Command*（23）　J・ゴードン・エドワーズ　447

ツ

椿姫　*La dame aux camélias*（12未）　アンドレ・カルメット／ルイ・メルカントン／アンリ・プクタル　396
つばさ　*Wings*（27）　ウィリアム・ウェルマン　202-207, 212-215, 217, 376

テ

ディー川の砂　*The Sands of Dee*（12未）　D・W・グリフィス　151, 152
デイヴィッド・ハーラム　*David Harum*（15未）　アラン・ドワン　123
デイヴ・ダーシーの贖罪　*The Redemption of Dave Darcy*（16未）　ポール・スカードン　27
帝国ホテル　*Hotel Imperial*（27）　マウリツ・スティルレル　237, 289
堤防（あるいはオランダを救うために）　*La digue* (*ou Pour sauver la Hollande*)（11未）　アベル・ガンス　615
敵　*The Enemy*（27未）　フレッド・ニブロ　351
鉄製のラバ　*The Iron Mule*（25未）　ウィリアム・グッドリッチ　419
鉄路の白薔薇　*La roue*（23）　アベル・ガンス　610, 633, 634, 636-638, 640-646
デパート娘大学　*My Best Girl*（27）　サム・テイラー　147, 148, 165, 280
デブ君の女装　*The Butcher Boy*（17）　ロスコー・アーバックル　562
デブ君の浜遊び　*Coney Island*（17）　ロスコー・アーバックル　563
デブの自動車屋　*The Garage*（20）　ロスコー・アーバックル　564
テムペスト　*Tempest*（28）　サム・テイラー　278-280
天使の顔　*A Lady of Chance*（28）　ロバート・Z・レナード　351
電話交換嬢の誘惑　*A Telephone Girl's Temptation*　未・製作年・監督名不詳　315
電話の秘密［全10篇］　*Strings of Steel*（26）　ヘンリー・マクレイ　372

ト

ドーグラスの苦心　*His Picture in the Papers*（16）　ジョン・エマーソン　344
ドーグラスの好奇　*Manhattan Madness*（16）　アラ

ン・ドワン　126
都会の幻想　*Interference*（28）　ロタール・メンデス　682
屠殺者　*Manslaughter*（22）　セシル・B・デミル　219, 220, 222, 223, 374
土曜日の夜　*Saturday Night*（22）　セシル・B・デミル　220
ドリーの冒険　*The Adventures of Dollie*（08 未）　D・W・グリフィス　32, 33
ドレーク事件　*The Drake Case*（29）　エドワード・レムリ　682
ドロシー・バーノン　*Dorothy Vernon of Haddon Hall*（24）　マーシャル・ニーラン　147, 160, 414
ドン・ファン　*Don Juan*（26）　アラン・クロスランド　674, 675

ナ

亡骸を掘り返す者　*Intruder in the Dust*（49 未）　クラレンス・ブラウン　168, 188
嘆きの天使　*Der blaue Engel*（30）　ジョゼフ・フォン・スタンバーグ　241, 246, 247, 280
懐かしの泉　*The Old Swimmin' Hole*（21）　ジョゼフ・デ・グラッス　343
嬲られ者　*Manhandled*（24）　アラン・ドワン　127, 129
ナポレオン　*Napoléon vu par Abel Gance*（27）　アベル・ガンス　280, 339, 610, 611, 613, 624, 631, 632, 646-652, 656, 659, 661, 663, 665-668
ナポレオン・ボナパルトと王妃ジョゼフィーヌの生涯のドラマ　*The Life Drama of Napoleon Bonaparte and Empress Josephine*（09 未）　J・ステュアート・ブラックトン　29
ナポレオンと理髪師　*Napoleon's Barber*（28）　ジョン・フォード　681
悩める花　*Miss Lulu Bett*（21）　ウィリアム・C・デミル　227
南海の白影　*White Shadows in the South Seas*（28）　W・S・ヴァン・ダイク　504
南北珍雄腕比べ　*Hands Up!*（26）　クラレンス・バジャー　517-519

ニ

ニーベルンゲン　*Die Nibelungen*（24）　フリッツ・ラング　607
肉体と悪魔　*Flesh and the Devil*（26）　クラレンス・ブラウン　180, 182, 183, 188, 380
肉弾児　*Let's Go*（23）　ウィリアム・K・ハワード　365
肉に飢えたる野獣　*Driven*（23）　チャールズ・ブラビン　454
二十三時間半　*23 1/2 Hours' Leave*（19）　ヘンリー・キング　132, 521
ニッカーボッカー　*The Knickerbocker Buckaroo*（19）　アルバート・パーカー　210, 211
二都物語　*A Tale of Two Cities*（11 未）　ウィリアム・ハンフリー　25, 27
担へ銃（兵隊さん）　*Shoulder Arms*（18）　チャールズ・チャップリン　589
紐育の波止場　*The Docks of New York*（28）　ジョゼフ・フォン・スタンバーグ　231, 233, 241, 243
紐育の不夜城　*Lights of New York*（28）ブライアン・フォイ　677
ニューヨークの帽子　*The New York Hat*（12 未）　D・W・グリフィス　154, 321
忍術キートン（キートンの探偵学入門）　*Sherlock Jr.*（24）　バスター・キートン　364, 571-575

ネ

猫とカナリア　*The Cat and the Canary*（27）　パウル・レニ　311, 603
猫の寝間着　*The Cat's Pajamas*（26）　ウィリアム・ウェルマン　204
熱血漢ウルフ　*The Lone Wolf*（24）　S・E・V・テイラー　376
熱砂の舞　*The Son of the Sheik*（26）　ジョージ・フィッツモーリス　388
ネルギン　*Nell Gwyn*（26）　ハーバート・ウィルコックス　608
ネロ　*Nero*（22）　J・ゴードン・エドワーズ　451, 603

ノ

ノアの箱船　*Noah's Ark*（28）　マイケル・カーティス　376
ノートルダムの傴僂男　*The Hunchback of Notre Dame*（23）　ウォーレス・ワースリー　285, 338
のらくら者と恋人たち　*Loafers and Lovers*（20 未）　メルヴィル・W・ブラウン　367
乗合馬車　*Tol'able David*（21）　ヘンリー・キング　131-133, 234, 328

ハ

ハーレムから救われて　*Saved From the Harem*（15 未）　エドワード・スローマン　196
馬鹿騒ぎ　*Heart Trouble*（28）　ハリー・ラングドン　516
馬鹿息子　*The Saphead*（20）　ハーバート・ブラッシェ／ウィンチェル・スミス　565
伯爵夫人　*A Countess from Hong Kong*（67）　チャールズ・チャップリン　585, 595
驀進デニー　*Fast and Furious*（27）　メルヴィル・W・ブラウン　525
バグダッドの盗賊　*The Thief of Baghdad*（24）　ラオール・ウォルシュ　47, 294

白昼の決闘　*Duel in the Sun*（46）　キング・ヴィダー　249
化物退治　*Haunted Spooks*（20）　アルフレッド・J・グールディング　542
パジャマ・パーティー　*Pajama Party*（64未）　ドン・ワイズ　559
バスター・キートン物語　*The Buster Keaton Story*（57）　シドニー・シェルダン　13, 570
バタフライ　*Butterfly*（24）　クラレンス・ブラウン　178
初恋ハリイ　*Long Pants*（27）　フランク・キャプラ　510, 514, 515
パディの英雄的行為　*L'héroïsme de Paddy*（15未）　アベル・ガンス　649
パトリア［全15篇］　*Patria*（17未）　ジャック・ジャッカード／レオポルド・ウォートン／セオドア・ウォートン　310-312
母親と法律　*The Mother and the Law*（19未）　D・W・グリフィス　64, 65, 67
巴里の女性　*A Woman of Paris*（23）　チャールズ・チャップリン　316, 588, 592, 593
春爛漫　*Walking Back*（28）　ルパート・ジュリアン　349
ハロルド・ティーン　*Harold Teen*（28）　マーヴィン・ルロイ　91
パンドラの箱　*Die Büchse der Pandra*（29）　G・W・パプスト　409, 416

ヒ

東への道　*Way Down East*（20）　D・W・グリフィス　47, 99, 110, 111, 450
東三十九番地　*39 East*（20未）　ジョン・S・ロバートソン　531
美人モデル、ネリー　*Nellie, the Beautiful Cloak Model*　未・製作年・監督名不詳　315
ピッグ・アリの銃士たち　*The Musketeers of Pig Alley*（12未）　D・W・グリフィス　33, 353
ビッグ・パレード　*The Big Parade*（25）　キング・ヴィダー　92, 337, 372, 393, 608, 629, 684
人の世の姿　*Bits of Life*（21）　マーシャル・ニーラン／ジェイムズ・フラッド／ウィリアム・J・スカリー　314
陽のあたる場所　*A Place in the Sun*（51）　ジョージ・スティーヴンス　356
響け凱歌　*A Yank at Oxford*（38）　ジャック・コンウェイ　351
秘密　*Secrets*（33）　フランク・ボゼーギ　148, 167
百貨店　*Love'Em and Leave'Em*（26）　フランク・タトル　412
漂流（キートンの船出）　*The Boat*（21）　エドワード・F・クライン／バスター・キートン　570
ビリディアナ　*Viridiana*（61）　ルイス・ブニュエル　247
ビリャ将軍の生涯　*The Life of General Villa*（14未）　クリスティ・キャバンヌ　267

フ

ファウスト　*Faust*（15）　エドワード・スローマン　197
ファウスト　*Faust*（26）　F・W・ムルナウ　276, 280
プア・リトル・リッチ・ガール　*Poor Little Rich Girl*（17未）　モーリス・トゥールヌール　149, 155, 157
不安な心　*The Restless Spirit*（13未）　アラン・ドワン　264
フィラデルフィア物語　*The Philadelphia Story*（40）　ジョージ・キューカー　499
映画（フィルム）　*Film*（65未）　サミュエル・ベケット／アラン・シュナイダー　558
笛吹きマローン　*Pied Piper Malone*（24）　アルフレッド・E・グリーン　312
復讐する良心　*The Avenging Conscience: or 'Thou Shall Not Kill'*（14未）　D・W・グリフィス　58
復讐の夜　*Hævnens Nat*（*Night of Revenge*）（16未）　ベンヤミン・クリステンセン　601
武士道華かなりし頃　*When Knighthood Was In Flower*（22）　ロバート・G・ヴィニョーラ　93
復活　*Resurrection*（27未）　エドウィン・ケリュウ　327
船出　*Lancement d'un navire*（1896）　ルイ・リュミエール　17
船に打ち乗り海原指して　*Down to the Sea in Ships*（22）　エルマー・クリフトン　220
プランダー［全15篇］　*Plunder*（23）　ジョージ・B・サイツ　373
プリムローズ・リング　*The Primrose Ring*（17未）　ロバート・Z・レナード　278
ふるさと　*Back to God's Country*（19）　デイヴィッド・ハートフォード　339, 382
フレッド・オットのくしゃみ　*Fred Ott's Sneeze*（1894未）　W・K・L・ディクスン　34
ブロードウェイと出くわして　*Bumping into Broadway*（19未）　ハル・ローチ　541
文化生活一週間（キートンのマイホーム）　*One Week*（20）　エドワード・F・クライン／バスター・キートン　568
文化果つるところ　*Where the Pavement Ends*（23）　レックス・イングラム　454
粉砕された偶像　*Shattered Idols*（22未）　エドワード・スローマン　191, 198

ヘ

ベター・オール　*The Better' Ole*（26）シド・チャップリン　675
ベティを育てて　*Bringing Up Betty*（19未）　オスカー・

アプフェル　531
紅百合　*The Red Lily*（24）　フレッド・ニブロ　458
ベラミー裁判　*The Bellamy Trial*（29未）　モンタ・ベル　259
ヘレンの冒険　*The Hazards of Helen*（14-15）　J・P・マッゴーワン／J・ガニス・デイヴィス／ロバート・G・ヴィニョーラ　366
ベン・ハー　*Ben Hur*（07未）　シドニー・オルコット／フランク・オークス・ローズ　449
ベン・ハー　*Ben Hur: A Tale of the Christ*（25）　フレッド・ニブロ　136, 337, 340, 349, 376, 448, 451, 453-456, 459, 461, 464-466, 468, 472-474, 476-479, 484, 551, 603, 684
ベン・ハー　*Ben Hur*（59）　ウィリアム・ワイラー　479, 482

ホ

放浪の女王　*The Vagabond Queen*（29未）　ゲツァ・フォン・ボルヴァリ　281
ボージェスト　*Beau Geste*（26）　ハーバート・ブレノン　345
ポーリンの冒険　*The Perils of Pauline*（47）　ジョージ・マーシャル　43
北緯三十六度　*North of 36*（24）　アーヴィン・ウィラット　85
僕の幸運日　*His Lucky Day*（29）　エドワード・F・クライン　529
幌馬車　*The Covered Wagon*（23）　ジェイムズ・クルーズ　337, 343, 344, 347, 384, 386, 387, 415
ホワイト・シスター　*The White Sister*（23）　ヘンリー・キング　135-138, 142, 603
ホワイト・モール　*The White Moll*（20）　ハリー・F・ミラード　290
ホワイト・ローズ　*The White Rose*（23）　D・W・グリフィス　99, 105
ボンド・ボーイ　*The Bond Boy*（22）　ヘンリー・キング　133
ポンペイ最後の日　*Gli ultimi giorni di Pompei*（26）　アムレート・パレルミ／カルミネ・ガッローネ　604
奔流千里　*The Hill Billy*（24）　ジョージ・ヒル　149, 385

マ

舞妓タイース　*Thais*（17）　ヒューゴ・バリン／フランク・ホール・クレイン　426
舞姫ザザ　*Zaza*（23）　アラン・ドワン　126
魔女　*Häxan*（*Witchcraft through the Ages*）（22未）　ベンヤミン・クリステンセン　601
マダムエックス　*Madame X*（20）　フランク・ロイド　178
マダム・サタン　*Madame Satan*（30）　セシル・B・デミル　523
マダム・デュバリー、情熱の女　*Du Barry, Woman of Passion*（30未）　サム・テイラー　179
町の人気者　*The Human Comedy*（43）　クラレンス・ブラウン　188
街の灯　*City Lights*（31）　チャールズ・チャップリン　97
マッド・ウェンズデー　*The Sin of Harold Diddlebock / Mad Wednesday*（47未）　プレストン・スタージェス　547, 552
真夏の狂乱　*Midsummer Madness*（20）　ウィリアム・C・デミル　324
マリア・ローザ　*Maria Rosa*（16）　セシル・B・デミル　424

ミ

見えざる力　*Don't Marry for Money*（23）　クラレンス・ブラウン　178
見えざる敵　*An Unseen Enemy*（12未）　D・W・グリフィス　33, 34
未完に終わった大作　*The Epic That Never Was*（65未）　ビル・ダンカーフ　230
水尽く大地　*The Water Hole*（28）　F・リチャード・ジョーンズ　382
道は美しい　*La route est belle*（30未）　ロバート・フローリー　281
ミッキー　*Mickey*（18）　F・リチャード・ジョーンズ／ジェイムズ・ヤング　357
密書　*Det hemmelighedsfulde X*（14）　ベンヤミン・クリステンセン　601, 603
漲る影　*Exile*（17）　モーリス・トゥールヌール　173
港の女　*Sadie Thompson*（28）　ラオール・ウォルシュ　345, 435
ミニヴァー夫人　*Mrs Miniver*（42）　ウィリアム・ワイラー　493
ミラクルマン　*The Miracle Man*（19）　ジョージ・ローン・タッカー　600
民衆の敵　*The Public Enemy*（31）　ウィリアム・ウェルマン　202, 206

ム

結びの神も思案投首　*Miss Bluebeard*（25）　フランク・タトル　518
夢想の楽園　*The Winning of Barbara Worth*（26）　ヘンリー・キング　141, 143

メ

メーベルの窮境　*Mabel's Strange Predicament*（14）　メイベル・ノーマンド　586
眼が廻る　*High and Dizzy*（20）　ハル・ローチ　551
メトロポリス　*Metropolis*（27）　フリッツ・ラング　408
メリー・ウイドー　*The Merry Widow*（25）　エリッヒ・

フォン・シュトロハイム　488
メリー・ゴー・ラウンド　*Merry Go Round*（23）　エリッヒ・フォン・シュトロハイム　487, 494
メリケン波止場　*The Yankee Clipper*（27）　ルパート・ジュリアン　402

モ

猛進ロイド　*Girl Shy*（24）　フレッド・ニューメイヤー／サム・テイラー　551
黙示録の四騎士　*The Four Horsemen of the Apocalypse*（21）　レックス・イングラム　91, 256, 291, 451, 453, 454, 460, 600, 631
物乞いする乙女　*The Beggar Maid*（21 未）　ハーバート・ブラッシェ　531
モヒカン族の最後　*The Last of the Mohicans*（20）　モーリス・トゥールヌール／クラレンス・ブラウン　176, 177
モリエール　*Moliere*（10 未）　レオンス・ペレ　614
洩るゝ窓唄　*The Ghost of Rosie Taylor*（18）　エドワード・スローマン　191, 192, 197

ヤ

弥次喜多海軍の巻　*We're in the Navy Now*（26）　エドワード・サザランド　588
弥次喜多空中の巻　*Now We're in the Air*（27）　フランク・R・ストレイヤー　345
弥次喜多従軍記　*Behind the Front*（26）　エドワード・サザランド　345, 588
弥次喜多消防の巻　*Fireman, Save My Child*（27）　エドワード・サザランド　416
闇に住む女　*Stella Maris*（18）　マーシャル・ニーラン　147, 156, 392

ユ

ユーモレスク　*Humoresque*（20）　フランク・ボゼーギ　320
誘惑　*Temptation*（15 未）　セシル・B・デミル　424

ヨ

夜明け　*Sun-Up*（25 未）　エドマンド・グールディング　391
要心無用　*Safety Last!*（23）　フレッド・ニューメイヤー／サム・テイラー　542, 549-551
四人の悪魔　*4 Devils*（28）　F・W・ムルナウ　276
四人の息子　*Four Sons*（28）　ジョン・フォード　47, 49
夜の紐育　*Night Life of New York*（25）　アラン・ドワン　126
四枚の羽根　*The Four Feathers*（29）　ロタール・メンデス／メリアン・C・クーパー／アーネスト・B・シェードサック　507

ラ

雷火落つる時　*The Scoffer*（20）　アラン・ドワン　126
ライ麦畑を通り抜け　*Comin' Thro' the Rye*（16/23 未）　セシル・ヘップワース　608
ライムライト　*Limelight*（52）　チャールズ・チャップリン　416
楽園の毒草　*Poisoned Paradise*（24）　ルイ・J・ガスニエ　517
落胆無用　*Never Weaken*（21）　フレッド・ニューメイヤー　551
ラスプーチンと女帝　*Rasputin and the Empress*（32 未）　リチャード・ボレスラフスキー　461
ラファイエット飛行中隊　*Lafayette Escadrille*（58 未）　ウィリアム・ウェルマン　206
ラ・ボエーム　*La Bohème*（26）　キング・ヴィダー　495
ラモナ　*Ramona*（10 未）　D・W・グリフィス　34

リ・ル

リーナと鵞鳥　*Lena and the Geese*（12 未）　D・W・グリフィス　153
リバー・ウーマン　*The River Woman*（28 未）　ジョゼフ・ヘナベリー　55
リパブリック賛歌　*The Battle Hymn of the Republic*（11 未）　J・ステュアート・ブラックトン／ローレンス・トリンブル　30
両夫婦　*The Rounders*（14）　チャールズ・チャップリン　588
緑園の天使　*National Velvet*（44）　クラレンス・ブラウン　188
臨時雇の娘　*The Extra Girl*（23）　F・リチャード・ジョーンズ　357
淪落の女の日記　*Tagebuch einer Verlorenen*（29）　G・W・パプスト　409
ルーレット　*Roulette*（24 未）　S・E・V・テイラー　504

レ

レールロッダー／キートンの線路工夫　*The Railrodder*（65 未）ジェラルド・ポタートン　559
聯隊の花　*Johanna Enlists*（18）　ウィリアム・デズモンド・テイラー　521

ロ

ロイドのエヂプト博士　*Professor Beware*（38）　エリオット・ニュージェント　552
ロイドの活動狂　*Movie Crazy*（32）　クライド・ブラックマン　546
ロイドの喜劇の世界　*Harold Lloyd's World of Comedy*（62）　ハロルド・ロイド　542
ロイドの水兵　*A Sailor-Made Man*（21）　フレッド・ニューメイヤー　543

ロイドの人気者　*Harold Lloyd's Funny Side of Life*（63）ハリー・カーウィン　542, 543
ロイドの初恋（ロイドの家庭サービス）　*Hot Water*（24）フレッド・ニューメイヤー／サム・テイラー　539
ロイドの福の神　*For Heaven's Sake*（26）　サム・テイラー　551, 553
ロイドの野球　*Over the Fence*（17）　ハロルド・ロイド／J・ファレル・マクドナルド　541
老番人　*A Ship Comes In*（28）　ウィリアム・K・ハワード　200
ローマ帝国の滅亡　*The Fall of the Roman Empire*（64）アンソニー・マン　603
ローマで起った奇妙な出来事　*A Funny Things Happened on the Way to the Forum*（66）　リチャード・レスター　559
ロジタ　*Rosita*（23）　エルンスト・ルビッチ　147, 158-161, 164, 273
ロッキーの薔薇　*Tiger Rose*（23）　シドニー・フランクリン　277, 278
ロビン・フッド　*Robin Hood*（22）　アラン・ドワン　119, 127, 294, 295, 297, 300-305, 319
ロミオとジュリエット　*Romeo and Juliet*（36）　ジョージ・キューカー　352, 523
ロモラ　*Romola*（24）　ヘンリー・キング　138, 139, 603

ワ

我が子　*My Son*（25）　エドウィン・ケリュウ　405
わがまま小僧　*Pampered Youth*（25未）　デイヴィッド・スミス　24
鷲の爪［全15篇］　*The Eagle's Talons*（23）　デューク・ウォーン　368
忘れられた顔　*Forgotten Faces*（28）　ヴィクター・シェルツィンガー　504-506
忘れられた人々　*Los olvidados*（50）　ルイス・ブニュエル　247
私の表向きの妻　*My Official Wife*（14未）　ジェイムズ・ヤング　30
私の殺した男　*The Man I Killed*（32）　エルンスト・ルビッチ　680
私のパパさん　*That's My Daddy*（27）　フレッド・ニューメイヤー　532
我、クローディウス　*I, Claudius*（37、未完）　ジョゼフ・フォン・スタンバーグ　230, 233
我れ世に誇る　*His People*（25）　エドワード・スローマン　191, 198-200
われらアメリカ人　*We Americans*（28未）　エドワード・スローマン　199-201

著者　ケヴィン・ブラウンロウ　Kevin Brownlow
1938年英国南部クロウバラ生まれ。映画史家・映画監督・プロデューサー。十代からサイレント映画の蒐集と映画製作をおこない、66年最初の長篇映画『それはここで起きた』を発表。68年には本書『サイレント映画の黄金時代』を刊行。その後、アベル・ガンスの大作『ナポレオン』の復元・上映を代表とするサイレント映画の復元作業に携わり、ハリウッド映画をあつかうドキュメンタリー映画も数多く手がける。デイヴィッド・リーン、メリー・ピックフォード、チャップリンに関する著作のほか、ハリウッド映画・サイレント映画についての著作・共著多数。2010年、映画保存の専門家としての業績を讃えたアカデミー名誉賞を受賞した。

訳者　宮本高晴（みやもと　たかはる）
1952年福井県生まれ。英米映画関係の翻訳にたずさわる。主な訳書に『ワイルダーならどうする？　ビリー・ワイルダーとキャメロン・クロウの対話』（キネマ旬報社）、『王になろうとした男　ジョン・ヒューストン』（清流出版）、『ロバート・アルドリッチ大全』『ルビッチ・タッチ』『ジョージ・キューカー、映画を語る』（いずれも国書刊行会）など。

編集協力　岩月美帆　山田宏一
写真協力　公益財団法人川喜多記念映画文化財団

サイレント映画《えいが》の黄金時代《おうごんじだい》

2019年12月20日初版第1刷発行

著者　ケヴィン・ブラウンロウ
訳者　宮本高晴
発行者　佐藤今朝夫
発行所　株式会社国書刊行会
〒174-0056　東京都板橋区志村1-13-15
電話03-5970-7421　ファックス03-5970-7427
http://www.kokusho.co.jp
印刷製本所　中央精版印刷株式会社
装幀　山田英春

ISBN 978-4-336-06537-7

メリー・ピックフォードとモーリス・トゥールヌール監督（1917 年）。